中国社会科学年鉴

中国新闻传播学

年鉴 2019

CHINA JOURNALISM AND COMMUNICATION YEARBOOK

中国社会科学院新闻与传播研究所 编

中国社会科学出版社

图书在版编目（CIP）数据

中国新闻传播学年鉴. 2019 / 中国社会科学院新闻与传播研究所编. — 北京：中国社会科学出版社，2020.11

ISBN 978-7-5203-7443-9

Ⅰ. ①中… Ⅱ. ①中… Ⅲ. ①新闻学－传播学－中国－2019－年鉴 Ⅳ. ①G219. 2－54

中国版本图书馆CIP数据核字（2020）第210081号

出 版 人 赵剑英
责任编辑 彭莎莉
责任校对 李 惠
责任印制 张雪娇

出 版 中国社会科学出版社
社 址 北京鼓楼西大街甲158号
邮 编 100720
网 址 http://www.csspw.cn
发 行 部 010－84083685
门 市 部 010－84029450
经 销 新华书店及其他书店

印刷装订 三河市东方印刷有限公司
版 次 2020年11月第1版
印 次 2020年11月第1次印刷

开 本 787×1092 1/16
印 张 53.25
插 页 22
字 数 1390千字
定 价 418.00元

《中国新闻传播学年鉴·2019》编委会

编辑部

主　　任　钱莲生

副 主 任　朱鸿军

成　　员　沙　垚　张　萌　黄　艾

孙　萍　牛　天　陈雪丽

左　灿　刘瑞生　韩智冬

张满丽　肖重斌　贾金玺

特约编辑（按姓氏音序排列）

陈开和（北京大学新闻与传播学院）

戴丽娜（上海社会科学院新闻研究所）

邓绍根（中国新闻史学会）

方金友（安徽省社会科学院新闻与传播研究所）

顾　洁（中国传媒大学）

胡翼青（南京大学新闻传播学院）

胡昭阳（安徽大学新闻传播学院）

黄双润（中国社会科学院新闻与传播研究所）

贾　扬（天津社会科学院舆情研究所）

李秀云（天津师范大学新闻传播学院）

刘发群（南京师范大学新闻与传播学院）

刘颂杰（中山大学传播与设计学院）

龙　伟（重庆大学新闻学院）

毛良斌（汕头大学长江新闻与传播学院）

彭　剑（四川省社会科学院新闻研究所）

彭莎莉（中国社会科学出版社）

商建辉（河北大学新闻传播学院）

施慧慧（浙江大学传媒与国际文化学院）

王　会（新华社新闻研究所）

王健华（清华大学新闻与传播学院）

王　丽（北京市社会科学院传媒研究所）

王婷婷（复旦大学新闻学院）

王志锋（人民日报社新闻研究部）

《中国新闻传播学年鉴》编辑部
地址： 北京市朝阳区潘家园东里 9 号国家方志馆 2 层中国社会科学院新闻与传播研究所
邮编： 100021
电话：（010）87791663　（010）65025792（兼传真）
E - mail： zgxcnj@ 163. com

编辑说明

《中国新闻传播学年鉴》是记录中国新闻学与传播学学科发展变化的大型年鉴，忝列中国社会科学院创新工程项目“中国社会科学年鉴”品牌系列。

《中国新闻传播学年鉴》由中国社会科学院新闻与传播研究所主办、中国社会科学出版社出版发行，每年出版一卷。2019 年卷是继本刊 2015 年创办以来连续出版的第五卷，全面、真实地反映了 2018 年我国新闻学与传播学学科发展的实绩。

一、栏目设置

全书以 16 篇连缀成卷，内含 4 个板块：历史编、成果编、综合编和概况编。

（一）历史编

设“特载”栏目，特别选摘了中国社会科学院院长、党组书记谢伏瞻和中国新闻史学会创会会长方汉奇在两个纪念中国新闻学百年学术研讨会上的讲话，选摘了一组百年发展综述文章的观点，在卷首选编了 60 余幅有历史意义的旧照，以纪念中国新闻传播学百年发展历程。

（二）成果编

涵盖“研究综述”“论文选粹”“论文辑览”“国际交流”“学术出版”“学术期刊”6 个栏目，全方位反映了 2018 年我国新闻传播学研究的成果。

“研究综述”栏目分“学科综述”和“专题综述”两部分。“学科综述”对 2018 年我国新闻理论、应用新闻学、新闻传播史、广播电视、传播学理论、传媒经济学、新媒体、广告学、编辑出版学等领域的成果进行了梳理和述评；“专题综述”主要刊发了马克思主义新闻观、媒体融合、媒介法规、社会化媒介、新闻教育、政治传播、国际传播、公共传播、计算传播学、健康传播、舆情、微传播、华夏传播等专题 2018 年的研究成果。

“论文选粹”栏目摘编了 10 篇论文，这是中国社会科学院新闻与传播研究所第七届全国新闻传播学优秀论文遴选活动的成果，首次冠名“《中国新闻传播学年鉴》优秀论文奖”。这些论文是从全国新闻传播专业期刊、综合性社科期刊、高校学报等 100 多种期刊的 1 万多篇论文中筛选出来的。此外，还对年度研究相对集中的热点话题进行了观点摘编。

“论文辑览”栏目刊发了 2018 年《新华文摘》、《中国社会科学文摘》、《高等学校文科学术文摘》、人大复印报刊资料《新闻与传播》转载的新闻传播学论文篇目。接受编委建议，刊载了《国际新闻界》《现代传播（中国传媒大学学报）》《新闻大学》《新闻与传播研究》4 家期刊的年度总目录。《新闻学研究》（台湾）年度总目录载于“港澳台专辑”栏目。

“国际交流”栏目则呈现了中国学者 2018 年在国际期刊（SSCI 期刊）发表论文的概况，同时对发表论文的题目、内容摘要等予以摘登。

“学术出版”栏目特别选编了 2018 年度 10 本有代表性的中外学术著作的序跋，重点介绍 17 本新书，整理了 2018 年我国出版的新闻传播学论著的书目。

“学术期刊”栏目介绍了学术期刊 2018 年概况并收录了中国新闻传播专业期刊名录。

（三）综合编

涵盖“学术评奖”“科研项目”“学人自述”“学术动态”4个栏目。

“学术评奖”栏目涉及论著、论文、教学成果、人物等方面的评奖情况。

“科研项目”栏目汇集了国家社科基金、教育部、国家广电总局3个国家级课题的立项、结项情况。

“学人自述”栏目主要刊载在新闻传播学领域取得突出成就、作出重要贡献的学人的治学经历和学术思考，以期从一个侧面反映“人”在中国新闻传播学科发展历史进程中的作用。本卷收录了20位学人的治学自述，其中：大陆17位，台湾地区3位（放在台湾地区专辑里）。这些自述性文字均为学者本人亲撰。

“学术动态”栏目对2018年我国新闻传播学界的重要活动作了整理。

（四）概况编

涵盖“高校学术概况”“研究机构及社团”“研究生学苑”“港澳台专辑”“海外特辑”5个栏目。

“高校学术概况”栏目介绍了20余家主要新闻传播学院系2018年在学术研究方面的情况。

“研究机构及社团”栏目介绍了社科院系统7家研究所和中央级媒体（新华社、人民日报社、光明日报社）3家研究机构、2家学会的发展情况。

“研究生学苑”栏目重在反映我国研究生教育的状况。主要收录了2018年2篇优秀博士学位论文的内容摘要，2018年博士学位论文篇目、博士后出站报告篇目和部分新闻传播学院（系）2018年研究生入学试卷。

“港澳台专辑”栏目介绍了澳门和台湾地区主要高校新闻传播学教学和研究机构的情况以及学人自述等内容。因受香港“修例”风波影响，2018年香港地区的资料暂缺。

“海外特辑”栏目重在反映2018年国外新闻传播学研究热点、国际新闻与传播学主流期刊热点扫描以及主要国际学术会议概况。

此外，卷首“图说2018”按图片内容分类编排。

二、编辑方式

（一）体式

本卷年鉴在编辑手段上兼具条目体和文章体。

条目（文章）的标题通栏编排；正文除“特载”通栏编排外，一律双栏编排。

（二）排序

栏目内条目顺序因循空间和时间两个坐标轴排列。“论文选粹”栏目按论文发表期刊号排序，同一期刊号的按作者姓氏音序排列。“学术评奖”栏目不分级别，按奖项设置时间的先后排列；“学人自述”栏目按学者出生时间的先后排列，同一年份的按姓名音序排列；“序跋选粹”按图书出版时间的先后排序，图书书目先按内容大体分类，再按出版时间排序，同一月份出版的按图书名称音序排列；“高校学术概况”“研究机构及社团”等栏目按院系、机构成立时间的先后排序；“研究生学苑”栏目按高校行政区划排序。

其他栏目按内容、音序分类编排。

（三）署名

条目作者不在目录署名，一律放在文末。凡专为年鉴写作者，根据条目内容分别用“撰稿”“整理”标示，凡本年鉴摘转稿件的著作人用“作者”标示。

（四）检索

鉴于本年鉴未专设人名、机构名及专有名词等的检索，本卷丰富了目录的层级信息，每条（篇）介绍到正文中的一级标题。

全书最后专设篇目详细呈现撰稿人、作者、供稿人、审稿人、供稿机构等信息，以便检索，也体现本年鉴对著作人劳动成果的尊重。

《中国新闻传播学年鉴》编辑部

2019 年 12 月

图说 2018

会议·马克思主义新闻观

2018年5月5—7日，“马克思主义新闻观理论研究与教学实践研讨会”在广西大学举行。

2018年9月29日，“第二届全国马克思主义新闻观中国化学术年会”在陕西师范大学举行。

2018年12月1—2日，首届意识形态与舆论研究高峰论坛在海口举行。

2018年12月16日，以“改革开放四十年与党报”为主题的“人民共和国党报论坛”第十五届（2018）年会在中国传媒大学新闻学院举行。

2018年12月17日，2018年新华社新闻学术年会在新华社总社新闻大厦举行。

会议 · 新闻传播史学

2018年7月7日，中国新闻史学会新闻传播思想史研究委员会2018年会暨第五届中外新闻传播思想史高峰论坛在成都举行。

2018年10月27—28日，中国新闻史学会2018年学术年会在杭州举行。

会议·传播学

2018年6月1—3日，“第五届中国认知传播学年会（2018）暨国际认知传播高端论坛”在暨南大学举行。

2018年7月9—10日，“首届符号传播学研讨会暨2018年符号学高层论坛”在成都举行。

2018年10月13日，第十四届中国传播学大会在重庆大学举行。

2018年11月17—18日，第四届新媒体公共传播国际学术研讨会在郑州大学举行。

2018年12月24日，“2018中国电视年度掌声·嘘声暨新书发布论坛”在北京大学举行。

会议·媒介伦理与法规

2018年6月8—9日，“大数据时代信息权利问题高峰论坛暨媒介法规与伦理研究委员会常务理事会”在南京师范大学举行。

2018年9月15日，首届中国媒介法规与伦理学术年会在华中师范大学举行。

会议·媒体融合

2018年10月6—8日，中山大学传播与设计学院举办2018年中国新闻业研究圆桌论坛暨媒体融合再审视工作坊。

2018年10月15日，“光明影院”融合创新研讨会在中国传媒大学电视学院举行。

会议·传播治理与国家形象

2018年4月13日，“互联网+城市未来”圆桌思想会第六期在中山大学举行。

2018年9月22日,第六届国家传播战略高峰论坛在华中科技大学举行。

2018年11月3日，第五届互联网与国家治理论坛、舆情与社会发展论坛(2018)在安徽大学举行。

2018年11月10日，“2018清华国家形象论坛”在清华大学举行。

会议·国际会议

2018年5月23—24日，ICA-PRSC会前会、第十一届PRAD国际学术论坛暨第三届中国新闻史学会公共关系分会学术年会在捷克布拉格举行。

2018年5月25日，以“报道经济发展——叙事与技术”为主题的“2018清华财经新闻论坛”在清华大学召开。

2018年10月13日，“中外新闻传播学院院长会议·2018中国传播学论坛”在中国人民大学举行。

2018年10月19—22日，世界传播论坛2018“‘一带一路’与新闻传播学教育的跨文化论坛”在上海大学举行。

会议·新闻教育

2018年4月14日，“新时代新闻传播学科建设与人才培养高端座谈”在重庆大学举行。

2018年10月27日，“4K产业实践型人才培养论坛”在广州举行。

2018年11月17日，“中国高等教育学会新闻学与传播学专业委员会第八届理事会第一次全体会议暨智媒时代的新闻教育创新学术论坛”在暨南大学召开。

2018年12月22日，第六届范敬宜新闻教育奖颁奖仪式暨第四届新闻传播学科高峰论坛在人民日报社举行。

会议·周年纪念

2018年3月31日，纪念毛泽东《对晋绥日报编辑人员的谈话》70周年暨中国特色新闻学学科建设研讨会在中国人民大学举行。

2018年7月8日，“纪念马克思诞辰200周年学术研讨会暨《马克思主义新闻观百科全书》新书发布会”在暨南大学召开。

2018年10月14日，“百年中国新闻教育：传承与发展暨北京大学新闻学研究会成立100周年学术研讨会”在北京大学举办。

2018年11月24日，“继往开来：中国新闻学百年暨中国社会科学院新闻与传播研究所成立四十周年学术研讨会”在北京举行。中国社会科学院院长、党组书记谢伏瞻，原新闻出版总署署长柳斌杰，中国记协主席张研农，中国新闻史学会创会会长、中国人民大学荣誉一级教授方汉奇等出席会议。

2018年11月24日，参加中国新闻学百年暨中国社会科学院新闻与传播研究所成立四十周年学术研讨会的全体代表合影。

2018年11月25日，“首届（2018）中国新闻学传播学论坛——中国新闻学百年暨新闻业改革四十周年研讨会”在中国人民大学举行。

培　训

2018年5月14—18日，国务院侨务办公室指导的第十七期海外华文媒体高级研修班在暨南大学举办。

2018年7月9—14日，“网络与新媒体讲习班（第四期）”在重庆大学举行。

2018年7月10日，“理解乡土文化”缙云暑期班暨乡村振兴人才培训与学术交流会在缙云县独峰书院开营。

2018年11月3—4日，首届“人大马克思主义新闻观与中国特色社会主义新闻理论发展与创新骨干师资高级研修班”在中国人民大学举行。

新　生

2018年1月12日，“上海研究院世界传媒研究中心成立大会暨新时代：传媒·中国·世界——智库专家论坛”在上海举行。

2018年9月22日，中国新闻史学会计算传播学研究委员会在北京师范大学成立。

2018年9月23日，中国新闻史学会地方新闻史研究委员会成立大会暨2018年广东社会科学学术年会在华南理工大学举行。

2018年10月20日，上海大学国际新闻传播教育联盟在上海大学成立。

2018年10月20日，上海大学新闻传播学院揭牌仪式在上海大学举行。

2018年10月25日，亚太新闻传播学会联盟（Asian-Pacific Communication Alliance，APCA）在清华大学成立，清华大学作为中国新闻史学会会长单位成为首届联盟主席单位，陈昌凤当选首任主席。

2018年12月21日，中国人民大学新闻学院与北大方正信息产业集团合作共建签约暨智慧媒体未来实验室启动仪式在北京举行。

特　辑

2019年8月28日，《中国新闻传播学年鉴》第四届编辑出版研讨会在南京举行。会议由中国社会科学院新闻与传播研究所和中国社会科学出版社主办，南京师范大学新闻与传播学院承办。（详见本卷第813页）

研讨会现场

第七届（2018年度）全国新闻传播学优秀论文暨《中国新闻传播学年鉴》优秀论文（2019）颁奖活动。

全体与会代表合影留念。

中国新闻学百年专辑

编者按：

2018 年是北京大学新闻学研究会成立 100 周年。它的成立“标志着中国新闻学研究的开端，也标志着中国新闻教育的开端”。本年鉴特设图片专题以志纪念。

1918年10月，北京大学新闻学研究会成立，蔡元培任会长，徐宝璜与邵飘萍担任导师，中国新闻学研究由此发端。图为北京大学新闻学研究会合影，一排右四为蔡元培，一排左四为徐宝璜。

1918年，徐宝璜（中）在北京大学主讲新闻学时与友人合影。

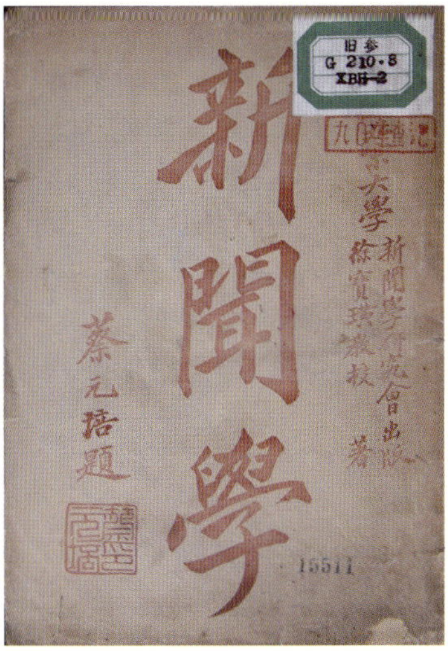

1919年，徐宝璜的《新闻学》由北京大学新闻学研究会出版，中国第一本新闻学著作问世。

1922年，任白涛的《应用新闻学》由中国新闻学社出版，这是中国第一本应用新闻学著作。图为1928年亚东图书馆版《应用新闻学》。

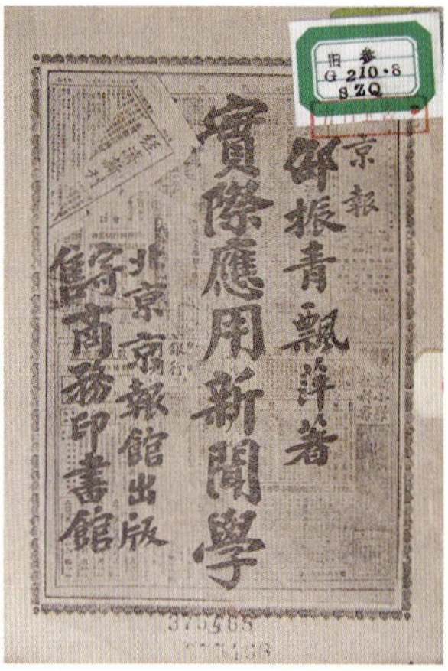

1923年，邵飘萍的《实际应用新闻学》由北京京报馆出版，这是中国第一本采访学著作。

1927年9月，蒋国珍的《中国新闻发达史》由世界书局出版，这是中国第一本新闻史著作。

1927年11月，戈公振的《中国报学史》出版，这是民国时期影响最大的新闻史著作，图为1928年商务印书馆版《中国报学史》。

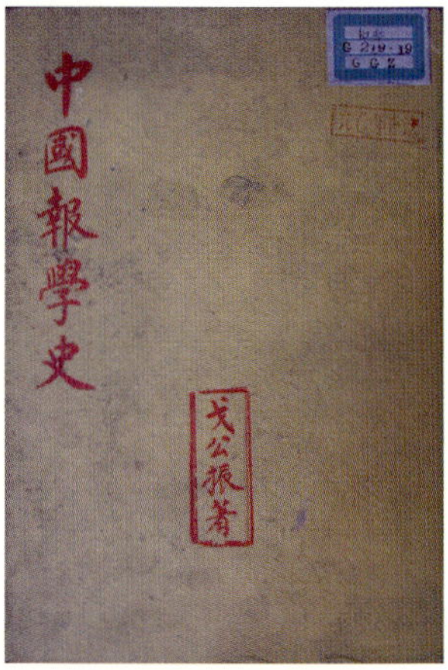

1933—1935年，著名记者、报刊史学家戈公振到欧洲各国考察新闻事业，1935年应邹韬奋之邀归国。图为我国驻苏联大使馆馆员欢送戈公振（前排右一）返国留影。

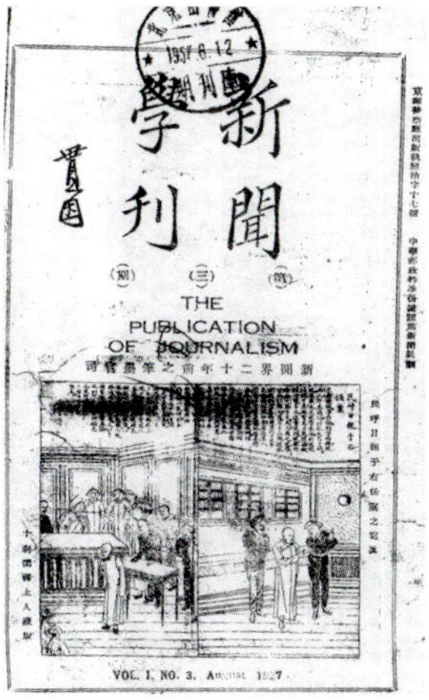

1927年1月，中国第一本新闻学术期刊《新闻学刊》，由北京新闻学会创办，1928年年底终刊，共出版2卷8期。

1929年3月，《新闻学刊》由季刊改组扩大而成《报学月刊》。

1929年，复旦大学新闻学系成立，首任系主任为谢六逸。

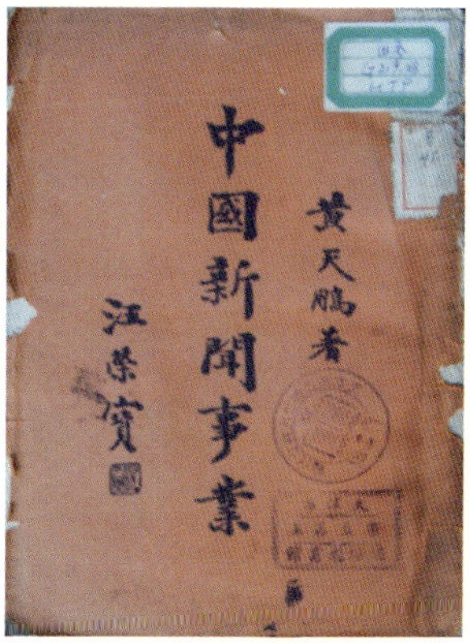

1930年，黄天鹏留学日本东京新闻研究所期间所作的《中国新闻事业》，由上海联合书店出版。

民国时期新闻学著述最丰富的新闻学者，为《新闻学名论集》《新闻学论文集》《新闻学演讲集》的主编，《新闻学刊》的创办者黄天鹏。照片由黄天鹏之子女黄佩韦与黄佩珊提供。

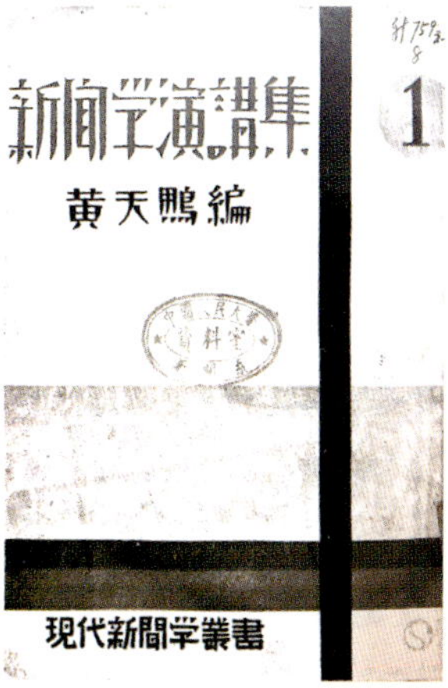

复旦大学新闻学系除了规定的课程外，还有两个讲座，一是敦请国内外学者来演讲的“报学讲座”，一是邀请专门学者短期演讲并以演讲方式指导研究的“特别讲座”。黄天鹏教授将听讲者笔记编辑整理成《新闻学演讲集》，由上海现代书局于1931年出版。

1931年，复旦大学新闻学系毕业生杜超彬（绍文）的《新闻政策》由复旦大学新闻学会出版。

1931—1937年，燕京大学新闻学系举办了六届新闻学讨论会，延请中外新闻先进进行演讲。第二届讨论会结束后，燕京大学新闻学系刊行《新闻学研究》，收录第一、二届讨论会的演讲稿及新闻学系学生的课外研究作品，共计40余万字。

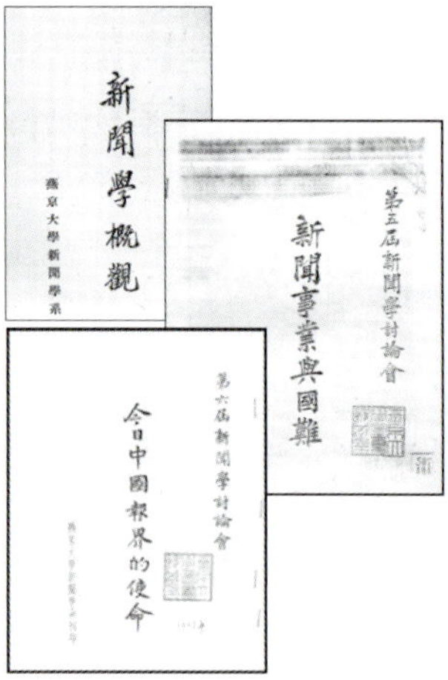

1935—1937年，燕京大学新闻学系举办第四、五、六届新闻学讨论会，分别印行《新闻学概观》《新闻事业与国难》《今日中国报界的使命》。

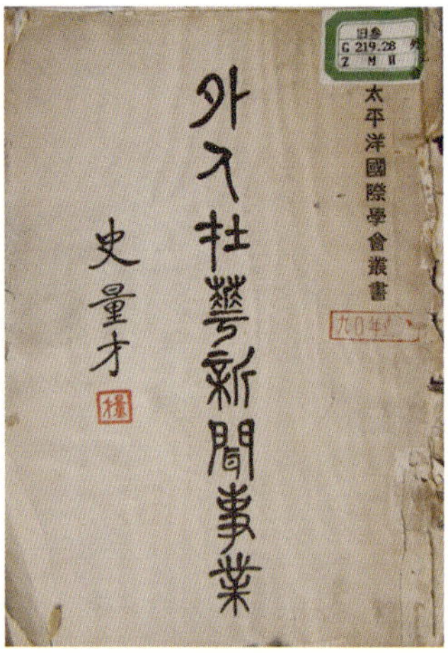

1932年，赵敏恒的《外人在华新闻事业》，由中国太平洋国际学会印行，史量才题写书名。

复旦大学新闻学教授郭步陶，出版《编辑与评论》《评论作法》《时事评论作法》《本国新闻事业》《西北旅行日记》等著作。

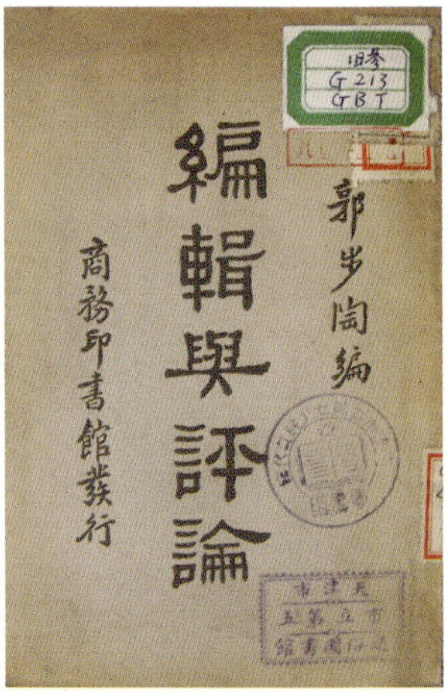

1933年，郭步陶的《编辑与评论》由上海商务印书馆发行。

1935年10月，庆祝复旦大学30周年，新闻学系师生举办“世界报纸展览会”。

1935年秋，复旦大学新闻学系全体合影。

庆祝复旦大学30周年"世界报纸展览会"纪念刊《报展》，于1936年1月出版。

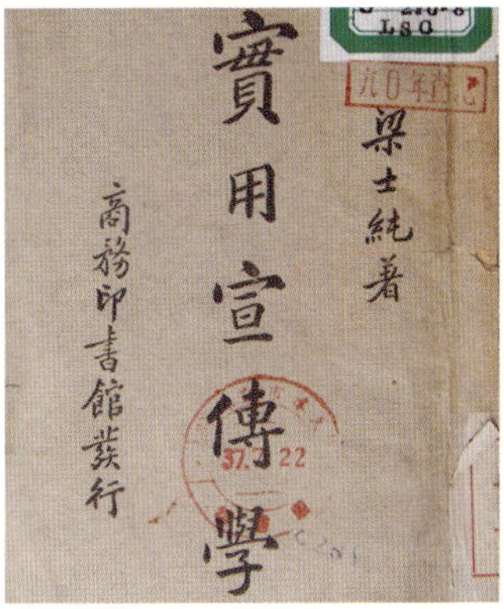

1936年，燕京大学新闻学系主任梁士纯的《实用宣传学》，由商务印书馆发行。

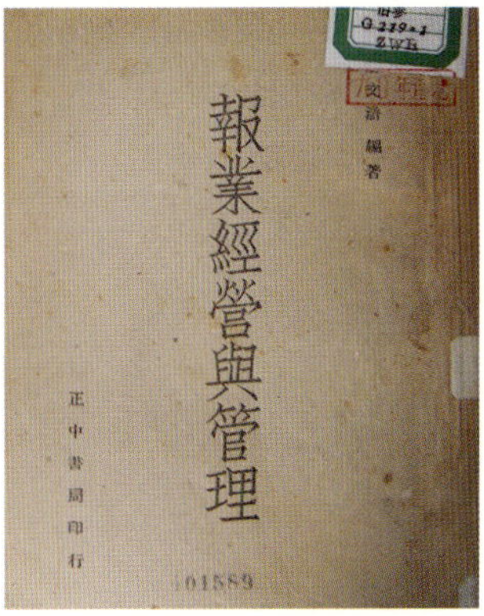

1936年，国民党中央政治学校新闻学系主任詹文浒的《报业经营与管理》，由正中书局印行。

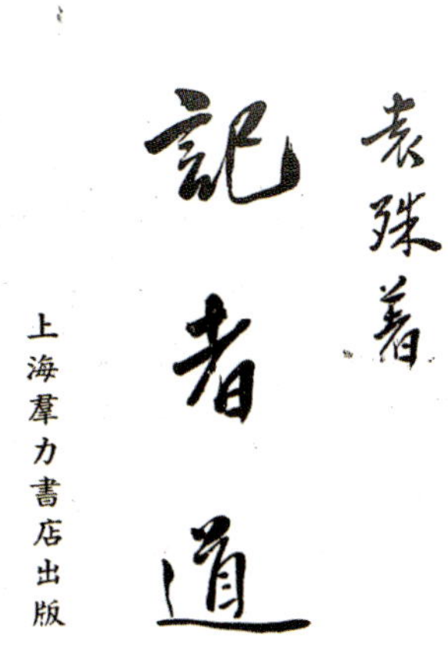

1936年，袁殊的《记者道》，由上海群力书店出版。

1937年6月，顾执中主编的《新闻记者》创刊，共出版2期。

1938年4月，"青记"会刊《新闻记者》创刊。

1938年，任毕明的《战时新闻学》由汉口光明书局出版，这是“战时新闻学”兴起的一个标志。

1938年9月，浙江省战时新闻学会创办《战时记者》，这是“战时新闻学”兴起的又一标志。

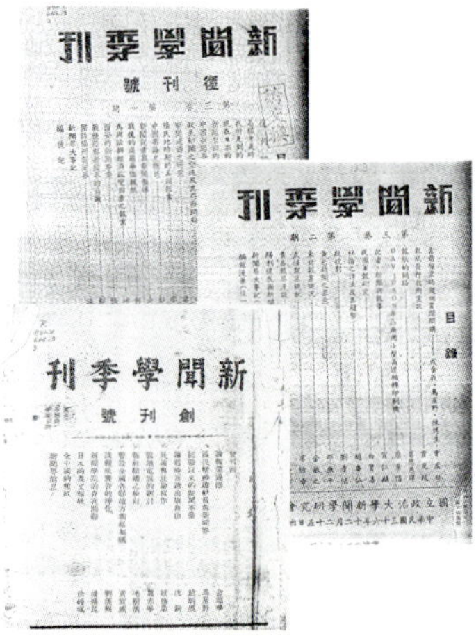

1939年11月，国民党中央政治学校新闻学研究会创办“纯学术性之定期新闻学刊物”《新闻学季刊》，出版至1942年2月第2卷第2期休刊。1947年5月复刊，出版至1947年12月第3卷第2期终刊。《新闻学季刊》共出版8期，是民国时期存在时间最长的一份新闻学术刊物。

著名的社会活动家、新闻学者萨空了，是20世纪三四十年代“国民党统治区第一个力图用马克思列宁主义思想为指导进行新闻理论研究的新闻学者”（方汉奇语）。图为萨空了与两个女儿。

1943年萨空了被囚时写作《科学的新闻学概论》，以艾秋飚之笔名于1944年由桂林文化供应社印行，1946年香港文化供应社再版，署名萨空了。

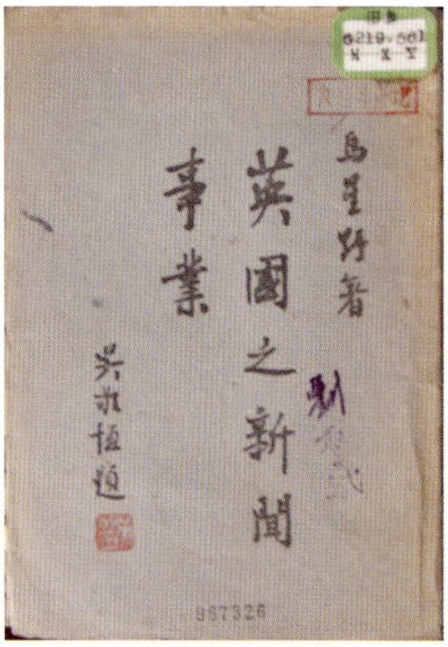

1943年，马星野的《英国之新闻事业》，由重庆文风书局印行。

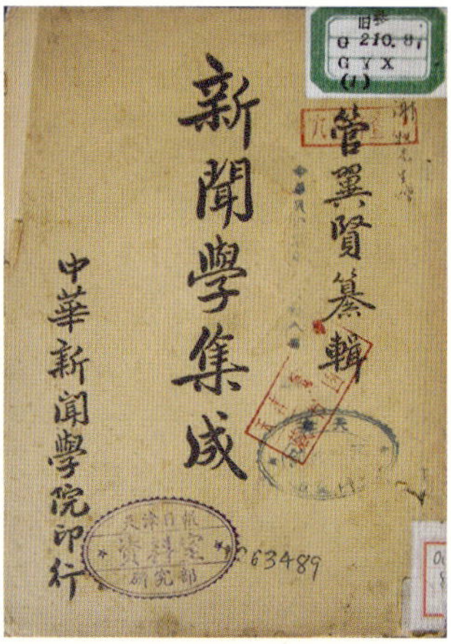

1943年，八辑本《新闻学集成》由中华新闻学院印行。

北平沦陷期间，天津《益世报》总编辑刘豁轩应邀先后担任燕京大学新闻学系代理系主任、系主任。当时系里主要课程由刘豁轩与孙瑞芹两人担任，刘豁轩讲授报学原理、报学管理、中文编辑、社论写作课程。

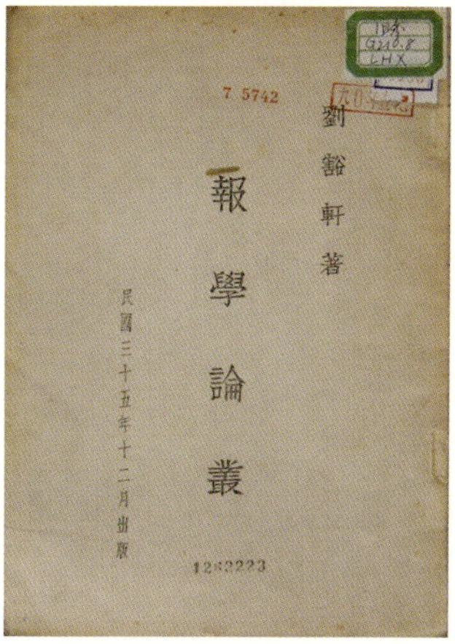

1946年，《报学论丛》由天津益世报社出版，此书收录刘豁轩在燕京大学新闻学系任教期间完成的论文。

著名的新闻活动家、新闻学者、新闻教育家恽逸群，主持国新社香港分社工作，主持华中解放区新华通讯社、《新华日报》、《大众日报》工作，是上海《解放日报》的创办人，创办与主持多所新闻院校（系）。

1946年，恽逸群在华中新闻专科学校讲授新闻学概论课程，讲义《新闻学讲话》在解放区多家书店印行，是解放区的第一本新闻学教科书。图为1947年冀中新华书店版的《新闻学讲话》。

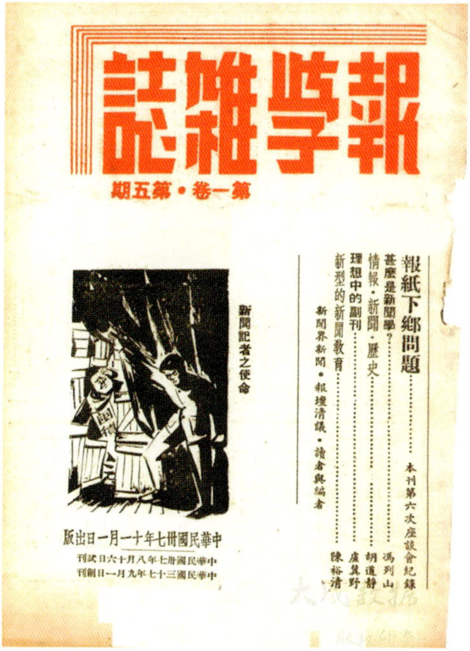

1948年8月，《报学杂志》半月刊创刊，出版至1949年1月终刊，共出版11期。

1956年，王中写作《新闻学原理大纲》。图为1956年王中（左一）与复旦大学新闻系部分教师访问新华日报社时在南京留影。

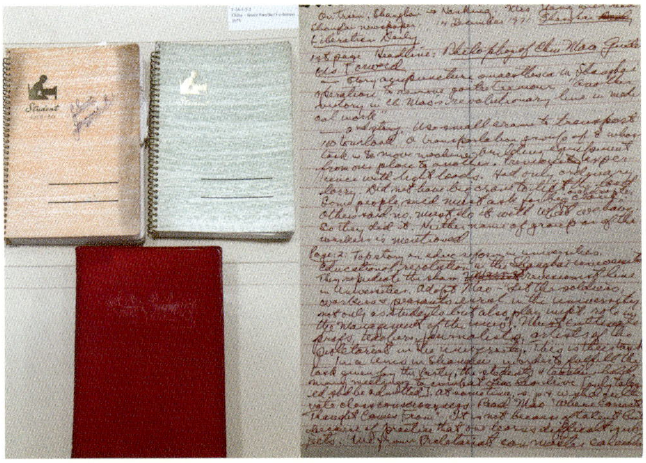

批判传播学先驱达拉斯·思迈斯于1971—1972年和1979—1980年两次到中国调研中国的社会主义传播理论、政策和实践，开创了国外传播学者到中国做传播学术交流的先河。这是他曾任教的加拿大西门菲莎大学档案馆保存的他两次调研的原始采访笔记。照片由赵月枝提供。

1981年，方汉奇的《中国近代报刊史》由山西人民出版社出版，这是中华人民共和国成立后出版的第一部报刊史专著。

1981年6月，复旦大学居延安的硕士学位论文《美国传播理论研究》通过答辩，这是中国首篇以传播学为内容的硕士学位论文。图为居延安撰写论文期间，与导师郑北渭教授访问夏威夷东西方研究中心时的合影。照片由居延安提供。

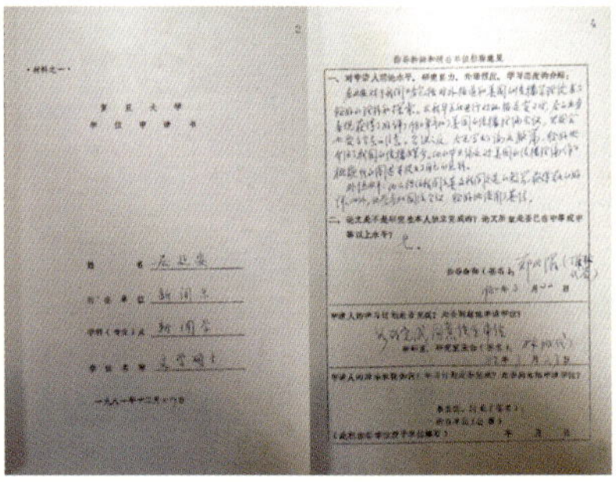

图为居延安硕士学位论文申请书的部分内容，藏于复旦大学档案馆。照片由林溪声提供。

1982年，陈崇山主持我国首次大规模新闻受众抽样调查（北京调查）。图为陈崇山肖像照。

1982年，“中国当代第一部大型新闻资料类书”《中国新闻年鉴》创刊。

1982年，甘惜分的《新闻理论基础》由中国人民大学出版社出版，这是中华人民共和国成立后第一部公开出版的新闻学理论教材。

1982年，美国传播学者威尔伯·施拉姆开启“传播学进入中国的破冰之旅”。图为1982年4月，施拉姆访问复旦大学新闻系并进行学术演讲。照片由陈小鹰拍摄。

1982年5月3日，威尔伯·施拉姆应邀到中国社会科学院新闻研究所访问并进行座谈。

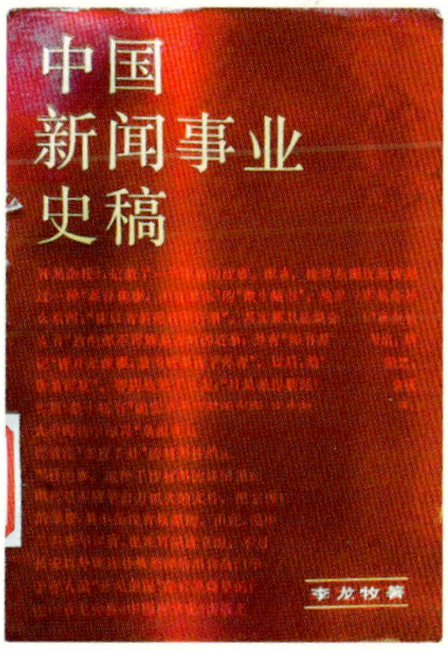

1985年，李龙牧的《中国新闻事业史稿》出版，这是对马列学院新闻班《中国报刊史教学大纲》研究思路的贯彻与发展，也是中华人民共和国成立后用马克思主义理论与方法研究中国新闻史的一次尝试。

1982年11月23—25日，由中国社会科学院新闻研究所倡议发起的中国大陆第一次全国性的传播学研讨会在新闻研究所召开。

1992年6月11日，中国新闻史学会成立大会暨第一届学术研讨会召开。

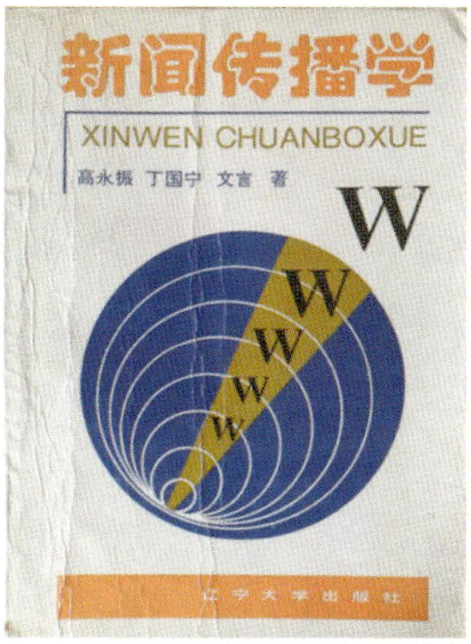

1994年，高永振、丁国定、文言合著的《新闻传播学》由辽宁大学出版社出版。此后，系列以“新闻传播学”命名的著作相继问世，拉开中国新闻学研究传播学化的进程。

1992年、1996年、1999年，方汉奇主编的三卷本《中国新闻事业通史》，由中国人民大学出版社出版。

2008年4月15日，北京大学新闻学研究会恢复成立暨导师聘任仪式在北京大学举行。

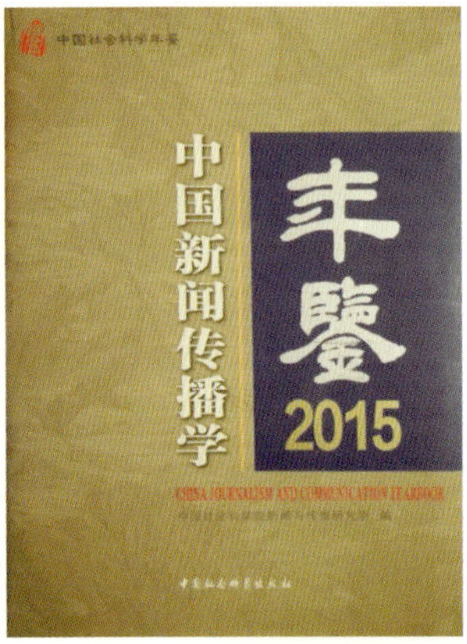

2015年，由中国社会科学院新闻与传播研究所编纂的中国第一部新闻传播学年鉴，由中国社会科学出版社出版。

2016年，由中国新闻史学会新闻传播教育史研究委员会编纂的中国第一部新闻传播教育年鉴，由武汉大学出版社出版。

2017年8月18日，中国新闻史学会2017年学术年会在郑州开幕，来自国内外的1300余位学者共襄盛会。

本栏特约编辑：李秀云（天津师范大学新闻传播学院教授）

《中国新闻传播学年鉴·2019》简目

目　录

历史编

第一篇　特载

成果编

第二篇　研究综述

专题综述

第三篇 论文选粹

第四篇 论文辑览

第五篇 国际交流

第六篇 学术出版

序跋选粹

新书选介

第七篇　学术期刊

综合编

第八篇　学术评奖

第九篇　科研项目

第十篇　学人自述

第十一篇　学术动态

学术纪事

概况编

第十二篇　高校学术概况

第十三篇　研究机构及社团

研究机构概况

学术社团

第十四篇　研究生学苑

第十五篇　港澳台专辑

第十六篇　海外特辑

历史编

第一篇
特载

继往开来　不辱使命
努力构建中国特色新闻传播学学术体系*

谢伏瞻

尊敬的柳斌杰院长、张研农主席、方汉奇先生，
各位专家学者，各位来宾，同志们，朋友们：

大家上午好！

首先，我代表中国社会科学院向出席本次研讨会的各位专家学者、各位嘉宾表示诚挚的欢迎！对新闻与传播研究所成立40周年表示热烈的祝贺！

今年是改革开放40周年，新闻与传播研究所与改革开放同行，取得了很大成绩，作出了重要贡献。我大学毕业后，第一个工作单位就是人民日报社，那时新闻研究所刚刚创办不久，就在人民日报社大院里。刚才听了新闻与传播研究所成立40年来发展变化的介绍，感到非常高兴、非常亲切。40年来的发展变革表明，新闻与传播研究所不愧为马克思主义新闻理论的传承者，中国传播学的开拓者，高端新闻人才的培养者，不愧为我国新闻传播学研究的学术重镇。新闻所的发展变化与改革开放息息相关，可以说，没有改革开放，就没有新闻与传播研究所，也就没有新闻与传播研究所今天的发展成就。

改革开放是决定当代中国发展命运的关键一招，是实现中华民族伟大复兴的关键一招。党的十八大以来，习近平总书记多次强调，要坚定不移全面深化改革扩大开放，只有改革开放才能发展中国、发展社会主义、发展马克思主义。在全面深化改革开放的新征程上，在全面建设社会主义现代化国家、实现中华民族伟大复兴的新征程上，新闻舆论工作尤其重要。习近平总书记指出，党的新闻舆论工作是党的一项重要工作，是治国理政、定国安邦的大事。做好党的新闻舆论工作，事关旗帜和道路，事关贯彻落实党的基本理论、基本路线和基本方略，事关党和国家各项事业的顺利推进，事关全党全国各族人民的凝聚力和向心力，事关党和国家的前途命运。重视党的新闻舆论工作，是我们党的优良传统，也是革命建设与改革事业不断取得胜利的一个重要法宝。习近平总书记的重要论述，为做好新时代新闻舆论工作以及新闻与传播研究指明了前进方向，提供了根本遵循。

当代中国正经历着我国历史上最为广泛而深刻的社会变革，也正在进行着人类历史上最为宏大而独特的实践创新。这种前无古人的伟大实践，必将给理论创新、学术繁荣

---

* 2018年11月24日，“中国新闻学百年暨中国社会科学院新闻与传播研究所成立四十周年学术研讨会”在北京举行，会议由中国社会科学院新闻与传播研究所主办。该文为中国社会科学院院长、党组书记谢伏瞻在研讨会开幕式上的讲话。

提供强大动力和广阔空间。风云际会，方显英雄本色。新时代，新闻传播学研究面临着难得的发展机遇，必将大有作为。新闻与传播研究所要立时代潮头，通古今变化，发思想先声，以新时代重大理论和现实问题为主攻方向，加快构建中国特色新闻传播学的学科体系、学术体系和话语体系。在这里，我提几点希望。

第一，要坚持正确的政治方向和学术导向。坚持正确的政治方向和学术导向，说到底，就是要坚持以习近平新时代中国特色社会主义思想统领新闻与传播学研究。要增强“四个意识”，坚定“四个自信”，坚决维护习近平总书记的核心地位，坚决维护党中央权威和集中统一领导，坚定不移地在思想上政治上行动上同以习近平同志为核心的党中央保持高度一致，学懂弄通做实习近平新时代中国特色社会主义思想，并贯穿于新闻传播学研究的全过程。要始终坚持党性原则，坚持马克思主义新闻观，牢牢把握讲政治这个第一位的要求，把政治导向、政治要求体现到新闻传播学研究工作中去。

第二，要体现原创性。习近平总书记指出，跟在别人后面亦步亦趋，不仅难以形成中国特色哲学社会科学，而且解决不了我国的实际问题。新闻传播学研究要紧密结合中国国情，在提升新闻传播学研究的原创能力上下功夫。新闻传播学既是一门“老”学科也是一门“新”学科。说它“老”，是因为早在马克思、恩格斯时期，就有了对无产阶级新闻学和报刊思想的研究。1948 年毛泽东同志的《对晋绥日报编辑人员的谈话》至今仍是我国新闻学研究的重要文献。说它“新”，是因为新闻传播学的研究与信息技术的发展密切相关，在互联网发展的影响下，研究领域不断拓展，研究对象不断变化，研究方法不断创新。新时代的新闻传播学研究，要着力提炼有学理性的新理论，概括有规律性的新实践，不断推出精品力作，奋力打造新时代中国特色新闻传播学的学科体系、学术体系和话语体系。

第三，要体现时代性。当年，成立新闻研究所是时代发展的需要，后来新闻研究所改名为新闻与传播研究所，也是顺应时代发展的要求。今天，国际国内环境发生了广泛而深刻的变化，尤其是以互联网为代表的新兴媒体迅速崛起和广泛应用，大大改变了传统的新闻传播格局和舆论生成模式。我们必须科学认识网络传播规律，研究探索互联网时代的新闻传播特点，探索互联网时代舆论环境、媒体格局、传播方式的新变化，探索新媒体和传统媒体融合发展的路径，探索新媒体时代新闻传播理论与实践的发展创新，探索思想理论、价值理念和舆论引导的互动特点与规律，探索加强网上舆论热点研判、舆情风险管控的对策，探索加强话语体系建设提升国际传播能力的方式和路径，等等。研究回答新时代新闻舆论传播的重大理论和实践问题，为提升新闻舆论工作的传播力、引导力、影响力和公信力提供学理支撑。

同志们、朋友们：中国的改革开放是史无前例的伟大事业，中国特色社会主义新时代是史无前例的伟大时代。让我们更加紧密地团结在以习近平同志为核心的党中央周围，牢记使命，不负重托，多出顶尖成果和拔尖人才，为实现“两个一百年”奋斗目标、实现中华民族伟大复兴的中国梦作出应有的贡献！

谢谢大家！

北京大学新闻学研究会的历史贡献及当代意义*

方汉奇

主持人，各位嘉宾，老师们同学们：

很高兴今天来参加这个会。今天这个会，主要纪念两个周年，一个是北京大学新闻学研究会成立的100周年，一个是这个研究会恢复成立的10周年。

北京大学新闻学研究会是在新闻学刚刚被引进中国，和新闻事业在中国的政治、经济、文化等各个领域开始发挥重要作用的时期创办起来的，曾经为中国新闻学的发展、新闻教育的发展、新闻事业的发展作出过重大的贡献。它活动的那个时期是中国新闻事业相对比较发展的一段时期，就是20世纪的二三十年代。五四时期的大量报刊是那个时候出现的，建党初期大量党的报刊是那个时期出现的，民族资产阶级办的民营报刊，在那个时期也得到了比较大的发展。北京大学新闻学研究会当时的活动，对中国的新闻教育、新闻学研究和新闻事业的发展都有重大影响，都起了很大的推动作用。虽然这个研究会当时只活动了两年两个月，时间不算很长，但是影响很大，它标志着中国新闻学研究的开端，标志着中国新闻教育的开端。在新闻学研究会的活动期间，还出版了中国的第一本新闻学著作，创办了中国的第一份新闻专业期刊。而且这个新闻学会是和毛泽东、高君宇这样的一些无产阶级革命家的名字联系在一起的。

北京大学新闻学研究会当年办过两个班，毕业了几十个会员，其中包括很多历史上有影响的著名人士。老的新闻学研究会的会员我有幸见过四个半。一个是杨晦，20世纪50年代北京大学中文系的系主任。我1953年从上海调到北京大学中文系新闻专业教新闻史，认识了他，但不知道他是新闻学会的会员，只知道他是搞文艺理论的。但是每次系里开会跟他谈新闻学的事，他都非常知根知底，我就纳闷了，我说你怎么对新闻学那么了解，他说我是北京大学新闻学研究会的会员呀，我说名单里面没你啊。他说他当年不叫杨晦，叫杨兴栋，我一查名单，果然有个杨兴栋，才知道眼前的这位系主任就是当年新闻学会的会员。后来又通过他见到了常惠。杨、常之外的另一个则是罗章龙，在会员名单里记的是他当年常用的名字罗敖阶。20世纪90年代，我为了了解邵飘萍的有关情况曾经多次访问过他，因为邵是他和李大钊共同介绍入党的。到台湾去想见一下杨亮功，那时候他还在世，见到了。就这样，老的新闻学研究会的会员一共见到了四个。此外还有毛泽东，20世纪50年代的时候，一年两次游行，五一劳动节一次，十一国庆节一次，

---

* 2018年10月14日，“百年中国新闻教育：传承与发展”暨北京大学新闻学研究会成立100周年学术研讨会在北京召开，会议由北京大学新闻与传播学院、北京大学新闻学研究会联合举办。该文为中国新闻史学会创会会长、中国人民大学荣誉一级教授方汉奇在会上的发言。

每一次都能见到毛泽东，不过他在城楼上，我在游行队伍里，那只是遥遥地看一眼，如果这也算，算半个，加起来一共见过四个半。现在一个也不在了。

北京大学新闻学研究会有哪些优良传统呢？我觉得可以概括成以下四个方面。

第一，所有参加这个研究会的成员，都有高度的反帝爱国的思想，都有以振兴中华为己任的时代责任感，都积极地参与当时的救亡运动、文化进步运动和政治活动。现在已知的有姓名可考的55名会员当中，有不少都是五四运动的积极参加者，是五四运动中的“健将”。还有不少人是早期的马克思主义小组成员，是中国共产党建党初期的党员，其中，有两位是北京共产主义小组的成员，有两位是广州共产主义小组的成员，有两位是中国共产党一大的代表，有两位是后来中共的北方局负责人，还有一位后来是南昌起义革命委员会的主席团成员。两个导师，邵飘萍是1925年的中共秘密党员，徐宝璜不是党员，但是他积极地参加当时的救亡运动，坚决抵制段祺瑞政府制造的“3·18惨案”，因此被列入黑名单，他也是进步的教授。这些人都是抱着救亡的目的，抱着追求科学和民主、探索振兴中华道路的目的进入这个学会，从事新闻学研究的。

第二，紧密地和国际接轨，有比较广的学术上的探讨。研究会创办的一些骨干力量，相当大的一部分都有在海外留学的经历，是当时的海归，而且是中国比较早的海归。像蔡校长，他是进士，1902年到日本去留学，他翻译过日本的哲学著作，1907—1911年又跑到德国去留学，待了4年，后来又去过瑞士、俄国，他通6门外语。

徐宝璜1912年在北京大学考取公费留学生赴美国留学，先是在纽约州的林业工程学院学习，后来转到密歇根大学学经济学、新闻学。他的那本新闻学著作，是中国第一本新闻学著作。该著作征引的参考书目的31种当中30种是英文，他征引的论文大概是72篇，有68篇是英文。可见，他的新闻学著作在很大程度上参考了当时最新的西方研究成果，是和国际接轨的。

邵飘萍两次去日本，1914—1915年是学法律，第二次因为受到段祺瑞的通缉，到大阪朝日新闻做社评委员，在日文的报纸做社评委员，他是能够用日文写作的。应邀到北京大学新闻学研究会作演讲、作报告的两位专家教授，一个是李大钊，一个是高一涵，也是海归，李大钊是早稻田大学的，高一涵是明治大学的。这些人有比较广阔的学术视野。他们关注新闻，而且他们也对人文社会科学的诸多领域有所了解。蔡元培是研究哲学、文学、伦理学的，邵飘萍和李大钊是学法律的，高一涵是学政治的，他们都对新闻事业、对新闻学的研究有一些自己的想法，同时非常尽心尽力地把当时世界上最新的这方面的学科知识引进来，介绍给新闻学研究会的会员。

第三，紧密联系新闻事业的实际。新闻学研究会的一些骨干力量，有相当大一部分都是从事过办报活动的，像蔡校长，他办过《外交报》《苏报》《锦州日报》；邵飘萍办过《汉民日报》，后来办《京报》；徐宝璜和李大钊都办过《晨钟报》。像高君宇，他当时参加过《国民新潮》，后来又参加过《向导》《中国工人政治生活》等很多报刊的出版工作。毛泽东后来办《湘江评论》，这是大家都知道的。这些都是对新闻工作有比较深入了解的骨干力量。

参与到这个学会的研讨活动当中，很自然地在研讨过程中就会紧密地联系中国新闻事业的实际。会员当中还有陈公博，他主要谈他在广东办报的体会。因此在研讨的活动当中可以看得出来，这个研究会的成员们非常关注中国新闻事业的发展，关注新闻事业规律的研究，关注报纸功能的研究，关注假新闻和有偿新闻的研究，关注广告和新闻道德的研究，有的研究在现在看起来还是非常前沿的，说明他们的研究是紧密联系当时中国新闻实际的。

第四，向社会看。北京大学的新闻学研究会是北京大学的一个校内社团，当时它的章程第五条有一个规定“本会隶属于北京大学，校内外人均可参加”，不限于北京大学校内。现在有姓名可考的55个会员当中，起码有3个人就不是北京大学的学生。导师当中邵飘萍也不是北京大学的，他是《京报》的社长、总编辑。不以北京大学为限，面向社会。要说有区别，就是收会费不同。校外的一年收18块钱，校内的9块钱。后来调整了之后，校外是8块，校内是4块。当然这个数量也够可以，因为当时毛泽东一个月的工资也就8块。但是，校内外除了这个之外没有什么区别。

我想这个传统，10年前恢复成立的北京大学新闻学研究会就继承得很好，发扬得很好。研究会聘请顾问、副会长、导师，不完全是北京大学的，有清华的，有中国传媒大学的，有复旦大学的，有华中科技大学的，也有中国人民大学的；而且不以境内为限制，还包括境外香港中文大学的李少南教授；而且不以国内为限，还包括日本龙谷大学的卓南生教授，真是海纳百川，这一点也可以说它是继承了北京大学新闻学研究会的一个很好的传统。

北京大学新闻学研究会还有一个很好的传统，就是由校长担任会长。历史上的北京大学新闻学研究会由蔡元培校长发起并担任会长，他亲自起草研究会的章程，确立了研究会宗旨，并聘请徐宝璜和邵飘萍担任研究会导师。蔡元培校长是在北京大学的历史上、中国教育史上、中国近现代史上口碑最好、最受尊敬的大学校长。他自1916年冬天至1927年7月当了十年半的北京大学校长，这段时间奠定了北京大学的基础，奠定了北京大学的地位，他的办学理念、办学思想至今还受到社会的认同和尊重。北京大学新闻学研究会复会以后，继承这一传统，从许智宏校长起，由历任校长担任会长，他们都给予研究会很大的支持。

据我了解，北京大学新闻学研究会复会以后，每年都要举办年会（包括青年论坛），经常举办“北京大学新闻学茶座”，举办了五届“全国新闻史论师资特训班”，还出版了“北京大学新闻学研究会学术文库”。在继承历史传统的同时，不断开拓进步，在新闻学，尤其是新闻史教学、研究方面，形成了自己的特色。

北京大学新闻学研究会成立100周年了，很荣幸躬逢百年盛典，也很高兴见证了复会10周年以来北京大学新闻学研究会的发展。希望北京大学新闻学研究会像蔡校长在办会宗旨里提到的，要在“研究新闻学理，增长新闻经验，谋求新闻事业的发展”这三个方面继续努力，为今天中国新闻教育、新闻学研究和新闻事业的发展继续不断作出新的贡献。

纪念中国新闻学百年专题研究辑览

新闻学研究

郑保卫在《新闻与写作》2018 年第 1 期发表《中国新闻学百年回望与思考》。该文梳理了百年来中国新闻学由传统新闻学到社会主义新闻学，再到中国特色社会主义新闻学三个阶段的发展轨迹，提出要以马克思主义和习近平新时代中国特色社会主义思想为指导，加快构建中国特色社会主义新闻学科学体系，为继续丰富发展中国新闻学作出新的时代贡献。该文在纪念中国新闻学诞生百年之际，回顾其发展历程，总结其历史经验，探讨其未来发展，在党的十九大精神和习近平新时代中国特色社会主义思想指引下，继续创新发展中国新闻学，加快构建中国特色社会主义新闻学科学体系，具有重要的理论价值和实践意义。

季为民在《陕西师范大学学报（哲学社会科学版）》2018 年第 3 期发表《中国特色新闻学的历史、使命和方向——关于中国新闻学创立百年的回顾思考》。该文致力于探索建构具有中国特色、中国风格和中国气派的新闻学道路，使新闻学成为“对哲学社会科学具有支撑作用的学科”。该文主要通过回顾中国新闻学的学科定位和发展历程，探索新闻活动和新闻事业产生和发展的独特规律及新闻工作的基本要求；分析中国特色新闻学学科建设和学术研究的现状、问题和目标使命，重塑新闻理论主体性，从中国的现实问题出发进行理论创新；指明中国特色新闻学学科体系、学术体系和话语体系建设的方向，运用马克思主义的立场、观点与方法指导研究，梳理马克思主义新闻学在新闻观念、理论等方面的边界问题与演变路径，为探索中国新闻学发展规律提供可行路径。

童兵在《新闻爱好者》2018 年第 8 期发表《中国新闻学研究百年回望与思考》。该文回望中国新闻学研究的百年历史，对“新闻学百年历程的基本思考”问题进行探究，认为中国新闻学研究可以有许多观察的窗口，可以有更多评论的视角。该文主要观点有三：第一，理论自觉是中国新闻学成长的动力；第二，西学东渐是中国新闻学研究破土和枝繁叶茂的原因；第三，学术自由与科技支持是新闻学拓展的两大支柱。并以此三个视角为出发点，探讨中国新闻学研究百年的历程、经验与教训，梳理中国新闻学研究的基本经验和主要方法。

马克思主义新闻学研究

郑保卫、叶俊在《新闻春秋》2018 年第 1 期发表《中国马克思主义新闻学百年形成发展历程》。该文详细叙述了马克思主义新闻学在中国的形成与发展经历了外来化、本土化、学理化、理论化、时代化等阶段，以及苏联报刊工作经验和列宁新闻思想的运用、中国共产党党报理论的成熟、马克思主义新闻理论的初步探索、马克思主义新闻理论的形成和中国特色社会主义新闻学的理论建构等几个历史节点。该文秉持鲜明的政治意识和国情意识，强调我国马克思主义新闻学的理论范式及话语随着环境的变化不断发生着变化，经过百年发展，如今中国马克思主义新闻学已趋成熟，显现出鲜明的“中国特色”成为中国特色社会主义理论的重要组成部分，为我们留下了一笔宝贵的思想财富。

童兵在《当代传播》2018 年第 6 期发表《一字领百年：北京大学新闻学研究会“学”字之悟》。该文以北京大学新闻研究会成立不足百天改名为北京大学新闻学研究会这一“学”字添加事件为由头，叙述了中国新闻学建设沿着重在“新闻学理研究”之路，走过了百年发展历程。该文一方面驳斥了“新闻无学论”，指出要彻底清除“新闻无学论”，清除新闻运作无规律可循等思想上的流毒，要把马克思主义新闻观中国化变为现实的新闻观念和新闻政策，我们还有一段很长的路要走。另一方面，该文尊重和秉持“新闻有学”方针，重视习近平总书记关于新闻舆论工作的重要论述，提出了要做好党的新闻舆论工作，就必须遵循新闻传播规律，创新方法手段，不断提高能力和水平的方法论。

新闻学论著整理研究

黄春平在《国际新闻界》2018 年第 12 期发表《中国新闻学论著整理研究的百年进展与反思——基于学科发展的视角》。该文基于学科发展的视角，尝试梳理、归纳百年来有关新闻学论著整理研究的各类成果，并分析百年来学界在此领域所取得的进展、成就，指陈其得失，以期为进一步完善百年中国新闻学论著整理研究这项基础性的学术史工作抛砖引玉。在定义百年中国新闻学论著整理研究的基本路径方面，该文立足于查漏补缺，构建系统完整的百年中国新闻学论著编目；创新整理研究的方法，借助数字化技术，构建文献数据库；以问题为中心，利用大数据技术突出整理研究的专题性、个案性、跨学科性三个方面的学科高度开展整理研究，从较宽阔的百年论著视野下观照我国新闻学术的整体发展，这对于中国新闻学的百年学科史、专业史和学术史而言，无疑是鸟瞰全局的新视角。

新闻业务研究

强月新、刘莲莲在《新闻与传播评论》2018 年第 1 期发表《历史性介入、制度化约束与多面向拓展——中国新闻业务研究百年回顾与思考》。该文立足于新闻业务研究内容的梳理，从研究环境的变化、研究内容和研究方法三个方面探究我国新闻业务研究 100 余年来的发展状况，重点从环境性因素、新闻产制实践、学科规律三个维度描述新闻业务研究并解释新闻业务研究何以如此，以期探寻出新闻业务研究变迁的路径和规律，并在此基础上讨论现有研究的特点，展望新闻业务研究下一步发展和演变的可能性。在分期问题上，该文突破固有的中国新闻业务发展史分期方式，以更为宽泛的三个阶段的分期方法，试图呈现同一研究主题的延续性和变化的内在逻辑：从鸦片战争到 1948 年为新闻业务研究的起步阶段，1949—1977 年为新闻业务的制度化阶段，1978 年至今为新闻业务研究的本位回归和多面向拓展阶段。

刘英翠、张悦在《出版发行研究》2018 年第 12 期发表《中国新闻述评概念的百年回顾与体系建构——纪念新闻述评文体 100 周年》。该文以新闻述评百年诞辰为契机，梳理了百年间新闻述评流变之概念，并将其建构为包括内涵与外延两方面的体系，进而向业界展示新闻述评是一种可保持内涵不变而外延无限延伸与拓展的极富兼容性的文体。作为一种存在百年且可溯至先秦的文体，新闻述评尚有诸多的可能性，为拓展这其中的诸多可能性，文章意从百年概念之流变入手，回顾其变化，解析其内涵，进而为新闻述评的“是什么”建构起一个囊括内涵与外延于其中的体系，以期敦促业界人士在认识新闻述评文体扩容性的基础上善用之、推广之，进而实现人所共知。

新闻史研究

邓绍根、李兴博在《兰州大学学报（社会科学版）》2018 年第 4 期发表《百年回眸：中国新闻传播教育史研究回顾与前瞻》。该文站在百年关口，回顾中国新闻传播教育史研究，梳理其研究历程，总结其研究特点，展望未来研究的发展路径。该文将百年中国新闻传播教育史研究分为萌芽起步（1918—1949）、曲折前行（1949—1978）、恢复发展（1978—2000）和开拓创新（2000 年至今）四个阶段，总结不同阶段的不同研究特点，总结得出百年中国新闻传播教育史研究边界不断拓展，研究深度不断增加，研究角度渐趋多样，研究成果不断涌现；并由此反思中国新闻传播教育史研究，认为新理论、新史料、新方法、新视野等都是可以拓展的研究空间。

邓绍根在《出版发行研究》2018 年第 10 期发表《百年奠基：论徐宝璜新闻传播教育的历史贡献和遗产》。该文全面研究徐宝璜在中国新闻传播教育史上奠基立业的历史贡献，深入分析他确立的新闻传播教育传统和历史遗产，发掘其贡献的学术价值和现实意义。该文系统梳理了徐宝璜作为百年中国新闻传播教育的奠基人、拓荒者，在开创中国新闻传播教育新纪元中的标志性事件：参与创办了中国第一个新闻传播教育团体——北京大学新闻学研究会，组织出版中国第一份新闻学刊物《新闻周刊》，编撰中国第一本国人自撰的新闻学教材及专著《新闻学》，培养了中国第一批新闻人才，开设了中国高等学府第一门新闻学课程，主持了中国第一个四年制的大学新闻学系——平民大学新闻学系，设计了我国第一个四年制大学新闻传播教育方案，确立了新闻传播教育传统。

潘祥辉、白华康在《新闻大学》2019 年第 1 期发表《百年“公报”史：概念、源流与历史演变》。该文以“‘公报’如何从通名转化为专名，从一种报纸的名称转变为一种公文的名称，最后消失在‘新闻学词典’中”为主要议题，梳理了公报从清末以来的发展历程，揭示了其名称在官报、政报和公报之间的演变过程，并总结了当代公报的媒介特征。该文主体架构分为三个部分。首先，以“公报”在西方的起源与演变为起点，揭示“‘公报’的内涵随着时代的变化而变化”的史实，进而介绍了“公报”在近现代中国的发展与演变，最后叙述了 1949 年以后，“公报”从报刊到公文的演变过程，并作出“在新时代尤其是数字媒体不断发展的当下，不论从形式、名称或内容上，未来‘公报’都可能经历新的、更进一步的演变”这样一个合理预测。

资料收集：张　萌（中国社会科学院新闻与传播研究所助理研究员）
资料整理：吴中杰（中国社会科学院研究生院新闻学与传播学系研究生）

成果编

第二篇
研究综述

学科综述

中国新闻学研究2018年综述

中国应用新闻学研究2018年综述

中国新闻传播史研究2018年综述

中国广播电视研究2018年综述

中国传播学研究2018年综述

中国传媒经济学研究2018年综述

中国新媒体研究2018年综述

中国广告学研究2018年综述

中国编辑出版学研究2018年综述

专题综述

马克思主义新闻观研究2018年综述

媒体融合研究2018年综述

媒介法规研究2018年综述

社会化媒介研究2018年综述

新闻教育研究2018年综述

政治传播研究2018年综述

国际传播研究2018年综述

公共传播研究2018年综述

计算传播学研究2018年综述

健康传播研究2017—2018年综述

舆情研究2018年综述

微传播研究2018年综述

华夏传播研究2018年综述

中国新闻学研究2018年综述

2018年的新闻学研究，聚焦新时代中国特色新闻学，在马克思主义新闻理论方面有所突破，并针对当下存在的问题从文风和学风方面予以反思。对于新闻的本质和规律方面的研究，集中探讨新闻的哲学基础与典型特征，特别是关于新闻专业主义和后真相的讨论有助于厘清较多关键问题。如今，新闻业和新闻记者在智媒时代面临各种挑战，新闻生产的内容和形态不断创新，算法、数据新闻、区块链等都是热点话题，而媒体转型和发展的趋势也反映到新闻教育的与时俱进中。新闻行业日新月异，媒体伦理与信息治理方面的探索，其重要性日益凸显。当然，也应当看到，越来越多的学者从国家战略的高度关注到乡村振兴中传媒的信息扶贫作用。同时，鉴于中国在国际传播中的走出去战略，国际话语权这个多年来被关注的问题仍然具有广阔的探索空间。

一、马克思主义新闻观

（一）新时代中国特色新闻学

习近平指出："在解读中国实践、构建中国理论上，我们应该最有发言权，但实际上我国哲学社会科学在国际上的声音还比较小，还处于有理说不出、说了传不开的境地。"针对这种状况，近年来，新闻学界也已开始思考如何构建体现中国特色、中国风格、中国气派的新闻学学科体系、学术体系、话语体系，使之尽快成为名副其实的具有支撑作用的哲学社会科学学科。

基于此，有研究者认为一是需要继承和发展马克思主义新闻理论；二是注重弘扬中华优秀传统文化中的相关思想；三是基于新的媒介技术和新闻实践进行理论探索；四是善于借鉴西方新闻传播思想中的有益成果。[①] 有研究者概括出中国特色新闻学建设的资源来自以下六个方面：中国的新闻传播实践、中国新闻思想史所提供的理论学术资源、中国特色社会主义新闻理论的丰富资源、西方新闻学的理论与学术资源、传播学的理论与学术资源、舆论学的理论与学术资源。该研究者强调应遵循两个基本方法，即理论联系实际的方法、传播的观点与历史的观点相统一的方法。[②] 有研究者提出新时代新闻舆论工作的价值坚守和路径创新，认为迈入新时代，新闻传播工作要以打造新型主流媒体、构建全球传播体系、建设未来人才队伍为目标，坚持观念和手段创新、讲好中国故事、培养新闻人才，努力提升新闻宣传和舆论引导的传播力、影响力、公信力。[③] 有研究者则指出新闻学在推出高质量学术成果方面还存在短板，这是新闻学话语体系建设中亟待解决的一个重要问题。[④]

---

① 季为民：《构建新时代中国特色新闻学正当时》，《人民日报》2018年5月28日。

② 雷跃捷：《建设中国特色新闻学的命题、资源、路径与方法》，《现代传播（中国传媒大学学报）》2018年第10期。

③ 高晓虹、赵希婧：《新时代新闻舆论工作的价值坚守与路径创新》，《中国编辑》2017年第12期。

④ 童兵：《加强新闻学话语体系建设》，《新闻战线》2018年第10期。

习近平新闻思想以深刻的时代性、系统的创新性、鲜明的实践性丰富和发展了马克思主义新闻观，标志着我们党对新闻舆论工作的理论认识和实践探索达到了新高度。有研究者论述了习近平新闻思想对马克思主义新闻观的新贡献，并就习近平在纪念马克思诞辰200周年大会上的讲话分析其对新闻舆论工作的指导意义。① 有研究者解析了习近平新闻思想的理论内涵，包括新闻工作定位论、党性论、导向论、使命论、规律论、融合论、创新论、人才论，以及国际传播能力和话语体系建设论、互联网空间治理体系论等内容。② 有研究者从网络强国思想、沟通思想、舆论思想各方面进行了相关论述。③《新闻记者》期刊开辟了学习习近平新闻思想专栏，研究者分别发表了心得体会，阐述了这方面学习的要点和重点。④

党的十九大首次设立的“党代表通道”，因精心擘画和别出心裁的安排而引人注目，既为中外媒体进一步了解中国执政党提供平台，也为一线党代表走向台前提供了宝贵契机。有期刊组织专家学者就“党代表通道”的意义与创新展开讨论，十九大新闻中心中宣部新闻局的张强、中国日报社国内部的朱喆、人民日报社政治文化部的徐隽、新华社新媒体中心的高洁等，⑤ 分别从实际操作的层面论述了“党代表通道”的做法经验、成效特点等，认为这是党代会报道的重大创新，展现了中国共产党人的新时代气质。有研究者则从政治传播的层面来谈形式创新和语态创新。⑥

2018年度同样备受关注的还有被作为新时代新宣传样本的纪录电影《厉害了，我的国》，有研究者认为这不是一般意义上的故事片，对政治的要求极高，需要制作者具备大型政论片的“天眼”，同时要体现宣传规律和艺术规律，对电影表现手法和技巧有极高的要求。⑦ 有研究者也对这部政论纪录电影分别从时代精神、宣传调适与新时代治理的角度予以探讨。⑧

---

① 张垒、李成：《新时代马克思主义新闻观的最新发展——论习近平新闻思想对马克思主义新闻观的新贡献》，《新闻与传播研究》2018年第7期；张垒：《习近平在纪念马克思诞辰200周年大会上讲话对新闻舆论工作的指导意义》，《现代传播（中国传媒大学学报）》2018年第8期。

② 季为民、叶俊：《论习近平新闻思想》，《新闻与传播研究》2018年第4期。

③ 汤景泰、林如鹏：《论习近平新时代网络强国思想》，《新闻与传播研究》2018年第1期；贾文山、刘宏宇：《从“五通”到“五路”和“四同”——管窥习近平沟通思想理论体系》，《国际新闻界》2018年第7期；沈正赋：《习近平关于新闻舆论工作重要论述：逻辑起点·发展脉络·理论内核》，《现代传播（中国传媒大学学报）》2018年第11期。

④ 童兵：《马克思主义新闻观中国化的典范——学习〈习近平新闻思想讲义〉心得》，《新闻记者》2018年第8期；陈力丹：《坚持党性，尊重规律，以人民为中心——习近平新闻舆论观的两个要点和一个落脚点》，《新闻记者》2018年第7期；唐绪军：《把握两个要点 领会两个重点——学习习近平新闻思想的体会》，《新闻记者》2018年第7期。

⑤ 张强：《十九大“党代表通道”的主要做法和经验》，《现代传播（中国传媒大学学报）》2018年第1期；朱喆：《十九大“党代表通道”：“中国梦”的个体具象》，《现代传播（中国传媒大学学报）》2018年第1期；徐隽：《党代会报道的重大创新——十九大“党代表通道”的成效、特点和启示》，《现代传播（中国传媒大学学报）》2018年第1期；高洁：《创新展现中国共产党人的新时代气质——以新华社对十九大“党代表通道”的新媒体报道为例》，《现代传播（中国传媒大学学报）》2018年第1期。

⑥ 程曼丽：《十九大“党代表通道”：政府传播的创新形式》，《现代传播（中国传媒大学学报）》2018年第1期；周勇：《十九大“党代表通道”：政治传播的语态创新》，《现代传播（中国传媒大学学报）》2018年第1期；王晓红：《十九大“党代表通道”的政治传播学意义》，《现代传播（中国传媒大学学报）》2018年第1期。

⑦ 张涛甫：《新时代新宣传的典型范本》，《现代传播（中国传媒大学学报）》2018年第6期。

⑧ 梁君健：《〈厉害了，我的国〉：政论纪录电影中的时代精神》，《现代传播（中国传媒大学学报）》2018年第6期；张华：《新宣传：新传播形态下的宣传调适与新时代治理术》，《新闻大学》2018年第5期。

（二）马克思主义新闻理论

有研究者撰文进一步论述了毛泽东、邓小平、江泽民、胡锦涛和习近平等几代中国共产党领导人在丰富创新马克思主义新闻观方面的历史进程与理论贡献。[①] 有研究者梳理了“马克思主义新闻观”的概念起源及话语变迁，认为这一新闻观是在无产阶级新闻学、马克思主义新闻学、社会主义新闻学等概念基础上产生的。在社会转型与新闻改革中，新闻工作与政治要求、业务准则之间逐渐出现偏差，催化了“马克思主义新闻观”概念的出现。[②]

近年来在新闻学研究中，“党性与人民性”问题成为研究热点。2013 年习近平在全国宣传思想工作会议上重提“党性与人民性”的概念，并强调两者从来都是一致的、统一的。“党性”“人民性”是当前中国马克思主义新闻理论的核心观念。有研究者特别强调将习近平“党性和人民性相统一”的思想落实到新闻实践中，认为如今大多数记者编辑只有坚持经常身处基层和社区，才能够真正做到党性和人民性相统一。[③] 有研究者仔细研读习近平的“党性人民性统一论”，总结其理论内涵及价值主要体现于党管媒体和政治家办媒体。[④] 有研究者发现，延安时期的党性天然蕴含着人民性，党性和人民性本属一体；而与无产阶级党性相对的，乃是资产阶级、小资产阶级的“独立性”。相对于“党性与独立性”的矛盾对立关系，“党性与人民性”无论理论还是实践，均已作为一致的、统一的整体而得到广泛认同。直到 20 世纪 80 年代前后，“党性与独立性问题”才不知不觉地被置换成“党性与人民性之争”。[⑤]

有研究者以“两个隐喻，一个框架”来重新审视中共新闻理论与实践，强调从国际共运史以及西方新闻传播学视角重新审视中共新闻理论与实践，结合批判传播政治经济学、后殖民文化研究和转型政治学等学术资源，发展一种跨文化传播政治经济学视野，由此把中共新闻理论与实践的规范性内涵归纳为八条，试图提供一个贯通中西的理论图谱。[⑥] 有研究者尝试以延安时期政党政治的革新为线索，对新闻业群众路线的内在理路与运作机制进行梳理和分析。[⑦] 有研究者通过对海口强拆事件的个案观察，对特定危机冲突场域中地方党委与各类媒介之间互动的过程、关系和策略进行描述，揭示出地方党管媒体所遵循的“策略性制服”的实践逻辑，反映出当前我国地方政治较低的媒介化程度以及地方政治传播调适的局限性。[⑧]

（三）新闻学的文风与学风问题

一些学者针对当下的学风和文风问题予以反思，强调新闻研究理应遵循的基本原则和标准，特别是唯物史观与实事求是，即马克思主义中国化的立场、观点和方法。有研究者对方大曾其人及“小方

① 郑保卫：《马克思主义新闻观中国化的历史进程及其理论贡献》，《新闻与传播研究》2018 年第 2 期。

② 叶俊：《“马克思主义新闻观”的概念起源及其话语变迁》，《现代传播（中国传媒大学学报）》2018 年第 4 期。

③ 陈力丹：《将习近平“党性人民性相统一”的思想落实到新闻实践中》，《新闻界》2018 年第 9 期。

④ 郑保卫：《习近平“党性人民性统一论”的理论内涵及价值》，《现代传播（中国传媒大学学报）》2018 年第 1 期。

⑤ 向芬：《理论回响：从“党性与独立性问题”到“党性与人民性之争”》，《新闻与传播研究》2018 年第10 期。

⑥ 赵月枝：《全球视野中的中共新闻理论与实践》，《新闻记者》2018 年第 4 期。

⑦ 李海波：《党报、列宁主义政党与群众政治参与——延安新闻业群众路线的运作机理分析》，《国际新闻界》2018 年第 3 期。

⑧ 王庆：《政治媒介化与党管媒体的地方实践逻辑——基于“海口强拆”事件的个案研究》，《现代传播（中国传媒大学学报）》2018 年第 9 期。

热”进行了历史性探究与语境化分析，指出对方大曾的宣传属于过度阐述，不仅背离唯物史观与实事求是，而且有违方汉奇、李龙牧、丁淦林等第一代新中国新闻史学家开辟的优良学统。[①] 同时该研究者在改革开放四十年之际追忆一次学术会议，将过去“清明会风、学术民主”与如今“学术风气浇薄，学术研讨虚浮”的状况进行对比，倡议新闻学界“探究真知、追求真理、解释世界、改变世界”。[②] 有研究者则从“党八股”概念的来源与变迁入手，发现反对党八股也是个漫长的过程。时至今日，思想文化界和新闻界不时发出“再反一次党八股”的声音，反对党八股既属于马克思主义中国化的学风问题，更是当今马克思主义新闻观文风建设的题中应有之义。[③]

二、新闻的本质与规律

（一）新闻的哲学基础与典型特征分析

1. 主体性

基于各种智能技术的新闻写作或机器新闻写作已经成为事实。那么，机器是否就是新闻（写作）的主体？如何看待机器在新闻生产中的属性（主体性或工具性）问题？智能机器在未来是否会完全取代人的地位和作用，成为新闻的生产主体与传播主体？对此，有研究者认为，智能机器相对于人这个新闻生产、传播主体来说，永远处于从属性的工具地位、手段地位，不可能具有与人一样的作为新闻主体的地位。该研究者从智能机器是人的本质对象化的产物、智能新闻是人作为主体的意志体现、智能新闻生产中存在异化现象、“人—机”结构中人依然是唯一主体四个方面对此予以阐释。[④] 有研究者提出人本主义新闻学，认为职业新闻应使新闻权力归于人，而不是归于数据和机器。[⑤]

2. 真实性

如今新闻活动的主体结构、新闻的呈现形态与传播方式发生了不少革命性的变化。同时，职业新闻传播活动中也出现了一些“漂移”（drift）现象，诸如言论膨胀越来越突出，“伪新闻”越来越多，甚至新闻观念越来越偏颇等。有研究者就此从学术层面作出观察、思考和分析，并提出应对之道。[⑥]

在新媒介传播环境下，如何看待、实现新闻真实，已经成为实践中的问题。有研究者指出，当代中国马克思主义新闻真实观，在坚持“事实真实”这个根本观点、“过程真实”这个实现方式观念外，其明确而典型的个性特征是强调新闻真实的“统一性”或“全面性”，可称为“统一真实观”。如何呈现、塑造、建构一个真实的新闻符号世界？列宁的话是值得记取的，“真实性不应当依它为谁服务而变化”。[⑦] 有研究者则发现，后真相引发的部分讨论陷入了技术路径单因解释的迷思中，分析后真相话语的流行语境，发现技术路径并不能解释具体事件中为何公众不相信媒体提供的权威真相。该研究者回到新闻真相概念的哲学基础，认为分别基于

① 李彬：《“小方是谁?”——兼谈当下新闻研究的一些学风问题》，《国际新闻界》2018 年第 10 期。

② 李彬：《追忆一次阳光灿烂的学术会议——并以此纪念改革开放四十年》，《新闻记者》2018 年第 8 期。

③ 邓绍根：《“党八股”概念的来源与变迁——兼谈马克思主义文风建设的要求》，《新闻记者》2018 年第 11 期。

④ 杨保军：《简论智能新闻的主体性》，《现代传播（中国传媒大学学报）》2018 年第 11 期。

⑤ 杜骏飞：《新闻是人，新闻学是人学》，《国际新闻界》2018 年第 2 期。

⑥ 杨保军、李泓江：《新闻的“漂移”及应对之道》，《新闻记者》2018 年第 10 期。

⑦ 杨保军：《统一性：当代中国马克思主义新闻真实观的典型特征》，《新闻大学》2018 年第 1 期。

证实和证伪逻辑的语境真相和单一真相概念，可以补充理论在解释社会实践中的空隙，强调在一系列技术手段之外，还必须对语境作为辅助性条件的必然性及其作为告知义务的必要性予以充分认识。①

3. 时间性

新闻与时间密切相关，时间作为新闻的关键要素，贯穿于生产、文本与消费等诸多环节，包含着关于新闻的社会性和哲学性的重要追问。经典的新闻室民族志研究，对效率、节奏、日程、即时性、截稿期等时间因素的论述深化了人们对新闻业“因时而作”这一特性的理解。但在当前数字环境下的新闻生产中，这些基于传统新闻形态生成的时间模式和实践发生了哪些变化？这些变化对于当前的新闻业又有何意义？有研究者通过检视经典文献和前沿研究，探究时间在新闻生产中的角色和意涵所发生的变化。② 有研究者指出，目前学界研究可以聚焦新闻生产、新闻呈现、新闻消费等具体层面，结合数字化环境的实际，对相关理论问题和方法论问题进行反思。③

4. 公共性

学界对于传媒公共性的讨论由来已久，但这一经典议题的流变轨迹内嵌于资本主义全球扩张的脉络之中，经历了一系列去历史化、去阶级化、去政治化的挪用和改造。新媒体时代的平台霸权与中国传媒变革之间的关系引人注目，但是迫于各种形势的压力而少有人道破真谛。有研究者认为，当网络平台垄断导致媒体社交化发生，主流媒体的群众路线与舆情市场化之间的悖论关系需重新界定。该研究者指出，新媒体时代的社会主义市场经济如何体现为最广大的人民服务、为最广大人民所用，既是中国媒体公共性的最大体现，也是最大挑战。④ 有研究者以中国传媒公共性建设的最新实践反思西方传播思想中公共领域理论的历史局限，提出，对传媒公共性的理解应当回归中国乃至第三世界国家革命与建设的历史经验与理论资源，重新检视当下新自由主义话语中二元对立的意识形态框架，把国家与各种社会力量之间、国家与不同社会阶层之间在传播领域的关系视为更加复杂的动态过程，从而实现去西方中心主义的、有中国特色的道路探索。⑤ 有研究者分析，植根于商业媒介体系的美国公共新闻运动遭遇了困境：一方面，新闻工作者想要跳出既有的商业逻辑，去找寻适合新闻业生存与发展的新方式；另一方面，他们又不自觉地陷入商业逻辑之中。公共新闻运动走向没落，但所留下的对职业边界感的重塑、对传播对话观的推崇，不仅为美国新闻实践注入理念源泉，亦为我国当下的新闻实践提供了经验。⑥

5. 新闻社会学

当下新闻业面临诸多不确定性，除了商业模式的调整，主流新闻社会学研究并不能解释新闻生产的社会结构之外的文化建构，以及在变革环境里新闻业的意义体系的再造。有研究者认为，文化—社会路径的新闻业研究关注新闻业的意义体系、象征、集体记忆、共鸣、文化符码等，考察其维系新闻业的合法性、专业边界与文

① 虞鑫：《语境真相与单一真相——新闻真实论的哲学基础与概念分野》，《新闻记者》2018 年第 8 期。

② 白红义：《因时而作：新闻时间性的再考察》，《国际新闻界》2018 年第 6 期。

③ 王海燕、范吉琛：《新闻的时间性变迁：生产、文本与消费》，《新闻记者》2018 年第 10 期。

④ 吕新雨：《新媒体时代的“未来考古”——传播政治经济学视角下的中国传媒变革》，《上海大学学报（社会科学版）》2018 年第 1 期。

⑤ 黄艾、张晓星：《传媒公共性：西方理论与中国经验》，《现代传播（中国传媒大学学报）》2018 年第 4 期。

⑥ 刘骏、闫岩：《商业媒介沙漠中的绿洲？——美国公共新闻运动的困境与启示》，《新闻记者》2018 年第 6 期。

化权威，以此凸显新闻社会学研究的理论价值与现实意义。① 有研究者对新闻生产社会学的本土化研究进行了梳理和评述，发现新闻生产社会学本土化研究并不活跃，高质量的研究成果也比较缺乏。面对正在浮现的新新闻生态系统，后续研究可从重新划分新生态中的媒体行动者、重审转型社会中的国家语境、重思中国新闻业的网络空间三方面，推进这个领域的知识生产。② 有研究者对民族志与媒介社会学的研究结论之间的关系进行反思，认为新闻社会学对民族志方法的使用带来了对新闻传播现象的新认识，并较早尝试了对政治经济学和文化研究的融合。受到互联网的冲击，媒介生产社会学也从过程转向意义，从组织取向转向文化取向。③ 有研究者认为，应重新回到媒介生产的现场，寻找媒介生产与其他生产活动的差异性与趋同性，跨越生产研究与内容研究、效果研究之间的壁垒，发展更富弹性和解释力的理论概念。④

（二）新闻专业主义

近年来，国内研究界出现了一股阐释西方新闻专业主义的热潮。2017 年，潘忠党、陆晔《走向公共：新闻专业主义再出发》一文再次引起学界对新闻专业主义的关注。2018 年，有研究者认为，美英媒体目前面临专业主义低潮的调整过程，西方激进派对媒介专业主义的乌托邦式批评原具有进步的意义，但若不分青红皂白地跨文化移植，在匮乏媒介专业主义的社会否定媒介专业主义，则犯了具体错置的谬误。⑤ 有研究者指出，中国学者的阐释策略是：在不更改西方新闻专业主义典型学术性外观的前提下，通过有意忽略其第一层面的所指，增添其延伸性义项，极大地扩张了其表意空间，使它成为一个可以纵横捭阖、快意驰骋的场域。⑥ 有研究者在对西方新闻专业主义经典论述的中国适用性问题进行案例讨论后，提出了中国新闻专业主义的可能方向在于：超越科层和市场，确认政治性和自主性，建构有机的公共生活。⑦ 有研究者认为，多数学者在讨论新闻专业主义时，总会发生专门化与职业化两种不同的偏重。从概念运用的情境来看，该概念产生的历史条件和社会条件均已改变，因而不同的时期和不同的国家对此概念有着完全不同的理解。⑧ 有研究者则倡议通过解剖麻雀的方法，借助分析美国新闻专业主义形成发展的脉络与特点，强调必须警惕和批判西方专业主义话语及其意识形态政治意味。⑨

在数字化的冲击下，新闻业正在围绕信息技术进行一场深刻转型。有研究者提出，新闻专业主义的基本假设和传统坚持正在被非专业参与和技术参数所改写。新闻行业内部的自救之所以困难，是因为建构新闻业的结构性力量已经打破了原有的制度和技术障碍，转向更加自由、即时、高效的资本形态。⑩ 有研究者则关注到，

---

① 陈楚洁：《意义、新闻权威与文化结构——新闻业研究的文化—社会路径》，《新闻记者》2018 年第 8 期。

② 张志安、章震：《重审语境与重新出发：新闻生产社会学的“本土化”脉络和反思》，《新闻记者》2018 年第 9 期。

③ 梁君健：《秒表可以测出重量吗？——基于民族志方法论的新闻社会学再思考》，《新闻记者》2018 年第8 期。

④ 陈阳：《为什么经典不再继续？——兼论新闻生产社会学研究的转型》，《国际新闻界》2018 年第 6 期。

⑤ 李金铨：《“媒介专业主义”的悖论》，《国际新闻界》2018 年第 4 期。

⑥ 陈信凌：《“西方新闻专业主义”的层累构造及其依据》，《国际新闻界》2018 年第 8 期。

⑦ 虞鑫、陈昌凤：《政治性与自主性：作为专业权力的新闻专业主义》，《新闻大学》2018 年第 3 期。

⑧ 胡翼青：《碎片化的新闻专业主义：一种纯粹概念分析的视角》，《新闻大学》2018 年第 3 期。

⑨ 童兵：《中国新闻话语的来源和批判地吸纳西方新闻话语》，《新闻爱好者》2018 年第 2 期。

⑩ 翟秀凤：《新闻专业主义的“控制危机”与价值重建》，《新闻记者》2018 年第 3 期。

人机边界打破后，智能化技术为内容生产与分发带来新可能，但仍然需要用专业价值引导机器的发展方向。无论边界如何打破，各种参与公共信息生产与传播的主体，都需要具备一定的专业素养和专业伦理。[①]

总体看来，目前国内有关西方新闻专业主义的探究，还较为缺乏政治意识与历史意识。等而次之者甚至望文生义想当然地理解专业主义，视之为新闻这一“专业”领域的理想状态与理想新闻观，完全无视其背后的西方语境和政治取向。

（三）后真相

2016年以来，在英国脱欧、特朗普当选美国总统等政治事件的刺激下，围绕真相与后真相之间的关系、各种后真相现象的讨论，不仅在英语世界的学界和新闻界兴起，而且迅速延展至其他语种的学界和新闻界。有研究者借助福柯关于真相和权力的论述，以“话语的体制”为理论视角，系统分析了相关英文学术文献和学术活动，呈现英文学术文献中关于后真相的话语，并借此探究这一概念的西方语境，以反观当下我国学界和新闻界对后真相的讨论。[②] 有研究者聚焦新闻业的管辖区垄断与开放、新闻真实性背后的事实观和真相观、“后真相”以及“后学”语境的批判逻辑几个议题，强调社会交往伦理规范在网络时代面临重构的挑战，并重新阐发新闻的专业主义理念的重要性。[③] 有研究者梳理了“后真相时代”对社交媒体传播机制进行反思的各种有代表性的讨论，并将它们放在西方社会变革的历史背景中解读，尝试发掘其观念内部的无意识结构。该研究者指出，当代自由主义分析框架在讨论网络民主问题时的固有矛盾，是无法清晰认定事实上广泛存在的社会鸿沟。只有在整体上把握四十年来西方社会结构变迁的历史，才能超越社交媒体恐惧，更深刻地理解舆论分裂和“后真相”状况的成因。[④] 此外，有研究者从时间和速度的角度，或从符号哲学反思角度，分别论述后真相问题。[⑤]

三、新闻行业、记者职业与新闻教育

（一）新闻行业与新闻生产

1. 行业发展趋势

当前全球新闻传播业的热点话题包括虚假新闻与社会共识、女性与种族、音视频与流媒体、政治传播与公众舆论、传播技术与行业变革，以及跨界融合与格局重组六个方面。[⑥]

有研究者通过对三家全国性主流新闻机构的25位视觉编辑的深度访谈，发现在新闻可视化的业务层面，好看和合适是首要的考量范畴，这种考量对从业者个人的专业技能提出了新的技能和素养要求；而在可视化团队的组织内部，突出视觉表现

---

① 彭兰：《无边界时代的专业性重塑》，《现代传播（中国传媒大学学报）》2018年第5期。

② 於红梅、潘忠党：《近眺异邦：批判地审视西方关于“后真相”的学术话语》，《新闻与传播研究》2018年第8期。

③ 潘忠党：《在“后真相”喧嚣下新闻业的坚持——一个以“副文本”为修辞的视角》，《新闻记者》2018年第5期。

④ 王维佳：《什么是真相？谁的真相？——理解“后真相时代”的社交媒体恐惧》，《新闻记者》2018年第5期。

⑤ 胡翼青：《再论后真相：基于时间和速度的视角》，《新闻记者》2018年第8期；李玮、蒋晓丽：《从“符合事实”到“社群真知”——后真相时代对新闻何以为“真”的符号哲学省思》，《现代传播（中国传媒大学学报）》2018年第12期。

⑥ 史安斌、王沛楠：《2018年全球新闻传播业新趋势——基于六大热点话题的全球访谈》，《新闻记者》2018年第4期。

力的新媒体新闻生产从传统的新闻范式转向注重产品质量和用户满意的“厂商范式”。[①] 有研究者通过梳理美、德、英、中等国对人工智能技术在新闻生产中的实际运用，发现技术本身和技术商业化将新闻操作的诸多流程推向了黑箱，又由于人工智能技术有科学、客观光环的加持，黑箱化的过程不仅改变了新闻的样态、新闻生产的格局，而且带来了流量工厂驱逐优质新闻、定制推送固化社会分层、技术平台反收编新闻机构等显著变化。[②]

移动互联网技术的勃兴引发了激烈的新闻端口之争，被迫卷入的传统媒体尤其是地方主流媒体在新闻生产实践方面面临巨大压力。有研究者将地方主流媒体称为“文化孤岛”，由于始终无法克服旧有传统中商业取向与宣传取向之间最根本的矛盾，地方传统媒体的价值取向与报道旨趣同新媒体时代的大众文化并不契合，其媒介融合转型只能停留在建成新闻端口，而无法形成挑战商业新闻端口的竞争力。[③]

国内外对于新闻业现状与未来的讨论多局限于微观或者中观的考察，热门话题多集中在媒介融合、媒体转型、商业模式、内容生产、新闻专业主义存亡等，从宏观社会系统角度来探讨传统新闻遇到的问题还相对较少或者强调得不够。而新闻业的落魄不仅仅是一个行业的生存问题，更是新闻作为政治和社会体制的必要性问题。有研究者由此反思：传统新闻媒体所支撑的新闻体制是否会垮掉？那些政治、社会功能还需不需要？需要的话，又由谁来承担？[④]

欧美新闻学界和业界纷纷启用“危机”一词来描述当代新闻业状况。有研究者以批判性媒介话语和元新闻话语理论为视角，归纳出三种当代新闻业危机的话语类型——盈利危机话语、结构危机话语和观念危机话语，并讨论了当代新闻学研究如何从危机出发，想象未来新闻业图景的共识基础和进一步研究的可能。[⑤] 有研究者以美国新闻业自 2008 年以来在互联网传播技术冲击下的转型为分析对象，认为行动者网络理论在解释美国新闻业转型上有两点不足：对“互动时刻”疏于关注；忽略了特定社会文化环境对创新社会体系的预设。[⑥] 有研究者赴美调研，从传播数据监测与分析、明星总编辑、数字变现、报纸副刊价值的数字回归等方面考察了美国报业转型。[⑦]

2. 媒体融合

我国以行政力量主导的自上而下的媒介融合行动，最初以大传媒集团“中央厨房”模式为主，目前则以“县级融媒体中心”建设为主。

通过对各媒体“中央厨房”运作情况的深入调研，有研究者认为，“中央厨房”是传媒转型的一种尝试，而不应是最终目的。“中央厨房”仍然体现着传者中心的理念，成本高昂，容易导致同质化，无助于新闻产品的个性与特色；不适合作为“标配”

① 杨奇光：《媒体融合时代的新闻室矛盾：基于新闻可视化生产实践的考察》，《新闻大学》2018 年第 1 期。

② 仇筠茜、陈昌凤：《黑箱：人工智能技术与新闻生产格局嬗变》，《新闻界》2018 年第 1 期。

③ 张婧妍、李宁：《“端口”争夺时代地方主流媒体的新闻生产——以“荔枝新闻”为个案》，《新闻界》2018 年第 4 期。

④ 彭增军：《稻草人与看门狗：作为体制存在的新闻业》，《新闻记者》2018 年第 9 期。

⑤ 王辰瑶：《反观诸己：美国“新闻业危机”的三种话语》，《国际新闻界》2018 年第 8 期。

⑥ 陈红梅：《社会与技术共构：美国新闻业的十年危机与转型》，《新闻记者》2018 年第 4 期。

⑦ 辜晓进：《“服务新闻”：报纸副刊价值的数字回归——美国报业转型观察之五》，《新闻记者》2018 年第 8 期；辜晓进：《威尔金森：四类报纸命运与两头燃烧的绳索——美国报业转型观察之四》，《新闻记者》2018 年第 6 期；辜晓进：《数字变现：速进与彷徨——美国报业转型观察之三》，《新闻记者》2018 年第 4 期。

在所有媒体推广。[①] 有研究者通过对五家具有代表性的省级党报集团融合转型的整体布局和盈利模式的分析，试图为我国党报乃至整个报业的融合发展提供参考。[②]

县级融媒体建设及其研究是2018年新媒体与新闻学的热点之一。有研究者在既有经验基础上讨论了县级融媒体中心建设的路径创新，探讨了融合如何引导群众，融合如何服务群众，以及融合发展模式等问题，剖析了县级融媒体中心需要解决的诸多问题。[③]

（二）新闻内容与形态创新

“非虚构写作”是新闻业务的新趋势。“非虚构写作”属于两栖文体，是文学和新闻杂交的产物。有研究者认为，“非虚构写作”是一个极具弹性和包容想象力的文体，什么都可以有，但就是不能有虚构。[④] 有研究者综述了与非虚构写作实践相关的文学研究和新闻传播学文献，认为非虚构理念的兴起及其在新闻业的应用，与新时期传播生态的技术、政治和商业逻辑形成了匹配关系，但这种关系既包含摆脱新闻业危机的机遇，也可能存在风格主义的景观陷阱。[⑤] 有研究者提出有必要借助叙事理论对非虚构写作予以批评与分析，以争议性人物特稿的文本为例，其表面的客观写作恰恰与实质的讽刺修辞合谋，对于人物形象有着极强的塑造力，同时也产生了再现偏差与合法性危机。[⑥] 有研究者对范围更为广泛的文学新闻加以论述，认为文学新闻是一个包括报告文学、叙事新闻、新新闻主义、非虚构在内的庞杂文本门类。它比常规新闻更强调文学性，且更易于通过具体经验的传递与主流文化形成张力，当下新技术和可视化带来文学新闻的数字化复兴。[⑦]

近十年来西方兴起“慢新闻运动”，倡导反资本、慢速生产、高品质、精致叙事、透明度、媒体合作、受众参与等理念，也开始引起中国学者的关注。有研究者认为，“慢新闻”能够弥补主流媒体的失灵，但由于违背居于主导地位的现代效率文化，成本高昂，生产效率低下，财务模式尚不成熟，目前不可能替代主流媒体及“快新闻”。[⑧] 有研究者指出，“慢新闻”在某种程度上可以说是对传统的一种回归，也是对传统新闻价值观，如及时性、客观性的反叛。[⑨]

既往的新闻研究建立在对一个稳定的新闻业进行研究的基础上，当下快速变动的新闻业现实则对新闻研究的理论、视角、方法等提出了新的要求。有研究者以欧美新闻学界日渐兴起的新闻创新研究为例，结合西方研究与中国实践，尝试提出在中国语境下进行新闻创新研究的四个视角和三种路径。[⑩] 该研究者还考察了一个新闻网站创新失败的案例，在展现网站的日常新闻生产的基础上分析了创新失败的原因。[⑪]

① 陈国权：《中国媒体“中央厨房”发展报告》，《新闻记者》2018年第1期。

② 中国传媒大学党报党刊研究中心课题组：《我国省级党报融合发展整体布局及盈利模式研究》，《现代传播（中国传媒大学学报）》2018年第12期。

③ 朱春阳：《县级融媒体中心建设：经验坐标、发展机遇与路径创新》，《新闻界》2018年第9期。

④ 张涛甫：《非虚构写作：对抗速朽》，《新闻记者》2018年第9期。

⑤ 黄典林：《话语范式转型：非虚构新闻叙事兴起的中国语境》，《新闻记者》2018年第5期。

⑥ 邓力：《塑造人物与再现偏差——人物类非虚构写作中讽刺修辞的效果及争议》，《新闻记者》2018年第5期。

⑦ 陆晔：《文学新闻：特征、文化价值与技术驱动的未来》，《新闻记者》2018年第5期。

⑧ 刘自雄、陈黎明：《“慢新闻”的传播理念、地方实践及其发展前景》，《现代传播（中国传媒大学学报）》2018年第6期。

⑨ 彭增军：《慢新闻：回归还是反叛》，《新闻记者》2018年第11期。

⑩ 白红义：《新闻创新研究的视角与路径》，《新闻与写作》2018年第1期。

⑪ 白红义：《实践视阈下的新闻创新——基于上海A网站新闻生产的个案研究》，《现代传播（中国传媒大学学报）》2018年第8期。

新闻聚合服务的崛起和主流化对传统及数字新闻编辑行业产生了显著的影响。有研究者基于对瑞士一家本地新闻网站的田野调查，结合互联网检索获得的相关行业自述文本发现，一种新的基于数字化平台和聚合逻辑的专业主义新闻编辑理念和新闻编辑身份认同，正在逐渐形成，编辑群体能否顺利完成从内容生产者到内容策略设计者的角色转型，将是决定整个行业生态的一个至关重要的因素。①

策展新闻是对互联网以及由此而来的信息环境和用户消费心理变化的呼应。有研究者认为，对全民新闻进行内容管理的策展新闻，采取对话方式，公开新闻生产过程，设置域外信息的情境和语义学边界，调动全民的积极参与和理性对话，实现参与式协作和意义共享，成为一种以对话为中心的新闻实践。② 有研究者提出"液态"的新闻业这一媒介融合时代新景观，该研究者将"协作式新闻布展"视为理解新闻创新的关键概念之一，它意味着新闻创新的多主体并不拘泥于传统职业化新闻生产的逻辑，而是以互联网多中心"节点主体"展开动态新闻传播实践，与组织化新闻生产形成巨大张力。③

沉浸式新闻从看新闻到体验新闻的转变，不仅改变了传统新闻报道的叙事思路，更延伸了用户的感知和行为系统。有研究者通过选择《纽约时报》两则不同新闻材料的文字版、360 度全景影像版和虚拟现实版，展开实验室实验法研究，对不同新闻报道形式在受众认知、情感态度和行动意向层面产生的效果进行测量。④ 新闻游戏也是一种新的新闻叙事方式，它呈现出不同于新闻与游戏的叙事特性。有研究者从叙事性的两层含义，即属性与程度出发，对不同类型的新闻游戏是否具有叙事属性、在何种程度上具有叙事性进行了研究和反思。⑤ 有研究者则围绕新闻游戏的概念、意义、功能，从交互叙事规律角度下的文本解构原理以及相对应的分类研究等方面对新闻游戏进行分析，并对今后新闻游戏的规划、设计、创新等提出了建设性的建议。⑥

（三）新闻职业

在自动化、智能化时代，新闻人的价值何在？有研究者认为，人性让我们区别于机器，机器最难以取代的是"人情味"。在自动化时代，发扬人的本性、会用数据创造内容的人，才能立于不败之地。⑦ 知识化、媒介化时代，记者必须重构自身职业的角色定位，有研究者从知识社会学视角出发，将记者视为知识生产者，建构记者作为知识生产者的角色定位与认同，要重建记者的职志与信念，继而重构自己的思维方式、采写方式和职业伦理。⑧ 有研究者通过对成都和重庆两市 8 家电视台及报社的新闻工作者的实证调查发现：传统媒体新闻工作者的日常工作高度依赖互联网，但他们较少运用互联网来"推进社会化新闻生产"，较多使用互联网来"辅助

① 常江：《聚合新闻：新闻聚合服务对新闻编辑行业的影响》，《编辑之友》2018 年第 2 期。
② 吴果中：《策展新闻：以"对话"为中心的新闻实践》，《湖南师范大学社会科学学报》2018 年第 1 期。
③ 陆晔、周睿鸣：《新闻创新中的"协作式新闻布展"——媒介融合的视角》，《新闻记者》2018 年第 9 期。
④ 周勇、倪乐融、李潇潇：《"沉浸式新闻"传播效果的实证研究——基于信息认知、情感感知与态度意向的实验》，《现代传播（中国传媒大学学报）》2018 年第 5 期。
⑤ 蒋晓丽、贾瑞琪：《新闻游戏的非虚构叙事研究》，《现代传播（中国传媒大学学报）》，2018 年第 7 期。
⑥ 曾祥敏、方雪悦：《新闻游戏：概念、意义、功能和交互叙事规律研究》，《现代传播（中国传媒大学学报）》2018 年第 1 期。
⑦ 胡泳：《自动化到来后，新闻人的价值何在?》，《新闻记者》2018 年第 10 期。
⑧ 龙小农：《知识生产者：记者社会角色的另一种想象》，《现代传播（中国传媒大学学报）》2018 年第 8 期。

专业化新闻生产”，一定程度地显示出他们抗拒公众参与新闻生产的态度。[①] 有研究者通过对百余位中国新闻从业者的深度访谈，考察了他们对职业共同体这一概念的“在地理解”，发现新闻业作为社会公共部件已经成为中国新闻从业者的基本共识，但中国新闻从业者也应当保持反思自觉，警惕对观照公共生活这一使命的背离。[②] 有研究者以 ONE 实验室团队解散为案例，借用元新闻话语的理论视角，发现这些阐释性话语实践依然在新闻业危机话语框架之中，并基本依循着“变动—危机—转型”的路径展开，而商业化已经成为当今新闻业转型的主导逻辑。[③]

报纸休刊成为中国新闻界的热点，激发了新闻机构、从业者、读者等方面的纪念性叙事，其中包含两个层面的意义：一是新闻业对于新闻记者的意义，另一个是新闻业在社会脉络里的意义。有研究者通过对新闻职业话语的考察，讨论了新媒体环境下中国新闻业如何建构自身的权威性和合法性。[④] 有研究者从协商性策略、中立性策略、对抗性策略三个层面，分析“跑线记者”如何在报道中维系自身与对口单位的关系，发现“跑线记者”的社交媒体使用在于维护“媒体与对口单位”关系。[⑤] 该研究者还以新闻民族志的方法观察“边缘媒体人”——报料人，指出这一群体经历了职业报料人、异地媒体专职摄像、异地媒体临时供稿人、商业摄像、自媒体拍客等演变过程。[⑥]

媒体创业已成为中外传媒业转型发展的出路之一，近年来的媒体话语经历了从转型、怀旧到创业的演化过程。有研究者发现，媒体创业具有精英化和浪漫化倾向，创业叙事凸显了自由、自主、商业成就等创业神话，而淡化了媒体的专业义理。[⑦] 如今，广电媒体人才纷纷转投社会制作公司、自媒体等平台，有研究者基于 469 份广电媒体员工的问卷调查分析，提出了测量员工流动倾向的两个新变量：人际影响和职业风险感知。[⑧] 有研究者提出新闻业界精英辞职多流向了公关和创业，极少流向新闻学界，使得新闻教育缺乏畅通而健康的“人才供给与资源反哺”机制。[⑨]

（四）新闻教育

基于青年学子新闻观形成的过程，结合教育教学经验，有研究者提出，从教育目标上看，应在价值塑造、理论建构和情感培养上进行创新；从教育内容上看，应在宏大理论、现实问题、批判方法上进行创新；从教育方式上看，应在思维训练、专业实践、全球比较上进行创新；从教育评价上看，应在学术体系、学生反馈、学

---

① 张伟伟：《传统媒体新闻工作者互联网工作性使用与职业角色认知研究——一项基于报纸和电视媒体的实证考察》，《现代传播（中国传媒大学学报）》2018 年第 3 期。

② 周睿鸣、徐煜、李先知：《液态的连接：理解职业共同体——对百余位中国新闻从业者的深度访谈》，《新闻与传播研究》2018 年第 7 期。

③ 李娟、刘勇：《变动时代新闻职业价值的消解与重构——基于 ONE 实验室解散的元新闻话语研究》，《新闻记者》2018 年第 5 期。

④ 白红义：《边界、权威与合法性：中国语境下的新闻职业话语研究》，《新闻与传播研究》2018 年第 8 期。

⑤ 彭华新、郝金华：《协商、中立、对抗：当代媒体环境中“跑线记者”的话语策略》，《新闻大学》2018 年第 5 期。

⑥ 彭华新、郝金华：《“边缘媒体人”的职业变迁与社会阶层——基于新闻民族志的观察》，《现代传播（中国传媒大学学报）》2018 年第 11 期。

⑦ 陈楚洁：《“从前有一个记者，后来他去创业了”——媒体创业叙事与创业者认同建构》，《新闻记者》2018 年第 3 期。

⑧ 刘璐：《媒介融合环境下广电媒体员工流动倾向研究》，《新闻记者》2018 年第 11 期。

⑨ 曹林：《从媒体精英辞职去向看新闻业界学界流动障碍》，《新闻与传播研究》2018 年第 6 期。

院建设上进行创新。[①] 有研究者认为，新闻传播教育应改变职业导向的单一思维与模式，以多元的人才培养为目标：在国家层面，是要培养新闻舆论工作者；在行业层面，是要培养有职业精神的新闻传播从业者；在社会层面，是要培养能力多元且具有批判意识的公共传播者。[②]

有研究者通过对上海地区 8 所高校 1430 例新闻传播类专业本科生的问卷调查发现，新闻学子的专业承诺水平较低，不同年级、生源地、录取志愿、家庭影响及学校类型的新闻学子，在专业承诺方面有显著差异；新闻教育对专业承诺有正向促进作用；学习自我效能感在这种关系中产生中介效应。[③] 有研究者通过对24 位传媒从业者的深度访谈，发现洞察与学习能力、创新能力、新媒体业务动手能力及数据方法技能是新闻传播学硕士亟须培育的核心专业技能。[④] 有研究者以华中科技大学在新闻评论教育方面的经验为案例来谈中国新闻评论教育的“华科大模式”，包括师资队伍、课程体系、教学手段、实践平台等在内的整体性变革。[⑤]

学界始终高度甚至是与过度关注美国新闻传播学院的近况。有研究者选择 QS 公布的传播学专业前 50 名和 CMM 发布的新闻学专业前 50 名的美国高校，以其中的 190 名新闻传播学院院长作为研究样本，挖掘其人口统计、学术表现、校内外任职经历等方面特征，发现美国新闻传播学院院长人选制度中的经验和特色是紧扣学科建设，凸显学术优先传统；助推产学互动；包容多元文化。其结构性矛盾有种族歧视、年龄结构偏老和任职期限过长等问题。[⑥] 有研究者通过对 16 所美国大学新闻专业学生数据的分析发现，美国大学的新闻学专业学生总体注册人数下降，但是这种趋势近来逐渐稳定甚至发生正向反转，特别是研究型大学的新闻学课程学生注册率正在逐渐提升，这预示着美国相对高质量与高职业忠诚度新闻记者资源总体稳定。[⑦]

四、智能时代的传媒转型与发展

（一）智媒时代

国家科技创新力和网络竞争力是国际社会普遍关注的焦点。加快数字经济建设、聚焦社交媒体发展、大力发展人工智能已经成为全球共识，有研究者梳理了我国新媒体的整体发展概况与发展态势，对相应的热门与焦点现象进行了全面的分析，并对新媒体未来的发展给出相应展望与建议。[⑧] 有研究者提出移动化、社交化、智能化是传统媒体转型的三条主要路径。该研究者还认为智能化技术正在进入内容行业，并促使内容生产、分发、消费等全面升级，且重新定义了三者的关系，三者之间的界限日益模糊，三者相互渗透、相互驱动。而集成平台在逐步构建全新的内容生态，共同推动一场新内容革命。[⑨] 有

---

① 胡钰、陆洪磊：《马克思主义新闻观教育的创新思路研究》，《新闻与传播研究》2018 年第 11 期。

② 刘义昆：《走向多元：新闻传播教育的变革与坚守》，《中国地质大学学报（社会科学版）》2018 年第 3 期。

③ 陶建杰：《新媒体时代新闻学子专业承诺及其与新闻教育关系的实证研究》，《新闻大学》2018 年第 1 期。

④ 李晓静、朱清华：《智媒时代新闻传播学硕士培养：业界的视角》，《现代传播（中国传媒大学学报）》2018 年第 8 期。

⑤ 张昆：《新闻评论教育的“华科大模式”》，《新闻记者》2018 年第 6 期。

⑥ 吴锋、孙娟：《美国新闻传播学院院长的遴选机制及运作模式》，《现代传播（中国传媒大学学报）》2018 年第 5 期。

⑦ 柳旭东、张瑞瑶：《美国新闻专业学生专业忠诚度分析》，《新闻记者》2018 年第 2 期。

⑧ 唐绪军、黄楚新、王丹：《智能互联与数字中国：中国新媒体发展现状、展望》，《新闻与写作》2018 年第 8 期。

⑨ 彭兰：《移动化、社交化、智能化：传统媒体转型的三大路径》，《新闻界》2018 年第 1 期；彭兰：《智能时代的新内容革命》，《国际新闻界》2018 年第 6 期。

研究者分析了人工智能技术革新时代下的媒体融合的发展现状，以传统媒体人机协作的智能化发展、人工智能时代下的“春晚”盛宴以及“两会”报道智能媒体上岗为例，具体分析媒体融合中的内容创作、内容呈现，以及日渐智能化的媒体报道形态。① 有研究者认为，电影、互联网视频、互联网广告、新闻聚合平台、在线直播、在线音乐平台、知识付费七大板块在未来产值中仍会有较大增加。② 有研究者从机器学习、语言处理技术、语音转换技术、视觉技术、虚拟现实技术六个分支技术切入，探讨了人工智能技术在美国新闻业应用的现实状况，梳理了人工智能对美国新闻业产生的影响。③

（二）算法

算法型信息分发给新闻业带来明显影响。有研究者认为，算法与传媒业的深度融合正形塑着传媒业的实践，给信息采集、制作、分发等流程带来了全新机制与规则，同时也给传播伦理造成了相当大的影响。④ 有研究者围绕智能化新闻核查主流算法——基于内容模型的算法和基于社会情境的算法，分析其技术原理、运行逻辑及与新闻界接洽所产生的价值风险，进而反思了技术手段解决虚假新闻的有效性，以及智能算法核查新闻的有效性。⑤ 有研究者以谷歌搜索引擎中的新闻呈现为例，认为搜索引擎基于用户使用习惯和社交关系的搜索算法带来千人千搜，其社会意义在于重新定义了真相。但搜索引擎建立起来的“知识—社会”秩序并没有带来更高的知识水平，而是具有一种膨胀的知识感。⑥ 有研究者从话语的结构性、连贯性、层次性和主题性四方面分析新闻话语的可计算特征，试图为智能新闻写作、智能分发、情感分析以及个性推荐等智能媒体的发展提供语言学的分析基础。⑦ 有研究者还关注到算法反恐，算法被运用于对恐怖言论、涉恐图像、极端视频等内容的识别与处理，以及对恐怖行动的智能预测和反恐宣传的智能推送，目前在国内外实践中取得了一定成效。⑧

一些学者意识到，算法也是一把双刃剑。有研究者解析算法伪中立性产生的根源、具体表现形式、产生的危害及其相关对策，揭示隐藏于伪中立性中的拟态环境、圈群文化的规训、网络等级制度等特性。⑨ 有研究者分析了算法推送中“过滤气泡”的双重影响，提出了算法推送“窄化”的规避路径。媒体机构正在开发测试项目和应用程序，一是改进算法程序以保证推送内容多样化；二是推动算法运作过程透明化，以改善受众的认知局限性。⑩ 有研究者认为，算法风险可分为失实风险、决策风险、偏见风险、隐私风险和声誉风险，新闻业需要构筑算法责任伦理，立法部门制定监管新闻算法的法律法规，利益相关者提升算法素养，媒体建立预防

---

① 沈浩、袁璐：《人工智能：重塑媒体融合新生态》，《现代传播（中国传媒大学学报）》2018 年第 7 期。

② 张辉锋、孙晔：《传媒业未来发展的七大板块》，《新闻与写作》2018 年第 5 期。

③ 余婷、陈实：《人工智能在美国新闻业的应用及影响》，《新闻记者》2018 年第 4 期。

④ 喻国明、韩婷：《算法型信息分发：技术原理、机制创新与未来发展》，《新闻爱好者》2018 年第 4 期。

⑤ 陈昌凤、师文：《智能化新闻核查技术：算法、逻辑与局限》，《新闻大学》2018 年第 6 期。

⑥ 方师师：《搜索引擎中的新闻呈现：从新闻等级到千人千搜》，《新闻记者》2018 年第 12 期。

⑦ 李佐文、李楠：《新闻话语的可计算特征》，《现代传播（中国传媒大学学报）》2018 年第 12 期。

⑧ 李龙、支庭荣：《“算法反恐”：恐怖主义媒介化与人工智能应对》，《现代传播（中国传媒大学学报）》2018 年第 9 期。

⑨ 李林容：《网络智能推荐算法的“伪中立性”解析》，《现代传播（中国传媒大学学报）》2018 年第 8 期。

⑩ 王斌、李宛真：《如何戳破“过滤气泡”算法推送新闻中的认知窄化及其规避》，《新闻与写作》2018 年第 9 期。

和处理算法风险的应对机制。[①]

（三）数据新闻

数据新闻逐渐成为国内外新闻业界关注和实践的热点。有研究者采用控制实验法，从三个层面检验了数据新闻相对于传统新闻的效果。结果表明：受试者对数据新闻的喜欢程度要显著高于传统新闻，但在新闻的易理解程度感知、客观性感知、识记效果、态度改变等指标上，数据新闻并没有表现出显著的优越性。[②] 有研究者以 Web of Science 数据库 1992—2018 年关于数据新闻研究的文献为对象，利用文献信息可视化软件 CiteSpace 进行计量分析，认为国际上对数据新闻的研究已经由内而外，从对于数据新闻本体要素、结构、功能与方法的研究，转而主要集中在数据新闻的社会性连接、数据伦理与场景问题的研究。[③] 有研究者分析了美国新闻和大众传播教育认证委员会（ACEJMC）认证的 100 所新闻院校开设数据新闻课程的基本情况，发现美国新闻院校中开设数据新闻相关技能课程的院校占半数以上，其中传统新闻教育名校的数据新闻课程体系设置较为完备。[④] 有研究者回顾大数据与新闻传播的相关研究，提出需要处理好三个关系，即理论驱动和数据驱动的关系、学术前沿问题和中国本土问题的关系、网络空间数据和现实社会公共数据的关系。[⑤]

（四）区块链

区块链技术是一种新型互联网技术。有研究者认为，区块链对新闻生产模式中存在的一些弊端或许能给出解决的可能性，比如实现“去中心化”，消除算法对新闻业的负面影响，杜绝虚假新闻，回归新闻的客观性等。[⑥] 有研究者从媒介的偏向、传播史研究和新闻生产的政治经济学角度，分析了区块链技术对新闻业的价值，介绍了目前该技术在美国内容产业中的具体应用。该研究者借用李普曼的理论指出，在区块链的支持下，新闻有可能抵达真相。[⑦]

五、媒体伦理与信息治理

隐私问题在新媒体时代面临越来越大的挑战。有研究者从隐私与隐私权、公共监管与个人利益以及新技术与新语境三个维度，结合当下争议性新闻事件，分析了数字时代的信息传播、个人隐私与网络、媒介伦理在具体社会语境下的内涵流变。[⑧] 有研究者对大学生进行了网络问卷调查，结果显示，不仅社交媒体中的新闻使用对青年的个人信息权意识具有正向推动作用，而且社交媒体中的社交使用对青年的个人信息权意识同样具有促进作用，而重度娱乐内容使用者的个人信息权意识更淡薄。[⑨] 有研究者综述了信息自由概念的内涵变迁，认为随着知情权或信息获取

---

① 张超：《新闻生产中的算法风险：成因、类型与对策》，《中国出版》2018 年第 13 期。

② 蒋忠波：《受众的感知、识记和态度改变：数据新闻的传播效果研究——基于一项针对大学生的控制实验分析》，《新闻与传播研究》2018 年第 9 期。

③ 傅居正、喻国明：《数据新闻的学科建构：演进逻辑、知识图谱与前沿热点——基于美国核心期刊数据库 Web of Science（1992—2018）的文献分析》，《新闻记者》2018 年第 10 期。

④ 申琦、赵鹿鸣：《审慎前行：美国数据新闻人才培养现状研究——基于美国新闻和大众传播教育认证委员会（ACEJMC）100 所新闻院校的实证分析》，《新闻记者》2018 年第 2 期。

⑤ 张志安：《大数据与新闻传播研究的学术想象》，《国际新闻界》2018 年第 2 期。

⑥ 赵云泽、杨启鹏：《区块链技术推动新闻业变革》，《中国社会科学报》2018 年 7 月 5 日。

⑦ 邓建国：《新闻 = 真相？区块链技术与新闻业的未来》，《新闻记者》2018 年第 5 期。

⑧ 吴飞、孔祥雯：《智能连接时代个人隐私权的终结》，《现代传播（中国传媒大学学报）》2018 年第 9 期。

⑨ 卢家银：《社交媒体对青年网民个人信息权意识的影响研究》，《新闻与传播研究》2018 年第 4 期。

权被越来越多的国家和地区宪法以及相关法律的明确承认，信息自由概念应该重新回归其本意，成为表述表达权的专有名词。[①]

传播侵权诉讼问题。有研究者认为，传播注意义务作为过失存在、客观化演进及违法性的判断依据，发挥着责任要件的构成功能。我国侵权法未引进一般注意义务，相关司法解释未能系统明确地规定传播注意义务与过失判断的关系，导致司法实践中对媒体“事中注意义务”的矛盾性判决。[②] 有研究者注意到聚合分发平台未经许可，而以商业目的整合传统新闻出版者的新闻报道，指出，应引入著作权法定许可制度，协商合理的许可费率，授权中国出版协会集体管理新闻报道并代收使用费，从而协调两者利益，是可行之路。[③]

网络空间治理也是学者关注的问题。有研究者指出，网络中介因为技术和平台等优势形成了与公权力相对的私权力，网络中介的私权力来源于用户条款，而用户条款的制定和执行受到法律、政府、用户及商业利益的驱动。该研究者认为在网络治理和用户权利实现上，传播法理论研究和具体实践应从以规范为核心转向对规范和行为的综合分析。[④] 有研究者受鸿茅药酒事件启发，对6年来中国裁判文书网所载14起自媒体刑事商业诽谤案进行分析，指出，自媒体环境下需要提升刑事商业诽谤法的立法和司法水准。[⑤]

六、传媒体制与经营管理

中国传媒业投融资进入了深度调整期，并且仍然面临着行业风险的挑战。有研究者认为，未来中国传媒业投融资可通过加强传媒上市公司的资本运作能力，深挖用户价值，创新互联网投融资产品，健全金融保障制度。另外，传媒业投融资应立足传媒业产业与事业双重属性，坚持社会效益至上的精品内容意识。[⑥] 有研究者选择四家报业上市公司，根据其近五年的财务报表，分析其主营业务的利润权重变化，总结报业上市公司的盈利模式。该研究者建议：应将经营视野从传媒业放大到文化产业，坚持新媒体转型，加速开发数字化产品。[⑦] 传媒企业大规模资本运作的背后是流动性风险的加大，有研究者基于管理式资产负债表，从营运资本需求的概念出发，通过推导提出，“易变现率指标”“基于营运资本需求的流动性评价”将能够解决此问题。[⑧] 有研究者整理了多家上市传媒公司数据，研究内部治理对公司绩效的影响：股权集中度低且高管薪酬低的上市传媒公司绩效低；董事会特征在内部治理中起到重要作用；不同内部治理因素的合理组合可产生高绩效。[⑨]

值得注意的是，舆论纷争背后往往有

---

① 黄建友：《表达权还是知情权：信息自由概念的内涵变迁》，《国际新闻界》2018 年第 9 期。

② 罗斌：《传播注意义务功能研究——从侵权责任构成要件的视角》，《新闻与传播研究》2018 年第 8 期。

③ 刘友华、魏远山：《聚合分发平台与传统新闻出版者的著作权冲突及解决》，《新闻与传播研究》2018 年第 5 期。

④ 张小强：《互联网的网络化治理：用户权利的契约化与网络中介私权力依赖》，《新闻与传播研究》2018 年第 7 期。

⑤ 王锦东：《网络环境下如何正确界定刑事商业诽谤？——14 起自媒体刑事商业诽谤案判决统计分析》，《新闻记者》2018 年第 10 期。

⑥ 胡钰、王嘉婧、徐雪洁：《中国传媒业投融资：发展与创新》，《湖南师范大学社会科学学报》2018 年第 1 期。

⑦ 禹建强、马思源：《从利润权重解析报业上市公司盈利模式的转变——以浙报传媒、博瑞传播、华闻传媒、纽约时报（2012—2016 年）为例》，《国际新闻界》2018 年第 5 期。

⑧ 穆青、凡小梅：《传媒企业基于营运资本需求的流动性评价》，《现代传播（中国传媒大学学报）》2018 年第 3 期。

⑨ 江虹、谢文诗：《中国上市传媒公司内部治理对绩效的影响研究》，《现代传播（中国传媒大学学报）》2018 年第 12 期。

着资本的影子，资本试图影响和操控舆论的话题日益引起社会关注。有研究者剖析了资本介入对舆论工作带来的新挑战，从外部因素、内部因素和主流话语建设三个方面探究了资本影响和操控下舆论安全所面临的风险。①

七、大众传媒与乡村振兴

大众传媒不仅是农村社会发展重要的信息中介和助力器，还是社会责任和公共文化服务的承担者。有研究者认为农村大众传媒的信息扶贫功能，对于消除农民的“观念贫困”，积极传播农业科技知识和致富信息，促进农村经济的可持续发展发挥着重要作用。② 有研究者基于滇川藏“大三角”地区流动电影放映及观影的田野调查，结合对农村电影放映相关机构的访谈及其相关背景资料，从人类学仪式分析的视角进行考察。该研究者使用“视觉展演”概念，对新中国农村电影放映实践作出总体性概括。③ 有研究者考察了一个西部乡村的移动互联网公共平台，认为其将半熟人社会转变为熟人社会并再造社区，成为村庄新型内生力量。总体看来，媒介自组织与村“两委”展开博弈，暂时形成了相对均衡的协同治理模式。④ 有研究者考察了传统电视的媒体融合发展，认为对农服务节目还有待进一步运用新媒体思维，嫁接电视与新媒体科技优势，从振兴乡村与深化推进城乡经济文化一体化的高度上，优化内容生产。⑤

八、国际话语权与走出去战略

中国的“一带一路”倡议蕴含着丰富的意涵。有研究者基于隐喻理论，借助语料库分析工具 Wmatrix，研究来自美国、英国、澳大利亚、印度、巴基斯坦和非洲的主流英文媒体关于“一带一路”的报道与评论，发现新闻样本中存在多元而又矛盾的隐喻建构，并呈现出国别与地区差异。⑥ 有研究者认为，“一带一路”建设目前仍处在初期阶段，“新五年”中潜在风险点包括：部分国家存在过度政治化解读；一些国家的参选政党为选举炒作“一带一路”话题；一些国家认为贸易环境的公平性、透明性存在不确定性；部分国家对中国海外投资的稳定性及相关项目和政策的持久性存在担忧；沿线冲突地区的地缘政治问题，可能加大中国外交风险。由此，研究提出了打造有重点的对外传播，坦诚讲清中国的利益点和诉求点，做好舆论应急预案等建议。⑦ 有研究者以《南华早报》《经济日报》《明报》为例，提出：“一带一路”报道应寻求更多接地气的方式，扩大社会性议题报道，拓宽对沿线国的报道空间，以

---

① 黄楚新、郭海威：《论资本影响与媒体舆论的博弈》，《国际新闻界》2018 年第 11 期。

② 黄艾、熊皇：《大众传媒与农村社会发展的历史互动与现实路径》，《湖北大学学报（哲学社会科学版）》2018 年第 2 期。

③ 郭建斌、张静红、张翎、陈静静：《“视觉展演”：中国农村电影放映实践的文化阐释——基于滇川藏“大三角”地区的田野研究》，《新闻与传播研究》2018 年第 4 期。

④ 牛耀红：《建构乡村内生秩序的数字“社区公共领域”——一个西部乡村的移动互联网实践》，《新闻与传播研究》2018 年第 4 期。

⑤ 吴信训、吴圆圆：《媒体融合背景下我国对农电视节目持续创新的思考》，《新闻记者》2018 年第 8 期。

⑥ 辛静、单波：《海外英文媒体对“一带一路”倡议的隐喻建构——基于语料库的跨文化比较研究》，《现代传播（中国传媒大学学报）》2018 年第 6 期。

⑦ 郑雯、袁鸣徽、乐音：《“一带一路”建设的新机遇与新挑战——基于沿线十国 2018 年第一季度的国际舆情分析》，《对外传播》2018 年第 5 期。

消除民众刻板印象。① 有研究者采用批评话语分析范式，基于语料库批评话语分析法研究发现，英国全国性报纸中的“一带一路”话语运用突出的语言形式特征，建构了“一带一路”倡议的目的意义，以及不同国家对于“一带一路”的态度。②

西方媒体中的中国形象问题一直是学界的关注重点。有研究者对2002—2016年BBC网站的中非关系报道的文本进行框架分析，发现报道存在四类通用框架，其中“冲突框架”尤为突出，为受众建构了一个问题不断的中非关系形象。以2008年为界，BBC相关报道逐步趋向中立，既表明了BBC对中国走进非洲的复杂心态，也反映了BBC基于英国自身利益立场的报道策略的调整。③ 有研究者通过一项针对18岁以上美国人的在线调查（N = 848）发现，美国人对中国的态度较负面，美国受众对中国政治话题（如人权）和中美冲突的新闻相对较感兴趣，而对中国文化和旅游的新闻兴趣较小。美国人对涉华新闻关注度显著增强了其对中国的了解，但并没有显著影响其对华态度。④ 有研究者运用世界价值观调查（2010—2014）的数据，对全球33个国家的47078份概率样本进行了多层回归分析，发现以公民民族主义为基本理念的网络参与，化解了基于互联网的信息分配所带来的冲击。同时，网络参与的发展将最终导致这一结果：人类基于各自不同历史文明所产生的种族民族主义逐渐被普遍的公民民族主义所取代，后者则成为人类国家认同产生的最终形式。⑤

撰稿：向　芬（中国社会科学院新闻与传播研究所副研究员）

中国应用新闻学研究2018年综述

2019年，中国新闻史学会应用新闻传播学研究委员会首次启动“全国应用新闻传播学十佳优秀论文”评选活动。该评选首先邀请国内新闻传播学领域有影响力的期刊的编辑推荐2018年在期刊上发表的5—8篇优秀论文，在期刊编辑推荐的基础上，再由专家委员会进行打分和评议，并最终评出2018年的“应用新闻传播研究十佳优秀论文”。

优秀论文的评选标准有三条：一是文章研究新闻实务和相关的理论问题，主要关注新闻实践，特别是以新媒体影响下和

① 侯迎忠、蔡思岚：《香港主流报纸涉“一带一路”报道框架研究——以〈南华早报〉〈经济时报〉和〈明报〉为例》，《现代传播（中国传媒大学学报）》2018年第10期。

② 钟馨：《英国全国性报纸中“一带一路”话语的意义建构研究——基于语料库批评话语分析法》，《现代传播（中国传媒大学学报）》2018年第7期。

③ 李新烽、李玉洁：《冲突框架与中立转向：2002—2016年BBC中非关系报道分析》，《新闻与传播研究》2018年第3期。

④ 苏林森：《美国人眼中的东方巨龙：涉华新闻关注与美国人对中国的认知、态度的关系》，《国际新闻界》2018年第5期。

⑤ 卢嘉、刘新传：《互联网与国家认同：媒介生态学视角下基于全球33个国家的实证研究》，《国际新闻界》2018年第4期。

社会变迁语境下的新闻实践为主要研究问题；二是文章的研究方法适当、运用扎实，有较严谨的分析逻辑和比较新颖的观点，对新闻实践相关活动具有重要启发；三是文章发表于2018年的国内外学术刊物上，发表后产生了较好的业界和学界反响，体现出应用新闻研究的新理念、新思路和新方法。

作为2018年中国应用新闻学研究的综述，本文以这10篇优秀论文为文本，从影响新闻业务实践的内部“生产机制”和外部“社会语境”两个维度进行分析，试图探究影响我国媒体应用新闻实践的多重变量，并为未来的应用新闻学研究提供一些启示。

一、聚焦技术对新闻生产机制的影响和重塑

（一）技术对新闻生产方式的历时态影响

《技术视野中的当代中国新闻生产方式变迁》一文以技术作为切入口，从历时性的角度考察当代中国的新闻生产方式的变迁，并突出强调技术对于新闻生产方式变革的重要作用，揭示新闻生产活动相关要素的演化与结构性变动。作者认为，从新闻生产的社会角度观察，中国新闻生产形成了职业新闻生产与非职业新闻生产的二元化结构；从新闻业角度看，职业新闻生产方式也在新闻生产主体、新闻生产资源、新闻生产工具、新闻产品形态、新闻生产关系等多个维度发生改变甚至变革。技术不仅改变宏观的传播形态，也改变具体的新闻产品的形态，从而“深层次地影响乃至决定着新闻生产方式”。①

（二）人工智能技术在新闻核查中的应用

当前，人工智能技术已经广泛应用于新闻生产的全过程，包括内容采集、内容生成、内容分发、内容效果评估等各个环节。《智能化新闻核查技术：算法、逻辑与局限》一文，聚焦人工智能技术对新闻业的影响，探讨智能化新闻核查技术的主要类型、逻辑和局限。近年来，针对社交媒体假新闻泛滥的问题，作为人工智能重要分支的自然语言处理技术被广泛应用于新闻事实核查领域。国外互联网巨头如Facebook和Google News已借助第三方事实核查机构力量对平台内容进行核查。

目前，智能化新闻核查的主流算法主要有两类：一类是“基于内容模型的算法”，即依赖新闻文本中的语义线索进行判断；另一类是“基于社会情境的算法”，即关注社交特征和信号，将信息传播过程中的情境纳入考量。但这两类算法都有各自的局限性，无法完全解决具有复杂逻辑的假新闻问题。两位作者认为，“自动化新闻核查技术仍是计算机界与新闻界携手阻击假新闻的有益尝试和未来趋势”，② 一些互联网内容平台也已利用智能算法对假新闻进行核查，如今日头条和美国密西根大学合作成立的AI反谣言研究联盟等。正如作者所说，要解决谣言问题，“既需要人工智能技术的发展，也需要用人文关怀和批判精神指导实践，找到人与AI合作无间的方式”。③

（三）搜索引擎中的算法推荐和新闻呈现

《搜索引擎中的新闻呈现：从新闻等级到千人千搜》一文以谷歌搜索引擎中的新闻呈现为例，讨论了影响用户搜索引擎使用的技术要素与社会机制。当下，我们应将搜索引擎视为一种互联网平台，此文实际上研究的是算法对平台新闻内容分发

① 杨保军、李泓江：《技术视野中的当代中国新闻生产方式变迁》，《新闻爱好者》2018年第8期。

② 陈昌凤、师文：《智能化新闻核查技术：算法、逻辑与局限》，《新闻大学》2018年第6期。

③ 同上。

环节的影响。谷歌通过新闻等级体系建立起了网页间的静态秩序，新闻媒体主动采用搜索引擎优化技术配合技术呈现，而基于用户使用习惯和社交关系的搜索算法则带来了“千人千搜”的差异化呈现结果。

该研究指出，搜索引擎的社会意义是其在海量的信息环境下重新定义了真相，通过主动反馈用户搜索结果进行“有文化依据的组织形式重构”，促进了一种新的“混合价值”的生成，既结合了传统的社会与文化目标又提供了新的机制。① 该文引入知识生产的视角进行分析，发现搜索引擎建立起来的知识—社会秩序并没有带来更高的知识水平，而是具有一种“膨胀的知识感”，这个研究结论体现出较强的批判性思维。

（四）主流媒体的深度融合及移动化趋势

作为一份调研报告的核心部分，《移动化：主流媒体深度融合的数据引擎》一文比较全面细致地考察了中国主流的融合转型，提出基于互联网的媒体运营的三个趋势：平台化、移动化和智能化，并着重阐释了作为主流媒体数据引擎的移动化趋势。文章指出，移动化创造了海量数据的出入口，平台化支持着多元数据的交互流通，智能化确保了数据流通的效率和精准度，这三个趋势正在定义未来传播的基本形态，技术则在其中起着打通、连接、构造闭环的关键作用。② 这篇文章既体现出开阔的行业视野，又抓住了“移动化”主流趋势和数据驱动的技术关键。

二、关注新闻生产变革与社会语境之间的互动

近年来，非虚构写作的兴起给包括专业媒体人在内的各界人士进行真实故事的创作提供了新的机会，从某种程度上来说，正在形成新的叙事实践。《话语范式转型：非虚构新闻叙事兴起的中国语境》一文是国内针对非虚构写作从话语范式角度进行理论分析的佳作，具有很强的学术思维和本土观照意识。文章把非虚构理念的兴起及其在新闻生产中的大规模应用，视为新技术驱动的媒介传播生态、政治和话语转型，以及新媒体平台资本化趋势的产物，最大的特点是把新闻实务问题与社会语境联系起来，试图理解当代中国新闻话语范式变迁过程中非虚构写作所处的位置，将非虚构写作的新闻话语放到新时期的传播生态与政治经济形态中分析其对新闻业带来的影响。③

《群像与独像：新世纪以来我国特大事故报道中的受难者形象》一文以21世纪以来我国所有特大事故的新华社报道为分析对象，在“人格化—去人格化”的维度下，对报道中的受难者形象进行文本分析。研究显示，官方报道中的受难者群像与独像并存。可辨识的受难者独像多数为“理想的受难者”，遵循着“无辜者等级”并混合了英雄遇难的叙事，呈现出高度同质化和可替代性的面貌。群像的塑造则以“去个体化”为原则，通过引语塑造出亲历的在场者和朴素的感恩者；通过数字化将不幸者对立、比较、排序；通过指代词实现身份区隔和“熟悉的陌生化”等叙事目的。④

《“一国”与“两制”的工具性实现：对香港报纸的内容分析（1998—2016）》一文通过分析香港报纸对“一国两制”的报道文本，发现香港社会对“一国两制”的理解差异在媒体上集中体现为“国族”

① 方师师：《搜索引擎中的新闻呈现：从新闻等级到千人千搜》，《新闻记者》2018年第12期。
② 宋建武、黄淼：《移动化：主流媒体深度融合的数据引擎》，《传媒》2018年第3期。
③ 黄典林：《话语范式转型：非虚构新闻叙事兴起的中国语境》，《新闻记者》2018年第5期。
④ 闫岩、邹文雪：《群像与独像：新世纪以来我国特大事故报道中的受难者形象》，《国际新闻界》2018年第6期。

议题与“自治”“民主”等“本土利益”相关议题的话语争夺。不同政治立场的媒体在针对“一国两制”这一政治议题的评价倾向上，呈现出显著的差异。关于“一国两制”的未来，除左派报纸持乐观立场之外，其他报纸绝大多数持中立态度。左派、右派媒体各自肩负代表自身利益群体的使命，在属性报道和立场评价方面旗帜鲜明、立场稳固，中间派媒体对政府的批评最为猛烈，亲左、亲右派媒体则呈现出“似左非左”“似右非右”的策略。[①] 文章采用跨境舆论场的研究视角，对传统以内地媒体新闻业务为对象的研究具有启示。此外，文章考察内容的时间跨度较大，数据分析细致，研究观点有助于我们理解香港和内地传媒业的差异。

将应用新闻实践置身于更加复杂的政治、经济、文化和社会结构中，体现出比较宽阔的学术视野。这次获奖的一些其他优秀论文，还包括对新闻从业者、新闻教育以及新闻业意识形态的研究。

《中国驻外记者的现状、问题与培养研究》一文，采取多种实证研究的方法，研究以往较少关注的中国驻外记者。研究发现，中国驻外记者有“较难适应新兴媒体技术进步”“责任感强”的特点，“与驻在国的双边关系”“发稿系统中把关人的影响”“绩效管理中发稿量的压力”“年龄与驻外时长”“社会生活适应度”等是影响中国驻外记者工作的主要要素，总体上我国驻外记者对自己工作的满意度偏中上。[②] 此外，文章还考察了我国驻外记者最需要的专业技能和素养，在此基础之上进一步探讨了我国驻外记者的培养机制和国际新闻报道、国际传播等工作的改进策略。

《新闻实践教学之“学”——兼谈融合新闻传播教育背景下实践教学的“1+1”模式》一文是2018年学界少数探讨新闻实践教学的文章。该文以清华大学新闻与传播学院师生2018年6月执行的雄安实践教学为案例，分析了这项融合新闻传播教学实践采用的“任课教师+业界导师”的“1+1”指导模式，该模式从理论与实践两个维度来对学生进行引导，努力将“实践”与“教学”有机地结合起来。[③] 这篇文章的价值在于，从新闻生产的各环节切入，对新闻实践和理论思考的“勾连”进行探讨，对新闻实践教学过程中的理论引介和运用具有积极启发。

《三种视角下马克思主义新闻观再思考》一文从知识生产、价值论和去西方化三个维度考察马克思主义新闻观，该文的研究视角具有新意，对当下新闻教育和新闻媒体贯彻实践中的马克思主义新闻观有一定的指导作用。文章指出，明确马克思主义新闻观的生产场域意识，回溯马克思的“交往实践观”和“人学观”的哲学基础，重构马克思主义指导的中国特色新闻学新范式，并尝试在新的新闻范式框架下，进行马克思主义新闻观的当代阐释和话语创新，是发展马克思主义新闻观的真理性、科学性、当代性、国际性的题中应有之义。[④]

三、应用新闻学研究的理论深化路径

通过对2018年中国应用新闻学研究优秀论文的综述，可以发现，应用新闻学研

① 钟智锦、周志成：《“一国”与“两制”的工具性实现：对香港报纸的内容分析（1998—2016）》，《新闻大学》2018年第4期。

② 刘昶、孟伟：《中国驻外记者的现状、问题与培养研究》，《现代传播（中国传媒大学学报）》2018年第8期。

③ 王君超：《新闻实践教学之“学”——兼谈融合新闻传播教育背景下实践教学的“1+1”模式》，《新闻与写作》2018年第8期。

④ 齐爱军：《三种视角下马克思主义新闻观再思考》，《青年记者》2018年第7期。

究要持续创新，必须加强学术分析和理论阐释。

首先，当下的应用新闻学研究要格外关注技术对新闻生产全过程的影响，包括作为新闻产品的“文本”、作为新闻实践过程的“生产”和作为新闻从业者的“人”。《话语范式转型：非虚构新闻叙事兴起的中国语境》《群像与独像：新世纪以来我国特大事故报道中的受难者形象》《“一国”与“两制”的工具性实现：对香港报纸的内容分析（1998—2016）》均关注了作为新闻产品的文本要素；《中国驻外记者的现状、问题与培养研究》触及了作为新闻从业者的人的要素；《新闻实践教学之“学”——兼谈融合新闻传播教育背景下实践教学的“1＋1”模式》《智能化新闻核查技术：算法、逻辑与局限》《移动化：主流媒体深度融合的数据引擎》《搜索引擎中的新闻呈现：从新闻等级到千人千搜》《技术视野中的当代中国新闻生产方式变迁》则对新闻业务的动态实践展开分析。可见，新技术影响下的新闻从业者、新闻文本、新闻生产变化是未来一段时间内应用新闻学研究的三大关键要素。

其次，应用新闻学研究要注意把握新闻生产的外部环境，将具体新闻生产要素嵌入对其产生影响的社会语境中进行分析。经典的新闻生产社会学的研究路径，强调社会的结构性力量对新闻生产的微观和中观层面的影响，而且在不同的政治、经济、社会语境中，媒体生产实践的行动逻辑和社会控制有所不同。

中国本土的应用新闻学研究需紧扣当下的社会语境，从政治、技术和全球化三个重要变量的影响下把握新闻实践的特定逻辑和影响机制。其中，政治权力在新闻生产实践活动中具有支配性地位，[①] 是新闻生产背后的决定性力量，亦是影响媒体实践的最大变量，因此应用新闻学研究离不开对政治语境的考量；技术变量对媒体实践产生越来越深刻的影响，特别是随着人工智能等新兴技术的发展和应用，互联网传播技术对新闻生产的影响日益显著，正在变革甚至重构着新闻生产的全过程；全球化则为当下的中国应用新闻学研究提供了更加宽阔的跨境比较和全球观察视角。以往的新闻生产实践较少被放在跨境场域下进行探究，而互联网的兴起，连接了过去相对区隔的境内外舆论场，也为不同地区的媒体实践研究提供了新的视野。需要注意的是，由于国情、体制或文化差异，我们无法将不同语境的应用新闻实践作简单的比较，而需要充分观照不同语境对应用新闻实践的复杂影响，从而找出生产实践背后多重影响因素作用机制的相通之处和差异之处。

综上所述，当下的中国应用新闻学研究，可将人、文本和生产实践放在政治、技术和全球化等多重变量中进行新闻生产社会学路径的深入研究，同时在现象描述基础上保持对理论阐释的追求。

撰稿：姚尧（中山大学传播与设计学院研究生）
张志安（中山大学传播与设计学院教授）

---

① 张志安、章震：《重审语境与重新出发：新闻生产社会学的“本土化”脉络和反思》，《新闻记者》2018年第9期。

中国新闻传播史研究 2018 年综述

无论对中国社会还是中国新闻学来说，2018 年都是一个特殊的年份。2018 年，是中国新闻传播教育的百年诞辰。一百年前，中国第一个系统讲授新闻学课程并集体研究新闻学的团体——北京大学新闻学研究会成立，标志着中国新闻传播教育的开始；2018 年，中国的改革开放也走过了 40 年，40 年前党的十一届三中全会的召开，开启了中国改革开放、建设社会主义现代化的伟大征程，新闻事业和新闻传播教育亦飞跃发展。

2018 年新闻传播史研究整体呈现繁荣向好的局面。据笔者不完全统计，2018 年，国家社会科学基金项目中，与新闻传播史研究相关的有 27 项，为 1986 年开始有立项资助以来的最高值；2018 年新闻传播史方向的博士学位论文有 46 篇，亦为历年来的最高值。这也意味着，中国的新闻传播史研究受到的国家社科基金支持力度不断增加，研究的生力军队伍也不断壮大。另外从 2013 年起，《新闻与传播研究》每年评选年度优秀论文 10 篇。2018 年评选中，新闻传播史研究论文表现抢眼，有 4 篇入围，以致有研究者坦率地说，“如果评委会不是顾忌某个领域的论文比重无论如何不能占到一半，那么入选的 10 篇中，新闻史研究的论文一定会轻松过半。风水轮流转。和几年前有关新闻史研究的优秀论文要入选还需‘矬子里面拔将军’相比，今年可以说是让人挑花了眼”。[①] 在 2018 这个特殊的年份，新闻传播史研究在对既往的反思中不断前行，涌现出一批周年性回顾的文献，对新闻传播史的研究方法和存在问题进行了深入反思，同时在各个研究领域又有一定的突破与创新。

一、周年性回顾与反思文献较为丰富

2018 年作为中国新闻学的特殊节点，开展了一些周年性的学术研讨会，出现了一批周年性回顾和反思的文献。2018 年 10 月 14 日，“百年中国新闻教育：传承与发展”暨北京大学新闻学研究会成立 100 周年学术研讨会在北京召开。主旨论坛环节，中国人民大学荣誉一级教授方汉奇发表了题为“北京大学新闻学研究会的历史贡献及当代意义”的主题演讲。方汉奇说，北京大学新闻学研究会的成立标志着中国新闻学研究的开端，标志着中国新闻教育的开端。研究会有这些优秀传统：第一，所有参加这个研究会的成员，都有高度的反帝爱国的思想，都有以振兴中华为己任的时代责任感，都积极地参与当时的救亡运动、文化进步运动和政治活动；第二，紧密地和国际接轨，有比较广的学术上的探讨；第三，紧密联系新闻事业的实际；第四，向社会看。[②] 中国传媒大学教授赵玉明在该研讨会上就“开展新闻教师断代群体研究”给出了具体建议。他认为对新闻教育主体的研究可以看出新闻教师成长、发展的情况，互相之间的传承关系。希望学者们可以总结历史经验，从中探讨培养新闻人才的途径，提高培养

---

① 时统宇：《新闻史研究优秀论文占比大增的喜与忧》，《青年记者》2019 年第 13 期。

② 方汉奇：《北大新闻学研究会的历史贡献及当代意义》，http：//www. cssn. cn/xwcbx/xwcbx_ xsqy/201810/t20181016_ 4705222. shtml，2018 年 10 月 15 日。

新闻人才的质量。①

笔者在对百年中国新闻传播教育史进行研究后认为，中国新闻传播教育史研究历经百年发展，逐渐成为新闻史学的重要组成部分。百年中国新闻传播教育史研究可分为萌芽起步、曲折前行、恢复发展和开拓创新四个阶段，不同的阶段呈现出不同的研究特点。回顾百年中国新闻传播教育史研究，可以发现其研究边界不断拓展，研究深度不断增加，研究角度渐趋多样，研究成果不断涌现；反思中国新闻传播教育史研究，新理论、新史料、新方法、新视野等都是其可以拓展的研究空间。② 笔者也特别对徐宝璜的新闻教育贡献进行了系统性评价，认为：作为“中国新闻教育第一位的大师”，徐宝璜开创了中国新闻传播教育的新纪元。他参与创办了中国第一个新闻传播教育团体——北京大学新闻学研究会，组织出版中国第一份新闻学刊物《新闻周刊》，编撰中国第一本国人自撰的新闻学教材及专著《新闻学》，培养了中国第一批新闻人才，开设了中国高等学府第一门新闻学课程，主持了中国第一个四年制的大学新闻学系——平民大学新闻学系，设计了我国第一个四年制大学新闻传播教育方案。徐宝璜成为百年中国新闻传播教育的奠基人、拓荒者。他确立的新闻传播教育传统和《新闻学》等宝贵遗产仍将在当代中国新闻传播教育中发挥重要作用。③

有研究者从学科发展的视角对一百年来中国新闻学论著的整理研究进行了梳理和反思，认为，中国新闻学论著整理研究的成果从民国的零散专文发展到今天的专题性编目和学术史著作，百年来这方面取得了不少标志性的进展与成就，但从学科发展的高度来审视它仍然在学科成果体系的完整性、学科方向的分类细化乃至整理研究的学科队伍方面留下了不少亟待提升的空间。基于学科发展的视角进行系统的百年中国新闻学论著整理研究还须做好如下几项基础性工作：完善中国新闻学论著百年编目；创新整理研究方法构建文献数据库；以问题为中心，进行专题性、个案性、跨学科性的整理研究。④

改革开放40周年，亦是中国报业发展的40年，《中国报业40年（1978—2018）》以纪念改革开放40年为契机，梳理中国报业的历史成就及现实困境，以便更好地承担宣传党的主张与反映人民心声的使命。⑤ 有研究者则立足改革开放40年的历史进程，以新闻传播学科在国家级教学成果奖中的获奖成果作为切入点，总结不同时代新闻传播教育的目标、体系与方法。该研究将理念探讨与案例分析相结合，通过梳理本学科的教学成果发现：新闻院校的教育教学、人才培养始终服务于国家战略和社会发展，既重视基础知识与技能训练，传承并发展学科特色，也能够立足全球化、信息化的新平台，打造适应媒体融合发展的教育教学体系，建构具有中国特色、对接国际一流的人才培养模式。该研究认为，迈入新时代，新闻传播教育要以教学为重点、以实践为依托，恪守立场、坚持创新，为构建中国新闻传播事业的新

---

① 张赛：《百年新闻教育的传承与发展》，http：//news. cssn. cn/zx/bwyc/201810/t20181024_ 4722941. shtml，2018年10月24日。

② 邓绍根、李兴博：《百年回眸：中国新闻传播教育史研究回顾与前瞻》，《兰州大学学报（社会科学版）》2018年第4期。

③ 邓绍根：《百年奠基：论徐宝璜新闻传播教育的历史贡献和遗产》，《出版发行研究》2018年第10期。

④ 黄春平：《中国新闻学论著整理研究的百年进展与反思——基于学科发展的视角》，《国际新闻界》2018年第12期。

⑤ 张建星主编：《中国报业40年（1978—2018）》，人民日报出版社2018年版。

格局贡献力量。[①]

此外，还出现了部分回忆性质的文章，2018 年是中国社会科学院新闻与传播研究所（原名中国社会科学院新闻研究所）成立 40 周年，该所于成立当年开始招收研究生，因此 2018 年也是我国新闻学专业研究生教育开办 40 周年。有研究者回忆了早期新闻与传播研究所的片段，包括讨论有关制定新闻学发展八年规划（1978—1985）的座谈会的情况，中国社会科学院成立新闻研究所并招收研究生及早期的教学情况，还有他本人参与《新闻研究资料》、《中国新闻年鉴》首卷、《各国广播电视法选辑》等的出版编辑情况。[②] 作为改革开放后第一批进入高等学府学习新闻专业，而后又长期从事新闻传播教育的孙瑞祥教授，回忆了所经历的新闻传播教育大事件，并认为当前新闻传播教育既要思变求新，又要强基固本，要在变革中有定力，在坚持中有创新。[③] 这些前辈的回忆，虽然不是学术性很强的文章，但是具有一定史料价值和借鉴意义。

二、报刊报人仍是研究的重点并有创新

在传统的新闻传播史研究中，关于报刊报人的研究一直是关注的重点，并占有很大的比重。2018 年新闻传播史研究中，这一方面仍然是研究的重点，并且有一定的突破和创新。主要体现在两个方面。

（一）从新的角度切入，研究一些传统的常见的报刊

有研究者从社会启蒙的角度考察官报变革报章书写文体（白话代文言）和创新编印式样等手段带来的社会影响。[④] 有研究者以大公报馆参与及关注慈善义演、书画助赈为切入点，从传播学与慈善史发展的视角剖析其特色，分析天津重要报刊《大公报》与清末民初慈善文化之间的互动关系，以期窥探报刊及其把关人在慈善事业近代化进程中的突出作用。[⑤] 有研究者指出《红色中华》《新中华报》和《解放日报》这三份报纸为延安时期电教工作（广播、电影、摄影等电教媒体的宣教功能）的宣传推广作出了重要贡献。[⑥]《亦报》是 1949 年上海解放后创刊的小报，不同于以往较多的对《亦报》内容开展的研究，有研究者从报纸与社会交往关系的角度，考察了在解放初社会“改造”的氛围下，《亦报》的编者、作者与读者之间基于人情、趣味的合作共生关系何以演变成一种基于阶级想象的此消彼长的紧张关系，从而给报纸自身造成生存的悖论。[⑦]

有研究者努力发现戊戌政变集体记忆的形成过程，从中窥探媒介，特别是报刊这种当时的新式媒介在现代中国的独特价值和作用。该研究认为：“关于戊戌政变的历史，既有史家的严肃考证版本，也有社会形成的集体记忆版本。梁启超的《戊戌政变记》是一个主观性的历史故事，而非客观性的历史记录。本着政治宣传的目的，梁启超将丰富的个体想象融入作品中，创造了一个奸臣当道、忠臣含冤的曲

① 高晓虹、赵希婧：《改革开放 40 周年：中国新闻传播教育的坚守与创新》，《新闻与写作》2018 年第 12 期。

② 赵玉明：《我与早期新闻研究所的片断回忆》，《新闻与传播研究》2018 年增刊。

③ 孙瑞祥：《我国新闻传播教育 40 年亲历与感悟》，《青年记者》2018 年第 19 期。

④ 杨莲霞：《清末官报的白话风格与社会启蒙——以〈北洋官报〉为中心的考察》，《安徽大学学报（哲学社会科学版）》2018 年第 1 期。

⑤ 高俊聪：《〈大公报〉与清末民初天津慈善文化》，《史学月刊》2018 年第 5 期。

⑥ 刘瑞儒、张苗苗：《三大报刊与延安时期的电化教育》，《电化教育研究》2018 年第 2 期。

⑦ 伍静：《“改造”的悖论：上海最后一份小报〈亦报〉的短暂繁荣与消失（1949—1952）》，《新闻大学》2018 年第 5 期。

折历史故事。出人意料的是，这个文本建构了一个普遍性认识的记忆图像，成为近代中国关于戊戌政变集体记忆的重要蓝本，深刻影响了戊戌政变的历史图像建构。在这个集体记忆形成的历史中，文本作者、媒介、政治家和受众在集体记忆形成的不同阶段，不同程度地发挥了相应作用，而尤其值得注意的是，清末报刊正悄然改变着传统中国的社会交往模式。包括语言、文字、报刊等在内的各种媒介形态，不断地与中国传统政治和文化进行融合，被赋予政治教化等功能，并发展成为一种新的权力代理人，推动了近代中国的现代化进程。”①

有研究者通过对《申报》《沪报》《新闻报》的研究认为：“维新前后，商业性报刊得到了较快发展。上海的几家大报发行量和影响力进一步上升。商业报刊对甲午时局和维新活动的报道，引起士人的广泛关注。读者对国家和民族命运的关注，激发了对时政新闻阅读的热情。而读者读报后的所思所想，通过他们的社交网络和日常书写，进一步扩大了新闻知识作为思想资源的价值。”②

（二）一些过去被忽视的研究得到补充

有研究者按照时间顺序进行叙述，以最早在华创办的英文报纸《广州记录报》和影响较大《中国丛报》为主要研究对象，截取1827年在华英文报纸出现至鸦片战争这一时段，通过描绘、分析这一时段英文在华外报所报道的“中国图景”，揭示在华英文报纸与清帝国外交秩序、贸易体制、政治、文化等方面的互动关系，其中所使用的材料多是首次翻译。③ 有研究者站在宏观立场上，对民国企业家创办的一批员工刊物展开了初步考察。作为典型的组织传播活动，这些刊物在近现代中国报刊史书写中长期未被关注。④

此外，一些过去较少研究的报刊也得到了重视，少数民族报刊研究如马超《近代回族报刊创刊号及其爱国特征初探》，宗教报刊研究如王海、徐嘉敏《罗文达〈中国宗教期刊〉的新闻史学价值》等。有研究者研究不被人关注的《大报》《亦报》后认为：“1949年上海解放后，两份新型小报《大报》《亦报》相继创刊。在经历短暂的繁荣后，两报于1952年先后以合并、停刊方式告终。新闻史一般认为，‘上海解放后过渡性的小型报已完成它的历史任务’。然而，‘过渡性’仅仅是一个已知结果的事后判断。事实上，直至1952年3月，主管者仍有‘今后就让《亦报》一直出下去’的打算。”⑤

在报人方面，有研究者将过去较少被研究者关注的金雄白放置在一个时代脉络中，通过时代、报馆、报人三方关系交错，来考察报人，认为：“在新闻史人物研究的观照中，报人与时代是一个主体与结构之间相互投射的热点话题。报人的经历镶嵌了时代的烙印，而时代的描摹也在报人笔下演绎出特殊的面相。金雄白于北伐革命易代之际进入《时报》，既面临着政治势力重新洗牌的风云突变，也遭遇着报业震荡与个人生涯的时代纠葛。研究专注考察他这段特殊的《时报》经历；研究

① 王润泽、谭泽明：《〈戊戌政变记〉与政变图像建构：从个体想象到集体记忆》，《新闻与传播研究》2018年第8期。

② 蒋建国：《维新前后商业报刊的时政报道与读者阅读》，《新闻大学》2018年第4期。

③ 谢庆立：《搅动晚清帝国秩序的力量——十九世纪早期广州外报中国报道研究》，学苑出版社2018年版。

④ 操瑞青、夏羿：《企业员工刊物：被忽视的民国组织传播活动初探》，《新闻与传播研究》2018年第5期。

⑤ 伍静：《“改造”的悖论：上海最后一份小报〈亦报〉的短暂繁荣与消失（1949—1952）》，《新闻大学》2018年第5期。

发现，当报人与时代相遇时，两者相互影响，报人书写时代，时代亦书写报人。在金雄白《时报》经历的脉络中，时代、报馆、报人三方关系交错，共同呈现出一幅交光互影的复杂图谱。”①

三、中共新闻思想史研究地位突出

2018年关于新闻思想史的研究也比较丰富，其中又以中共新闻思想史相关的研究为主。有研究者将中国共产党的报刊思想分成五个方面，一是宣传最新思潮：先声与先导；二是“炮弹论”：党对报刊作用的高度重视；三是党性论：鲜明的政治立场和原则；四是群众办报论：始终以人民为中心；五是辩证唯物论：中共新闻理论的体系建设与成熟。②

有研究者梳理了《中共中央政治局关于党报的决议》一文发布的经过，这是1931年1月27日通过的加强党报领导作用的一份文件，作者认为，这份文件以及后续通过的几份决议，体现了党中央重视群众工作、注重联系实际的工作作风，在提升党报领导地位的同时加强了党报对实际工作的指导，有助于扩大党报的影响，对建立完备的通讯网、发行网和改进印刷、出版工作也具有推动作用，在党的新闻思想史上具有重要意义。③

“全党办报”是中共重要的新闻思想，在过去已有丰富的研究，有研究者在比较视野下对其进行研究，认为“全党办报”是对“同人办报”的扬弃和纠正。“同人办报”是建党初期各地共产主义小组在大中城市独立开展报刊实践的时候形成的，是对民族资产阶级同人办报思想的复刻。但是随着武装割据和抗日革命根据地的先后开辟、党组织生活的日益规范紧密，最终不能再满足我党的要求，因此提出“全党办报”。“全党办报”的核心内涵是党报没有独立性，它是党的声音和关切，是党组织协同工作的工具，这是“同人办报”所未曾涵盖的。④

还有学者对较容易被忽视的某些中共新闻思想进行了研究。有研究者认为，1948年毛泽东《对晋绥日报编辑人员的谈话》在中共新闻史上有重要的地位，也已有很多相关研究。但是，这篇谈话中关于报刊作为“群众教育”的问题没有得到足够的重视和讨论，该研究将“群众教育”总结为“阶级启蒙：土改运动中地方报刊的思想动员”和“政策教育：土改运动中阶级斗争的思想把控”两大作用。⑤ 有研究者研究《人民日报》后认为：1984—2016年，《人民日报》先后82次使用了“新闻规律”一词。这清晰地反映出改革开放新时期《人民日报》的“新闻规律”观念演变过程，并体现出阶段性、创新性和继承性等特点。通过以上综合分析，管中窥豹地反映出：中国共产党一方面高扬新闻规律旗帜，重新认识新闻规律，并高度强调遵循新闻规律；另一方面，中国共产党不断实践新闻规律，且顺应新闻改革需要和新闻传播学研究以及新媒体技术发展要求，与时俱进地创新性地总结新闻规律，推动了中国新闻事业的迅速发展。改革开放新时期，中国共产党走过的和正在行进的正是一条不断回归新闻本位、尊重

① 王保平：《报人与时代相遇：金雄白早年〈时报〉经历的考察（1926—1929）》，《新闻与传播研究》2018年第1期。

② 郝雨：《中国共产党早期报刊思想及新闻理论生成》，《当代传播》2018年第3期。

③ 赵永华、卢丹：《〈中共中央政治局关于党报的决议〉发布始末》，《新闻知识》2018年第7期。

④ 林羽丰：《与“同人办报”相对的“全党办报”》，《新闻春秋》2018年第2期。

⑤ 褚金勇：《作为群众教育的报刊工作：解放战争时期地方报刊的阶级启蒙与政策教育》，《新闻春秋》2018年第2期。

新闻规律的道路。[①]

除对中共新闻思想史的研究外，还有对个人的新闻思想的研究，如有研究者认为，作为国民党体制内新闻人代表之一的马星野用50余年的时间构建了其较为完整的“三民主义新闻思想”体系，主要包括新闻本质、新闻社会功能、新闻自由、新闻人职业伦理四个方面。其产生发展的动因是源自于特殊的“身份认同”“专业认同”与“价值认同”。[②] 有研究者通过梳理汪康年的办报历程认为，汪康年对报刊作用认知是具有阶段性变化的，从检验改革，到舆论监督，再到舆论批判。汪康年对于报纸社会功能的论述，如新闻性、民众性方面，即使放在当今社会也同样适用。[③]

此外，还有学者对“密苏里帮”的新闻教育活动进行考察，发现“密苏里帮”的汪英宾、黄宪昭、梁士纯和马星野等只是将密苏里大学新闻学院具体的、也是最容易模仿的教学方法和课程体系引入中国，但美国式的新闻理念、新闻专业主义并未随着“密苏里模式”一同进入中国的新闻教育场域。[④]

四、地方新闻史研究不断深入拓展

在地区新闻史方面，2018 年一大巨著是宁树藩主编《中国地区比较新闻史》，该书是第一部全面展现我国各地区、各省份近现代新闻事业发展历史，并进行比较研究的专著。该书涵盖了全国所有省份在1822 年至 2000 年新闻事业发生发展的全过程，全书分为三个层次：“总论”为该书之纲，以历史为经，以地区为纬，对各地新闻事业的差异性进行比较，力图揭示新闻事业的发展规律；“省、自治区、直辖市新闻事业发展概要”展示了各省、自治区、直辖市及港、澳、台地区新闻事业的发展脉络；“地区评述”介于二者之间，是联系二者的纽带。《中国地区比较新闻史》于 2018 年 9 月正式出版，前后历时 26 年，全书分为上、中、下三集，共 135.7 万字。复旦大学中国历史地理研究所教授周振鹤认为：“该书弥补了中国新闻史以往的不足，是一项极具开创意义的学术工程，是中国新闻史研究的重大收获。”[⑤]

此外，各地的地方新闻史也不断丰富。《汉水上游报刊史话》从地方文化史及新闻出版学等视角勾勒出汉水流域报刊业的发展脉络，记录了从 1924 年至今汉水流域上游相关报刊的发展历程，梳理出汉水上游沿线城市报刊发展的基本历史，概括出各个时期、阶段报刊发展动态，客观全面地对汉水上游沿线城市的报刊进行了梳理归纳。[⑥]《浙江当代新闻报业图志》着眼于当代，主要反映中华人民共和国成立后浙江各个时期各地新闻报业发展的情况，尤其是改革开放以来浙江的报业发展繁荣情况。编著者以史统图，以图现史，采用图配文的形式记录和展现浙江新闻事业发展的历史，丰富了浙江新闻报业研究。[⑦] 还有学者研究山东解放区新闻史，

① 邓绍根、李兴博：《论新时期〈人民日报〉中“新闻规律”的话语呈现及其知识特征》，《现代传播（中国传媒大学学报）》2018 年第 9 期。

② 王继先：《马星野的“三民主义新闻思想”略论》，《新闻与传播研究》2018 年第 9 期。

③ 庄肃非：《一位报人的自白——兼论汪康年的报刊思想》，《北方传媒研究》2018 年第 4 期。

④ 郭静：《方法移植与理念流失：“密苏里帮”的新闻教育活动考察》，《新闻界》2018 年第 8 期。

⑤ 《〈中国地区比较新闻史〉首发　由近 40 位学者通力协作完成》，中国新闻网，http：//www.chinanews.com/sh/2018/09－21/8633300.shtml，2018 年 9 月 21 日。

⑥ 付鹏、周尚原、程培长：《汉水上游报刊史话》，中国文联出版社 2018 年版。

⑦ 王明光等编著：《浙江当代新闻报业图志》，浙江大学出版社 2018 年版。

山东解放区在近代中国革命战争中具有重要的地位，这不仅体现在军事实力上，还体现在解放区蓬勃发展的各项事业中，《山东解放区新闻史 1937—1949》试图从山东解放区新闻事业发展背景、主要报刊、重要记者、新闻教育、宣传思想等方面加以论述，进而观察山东解放区新闻事业在红色新闻业乃至整个中国新闻传播史上的地位与意义。①

2018 年 9 月 23 日，中国新闻史学会地方新闻史研究委员会成立并落户华南理工大学。这对地方新闻传播史研究来说也是一个大事件。②

五、广播电视史研究有较新的突破

广播电视史研究也有较新的突破，主要体现在三个方面：更具有全球视野、关注当代史、采用了新的研究方法。2018 年在广播电视史研究领域出现了三部专著。《世界广播电视史》从宏观角度阐述世界广播电视的发展过程，尽力兼顾世界各国广播电视发展基本情况，让读者对世界广播电视的发展有条理清晰的了解和理解。该书同时着力探寻世界广播电视发展的规律性，以及世界各国在广播电视技术、体制、节目类型等方面的关联，广播电视技术对媒体文化和世界各国文化所产生的影响。该书是按通史体例撰写的，这在国内同类研究中具有开拓性。③《当代中国广播电视史》研究 1949 年以来的广播电视史，将 1949 年以来的中国广播电视史划分为新中国初创时期、初步探索建设社会主义道路时期、“文化大革命”时期、历史转折时期、全面改革开放时期、市场经济时期和新世纪等几个阶段，并兼及台港澳的广播电视史。④《中国电视史：1958—2008》对中国电视业半个世纪（1958—2008）变迁与演进的历史展开了系统性的研究。但是有别于传统的研究视角，该研究者采用传播政治经济学、媒介社会学与话语理论相结合的研究体系，在电视与社会现实、日常生活和权力结构之间的关系中，对这一强大而富庶的大众媒介与中华人民共和国历史之间的勾连与互动过程，进行了全面而深入的阐释。⑤

六、新闻图史研究成为学术热点

图像是报刊版面的重要组成部分，对文字起到补充说明的作用，甚至传递比文字更丰富的信息。过去关于新闻图史的著作已有不少，如《中国红色报刊图史》（2011）、《中国百年新闻经典漫画卷》（2013）、《中国报纸创刊号图史（全 8 卷)》（2013）等。这些著作从报刊登载的图片和漫画入手，将视觉化图像作为研究主体，并与语言学、修辞学结合，推动报刊话语诠释体系的纵深发展。随着媒介技术的发展，尤其是大数据挖掘和处理技术的应用，新闻图像越发受到重视，对可视化的要求越来越高，这一变化也或多或少影响着新闻史的研究。学界对历史上报刊图像的研究更为关注，在 2018 年国家社科基金资助项目中，就有“中国当代画报研究”（重点项目）和“抗战时期中国

---

① 王华：《山东解放区新闻史 1937—1949》，人民出版社 2018 年版。

② 正如华南理工大学副校长李正所说，中国新闻史学会地方新闻史研究委员会的成立必将有力地推动华南理工大学新闻传播学科建设，进一步提高地方新闻史研究的学术地位和社会影响力，促进新时代新闻传播学科的发展。该会首任会长由华南理工大学新闻与传播学院教授蒋建国担任，复旦大学新闻学院教授黄旦任名誉会长。参见李之润等《中国新闻史学会地方新闻史研究委员会落户华南理工大学》，《华南理工大学学报（社会科学版）》2018 年第6 期。

③ 刘建明：《世界广播电视史》，科学出版社 2018 年版。

④ 哈艳秋主编：《当代中国广播电视史》，中国国际广播出版社 2018 年版。

⑤ 常江：《中国电视史：1958—2008》，北京大学出版社 2018 年版。

共产党形象的图像传播研究（1931—1945）”（一般项目）两个与图史直接相关的项目。

2018年涌现出来一批图史研究的著作，研究广度和深度较之前都有明显改进。在对新闻漫画的研究方面，《中国近现代漫画新闻史》（上下册）是国内第一部漫画新闻断代史专题研究论著，以时间为序，系统梳理了中国近现代漫画新闻的产生、发展及其演变过程。该书叙述内容包罗宏富，涉及漫画新闻事件、团体组织、作家、作品、报刊以及漫画主题、风格、流派等各个方面。并对具体的漫画新闻文本从事实、传播、艺术三个维度展开分析，更符合研究对象的本质与个性。[①]《中国新闻漫画发展史》以图文并茂的形式，对历史上的中国新闻漫画进行了精心梳理，全书共有图片约800幅。中国新闻漫画发展史上的重要人物、重要作品、重要媒体、重要事件都在书中得到了充分而明晰的展示。[②]

在画报研究方面，《左图右史与西学东渐：晚清画报研究》涉及近代启蒙、新知传播、传教士、女学、科幻小说等诸多内容，配以300多幅图片，生动再现了晚清画报缤纷的面目，得以帮助读者更深刻地了解晚清社会风尚、文化思潮以及审美趣味的复杂性。[③] 还有学者通过研究海外画报来窥探当时的中国社会，《西洋镜：法国画报记录的晚清1846—1885》（上、下）共收录1846—1885年法国《画刊》《世界画报》等画报中与中国有关的新闻报道100余篇，包含300余张版画，10余万文字。该书内容涉及第二次鸦片战争、同治皇帝接见各国使臣、中法战争等罕见的历史影像资料。这批珍贵的影像资料和新闻报道，大多数此前国内均未被翻译出版。此次结集出版不仅弥补了早期中国影像史、近代中国印刷与出版史上的缺失，还可以透过西方人的视角审视那段对于中国发展产生深远影响的历史。[④]

此外，系列著作《中国现代图像新闻史1919—1949》（第7卷）也在2018年出版，对《天津民国日报画刊》《星期六画报》《第二次世界大战画史》等报刊上的新闻漫画和新闻照片等进行了研究。

七、外国新闻史研究有了新开拓

在外国新闻传播史研究领域，出现了国内第一部关于葡萄牙新闻传播史的专著。《葡萄牙新闻传播史》详尽地论述了从17世纪到21世纪初葡萄牙漫长年代里新闻传播业的发展历程。该书内容包括报刊、广播、电视及新媒体的产生、发展和现状，以及葡萄牙政府各个时期的媒体政策，有助于读者全面系统地了解葡萄牙新闻传播业。[⑤]

关于英国新闻传播史的研究继续深入。《英国“第四等级”报刊观念的兴起》是对英国报刊观念生成、社会支持与专业认同方面的专项研究。研究通过对18世纪英国报业图景和社会背景的分析以及政治新闻业的历史实践，展现了报刊在实践中如何回应并同时建构其观念；研究表明传统英国报刊观念本身就是18世纪英国宪制革新过程中生长出来的政治或社会机构联合，以及它所具备的制度性含义，从而揭

① 胡正强：《中国近现代漫画新闻史》（上下册），人民出版社2018年版。

② 甘险峰：《中国新闻漫画发展史》，山东大学出版社2018年版。

③ 陈平原：《左图右史与西学东渐：晚清画报研究》，生活·读书·新知三联书店2018年版。

④ 赵省伟主编：《西洋镜：法国画报记录的晚清1846—1885》（上、下），张霞、李小玉译，广东人民出版社2018年版。

⑤ 李菁：《葡萄牙新闻传播史》，人民日报出版社2018年版。

示出了一系列有新意的新闻史命题。①

在外国新闻传播史研究领域，还有新的关于法国新闻传播史的译著《法国大革命前夕的舆论与谣言》。此前，外国新闻传播史的译著一直以美国的为主，其他国家的译著则较少。法国大革命前夕，流言蜚语充斥巴黎街头巷尾，各个阶层的人都被裹挟其中。该书着力阐述和尝试回答的问题是，在巴士底狱被攻破之前，巴黎的普通民众究竟经历了怎样的思想变化，进而从崇拜国王转为处死国王，这种精神变化又是如何发生发展，直至深入人心的。②

此外，与外国新闻传播史相关的还有《国际新闻史：从传播的世界化到全球化》。该书从国际新闻的起源开始，一直写到全球化时代的国际新闻。主要内容分成三编：从分散传播到传播的国际化；从传播的国际化到传播的世界化；从传播的世界化到传播的全球化。③

八、关于新闻传播史研究的反思不断深入

新闻传播学教育百年、新闻传播教育改革40年的节点也不断推动新闻传播史研究的反思，其中，又以关于研究方法的反思为主。有研究者认为，已有的中国报刊史研究继承的是戈公振《中国报学史》中所蕴含的媒介观，即以工具论为前提，以报刊性质为尺度，以报刊内容为重点，从中显示报刊对于社会的作用以及社会对之的影响。这样的一种媒介观，不仅与当前的传播实践相抵牾，而且也严重束缚了研究的想象力。文章将麦克卢汉等的论点与戈公振的作比较，并结合最近的一些研究，力图从媒介理论的角度，为改变现有报刊史研究状况提供新的启示和思考。文章指出，报刊史研究者要开拓眼界，汲取不同学科的理论养料，改变考察媒介的思维和视野，同时转变观念，跳出已有的研究范式，从再思媒介切入，以辟出一条中国报刊史研究的新路。④

有研究者认为，近几年，中国新闻史研究在书写转向的过程中，正日益熟练地应用媒介生态史、口述史和城市史等方法，这极大地突破了此前学界批评的“学术内卷化”尴尬。未来，中国新闻史的研究路径还有可能涉及心态史学、影像史学和数据史学新方法的应用，这必将带来新的知识生产。⑤

2018年6月24日，少数民族新闻传播史研究新范式、新方法研讨会暨白润生先生学术思想座谈会在中央民族大学举行。与会专家围绕研讨会主题“少数民族新闻传播史研究新范式、新方法”发表了诸多见解。赵玉明认为，新范式、新方法均是创新的问题，无论大新闻史还是小新闻史都需要“学习新理论、登上新时代”“抓住新机遇、提出新课题”“运用新技术、挖掘新话题”“探索新思路、提炼新总结”“倡导新评述、开创新水平”，给予整体性指导。程曼丽建议当下少数民族新闻史研究要倡导“打深井”，重视针对地域和媒体的个案研究；加强系统性研究，在个案研究和局部研究基础上探寻规律，揭示少数民族新闻业与中华民族整体新闻业之间的联动关系；拓展领域观照重大现实问题，如边疆地区的跨境民族融通问题、民族身份认同与国家认同的良性建构等。郭镇之建议年轻学者做有少数民族语

① 张妤玟：《英国“第四等级”报刊观念的兴起》，复旦大学出版社2018年版。
② ［法］阿莱特·法尔热：《法国大革命前夕的舆论与谣言》，陈旻乐译，文汇出版社2018年版。
③ 刘笑盈：《国际新闻史：从传播的世界化到全球化》，中国广播影视出版社2018年版。
④ 黄旦：《媒介再思：报刊史研究的新路向》，《新闻记者》2018年第12期。
⑤ 蔡斐：《中国新闻史研究的书写转向与未来路径》，《新闻与写作》2018年第2期。

言与文化基础的通文化研究，在互动基础上对二者建立通透的理解。邓绍根认为少数民族新闻传播史研究的创新一在于史料挖掘与整理工作；二在于改进研究方法；三在于通过跨学科学习提升理论水平；四在于拓宽研究视野，搭建学术交流平台；五在于加快培养少数民族新闻传播史研究的专业化人才梯队。①

此外，还有对新闻传播史研究中存在问题的反思。有研究者指出，对以往新闻史研究中存在着的政治史化倾向，学界已进行了大量深刻而有益的反思，同时，也可能出现了“矫枉过正”的情形，其表现为：由反对新闻史的政治史化走向反对新闻的政治性本身。② 有研究者对《晋绥日报》的研究提出了几点建议，认为《晋绥日报》是解放区新闻事业的重要代表，研究过程中不仅应重视对毛泽东《对晋绥日报编辑人员的谈话》等重要文献的研究，还要深入讨论它对山西乃至全国新闻事业史、当下马克思主义新闻观建设的意义。《晋绥日报》和新华社的关系也值得探讨。③ 有研究者认为在评价民国时期新闻史人物群体时，要立足于民国时期新闻史发展的实际历程和规律，摆脱僵化的非新闻史因素的局限；立足客观、真实、全面地认识和评价“历史的”民国新闻史人物，摆脱机械和片面的思维方式，从“国家”“民族”“道德”“行业”和“阶段”来评价民国时期新闻史人物。④

近年来，关于方大曾的研究出现热潮，针对“小方热”的现象，也有学者进行了冷思考。有研究者指出，当下对方大曾的宣传属于过度阐述，须强调新闻研究理应遵循的基本原则和标准，特别是唯物史观与实事求是。当下一些研究及其学风往往抓住一点，不及其余，只见树木，不见森林，不仅背离唯物史观与实事求是，而且有违方汉奇、李龙牧、丁淦林等一代新中国新闻史学家开辟的优良学统。⑤ 有研究者认为，当前应当将目光聚焦在方大曾具体的新闻作品和新闻实践上，而不是轻易冠以“第一人”的噱头，利用其颇有几分传奇色彩的经历，将他一步步捧上神坛，甚至塑造成可以和范长江相媲美的杰出记者。实际上，在抗战期间，与小方一样有报国理想的新闻人比比皆是，为国捐躯的战地记者更是不胜枚举。如此众人拾柴般地使“小方热”不断升温，实际上在无形中贬抑了一批同样优秀的记者，更不用说梁启超、邵飘萍、范长江、胡乔木、邹韬奋、邓拓等更加杰出、更有历史功绩的新闻人。⑥

2018年除了具体的研究以外，对史料整理的意识也不断加强，两个与新闻传播史研究相关的国家社科基金重大项目⑦均关涉史料整理。2018年出版的一些资料汇编性质的材料也为未来的研究提供了便利，其中较具特色的有《西南油气田新闻中心组织史资料1956—2015》，既提供

---

① 《少数民族新闻传播史研究新范式、新方法研讨会暨白润生先生学术思想座谈会在中央民族大学召开》，《当代传播》2018年第4期。

② 曹立新：《重读一段新闻史争论：兼议新闻史研究中的“政治史化”问题》，《中华文化与传播研究》2018年第1期。

③ 童兵：《关于〈晋绥日报〉研究的几点建议》，《吕梁学院学报》2018年第1期。

④ 倪延年：《论民国时期新闻史人物的群体特征及评价问题》，《现代传播（中国传媒大学学报）》2018年第7期。

⑤ 李彬：《“小方是谁？”——兼谈当下新闻研究的一些学风问题》，《国际新闻界》2018年第10期。

⑥ 梁骏：《“小方热”的冷思考——兼论中国新闻史研究与唯物史观》，《青年记者》2018年第3期。

⑦ 这两个项目是赵建国承担的“中国共产党新闻宣传工作史料收集、整理与数据库建设（1949—1966）”和张晓峰承担的“海峡两岸新闻交流三十年史料整理、汇编与研究”。

了地区新闻史研究的材料，也提供了行业的新闻史资料。《近代日本在华报刊、通信社调查史料集成补遗》主要根据战前、战时日本相关机构在华实地调查研究所得汇编而成，是《近代日本在华报刊、通信社调查史料集成（1909—1941）》的补充。① 不同于过去从日本得到的史料调查主体多来源于外务省系统，该资料的调查主体均为非外务省系统，因此有较重要的参考价值。有研究者认为："中国新闻传播史史料学是具体的专史类史料学。其合法地位的确立不仅在于该专业独有的史料内容，更在于该史料整理研究中的专业化方法路径和问题意识。目前已经开始整理的文字史料是新闻传播史料学构建的基础，而专业意识导向是其进一步发展的方向，数据技术的发展又使得该史料学构建可以在一个开放和可持续建设的平台上进行，从而产生各种分类的史料成果。中国新闻传播史史料学的构建对打造具有中国特色和普遍意义的新闻学具有基础意义。"②

由中国新闻史学会创会会长、中国人民大学荣誉一级教授方汉奇主编的《中国新闻事业编年史（第二版）》于2018年4月出版发行。方汉奇在评价该书出版的意义时说道："编年史既是历史记载的一种形式，也是一种重要的历史。"并且殷切地鼓励后辈学者能够每隔一段时期就将该书重新编撰整理，继续出版下去。《中国新闻事业编年史》为国家社科基金重点项目，首版于2000年，记述内容时间截至1997年，为新闻工作者和新闻史教学研究工作者提供了一部可供翻检和参考的工具书。第二版积极迎合了20世纪90年代中期以来媒介形态与传媒业态的深刻变化，在第一版基础上增加了1998—2016年发生在中国新闻事业领域的重要事项，全书三卷本共340万字，较大地提升了该书的使用价值及中国新闻史学研究的影响力。作为一部编年性质的专业史，这部书虽然只是为读者提供简明扼要的史实，不作论述和分析，但足可以称得上是中国新闻事业的"知识运河"。这条"知识运河"的起点是"中国历史上有记载的最早的封建官报"——"开元杂报"的出现，终点则是2016年12月28日，"上海报业集团决定，从2017年1月1日起《东方早报》休刊"。③

回顾2018年中国新闻传播史研究，可以用"反思"与"创新"这两个关键词来概括。这种反思不仅是站在中国新闻学研究百年的历史节点进行的，更是新闻传播史研究不断发展、成熟到一定阶段所产生的。新闻传播史研究在2018年取得了很多的创新发展，研究的广度不断扩大，既拓展了研究的范围，又补充了很多既往研究中被忽视的部分；研究的程度不断深入，即便在传统的研究领域中也出现了新的视角与新的方法。今天新闻传播史研究成就的取得，离不开老一辈学者的付出，正如方汉奇先生所说，要向新闻传播学研究的国家队致敬，既要记住领导这支"国家队"的领导们，也不要忘记这支"国家队"里的那些无名英雄。④ 中国新闻史学会2018年学术年会的主题是"全球视野，中国特色：数字时代的新闻传播与美好生活"，展望未来，新闻传播史研究应当像年会主题所说的那样，研究中更要有全球

① 许金生编：《近代日本在华报刊、通信社调查史料集成补遗》，线装书局2018年版。

② 王润泽：《构建数据时代中国新闻传播史史料学体系》，《新闻大学》2018年第1期。

③ 《〈中国新闻事业编年史〉（第二版）出版》，中国记协网，http：//www. xinhuanet. com//zgjx/2018－06/29/c_137907524. htm，2018年6月29日。

④ 方汉奇：《向新闻传播学研究的国家队致敬》，《新闻与传播研究》2018年增刊。

视野，注重中国特色学术话语体系的建设，结合新的技术挖掘新的史料，采用新的方法，让新闻传播史研究更好地服务于社会和国家。

撰稿：邓绍根（中国人民大学新闻学院教授）
罗诗婷（中国人民大学新闻学院博士研究生）

中国广播电视研究 2018 年综述

一、中国广播研究综述

2018 年对于中国广播研究来说是一个特殊的年份，广播研究表现出以下特点：首先，这是改革开放 40 周年，广播研究者站在历史的潮头，以史为镜，回顾 40 年来的发展历程，丰富了广播史学研究；其次，这是媒体深度融合的一年，在全国电台格局调整的变化下，广播研究继承过去的成果，拓展研究视野，探索广播转型的新方向；再次，这是智慧化浪潮汹涌袭来的一年，新技术启迪新思维，智慧化新广播研究蓬勃发展；最后，这也是主流媒体改革升级的重要一年，广播研究聚焦社会热点，找寻重塑广播媒体传播力、引导力、影响力、公信力的具体路径。概括来看，2018 年广播研究抓住了历史节点的特殊性，结合了媒体融合和智慧化浪潮的发展大势，在自救式思维和现实关切的引领下，积极探求着广播的创新发展之路。

（一）以史为镜——改革开放 40 年的广播史学研究

在互联网的冲击下，中国广播站在了转型与变革的十字路口。总结 40 年发展的历史经验，观照现实，指导实践，成了这个特殊历史节点的关键命题。

以这 40 年的广播史为研究蓝本的学理性探索是这一时期广播研究的重要方向，从事这方面研究的多为具有高校背景的学者。就广播传播方式嬗变的角度，有研究者总结了 40 年来中国广播收听工具、收听状态、收听场景的变化：从大小喇叭到台式收音机，从单向、固定收听到交互、移动收听，再到当今无处不在的移动多媒体收听。[①] 中国广播收听方式的转变，正是中国广播事业发展的投射。另有研究者用广播媒体交互功能进化来解释传播方式的演进，指出广播在通信、热线电话、短信与网络平台、微信、微博、客户端等媒介交互阶段都担当了先行者的角色，并且正向着交互型融合的“新广播”进化。[②] 除此之外，广播电视学科史也是 2018 年广播学理性研究的一个层面。有论者将改革开放 40 年来中国的广播电视学术研究分为探索期、觉醒期、成型期、繁荣期四个时期，整理了每个时期学术研究的具体内容与研究成果，对我国广播电视研究的未来

---

① 艾红红：《改革开放以来广播收听方式的变迁》，《中国广播》2018 年第 10 期。

② 吴生华：《广播引领传统媒体向交互型融合媒体进阶——对广播媒体 40 年交互功能进化的研究》，《中国广播》2018 年第 4 期。

提出了新的思考。[①]

改革开放40周年广播学理性研究最突出的特点就是重视现实价值，比如：在广播传播方式转变的研究中，最后的落脚点在于当代广播与新媒体的融合；而广播电视学科史研究的目的则在于指导未来学术研究的实践。由此可以看出，这一时期的研究一直包含着关于“怎么办”的思考，这种思考更具体地表现为这一时期许多研究者致力于探讨当代广播的发展道路。

在这个传统广播与新媒体广播交汇分野的岔路口，许多研究者立足40年的广播史，试图寻求适合中国广播发展的道路。有研究者纵向梳理了传统广播和新媒体广播的演进历程，分析了中国广播自主化、人格化、专业化、数字化、社会化、个性化、融合化的共性特点，发现“自己走路”的特色在中国广播的发展中越发深入。对于中国广播的未来，提出在技术赋权下，中国广播“台、网”的分界将日益模糊，优势互补和个性化精准推送是广播媒介的发展王道。[②] 除了宏观层面的道路探寻，研究者也注重在中观和微观层面发掘广播的创新之路。有研究者从广电媒体管理机制和用人机制演变的视角出发，从外部新媒体及商业媒体公司的招揽及内部广电用人机制的弊端等方面，剖析了当前广电媒体人员流失的原因，建议将“合作型”用人机制作为应对广电媒体“人才空心化”问题的重要举措。[③]

学界对于改革开放40年广播史学的研究主要集中在学理性分析和探索广播创新发展的道路上，而业界的研究则更倾向于“地方志”式的地方广播史学研究和类型化广播的广播史学研究。

在2018年，由于历史时间的特殊性，涌现了一批介绍改革开放40年地方电台历史、分享地方办台经验的广播研究论文。有研究者以广东电台为例，1986年珠江经济台的开播，引领了中国广播的“珠江模式”，开启了大板块、热线交流、滚动播出广播的先河，这在广播史上是浓墨重彩的一笔。随着广播在互联网影响下的新一轮的变革，广东电台提出了“广播+”战略，开辟新媒体矩阵，与视觉媒体联动，关注群众中的热点话题，打造服务型电台的“新珠江模式”。[④] 这种“地方志”式的地方史学研究不但完善了广播史学的框架，增添了翔实的史料，助力历史分期，并且地方电台成功的办台经验也为探索广播发展路径提供了启示和借鉴。

业界还在自身经验的基础上，极大地丰富了类型化广播的史学研究。比如：有研究者将类型化广播中的财经广播放置于国家经济视野中进行探讨，将财经广播发展史作为国家经济形象的符号载体。并提出财经广播要打造专业品牌形象，重视渠道拓展，树立服务提供者思维。[⑤]

除了以上的几个方向，围绕着改革开放40年的主题，这一时期的广播研究还出现了针对广播实务的研究，如对于安全播出相关管理的研究、现场直播的研究、广告市场的研究等，还有运用了类似口述史学方法的从个人经验出发的广播史学研究。

---

① 欧阳宏生、唐希牧：《改革开放四十年：中国广播电视学术研究的历史进程》，《现代传播（中国传媒大学学报）》2018年第8期。

② 高贵武、周亮：《中国广播的变革与融媒体发展》，《中国广播》2018年第10期。

③ 王丽、杨冰：《以40年为镜，分析广电媒体管理体制和用人机制的演变与创新》，《中国广播》2018年第10期。

④ 曾少华、陆敏华：《变革中的广播理念与实践》，《中国广播》2018年第8期。

⑤ 葛文婕：《财经广播的发展与节目定位》，《中国广播》2018年第6期。

总体来看，2018年以改革开放40年背景为前提的广播史学研究，没有囿于广播“是什么”“为什么”的问题，而是将研究的重点放在了广播的发展和转型该“怎么办”上。从技术的衍变到媒体的融合，从学科的建设到广播的实务，研究者试图从多个角度为当代的中国广播寻找一个切实的落脚点，这种对广播未来发展路径的现实关切是2018年广播史学研究与以往相比的最大不同之处。

（二）变化、继承、拓展、转型——媒体融合视域下的广播研究

1. 全国电台格局调整下广播研究的变化

自2014年媒体融合上升为国家战略，已经过去了4年时间。在这4年里，广播媒体融合不断发展，从总体统筹到地方部署，从平台拓展到业务改革，从组织建构到人才培养，广播领域的媒体融合已经从简单相加进化到深度相融阶段。2018年，广播领域媒体融合继续拓展的同时，也有了新的变化，其中最主要的变化就是国家战略与布局引导下的全国广播电台格局调整。

有研究者在梳理了广播媒体的发展轨迹后，将2018年全国广播电台的格局调整分为三个层次。第一个层次是以中央电视台（中国国际电视台）、中央人民广播电台和中国国际广播电台，三台合一而形成的国家级媒体布局。中央广播电视总台的构建，整合了电视媒体和广播媒体的优点，能够覆盖更多时段和人群，壮大了国家台的主流声音。第二个层次是省级电台合并布局。到2018年年底，我国广电基本都完成了合并，但融合成效参差不齐，深度融合有待时日。第三个层次是县级融媒体布局。2018年8月，习近平总书记在全国宣传思想工作会议上发表讲话，提出“要扎实抓好县级融媒体中心建设”。2018年9月，中宣部落实部署县级融媒体中心建设工作，指出要在2018年率先启动600个县级融媒体中心建设。县级融媒体中心建设为基层广电改革提供了新方案。[①] 这三个层次合而为一，促使全国广播电台布局发生了从传统覆盖到深度相融的转变，形成了融合发展的新格局。

这次广播格局调整，为广播研究提供了新思路。首先，从调整的成果来看，这次全新的顶层设计壮大了主流媒体的声音，提高了新闻舆论的引导能力，促进了广播媒体的深度融合。但有研究者也指出，就省级电台而言，目前改革推进程度的差距仍然很大。而在县级融媒体中心对新平台的运用中，还存在着定位模糊、内容形式陈旧、缺乏互动、创新不足等问题。[②] 其次，从我国广播体制机制改革的历史来看，有研究者认为此次改革具有开创性价值。纵向对比中华人民共和国成立后我国广播体制机制改革的几次尝试，包括1983年的“四级办广播”的运行体制、2000年广播影视“航空母舰”和“联合舰队”提议、2004年的县级电台、电视台的合并等，前几次调整实际上并没有达到资源调整、强强联合的目的。而此次对于广播管理机制体制的调整，不是在原有基础上的修修补补，也不是各机构的简单相加，而是一次广播全流程、全要素的重塑。[③] 最后，县级融媒体中心建设成为这次布局调整中被研究者关注的重点。有研究者从中美互联网区域发展的巨大差异和大型传媒集团融合发展的资本投入两个方面，指出我国县级融媒体中心建设不能照搬社区媒体和大型传媒集团的融合经验，

① 孟伟、王浩洁、张睿：《2018年广播媒体发展述评》，《中国广播电视学刊》2019年第2期。

② 同上。

③ 陈俊：《2018年广播业发展回顾——新体制引领新定位，新探索构建新格局》，《青年记者》2018年第36期。

而要在这双重经验坐标之下寻找创新路径。在县级融媒体中心建设中，要以移动传播为优先，第一时间报道事件真相；要把用户体验作为品牌价值塑造的重要关切点，立足本地，服务群众；要嵌入以广电为主体的融合平台，形成广泛联结。① 另有研究者指出在建设县级融媒体中心时，在媒体融合层面，要先将县级报纸、广播、电视台、网站、两微一端等整合在一起，再进行内部打通与资源共享；在功能融合层面，则要实施“信息传播”与“公共服务”的“双融合”。②

2. 广播理论与实务的继承和拓展

除了对广播布局新变化的探讨，2018年广播媒体融合研究还在过往研究的基础上，在理论与实务两个方面进行了继承和拓展。

这一时期以媒体融合为前提和观照的学理性研究有如下特点。从深度来看，广播的本原等问题得到重视，理论深度向下挖掘。长期以来，在关于“视听”或“声画”媒体的探讨中，声音要素一直处于一种相对弱势的地位。在学界，广播媒体研究并非显学，研究者不多，对于视听媒体中声音要素的定位亦不清晰。在这样的情况下，有研究者提出，要在媒体融合的趋势下强调广播音频传播本原，并鼓励研究以声音为核心要素的音频媒体的独立传播价值、意义和前景。③ 从广度来看，细分领域的学理性研究视野得到扩展，角度更加新颖。有研究者从媒介与文化的视角对广播从业者所持的新闻专业理念进行了研究，有研究者对媒体融合中传统媒体向听觉媒体的嬗变进行研究，还有研究者用模型验证了广播的融合传播效果等。总体来看，2018年广播媒体融合的学理性研究虽然在深度和广度上有所挖掘和扩展，但相比于同年电视、新媒体的相关研究，在论文成果数量、研究者数量方面仍有很大差距。学科基础性、学理性研究是一个学科发展的原动力，是否对广播学科的学理性研究重视程度不够，这是学界和业界应该思考的问题。

相比于学理性研究，在媒体融合的环境下讨论我国广播发展实践路径的研究在数量上要多得多。这种研究实际上探讨的都是一个问题：在媒体融合的环境下，我国广播事业究竟要怎样发展？针对这个问题，研究者贡献了自己的智慧。有研究者从宏观实践路径的角度，提出我国广电事业应注重媒介内容的专业化改革，注重传播渠道的多样化探索，注重媒介平台的联动发展。④ 有研究者从具体实例出发，介绍了中央人民广播电台在媒体融合中成立融媒体指挥中心，打造中国广播云平台，运营中国广播客户端、央广新闻客户端的经验，为其他电台的发展提供参考。⑤ 还有研究者从外国广播电台的发展经验中汲取营养，观察到韩国广播公司在机构改革后启用了掌管发展引擎、内容业务、数字服务、基建投资和未来技术研发的“未来事业部”，并计划设计“未来播控中心”，对此提出了自己的思考。⑥ 无论是宏观实践路径的部署，还是实践案例的探讨，抑或是外国经验的借鉴，实则都是研究者对于广播的自救式思考，从中我们可以感受

① 朱春阳：《县级融媒体中心建设：经验坐标、发展机遇与路径创新》，《新闻界》2018年第9期。

② 栾轶玫：《信息传播与公共服务：县级融媒体中心建设的“双融合”》，《视听界》2018年第5期。

③ 孟伟：《媒体融合中探寻广播音频传播本原的必要性》，《中国广播》2018年第11期。

④ 段鹏：《媒介融合环境下我国广播电视发展的实践路径与建议》，《中国电视》2018年第3期。

⑤ 李向荣、臧亮、王松芸：《台网一体化发展视听新媒体的思路与实践——中央人民广播电台台网融合发展探索之路》，《传媒》2018年第9期。

⑥ 康秋洁、顾月冰：《韩国广播公司的媒体融合实践》，《中国广播》2018年第1期。

到盘桓于广播研究者头上的一种不变则亡的危机感。

3. 移动付费音频、有声读物与广播转型研究

在媒体融合时代，传统广播究竟要如何转型？转型的方向在哪里？在“互联网+”思维的引领下，研究者深入探讨了移动付费音频和有声读物这两种可能的转型方向。

艾瑞咨询《2018年中国在线知识付费市场研究报告》显示，喜马拉雅FM第二届“123知识狂欢节”内容消费总额达1.96亿元。① 知识付费浪潮下，喜马拉雅FM、蜻蜓FM、荔枝FM等平台中“音频+商业”的模式愈发成熟。移动付费音频市场的繁荣，使广播研究者将目光放到了这个市场的新风口。有研究者梳理了我国移动音频业发展的小史，将我国移动音频发展分为三个时期：2009—2011年为发展初期，这一阶段以电台网络化为主要特征；2012—2013年是市场初步形成时期，这一阶段碎片化的收听特征促使了场景和兴趣的细化；2014年至今是高速发展时期，内容生产由PGC转向PGC+UGC互补。② 有研究者指出，传统广播想要转型，就要带着融媒体意识、平台意识、社群盈利意识、版权意识，融入移动互联音频平台，打造良性的“音频生态圈”。③

有声读物并不是媒体融合时代的特有产物，传统的广播剧、评书相声、影视录音等都是有声读物。但随着媒体融合的深化，有声读物的疆域不断延伸，关于有声读物的概念也有了新变化。有研究者将狭义的有声读物定义为“有声书”，广义上则定义为“有声语言为主要传播符号，以音乐、音响、画面、图文等为辅创作形成的，具有一定知识信息含量的媒体产品和服务”。④ 根据超媒介叙事理论，该研究提出有声读物超媒介创新生产的策略：以点线体为构架，提升用户的体验感和沉浸感；以认知平衡心理驱动粉丝参与内容生产；注重用户的“产销合一”，实现其价值创造职能。⑤

我们在关于移动付费音频和有声读物的研究中可以看到，关于广播转型路径的研究已经不再仅仅满足于宏观层面的战略规划，而是切实地对新型广播形态的概念、历史、实现方式有了更加深入的探索。

当然，2018年广播研究还包括其他许多方面。比如，有研究者对媒体融合时代广播电视教育理念革新与范式转型提出了建议，指出，我国广播电视教育的理念革新和范式转型应该“贯通课堂内外、作品驱动教学、仿拟媒体生产、能力适配行业”，并且实现知识和能力的“绕轴翻转”，把“先知识后能力”翻转为“先能力后知识”。⑥

总的来说，有4个关键词可以概括2018年媒体融合视域下的广播研究，那就是“变化”“继承”“拓展”“转型”。“变

---

① 艾瑞咨询：《2018年中国在线知识付费市场研究报告》，http://report.iresearch.cn/report/201803/3191.shtml，2018年12月23日。

② 施勇勤、张玉璞：《移动听书APP现状与发展趋势探析——以“懒人听书”为例》，《出版发行研究》2018年第7期。

③ 栾轶玫、周万安：《传统广播转型新方向：移动付费“音频生态圈”》，《新闻与写作》2018年第10期。

④ 童云、周荣庭：《论有声读物的用户需求及其超媒介生产策略》，《现代传播（中国传媒大学学报）》2018年第5期。

⑤ 同上。

⑥ 张卓、吴占勇：《绕轴翻转：媒介融合时代广播电视教育的理念革新与范式转型》，《现代传播（中国传媒大学学报）》2018年第3期。

化”既是全国广播布局改革所带来的研究新思路，也是在媒体融合时代广播研究者对于广播未来路径的共识。如果说“变化”的急迫性为广播研究者带来一种挥之不去的危机感，那么“继承”“拓展”“转型”则代表了研究者在这种危机感的激励下，对广播事业融合发展所作出的贡献和努力。

（三）技术赋能——智慧化新广播研究

大数据、云计算、物联网、人工智能等技术正使社会生产和消费从工业化向着智能化转变，智慧化浪潮席卷了人们生活的方方面面。广播电视行业以此为契机，将“智慧广电”作为广播电视转型的重要目标。2018年，中宣部副部长，国家广播电视总局党组书记、局长聂辰席在推进全国“智慧广电”建设现场会上发表讲话，他表示要“加快推进全国‘智慧广电’建设，进一步提高广播电视创新发展能力和服务大局能力，努力为人民群众提供更加优质便捷的广播电视服务”。①

在国家引领和技术进步的双重驱动下，智慧化新广播成为2018年广播行业发展的热点。2018年7月第六代微软“小冰”发布。第六代“小冰”不需要从已有对话资料库中检索，就可以智能回应用户，引导对话走向。福州车媒通网络科技有限公司研制的车载智能终端——广电车盒子，在2018年签约了5万台设备，并向全国发售。江苏广播互联网用户中心、南京台“在南京”客户端，利用用户个人基本数据、行为数据、个性化标签等，建立用户画像，对用户实行精准营销。②

然而，关于智能技术带来的影响，广播研究者的态度是喜悦与忧虑并存。喜悦的是在传统媒体断崖式滑坡的局势下，智能技术为广播带来了转型发展的新希望；忧虑的是在这场智慧化变革中，广播还存在诸多问题。

一种积极的声音是智能技术正在开启新型广播的未来。就智能语音技术而言，有研究者总结了智能语音技术为广播带来的三方面机遇：第一，人工智能技术提高了音频内容生产效率，新闻生产过程从以前单一的PGC向PGC + MGC转化；第二，智能语音硬件的应用促使智能家居、智能可穿戴设备等产生，也使现有如车载终端等焕然一新；第三，智能语音技术颠覆性地改变了交互方式。③

另一种意见则认为，智能家居、智能可穿戴设备等以新技术为主导的智能化产品的广泛应用，为广播的新媒体探索带来变数。这场“智变”中存在着两个矛盾：一个是内容生产的条块化矛盾，我国以电台、频率为单位的内容生产存在天然的条块式分割，这种分割造成同质化内容的劣性竞争，降低了内容质量；另一个矛盾是传播方向的单向性矛盾，以前“一人对一点”的服务要转变为“一机对多点”的服务。④

但无论这场智慧化风潮带给广播的是东风还是巨浪，广播研究者都在积极探索广播的智慧化发展道路。在宏观层面上，有研究者对广播智慧化发展之路产生了三个层次的理解：第一，新技术影响着传统广播的生产流程、运营业态、工作模式等；第二，当前的广播媒体有实力、有时

① 聂辰席：《在推进全国“智慧广电”建设现场会上的讲话》，http://www.nrta.gov.cn/art/2018/11/26/art_183_39776.html，2018年11月26日。

② 中国传媒大学传播研究院、中央广播电视总台央广总编室：《智慧化趋势下广播发展路径探究——基于对湖南、贵州、福建、江苏等地广电媒体的调研》，《中国广播》2018年第11期。

③ 周宇博：《基于语音识别技术的广播智能化升级》，《中国广播》2018年第11期。

④ 张彩：《广播如何适应智能音箱的异军突起》，《中国广播电视学刊》2018年第11期。

机占领智能音频内容生产市场；第三，电台可以成为链接社会资源，构建圈层经济生态的“平台”。[①] 在中观和微观层面，交通广播的智能化发展是研究的一个焦点。有研究者认为，在智媒时代，交通广播存在的诸如信息采集与生产的问题、广播接触率下降的问题、发展策略不清晰的问题等表现得愈发明显。交通广播的智能化是解决上述问题的一剂良方：一方面，智慧化交通服务可以规划人们出行时间、路线，减少费用和能源消耗；另一方面，大数据、云端和智能技术的应用将对交通广播机构进行智慧化重塑。[②] 另外，学界和业界的素养、受众的用户体验，也为研究者所关注。智媒时代，技术改变了传统广播的采编流程、营销模式、管理体系和人才架构。在这样的背景下，广播研究要拓展研究边界，运用智慧化新思维；广播从业者要提升自身综合素养，将智慧化媒介运用自如。比如，虚拟主持人和智能机器主持人的出现，使传统主持人和主持传播研究面临新挑战。在这样的情况下，有研究者认为，要重构主持传播研究空间，将主持人新闻节目的数据化生产、人机交互在访谈中的应用等都纳入研究范围。此外，应重塑主持传播教育理念，重构主持人综合素养与能力，培养具有媒介运营能力的复合型人才。[③] 而对受众而言，智慧化新广播的切入口应是受众的切身体验。为此，有研究者提出智慧化新广播应能疏解用户压力，覆盖细分受众，开启情感共鸣的“语音解压阀”；应深化现场沉浸体验，拓宽声场视域，研究可视可感的“在场”连接器；应提供家居、睡眠等场景服务，做懂得用户心声的“心灵触媒”。[④]

（四）聚焦社会热点——类型化广播研究

有关类型化广播的定义较多。美国传播学教授苏珊·泰勒·伊斯特曼等研究者认为，类型化广播“定位于特定的目标受众”；有中国研究者将类型化广播定义为“在一个地区频率资源充沛的情况下，在一个频率中只播出针对不同听众的某一类特别喜好的内容，以一种时钟循环的编排模式播出某一固定类型的节目”。[⑤] 概括来讲，类型化广播主要是满足受众特定喜好的广播节目。2018 年，类型化广播的研究范畴集中在重大题材宣传和对农广播两个方面，关注广播纪实文学《梁家河》、“一带一路”、乡村振兴、精准扶贫等话题在社会中的热议。

1. 重大主题宣传：讲好中国故事，传播好中国声音

习近平总书记在十九大报告中谈道要“讲好中国故事，展现真实、立体、全面的中国”。[⑥] 讲好中国故事，传播好中国声音，这是主流媒体提高新闻舆论的传播力、引导力、影响力、公信力的重要手段。

中央广播电视总台推出的 12 集广播纪实文学《梁家河》记录了习近平总书记早年在梁家河的知青生活，用感人至深的故事打动人心，传播社会正能量。《梁家河》在声音叙事上，对叙事结构进行拆分重组，用事实重组故事结构；在语言运用上，用播音员演播、人物谈话

---

① 中国传媒大学传播研究院、中央广播电视总台央广总编室：《智慧化趋势下广播发展路径探究——基于对湖南、贵州、福建、江苏等地广电媒体的调研》，《中国广播》2018 年第 11 期。

② 李建刚：《论交通广播智能化发展的创新与策略》，《中国广播》2018 年第 7 期。

③ 童云：《智媒时代主持传播变革——基于对虚拟/智能机器主持人功能的研究》，《中国广播》2018 年第12 期。

④ 宫承波、陈曦：《智能音频传播策略：基于多维场景用户体验的探讨》，《当代传播》2018 年第 4 期。

⑤ 王丽：《中国大陆类型化广播发展策略研究》，博士学位论文，武汉大学，2010 年。

⑥ 殷陆君：《讲好中国故事，共塑中国形象》，《新闻战线》2018 年第 13 期。

语音和对话相互配合，还原人物形象；在音乐使用上，用音乐表现故事，烘托情感氛围。[①]这些创作特点，增强了其故事的表现力。作为"讲好中国故事，传播好中国声音"的有益实践，《梁家河》对广播媒体做好重大主题宣传有引领和示范意义。有研究者总结了《梁家河》在创作中的成功经验。首先，尊重历史，以平民化、细节化的描述再现历史；其次，活用"讲故事"的方法，角度准确，以小见大；再次，发挥广播独特声音优势，播讲、同期、音乐、音响共同助力讲好故事；最后，融入创新理念，以融合路径丰富播出形式。[②]

"一带一路"也是2018年广播重大主题宣传的重点，研究者愈发感受到在"一带一路"传播中媒体责任重大。有研究者指出，媒体要对"一带一路"做好报道，讲好丝路故事；要积极参与"一带一路"的工作，共创合作平台；要善于思考，当好智库。[③]

2. 对农广播：助力乡村振兴、脱贫攻坚

乡村振兴和脱贫攻坚都是党的十九大重点关注的问题。2018年5月31日，中共中央政治局会议审议了《乡村振兴战略规划（2018—2022年）》和《关于打赢脱贫攻坚战三年行动的指导意见》。广播作为党和国家宣传的重要阵地，在农村地区的传播具有先天优势：一方面，广播由于无需文字、接收设备价格低廉等原因，符合农民获取信息的需求；另一方面，多年的"村村响"工程使广播在农村有深厚的群众基础，农民习惯于广播的收听方式。在这样的条件下，利用对农广播助力乡村振兴、脱贫攻坚就显得尤为重要。

要发挥对农广播的最大作用，就要了解什么样的收听方式最受农民受众欢迎。有研究者就传统高音喇叭的使用情况探访了华北米村，发现农村日常生活中的高音喇叭已经成了广告的载体，广播内容商业气息浓重，研究者随机采访的若干村民都表示不会留心听高音喇叭。[④]高音喇叭的影响力不复当年，但互联网广播在农村的影响力却大大加强了。有研究者在对农民受众的调查中发现，相当一部分农民受众，特别是进城务工的"新农人"和从事农业产业链相关工作的人员都有使用智能手机听广播的习惯。随着流量资费的下降，越来越多的农民开始选择用互联网听广播。[⑤]在新媒体语境下，有研究者提出要重塑广播信息公共服务机制，就要确立以"主体性重建"为核心的服务理念，形成"以需求为导向"的内容供应链，构建以"价值创新"为内核的产业经营模式。[⑥]

关于对农广播如何助力乡村振兴，有研究者表示应加强人才培养，贴近基层，打造精品栏目，推动对农广播融合发展。[⑦]针对扶贫攻坚，央广对农广播总结出广播扶贫的5条经验：其一，聚焦脱贫重点区域，加强深度报道；其二，及时解读评论最新扶贫政策部署；其三，讲好扶贫故

① 张晋升：《用初心讲好故事 以情感传递信念——广播纪实文学〈梁家河〉评析》，《中国广播电视学刊》2018年第9期。

② 高晓红、赵希婧：《声情并茂讲故事 直抵人心诉真情——广播纪实文学〈梁家河〉评析》，《中国广播电视学刊》2018年第9期。

③ 侯东合：《"一带一路"建设中的媒体使命》，《中国广播》2018年第1期。

④ 何钧力：《高音喇叭：权力的隐喻与嬗变——以华北米村为例》，《中国农村观察》2018年第4期。

⑤ 蓝刚：《互联网广播对农民受众的影响研究》，《中国广播电视学刊》2018年第11期。

⑥ 李鹏、李荣：《新媒体传播语境下对农广播信息公共服务机制重构分析》，《中国广播》2018年第9期。

⑦ 刘智力、汤一亮：《突出广播优势 助力乡村振兴》，《中国广播》2018年第9期。

事，创新扶贫实践；其四，开展横向联合，增强针对性、实效性；其五，拓展传播渠道，注重对农广播的融合发展。①

2018 年类型化广播研究的繁荣主要归功于研究者对于国家、行业中热点、难点问题的关注。重大主题宣传类广播和对农广播的完善，既是广播改进宣传报道，占领舆论阵地，增强传播力、引导力、影响力、公信力的有效途径，也是 2018 年类型化广播研究的价值所在。

从管窥中可以看出，2018 年的中国广播研究：研究视野开阔，不仅能立足于当前的时间节点回顾广播发展历史，还能结合形势动态展望新型广播的未来；研究主体多样，既有感性认识层面的观察和实务，又有理性思辨层面的思考和理论；研究内容深入，不再拘泥于“广播是否还有生命力”的命题，而是把思维的触角延伸到更加长远、细分、具体的领域。然而，理论成果的欠缺、同质化研究内容的泛滥、研究人员的缺乏、学科重视程度的不足等问题依然存在，严重制约着广播研究的发展。要改进学科研究体系，完善学科理论架构，指导广播发展实践，中国广播研究还任重而道远。

二、中国电视研究综述

当下，面对国家层面积极推动媒体融合战略的大背景及互联网、移动直播等新兴技术不断更新迭代，电视媒体积极面对挑战，通过与新兴媒体的融合发展，不断在互动性、社交化等方面取得突破。随着媒体融合度、产业化集中度的提升，媒介融合已走向深化。2018 年 1 月 14 日，国家新闻出版广电总局第三次颁布《广播电视台融合媒体互动技术平台白皮书》，白皮书提出了融合媒体互动技术平台的建设思路和总体框架，也为广电行业融合媒体发展提供了可行性的战略部署。学界为此做了更加深入的研究，从社会文化、体制政策、市场导向、受众需求、技术革新等多方面对电视传播生态进行了多维度考察。

基于 2018 年中国知网数据库，以“电视”为主题词搜索得到的所有文章为 15269 篇，数量较往年有所下降。本部分的研究文本主要基于 2018 年中国知网收录的新闻传播学主要核心期刊及其他相关期刊的电视研究文献，具体包括《新闻与传播研究》《国际新闻界》《现代传播（中国传媒大学学报）》《新闻记者》《新闻大学》《当代传播》《电视研究》等 CSSCI 核心期刊。在知网数据库通过高级搜索功能对研究时间和文献来源进行设定并以“电视”为关键词进行搜索，剔除业界资讯及通告类等与主题不相关文章，最终筛选出相关文献 725 篇。本部分着重从 5 个方面考察梳理 2018 年度中国电视研究的热点问题及重要观点。

（一）新媒介环境下的电视研究

电视新形态及影响研究。新媒体的迅猛发展和媒介新技术的创新升级使电视与之融合呈现越来越丰富的媒体形态，“电视消亡”论调不攻自破，更有研究者站在全球化、媒介融合、国家需求三个层面对电视媒体的未来提出美好期待和展望。②新媒体不仅带来了挑战，而且改写了传播规律、重塑了传播途径。不同于以往对媒体融合的研究大多是从传播学视角展开，2018 年相关研究体现了较强的跨学科性，众多研究者从不同角度阐释媒体融合的内涵，更深层次研究了媒体融合的发展路

① 刘智力、张磊：《央广对农广播：讲好扶贫故事 创新扶贫实践》，《中国广播电视学刊》2018 年第 8 期。
② 胡智峰：《新环境下中国电视的发展与创新空间》，《新闻与写作》2018 年第 3 期。

径。如有研究者从“产品循环发展理论”[①]、传播生态学[②]等视角审视融媒时代电视媒体的生存现状，为电视传播业的发展打开了多重研究维度。在微观层面，有众多研究者指出语境融合[③]、融合意识[④]、文化转向[⑤]等问题在融合过程中的重要性，并对融合态势在电视音乐[⑥]、文化[⑦]等不同类型节目带来的机遇进行了探讨。有研究者打破常规，提出在电视改革过程中，除了采取“频道制”“制播分离”“互联网+”等“小屏化”操作外，还应从媒体的信息消费功能转向来转变思维。[⑧] 融合背景下的电视影响力随着电视的传播生态、传播规律、传播特点的改变而发生了变化，对这些问题的再研究，引发学界关注热潮。有研究者从宏观层面研究了媒体融合环境下传媒影响力的再定义和生成模式构建，该研究从理论上创建了媒体融合全新的学理基础，为电视媒体影响力的扩大提供了创新性的建构思路。[⑨] 另外，对大数据的应用研究，国内逐步从探索期走向成熟化。其中既有对个性化推荐技术在电视节目内容策划、受众定位及营销模式产生的影响等层面的研究，[⑩] 亦有大数据对视听节目带来的变革等议题的研究，[⑪] 这些研究从应用层面阐释了技术对电视媒体带来的影响。此外，有研究者从媒体融合、内容品质、社交化、移动化、智能化等方面对2017年中国广播电视发展状况进行梳理分析，介绍了智能技术在广电终端、新闻生产等层面产生的作用和影响。该研究勾勒出我国智能技术在电视方面的应用现状和趋势，为后续研究奠定了一定基础。[⑫]

电视产业运营研究。新媒体技术变革不仅为电视产业的发展带来挑战，同时也为其多元化发展带来机遇。2018年以融合业务为基础的新兴电视产业呈现良好的发展态势，因此也成为研究者关注的焦点。有研究者从“电视融媒体产业”概念入手，考察广电上市公司、视频网站和终端硬件厂商在“互联网+电视”方面的创新发展举措，归纳出“互联网+电视”场域空间的基本特征，给“互联网+”视域下中国电视融媒体产业的创新与发展路径提供思路。[⑬] 也有研究者从顶层设计层面出发，分析了二三线电视媒体生存态势，指出多元化产业经营是二三线广电媒体的发展路径。[⑭] 此外，对运营模式的转型研究，有研究者另辟蹊径，不拘于“互联网+电视”“电视+电商”等模式的局限，将视

---

① 杜友君、李淑美、李人杰：《产品循环发展理论视阈下电视媒体的融合创新》，《新闻记者》2018年第10期。

② 孙宜君、王建磊：《论融媒时代电视传播生态的嬗变与建构》，《现代传播（中国传媒大学学报）》2018年第3期。

③ 张泽群：《温故知新——试析电视语言流变与媒体语境融合》，《电视研究》2018年第12期。

④ 周静：《创新电视主题报道要强化融合意识》，《中国广播电视学刊》2018年第3期。

⑤ 石丹：《媒体融合视角下电视综艺节目的文化转向》，《传媒》2018年第9期。

⑥ 冯玲：《媒介融合背景下电视音乐节目的传播策略》，《新闻战线》2018年第14期。

⑦ 王鹏：《电视文化节目融合传播探索与实践》，《中国广播电视学刊》2018年第7期。

⑧ 万莹：《从媒体的信息消费功能转向看电视改革》，《中国广播电视学刊》2018年第1期。

⑨ 田龙过：《媒体融合重新定义电视媒体影响力》，《编辑之友》2018年第1期。

⑩ 刘凯：《个性推荐技术模式下的电视节目运营策略分析》，《电视研究》2018年第7期。

⑪ 余志为、袁海涛：《大数据变革视听节目与受众测试方法》，《现代传播（中国传媒大学学报）》2018年第7期。

⑫ 殷乐、高慧敏：《融合与创新：2017年中国广播电视发展报告》，《中国广播电视学刊》2018年第3期。

⑬ 高红波：《“互联网+电视”：中国电视融媒体产业的场域空间》，《现代传播（中国传媒大学学报）》2018年第9期。

⑭ 范晋榕：《二三线广电媒体生存态势分析》，《中国广播电视学刊》2018年第4期。

角集中在动漫产业、[①] 电视产业升级模式[②]等层面。也有通过案例分析，对广播电视上市公司盈利模式展开探讨的文章，[③] 这些都对我国广电业的转型升级起到良好的指导作用。

（二）电视国际传播研究

电视国际传播能力研究。2018 年，学术领域对电视国际传播的研究大多基于对影视剧和纪录片国际传播力的考察，以此来厘清国际传播特征及路径发展规律，为我国电视国际传播的实践提供更多参考。近年来，中国电视国际传播实现了快速发展，与此同时，挑战随之而至。为此，有研究者从大局出发，提出为构建与我国实力和国际地位相匹配的电视国际传播体系，亟须在国家、行业和媒体三个层面加快推进变革。[④] 也有研究从国外媒体入手，如有研究者以韩、日、美三个国家的文化战略为例探析当下中国电视国际化的可行性，[⑤] 也有对 CBS、BBC、NHK 等大型主流媒体的台网融合路径等方面的探讨，[⑥] 这些研究为我国电视国际传播能力的提升提供了国外实践参照和经验。此外，因"一带一路"倡议所蕴含的国际性，中国电视也需要借助"一带一路"走向世界，因此，"一带一路"国际传播的相关研究议题增多，如"一带一路"纪录片的影像化传播策略研究、[⑦] "一带一路"题材纪录片叙事探析、[⑧] "一带一路"投资指南财经专题片选题研究[⑨]等，这些文章从不同层面为"一带一路"的国际传播提供了思路，也在一定程度上推进了倡议的发展。

电视英语媒体研究。电视英语媒体作为展示中国文化软实力的重要窗口及跨文化传播的重要平台，肩负着国际形象塑造和文化传播的重要使命。随着中国在世界的地位及影响力的不断提升，电视英语媒体在塑造良好国家形象层面的重要性愈发凸显，相关议题也一直备受业界瞩目。2018 年相关研究主要围绕英语媒体在媒体融合背景下的渠道、内容及受众等层面展开，探讨其在新形势下的发展方向和策略。特别是英语新闻节目的相关研究，有研究者从内容建设层面出发，认为应通过多渠道互动和共享机制、增强融入感等策略来完善内容建设。[⑩] 也有研究者从分众传播理论入手，提出英语新闻客户端垂直化转型的必要性及实施策略。[⑪] 有研究者提出构建与提升我国英语媒体国际话语权的重要性，指出重塑英语媒体对外传播理念，优化英语媒体对外传播方式，以华人华侨受众作为突破口等构建国际话语权的发展策略。[⑫] 这些研究从不同层面为提升

---

① 余洪：《数字智能电视媒体与动漫产业融合发展路径探索》，《当代电视》2018 年第 6 期。

② 龙睿、吴旭云、李明：《媒体融合趋势下电视产业升级的路径探讨》，《传媒》2018 年第 16 期。

③ 禹建强、郭超凯：《广播电视上市公司盈利模式及发展趋势分析》，《现代传播（中国传媒大学学报）》2018 年第 3 期。

④ 李宇：《中国电视国际传播的挑战与应对》，《中国广播电视学刊》2018 年第 2 期。

⑤ 何佳雨：《浅论中国电视国际化的新机遇与挑战》，《中国广播电视学刊》2018 年第 9 期。

⑥ 麻静：《国际主流媒体台网融合思考——以 CBS、BBC、NHK 为例看媒体融合》，《电视研究》2018 年第 8 期。

⑦ 赵鑫、高玉忠：《国家政策的影像化传播策略研究——以"一带一路"题材纪录片为例》，《电视研究》2018 年第 3 期。

⑧ 李文英：《"讲好中国故事"与"一带一路"题材纪录片叙事探析》，《电视研究》2018 年第 4 期。

⑨ 朱梅：《财经专题片〈一带一路投资指南〉选题及叙事特点》，《电视研究》2018 年第 10 期。

⑩ 许庆庆：《英文电视媒体的内容定位分析》，《新闻战线》2018 年第 18 期。

⑪ 门薇薇：《英语新闻客户端垂直化转型的必要性和策略》，《新闻战线》2018 年第 14 期。

⑫ 陈国英：《我国英语媒体国际话语权构建策略研究》，《新闻战线》2018 年第 8 期。

英语媒体在国际舆论传播格局中的影响力提供了可行性建议。

（三）电视节目研究

继2013年10月的加强版“限娱令”、2016年2月的“限娃令”、2016年7月的“限模令”后，中国电视模式与节目正式进入了“后娱乐”及原创时代，如何根据受众需求实现知识娱乐的双重创新并传递出节目的价值成为2018年电视节目制作人思考的新方向。在媒体融合进程中，随着网剧及网络自制节目时代的到来，无论是电视剧或电视节目，都开启了互联网内容“反哺”电视的趋势即“先网后台”的发展模式，学界对这种新型的电视模式格外关注并对此展开思考；纪录片以自身独特的魅力持续蓬勃发展，特别是在“一带一路”倡议的大背景下，相关议题热度依然不减。

电视模式与节目研究。在全球化语境中，模式产业高速发展，在市场和政策的双重驱动下，中国电视节目从模式引进、联合开发阶段步入自主创新阶段，因此对电视模式的研究仍是2018年学界关注的热点，相关研究主要围绕电视模式的发展现状及引进、面临的瓶颈、转型策略等议题展开。电视模式成功的关键在于高质量的节目内容，有研究者通过分析融媒时代电视模式的发展困境及转型升级策略，指出内容创新对打造“华流”品牌的重要性。① 由于内容创新比形式创新更困难，有研究者提出通过节目模式设计创造独特的叙事进程等创新策略，为文化类节目一时间扎堆呈现的同质化现象提供了创新思路。② 也有研究者对未来电视模式发展提出展望，从理论层面阐释了如何增强模式的可移植性，为我国电视模式“进阶到节目输出阶段”奠定了学理基础。③ 同时，节目模式的跨域流动显然是一个不争的事实，作为一种文化产品，无论是模式输出或输入，必定要面对不同文化环境中的本土化问题，因此，聚焦于“文化混杂”和“本土化”的相关研究总是热门。有众多文章④借鉴国外节目的本土化策略或从国内现状入手，对情感类、真人秀等节目的本土化改造提出相应的策略性研究，为相关节目类型的理性升级和发展提供实践性指导。众多文章指出了引进的必要性，认为优秀电视模式的引进在一定程度上可拓宽我国媒介市场发展视野，但需要节目组在引进过程中把握时代脉搏，根据受众需要采取必要的“去地域化”或“本土化”策略，做出具有地域特色的本土化改编，以实现节目的可持续发展，同时为节目进一步创新和原创奠定基础。

原创文化类节目。往年对文综节目、真人秀节目有较多的研究，2018年原创文化类节目的研究呈上涨趋势。面对以往的明星效应、真人秀等同质化节目为观众带来的审美疲劳，2018年的电视节目突出了对节目内在品质的追求，呈现了向主流价值观宣扬和回归的转向，这成为我国近年电视内容生产格局的重要文化景观，其中，《中国汉字听写大会》《中国诗词大会》《经典咏流传》《朗读者》《如果国宝会说话》及《国家宝藏》等原创文化类节目的个案研究成为一大热点。有研究者指出文化类节目应具备的三种特性，即知识

① 欧阳常林：《论融媒传播时代综艺产品的转型升级与价值创新》，《现代传播（中国传媒大学学报）》2018年第10期。

② 王梅：《模式时代文化类电视节目的自主创新》，《中国广播电视学刊》，2018年第4期。

③ 胡岑岑：《电视节目模式的全球流通：标准输出与本土化引进》，《新闻春秋》2018年第3期。

④ 郭瑛霞、赵璐：《电视情感调节类节目模式转型思考》，《当代电视》2018年第11期；王秋硕：《电视真人秀节目的当下症候与未来路径》，《电视研究》2018年第8期。

性、情感性与价值性，[①] 这些“国字号”“现象级”电视节目将三种特性结合，运用“微叙事”强调的联结历史和当下的时间特性，取得了节目上的成功实践，其普适性规律表现引起了众多研究者的关注。针对2018年最炙手可热的原创文化类节目《国家宝藏》，有研究者指出，其“明星+素人”的模式、融合纪录片和综艺的手法，借助官方微博和微信公众号联手各大博物馆与微博意见领袖引发话题，在互动中传播自己的节目品牌，增加了受众黏性，因此对原创文化类电视节目的发展有很好的启迪作用。[②] 也有研究者指出，该文博类节目巧妙地将“死”文物与“活”艺术结合，传承了博大精深的传统文化，丰富了公众的精神生活。同时也指出，节目的火热也带来了“模仿趋同”、“千人一面”、常态化模式忽视受众期待等一系列问题。[③] 文博类节目的火热既显示了电视节目从单纯的泛娱乐化向更深层次的精神内涵迈进，也显示了电视节目在增强电视媒体的文化吸引力方面的努力与创新。2018年原创类节目在国家新闻出版广电总局“限模令”下呈大幅上升趋势，明星真人秀节目跟风扎堆和同质化现象大量减少，原创文化类节目及其相关研究为中华民族文化基因的媒介表达提供了可借鉴的宝贵经验和创新导向。

电视剧研究。在当下“互联网+”语境下，国产IP剧生产日益繁荣，电视剧创作与拍摄人员为将IP快速资本变现，多将内容集中在宫廷剧、都市剧、抗战剧等固定的热门题材上，与之对应的《延禧攻略》《谈判官》《林海雪原》等剧的热播堪为佐证，特别是《延禧攻略》的横空出世又掀起了一波宫斗热，相关研究也随之兴起。2018年仅以“延禧攻略”为关键词在知网搜索到的文章就多达52篇。一种题材的电视剧取得了好的市场反馈，同类题材便会跟风创作，有从业者将2017年称为“大女主年”，2018年以“大女主”形象为核心人物的电视剧不减反增，并呈现霸屏态势，此类创作多将女性同质化处理，同时以女性形象、女性叙事等维度展开的研究也蔚然成风。2018年知网中以“女性”及“电视”为关键词搜索到的文章达82篇，足见其火热程度，多数文章将男性作为女性重要他者的二元对立关系来展开研究。[④] 针对此番现象，有研究者提出这种对IP剧的过分依赖会使电视剧生产急功近利，造成电视剧情、题材单一的局面。[⑤] 亦有研究者对IP剧陷入冷思考，认为生产人员对IP剧创作应基于商业价值和艺术品位的双重价值需求上，只有立足提高艺术审美品位对原著进行扬长避短的再创新，才能使IP剧持续热下去。[⑥] 也有研究者对能够真切揭露现实生活且给人以希望的现实题材电视剧以充分肯定，批判了一些IP剧对艺术性本质规定的遮蔽，认为美轮美奂的童话故事是廉价且具有“遮蔽性”的，无法回归生活的本真层面，唯有了解了不同群体真实的生活状态，才能准确表达他们真实的梦想。[⑦] 另外，随着越来越

① 胡智锋、邓文卿：《电视文化类节目创新发展三思》，《电视研究》2018年第1期。

② 聂艳梅：《深化文博类电视节目创新与品牌建设》，《中国广播电视学刊》2018年第10期。

③ 王梦瑶、项仲平：《对当下文博类节目的创新思考》，《中国广播电视学刊》2018年第10期。

④ 罗靖：《当代电视剧妇女形象与职场空间叙事——以〈我的前半生〉为例》，《电视研究》2018年第8期；李智、李聘婷：《性别研究视野下的“大女主”电视剧现象评析》，《中国广播电视学刊》2018年第4期。

⑤ 张海欣：《互联网思维下国产电视剧IP生产问题再思考》，《电视研究》2018年第7期。

⑥ 许沁：《IP影视剧的创新与标签式复制》，《中国广播电视学刊》2018年第1期。

⑦ 倪学礼、张琪：《回归艺术性的本质规定：现实题材电视剧“中国梦”的表达之道》，《现代传播（中国传媒大学学报）》2018年第6期。

多的中国电视剧成功“出海”，有研究者提出海外网络平台对中国电视剧的需求量大且对内容、风格的包容性强，因此正日益成为中国影视节目“走出去”的重要平台，并提出海外网络平台提高传播质量的“三重门”策略——字幕翻译、互联网思维和跨文化传播能力。[①] 亦有研究者站在宏观视角，基于中国电视剧“制播分离”“一剧两星、一晚两集”等制播模式的利弊分析，为未来中国电视剧制播模式的改革方向提出了建议。[②]

纪录片研究。中国纪录片已经形成了一个以专业纪录频道、卫视综合频道为主力，以新媒体为重要支撑的基本格局。[③] 新媒体纪录片登上舞台，人工智能为纪录片打开一个陌生的世界，令其未来充满期待和未知性，学界也为此展开多层次和多维度研究。有研究者针对新媒体背景下纪录片全新的生产和消费图景，探究了其在社交媒体传播的新机制建构下的发展和创新潜力。[④] 亦有研究者基于媒介研究“实践范式”视角对交互式纪录片现实建构的新模态展开研究，力求探寻交互式纪录片进一步的发展空间。[⑤] 纪录片作为创作者“还原世界”的真实表达，其叙事表达方法也是学界研究的热点之一。如有研究者运用民族志的研究方法审视当下中国主流媒体制作的纪录片，提出当下中国的海外民族志纪录片在“写文化”的深度方面依然欠缺。[⑥] 亦有研究者基于“文化自觉”理论对泸沽湖摩梭人民族纪录片的内容及表达方式进行了研究，展现了民族纪录片在拍摄过程中是如何将文化自觉渗透于其中的，为纪录片的拍摄及叙事表达提供了新的可参考视角。[⑦] 此外还有对纪录片影像叙事中的视听叙事文本的实践与探索、[⑧] 社会现实题材纪录片创作中的“第一人称画外音叙事”[⑨] 等研究，这些研究都力求探寻纪录片更为进步的发展空间与前行之路，为纪录片的叙事呈现了新的表达方式。此外，主动寻求国际合作，实现国际传播，依然是中国纪录片国际传播的有效方式。同时，国际媒体对中国的关注持续增强，“一带一路”成为年度纪录片的强大主题，相关研究也逐渐成为显学，众多文章探究了“一带一路”题材纪录片在塑造国家形象、跨文化传播等层面的意义，为今后“一带一路”的国际传播提供了理论借鉴和契机。

（四）电视文化、史论研究

在新时代国家大力倡导文化建设的大背景下，广电媒体作为文化繁荣发展的体现者和推动者，肩负着建设社会主义文化强国的重任，相关议题的研究热度在2018年依旧不减。有研究者紧跟国家政策，从“盎格鲁—美利坚”电视体系的文化逻辑入手，再现了这一体系在被输出国让渡与

① 何晓燕：《从点击的量到传播的质：中国电视剧海外网络平台传播研究》，《现代传播（中国传媒大学学报）》2018 年第 6 期。

② 李胜利、赵莹：《中国电视剧制播模式：演变与利弊》，《现代传播（中国传媒大学学报）》2018 年第 4 期。

③ 张同道：《2017 年中国纪录片发展研究报告》，《现代传播（中国传媒大学学报）》2018 年第 5 期。

④ 孙莉：《新媒体背景下纪录片的发展创新研究》，《现代传播（中国传媒大学学报）》2018 年第 4 期。

⑤ 侯洪、宁珂、王卓尔：《交互式纪录片的现实建构与发展症候及其反思——基于媒介研究“实践范式”的视角》，《现代传播（中国传媒大学学报）》2018 年第 4 期。

⑥ 王庆福：《海外民族志：中国民族志纪录片新视野》，《现代传播（中国传媒大学学报）》2018 年第 2 期。

⑦ 蒋建华：《泸沽湖摩梭人“主位”纪录片创作的文化自觉意识研究》，《新闻界》2018 年第 7 期。

⑧ 张小琴、梁君健：《从日常生活到视听叙事文本：纪录片影像叙事的实践与探索》，《现代传播（中国传媒大学学报）》2018 年第 2 期。

⑨ 邵雯艳、倪祥保：《纪录片新方法：第一人称画外音叙事》，《现代传播（中国传媒大学学报）》2018 年第 3 期。

再造的动态关系，对我国基于“一带一路”倡议的文化交流提出了建设性的意见和建议。[①] 也有研究者强调了主流电视文化的引领作用，认为主流电视文化要力求以娱乐化的手段“文以载道”“寓教于乐”来实现大众化，以此引领、培养、提高大众的文化品位。[②] 亦有研究者讨论了电视节目主持人在电视文化传播中的重要性、[③] 文化节目在传承和发扬电视文化中的作用[④]等。此外，还有大量从性别、民族、意识形态、话语构建等层面出发切入电视文化的研究，从不同维度为电视文化的研究提供参照。在广播电视历史和理论研究方面，多篇文章从中国电视剧诞生60年或改革开放40年的历史发展脉络入手，如欧阳宏生发表多篇文章围绕该主题展开讨论，在美学分析和历史分析辩证统一的批评视角下，通过60年媒介生态环境急剧变化下电视剧的阶段性特征，来回眸其发展概貌。[⑤] 同时，其在另一篇文章中对改革开放40年来我国广播电视学术研究的历史取得突破性进展进行了梳理，论述了各个阶段广播电视学术研究的具体内容与价值取向，并就其存在的问题进行了反思，为我国广播电视研究未来的发展提供借鉴与参考。[⑥] 此外，亦有从不同电视理论层面、不同文化视角对新媒体时代下电视艺术发展进行阐释和解构的，为影视历史研究注入了新视角。

（五）电视版权研究

媒体融合中的版权问题，在融媒转型过程中始终处于核心地位。其中研究版权保护的难点及提出版权保护的路径是媒体融合中版权研究的焦点，也是2018年学界关注的重点。如有研究者针对同质化的电视娱乐节目带来的版权之争现象，指出了使版权保护问题陷入发展困境的原因，即电视节目模式的客体归属模糊、零监管等现实因素，并通过借鉴他国成功经验，为中国电视娱乐节目著作权保护方案的设立提供新的思路。[⑦] 也有研究者通过分析各国电视节目模式在法律层面的保护现状，从保护知识产权的角度为现阶段我国电视节目模式保护提出相关建议。[⑧] 值得一提的是，有研究者梳理了知网中众多相关文献，通过反映该议题整体的研究状况，提出法律滞后、维权成本高而收益低等因素是造成媒体融合过程中版权保护陷入困境的主要原因，并从法律调整层面来寻找版权保护的优化路径。[⑨] 此外，媒体融合传播容易形成多渠道、多平台的传播模式，为此有研究者研究了体育赛事的融合传播并对新媒体版权的价值延伸进行了探索，提出了“用户+”的新媒体版权价值周边开发等策略。[⑩] 也有研究者对版权资产的

① 陶冶：《节目模式的跨域流动——以“盎格鲁—美利坚”电视体系的文化逻辑为视角》，《当代传播》2018年第5期。

② 许建华、欧阳宏生：《主流电视文化的认知与构建》，《电视研究》2018年第1期。

③ 王喻：《文化传播：文化类电视节目主持人的使命与担当——以〈中国诗词大会〉主持人董卿为例》，《电视研究》2018年第9期。

④ 张海涛：《〈中国诗词大会〉引领电视文化艺术新风尚》，《中国广播电视学刊》2018年第5期。

⑤ 欧阳宏生、黄晓波：《自我追寻与文化演变——中国电视60年发展综述》，《中国电视》2018年第10期。

⑥ 欧阳宏生、唐希牧：《改革开放四十年：中国广播电视学术研究的历史进程》，《现代传播（中国传媒大学学报）》2018年第8期。

⑦ 张娟莉、常江：《浅谈电视娱乐节目的著作权保护》，《中国广播电视学刊》2018年第1期。

⑧ 王玉奇：《电视节目模式法律保护研究——从〈中国好声音〉说起》，《电视研究》2018年第11期。

⑨ 朱鸿军：《中国媒体融合的版权之痛——基于知网文献的考察》，《新闻与写作》2018年第3期。

⑩ 李金宝、苏蔚平：《中央广播电视总台俄罗斯世界杯融合传播分析——兼议全媒体视域下体育赛事新媒体版权价值的延伸》，《电视研究》2018年第10期。

传播价值展开探讨，提出了注重创意内核的衍生和品牌化运营，实施版权的资本化运营，打通从投资生产到传播销售的整条产业链，是电视媒体除广告等传统盈利模式之外新的创收渠道和方式。①

总体来看，在国家“限酬令”等相关政策导向提出的大背景下，中国电视媒体和互联网媒体逐渐摆脱了仅强调 IP 效应、明星效应等形式的内容构建逻辑，媒体融合发展开启了从形式到内容、从技术到平台的理性可持续发展道路。相应的，2018 年度电视学科也取得了可观的研究成果，突破了以往成果单一、零散及研究理论内卷化的研究态势，既有从宏观角度展开的研究，亦有从微观层面的深化、精细化的研究。关于路径探索方面，普适性规律研究取得进展，策略性研究趋于深化，研究的实践性得以强化。研究方法除了引入跨学科视角外，一些研究者采用批判视角，针对人工智能、区块链等技术冲击，在忧思与希望中展开多维的思考和批判。值得一提的是，2018 年《新闻与传播研究》《现代传播（中国传媒大学学报）》刊出的几篇文章在已有研究成果的基础上，研究深度和广度进一步加深和扩展，这些文章从理论和实践层面丰富了电视研究的发展。如《新闻与传播研究》刊登于 2018 年第 6 期的一篇文章，针对已有的媒介使用与人际信任的关系研究未形成普遍性的定论，研究者因此以更加细分的变量从代际差异和媒介效果理论视角出发，探讨了不同代际的居民媒介使用与人际信任的关系。② 该研究厘清了电视等媒介在微观层面对人际信任的影响，是对该研究议题的拓展和深化。《现代传播（中国传媒大学学报）》在 2018 年第 11 期的一篇文章以电视综艺的新媒体化为主要示例，从实践层面探索了媒体融合路径。研究者提出首先应充分发挥电视媒体优势，针对近几年来出现的互联网内容“反哺”电视的趋势，指出这种形式不仅降低了市场风险，也为电视注入了新鲜元素。其次，研究者认为还应挖掘视频网站优势，借助技术优势和平台优势不断地“解锁”新技能，使网络视频在电视媒体暂时无法尝试的领域创造出更多符合年轻受众欣赏习惯的内容表达方式，如“游改综”的尝试等。③ 该文章在路径探索上的研究不再蜻蜓点水，作者专业研究者和电视节目策划人的双重身份更好地为其打开思路进行拓展和深化研究。基于目前电视现状，作者通过细致入微地挖掘理论层面及现象背后的深层原因，为媒体融合路径的电视研究开拓了新的研究视野。

同时，2018 年可谓电视研究的反思之年，一方面，在改革开放 40 年及恰逢中国电视剧诞生 60 周年之际，学界展开了一系列系统的梳理和总结。如有研究者线性地梳理了新闻报道在中国电视 60 年的发展中的实践革新和观念演进，④ 亦有研究者论述了改革开放 40 年来广电学术研究取得的突破性进展等，⑤ 这些研究从宏观角度展现了电视媒体在各种环境因素影响下发生的革新，同时对其存在

---

① 邹举、刘家辉：《电视版权资产市场运营策略探析》，《电视研究》2018 年第 5 期。

② 薛可、余来辉、余明阳：《人际信任的代际差异：基于媒介效果视角》，《新闻与传播研究》2018 年第 6 期。

③ 冷淞：《从“融”到“合”：论电视艺术新媒体化的“四维驱动”》，《现代传播（中国传媒大学学报）》2018 年第 11 期。

④ 高贵武、江灏锋、胡蝶：《拓展与回归：中国电视新闻报道的实践革新与观念严谨》，《国际新闻界》2018 年第 11 期。

⑤ 欧阳宏生、唐希牧：《改革开放四十年：中国广播电视学术研究的历史进程》，《现代传播（中国传媒大学学报）》2018 年第 8 期。

的问题进行总结和反思。另一方面，随着人工智能在各类媒体中广泛的应用，研究者陷入因科技引发的焦虑和忧思中，对技术带来的革新呈现浓厚的反思氛围。对媒介而言，技术的革新往往是推动内容变化的重要因素。① 但媒介技术的推陈出新却让众多研究者陷入技术"迷思"，不少研究者从理论层面探讨新媒介技术所带来的风险和后果。值得一提的是，有研究者借用雷蒙德·威廉斯（Raymond Williams）在《电视：科技与文化形式》一书中提出的"流动的藏私"（mobile privatization）概念，指出在新媒介技术作用下，流动性的现代社会解构了"本体性安全"（ontological security），导致信息接受者"存在性焦虑或忧虑"，私人生活已被广播电视"再社会化"了。同时，研究提出用户的"过度分享"行为将原本私密的个人空间变得公开化、可视化，成为资本、消费可以把握的生产资料，奥威尔所预言的"监控社会"变为现实。因此，智能时代的信息隐私由"流动的藏私"变成"藏而不私"，隐私面临着被泄露的风险。② 该研究重新审视了包括电视在内的数字媒体平台在日常生活中"流动的藏私"的新机制、新逻辑，进而反思了智能时代的信息价值观。这种批判和反思的研究视角是2018年电视研究的亮点所在。

同时，2018年电视研究同样存在着一些问题。研究议题的跟风现象依然存在，部分研究缺乏亮点，研究方法单一，研究的理论支撑相对薄弱等现状是2018年电视研究面临的主要问题。

撰稿：中国广播研究综述稿：殷　乐（中国社会科学院新闻与传播研究所研究员、博士生导师）
王丹蕊（中国社会科学院研究生院新闻学与传播学系硕士研究生）
中国电视研究综述稿：殷　乐（中国社会科学院新闻与传播研究所研究员、博士生导师）
朱豆豆（中国社会科学院研究生院新闻学与传播学系博士研究生）

中国传播学研究2018年综述

随着中国传播学研究发表量的逐年递增，要对2018年中国传播学研究做出整体全面评价具有相当难度。本文打算通过梳理核心议题及代表性成果，以点带面，回顾2018年传播学研究的整体情况。在代表性成果来源期刊的选择上，本文部分参考了2018年几位研究者通过问卷调查法访问415位新闻传播学者得出的中文新闻传播学术期刊评估结果。③ 综合考虑阅读频率、期刊水准、影响力与引用率等因素，本文

① 高贵武、江灏锋、胡蝶：《拓展与回归：中国电视新闻报道的实践革新与观念严谨》，《国际新闻界》2018年第11期。

② 郭小平、李晓：《流动社会的智能新媒介、移动连接与个人隐私——雷蒙德·威廉斯"流动的藏私"理论再阐释》，《现代传播（中国传媒大学学报）》2018年第10期。

③ 罗文辉、纪盈如、李宗亚：《中文新闻传播学术期刊的评估》，《传播与社会学刊》2018年总第46期。尽管这一研究的研究方法及结论具有一定争议，但其选择的样本期刊范围大致反映了新闻传播学术界的共识。

最终选择《新闻与传播研究》《国际新闻界》《新闻大学》《新闻记者》《南京社会科学》《传播与社会学刊》《新闻学研究》等期刊作为文章来源。通过筛选与梳理，总结2018年中国传播学研究的核心议题如下。

一、学科反思

2018年正值中国改革开放40周年以及传播学正式引进中国40周年。站在这样一个时间节点上，学者们回顾中国传播学研究的历史起点与发展过程，评价领域研究现状，并在反思的基础上，试图探索传播学未来的发展方向。有研究者将当前传播学研究的反思分为三方面，一是学科地位与学者认同危机；二是芝加哥学派、批判学派与长期占据主导地位的行政研究之间的范式之争；三是如何重建传播学研究的路径。[①]

就2018年中国传播学的反思而言，在时间维度上，有研究者以1998年为节点，将中国传播学学科化的40年分为前学科发展阶段与学科化发展阶段，通过对两个阶段中国传播学研究学术队伍、成果与理念的比较，直指当前我国传播学研究功利主义倾向过强与意识形态保守的问题，认为中国传播学未来走向“进化”的进路在于从新媒体传播打开的新问题入手，关注媒介技术和人与社会之间的互动。[②] 也有研究者以自身经历作为线索，梳理了40年来中国大陆与港台学者在试图超越西方传播学逻辑框架、实现传播研究本土化方面所做的努力，建议以中国历史上独特的交流实践及脱胎于其中的观念与心态结构作为中国传播学研究的中心问题。[③] 传播技术的重大革新总是带来研究范式的重要转变，有研究者提出，未来互联网语境下的传播学研究应从工具属性转变为媒体属性，从线性5W传播范式转变为网络化社区范式，并建议在以下三个方面开展理论创新——关注技术、语境和社会关系等维度；加强历史性研究，挖掘网络传播规律；深入开展大型比较性研究。[④]

还有研究者对中国传播学研究具体的观念、方法、语境、议题等方面进行反思与批判。例如，有研究者辨析“显现的实体”与“意义的空间”两种媒介观，认为建制内学者多将媒介视为功能性实体，这使效果研究成为主流，同时导致传播学学科的身份危机；应将媒介视为认识论上的意义空间与方法论上的关系隐喻，探究其中观念的建构与力量的博弈。[⑤] 近年来国内传播学学科的方法热、工具热同样引起了学者的批判与反思。例如，可视化工具CiteSpace成为学科“新宠”，但有学者认为，CiteSpace所标榜的前沿预测等主诉功能，与作为软件哲学理念的库恩范式理论完全相悖，同时也无法得到现有核心技术的支撑。有学者提议让CiteSpace在两方面服务于传播学研究，一是发现学科反常，二是验证假说。以认识论作为指导，站在CiteSpace的逻辑上游，探究其发现指向什么症结。[⑥]

现在，国内的传播学研究已能做到紧跟西方，然而我们很容易对研究的起点即自己的语境缺乏辨析，这亦涉及传播学研究的本土化问题。有学者通过对西方语境中的“后真相”进行知识考古，发现“后

---

① 龙强、吴飞：《认同危机与范式之惑：传播研究反思之反思》，《国际新闻界》2018年第2期。
② 胡翼青、张婧妍：《中国传播学40年：基于学科化进程的反思》，《国际新闻界》2018年第1期。
③ 吴予敏：《从“零”到一：中国传播思想史书写的回顾和展望》，《国际新闻界》2018年第1期。
④ 刘新传、魏然：《语境、演进、范式：网络研究的想象力》，《新闻大学》2018年第3期。
⑤ 胡翼青：《显现的实体抑或意义的空间：反思传播学的媒介观》，《国际新闻界》2018年第2期。
⑥ 廖金英：《愿景与悖论：传播学CiteSpace可视化工具引入现状批判》，《国际新闻界》2018年第7期。

真相”的话语其实是体制权力对正被解构的主流认知、言说和交往的复原，体现了西方现代性和民主的危机，而反观国内几乎同时期对“后真相”的讨论，缺乏对“后真相”的运用基础进行辨析，使其沦为时髦却空洞的能指。[①] 此外，在传播学研究新的议题方面，有研究者试图揭示传播学研究中一直被遮蔽的身体问题，梳理传播研究思想史中的相关理论资源，强调身体问题对当下及未来的传播研究的重要性。[②]

二、电子游戏

近年来蓬勃发展的电子游戏与电子竞技产业也逐渐引发学者们的关注，在去除掉对电子游戏的污名化外表后，其中蕴含的未来传播方式的新趋势值得深入研究。2018 年《国际新闻界》第 5 期刊登了第一个国内电子游戏的专题，涉及游戏研究的多个前沿话题。

有研究者从现象学的角度分析了格斗游戏中身体姿态的表征系统，认为游戏中介于写实与想象之间的身体姿态属于游戏文本的一部分，形成游戏中的叙事或非叙事性的游戏规则应对策略。但同时，身体姿态并非仅仅是屏幕上的二维画面，也会通过游戏界面的连接，与玩家的具身实践形成交互，作为技术图像，嵌套于不同数字技术构成的过程。[③]

如果说早期的游戏手柄或电脑按键操控的电子游戏，仍是通过上述的游戏界面连接游戏内外的身体姿态与实践、很大程度上保留了虚拟与现实之间的区隔，现今 VR 等技术使玩家的感官系统被沉浸式的媒介环境取代，玩家的身体经验也随之发生剧变。有研究者正是从虚拟现实技术出发，选取《蝙蝠侠：阿卡姆 VR》为个案，用质化研究的扎根方法，以焦点小组为单位，探究 90 后大学生玩家在自我感官系统被沉浸式的媒介环境所取代后，获得了怎样的身体经验，并考察了其与传播之间的结构性关系。使用 MaxQda 软件将讨论的文本内容编码之后，研究者将参与者的身体经验分为感官体验、空间实践、身份替换、情感主体和虚假记忆 5 个子类别，探究玩家的经验结构会受到何种影响。[④]

以上两项游戏研究，更侧重于探究玩家与游戏中的表征系统或媒介环境互动的身体经验。也有研究者将游戏视为社会交往与意义生产的技术空间，考察玩家与玩家之间如何互动、结盟，游戏社群与新型社交网络如何形成。研究建立在对 10 位多人在线游戏玩家深度访谈的基础之上，发现对资源互惠、技能互惠和信息互惠的判断是建立互信的基础。玩家重视社群的长存性，赋予社群一定意义，但同时，对游戏经验的挪用是十分有限的。在该研究中，身体的意义在于，一旦跨域线上与线下的区隔，真实的肉身与游戏世界中想象的身体发生碰撞，在游戏的中介作用下发展起来的共感共应可能无法维持。[⑤]

有研究者通过网络问卷调查（599 份有效问卷）来探究线上游戏女性玩家性别认同与角色塑造间的关系。结果发现，现代女性玩家已经逐渐跳脱传统性别刻板印象；女性玩家透过对角色性别与职业的塑造来展现自我；女性玩家对角色外貌形象

① 於红梅、潘忠党：《近眺异邦：批判地审视西方关于“后真相”的学术话语》，《新闻与传播研究》2018 年第 8 期。

② 同上。

③ 章戈浩：《数字功夫：格斗游戏的姿态现象学》，《国际新闻界》2018 年第 5 期。

④ 周逵：《沉浸式传播中的身体经验：以虚拟现实游戏的玩家研究为例》，《国际新闻界》2018 年第 5 期。

⑤ 王喆：《“为了部落”：多人在线游戏玩家的结盟合作行为研究》，《国际新闻界》2018 年第 5 期。

的塑造较不受到性别认同的影响，这可能是出于社交或利益等因素的考量。①

三、身体与技术哲学

身体问题在其他学科早已经是热门话题，但是传播领域的身体研究刚刚起步，目前主要集中在技术哲学方面的话题。学者们或是重新挖掘传播学学科内曾被忽视的理论思想，或是从现象学、后人类思想中汲取能量，探讨新技术条件下离身性带来的新问题。

有研究者认为，传播一直被定义为“精神交往”，忽略了身体维度的影响。而今天 VR、AI 等技术造成的去身化的传播，挑战了传统的“传播”定义，我们必须重新将身体放回传播中，才能回应这一挑战。我们必须从身体哲学、后人类主义、媒介考古学等领域汲取资源，同时对以麦克卢汉为首的传播媒介研究、彼得斯的传播观念史研究进行新的诠释，才能深刻地理解传播与身体的关系，回应今天大量无身体的传播（如 AI）所带来的交流困境。②

传播研究对身体的长期漠视使学界对麦克卢汉作品中无处不在的身体视而不见。有学者认为，“身体”才是破译其媒介理论的关键，身体－媒介/技术为审视麦克卢汉思想提供了一个不容忽视的批判维度。麦克卢汉的一切研究假设都建基于身体之上，即“一切技术是感觉器官和官能的分离”。通过分析技术对身体的延伸、增益、截除和接管，他呈现了现实境况中丰富而矛盾的身体面向：迫于环境刺激自主延伸和外化的身体；接纳、适应、伺服自我的延伸的身体；得益于技术延伸而能力扩增的身体；被技术驯服、修正、麻痹和搅动感知平衡的身体；被技术清除或借助技术隐藏起来的身体……这种突显身体感知和具身意识的思考，促发我们进一步追问“身体”在传播及其研究中的意义和应然角色。③

随着人工智能技术的突飞猛进，以及移动网络技术向社会的深度渗透，有研究者将其此前提出的传播的“节点主体”清晰地聚焦为技术具身的赛博人——人与机器的结合体，一个终极的媒介，最鲜活的例子莫过于手机，它已经在“器官”意义上与人融合在一起。赛博人可以通过技术将“表现的身体”（肉身）与“再现的身体”（信息形式）随时分离或融合，这表现在一方面，赛博人以视频、语音、表情包等身体性元素（再现的身体）活跃在虚拟空间之中，另一方面，携带移动设备的人们游走于城市实体空间而在虚拟空间留下位置数据。有研究者认为，这一传播的主体性之变化才是媒体融合出现后一系列社会系统融合重组的根本性条件与动力，作为界面的赛博人汇聚了日常生活中所有的社会连接，作为接口的赛博人则创造了崭新的传播实践和社会形态。赛博人的出现无疑将“表现的身体”（肉身）从大众媒介中解放出来，更将被大众媒介分割的器官通过重新组装实现融合。但问题是，融合后的身体不再是单纯的有机体，赛博人这个节点主体从无下线时刻，随时面临脱离网络后的衰落甚至死亡。需警惕的是，人工智能很可能达成完全寄居于“虚拟身体”从而消除身体。④

对人工智能的哲学批判实际影响长达

① 杨美雪、赵以宁：《线上游戏女性玩家性别认同与角色塑造关联性之研究》，《新闻学研究》2018 年总第 134 期。

② 刘海龙：《传播中的身体问题与传播研究的未来》，《国际新闻界》2018 年第 2 期。

③ 刘婷、张卓：《身体－媒介/技术：麦克卢汉思想被忽视的维度》，《新闻与传播研究》2018 年第 5 期。

④ 孙玮：《赛博人：后人类时代的媒介融合》，《新闻记者》2018 年第 6 期。

60年的人工智能发展历程，有学者借鉴美国学者休伯特·德雷福斯对人工智能的现象学批判，希望清醒地看待当前人工智能所处的阶段及前景。德雷福斯认为，符号主义人工智能建基于形而上学，根本地错误地假设了人类心智与人工智能间的关系，体现在生物学、心理学、认识论、本体论的假设上，从而不可能取得成功。作为替代，德雷福斯提出关注智能的知觉身体性问题，以身体—情境—心智的整体性观念来思考人工智能的发展方向，由此，当下神经网络和机器学习或许正朝着正确的方向迈进，但仍需长时间谨慎观察。[①]

四、媒介与认同

随着诸如电子游戏等媒介技术将新型社会交往空间嵌入个体的日常生活，个人认同越来越受到技术逻辑的重构。认同，特别是国族认同，受到了越来越多的学术关注。一方面，有研究者认为，以虚拟社会、离散关系为基本特征的网络社会，使过去稳定的社会认同在新时空中遭遇去本质与去中心化的技术悖论，传统宏大叙事结构的认同样态发生重构，由聚合式的中心辐射走向圈层化的离散，形成“离散的认同”。[②] 另一方面，也有研究者通过研究中国网民围绕发生在日本与叙利亚的“远处的苦难”的话语，发现媒介化的他国“苦难”并不一定会削减国族认同的重要性。相反，在“观看”他国苦难的过程中，“国家”的认同也得到了建构。研究发现，面对媒介化的他国苦难，道德意义上的“世界公民”身份与“国家”的身份框架之间形成了张力，后者并未被简单取代，而是以多种方式与前者纠缠在一起，指向道德身份的层次性与复杂性。[③]

认同是一个相对的概念，本身就预设着他者的存在，因此往往产生于跨文化语境等异质性环境中。有研究者采取生命故事访谈法，探究中国留学生社交媒体使用过程中的认同建构。使用 Nvivo 11 编码分析 35 名留学生的访谈资料后，研究者发现，在强势的 Facebook 网络文化下，作为“差异群体成员”的中国留学生采取了多项策略寻求稳定的归属感，经由对自身文化和异文化的反省、文化调整等心理过程，发展出与侨居国社会疏离的认同策略，并透过社交媒体建构出远距离的离散文化认同。这种数字文化的疏离与冲突，加剧了“文化休克”现象，为离散者的社会融入带来新的挑战。[④] 个体生命经验常常被掩埋于宏大的历史叙事和规范的数据统计中，有学者试图在研究方法上寻求突破，对藏族学生扎西长达 14 年的内地求学经历进行连续的跟踪，透过其“自我言说”的文本（日记、书信、人人网日志、访谈）发现，复杂多变的民族认同一直贯穿于“扎西们”的求学历程，多样的媒介在其间起到不断解构和重构的作用。[⑤]

现代社会频繁的人口迁徙，同样为传统社会共同体的存续提出了潜在的挑战，新媒体的发展，却为维持群体认同创造了新的可能。有研究者基于 2013—2014 年进行的 15 个月的人类学民族志研究发现，

---

① 王颖吉：《作为形而上学遗产的人工智能——休伯特·德雷福斯对人工智能的现象学批判》，《南京社会科学》2018 年第 3 期。

② 吴志远：《离散的认同：网络社会中现代认同重构的技术逻辑》，《国际新闻界》2018 年第 11 期。

③ 袁光锋：《“国家”的位置：“远处的苦难”、“国家”与中国网民的“同情”话语》，《国际新闻界》2018 年第 7 期。

④ 付晓燕：《网络空间的“文化休克”与文化认同：基于中国留学生社交媒体使用的生命故事》，《国际新闻界》2018 年第 3 期。

⑤ 郑欣、次仁群宗：《寻找家园：少年扎西的媒介之旅》，《开放时代》2018 年第 2 期。

"迁徙"到浙江一个工业小镇的新生代农民工们想在一定程度上摆脱传统亲缘和地缘关系的束缚，却又无法融入在地社区，转而将在线上交朋友视为现代化的生活方式，并不因社交媒体的中介而否定交往关系的真实性。他们从线下"二度迁移"至线上并在线上搭建日常"新居所"，在QQ空间里建构自己对理想化社区和理想化自我的想象与认同，诠释了新生代农村移民使用社交媒体的"网络个人主义"①。有学者针对闽北建瓯地区展开研究，通过问卷与深度访谈法，探究离乡青年的语言选择、语言转码、情感态度以及传承方言的新媒体传播行动，发现离乡青年仍然维持着对言语共同体的认同，以网络新媒体形式延伸和巩固了建瓯方言的言语共同体。②

五、政治传播

政治传播领域的研究向来庞杂，以下选入的研究涉及公共舆论、知识/信息与权力的关系、公民参与，它们或是在理论架构的创设上，或是对现实的观照上具有研究意义。

过去在论及公共舆论时，我们常以"情感"与"理性"不相容而将前者草率地处理掉，这种基于理性主义范式的思维路径现已受到挑战并引发学界反思。一部分挑战来自神经科学、政治哲学等领域的新进展——情感与认知之间关系复杂、并非截然对立，公众的"情感"不再能被简单地定义为非理性；另一部分挑战源于当代中国的现实场景——公众的情感已成为公共舆论的重要构成，以往从"认知—情感"二元对立模式出发的研究和理论逐渐缺乏现实解释力，对公众情感与政治权力的互动关系缺少足够观照。对此，有研究者在以往具体分析公众情感的研究基础上，提出系统研究公共舆论中的"情感"政治的动态分析框架，主张在柯林斯的"互动仪式链"理论视角下，从媒介、认知、基调情感和状态情感这四种相互促进的要素出发，来分析公众情感的形成和转化机制。其中，媒介对于情感政治的意义可从四个层面理解——媒介将个人情感转化为公共情感、媒介的报道框架会塑造公众认知和情感、媒介技术形态影响情感体验和表达方式、媒介塑造不同的交往关系；而公众的"认知"则可区分为两个层面——作为认知背景的"观念"和具体事件中的认知。③

知识/信息与权力的关系问题向来受学界关注，市场和技术带来的信息赋权曾一度令人欣喜，但现实证明，我们可能对技术过于乐观，同时将权力想成铁板一块。有研究者以乌坎事件为研究对象，采用内容分析和话语分析的方法考察不同搜索引擎的知识生产情况。研究发现，在重要的冲突性议题中，搜索引擎所呈现的话语仍然是高度结构化的，与各自的社会和政治语境一致。值得注意的是，技术不仅无法摆脱政治和经济的束缚，更使得对知识的权力控制走到了暗处，更不易被察觉。④ 也有学者结合中国媒体近十年的变化，从权力的不同维度来分析国家与媒体之间的互动。国家可通过强制力要求媒体做不想做的事，可利用建制能力使媒体做不了想做的事，也可借价值性权力让媒体想不到要做或不做什么事。如此一来，国

---

① 王心远：《流动生活中的线上社区：中国新生代农村移民社交媒体使用的人类学研究》，《传播与社会学刊》2018年总第44期。

② 孙蕾：《重返部落化：新媒体时代离乡青年对方言共同体的延续与再定义》，《现代传播（中国传媒大学学报）》2018年第7期。

③ 袁光锋：《公共舆论中的"情感"政治：一个分析框架》，《南京社会科学》2018年第2期。

④ 方惠：《知识的政治：搜索引擎中的乌坎事件》，《传播与社会学刊》2018年总第45期。

家对媒体的控制结构就由单一的强制性管治转变为三维度的选择性管治过程，这种转变之所以可能，是因为市场化在根本上分化了不同类型的由信息所引发的冲突。[①]

现实生活中的公民参与无疑是研究的鲜活土壤，以下提到的两方学者均选择了典型个案进行深描。于2012年成立的中国台湾地区“零时政府”被誉为全球最活跃的开放政府社群，社群成员协作收集四散的公共资料，将其转译为易读的资讯分享在网络上，供民众商讨、达成共识以及发起专案。研究者透过该社群在网络上的讨论、笔记、留言以及参与式观察、深度访谈，认为在这种“分享—合作—集体行动”的行动架构中，由科技群体注入的开源思维与技术工具、协作模式有效降低了参与公共事务的门槛，鼓励了正面的参与风气。[②] 在武汉H小区抵制拟建临终关怀医院的抗争故事中，研究者基于参与式观察的“一手原始资料”，以关系政治为视角，重点考察了政府、医院与业主三者之间基于空间争夺的一系列策略性互动。在这一过程中，业主利用新媒体发布信息并发表意见、进行维权动员并组织线下活动、持续协商并策划线下集体行动，从而获得了与政府、医院争夺社区空间的机会。[③]

六、媒介史

学界对媒介史的重新书写由来已久，显然，如何重新理解“媒介”是创新媒介史书写的关键。再思媒介并非易事，有学者认为有三难：一是再思需要以来自不同学科脉络的思想为基础；二是再思关涉思维方式的转变；三是媒介再思在深层次上与观念有关，包含哲学观和史观。[④] 从“报刊作为一种动态的交往关系”这一视角出发，有研究者将抗战时期中国共产党利用其国统区机关报《新华日报》发起的为郭沫若、茅盾等文人祝寿的活动，视为公开化的媒介仪式。《新华日报》这一媒介成为共产党的人格化象征，使共产党人得以突破空间界限与左翼文人群体交往，并借助媒介仪式的象征力量展示万众一心的团结，构建出共产党人领导文化界的政治现实，激发更多同路人的追随与认同。[⑤]

有研究者将媒介视为一个存在论角度下的事件，它是一种发生、一种展开，好比石头扔进水里，激起涟漪，改变形态，以如此的“媒介史”视角来重新审视新闻传播学科化历程则具有颠覆性。研究认为，新闻业的结构性框架是建基于19世纪的通信、交通、印刷等技术之上的，新闻学则是对这一新行业的呼应。顺此思路，大众传播学则是广播技术引发的社会影响的产物，“广播范式”划定了大众传播研究的方位和标准。当前的数字技术使得传播进入“互联网星系”，这一由媒介引发的研究范式和社会形态意义上的传播革命，需要研究者打破曾经的观念桎梏，积极呈现和反映现实世界的复杂性。[⑥]

也有一些研究观照到以往较少讨论的媒介——电报、收音机，这些研究不约而同地在社会情境中追问媒介和现代性的关

---

① 林芬：《权力与信息悖论：研究中国媒体的国家视角》，《传播与社会学刊》2018年总第45期。

② 郑婷宇、林子伦：《键盘参与：从“零时政府”检视黑客社群协作式的公民参与》，《传播与社会学刊》2018年总第46期。

③ 何志武、吴丹：《“我的地盘我做主”：社区、行动者与空间争夺——一个关于武汉H小区拟建临终关怀医院的抗争传播故事》，《新闻与传播研究》2018年第2期。

④ 黄旦：《媒介再思：报刊史研究的新路向》，《新闻记者》2018年第12期。

⑤ 伍静：《媒介仪式与政治斗争——重庆〈新华日报〉的祝寿活动及意义探析》，《新闻记者》2018年第9期。

⑥ 黄旦：《新闻传播学科化历程：媒介史角度》，《新闻与传播研究》2018年第10期。

系。代表了西方近代文明的电报技术自晚清洋务运动开始引入中国，历经南京国民政府而不辍。在不同的研究者眼中，不同历史情境中的电报建设实践为中国电子媒介的发展定下了不同的历史基调。有研究者分析，晚清“官督商办”的体制是一种模糊了产权关系的制度，加上强大的地方势力逐渐取代国家集权，使得电报网络名为“国家监督”实则“疆吏私人控制”，造成了经济发展的地域不平衡以及信息传播的等级化。在媒介特征上天然具有共享、互联特性的电报技术，在旧中国从未实现广泛的可达性（accessibility）或普及性，难以发展成为大众服务的公共事业。① 而到了南京国民政府时期，电报建设的重心从东部地区转移至西部、从有线电报转移到无线电报。有研究者认为，这些举措除了是应当时内外战争之所需，更是贯彻了孙中山的建设现代国家的理论构想，代表了近代中国对现代性的追求。② 还有学者依据1932年亚美公司《无线电问答汇刊》记录的1929—1932年来自上海及其周边地区收音机听众的1100对问答，来追踪都市居民“听”收音机的日常生活体验，进而发现，彼时听众们在追求“响亮”和“清楚”声音的过程中使其有意识地重新思考自我与声音及周边环境的关系，技术构成了现代听觉体验的基础，但听觉体验亦具有一定的独立性，而真正形塑日常听觉体验的更包括深刻、稳定和不易察觉的因素——资本、国家、殖民主义，一并构成了中国近代史中的都市听觉现代性。③

七、家庭传播

2018年，家庭传播也吸引了部分学者的兴趣。有研究者撰文梳理了家庭传播研究的逻辑起点、历史演进与发展路径，认为在美国也只有短短30年历史的家庭传播研究，在中国还属于“尚未开垦的研究绿地”，建议扎根中国本土文化，立足于中国家庭日常生活实践，构建科学的方法论体系。④

有研究者采用问卷调查法，探究了我国的数字代沟问题。研究认为，现有的数字鸿沟研究，多聚焦于宏观/国家、中观/社会层面，微观/家庭层面的问题被忽略。学者提议从宏观/国家、中观/社会和微观/家庭三个层面以及接入沟、使用沟和素养沟三个维度对数字代沟进行概念化与操作化，通过分析全国家庭祖孙三代问卷调查中获得的3282个样本数据，比较与描述微观和中观数字代沟，并初步讨论宏观数字代沟指数的计算方法。⑤ 有研究结合深度访谈和问卷调查考察亲子沟通中的手机技术反哺机制，发现技术条件、亲子双方的反哺意愿均正向影响反哺行为，技术反哺有助于缩小社会的“数字代沟”、弥合代际隔阂、使家庭权力结构从单向权威向双向权威转变但并不从根本上改变亲子间地位。⑥

代际信息反哺可能是缩小数字代沟最常见的方法之一。然而，有研究发现，健康信息由子代向亲代的流动并非畅通无阻，老年人对来自子代的“信息赡养”也

① 李煜：《传播史视阈下晚清电报的官督商办》，《现代传播（中国传媒大学学报）》2018年第5期。

② 夏维奇：《从电报建设重心之转移看南京国民政府与现代性追求》，《复旦学报》2018年第1期。

③ 王雨：《“听”的技术：收音机、空间与听觉现代性（1929—1932）》，《文学与文化》2018年第1期。

④ 朱秀凌：《家庭传播研究的逻辑起点、历史演进和发展路径》，《国际新闻界》2018年第9期。

⑤ 周裕琼、林枫：《数字代沟的概念化与操作化：基于全国家庭祖孙三代问卷调查的初次尝试》，《国际新闻界》2018年第9期。

⑥ 朱秀凌：《手机技术反哺、亲子沟通与父母教养方式——基于技术接受与使用整合模型的分析》，《新闻大学》2018年第4期。

会采取回避行为。为了探究代际关系与代际支持对老年人健康信息回避行为的影响，有研究者通过滚雪球的方式寻找研究对象进行深度访谈，先后访谈40人次，发现信任危机、行为惯性、风险恐惧、技术鸿沟、信息焦虑、代际考量都会影响老年人的健康信息回避行为。代际关系可能会触发回避行为，但代际支持同时也会对某些信息回避行为进行不同程度的补偿。①

除了代际数字鸿沟与信息反哺之外，在家庭传播研究中，围绕隐私产生的代际冲突与协商也时常得到研究者的关注。例如，有研究者通过分析亲子双方对偶访谈数据，探究与父母分隔两地的成人初显期子女及其父母之间利用数字媒介的沟通进程及其影响。发现在亲子双方围绕彼此的隐私边界进行互动、协商和调整的过程中，数字媒介发挥了重要作用。研究利用沟通隐私管理理论对这一过程进行了初步的阐释。②

八、媒介记忆

媒介记忆研究近些年开始在国内受到关注。有研究者以消逝的网站为研究对象，通过分析250余篇/节网友回忆277个消逝的网站的文章，探讨网友对消逝的网站的记忆。个体成为历史书写者，创造社会的集体记忆。网友的书写一方面侧重个体经历与社交经验，认为消逝的网站是有生命的，而不是从商业或技术的角度追忆；另一方面，网友的记忆具有怀旧的特征，同时与现实产生某种关联，通过怀旧观照现实。这意味着，关于互联网的技术想象并非乌托邦的空想，而是建立在个体经验之上且掺杂着对现实的批判，是一种乌托邦现实主义。③

这种立场与另一研究的观点不谋而合。有学者认为，技术的记忆并非简单的“回到过去”的幻想或者感伤，而是受到当下现实的影响。人们通过对媒介技术的记忆管理技术变迁引发的不确定性，寻求对自我的稳固定义。技术的记忆往往掺杂了人们自身对旧日媒介技术的情感体验，将特定媒介技术感知为“旧”，正是为其赋予某种情感回报的表现。人类与技术之间存在着双向驯化关系，因此对技术记忆的考察，也应该由“人们通过技术怀旧做了什么”转移到追问“人们怎样以及为什么产生技术怀旧”上，从关注的角度，在物质与现象叙事之外探寻技术怀旧主体的社会身份及其对媒介技术变迁的想象与感知。④

九、数字劳工

进入数字时代，信息“产消者”概念对于传播学领域而言并不陌生，围绕着“受众劳动论”与数字劳工的相关问题，学界产生了诸多纷争。有研究者认为，解释“受众劳动论”的合理性的核心，在于证明受众劳动的生产性。通过梳理传播政治经济学的受众观，研究者试图解除“经济简化论”“被动受众”等学界对斯麦兹传统的误读，挖掘积极受众作为意义的真实制造者所具备的主观能动性，论证了受众劳动生产剩余价值属于生产性劳动，因此提出了Web2.0“受众劳动论”。在这种受众观的基础上，研究揭示了数字媒介用户被卷入并服务于数字生产、消费和市场

① 公文：《触发与补偿：代际关系与老年人健康信息回避》，《国际新闻界》2018年第9期。

② 曾秀芹、吴海谧、蒋莉：《成人初显期人群的数字媒介家庭沟通与隐私管理：一个扎根理论研究》，《国际新闻界》2018年第9期。

③ 吴世文、杨国斌：《追忆消逝的网站：互联网记忆、媒介传记与网站历史》，《国际新闻界》2018年第4期。

④ 刘于思：《从“记忆的技术”到“技术的记忆”：技术怀旧的文化实践、情感方式与关系进路》，《南京社会科学》2018年第5期。

多个环节的过程。数字媒介时代的“受众劳动论”要求把媒介、受众与广告的关系放置到整个社会经济系统中考量，揭示出了商业传播系统在资本积累、流通与价值剥削中的作用。①

有研究者以“PPS 爱频道”为个案进行实证研究，在长达两年半时间里，参与式观察网络视频的众包生产。研究发现，基于商业效益的考量，商业视频网站将视频生产与传播的权力“下放”至用户，同时通过商业意识形态的“询唤”或者经济利益的诱惑将用户吸纳到信息生产、发布与传播过程中，劳动由内部工作人员转移至普通用户。在此过程中，商业视频网站以新型弹性雇佣制度等各种手段，以政治、文化之名剥削网民劳动，实现数字资本的迅速增殖；而普通用户在规则的诱导下，采取跟风与迎合、冒充原创、视频碎片化、“标题党”及自我审查与规避版权等策略，提升点击量从而获得经济利益。从传播政治经济学的视角看，网络视频生产与发布的“权力”幻想遮蔽了互联网产业的经济与商业属性，互联网产业运作的商业逻辑凌驾于文化逻辑之上，挑战了人们的乐观想象。②

总的来说，2018 年是中国传播学界的反思之年，年初发表于各大期刊的反思性文章中，关于媒介及媒介观的思考贯穿于围绕着认同危机、范式之争与路径重建等方面展开的争论，为全年的传播学研究奠定了基调。这样的关切，也反映在了本文梳理的核心议题与代表性成果之中。纵观 2018 年中国传播学研究，对传播技术的关注成为主线，传播学研究的对象与范式正在被技术悄然改变，传统的“传播研究”和“新媒体研究”正在被“新传播研究”所替代。另一方面，对技术与传播的探讨也超越了早期注重产业、技术应用的表面描述，话题“下沉”至技术与日常生活、技术与文化等更具深度的话题。一方面，学者尝试从哲学层面挖掘媒介的内涵，探讨技术与人类相互驯化的关系，以及技术对人的主体性造成的冲击。研究的展开往往围绕着人工智能等技术形式的新发明，或身体等议题的再发现。另一方面，研究者将媒介视为历史的、文化的，传播研究亦扎根于现实语境与日常生活实践，如借助网络技术展开策略互动、降低参与门槛的公共领域实践，以信息反哺弥合数字代沟的私人领域互动，超越地理区隔的认同建构，虚拟游戏空间的具身经验，家庭中的人际交流，数字劳工剩余价值的日常生产……随着媒介对日常生活的日益渗透，人类的日常实践成为媒介实践，关注媒体渗透下的日常生活与文化实践也就成为 2018 年显在的研究偏向。

撰稿：刘海龙（中国人民大学新闻学院教授）
于　瀛（中国人民大学新闻学院博士研究生）
孙彤昕（中国人民大学新闻学院博士研究生）

① 蔡润芳：《“积极受众”的价值生产——论传播政治经济学“受众观”与 Web2.0“受众劳动论”之争》，《国际新闻界》2018 年第 3 期。

② 吴鼎铭：《作为劳动的传播：网络视频众包生产与传播的实证研究——以“PPS 爱频道”为例》，《现代传播（中国传媒大学学报）》2018 年第 3 期。

中国传媒经济学研究 2018 年综述

新传播技术的发展既给传统媒体带来了巨大的挑战，也为传媒经济的发展注入了强劲的活力。数字经济、知识经济、共享经济等传媒经济发展新形态的出现推动着传媒产业不断探索符合时代发展的创新之路。同时，融媒体产品开发、县级融媒体中心建设等新举措皆体现了我国在媒介融合背景下传统媒体应对挑战的实践探索。在技术驱动和媒体深度融合的大背景下，2018 年的传媒经济研究被赋予了更深刻的内涵和更丰富的外延。

一、传媒经济研究的历史回溯与深探

（一）传媒经济研究的历史回溯

传媒经济在新中国的发展是与改革开放紧密联系在一起的，有学者以改革开放 40 年间传媒经济的发展历程为主线，分析了传媒经济研究框架建构不断完善的过程。有研究者提出，改革开放后我国传媒经济发展可分为四个时期：一是改革开放初期至 20 世纪 80 年代末的开拓期。广告经营的恢复、报刊扩版、自办发行等多元化经营活动的开展，为传媒业市场化发展打开了窗口。二是 20 世纪 90 年代的积累成长期。学者们对于传媒经济的研究显著增多，传媒的“双重属性”得到确立，成为推动中国传媒业市场化、产业化发展的理论依据。三是 2000 年至 2008 年的快速推进期。其学科体系建设不断深入，传媒经济理论体系基本形成。四是 2008 年后的发展繁荣期，不仅框架建构更为完整，研究的议题和内容也更加多元，传媒经济研究的整体格局已经形成。① 研究者普遍认为，1978 年为我国传媒经济研究的历史起点，“百花齐放、百家争鸣”方针的落实，计划经济向市场经济的成功转型，都推动了研究向纵深方向发展。改革开放 40 年是我国传媒经济不断深化发展的时期，媒体的公共属性和市场属性不断融合，传媒经济的研究与传媒业经营管理的实践越来越紧密地结合在一起，使其研究具有了更高的实际应用价值。媒体融合的广泛开展以及人工智能等新技术在传媒领域的应用等新议题不断涌现，也为传媒经济的理论研究注入了新的时代内涵。

（二）传媒经济本质与研究范式的再讨论

传媒经济学作为传播学与经济学交叉的一个分支学科，从传统的视角来看，主要存在三种研究范式：理论型范式、应用型范式及批判型范式。有研究者认为，当下的传媒经济学研究呈应用型范式不断加强、理论型范式不断创新的现状，同时以传统范式为基础，形成了以影响力研究、公司研究以及市场研究为代表的研究路径。随着数据时代的发展，传媒经济学的传统范式和路径也相应地发生了改变，传媒经济的议题与技术、数据的结合越来越紧密，受众成为传媒经济研究的重心。“C 一代”受众更加多样化的需求为研究带来了更加复杂丰富的议题。② 关于传媒经济的本质，有研究者对其进行了新的阐释，指出，移动互联网时代，新型“媒体—用户—商家”关系的构建使传媒经济的运营管理模式发生了深刻的变化，这三者相互影响，缺一不可，在传媒经济的运行中形成“三足鼎立”的状态，三者协同发展是

① 李洁、丁和根：《改革开放 40 年中国传媒经济研究回望与思考》，《传媒观察》2018 年第 12 期。

② 杭敏：《数据时代传媒经济学研究的反思与前瞻》，《新闻与写作》2018 年第 5 期。

传媒经济顺利运行的保证。其中，媒体作为“中间物”连接用户和商家，“连接”成为这条逻辑链环价值创造的基础和前提，决定了价值创造的方式、路径和绩效。[①] 故而“连接”成为对传媒经济本质的新理解。一些研究者还提出了影响力经济、意义经济、数字经济等观点，这些研究丰富了传媒经济的内涵，使其被赋予了更多的意义，传媒生产与消费的关系得到学界关注，传媒经济自身的文化性、技术性、产业性等多重属性成为重要的议题。

（三）传媒经济发展新形态的理论提炼

目前，我国传媒产业依然保持发展势头，“互联网＋”的提出，让传媒经济在不断发展中呈现出契合时代要求的新形态。

网络空间的崛起和数字化技术的发展，使得数字经济浪潮席卷全球，数字经济作为传媒经济发展的新形态，成为研究者们研究的新视角和新方向。有研究者认为，数字经济是传媒经济研究的大背景和大前提，在其背景下，中国传媒产业结构也发生了变化，从传统媒体、互联网、移动互联网的“三足鼎立”局面转为移动互联网市场份额接近一半，传统媒体总规模只占1/5的“一超多强”局面。[②] 随着传统媒体和互联网的融合加深，网络成为数字经济中重要的组成部分。根据对中国传媒行业细分市场发展状况的统计，中国网络广告市场规模在2017年已经超过了3800亿元，网络游戏收入首次突破2000亿元，网络视频规模也将近1000亿元，网络广告、网络游戏、网络视频成为拉动传媒产业发展的三大动力。[③] 有研究者也指出，“数字经济”在共享和聚合平台的基础上进行产业整合，增强了产业间的协同合作，为传媒产业的转移提供了诸多便利。

近年来，知识经济也成了媒体产业研究的热点之一，其盈利模式知识付费成为大势所趋。根据艾媒咨询发布的《2017年中国知识付费市场研究报告》显示，知识付费的用户规模已经达到1.88亿人。[④] 有研究者对知识付费进行研究，提出其核心是主动性，内涵是粉丝，用户的外延是具有大众性和反馈功能的受众，其本质依然是从文化资本到经济资本的转换。在知识付费的浪潮下，传统媒体利用自己的品牌优势和传统地位，依托数字化技术，建设起一系列数字化知识服务平台，实现知识变现。同时，媒体充分运用O2O模式，进行线上线下产品整合营销，并利用资源优势进行专属数字化平台的打造。其中，出版行业的发展尤为明显。此外，一些新兴平台也依托知识经济发展起来。当下发展势头良好的有以“喜马拉雅FM”为代表的听播平台，以“分答”为代表的商超平台，以“知乎”为代表的论坛平台等。这些新兴平台在经济产业领域呈现出IP化、垂直化、商品化、社交化的特征。垂直细分化增强了产业领域中优质信息的竞争，产业链也得到新的细分。[⑤] 有研究者也对知识变现的盈利模式进行了分析，指出，流量、短视频、音频这些新兴模式的出现日趋细分了“知识变现”的传播方式。但是其内容供给方兴未艾，仍需致力于实现产品的标准化和规模化。[⑥] 知识付费的兴

① 郑青华：《连接经济：传媒经济本质的再阐释》，《新闻大学》2018年第6期。

② 崔保国：《数字经济浪潮下传媒经济研究的创新》，载丁和根等主编《传媒经济与管理研究（第三辑）》南京大学出版社2018年版。

③ 崔保国、郑维维、何丹嵋：《数字经济时代的传媒产业创新发展》，《新闻战线》2018年第11期。

④ 王卉、张瑞静：《知识付费浪潮中出版业转型升级的创新与坚守》，《出版发行研究》2018年第7期。

⑤ 赵京芳：《出版社知识付费的运营和策略》，《中国出版》2018年第8期。

⑥ 李明德、王玉珠：《“知识变现”：从App“分答”看新媒体产品盈利模式创新》，《编辑之友》2018年第3期。

起使“内容为王”和受众的情感体验愈加得到重视，勾勒出知识经济影响下传媒产业发展的新趋势。

随着“互联网+”影响的不断深入，我国传媒产业已经步入“共享”时代，共享经济模式使作为连接推广平台的传媒业转变旧的商业思维，走向协同共赢的新局面。共享经济的特征是互联、分享、自愿、平等，它凭借互联网平台进行销售，实现信息交互共享、社会民间资本、资源协同优化。① 在共享经济视域下，传统媒体和新兴自媒体在发展中都进行了相应的调整和改革。以出版业为例，其通过打破供需壁垒，实现资源整合；重视内容服务方式，优化用户的体验感受；强调产业链结构与改变产业发展理念，促进产业的协同发展。② 自媒体重点在盈利模式方面进行了改变，在收费上实行“平台推广+平台服务+附加增值+线下展示”的盈利模式，同时拓展增值服务项目以增加盈利，在为别人进行广告代理的同时，也注重自身商品的开发，由纯粹的传播信息转变为“自媒体+自商品”的结合体。共享经济的发展，顺应了新经济时代的发展规律，它促使媒体在内容生产、受众关系、运营模式等方面进行新的思考，在强调合作共赢的同时，推动了传媒产业的高质量发展。③

二、技术对传媒经济发展的驱动作用研究

（一）人工智能：驱动传媒产业智能化发展

人工智能技术的发展和应用正在推动传媒产业进入智能时代。有研究者指出，人工智能正在逐步影响、改变新兴媒体的信息生产与传播模式，并延伸到传统媒体领域，使传统媒体和新兴媒体的边界变得日益模糊。其不仅形塑了整个传媒行业的业态面貌，也在微观上重塑了传媒产业的业务链，成为传统媒体实现转型与价值提升的关键要素。近年来，在全球范围内，人工智能技术已呈盛行之势。④ 智能技术已经渗透到信息采集、内容生产与分发、效果反馈、内容管控等多个方面。其主要表现在以各类传感器为来源的信息采集，物联网加传感器的技术可以更广泛和高效地采集到人类感官难以掌握的信息；以机器人新闻写作为依托的内容生产，可以提高新闻编辑制作效率并减少人为技术差错。以推荐算法为支撑的内容分发，极大提高了新闻传播与舆论引导的针对性与精准性。此外，人工智能的技术革新，使“人工智能+媒体”的时代逐步来临。国内媒体不断联合互联网科技公司进行智能产品开发，打造更加个性化的高智商人工智能产品，把人工智能技术运用到转型发展中，促进媒体融合发展取得良好成效。⑤ 有研究者认为，围绕重大突发事件进行的新闻传播，基于人工智能的技术优势，通过快速地生成报道、推送和分发，可以极大地提高“网络辟谣、阻击谣言、披露真相”的效率，从而避免因不实消息的传播所导致的情绪割裂和意识形态激化等问题。⑥

人工智能的技术革新不仅深刻影响整个新闻生产的各个环节，也成为传媒产业创新升级的核心路径。有研究者指出，从单项功能感知走向复合功能感知，从而走向系统感知即全面智能化是传媒技术发展

① 余大杭：《基于共享经济商业模式视阈下的出版模式探究》，《出版发行研究》2018 年第 1 期。
② 李义杰：《共享经济视域下数字出版产业链整合研究》，《中国出版》2018 年第 5 期。
③ 王云朋：《共享经济背景下自媒体运营模式的变化》，《视听》2018 年第 2 期。
④ 梅宁华、支庭荣：《媒体融合：进程与趋势》，《新闻与写作》2018 年第 4 期。
⑤ 沈浩、袁璐：《人工智能：重塑媒体融合新生态》，《现代传播（中国传媒大学学报）》2018 年第 7 期。
⑥ 张志安、汤敏：《网络技术、人工智能和舆论传播的机遇及挑战》，《传媒》2018 年第 13 期。

的一般规律。这一发展规律决定了单项感知走向复合感知时代，通过将人工智能技术的数字算法作为大脑中枢系统的外化，从而将数字域的技术路径指向系统化的智能域。在此基础上，该研究又从智能传媒平台的技术系统集合即“智能技术体”出发，根据智能技术体演进内在逻辑，分析其在线域定、隐线域定、超线域定的特征，勾勒出一幅智能化传媒发展从人机交互到人机融合再到人机合一的传播图景。①新技术重构了内容生产、制作和传播的方式，也改变着传统出版业的出版模式和发展方式。以此为基础，有学者探讨数据驱动下出版业发展新趋势，提出了出版业转型的六个方向，即内容出版向知识服务的转型、出版流程向智能化的转型、传统营销向大数据营销的转型、业务驱动向数据驱动的转型、传统编辑向数据开发型人才储备的转型、数据生产向数据融合的转型。②

人工智能在革新传媒产业链和优化传媒商业模式的同时也带来了诸多法律和伦理问题。有研究者将人工智能分为两大发展阶段：“弱人工智能”阶段和“强人工智能”阶段，目前的人工智能尚处于“弱人工智能”阶段，其主体地位、责任与义务、与人的关系范畴尚不明确，且在重塑传媒产业链的同时，也对受众进行着重新定义。因此他们建议，未来传媒业需引入配套的法律、法规来规避可能的风险，以“人机交互”的发展模式，重构新闻专业主义，由专业的新闻从业人员从事把关工作，注重人的价值，提升“智媒”时代受众信息素养。③

（二）大数据：重构媒体业务新模式

随着互联网的深入发展，大数据的产生带来信息的爆炸式增长，而云计算的出现，大大提高了数据处理能力，由此人类社会正式进入大数据时代。传统的学术逻辑与业务操作范式已难以有效预测并适应新的媒体发展趋势，传媒产业的经营思路正在发生转变。有研究者指出，进入大数据驱动阶段后，广告正在发生从以传统广告媒介为中心到以数据为中心的转变，数据成为驱动广告经营模式重构的关键因素。广告的各个环节，从前端确定广告运作的对象、广告创意的洞察、广告内容的制作，到后端广告的精准投放、广告效果的实时监测、广告投放的即时优化等环节，通过数据收集、分析、解读，实现广告的精准投放并即时收集反馈的效果数据，再利用历史数据进行广告投放前的效果预测，从而形成完整的营销闭环，成为广告行业新的业务形态。④

大数据技术也为出版业的发展模式转变提供了新思路。大数据能够改变传统出版业对出版素材的收集、整理、编辑模式，有利于新时代背景下出版业的结构重组。有研究者以人民邮电出版社“以销定产”按需出版为例，分析了其基于大数据驱动的供给侧改革研究以及数据驱动构建的新型生产经营模式，为传统出版与大数据技术的融合发展提供了新鲜经验。⑤ 在这种模式中，数据成为连接网络各个节点

---

① 吕尚彬、黄荣：《智能技术体“域定”传媒的三重境界：未来世界传播图景展望》，《现代传播（中国传媒大学学报）》2018 年第 11 期。

② 王茜：《人工智能与数据驱动下的出版业转型研究》，《科技与出版》2018 年第 12 期。

③ 喻国明、侯伟鹏、程雪梅：《“人机交互”：重构新闻专业主义的法律问题与伦理逻辑》，《郑州大学学报（哲学社会科学版）》2018 年第 5 期。

④ 段淳林、杨恒：《数据、模型与决策：计算广告的发展与流变》，《新闻大学》2018 年第 1 期。

⑤ 刘华坤、谢磊、张志林：《大数据驱动的出版业供给侧改革探索实践——以人民邮电出版社“以销定产”按需出版为例》，《中国出版》2018 年第 14 期。

的中介，个体作为网络节点可以通过数据相连，而大数据促进了网络中个体间的交流，从而有效降低了需求与供给之间的连接成本。

此外，大数据技术在传媒业中的应用还为网络舆情的治理、传媒业用户服务等创造了新的发展空间。虽然大数据的发展也可能带来数据处理不当、用户隐私安全等诸多问题，但大数据对传媒业发展的促进作用却是有目共睹的。

（三）区块链：促进传媒业态的转型升级

区块链是逐渐兴起的一种全新的去中心化基础架构与分布式计算范式，它是继人工智能、大数据技术之后又一个对传媒产业发展有着重要影响的数字新技术。以区块链技术作为底层架构，传媒业在新闻采写、版权保护、组织结构和数字化转型等方面都正发生着深刻的变化。

区块链技术中区块链的安全性、不可篡改和可追溯性，可以在新闻内容的各个参与主体之间建立信任机制，能够为新闻内容的版权保护、真实性以及付费的便捷性提供技术保障。有研究者从媒介的偏向、传播史研究和新闻生产的政治经济学角度分析了区块链技术对新闻业的价值。这主要体现在四个方面：确保数据采集的真实性，纠正报道者的刻板印象和"媒介的偏向"；确保报道的安全性，抵御政治和技术力量的干预；准确跟踪内容流向，保护内容版权；利用虚拟货币获得新的众筹商业模式。[①] 这使假新闻能够从源流上得到抑制并减少被商业资本操纵的新闻报道数量，新闻工作者回归其告知和赋能的基本社会职责。据《2018 年区块链产业发展报告》，市场资本对区块链技术的投资趋于理性，不少公司尝试开发区块链信息平台。如腾讯区块链 BaaS 开放平台，定位于打造领先的企业应用级区块链基础服务平台，帮助客户从业务角度理解区块链；华为云区块链服务 BCS 聚焦于区块链技术平台建设，帮助企业在华为云上搭建企业级区块链行业方案与应用，推动区块链应用场景的落地等。[②] 有研究者通过个案研究法以 Civil 为个案来呈现这种基于区块链技术的新闻运作模式。研究发现，Civil 的整体架构实际上是围绕三个要点展开：第一，为公众和新闻工作者建立一个自治的新闻市场；第二，公平、开放、透明的管理系统；第三，区块链作为底层技术保障新闻业自我维持的实现。这种"区块链 + 媒体"的实践路径将成为未来行业转型发展的技术布局之一。[③] 有研究者认为，技术创新作为基础性、本质性的推动力促进了传媒界从业人员思维方式和行为实践的转变，新闻与真相的接近、公共服务职能的彰显、去中心化的价值互联都预示着区块链这一数字新技术必将助推传媒产业实现业态重构，带来巨大的社会效益。[④]

区块链技术还能够推动媒体转换角色以转变职能，使媒体组织结构趋于扁平化，最终形成以"去中心化"为特征的媒体平台，推动传媒产业数字化转型。一些研究者在研究中对区块链在出版业的应用现状进行了分析，总结出区块链应用在报纸出版中的优势，以其可追溯、去中心化、透明化、合约自动执行等特性，契合了当下报纸出版数字化转型的需要。在"走技术装备配置、数字资源建设、数字

① 邓建国：《新闻 = 真相？区块链技术与新闻业的未来》，《新闻记者》2018 年第 5 期。

② 《工信部：2018 年中国区块链产业发展白皮书》，http：//www. sohu. com/a/233178113_ 99934049，2018 年 5 月 28 日。

③ 谭小荷：《基于区块链的新闻业：模式、影响与制约——以 Civil 为中心的考察》，《当代传播》2018 年第 4 期。

④ 李华君、张智鹏：《区块链技术背景下传媒产业的新现象、新特征与新趋势》，《宁夏社会科学》2018 年第 6 期。

形态产品开发、平台搭建、模式创新、前沿技术跟踪"的数字化转型路径中，中国报业应先将区块链与报纸出版数字化转型应用领域的技术链接起来，然后开发基于区块链的报纸出版数字化平台，坚持创新驱动，激发文化活力，推动国家数字化技术与产业的发展。①

三、深度融合进程中媒体转型发展的再思考

（一）多维度整合开拓经营管理新思路

回望2018年，媒体深度融合成为传媒经济与管理研究的主要话题之一。有学者对信息资源的整合进行了研究。对信息的采集、加工和传播是媒体生产与经营的核心环节，建构并运用数据库，是实现媒体信息资源整合的有效手段。"十一五"期间，新华社在报道方面，实行通稿及内部报道的传统模式报道与以手机、音视频为主的新兴形式报道相结合的模式，全面高效地利用网络上的资源。② 有研究者提出整合信息资源的重要性，他们以苏州日报报业集团打造的"家在苏州"客户端为例，研究了该客户端通过整合受众的生活资源，如何实现覆盖苏州市400多个小区的生鲜配送、智能家政及房产租售等服务。苏州日报报业集团利用生活信息资源进行的针对性的用户服务，加强了用户的黏性，提高了集团的经济效益和社会效益。③ 有研究者在研究集成经济时也提到，传统媒体应该在集成规模平台的基础上，致力于共享经济形态的实践，将广泛、分散的技能、时间、劳动力等资源进行整合，从而节省人力、物力、财力，以高利用率的供应链满足受众的需求，实现媒体经济效益的最大化。④

研究者们的研究目光还聚焦于机构整合、产业整合、渠道整合等方面。机构整合以国家媒体为主，通过机构重组、产业链延伸等推进媒体融合。有研究者认为，大多媒体集团内部的新媒体部门是独立存在的，且以横向模式管理新媒体部门的行政系统，导致新媒体部门地位较低，未得到重视。而在业务管理方面，纵向垂直的管理模式集权于领导部门，"一媒体一平台"的分散经营管理模式导致资源浪费和效率低下。因此媒体应进行机构整合，注重传统媒体与新兴平台、客户端等的合作，实现资源的统一配置和共享共通，从而推动深度融合。渠道融合的重点在于"两微一端"，在新的传播格局背景下，新渠道建设成为逻辑起点。省市主流媒体均开设了新型媒体平台，如官方微博、官方微信公众号、官方网站等，在丰富传播渠道方面进行着积极的探索。⑤ 有研究者指出，媒体深度融合很大程度上也推动了传媒产业的分化和重组，加深了媒体产业链层面的融合。以全媒体企业集团的形式实现集约化和规模化经营，媒体发展才能紧跟时代的步伐。⑥

（二）多元化运营强化产业联动效应

随着互联网技术的迅猛发展，各种媒体之间开始打破介质壁垒，在内容、渠

---

① 李媛、方卿：《基于区块链技术的报纸出版数字化转型》，《中国出版》2018年第15期。

② 杨扬：《"三网融合"时代媒介经营与管理》，《科技传播》2018年第14期。

③ 丁和根、宋婉宁：《我国报业集团的融合转型：路径选择与瓶颈制约》，《传媒观察》2018年第8期。

④ 赵睿、喻国明：《"互联网下半场"中传媒经济研究的问题意识与技术进路——基于2017年中国传媒经济研究的文献分析》，《国际新闻界》2018年第1期。

⑤ 王溥、姬媛、刘翠红：《媒介融合：渠道建构、组织创新与动力机制——基于湖北平面媒体融合发展的调查》，《新闻研究导刊》2018年第2期。

⑥ 张书端：《媒介融合时代中国新闻出版业高质量发展路径探析》，《中国出版》2018年第21期。

道、技术等方面实现深度融合，媒体之间的差异化不断缩小，界限越来越模糊，“竞合”关系更加明显。其中，多元化运营模式成为学者们研究的热点之一，同时也是创新媒体经营管理方式的重要举措。

在“生而网络”“生而数码”的时代，媒体融合这一构想已经被广泛应用。无论是传统媒体还是新媒体，想要取得长足的发展就必须打破传统、突破瓶颈，在运营上真正实现从“融”到“合”的本质飞跃。[①] 在以往的媒体运营体制中，广告是主要的盈利模式，但是现在，依附于多种媒体融合的全新平台已经出现，各媒体之间形成合作共赢、相互依存的局面，多元收入格局成为运营亮点。以网络平台为例，据《2017 年中国网络视听发展研究报告》显示，2017 年网络视频国内用户付费比例比 2016 年增长了 7.4%。截至 2018 年 2 月，爱奇艺、腾讯等视频网站会员数分别突破 6010 万人和 6259 万人，爱奇艺仅该渠道的收入就达到 65.36 亿元。[②] 除此之外，网络平台还通过垂直营销进行以内容为中心的衍生品开发、剧粉服务等开拓运营空间。对于传统媒体来说，创新盈利收入也成为其多元化运营的重点。有研究者以报业集团为例，指出报业集团可通过直接上市、文化产业基金，向娱乐、地产、教育等领域跨界延伸产业链等实现盈利。[③] 有研究者提出，当下媒体应在结合美国成熟期刊倡导的“内容、广告、产业”三大利益点的商业模式基础上，为多元经营机制挖掘新的收益点，构建科学的收益模式。[④] 有研究者认为，在媒体融合的大环境下，媒体在不同地区或产业间扮演着贯穿具备链条绞合特征的经济性组织的角色。[⑤] 有研究者认为，以新思路、新眼光开拓媒体市场和业务，保险、商业服务、医疗等都可以被纳入其中，利用“媒体 + 电商”“媒体 + 活动”等融合模式，使经济效益最大化。例如，浙报集团不断扩展“报业 +”的产业链条，不断增强产业联动效应。[⑥] 有研究者在研究媒体跨界经营趋势时以广电媒体跨向电商、汽车、教育、餐饮、医疗等产业为例，指出传媒产业与互联网科技公司、资本公司的联动融合，打造特色品牌化媒体平台以实现平台间的价值增值已经成为一种发展潮流。[⑦]

四、传媒经济视域下融媒体产品建设的新探索

媒体融合的深入推进，使许多融媒体产品应运而生，深受市场的青睐。积极开发融媒体产品能够有效提升媒体的产业增值能力，故而成为近年来媒体产品建设研究的重点，受到了学者们的较多关注。

融媒体产品代表一种新的价值形成方式——价值共创，即媒体生产者、利益相关者、媒体用户在互动中共同创造产品价值。据人民日报社和新华社内部资料显示，这两家媒体在 2014—2017 年就推出了数百件融媒体产品，例如人民日报社打造的 H5 产品“穿越时光，这是我保家卫国的样子”，成为传播效力最强的产品，新华社的“点赞十九大，中国抢起来”带动

① 冷淞：《从“融”到“合”：论电视艺术新媒体化的“四维驱动”》，《现代传播（中国传媒大学学报）》2018 年第 11 期。

② 郑苏晖：《新时代广电传媒经营的转型、变道与升维》，《电视研究》2018 年第 10 期。

③ 丁和根、宋婉宁：《我国报业集团的融合转型：路径选择与瓶颈制约》，《传媒观察》2018 年第 8 期。

④ 周凯：《新媒体冲击下专业体育报经营模式探索》，《传媒》2018 年第 22 期。

⑤ 钟代军：《浅谈融媒介合环境下电视媒体的变革与创新》，《传播力研究》2018 年第 15 期。

⑥ 安珊珊：《中国报业集团融合转型新实践的六维架构》，《中国出版》2018 年第 24 期。

⑦ 梅宁华、支庭荣：《媒体融合：进程与趋势》，《新闻与写作》2018 年第 4 期。

了5.12亿人次的参与，浏览量更是突破30亿次。[①] 电视媒体也在积极进行融媒体产品的探索。例如电视节目《尤溪新闻》与融媒体产品“福建微尤溪”的结合，央视新闻的微栏目《夜读》。[②] 各大媒体都开始转变传统的生产方式，将融媒体产品建设纳入生产体系中。

县级融媒体产品也是媒体产品建设研究的重点。8月21日，在全国宣传思想工作会议上，习近平总书记强调：“要扎实抓好县级融媒体中心建设，更好引导群众、服务群众”。[③] 目前，我国县级融媒体中心建设是媒体融合的重点工作之一。随着各级媒体纷纷迈向融合，客户端、新型平台的强垂直覆盖，使得县级融媒体中心不得不面临与上级省、市媒体争夺受众的情况，而县级融媒体受综合水平、技术条件、人才资源等因素的制约，常常处于被动地位。同时其发展还受到县级经济发展水平较低、优质内容生产力不足的影响。为破解县级融媒体中心发展中存在的问题，许多研究者对其发展路径进行了研究。有研究者结合江苏邳州县级融媒体中心的实践，强调“技术与平台，信息内容与服务是县级融媒体建设的两个核心”。[④] 有研究者认为，融媒体中心的建设是一项技术活，结合当下县级媒体技术欠缺的现状，应该由技术领先且具有本地化落地能力的技术开发商来落地和实施。如由郑州报业集团牵头的郑州市的区县融媒体中心，它以“中央厨房·新闻超市”平台为基础，与各县区、开发区合资成立融媒体产业公司，融合市县两级媒体资源，探索“新闻+政务+服务+电商”的智慧运营模式。该研究还指出，“吐槽”是对融媒体产品缺陷的发现之旅。它比点赞更有价值，为融媒体产品的更新换代提供了创新坐标和发现指南，因此县级融媒体产品的建设要尽可能立足本地，贴近用户，在融合中更好地服务群众。[⑤] 此外，通过机制创新来保证人才队伍的质量，注重多平台联动、扩展也是推动县级融媒体中心发展的有效路径。在壮大规模方面，广泛招募全媒体采编人员并调整薪酬分配制度以激励和留住人才。在推进多平台联动、全媒体扩展方面，以县级传统媒体为基础，整合各类新媒体平台和资源，积极向更多媒体平台扩展，建立起庞大的新媒体矩阵。如邳州广电除完成“两微一端”建设外，广泛入驻了头条号、企鹅号、网易号、大鱼号、百家号等10个媒体平台，形成了“两微一端多平台”的移动传播矩阵。[⑥] 一些研究者还针对不同县的不同实力提出了不同的县级融媒体中心发展路径。整体基础薄弱的县，要充分利用来自省市上级政府给予的支持，从理念、体制、财政、建设阵地等角度，为其融合工作进行“从无到有”的建设；具备融媒体建设条件的县，要充分发挥主动性，实现融媒体的可持续发展以服务于本县实际工作的需要；县级融媒体建设较为成熟的县，要打破本县与其他县、市、省级融媒体中心之间的

---

① 国秋华、吴菡：《浅析融媒产品的价值共创》，《出版发行研究》2018年第5期。

② 王国川：《把握四大嬗变规律 实现县级电视节目向融媒体产品转型——结合县级台公众号运行现状分析》，《东南传播》2018年第12期。

③ 谢新洲：《人民日报：扎实抓好县级融媒体中心建设》，http://opinion.people.com.cn/n1/2018/1108/c1003-30388004.html，2018年11月8日。

④ 胡正荣、张英培：《5G与人工智能时代县级融媒体中心建设的关键点》，《电视研究》2019年第5期。

⑤ 朱春阳：《县级融媒体中心建设的任务、核心问题与未来方向》，《传媒评论》2018年第10期。

⑥ 黄楚新、王丹丹：《县级媒体融合发展的创新路径》，《出版发行研究》2018年第12期。

技术壁垒，为群众提供更好的服务。①

总体来说，融媒体产品存在的意义在于其具有价值共创的特征，即生产主体多元化。用户也能成为产品的缔造者，这极大地提升了用户的消费需求和消费体验；跨界生产、分工合作明显。跨行业、跨地区、跨媒体的合作为其提供了丰富的资源，整合了一部分受众；产品具有可交互式体验；传播渠道多元，载体丰富。这些特征成为价值增值的有效方式，为融合时代媒体产品的建设提供了新思路。

撰稿：丁和根（南京大学新闻传播学院教授、博士生导师）
陈袁博（南京大学新闻传播学院博士研究生）

中国新媒体研究2018年综述

——反思与展望：赛博格时代的传播图景

2018年，可谓中国新媒体研究的反思之年。一方面，在传播学传入中国40年和中国新闻传播教育开展100年之际，学界展开了一系列系统的总结与反思；另一方面，更为重要的是，随着人工智能从技术开始走向实际运用，由它引领的下一场更为深远的科技革命即将到来，学者们也陷入深深的身份焦虑和未来忧思，展开对不确定未来的憧憬与期许。2018年的新媒体研究，在这种背景下整体呈现出浓厚的反思氛围，并出现了一些新的特点与面向。②

一、身体与传播/技术

在由科技发展而引发的多维反思中，2018年学者们不约而同地聚焦于“身体”——这个至关重要，但却在过去的研究中若隐若现，并没有得到应有重视的问题。

有研究者把“身体”作为理解麦克卢汉媒介理论的关键。研究认为，麦克卢汉不仅将其研究假设建基于身体之上，而且始终聚焦于身体的技术延伸（媒介）及其影响。麦克卢汉以“身体”为突破口，分析技术隐而不显的广泛影响和人—技术的复杂关系，从而开辟了研究身体—媒介、人—技术论题的新路径。因此，该研究不仅为传播和媒介理论提出了具身性的重要议题，也能够激发我们今天（新媒体时代）思考身体问题的灵感，让我们重新检

① 田丽、石林、朱垚颖：《县级融媒体中心“全省部署”和“县级探索”建设模式对比——以A省Q县和B省Y县为例》，《出版发行研究》2018年第12期。

② 本文的文献检索方式如下：首先，收集2018年《新闻与传播研究》《国际新闻界》《新闻大学》《现代传播（中国传媒大学学报）》《新闻记者》《新闻界》《当代传播》七种期刊上全部新媒体研究论文；其次，在此基础上进行主题聚类，提炼出一些关键词（如算法、知识付费等），并在知网全文期刊库进行第二次检索；最后，以我国一些著名新媒体研究学者为关键词进行第三次检索。通过三次检索，一共收集文献400余篇。文献的最终采纳，以问题意识是否清晰、研究方法是否得当、研究结论是否可靠、研究议题是否新鲜等作为标准。由于截稿日期的原因，文献检索只能截止到2018年11月。

视并追问“身体”在传播及其研究中的应然角色。[①]

有研究者认为，“身体”问题的重要性的凸显，恰恰是源于我们进入新媒体时代所感受到的、身体在传播中重要性下降所带来的空虚感。因此，他一方面回到麦克卢汉、媒介考古学、控制论和后人类主义，以寻求“身体”的理论支持；另一方面，研究则借助后人类主义叙事，从未来视角反思当下的传播研究中身体问题的重要性以及展开方式。未来，“如何跟机器交流，如何和分布式的认知打交道？自然与文化的界限消失了以后，我们怎么理解它们之间的关系？信息/传播、物质/身体之间的关系发生松动之后，人还需不需要身体？具身化是不是我们传播或者人类存在的必要条件？……”[②] 这一系列的问题，都彰显了“身体”议题既是挑战也是机遇，对它的态度会影响传播学科未来的价值与地位。

有研究者从媒体融合的角度来思考“身体”问题，指出，未来由新技术引发的媒体融合，不仅仅是媒介形态和社会形态的融合，更是技术与人的融合——技术会嵌入人的身体，而成为主体的一部分。这种由技术与人的融合创造出的新型主体，正在成为一个终极的媒介。正是在这个意义上，该研究将被技术穿透、数据浸润的身体被命名为“赛博人”。而“赛博人”的产生、主体性的变化（传播的主体已经从掌握工具的自然人转变为技术嵌入身体的赛博人），是媒体融合出现后一系列社会系统融合重组的根本性条件与动力。[③]

有研究者从自拍这一新媒体时代独特的身体表演方式角度，对技术在自我建构中的作用进行了探讨。该研究指出，对于个体来说，自拍可以通过彰显“在场感”来进行自我呈现与表达，但沉浸于自拍又可能使在场成为缺席。另一方面，“在场”方式也往往是从他人的角度构建的。作为一种典型的自我建构方式，自拍体现着“个体自我”“关系自我”“集体自我”这三重自我的冲突与调和过程，建构与解构、个性与去个性的矛盾也会体现在自拍的自我建构中。从自我认同的角度看，自拍强化了基于身体的表演在自我反思与社会互动中的中介作用，也可能带来“虚假的自我”的弥漫。以上三个方面的矛盾纠结都表明，尽管自拍是一种不同于“权力技术”的“自我技术”，但在社交互动变得广泛而频繁的今天，它也可能成为一种新的规训力量，通过自拍进行自我表现、从他者角度进行自我审查—自我调整的过程将变得越来越常态化。[④]

二、算法、智能化媒体与传媒生态变革

近年来，人工智能技术得到迅速发展，也越来越广泛地被应用于线索发现、信息采集、内容的生产和分发、效果反馈等各个新闻实践环节。人工智能技术在传媒业的应用模式及其引发的媒介生态变革，特别是其对新闻生产的影响，继续成为2018年新媒体领域研究的一大焦点。

算法与新闻的结合，是人工智能进入传媒业的主要方式之一。目前，算法新闻集中体现在机器写作（算法内容生成）和个性化推荐（算法内容推荐）这两种新闻实践上。对此，学界给予了持续的关注和深入的思考，也产生了一些新的观点和看法。

有研究者通过对机器写作的技术发展、工作原理和现状的梳理，发现机器写

① 刘婷、张卓：《身体－媒介/技术：麦克卢汉思想被忽视的维度》，《新闻与传播研究》2018年第5期。
② 刘海龙：《传播中的身体问题与传播研究的未来》，《国际新闻界》2018年第2期。
③ 孙玮：《赛博人：后人类时代的媒介融合》，《新闻记者》2018年第6期。
④ 彭兰：《自拍：一种纠结的自我技术》，《新闻大学》2018年第5期。

作一方面无法采集到线下事实，另一方面只能按照“人”设定的模块来写作，因此还不算真正的写作，只是一个基于算法并依赖互联网大数据来源的写作工具。不仅与真人在思维能力和创造能力上存在较大差别，在实际的应用中也存在诸多局限。[①]

通过算法分析，来提供与之适配的内容或服务，已经成为当下社会中的一个普遍现实。各类算法的流行，在扩张了人的能力的同时，也带来了很多新问题与新风险。因此，如何识别甚至抵抗其中的风险，是学者们格外关注的话题。

有研究者认为，算法流行的可能风险和问题包括：一是引发信息茧房的效应；二是算法中的偏见或歧视对人们社会资源与位置的限制（将人们囚禁在偏见与歧视固有的社会结构中）；三是算法在幸福的名义下对人们的无形操纵（在个性化服务的“侍奉”下，个体逐渐失去自主判断与选择能力，越来越多地被算法或机器控制）。该研究同时也提醒我们，作为算法基础的“客观性”数据，不仅并不一定能带来更多真相（数据生产环节的偏差可能导致客观性数据堆积成的假象），反而可能走向它的反面（数据分析也可能成为客观事物的干扰因素）。因而，识别、抵抗其中的种种风险，也应该成为我们生活的一部分，成为媒体和各种数据应用机构的基本责任。[②]

有研究者通过梳理多个国家新闻生产对人工智能的实际运用，发现技术本身和技术商业化一道，将新闻线索发掘、写作、分发等的诸多流程推向了“黑箱”——新闻生产的“幕后的幕后”。黑箱化的过程不仅改变了新闻的样态、新闻生产的格局，而且带来了“流量工厂”驱逐优质新闻、定制推送固化社会分层、技术平台“反收编”新闻机构等社会格局变化。该研究据此提醒我们，当下研究者不能仅停留于讨论人工智能在技术层面能实现什么，而应将视线转移到黑箱，审慎地观察这一过程可能产生的社会影响。[③]

对于如何打开算法黑箱、增进其透明度，有研究者也做出了积极的思考。研究认为，目前两种方法，“I－T－O”（试图从算法新闻的输入、吞吐、输出三个阶段来进行公开，增进透明度）和“逆向工程学”（尝试通过技术手段从结果去反推算法规则）都在尝试以庖丁解牛般“看进去”黑箱的思路来对待算法偏见。然而，这两种方法都受到商业机密、民众算法素养、专业技术门槛等掣肘，“看进去”的策略很难落地。因此，研究提出以“可理解的透明度”（用户导向，以可行性和社会接受效果作为衡量标准，更加注重普通大众是否可以不依靠专家、不需要机器学习的专业知识就可以理解）这种“看出来”的思路，从技术和规制理念两个方面增进算法的透明度。[④]

从机器写作、算法分发等应用模式的研究入手，研究者进一步提出，智能化技术将全面进入传媒业并带来一场大变革。

有研究者基于对实践的深入观察指出，智能化媒体时代已经到来，智媒可以提升内容生产效率、丰富新闻产品形态、强化内容传播效果、创新商业模式，媒体对接人工智能后，随着媒体边界的不断扩展，将形成智能化思维下的新闻生产模式

---

① 何苑、张洪忠：《原理、现状与局限：机器写作在传媒业中的应用》，《新闻界》2018 年第 3 期。

② 彭兰：《智能时代的新内容革命》，《国际新闻界》2018 年第 6 期。

③ 仇筠茜、陈昌凤：《黑箱：人工智能技术与新闻生产格局嬗变》，《新闻界》2018 年第 1 期。

④ 仇筠茜、陈昌凤：《基于人工智能与算法新闻透明度的“黑箱”打开方式选择》，《郑州大学学报（哲学社会科学版）》2018 年第 5 期。

和泛内容生产盈利模式。①

对于人工智能推动的传媒业变革，有研究者称为智能技术的驱动下的“新内容革命”——智能化技术正在进入内容行业，并促使内容生产（以智能化、人机协同为特征）、分发（以算法为核心）、消费（个性化与社交化交织、消费与生产一体）等全面升级，三者相互渗透、相互驱动，集成了内容生产、分发与消费的平台，也在逐步构建全新的内容生态。②

有研究者则从主体视角来看待这场新闻生产的变革。研究认为，在人工智能的语境下，新闻的生产包括社会化生产（生产主体包括所有个人和组织机构）、职业化生产（生产主体即新闻媒体等专业组织机构）和智能化生产（生产主体为机器人）诸种生产方式，促成全体社会行为主体都成为新闻生产者，从而形成了巨大的新闻生产主体网络，使得传统媒体时代的“我—他”传播，转变为“我—你”传播和“我—我”传播，实现新闻生产主体的主体间性。③

他山之石，可以攻玉。国外领先的人工智能应用实践，无疑对我们有着巨大的启发和借鉴意义。有研究者以美国为观察个案，发现技术巨头主导核心技术研发、传媒巨头主导关键技术引入和应用、专业技术公司主导智能新闻服务提供，三者构成了美国的人工智能研发及应用现状。由此，人工智能技术的引入或将改变美国新闻业的利益格局，形成新的垄断格局。④

有研究者以美国为观察对象，通过对11位主流媒体编辑的深度访谈，深入考察自动化新闻（机器人新闻）生产模式对新闻编辑群体心态构成的影响。研究发现，新闻编辑针对自动化新闻所形成的温和、静止且带有一定盲目色彩的群体心态将成为算法在新闻生产领域全面普及的重要制衡力量。而更加宏观的社会文化习俗和道德标准，是包括算法在内的各类内容生产新技术难以逾越的价值鸿沟。因此，如何在行业内建立起一套适用于算法机制的专业、经济和伦理标准，成为自动化新闻发展的一个基本方向。⑤

人工智能技术的发展不仅引发了传媒生态的变革，也对现行的法律制度和版权制度带来巨大挑战。其中，两个逐渐凸显的重要议题是：由人工智能生产的内容是否构成作品？如果构成作品，它的著作权属于谁？

有研究者认为，人工智能（至少目前）不具有主体地位，不具有思想和情感，其生成内容不属于人的智力成果（只是按照人类设计的算法、规则、模板而生成的内容），不具有独创性，因此，就不能成为著作权法意义上的作品。但是，为了人工智能产业的健康发展，可以在人工智能生成内容之上设计所有权——根据不同的阶段可能属于程序设计者、人工智能使用者或者投资者。⑥

有研究者与前者的看法大相径庭，认为，随着算法的进步，基于机器学习技术的人工智能产品已经具备了高度独创性，应当赋予其版权保护。在版权归属方面，虽然存在由人工智能创作主体的“非人类”性而引发的理论困境，但面对大量涌

① 范以锦：《人工智能在媒体中的应用分析》，《新闻与写作》2018年第2期。

② 彭兰：《假象、算法囚徒与权利让渡：数据与算法时代的新风险》，《西北师大学报（社会科学版）》2018年第5期。

③ 曾庆香、陆佳怡：《新媒体语境下的新闻生产：主体网络与主体间性》，《新闻记者》2018年第4期。

④ 余婷、陈实：《人工智能在美国新闻业的应用及影响》，《新闻记者》2018年第4期。

⑤ 常江：《生成新闻：自动化新闻时代编辑群体心态考察》，《编辑之友》2018年第4期。

⑥ 王渊、王翔：《论人工智能生成内容的版权法律问题》，《当代传播》2018年第4期。

现的实践，仍可做出一些现实安排：在尊重智能技术变化规律的基础上，现阶段宜遵照“操作人优先”原则确定其权利归属。[①]

有研究者发现，对于上述版权和法律问题，国外同行也是观点不同、做法不一。该研究还提示我们，除了上述问题之外，个人信息保护、人工智能的侵权责任认定、人工智能是否具有法律人格、算法歧视引发的平等权问题、人工智能涉及的劳动法等问题也逐渐浮出水面。因此，我们在大力发展人工智能的同时必须正视由其引发的法律问题，并智慧地运用既有的或者创造新的法律规则来加以解决。[②]

三、微博、微信等社交媒体

受技术迭代发展、网络空间规制趋紧等因素的影响，微博不仅影响力下降，还呈现出一些诸如平台功能的分化、泛娱乐化等新变化。有研究者通过对微博文本与用户之间的耦合分析，以及对用户间隐性关系的挖掘，发现微博目前主要活跃着休闲娱乐、社会民生、竞技体育和金融时政四种意见领袖。其中，休闲娱乐类和社会民生类的意见领袖相关程度相对较高，存在大量重叠的地方。由此可见，微博生态的泛娱乐化与生活化倾向明显。[③]

有研究者通过对微博、微信、知乎三个平台上有关南海仲裁案讨论文本的分析，也发现了社交媒体平台中的意见领袖出现的新变化：主流机构媒体树立起新的舆论影响力；商业性自媒体与主流机构媒体合流；草根型意见领袖相对较少且影响力有限。这也造成了社交媒体无论是在言论专业性上，还是在公共讨论质量上仍有很大的提升空间。[④]

伴随现代化进程对少数民族乡村社会带来的深刻影响，以及离乡务工人员的增多，新兴社交媒体特别是微信，成为少数民族社群重要的虚拟社会空间和社交平台。有研究者以哈尼族、彝族农民工为观察对象，通过线上与线下相结合的考察，发现得益于手机微信的普及，少数民族农民工群体的日常生活行为逻辑依旧受到熟人社会的运行规则的支配，而来自乡村的社会关系、社会结构在移动网络空间中得以重组，构筑了一个勾连城市与乡村的“移动主体熟人社会”。[⑤] 有研究者通过对一个彝族家族微信群的长期深入观察，发现微信作为一个社交媒体平台，也成为少数民族成员寻求自己民族身份来源的重要根据地。而随着线上与线下的勾连，在微信群中所构建的民族共同体认同感也延伸到现实世界。[⑥]

在我国社会迅速进入老龄化之际，老龄化与媒介数字化两大浪潮深度交汇，两者之间的矛盾也日益突出。然而，目前针对这一群体的相关研究不仅数量有限，且大多泛泛而谈，研究发现远远落后于社会实际。有研究者把目光投向了这个庞大的群体，发现老年人对微信的使用主要集中于社交功能，其微信采纳率、使用时长和频率都比较高。主观因素（对微信特征和风行程度的感知）对老年人微信采纳与使用的影响，大于客观因素（人口变量和健

① 王志刚：《论人工智能出版的版权逻辑》，《现代传播（中国传媒大学学报）》2018 年第 8 期。

② 郑宁：《“人工智能 + 媒体”时代的法律问题》，《青年记者》2018 年第 13 期。

③ 王晗啸、于德山：《意见领袖关系及主题参与倾向研究——基于微博热点事件的耦合分析》，《新闻与传播研究》2018 年第 1 期。

④ 陈敏、黄睿：《“大 V”去哪儿了？——基于微博、微信、知乎南海仲裁案讨论文本的分析》，《新闻记者》2018 年第 7 期。

⑤ 高莉莎：《“移动主体熟人社会”：基于少数民族农民工手机微信使用的研究》，《新闻大学》2018 年第 2 期。

⑥ 张媛、文霄：《微信中的民族意识呈现与认同构建：基于一个彝族微信群的考察》，《国际新闻界》2018 年第 6 期。

康水平等)。虽然老年人面对信息化浪潮,借助微信实现了崛起,但仍需警惕的是:微信采纳和使用率并非意味着数字代沟的弥合(它有可能加重人群分化和内容区隔,成为系统性社会排斥的"帮凶"),也不代表真正意义上的数字融入。[①]

进入社交媒体时代,特别是微信的勃兴,造就了人们一种以"群"的状态存在的生活方式。有研究者发现,微信群作为社区传播基础结构的重要部分构建了新型的网络化社区,持续的线上、线下的互动形成了社区成员之间的"弱关系",从而结成互助、互惠的社会关系网络。可见,微信群的连接能力,使群成员关系网络大大超出了传统手机联络人构成的"熟人"网络。然而,微信群的规模扩张,并不意味着信任关系的顺延。[②] 有研究者发现,微信群网络的大小与网络信任呈显著的负相关,即当用户的微信群网络越大,用户对其关系网络持有更低的信任度。[③]

传统的信任关系无法随着网络的扩张而拓展,那实体社会中的权力关系在网络中是否有明显的变化?有研究者以"科层式微信群"(成员均来自实体社会的某一科层组织,相互熟识且为同事)为研究对象,发现其中的权力实践体现为"流动性权力"——与实体科层组织权力相差无几,体现为实体权力在网络空间中的延伸与映射。这种权力体制反过来又推动了虚拟社群"科层化"的过程。[④] 有研究者以某校友微信群对突发事件的公共讨论为个案,研究发现部分线下社会资本被带入虚拟话语空间,并呈现出选择性局部放大效应。微信群被各种权力或资本占据着不同的位置,群的结构恰是不同的权力或资本分布的空间。[⑤]

微信群内部存在着复杂的会话结构,其具体的信息交互类型以及演化规律都有待进一步探究。有研究者发现,微信群中的信息交流更多的是一种"有限度"和"碎片化"的会话形式,会话结构存在话题"无限漂移"和话语"无限流动"的特征;群成员在群中观点的表达受群体压力、群类型以及与其他成员之间熟悉度、信任度的影响,表现为一种"沉默的螺旋"状态;微信群会话过程是由话题的延续、迁移、转换及回逆构成,同一话题的演化也表现出启动、保持、沉默及终结的生命周期。[⑥]

社交媒体的影响力已经全面渗透政治、经济、社会和生活领域。当社交媒体日益成为人们获取政治新闻的重要渠道,从更细分变量深入考察,有助于我们进一步了解社交媒体政治新闻传播规律和特点。有研究者基于中国网民社会意识调查数据,比较分析了社交媒体政治新闻使用的性别和代际差异性效应。研究发现,社交媒体政治新闻使用不仅存在性别和代际差异,还同时出现了"性别鸿沟""代际鸿沟"和"性别代沟"三种效应。[⑦] 有研究者以社交媒体上的"医疗众筹"现象切

---

① 周裕琼:《数字弱势群体的崛起:老年人微信采纳与使用影响因素研究》,《新闻与传播研究》2018 年第7 期。

② 肖荣春:《微信群的"社会互助"与"故事讲述"——一项基于美国华人社区微信群的探索性研究》,《新闻与传播研究》2018 年第 1 期。

③ 宫贺:《网络信任对信息传递与意见寻求的影响——基于微信用户与微信群的实证研究》,《新闻与传播评论》2018 年第 3 期。

④ 张军:《流动的权力:"科层式微信群"的权力实践研究》,《社会科学战线》2018 年第 9 期。

⑤ 郑满宁:《公共事件在微信社群的传播场域与话语空间研究》,《国际新闻界》2018 年第 4 期。

⑥ 巴志超、李纲、毛进、徐健:《微信群内部信息交流的网络结构、行为及其演化分析——基于会话分析视角》,《情报学报》2018 年第 10 期。

⑦ 薛可、余来辉、余明阳:《社交媒体政治新闻使用的性别和代际差异——基于中国网民调查的实证分析》,《新闻记者》2018 年第 7 期。

人，研究人们的信息分享行为。该研究通过半结构访谈发现，人们对医疗众筹信息转发行为，主要基于利己取向。而与捐款行为相比，他们对信息的转发更为谨慎（并非每一次的捐款都会伴随着信息转发）。其中，人情交换、知觉负面评价是影响人们信息分享行为的主要因素。[①] 有研究者通过实验法，同样证实了人们对公益众筹项目的分享意愿显著低于捐赠意愿。[②]

四、粉丝、网红与短视频

进入21世纪以来，互联网的发展普及使原本分散的粉丝个体结成粉丝群体，从而扩展了粉丝规模；互联网所提供的技术和场所保证，使得粉丝的分享性和创造性得到最大程度的激发和满足；“大众媒介文化的高度发达，使得粉丝对象的范围和数量快速增长，促使粉丝规模爆炸性扩大的同时，也给粉丝群体之间带来了竞争，使得粉丝群体的活动开始变得更有组织性和目的性”[③]。粉丝文化所呈现出来的这些新变化也引导粉丝文化研究走向了新的方向。

有研究者介绍了源于国外的作为粉丝行动主义的“文化针灸”模式，认为，文化针灸的方法是富有想象力和俏皮的，它通过提供一整套本已属于年轻人生活的一部分的、源自内容世界的另类隐喻和类比，来理解范围广泛的当代问题，并以此构成批判既有秩序的文化资源。因此，它的实质是一种以流行文化联系社会议题的策略——运用大量粉丝技术汇聚注意力，并在此基础上形成对话与动员。[④]

有研究者认为，交流实践既是粉丝文化的重要体现，也是网络社区形成的重要前提，因而理解网络粉丝社区需要关注社区中参与者的交流实践。该研究通过对百度“太阳的后裔”吧的持续观察，将当下粉丝的交流实践划分为信息性、情感性、生产性以及仪式性四种交流类型。研究认为，这些交流实践既在粉丝建构和维系网络社区的过程中承担着不同的角色，又与社区中粉丝个体的观剧体验、个人展演及认同建构等息息相关。[⑤]

有研究者通过田野调查的方式来解读粉丝群体的集体行动逻辑。研究发现，虽然粉丝追星行为是一个休闲消遣行为，但粉丝群体仍是一个扁平化真实社会的展现。其中，由应援会组成的粉丝群体在解决“搭便车”困境上形成了结构清晰、分工明确的粉丝阶层。同时由于应援活动的规范和游戏规则由顶层粉丝制定，所以金钱与时间的投入是参与应援活动的基本要求，也是粉丝阶层流动并在群体内形成社会资本的主要动力。[⑥]

有研究者以中国本土打造的虚拟歌姬“洛天依”为研究个案，探究虚拟偶像的传播影响力和粉丝群体的互动情况。研究发现，虚拟偶像作为二次元亚文化和数字技术的产物，主要依靠其内容生产环节的高度自主和“隔空喊话式”的虚拟社会互动模式来吸引粉丝，同时粉丝群体内部也通过特定的符码传播、创造再生性文本和

---

① 李静、杨晓冬：《社交媒体中“医疗众筹”信息分享行为研究：转发还是不转发?》，《新闻与传播研究》2018年第2期。

② 李武、毛远逸、黄扬：《框架效应、进展信息对公益众筹意愿的影响》，《新闻与传播评论》2018年第5期。

③ 胡岑岑：《网络社区、狂热消费与免费劳动——近期粉丝文化研究的趋势》，《中国青年研究》2018年第6期。

④ 陈天虹、胡泳：《文化针灸模式的粉丝行动主义》，《新闻爱好者》2018年第8期。

⑤ 胡岑岑：《建构社区与制造快感：网络社区中粉丝的交流实践类型及意义》，《国际新闻界》2018年第3期。

⑥ 马志浩、林仲轩：《粉丝社群的集体行动逻辑及其阶层形成——以SNH48 Group粉丝应援会为例》，《中国青年研究》2018年第6期。

关系想象来建构身份认同。①

与粉丝文化相伴而生的是近年来蓬勃发展的网红现象——它既见证了微观个体命运的戏剧性变化，又体现为一股强大的经济社会力量。有研究者基于网络社会理论，通过对网红现象的历史比较研究，发现其存在三类不同逻辑生成机制：网络虚拟空间的公共广场效应，网络交往的社群化模式，以及资本市场的商业打造。而网络走红的社会后果影响，经历了从文化社会领域到经济领域的过渡演变，并伴随互联网经济的兴起而衍生出网红经济的商业模式。研究认为，网红现象还为理解中国网络社会的形成机理与发展变迁提供了鲜活样本。②

2017 年短视频迎来了爆炸式的发展，而进入 2018 年，短视频热度依然不减，直播、社交、新闻、照片、音乐、知识问答等各领域新进入者络绎不绝。全面爆发的短视频行业，已由文化领域成功延伸到经济领域，在表现出巨大商业价值和全新商业机制的同时，也吸引了资本和互联网巨头密集进场，进一步催化了原本就已经非常激烈的市场竞争。与热火朝天的业界实践相比，今年的短视频研究并不算多，原因可能在于学界仍需一段时间来进行深入观察和沉淀。这也为今后的研究留下了足够的空间和想象。

有研究者认为，找不到稳定的盈利模式、缺乏优质内容和版权纠纷不断等网络行业的通病同样制约短视频的发展。③ 有研究者发现，短视频平台目前主要存在雷同化、垄断化和低门槛化三大发展趋势。而以政府为主的治理，也存在事后治理、模糊规范、手段单一等问题。④ 有研究者注意到，短视频平台的崛起，正在改变"看"文字或图文——这种人类数千年最基本的阅读形态，5—30 秒的超级短视频，已经成为移动终端最火爆的阅读形式。由此，短视频在实现对文字阅读的低成本替代、潜在改变了人们的阅读模式的同时，也正在为出版与传播领域带来一场深刻的变革。⑤

短视频流行，使其愈发成为乡村居民青睐的休闲娱乐与信息获取方式。有研究者注意到这一现象，以快手为例展开对短视频流行之于乡村文化和乡村空间影响问题的探讨。研究发现，大量乡村用户入驻快手 App，通过拍摄短视频尝试乡村文化自主表达的新路径，快手也逐渐成为促进乡村形成身份界定与文化认同的线上空间。有研究者则发现，村民日常生活中快手短视频的制作和发布对于消解传统城乡二元对立有着特殊的作用和意义。快手成为城乡边界消解、城乡文化拼接的舞台，展示出网络时代城乡文化并存的另外一种可能性。⑥

五、知识付费与新闻付费

知识付费作为一种新的学习模式、商业模式和信息传播模式，近年来得到异乎寻常的发展。2016 年才被称为知识付费元年（得到、知乎、分答、喜马拉雅等知识付费平台在该年相继上线，纷纷探索各种

① 李镓、陈飞扬：《网络虚拟偶像及其粉丝群体的网络互动研究——以虚拟歌姬"洛天依"为个案》，《中国青年研究》2018 年第 6 期。

② 杨江华：《从网络走红到网红经济：生成逻辑与演变过程》，《社会学评论》2018 年第 5 期。

③ 高菲：《短视频发展的现状和瓶颈》，《当代传播》2018 年第 4 期。

④ 吕鹏、王明漩：《短视频平台的互联网治理：问题及对策》，《新闻记者》2018 年第 3 期。

⑤ 梁玲：《短视频的火爆让传统出版业反思什么？》，《编辑学刊》2018 年第 6 期。

⑥ 刘娜：《重塑与角力：网络短视频中的乡村文化研究——以快手 APP 为例》，《湖北大学学报（哲学社会科学版）》2018 年第 6 期；姬广绪：《城乡文化拼接视域下的"快手"——基于青海土族青年移动互联网实践的考察》，《民族研究》2018 年第 4 期。

知识付费形式），2017 年中国知识付费产业规模已达 49 亿元人民币，而预计到 2020 年该产业规模将达到 235.1 亿元。在知识付费浪潮的带动下，“为有价值的内容付费”的用户观念也已初步形成。

有研究者认为，知识付费给整个内容生产领域带来了新的生机：对生产者来说，知识付费能够在某种程度上保护知识信息生产者的知识版权，激励优质内容的生产；对用户来说，知识付费能够使用户高效地筛选知识，获得更个性化的信息服务。[①] 有研究者认为，知识付费代表了正在发生的互联网知识生产、传播与消费范式的重大转变：从过去的公共、分享式的知识社区转变为有工业化、专业化的知识生产机制和基于数字经济的知识服务产业；从过去碎片化的信息获取转变为依赖知识中介，获取跨界通识、中层化的知识类型。[②]

有研究者基于知识付费平台的视角，认为知识付费平台要实现持续发展，需要重点解决两个方面的问题：从机制角度，平台的机制设计需要有效开发用户的认知盈余并实现供需双方的匹配，以刺激知识生产，同时需要推动基于自组织的平台进化和平台文化建设，提高社区整体和个体的社会资本，推动知识共同体的产生；从用户意愿角度，感知有用性和感知易用性都会影响到用户使用知识付费产品的意愿。[③]

有研究者基于用户视角发现，质量价值、社会价值、价格价值和收益价值对于用户付费意愿均具有显著影响，其中社会价值是最主要的影响因素；过去行为对社会价值/价格价值与用户付费意愿的关系具有调节作用（相较于已付费人群，社会价值对未付费人群付费意愿的作用更为显著；相较于未付费人群，价格价值对已付费人群付费意愿的作用更为显著）。[④]

有研究者通过实证分析，探讨了用户在线知识付费行为的影响因素和形成机理。研究发现，与传统的课堂教育与系统性的知识学习不同，人们在线知识付费的意愿更多来自一种对知识内容的专业性、有趣性感知和主观规范等体验因素驱动。这种体验驱动本质上是由商家构建出来的一种消费场景，其底层商业逻辑与一般消费品并无差异。[⑤]

有研究者认为，计算社会科学范式可应用于内容付费研究的诸多领域。在用户方面，通过计算的手段不仅可对用户进行画像描述和筛选分类，且比传统工具更快、更具信度地获得用户的关系数；在营销效果方面，计算方法在研究如何通过语义对照提升付费内容的异质性以及如何精准地推送付费内容方面将大有作为；在内容方面，计算方法可用于内容生产方向的预测（测量公众对于特定付费内容的喜好预判）；在平台方面，计算方法可用于平台所构建出的社群如何影响人们的内容付费意愿或行为的研究。[⑥]

在知识付费引发内容行业的风起云涌的同时，新闻付费则引起人们对于媒体商业模式和优质内容价值的重新定位。财新网作为第一家全面试水新闻付费的媒体

① 徐敬宏、程雪梅、胡世明：《知识付费发展现状、问题与趋势》，《编辑之友》2018 年第 5 期。

② 马澈、穆天阳：《“知识付费”的逻辑与反思》，《新闻与写作》2018 年第 4 期。

③ 彭兰：《平台机制与用户意愿：知识付费的两大要素解析》，《中国编辑》2018 年第 11 期。

④ 李武、许耀心、丛挺：《在线付费问答平台用户感知价值对付费意愿的影响——基于过去行为的调节效应分析》，《新闻界》2018 年第 10 期。

⑤ 杜智涛、徐敬宏：《从需求到体验：用户在线知识付费行为的影响因素》，《新闻与传播研究》2018 年第 10 期。

⑥ 喻国明、段泽宁、孙琳：《计算社会科学框架下内容付费产品研究》，《现代传播（中国传媒大学学报）》2018 年第 2 期。

(2017 年 11 月 6 日，财新网在国内率先启动了全网收费的实验)，其总编辑张继伟认为，与注重实用性和垂直细分市场的一般性知识付费产品不同，新闻付费产品的延展空间、长尾效应极强，容易受到新闻热点的带动，而不是一次性爆发后便陷于沉寂。而从财新的新闻付费实践来看，付费获得读者认可的基础，仍在于内容本身。不断提升用户体验，最小化用户负担，是付费实验得以成功的关键。①

自 2011 年 3 月《纽约时报》率先提出“付费墙”（paywall）概念之后，付费墙不仅成为传统媒体（特别是报纸）为其网上数字内容所建立的一种主要新闻付费模式，也成为目前中外报业集团应对收入下滑、摆脱经营危机的一种积极的自救实践。有研究者发现，与国外相对成熟的付费墙实践相比，中国报业囿于经验不足及体制约束，在付费墙实践上更显坎坷。因此研究建议，未来国内媒体的付费墙实践，宜充分利用网络新技术，以内容生产专业化（能否提供有高质量、独特价值的在线内容直接影响着读者的付费意愿）、服务化运营（由单纯的内容产品向服务化产品转变）、市场化运作聚拢（将读者视为具备独特个性与交往需求的个体，以会员化运营思路对待付费读者）和收费渠道多元化，并以此作为转型发展的基本思路，实现其在新媒体时代的逆势上扬。②

六、区块链技术与新闻业的未来

2018 年年初，在金融、商业、网络安全等领域受到热捧的区块链技术，开始实质性地涉足新闻业——欧美国家已开展将区块链技术应用于新闻业的新尝试。面对这种新实践和新发展，我国学人也给予了及时的关注和介绍。

有研究者从媒介的偏向、传播史研究和新闻生产的政治经济学角度分析了区块链技术对新闻业的价值，并介绍了目前该技术在美国内容产业中的具体应用。研究认为，区块链技术对新闻业的价值体现在四个方面：确保数据采集的真实性，纠正报道者的刻板印象和“媒介的偏向”；确保报道的安全性，抵御政治和技术力量的干预；准确跟踪内容流向，保护内容版权；利用虚拟货币获得新的众筹商业模式。因而，区块链技术对新闻和信息的生产、发布和消费有着特别的价值，可以成为去中心化和去中介化的新闻传播解决方案。③

有研究者带着提高新闻的真实性、防止虚假新闻泛滥的诉求，对欧美两家媒体机构 Userfeeds 与 PressCoin 进行了分析。研究发现，前者依靠区块链技术，创造了一个公开透明的、能被公众审查的新闻内容平台及其配套的排名算法，从而显著降低了假新闻的曝光度；后者则依靠区块链技术为新闻机构搭建了一个“依存共生”的生态系统，从而将新闻内容的质量与收入挂钩，颠覆了媒体的传统商业模式。④

有研究者运用个案研究法，对美国的两个区块链新闻机构展开了深入考察。该研究首先以初创公司 Civil 为个案来呈现这种基于区块链技术的新闻运作模式。研究发现，Civil 的整体架构实际上是围绕三个要点展开：第一，为公众和新闻工作者建立一个自治的新闻市场；第二，公平、开放、透明的管理系统；第三，区块链作为

① 张继伟：《付费阅读：财新网的思考与实践》，《新闻战线》2018 年第 3 期。

② 胡泳、崔晨枫、吴佳倢：《中外报业付费墙实践对比及省思》，《当代传播》2018 年第 5 期。

③ 邓建国：《新闻 = 真相？区块链技术与新闻业的未来》，《新闻记者》2018 年第 5 期。

④ 吴果中、李泰儒：《用区块链技术打击虚假新闻——Userfeeds 与 PressCoin 模式介绍》，《新闻战线》2018 年第 13 期。

底层技术保障实现。其中，“加密经济”带来的激励和保障是这种模式自我维持的核心。[①]

有研究者以媒介机构 PressCoin 为个案，从商业模式和技术逻辑的双重视角，探究建立在区块链技术基础上的“加密经济”，能否成就一个财务自由的新闻媒体生态系统。研究发现，PressCoin 公司虽然在理论上阐明了独立媒体“如何自给”——试图以加密经济为路径，彻底打破传统的、外部依赖性的媒体商业模式，建立自给自足的“全球媒体生态系统”，以“去中心化的价值再分配”重构新闻生产者、分发者和消费者的关系。但在现实操作中，商业模式和技术应用的双重不成熟，将给“能否自足”的问题和这一创新实践带来巨大挑战。[②]

“传统互联网解决了信息传递的效率问题，而区块链则进一步解决了价值传输问题。”[③] 因此，它与致力于提高社会透明度的新闻业似乎有着一种天然的亲近感，值得我们对其进行持续、审慎地观察和关注。正如有学者所言：“区块链与新闻业的结合还需要更多的试错，我们固然不可对它过于乐观，但也不可断然忽视，因为很多迹象表明，它很可能已成为颠覆当今社会所有常规的革命性技术，其潜力不容小觑。”[④]

七、结语：赛博格时代的新媒体研究

进入 21 世纪第二个十年，人工智能、基因技术、纳米技术等前沿科技领域相继取得了重大的突破，使人类想象中的“未来”已初露端倪：人工智能轻松击败人类顶尖棋手，自动驾驶汽车技术日趋成熟，生产线上的机器人大量取代工人……

而在传播领域，以人工智能、大数据、区块链为代表的新媒介技术，正在对全球传媒业产生颠覆性的影响，不仅使人类社会正加速迈入一个“泛媒”“智媒”化的信息时代；也使得虚拟偶像（如洛天依）、网红机器人（如索菲亚）、AI 主播（如新华社 AI 合成主播）等新现象不断涌现，预示着人机深度互动迎来了集中爆发的时刻。

当新闻生产的每个环节都快速迈向智能化，人类也将实现从人到赛博格的转变，不仅新闻业的发展迎来“拐点”，新媒体研究也正迎来“拐点”。

由新技术所引发的一个颠覆性事实，同时也是赛博格时代新媒体研究要面对的第一个维度的难题是，人与媒介/技术正迈向主体层面的融合——传播的主体已经从掌握工具的自然人转变为技术嵌入身体的“赛博人”。[⑤] 因此，身体与媒介、人与技术很难再作为二元对立的关系存在，他们之间的边界也变得愈发模糊。那么，我们将如何跟机器/智能程序打交道？如何处理现实与虚拟世界的纠缠？特别是如何面对我们信息化的身体……

有研究者认为，“任何一次技术革命的背后，实际上是一种主体性质的观念革命，而且在这个过程当中一定会产生新的社会呼唤，因为它涉及我们怎样重新定义象征世界、重新组合社会群体、重新确定信息边界以及重新铸造权力秩序”。[⑥] 因

---

① 谭小荷：《基于区块链的新闻业：模式、影响与制约——以 Civil 为中心的考察》，《当代传播》2018 年第 4 期。

② 谭小荷：《加密经济重构媒体生态？区块链驱动下的新闻商业模式创新——基于 PressCoin 的案例》，《新闻界》2018 年第 6 期。

③ 蒋卫阳：《区块链 + 媒体业的 N 种可能》，《传媒评论》2018 年第 4 期。

④ 邓建国：《新闻 = 真相？区块链技术与新闻业的未来》，《新闻记者》2018 年第 5 期。

⑤ 孙玮：《赛博人：后人类时代的媒介融合》，《新闻记者》2018 年第 6 期。

⑥ 陈卫星：《媒介域的方法论意义》，《国际新闻界》2018 年第 2 期。

此，该研究建议引入“媒介域”（媒介域是把媒介技术的符号形式和关系结构作为整体来看，从而确定一个信息传播格局的存在方式或存在状态）这个把历史主义价值和技术主义价值相结合的方法论体系，以便于帮助我们理解信息传播的新格局。

有研究者认为，我们需要超越传统的身体在场/缺席的观念，回到控制论的模式/随机的观念，用新的观念去思考虚拟现实等新技术，从新的角度重新定义身体与传播的关系。① 有研究者希望新媒体研究能够实现“数字文化”（从媒介和传播的生产、流通、到消费和使用的各个环节和层面的数字文化）的转向。具体而言，可借鉴威廉斯的方法和视野，把数字文化研究与社会紧密联系在一起，从数字文化的现象出发，深入社会问题的根源。②

新媒体研究面临的另一个维度难题在于，新媒体技术在其进化过程中呈现出的明显的迭代特征——新的技术尚未完全普及就被更新的技术所替代。因此，这些新技术不仅对新闻业的运作产生了巨大影响，也在深刻改变着新媒体作为一个研究领域的面貌。

有研究者认为，面对不断变化的媒体融合现实，新媒体研究仅仅满足于在原有的路径上深耕细作是不够的。需要勇于打破既有的学科边界，广泛吸纳不同学科的视野和方法，在跨区域和跨学科的对话中不断推进理论创新。③ 有研究者认为，面对人工智能影响的媒介转型，新媒体研究不能仅仅浅尝辄止于描述智能时代的新图景、新现象，如何迅速调整现有视野，发展出一套适用于关怀人工智能的学科思路，尤为必要而紧迫。④

未来已来，面对不断迭代升级的新媒体技术，学者们对新媒体研究的未来发展逻辑似乎已经达成了基本的共识：一方面，从赛博格所蕴含的“信息论生命观”⑤出发，激发新媒体研究的想象力，不断扩大其研究的边界，将那些原本有所忽视的问题，诸如新闻生产、传播过程涉及的硬件、软件和其他类型的技术充分纳入研究视野（类似于杨国斌提倡的数字文化研究）。另一方面，鉴于新媒体研究对象愈发显现出的复杂性和多学科特点，也要求我们更多地引入、借鉴其他学科（如计算科学、统计学、心理学、社会学、政治学等）的理论资源和研究范式。通过与诸多交叉学科的积极对话，妥善应对由智能技术向外部环境延伸而出现的各类新现象、新问题。

上述来自研究领域的种种变化，实际上也意味着对新媒体研究者的更高要求，“呼唤研究者提高媒介研究的开放性，吸收、整合不同渠道的意见资源，批判性地看待智能媒介建构的文化价值意义，从而在此基础之上不断发掘传播学科能够得以回应的理论落差，勾连起新媒介技术与公共生活福祉之间的内在共鸣”。⑥

撰稿：苏　涛（云南民族大学文学与传媒学院讲师）
彭　兰（清华大学新闻与传播学院教授）

---

① 刘海龙：《传播中的身体问题与传播研究的未来》，《国际新闻界》2018 年第 2 期。
② 杨国斌：《转向数字文化研究》，《国际新闻界》2018 年第 2 期。
③ 张昱辰：《跨学科视野中的媒介融合研究：多重维度与范式》，《新闻记者》2018 年第 6 期。
④ 王昀：《新媒介研究拐点：人工智能时代传播学的现貌与反思》，《编辑之友》2018 年第 2 期。
⑤ 计海庆：《赛博格分叉与 N. 维纳的信息论生命观》，《哲学分析》2017 年第 6 期。
⑥ 王昀：《新媒介研究拐点：人工智能时代传播学的现貌与反思》，《编辑之友》2018 年第 2 期。

中国广告学研究2018年综述

一、高校广告学研究概况

2018年，全国有346家高校（含二级学院）相关学院开设了广告学院系或广告学课程，高校广告学研究成为广告学发展繁荣的生力军，广告学已成为新闻传播学的一门显学。

从学术期刊广告学论文数量看，中国传媒大学、河南大学、武汉大学、重庆大学、黑龙江大学、北京大学等高校排名靠前。其中，中国传媒大学、河南大学论文发表增量比较大。中国传媒大学广告学院是研究生力军，2016年为48篇，2017年为62篇，2018年为59篇。武汉大学2016年为42篇，2017年为51篇，2018年为36篇。所涉学科主要是新闻传播，其次是经济管理、信息管理、法学与商学研究。但是，受广告学影响力与传播力所限，这些高校发表在重点期刊上的论文不是太多。（参见表1）①

表1　2018年高校广告学研究的学科、论文数量与主要作者概况

序号	高校	数量(篇)	所涉学院学科	主要作者
1	中国传媒大学	59	新闻传播	丁俊杰、初广志、赵新利、邵华冬、康　谨、王　昕
2	河南大学	41	商学、新闻传播	陈建华、刘中刚、蔡润珩
3	武汉大学	36	新闻传播、经济管理、信息管理	廖秉宜、黄敏学 昝向东、冯婷、赵静宜
4	重庆大学	23	新闻传播、法学	李金正、徐珂瑾、齐爱民
5	黑龙江大学	23	新闻传播	赵雪寒、张宏峰
6	北京大学	17	新闻传播	陈　刚、祝　帅、潘洪亮、石晨旭

专著方面，广告管理、新媒体广告、文化批评、新闻史研究等方面是热点，尤其广告伦理与法律规制更是研究重点。2018年出版的广告学专著主要有：《广告管理》（王悦彤/社会科学文献出版社）、《商业广告伦理构建》（徐鸣/社会科学文献出版社）、《广告法理论与实务》（程远/法律出版社）、《新媒体广告规制研究》（孟茹、查灿长/南京大学出版社）、《广告法律法规》（周晖、王桂霞/清华大学出版

① 为便于研究，本文在中国知网（www.cnki.net）索引的广告学论文，均以篇名“广告”一词为主，或兼顾其他关键词进行的检索。本表统计以2018年发表的广告学论文为主，主要作者名单及其单位署名，根据其文章发表刊物影响力级别，或引用数量、下载数量确定的。两个或多个作者的，主要选择第一作者，或第一作者、第二作者作为主要作者代表。检索时间为2019年9月10日。

社）、《网络广告治理比较研究》（周辉/中国社会科学出版社）、《广告态度及其影响因素研究——以电视和网络视频为对象》（顾远萍/中国社会科学出版社）、《中国当代广告的审美文化透视》（屈雅利/陕西师范大学出版社）、《消费语境下广告的图像叙事与审美》（孙永/中国书籍出版社）、《上海广告史》（许正林主编/上海古籍出版社）。

高校新闻传播学期刊广告学研究与2017年大体相似。以中国社会科学院认定的新闻传播学核心期刊为例，以篇名“广告”一词检索，2018年新闻传播学学科“权威期刊”《新闻与传播研究》1篇，“核心期刊”发表广告学论文数量总计为34篇，与2017年持平。其中，《现代传播（中国传媒大学学报）》9篇，《新闻记者》8篇，《编辑之友》7篇。另外，《新闻大学》7篇，《广告大观（理论版）》44篇（相关广告类论文加起来不止这个数目）。这些新闻传播学期刊展示了新闻传播学界对广告学研究的大致情况。（参见表2）

二、互联网广告研究概况

从整体趋势看，我国广告业走出上扬曲线，行业趋向成熟发展，加快结构转型成为发展趋势。2018年我国广告市场规模近8000亿元，达7991亿元；网络广告市场规模近4000亿元，达3717亿元，网络广告发展形势大好，推动了网络广告研究新发展。与往年一样，网络广告研究仍然是广告研究的焦点和热点。主要研究如下。

表2　2018年发表在新闻传播学权威期刊、核心期刊与相关学刊的广告学论文概况

级别	刊名	主办单位	论文数量
权威	新闻与传播研究	中国社会科学院新闻与传播研究所	1
核心	国际新闻界	中国人民大学	1
核心	现代传播（中国传媒大学学报）	中国传媒大学	9
核心	中国科技期刊研究	中国科学院自然科学期刊编辑研究会	0
核心	编辑之友	山西出版集团	7
核心	编辑学报	中国科学技术期刊编辑学会	1
核心	中国出版	中国新闻出版传媒集团	4
核心（增补）	中国广播电视学刊	中国广播电视协会	4
核心（增补）	新闻记者	文汇新民联合报业集团、上海社会科学院新闻研究所	8
一般	新闻大学	复旦大学	7
一般	广告大观（理论版）	北京大学	44
一般	全球传媒学刊	清华大学	0

一是网络广告宏观发展分析。有研究者指出，网络广告突破3000亿元大关，BAT马太效应显著，信息流广告增扩市场空间；TMD（头条、美团、滴滴）丰富短

视频、外卖、O2O 广告新领域。广告资本市场发展繁荣，海外形成网络广告新市场，广告立法监督与市场监督并举取得成效。同时，存在发展问题与现实挑战：对网络广告技术变现与全球广告系统建设缺乏科学认识与有效践行，广告数据寡头以算法营销与精准画像，影响用户态度、操纵用户立场。推广激活、虚假点击与欺诈广告等问题依然严重，并酿成重大舆情事件。①《传媒蓝皮书：中国传媒产业发展报告（2019）》认为，网络广告已成为传媒产业的支柱行业，与移动数据及互联网业务、网络游戏、广播电视广告成为四项超千亿元级别细分市场。②

二是基于智能时代的广告学研究。人工智能广告优化功能的推出，为网络广告实时竞价（RTB）提供了平台与发展机遇，提供了"所想即所得，所得即所想"的产品化、场景化应用服务③，实现了广告传播个性化与精准化。对人工智能技术在广告产业中的应用，有学者提出，广告产业智能化应回归到对智能概念的本体、标准及实现方式的探讨，进而再来探讨广告产业的智能化路径。人工智能技术在广告产业中的应用在运作流程上表现为基于自然语言理解的消费者洞察、基于智能推理的广告策略分析、基于智能学习的广告内容创作、基于智能推理的广告智能推荐、基于机器学习的广告效果深度应对与网络广告监管。④ 对区块链技术下广告场景应用和生态网络变革，有学者提出，随着区块链技术的成熟和普及，广告产业的生态网络与业务流程将面临新一轮变革，区块链技术将进一步渗透到广告欺诈规制、广告交易实时结算、广告效果评估、产业链管理与品牌信息整合等场景应用中。关于 VR 和 AR 元素在广告中的应用，有学者强调，VR 和 AR 等科技重构了广告内容创意传播新场景与新生态。⑤ 也有基于场景营销理论的 AR 广告应用的定性研究，推导出了场景营销理论对 AR 广告的指导作用和 AR 广告对场景营销理论的促进作用。⑥ 计算广告学研究主要在算法技术上进行探讨，如：针对 APP 广告特性，综合应用梯度提升决策树、随机森林、LightGBM、XGBoost、场感知因子分解机模型、Vowpal Wabbit 等机器学习算法构建 APP 广告转化率预测模型——RF + LXFV，使用腾讯 APP 广告数据对模型的有效性与精确性进行检验。⑦ 有研究者对在线广告业务场景下，线性模型没有充分考虑到数据高维、稀疏性、非线性等特点，进行优化模型研究。⑧

三是信息流广告成为一个研究热点。检索中国知网，该年度研究信息流广告的硕士学位论文达 19 篇。⑨ 该类研究主要集中在信息流广告属性、传播效果、受众分析、各类新媒体信息流广告发展模式等方面。有研究者探索信息流广告的原生属性，认为信息流广告具有在形式、内容、

① 王凤翔、张璐璐：《2018 年中国网络广告发展报告》，载唐绪军主编《中国新媒体发展报告（2019）》，社会科学文献出版社 2019 年版。

② 崔保国、徐丽君、丁迈：《传媒蓝皮书：中国传媒产业发展报告（2019）》，社会科学文献出版社 2019 年版。

③ 祁媛：《人工智能对广告传播的影响》，《科技传播》2018 年第 19 期。

④ 秦雪冰：《智能的概念及实现：人工智能技术在广告产业中的应用》，《广告大观（理论版）》2018 年第 1 期。

⑤ 刘松：《科技重构广告内容创意传播新生态——VR 和 AR 元素在广告中的应用》，《电视指南》2018 年第14 期。

⑥ 陶思阳：《基于场景营销理论的 AR 广告应用研究》，硕士学位论文，广西大学，2018 年。

⑦ 赵杨、袁析妮、陈亚文、武立强：《基于机器学习混合算法的 APP 广告转化率预测研究》，《数据分析与知识发现》2018 年第 11 期。

⑧ 厍向阳、王邵鹏：《基于 FTRL 优化算法的广告点击率预测模型研究》，《计算机工程与应用》2018 年第14 期。

⑨ 检索日期：2018 年 10 月 11 日，以篇名作为检索词。

场景三个方面的原生性。① 有研究者以社会线索与关系强度作为切入点，探究其对信息流广告的认知、态度、行为意愿层面的影响。② 从社交媒体环境来看，信息流广告用户模式存在调节效应，感知社交性越高的用户会产生较低水平的目标阻碍、广告群聚及广告规避，而社交性能通过观点支持和活动支持得到改善。③ 对大数据提高信息流广告效果评价缺陷，有研究者提出了将最新技术手段与广告效果监测有效结合，以提高广告准确性、有效性和实时性传播效果。④ 有研究者对今日头条、抖音、微信、新浪微博、百度等社交媒体的信息流广告进行了研究，以实证调研方法探讨了信息流广告用户接触行为（点击、转化、分享）、用户参与行为影响、用户接受度与用户体验等问题。⑤

四是网络广告法律法规研究为业界学界所关注。一方面，主管部门加强立法建设与市场监管。相关部门出台或实施广告相关法律 3 部、国务院部门制定规章 28 部，浙江等地方政府强化网络广告立法监管，有关部门发布《关于开展互联网广告专项整治工作的通知》《2018 网络市场监管专项行动（网剑行动）方案》，加强网络广告整治行动。另一方面，在日益需要舆论与监管的情况下，网络广告法律法规建设与往年一样成为研究热点。广告规制专著比较多，论文数量也比较多。针对基于信息技术发展变异的网络广告，应该采取“一体多维”的应对之道，即以消费者保护为主线本体，以细化广告内容准则、明确广告媒介责任、完善行业协会职能、加强广告科技监管为“四维手段”。⑥ 学界广泛对网络传播中的虚假广告、程序化购买、植入式广告、弹出式广告、贴片广告、搜索引擎广告、竞价排名、广告过滤与屏蔽、反不正当竞争、儿童代言与医药广告等问题进行了诸多探讨。

五是传统媒体转型的广告经营研究。为应对广告经营的突围之需，中央电视台推出以“国家品牌计划”为核心的系列创新举措，将平台优势转化为收益优势，将广告经营适配国家战略，体现出一种经营的智慧和创造力。⑦ 还有对具有地域特色和专业特色的融媒体广告研究的论文：《融媒体环境下电视公益广告或微视频整合运作策略分析》⑧、《河南电视台都市频道融媒体广告经营策略研究》⑨、《广播广

① 杨娟：《移动互联网时代的信息流广告研究》，硕士学位论文，武汉大学，2018 年。

② 薛旭宁：《对社会线索与关系强度对社交媒体信息流广告效果的影响研究》，硕士学位论文，厦门大学，2018 年。

③ 范思、鲁耀斌、胡莹莹：《社交媒体环境下一致性与社交性对信息流广告规避的影响研究》，《管理学报》2018 年第 5 期。

④ 王浛、傅蓉蓉：《微信信息流广告效果评价创新方法探析》，《传媒》2018 年第 7 期。

⑤ 李子：《今日头条信息流广告用户接触行为影响因素研究》，硕士学位论文，郑州大学，2018 年；狄晓铭：《抖音短视频信息流广告用户参与行为影响因素研究》，硕士学位论文，郑州大学，2018 年；李繁荣：《基于 4I 理论的微信朋友圈信息流广告传播策略研究》，硕士学位论文，南昌大学，2018 年；张梦：《微信朋友圈信息流广告用户体验的影响因素研究》，硕士学位论文，辽宁大学，2018 年；赖媛媛：《用户对社交媒体信息流广告响应的影响因素研究——基于微信的实证分析》，硕士学位论文，哈尔滨工业大学，2018 年；李艳：《基于消费者视角的微信朋友圈信息流广告沟通效果实证研究》，硕士学位论文，南京财经大学，2018 年；张舒：《关于新浪微博信息流广告的用户接受度实证研究——以 UTAUT 模型为基本框架》，硕士学位论文，四川外国语大学，2018 年；孟琴：《百度信息流广告的优势及投放策略研究》，硕士学位论文，安徽大学，2018 年。

⑥ 杨东：《法律规则亟需跟上虚假广告“变异”节奏》，《人民论坛》2018 年第 34 期。

⑦ 张月：《全媒体时代电视广告的转型与突围——央视“国家品牌计划”解读》，《传媒评论》2018 年第 11 期。

⑧ 刘晓青：《融媒体环境下电视公益广告或微视频整合运作策略分析》，《电视指南》2018 年第 12 期。

⑨ 关贺元：《河南电视台都市频道融媒体广告经营策略研究》，硕士学位论文，河南工业大学，2018 年。

告在融媒体环境下的传播特点》[①]、《融媒体环境下河北省广告人才培养研究》[②]。

三、从产业发展、品牌传播的视角进行研究

以我国广告产业园的多年建设为例，把国家产业园作为研究对象，总结探索我国广告产业的集群经验、发展路径与产业规律。有研究者认为，集群创新兼具规模和效率，其本质是组织间的交互合作与知识外溢。从组织邻近性内涵切入，通过根植性和社会资本两个维度，以21个国家广告产业园为案例，运用调查问卷和深度访谈从组织结构、制度约束、社会关系三个层面，分析了组织邻近对广告产业集群创新的作用机理，发现适宜的组织邻近关系可通过降低交易成本、控制机会主义、形成知识外溢、促进其他邻近关系四种途径，实现群内组织合作和知识外溢，从而对广告产业集群创新产生影响。[③] 有研究者对中国各省市十年间广告产业发展的区位商、集中系数等指数的分析，认为各省市的广告产业专业化普遍发展，呈现地区差异明显、聚集状态明显的地区发展特点与产业发展梯度特征。[④] 也有研究者从具体广告产业园进行路径研究，针对徐州广告产业呈现为核心边缘梯度发展趋势，提出了级差地租影响广告企业的微观选址，城市格局影响广告产业布局与演化，战略政策影响广告产业的集聚进程，社会文化影响广告产业的发展根植性等观点。[⑤] 基于社会网络的视角，有研究者构建网络联结强度、知识吸收能力与创新绩效的概念模型，并采用江苏国家级广告产业园实证检验网络联结强度对园区文化企业创新绩效的影响，探索国家广告产业的发展路径。[⑥] 有研究者指出，昆明产业园基于优势地理位置，能大力促进昆明、云南乃至孟中印缅经济走廊和中国—东盟自由贸易区的发展。[⑦] 有研究者认为，我国国家广告产业园集群化发展一般沿着规划建设阶段的集群意识明确、招商引资阶段的集群标准制定以及运营阶段的产业集群培育三个阶段路径进行演变，并因其主导力量的不同，出现了政府主导集群型的“长沙形态”、市场驱动集群型的“上海形态”及高校导向集群型的“广州形态”等典型的集群发展形态。[⑧]

组织、技术与要素研究对广告产业发展具有积极价值。作为一个极具张力和包容力的概念，产业化始终是我国新旧媒体重要发展方向；我国媒介产业和从业机构在各个阶段通过各种方式来解决市场空间、市场资源和经营规模问题的发展状态，呈现了我国媒介产业在资本、技术、政治等因素不断博弈下发展的产业属性和特点。[⑨] 有学者通过研究数字广告组织与数字广告技术的动态演化特征，对中国数

① 颜秉军：《广播广告在融媒体环境下的传播特点》，《记者摇篮》2018年第8期。

② 李红强、吴艳青、李爱平、刘照然：《融媒体环境下河北省广告人才培养研究》，《邢台职业技术学院学报》2018年第6期。

③ 周立春：《组织邻近性与广告产业集群创新的影响机制研究——基于国家广告产业园的实证分析》，《现代传播（中国传媒大学学报）》2018年第10期。

④ 马蕊：《我国广告产业区域专业化水平十年变迁》，《中国广告》2018年第4期。

⑤ 邹璐、孟召宜、渠爱雪、彭文博、周蓓蓓：《江苏省徐州市广告产业时空格局特征及其演化机理》，《江苏师范大学学报（自然科学版）》2018年第2期。

⑥ 姜照君、吴志斌：《网络联结强度、知识吸收能力与文化企业创新绩效——基于江苏省国家级广告产业园的实证分析》，《福建论坛（人文社会科学版）》2018年第8期。

⑦ 刘泽世、杜建宇、许亚梅：《昆明市广告产业园发展方向与对策研究》，《现代商贸工业》2018年第29期。

⑧ 田淼琪：《我国国家广告产业园产业集群化发展研究》，硕士学位论文，湖南大学，2018年。

⑨ 黄升民、刘珊：《颠覆与重构：中国媒介产业化二十年》，《新闻与传播评论》2018年第1期。

字广告产业制度化进程进行了历时性考察，认为互联网企业与数字广告代理商是中国数字广告产业制度化进程的主要推动者，定向技术是核心驱动，这种制度化进程是数字广告组织经由数字广告技术推动数字广告运作模式成为主流运作模式的过程。① 有研究者强调要素生产发展对广告产业的影响，如：社会要素论认为社会要素既是广告产业的内生变量也是外生变量，广告产业中的社会要素以人为中心，并由人建构不同生产主体，在广告产业的内部和外部起着越来越重要的作用。② 创意力要素论主张通过创意设计提升广告的认知效率和审美层级，增强广告中文化和艺术价值，以广告的人文性突破媒体技术带来的瓶颈。③ 有研究者指出，以大数据为支撑的机器智能技术下程序化创意广告的技术原理和发展现状，给广告产业带来深刻变革，影响网络广告未来走向。④

有学者提出，广告产业转型面临的首要挑战是要从广告主需要以及自身作为新兴服务业的主体身份上重新界定自身角色，在逐渐被边缘化的趋势下重获自身存在与发展的空间。围绕广告主品牌引领性发展需求，为广告主提供全面、系统的品牌传播服务就成为广告业转型之必然取向。⑤ 有研究者认为，市场是培育品牌的根本机制，改革开放所形成的社会主义市场经济为我国的品牌发展提供了动力和土壤，同时也决定了品牌发展的特殊性，即浓厚的国家意志取向。同时，以宏观视角、历史视角和特殊性视角提出了中国品牌成长的“博弈—驱动”模型，国家品牌战略经历了商标战略时期、名牌战略时期、自主品牌战略时期和顶层品牌战略时期，中国企业品牌依托生产力、消费力、传播力和创新力这四个基本驱动力，在政府与市场间的博弈中逐步成长发展。⑥

四、学界、业界会议探讨与广告学国家基金研究

学界、业界会议探讨与广告学方面的国家基金研究对新媒介环境下的广告与发展进行了比较充分的探讨。尤其是探讨中国特色广告发展方面，具有比较明显的特征。

（一）学界、业界会议探讨

2018 年 3 月，第十七届中国广告与品牌大会·创意及技术营销论坛暨第五届中国广告年度数字大奖在上海举行，主题为“广告的第三种力量 The Power of Imagination”，共同探讨影响未来广告行业发展的第三种力量。

9 月，第 25 届中国国际广告节在哈尔滨举办。该广告节举行了国际广告创意与宏观发展高峰论坛、中国互动网络广告高峰论坛、“一带一路”广告联席会议、2018 中国品牌创新论坛、世界优秀广告作品展等专业展览、广告节开幕式、中国广告长城奖颁奖等活动，为中国广告业发展搭建起与国际接轨融通的平台，展现中国广告行业多元发展的新风貌，推动了广告传播及其研究的国际化、专业化。

---

① 邓敏：《中国数字广告产业二十年：基于“组织—技术”逻辑的制度化进程》，《国际新闻界》2018 年第 11 期。

② 赵静宜：《社会要素与广告产业发展：理论、内涵与价值》，《广告大观（理论版）》2018 年第 4 期。

③ 郭嘉、卢佳华：《创意力要素——文化产业背景下广告行业发展的助推器》，《广告大观（理论版）》2018 年第 4 期。

④ 方曦：《大数据时代程序化创意引领广告产业变革》，《电视指南》2018 年第 13 期。

⑤ 舒咏平、祝晓彤：《品牌传播服务取向的广告产业转型》，《广告大观（理论版）》2018 年第 1 期。

⑥ 黄升民、张弛：《改革开放以来国家品牌观念的历史演进与宏观考察》《改革开放四十年中国企业品牌成长动力考察》，《现代传播（中国传媒大学学报）》2018 年第 3、9 期。

10月，中国高等教育学会广告教育专业委员会学术年会暨第九届中国广告教育论坛在浙江乌镇举行，“知识体系变革与能力培养创新——新时代广告教育的多维思考”是研究探讨主题。

12月，“2018中国广告主大会暨品牌中国40年高峰论坛”在北京举行。以纪念改革开放40周年为契机，梳理改革开放以来中国品牌发展的历史成就，总结中国品牌发展经验，把握中国品牌战略逻辑，为今后中国品牌战略贡献智慧与方案，彰显改革开放的伟大成就，寻找中国品牌发展的动力，为中国经济发展寻找新引擎，具有十分重要的现实意义和战略意义。

（二）社科基金、自然科学基金等项目带动广告学研究

以“广告”一词为篇名，检索2018年中国知网“国家社会科学基金”的论文，有29篇论文，检索“自然科学基金”有48篇论文，检索“教育部人文社科项目”有3项。[①]

2018年国家社科基金广告学立项8项，其中一般项目3项，青年项目3项，后期资助2项（参见表3）。产生以下成果：《网络联结强度、知识吸收能力与文化企业创新绩效——基于江苏省国家级广告产业园的实证分析》、《2013—2017江苏纸媒、广电媒体与网络媒体的广告市场分析》(18BXW104)、《广告的智能化投放研究——从茧房式推荐到生活方式式推荐》(18BXW105)、《中国传媒产业经营的40年流变》(18BXW106)、《反思互联网时代的美国政治营销》(18CXW024)、《智能算法语境下的媒体、传播和广告再思考》(18CXW026) 等论文。

表3　2018年国家社科基金新闻传播学学科广告学项目概况

项目名称	主持人	工作单位	项目类别
基于广告投放的传媒业生态位竞争实证研究	姜照君	南京航空航天大学	一般项目 18BXW104
人工智能重构下的广告运作流程研究	姜智彬	上海外国语大学	一般项目 18BXW105
中国广告40年研究	丁俊杰	中国传媒大学	一般项目 18BXW106
美国政治选举中的网络政治广告研究	莫　莉	福建师范大学	青年项目 18CXW024
人工智能驱动下的广告产业发展研究	秦雪冰	湖北大学	青年项目 18CXW025
智能算法时代的计算广告学理论构建和应用创新研究	刘庆振	北京信息科技大学	青年项目 18CXW026
公益广告的运行机制与传播效果研究	初广志	中国传媒大学	后期资助 18FXW001
中国当代广告艺术形态流变研究(1978—2008)	吴文瀚	河南工业大学	后期资助 18FXW007

五、在校博士生、硕士生广告学研究概况

博士生、硕士生广告学论文成果较为丰硕。据中国知网以篇名“广告”词检索显示[②]，2018年博士生、硕士生广告学论文成果达549篇（中国传媒大学、北京大学等高校没有显示），稍低于2017年的569篇。涉及学科专业主要有：新闻传播学

① 检索日期：2019年10月13日。

② 同上。

（64篇）、传播学（54篇）、设计艺术学（32篇）、外国语言学及应用语言学（28篇）、企业管理（21篇）、管理科学与工程（21篇）、英语语言文学（20篇）、工商管理（13篇）、计算机软件与理论（9篇）、经济法学（8篇）、计算机科学与技术（8篇）、俄语语言文学（7篇）、美术学（6篇）、艺术学（6篇）、语言学及应用语言学（6篇）。研究主题不如2017年集中，主要集中在：消费者（16篇）、广告主（13篇）、公益广告（13篇）、网络广告（11篇）、电视广告（9篇）、应用研究（8篇）、点击率预估（6篇）、策略研究（6篇）、植入式广告（6篇）、信息流广告（5篇）、商业广告（5篇）、对比研究（5篇）、视频网站（5篇）、广告设计（5篇）、多模态隐喻（5篇）。

从下载次数来看，博士生、硕士生比较关注网络广告、新媒体广告研究。下载次数超过1000次的学位论文有5篇，而2017年有9篇。其中，下载超过了1200次的广告学博士、硕士学位论文有《中国当代公益广告话语变迁研究（1986—2016）》《朋友圈信息流广告效果影响因素的实证研究》《大数据精准广告现状及发展策略研究》3篇，超过1000次的还有《移动互联网广告受众消费行为及营销策略研究》《国货品牌在欧美市场的广告呈现研究——以华为等品牌广告为中心的讨论》等论文，学位授予单位为华东师范大学、华南理工大学、重庆工商大学、首都经济贸易大学与兰州大学。2018年排名前5的博士学位论文1篇，硕士学位论文4篇，而2017年有3篇博士学位论文、2篇硕士学位论文。（参见表4）

表4　　下载次数超过1000次的2018年博士、硕士学位论文概况

序号	论文题目	作者	学位授予单位	学位	下载次数
1	中国当代公益广告话语变迁研究（1986—2016）	张雯雯	华东师范大学	博士	1337
2	朋友圈信息流广告效果影响因素的实证研究	何岳红	华南理工大学	硕士	1282
3	大数据精准广告现状及发展策略研究	柳　青	重庆工商大学	硕士	1206
4	移动互联网广告受众消费行为及营销策略研究	张　萌	首都经济贸易大学	硕士	1192
5	国货品牌在欧美市场的广告呈现研究——以华为等品牌广告为中心的讨论	罗蓓蓓	兰州大学	硕士	1125

其中，被引次数超过1次的博士、硕士学位论文为102篇，为博士、硕士学位论文总数的18.58%。其中，被引次数4次的有雷鑫《广告语言的修辞研究》1篇；被引3次的有《基于特征组合的展示广告点击率预估模型研究》《央视春节系列公益广告的符号学研究》《基于皮尔斯符号学理论的电视公益广告符号的艺术表现研究——以2015—2017年央视社会主义核心价值观类公益广告为例》《互联网广告企业J精准营销策略研究》4篇论文；被引2次的有13篇；被引1次的有84篇。从引用率最高论文来看，广告研究注重语言符号趋势较明显，也说明研究旨趣发生了较为明显的变化。

撰稿：王凤翔（中国社会科学院新闻与传播研究所副研究员）

中国编辑出版学研究 2018 年综述

2018 年是贯彻党的十九大精神的开局之年，是改革开放 40 周年，也是决胜全面建成小康社会、实施“十三五”规划承上启下的关键一年。我国编辑出版学也随之发展和进步。我们选取了 2018 年《编辑之友》《编辑学报》《出版发行研究》《科技与出版》《中国科技期刊研究》《出版科学》《中国出版》《现代出版》8 种 CSSCI 来源期刊，和《中国编辑》《编辑学刊》《出版广角》3 种 CSSCI 拓展版来源期刊所刊载的相关学术论文作为研究样本，提取其关键词作为研究对象，用 SPSS 软件对关键词进行频率描述统计，筛选高频关键词 10 个。通过对编辑出版学学术论文关键词词频分析，得出 2018 年编辑出版学研究热点，由此可以看出这一年编辑出版学研究者所关心的话题和问题以及研究成果，将其分为新业态、新环境、新技术和新内容四个方面。

一、新业态

新媒介的出现为出版业带来了新业态，知识服务的新风口和媒介融合的新趋势都为出版业带来了新的机遇。

（一）知识服务

知识服务近年来成了互联网产业的新风口，而对出版业而言，知识服务带来了新的经济增长点，也对出版业自身的转型升级提出了新要求。

知识服务背景下传统出版的转型是 2018 年学界研究的热点，有研究者认为，知识服务为出版业提供了创新发展的动力，在此背景下，出版业应从内容生产、用户导向，创新产品和服务等角度出发引领出版业发展。[①] 知识付费视域下，出版产业转型发展的角色和定位也需要重新定位，当前出版产业转型中仍然存在着一些问题，比如借势合作问题、推进问题，以及版权归属问题等。知识付费浪潮中出版业转型升级应有其创新与坚守[②]，有研究者提出，出版业需要从产业定位、关键业务和核心价值等角度出发进行转型升级的创新和坚守。[③]

知识服务带来了出版新业态，在出版业的各个方面都有体现。在教育出版方面，有研究者认为，知识付费背景下，教育出版数字化应该注意应用内容为王、用户至上、便利为先、营销助跑等策略进行转型。[④] 在音频类知识服务产品方面，有研究者认为，知识服务的发展转向了知识经济生态，音频内容市场逐渐回归了其应有的服务本质。[⑤] 在工具书出版方面，有研究者认为，在知识服务的大背景下，工具书出版应该通过重构产品理念、创新研发知识方案、突破功能设计、融合跨域资

---

① 刘丹、袁世亮：《知识服务浪潮下出版业的发展机遇与趋势》，《出版广角》2018 年第 14 期。

② 陈晨：《知识付费视域下出版产业转型发展研究》，《编辑之友》2018 年第 5 期。

③ 王卉、张瑞静：《知识付费浪潮中出版业转型升级的创新与坚守》，《出版发行研究》2018 年第 7 期。

④ 张雪珍、方颖芝：《从知识付费平台的发展谈教育出版数字化转型》，《出版发行研究》2018 年第 11 期。

⑤ 姜喆：《从知识付费到轻教育赛场——音频类知识服务产品发展趋势浅析》，《出版广角》2018 年第 24 期。

源及精准开发产品形态来应对转型。[①]

综观2018年编辑出版学中知识服务的研究，体现了鲜明的现实性和应用性，不仅对知识服务浪潮下传统出版转型提出了富有建设性的对策，还针对出版业的不同领域进行了深入细致的研究，为未来知识服务的发展提供了有益参考。

（二）媒体融合

党的十八大以来，党中央高度重视传统媒体和新兴媒体融合发展，中共中央总书记习近平在主持中共中央政治局第十二次集体学习时强调，推动媒体融合发展、建设全媒体成为我们面临的一项紧迫课题。[②] 2018年的编辑出版学中，研究者的关注点集中在两个方面：一是媒体融合背景下的出版业转型；二是新媒介环境下编辑素养的培养。

关于媒体融合背景下的传统出版业转型，有研究者认为，在媒体融合背景下，传统出版产业的优势在于对媒体融合环境的适应，应该依托“互联网+”促进传统出版业转型。[③] 有研究者对媒体融合背景下出版转型发展模式进行了研究，认为在传统出版转型升级中，企业已经发展出了包括资源、内容服务以及资本等方面在内的全新的盈利模式，在未来的发展中，需要在丰富产品和人性化服务方面下功夫，才能让改革之路走得更远。[④]

关于新媒介环境下编辑素养的培养，有研究者认为，媒体融合时代行业期刊编辑思维需要重新定位，从编辑功能定位、编辑职业能力、用户思维等角度重新审视编辑思维。[⑤] 庞达认为媒体融合时代科技期刊编辑的角色已经发生了转变，要善于转变思维观念，更新编辑理念，构建新媒体发展思维。[⑥] 有研究者从出版教育的角度对编辑素养培养进行了研究，认为在出版教育专业中应创新出版专业教育模式，从出版教育衔接、出版教育融合、出版基础研究等方面提出培养与时俱进的出版人才的具体对策。[⑦]

研究者们以媒体融合的大背景为基础，着眼于出版业转型和编辑人才素养的培养，从宏观和微观处均有研究，对媒体融合下的出版业发展提供了重要的参考资料。

二、新环境

“中国特色社会主义进入新时代”的大环境和“一带一路”倡议的提出，为编辑出版学带来新的发展环境，全民阅读的提出和立法推进更让政策环境变得更加有利于编辑出版学的发展。

（一）新时代

党的十九大报告指出，“中国特色社会主义进入了新时代”。进入新时代，是从党和国家事业发展的全局视野、从改革开放近40年历程，和党的十八大以来5年取得的历史性成就和历史性变革的方位上，所作出的科学判断。新时代的编辑出版学研究，主要集中在新时代的编辑素养和新时代的出版工作两方面。

关于新时代的编辑素养，有研究者认为，编辑主体是出版活动的中坚力量，必须具备思想文化素养、坚守职业追求、树

① 王永耀：《传统出版知识服务转型的实现路径——以工具书出版为例》，《现代出版》2018年第2期。

② 习近平：《推动媒体融合向纵深发展 巩固全党全国人民共同思想基础》，http：//www. xinhuanet. com/politics/leaders/2019－01/25/c_ 1124044208. htm，2019年1月25日。

③ 祝璇璇：《媒体融合背景下的传统出版业转型研究》，《出版广角》2018年第1期。

④ 詹歆睿：《媒体融合下出版转型发展模式探析》，《出版广角》2018年第6期。

⑤ 宣海林：《媒体融合时代行业期刊编辑思维的再定位》，《出版科学》2018年第3期。

⑥ 庞达：《论媒体融合时代科技期刊编辑的新角色与自我发展》，《编辑学报》2018年第30期。

⑦ 秦洁雯：《强化出版教育的专业性——媒介融合时代出版教育的创新发展》，《出版发行研究》2018年第5期。

立终身学习意识，勇担时代使命和文化责任。① 有研究者对新时代编辑能力建设进行了研究，认为，新时代对编辑提出了新要求，首先需要把好内容关，其次需要培养工匠精神，最后要积极适应媒体融合发展。② 有研究者提出了新时代编辑人才的增强路径，首先要提升创意创新能力；其次是要畅通交流沟通的能力；再次要夯实专业技能的能力；最后要精通营销运作的能力。③

关于新时代的出版工作，有研究者认为，高质量发展是新时代出版的必由之路。④ 有研究者认为，新时代的出版工作担负着新的历史使命，要服务于国家和社会发展，要密切关注用户需求和技术进步，走融合发展之路。⑤ 编辑出版学研究者们也针对不同类型的出版在新时代的发展进行了研究。关于大学出版，有研究者认为，大学出版的本质决定服务大学和学术是其终极使命，高品质的知识服务是大学出版当前阶段的目标⑥；关于民族出版，有研究者认为，新时代的民族出版应有新的发展策略，应联结双重认同、铸牢中华民族共同体，传承集体记忆、维系民族地区乡愁，以知识赋能、建设民族地区美好生活⑦；关于古籍整理和出版，有研究者认为，新时代背景下，古籍整理出版是一项新任务，应该加强古籍整理出版的工作，以弘扬中华优秀传统文化。⑧

2018 年，研究者对新时代的编辑出版学研究紧紧跟随时代大潮，把握住了时代的发展方向，在新时代背景下探索编辑出版学的发展方向和路径，将助力编辑出版学向更加服务于人民、服务于社会的方向发展。

（二）全民阅读

2018 年 3 月，国务院办公厅发布《国务院 2018 年立法工作计划》，其中提及由新闻出版广电总局起草制定全民阅读促进条例，我国全民阅读立法被正式启动落实。⑨ 2018 年对全民阅读的研究主要集中在全民阅读的推广和立法两方面。

关于全民阅读的推广，有研究者认为，全民阅读对于坚定文化自信有着重要意义，主要体现在三个方面：一是坚定文化自信的重要途径；二是坚定文化自信的国家战略；三是坚定文化自信的基础工程。⑩ 对于全民阅读工程要积极进行推广，有研究者认为，区域性高校图书馆是推进全民阅读的重要阵地，提出区域性高校图书馆联合开展全民阅读推广体系构建应从创建组织机构、内外部良好环境，搭建阅读推广平台，评估实施效果等方面进行。⑪ 有研究者认为，全民阅读在实施中面临着意识困境、时间困境和思维困境等多项困境，可通过政府职能转变、全民阅读保障

① 周国清、朱美琳：《新时代编辑主体的核心素养与使命担当》，《中国编辑》2018 年第 4 期。

② 张俊：《传播偏向性视角中的出版融合发展》，《中国编辑》2019 年第 7 期。

③ 杨万庆：《块数据视角下出版业向知识服务转型的模式探究》，《科技与出版》2019 年第 2 期。

④ 于友先：《高质量发展是新时代出版的必由之路》，《中国出版》2018 年第 17 期。

⑤ 吕建生：《新时代出版的历史使命与文化担当》，《中国编辑》2018 年第 2 期。

⑥ 蔡翔、唐颖：《新时代大学出版发展的方向》，《现代出版》2018 年第 2 期。

⑦ 李文甫、于风静：《新时代语境下民族出版的发展策略探析》，《科技与出版》2018 年第 11 期。

⑧ 原彦平：《新时代中华优秀传统文化出版的新任务——以古籍整理出版为中心》，《出版广角》2018 年第 10 期。

⑨ 中华人民共和国中央人民政府：《国务院办公厅关于印发国务院 2018 年立法工作计划的通知》，http://www.gov.cn/gongbao/content/2018/content_5277687.htm，2018 年 3 月 2 日。

⑩ 吕奇伟：《浅谈全民阅读对坚定文化自信的重要意义》，《出版广角》2018 年第 19 期。

⑪ 周晓蓉：《区域性高校图书馆联合助力全民阅读推广体系构建》，《科技与出版》2018 年第 2 期。

和全民阅读激励等机制解决。① 有研究者认为，应顺应供给侧结构性改革方向，从供给和需求两个方面发力，不断推进我国全民阅读的发展。②

全民阅读立法是全民阅读推广的重要途径。关于全民阅读立法的研究，有研究者认为，当前我国全民阅读尚未形成完善的法律体系，但严峻的内外部形势决定我国全民阅读立法刻不容缓，在全民阅读立法实践过程中，我们既需要学习国外成功经验，又应结合本土实情，合力形成协同工作机制。③ 有研究者认为，我国全民阅读立法尚存在立法目的不完整、立法调整事项重点不清以及立法格局失衡等问题，影响全民阅读立法的品质，制约全民阅读的开展。④ 有研究者认为，全民阅读立法工作的启动，为全民阅读的推广提供了良好的社会环境，促使各种力量融合发展，形成出版产业新型产业链条。⑤

全民阅读是国家的重要发展战略之一，研究者对于全民阅读推广的研究有助于全民阅读推广的主体把握形势，在推广中实践全民阅读的理念和发展路径。对于全民阅读立法的研究有助于立法进程的推动，也为法律制定过程提供了理论指导。

(三)“走出去”

《标准联通共建“一带一路”行动计划（2018—2020 年）》提出，在“一带一路”建设上推动人文领域标准化合作，促进文明交流互鉴。其中，出版活动是推动人文领域合作的重要途径。⑥ 2018 年编辑出版学研究中，从不同角度出发对中国出版“走出去”进行了研究。

关于中国文学出版走出去，有研究者认为，中国文学出版面临着文学出版理念落后、缺乏文学作品译介经验、缺乏国际市场开拓能力、政策扶持体系不健全等问题，应从内修和外塑两方面考察中国文学出版走出去问题。⑦ 关于少儿图书走出去，有研究者认为，少儿图书走出去要在传播产业、传播内容、传播手段以及传播途径上共同发力，助力少儿图书更好走出去。⑧ 关于中国翻译出版走出去，有研究者认为，新媒体的发展使读者的身份也发生了转变，读者身份已逐渐转变为图书出版流程中的参与者，中国文化外译出版要从读者角度出发，让出版成为集作者、译者、出版者、销售者、读者五位一体的利益共同体。⑨ 关于大学出版走出去，有研究者以牛津大学、剑桥大学和北京语言大学三家大学出版社为例，对大学出版走出去进行了研究，认为中国的大学出版要学习国际先进经验，挖掘自身资源优势和专业特色，强化产品和渠道两个方面的立体化资源建设意识，在更深、更广的世界范围内传递中国学术影响力和文化传播力，逐渐打造中国高等教育出版的话语权。⑩

---

① 房慧：《新时代全民阅读的困境及解决途径》，《科技与出版》2018 年第 4 期。

② 李绍杰、赵楠：《供给侧结构性改革推进全民阅读发展初探》，《出版广角》2018 年第 15 期。

③ 应超予：《全民阅读立法的战略意蕴与推进策略》，《中国出版》2018 年第 16 期。

④ 朱茂磊：《我国全民阅读立法的局限及其优化》，《科技与出版》2018 年第 11 期。

⑤ 张文彦：《全民阅读立法视域下对阅读推广专业化的思考》，《出版广角》2018 年第 12 期。

⑥ 《标准联通共建“一带一路”行动计划（2018—2020 年）》，中国一带一路网，https：//www. yidaiyilu. gov. cn/zchj/qwfb/43480. htm，2018 年 1 月 11 日。

⑦ 左攀峰：《内修与外塑：中国文学出版走出去的双重进路》，《中国出版》2018 年第 21 期。

⑧ 张丽莉：《少儿图书走出去的翻译与传播》，《出版发行研究》2018 年第 2 期。

⑨ 张志强：《从海外读者群体看中国翻译出版走出去》，《出版发行研究》2018 年第 6 期。

⑩ 戚德祥、陈万超：《国际化视野下的大学出版“走出去”立体化格局建设——以牛津、剑桥和北语三家大学出版社为例》，《出版发行研究》2018 年第 12 期。

“一带一路”倡议提出之后，社会各方面都受益于“一带一路”的各项利好政策持续发展，出版业也是如此，研究者从“一带一路”倡议的背景出发，对出版业的各个方面如何走出去进行研究，提出的对策可以给出版企业提供参考，以指导中国出版更好地“走出去”。

三、新技术

信息技术的发展给出版业带来的新契机，也推动着传统出版业转型发展。人工智能和大数据是近年来应用较多的新技术，2018 年编辑出版学研究者也针对这两项新技术进行了多角度的研究。

（一）人工智能

2017 年 7 月，国务院印发了《新一代人工智能发展规划》，提出要加快推进产业智能化升级，推动人工智能与各行业融合创新。[①] 2018 年编辑出版学关于人工智能的研究主要集中于两个方面：一是人工智能在出版业的应用，二是人工智能所涉及的著作权问题探讨。

关于人工智能在出版业的应用，有研究者认为，人工智能利用强大的技术优势改变了传统出版的各项流程，已经在出版教育、出版物生产和消费等领域实现了深度融合。[②] 有研究者对人工智能中的语音交互技术在出版实践中的应用进行了研究，发现语音交互技术主要应用在出版流程和用户使用两方面，未来的发展中，依托音频数据量的不断增加和与其他信息数据的融合使用，语音交互技术在出版业的应用将会更加广泛。[③] 有研究者对书籍的设计出版中的人工智能应用进行了研究，如今人工智能技术主要应用于书籍写作和书籍编排设计，在未来也将利用于辅助书籍智能化设计出版。[④]

关于人工智能所涉及的著作权问题，有研究者对人工智能作品的版权归属问题进行了研究，认为应将人工智能作品的版权归属于人工智能所有人或人工智能机器所有人，但创作主体的署名仍然由人工智能所保留。[⑤] 有研究者认为，人工智能创作物已经可以满足“独立完成”并具备“与众不同的表达”两个方面的要求，满足现行著作权法对于“作品”的认定标准，可以被纳入保护的范围。[⑥] 有研究者认为，人工智能创作丰富了作品市场，但也带来了著作权制度规制的难题，由此，我国应借鉴国外相关经验，通过合理配置各方利益等途径缓解人工智能创作物保护与著作权原理的冲突。[⑦]

（二）大数据

2015 年 8 月，国务院印发了《促进大数据发展行动纲要》，提出信息技术与经济社会的交汇融合引发了数据迅猛增长，数据已成为国家基础性战略资源，大数据正日益对全球生产、流通、分配、消费活动以及经济运行机制、社会生活方式和国家治理能力产生重要影响。[⑧] 2018 年，编辑出版学研究者从不同角度对大数据技术

---

① 中华人民共和国中央人民政府：《国务院关于印发新一代人工智能发展规划的通知》，http://www.gov.cn/zhengce/content/2017-07/20/content_5211996.htm，2017 年 7 月 8 日。

② 姜春辉：《人工智能技术与出版的融合探析》，《出版广角》2018 年第 3 期。

③ 余人、白林丰：《语音交互技术在出版实践中的应用》，《编辑学刊》2018 年第 6 期。

④ 马珂：《人工智能视域下书籍的设计出版之路》，《出版广角》2018 年第 11 期。

⑤ 袁真富：《人工智能作品的版权归属问题研究》，《科技与出版》2018 年第 7 期。

⑥ 马治国、刘桢：《人工智能创作物的著作权定性及制度安排》，《科技与出版》2018 年第 10 期。

⑦ 郭艳：《人工智能创作物著作权制度难题及破解》，《中国出版》2018 年第 12 期。

⑧ 中华人民共和国中央人民政府：《国务院关于印发促进大数据发展行动纲要的通知》，http://www.gov.cn/zhengce/content/2015-09/05/content_10137.htm，2015 年 8 月 31 日。

在出版业中的应用进行了研究。有研究者认为，大数据对出版业有着非常重要的意义，当前应从国家、行业、企业三个层面着力积极发展大数据应用。① 教育出版上，有研究者认为，基于大数据的精准教学已经在实践中得到了应用，教材出版也需要转变，实践路径主要包括思想转变、形态转变以及技术转变。② 学术出版上，有研究者认为，基于大数据技术，学术出版可以依赖数据实现决策效率提升，避免将决定建立在偶然性冒险或直觉判断的基础上，从而大幅改进运营的精细化程度。③ 有研究者认为，利用大数据技术可以优化科技期刊出版的各项流程，提高科技期刊出版质量和工作效率。④ 新闻出版上，有研究者对英国报业大数据的应用进行了研究，发现大数据技术在英国报业的新闻生产、受众服务和广告开拓等方面都得到了广泛应用。⑤

四、新内容

2018 年，出版业的内容革新也是研究者研究的重点，主题出版传播力和影响力持续增强，网络文学产业也持续发展，对网络文学 IP 的改编和由此产生的版权问题探讨也是研究者关注的领域。另外，由于出版业的持续发展，出版人才的培养也是编辑出版教育者和出版业界需要思考的内容。

（一）主题出版

有研究者回溯了主题出版概念的提出，认为主题出版的提出对应出版改革的需要，回应了社会对出版发展的吁求，也顺应了世界出版开放的潮流，意义深刻，非同凡响。⑥ 主题出版影响重大，意义非凡，出版业应明确主题出版未来的发展方向。在内容打造上，有研究者认为，主题出版在未来的发展中将丰富出版内容，结合互联网技术，凸显对外文化交流作用。⑦ 有研究者认为，应以党的十九大精神统领推动期刊主题出版工作，党的十九大主题刊物和栏目的发展将成为今后期刊主题出版工作的重点。⑧ 在编辑力的打造上，有研究者认为，在新时代的主题出版中，需要编辑人员从政策导向、提升效率、编创互动、提升艺术和思想品质、深耕内容和媒体融合等方面关系的正确处理中生成其所需要的核心编辑力。⑨ 在数字化出版物的开发上，有研究者以上海交通大学出版社对主题出版物的数字化开发为例，提出了电子书、有声书和数据库等数字化出版形式，为主题出版物的数字化提供了新的方向。⑩

研究者从各个角度出发，对于主题出版的内容、思想、发展路径等方面进行了深入的研究，这对于反映时代精神、阐释中国道路的主题出版发展有着重要意义，对讲好中国故事也有着重要的参考价值。

---

① 孟庆麟、刘巍：《新时代出版业与大数据战略》，《中国出版》2018 年第 13 期。

② 李玉婷、孙晗霖、胡郭勇：《“互联网 +”时代大数据精准教学模式下教材出版的思考》，《科技与出版》2018 年第 6 期。

③ 王鹏涛：《学术出版数据化决策创新研究：全流程、场景化与智能驱动》，《科技与出版》2018 年第 12 期。

④ 周洁：《利用大数据优化科技期刊出版流程的实践与思考》，《中国科技期刊研究》2018 年第 2 期。

⑤ 王志刚：《英国报业大数据应用探究》，《编辑之友》2018 年第 5 期。

⑥ 谢清风：《主题出版的提出、发展、问题和展望》，《现代出版》2018 年第 6 期。

⑦ 邱俊明：《新时代主题出版的内容打造》，《出版广角》2018 年第 7 期。

⑧ 周彬：《以十九大精神统领推动期刊主题出版工作》，《出版广角》2018 年第 6 期。

⑨ 何军民：《新时代主题出版核心编辑力生成路径》，《中国出版》2018 年第 23 期。

⑩ 吴雪梅：《新媒体环境下主题出版物的数字化开发——以上海交通大学出版社为例》，《出版发行研究》2018 年第 7 期。

（二）网络文学

我国网络文学产业发展迅速，对于网络文学的研究，主要集中于两方面：一是网络文学的发展问题，二是网络文学版权保护和改编问题。

关于网络文学的发展问题，有研究者认为，网络文学应该有其责任与担当，要建立“以人民为中心”的美学原则和创作宗旨，要弘扬主旋律和正能量。[①] 有研究者认为，随着网络文学的发展，一些作品的价值导向走偏，体现出正能量缺失和三观不正等问题，要通过坚持主流意识形态的主导地位、建构科学评价体系、继承和弘扬中华民族的优秀传统文化以及健全法律法规等措施予以规范。[②] 有研究者研究了网络文学产业化发展中的内容生产问题，认为网络文学已经形成了一条泛娱乐化产业链，但内容生产中依然存在一系列问题，要通过平台、国家、作者等多方共同努力来破解。[③]

关于网络文学版权保护和改编问题，有研究者认为，大数据时代网络文学版权保护出现了一些新问题，主要体现在文学生产层面的智能化自动抄袭、无限制的同人文写作以及传播层面盗版网站对大数据分析结果的利用等问题，并提出建立版权信息共享的统一检测平台预防侵权，采用区块链技术提升维权，加强大数据人才储备等解决对策。[④] 有研究者认为，网络小说 IP 剧的“生成”与“生存”，需要网络小说 IP 的综合开发，通过文学、影视、音乐、动漫、游戏、戏剧等多种形式，实现网络小说 IP 剧泛娱乐生态运营体系和全版权营销产业链的立体化联动发展。[⑤] 在网络文学 IP 改编的过程中也存在着一些侵权问题，有研究者认为，网络文学 IP 改编的过程中涉及的版权问题主要包括以下三个方面：一是“二次创作”作品保护问题；二是未经授权的网络文学 IP 改编作品的版权保护；三是侵权认定模糊以及版权救济模糊，并提出可以考虑在《著作权法》中引入“两分法”标准、“许可费推定”的损害赔偿计算方法等完善《著作权法》的对策。[⑥]

总体来看，2018 年编辑出版学研究者牢牢把握住了网络文学的热点研究方向，对于网络文学的 IP 开发和版权保护作了深入研究，针对网络文学的消费群体日益扩大的现状，以上的研究对于网络文学未来的进一步发展，具有非常重要的价值。

（三）人才培养

习近平提出新闻舆论工作者要“努力成为全媒型、专家型人才”，[⑦] 编辑出版人才作为新闻舆论工作者的重要组成部分，在新时代也面临着新要求。不同的产业环境也让编辑拥有不同的角色，数字出版时代的来临，对编辑人才提出新要求，使其转变新角色。2018 年编辑出版学研究中，对人才培养的研究主要集中于新媒介环境下编辑出版人才转型和人才培养的问题。

有研究者认为，数字出版人才培养是产业转型升级的必然要求，数字出版人才培养要在明确人才培养的方向与路径的基

---

① 陈前进、杨琴：《中国网络文学的责任与担当》，《科技与出版》2018 年第 11 期。

② 姚君喜、白如金：《网络文学价值导向与主流意识形态》，《出版广角》2018 年第 21 期。

③ 刘学周：《探究网络文学产业化发展中的内容生产》，《出版广角》2018 年第 8 期。

④ 王志刚、度冉：《大数据时代网络文学版权保护的新问题及其规制》，《科技与出版》2018 年第 11 期。

⑤ 谢磊、王雪梅：《网络小说 IP 剧“生成”与“生存”研究》，《出版广角》2018 年第 4 期。

⑥ 高婷：《网络文学作品 IP 改编存在的版权问题及对策思考》，《中国出版》2018 年第 7 期。

⑦ 《习近平如何关心人才工作》，http：//politics. people. com. cn/n1/2016/0507/c1001 – 28332585. html，2016 年 5 月 7 日。

础上，在培养模式和办学方式上有所创新。① 有研究者认为，编辑人才的培养需要呼唤“工匠精神”的复归，需要编辑出版从业者和编辑出版企业共同努力。② 有研究者通过对比美、英、德三国的数字出版人才培养模式，借鉴其先进经验，总结出适应我国的人才培养对策，主要包括：形成多元的培养形式，设立专业化和层次性的人才培养体系，加强系统实践与国际视野培养以及建立高水平的师资队伍。③

编辑出版学研究者也从不同类型的编辑出版人才培养出发进行了研究。关于科技期刊编辑的培养，有人对科技期刊青年编辑的培养进行了研究，认为青年编辑的发展应该遵循包括自我成长、责任担当、居安思危和厚积薄发的实践路径。④ 关于网络编辑的培养，有研究者提出了网络编辑人才培养的模式，认为网络编辑需要提升包括平台适应、信息掌控、平台创新等在内的多项能力。⑤ 关于美术编辑的培养，有研究者结合移动互联网时代美术编辑人才培养挑战，提出了以培养思维、培养方案、创新能力培养为代表的多项高校美术编辑人才培养对策。⑥

总体来看，研究者对编辑出版人才培养相关问题的研究与分析，不仅体现了他们对编辑出版人才的人文关怀，也凸显了编辑出版从业人员在编辑活动中的主体地位，为编辑出版人才培养提供了重要借鉴和参考。

五、结语

总体来看，2018 年的编辑出版学研究顺应了新时代背景和新媒介技术的发展趋势，针对出版业热点话题进行了一系列相关研究，相关国家政策的出台和实施为编辑出版业提供了政策保障，也为学术研究提供了理论支持。但还存在着一些问题，比如对问题的阐述只停留在表层的泛泛而谈，没有从学理性上对问题进行深入阐发，思维局限在编辑出版学内，少有用跨学科思维探讨编辑出版学问题等。期望在未来，研究者能在热点研究之上进行深度研究，为业界实践提供理论基础和支持，以助力编辑出版业更好地发展。

撰稿：李建伟（河南大学新闻与传播学院教授，河南大学编辑出版研究中心研究员）
林　璐（河南大学新闻与传播学院硕士研究生）

① 刘超美、陈丹：《产业融合发展趋势下数字出版人才的培养》，《中国编辑》2018 年第 11 期。

② 林潇：《回归“工匠精神”培养编辑素质》，《出版科学》2018 年第 6 期。

③ 吴君、陈少华：《数字出版人才的培养模式思考——美、英、德三国培养模式比较研究》，《科技与出版》2018 年第 5 期。

④ 金琦、李静、王书亚、魏玫玫：《科技期刊青年编辑的培养与成长》，《编辑学报》2018 年第 4 期。

⑤ 王宏：《移动互联网时代网络编辑人才培养模式》，《出版发行研究》2018 年第 4 期。

⑥ 徐延章：《移动互联网时代美术编辑人才培养对策研究》，《中国编辑》2018 年第 8 期。

马克思主义新闻观研究 2018 年综述

作为中国特色新闻学建构的灵魂和中国新闻实践的指导，2018 年的马克思主义新闻观研究继续深化。这些研究主要集中在习近平关于新闻舆论系列重要论述、马克思主义新闻观教学方法、马克思主义新闻观基本概念以及中国特色新闻学等方面。比较可见，2018 年的马克思主义新闻观研究最大的特色是关于习近平新闻舆论系列重要论述更加系统化，马克思主义新闻观的概念本身受到关注，以及从哲学视角对马克思主义新闻观作出的系列思考。

一、系统研究习近平关于新闻舆论系列重要论述

党的十九大把十八大以来以习近平同志为核心的党中央进行艰辛理论探索和推进理论创新的成果，概括为习近平新时代中国特色社会主义思想。其中，习近平关于新闻舆论系列重要论述是重要组成部分。对此，学界有一系列较成体系的研究。

习近平关于新闻舆论系列重要论述是马克思主义新闻观的最新成果，对其进行系统化研究是马克思主义新闻观理论深化的重要内容。对此，有研究认为，这些重要论述有着丰富的理论内涵，包括新闻工作定位论、党性论、导向论、使命论、规律论、融合论、创新论、人才论，以及国际传播能力和话语体系建设论、互联网空间治理体系论等众多内容，形成了体系化的理论成果，成为马克思主义新闻观在新时代的新发展。研究认为，做好新时代党的新闻舆论工作，要在这些重要论述的指导下，加强正面宣传，建设主流媒体，提升国际传播能力，完善管理体系，强化人才培养，构建理论话语，增强领导水平，全面提升新时代新闻舆论工作的传播力、引导力、影响力和公信力。①

习近平关于新闻舆论工作重要论述有其自身的逻辑起点、发展脉络与理论内核。对此，有研究认为，它的理论来源主要是马克思、恩格斯、列宁的新闻观和中国共产党历代主要领导人的新闻观，实践来源主要是中国共产党领导的中国革命、建设和改革的伟大实践。研究认为，它形成和发展的时空脉络十分明晰，是沿着从有形之“河”（梁家河）、有形之“湖”（西湖）到无形之“海”（中南海），从形而下之“河”“湖”到形而上之“海”的发展轨迹，进而实现了这一思想的历史性跨越和时代性发展。②

还有研究就某些具体方面展开论述。有研究认为，习近平总书记提出的“党性人民性统一论”，把人民性作为党性的“基本内涵”，强调党性人民性“相统一”，这是对新闻工作党性和人民性关系问题的

① 季为民、叶俊：《论习近平新闻思想》，《新闻与传播研究》2018 年第 4 期。

② 沈正赋：《习近平关于新闻舆论工作重要论述：逻辑起点·发展脉络·理论内核》，《现代传播（中国传媒大学学报）》2018 年第 11 期。

新理解、新认识和新表述，是对马克思主义新闻观的新发展，是新形势下做好新闻工作的重要指南。[①] 也有研究指出，习近平总书记有关新闻工作的论述中包括对新闻、新闻事实、新闻学、新闻学科等作出的重要论述，“是习近平新时代中国特色社会主义新闻理论的重要内容，是马克思主义新闻思想中国化的最新发展成果”。[②] 还有研究指出，习近平总书记从新闻舆论工作者的角色定位、角色规范、职责和使命、作风和文风等几个基本面，提出当下具有重要指导意义的核心点是培养“政治坚定、业务精湛”“全媒型、专家型人才”等具体要求，其创新之处在于，“第一次将融媒体时代的新闻人才培养方针给予明确定位，提出了具体的方法，同时有效推进了整个国家的融媒体发展战略”。[③]

二、关注马克思主义新闻观的教学方法与教学改革

自马克思主义新闻观教育在全国新闻院校开展以来，如何讲授好马克思主义新闻观，使其能够入耳、入脑、入心，成为新闻院校普遍关注的重大课题。对此，学术界围绕马克思主义新闻观的教学方法与教学改革展开了研究。

在国内外意识形态较量形势日趋严峻复杂的当下，强化推进以马克思主义新闻观为指导所建构的中国特色社会主义新闻理论体系十分重要，但目前关于马克思主义新闻观课程的教材书籍相对较少，学术成果创新不多，课堂教学效果略显不足。对此，有研究指出，应以历史的视角讲领袖故事，以媒体从业者的视角讲案例，以马克思主义哲学学者的视角讲方法，并以学生的视角讲形式，从而实现马克思主义新闻观课程的创新实践。[④] 也有研究认为，对于新时代马克思主义新闻观教育研究而言，应厘清马克思主义新闻观与马克思主义、与西方新闻专业主义、与新闻实践、与政治的关系，并在此基础上实现该领域研究及我国媒体人才培养的创新实践。[⑤] 有研究以中国传媒大学电视学院的教学实践探索为例，探讨在新时代如何开创马克思主义新闻观教育新局面。该研究认为，要树立以马克思主义新闻观为统领的育人理念，通过开展理论研究、搭建课程体系、打造实践平台、拓展教育载体构建马克思主义新闻观教育新格局，加快推进马克思主义新闻观教材建设，培养具有家国情怀、国际视野的高素质、全媒化、复合型、专家型新闻传播后备人才。[⑥]

发现马克思主义新闻观教育存在的问题，是加强和改进马克思主义新闻观教育的基础。有研究通过访谈发现，大学生对马克思主义新闻观认知存在较大片面性，在情感上大学生对马克思主义新闻观有一定的疏离感，在行为上大学生往往忽视马克思主义新闻观的实际应用。通过对比分析，发现实践教育在一定程度上能够帮助体悟马克思主义新闻观，教育的效果较好。在现有的教育体系中，高校马克思主义新闻观教育未起到应有效果，主要原因在于学生未能认识到教育的存在，学生情感与新闻观脱节以及无法认知到马克思主义新闻观的实践指导意义。文章建议，强

① 郑保卫：《“党性人民性统一论”的理论来源与当代发展》，《新闻大学》2018 年第 12 期。

② 叶俊、赵云泽：《习近平对于“新闻学”及“新闻学科”的重要阐述》，《编辑之友》2018 年第 4 期。

③ 叶俊、赵云泽：《习近平对新闻人才培养的重要论述》，《编辑之友》2018 年第 11 期。

④ 孙菲：《马克思主义新闻观课程改革的创新思考——基于教学视角的转换》，《新闻爱好者》2018 年第 11 期。

⑤ 孙菲：《厘清关系：新时代马克思主义新闻观教育研究的创新思考》，《新闻传播》2018 年第 14 期。

⑥ 冷爽：《新时代马克思主义新闻观教育的实践探索——以中国传媒大学电视学院教学实践为例》，《中国新闻传播研究》2018 年第 2 期。

化马克思主义新闻观教育，应从提高马克思主义新闻观教育的存在性、强化与学生的情感联系以及明确马克思主义新闻观的实践价值等方面入手。[①]

如何改进马克思主义新闻观教育？在具体课程设计上，一些富有一线教学经验的教师提出了建议。有研究指出，作为一种理论体系，“马克思主义新闻观”的传承性、接近性、创新性对当代中国传媒的发展发挥着重要的引领作用。对于新闻学院的学生来说，“传媒实务”课程教学效果注重的是青年一代“媒介内容的生产与融媒体的传播”能力提升，因此该课程的教学设计需要以“马克思主义新闻观”为基本指导，多维探究教学目标，切实提炼教学理念，明确传授教学观点，强化理论与实践的互动效果，实实在在地培养卓越传媒人才。[②] 也有研究认为，将马克思主义新闻观融入新闻教学，能够促使新闻人才坚持党性原则，确立服务人民的新闻观与传播观，培养新闻人才具有高度的社会责任意识。因此，建议“将马克思主义新闻观的创新性、人民性融入新闻专业课堂，以新闻专业课程为基点形成教学辐射，可有效加强新闻专业人才培养的动态机能”。[③] 有研究从自身教学经验入手认为，要想使以马克思主义新闻观这门课为主要依托的马克思主义新闻观教育获得良好效果，必须对该门课应确立和追求的教学目标、教学中应遵循的原则以及具体方式方法进行重新思考。[④] 在新闻本科教学中，马克思主义新闻观是重要的核心课程，有待加强建设。有研究认为，在课程建设中应把握好马克思主义新闻观课程和新闻学概论课程的关系、与实践的关系、与教学对象的关系，就学生平时或在课程教学中对马克思主义新闻观存在的疑虑，要有针对性地进行教学。文章认为，围绕马克思主义新闻观的课程建设，还要有课程教材建设、相关数据库建设、研究基地建设等配合。[⑤]

部校共建新闻学院是加强马克思主义新闻观教育的重要方式，为众多新闻学院的建设和发展获得了重要的政策支持、资金扶持，推动了各新闻学院人才培养、学科建设、科学研究、师资队伍和社会服务等的提升和改革，但同时部校共建工作仍然存在着一些问题。有研究认为，这些问题突出表现为阶段性活动强于持续性行动、形式性互动强于有效性联动、外部性压力强于内生性动力三个方面。研究认为，当前部校共建和新闻教育改革必须面临的核心问题是：一是坚守正确办学导向是提升部校共建新闻学院质量和水平的前提；二是明确协同育人方向是提升部校共建新闻学院质量和水平的关键；三是把握行业发展动向是提升部校共建新闻学院质量和水平的重点。[⑥]

随着马克思主义新闻观教育的深入，新闻院校师资薄弱的现状逐渐显现。对此，教育部专门就马克思主义新闻观师资队伍培训作出要求，提出要认真做好新闻传播专业骨干教师马克思主义新闻观主题培训，5 年内覆盖所有新闻传播学专业。

---

① 胡沈明、朱贝：《大学生马克思主义新闻观教育的实践效果》，《青年记者》2018 年第 17 期。

② 谷鹏、陈羿霖：《“马克思主义新闻观”与“传媒实务”课程的教学设计》，《当代教研论丛》2018 年第 10 期。

③ 甄东霞：《马克思主义新闻观融入新闻教学的探索》，《延安大学学报（社会科学版）》2018 年第 5 期。

④ 樊亚平：《教好马新观，“功夫在诗外”——“马克思主义新闻理论”教学的目标、原则与方法》，《新闻与写作》2018 年第 8 期。

⑤ 丁柏铨：《略论马克思主义新闻观课程建设和其他相应建设》，《当代传播》2018 年第 6 期。

⑥ 张晓锋：《不断提升部校共建新闻学院的质量和水平》，《当代传播》2018 年第 6 期。

中国人民大学新闻学院举办的作为中共北京市委宣传部同中国人民大学共建的重要项目之一的骨干教师高级研修班，走出了第一步，获得了初步的成功经验。有研究认为，通过办班、培训、邀请主管部门领导和学界业界专家举办讲座等，是一些可以复制的成功经验，能够较快地形成舆论，抓住要领，加深对实施卓越新闻传播人才教育培养计划重大意义的认识，值得大力推广。①

三、探索马克思主义新闻观的哲学基础与概念内涵

马克思主义新闻观的基本概念和理论研究，是马克思主义新闻观研究的基础内容。2018 年，关于马克思主义经典作家新闻思想的研究并不多，但从哲学和概念本身对马克思主义新闻观作出的研究不少。

澄清概念是马克思主义新闻观的基础。由于马克思主义新闻观的内涵和外延没有得到清晰而准确的界定和阐释，当前我国新闻院校不少学生对其的认知度和认同度都不高，在一定程度上制约了高校马克思主义新闻观教育的整体质量和实际效果。对此，有研究指出，“新闻传播院校相关教师应当厘清马克思主义新闻观的内涵和外延，采用多种合理有效的方法，做好马克思主义新闻观的阐释，以确保高校马克思主义新闻观教育在健康轨道上不断深化”。② 有研究认为，“马克思主义新闻观”概念基于无产阶级新闻学、马克思主义新闻学、社会主义新闻学等概念基础而产生，其本身是意识形态，同时也是意识形态工作的一部分。在社会转型与新闻改革中，新闻工作与政治要求、业务准则之间逐渐出现偏差，催化了“马克思主义新闻观”概念的出现。文章指出，“马克思主义新闻观”教育首要的是政治和意识形态需要，但其作为职业规范的属性正逐渐显露，而且随着“马克思主义新闻观”教育从新闻业界进入新闻院校，有必要赋予“马克思主义新闻观”更多的职业规范话语，从而使这一概念及相应的理论体系更为完善。③ 有研究则以词条形式，梳理了马克思主义新闻学方面重要的理论思想、观点术语、人物活动、论著文件、媒体组织、历史事件，试图客观全面地阐述了从马恩列斯到毛邓等关于新闻的理论思想、观点术语，展示了马克思主义新闻学的基本内容和框架结构。④

有研究者从哲学角度对马克思主义新闻观做了研究。他认为，马克思主义作为一个革命的、批判的、开放的理论体系，近 200 年来一直在经历后来者的再度出发、更新阐释和深入延展，相当多的中外研究者与思想家都从中接受了马克思主义的理论滋养和精神熏陶。该研究认为，马恩新闻传播实践是这个思想大厦的重要组成部分，从斗争工具到对话媒介，马克思主义新闻传播观的形成呈现出多层化、立体型的演进脉络，既立足于人的身体感觉能力，强调人类精神交往行为中体验性实践和经验式实践的合一与共振，又依托于一般社会规律体现出了与资产阶级、古典哲学不同立场与站位的认知加工、理性思辨，弥合了主客分离的传统认识论沟壑，从而完成了认知世界、阐释世界与改造世界的并轨合流，并最终确证了马克思主义新闻传播思想与体验哲学的精神承续与谱

① 童兵：《深刻认识实施卓越新闻传播人才教育培养计划的重大意义》，《当代传播》2018 年第 6 期。

② 赵星耀：《马克思主义新闻观的内涵、外延和阐释方法》，《中国出版》2018 年第 14 期。

③ 叶俊：《“马克思主义新闻观”的概念起源及其话语变迁》，《现代传播（中国传媒大学学报）》2018 年第 4 期。

④ 陈力丹主编：《马克思主义新闻观百科全书》，中国人民大学出版社 2018 年版。

系勾连。[①]

马克思主义新闻观是由一些具体观念构成的。对此，学界对马克思主义新闻观中的一些具体观念做了研究。有研究者认为，“两个服务”体现了马克思主义新闻观的当代新发展，是新时期“两个喉舌”的行动纲领，回答了新时期媒体“如何发声”。“两个服务”在价值多元、需求多元的新时代可以更好地实现与人民的连接，从而能更好地实现“两个喉舌”的功能。[②]群众路线是马克思主义新闻观的灵魂。有研究就此指出，把握新闻事业群众路线需要明确两个问题，一是厘清马克思主义群众观和西方资产阶级主流受众观的区别；二是明确新闻事业的“党性”与“人民性”的有机统一。在此基础上，从立场、方法、作风三个方面认识新时代新闻事业群众路线的新要求。[③]

马克思主义新闻观的根本是新闻观研究。对此，有研究指出，新闻价值观是新闻观的核心，新闻观有多元表现，包括专业主义新闻观、商业偏向新闻观、宣传偏向新闻观等主流新闻观，以及未成体系的分散的民众个人新闻观和其他社会组织的新闻观。文章认为，中国的主导新闻观是马克思主义新闻观，其典型特征是“人民中心观”，而“人民中心观”主要内容体现在人民是创造新闻价值的主体、人民利益是新闻活动的最高目标、依靠人民是做好新闻工作的基础三个方面。[④]有研究者结合批判传播政治经济学、后殖民文化研究和转型政治学等学术理论资源，发展一种跨文化传播政治经济学视野，并从这一视野出发，把中国共产党新闻理论与实践的规范性内涵归纳为 8 条，即：传播和舆论的重要性；媒体的非资本所有与控制原则和传播的社会效益第一原则；以正面报道为主的社会运动媒体和倡导性新闻理念；政党的作用和群众路线作为政治传播模式；全党办报/全民办报；强调“传输传播模式”和“仪式传播模式”的结合；超越哈贝马斯（资产阶级）公共领域理论的认知主义和理性主义偏颇，讲究新闻传播中情与理的结合；知行合一，理论和实践相结合——在认识世界中改造世界，改造自己。[⑤]

与马克思主义新闻观相对的是西方新闻观，对此，有研究指出，主要以“新闻独立”“第四权力”“新闻自由”等为代表的西方新闻观是本质上体现并代表资产阶级利益、与马克思主义新闻观相对立的资产阶级新闻观，是资本主义意识形态的典型体现。通过剖析可以发现，西方新闻观的“第四权力”“独立媒体”等说法是自欺欺人的假命题，资产阶级的政府、政党和政客巧妙控制着媒体，西方新闻媒体的阶级性决定了其必然为资产阶级服务等。新时代意识形态领域斗争依然复杂，要求我们应深刻认清西方新闻观的本质，更加坚定地坚持党管媒体、党管意识形态，更加理直气壮地坚持政治家办报、办刊、办台、办网。[⑥]

随着时代的发展，马克思主义新闻观

① 林克勤：《马克思主义新闻观与体验哲学的谱系勾连》，《现代传播（中国传媒大学学报）》2018 年第 10 期。

② 栾轶玫：《从“两个喉舌”到“两个服务”——马克思主义新闻观的当代新发展》，《南京政治学院学报》2018 年第 6 期。

③ 宫京成、李彬：《群众路线：重塑马克思主义新闻观的灵魂》，《新闻与写作》2018 年第 9 期。

④ 杨保军、王敏：《论中国马克思主义新闻价值观的典型特征》，《山西大学学报（哲学社会科学版）》2018 年第 6 期。

⑤ 赵月枝：《全球视野中的中共新闻理论与实践》，《新闻记者》2018 年第 4 期。

⑥ 朱继东：《论新时代坚持政治家办报的重要性——从认清西方新闻观本质的角度》，《新闻爱好者》2018 年第 10 期。

需要与时俱进。对此，有研究从出版角度入手，认为，在马克思主义经典作家看来，新闻出版要以唯物史观为指引，并依据时代的发展脉络进行调整和优化。因此，在当今的新媒体环境中，除了要坚持党对新闻出版的领导、坚持以受众为中心外，还应坚持体现新闻出版的社会效益，坚持以马克思主义统领社会主义意识形态，推动媒体融合，在创造良好的新闻出版环境的同时，更好地维护社会主义意识形态安全，牢牢把握社会主义的舆论阵地。[①] 也有研究结合互联网的特点对马克思主义新闻观做了研究，认为，在互联网特别是社交媒体引发的信息过载时代，如何形成更具解释力与普遍性的新闻观念，成为当代马克思主义新闻观发展的历史机遇。新闻是真实与价值的统一体，这是马克思主义新闻观的一条核心原理。在马克思主义新闻观的视角下，新闻具有很强的意识形态属性，是社会权力的体现。马克思主义是当代中国的立国之本，也是引领新时代发展的思想旗帜。[②]

四、构建以马克思主义新闻观为灵魂的中国特色新闻学

中国特色社会主义进入新时代，我国新闻学迎来了创新发展的新机遇。如何以马克思主义为指导构建新时代中国特色新闻学，成为新时代我国新闻学发展的历史责任和时代追求。2018 年，学术界就构建中国特色新闻学作出了系列研究。

中国特色社会主义进入新时代，新闻学也迎来创新发展的新机遇。有研究指出，构建具有中国特色、中国风格和中国气派的新闻学，需要全国新闻学界秉持开放、务实和创新的理念持续探索，共同努力，加强马克思主义新闻理论学术体系、学科体系和话语体系建设，推动新时代新闻学理论研究的传承、丰富和发展，努力构建对哲学社会科学具有支撑作用的中国特色新闻学。[③] 有研究指出，对新时代新任务提出的新要求，中国特色新闻学要更好服务于民族复兴伟业，还需要进一步解决学科发展中的重大问题。其中，最为关键的问题是如何构建体现中国特色、中国风格、中国气派的中国特色新闻学学科体系、学术体系、话语体系。[④] 建设中国特色新闻学亟须对所涵盖的命题、可利用的理论和学术资源、建设的路径和方法进行深入阐述。有研究认为，中国特色社会主义新闻理论已粗具体系，它是中国特色新闻学的核心部分，有理由相信，具有与时俱进理论品质的中国特色社会主义新闻理论，将引领中国特色新闻学的学术、学科、话语体系建设，并通过艰苦卓越的努力，引领中国特色新闻学跻身世界的学术之林。[⑤]

习近平关于新闻舆论系列重要论述是新时代马克思主义新闻观的重要内容，也是构建中国特色新闻学的关键所在。如何在习近平关于新闻舆论重要论述的指引下构建中国特色新闻学？有研究指出，构建中国特色新闻学，要坚持全球视野下的问题意识，为营造健康的新闻舆论生态、提升国际传播能力提供理论指导。积极探索新形势下的舆论生态建构规律，有效开展舆论引导；积极探索新媒体传播规律和新

---

① 靳安广：《马克思主义新闻出版观及其对新媒体环境的现实观照》，《广西社会科学》2018 年第 11 期。

② 胡钰：《马克思主义新闻观的真理性、批判性与实践性》，《新闻与写作》2018 年第 8 期。

③ 季为民：《中国特色新闻学的历史、使命和方向——关于中国新闻学创立百年的回顾思考》，《陕西师范大学学报（哲学社会科学版）》2018 年第 3 期。

④ 季为民：《构建新时代中国特色新闻学正当时》，《人民日报》2018 年 5 月 28 日。

⑤ 雷跃捷：《建设中国特色新闻学的命题、资源、路径与方法》，《现代传播（中国传媒大学学报）》2018 年第 10 期。

型文化业态，大力开展创意传播与跨文化传播，用中国特色新闻实践与新闻学话语传播中国声音，提高我国文化软实力。[①]也有研究指出，已有研究大部分都停留在对相关讲话、报告的平面性的政策解读水平，鲜有结合中华人民共和国成立以来，尤其是改革开放40年马克思主义新闻观中国化的实践历程，从文化背景、制度实践、价值反思等全方位、多维度地对习近平关于新闻舆论重要论述进行深度研究。这样无法对其中所蕴含的更为深远的理论意义和现实意义作出富有时代高度的诠释和呈现。[②]

新闻学的发展建设存在许多问题，尤其是学科的建设和发展问题值得学界重点关注。有研究者认为目前我国的新闻学研究面临“结构性贫困”问题，制约着学科持续发展。主要表现为，新闻传播理论鲜有对重大实践问题的正面、有力回应，研究解读表面化浅层化，理论知识生产“内卷化”；新闻传播理论研究自主性不足，自主生产的理论资源少，多靠其他学科和国外理论嫁接，同时备受学术外部力量的挤压困扰，外援和内生双重不足，理论自主性危机空前；新闻学研究的理论“硬度”不足，学科理论范式不成熟，科学方法、理论视野、问题意识有先天不足，观点判断缺乏逻辑、规范和证据的印证支撑。面向新时代，如何拓展中国特色社会主义新闻学的理论空间？该研究认为，中国新闻学的发展创新，要建立在学术资源继承融会发扬的基础上，坚持不忘本来、吸收外来、面向未来，在继承中转化，在学习中融会，在发展中超越，从而弘扬中国文化传统，反映中国特色实践，体现中国价值观念，塑造世界共同话语，以鲜明的中国特色、中国风格、中国气派为新闻学的创新发展提供理论贡献。[③]

撰稿：叶　俊（中国社会科学院新闻与传播研究所助理研究员）

媒体融合研究 2018 年综述

随着媒体融合的持续推进，我国媒体融合发展已经由简单的物理变化的相加式转型阶段升级到化合变化的深度相融相生阶段，[④]从单向度融合到多层次融合。[⑤]中国新闻奖也在 2018 年首设“媒体融合奖项”，为媒体融合发展树立了旗帜，提供了范本，有力助推了更深层次的媒体融合。[⑥]相关政策陆续出台，业界探索不断前行，传播体系和业态格局呈现前所未有之变局。学界与之同频共振，围绕“媒体融合”

---

① 胡钰：《构建中国特色新闻学的思想指引》，《青年记者》2018 年第 19 期。

② 朱清河：《关于新时代中国特色社会主义新闻理论研究的几个问题》，《教育传媒研究》2018 年第 5 期。

③ 季为民：《中国特色新闻学如何创新发展》，《青年记者》2018 年第 19 期。

④ 梅宁华、支庭荣：《媒体融合：进程与趋势》，《新闻与写作》2018 年第 4 期。

⑤ 李彪、王永祺：《2017 年媒介融合趋势：从单向度融合到多层次融合》，《出版广角》2018 年第 3 期。

⑥ 黄楚新、郑智文：《什么样的网络作品能获得中国新闻奖——对第二十八届中国新闻奖网络作品的观察》，《新闻战线》2018 年第 21 期。

的学术研究是新闻学领域的重要研究方向。

2018年，对于媒体融合研究更加全面深入，关于媒体融合的研究成果涉猎范围广泛，学界既从跨学科角度对媒体融合进行思辨，探讨其内涵与外延，同时也理解政策，以个案为例探讨实操层面的融合成果与发展进程。对内容、技术、体制、经营等细分领域进行条块化研究，解析媒体融合的现有问题，预估未来发展趋势。

一、国内研究发展动态

截至2018年12月31日，以“媒体融合”为关键词在CNKI（中国知网）进行全文检索可以发现，被CNKI归入的文献数量达到3234篇，略低于2017年的研究文献。相较于前几年媒体融合研究的井喷式增长，媒体融合研究在2018年热度渐趋稳定。2018年针对“媒体融合”的研究充分采用定性研究，以个案分析法为主，同时结合深度访谈等方式，探究媒体融合现状、问题及趋势。其中，针对“中央厨房”等融媒体平台发展、县级融媒体中心建设、人工智能在新闻领域的应用等具体问题的调研、思辨、讨论成为2018年媒体融合研究的新特点。

二、“媒体融合”研究重要议题

“媒体融合”内涵解读。“媒体融合”经多年的探索研究，已跳出原有的单一化理解。2018年，对其概念和内涵的研究更为深入和全面，媒体融合整体性、系统性的特点成为关注的重点。有研究者认为，媒体融合要理解为“内容生产＋产品形态＋渠道占有”的“一体”。[①] 媒体融合是一项整体性工程，需要在推行理念、传播内容、组织机构、产品形态、版权保护等方面进行系统性创新。同时，媒体融合也需要新闻业、互联网行业等通过行业联动，实现新闻信息传播业态革新。[②] 对于新传播时代的融合，有研究者认为应包括超越“全媒体化”的业务融合，生产力再建构的“媒体与用户的融合”，传媒业版图重塑的产业融合，冲突与兼容的文化融合以及未来的人与机器的融合。[③]

“媒体融合”政策研究。自2014年中央全面深化改革领导小组第四次会议审议通过了《关于推动传统媒体和新兴媒体融合发展的指导意见》后，媒体融合被正式提升到了国家战略层面。此后，媒体融合转变为政界、业界、学界共同关注的议题，频现于领导人讲话和相关政策中。2018年8月，习近平总书记在全国宣传思想工作会议上指出，“要扎实抓好县级融媒体中心建设，更好引导群众、服务群众”。这是县级融媒体中心的概念首次在中央级会议上提出，自此掀起了全国县级融媒体中心建设的热潮。11月14日，中央全面深化改革委员会第五次会议审议通过《关于加强县级融媒体中心建设的意见》，明确了县级融媒体中心的改革方向、目标和职能定位。学界基于顶层设计的明确和业界的落地探索，将研究的目光聚焦于县级融媒体中心建设，从多维度深入思考讨论。

有研究者围绕着习近平总书记的讲话，结合实际情况指出建设县级融媒体中心的现实需求在于建设县级融媒体，打通传播的最后“一公里”，实现渠道下沉，以及可以挖掘县级潜力股，释放基层群众媒体活力，进行用户拓展，并能以短视频

---

① 陈力丹：《认识融合传媒的力量》，《新闻春秋》2018年第4期。

② 唐绪军、黄楚新、王丹：《智能互联与数字中国：中国新媒体发展的新时代》，载《中国新媒体发展报告（2018）》，社会科学文献出版社2018年版。

③ 彭兰：《新媒体传播：新图景与新机理》，《新闻与写作》2018年第7期。

为起点，创新更紧密的连接形态。① 有研究者基于调研，指出县级融媒体建设已在全国相继铺开，1756 个县至少拥有一种新媒体平台并开展相关建设工作，占比高达 93.9%。但各县经济发展状况、民生情况存在较大差异。② 还有研究者整合部分已进行融合转型的县级媒体的典型案例，为其他地区县级融媒体中心建设提供经验参考。③ 但需要注意的是，县级融媒体中心的建设过程并不是一蹴而就的，也没有一个适用于所有县的"万能模板"。各县在建设融媒体中心的过程中，需要结合传统媒体的发展情况和新媒体平台的建设情况，根据实际条件和本县需求，选择适合自己的县级融媒体中心建设方式，并在未来发展过程中不断改进建设方式，用发展的眼光推动媒体融合在县级领域的全新发展。④

"媒体融合"发展现状研究。2018 年，对于媒体融合发展现状，学界展开了广泛讨论，研究的焦点主要聚集于对业界媒体融合进展的观察与思考，既涵盖对整体传媒业媒体融合的研究，也包括对报业、广播电视等媒体融合进程的分开考量。中国社会科学院新闻与传播研究所出版的《中国新媒体发展报告（2018）》指出当前媒体融合经过深度相融和提速升级，已进入系统性创新的新阶段。⑤ 有研究者指出现阶段"两微一端"（微博、微信和客户端）成为标配。⑥ 还有研究者认为，"两微一端一号"（微博、微信、客户端和头条号）⑦或"三微一端"（微博、微信、微视频和移动端口）⑧ 已成为平台融合发展标志，"移动优先"特征突出。同时技术的升级，使得移动直播和短视频报道成为新闻报道新常态，VR、AR、AI 等技术也得到更广泛的运用。⑨

2018 年，短视频的异军突起成为业界探索的新方向，学界关注的新重点。短视频的火爆发展得益于网络技术的发展、智能手机的普及、网络资费的降低以及用户与手机的"形影不离"关系。更重要的是，短视频与新时代用户的信息获取和消费习惯相吻合。⑩ 有研究者从传统媒体基于移动端的新闻短视频发展原因和现状入手，认为传统媒体新闻短视频呈专业与 UGC 并重，着重对新闻事件进行的即时、密集、个性化报道，并构建伴随式信息纽带等特点。⑪ 此外，还有基于"梨视频"⑫、"浙视频"⑬、"北京时间"⑭ 等短视

① 沈阳、闫佳琦：《县级融媒体中心建设的思考》，《中国出版》2018 年第 22 期。

② 谢新洲、黄杨：《我国县级融媒体建设的现状与问题》，《中国记者》2018 年第 10 期。

③ 黄楚新、王丹丹：《县级媒体融合的典型案例》，《中国记者》2018 年第 10 期。

④ 田丽、石林、朱垚颖：《县级融媒体中心"全省部署"和"县级探索"建设模式对比——以 A 省 Q 县和 B 省 Y 县为例》，《出版发行研究》2018 年第 12 期。

⑤ 唐绪军、黄楚新、王丹：《智能互联与数字中国：中国新媒体发展的新时代》，载《中国新媒体发展报告（2018）》，社会科学文献出版社 2018 年版。

⑥ 薛来：《浅议媒体融合发展现状及其趋势》，《新闻论坛》2018 年第 5 期。

⑦ 谢新洲、黄杨：《当理想照进现实——媒介融合的问题、原因及路径研究》，《出版发行研究》2018 年第 4 期。

⑧ 丁柏铨：《媒体融合的趋势、困境与创新路径》，《传媒观察》2018 年第 5 期。

⑨ 甘险峰、李勇：《机遇与挑战并存：媒体融合进入改革创新"深水区"——2017 年中国新闻业事件盘点》，《编辑之友》2018 年第 2 期。

⑩ 唐绪军、黄楚新、王丹：《步入智能互联新时代：中国新媒体发展趋势》，《中国记者》2018 年第 8 期。

⑪ 殷乐、高慧敏：《传统媒体新闻短视频发展现状与传播态势》，《当代传播》2018 年第 6 期。

⑫ 蒲锡林：《传统电视媒体的新媒体融合：短视频——以梨视频为例》，《视听》2018 年第 11 期。

⑬ 方力、周旭辉：《主流媒体如何打造视频产品——以"浙视频"为例》，《新闻与写作》2018 年第 11 期。

⑭ 蒋虎、宁文茹：《媒体深度融合：基于新生态的新闻专业精神重塑——"北京时间"在媒体融合发展中的探索与思考》，《新闻与写作》2018 年第 2 期。

频产品或平台的个案研究，以点映面，思考传统媒体在媒体融合转型进程中短视频化的探索。

报业的媒体融合转型进行已久，2018年，对报业的媒体融合的研究多集中于个案分析。有研究者认为，报业的媒体融合首先体现在平台、终端、渠道的构建和技术支持上。更为深层的媒体融合则表现为报业新媒体产品的横空出世，且形成高价值的新媒体品牌。① 有研究者指出，报纸媒体融合现状呈现出注重技术引用，加快智能化进程；融合体系不断完善，实现跨界发展；搭建生态矩阵营，侧重平台服务；打造自有产业闭环，逐利传媒长尾效应等特点。②

2018 年，广电领域的媒体融合更为深远。有研究者认为，我国电视媒体走向媒体融合之路，经历了试水破冰的阵痛，现在已经由早先搭建全媒体平台转向实现全媒体传播再到全媒体平台、全媒体传播和全媒体产业联动跃升阶段。③ 有研究者针对现状指出，广电媒体整体融合情况较好，中央媒体在其中发挥着引领作用，融合成效显著。但中央媒体与地方媒体之间、地方媒体内部的新媒体发展程度存在较大差异，传播力明显分化，甚至存在“一九效应”。④ 此外，在推动县级融媒体中心建设的大势下，结合我国“四级办台”的政策，县级广播电视台成为当地融媒体中心建设的核心力量。有研究者对部分以广电融合为代表的融合先行地区经验进行总结，如邳州广电“银杏传媒”⑤、浙江长兴传媒集团⑥、玉门广播电视台⑦等，这些颇具代表性的模式为其他县的融媒体中心建设提供了可参考学习的范例。

“媒体融合”实践路径研究。新技术、新平台、新关系改变了传统的传播体系和业态格局。传统媒体在转型过程中，过去的方法已不再完全适用，势必要适应全新的技术、平台、关系。在实践路径层面，其生产流程的更新再造成为研究的重点。2018 年，对于以“中央厨房”为代表的融媒体平台的思考更为深入，出现了多种声音。有研究者指出，从中央到地方的多家媒体纷纷建造自己的“中央厨房”，但一些媒体在建设过程中并没有充分考虑自身的资源状况，盲目投入运营，投入大量资金或人力资源，单纯将“中央厨房”视为媒体融合的标杆，反而影响了融合进程。⑧ 有研究者认为，应系统、辩证地看待“中央厨房”在传媒转型中的价值，“中央厨房”是传媒转型的一种可尝试的手段与工具，而不应是最终的目的。“中央厨房”仍以传者为中心的传播理念，成本高昂，容易导致同质化，无助于打造新闻产品的个性与特色，不适合作为“标配”在所有媒体中推广。从坚守舆论阵地、实现媒体转型发展的角度，该研究认为“中央厨房”不应常态化。⑨

技术与媒体融合实现路径的关系始终是研究的热点，技术创新已在媒体融合进

① 赵子忠、刘若歆：《媒体融合：唯一不变的就是变化》，《新闻战线》2018 年第 19 期。
② 黄楚新：《2017 年中国报纸融合发展报告》，《传媒》2018 年第 1 期。
③ 曾静平：《试论我国电视媒体融合发展的创新思维》，《中国电视》2018 年第 2 期。
④ 黄楚新、王丹丹：《国内广电新媒体发展现状及趋势》，《中国广播》2018 年第 8 期。
⑤ 徐希之：《县级媒体融合的邳州探索》，《中国广播电视学刊》2018 年第 11 期。
⑥ 王晓伟：《破壁体制机制　赋能媒体融合——长兴传媒集团媒体融合探索实践》，《中国记者》2018 年第 11 期。
⑦ 刘勇、沙垚：《县级融媒体中心之玉门经验》，《新闻战线》2018 年第 17 期。
⑧ 黄楚新、彭韵佳：《2017 年中国媒体融合发展报告》，《现代传播（中国传媒大学学报）》2018 年第 4 期。
⑨ 陈国权：《中国媒体“中央厨房”发展报告》，《新闻记者》2018 年第 1 期。

程中显示其价值，但对其思考也应更为全面。目前，机器人写作、机器算法推送、传感器新闻等成为技术融合的主要形式。但人工智能的技术融合还处于初级层次，无论是机器人写作还是算法都存在一系列问题，有待进一步完善。① 有研究者认为，科技发展将加速媒体的迭代更新，未来或将从“媒体融合”走向智能机器与人脑的融合。② 也有研究者指出，在媒体融合进程中应防止两种错误倾向，一是排斥技术；二是技术失去节制。③ 同时，有研究者指出，技术因素只有与不同的运营方式相结合才能产生效能，效能的性质、大小、影响由运营方式决定而不是技术本身决定。技术创新在体制、政策层面的需求也会被其他因素所影响，甚至成为保守者对抗体制改革的手段。④

移动互联网环境下，主流媒体面临着渠道失灵的窘境，商业平台把持着巨大流量，但也面临着内容同质化、庸俗化等问题，媒体和平台的关系成为媒体融合实践进程中普遍关注的议题。有研究者指出，对于以主流媒体为代表的内容导向性媒体而言，由于平台对注意力的垄断优势不断增强，仅仅拥有高质量的规模化内容已经不足以建立竞争优势，相反可能沦为媒体平台增值的砝码，再多的努力也不能摆脱“为他人做嫁衣”的尴尬。⑤ 有研究者认为平台媒体化和媒体平台化，已成为当下媒介融合的典型特征和趋势之一。专业媒体既要充分意识到绝大多数媒体很难建立平台化的优势，又要充分抓住与平台媒体合作的资源和机遇，实现自我发展。传统媒体不应“去平台化”，但可以适度降低对平台的过度依赖。也应充分发挥主流媒体对行政资源的整合优势，培育和做强自身的资讯服务平台。⑥

媒体融合进程中，传统媒体盈利模式的探究是需要面临的现实问题。有课题组结合地域因素、示范因素和成果因素，选取北京日报报业集团等 5 家党报集团实地考察和调研，指出目前对于省级党报而言，传统的广告发行依然是主要收入来源，数据输出、平台推广、技术服务等成为盈利渠道。同时利用媒体资源优势，大力拓展文化产业，借助媒体品牌影响力，积极构建电商平台，并尝试新媒体平台知识付费新模式，建立全媒体广告营销新机制，还通过资本运作拓展业务增加盈利。⑦ 有研究者强调多元化经营的特征，突出在内容上打造覆盖用户需求的多样化产品，在经营思维保持主业优势，培育多元化经营链条。⑧

“媒体融合”问题研究。随着媒体融合发展的持续推进，也暴露出一系列问题。有研究者指出，目前内容生产固有模式被客观因素改变，传统单一化生产模式难以适应融合发展要求，渠道扩展与创新面临着新的困境，媒体思维与产业思维融

---

① 李彪、王永祺：《2017 年媒介融合趋势：从单向度融合到多层次融合》，《出版广角》2018 年第 3 期。

② 崔保国：《2017 年新型主流媒体发展概况及展望》，《新闻战线》2018 年第 1 期。

③ 丁柏铨：《媒体融合的趋势、困境与创新路径》，《传媒观察》2018 年第 5 期。

④ 严三九：《中国传统媒体与新兴媒体融合发展的现状、问题与创新路径》，《华东师范大学学报（哲学社会科学版）》2018 年第 1 期。

⑤ 王昕：《2017 年媒体融合发展动向与趋势的相关思考》，《教育传媒研究》2018 年第 4 期。

⑥ 张志安、曾励：《媒体融合再观察：媒体平台化和平台媒体化》，《新闻与写作》2018 年第 8 期。

⑦ 中国传媒大学党报党刊研究中心课题组：《我国省级党报融合发展整体布局及盈利模式研究》，《现代传播（中国传媒大学学报）》2018 年第 12 期。

⑧ 黄楚新、彭韵佳：《2017 年中国媒体融合发展报告》，《现代传播（中国传媒大学学报）》2018 年第 4 期。

合不够。① 有研究者基于从中央到地方14家媒体机构的19位新媒体部门负责人的访谈内容，认为目前存在的问题主要集中于平台融合难以维持内容影响力，经营模式融合难以应对市场环境以及机构融合难以撼动传统组织形态。其主要原因是媒体机构从业者对“媒体融合”的理解呈现片面化、一知半解特点，本质上并没有跳脱过去新闻网站运营的逻辑。在用户需求意识建设、传播模式、传统组织模式三个方面媒体机构固守陈规，缺乏创新意识。②

目前，对于持续推进的媒体融合，缺乏合理统一的科学评价体系，不利于保留现有媒体融合工作优势，改进工作不足。针对此问题，有研究者认为在媒体融合进程中，具有不同发展基础和资源特点的传统主流媒体应当结合自身情况，进行定制化、有重点的指标体系开发，根据自身的发展基础选择对标对象，理性制定发展目标和建设周期。③ 有研究者指出，媒体融合评估体系可以包括媒介平台运维情况、媒介内容呈现质量、机构竞争力三大一级指标。并在此基础上进一步细化相应的二级指标，帮助媒体实现准确定位，并提供成功经验。④ 同时，也有研究者提出了具体设想，根据习近平总书记对舆论引导和媒体融合发展的重要讲话精神，联合数据公司，打造了基于传播力、引导力、影响力和信任度为基础的融合传播效果评价指标体系，包括信源影响、传播深度、重大新闻内容比例等11个二级指标，并对全国837家媒体和2家通讯社进行了模型验证。⑤

“媒体融合”发展对策研究。媒体深度融合发展是我国媒体发展的大势所趋。随着5G时代将临，媒体融合发展将迎来新的机遇也会面临新的挑战。在未来应以提升主流媒体话语权为主要目标，优化顶层设计。还要更新媒体发展观念，强化用户思维。同时需要管理机制上的保障，要求传媒体制、政策法规都要跟上行业发展趋势。⑥ 下一阶段重点在于媒体融合的深化，媒体融合不再局限于介质之间的组合与打通，而应跨界融、智能融、结构融。⑦ 场景、关系与算法是媒体融合创新的三重维度。⑧

三、其他学科视角“媒体融合”研究

从其他学科角度介入媒体融合研究将对媒体融合的认识放在了更为广阔的学术环境中，多元视角使得媒体融合的研究更为立体化。

有研究者耙梳我国1996—2017年20余年间的媒介融合研究，认为学者对媒体融合的研究为“现象”所牵引，表现为一个从概念、定义到现象和规制的演进路径，媒体融合的主体研究、载体研究、从业人员及用户研究、产业及政策研究是研究成果聚集的四个方面，呈现出与媒体融合技术先导性特征不相一致的现象化特

① 严三九：《中国传统媒体与新兴媒体融合发展的现状、问题与创新路径》，《华东师范大学学报（哲学社会科学版）》2018年第1期。

② 谢新洲、黄杨：《当理想照进现实——媒介融合的问题、原因及路径研究》，《出版发行研究》2018年第4期。

③ 王昕、陈晓：《主流媒体融合发展的战略与策略——基于新媒体发展基本问题的观察与思考》，《新闻战线》2018年第23期。

④ 黄楚新、彭韵佳：《2017年中国媒体融合发展报告》，《现代传播（中国传媒大学学报）》2018年第4期。

⑤ 赵彤：《媒体融合传播效果评估的路径、模型与验证》，《新闻记者》2018年第3期。

⑥ 严三九：《中国传统媒体与新兴媒体融合发展的现状、问题与创新路径》，《华东师范大学学报（哲学社会科学版）》2018年第1期。

⑦ 栾轶玫：《融媒体的下一站：跨界融、智能融、结构融》，《视听界》2018年第6期。

⑧ 刘新传：《场景、关系与算法：媒体融合创新的三重维度》，《新闻战线》2018年第23期。

征，可以说是一场历时旷久的缺乏知识融合的媒体融合研究。[①]

媒体与法律之间关系的研究从未止步，随着媒体融合进程的深入，针对著作权的讨论更为丰富。在媒体融合的背景下，原有的版权利益矛盾变成了由作者、社会公众与网络服务商之间的版权利益矛盾。需要通过强化权利人人身权，修正合理使用制度与完善技术保护措施，明确避风港原则以及构建互联网著作权集体管理组织。[②] 有研究者基于中国知网的文献资料，认为强调版权的重要性、研究版权保护的难点、提出版权保护的路径和摸索版权运营的路径成为媒体融合中版权研究的四大关注焦点，这与实践中我国媒体融合中的版权痛点相吻合。[③]

撰稿：黄楚新（中国社会科学院新闻与传播研究所研究员）
郑智文（中国社会科学院研究生院新闻学与传播学系研究生）

媒介法规研究 2018 年综述

2018 年是新闻法制建设的 40 周年，学者们站在这一整数节点上继往开来。有研究者基于马克思主义文献的关键观点“报刊批评精神”，来探寻中国司法适用的具体原则；[④] 有研究者研究马克思对普鲁士书报检查制度的批评，来阐述马克思的新闻法制与伦理思想；[⑤] 有研究者将新媒体资本准入制度视为新时期的关键因素，通过剖析时弊，来为传媒产业立法这一肇始问题找寻出路；[⑥] 有研究者回顾了中国社会科学院新闻研究所与传媒法治研究的历史，对传媒立法和媒介法规研究的未来给予重要启示。[⑦]

新时代的节点也意味着媒介法规新的面向，更多的学者立足于“算法”“著作权”“隐私”“人工智能”等当下热点问题。如有研究者着眼于人工智能带来的新闻革命，指出机器人写作、算法推荐和沉浸式新闻对既有法规与伦理的新挑战，[⑧] 有研究者面对智能软件的“混合作品”侵权乱象，试用“黑箱理论”的分析方法来确定具体的侵权情境。[⑨] 由此形成了 2018 年媒介法规研究新时期的新焦点。

一、隐私权与个人信息保护研究

网络传播技术日新月异的飞速发展，使得公民隐私和信息问题成为长期的热点

① 韩立新、张秀丽：《我国媒介融合研究 20 年之进路》，《河北大学学报（哲学社会科学版）》2018 年第 4 期。
② 潘道平：《媒介融合背景下版权利益失衡现象分析与对策》，《出版发行研究》2018 年第 3 期。
③ 朱鸿军：《中国媒体融合的版权之痛——基于知网文献的考察》，《新闻与写作》2018 年第 3 期。
④ 陈堂发：《马克思、恩格斯“报刊批评精神”中国化的司法层面分析》，《南京社会科学》2018 年第 8 期。
⑤ 汪振军：《马克思新闻法治与新闻伦理思想初探》，《现代传播（中国传媒大学学报）》2018 年第 2 期。
⑥ 李丹林：《新媒体资本准入制度：传媒产业立法的核心》，《南京社会科学》2018 年第 1 期。
⑦ 魏永征：《新闻所在传媒法治研究的开创业绩》，《新闻与传播研究》2018 年增刊。
⑧ 邵国松：《媒体智能化发展的伦理与法律问题初窥》，《现代传播（中国传媒大学学报）》2018 年第 11 期。
⑨ 王晓巍：《智能编辑：人工智能写作软件使用者的著作权侵权规制》，《中国出版》2018 年第 11 期。

话题。经过过去几年对隐私问题研究的不断深入，隐私问题研究需要迈上一个新高度，与此同时，由隐私演进的个人信息保护问题成为立法的趋势。

对于隐私问题的研究该如何突破，有研究者利用可视化软件分析了过去十年间网络隐私研究问题的发展脉络和知识流动，并“从拓展学科交叉的研究领域”“注重科学研究方法的使用”“明确研究问题并持续研究”和“对重点问题进行集中攻关”这四个方面给出未来研究的进路。① 循着这条进路回溯2018年研究发现，有研究者基于“感知—情感—行为意愿”范式，将隐私计算理论等跨学科的知识用于移动社交媒体倦怠的影响因素研究，结果证明了移动社交媒体用户的隐私关注与社交媒体态度和社交媒体倦怠间的关系，从而有利于管理社交媒体倦怠行为；② 有研究者通过实证研究的方式，对微信使用习惯及使用过程中的隐私关注、隐私认知、隐私担忧及隐私保护之间的关系进行量化分析，证明了隐私保护与微信使用中个人的隐私认知、关注和担忧的正向关系；③ 有研究者基于人工智能时代隐私权的新变化，论证区块链技术用于隐私保护的可行性，探索隐私保护的新出路；④ 有研究者从传播伦理的视角出发，沿着“保护谁?”“保护什么?”“如何保护?”的逻辑关系，试图构建大数据时代隐私保护之分级理论的逻辑框架、伦理原则与实践路径；⑤ 有研究者就司法克制主义对隐私权司法保护的阻力，试图依据隐私人格利益中不同属性的价值差序分级排列，来重构隐私权司法保护的主动性。⑥

信息化社会带来了个人信息保护的观念和需求，经过15年的呼吁，“十三五”立法规划将“个人信息保护法”列入一类计划。面对呼之欲出的“个人信息保护法”，法学界纷纷从个人信息立法的实际需要出发找寻方向。如有研究者从个人信息识别性这一国际核心标准，提出加强个人信息权的顶层设计，通过事前同意、事中风险评估和事后个案认定机制来弥补概念界定的缺陷；⑦ 有研究者认为，个人信息具有公共性和社会性，我国的个人信息保护应从个人控制走向社会控制，从而建立平衡的保护制度；⑧ 有研究者提出个人信息保护的法律规制要摆脱简单地施加禁止性或强制性规定的思维，应以培育信息控制者内部治理机制为目标，以构筑有效的外部执法威慑为保障，促使信息控制者积极履行法律责任，并确认信息主体的个人信息控制权，循序渐进地推动激励相容

① 顾理平、范海潮：《网络隐私问题十年研究的学术场域——基于CiteSpace可视化科学知识图谱分析（2008—2017)》，《新闻与传播研究》2018年第12期。

② 彭丽徽等：《用户隐私安全对移动社交媒体倦怠行为的影响因素研究——基于隐私计算理论的CAC研究范式》，《情报科学》2018年第9期。

③ 徐敬宏等：《微信使用中的隐私关注、认知、担忧与保护：基于全国六所高校大学生的实证研究》，《国际新闻》2018年第5期。

④ 王军：《从脸书“泄密门”看人工智能时代隐私保护的困局与出路》，《北方传媒研究》2018年第4期。

⑤ 王敏：《大数据时代如何有效保护个人隐私？——一种基于传播伦理的分级路径》，《新闻与传播研究》2018年第11期。

⑥ 陈堂发：《利益差序思维与隐私权司法能动性》，《新闻前哨》2018年第12期。

⑦ 齐爱民、张哲：《识别与再识别：个人信息的概念界定与立法选择》，《重庆大学学报（社会科学版)》2018年第2期。

⑧ 高富平：《个人信息保护：从个人控制到社会控制》，《法学研究》2018年第3期。

的治理机制。[①] 新闻界专家学者也参与其中，有研究者介绍了我国个人信息保护的基本规范和不足等现状，指出了个人信息保护法要根据国情建立中国特色的制度方向；[②] 有研究者从《网络安全法》的实行效果出发，实证研究了500家网站的具体情况，发现我国大部分网站合规程度较低，不同类别网站的合规程度也存在差异，并讨论了《网络安全法》保护个人信息的有限性；[③] 有研究者研究新媒体环境下青年网民的个人信息权意识，认为社交媒体的社交使用对青年个人信息权意识有促进作用，而娱乐使用有削弱作用，同时发现了隐私心理需要在社交使用和娱乐使用中的部分或完全中介作用；[④] 有研究者以对社交网站隐私文本的剖析，来发现个人信息保护面临的问题和可行路径。[⑤] 作为欧盟个人信息保护制度重要概念的“被遗忘权”被视为大数据时代的重要法律概念，有研究者从隐私保护、“把关人”缺失、法律基础的空间论证我国引入“被遗忘权”的可行性和必要性；[⑥] 有研究者将“被遗忘权”视作个人信息权的重要组成部分，在个人信息保护立法的框架下进行制度构建；[⑦] 有研究者通过解析“被遗忘权”指出被遗忘权并不是任意删除，而是通过信息价值纠偏机制来保障人格得以自由发展，并提出只有准确把握被遗忘权作为信息价值纠偏工具的本质，以信息生命周期理论为基础，才能构建出既符合理论逻辑又具有可操作性的被遗忘权权利体系。[⑧]

二、著作权的乱象与新挑战问题研究

著作权也称版权，被视为媒体生存和发展的根基。2018年多位学者循着改革开放20年著作权保护的利益诉求变化进行研究。有研究者总结了我国40年来从版权保护到版权法制的建设，[⑨] 勾画出著作权法制的发展建设史。版权保护的全球化治理趋势需要国际视野，众多学者从德国、英国、法国等国际版权保护研究中，探索中国版权的保护之路，比如有研究者分析欧盟追续制度的合理性，为我国《著作权法（修订草案送审稿）》中引入的追续权制度寻找出路。[⑩] 有研究者根据中国知网的文献资料研究发现，强调版权的重要性、研究版权保护的难点、提出版权保护的路径和摸索版权运营的路径成为媒介融合中版权研究的四大关注焦点。[⑪] 媒介法规将重点置于新技术带来的新变化方面，循着法理讨论、技术乱象和制度保障对著作权的

---

① 周汉华：《探索激励相容的个人数据治理之道——中国个人信息保护法的立法方向》，《法学研究》2018年第2期。

② 魏永征：《我国“个人信息保护法”的现状与走向》，《新闻前哨》2018年第12期。

③ 邵国松等：《我国网站个人信息保护水平研究——基于〈网络安全法〉对我国500家网站的实证分析》，《新闻记者》2018年第3期。

④ 卢家银：《社交媒体对青年网民个人信息权意识的影响研究》，《新闻与传播研究》2018年第4期。

⑤ 陈瑞华、郑洁萍：《在利益与人格之间：社交网站个人信息保护研究——基于10家社交网站的分析》，《新闻界》2018年第5期。

⑥ 张志安、邹禹同：《大数据时代“被遗忘权”的中国引入：意义与限制》，《中国出版》2018年第2期。

⑦ 罗勇：《论我国个人信息保护立法中“被遗忘权”制度的构建》，《暨南学报（哲学社会科学版）》2018年第12期。

⑧ 满洪杰：《被遗忘权的解析与构建：作为网络时代信息价值纠偏机制的研究》，《法制与社会发展》2018年第2期。

⑨ 黄先蓉、程梦瑶：《改革开放40年的出版法制建设》，《科技与出版》2018年第12期。

⑩ 刘大成：《欧盟追续权制度在我国〈著作权法〉中的适用探讨》，《科技与出版》2018年第4期。

⑪ 朱鸿军：《版权制度创新：媒体融合发展的关键环节》，《新闻与写作》2018年第6期。

大趋势给予回应。

法理界定与讨论方面，有的学者从《著作权法》出发进行分析、界定及建议。有研究者基于分析《著作权（修订草案送审稿）》来探讨如何实现各个主体利益的再平衡。① 而2018年随着人工智能的发展，值得一提的是关于人工智能侵犯著作权的讨论。有研究者从人工智能出版物的权利性质、版权的权利归属进行探讨，并认为需要将人类作品与人工智能出版物区别对待，以及设立人工智能出版物版权登记制度来进行版权保护；② 有研究者从人工智能版权法律保护的可行性和正当性出发，提出人工智能创作物已经可以满足现行著作权法对于“作品”的认定标准，可以被纳入保护的范围；③ 有研究者认为，人工智能创作的版权归属是不得不思考的问题，并指出人工智能创作物的版权归属于人工智能所有者最为恰当；④ 有研究者就人工智能作品属于著作权客体还是邻接权客体进行讨论，肯定作品独创性的同时，也认同将人工智能作品定性为著作权客体；⑤ 有研究者则提供了完善“邻接权”来提供法律保护的解决思路；⑥ 有研究者在分析人工智能写作软件使用者的著作权侵权行为后，从作品间的实质性相似与接触可能性给出了更具体的侵权认定及规制方式。⑦

针对著作权乱象方面，有对“傍名”出版的法律规制⑧和“设链行为”适用于《著作权法》中破坏技术措施条款的探讨⑨等既有问题的研究，也有众多学者聚焦于自媒体平台洗稿这一新乱象。有研究者透过对“洗稿”违法性的解析，认为“洗稿”并不具有版权，实质上就是剽窃他人作品的原创性思想，是一种变相的抄袭和版权侵权；⑩ 有研究者基于对“洗稿”行为泛滥的原因和法律保护的困境的分析，认为应在法律手段的基础上，形成人机互补、自治与法治协调共促的治理策略，并提出“强化法律层面的制度支持，出台相关的行业标准”“倡导版权保护观念，形成版权维权联盟”“合理配置检测功能位序，形成人机互补机制”的治理方向；⑪ 有研究者从破解“洗稿”治理的难题出发，提出细化著作权法相关认定要件、规范和完善自媒体责任、完善行业自治和积极维权等多元化的治理对策。⑫

制度保障方面，技术保障是新路径。有研究者以明确不同主体在内容过滤中的权利义务、制定技术标准、确立公平公正的成本分担机制、多方参与配合的联动装置，构建了网络服务商版权内容过滤机制

---

① 王炎龙、邓颖：《版权保护规制的权利再平衡——基于〈著作权法（修订草案送审稿）〉的分析》，《新闻界》2018年第6期。

② 王志刚：《论人工智能出版的版权逻辑》，《现代传播（中国传媒大学学报）》2018年第8期。

③ 马治国、刘桢：《人工智能创作物的著作权定性及制度安排》，《科技与出版》2018年第10期。

④ 李宗辉：《人工智能创作物版权保护的正当性及版权归属》，《编辑之友》2018年第7期。

⑤ 尹卫民：《论人工智能作品的权利客体属性》，《科技与出版》2018年第6期。

⑥ 郭艳：《人工智能创作物著作权制度难题及破解》，《中国出版》2018年第12期；牛静：《人工智能生成新闻稿的法律保护》，《青年记者》2018年第13期。

⑦ 王晓巍：《智能编辑：人工智能写作软件使用者的著作权侵权规制》，《中国出版》2018年第11期。

⑧ 张惠彬：《“傍名”出版的法律规制》，《出版科学》2018年第4期。

⑨ 王小夏：《破坏设链行为技术措施的法律问题研究》，《中国出版》2018年第5期。

⑩ 胡志斌：《“洗稿”的违法性解析与法律规制》，《出版发行研究》2018年第11期。

⑪ 范海潮、顾理平：《自媒体平台“洗稿”行为的法律困境与版权保护》，《出版发行研究》2018年第11期。

⑫ 任渝婉：《自媒体“洗稿”的治理难题及其多元破解》，《出版发行研究》2018年第11期。

的基本设想；[①] 另外，区块链的去中心化、智能合约和时间戳特征，也让学者们看见了利用区块链完善版权获取、推动版权开发和优化版权保护的新可能。[②] 有研究者探索区块链技术运用于版权保护的可行性，认为“基于去中心化、不可篡改及不可撤销、公开透明、可靠性强、扩展性强的特点，以及管理成本低、便于追踪、具有法律效力、安全性高、申请便捷、费用低廉的优势，区块链为数字版权保护提供了新的解决方案，在科技期刊数字版权保护方面具有潜在的巨大价值”。[③]

三、算法风险与黑箱监管问题研究

算法革命为新闻业带来翻天覆地的变化，如有研究者认为，算法革命不仅仅停留在数据、信息和新闻的层面，它还深刻地影响了我们的信息传播、思维方式和社会治理，然而算法假象背后潜藏着信息专制、社会偏见、信息茧房、算法控制等社会风险。[④] 认识算法风险与治理黑箱操作将是媒介法规未来关注的话题。

算法风险研究中，有研究者从技术路径出发，解读了基于内容、协同过滤和时序流行度三种主流推荐算法所对应的“‘信息茧房’陷阱”“阅读决定权的转移”以及“电子媒介的‘黄色新闻潮’”伦理风险；[⑤] 有研究者指出，算法虽然带来了个人信息服务水平的提升，但也可能在“信息茧房”“算法偏见或歧视”“无形操控”方面将人们围困，并在数据权利让渡中付出隐私不保和难以遗忘的代价；[⑥] 有研究者于两篇文章中分析新闻生产中的算法风险和算法偏见，分别解析了算法风险的成因和类型，以及算法偏见的产生机制，并给予对应的解决策略；[⑦] 有研究者分析算法推荐中“伪中立性”产生的根源、表现与危害，力图揭示算法“伪中立性”的特性及本质；[⑧] 有研究者以批判的视角，将算法视为一种隐性的控制手段，并能于浑然不觉之中产生一种温和的符号暴力。[⑨]

对于算法黑箱的监管和治理，有研究者从“平台社会责任”“法律政策伦理”和“用户‘算法素养’”出发，搭建起一个宏观的算法媒体治理机制；[⑩] 有研究者在对三种算法歧视进行考察后，提出采用个人信息保护法与合理算法标准相结合的综合治理路径，保护数据主体获得平等对待的权利；[⑪] 有研究者试图解决算法的不透明性，从算法披露、法律规制和社会监督三个思路构建算法透明的实现机制；[⑫] 有研究者分析了不同国家及地区的“算法透明度”设计和操作，并在“解锁 I－T－O 三阶

① 叶亚杰：《网络服务商版权内容过滤的基本设想与实现路径》，《编辑之友》2018 年第 9 期。

② 刘一鸣、蒋欣羽：《基于区块链技术的学术出版版权屏障研究》，《编辑之友》2018 年第 8 期。

③ 孙婧等：《科技期刊媒体融合出版现状与数字版权保护及建设思考》，《中国科技期刊研究》2018 年第 8 期。

④ 范红霞、孙金波：《数据新闻的算法革命与未来趋向》，《现代传播（中国传媒大学学报）》2018 年第 5 期。

⑤ 陈昌凤、师文：《个性化新闻推荐算法的技术解读与价值探讨》，《中国编辑》2018 年第 10 期。

⑥ 彭兰：《假象、算法囚徒与权利让渡：数据与算法时代的新风险》，《西北师大学报（社会科学版）》2018 年第 5 期。

⑦ 张超：《作为中介的算法：新闻生产中的算法偏见与应对》，《中国出版》2018 年第 1 期；张超：《新闻生产中的算法风险：成因、类型与对策》，《中国出版》2018 年第 13 期。

⑧ 李林容：《网络智能推荐算法的“伪中立性”解析》，《现代传播（中国传媒大学学报）》2018 年第 8 期。

⑨ 尚帅：《传播的兴趣偏向和浑然不觉的符号暴力——基于〈今日头条〉的算法控制研究》，《现代传播（中国传媒大学学报）》2018 年第 10 期。

⑩ 罗昕：《算法媒体的生产逻辑与治理机制》，《人民论坛·学术前沿》2018 年第 24 期。

⑪ 杨成越、罗先觉：《算法歧视的综合治理初探》，《科学与社会》2018 年第 4 期。

⑫ 张淑玲：《破解黑箱：智媒时代的算法权力规制与透明实现机制》，《中国出版》2018 年第 7 期。

段”和“逆向工程学”两种既有方式的基础上，提出以用户为导向、以可行性和社会接受效果作为衡量标准的“可理解的透明度”方式，并分析其背后的技术哲学思想。[①]

四、虚假新闻与网络谣言问题研究

后真相时代，媒体行业更懂得如何诉诸情感来影响民意，社会讨论也日益倾向于情感而不是事实。在众多负面效应中，虚假新闻和网络谣言依然是媒介法规的重要部分。《2017年虚假新闻研究报告》指出，尽管2017年的虚假新闻数量和影响力有所下降，但违背新闻真实性铁律的问题依然顽固地存在，课题组发现存在“虚假新闻呈现单一化趋势”“社交媒体依然是虚假新闻产生的温床”“专业媒体的溃败令人扼腕”的特点。[②]

面对将反转新闻界定为虚假新闻等消极方面的情况，有研究者给出了再思考，认为反转新闻是后续报道对先前报道进行事实更正、补充的过程，不是所有反转新闻都是虚假新闻，并且从整个过程来看，反转新闻并不是有害而无利的；[③] 针对虚假新闻的病理研究，有研究者按照社会统计学的原理，引入社会病理学理论分析了2001—2017年的“十大假新闻”，指出“虚假新闻的主要病因是网络媒体中的单一消息来源缺乏核查机制；次要病因是纸媒新闻娱乐化倾向；深层病根是在竞争激烈的新闻信息市场中我国媒体更关注商业利益，以及‘后真相’时代受众倾向于选择自己愿意接受的信息”。[④] 有研究者基于全国性的问卷调查，考察公众对中国记者、新闻媒体和假新闻的看法，并从传统媒体提供可靠平台、新闻工作者增强把关标准、多方协力合作提升用户媒介素养三方面提供三点建议；[⑤] 有研究者通过Facebook分析美国社交媒体虚假新闻泛滥的原因，并从Facebook的治理举措中，启示中国社交媒体对虚假新闻的治理；[⑥] 有研究者从计算机学科对虚假新闻泛滥的大量研究中观照新闻界，围绕智能化新闻核查的主流算法分析其技术原理、运行逻辑及价值风险，并“从更为宏观的层面上反思纯粹的技术手段解决作为复杂的社会现象的虚假新闻的有效性，以及虚假新闻的复杂性及其新的表现形式对智能算法核查新闻的有效性带来的挑战”。[⑦]

网络谣言与诽谤是媒介法规的经典话题，在时代和技术的不断催生之下，谣言产生了新的变化，学者们将注意力中心集中于新型谣言现象，并以此来推动认知和治理。有研究者将研究对象聚焦于微信谣言现象，认为微信交往中的群体共同在场逻辑，容易使谣言与现实社会情绪形成共振，从而助推谣言的传播与社会影响的产生，衍生出内容独特的微信谣言现象，因此新的媒介环境需要重新认识谣言属性和

① 仇筠茜、陈昌凤：《基于人工智能与算法新闻透明度的“黑箱”打开方式选择》，《郑州大学学报（哲学社会科学版）》2018年第5期。

② 年度虚假新闻研究课题组：《2017年虚假新闻研究报告》，《新闻记者》2018年第1期。

③ 牛静、刘丹：《对反转新闻的再思考》，《东南传播》2018年第2期。

④ 王敏、饶茗柯：《虚假新闻病理研究——基于我国历年“十大假新闻”的统计分析（2001—2017）》，《中国出版》2018年第24期。

⑤ 拉斯·韦纳等：《中国公众如何看待记者、媒体和假新闻——基于2017年全国性问卷调查的研究》，《新闻记者》2018年第9期。

⑥ 唐远清、李秀莉：《从Facebook看美国社交媒体的虚假新闻治理》，《新闻界》2018年第9期。

⑦ 陈昌凤、师文：《智能化新闻核查技术：算法、逻辑与局限》，《新闻大学》2018年第6期。

现实意义。[①] 有研究者以微信朋友圈传播量最高的4160条谣言作为样本，研究分析了后真相时代网络谣言的标题修辞策略、议题建构策略、谣言传播机制，并总结出网络谣言“加冕与祛魅”“逆火效应”“可视化带来负效应”“延时机制”“少数人情绪启动”等新机制，从而开辟网络辟谣的新举措。[②] 有研究者对2011—2016年20例突发事件中的谣言传播机制进行分析，总结出网络谣言传播的5个条件，并给出协同治理之策。[③] 有研究者对821位网民心理和行为数据进行结构方程模型分析，探索网络谣言向网络暴力演化过程中的影响因素及其之间定量的作用关系，研究认为，“契合网民道德焦虑，并能激发网民多元、复合道德情绪的网络谣言，能够使网民形成对相关主体的消极道德判断，进而使网民实施网络暴力行为”。由此揭示了网络谣言和网络暴力融合演化的新现象。[④] 有研究者对14起自媒体刑事商业诽谤案的判决书进行分析，指出需要完善实体法的犯罪构成规定，追求管辖地与证据标准的公正，平衡消费者批评监督权、民众的表达权和经营者商誉权，以此来提升自媒体刑事商业诽谤罪的立法和司法水平。[⑤]

五、网络表达与舆论监督问题研究

网络表达和舆论监督是公民言论自由和媒体新闻自由的重要权利。有研究者对信息自由概念的内涵变迁进行考察，发现信息自由概念的内涵由泛指的信息自由走向广义和狭义的知情权并存的局面，并指出“随着越来越多的国家采用信息获取权或信息权专门用来表述获取政府信息的自由，信息自由的概念正在也应该回归其本意”，即保护自由表达权的内涵。[⑥] 有研究者从宪法的视角对公民网络表达自由的边界进行探析，通过构建自由边界的路径、救济机制及相关权利的保护，从而打造健康有序的网络环境。[⑦] 对于网络表达自由的边界，有研究者引入美国的“第三方事实核查机构”，对规范网络言论以及舆情治理进行制度可行性的探索。[⑧] 有研究者对网络表达追责进行连续的探讨，指出网络表达追责中存在的法条适用形式化、刑事政策偏重倾向，[⑨] 并以审判为中心的刑事诉讼对侦查权为中心的网络言论追责问题进行制约。[⑩] 有研究者以网络信息内容管理规范为例讨论了行政法规是否可以超越宪法和法律来规范表达自由的问题，面对普遍存在的超越性规定，提出应当与人

---

① 林爱珺、陈瑞华：《微信谣言的再认识：社交网络中的交往实践与引导》，《中国地质大学学报（社会科学版）》2018年第4期。

② 李彪、喻国明：《“后真相”时代网络谣言的话语空间与传播场域研究——基于微信朋友圈4160条谣言的分析》，《新闻大学》2018年第2期。

③ 苏宏元、黄晓曦：《突发事件中网络谣言的传播机制——基于清晰集定性比较分析》，《当代传播》2018年第1期。

④ 刘绩宏、柯惠新：《道德心理的舆论张力：网络谣言向网络暴力的演化模式及其影响因素研究》，《国际新闻界》2018年第7期。

⑤ 王锦东：《网络环境下如何正确界定刑事商业诽谤？——14起自媒体刑事商业诽谤案判决统计分析》，《新闻记者》2018年第10期。

⑥ 黄建友：《表达权还是知情权：信息自由概念的内涵变迁》，《国际新闻界》2018年第9期。

⑦ 李卓：《析网络表达自由的法律边界及路径》，《北方法学》2018年第6期。

⑧ 李丹林、曹然：《以事实为尺度：网络言论自由的界限与第三方事实核查》，《南京师大学报（社会科学版）》2018年第4期。

⑨ 张星、陈堂发：《网络表达追责的法治理性研究》，《南京邮电大学学报（社会科学版）》2018年第6期。

⑩ 陈堂发、杨世宏：《网络言论追责中以审判权制约侦查权问题》，《新闻爱好者》2018年第2期。

民主权、依法治国、尊重和保障人权等宪法原则相符合。① 有研究者回顾了互联网新闻业务许可的历史，指出业务许可排除新闻采编等自由的合理性，但也对存在的缺陷给出解决方案。② 有研究者关注到了“江歌遇害案”中的舆论问题，从隐私权、名誉权、公正审判、案件报道规则来反思“江歌遇害案”背后的媒介法治问题。③ 有研究者从自媒体的表现出发，探讨了这场由命案演变而来的跨国“舆论审判”所表现出来的新特点，在对互联网兴起的“网络审判”的担忧中，提醒信息素养和法律常识的重要性。④

近20年来，媒体监督与法院审判的关系一直是学术界的热点话题，有研究者分析了媒体监督和法院判决间的互动和博弈，认为这其中存在双重影响，并以此建构媒体监督与审判间的良性关系。⑤ 有研究者着眼于舆论监督权和审判权间的张力，建议通过修缮相关立法条文，强化对自媒体舆论监督权运行失范的惩戒，辅以救济举措，促使自媒体舆论监督权规约效能的理性运用。⑥ 有研究者研究发现，舆论监督具有主体、功能、话语的三重回归，并指出舆论监督未来的发展方向在于促进监督合力的形成。⑦ 而回归党和舆论监督的关系可以发现，舆论监督的主体依然是党和政府领导下的媒体人，有研究者分析党的十九大报告中的“舆论监督”概念指出，舆论监督要在党的统一指挥下，目的是提高党的执政能力和领导水平。⑧ 从中国共产党舆论思想发展史来看，“舆论监督”与“舆论引导”是贯穿中国共产党新闻舆论思想发展的一条主线和两个核心理念，有研究者在此基础上指出，实施和推行舆论监督与舆论引导“双轮驱动”战略是新时代中共舆论思想发展的新手段与新空间。⑨

六、网络安全与风险治理问题研究

习近平网络强国战略思想是习近平新时代中国特色社会主义思想的重要组成部分，其核心主张中包含了“网络主权观”“网络安全观”“全球治理观”等重要观点。⑩ 有研究者认为，《网络安全法》是维护国家安全的重要法律，并就《网络安全法》如何落实习近平总体国家安全观提出“以网络空间主权为主旨，昭示依法抵御和制裁网络攻击、网络入侵等威胁和挑战”“全面构建网络和信息安全保障体系，维护网络空间国家安全和利益”“建立以政府主导、各方共同参与的网络安全责任制”等主张。⑪ 有研究者注意到自媒体与网络主权的逻辑功能关系，指出自媒体对网络主权具有负向的功能扩张，并从解决

① 侯健：《表达自由与行政法规制定权——以网络信息内容管理规范为例》，《新闻大学》2018年第2期。

② 魏永征：《互联网新闻业务许可与新闻自由》，《新闻爱好者》2018年第2期。

③ 王军：《从四个维度反思“江歌遇害案”——兼谈隐私权、名誉权、公正审判、案件报道规则》，《新闻爱好者》2018年第3期。

④ 展江、刘亚娟：《江歌命案何以成隔海打牛的“舆论审判”?》，《新闻界》2018年第1期。

⑤ 徐蓉蓉：《我国媒体监督与法院审判的关系张力研究》，《现代传播（中国传媒大学学报）》2018年第4期。

⑥ 田源：《论自媒体舆论监督权对审判权的规约限度》，《苏州大学学报（哲学社会科学版）》2018年第6期。

⑦ 李永：《新媒介语境下舆论监督本位回归：历程与方向》，《现代传播（中国传媒大学学报）》2018年第1期。

⑧ 陈力丹：《舆论监督要在党统一指挥下》，《当代传播》2018年第1期。

⑨ 沈正赋：《舆论监督与舆论引导：新时代中国共产党新闻舆论思想的核心理念》，《新闻与传播研究》2018年第11期。

⑩ 汤景泰、林如鹏：《论习近平新时代网络强国思想》，《新闻与传播研究》2018年第1期。

⑪ 魏永征：《从〈国家安全法〉到〈网络安全法〉——学习习近平总体国家安全观》，《社会治理》2018年第1期。

负向功能和内在矛盾出发给出解决方案。① 辩证地把握观念的意涵是合理运用的前提，有研究者提出网络信息安全是以结果为导向的整体评价，是开放性的动态演化过程，其防线需要内外共同参与和建设的辩证观念，以此来对网络信息安全观念正本清源，厘清界线。② 有研究者指出现有网络安全趋于加剧的困境，从网络的技术安全逻辑、商业安全逻辑和国际政治安全逻辑阐释困境的深层原因。③

基于对国家安全观念的提炼和网络安全治理演变的梳理，有研究者从总体层面、内容层面、应用层面及物理层面这四个核心命题出发，构建了国家网络安全治理的宏观体系。④ 国际网络安全的治理工作应重点针对技术、商业和政治安全等领域存在的问题加强治理机制的构建，从多边和双边等多种渠道加强合作，从而系统解决网络空间国际治理中的安全困境。⑤

撰稿：俞立根（南京师范大学新闻与传播学院研究生）
顾理平（南京师范大学新闻与传播学院教授）

社会化媒介研究 2018 年综述

本文主要关注 2018 年中国大陆学界在“社会化媒介”研究领域的主要研究进展。本文所关注的“社会化媒介”，指的是建立在 Web 2.0 技术（以及部分还处于争议阶段的 Web 3.0 技术）基础上的、具有社会网络连结性的广义“社交媒介”，它既包括通常被研究者所默认为“社交媒介”的、以用户自创内容为主的社交网络站点（Social Network Sites，如微博、脸书、快手、抖音等）和社交网络服务（Social Network Services，包含社交网络站点以及前者一般不包括的复合平台如微信、支付宝等，也包括具有同类特征的论坛社区如百度贴吧、信息分享与服务网站如大众点评网、手机实时地图软件、社交性天气预报软件等）和其他具有开放性、社交互动性特征的数字媒介。2018 年，针对社会化媒体的研究依然是学界热点之一，产生了数以千计的学术著述。限于篇幅，本文围绕聚合与分群机制、智能化与算法及平台反思、政策与监管几个方面概述这一年度社会化媒体研究的新进展。

一、连结性、聚合与分群机制

连结性一直是互联网研究尤其是社会化媒体研究的核心话题之一。然而，虽然从 20 世纪 90 年代以来众多的研究一直在关注互联网和数字技术所带来的社会连结

---

① 张爱军、秦小琪：《自媒体对网络主权的功能性扩张与规制》，《现代传播（中国传媒大学学报）》2018 年第 10 期。

② 冯建华：《网络信息安全的辩证观》，《现代传播（中国传媒大学学报）》2018 年第 10 期。

③ 鲁传颖：《网络空间安全困境及治理机制构建》，《现代国际关系》2018 年第 11 期。

④ 邵国松：《国家安全视野下的网络治理体系构建》，《南京社会科学》2018 年第 4 期。

⑤ 鲁传颖：《网络空间安全困境及治理机制构建》，《现代国际关系》2018 年第 11 期。

性，但是，学界对社会化媒体上的聚合与分群机制仍然并不十分清楚。每一次媒介技术、公共政策的改变，甚至偶然社会事件的发生或者数字文化现象的兴衰，都可能影响到社会化媒体的社会可供性，进而影响基于这种可供性的社会聚合与分群机制。2018 年关于社会化媒体的聚合与分群机制的研究中，对其正反两个层面都进行了深入讨论。

第一个层面是对社会化媒体普惠效应的进一步探究。这是互联网与数字技术研究的一个传统话题，即对新的互联网和数字媒介技术在社会连结性方面的积极聚合社会机制和社会效应的探究，主要关注新数字媒介技术对于现有社会机制的穿透、消解或者重塑而带来的信息平等和社会网络平权效应。这一层面的研究包含了对微信等社会化媒介平台的研究，但其中对短视频平台尤其是快手的研究最为显著。[①] 有研究者通过对青海土族青年媒介实践的研究，描述了快手短视频平台在消解传统城乡二元对立方面有着特殊的作用和意义——乡村青年通过快手和移动互联网进入了一种都市和乡村融合、线上空间和线下空间交叠的情景，而快手则成为可以被他们用来和外部世界联通的方式和展示的舞台。[②] 有研究者认为乡村居民的短视频拍摄已经成为乡村形象建构的新方式，而以快手为代表的短视频平台也成为乡村居民形成价值审美判断与自我认同的空间。在这个过程中，乡村影像的自我呈现在很大程度上被都市话语作为娱乐对象进行选择性呈现与建构，或者被商业话语消解，因而乡村与都市进入了一种既融合又角力的状态。但无论如何，乡村亚文化则以这种方式悄悄获得新的传播权力。这些研究强调了新技术媒介带来的新的社会可能性。[③]

第二个层面则是对社会化媒体的分群机制的研究，讨论既有社会政治、文化和经济机制和数字媒介技术形式的相互嵌入，从而使得数字媒介上的社会连结性被既有社会机制重新纳入、规训和型塑。对于微信群的研究是其中的亮点之一。经过数年的探索，2018 年对于微信群的研究在深度和广度均有明显加强，既包括上一个层面对普惠效应的研究，也包括对于微信群的沟通与传播机制复杂性的深度讨论。[④] 有研究者通过对科层组织内同事为主构建的"科层式微信群"的研究，发现实体社会中的科层制权力在很大程度上嵌入微信群中，从而将微信群"科层化"，微信群内的沟通机制从而被科层权力重塑。[⑤] 有研究者以校友微信群对突发公共事件的讨论为案例，展现了线下社会资本和权力被部分带入虚拟话语空间并呈现出选择性局部放大效应的现象。在这种意义上，微信

① 肖荣春：《微信群的"社会互助"与"故事讲述"——一项基于美国华人社区微信群的探索性研究》，《新闻与传播研究》2018 年第 1 期；张媛、文霄：《微信中的民族意识呈现与认同构建：基于一个彝族微信群的考察》，《国际新闻界》2018 年第 6 期；牛耀红：《社区再造：微信群与乡村秩序建构——基于公共传播分析框架》，《新闻大学》2018 年第 5 期。

② 姬广绪：《城乡文化拼接视域下的"快手"——基于青海土族青年移动互联网实践的考察》，《民族研究》2018 年第 4 期。

③ 刘娜：《重塑与角力：网络短视频中的乡村文化研究——以快手 APP 为例》，《湖北大学学报（哲学社会科学版）》2018 年第 6 期。

④ 肖荣春：《微信群的"社会互助"与"故事讲述"——一项基于美国华人社区微信群的探索性研究》，《新闻与传播研究》2018 年第 1 期；牛耀红：《社区再造：微信群与乡村秩序建构——基于公共传播分析框架》，《新闻大学》2018 年第 5 期；徐何珊：《"微信群"与傣族村寨社会的并接——以西双版纳曼列寨为例》，《西南民族大学学报（人文社科版）》2019 年第 1 期。

⑤ 张军：《流动的权力："科层式微信群"的权力实践研究》，《社会科学战线》2018 年第 9 期。

群依然是“少数人的狂欢”，权力或资本影响了群内的社会网络关系，将之塑造为一个圈层化结构，而微信群也成为充满着力量关系对抗的社会空间。[①]

分群机制研究的第二个亮点讨论了对互联网公益和互助实践的社会心理界限。有研究者探讨了人们对“医疗众筹”分享行为的认知，并对个体参与分享的原因展开探索。该研究通过深度访谈发现，流通于社交媒体中的医疗众筹项目被视为一种负面、低品位的信息，知觉负面评价是转发的主要阻碍因素。[②] 与具有利他特征的捐款行为相比，参与者会依据人情交换规则来决定是否转发，从而使得转发行为更加具有利己、以关系为取向的特点，并导致捐款行为多于转发行为。有研究者通过实验调查法探讨了公益众筹项目的信息呈现方式（包括框架效应和进展信息）对捐赠者公益众筹意愿（包括捐赠意愿和分享意愿）的影响。研究发现，被试人对公益众筹项目的捐赠意愿高于他们对这类信息的分享意愿，该文据此认为公益组织需要鼓励捐赠者在社交媒体上积极分享项目信息，以吸引更多的潜在用户参与其中。[③] 有研究者将对社会化媒体公益信息呈现研究的时段进一步拉长。该研究通过对新浪微博2009—2014年水灾信息传播情况的统计分析，讨论了新浪微博在灾害信息上的传播特征。该研究发现，传统灾害传播的关键影响要素（事件中的生命、财产等损失的严重程度）在社交平台影响甚微，但地理偏好却成为关键要素——经济发达地区的一般性灾害受到的关注会显著高于其他地区尤其是西部地区的严重灾害，然而一般认为最容易被忽视的农村地区所受到的关注却显著高于水灾数量最多的小城镇。[④] 这些研究揭示的社会心理机制在社会分群机制中的显著作用，构成了对国内学界的社会分群机制研究知识图谱的重要补充。

二、智能化、算法与社会化媒介平台

2018年在对社会化媒体的研究中，对社会化媒介平台的研究持续增加。其中，对社会化媒介平台的“黑箱”机制的解码与阐释分析的持续关注值得注意。对于掌控信息生产和分发机制的算法规则运作状况的不透明性（无论这种不透明性是由刻意的技术设定所导致，还是由“深度学习”这样的数字技术天然特性所导致），一般称为数字媒介技术的“黑箱”，对这种黑箱的“解码”“揭露”和“批判”是2013年之后国内外学界的研究重点之一。在2018年，这个分支研究领域的侧重点却出现了新的动向：一方面是对平台的信息管理与分发机制、运作机制的进一步解码和阐释；另一方面却是对平台内容生的自动化生产与分发研究持有双重态度。对在一定程度上增加了新闻性媒介平台“黑箱”运作程度的智能化机器写作，同时持有高度赞誉和审慎解码阐释的态度。

其中，对于算法黑箱的解码、诠释和批判的研究产出了数量较多的研究成果。有研究者提出，对数据与算法风险的理性分析与判断，可以帮助我们认识新技术可能带来的新陷阱。该研究认为，个性化算法虽然带来了个人信息服务水平的提升，但也可能导致信息茧房的围困，或者经由

① 郑满宁：《公共事件在微信社群的传播场域与话语空间研究》，《国际新闻界》2018年第4期。

② 李静、杨晓冬：《社交媒体中“医疗众筹”信息分享行为研究：转发还是不转发?》，《新闻与传播研究》2018年第2期。

③ 李武、毛远逸、黄扬：《框架效应、进展信息对公益众筹意愿的影响》，《新闻与传播评论》2018年第5期。

④ 曾国华、刘新传、崔啸行：《社交媒体地理偏好的传播机制实证研究——以新浪微博2009—2014年水灾传播为例》，《现代传播（中国传媒大学学报）》2018年第6期。

算法中的偏见或歧视造成对人们社会资源与位置的限制，或者容许算法在幸福的名义下对人们进行无形操纵。① 有研究者认为，人工智能技术的介入以及技术的商业化将新闻全流程都纳入了人类无法识别的“黑箱”，带来算法偏见、算法主权、透明度等诸多问题。要增进算法透明度，需要从 I－T－O（数据输入—吞吐—输出）的逐步拆解、逆向工程学、可理解的透明度几个角度来打开“黑箱”。② 有研究者则试图通过谷歌和脸书“双强寡头”目前披露的信息，来逆向推演算法黑箱的内部运作。通过比较谷歌新闻和脸书信息流在核心排序算法、新闻要素权重、价值观维度上的差别。该文认为脸书通过强调以社交为基础的人与人的关系构成来满足人们的社交需求和娱乐需求，而谷歌通过根据信息覆盖面进行排序，强调客观指标来建立技术性的网络秩序。③ 有研究者对人工智能在媒体中的应用进行了分析，媒体对接人工智能后，随着媒体边界的不断扩展，形成智能化思维下的新闻生产模式和泛内容生产盈利模式，开拓出了广阔的智能媒体新市场。④

研究者们讨论了新闻生产性的主体性与主体间性的问题。有研究者认为新闻的生产包括社会化生产（生产主体包括所有个人和组织机构）、职业化生产（生产主体即新闻媒体等专业组织机构）和智能化生产（生产主体为机器人）三种生产方式，促成各社会行为主体成为新闻生产者，从而形成了巨大的新闻生产主体网络，并使得传统媒体时代的“我—他”传播，转变为“我—你”传播和“我—我”传播，从而实现了新闻生产主体的主体间性。⑤ 有研究者采取了更为折中的视角，通过对机器写作的技术发展、工作原理和现状的梳理，提出机器写作一方面无法采集到线下事实，另一方面只能按照“人”设定的模块来写作，因此只能是一个辅助性工具。在此基础上，该研究认为新闻从业者不应惧怕时代变革，而应在享受科技带来的便利同时，坚守新闻从业者的职业操守和伦理道德准则，以用好作为工具的机器写作。⑥ 在这种背景下，有研究者采用问卷方法调查了国内职业新闻从业者对人工智能的看法，发现多数新闻工作者并没有形成对人工智能的稳定而明确的态度。同时，不同年龄、工龄、性别的调查对象之间有较大的个体差异，其中，对人工智能的认知深度差异和性别差异，显著影响新闻从业者对人工智能对新闻流程改造的接受程度：年轻记者比资深记者更容易接受人工智能对新闻流程的改造，而女性记者比男性记者更了解人工智能的各种知识。⑦

三、政策与监管

2018 年最受关注的问题之一，与互联网尤其是社会化媒体的隐私保护相关。2018 年 3 月，剑桥分析公司被曝光，通过盗窃社会化媒体网站“脸书”5000 万用户数据来投放定向政治广告，并对美国大选

① 彭兰：《假象、算法囚徒与权利让渡：数据与算法时代的新风险》，《西北师大学报（社会科学版）》2018 年第 5 期。

② 仇筠茜、陈昌凤：《基于人工智能与算法新闻透明度的“黑箱”打开方式选择》，《郑州大学学报（哲学社会科学版）》2018 年第 5 期。

③ 方师师：《双强寡头平台新闻推荐算法机制研究》，《传播与社会学刊》第 43 期。

④ 范以锦：《人工智能在媒体中的应用分析》，《新闻与写作》2018 年第 2 期。

⑤ 曾庆香、陆佳怡：《新媒体语境下的新闻生产：主体网络与主体间性》，《新闻记者》2018 年第 4 期。

⑥ 何苑、张洪忠：《原理、现状与局限：机器写作在传媒业中的应用》，《新闻界》2018 年第 3 期。

⑦ 胡翼青、朱晓颖：《人工智能的“幻影公众”——基于新闻从业者实证研究的考察》，《中国出版》2018 年第 19 期。

结果造成了实质性影响。2018 年 5 月，欧盟通过了《通用数据保护条例》（简称 GDPR），对任何收集、处理、管理或存储欧洲公民数据的行为和组织进行严格监管。受此影响，2018 年国内学术界关于隐私方面的研究数量明显上升。其中，有研究者梳理了国内十年来（2008—2017）中国知网数据库（CNKI）收录的关于网络隐私研究的共 719 篇研究文献（CSSCI 来源期刊范围内），发现这些研究的研究路径发生了明显的改变："从最初网络隐私相关的权利、法律的基础性概念探讨，逐渐发展成为技术对隐私冲击的新问题探讨；从个体的网络隐私信息的研究，逐步发展成对整个国家的信息安全的保障性研究。"[①] 该文据此认为，学界的探讨对中国信息保护和信息安全起到推动作用。而有研究者则通过实证比较研究，指出中国大学生和美国大学生虽然关注点各有侧重，但是中国大学生对隐私的关注度并没有比美国大学生更低。其中，中美大学生感知的高敏感度数据类型较为一致，中国大学生感知到的平均敏感度甚至高于美国大学生。[②] 有研究者研究发现，大学生微信使用程度越高，其隐私关注和隐私认知水平越高。[③] 这种发现在一定程度上反驳了百度 CEO 李彦宏在 3 月 26 日中国发展高层论坛上所宣称的中国用户在个人隐私方面更加开放、更加愿意用隐私来交换方便和效率的说法，从而呼唤中国在信息安全保护政策与法律监管方面能够在规制和执行两个层面进一步强化。有研究显示，在新的媒介情境下，只坚持传统社会和大众传播时代的隐私权观点已经无法满足当下的现实要求。新的隐私认知观念和法理规范需要持续在数字领域不断进行调适，其中的核心议题，与数据巨型机器和人的自由的丧失、平台的权力及规制，以及隐私权的法律边界和技术治理新政等密切相关。然而，具体如何调适还有赖于更精细的研究以及政策与规制的具体实践。[④]

四、结语

2018 年关于社会化媒体研究，在很大程度上集中讨论了技术中介与（既有）社会机制的相互嵌入、整合，以及这种整合的社会界限。数字技术以及基于数字技术的社会化媒体，虽仍然具有非常强大的技术发展空间以及推动社会变迁的能力，但其社会穿透性正在减弱，其每一步发展很大程度上依赖于对既有社会机制的相互调适、整合和嵌入。其中，社会化媒体的社会连结和分群机制的形成最为明显，虽然短视频平台提供了新的社会连结的可能性，但是存世较长的数字媒介比如微信，其分群社会效应却体现得更加明显。这种对于数字技术的社会中介界限的强烈关注，可能会在接下来的数年之中，随着数字技术的进一步发展而逐步加深。

撰稿：曾国华（中国社会科学院新闻与传播研究所助理研究员）

---

① 顾理平、范海潮：《网络隐私问题十年研究的学术场域——基于 CiteSpace 可视化科学知识图谱分析（2008—2017）》，《新闻与传播研究》2018 年第 12 期。

② 王敏：《价值趋同与文化存异：中美“千禧一代”大学生对敏感数据的感知对比》，《新闻与传播评论》2018 年第 2 期。

③ 徐敬宏、侯伟鹏、程雪梅、王雪：《微信使用中的隐私关注、认知、担忧与保护：基于全国六所高校大学生的实证研究》，《国际新闻界》2018 年第 5 期。

④ 吴飞、孔祥雯：《智能连接时代个人隐私权的终结》，《现代传播（中国传媒大学学报）》2018 年第 9 期。

新闻教育研究2018年综述

一、研究概况

检索CNKI数据库，以主题词“新闻教育”、时间“2018年”进行限制性检索，结合近5年数据分析，可以看出2018年新闻教育研究的基本面貌。

第一，新闻教育研究持续升温。近五年中文期刊关于新闻教育的论文数量分别为：2014年290篇，2015年351篇，2016年357篇，2017年384篇，2018年394篇，论文发表数量逐年上升。可见，研究者对新闻教育高度关注。

第二，论文发表水平总体提升，高水平期刊关注较多。近5年，发表在CSSCI期刊（含扩展）的新闻教育论文数量分别为：2014年52篇，2015年53篇，2016年69篇，2017年70篇，2018年67篇。数量在2018年虽有小幅下降，但总体处于上升曲线。2018年发表在高水平期刊的教研论文达29篇，占CSSCI期刊（含扩展）发表新闻教育论文总数（67篇）的43.3%，包括《新闻与传播研究》10篇、《国际新闻界》3篇、《新闻大学》1篇、《现代传播（中国传媒大学学报）》5篇、《新闻记者》5篇、《出版发行研究》5篇。当然，《新闻与传播研究》在统计上有10篇之多，主要是该刊增刊发表了专家学者在一个论坛上探讨新闻教育的发言。

第三，各级各类基金项目对新闻教育研究均有关注。除数量众多的厅级、校级教改项目以外，社科基金、留学基金等非教改项目对新闻教育研究亦有关注。2018年，作为国家社科基金成果的新闻教研论文为14篇，作为国家留学基金成果的论文1篇。

第四，“双一流”大学积极探讨新闻教育。从图1可以看出，在发表论文篇数为2篇及以上的机构中，“双一流”大学占有较大比例。发表论文篇数超过10篇的机构有中国人民大学（13篇）、中国传媒大学（13篇）和华中科技大学（11篇），均为“双一流”大学。

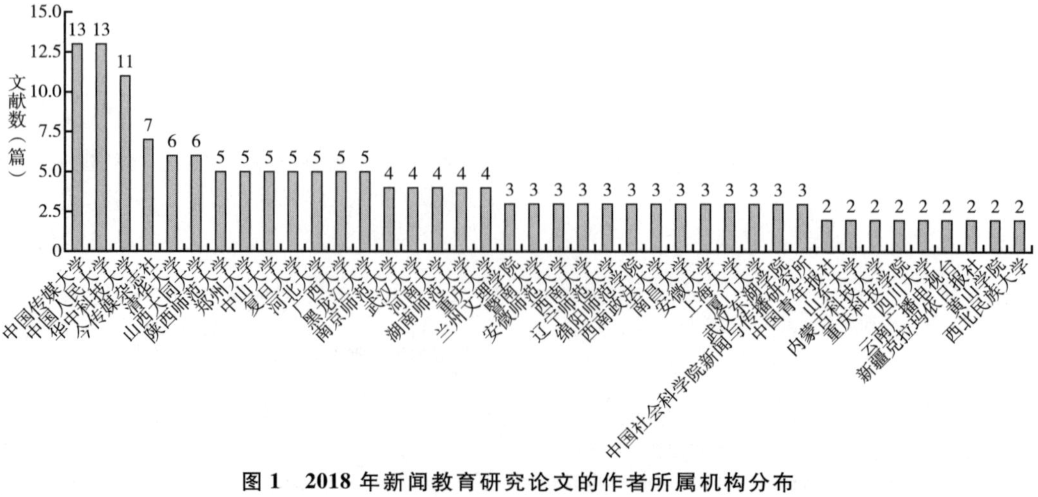

图1 2018年新闻教育研究论文的作者所属机构分布

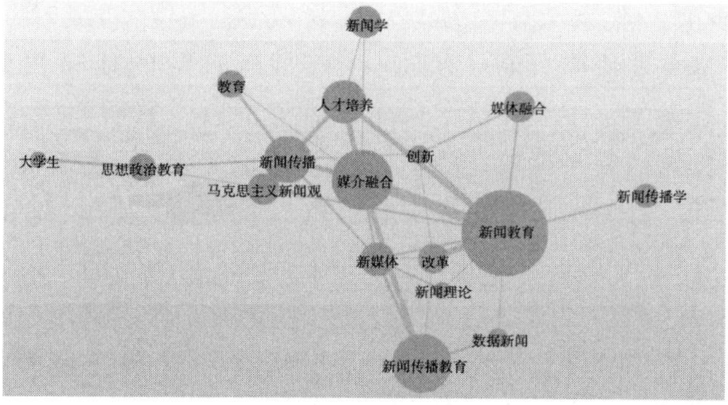

图 2　2018 年以“新闻教育”为主题的期刊论文“关键词共现网络分析”

第五，研究的主要议题可概括为：媒介融合、媒体融合、新媒体视域下的新闻人才培养研究。通过关键词共现网络分析，可得图 2。从图 2 可以看出，2018 年新闻教育研究论文的关键词主要集中于“媒介融合、媒体融合、新媒体”“人才培养”“马克思主义新闻观、思想政治研究”三个大类。从节点连线可知，“媒介融合”与“新闻教育、新闻传播教育”的共现频次最高，其后是“人才培养”与“新闻教育”“人才培养”与“媒介融合”。

一、百年新闻教育史研究有新收获

1918 年，“北京大学新闻学研究会”成立，标志着中国新闻教育的开端。2018 年是中国新闻教育 100 周年，因此，对新闻教育史的一些专题研究受到重视，取得了新的认识成果。由于改革开放以来的新闻教育主要是现在进行时，所以对百年新闻教育历史的研究主要集中在改革开放前的历史时期。

（一）对早期新闻教育（1918—1937 年）的研究取得新进展

对于早期新闻教育，研究的重点是新闻教育人物和新闻教育机构，主要通过梳理人物、机构的办学实践，总结其教育思想、培养模式和办学经验。

在人物研究方面，有研究者对中国新闻教育的奠基人、拓荒者徐宝璜做了比较深入的史料挖掘与整理，将徐宝璜的历史贡献归纳为 7 个“第一”：参与创办中国第一个新闻传播教育团体——北京大学新闻学研究会；组织出版中国第一份新闻学刊物《新闻周刊》；编撰中国第一本国人自撰的新闻学教材及专著《新闻学》；培养了中国第一批新闻人才；开设了中国高等学府第一门新闻学课程；主持了中国第一个四年制的大学新闻学系——平民大学新闻学系；设计了我国第一个四年制大学新闻传播教育方案。① 与此同时，中国的“密苏里帮”也受到重视。有研究者选取以汪英宾、黄宪昭、梁士纯和马星野为代表的“密苏里帮”作为研究对象，通过考察其教学实践和新闻实践，认为中国新闻教育在起步阶段虽多有移植“密苏里新闻模式”，但这种移植是有限的。他们只是将密苏里大学新闻学院具体的、也是最容易模仿的教学方法和课程体系引入中国，而美国式的新闻理念、新闻专业主义并未随着“密苏里新闻模式”一同进入中国的新闻教育场域，其原因在于中西语境差异、中国特殊国情、民族主义以及“后五四”知识分子的矛盾、妥协与退让四个方面。②

---

① 邓绍根：《百年奠基：论徐宝璜新闻传播教育的历史贡献和遗产》，《出版发行研究》2018 年第 10 期。

② 郭静：《方法移植与理念流失：“密苏里帮”的新闻教育活动考察》，《新闻界》2018 年第 8 期。

对教育机构的研究，燕京大学、复旦大学等民国知名院校是主要研究对象。有研究者对燕京大学、复旦大学、中央政治学校的办学模式做了比较，发现各具特色：燕京大学“全方位横向移植”美国“密苏里新闻模式”，不仅注重专门技术人才的培养，更明确提出培养新闻行业领袖的目标。复旦大学新闻系则提倡结合中国实际，强调中国特色，在创办初期就提出“为本国报馆培养经营人才，培养编辑人才，同时为普通学校培养新闻教育人才”的办学任务，后又明确“宣扬真理，改革社会”的办学原则。中央政治学校新闻系属国民党体制内办学，以“阐扬主义，宣传国策”“完成抗战建国使命”“树立三民主义的文化基础”为宗旨，服务于国民党政策宣传。这三所大学的新闻教育均注重特色培养，量身定制师资队伍，开放办学，坚持理论与实践并重，这是其带给后人的重要启示。①

还有研究者从学生视角来审视新闻教育，他们以现存的160篇燕京大学新闻系毕业论文（1927—1951年）为分析资料，认为技术、智识、专业精神是燕大新闻专业自主性和存续的价值，坚守新闻志向、契合业界所需、介入社会是燕大新闻教育对社会变革和时代主题的回应，而扎根中国与面向世界相贯通的理念和实践，则是燕大对西方新闻教育模式与中国国情所做的平衡。②

（二）对全国抗战时期新闻教育的研究受到重视

抗战时期的新闻教育，受限于当时的混乱环境，虽不如初创期具有开创性价值，也不如初创期“群星璀璨”，研究素材较少，但在“战时”特殊背景下，服务于战时宣传的新闻教育仍有其自身特点，值得探讨。有研究者考察了抗战时期的国际新闻宣传人才培养机构“重庆新闻学院”的成立过程和新闻教育活动，将其办学特色归纳为四点，即：立足中西培养“高级国际宣传人才”的教育定位；以哥伦比亚大学新闻教育为蓝本制定课程设置；“以实习为求学方法”——贴近国际宣传实务的实践教学与强化训练；在育人中培养“求真”与“质疑”的新闻职业理想。③ 同时，有研究者回顾了这一时期中国共产党领导下的中国新闻学院在香港的创办历程，将其教育理念概括为理论教学从实际出发，培养学生对党的新闻事业的从业信念，着眼于新闻实践的速成教育。中国新闻学院教学效果明显，培养的新闻人才成为岭南地区抗战宣传的中坚力量，也为后来解放战争的胜利提供了战时新闻力量。④

（三）对新中国成立后的两代新闻教育者作了分析

1949—1978年，时间近30年，是中国新闻教育的低潮。尽管如此，有研究者对这一时期的新闻教育者作了具体分析，将这一时期的新闻教育者分为两代：第一代是新中国新闻教育的建立者；第二代是新中国成立后培养的，并在20世纪50年代末至“文化大革命”结束前走上讲台的新闻教师。有研究者将新中国第一代新闻教师的思想总结为以马列主义、毛泽东思想为引领，坚持与国情和实践相结合，追求真理、百折不挠地探索具有中国特色的

① 王继先：《民国时期的大学新闻教育办学模式比较——以1930—1940年代燕京、复旦、政校新闻系为例》，《南京师大学报（社会科学版）》2018年第1期。

② 胡百精、王雪驹：《专业自主性、回应社会与中西平衡：燕京大学新闻教育的面向——基于160篇燕大新闻系毕业论文的视角》，《新闻与传播研究》2018年第12期。

③ 齐辉、付安红：《抗战时期“重庆新闻学院”与国际高级宣传人才培育》，《现代传播（中国传媒大学学报）》2018年第10期。

④ 徐凯丽：《抗战时期中国共产党的新闻教育——以中国新闻学院为例》，《青年记者》2018年第21期。

新闻教育思想。[1] 第二代新闻教师见证了我国新闻教育从师法苏联到独立探索，从全面停滞到万象更新的不同历史阶段，是第一代新闻教师开拓创新、艰苦奋斗、无私忘我精神的传承者。[2]

三、新闻教育的差异化发展成为共识

改革开放40年来，当代中国的新闻教育获得了前所未有的发展，已有700多所本科高校开办了1300多个新闻传播学类的专业点，100多所高校新闻传播院系建成新闻传播学一级学科硕士点，近30所高校建成新闻传播学一级学科博士点，新闻教育日益多元化。从新闻教育的"供给侧"来看，全国众多新闻院系的学校类型、办学条件、师资力量、历史底蕴等方面各不相同。从行业"需求侧"而言，大数据、物联网、虚拟现实（VR）、增强现实（AR）、5G、人工智能（AI）等技术在媒体行业的运用，极大地重构了传媒业态，业界对新闻人才的需求也更趋多样。因此，教育主体发挥自身资源禀赋优势，结合行业的不同需求，寻求特色化、个性化发展，已成为新闻教育研究者的共识。

（一）一流大学与地方院校的差异化发展

一流大学在办学条件、师资队伍、科研能力、生源质量等方面具有明显优势。因此，一流大学应凸显"研究型新闻职业教育"定位，瞄准行业的高端市场。[3] 有研究者认为，北卡罗来纳大学教堂山分校媒体与新闻学院的办学定位值得借鉴。作为美国顶尖的新闻院系之一，该学院提出："学院培养的是传媒领域的领导者，不强调学生对媒体行业的适应与迎合，而是着力把学生塑造成新闻与市场传播的创造者、开拓者、领军人物；不满足于应用现有的传播方式，要求培养的学生能创新传播途径，甚至对现有的知识体系作贡献。"[4]

地方高校各方面条件相对有限，应立足区域现实情况和特定需求，面向地方，面向基层，培养实践能力突出的应用型、技能型新闻人才。有研究者认为，在资金充裕、与业界联系紧密的情况下，可以兼而有之地全方位培养传媒人才，在人员、资金、设备短缺甚至与业界联系不畅的情况下，可以重点培养学生的传统技能。[5] 有研究者以云南红河学院为例，阐释了该校结合自身作为"国门"大学、"民族"地区高校的特点，在地方偏、条件差、经费少、人才缺的情况下，面向省（区）市（州）宣传思想和新闻舆论工作战线，向应用型人才培养转型，推动了民族文化传播与国际文化传播实践。[6]

（二）根据高校的学科优势进行差异化发展

综合大学可依托自身学科门类齐全的优势，全方位培养跨学科、复合型新闻人才。而多科型高校可结合自身优势学科，实行"小综合"培养。研究者列举国内几所理工重点大学结合自身学科特点，形成了相对成熟的模式：华中科技大学新闻与信息传播学院以人文社科为基础，实行文理、文工大跨度交叉；上海交通大学以"计算新闻学"为基本定位；华南理工大学围绕数字媒体内容生产和传播，注重文理工学科交叉。

---

① 赵玉明、冯帆：《新中国第一代新闻教育家及其办学思想探析》，《现代传播（中国传媒大学学报）》2018年第1期。

② 冯帆：《传承与开拓：1949年后的第二代新闻教师》，《青年记者》2018年第20期。

③ 杨维东、董小玉：《整体转型与特色发展——媒介融合视域下高校新闻传播的多维度思考》，《出版发行研究》2018年第1期。

④ 林渊渊：《融媒时代北卡罗来纳大学的新闻课程与教学》，《国际新闻界》2018年第9期。

⑤ 靳舍：《融媒体时代新闻教育的"供给侧"改革》，《传媒》2018年第14期。

⑥ 李刚存：《边境国门大学新闻传播教育的担当与实践》，《新闻与传播研究》2018年增刊。

专业特色型高校应体现自身在某一专业领域的特色，把新闻教育的专业（方向）设置转向具体行业领域，满足媒介分工日益精细化的要求，形成与行业紧密结合的特色。例如，北京体育大学新闻学专业致力于培养体育新闻传播方面的记者、编辑、策划等专门人才；西南政法大学利用法律专业的资源优势开设了法治新闻专业。①

（三）专业新闻人才与“泛新闻”人才、社会化新闻人才的差异化培养

从业界实践看，新闻报道越来越专业、精细、深化，分析性、解释性、预测性报道需求强烈，对新闻工作者的学养、阅历要求越来越高。② 近年来，到专业媒体就业的毕业生人数不断下降，毕业生越来越多地进入党政机关、企事业单位，担负的职责也不再只是公关、品牌等方面的工作，很多人从事的是社会化的新闻生产工作，“泛新闻”岗位对新闻毕业生表现出强烈需求。③ 研究者认为，这样的现实语境对新闻人才培养提出了不同要求，行业层面要求培养具有职业精神的从业者，社会层面则需要培养能力多元且具有批判意识的公共传播者。④

教育部公布的《2018 年全国教育事业发展统计公报》显示：2018 年我国高等教育毛入学率已达 48.1%，高等教育即将从大众化阶段迈向普及化阶段，大学生群体已不完全是“精英”“专业人”，而是大众化的“社会公民”。当今新闻传播已不再只是新闻专业人的领地，而是全民参与的场域。有研究者认为，高校可考虑“把新闻教育的合理性建构由专业化需要推扩到社会文化的发展和民主政治的健全”方面，高度重视着眼于公共利益、充满人文情怀而又包含新闻教育的学理性与实践性的公共新闻学教育范式。⑤

四、学科交叉、专业融合成为人才培养方向标

2018 年初，教育部颁布《普通高等学校本科专业类教学质量国家标准》，明确新闻传播类专业的培养目标是：“具有全媒体新闻传播知识和能力的应用型、复合型、创新型人才，以及具有全球视野和跨文化传播能力的国际新闻传播人才。”2018 年 9 月，教育部、中宣部联合印发《关于提高高校新闻传播培养能力，实施卓越新闻传播人才教育培养计划 2.0 的意见》，提出培养“全媒化”“复合型”“专家型”新闻人才。如何达到国家标准？如何培养“卓越”人才？教育界和研究者主要从学科交叉、专业融合路径进行了回应。

就学科交叉来说，研究者按照目标指向，把新闻教育中的学科交叉融合划分为三种类型：人文主义、技术思维和跨界能力。人文主义目标主要体现在与文学、历史学、哲学、心理学、政治学、社会学等学科的融合。在机器人会写作、人工智能会做主持人的时代，新闻传播学的人文主义诉求显得至关重要，人的专业理性、人文情怀、伦理规范、深度思考、批判精神都弥足珍贵。技术思维目标主要涉及计算机、通信工程、自动控制、软件工程等信息学科。通过技术思维目标，提高学生的科学理性、创新意识和完备能力。跨界能力目标，交融的主要对象是

① 苏宏元：《新闻传播教育的挑战与变革》，《新闻与传播研究》2018 年增刊。
② 雷跃捷、田承旭：《挑战与变革：新闻学研究和教育的发展趋势》，《新闻与写作》2018 年第 3 期。
③ 窦锋昌：《从专业化到社会化：新闻学人才培养目标在新媒体时代的转向》，《高教探索》2018 年第 11 期。
④ 刘义昆：《走向多元：新闻传播教育的变革与坚守》，《中国地质大学学报（社会科学版）》2018 年第 3 期。
⑤ 黎玉明、董宇璞：《众媒时代应用新闻教育的新使命》，《中国编辑》2018 年第 1 期。

经济、健康、贸易、农业、国际政治等领域的学科。在当今社会，不同群体、领域和社会系统的对话与沟通，将会越来越重要，新闻传播专业的毕业生应具有更好的跨界联通能力。①

就专业融合而言，就是要打破专业壁垒，在理念和具体课程设置上，打通新闻传播学类各专业的界限。有研究者指出复旦大学在中国大陆最早将新闻、广电、广告学、传播学全部打包成新闻传播学科，进行大类培养。② 也有研究者认为，中国人民大学新闻学院实行的“学习共同体”式的专业融合值得借鉴，即从 2017 年开始，本科生不再被分配至新闻学、传播学、广告学、广播电视学等传统壁垒分明的各个专业，可自主选择进入若干学习共同体：新闻传播学群、新闻学—法学实验班、新闻学—国际政治实验班、未来传播学堂、学术拔尖人才实验班、融媒体技术与创意传播实验班等。③ 还有研究者探讨了中国台湾地区在新闻教育中通过“大传播”进行专业融合的经验，打通新闻、传播、广告等不同专业方向的学科的通修类课程深受重视，如世新大学新闻传播学院开设全校必修的“全媒体识读”课程与全院必修的“传播技能”课程，培养学生在全媒体时代“能产并善用”传播内容的能力；而专业课程的跨专业适用性也得到更多强调，如政治大学传播学院近年来将“资讯收集与呈现”“行销传播”等专业课程内容进行通识化调整，使其能应用于学院其他专业。④

学科交叉与专业融合对教师的跨学科教育背景提出了要求。学科交叉事实上存在着内、外两种模式。“外交叉”指不同学科背景的教师，为达成教育目标，在教育过程中组成分工协作的团队。通过调查研究，有研究者发现台湾政治大学传播学院、世新大学新闻传播学院有 40% 的专任教师学科背景为非新闻传播类，包括人类学、社会学、民俗学、心理学、管理学等，而偏重新媒体与传播管理的铭传大学传播学院则有高达 66. 7% 的专任教师来自工商管理、资讯工程、电机工程等非新闻传播类专业，形成了文理学科交叉式的师资结构。⑤ “内交叉”则指教师个体自身需具有多学科背景，这种模式越来越受到重视。有研究者选取 2015—2017 年比较稳定地处于英国 QS 世界大学排行榜“传播与媒体研究”领域排名前 15 位左右的 9 所新闻传播类院校加上美国密苏里大学新闻学院，对其 288 位博士教师样本进行分析后发现，只有 62 位教师所获得的本、硕、博三个学位来自同一学科或专业，大部分教师都有不同学科交叉的学术经历。⑥

五、人才培养模式和教学模式改革研究有待创新

在差异化发展、学科交叉、专业融合理念下，新闻教育落实到操作层面，必然面临“教什么”“怎么教”的问题。这两个问题所涉及的，其实是“培养模式”与“教学模式”。2018 年的新闻教育研究论文，也对这两个方面的问题做了一定的回应。

在人才培养模式改革方面，有研究者列举了哥伦比亚大学新闻学院的“双学位”模式，该校从 2011 年开始与该校工程与应用科学学院合作，培养新闻学与计算机科学

---

① 张明新：《多学科交融的新闻传播教育：过去、现在和将来》，《新闻与传播研究》2018 年增刊。

② 苏宏元：《新闻传播教育的挑战与变革》，《新闻与传播研究》2018 年增刊。

③ 刘义昆：《走向多元：新闻传播教育的变革与坚守》，《中国地质大学学报（社会科学版）》2018 年第 3 期。

④ 殷琦：《走出“密苏里模式”：台湾地区新闻传播教育的专业化趋向》，《现代传播（中国传媒大学学报）》2018 年第 6 期。

⑤ 同上。

⑥ 刘明洋、袁晓川：《融通之道：解读新媒体环境下新闻传播教育的两大趋势》，《国际新闻界》2018 年第9 期。

双硕士。[①] 也有研究者在论文中呈现台湾政治大学传播学院“2+2”培养模式，采用一、二年级不分系修课，全面学习传播理论及平面媒体、影音媒体、数字媒体、网络媒体等多元平台的制作原理，以具备全方位媒体素养，三、四年级则在新闻系、广告系、广播电视系进行专业学习。[②]

在教学模式改革方面，有研究者认为，在互联网新媒体的冲击下，新闻教育如果仍然以课堂讲授为主，则很难适应形势变化所需，要让学生充分参与到教学与实践的各个环节中来，推行“参与式”教学，实施师生角色互换的“翻转课堂”教学，从而有效提高学生积极性和学习效果。[③] 也有研究者注重新技术对教学模式的改变，提出在教学中引入人工智能将是一种趋势，认为它能真正监测学生的课下学习情况，并对学生的课前、课后学习情况进行智能评估，教师根据人工智能对学生学习情况的评估，以学生的实际情况为中心来调整教学，改变教师与学生在传统教学模式中信息永远不对称的局面。[④]

六、马克思主义新闻观教育研究明显升温

马克思主义新闻观教育在我国新闻人才培养中一直具有重要地位和重要意义。《关于提高高校新闻传播人才培养能力，实施卓越新闻传播人才培养计划2.0的意见》也将“开创马克思主义新闻观教育新局面”作为改革的重点任务。在2018年新闻教育研究论文中，关注马克思主义新闻观教育的有63篇，较2017年增加了19篇，增幅高达43.2%。研究内容主要面向马克思主义新闻观教育“当前存在哪些问题”与“如何创新”。

对于当前马克思主义新闻观教育存在的问题，以实证研究为主。有研究者通过抽样调查，将存在的问题总结为三点：一是在部分高校的新闻传播人才培养体系中，缺乏对马克思主义新闻观教育的重视；二是教师素养有限，既缺乏系统的理论培训，又缺乏实践经验，讲课形式单一，难以理论联系实际；三是学生对课程重要性认识不足，受社会功利主义浮躁心态的影响，认为马克思主义新闻观是“政治课”，认为该课程对自己无用。[⑤] 也有研究者通过抽样调查和访谈，发现大学生对马克思主义新闻观的认知存在较大片面性，在情感上对马克思主义新闻观有一定的疏离感，在行为上往往忽视马克思主义新闻观实际应用的问题。[⑥]

有研究者认为，马克思主义新闻观教育要解决当前问题，推动马克思主义新闻观教育产生实际效果，需从目标、内容、方式等方面进行改革与创新：目标创新应该超越简单的知识传授，要从价值塑造、理论建构和情感培养三方面目标入手，引导当代青年接近并接受马克思主义新闻观。内容创新既要讲马克思主义新闻思想，也要以跨学科的视野讲述马克思主义的历史理论、政治理论、社会理论、文化理论；既要讲理论性的认识，也要回答现实中青年学生普遍关心的热点问题；与此同时，要培养青年学生学会使用马克思主义的批判的思维方法，防止主观性、片面性和表面性。

至于教学方式的创新，应当坚持思辨性和实践性。坚持思想引领并不意味着放弃

---

① 刘明洋、袁晓川：《融通之道：解读新媒体环境下新闻传播教育的两大趋势》，《国际新闻界》2018年第9期。

② 殷琦：《走出“密苏里模式”：台湾地区新闻传播教育的专业化趋向》，《现代传播（中国传媒大学学报）》2018年第6期。

③ 夏凤军：《“体验式教学”在新闻教育中的意义及运用》，《传媒》2018年第22期。

④ 栾轶玫、张晓旭：《人工智能驱动下的新闻传播教育变革》，《新闻与写作》2018年第5期。

⑤ 雷圆媛：《马克思主义新闻观教育实践的新探索》，《青年记者》2018年第17期。

⑥ 胡沈明、朱贝：《大学生马克思主义新闻观教育的实践效果》，《青年记者》2018年第17期。

讨论，相反，马克思主义新闻观教育者需要积极开展理论教学创新，鼓励思辨，采用启发式、讨论式、辩论式的方式，让受教育者对理论问题“吃透”；同时应当坚持学以致用的原则，鼓励受教育者积极参加专业实践，在行业内部将理论“用透”。①

也有研究者另辟蹊径，认为马克思主义新闻观教育不应仅仅停留在课程层面，而应在研究生教育中增设马克思主义新闻理论相关学科专业，并从社会需求角度进行了可行性分析，认为马克思主义新闻理论研究生专业可通过学科交叉的方式设置，建议设置马克思主义新闻传播理论、马克思主义新闻传播史和马克思主义新闻传播实践三个研究方向，并从社会和学科两方面探讨了设置该专业的意义。②

撰稿：董天策（重庆大学新闻学院教授）
伍晨阳（重庆大学新闻学院—公共管理学院“社会治理与公共传播”博士研究生）

政治传播研究 2018 年综述

本文综合《中文社会科学引文索引（CSSCI）》（2017—2018 年版）、《中文核心期刊要目总览》（2017 年版）与《中国人文社会科学期刊 AMI 综合评价报告（2018 年）》（均不含拓展版），以新闻与传播学、政治学、历史学、哲学等学科期刊与高校综合性学报、综合性人文社科期刊等为数据来源，基于中国知网学术期刊数据库进行检索，共得到 893 篇政治传播研究相关文献作为综述的基础。

2018 年中国大陆地区主要学术期刊有关政治传播研究的核心议题包括：政治传播史研究、政治传播基础理论研究、对外政治传播研究、主流意识形态传播研究、共产党人新闻舆论思想研究、舆论/舆情研究、新媒体政治参与研究、政务新媒体研究、媒体政治传播业务实践研究、网络治理研究、政治话语研究等。以下分而述之。

一、政治传播史研究

2018 年，政治传播史研究的内容较 2017 年更为丰富，表现在所涉及的历史时期更多样。就中国古代的政治传播史而言，从商周时期到春秋、秦汉、宋代、蒙元、明清均有考察。从议题上看，主要集中于自上而下的皇权统治与传播间的关系以及自下而上的舆论表达两大类别。前一类具体包括了有关中国古代皇权对于时间信息传播的控制、③ 秦汉石刻对于大一统帝国时间和空间观念的建构、④ 汉代王莽及其儒生集团利用镜铭传播时政、美誉政权的策略，⑤

① 胡钰、陆洪磊：《马克思主义新闻观教育的创新思路研究》，《新闻与传播研究》2018 年第 11 期。

② 陆高峰：《开展马克思主义新闻理论专业研究生教育的必要性与可行路径》，《教育传媒研究》2018 年第4 期。

③ 汪小虎：《颁历授时：国家权力主导下的时间信息传播》，《新闻与传播研究》2018 年第 3 期。

④ 贾南、芮必峰：《作为信仰“装置”的秦汉石刻：一种媒介学的视角》，《现代传播（中国传媒大学学报）》2018 年第 11 期。

⑤ 时嘉艺：《镜铭载史：王莽儒生创作群体的时政传播》，《殷都学刊》2018 年第 3 期。

以及明宣宗利用赏赐画进行与贵戚、重臣的政治沟通[①]等的研究。后一类包括对先秦至汉魏民间舆论与国家关系的历史考察、[②] 对作为东汉末年“士人论政”手段的“月旦评”在构建民间舆论场方面所具有的进步意义的分析[③]等，《山东社会科学》组织专版，讨论明代社会舆论的内涵和特点、[④] 明代民情表达方式的变化[⑤]以及社会舆论与晚明朝政间的关系。[⑥] 有关女性作为媒介在政治联姻中所具有的功能的历史考察[⑦]以及从媒介技术的角度来解释宋代的文字狱及书禁报禁[⑧]颇具新意。

清末民初的政治传播史分析以“斗争”为突出的关键词，主要涉及的议题包括：（一）清末民初的多种舆论空间分析。如革命派的报刊舆论阵地分析、[⑨] 保皇派的舆论空间建设[⑩]以及这一派强大的舆论影响力，后者表现为《戊戌政变记》由一个主观性的历史故事发展成为近代中国关于戊戌政变的集体记忆，[⑪] 商业性报刊在这一时期公共舆论空间的开拓上所起到的作用，如《点石斋画报》作为政治启蒙的舆论场，[⑫] 维新前后商业报刊对时局的报道推动读者关心时政、向现代知识人转向[⑬]等。（二）舆论斗争及舆论博弈分析。如中日“二十一条”交涉之际国内报刊通过舆论斗争引导和推动国民外交，[⑭]《警钟日报》案中所体现出的清政府与租界当局的角力，[⑮] 留日学生出版活动对抗清政府和日政府的双重钳制、为社会启蒙和民族救亡作出的重要贡献，[⑯] 晚清时期中英政府对《京报》信息控制权的争夺[⑰]等，清末民初的舆论场以革命派、保皇立宪派、清政府、国外势力等政治力量的多方角力为突出特征，《苏报》案是这一现实的直接投射。[⑱]（三）传播与政治控制及反制。如晚清官书局通过以出版重构政治合法性，[⑲] 晚清电报业“官督商办”所反映的中央与地方的权力关系，[⑳] 新闻纸的大量出现打破清政府的保密统治、为晚清政治革命的勃兴与辛亥革命的成功打下基

---

① 李晓愚：《帝王的图像策略：明宣宗赏赐画的视觉修辞分析》，《新闻界》2018 年第 12 期。
② 卜宪群：《乡论与秩序：先秦至汉魏乡里舆论与国家关系的历史考察》，《中国社会科学》2018 年第 12 期。
③ 田素美、谢清果：《舆论学视角下的汉代“月旦评”探析》，《现代传播（中国传媒大学学报）》2018 年第 7 期。
④ 展龙：《明代社会舆论的历史意蕴及启示》，《山东社会科学》2018 年第 9 期。
⑤ 张兆裕：《从建言到舆论——明代民情表达方式的变化》，《山东社会科学》2018 年第 9 期。
⑥ 张献忠：《庙堂与天下：晚明社会舆论与朝廷政治》，《山东社会科学》2018 年第 9 期。
⑦ 潘祥辉：《“秦晋之好”：女性作为媒介及其政治传播功能考》，《国际新闻界》2018 年第 1 期。
⑧ 郭志菊：《从版印媒介技术发展看宋代的文字狱及书禁报禁》，《新闻大学》2018 年第 3 期。
⑨ 黎藜：《清末岭南报刊革命舆论影响路径》，《中国出版》2018 年第 22 期。
⑩ 黎藜：《政党、机关报与公共空间——〈知新报〉舆论宣传的历史意义》，《传媒观察》2018 年第 6 期。
⑪ 王润泽、谭泽明：《〈戊戌政变记〉与政变图像建构：从个体想象到集体记忆》，《新闻与传播研究》2018 年第 8 期。
⑫ 张伟：《从“视觉革命”到“政治启蒙”——〈点石斋画报〉政治想象的叙事架构及审美逻辑》，《社会科学》2018 年第 5 期。
⑬ 蒋建国：《维新前后商业报刊的时政报道与读者阅读》，《新闻大学》2018 年第 4 期。
⑭ 曾荣：《报刊舆论与中日“二十一条”交涉前后的国民外交》，《学术研究》2018 年第 8 期。
⑮ 程丽红、刘泽达：《“〈警钟日报〉案”中的舆论角力》，《新闻记者》2018 年第 2 期。
⑯ 吴琼：《晚清留日学生出版实践及历史价值管窥》，《中国出版》2018 年第 24 期。
⑰ 赵莹：《〈京报〉英译与两次鸦片战争期间的中英关系》，《新闻与传播研究》2018 年第 3 期。
⑱ 张哲玮：《清末主要报纸舆论宣传特征分析——以“苏报案”为例》，《中国报业》2018 年第 16 期。
⑲ 王晓霞：《“纲维国本”：晚清官书局刊刻之经史类书——以藏书为视角的考察》，《现代出版》2018 年第 2 期。
⑳ 李煜：《传播史视阈下晚清电报的官督商办》，《现代传播（中国传媒大学学报）》2018 年第 5 期。

础，[①] 晚清新媒体——电报以新的传输与书写方式促成了皇权“灵晕”的分解与散落[②]等。此外，“他者”对于中国国家和国民的形象建构也得到了一定的分析。显然，这种建构都带有来自他者明确的政治意图[③]或意识形态。[④]

有关中国共产党政治传播历史的研究依然是中国政治传播史研究这一板块之下所占比重最大的部分。所涉及的主要议题包括：（一）中国共产党新闻传播制度及新闻理念形成的历史考察。如对中共指令型出版管理体制的起源与成长过程的分析、毛泽东关于地方党报办报模式理念的历史动因分析、[⑤] 中国共产党早期报刊思想及新闻理论生成过程的回溯，[⑥] 以及红军长征期间的信息传播体系建设、[⑦] 整风运动中党报办报范式的内在冲突与调适、[⑧] 中华人民共和国成立初期中共对苏联新闻工作经验的单向度的吸纳[⑨]等议题。（二）作为社会动员及社会组织和整合手段的中共政治传播历史总结。如整风运动后革命根据地乡村黑板报的独特动员作用、[⑩] 全面抗战时期党刊的民生宣传、[⑪] 解放战争时期东北地区土地改革的多手段动员、[⑫] 革命根据地教科书编撰的历史、[⑬] 中华人民共和国成立初期上海读报组的政治整合功能[⑭]等。（三）舆论宣传斗争的历史分析。如对抗战时期《新华日报》穿透国民党设置的舆论阻碍、构建出共产党人领导文化界的政治现实的灵活实践、抗战时期共产党人在国统区的公开言说策略、[⑮] 重庆谈判期间《新华日报》对毛泽东形象的传播策略、[⑯] 中央苏区艺术传播的“战斗”性、[⑰] 对1946年国统区反苏反共游行这一危机的舆情处置[⑱]等的分析。（四）政治传

① 邵志择：《机事不密则殆：京报、新闻纸与清政府保密统治的式微》，《新闻与传播研究》2018年第5期。

② 孙藜：《书写与密码：晚清皇朝“灵晕”的离散》，《新闻与传播研究》2018年第9期。

③ 谢庆立：《殖民欲望浸透的晚清军事形象——早期在华外报对中国军事报道和评论议题研究》，《新闻爱好者》2018年第5期。

④ 杨婵依：《漫画中的“他者”：十九世纪中后期澳大利亚华人形象研究》，《历史教学（下半月刊）》2018年第7期。

⑤ 朱至刚：《调动地方：试析〈毛泽东同志给刘建勋、韦国清同志的信〉的历史动因及效应》，《现代传播（中国传媒大学学报）》2018年第8期。

⑥ 郝雨：《中国共产党早期报刊思想及新闻理论生成》，《当代传播》2018年第3期。

⑦ 陆高峰：《红军长征期间的信息传播体系与策略》，《编辑之友》2018年第5期。

⑧ 王雪驹、楚航、王润泽：《城市办报范式与党报理念的冲突与调适——对整风运动中重庆〈新华日报〉改版的考察》，《国际新闻界》2018年第8期。

⑨ 吴艳玲：《单向度的学习：1949—1956年苏联新闻工作经验的移植》，《国际新闻界》2018年第1期。

⑩ 乔傲龙、岳谦厚：《社会动员视域下的大众化传播实践——以革命根据地乡村黑板报为中心的考察》，《编辑之友》2018年第5期。

⑪ 杨向鹏：《全面抗战时期中共中央党刊的民生宣传策略》，《出版发行研究》2018年第3期。

⑫ 刘一帆：《传播学视阈下的东北土地改革舆论动员》，《新闻爱好者》2018年第3期。

⑬ 石玉：《中国革命根据地教科书的历史探析及文本特征》，《出版科学》2018年第6期；李新、杨杨：《革命根据地中小学教科书的编撰特色探析》，《编辑之友》2018年第10期。

⑭ 杨丽萍：《新中国成立初期上海的读报组及其政治功效》，《江苏社会科学》2018年第1期；詹佳如：《集体读报：新中国成立初期的上海读报组研究》，《新闻与传播研究》2018年第11期。

⑮ 樊亚平、李向辉：《抗日民族统一战线下的特殊话语表达——抗战时期范长江在国统区的公开言说与话语策略》，《国际新闻界》2018年第10期。

⑯ 李科：《重庆谈判期间〈新华日报〉对毛泽东形象的传播》，《中国报业》2018年第6期。

⑰ 王若伊、刘云舟：《“中央苏区战斗艺术传播”初探——传播学视域下的理论空间》，《福建论坛（人文社会科学版）》2018年第8期。

⑱ 王明亮：《中国共产党如何应对解放前最大的一次舆情危机？——1946年国统区反苏反共游行再考察》，《新闻界》2018年第11期。

播与政权建设。如红色歌谣之于东固革命根据地、[1] 红色标语之于中央苏区[2]在红色政权建设中所发挥的作用、"苏区的喉舌"《红色中华》的反腐实践[3]等。（五）党及党的领袖的媒介形象塑造。如抗战时期中共的媒介形象的自塑、[4] 太平洋战争时期外报对中共形象的他塑[5]等。其他议题还包括了对早期共产党报刊及相关报人、[6] 马克思主义的传播[7]等的历史分析。有关中国共产党政治传播史的分析有对成功经验的总结，也有对历史教训的反思，所指向的一个共同落点或许就是坚持马克思主义新闻观中国化。[8]

此外，与往年相比，抗战时期各方的新闻舆论活动研究在2018年得到了特别的重视。对国民党、[9] 中国民间力量、[10] 日方[11]的活动均有关注，特定媒介技术如电影、[12] 漫画[13]在抗战中发挥的作用也得到了分析。

2018年，对其他国家政治传播活动的历史考察也有所涉及，但相对较少，只有零星几篇，且多以"我"为主，即关注"他者"对中国国家形象的塑造。[14]

二、政治传播基础理论研究

2018年，政治传播基础理论的研究成果较多，主题多元。较为集中的议题包括以下方面：（一）对经典理论的延续性研究。如对第三层议程设置即关联网络议程设置理论的引介[15]和本土化检验，[16] 对两级传播理论在社交媒体环境下的再检视[17]等。（二）基于中国国情形成的理论模式的讨论。如中国政策传播的理论模式总结、[18]

---

① 叶福林：《东固革命根据地的红色歌谣传唱及其影响》，《中国井冈山干部学院学报》2018年第1期。

② 颜清阳、段刘娇：《从红色标语看苏区的红色政权建设》，《中国井冈山干部学院学报》2018年第3期。

③ 张树焕：《报刊监督与中央苏区的廉政建设——以〈红色中华〉为中心的考察》，《理论学刊》2018年第5期。

④ 史晓玲：《抗战时期中共在山东抗日根据地的媒体形象塑造——以〈大众日报〉为中心》，《山东社会科学》2018年第8期。

⑤ 姜怡文：《太平洋战争时期（1943—1945）〈大美晚报〉塑造的共产党形象》，《中国报业》2018年第16期。

⑥ 高杨文：《中国共产党早期组织机关刊物研究》，《出版发行研究》2018年第2期；王润泽、杨奇光：《李求实：从青年运动领袖到中共宣传战士》，《新闻界》2018年第3期。

⑦ 谭忠艳：《抗战时期马克思主义在吉林地区的传播》，《长白学刊》2018年第6期。

⑧ 童兵：《坚持马克思主义新闻观中国化的正确方向——延安〈解放日报〉改版76周年回望及反思》，《新闻界》2018年第11期。

⑨ 严海建：《抗战时期国民党高层对宣传工作的关注与反思》，《社会科学战线》2018年第11期。

⑩ 张万杰：《"九一八"事变后东北流亡学生群体的抗日救国实践评析》，《长白学刊》2018年第1期；王鹏飞、乔晓鹏：《抗战时期张静庐的出版活动与出版理念》，《新闻界》2018年第9期。

⑪ 李彩霞、华京硕：《日本对初期东北日系报刊的干预与控制——以营口〈满洲日报〉的兴衰为例》，《新闻大学》2018年第6期；虞文俊：《"满洲弘报协会"探微》，《新闻大学》2018年第4期；田雷：《东北沦陷区国人报纸"满"苏边界纷争的舆论鼓动（1932—1937）》，《新闻界》2018年第10期。

⑫ 白贵、曹磊：《媒介战争与民族构建：抗战电影的媒介环境学研究》，《现代传播（中国传媒大学学报）》2018年第1期。

⑬ 朱媛媛、李刚：《论抗战漫画中的视觉动员、观看控制与国家认同建构》，《编辑之友》2018年第7期。

⑭ 孙健：《西方早期汉学对宋代中国"重文轻武"形象的构建——以杜赫德〈中华帝国全志〉为中心》，《国际汉学》2018年第2期；张英美：《自我与他者：朝鲜流亡诗人的中国形象塑造》，《东疆学刊》2018年第3期；曹培鑫、薛毅帆：《书写"红色圣地"：世界新闻史上的"中国时刻"》，《现代传播（中国传媒大学学报）》2018年第11期。

⑮ 曾凡斌：《关联网络议程设置的概念、研究与未来发展》，《新闻界》2018年第5期。

⑯ 郗艺鹏、罗海娇：《媒介议程与公众外显议程的网络关联性研究——基于第三级议程设置理论》，《新闻界》2018年第12期；蒋俏蕾、程杨：《第三层次议程设置：萨德事件中媒体与公众的议程网络》，《国际新闻界》2018年第9期。

⑰ 张晗、罗小艺：《集体谬误：社交媒体时代政治议题两级传播的社会后果》，《现代传播（中国传媒大学学报）》2018年第12期。

⑱ 常纾菡：《政策传播：理论模式与中国实践》，《编辑之友》2018年第6期。

中国政治传播制度结构及其变迁的“守土与调适”模式、[1] 农村拆迁动员中信息沟通的“把关与共谋”模式、[2] 传统媒体对公共事件的“制造”过程等，中国的“声音政治”这一提法较具创新色彩。[3]（三）对政治传播涉及的基本概念的定义以及对政治传播基本功能的讨论。如在罗马政制的背景下对由舆论、风尚和习俗所呈现的总体意义上的“民情”以及民情与政制的讨论，[4] 又如对“网络反腐”“网络民粹主义”的定义，以及对政治传播中“政治阐释”的再阐释。[5] 既有研究还论证了民意的大众传播的政治效能、[6] 网络政治隐喻的功能、[7] 博物馆的政治传播功能[8]等。（四）传播与国家认同、政治认同研究。党的十八大以来中国共产党的政治符号建构与国家认同强化，[9] 文化传播、文化认同与文化强国的关系探究[10]均聚焦中国国民的国家认同，互联网与国家认同则将视野扩大至全球范围，研究认为，以公民民族主义为基本理念的网络参与将导致“历史的终结”，公民民族主义将取代种族民族主义，成为人类国家认同产生的最终形式。[11] 修辞与国家认同构建则是解读传播与国家认同的另一个维度。[12] 传播与政治认同研究主要围绕公民政治沟通认知与政治认同的关系、[13] 重大国际会议对于国际政治认同的建构和解构[14]等议题展开。（五）媒介与民主研究。对罗伯特·麦克切斯尼的专访重提民主化媒介理念，新媒体对于民主的利弊之辩成为研究焦点，有研究从技术赋权与传播偏向、[15] 民主巩固与挑战[16]的二元对立格局中把握其利弊，有研究以个案揭示新媒体所具有的“民主幻象”色彩。[17] 对于“电子民主”的前景，有研究认为，从长远看，“电子民主”将从积极方面克服现有民主政治的弊端。（六）政治仪式研究。几项将国庆报道、国庆阅兵和红船纪念活动作为分析对象的研究，集中探讨了政治仪式在政治倡导、[18]

---

① 苏颖：《守土与调适：中国政治传播的制度结构及其变迁》，《甘肃行政学院学报》2018年第1期。

② 袁小平、熊涛：《把关与共谋：农村拆迁动员中信息传播不对称研究——以江西省A镇南村为例》，《新闻界》2018年第5期。

③ 张涛甫：《当下中国的声音政治》，《学术界》2018年第3期。

④ 张国旺：《民情的呈现与守护——卢梭“罗马政制”论的社会理论意涵》，《社会学研究》2018年第6期。

⑤ 祖昊、荆学民：《政治传播中“政治阐释”之辩证》，《青海社会科学》2018年第5期。

⑥ 黄海燕：《民意大众传播的政治效能》，《江西社会科学》2018年第3期。

⑦ 张爱军、秦小琪：《网络政治隐喻的功能研究》，《学术界》2018年第3期。

⑧ 刘燕：《博物馆的政治传播功能释读》，《东南文化》2018年第1期。

⑨ 张晒：《政治符号建构与国家认同强化研究——以中共十八大以来的实践为分析对象》，《湖北行政学院学报》2018年第2期。

⑩ 丁存霞、苏泽宇：《传播与认同：新时代文化强国建设的关系范式》，《青海社会科学》2018年第6期。

⑪ 卢嘉、刘新传：《互联网与国家认同：媒介生态学视角下基于全球33个国家的实证研究》，《国际新闻界》2018年第4期。

⑫ 丁云亮：《媒介化社会国家认同的修辞建构》，《学术界》2018年第4期。

⑬ 王艳、常婧：《公民政治沟通认知与政治认同关系研究——基于“中国公民政治文化”调查问卷的分析》，《福建行政学院学报》2018年第2期。

⑭ 吴瑛、黄天依：《构建政治认同：作为媒介事件的重大国际会议角色研究》，《新闻大学》2018年第6期。

⑮ 谭昌勇、廖洪兰：《新媒体与社会主义民主：技术赋权与传播偏向》，《云南行政学院学报》2018年第6期。

⑯ 赵司空：《民主巩固与挑战：反思“电子民主”及其两面性》，《社会科学》2018年第9期。

⑰ 蒋建国、兰志文：《民主幻象与信任透支：微信投票乱象及其文化反思》，《现代传播（中国传媒大学学报）》2018年第4期。

⑱ 沈正赋：《传播仪式观视阈下中国政治图谱的演变——基于〈人民日报〉国庆日头版报道及社论的分析》，《现代传播（中国传媒大学学报）》2018年第2期。

政党媒介形象建构、[1] 塑造政治认同、[2] 政党精神传承[3]等方面的作用。关于当下的中国政治传播研究，有研究者提醒要警惕“西方化—去西方化”二元对立的路径，以更为多元化的视角审视不同地区的政治和媒体语境下的传播研究。[4] 有研究为中国政治传播研究指出的未来发展路径包括：持续聚焦政治宣传研究、关注微政治传播研究、深度融合政治传播交叉学科研究。[5]

三、对外政治传播研究

以反全球化运动为特征的全球化转型，有利于再次理性审视国际传播的概念内涵，确立新的国际传播能力建设策略。[6] 其中，地方对外传播媒体[7]与青年网民[8]的力量不容小觑。保持价值中立、倡导文化多样性和降低文化折扣是社交媒体时代全球传播理想模式的三个标准。[9] 有研究提出以“能力—效力”框架为主的效果评估体系[10]与大数据评估路径。[11]

“讲好中国故事”是习近平总书记关于对外传播工作的系统思想。[12] 接受美学、[13] 博弈论[14]为讲好中国故事的策略研究提供了理论支持。海外华文媒体、[15] 出版集团、[16] 地方媒体、[17] 党媒[18]等主体讲好中国故事的路径研究受到关注。

有研究提出将国家价值观置于人类命运共同体视域下，[19] 通过重建“精神丝绸之路”使中国价值观成为人类共同价值观的重要组成部分；[20] 有研究提出依

---

① 李京：《从政治秩序确立到政治记忆刻写——对〈人民日报〉1949—2017 年国庆头版图像叙事变迁的探讨》，《新闻界》2018 年第 1 期。

② 孙卫华、肖爱丽：《仪式传播的符号学解读——以 1949 年至 2015 年间我国六场阅兵式为例》，《当代传播》2018 年第 4 期。

③ 李建勇、于慧婷：《政治仪式与红船精神的孕育、传播及传承》，《观察与思考》2018 年第 10 期。

④ 史安斌：《政治传播研究的“行省化”：理论反思与路径重构》，《国际新闻界》2018 年第 2 期。

⑤ 荆学民：《论中国政治传播研究向纵深拓展的三大进路》，《现代传播（中国传媒大学学报）》2018 年第 1 期。

⑥ 严功军：《全球化转型：国际传播与能力建设再思考》，《新闻界》2018 年第 8 期。

⑦ 张咏华、王立俊、扶黄思宇：《地方对外传播媒体的传播路径研究——以上海外语频道为例》，《新闻爱好者》2018 年第 3 期。

⑧ 张梦晗：《青年网民的互动与沟通：复杂国际环境下的对外传播路径》，《现代传播（中国传媒大学学报）》2018 年第 12 期。

⑨ 史安斌：《社交媒体时代全球传播的理想模式探究——基于联合国“微传播”的个案分析》，《武汉大学学报（哲学社会科学版）》2018 年第 1 期。

⑩ 刘燕南、刘双：《国际传播效果评估指标体系建构：框架、方法与问题》，《现代传播（中国传媒大学学报）》2018 年第 8 期。

⑪ 谢卓华：《大数据视角下面向东盟传播效果评估体系重构——以广西人民广播电台为例》，《新闻爱好者》2018 年第 4 期。

⑫ 黄良奇：《习近平“讲好中国故事”思想探析》，《中国井冈山干部学院学报》2018 年第 2 期。

⑬ 曹茹、郭小旭：《从接受美学看媒体如何讲好中国故事——隐喻、母题与适度陌生化》，《出版发行研究》2018 年第 10 期。

⑭ 李华君、庆雪萌：《“讲好国家故事”的语言策略：建构主义与后结构主义的中间道路》，《现代传播（中国传媒大学学报）》2018 年第 6 期。

⑮ 顾时宏：《海外华文媒体如何讲好“一带一路”中国故事》，《传媒》2018 年第 2 期。

⑯ 佘世红、黄维媛：《出版集团“讲好中国故事”的主体作用及实践路径》，《中国出版》2018 年第 12 期。

⑰ 汪金铭：《论地方媒体如何讲好中国故事》，《中国报业》2018 年第 23 期。

⑱ 肖建中、张华军、宋华茹、李宗宽、赵同增：《用真实精彩的故事打动读者——新时代党媒新闻宣传如何讲好故事的思考》，《新闻爱好者》2018 年第 11 期。

⑲ 陈鑫：《“人类命运共同体”国际传播的困境与出路》，《宁夏社会科学》2018 年第 5 期。

⑳ 张恒军、唐润华：《中国价值观全球传播的新契机和新逻辑》，《社会科学战线》2018 年第 3 期。

托“母题”和“原型”等世界性话语形态、文化元素和叙事框架，搭建价值传播“共识”的传播策略；[①] 强调在自我与他者的和谐互动中，增进价值理解，达成价值共识。[②]

国家形象研究是对外政治传播研究领域的热点议题。有研究分析了40年来中国国家形象的变迁，[③] 剖析“国家实在”作为国家形象传播逻辑起点的传播机制。[④]“一带一路”给国家形象建构与传播带来了新机遇。[⑤] 有研究关注国家形象的“他塑”：如美国[⑥]等英语国家与印度、[⑦] 意大利[⑧]等非英语国家媒体中的中国形象。目前，我国的国际形象塑造正从“他塑”转为“自塑”。[⑨] 研究发现，关于“一带一路”的互惠性新闻发布多，但关注度较低；政治意图解释新闻发布少，但传播效果更好。[⑩]“一带一路”倡议通过国家顶层战略实现政治营销，成功塑造了开放包容、肩负责任、推动世界和平的中国国家品牌形象。[⑪] 但我国媒体的“二次传播”效果并不尽如人意。[⑫] 客观存在于海外传播实践中的传播差与认知差需要通过媒介传播本土化解决。[⑬] 提升“一带一路”话题国际影响力，不仅要讲好“中国故事”，还要主动与“一带一路”传播场域中的关键节点和子群进行良性互动。[⑭]

对外政治传播研究既关注传统新闻媒体[⑮]

---

① 田龙过：《“一带一路”背景下中国价值观国际传播的“共识”策略》，《传媒》2018年第12期。

② 项久雨、张业振：《当代中国价值观国际传播中的自我与他者》，《武汉大学学报（哲学社会科学版）》2018年第2期。

③ 张昆：《理想与现实：40年来中国国家形象变迁》，《人民论坛·学术前沿》2018年第23期。

④ 陈文泰、李卫东：《国际社交网络中“国家实在”传播与国家形象演化机制研究》，《新闻大学》2018年第6期。

⑤ 柳邦坤、刘敏怡：《“一带一路”与中国国家形象的建构与传播》，《传媒观察》2018年第5期。

⑥ 陈林：《〈纽约时报〉的中国“两会”报道与中国形象塑造》，《传媒观察》2018年第3期；安珊珊、梁馨月：《美国新闻报道框架建构下的“中国形象”——美国主流媒体“一带一路”峰会新闻报道框架解析》，《哈尔滨工业大学学报（社会科学版）》2018年第2期。

⑦ 蔡马兰、罗舒悦：《“一带一路”倡议在国际媒体报道中的形象分析——以印度英文主流媒体〈今日印度〉为例》，《中国报业》2018年第24期。

⑧ 顾洁、黄若鸿：《超越刻板：意大利媒体呈现的中国形象——以〈晚邮报〉涉华报道为例》，《当代传播》2018年第3期；顾洁、赵晨：《非英语国家主流媒体中的中国形象研究》，《现代传播（中国传媒大学学报）》2018年第11期。

⑨ 刘鹏飞、曲晓程、何睿敏：《构建新时代国际传播能力体系的实践路径——试论我国互联网国际舆论场趋势与对策》，《中国出版》2018年第14期。

⑩ 胡岸、陈斌：《国家议题的对外传播效果分析——以“一带一路”在海外社交媒体上的框架分析为例》，《编辑之友》2018年第12期。

⑪ 段淳林、吕笑：《“一带一路”国家品牌形象传播与主题模型计算的实证研究》，《现代传播（中国传媒大学学报）》2018年第1期。

⑫ 汤璇：《“一带一路”背景下中国媒体对外传播能力建设——基于〈马尼拉时报〉涉华报道的稿件来源分析》，《当代传播》2018年第1期。

⑬ 陈宇：《“一带一路”背景下中国传媒海外传播的本土化实践》，《内蒙古社会科学（汉文版）》2018年第5期。

⑭ 项久雨、张业振：《当代中国价值观国际传播中的自我与他者》，《武汉大学学报（哲学社会科学版）》2018年第2期。

⑮ 王瑞林、毛彦心：《〈人民日报〉（海外版）国家形象建构研究——以“一带一路”国际合作高峰论坛为例》，《传媒》2018年第17期；赵艺扬：《框架理论视域下〈人民日报·海外版〉中国国家形象建构研究——以2013—2017年“一带一路”报道为例》，《云南社会科学》2018年第5期；丁柏铨：《论新闻媒体“展形象”的使命任务》，《新闻与写作》2018年第12期。

也关注短视频、[①] 社交媒体、[②] 大数据技术[③]等新媒体语境下[④]的国家形象建构。博物馆、[⑤] 邮票、[⑥] 电影、[⑦] 民营企业家、[⑧] 国际汉语教育、[⑨] 新闻摄影、[⑩] 教科书、[⑪] 移民新媒体[⑫]均承载着国家形象建构功能。政党形象、[⑬] 政府形象、[⑭] 领导人形象、[⑮] “第一夫人外交”、[⑯] 城市形象[⑰]等子议题也受到关注。

四、主流意识形态传播研究

互联网构成讨论这一议题的突出背景。对主流意识形态建设的讨论延续了以往的挑战—回应模式，并渗透着忧虑的情绪。传统场域向新兴场域的变迁、[⑱] 自媒体的兴起、[⑲] 算法推送技术的应用[⑳]都被视为主流意识形态建设面临的重大挑战，这些挑战的机理和逻辑以及因应之策，得到了广泛探讨，积极应对、勇于创新、维护好主流意识形态对社会的整合力与领导权是普遍结论。

关于社会主义核心价值观，研究认为理论凝练与发展完善是社会主义核心价值

① 董媛媛、田晨：《社交媒体时代短视频传播与国家形象建构》，《当代传播》2018 年第 3 期。

② 韦笑、潘攀：《社交媒体时代中国国家形象的对外传播策略——基于 2017 年 CGTN 海外社交媒体的中国报道分析》，《传媒》2018 年第 19 期。

③ 赵琛：《“数据思维”与全球化——大数据发展趋势对新闻媒体建构国家形象之影响》，《中国报业》2018 年第 4 期；蒋洛丹：《国家形象传播中的大数据技术应用》，《中州学刊》2018 年第 11 期。

④ 何建华：《新媒体语境“展形象”多种路径研究》，《当代传播》2018 年第 6 期。

⑤ 孔达：《试论博物馆对外展览建构国家形象的价值与路径》，《东南文化》2018 年第 5 期。

⑥ 杨柳、董天策：《“方寸之间”的中国：1949—2016 年邮票上的国家形象变迁》，《现代传播（中国传媒大学学报）》2018 年第 2 期。

⑦ 黄会林、孙子荀、王超、杨卓凡：《中国电影与国家形象传播——2017 年度中国电影北美地区传播调研报告》，《现代传播（中国传媒大学学报）》2018 年第 1 期。

⑧ 郑晨予、韦龙：《中国精英民营企业家的国家形象承载力实证研究——基于 2017 微信自媒体 10w + 文本的智能数据挖掘》，《新闻大学》2018 年第 5 期。

⑨ 耿直：《论中国国家形象的话语构建——以国际汉语教育为视角》，《人民论坛 · 学术前沿》2018 年第 3 期。

⑩ 王长潇、王丹敏：《“荷赛奖”眼中的中国形象——对 1988—2018 年中国获奖作品的内容分析》，《当代传播》2018 年第 6 期。

⑪ 樊小玲：《教科书叙事：自我认知、世界图景与国家形象传播》，《现代传播（中国传媒大学学报）》2018 年第 10 期。

⑫ 章震、谢蕾：《新移民媒体中的公民身份和国家形象建构——以微信公众号“A”为个案的研究》，《新闻界》2018 年第 8 期。

⑬ 许正林、王卓轩：《十年来中国共产党政党形象对外传播的理论与实践》，《现代传播（中国传媒大学学报）》2018 年第 9 期；唐海潇：《当前中国共产党执政的国际形象——基于英美主流媒体报道视角》，《理论视野》2018 年第 9 期；张震：《中国共产党形象建设研究综述》，《中共杭州市委党校学报》2018 年第 4 期。

⑭ 李丹：《政治传播视角下主流媒体的政府形象塑造——以〈人民日报〉的精准扶贫报道为样本》，《江汉学术》2018 年第 6 期。

⑮ 黄红英、朱颖：《国家领导人公共形象传播策略——以美、俄、德三国领导人为例》，《新闻爱好者》2018 年第 8 期；陈相雨、潘镜羽：《接受美学视域下的领导人媒介形象塑造》，《传媒观察》2018 年第 6 期。

⑯ 彭祝斌、李成家：《第一夫人外交与中国形象的多维建构》，《现代传播（中国传媒大学学报）》2018 年第 12 期。

⑰ 郭可、陈悦、杜妍：《全球城市形象传播的生成机制及理论阐释——以上海城市形象为例》，《新闻大学》2018 年第 6 期。

⑱ 王媛媛：《场域变迁视角下社会主义意识形态传播中的问题及对策》，《新闻界》2018 年第 7 期。

⑲ 刘清生：《自媒体传播社会主流价值观的理性审视》，《南通大学学报（社会科学版）》2018 年第 4 期。

⑳ 张志安、汤敏：《论算法推荐对主流意识形态传播的影响》，《社会科学战线》2018 年第 10 期。

观构建的逻辑起点，大众化传播是社会主义核心价值观构建的逻辑终点，二者处于相互作用与反哺的动态平衡。① 如何做好核心价值观的传播，应由当前传播实践中侧重信息传递的“传递观”，转向侧重意义共享的“仪式观”。② 加强核心价值观网上阵地的要点是在网络舆论的形成演化过程中进行核心价值观的宣教。③ 新媒体环境下对大学生群体的核心价值观传播也得到了较多关注。④

研究认为，本质上，马克思主义理论在网络社会的传播，是马克思主义理论传播方式和内容适应网络社会的现实基础，是进行自我调适和优化的过程。因此，马克思主义理论在网络社会的传播，要契合网络社会特征。⑤ 通过科学细分受众、选择合适内容、优化传播过程、多维评估效果来构建马克思主义大众化精准传播模式，⑥ 以及构建全新传播模式、⑦ 创新传播策略⑧等是在互联网时代推进马克思主义大众化的路径选择。当然，对于马克思主义在中国的传播历程，同样有历史回溯。革命报刊⑨和革命人士⑩对马克思主义早期传播的贡献、抗战时期的文艺活动与马克思主义大众化的共生关系，⑪ 以及 20 世纪上半叶马克思主义社会学、⑫ 中华人民共和国成立前马克思主义史学⑬的传播活动等，都被给予了历史梳理。

五、共产党人新闻舆论思想研究

研究依然以习近平新闻舆论思想为主，兼及对几位早期共产党人思想的回顾。2018 年适逢马克思诞辰 200 周年，有研究者对其新闻思想进行了总结性研究。

对于习近平新闻舆论思想的研究，主要涉及其新闻观、意识形态观、网络社会治理观、舆论观以及对于新闻学和新闻学科的阐述等。研究普遍认为，习近平新闻舆论思想是习近平新时代中国特色社会主义思想的重要组成部分，也是对马克思主义新闻思想的继承和创新发展。这一思想的形成，有其逻辑起点和发展脉络，也有其特征和实践价值，⑭ 将在习近平新时代中国特色社会主义思想的引领下，为新闻舆论工作创新提供指导。⑮ 习近平新闻舆

---

① 陈文斌、格日勒图：《社会主义核心价值观构建的逻辑起点与逻辑终点——从理论凝练到大众化传播》，《东北师大学报（哲学社会科学版）》2018 年第 5 期。

② 张伟、杨明：《从“传递观”到“仪式观”：论社会主义核心价值观传播的范式转换》，《江苏行政学院学报》2018 年第 2 期。

③ 毛牧然：《网络舆论与社会主义核心价值观宣教》，《理论学刊》2018 年第 1 期。

④ 梁炳辉：《新媒体语境下大学生社会主义核心价值观软传播探析》，《新闻爱好者》2018 年第 12 期；王光宇：《微媒体环境下的大学生核心价值观教育》，《人民论坛》2018 年第 8 期；邓军彪、秦晴：《传播学视域下大学生社会主义核心价值观认同研究》，《学校党建与思想教育》2018 年第 20 期。

⑤ 金国峰：《马克思主义理论在网络社会的传播逻辑》，《学校党建与思想教育》2018 年第 23 期。

⑥ 刘康：《“互联网 +”时代马克思主义大众化的精准传播策略探析》，《理论月刊》2018 年第 3 期。

⑦ 董馨：《新时代马克思主义大众化传播路径选择》，《重庆社会科学》2018 年第 2 期。

⑧ 周昌辉：《马克思主义大众化传播的困境及破解》，《人民论坛》2018 年第 6 期。

⑨ 胡凤琴：《〈劳动界〉周刊对马克思主义传播的贡献》，《出版发行研究》2018 年第 5 期；朱天玉：《〈新青年〉与马克思主义在中国的早期传播》，《新闻爱好者》2018 年第 10 期。

⑩ 曾庆桃：《陈潭秋对马克思主义早期传播的探索与实践》，《理论月刊》2018 年第 12 期。

⑪ 石晓霞：《延安时期文艺与马克思主义大众化共生关系研究》，《人民论坛》2018 年第 2 期。

⑫ 冯波：《20 世纪上半叶马克思主义社会学在中国的传播特点》，《观察与思考》2018 年第 7 期。

⑬ 叶建：《近代进步书店与中国马克思主义史学著述的出版》，《中国出版》2018 年第 20 期。

⑭ 沈正赋：《习近平关于新闻舆论工作重要论述：逻辑起点·发展脉络·理论内核》，《现代传播（中国传媒大学学报）》2018 年第 11 期；颜隆忠、潘玉腾：《习近平新闻舆论思想的形成、特征与实践价值》，《东南学术》2018 年第 3 期。

⑮ 丁柏铨：《习近平新时代中国特色社会主义思想的创新性与新闻舆论工作创新》，《编辑之友》2018 年第1 期。

论思想有7个创新，[①] 坚持党性、尊重规律、以人民为中心，是其两个要点和一个落脚点。[②] 有研究总结了习近平新闻舆论思想的研究进路，[③] 对于如何落实习近平新闻舆论观也进行了探讨。[④] "意识形态工作极端重要""牢牢掌握意识形态工作领导权""巩固马克思主义在意识形态工作中的指导地位"是习近平意识形态观的核心与精髓。[⑤] 由"一带一路"倡议所体现的习近平以"容—传—通—融—同"为特征的最新沟通思想理论体系，其核心要素在于"五通""五路"和"四同"。[⑥] 习近平网络社会治理观的现实逻辑、基本原则和贯彻逻辑也得到了系统阐述。[⑦] 研究还对习近平"党性人民性统一论"的理论内涵、[⑧] "正面宣传为主"思想的源流[⑨]以及对新闻学、新闻学科的认识[⑩]乃至新闻人才培养思想[⑪]进行了考察，认为其时代性和创新性也为当下如火如荼的媒体融合提供了正确的指引。[⑫]

早期共产党人的新闻舆论思想研究主要涉及马克思、恩格斯、列宁和董必武等人的思想。研究主要的议题包括报刊经营、[⑬] 出版发行、[⑭] 新闻法治与新闻伦理、[⑮] 党报的战斗性[⑯]等。有研究注意到了列宁新闻思想的方法论特质。[⑰] 在马克思诞辰200周年之际，也有研究系统总结了他的报刊活动对无产阶级和社会主义新闻事业作出的历史性贡献。[⑱]

六、舆论/舆情研究

这一议题关注互联网带来的影响，涉及基础理论、舆论引导、舆论治理、舆论

① 方立明：《学深悟透习近平总书记关于新闻舆论工作重要论述推动新时代报业高质量发展》，《传媒》2018年第21期。

② 陈力丹：《习近平在党的新闻舆论工作座谈会上的讲话》，《新闻界》2018年第2期；陈力丹：《坚持党性，尊重规律，以人民为中心——习近平新闻舆论观的两个要点和一个落脚点》，《新闻记者》2018年第7期。

③ 沈正赋：《习近平新闻舆论思想研究进路初探》，《当代传播》2018年第5期。

④ 陈力丹：《将习近平"以人民为中心"的基本方略落实到新闻舆论工作中》，《新闻与写作》2018年第8期；蔡名照：《深入学习贯彻习近平新闻舆论思想 不断提升党的新闻舆论传播力、引导力、影响力、公信力》，《中国记者》2018年第1期；蔡名照：《深入贯彻习近平总书记重要讲话精神 更好发挥党的新闻舆论工作主力军主渠道主阵地作用》，《中国记者》2018年第10期；杨颖：《着力做好媒体融合发展这篇大文章——学习贯彻习近平总书记关于新闻舆论工作系列重要论述》，《中国记者》2018年第10期。

⑤ 郑保卫：《论习近平意识形态观的核心与精髓——写在习近平总书记"8·19"讲话发表5周年之际》，《中国出版》2018年第16期。

⑥ 贾文山、刘宏宇：《从"五通"到"五路"和"四同"——管窥习近平沟通思想理论体系》，《国际新闻界》2018年第7期。

⑦ 程秀霞、叶松庆：《习近平网络社会治理观的现实逻辑、基本原则及贯彻路径》，《电子政务》2018年第10期。

⑧ 郑保卫：《习近平"党性人民性统一论"的理论内涵及价值》，《现代传播（中国传媒大学学报）》2018年第1期。

⑨ 张治中：《习近平"正面宣传为主"思想的源流与传播学解读》，《出版发行研究》2018年第7期。

⑩ 叶俊、赵云泽：《习近平对于"新闻学"及"新闻学科"的重要阐述》，《编辑之友》2018年第4期。

⑪ 叶俊、赵云泽：《习近平对新闻人才培养的重要论述》，《编辑之友》2018年第11期。

⑫ 管洪：《习近平新闻思想与中国媒体融合发展新格局》，《中国记者》2018年第7期。

⑬ 陈力丹：《马克思和恩格斯论报刊经营》，《新闻界》2018年第3期。

⑭ 彭卫、刘建红：《董必武的出版发行思想及革命实践》，《出版发行研究》2018年第5期。

⑮ 汪振军：《马克思新闻法治与新闻伦理思想初探》，《现代传播（中国传媒大学学报）》2018年第2期。

⑯ 李龙、冯子铭：《列宁：党报应当进行论战》，《新闻界》2018年第1期。

⑰ 祁涛：《现实性思维与实际效用性文本——试论列宁在俄国社会民主党创建时期新闻思想的方法论品质》，《新闻爱好者》2018年第12期。

⑱ 郑保卫：《论马克思报刊活动的历史地位——纪念马克思诞辰200周年》，《现代传播（中国传媒大学学报）》2018年第4期。

监督等方面。

网络技术、人工智能为舆论传播带来了机遇及挑战。[①] 网络舆论生成与受众媒介使用之间互动促动、渐为一体，[②] 形成了明显的系统化特征。[③] 分众时代，社会舆论具有泛化特征。[④] “后真相”时代，舆论出现了客体流动性、本体撕裂与极化、主体由精神聚合体向情感聚合体转变等新特点。[⑤] 有研究分析了媒介、网民、政府等构成要素在舆情事件中的角色。[⑥] 舆情影响因素往往要通过对舆情主体产生心理影响发生作用，[⑦] 借由“朴素正义感”所产生的“公众同情”成为当下公众舆论的重要表征。[⑧] 有研究分析了网络舆情事件中网民群体的心理变化及不同利益群体的心理特征。[⑨] 在消极舆论活动中，网民具有道德审判和道德伪善的倾向。[⑩]

舆论与价值观、文化共同构成理解民意的三维框架。[⑪] 研究发现，网络舆论场的舆论诉求取向越来越具有公共性和专业性。[⑫] 有研究提出舆情分级与分类的原则、方法与标准，[⑬] 将物理学中的叠加、聚焦和扩散效应运用于网络舆情热点事件分析。[⑭]

新媒体造就的信息飞沫化、解读负面化、危机常态化与阅读碎片化环境[⑮]为舆论引导提出挑战。准确把握网络舆情敏感源，实时把握网民倾向与情感的变化，合理处理舆情引导的时效性与真实性的关系，切实掌握网民表达的特点是“后真相”时代引导网络舆情的有效策略。[⑯] 针对舆论生态的新变化，主流媒体应发挥舆论引领责任。[⑰] 主流话语的及时有效回馈是促进舆论健康良性运行、实现公民权利的基本保障。[⑱] 有研究就主流媒体与网络舆情报道交互整合传播中产生的新关系理论、关系问题、引导策略展开论述，[⑲] 剖析了重大突发事件党报缺位的成因。[⑳]

---

① 张志安、汤敏：《网络技术、人工智能和舆论传播的机遇及挑战》，《传媒》2018 年第 13 期。

② 焦德武：《网络搜索与网络舆论生成的互动研究》，《现代传播（中国传媒大学学报）》2018 年第 4 期。

③ 梁春阳：《网络舆情特点的系统化分析》，《中共杭州市委党校学报》2014 年第 5 期。

④ 陈超：《分众时代社会舆论的泛化特征与供给结构研究》，《河北学刊》2018 年第 1 期。

⑤ 李畅、黄颜颜：《后真相时代舆论内涵解读》，《新闻界》2018 年第 9 期。

⑥ 张旭阳、李丹珉、谢耘耕：《媒介、网民、政府在舆情事件中的参与角色与作用研究——基于 3600 起舆情事件的实证分析》，《新闻界》2018 年第 6 期。

⑦ 丁柏铨：《舆情影响因素解析及舆情中心理作用研究》，《天津社会科学》2018 年第 6 期。

⑧ 开薪悦、姜红：《公众舆论中的情感互通——以“辱母案”中“朴素正义感”为中心的考察》，《新闻界》2018 年第 12 期。

⑨ 黄敏：《网络舆情事件中网民的心理演变机制研究——以北京“红黄蓝”幼儿园事件为例》，《传媒》2018 年第 10 期。

⑩ 刘绩宏、柯惠新：《道德心理的舆论张力：网络谣言向网络暴力的演化模式及其影响因素研究》，《国际新闻界》2018 年第 7 期。

⑪ 张涛甫：《舆论、价值观、文化：理解民意的三个维度》，《新闻与写作》2018 年第 1 期。

⑫ 苗玲玲、王飞、孙培炎：《网络舆情传播事件预警机制与渎职侦办规制研究》，《新闻爱好者》2018 年第11 期。

⑬ 李昌祖、左蒙：《舆情的分级与分类研究》，《中共杭州市委党校学报》2015 年第 3 期。

⑭ 于倩倩：《网络舆情热点事件的“叠加 - 聚焦 - 扩散”效应研究》，《新闻界》2018 年第 7 期。

⑮ 黄河：《网络舆论引导的困境与破局》，《新闻与写作》2018 年第 6 期。

⑯ 宋湘琴：《后真相时代网络舆情演变特点及其引导策略研究》，《重庆理工大学学报（社会科学版）》2018 年第 8 期。

⑰ 王松林：《“后真相”时代的舆论引导策略研究》，《传媒》2018 年第 5 期。

⑱ 王德胜、王悦：《框架、情感与影响力：主流舆论场对公共事件的舆论引导作用——以哈尔滨“天价鱼”事件为例》，《中国出版》2018 年第 20 期。

⑲ 张靖庚、倪志敏：《主流媒体对网络舆论引导策略研究》，《中国报业》2018 年第 19 期。

⑳ 丁邦杰、宋冰：《论重大突发事件党报缺位的成因与后果》，《传媒观察》2018 年第 3 期。

网络舆情也诱发了复杂态势和社会问题。[①] 我国网络舆情生态系统存在着由动态性所引发的结构失衡问题，急需找出有效的治理路径。[②] 网络舆论生态治理的关键是要正确认识并处理好网络民意的虚与实、网络传播的一与多、网络言论的好与坏、网络治理的软与硬及网上治理与网下治理等关系。[③] 政府参与网络舆论治理的力量日益凸显。[④] 大数据为治理提供了新思路。[⑤] 建设网络综合治理体系是应对网络舆情治理风险的有效路径。[⑥]

社交媒体时代，突发事件的舆情传播呈现瞬时爆发、难以预测、破坏力强等特点。[⑦] 做好热点舆情回应成为政府工作的重要内容。[⑧] 要逐步适应新型传播模式下的舆论传播与引导规律，[⑨] 利用大数据舆情分析工具、建立科学的舆情回应机制、完善网络舆论治理的法律规范，提升官员信息素养等提升政府回应网络舆论的能力。[⑩] 从根源出发，加强网络监管、及时辟谣、掌控政府话语权，降低次生舆情带给社会的影响和压力。[⑪] 社交平台短文本的语义分析、文本内容分析与社会关系分析相融合、地理位置与社会关系关联耦合是未来舆情预警的发展趋势。[⑫]

网络赋予公民参与新方式。[⑬] 舆论监督主体从大众媒体回归到公众主体，舆论监督功能从治理技术转向盈利工具继而回归大众公器，舆论监督话语经历了从权威、多元向个性化转变的过程。[⑭] 传统媒体的舆论监督面临“供给侧”调适。[⑮] 艺术话语—群众监督—新闻舆论监督的新型方式逐渐形成。[⑯]

在互联网带动下，两个舆论场的割裂逐渐凸显。[⑰] 舆论场出现新转向，[⑱] 主流舆论场应以受众注意力为切口打通两个舆论场。[⑲] 扩大传统主流媒体声音在社会大众中的辐射效应可以促进两个舆论场融合。[⑳]

---

① 马静：《基于扎根理论的中国网络舆情治理影响因素研究》，《河南社会科学》2018 年第 11 期。

② 侯雷：《我国网络舆情生态系统的动态性特征、问题及治理》，《行政与法》2018 年第 10 期。

③ 上官酒瑞：《网络舆论生态治理的认识论分析》，《求实》2018 年第 6 期。

④ 韩运荣、何睿敏：《中国网络舆论生态的变化与特点》，《新闻与写作》2018 年第 7 期。

⑤ 许峰：《以大数据思维创新网络舆情管理》，《人民论坛》2018 年第 27 期；陈长、黄华龙、曹渝：《大数据治理视角下网络舆论传播生态治理研究》，《出版发行研究》2018 年第 9 期。

⑥ 王立峰、韩建力：《构建网络综合治理体系：应对网络舆情治理风险的有效路径》，《理论月刊》2018 年第 8 期。

⑦ 杨维东、曹兰：《社交媒体时代突发事件的舆情治理新范式》，《传媒》2018 年第 13 期。

⑧ 陈睿羚：《社会热点舆情回应四策》，《人民论坛》2018 年第 32 期。

⑨ 高季晨：《新媒体 4A 传播模式下突发事件中的舆论引导》，《新闻爱好者》2018 年第 4 期。

⑩ 高志华、蔡钰：《政府回应网络舆论问题的探讨》，《行政管理改革》2018 年第 3 期。

⑪ 刘强：《网络次生舆情的应对之策》，《人民论坛》2018 年第 16 期。

⑫ 李彪：《社交网络时代舆情预警的挑战、模式及趋势研究》，《编辑之友》2018 年第 11 期。

⑬ 周雅鹏：《以“网络舆论监督”推动当代中国“公民的有序参与”》，《中共杭州市委党校学报》2010 年第2 期。

⑭ 李永：《新媒介语境下舆论监督本位回归：历程与方向》，《现代传播（中国传媒大学学报）》2018 年第 1 期。

⑮ 吴阿娟、董向慧、陈杰：《传统媒体舆论监督的“供给侧”调适》，《传媒》2018 年第 24 期。

⑯ 陈虹、潘玉、郑广嘉：《媒介记忆视域下中国电视媒体舆论监督研究——从“中国质量万里行”到〈人民的名义〉》，《现代传播（中国传媒大学学报）》2018 年第 1 期。

⑰ 李文俊：《如何融合官方与民间舆论场》，《中国报业》2018 年第 9 期。

⑱ 李彪：《后真相时代网络舆论场的话语空间与治理范式新转向》，《新闻记者》2018 年第 5 期。

⑲ 中共成都市委宣传部课题组、谭筱玲、陆烨：《新媒体时代的舆论场与受众认知》，《中国报业》2018 年第 1 期。

⑳ 文新良：《“两个舆论场”的融合路径探析》，《新闻界》2018 年第 7 期。

七、新媒体政治参与研究

新媒体发展为政治参与带来深刻影响。互动与互御是公民网络政治参与过程中的矛盾统一体。[①] 新媒体加速了政治日常化。[②] 有研究分析了网络政治参与的心理因素与影响机制。[③] 社交媒体的政治性使用对政治参与产生积极影响。[④] 大学生群体[⑤]与青年群体[⑥]受到特别关注。

现有研究既关注网络媒体使用对公众选举参与的影响、[⑦] 网络政治参与对社区政治参与的弱化作用、[⑧] 新闻网站对网络问政的创新、[⑨] 政府治理视域下互联网政治参与研究[⑩]等制度化参与，也关注网络空间内的非制度化政治参与。

互联网政治讨论对非制度化政治参与有中介作用。[⑪] 有研究分析了线上集体行动的网络组织结构形态。[⑫] 微观视野研究展现了网络政治动员得以促发的现实可能。[⑬] 新媒体环境下，网络动员兼具引导与规制双重机制，[⑭] 微媒体的流动与开放特性为关系低效聚合动员共同体的形成提供了前提。[⑮] 网络民主、民族主义和民粹主义三股思潮的兴起展现了网络政治动员带来的复杂意识形态后果。[⑯] 在乡村集体行动中，移动互联网发挥着降低达成共识的机会成本、促成乡村社会权力再平衡、维持集体行动可控制的作用。[⑰] 为应对网络群体性事件，有研究提出从应对制度体系、立法制度层级、应对措施、预警机制等方面做出改善。[⑱]

现有研究也对“后真相”时代假新闻

---

① 唐庆鹏、郝宇青：《互动与互御：公民网络政治参与中的主体性问题研究》，《人文杂志》2018 年第 2 期。

② 常江、徐帅：《伊莱休·卡茨：新媒体加速了政治的日常化——媒介使用、政治参与和传播研究的进路》，《新闻界》2018 年第 9 期。

③ 韩晓宁、王军：《网络政治参与的心理因素及其影响机制探究》，《新闻大学》2018 年第 2 期。

④ 郑沅教：《新媒体与政治参与：以弹劾朴槿惠烛光集会为例》，《国际新闻界》2018 年第 4 期。

⑤ 李静、谢耘耕：《大学生在社会热点事件中的社交媒体传播行为研究——基于上海十所高校的实证调查分析》，《新闻记者》，2018 年第 1 期；李静、姬雁楠、谢耘耕：《中国大学生在社交媒体上的公共事件传播行为研究——基于全国 103 所高校的实证调查分析》，《新闻界》2018 年第 4 期。

⑥ 王夫寿、骆治纬：《试析微信对青年政治参与的影响及其应对》，《学校党建与思想教育》2018 年第 22 期；卢家银：《社交媒体对青年政治参与的影响及网络规制的调节作用——基于大陆九所高校大学生的调查研究》，《国际新闻界》2018 年第 8 期；曾鸣：《互联网使用对青年政治参与的影响及对策——基于 CGSS2015 数据的实证分析》，《湖北行政学院学报》2018 年第 4 期。

⑦ 罗婧：《动员还是弱化：媒体使用对公众选举参与的影响机制——以贵州省安顺市为例》，《云南行政学院学报》2018 年第 3 期。

⑧ 周琦：《媒体使用、政治心理与社区政治参与》，《云南行政学院学报》2018 年第 6 期。

⑨ 邓兆安、孙玲姿、崔景友、宋君：《新形势下地方新闻网站“网络问政”的创新探索——胶东在线“网上民声”的样本意义》，《中国记者》2018 年第 2 期。

⑩ 曲甜、田华：《政府治理视域下的互联网政治参与：基于省级政府门户网站的评估》，《电子政务》2018 年第 10 期。

⑪ 张凌：《公共信息接触如何影响不同类型的政治参与——政治讨论的中介效应》，《国际新闻界》2018 年第10 期。

⑫ 刘晓燕：《线上集体行动组织结构形态研究——以晋宁冲突事件为例》，《当代传播》2018 年第 1 期。

⑬ 罗佳：《身体缺场与行动在场：论网络政治动员发生的微观机制》，《云南行政学院学报》2018 年第 3 期。

⑭ 杨洋、周泽红：《新媒体环境下网络动员双重机制探究》，《出版科学》2018 年第 4 期。

⑮ 李春雷、王颖：《社会公共事件中微媒体关系动员的低效聚合研究——基于 NC 市“XH 事件”的实地调研》，《江西师范大学学报（哲学社会科学版）》2018 年第 4 期。

⑯ 罗佳：《冲突与整合：网络政治动员的意识形态效应》，《理论月刊》2018 年第 2 期。

⑰ 王宁、林发琛：《移动互联网背景下乡村集体行动研究——以 A 省 Q 村“反尾矿渣掩埋事件”为例》，《福建行政学院学报》2018 年第 4 期。

⑱ 吴志红、邵雪：《网络群体性事件应对制度探究》，《行政与法》2018 年第 4 期。

泛滥背景下的公众网络政治参与、[①] 网络政治参与娱乐化[②]等问题做出回应。

八、政务新媒体研究

政务机构媒体兴起是内外因共同作用的结果。[③] 现有研究涉及微信公众号、[④] 微博账号、[⑤] 手机应用、[⑥] 短视频平台[⑦]等多种平台，内容研究、[⑧] 用户研究、[⑨] 效果研究[⑩]等多个方面。

政务新媒体与开放政府建设相互促进，[⑪] 助力实现政府治理现代化，[⑫] 在应急传播方面具有独特优势。[⑬] 目前，政务新媒体在促进政府转型过程中面临“边界调试”与“角色冲突”问题，[⑭] 存在传播权力与传播信用博弈[⑮]问题。也有研究指出其中存在的个人信息保护[⑯]与公民知情权[⑰]问题。

有研究提出诸如致力内容创新、[⑱] 打造政务矩阵[⑲]等新媒体平台构建、[⑳] 运

---

① 张帆：《后真相时代的假新闻与网络政治参与》，《当代传播》2018 年第 5 期。

② 金江峰、王勇刚：《冲突与调试：网络政治参与娱乐化根源探析》，《广东行政学院学报》2018 年第 6 期。

③ 张志安、章震：《政务机构媒体的兴起动因与社会功能》，《新闻与写作》2018 年第 7 期。

④ 王憬晶：《宁波市政务类微信发展现状及趋势研究》，《中国报业》2018 年第 9 期。

⑤ 陈强：《我国政务微博研究的知识结构、议题逻辑与反思发展》，《电子政务》2018 年第 11 期。

⑥ 郑长忠、沈大伟、许莞璐、赵晓惠、李心仪：《网络重塑组织——“青年之声”建设与共青团发展研究》，《中国青年研究》2018 年第 11 期。

⑦ 邵泽宇、谭天：《2018 年政务短视频的发展、问题与建议》，《新闻爱好者》2018 年第 12 期；王一彪：《携手开创党媒视频发展之路》，《中国报业》2018 年第 5 期。

⑧ 许海龙、宋昌进、吴亚晓岳：《政务新媒体话语体系建构路径研究——以安徽政务新媒体为例》，《学术界》2018 年第 10 期；张昱辰：《政务传播“跨媒介叙事”研究——以 2017 年“两会”H5 为例》，《传媒观察》2018 年第 7 期。

⑨ 秦佳良：《公众对政务社交媒体的信任和忠诚度研究——以上海市为例》，《电子政务》2018 年第 7 期；冯小东、张会平：《兴趣驱动的政务微博公众评论行为影响模型及实证研究》，《电子政务》2018 年第 11 期；吴幼祥、李慧娟：《网民喜欢政务发布的哪些“菜”？——基于优秀政务微信公众号的抽样调查》，《传媒》2018 年第 4 期。

⑩ 李世豪、刘鸣筝：《影响政务微博传播效果因素的实证探究》，《传媒观察》2018 年第 11 期。

⑪ 邓雯、徐晓林、陈涛、杨奕：《智慧城市信息共享与使用中的政务新媒体研究——基于开放政府的视角》，《电子政务》2018 年第 10 期。

⑫ 王惠：《“互联网 + 政务”在推进政府治理现代化中面临的困境及对策》，《行政与法》2018 年第 2 期。

⑬ 党生翠：《政务社交媒体的应急传播优势》，《人民论坛》2018 年第 18 期。

⑭ 曹洵、方若琳、杜楠楠：《政务新媒体在服务型政府转型中的“边界调适”与“角色冲突”——以广东省政务微信为例》，《电子政务》2018 年第 11 期。

⑮ 姜飞、侯锷：《政务微博中传播权力和传播信用的博弈》，《现代传播（中国传媒大学学报）》2018 年第 2 期。

⑯ 胡馨予：《论“互联网 + 政务服务”中的个人信息保护》，《河南社会科学》2018 年第 6 期。

⑰ 陈呈、靖鸣：《政务微博满足公民知情权的困境与路径》，《新闻爱好者》2018 年第 7 期。

⑱ 尹家美、王稼之：《新媒体环境下政务微博的内容创新——以中国气象频道官方微博宣传片为例》，《传媒》2018 年第 10 期。

⑲ 孙信茹、赵亚净：《新媒体与区域社会文化互动——以〈德宏团结报〉微信矩阵为例》，《当代传播》2018 年第 1 期；魏礼军：《探寻 APP 政务矩阵的突破口》，《中国报业》2018 年第 5 期；章留斌、姚钧浩：《媒介运营视角下中小城市政务新媒体矩阵实践探究——以“马鞍山发布”为例》，《中国报业》2018 年第 10 期。

⑳ 匡文波、韩廷宾：《报业集团构建政务民生服务平台的思考》，《中国报业》2018 年第 15 期。

营、[①] 传播[②]与政务优化策略[③]，重构政务传播影响力[④]。

九、媒体政治传播业务实践研究

2018 年，这一主题之下的研究以国内主流媒体尤其是党报的媒体融合、党报“四力”的提升为重点，对于“两会”和党的十九大期间各主流媒体丰富的融合报道业务实践也进行了积极总结。自 2014 年以来，媒体融合是主流媒体发展建设的中心工作，对这一议题的探讨非常多。针对地市党报在推动媒体融合发展方面“你还是你”“我还是我”的“两张皮”现象普遍存在的现状，不少研究探讨了地市党报媒体融合的路径选择，[⑤] 对策包括全力打造融媒体平台、不断强化互联网思维、持续向移动客户端发力、不断打破融合壁垒等。[⑥] 省级党报的融合发展也是研究热点之一，研究总结出不同模式，[⑦] 如以《河南日报》为引领、全集团突现深度融合的河南模式。[⑧] 亦有相当一部分研究探讨了党报媒体融合过程中包括 APP、[⑨] 微信公众号、[⑩] 视频、[⑪] 手机报[⑫]在内的新媒体平台建设及创新[⑬]策略，澎湃新闻的经验得到了特别关注。[⑭] 打造党刊全媒体新格局同样是党刊建设的重要方向。[⑮] 在媒体融合之外，党报党刊的时政新闻[⑯]、主题报

---

① 陈昕瑜：《〈晶报〉：传统媒体如何参与政务新媒体运营》，《中国记者》2018 年第 8 期；范娜娜：《大数据时代下政务微信公众号运营模式研究》，《中国报业》2018 年第 12 期。

② 赵景、顾宇：《从“无限舟山 APP”看区域政务新媒体传播策略》，《传媒》2018 年第 23 期。

③ 孙思聪：《网上政务水平的提高之道》，《人民论坛》2018 年第 3 期；刘祺、彭恋：《“互联网 + 政务”的现实困境及其优化策略——以广东省为例》，《福建论坛（人文社会科学版）》2018 年第 2 期；沈振建、沈晓华：《架好服务桥梁是提高“四力”关键——以 96345 公共服务平台为例》，《中国报业》2018 年第 1 期。

④ 范以锦、郭亦乐：《从有限到有效：政务传播影响力重构的作用因素分析》，《学术研究》2018 年第 5 期。

⑤ 范启麟：《地市党报媒体融合破解三策》，《中国报业》2018 年第 23 期。

⑥ 宁双艳：《地市党报媒体融合发展对策研究》，《中国报业》2018 年第 21 期。

⑦ 中国传媒大学党报党刊研究中心课题组：《我国省级党报融合发展整体布局及盈利模式研究》，《现代传播》2018 年第 12 期；滕飞、高军、陶银鹦：《省级党报融合转型态势及发展路径》，《传媒》2018 年第 24 期。

⑧ 万川明：《党报引领媒体融合新路径——以〈河南日报〉重点新闻策划为例》，《新闻爱好者》2018 年第 12 期。

⑨ 郑勇军：《紧盯主流权威发声——以大小新闻为例看地方党报 APP 内容差异化》，《中国报业》2018 年第 13 期。

⑩ 程思者：《时政类微信公众号内容生产特色研究——以〈北京青年报〉“政知”系列为例》，《中国记者》2018 年第 8 期；李志成：《丹东日报社：打造党报官微“2345”工程》，《传媒》2018 年第 16 期；刘方婷：《新时期做好党报微信公众号的三大抓手——以池州日报微信公众号为例》，《中国记者》2018 年第 8 期；王亚迪：《党媒官微开启新闻评论互动新模式》，《传媒》2018 年第 20 期。

⑪ 方力：《从“浙视频”看地方党报如何深耕视频产品》，《中国记者》2018 年第 8 期。

⑫ 张伟东：《新时代甘肃市州党报手机报发展浅议》，《中国报业》2018 年第 11 期。

⑬ 黄祖兵：《媒体融合时代党报新媒体平台的优化策略》，《传媒》2018 年第 11 期；向湘龙：《党报新媒体平台建设创新探索》，《中国报业》2018 年第 13 期。

⑭ 董博：《澎湃时政新闻报道的创新示范》，《传媒》2018 年第 6 期；夏正玉：《走向“公众联结”——以澎湃新闻对〈辉煌中国〉的创新融合报道为例》，《新闻记者》2018 年第 7 期。

⑮ 况晓静：《借力大数据、智能化打造党刊全媒体新格局——以中共重庆市委当代党员杂志社为例》，《传媒》2018 年第 7 期。

⑯ 陈静：《新时代地方党报时政新闻创新报道探析》，《中国报业》2018 年第 19 期；朱建华、李艳梅：《城市党报新媒体时政报道传播效果提升策略——以〈长江日报〉为例》，《传媒》2018 年第 14 期；王雅琴：《微视频时政新闻传播转换和思考》，《中国出版》2018 年第 18 期。

道①创新和内容建设②策略也得到了较多讨论。提升党报的“四力”、发挥党报的权威性是党报业务实践的主要目标，③ 具体路径多样，如加强新闻策划，④ 架好服务桥梁，⑤ 权威报道、品牌活动、媒体融合多管齐下、理念创新、手段创新、强化导向管理等。⑥ 2018 年 8 月，习近平总书记强调“要扎实抓好县级融媒体中心建设”，对于县级融媒体建设现状、问题及解决方案的讨论也成为一个热点。⑦

党的十九大及“两会”报道业务经验总结构成政治传播业务实践的另一块重要内容。融合报道是关键词，也被视为报道创新的重要手段，⑧ 尤以对新华社全程领跑“两会”报道的业务总结最为全面。⑨ 此外，新华社、⑩ 人民日报、⑪ 央广⑫的创新性经验都得到了专门的分析。党的十九大首次设立“党代表通道”，有研究从传播形式、传播路径、传播方法三个角度解析了主流媒体在打造党的十九大重量级新闻作品时所采取的创新策略。⑬

此外，有少量对国外政治传播活动的

---

① 陈晓蓉、王建兵《把握重大主题报道创新的“四个关系”——以长江日报“习近平总书记视察湖北武汉”系列报道为例》，《中国记者》2018 年第 8 期；孟晋、肖作凤：《地市级党报如何做活主题报道》，《中国报业》2018 年第 17 期；张树广：《在重大主题报道中展现地方党报的新气象新作为——海口日报社海南建省办经济特区 30 周年主题报道的探索与思考》，《中国记者》2018 年第 5 期。

② 黄筱钰：《地方党报如何以优质内容赢得当下传播——从〈河池日报〉的几篇获奖报道谈起》，《中国记者》2018 年第 8 期。

③ 屈海文、金悦：《深耕细作巩固党报影响力引导力》，《中国报业》2018 年第 21 期；金梦玉：《传播力提升："党报君"的嬗变与坚守》，《中国报业》2018 年第 3 期；徐月萍：《党报地方分社如何提升境外影响力？——浙报集团温州分社“走出去”的实践与探索》，《中国记者》2018 年第 7 期。

④ 蒋勤国、何万明：《强化新闻策划，提高党报影响力——以“中国蓝盔惠报探营”系列报道为例》，《中国报业》2018 年第 19 期；蔡郁生：《加强新闻策划提高党报影响力》，《中国报业》2018 年第 7 期。

⑤ 沈振建、沈晓华：《架好服务桥梁是提高“四力”关键——以 96345 公共服务平台为例》，《中国报业》2018 年第 1 期。

⑥ 张凯：《地市党报如何多管齐下提升影响力——以〈鹤壁日报〉为例》，《新闻爱好者》2018 年第 11 期；蔡志勇、何运林：《学懂弄通做实　全面提高“四力”——结合地市报新闻实践学习贯彻习近平新闻舆论思想》，《中国记者》2018 年第 5 期。

⑦ 谢新洲、黄杨：《我国县级融媒体建设的现状与问题》，《中国记者》2018 年第 10 期；沈阳、闫佳琦：《县级融媒体中心建设的思考》，《中国出版》2018 年第 22 期。

⑧ 付强：《融媒体时代全国两会报道的发展轨迹与趋势》，《传媒》2018 年第 14 期；李娜：《融媒体报道　全方位发力——论地方媒体如何发挥自身优势做好全国两会报道》，《中国报业》2018 年第 13 期；覃晴、王一帆：《移动新媒体矩阵“两会”报道特点及启示——以〈人民日报〉为例》，《传媒》2018 年第 19 期；郭御凤、冯莽：《从十九大报道创新看中国媒体融合发展之路》，《传媒》2018 年第 1 期；秦明瑛：《走进新时代　开启新征程　寻求新表达——全国地市级媒体十九大报道特点分析》，《中国报业》2018 年第 5 期。

⑨ 新华社总编室：《书写新时代万千气象　凝聚全民族磅礴力量——新华社 2018 年两会报道全程领跑全面覆盖》，《中国记者》2018 年第 4 期。

⑩ 高洁：《创新展现中国共产党人的新时代气质——以新华社对十九大“党代表通道”的新媒体报道为例》，《现代传播（中国传媒大学学报）》2018 年第 1 期；周怡帆：《新华社“两会”短视频领跑时政新闻创新》，《传媒》2018 年第 21 期。

⑪ 赵慧、刘宗元：《党媒会议报道的创新实践——以〈人民日报〉十九大报道为例》，《传媒》2018 年第 2 期；覃晴、王一帆：《移动新媒体矩阵“两会”报道特点及启示——以〈人民日报〉为例》，《传媒》2018 年第 19 期。

⑫ 王艺：《全媒体时代国家电台两会报道如何创新——以央广中国之声 2018 年两会报道为例》，《传媒》2018 年第 7 期。

⑬ 刘鹏飞、樊向宇、曲晓程：《如何让新闻信息走得更远——以主流媒体十九大报道路径为例》，《新闻与写作》2018 年第 2 期。

分析，并主要集中在美国。如关于特朗普竞选中的媒体策略、① 美国主流媒体对伊斯兰世界的叙事模式②分析等。

十、网络治理研究

2018 年这一部分首先的变化在于关键词的改变，由过去的“互联网治理”调整为“网络治理”。讨论的重心在国内部分，主要包括了网络治理的基础性议题、网络内容及平台治理、网络意识形态治理、网络突发公共事件和网络群体事件治理、网络治理体系建设等。

网络治理的基础性议题包括网络治理中自由与秩序间的关系、③ 网络治理体系和能力建设的十大关键要素④等，关于网络治理的策略和发展方向，有五大策略、⑤ 六个方面转型⑥和三个维度展开⑦之说，共同认可的目标是实现良善治理。网络政治治理也得到了专门的研究。⑧

关于网络意识形态治理，研究认为网络多元意识形态去主流意识形态中心化、互去中心化导致网络意识形态风险，⑨ 对网络意识形态的治理，重点在于形成治理合力。⑩ 对于近年较为突出的网络民粹主义，基于精英与大众、⑪ 国家与社会⑫的不同关系视角，也导出了对其内涵及治理机制的不同阐释。

网络内容及平台治理研究的焦点是关于网络谣言的治理，提出的对策建议有多维共治、⑬ 多方协同，⑭ 对于“正能量”谣言这一特殊类型，研究提供了三条治理方法。⑮ 同时，研究对于我国涉及网络信息内容管理的行政法规存在着超越宪法和法律的现象进行了详尽的分析，指出行政法规的超越性规定并不妥当。⑯ 关于短视频平台的治理，提出了创新治理、关系治理和依法治理三个层面的对策。⑰ 关于网络突发公共事件的治理，研究指出重点在于类型划分，并基于此提出新态势下的治理转型模式。⑱

关于不同层级的网络治理体系建设，主要研究结论为：自媒体治理须打破传

---

① 高敬文、李全霖、汤景泰：《特朗普在美国总统竞选中的媒体策略——以情感动员与底层叙事为视角》，《当代传播》2018 年第 3 期。

② 谢许潭、张明明：《“对话”还是“对立”：美国主流媒体对伊斯兰世界的叙事模式选择》，《新闻界》2018 年第 12 期。

③ 张雪琳：《网络空间要自由更要秩序》，《人民论坛》2018 年第 16 期。

④ 朱锐勋、王俊羊、任成斗：《新时代网络空间治理体系和治理能力现代化关键要素研究》，《云南行政学院学报》2018 年第 5 期。

⑤ 王益民：《网络强国背景下互联网治理策略研究》，《电子政务》2018 年第 7 期。

⑥ 张爱军、秦小琪：《社会主要矛盾转化与网络治理转型》，《求实》2018 年第 2 期。

⑦ 郑永兰、徐亚清：《网络治理的三重维度：技术、场景与话语》，《哈尔滨工业大学学报（社会科学版）》2018 年第 1 期。

⑧ 张爱军、张媛：《总体国家安全观视域下的网络政治治理研究》，《党政研究》2018 年第 3 期。

⑨ 张爱军、秦小琪：《网络意识形态去中心化及其治理》，《理论与改革》2018 年第 1 期。

⑩ 朱丽萍、张林、蒲清平：《网络拟态空间的意识形态治理路径》，《重庆大学学报（社会科学版）》2018 年第 2 期。

⑪ 郑振宇：《网络民粹主义的生成及治理——基于精英与大众的关系视角》，《内蒙古社会科学》2018 年第 2 期。

⑫ 刘小龙：《从管制到治理：网络民粹主义治理的内涵、目标与机制》，《云南行政学院学报》2018 年第 3 期。

⑬ 张振亮：《网络谣言多维共治法治化的路径》，《新闻爱好者》2018 年第 2 期。

⑭ 郭全：《互联网时代的网络谣言治理研究》，《新闻爱好者》2018 年第 6 期。

⑮ 刘彤、许志强：《网络“正能量谣言”的生成与治理》，《中国出版》2018 年第 8 期。

⑯ 侯健：《表达自由与行政法规制定权——以网络信息内容管理规范为例》，《新闻大学》2018 年第 2 期。

⑰ 吕鹏、王明漩：《短视频平台的互联网治理：问题及对策》，《新闻记者》2018 年第 3 期。

⑱ 唐庆鹏、康丽丽：《当前我国网络突发公共事件的发展新态势及其治理转型》，《求实》2018 年第 4 期。

统监管思维，结合自媒体的传播规律构建治理体系；[①] 网络综合体系建设则应不断纳入技术与社会发展产生的新维度，纳入大数据，并与社会治理体系相结合。[②] 网络治理体系现代化[③]这一命题被系统阐述。

此外，研究对西方典型国家如美、英、日的网络治理经验进行了总结，以为我所用。[④] 互联网的网络化治理、[⑤] 网络议事规则的塑造[⑥]等议题也得到了探讨。

十一、政治话语研究

特定历史时期下的政治话语研究成果丰富：大革命语境下农民报刊的革命话语建构、[⑦] 民国中后期图像新闻的话语建构、[⑧] 共产党早期反帝话语建构、[⑨] 中央苏区时期《红色中华》的革命话语建构、[⑩] 农民报刊的乡村建设话语建构、[⑪] 近代国民话语建构、[⑫] 改革开放40年党报话语建构[⑬]及台湾本土话语民粹化和泛政治化转向[⑭]等均有涉及。政治话语载体多样，涵盖主席新年贺词、[⑮] 奥运冠军报道、[⑯] 元旦社论、[⑰] 口语传播、[⑱] 网民帖文、[⑲] 新军事电影[⑳]等。

信息技术革命对全社会的渗透以及新时代社会结构的转变产生了群众工作话语转型的诉求。[㉑] 政府话语存在话语符号冗余与隐性的传播意义阻塞两种话语噪音。[㉒] 话语体系差异、互动效率欠缺等问题存在于公众与政府的话语互动中。

---

① 陈明辉、李明：《我国自媒体网络治理体系面临的问题及其完善》，《中共杭州市委党校学报》2018年第4期。

② 李泰安：《新时代网络综合治理体系建设探析》，《中国出版》2018年第7期。

③ 陈万球、何雨歆：《论网络治理体系现代化的构建逻辑》，《治理现代化研究》2018年第5期。

④ 许鑫：《西方国家网络治理经验及对我国的启示》，《电子政务》2018年第12期。

⑤ 张小强：《互联网的网络化治理：用户权利的契约化与网络中介私权力依赖》，《新闻与传播研究》2018年第7期。

⑥ 蔡斯敏：《网络议事规则的塑造：网民表达的危机表征及治理路径》，《哈尔滨工业大学学报（社会科学版）》2018年第5期。

⑦ 毕耕、汪家乐：《国民大革命语境下农民报刊的革命话语探析》，《现代传播（中国传媒大学学报）》2018年第9期。

⑧ 张慧兵：《民国中后期图像新闻话语表达及技法研究（1937—1949）》，《编辑之友》2018年第12期。

⑨ 刘建萍：《中国共产党早期培植农民反帝意识的话语建构》，《求索》2018年第2期。

⑩ 杨帆、熊坤敏：《〈红色中华〉革命话语内容及建构途径（1931—1934）》，《中国井冈山干部学院学报》2018年第4期。

⑪ 毕耕、汪家乐：《国民大革命语境下农民报刊的革命话语探析》，《现代传播（中国传媒大学学报）》2018年第9期。

⑫ 袁洪亮：《严复国民话语述析》，《岭南学刊》2018年第2期。

⑬ 施宇、郭致杰：《改革开放40年来中国党报话语变迁、思考》，《新闻与写作》2018年第12期。

⑭ 杨磊、李敏：《从乡土到民粹：台湾"本土"话语的制造和消费》，《台湾研究》2018年第5期。

⑮ 童清艳、刘嘉雯、S. LiangTao：《融媒体时代中国官方话语意义传播研究——以中国领导人新年贺词（2014—2018年）为例》，《新闻记者》2018年第2期。

⑯ 钟智锦、王友：《"王者"的意义：奥运冠军报道的特征、话语中的国家意识（1984—2016）》，《新闻记者》2018年第7期。

⑰ 王文娟、鞠玉梅：《论〈人民日报〉元旦社论修辞劝说功能的构建》，《齐鲁学刊》2018年第6期。

⑱ 李亚铭：《论国家话语中的口语传播》，《编辑之友》2018年第1期。

⑲ 袁光锋：《"国家"的位置："远处的苦难"、"国家"、中国网民的"同情"话语》，《国际新闻界》2018年第7期。

⑳ 张健、张晶：《异邦图景、超级英雄、政治象征——"新军事电影"的影像话语探究》，《中国地质大学学报（社会科学版）》2018年第6期。

㉑ 于水、徐亚清、姜凯宜：《论新时代网上群众工作的话语建构》，《党政研究》2018年第3期。

㉒ 王婷：《政府突发事件信息传播的话语噪音及意义构建》，《中州学刊》2018年第6期。

“共在”是新兴大国对外话语建构的主基调。① 国际话语场域中体现出的新世界主义面向正积极引导着国家安全话语的转变和形构。② 在中国话语的海外认知方面，中国特色政治话语成为以拼音形式进入英语话语体系的重要词源。③

“一带一路”倡议背景下外媒报道中话语建构受到关注：外媒对“一带一路”倡议的共享性存在忧虑。④ 英国报纸建构了英国、巴基斯坦与印度对“一带一路”持有的不同态度。⑤ 有研究从话语时刻与话语空间出发分析了印度主流英文报刊对“一带一路”倡议中所谓“中国威胁态势”的渲染。⑥ BBC 网站对中国环境报道的基调与语态策略性话语调适折射出西方话语体系对中国和平崛起的复杂心态。⑦

整体上看，2018 年中国大陆地区政治传播研究依然保持了议题多元、紧扣“中国”、寻求中国政治传播实践在各个维度上的最佳方案的特性。但同时也延续了以往研究中的不足，如：第一，理论研究较薄弱，对政治传播涉及的基本概念和基础理论的深度探究相对较少。第二，研究主题、路径及结论的同质化现象较明显，尤其是对策性研究、重复性论述较多。第三，研究方法有待丰富与规范。大量对策研究与趋势研究缺乏严密的科学论证，个人主观阐释较多。第四，对政治传播效果和受众的科学化研究偏少。第五，对于政治传播研究的一些传统领域如政治修辞研究、政治新闻研究、媒介制度研究等的开拓还很不够。第六，行政学派取向的研究居多，缺乏批判立场。第七，学科来源狭窄，基本上集中于新闻传播学、政治学、历史学、党史研究等领域，其他关联学科如心理学、社会学和政治经济学等的缺失尤为明显。第八，业务实践研究部分，讲成绩的多，谈问题的少。此外，与前几年相比，2018 年中国政治传播研究出现的一个明显变化是更加“向内”，即关注中国自身的议题所占比例上升，对外的关注相对下降。这使得整体研究格局受限，也使得由于缺少了充足的“他者”的参照，中国政治传播实践和研究中存在的一些问题无法被充分揭示出来。

撰稿：何　晶（中国社会科学院大学媒体学院教授）
武　文（中国社会科学院大学媒体学院研究生）

① 李怀斌、安昊明：《“替代”还是“共在”——新兴大国对外话语的分析、重构》，《理论视野》2018 年第10 期。

② 邵培仁、沈珺：《新世界主义视野下中国国家安全话语的演变研究——以中亚为对象的研究》，《新闻大学》2018 年第 3 期。

③ 丁洁：《英语新词汇中的汉语拼音——中国话语海外认知度实证研究》，《新闻记者》2018 年第 6 期。

④ 方格格：《“一带一路”倡议国内外传播效果对比——基于语料库的媒介话语分析》，《传媒》2018 年第 1 期。

⑤ 钟馨：《英国全国性报纸中“一带一路”话语的意义建构研究——基于语料库批评话语分析法》，《现代传播（中国传媒大学学报）》2018 年第 7 期。

⑥ 张旺斌、郭爱萍：《话语时刻的焦虑与话语空间的对立——印度报刊在“‘一带一路’国际合作高峰论坛”期间的认知研究》，《国际新闻界》2018 年第 5 期。

⑦ 李鲤、刘蕙：《责任框架与话语调适——以 BBC 网站中国环境报道分析（1997—2017）为例》，《当代传播》2018 年第 4 期。

国际传播研究 2018 年综述

伴随着全球政治经济局势的变化，以及阐释中国梦、讲好中国故事、“一带一路”倡议、人类命运共同体等传播实践的发展，中国对提升国际传播力和解决国际传播梗阻问题的需求与日俱增，新闻传播学界为回应现实的需要，近年来对国际传播的研究热度不断攀升。

与国际传播相关的文献和项目数据可以从一定程度上显示出学界对该问题的重视程度。据笔者统计，2018 年国家社科基金年度项目中，与国际传播相关的项目达到了 105 个（其中一般项目 60 个，重大项目 5 个，青年项目 40 个）；在教育部人文社会科学的研究项目中，相关的项目为 42 个（其中一般项目 40 个，重大项目 2 个）。该领域的研究项目之多，所跨学科之广，体现出国际传播研究在多学科融合框架下蓬勃的生命力。

通过对 2018 年“国际传播”研究的相关文献进行梳理可以发现，在文献方面，当以“国际传播”为主题关键词在知网中和皮书数据库里进行检索时，分别可以查询到 1580 篇文献，包括《中国国际形象传播报告（2017—2018）》《中国文化发展报告（2018）》《中华文化海外传播研究（2018 年）》等在内的 7 本蓝皮书和 12 篇相关报告。近十年间，与国际传播相关主题的研究的热度也呈现逐年上升趋势。（见图 1）

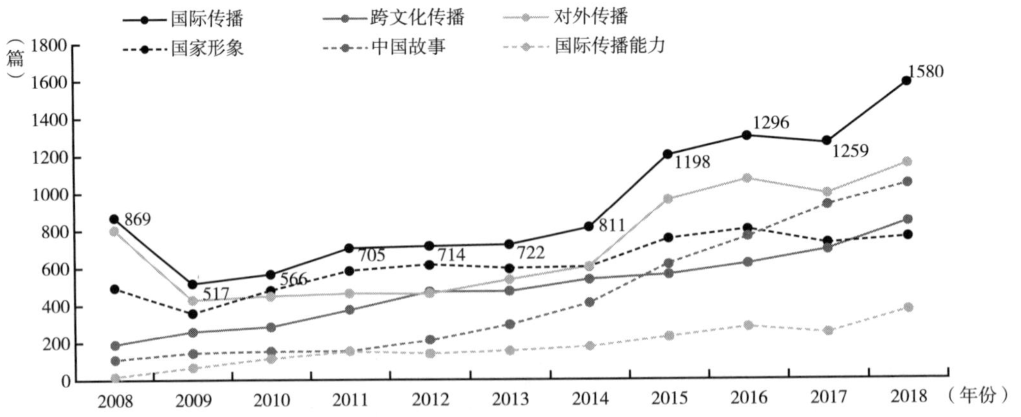

图 1　相关主题论文年度分布图

对 2018 年所有主题为“国际传播”的论文文献进行进一步梳理可以发现，除“国际传播”外，“一带一路”“对外传播”“国际传播能力建设”“‘一带一路’”“文化传播”“影响力”均为本年度的热点问题（见图 2）。对比 2017 年的主题分布（见图 3），可以发现虽然两年间的主题变化幅度不大，但研究的内容不再局限于具体国别的研究，在研究中更注重以问题和现实为导向，研究视角更宏大，研究对象被进一步细分，传播力和对新媒体的研究是 2018 年的一大亮点。国际传播的年度性梳理有利于廓清学科发展的脉络与趋势，现从四个方面进行简要的梳理。

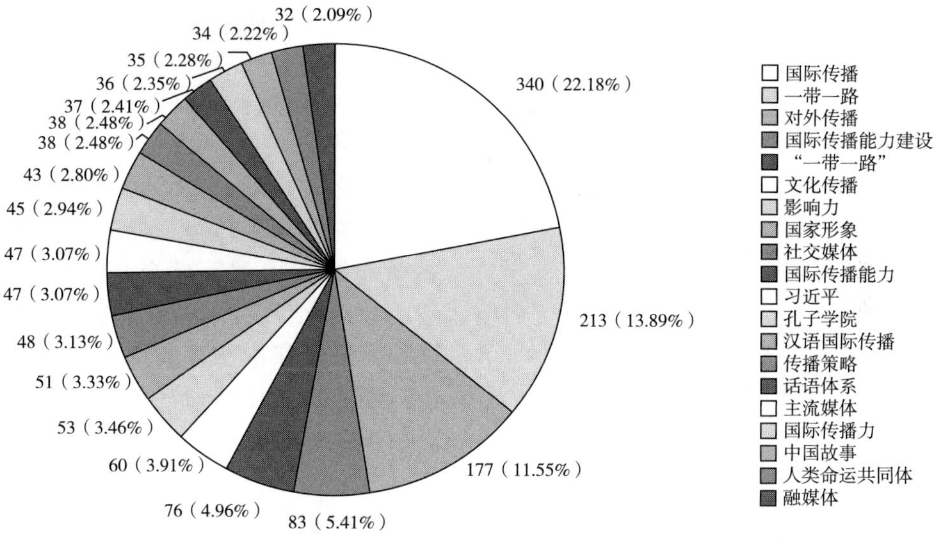

图 2　2018 年“国际传播”研究主题分布（单位：篇）

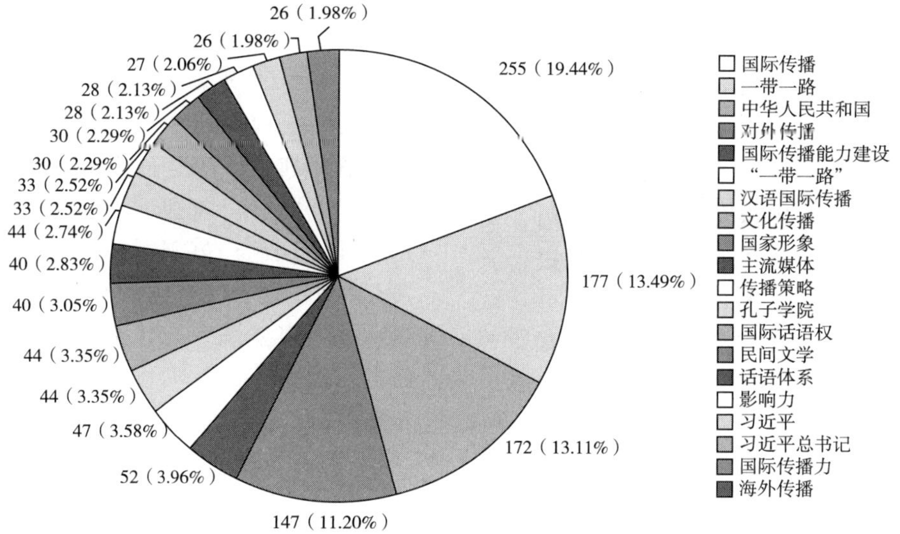

图 3　2017 年“国际传播”研究主题分布（单位：篇）

一、国际传播渠道研究视野宽广，媒介领域新动向受到关注

国际传播的格局与媒介产业的发展息息相关，因此在相关领域的研究中，学者对媒介的研究一直热度不减。在传统媒体时代，跨国新闻媒体和大型影视产业公司成为西方国家积极推行“文化殖民”的重要平台。而在当前的网络时代，当代受众的媒介接触情况也发生了诸多改变，移动

设备的普及以及网络的迅速发展让社交媒体或移动新闻端成为更多人交互信息的平台，新媒体也逐渐成为争夺国际话语权的重要场域。相应的，越来越多的学者也开始注重媒介融合和新媒体领域的研究。

作为当下对外传播的主要渠道之一的传统主流媒体依旧备受关注，但研究的内容也在不断发生转向，有研究者提出，"我们的对外传播，正在从'向世界说明中国'到'向世界说明世界'转向"，报道世界不仅仅是我们大国外宣战略的需求，也是国际舆论场中提出中国视角的需求。[①] 近年来，有诸多媒介从业者根据中国国际广播电台在非通用语传播领域开展的一系列传播工作，形成了诸多有实践意义的思考，这也成为2018年对主流媒体研究的热点之一。有研究者根据自身的工作经验，针对在土耳其建立的全媒体项目的现状，提出为有效提升内容传播力，在国际传播中应注重客制化的精准传播，用母语进行传播不仅可以增加节目的本土化，更能成为土耳其受众获取中国信息的直接渠道。[②] 而对于在意大利建构的传播平台，有研究者提到要讲好中国故事需要中外共同来讲，因此在建构海外传播平台时，需要借助当地合作伙伴的平台与资源进行共同推广，借助专业化的合作来实现可持续发展，以推动传播效果的提升。[③] 有研究则认为应当尤其注意尊重所在国的宗教文化，对于当地的多语种也应当兼顾平衡，结合国家战略的立场观点和传播环境，将本国立场观点转化成受众能接受的话语体系。[④]

在国际传播的浪潮中，面对社交媒体迅速崛起的新环境，一些西方国家对本国的传播战略进行了适时调整，如美国就把社交媒体看作本国的"重要战略资产"。而我国，主流媒体在努力探索打破西方媒体所控制的国际传播格局的新模式时，也逐渐开始注重对新媒介平台的利用。当然，相较之下，我国对于利用新媒体的传播探索仍处于起步阶段，存在的诸多不足与问题也成为学界研究的热点。有研究者对中国文化在社交媒体中的传播生态进行了调查，发现当下依旧是以西方为中心的国际传播格局，而我国的对外传播存在覆盖力和影响力不足的问题。[⑤] "中国想要塑造的正面形象并不是外国媒体和公众关心的重点。"[⑥] 针对当下传而不通的国际传播症结，有研究者对《人民日报》在Facebook中的国家议题作出分析，认为在选题策略上应突出中国立场，报道中要讲究人情味和仪式感，而在表达方式上，则要融合新媒体和受众的表达特点。[⑦] 有研究者强调应利用好新媒体的优点也应看到其存在的风险，因为相较传统媒体而言，国际社交媒体平台在传播信息时，可以增强各行为主体的互动性，但这也使信息在互补的同时，增强了传播主体与所传信息

---

① 刘笑盈：《中国对外传播：从报道中国到报道世界》，《对外传播》2018年第11期。

② 李媛：《国际传播中的精准传播影响因素及策略初探——中国国际广播电台土耳其全媒体项目案例分析》，《新闻传播》2018年第12期。

③ 金京：《意大利媒体环境及CRI对意传播分析》，《国际传播》2018年第4期。

④ 席猛：《CRI对阿富汗传播实践与效果分析》，《国际传播》2018年第2期。

⑤ 徐翔：《"西方中心"与"中介突围"：中国文化在社交媒体国际传播中的区域张力与结构》，《福建师范大学学报（哲学社会科学版）》2018年第6期。

⑥ 杜玥：《Twitter新闻中中国形象的呈现与思考——以杭州G20峰会报道为例》，《新媒体研究》2018年第3期。

⑦ 赖东威：《我国社交媒体账号的对外传播之道——以"人民日报"Facebook账号"特朗普访华"议题报道为例》，《新闻传播》2018年第8期。

不可控的趋势。[①] 也有研究者提出应当抓住青年网民这一“参与热情高”“分享意愿强”的群体，了解这一批“新意见阶层”的特质及偏好，从“以我为中心”的灌输模式转换为“以互动为中心”的分享模式，将其感兴趣的流行文化作为内容的基石，促使其在相对宽松的环境中进行“你来我往”的互动与沟通。[②]

除了上文所提到的专业性新闻报道，无论是在传统媒体还是新媒体中，视听作品是最容易产生较大影响力和共鸣的媒介之一。由于语言文化的差异，在国家形象传播方面存在一定程度的隔阂，但是视听话语相较文字，具有低卷入度的特征，为了更好地建构“文化他者”，如果将传播的内容用视频表达出来，可以在一定程度上打破文化隔阂，降低文化误读，增进国际传播受众之间的理解。[③] 而在对视听传播研究的梳理中可以发现，研究选取的视频作品从内容上不再局限于领导人和时政问题，有更多的研究者开始关注当下视听作品内容及形式上的转型，更倾向于选择关于书法、瓷器、风景、影视剧等更凸显中国特色与文化的作品进行研究。有研究者认为在国际传播中，文化传播往往更具有实际的传播效力，能够在更大程度上影响国际公众的“价值偏好”。[④] 虽然研究者的研究对象和研究视野不尽相同，但大多都提出视听作品的国际传播需要进行体制改革，建立产业战略观念，用可感化的西式解读、国际化的语言进行中国话语的表达，有利于彰显国家在跨文化的国际舆论场中的影响力和主导力。如有研究者提出了“诗意”纪录片的概念，对如《中国书法五千年》《china · 瓷》等具有民族特色和唯美艺术形式的纪录片进行了分析，发现该类型纪录片作为本土文化的“想象共同体”承载了文化精神，彰显了民族审美趣味，并采取立足于非聚焦型的“海外视角”叙述，用客观、多维兼具诗意化的影像叙事语言。[⑤] 也有研究借助美国电视媒体在中东欧地区的案例，为我国的影视作品海外合作提出应在内容、频道播出和内容分发以及产业领域均展开更深的合作，以市场为导向，加深国际市场的用户黏性等发展措施。[⑥]

以媒体融合为导向的国际传播研究，视野得到拓宽。但该类型的研究还存在创新性不足、理论建构较弱的问题，对于媒介传播的策略、技巧和效果还应进行更为深入和层次性的分析。

二、国际传播研究客体呈现多元化趋势，“国家实在”研究增添新意

国际传播常以对国家形象建构为目的，而国家形象是对一个国家各要素间多样性的整体感知，“国家实在”则是指代与国家相关的各种物质或精神要素，是国家形象与客观现实之间的桥梁，也是国家形象的“源像”。[⑦] 只有加强对每一个“国家实在”的建构，受众的脑海中才能形成更具象和更具特色的国家形象。过去我国

① 陈文泰、李卫东：《国际社交网络中“国家实在”传播与国家形象演化机制研究》，《新闻大学》2018 年第 6 期。

② 张梦晗：《青年网民的互动与沟通：复杂国际环境下的对外传播路径》，《现代传播（中国传媒大学学报）》2018 年第 12 期。

③ 栾轶玫、鲁妮：《领导人微视频创新传播与新时代国家形象塑造》，《传媒观察》2018 年第 7 期

④ 陈佳丽、肖梦旋：《文化的共通：传统文化对外传播策略研究——以纪录片〈中国新年〉为例》，《教育传媒研究》2018 年第 2 期。

⑤ 杨会：《纪录 · 呈现 · 转译：中国诗意纪录片的国际传播力路径探索》，《电影评介》2018 年第 23 期。

⑥ 李宇：《浅析美国电视媒体在中东欧发展策略及对我国国际传播的启示》，《现代视听》2018 年第 1 期。

⑦ 同上。

对于国际传播的研究对象主要是国家及国家级的行为主体，而相对应的，主要关注的研究问题也是从如何建构国家形象、国家领导人形象和国家软实力着手。而当下，对于“国家实在”的分析逐渐成为国际传播的研究热点。

习近平总书记提出要“着力打造融通中外的新概念新范畴新表述，讲好中国故事，传播好中国声音”。党的十九大报告也进一步指出：讲好中国故事，展现真实、立体、全面的中国。这意味着从国家层面对外传播表述理念的更新和实践话语策略的转向。相对应的，对国际传播的研究也逐渐向关注经济、城市、教育、体育和汉语传播等微观的领域延伸，让更细分的研究主体成为国际传播研究的新方向。而作为外媒“他者的想象”中的“国家实在”受到了许多学者的关注，不难发现在当下的媒介建构中，刻板印象和消极标签化形象时有存在。有研究者通过话语分析，总结了《经济学人》中呈现出的中国经济形象，认为整体报道的基调是唱衰中国经济，尤其是对中国的经济改革措施持消极意见。① 有研究者通过对里约奥运会期间外媒对孙杨的报道，总结了外媒对中国体育运动员形象建构的刻板印象和话语变化。② 对于城市传播领域，有研究者分析了《联合早报》中关于重庆的报道，提到报道中对该城市勾勒的“符号”地域性明显，常用“异域”的故事吸引受众。③ 因此，城市形象的建构需要重视城市的核心价值与个性，追踪城市公众诉求与故事，生成富有“城市主题”的城市品牌故事。④ 有研究者以清华大学为例，指出大学声誉取决于自身实力的综合表现与相关利益者和受众的传播能力。⑤

文学与汉语作为国家精神的重要载体，在提升国家文化软实力以及国际传播话语建构中发挥了重要的作用。如何消除因中外文化差异而产生的隔阂和误读是当下中国文学与汉语言国际传播的热点问题。有研究者认为，为了增加学习者对汉语的亲切感，应该在汉语推广中进行本土化应用，而在汉语学习中，学习者会对自身的文化身份进行重构。对“他文化”的接纳会促使其形成更广阔的文化观，而这种学习的过程也是一种“国际理解教育”，有利于让世界更加了解中国文化精神。⑥ 也有研究者将网络文学中的武术文化海外传播作为研究的目标。该研究认为，在翻译文学作品中应该以读者的体验为中心，采用归化翻译策略，即借用西方读者熟悉的文化意象消解文化接触中的文化“阻抗”。⑦ 而这一观点得到了大多数研究者的支持，他们认为在跨文化传播中，应注重文化适应理论，熟悉汉语文化与当地文化，避免在传播活动中因文化对接问题而

① 梁婧玉：《中国国家形象的架构隐喻分析——以2016年〈经济学人〉中国专栏为例》，《外语研究》2018年第6期。

② 李铭煜：《外媒视角下中国运动员形象的“变”与“不变”——以里约奥运会期间BBC、先驱太阳报对孙杨的报道为例》，《采写编》2018年第6期。

③ 赵文丹、崔晓强：《国际传播中的城市形象呈现及影响因素——基于〈联合早报〉涉渝报道的讨论》，《对外传播》2018年第6期。

④ 何春晖、陈露丹：《城市品牌国际化传播中的讲故事模型探索——基于杭州的定性研究》，《对外传播》2018年第6期。

⑤ 范红、王缅：《大学声誉与我国大学国际传播模式探索——以清华大学海外宣传办公室为例》，《新闻战线》2018年第24期。

⑥ 陈鸿瑶：《拟态环境视角下汉语国际传播的新思考》，《出版广角》2018年第21期。

⑦ 刘毅、张佐堂：《网络文学中武术文化的译介与传播——以北美网络翻译平台“武侠世界”为例》，《西南交通大学学报（社会科学版）》2018年第6期。

产生理解偏差。

上述研究表明，研究者对多元化主体的研究，进一步扩大了国际传播的范畴，将更多国家细分之下的物质与精神层面的研究领域囊括了进来，对国际传播的发展也提出了更精准的建议策略。但在研究中对具体的“国家实在”认识仍较为抽象，因此所提出的对策也不能做到有的放矢。

三、国际传播研究深耕意识形态建设，以中国价值观为导向

中国与世界的关系及当下所面临的世界格局都发生着深刻的变化。迈入新时代的今天，中国也正面对越来越复杂的意识形态斗争和多元文化的冲击。习近平总书记提到：“提高国家文化软实力，要努力传播当代中国价值观念……把当代中国价值观念贯穿于国际交流和传播方方面面。”中国一直高度重视中国价值观的全球传播，投入逐年增加，而在新闻传播学界也将其作为当下研究的重中之重。有研究者提出，中国价值观国际传播的主要内容应包含：以仁爱、民本、诚信、正义、和合、大同为核心的中国优秀传统文化；以中国特色社会主义核心价值观为内涵的实践经验与时代文化；以及人类命运共同体理念。[①]

“一带一路”是由中国发起并主导的国际性经贸、文化全方位合作交流战略倡议，“一带一路”覆盖了包括东亚、中亚、西亚、东欧等几十个国家，这为中国价值观的海外传播提供了良好的平台与契机。在宏观方面，有研究者提出，应借助“一带一路”倡议在传播主体建设和扩大受众两个方面把握机会，我国国际传播能力的建设要在借鉴发达国家经验的基础上形成中国特色的思路。中国特色的国际传播理念是要通过搭建多元传播共同体来实现传播目标。[②] 也有研究者根据“一带一路”东盟国家对华英语媒体报道，勾勒出具有“利他性”特征的“世界性公民”的媒介形象。[③] 在微观方面，在“一带一路”倡议的背景下也产生了许多更具象化的研究，有研究者分析了在非洲的中国企业的形象建构，研究发现与国家电网在非洲国家工程建设广受好评等硬实力相比，其在本土化传播力度、国际传播手段和平台创新、国际传播人才培养等企业软实力方面与全球知名企业相比还有一定差距。[④]

伴随着“一带一路”倡议的实践推动，构建人类命运共同体是中国对人类文明走向的基本判断和总体认识，它超越民族、国家与意识形态界限，着眼于国际社会和平、发展、合作大局，反映了人类的共同利益与共同追求。[⑤] 有研究者提出，中国向世界提出了“人类命运共同体”的全球倡议，包含了对全球“普遍联结”与“价值关联”等发展特征的凝练概括，暗含了共同的价值诉求，是中国特色全球传播的生动表述。[⑥] 而对于其产生的影响，也有研究者进行了归纳，认为“人类命运共同体”的理念彰显了中国负责任的大国形象，也让世界看到中国在实现本国繁荣

① 李辽宁：《“一带一路”背景下中国价值观国际传播论纲》，《理论与评论》2018 年第 5 期。

② 王宏亮：《以“一带一路”倡议搭建多元传播共同体》，《中国广播电视学刊》2018 年第 10 期。

③ 陈雅莉、张昆：《“世界性公民”：东盟主流英文媒体涉“一带一路”报道之舆情分析与中国国家身份建构》，载张昆、张明新主编《国家形象蓝皮书：中国国家形象传播报告（2017—2018）》，社会科学文献出版社 2019 年版。

④ 翟慧霞、于灏、唐智勇：《“一带一路”背景下中国企业在非洲形象建设思考——以国家电网中电装备公司在埃塞俄比亚参建项目为例》，《对外传播》2018 年第 11 期。

⑤ 程曼丽：《新时代我国国际公关的基本趋势与特征——兼谈“一带一路”的高质量发展》，《国际公关》2018 年第 6 期。

⑥ 张恒军、唐润华：《中国价值观全球传播的新契机和新逻辑》，《社会科学战线》2018 年第 3 期。

稳定的同时，还大力推动世界的和平发展。①

中国的价值观念代表着中国先进文化的发展观念，囊括了丰富的内涵，而中华文化是价值观中的历史积淀与精神支柱。目前“一带一路”倡议的实施已经成为很多国家的共识，加强了我国与沿线国家之间的文化交流，为中华文化走出去提供了新的历史机遇。历史上以经贸和文化交流为目的的古代丝绸之路的意义和功能在新时代得到了新的发展。

如果人们将文化作为先验知识，那么文化的理解和接受将是单方面的和僵化的，这当然将成为相互交流的障碍。无论是同质还是异质文化，互通都是构建普遍伦理原则的关键。而人类交流的本质是文化交流的本质属性，在交流思想上建立的对人的主体性的尊重为建立对他人的信心提供了理论基础。② 在新形势下，中华文化对外传播的路径研究显得尤为重要。有研究者从认知心理学的视角出发，提出了认知策略与记忆策略对有效地进行中华文化国际传播的观点。③ 还有研究者试图从美国的价值观传播中汲取经验，其认为美国借助文化产品的输出和教育交流项目，让美国的文化与价值观得以传播到世界各地，且产生广泛的认同，形成长远的利益。④ 而企业文化的国际传播也可以对消弭他国对本国文化的成见有成效，有研究者通过对比中韩两国公司在新媒体平台中的传播发现，中国企业在宣传本企业文化时存在语气程式化、互动效果弱以及忽视对产品生产者个体的介绍等问题。⑤ 虽然不同的研究者对于中华文化的抽象界定不尽相同，但多数研究者都认为应加强文化自信，深入挖掘文化内涵，改革传播渠道与内容，⑥ 并进一步了解跨国传播的语境内质、受众的国情与文化心理，让传播和外宣的内容与受众的期待视界、心理受容、文化认同达到契合融通。⑦

该领域的研究对中国价值观进行了较为全面的论述，但视角依旧具有单一维度的特征，对“他文化”的了解仍停留在较浅的层面。如何建立文化间的平等交流模式，克服强大的宣传和过多的单一价值输出的缺陷依旧是研究者需要思考的问题。

四、动态分析国际传播过程，聚焦国际传播力与传播效果的提升

国际传播是在跨文化的背景下，以国家为主导的战略传播行为。在2018年国家传播的研究中，研究者们围绕国家的战略布局、传播方法、传播效果与形象建构进行了动态的考察，对整体的传播格局研究较往年更加深入。如有研究者对国际传播的实践进行了梳理，对改革开放后，中国对外传播事业的历程进行了全方位的回顾，并提出了对外传播不仅要走出国门，更应打破认知隔膜，走进海外受众的心理的展望。⑧ 也有研究者对40年间国际传播的研究进行了归纳总结，从研究本体论、研究的理论、议题、视角和方法变迁等方面着

① 陈金明、谢丞：《“人类命运共同体”国际传播论析》，《三峡大学学报（人文社会科学版）》2018年第2期。

② Yanghua Peng, *A Study of International Language and Culture Communication in China Based on the Theory of Communication*, Atlantis Press, 2018.

③ 周广艺、李清平：《认知心理学视角下的中华文化国际传播路径研究》，《湘潭大学学报（哲学社会科学版）》2018年第6期。

④ 曲佳钰：《美国核心价值观对外传播方式及其对我国的启示与借鉴》，《新闻传播》2018年第17期。

⑤ 袁胜、张景云：《中韩跨国公司推特、脸书传播战略对比研究》，《当代传播》2018年第3期。

⑥ 袁媛、贾益民：《新时代如何进一步提升中华文化影响力》，《人民论坛·学术前沿》2018年第21期。

⑦ 逄增玉：《当代中国文化国际传播的现状与路径述论》，《现代传播（中国传媒大学学报）》2018年第5期。

⑧ 朱鸿军、蒲晓、彭姝洁：《中国对外传播40年回顾》，《对外传播》2018年第12期。

手，探讨了当下中国国际传播学的发展、现状以及问题。[①] 对中国国家形象的研究也依旧热度不减，有研究团队对国家的政治、经济、文化、国民和其他多维度形象进行了年度性分析。[②] 还有研究者梳理了中国国家形象经历的 8 次历史变迁，认为新时代中国国家形象塑造面临着"真实形象"与"媒体形象"、"自塑形象"与"他塑形象"以及"期望形象"与"现实形象"三大不一致的挑战。[③] 更有研究者指出非政治类报道中也存在国家形象建构的媒体框架，通过分析近年来外媒涉华气候变化的报道，可以了解到媒介呈现出中国的"危机""威胁"和"领先"三个方面的形象。[④]

传播能力与传播效果之间的关系成为众多研究者研究的出发点，如何将两者相匹配，如何把握对传播效果的预估，如何对传播过程进行理性和科学的考察是当下国际传播效力的问题核心。"国际传播力"的概念最早是出现在《国际传播与国家形象》一书中。而在日趋复杂的国际形势下，面对国际政治经济力量重组和国际传媒的竞争加剧，有学者进一步提出了以"能力—效力""双力并举"为主要框架的国际传播效果的评估体系。该体系不仅可以反映传播能力建设的成果，也可以对传播效果和市场能力进行评估，有益于国际传播的可持续发展。[⑤] 对于"一带一路"倡议等国家议题的海外社交媒体传播，有研究者通过内容分析法评价不同新闻框架下的媒介传播效果，认为由于西方的冷战主导思维，致使中西方媒体看待国家议题的侧重点不同。中国侧重于报道"一带一路"倡议所带来的经济利益，而西方更关注中国是否有其他政治附加意图，这样的传播模式带有强烈的目的性和明显的倾向性，不容易获得较好的关注度和传播效果。[⑥]

伴随着逆全球化的趋势，利益格局问题丛生与政治情绪话语的充斥影响着传播议程的建构，促使国际传播的伦理面临着边界探底的巨大问题，而这也吸引了许多学者的共同关注。有研究者提出，当原有的伦理无法指导全球化媒体的信息报道时，既有媒介伦理转变为基于网络和新媒体的媒介伦理成为共求，而中国有必要持正自强，积极参与全球治理，重塑全球本土化中的媒介共同伦理。[⑦] 综观该领域的议题，可以发现对国际传播的现实、能力以及效果的研究比前人更具系统性和操作化，但在国际传播的整体概况方面仍未能提出更行之有效的研究路径。

在 2018 年国际传播研究中，研究的核心议题是如何通过微观的国际性视角更好地进行国际传播，根据前文的论述可以发现国际传播的研究正在逐步走向理论化、

① 龙耘、潘晓婷：《历史回音与现实交响——改革开放以来中国国际传播研究回顾（1982—2018）》，《对外传播》2018 年第 12 期。

② 张昆、张明新主编：《国家形象蓝皮书：中国国家形象传播报告（2017—2018）》，社会科学文献出版社 2019 年版。

③ 郭可、王宁：《新时代国家形象塑造及全球传播路径反思》，《中国新闻传播研究》2018 年第 1 期。

④ 秦静：《国外纸媒涉华气候变化报道中的中国国家形象研究（2007—2017）》，博士学位论文，华东师范大学，2018 年。

⑤ 刘燕南、刘双：《国际传播效果评估指标体系建构：框架、方法与问题》，《现代传播（中国传媒大学学报）》2018 年第 8 期。

⑥ 胡岸、陈斌：《国家议题的对外传播效果分析——以"一带一路"在海外社交媒体上的框架分析为例》，《编辑之友》2018 年第 12 期。

⑦ 江作苏、孙志鹏：《伦理的彷徨：逆全球化思潮与媒介伦理情绪化语境的分析》，《新闻大学》2018 年第 1 期。

多元化和规范化。伴随着国际局势与科技发展的瞬息万变，期待在未来，研究者们可以进一步提升国际传播研究领域的理论创新能力，将更多的实践经验和学科融合的成果纳入研究范畴，提出更多操作性强和具有创造力的观点。

撰稿：张　昆（华中科技大学新闻与信息传播学院教授）
王孟晴（华中科技大学新闻与信息传播学院博士研究生）

公共传播研究2018年综述

从1994年学术界引入“公共传播”概念开始，公共传播研究经历了从无到有、从轮廓模糊到边界渐趋清晰、从统合概念到研究领域不断延展扩容和日益精细的变化，并“在‘西学东渐’的过程中经历了去历史化、去阶段化的挪用和改造”,[①] 逐渐形成“去西方中心主义”和有中国特色的道路探索。在前期研究基本上解决了公共传播的概念和基本范畴基础上，2018年的公共传播研究呈现出埋头实践、在更多领域“跑马圈地”与具体研究“精耕细作”并行的特征。

一、数据来源与年度基本情况

为了准确把握2018年公共传播研究的整体状貌和特色，使综述既能对研究的“基本面”有全面把握，又能抓住并突出具有权威性、创新性、特色化的成果，本文作者在成果的样本选择上进行了认真的思考，采用人工筛选和电子期刊文献数据库关键词检索相结合的方式获取相关文献作为分析基础：首先对本学科领域具有较大影响力的“四大学刊”全年的文章进行人工筛选，从全部761篇论文中甄选出218篇作为分析对象［《新闻与传播研究》《国际新闻界》《现代传播（中国传媒大学学报）》《新闻大学》，数量分别为24篇、26篇、119篇、49篇］。其次，为了保证尽可能全面地呈现出2018年公共传播的研究现状，笔者进一步扩大文献的甄选范围，在中国知网的期刊文献电子数据库以“公共+传播”为检索关键词，将期刊文献来源设置为核心期刊，共获取162篇论文，通过人工方法进行二次遴选，选出83篇论文作为研究对象。由此，本文综述共有301篇文献作为分析样本。笔者根据议题的重要程度、作者的影响力、内容和方法等创新程度、社会建构的意义大小等指标进行较为主观的价值判断和自主选择，形成具体的研究论述和观点。（同时，作为一种纠偏机制，综述也关注到了2018年重要的学术会议。譬如浙江大学与绩溪县在2018年11月23—25日联合于古城绩溪举办的“公共传播：源流、生长与里程碑”学术论坛；2018年10月20—21日由华东师范大学传播学院、浙江缙云县河阳乡村研究院联合举办的第八届批判传播学年会“社会主义公共传播体系的目标与方略”等。会议的相关报道和重要发言作为意见导向纳入本文的宏观思路和框架确立）

① 黄艾、张晓星：《传媒公共性：西方理论与中国经验》，《现代传播（中国传媒大学学报）》2018年第4期。

根据样本论文标题中出现的高频关键词生成的词云来看（如下图所示），在宏观上，2018 年中国公共传播研究更加关注和突出公共问题的新媒体语境和平台影响，如网络、微信、微博、短视频等多种新媒体平台上的公共议题讨论；更加突出传播主体角色的能动作用，对参与式传播的研究特色鲜明；研究议题更加多元和更多面向实践，涉及环境传播、城市传播、健康传播、政务传播、公共关系、危机传播等，乡村传播和“一带一路”研究为持续的增长点。整体上看，公共传播的实践性研究如火如荼，开放而多元，优秀成果众多，而面向公共传播本体建构的理论思考相对匮乏，总体数量不多，且分散和隐匿于实践研究之中。

2018 年公共传播研究论文标题中的词云呈现

二、公共传播研究关注的重点领域和成果特色

2018 年的公共传播研究，有以下特点和亮点。

（一）女性、老年、粉丝、数字劳工：公共传播研究的主体对象在不断延展。无论是作为传者还是受众，公共传播在研究对象的选择上范围不断扩大，女性、老年人、中等收入群体成为年度频繁出现的关键词，粉丝、数字劳工等新圈层加入渐成讨论热点，跑线记者、运动员、离乡青年等代表不同群体也出现在研究者的视野。女性作为关系媒介所具有的独特的政治传播功能、[①] 流动女性群体的手机使用与她们充满不确定性的生活之间的关系、[②] 特别是中老年女性这个双重“弱势”通过手机拍照进行社会参与和主体建构[③]等话题得到了关注，女性的公共形象和性别建构[④]得到了新一轮持续深入的讨论。随着老年社会的逐渐到来，老年人的新媒介使用及其功能得到关注，如老年人作为数字弱势群体在微信使用中的“崛起”及其对老年人社交所具有的独特意义、[⑤] 手机拍照对老年人社会融入和自我建构的价值、老年人表情包使用所折射出的“群体身份

① 潘祥辉：《“秦晋之好”：女性作为媒介及其政治传播功能考》，《国际新闻界》2018 年第 1 期。

② 章玉萍：《手机里的漂泊人生：生命历程视角下的流动女性数字媒介使用》，《新闻与传播研究》2018 年第7 期。

③ 孙信茹、赵洁：《手机拍照、社会参与及主体建构——基于一个城市中老年女性群体的观察》，《现代传播（中国传媒大学学报）》2018 年第 2 期。

④ 秦方：《制造吕碧城：晚清女性公共形象的生成与传播》，《南开学报》2018 年第 2 期。

⑤ 周裕琼：《数字弱势群体的崛起：老年人微信采纳与使用影响因素研究》，《新闻与传播研究》2018 年第7 期。

隔离"[1] 等，都具有积极的社会关怀意义。此外，还有一些相对小众但颇具意趣的主题出现在年度研究成果中。有研究者对知识群体"维权"过程中"临时的标出性翻转"特征研究——医生、教师、艺术家、作家以及记者等具有高度符号化表意实践能力的知识群体，在维权过程中因为处于"层中层"状态也会借用"弱者框架"，出现其精英身份与底层叙事方式的奇特混合和"翻转"。[2] 其他如网络社区中"粉丝"的交流实践类型的分析，[3] 对运动员等公共人物社会功能的探究，[4] 对"众包劳工"[5] 和数字时代"受众劳动"[6] 的研究等，都是2018年颇具新意的研究成果。

（二）空间、方式、传播关系：新媒介平台和现象及其传播的公共性被持续关注。1. 媒介技术的不断演进带来了新的传播平台，衍生了新的公共空间和传播关系变化，传统媒体的新媒介使用与自媒体的公共属性被重新审视，新媒介现象隐含的社会结构和公共关系被不断挖掘。有作者尝试从时间、空间和"广播"产生等历史纵深中重新寻找公共领域，[7] 更多学者把目光投向现代，如对实体书店转型对公共文化传播空间的建构的研究，[8] 对中国特色的"通道"传播运行方式、话语体系及其所具有的政治沟通意义的研究，[9] 对武汉某小区拟建的临终关怀医院所遭遇的"社会、行动者与空间争夺"的讲述及其背后的"日常生活政治"的讨论，[10] 社会转型中"话语空间"的博弈及其对网络民意生产的推动意义探讨等，[11] 从物理空间到话语空间，公共传播的空间领域得以扩展。2. 公共空间中的新媒介使用、新现象也得到充分关注，如网络众筹[12]及其动机、"自拍"的社交属性及其对个体的"规训"功能、[13] 微信公众号中煽情主义对新闻公共善的消解、[14] 新闻"量化转型"和算法推荐对媒介伦理的挑战、[15] 微信小程序建

---

① 黄钟军、潘路路：《从中老年表情包看网络空间的群体身份区隔》，《现代传播（中国传媒大学学报）》2018年第4期。

② 郭小安、杨绍婷：《"层中层"的想象与行动：知识群体维权符号的抽象性与标出性》，《新闻大学》2018年第1期。

③ 胡岑岑：《建构社区与制造快感：网络社区中粉丝的交流实践类型及意义》，《国际新闻界》2018年第3期。

④ 马春燕：《传媒视角下公共人物社会功能探析——以运动员形象为例》，《新闻爱好者》2018年第9期。

⑤ 吴鼎铭：《作为劳动的传播：网络视频众包生产与传播的实证研究——以"PPS爱频道"为例》，《现代传播（中国传媒大学学报）》2018年第3期。

⑥ 蔡润芳：《"积极受众"的价值生产——论传播政治经济学"受众观"与Web2.0"受众劳动论"之争》，《国际新闻界》2018年第3期。

⑦ 云国强、吴靖：《重新寻找公共领域：时间、空间与"广播"的生产》，《新闻与写作》2018年第6期。

⑧ 司新丽：《公共文化传播空间的构建——以民营实体书店转型发展为例》，《国际新闻界》2018年第5期。

⑨ 郝建国：《中国特色"通道"传播：动因、规则、话语——基于鲁曼社会系统理论的分析》，《现代传播（中国传媒大学学报）》2018年第8期。

⑩ 何志武、吴丹：《"我的地盘我做主"：社区、行动者与空间争夺——一个关于武汉H小区拟建临终关怀医院的抗争传播故事》，《新闻与传播研究》2018年第2期。

⑪ 高小燕：《社会转型中"话语空间"的博弈与网络舆论引导》，《西北大学学报》2018年第5期。

⑫ 李静、杨晓冬：《社交媒体中"医疗众筹"信息分享行为研究：转发还是不转发》，《新闻与传播研究》2018年第2期；陈娟、李金旭：《"利他"的捐助与"利己"的信息分享——"轻松筹"项目的参与动机研究》，《新闻大学》2018年第6期。

⑬ 彭兰：《自拍：一种纠结的"自我技术"》，《新闻大学》2018年第5期。

⑭ 尹金凤、胡文昭、刘果：《微信公众号中煽情主义对新闻公共善的消解与反思》，《新闻界》2018年第9期。

⑮ 赵双阁、岳梦怡：《新闻的"量化转型"：算法推荐对媒介伦理的挑战与应对》，《当代传播》2018年第4期。

立人与服务的最短“连接”和激活并整合线下商业“场景”的价值逻辑①等，显示了研究者在公共传播研究中的学术敏感。3. 在平台、空间、传播方式变化的表象之下，是不断被改变演绎的新型传播关系，如离散和认同、个人和国家、信任与焦虑等。如有研究者对公众官方社交媒体账号和个人社交媒体账号信任度对社会信心影响的比较性研究，② 对社交平台在灾难报道中呈现出的地理偏好特征以及可能由此引起的信息偏差与传播关系不平等的关注，③ 对网络影像中反讽修辞所具有的阶层抗争意义的分析，④ 对网络社会和虚拟空间中民族国家认同由聚合式的中心辐射走向圈层化的离散特征的描述⑤等，都揭示出公共传播背景下强调“主体间性”，“打破信息传播者与接收者之间的二元对立关系，建立起互为主体的平等关系”⑥的新型传播关系的出现。

（三）危机传播、政治传播，公共传播历久弥新的热门议题。1. 政治传播是公共传播的基础和核心构成，危机传播则是公共传播研究的永恒“焦点”，两者构成了公共传播研究最重要也非常稳定的内容板块。作者根据收集和整理的301篇论文（取样方法前文已有说明）对2018年公共传播研究的议题进行了粗略的分类和排序，发现公共危机（47篇）、国内政治（43篇）、对外传播和跨文化传播（33篇）、农村（12篇）、环境（10篇）构成了排名前五的议题。2. 这些常规议题，在遵循“老套路”的同时，也有不少紧扣时代脉搏和社会重要关切、内容独特、视角新颖的创新性成果，同时，因为中华人民共和国成立70周年、改革开放40周年等重要时间节点的来临，出现了不少总结性、综述性成果，如对中华人民共和国成立以来官方救灾话语和大事故报道模式的变迁研究，⑦ 对改革开放以来国家品牌观念的历史研究和宏观考察，⑧ 对改革开放40年中国政务传播实践成绩和问题的总结，⑨ 对党报多年来国内暴恐事件报道的框架分析⑩等。3. 在危机传播研究中，重大事故、网络谣言和网络舆情仍是2018年热点，个案研究占比依然很高，情感和情绪传播得到进一步关注，并出现了《以“秽”抗争：表演式抗争实践中的“秽”话语及其视觉生产》、⑪《传播侵害公共利

---

① 喻国明、程思琪：《从“连接”到“场景”：互联网发展的重要进阶——试析微信小程序的价值逻辑与市场版图》，《新闻大学》2018年第1期。

② 张洪忠、何苑、马思源：《官方与个人社交媒体账号信任度对社会信心影响的中介效应比较研究》，《新闻大学》2018年第4期。

③ 曾国华、刘新传、崔啸行：《社交媒体地理偏好的传播机制实证研究——以新浪微博2009—2014年水灾传播为例》，《现代传播（中国传媒大学学报）》2018年第6期。

④ 彭华新：《作为社会阶层抗争的网络影像反讽研究》，《新闻与传播研究》2018年第3期。

⑤ 吴志远：《离散的认同：网络社会中现代认同重构的技术逻辑》，《国际新闻界》2018年第11期。

⑥ 华金香：《公共传播背景下传播关系范式的转变——基于对哈贝马斯“主体间性”理论内涵的解析》，《传媒》2018年第3期。

⑦ 闫岩、王冠宇：《共同体的凝聚、分化和退场：建国以来官方救灾话语的共现结构之演变（1949—2017）》，《新闻与传播研究》2018年第10期。

⑧ 黄升民、张驰：《改革开放以来国家品牌观念的历史演进与宏观考察》，《现代传播（中国传媒大学学报）》2018年第3期。

⑨ 张涛甫、王智丽：《改革开放40年的中国政务传播实践》，《新闻与写作》2018年第10期。

⑩ 胡栓、童兵：《我国党报国内暴恐事件报道的框架分析——以〈人民日报〉近十年报道为例》，《新闻大学》2018年第2期。

⑪ 王雪晔：《以“秽”抗争：表演式抗争实践中的“秽”话语及其视觉生产》，《新闻大学》2018年第4期。

益维度下的"英烈条款"》[①] 这样颇具新意的成果。4. 相比而言，政治传播的外延更加广阔，从国内时政新闻报道和对外国家形象、跨文化传播、民族传播到近年随着"一带一路"崛起出现的周边传播等，都可以包容其中，用泛政治的视角来考量则内容会更多、更为繁复。2018 年的政治传播，有很多关于反腐、政务新媒体、党的十九大、"一带一路"、萨德事件、社主义核心价值观等的研究话题。有些研究选题紧扣时事，如对雄安新区和"白洋淀文化"的挖掘；[②] 有些研究路径独特，如通过邮票的变化来透视国家形象的变迁。[③] 守正创新，是 2018 年政治传播、危机传播和公共传播整体研究的基本特征。

（四）环境、健康、城市、农村、企业、公益，公共传播研究的持续"增长点"。1. 研究问题和国家战略、社会发展的互构关系明显。公共传播是离国家、政府很"近"的学术领域，公共事件、国家的大政方针、政府的战略规划都会有立竿见影的影响力。譬如 2010 年上海世博会举办提出"城市，让生活更美好"对城市传播研究的推动；2011 年的"郭美美事件"、北京"PM2.5 事件"及此后国家整顿慈善业、重拳"治霾"的系列政策对公益传播、环境传播研究的推动；2017 年党的十九大提出"乡村振兴"和"弘扬企业家精神"等计划激发了 2018 年农村传播、企业传播等领域的研究热情。中国知网等平台上相关主题的论文数量与国家政策之间所呈现的同步互动，可以婉转地证明其联系的有机性。2. 这些领域相对而言，属于传播学研究的新范畴，在经历了一定时间和数量的积累之后，大多逐渐走向成熟并形成了边界明确的学术版图和研究范式。其 2018 年的研究，出现了不少具有全球视野、历史纵深、学科建制色彩的总结性成果。如对中国健康传播研究 30 年学科轨迹和议题谱系的总结，[④] 对全球城市形象的关注及其传播生成机制的探讨[⑤]及在当下我国城市"迈入'世界城市'的历史性时刻"对城市传播研究进路及理论创新的思考，[⑥] 对中国企业品牌改革开放 40 年成长动力的总结[⑦]等。3. 研究选题更加多元，也更为关注研究的规范性和科学化要求，有不少属于交叉学科的成果，公共传播的增长性在加强。一方面，学者们批评诸如气候传播等"科学的缺位"，[⑧] 同时也在自身科研活动中践行着更为严格的方法论，使用实证方法的研究比例在提升，更加注重多种方法的复合使用和样本数量、观察时长的累积，出现了《个人奋斗与时代变革：恢复高考 40 周年

① 罗斌：《传播侵害公共利益维度下的"英烈条款"——〈民法总则〉第一百八十五条的理解与适用》，《学术论坛》2018 年第 1 期。

② 韩立新、张秀丽、杨新明：《英雄淀、歌淀：白洋淀文化建设的意象隐喻——基于雄安地区英雄人物的文献分析》，《现代传播（中国传媒大学学报）》2018 年第 7 期。

③ 杨柳、董天策：《"方寸之间"的中国：1949—2016 年邮票上的国家形象变迁》，《现代传播（中国传媒大学学报）》2018 年第 2 期。

④ 孙少晶、陈怡蓓：《学科轨迹和议题谱系：中国健康传播研究三十年》，《新闻大学》2018 年第 3 期。

⑤ 郭可、陈悦、杜妍：《全球城市形象传播的生成机制及理论阐释——以上海城市形象为例》，《新闻大学》2018 年第 6 期。

⑥ 孙玮：《城市传播的研究进路及理论创新》，《现代传播（中国传媒大学学报）》2018 年第 12 期。

⑦ 黄升民、张驰：《改革开放四十年中国企业品牌的成长动力考察》，《现代传播（中国传媒大学学报）》2018 年第 9 期。

⑧ 胡怡、张雪媚：《科学的缺位：新媒体环境下的中国气候传播——以在线视频分享网站为例》，《新闻大学》2018 年第 1 期。

的文化记忆与阐释社群建构》、[①]《传统主流报纸对农民工“讨薪”事件的媒介呈现分析（2002—2015）》、[②]《我国电视对农传播的整体现状——基于九个电视对农频道和两个农村地区的实证研究》、[③]《社区再造：微信群与乡村秩序建构——基于公共传播分析框架》[④] 这样的优秀作品。

三、过敏、空壳化与学科建制：研究的不足、偏离与迷茫

回望2018年的公共传播研究，联系相关研究近30年的发展历程，让人既有面对成绩的骄傲，也有面对缺憾的不安。公共传播研究的当前缺憾在以下几方面。

一是与政府、政治的紧密联系，以及面对重大问题可能造成社会“负效应”的担忧，使“公共传播”研究者变得谨小慎微，存在着一定程度上的“公共”过敏和焦虑，需要通过修辞等手段来加以替代、转义、补充和弥合，[⑤] 客观上影响了公共传播研究的理论拓展和实践创新力度。

二是公共传播概念在使用上出现了歧义和偏差及由此而来的“空壳化”倾向。有些研究者采用的是“大传播”视界，其概念具有全景性、广覆盖的学科包容性，相当于“大众传播”的替代范式，譬如“构建以人民为中心的社会主义公共传播体系”；[⑥] 但也有学者使用的是相对较窄的定义，公共传播被理解为与政府和公共事务、公共利益、公共生活等相关的狭义“公共”框架下的研究。[⑦] 随着“降维”而来的是公共传播研究出现的“空壳化”倾向。“公共传播”的学科包容性被逐渐抽离，很多原本笼统地归属于公共传播的议题如环境、健康、危机事件、城市和乡村的发展等，都渐趋独立和成为新的学术领域，公共传播被理解为和环境传播、健康传播、公益传播、城市传播等并列的学术领域和研究方向，其“公共领地”被解构，议题被抽离，公共传播由此成为一个“空文件夹”。

三是由以上问题而引发的公共传播的主体性思考和学科建制问题。“中国传播学发展，存在多重‘影响的焦虑’，主体性缺位问题更加突出”。[⑧] 公共传播作为传播学的分支，其主体性困惑同样长期存在。公共传播在传播学体系上的学科或学科方向定位，概念理解上的广义和狭义，以及更加明确的内涵、外延界定，都需要进行彻底的厘清。在公共传播基础理论研究还比较匮乏、概念的内涵和外延界定没有达成共识、研究领域和学科范畴的边界仍不十分清晰等本体性问题不能完全解决的情况下，公共传播的实践和持续发展必然受到影响。一方面，它是学术界和政府共

① 王润：《个人奋斗与时代变革：恢复高考40周年的文化记忆与阐释社群建构》，《新闻与传播研究》2018年第11期。

② 何晶：《传统主流报纸对农民工“讨薪”事件的媒介呈现分析（2002—2015）》，《国际新闻界》2018年第10期。

③ 冉华、窦瑞晴：《我国电视对农传播的整体现状——基于九个电视对农频道和两个农村地区的实证研究》，《湖北社会科学》2018年第5期。

④ 牛耀红：《社区再造：微信群与乡村秩序建构——基于公共传播分析框架》，《新闻大学》2018年第5期。

⑤ 胡百精、高歌：《修辞、对话与认同：修辞流派对公共关系研究的弥合与拓展》，《现代传播（中国传媒大学学报）》2018年第2期。

⑥ 传媒学术网：《［会议日程］第八届批判传播学年会——社会主义公共传播体系的目标与方略：华东师范大学》，http：//www. sohu. com/a/260394278_ 657052，2018年10月18日。

⑦ 王连峰：《政府公共传播中新媒体的应用——基于北京两次暴雨事件中政务微博实践的分析》，《中国广播电视学刊》2018年第6期；陈冬云：《新媒体时代政府公共传播的管理创新研究》，硕士学位论文，东南大学，2018年。

⑧ 张涛甫：《影响的焦虑——关于中国传播学主体性的思考》，《国际新闻界》2018年第2期。

同关注的热门话题，近年来以此为主题的学术会议和研究成果越来越多；另一方面，其研究却又处于“混沌”状态，难以形成权威和体系化成果。2018 年入选国家社科重大项目选题的“新时代的公共传播、国家治理与社会认同”最终流标。这些现象，都显示出现有研究的不够成熟和更多研究加入与体系化成果产出的现实迫切性。

“社会进入公共传播时代，传播关系由原来的强主体性特征转变为主体间性的对话关系，传播过程中的公共理念与公共精神成为基本的传播伦理要求，传播目标的公共利益取向日益突出。与之相对应，新闻传播学教育的公共传播范式转向成为必然，高校在培养新闻传播人才时应转换原来的‘新闻传播’范式为‘公共传播’范式。”① 从现实需求入手，以高等教育和学科发展需求为动力，把学术问题交给社会，也许是当下公共传播研究虽不得已但却客观务实的选择。

作者：张淑华（郑州大学新闻与传播学院教授）
邓元兵（郑州大学新闻与传播学院副教授）

计算传播学研究 2018 年综述

中国计算传播学研究从 2018 年开始步入建制化发展的方向。为更好地促进学术交流、填补机构空白、促进跨学科研究，中国新闻史学会计算传播学研究委员会（计算传播学二级分会）正式成立。中国计算传播学 2018 年大会暨第一届计算传播学分会理事会议在北京召开。对于计算传播学教学而言，《计算传播学导论》一书正式出版，为计算传播研究提供了更加便利的“脚手架”。海量的数据、日渐成熟的计算方法、不断发展的学术共同体共同推动了 2018 年计算传播学在中国的发展。

计算传播学首先来源于计算传播产业在过去 30 年里的发展。以互联网为典型代表的数字媒体推动了计算传播产业的发展。基于数据驱动的传播，比如计算广告、媒体推荐系统、数据新闻，日渐成为人们主要的信息接收方式。这些计算传播产业一方面变革了传统的传播格局，另外一方面催生了对计算传播研究和教育的社会需求。同时，以数据科学和计算社会科学为典型代表的计算浪潮席卷各个学科，为计算传播学的产生提供了重要条件。例如，有研究者 2007 年就在《自然》杂志上宣称基于因特网的传播数据和互动性将会变革我们对于人类群体行为的理解。② 中国的计算传播学发展一开始就与世界同步发展，计算传播学是否会带来中国传播学研究的范式转移成为很多人关注的问题。

在此背景下，本研究检索了 2018 年发表在国内传播学六大主流期刊［《当代传播》《国际新闻界》《现代传播（中国传媒大学学报）》《新闻大学》《新闻记者》《新闻与传播研究》］中的计算传播相关论

① 代雅赤：《公共传播范式下的新闻传播学教育改革》，《传媒》2018 年第 12 期。

② Duncan Watts, “A Twenty-first Century Science”, *Nature*, Vol. 445, No. 1, 2007, p. 489.

文，经过人工筛选得到52篇文献。通过梳理文献发现，2018年计算传播学研究话题有所深化，研究领域开始进一步扩展，趋向理性反思并提出未来探索与发展的方向，将更多注意力聚焦于学科与产业、计算方法、创新利用等方向。需要注意的是，本文对计算传播学研究成果的整理难免挂一漏万。一方面，当前计算社会科学方兴未艾，尚未形成可供计算传播研究成果集中亮相的彰显学科归属的平台，大量运用计算传播方法的传播学研究并未发表在传播学期刊上，主流的传播学期刊虽然正在逐渐接纳以大数据为基础的经验研究，但总量依然不大，致使许多优秀成果散落在社会学、政治学、计算机或者其他交叉学科的期刊上，使得本学科的学术成果并不集中；[①] 另一方面，国内学者的很多计算传播前沿的研究成果倾向于选择国外刊物投递发表，这些研究成果也没有被本文收录。概括而言，这些成果表现为以下特点。

第一，聚焦于传播学理论的检验与发展。学者将更多注意力聚焦于传播学理论、研究设计、学科发展等核心问题，理论研究开始呈现显著的多元视角。

第二，关注计算传播产业发展。智能化时代，计算传播学产业将发生哪些关键变化？算法、深度学习与大数据等技术将如何引领计算传播产业的发展？在上述文献中，研究者对未来计算传播产业变革进行了展望并提出了新的发展方向，并尝试探讨大数据、深度学习以及云计算等技术如何构成更加智能化的媒介产业，如何成为驱动媒介智能化的技术源头。

第三，计算方法应用。充分利用算法高效、精准的优势，以传播网络分析、传播文本挖掘、数据科学等为主要分析工具，帮助我们更好地理解与收集信息。有学者阐述算法在新闻传播中的着力点，并分析其优势与劣势。[②] 还有学者从新闻话语角度观察，分析新闻话语的可计算特征。[③]

第四，人工智能、算法与隐私、数据安全之间的争论。从技术角度与批判性反思出发，反思计算传播学中伦理与法制问题，是计算传播学研究的重点之一。尤其算法与人工智能判断选择机制的不断升级与大数据安全问题得到学者们的广泛关注，对算法、人工智能在未来的应用持中立态度，承认其发展前景但又不得不在伦理与安全方面陷入冷思考。

整体来看，2018年中国计算传播学研究从更多元角度审视了计算传播与社会生活中出现的现象与问题，并进行了更深层次的探索。随着大数据、隐私安全、计算方法与我们生活日益紧密，研究开始呈现一种谨慎的反思与批判的态度。批判与反思开始深入计算传播的“细枝末节”中，并不拘泥于宏观层面上的论述。

一、建构理论

计算传播学为传播学科的发展提供了助力。当前计算传播研究聚焦于运用计算方法对传播理论进行检验或发展新的理论。关于计算传播学的研究的特征表现为以社交媒体数据为主要的数据来源，回应议程设置、沉默螺旋等传播理论的问题，分析的维度越来越多地从“5W”经典范式拓展到情绪、态度、空间等跨学科视野中。[④] 尽管大部分运用计算传播学方法的研究仍然是应用取向，但有学者已经在积极尝试基于计算传播视角对传播学的传统研究范式及理论进行验证和发展，这些理论取向的

① 钟智锦、王童辰：《大数据文本挖掘技术在新闻传播学科的应用》，《当代传播》2018年第5期。

② 丁柏铨：《算法与内容及其关系论析》，《当代传播》2018年第1期。

③ 李佐文、李楠：《新闻话语的可计算特征》，《现代传播（中国传媒大学学报）》2018年第12期。

④ 张志安：《大数据与新闻传播研究的学术想象》，《国际新闻界》2018年第2期。

探讨主要围绕以下几方面的内容展开。

随着数字算法智能推荐乃至机器人写作越来越多地应用到传播过程中，传统的把关人理论在描述当代新闻选择过程方面已出现弊端，在这样的背景下，有学者提出了一个连贯完整的新型把关理论——数字把关人。在这个新的把关模式中，专业记者、个人、商业宣传和算法被确定为在获取信息能力、选择标准、信息框架和发布选择方面不同的把关人类型。其中，发布空间与把关人是分开的，空间被理解为把关人操作的平台，这些平台要么应用由中心管理机构控制的管理机制（集中管理），要么依靠许多微观层面的合作来发布新闻（分散管理）。研究者提出一个数字把关人框架来模拟 4 个把关人类型及其与采用协同把关机制的选择过程。① 这一模式是否有效仍需更多的研究加以检验，不过正如作者所言，这一模式将经典把关理论与现代方法相结合扩展了把关理论的研究，表明未来的研究必须连接到新闻流动模式才能够充分解释数字选择过程。

针对议程设置理论，有学者通过对传统媒体新闻选择原则与社交媒体信息排序算法的对比分析，总结了当前议程设置功能的新特征。在议题的选择上，社交媒体的信息排序算法发展为双向投票机制，赋予那些拥有舆论领袖身份的用户以较高权重，以发挥其正面引导的作用。反对功能的加入，使算法中出现了与信息传播潜力呈负相关的因素，而用户的抽象态度与价值判断又通过算法得以量化，形成意见合流，最终产生社交媒体中的热门信息。此算法在议程融合中的社会整合作用也受到了关注。算法通过聚合大量用户参与制造热门信息的同时，也在无形中整合了一个庞大的、正在关注某事件的社会群体，即算法引导下议程融合与社会整合的双向同步过程。在算法当中信息价值与投票数量的高度关联，社交媒体为公众赋权，共同推动了社交媒体中媒体议程和公众议程的互动与融合。算法不仅发挥着建构话语的作用，也取代大众传媒发挥着整合社会、引导舆论的传统职能。同时，虽然算法主导下的信息传播更注重公众参与，但算法的滥用可能会导致社会偏见的盛行和意见的分裂，导致群体极化和社会分化的后果。②

二、计算传播产业

2018 年是人工智能应用落地生根、算力突飞猛进的一年。以人工智能为代表的新技术促进了计算传播产业的创新和发展。有研究者探讨了后移动互联网背景下的智能媒体发展，提出智能化的媒介形态会带来受众消费、传媒行业生态变迁、行业管理政策调整，需要探索完全不同于传统产业的新方法与新模式。③ 一项研究梳理了人工智能在美国新闻业的应用及影响，指出人工智能技术的引入将改变美国新闻业的利益格局，形成新的垄断格局。计算广告是计算传播产业当中的重要组成部分。有学者提出计算广告在未来应该是全领域智能数据基础上的全自动化用户导航，以算法优化升级来吸引用户深度参与。④

数据新闻作为计算传播的重要应用场景也受到了学者们的关注。有研究者分析了数据新闻的创新采纳与扩散因素，其研究考察了北京、上海、广州三地生产数据

---

① 阮立、朱利安·华勒斯、沈国芳：《现代把关人理论的模式化——个体、算法和平台在数字新闻传播领域的崛起》，《当代传播》2018 年第 2 期。

② 范红霞、叶君浩：《基于算法主导下的议程设置功能反思》，《当代传播》2018 年第 4 期。

③ 卢迪、韩银丽、徐玥：《后移动互联网背景下的智能媒体发展与管理》，《现代传播（中国传媒大学学报）》2018 年第 5 期。

④ 余婷、陈实：《人工智能在美国新闻业的应用及影响》，《新闻记者》2018 年第 4 期。

新闻的11家媒体机构，发现数据新闻作为一项新闻创新以及媒体从业者对其认知是数据新闻被采纳和接受的重要因素。因而该学者认为，数据新闻的产制流程应该形成较为统一的行业标准和专业规范，发挥其创新优势并满足媒体从业者在大数据时代求新求变的需求。[①] 对于数据新闻的叙事范式，研究者指出数据新闻是更适应数字媒体技术而生的新型作品，拥有超越文本符号本身的更复杂的叙事维度。它的传播媒介、数据来源与组织结构、互动模式等，都承载着叙述的功能。数据新闻通过宏观叙事和理性叙事扩展了调查报道的领域，从而注意到边缘化或隐蔽的议题。数据新闻当中的可视化是通过再现、互动和构图这三种视觉语法功能生成语义，最多呈现为复合式叙事。基于这样的叙事范式，研究者认为数据新闻未来的方向应当是专业化、用户中心和媒体赋能。[②] 针对数据新闻的可视化生产逻辑，有研究者提出“好看”和“合适”是首要的考量，两者之间的对立来自新闻理念与视觉理念两者之间的冲突。注重视觉表现力的数据新闻将远离传统的新闻范式，转向一种注重产品质量与用户满意度的商业范式。[③] 也有研究者提出数据新闻可视化须以信息告知为首要功能，即视觉吸引力应服务于信息功能。[④] 其他学者也提到了这个问题，认为当前的数据新闻过度追求新奇的形式而忽略了深层的社会意义，互动部分也有待加强。[⑤] 针对数据新闻的叙事逻辑，有研究者认为，现有的数据新闻报道呈现新闻叙事主干模糊、叙事链条断裂的倾向，割裂了受众认知的整体观念。[⑥]

与之相关，针对数据新闻的传播效果，有学者通过控制实验法从受众对数据新闻的感知、识记效果及态度改变三个层面检验数据新闻的效果。结果表明，数据新闻仅在受众对其形式的喜欢程度指标上显著高于传统新闻，在其他方面（如新闻的易理解程度、客观性感知、识记效果、态度改变），数据新闻并没有显著优势。其原因可能在于：第一，国内当下的数据新闻缺少深层次的数据处理和统计分析，从而很难发掘和呈现数据背后的各变量间的关系和规律；第二，当下的数据新闻并没有真正地体现出数据驱动的特点，更没有做好数据分析与新闻叙事的融合，难以给受众留下深刻印象。[⑦]

媒体推荐系统是计算传播产业当中崛起的一股强劲力量，以今日头条和抖音等手机应用为典型案例。所谓算法推荐，是指凭借算法程序将海量用户的网上行为数据化，分析挖掘用户的爱好习惯和社交兴趣的图谱。[⑧] 广泛应用于新闻媒体、短视频社交平台上的推荐算法主要有三种机制：一是用户画像算法，即内容推荐，根据用户的浏览历史进行相似内容匹配、推送；二是协同过滤推荐，向目标用户推荐相似集群感兴趣的话题；三是排行榜式推

---

① 张淑玲：《数据新闻的创新采纳与扩散影响因素分析》，《现代传播（中国传媒大学学报）》2018年第8期。

② 方毅华、杨惠涵：《论数据新闻的叙事范式》，《现代传播（中国传媒大学学报）》2018年第12期。

③ 杨奇光：《媒体融合时代的新闻室矛盾：基于新闻可视化生产实践的考察》，《新闻大学》2018年第1期。

④ 黄雅兰、仇筠茜：《信息告知还是视觉吸引？——对中外四个数据新闻栏目可视化现状的比较研究》，《新闻大学》2018年第1期。

⑤ 范红霞、叶君浩：《基于算法主导下的议程设置功能反思》，《当代传播》2018年第4期。

⑥ 战迪：《新闻可视化生产的叙事类型考察——基于对新浪网和新华网可视化报道的分析》，《新闻大学》2018年第1期。

⑦ 蒋忠波：《受众的感知、识记和态度改变：数据新闻的传播效果研究——基于一项针对大学生的控制实验分析》，《新闻与传播研究》2018年第9期。

⑧ 赵双阁、岳梦怡：《新闻的“量化转型”：算法推荐对媒介伦理的挑战与应对》，《当代传播》2018年第4期。

荐，以阅读量、评论量、转发量、点赞量等为依据，推荐关注度高的新闻。

媒体推荐系统借助算法实现了个性化推送，帮助用户迅速获取自身需要的信息，降低信息获取成本。但是同时也带来了一系列问题，例如，过分迎合用户喜好、造成信息茧房和过滤气泡，公共性有价值的内容被边缘化。主要集中在以下几个方面：用户接收到的信息越来越窄化、同质化，沉浸在自己的拟态环境中，陷入“信息茧房”，对真实性的认知偏差越来越大；算法推荐导致劣币驱逐良币，新闻泛娱乐化，大众容易陷入庸俗，缺乏思考，甚至算法会因为用户的反复点击行为走向极端，导致分发出的内容价值观出现偏离；此外，算法在建构和运行的过程中带有“歧视”和“偏见”，使得现有的社会不平等和不公正以不可预知的方式得到强化。更甚者，由于缺乏竞争性观点的协商沟通，这些偏向被持续加强，智能媒体成为群体极化的温床，[①] 造成算法控制和数字专制，信息自主权和隐私权变成一句空洞的口号，使得社会公众舆论更容易被别有用心之人操控。[②] 算法实际上拥有很多权力，决定着用户看到什么、与谁互动，由于算法推荐具有隐蔽性，运行起来如“黑箱”，很难为人察觉和监督，健全法律监管、加强“人”在新闻传播中的主体性、建立多指标推荐系统、提升算法透明度等方式来重构媒介伦理迫在眉睫。[③]

三、计算方法应用

本文发现，文本挖掘技术应用突出，主要表现在情感分析、主题建模、语义网络等具体应用（见表1）。文本分析是传播学研究中的重要应用，近年来有不少学者探索使用计算机文本挖掘技术解决大数据时代的传播问题。文本挖掘技术作为数据驱动型的范式，从自上而下的演绎逻辑逐渐转向自下而上的归纳逻辑，为定量实证研究提供了重要的工具。[④] 与基于自我报告的调查方法相比，文本挖掘方法可以更加科学、客观地发现人类的语言与他们的情感、观点、态度和行为之间的关系。[⑤] 具体而言，文本挖掘在社会科学中具有以下优势：第一，可以对海量文本进行处理和整体趋势挖掘；第二，文本挖掘可以帮助研究者发现一些隐藏的结论（例如人的语言特征和性格）；第三，文本挖掘技术能够解决以往人工难以解决的问题（例如语义之间的关系、概念之间的关系）；第四，将文本数据与网络行为痕迹数据对应起来，使得文本的内容能够与文本的生产者进行有机结合。

表1　　2018年使用文本挖掘方法的相关研究

文献名称	研究方法	研究样本/数据
反腐议题中的网络情绪归因及其影响因素——基于32个案例微博评论的细粒度情感分析	情感分析+主题模型LDA	挑选2013—2016年影响力较大的32个反腐案件，抓取新浪微博中与之相关的101699条有效评论

① 陆新蕾：《算法新闻：技术变革下的问题与挑战》，《当代传播》2018年第6期。

② 范红霞、孙金波：《数据新闻的算法革命与未来趋向》，《现代传播（中国传媒大学学报）》2018年第5期。

③ 赵双阁、岳梦怡：《新闻的“量化转型”：算法推荐对媒介伦理的挑战与应对》，《当代传播》2018年第4期。

④ 祝建华、彭泰权、梁海、王成军、秦洁、陈鹤鑫：《计算社会科学在新闻传播研究中的应用》，《科研信息化技术与应用》2014年第2期。

⑤ 许鑫：《基于文本特征计算的信息分析方法》，上海科学技术文献出版社2015年版。

续表

文献名称	研究方法	研究样本/数据
网络舆情中网民的情绪表达——以中关村二小“校园欺凌”事件为例	情感分析 + 内容分析	以“中关村二小”“校园霸凌”“校园欺凌”“每对母子都是生死之交”为关键词，利用爬虫工具通过新浪微博 API 接口获得关于该事件自 2016 年 12 月 9—18 日的微博共 505 条。剔除无关的微博 26 条，共获得 405 位微博用户的有效微博内容样本 477 条
“一带一路”国家品牌形象传播与主题模型计算的实证研究	情感分析 + 主题模型 LDA	一部分是自主采集腾讯新闻、知乎、Facebook、Instagram 评论数据；另一部分数据由今日头条与华南理工大学共建的国家品牌大数据实验室提供，共 5218 条有效数据
情感与主题建模：自然灾害舆情研究社会计算模型新探	情感分析 + 主题模型 LDA	通过网络爬虫工具收集江苏盐城“6·23”龙卷风冰雹特别重大自然灾害微博舆情数据
“后真相”时代网络谣言的话语空间与传播场域研究——基于微信朋友圈 4160 条谣言的分析	词频共现 文本分析	从微信平台上网民举报、经筛选鉴定的谣言中选取转发次数最多的谣言作为研究样本，总计 4160 条，谣言样本时间段为 2017 年 1 月 1 日至 9 月 1 日
中国精英民营企业家的国家形象承载力实证研究——基于 2017 微信自媒体 10w + 文本的智能数据挖掘	语义 网络分析	爬虫抓取 2017 年全年微信公众平台自媒体发表的与中国精英民营企业家相关的阅读数超 10 万（10w +）的公众号文章的文字内容数据及相应传播效果数据（包含阅读数、点赞数等）
电视媒体公众号新闻语篇的计量语体分析——以“央视新闻”公众号为例	计量语体分析	电视新闻 语篇语料：“央视新闻”公众号共 30 个语篇样本，约为 2 万字；对比语料：中央电视台的《新闻联播》《晚间新闻》《朝闻天下》等栏目，共 30 个语篇样本，约为 3.2 万字

表 1 当中分析了我们所采用的样本中使用文本挖掘方法的相关研究，可以发现往往两种方法一起使用。情感分析试图对文本中的意见和情绪文本进行识别，主要是完成意见情绪等主观性内容的挖掘和分析，是一个情感计算的过程。理想的情绪分析工具应当能够“为给定项目处理一组搜索结果，生成产品属性（质量、特性等）列表并聚合意见”。① 通过对文本内容的情感分析，能够确定内容的积极、消极属性以及识别其中有关情绪和评价表达。② 主题模型的主要任务是通过对词语、文本

① Liu, B, *Sentiment Analysis and Opinion Mining*, Morgan&Claypool Publishers, 2012, pp. 152 - 153.

② Wilson, T., Wiebe, J. & Hoffmann, P, *Recognizing Contextual Polarity in Phrase Level Sentiment Analysis*, Hlt-Emnlp, 2005.

和主题之间关系的分析，对大量文本进行主题归类。其本质是一种快速的非监督机器学习算法，通过对文本或语料库中词的分布规律的观察实现对相似分布规律词集的聚类。① 语义网络分析主要是探究词句间的数量关系，用词句作为网络中的节点，探究不同词句在整体网中所处的地位，用量化网络关系呈现文本之间联系的方法。

为了探究公众在政治参与中的情绪化表达，研究者挑选2013—2016年影响力较大的32个反腐案件，以情绪归因理论为理论框架，运用自然语言处理技术对网络情绪进行识别和分析，在新浪微博中抓取与之相关的101699条有效评论。首先从归因和情绪两个维度对数据进行情感分析，采用LDA主题建模将情绪归因分为内部归因和外部归因，在情绪方面采用大连理工大学信息检索实验室提出的情绪七分类法，紧接着对数据进行结构化处理，以每条评论为一个分析单位，抽取出一个“四元组”，设定为“讨论对象，归因类目，情绪分类，特征表达式”。采用交叉验证的方式进行人工数据标注，建立一个卷积神经网络模型，并运用人工标注结果对其进行训练。实验过程中，根据机器学习的效果对部分参数进行反复调整，得出最优情感和归因分类结果，实现计算机对情感和归因特征的自主学习。研究发现，在反腐议题的网络讨论中，情绪化表达，特别是低唤醒度的负面情绪表达最为显著；网民的情绪化表达更倾向于内部归因，而外部归因的正面情绪显著高于内部归因；宏观的社会环境和微观的事件特征对反腐议题中的网络情绪归因存在显著影响。②

在公共传播研究中通过对网络舆论进行情感分析，可以判断网民对某些公共事件或社会重大议题的情感倾向。大多数新闻传播学研究对文本的情感分析仅存在积极、中立、消极这三种简单的分类，在《网络舆情中网民的情绪表达——以中关村二小“校园欺凌”事件为例》一文中，作者借鉴目前认可度较高的Ekman的六大基本情绪类型，将抓取到的微博正文文本数据划分为快乐、悲伤、愤怒、恐惧、厌恶和惊讶六种。此外，还采用内容分析法，对微博数据进行编码、分析。这个研究发现对于中关村二小“校园欺凌”事件，网民表达厌恶与愤怒的强度最高且呈上升态势；个人认证用户与非认证用户的愤怒及厌恶情绪表达强度显著高于团体认证用户。③

在品牌传播研究中经常采用情感分析方法挖掘用户评论等文本，以便了解用户对产品和服务的满意度。④ 有研究者运用LDA主题模型整合政治营销传播理论，进行数据深度挖掘，对社会化媒体上有关“一带一路”的网络舆情及群体态度进行情感计算，探究“一带一路”的实施对整个国家品牌形象建设的影响。首先，载入5182条已经经过预处理的用户评论数据，然后使用结巴分词库对评论数据进行词语分割，使得每一条评论被分割为零散的词语集合，在此基础之上使用文本TF - IDF向量化处理将每一条评论数据转化为由1 × d个实数表示的特征向量，然后将文本

① 张培晶、宋蕾：《基于LDA的微博文本主题建模方法研究述评》，《图书情报工作》2012年第24期。

② 周莉、王子宇、胡珀：《反腐议题中的网络情绪归因及其影响因素——基于32个案例微博评论的细粒度情感分析》，《新闻与传播研究》2018年第12期。

③ 丁汉青、刘念：《网络舆情中网民的情绪表达——以中关村二小“校园欺凌”事件为例》，《新闻大学》2018年第4期。

④ Go, A., Bhayani, R. & Huang, L, “Twitter Sentiment Classification Using Distant Supervision”, Cs224n Project Report, 2009.

特征矩阵 p 作为输入放入 LDA 拟合算法中，进行 LDA 模型拟合操作。根据拟合完成的 LDA 模型输出媒体评论数据的主题分布及其相对应关键词可以看出，社会化媒体上的用户对“一带一路”倡议的关注点主要集中在八大主题：公众态度、民族自信、军事、经济、全球化、国家领导人、区域发展、旅游。其中，“国家领导人”主题的热度指数最高，占比达 57.6%。[①]

在《情感与主题建模：自然灾害舆情研究社会计算模型新探》一文中，作者先对文本数据进行情感分析，按照情感的正负关系被分为两组，情感值大于或等于 0.5 的微博归类至“正面情感组”，情感值小于 0.5 的微博归类至“负面情感组”，进而按照主题建模方法分别发现“正面情感组”微博和“负面情感组”微博的主题，从而实现对自然灾害微博舆情进行以情感分类为基础的主题建模。在“正面情感组”和“负面情感组”微博中分别得到三类主题，有助于理解政府、民众和机构在自然灾害事件中的表现和态度。

有研究者对 2017 年微信平台上传播量最高的 4160 条谣言文本进行挖掘，对其中 1500 条数据进行人工试编码，按照认同的不同维度，进行内容分类，通过机器学习支持向量机模型对谣言内容进行学习，发现谣言在标题修辞、议题建构和传播机制上呈现出的规律，为“后真相”时代科学辟谣提出对策。[②] 还有学者聚焦微信公众号场域，抓取 2017 年全年微信公众平台自媒体发表的文字内容数据及相应传播效果数据（包含阅读数、点赞数等），运用 word2vec 对语料库进行非监督式机器学习，将词统一映射到同一个高维度的向量空间，以中国精英民营企业家为判别对象，以精英企业家国家形象承载力的 32 个关键词为操作化的评价标准和关键要素，对中国精英民营企业家之于国家形象的综合承载力和单维承载力分别进行智能判别，自动生成五大视角下排名前十的企业家及其指标取值。[③]

四、伦理道德问题

随着人工智能对新闻业的加速渗透，媒体智能化时代已全面开启。智能算法接管了人类信息分发的权力，成为大众传播的新“守门人”，驱动着媒介生态环境的重构。人工智能在带来新的新闻革命的同时，也给既有的伦理和法律法规带来全新挑战。基于深度学习的算法新闻引发伦理思考、人工智能生成对象的制度规范尚不完善、媒体智能化下假新闻和个人隐私泄露事件时有发生，探索数据保护、算法透明化、平台监管、机器人立法等成为备受关注的研究话题。

（一）人工智能生成对象的法律权限亟待厘清

人工智能借助大数据、深度学习算法能够自动生成相应内容，可以进行专有领域写作，伴随人工智能技术发展进程的加快，基于人工智能技术所生成的对象在领域、内容、形式等方面将日趋深化、丰富和多样。由于技术发展的速度超越了制度健全的步伐，人工智能生成内容给法律制度和秩序带来巨大挑战。已有数据显示，截至 2014 年年底，美联社通过机器写手完

---

① 段淳林、吕笑：《“一带一路”国家品牌形象传播与主题模型计算的实证研究》，《现代传播（中国传媒大学学报）》2018 年第 1 期。

② 李彪、喻国明：《“后真相”时代网络谣言的话语空间与传播场域研究——基于微信朋友圈 4160 条谣言的分析》，《新闻大学》2018 年第 2 期。

③ 郑晨予、韦龙：《中国精英民营企业家的国家形象承载力实证研究——基于 2017 微信自媒体 10w + 文本的智能数据挖掘》，《新闻大学》2018 年第 5 期。

成4400篇财报新闻；[①] 2015年9月10日，腾讯财经推出中国第一个由机器人Dreamwriter自动完成的新闻《8月CPI同比上涨2%创12个月新高》；[②] 2017年5月19日，湛庐文化出版人类历史上首部完全由人工智能（微软小冰）创作的现代诗集《阳光失了玻璃窗》。有关人工智能生成内容的权限问题成为争论的焦点，相关讨论主要围绕两个核心问题：人工智能生成内容能否成为著作权法意义上的作品？人工智能生成内容归属于谁？

对于人工智能生成内容是否属于著作权法意义上的作品，国内学者有这样几种观点：一种认为不是作品，持此观点的代表学者认为，人工智能生成的内容是应用算法、规则和模板的结果，不符合独创性要求，不能成为作品。[③] 有研究者从三个角度论证了人工智能生成内容不是作品：从著作权法对作品的定义上看，人工智能生成内容不满足作品的首要条件——必须是人类的智力成果；从情感维度看，人工智能所生成的作品本质上还是拼凑、挑选后组合的，是通过算法进行分析、选择所完成的机械式输出，不属于思想或者情感的表达；从独特性角度出发，即使"深度神经网络"人工智能生成的内容非常新颖，也都是按照既定算法、程序或者确定的规律生成的内容，无法满足独创性要求。[④] 另一种观点认为，人工智能生成内容可以作为作品，因为人工智能生成内容与人类创作的作品相比，在没有明确标明来源的情况下已很难区别。[⑤]

对于人工智能生成内容的所有权问题，目前讨论较多的有编程者独立权说、操作者独立权说、类职务作品说、共有权说、虚拟法律人格说等。对目前人工智能生成内容发展情况追根溯源，可以将其归于三方主体，即程序设计者、内容整体把控者以及投资设计者。在人工智能还不具备自主意识的当下，有研究者建议通过建立类似于"人工智能权益协会"第三方机构的形式，在特定阶段对人工智能生成对象实施权利托管，完成利益分配与责任承担。[⑥] 总之，重视人工智能生成对象对人类社会伦理秩序可能造成的冲击，推动相关法律制度的完善和健全，建立责任共同体，给予人工智能生成对象权利的同时也赋予其义务，厘清权限和边界，更好地促进人工智能的开发和使用。

（二）人工智能时代新闻行业面临失范风险

新闻作为一种商品，具有明显的公共产品属性，由于其真实性和客观性而被视为"社会公器"，然而在新媒体浪潮席卷、媒体智能化开启的今天，虚假新闻、反转新闻、个人隐私泄露等乱象层出不穷，新闻媒体行业面临失范的风险。例如，智能化媒体环境之下，机器化写作大幅提升新闻报道的数量，将记者从某些机械的、刻板的新闻写作中解放出来。机器化新闻写作主要包括三个环节，即信息抓取、信息处理与信息输出。有研究者对此写作流程提出质疑，指出网络爬虫所提取的数据可能并不准确、侵犯到用户隐私，或涉及版权保护作品。[⑦]

社交媒体和人工智能的迅速发展，假

① 国家工商总局广告监督管理司：《中华人民共和国广告法释义》，中国法制出版社2016年版。
② 左亦鲁：《公共对话外的言论与表达——从新〈广告法〉切入》，《中外法学》2016年第4期。
③ 王迁：《论人工智能生成的内容在著作权法中的定性》，《法律科学（西北政法大学学报）》2017年第5期。
④ 王渊、王翔：《论人工智能生成内容的版权法律问题》，《当代传播》2018年第4期。
⑤ 熊琦：《人工智能生成内容的著作权认定》，《知识产权》2017年第3期。
⑥ 胡光：《人工智能生成对象版权法基本理论探讨：历史、当下与未来》，《当代传播》2018年第4期。
⑦ Clerwall C.，"Enter the Robot Journalist"，*Journalism Practice*，Vol. 8，No. 5，2014，pp. 519 - 531.

新闻泛滥也达到新高度。以 2016 年美国总统大选为例，许多假新闻都是在 Facebook 上进行生产和扩散的。尤其是社交媒体中的机器人（模仿人类的自动账户），通过点赞、分享和搜索信息，将假新闻的传播力进行数量级扩大。据报道，Twitter 活跃账户中有 9%—15% 是机器人，其中亲特朗普的机器人流量至少是亲希拉里的 4 倍。① 有研究者提出从个体和平台两个维度进行干预，建立辟谣机制，提高公众媒介素养，最大程度降低假新闻的负面影响。②

从机器化写作到算法推荐再到沉浸式传播，乃至假新闻的有效扩散，无不涉及对个人数据的大规模收集和使用。③ 现有的规制体系对个人数据的保护相当不力，大规模数据泄露事件时有发生。毫无疑问，媒体智能化实践不能以侵犯个人数据为代价，如何在促进智能化媒体发展的同时，加强对个人数据的法律保护，已成为学界和业界关注的焦点。数据挖掘和数据分析技术，为个人信息的二次开发和利用提供了机会和条件，信息的潜在价值得到释放；然而大数据的分析和使用也加大了用户数据安全的风险。如何对个人信息保护进行立法，以实现媒体智能化发展和个人信息保护的平衡，有待进一步深入研究。

五、结语：计算传播学的未来方向

计算传播学研究未来应当如何发展？总体而言，当前计算传播学的相关研究取得了一定成果，但还处于起步阶段，研究的丰富性和理论层次都有待提高，亟待更多有志学者投身到这一领域的研究中来。有学者指出当前研究面临着“数据获取”“数据分析”“数据洞察”的挑战。为应对这些挑战，相关研究要立足多空间视域、运用跨学科视角，将传播视角的研究拓展至社会视角的“整体论”研究。要处理好“理论驱动”和“数据驱动”的关系，应着眼长远，多从“理论驱动”的层面对相关数据进行结构化处理、科学化分析，从理论假设、检验和建构的高度进行更具学理性、普适性的学术研究；要处理好学术前沿问题和中国本土问题的关系，立足中国本土的政治、经济、社会和文化脉络，将基于现实的实证数据进行理论阐释、全球学术对话和普遍规律的探索；要处理好网络空间数据和现实社会公共数据的关系，要在社会空间、网络空间、心理空间等多视域下重新审视人、信息和技术之间的关系。④ 在谈及计算传播学如何超越传统定量研究方面，祝建华指出：应该更加注重分析用户行为而不是态度；应该研究动态过程而非静态结果；应该把握用户之间的互动关系；应该跨越个体—团体—社会多个层级；应该注重分析地理空间信息；在研究初期，应该注重描述性或探索性分析方法。⑤

从 2018 年中国计算传播学研究来看，计算传播学现阶段的研究主要强调计算方法的运用，其发展仍然处于初期阶段。但是，不断涌现的计算传播现象、更加容易获得的海量数据、日益成熟的计算方法将不断推动计算传播学的发展。计算传播学可以广泛地应用于众多传播领域，必将为传播学发展及应用带来新气象。借用施拉

① Kollanyi B.，Howard P. N.，Woolley S. C.，“Bots and Automation over Twitter during the First U. S. Presidential Debate”，https：//assets. documentcloud. org/documents/3144967/Trump - Clinton - Bots - Data. pdf.

② 邵国松：《媒体智能化发展的伦理与法律问题初窥》，《现代传播（中国传媒大学学报）》2018 年第 11 期。

③ 同上。

④ 张志安：《大数据与新闻传播研究的学术想象》，《国际新闻界》2018 年第 2 期。

⑤ 祝建华、黄煜、张昕之：《对谈计算传播学：起源、理论、方法与研究问题》，《传播与社会学刊》总第 44 期。

姆的话，计算传播学有助于传播学从十字路口走向学术研究的绿洲。[①]

撰稿：王成军（南京大学新闻传播学院副教授）
卢林艳（南京大学新闻传播学院硕士研究生）
李媛媛（南京大学新闻传播学院硕士研究生）
卢功靖（南京大学新闻传播学院硕士研究生）

健康传播研究 2017—2018 年综述

2017 年 10 月，习近平总书记在党的十九大报告中提出了“健康中国”理念，强调将人民健康放置于优先发展的战略地位，同时也包含了倡导健康文明生活方式、将健康回归于人本的更为宏观的“大健康观”。“没有全民健康，就没有全面小康”，这一执政理念不仅成为推进健康中国建设的行动纲领，也推动了学界对健康传播的研究。

对我国 2017—2018 年健康传播相关研究进行梳理，大致可归纳出以下 3 个特征：第一，传播学的学理性在相关研究中得到了较充分的体现；第二，社交媒体成为主要的聚焦点；第三，亚文化、小众群体等议题为健康传播研究增添了新的内容和视角。

一、理论研究：传播学视域内的专业性回归

近年来健康传播研究议题不断扩展，对社会热点的关注更加密切，新媒体技术平台（如微博、微信）研究涌现，学科交叉性增强，传播研究者在健康传播研究领域开始扮演领跑角色，[②] 一定程度上实现了传播学视域内专业性的回归。

回顾我国的健康传播研究史，1993 年发表的《健康传播学初探》可以视为第一篇介绍健康传播的学术期刊论文。[③] 随后，有研究者比较了美国与中国大陆的“健康传播学”研究体系，认为在当时国内的健康传播学远没有步上正轨，急需职业传播研究者来填补空白。[④] 有研究者指出，“我国现有的研究成果和数据仍旧散落在各个卫生部门和高校院所，至今国内的健康传播研究仍然处于‘各自为政’的状态中”；甚至有研究者指出了传播研究者在大陆健康传播研究领域存在了 12 年的“缺席”。[⑤] 2012 年，公共卫生领域的研究者利用 20 年的数据进行了文献计量学分析，发现健

① 祝建华：《什么是计算传播学？会带来传播研究范式转移吗?》，https：//new. qq. com/omn/20180731/20180731B1GDSZ. html，2018 年 7 月 31 日。

② 孙少晶、陈怡蓓：《学科轨迹和议题谱系：中国健康传播研究三十年》，《新闻大学》2018 年第 3 期。

③ 朱锡莹：《健康传播学初探》，《医学与哲学》1993 年第 6 期。

④ 张自力：《“健康的传播学”与“健康中的传播学”——试论健康传播学研究的两大分支领域》，《现代传播（中国传媒大学学报）》2003 年第 1 期。

⑤ 韩纲：《传播学者的缺席：中国大陆健康传播研究十二年——一种历史视角》，《新闻与传播研究》2004 年第 1 期。

康传播的核心研究者较为缺乏，[①] 我国健康传播研究对不同学科的吸纳程度不同，主要表现出医学、公共健康研究者占绝大多数、新闻传播背景比例偏低、学科合作少的情况。[②]

当前在健康传播研究的队伍中，新闻传播背景的研究者比重逐渐增大。从学科分布看，大体呈现出新闻传播、医药卫生、农业科技三足鼎立的局面。在成果方面，新闻传播学的研究文献日益增多，基本覆盖健康传播中受众、媒介、传播效果和传播策略等方面。

在著述类代表性成果中，阙岳编著的《健康传播》（兰州大学出版社 2017 年版）采用案例研究法，从受众的生活习惯、消费情况以及卫生政策等角度入手全面分析了蕴含于社会生活中的健康传播话题。杜建波编著的《健康传播策略研究》（天津科学技术出版社 2018 年版）立足于国情，重点探讨我国健康传播的具体策略，比如建立中国特色健康传播体系、充分发挥大众传播媒体作用、加强突发公共卫生事件信息管理与新闻发布、中国公众健康自我管理等，为今后的健康传播实践提供了一些方向性策略。

除了上述较为宏观的研究视角外，有研究者从具体议题出发，探讨了健康传播在不同语境下的发展情况。比如《生态环境与公共健康领域的传播机制研究》从都市报医药广告传播效果、医患关系报道中医生形象呈现、框架理论视野下的媒体医患报道研究、网络新闻媒体对公共健康议题的报道风险等方面出发，对我国生态环境与公共健康领域的传播机制进行了分析研究。[③]《科学与新闻之争》对 10 余年来发生的“疫苗事件”进行梳理分析，探讨了媒体的作用与传播规律。[④] 此外，来自医药卫生领域的研究者对医患传播、叙事医学、健康教育、健康促进、社会健康动员等议题进行了研究，如《健康传播学》《健康传播理论与实用方法》《中医健康传播学》等。[⑤] 在这些作品中，相较于早期的著述，在内容上重“健康”而轻“传播”的情况发生了改变，体现了健康传播这一领域的学科交叉特征以及传播学逐渐从缺席到主动性不断增强的研究景观。

在论文方面，笔者以中国知网为数据来源，检索论文的主题或关键词中带有“健康传播”的文献，剔除报纸、会议论文、硕博论文及重复文献后，经严格筛选得到 2017—2018 年有关健康传播的文献量达到 156 篇，总下载量为 28006 篇次，总被引量为 85 次，篇均被引量为 0.54。（检索时间为 2018 年 12 月 10 日）其中，在新闻传播学类期刊发表的有 81 篇，占 51.9%；公共卫生领域期刊占比 23.8%；其他社会科学类期刊占比 7.6%。从以上数据可以看出，新闻传播学和公共卫生学成为两大主要支撑学科。笔者根据拉斯韦尔的 5W 模式，即传播过程的 5 要素——传播者、内容、渠道、受众和效果，对检索结果中属于新闻传播学类的 81 篇文献进行了分类统计。如图 1 所示，其中媒介研究有 18 篇，控制研究有 6 篇，内容研究 39 篇，受众研究 4 篇，以及效果研究 14

① 廖俊清、黄崇亚、杨晓强：《20 年以来我国大陆健康传播的文献计量学研究》，《现代预防医学》2012 年第 15 期。

② 喻国明、路建楠：《中国健康传播的研究现状、问题及走向》，《当代传播》2011 年第 1 期。

③ 罗小萍、李韧编著：《生态环境与公共健康领域的传播机制研究》，中国广播影视出版社 2018 年版。

④ 李希光编著：《科学与新闻之争》，清华大学出版社 2018 年版。

⑤ 田向阳编著：《健康传播学》《健康传播理论与实用方法》，人民卫生出版社 2017 年版；胡天佑编著：《中医健康传播学》，东南大学出版社 2017 年版。

篇。可见当前中国大陆健康传播研究以内容研究及媒介研究为主，受众研究与效果研究较为匮乏，相关成果体现了技术、语境和议题的变迁。

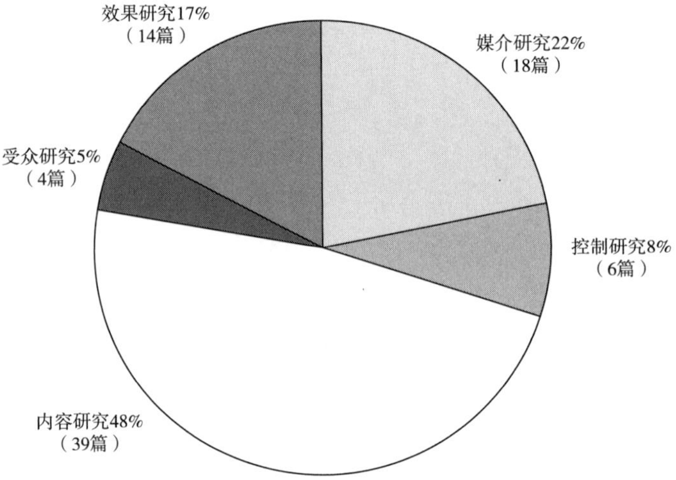

图 1　2017—2018 年中国知网新闻传播学期刊中健康传播研究的视角分布（样本量：81 篇）

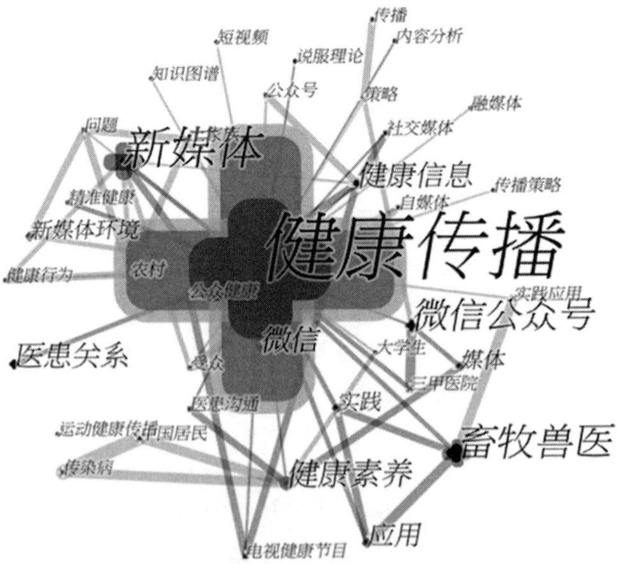

图 2　2017—2018 年中国知网健康传播主题文献关键词共现网络（样本量：156 篇）

笔者以“健康传播”为主题筛选论文，通过 CiteSpace 软件进行计量可视化分析，生成了 2017—2018 年大陆健康传播研究的关键词图谱（见图 2）。图中字体越大表示关键词的词频越高，节点间的连线的粗细则表示关键词间的共现频次。如图 2 所示，“健康传播”作为关键词具有高度中心性，“微信公众号”“新媒体”

“社交媒体”等成为高频关键词，表明了研究者们对新技术的关注。外围关键词“健康素养”“实践”“受众”“健康行为”等表明这部分研究侧重于考察健康知识的传播、受众的健康信息搜寻行为，以及健康素养和健康促进，属于公共卫生领域的贡献。值得注意的是，“畜牧兽医”“三甲医院”等关键词的出现，突出了健康传播研究的跨学科特点，议题越来越多元化，但主要的研究方向仍在新闻传播学的视域内。

二、语境变迁：聚焦社交媒体时代

从图2可见，“社交媒体”“自媒体”“微信公众号”等关键词在过去一年健康传播领域的出现频次较高，这是健康传播研究议题结合互联网语境发展所产生的焦点迁移，社交媒体平台为健康信息传播和智慧医疗服务等提供了丰沃的“土壤”。

（一）内容生产

有研究者以内容分析法对H7N9事件微博的内容进行分析研究，分别从性别与认证状态、用户所属地域、媒介使用以及发表内容形式和类型上考察网络用户在健康议题上的知识生产差异。① 有研究者通过对主流微博客社交媒体——推特（Twitter）16天内与癌症相关话题的语义分析及情感网络分析，观察受众如何使用社交媒体来检索有关癌症的病因、状态、治疗、关切、情绪和后果等信息，创建了包含223条关键词的分类法。② 此外，有研究者对健康领域微信公众号的标题制作规律、③ 基于场景理论的新媒体健康传播场景建构④等进行了深入探讨，并提出相关的优化策略。⑤ 还有研究者以我国医疗剧为切入点，研究健康传播的电视剧实践。一方面，医疗剧从社会价值上看，可正视医疗困境，缓和医患关系，传播健康知识；另一方面，存在着专业性、现实性和可视性不足等问题。⑥ 因此，视频类健康新媒体和传统电视节目可进行优势互补，有助于国家健康政策宣传与健康素养教育的推动，也有利于弥合健康信息的知识沟。⑦

（二）媒介效果

这一部分研究主要涉及社会化媒体健康传播的形式、内容和技巧研究，受众媒介接触行为研究和模式建构，以及效果研究等；常用的研究方法多为问卷调查、内容分析；也可观察到议程设置理论、社会学习理论、劝服理论、涵化理论、知沟理论等传播学理论的应用。

在媒介效果层面，一方面是通过进行定量研究，比如对微信公众号发布文章的情况以及传播效果进行分析，量化的文章阅读量以及点赞数成为衡量微信公众号传播热度的指标。研究也表明，服务型的文

---

① 聂静虹、金恒江：《网络用户健康知识生产差异研究——基于“H7N9事件”微博的内容分析》，《新闻界》2017年第7期。

② 韩纲、朱丹、蔡承睿、王文：《社交媒体健康信息的语义分析：以推特上癌症相关推文为例》，《国际新闻界》2017年第4期。

③ 刘婷：《健康类微信公众号文章标题的制作规律——基于“生命时报”“丁香医生”等公众号的分析》，《青年记者》2018年第5期。

④ 郭聪、孙悦：《场景理论框架下新媒体健康传播——以微信公众号“浙江名医馆”为例》，《东南传播》2018年第4期。

⑤ 徐龙超：《健康类微信公众号传播现状与优化策略研究——以“丁香医生”为例》，《东南传播》2018年第9期。

⑥ 张陆园、张国涛：《健康传播的电视剧实践：中国医疗题材电视剧的价值追求与发展路径》，《新闻界》2017年第4期。

⑦ 宋凯、周倜：《健康类电视节目社会化媒体传播探析》，《当代电视》2018年第11期。

章点赞数明显高于咨询型，[①] 因此加强科普类文章的质量、加入与公众的互动因素，是提高健康传播效果的有效途径；另一方面是结合传播学中的相关理论进行分析，比如“劝服理论”对受众行为的影响——研究者以优酷网的“冰桶挑战”运动为例，借用劝服理论分析了社会化媒体的健康传播效果及其影响因素。研究显示，用户对实践的认知与积极情绪呈现出由“上升”转变为“下降”的态势，而消极情绪则相反。与此同时，以事实为支撑的传播策略有效提升了用户的认知度，而倚重情感因素的传播方法改变了用户对信息的评价。该研究不仅获得了社会化媒体对健康传播的影响，而且验证了劝服理论在新媒介平台上具有很强的适应性；[②] 在当代中国，如计划生育等依靠国家机构来执行的健康政策正在逐渐退出历史舞台，在疫苗接种、戒烟以及减少高热量和高盐量摄入等饮食领域，政府卫生行政部门和医学界（特别是公共卫生界）同样需要依靠说服手段来劝导公众采纳健康理念、实践健康行为。在这方面，我国的传播研究者急需与公共卫生学者和政府部门合作研究，发掘适合我国国情的影响健康传播效果的变量和理论模型。[③]

（三）现状反思

早期的健康传播实践大多遵循“知信行”模式（Knowledge-Attitude-Belief-Practice，KAP或KABP），即受众通过获取知识和信息形成健康信念和态度，从而改变其健康行为。然而，随着社交媒体的爆炸式增长，公共传播环境出现“信息飞沫化”“传者去中心化”“大众生活社交媒体化”等趋势，由“知识传递”“态度改变”和“行为达成”三个要素构成的KAP范式受到挑战。[④]

由于把关机制不足，自媒体容易沦为谣言滋生的温床。谣言一旦泛滥，经自媒体传播放大后能够引起更大的社会恐慌。自媒体对健康风险放大的影响，简而言之，是在技术发展与群组色彩的双重护持之下，推动多元健康传播主体的博弈局面，其碎片化的传播模式也使得健康风险传播和大家对健康风险的认知变得更加表面和碎片化。[⑤] 比如在健康传播舆论场中一些披着“养生帖”外衣的“伪科学”文章大行其道，权威机构的辟谣澄清却被流量和碎片化信息“雪藏”。因此，健康传播急需一场供给侧改革，对健康信息传播者和传播平台的资质严格把关，保证健康传播的公益性质，利用新媒体和大数据技术促进大众健康素养和健康水平的提高，警惕和规避其带来的负面风险。[⑥]

三、新旧交替：传统议题深化与亚文化议题的涌现

在研究议题方面，除了食药安全、医患关系这样的本土特色议题之外，艾滋

① 钟若曦、马晓燕、梁宁、郭丽丽、吴崧霖、陈梁、严维娜、马文军：《公共卫生类微信公众号文章发布情况与传播效果研究》，《中国健康教育》2018年第9期。

② 张伦、徐德金、张增一：《在线健康传播运动传播效果及其影响因素研究——以优酷网“渐冻症冰桶挑战”为例》，《新闻大学》2017年第4期。

③ 贾鹤鹏、苗伟山：《科学传播、风险传播与健康传播的理论溯源及其对中国传播学研究的启示》，《国际新闻界》2017年第2期。

④ 苏婧：《健康传播4.0：从精英主导到平等对话》，《新闻战线》2017年第12期。

⑤ 汤景泰、王楠：《自媒体场域中健康风险的传播及治理》，《中国出版》2018年第3期。

⑥ 苏婧：《健康传播4.0：从精英主导到平等对话》，《新闻战线》2017年第12期。

病、[①] H7N9 等流行传染病[②]仍在学界关注范围内，主要是运用内容研究法和案例分析法，结合传播学框架理论进行研究。此外，一些较为小众议题的研究也提上日程，比如抑郁症、女性宫颈癌等疾病。农村地区、少数民族、广州非裔群体、老年人、同性恋等群体也被纳入研究范围。伴随着亚文化对新媒体的“入侵”，有研究者还对“养生朋克”进行了研究，契合了新技术和新语境。

（一）医患关系

医患关系研究是人际健康传播研究的核心议题，[③] 2017—2018 年关于医患关系的研究主要侧重于媒介研究、内容研究和受众研究三个层面。在媒介研究层面，有研究者以凤凰资讯、新浪新闻、腾讯新闻三家综合性新闻网站的“医患关系”报道为研究对象，在对抽样样本进行编码内容分析的基础上，从报道主题、关系解读、对医生态度等方面分析医患关系报道中医者与患者的利益诉求，并试图阐释媒体报道在医患关系风险产生的影响；[④] 扶持各类移动医疗 App 的发展也成为“互联网＋”时代下的顺势而为，有研究者认为一些移动医疗平台为改善医患关系起到了巨大的积极作用，比如充分利用互联网、大数据等手段，提供拓展在线诊疗、报告查询甚至药品配送等服务。但也存在一些未受法律法规制约的灰色地带，因此，需要转变医疗理念，改变现有的医疗模式，以此作为增进医患关系的渠道。[⑤] 在内容研究层面，有研究者以电影作品为例，重点分析体现医疗过程且能凸显医患关系的三个重要场景：诊断、病情告知、查房，在此基础上探究该电影在医患关系呈现方面的经验与不足，以期为今后医疗题材的电影创作提供借鉴；[⑥] 在受众研究层面，研究者通过对 2014—2016 年国内 40 起重大医患纠纷事件的深入分析，得出医患双方在“诊疗效果期望、诊疗方法判断、诊疗过程评价、诊疗行为推断和诊疗结果归因”五大环节上存在巨大认知差异的结论，其中主要原因包括医患角色、知识、交往、情绪、归因等不同因素，在此基础上，提出从医疗改革、医患交往、健康传播、医疗科普、依法维权五个方面缩减医患认知差异、构建和谐医患关系的对策建议。[⑦]

（二）食药安全

食药安全和环境问题在我国具有特殊的重要性。食品药品安全直接关系着民众的生活安全和健康状况，是健康传播研究中的一个重要议题。[⑧] 该问题属于公共卫生领域，由于其事件成因的多样性、传播的快速性、危害的复杂性以及与大众日常生活联系的紧密性，更容易成为舆论的焦

① 邱立：《艾滋病报道的框架研究——以〈湖北日报〉和〈长江日报〉为例》，《新闻世界》2017 年第 3 期。

② 聂静虹、金恒江：《网络用户健康知识生产差异研究——基于“H7N9 事件”微博的内容分析》，《新闻界》2017 年第 7 期。

③ 张自力：《健康传播研究什么——论健康传播研究的 9 个方向》，《新闻与传播研究》2005 年第 3 期。

④ 王宇、孙鹿童：《责任与过失：医患关系中的媒体角色——以新浪、腾讯、凤凰三家网站的报道为例》，《现代传播（中国传媒大学学报）》2017 年第 2 期。

⑤ 金恒宇：《健康传播背景下移动医疗 APP 对于改善医患关系的作用》，《福建理论学习》2017 年第 5 期。

⑥ 王蔚：《论华莱坞电影中医患关系的呈现与应对之策——以〈滚蛋吧，肿瘤君〉为例》，《东南传播》2018 年第 3 期。

⑦ 黄斌：《网络环境下医患认知差异研究——基于近年来 40 起重大医患纠纷事件的案例分析》，硕士学位论文，江西师范大学，2017 年。

⑧ 喻国明：《健康传播的舆情特点与常态分布——基于 2016 年国内食药安全热点事件的量化分析》，《新闻与写作》2018 年第 5 期。

点和热点。[①] 2017—2018 年的文献对此议题侧重于内容研究，以案例分析法为主。有研究者根据 2016 年中国食品报舆情系统采集的热点事件和相关案例作为舆情数据库，确立变量与操作化指标，建立食药安全舆情事件的热度评价指标体系。并梳理了舆情事件的时间分布、地域分布、问题集中的行业、影响的范围和涉及的主体以及在传播方面的首发平台、发酵周期、持续时长、传播路径等影响因素，将食药舆情事件与一般性的社会舆情事件做横向比较，总结出中国食药舆情热点事件传播的主要特点与常态分布；[②] 同样的，也有研究者以"鸿茅药酒事件"新闻报道为例，探讨了在新闻报道中践行健康传播理念的正确途径。[③] 此外，还有研究关注了健康教育及健康传播在应对突发公共卫生事件中的作用，以及加强健康教育、改善健康传播的必要性和相关渠道。[④]

（三）小众群体与新时代亚文化

有研究者认为，在健康知识的宣传策略方面应该根据种族、文化、教育状况以及不同人群的认知水平的差异进行宣传，文化的多样化是人类社会的普遍现象，因此，基于不同群体的健康传播研究是健康传播研究发展的必然结果。[⑤]

回顾 2017—2018 年的相关文献，相关的研究主要涉及以下三类群体：第一，对欠发达地区或少数民族地区的健康传播现状的研究。有研究者认为，当下我国地域的经济、文化发展十分不平衡，城乡二元的结构，导致知识资源的获取有极大差异，乡村医疗健康息的传播，要综合考虑农村地区人口知识文化水平、媒介素养、信息接受理解能力等多重因素，才能达到目标效果，因此探讨健康传播的途径和优化具有必要性。[⑥] 关于农村地区的知识获取渠道，有研究通过采取多级整群段抽样法及问卷调查法，对云南省龙陵县居民分五类人群进行了肺结核知晓率调查，根据不同人群特征、知晓率、知识获取渠道等进行差异性分析，在量化研究的基础上，考察欠发达地区的健康传播现状。[⑦] 还有研究者以土家族村落为研究对象，发现了人际传播在健康传播方面所发挥的重要作用，以及社交媒体对村民寻求健康知识和传播健康信息的方式的改变。[⑧] 第二，有研究者探讨了社区传播对于老年群体健康素养教育的价值，并尝试提出老年健康社区传播的实践路径。[⑨] 另外，还有研究者通过问卷调查和深度访谈，统计分析了广州越秀区非裔群体的健康信息寻求路径、健康认知、就医情况、社区健康服务等方面的问题，以针对不同外籍群体提供更有

① 徐超超：《突发公共卫生事件中微信用户媒介素养研究——以"山东疫苗事件"为例》，硕士学位论文，山东大学，2017 年。

② 喻国明：《健康传播的舆情特点与常态分布——基于 2016 年国内食药安全热点事件的量化分析》，《新闻与写作》2018 年第 5 期。

③ 赵鹏、朱帆：《如何在新闻报道中践行健康传播理念——以"鸿茅药酒事件"新闻报道为例》，《传媒》2018 年第 14 期。

④ 马国庆：《健康教育及健康传播在应对突发公共卫生事件中的作用分析》，《中国卫生产业》2018 年第 19 期。

⑤ Dee Burton etc, "Perceptions of Smoking Prevalence by Youth in Countries with and without a Tobacco Advertising Ban", *Journal of Health Communication*, Vol. 15, No. 6, 2010, p. 656 – 664.

⑥ 夏丽丽：《健康传播中的媒介角色：现状与认知——以乡村健康内容传播为例》，《传播力研究》2018 年第 29 期。

⑦ 何羿叶：《欠发达地区健康传播知晓效果初探——基于云南省龙陵县肺结核知晓率调查的结果分析》，《视听》2018 年第 5 期。

⑧ 陈维璐：《土家族农村地区健康传播渠道及优化路径研究》，《东南传播》2018 年第 5 期。

⑨ 王胜源、李程程：《老年健康社区传播的内生逻辑与实践路径》，《视听》2018 年第 1 期。

效的健康促进与管理服务，从而最终为我国迈向更科学的国际移民治理，提供来自健康传播研究维度的治理依据。[①] 第三，结合亚文化语境，有研究者以养生朋克为研究对象，分析了社交媒体时代健康传播所表现出的风格化、抵抗性、娱乐性和象征性特点，同时也提出了健康传播意义被消解的隐忧。[②]

四、研究局限与建议

作为一门交叉学科，健康传播在过去几十年的学术成果快速增长，研究议题也愈发多元。目前已经不局限于医药卫生领域以及健康问题的研究。以“畜牧业”为代表的农业科技领域也成了健康传播的主体之一，关于“疫苗事件”“鸿茅药酒事件”的研究也体现了学界对时事热点的关注。此外，对于一些小众群体的关注也体现了学界研究议题的广泛性。

总体而言，目前我国的健康传播研究仍存在一些不足。从研究思路来看，当前中国大陆健康传播研究以内容研究为主，受众研究与效果研究较为匮乏（参见图 1）。随着传播学者在研究群体中的比例逐渐增加，传播学理论包括“框架理论”“议程设置”“知识沟”等理论开始被纳入健康议题的研究框架，但是在理论视角方面，健康传播总体局限于对几个传统理论的借鉴与应用，以宏观理论（如风险社会理论）为主，微观理论（如使用与满足理论、健康信念模型）略有涉及，中观层面的理论（如卫生机构组织理论）非常罕见，[③] 部分论文在使用理论时由于没有数据支撑，缺乏一定的说服力。

从研究方法上看，当前的健康传播领域定性研究依然是主流，健康传播研究中的传播学更多聚焦于传播内容，以内容分析法为主，问卷调查法的运用也较为普遍。另外，当前中国健康传播界缺乏独立研究机构进行充分的数据收集和调研，也缺乏跨学科的合作，由于传播学与医学之间长时间的“各自为政”，仍存在一定程度的学科壁垒。

因此，健康传播未来应注重研究范式的规范化，以及理论和现实的联系。同时要拓宽国际视野，培养跨学科专业人才，为多元化议题的深入展开“造血”。

撰稿：王懿慈（暨南大学新闻与传播学院研究生）
支庭荣（暨南大学新闻与传播学院教授）

舆情研究 2018 年综述

2018 年是中国社会科学院新闻与传播研究所成立 40 周年，中国现代舆情研究也

① 唐佳梅、何国平、王筱玥：《广州非洲裔群体的健康传播研究——健康信息寻求来源及其影响力调查》，《对外传播》2018 年第 1 期。

② 汪莉：《健康传播的亚文化特征——以养生朋克为例》，《传播与版权》2018 年第 8 期。

③ 孙少晶、陈怡蓓：《学科轨迹和议题谱系：中国健康传播研究三十年》，《新闻大学》2018 年第 3 期。

走过了生发勃兴的15载历程。这一年，舆情研究之于新闻传播学已不囿于理论邂逅，而是延续近年来的动势，紧紧贴合中国现实、立足服务国家决策，致力于研究领域的开疆辟土和挖掘深耕，呈现出多学科推进、多方法加入、多议题展开的局面。从议题层面观察，2018年的舆情研究主要聚合于习近平关于新闻舆论的重要论述等研究、基础理论的反思与建构、社会心态和社会思潮剖析、舆情的政治传播意涵研究、舆情/舆论变动规律探究、网络舆情特殊群体与特殊传播形态探索、舆情风险与技术伦理分析、舆情治理与舆论引导研究八个方面。

一、习近平关于新闻舆论的重要论述、网络强国战略思想等研究

接续近两年的热烈探讨，学界围绕着习近平关于新闻舆论的重要论述、网络强国战略思想等，将学术话语对焦在“悟道”“解读”与“阐释”，铺陈延展于价值起点、理论基础、科学精神、现实逻辑等维度。有关“民心”“人民性”的讨论触及舆情视角。

关于新闻舆论工作，论及了“民心是最大的政治”“人民性”中蕴含的执政理念、理论认知、危机意识、爱民情怀，以及“以人民为中心的新闻工作导向”。① 包括了对习近平关于新闻舆论的重要论述中蕴含的求真、知真、守真的科学逻辑的系统领悟。② 还包含对意识形态工作“以人民为中心”是“以人民为中心”思想的核心的理论阐释③等。关于网络强国建设，则强调应对纷杂舆论生态和“以人民为中心”的价值追求，构成了习近平网络社会治理观形成的现实逻辑。④ 提出了做好新闻舆论工作、过好互联网关，之所以成为习近平网络强国战略思想形成发展的时代基点之一，在于总书记对新媒体时代“得民心者得天下”的清醒认识与深刻把握。⑤

二、基础理论的探知、反思与重构

“后西方”“后真相”“智能化”“智媒化”的叠加，催促学界在热闹鼎沸的经验化、个案化、模型类、微观层的研究中冷静抽身，转而专注于本土的、宏观的、范式的及核心命题的“深扩”“重建”“再构”“对话”。

有的正中研究靶心，而针对舆情/舆论理论建构与核心概念的把握依然是智者见智。无论是强调舆论学理论研究的提升需在本体论和认识论两个面向上发力；⑥ 还是设想舆论研究的特殊性与普适性间的顺滑对接之法；⑦ 抑或是基于复杂系统论视角，从问题域、研究层次、方法论出

---

① 陈力丹：《“始终把人民群众放在心中脑中”——习近平“以人民为中心”思想的理论渊源与中国特色社会主义实践基础》，《辽宁大学学报（哲学社会科学版）》2018年第1期；陈力丹：《习近平的宣传观和新闻观——“互联网+”形势下的宣传舆论工作》，《城市党报研究》2018年第5期；陈力丹：《将习近平“以人民为中心”的基本方略落实到新闻舆论工作中》，《新闻与写作》2018年第8期。

② 胡靖：《论习近平新闻舆论思想的科学逻辑》，《新闻战线》2018年第1期。

③ 张春艳、韦子平：《习近平“以人民为中心”思想的三重维度——基于意识形态工作的视角》，《黑河学院学报》2018年第6期。

④ 程秀霞、叶松庆：《习近平网络社会治理观的现实逻辑、基本原则及贯彻路径》，《电子政务》2018年第10期。

⑤ 汤景泰、林如鹏：《论习近平新时代网络强国思想》，人大复印报刊资料《新闻与传播》2018年第7期，转引自《新闻与传播研究》2018年第1期。

⑥ 丁和根：《舆论学理论研究的深化与拓展》，人大复印报刊资料《新闻与传播》2018年第1期，转引自《新闻大学》2017年第5期。

⑦ 张涛甫、徐亦舒：《寻求对话：在舆论研究的特殊性与普适性之间》，人大复印报刊资料《新闻与传播》2018年第3期，转引自《新闻大学》2017年第5期。

发，尝试提出网络舆论研究范式的转向进路；[①] 再到论述舆情与舆论的概念定位与边界、舆情支持与舆情危机的主客体主要关系形态；[②] 以及提供整体认识框架，系统阐释民意的三重结构[③]等，均反映出各自对基础理论问题的沉淀与提炼。

有的则与舆情/舆论研究耦合互嵌，像基于“后真相”时代的政治传播“行省化”理论建构设想；[④] 对“微政治传播”研究领域的着力；[⑤] 基于大数据背景的意识形态研究的方法论和路径思索；[⑥] 以及力图构筑新闻传播、认知心理、集体行动、政治传播在框架理论下的学科对话[⑦]等，这些有关“问题域”“概念丛”“理论框架”“理论模型”的阐发，支撑起了它们既鲜明独到亦与舆情研究交叉叠合的理论思考脉络。

三、社会心态、情感结构和社会思潮剖析

随着研究的深入，一些舆情/舆论本体研究更多地从表浅性和一过性的情绪与认知解读，转向了对精神内里、情感基座、价值系统和社会思潮的结构性关注。

从宏观层面切入进而解析是一种理路。如基于社会心理分析，有研究者提出，心理是舆情的重要影响因素，心理包含着情绪、记忆、情感的感染、唤起、宣泄、引爆、疏缓等复杂状态。[⑧] 有研究者基于社会思潮考察，总结出以民粹主义、民族主义、生态主义为代表的国内十大社会思潮。[⑨] 有研究者梳理出以当代大学生民族主义为典型的，包括逆向民族本位主义、逆向文化民族主义、非民族主义在内的青年民族主义基本谱系等。[⑩]

由热点现象导入进而抽象则是另一番努力。例如，透过抗争性网络集群行为洞悉其中的杂合情感动员逻辑。[⑪] 分析斜杠身份与“后真相”背后折射的泛娱乐主义思潮，[⑫] 以及剖析纠结化自拍[⑬]和幻像化美图所呈现的自我建构与社会规训[⑭]间的张力，都不失为由小接口所导引的大叙事。

四、互联网语境下的舆情政治传播意涵研究

狭义舆情本具有政治性指向，若框限于互联网语境，舆情/舆论研究和政治传播研究间则定存交合镶嵌地带。这种有关

① 曲飞帆、杜骏飞：《复杂系统论：中国网络舆论研究的范式转向》，人大复印报刊资料《新闻与传播》2018年第3期，转引自《南京社会科学》2017年第11期。

② 王来华：《当前舆情研究深入展开中的几个重要问题》，《新闻与传播研究》2018年增刊。

③ 张涛甫：《舆论、价值、文化：理解民意的三个维度》，《新闻与写作》2018年第1期。

④ 史安斌、杨云康：《后真相时代政治传播的理论重建和路径重构》，人大复印报刊资料《新闻与传播》2018年第1期，转引自《国际新闻界》2017年第9期；史安斌：《政治传播研究的“行省化”：理论反思与路径重构》，《国际新闻界》2018年第2期。

⑤ 荆学民：《论中国政治传播研究向纵深拓展的三大进路》，人大复印报刊资料《新闻与传播》2018年第5期，转引自《现代传播（中国传媒大学学报）》2018年第1期。

⑥ 晏齐宏、张志安：《大数据背景下意识形态研究的方法论、机遇与路径》，《新闻界》2018年第11期。

⑦ 郭小安、滕金达：《衍生与融合：框架理论研究的跨学科对话》，人大复印报刊资料《新闻与传播》2018年第10期，转引自《现代传播（中国传媒大学学报）》2018年第7期。

⑧ 丁柏铨：《舆情影响因素解析及舆情中心理作用研究》，《天津社会科学》2018年第6期。

⑨ 陈琳、单宁：《当前国内社会思潮趋势走向》，《人民论坛》2018年第6期。

⑩ 付宇、桂勇、黄荣贵：《中国当代大学生民族主义思潮研究》，《社会学评论》2018年第6期。

⑪ 陈相雨、丁柏铨：《抗争性网络集群行为的情感逻辑及其治理》，《中州学刊》2018年第2期。

⑫ 陈昌凤：《斜杠身份与后真相：泛娱乐主义思潮的政治隐患》，《人民论坛》2018年第6期。

⑬ 彭兰：《自拍：一种纠结的“自我技术”》，《新闻大学》2018年第5期。

⑭ 彭兰：《美图中的幻像与自我》，《现代传播（中国传媒大学学报）》2018年第12期。

"传播与权力""话语与治理""认同与沟通"等的学术思考既来自历时性的学理把握，又源于共时性的实例考量。

重读经典，有学者围绕着曼纽尔·卡斯特的"传播力"理论，品读出因卡斯特强调权力最基本形式是塑造人的思想，故其在阐释网络社会语境中的"传播力"概念时，将权力与传播看作一种"同构"关系。[①] 梳理研究文献，有学者发现，随着互联网在技术层面进入"下半场"，新传播技术必将展示多重力量。其既仍将催生出民间政治化表达的新民族主义与新技术交织的复杂变化；也会继续深刻改变政治传播样貌，促使治理理念与治理行动的不断重构。[②]

基于案例，有学者提示了网络环境下，粤港澳意识形态（政治）传播中的认同难、消解化、隐舆论，特别是极端社会思潮倒灌等风险。[③] 有学者揭示了新传播格局下，上海的党媒、政务新媒体的政治沟通体系的制度调适与创新[④]。这些政治传播的在地经验性研究，无论关乎挑战还是涉及范例，均提供了范本与启示。

五、舆情/舆论变动规律研究

变动规律研究历来是重头戏。面对"人心"与"网络"两大黑箱，"工具箱""数据包"愈发受到青睐。遂舆情规律探讨中"技术派"渐成主流，2018 年亦不例外。

翻阅研究文本，判辨宏阔大势的有之，如以技术视角给出概率论意义上的舆情预警实现的未来路径，[⑤] 致力于跨学科视角下的网络舆情仿真研究，[⑥] 提供舆情监测分析系统关键技术实现方案[⑦]等。直面舆情本体的有之，如网络舆情中的情感强度研究，[⑧] 更多的研究指向了突发事件、[⑨] 涉恐[⑩]和涉警，[⑪] 以及非传统安全环境[⑫]和大数据视角[⑬]等特殊背景。当然，回溯近年来的成果，这些被冠以"预警""预测""监测""模型"等关键词的舆情规律性研究，无论是从学科背景、方法选取，还是从整体思路及关注重点来看，均与以往有较高的相似度和延续性。

---

① 唐荣唐、童兵：《"传播即权力"：网络社会语境下的"传播力"理论批判》，《南京社会科学》2018 年第 11 期。

② 陈力丹、王敏：《2017 年中国新闻传播学研究的十个新鲜话题》，《当代传播》2018 年第 1 期。

③ 张志安、聂鑫：《互联网语境下意识形态传播的特点、挑战和对策》，《出版发行研究》2018 年第 9 期。

④ 张涛甫、徐亦舒：《政治沟通的制度调试——基于"澎湃新闻""上海发布""上海网信办"的考量》，《中国地质大学学报（社会科学版）》2018 年第 2 期。

⑤ 李彪：《社交网络时代舆情预警的挑战、模式及趋势研究》，《编辑之友》2018 年第 11 期。

⑥ 何凌南、赖凯声、林仲轩、熊希灵：《跨学科视角下的网络舆情仿真研究》，《系统仿真学报》2018 年第 10 期。

⑦ 肖卓明、吴娴：《舆情监测分析系统关键技术实现方案》，《科技与创新》2018 年第 2 期；张思龙、王兰成：《知识和数据双轮驱动的网络舆情分析技术研究》，《现代情报》2018 年第 4 期。

⑧ 孙玲芳、尹培培：《基于大数据技术的网络舆情情感强度研究》，《计算机与数字工程》2018 年第 1 期；武庆圆、冯佳纯、罗茂权、何凌南：《用户级情感预测主题模型的构建与研究》，《计算机工程与应用》2018 年第 6 期。

⑨ 崔鹏、张巍、何毅、齐婧：《突发公共事件网络舆情演化及政府应对能力研究》，《现代情报》2018 年第2 期。

⑩ 兰月新、郑楠：《涉恐网络舆情影响因素及传播阶段研究》，《新闻研究导刊》2018 年第 4 期，

⑪ 张双狮、夏一雪、兰月新、李亚峰：《面向大数据的涉警舆情分析与决策方法研究》，《传播与版权》2018 年第 4 期。

⑫ 曾润喜、陈创：《基于非传统安全视角的网络舆情演化机理与智慧治理方略》，《现代情报》2018 年第 11 期。

⑬ 连芷萱、兰月新、夏一雪、刘茉、张双狮：《面向大数据的网络舆情多维动态分类与预测模型研究》，《情报杂志》2018 年第5 期。

六、网络舆情特殊群体与特殊传播形态研究

群体分析一直在舆情/网络舆情研究中占有相当权重。而网络技术的颠覆性面孔与革命化逻辑，刺激着非均质的网络舆论场中的舆情/舆论话语传播实践，也不断触发着新的研究敏感，其中，有关谣言这一非常规话语传播的剖判总在其列。

群体研究显然正由宽泛化走向分众化与精细化。如讨论危机语境下网络意见领袖在趣缘社群话语空间中的导引、重塑和维系功能。① 有关游戏玩家的研究则瞄准了他们在AR情境中的线下化身认同。② 公民观察团的研究，主要聚焦在其作为网络舆情干预的集体性创新主体的产生动因。③ 针对数字弱势群体的考察，则管窥了老年人借微信崛起背后的复杂心理因素。④ 关于“洋网红”群体为什么红，研究者剖析了其舆情表达特征和跨文化传播话语风格。⑤ 在有关网络意识形态派别的社群结构识别中，有学者力求精准描摹网络左翼的三重面相。⑥ 怎样看待中等收入群体在网络结构整体转型和网络舆论深层重构中的角色扮演；⑦ 又怎样理解这一群体网络舆论参与的鲜明特质，⑧ 研究者从不同视角给出了答案。

谣言研究则从文本自身、附着群体、刺激事件、价值影响四条支路上铺展。视文本，通过上万条谣言的大数据分析，学者发现了网络谣言的“加冕”与“祛魅”、逆火效应、延时、可视化负效应、少数人情绪启动及“鼓动式文本”等特征。⑨ 观群体，有学者察觉到，易感人群普遍存在膜拜、焦虑、恐惧、恶搞、阴谋论、从众等心理。⑩ 析事件，有学者发现了影响谣言传播的社交媒体、事件类型、传受主体心理等多重复杂并发条件。⑪ 也有学者指明了媒体影响率、网民群体极化程度等对突发事件网络谣言的传播影响。⑫ 辨价值，有学者剖析了网络谣言向网络暴力演化中的道德影响因素，揭示出在消极舆论活动中的表达主体的道德审判和道德伪善倾向。⑬

---

① 李彪、吴倩：《危机语境下趣缘社群话语空间重构与维系研究——以鹿晗粉丝群为例》，《现代传播（中国传媒大学学报）》2018年第12期。

② 张自中、彭兰：《AR情景下的游戏玩家线下化身认同及其模式研究》，《新闻界》2018年第6期。

③ 李昌祖、王慢慢：《“公民观察团”现象的多维解析》，《新媒体研究》2018年第5期。

④ 周裕琼：《数字弱势群体的崛起：老年人微信采纳与使用影响因素研究》，《新闻与传播研究》2018年第7期。

⑤ 王国华、高伟、李慧芳：《“洋网红”的特征分析、传播作用与治理对策——以新浪微博上十个洋网红为例》，《情报杂志》2018年第12期。

⑥ 桂勇、黄荣贵、丁昳：《网络左翼的三重面相　基于个案观察和大数据的探索性研究》，《社会》2018年第3期。

⑦ 郑雯、李良荣：《中等收入群体在中国网络社会的角色与地位研究》，《现代传播（中国传媒大学学报）》2018年第1期。

⑧ 龙思思、林沐青、汤景泰：《中等收入群体网络舆论参与特点及引导研究》，《当代传播》2018年第1期。

⑨ 喻国明：《网络谣言的文本结构与表达特征——基于腾讯大数据筛选鉴定的6000+谣言文本的分析》，《新闻与写作》2018年第2期；李彪、喻国明：《“后真相”时代网络谣言的话语空间与传播场域研究——基于微信朋友圈4160条谣言的分析》，《新闻大学》2018年第2期。

⑩ 喻国明：《社交网络中谣言易感人群的新特点及效应机制》，《教育传媒研究》2018年第2期。

⑪ 苏宏元、黄晓曦：《突发事件中网络谣言的传播机制——基于清晰集定性比较分析》，《当代传播》2018年第1期。

⑫ 殷飞、张鹏、兰月新、夏一雪、张琦、李增：《基于系统动力学的突发事件网络谣言治理研究》，《情报科学》2018年第4期。

⑬ 刘绩宏、柯惠新：《道德心理的舆论张力：网络谣言向网络暴力的演化模式及其影响因素研究》，《国际新闻界》2018年第7期。

七、舆情风险与技术伦理研究

延续前两年的热度，学界仍集聚于网络技术伦理与舆情风险。内容涉及大数据时代的数据隐私、被遗忘权、算法式新闻分发的技术伦理等。

有研究者基于政治传播与新闻法交叉视角，对个人信息自主理念下确立的被遗忘权在权利体系中作为民事权利如何体系化进行了思考。[①] 有研究者忧心于公众对隐私权的无边界让渡，让算法可能借“要你幸福”之名行“操纵”之实。[②] 有研究者提醒，大数据时代引入“被遗忘权”后，还应平衡必要性与限制性间的扭结和张力。[③] 有研究者强调，守护算法式新闻分发的技术伦理，应尽力免除“算法迁移”带来的“把关”权后移、“信息茧房”控制民众心理等弊端，并提倡人本精神。[④] 还有研究者倡导通过价值、司法、技术、人性的努力，找到大数据时代被遗忘权和新闻传播间的平衡支点。[⑤] 亦有研究者尝试给出大数据时代社交媒体“数据隐私”的合理使用之策——“参与式同意”。[⑥]

八、舆情治理与舆论引导研究

大时代下的“天线”与“地气”如何接驳，一向为舆情治理和舆论引导研究所专注。围绕“怎么办”，学界展开了诸多研讨。

2018 年的相关研究不乏结构化和系统性思考。有研究者提出，正是互联网和媒介技术驱动，令改革开放 40 年的中国政务传播实践发生了开放化、多元化的深刻转型，[⑦] 也推动着中国由网络问政变为网络理政。[⑧] 而破解治理困境，既需打通社会舆论、社会心态与社会结构的纵贯线，[⑨] 尝试构建“后真相”时代的后共识与后秩序，[⑩] 也需坚守政务新媒体和新闻媒体的专业性与公共性，[⑪] 力求传播手段的建设与创新。[⑫]

另一些研究则从细部展开。无论是深入政务传播平台多点观察网络直播[⑬]及微博互动，[⑭] 还是透过热点事件考察媒体微

① 雷闪闪、郭小安：《关于被遗忘权法律性质的再思考》，《西南民族大学学报（人文社会科学版）》2018 年第 3 期。

② 彭兰：《假象、算法囚徒与权利让渡：数据与算法时代的新风险》，《西北师大学报（社会科学版）》2018 年第 5 期。

③ 张志安、邹禹同：《大数据时代“被遗忘权”的中国引入：意义与限制》，《中国出版》2018 年第 2 期。

④ 陈昌凤、霍婕：《权力迁移与人本精神：算法式新闻分发的技术伦理》，《新闻与写作》2018 年第 1 期。

⑤ 赵双阁、孙苌蕊：《大数据时代被遗忘权与新闻传播的冲突及平衡研究》，《西南政法大学学报》2018 年第 2 期。

⑥ 王莉：《大数据时代社交媒体“数据隐私”的合理使用——知情同意、未知情同意与参与式同意》，《编辑之友》2018 年第 10 期。

⑦ 张涛甫、王智丽：《改革开放 40 年的中国政务传播实践》，《新闻与写作》2018 年第 10 期。

⑧ 沈国麟、李良荣：《网络理政：中国的挑战、目标和理念》，《新闻大学》2018 年第 3 期。

⑨ 张涛甫：《当前舆论治理的瓶颈和突破路径》，《新闻与写作》2018 年第 6 期。

⑩ 李彪：《后真相时代网络舆论场的话语空间与治理范式新转向》，《新闻记者》2018 年第 5 期。

⑪ 张志安、章震：《政务机构媒体的兴起动因与社会功能》，《新闻与写作》2018 年第 7 期。

⑫ 丁柏铨：《论传播手段的建设和创新》，《中国出版》2018 年第 6 期。

⑬ 沈霄、王国华：《网络直播 + 政务的发生机制、问题及其对策——基于参与式治理的视角》，《情报杂志》2018 年第 1 期。

⑭ 张放、王盛楠：《政务微博拟人化互动效果的实验研究》，《国际新闻界》2018 年第 3 期。

信公众号运行[①]与政府危机应对,[②] 抑或是进行官员媒介素养调查分析,[③] 均致力于把脉舆情治理问题，提供舆论引导策略。

多学科推进、多方法加入、多议题展开，让舆情研究延续了2017年乃至近年来的探索热度，令各研究主线均有所拓展。同时，基于研究框架和内在逻辑，上述议题林林总总，实则是以年度为时间区间，在国家—社会、宏观—微观、历史—现实、人文—技术、心理—行为、真实—虚拟等多向度上，有关信息传播和传播媒介中的个人/群体/阶层的态度思想与民众行为关系，及其对社会特别是社会政治影响的跨学科聚焦与专题性发声。

故质言之，在社会变迁和技术飞跃的宏大剧目中，对处于叙事开端的舆情研究而言，“问题域”的锚定与热烈喧闹的研讨并不能遮蔽这一核心现实：虽有新闻传播学等学科的加持，但背靠多学科资源的我们，因尚未形成对研究的逻辑起点、基本假设、主要研究方法、研究范例等基本框架与范式的突破性建构和权威性共识，而依然行走在试图编织完整知识链条的探索长路上。

在未来，怎样突破研究瓶颈，凿通学科壁垒，扩展对话空间，谋求从问题意识到解题能力的顺畅过渡，形成从个体探索到协同攻城的聚合效应，尝试从自然主义到人文主义的平滑整合，寻求从理论建构到应用实践的无缝对接，打通从本土发声到国际对话的出海通道，需要不断激发学术想象，亦需要恒久而坚定的努力。

撰稿：毕宏音（天津社会科学院舆情研究所研究员）
王来华（天津社会科学院舆情研究所研究员）

微传播研究2018年综述

近年来，随着微信息、微社交平台的广泛应用，微传播网络世界形成并解构了传统媒体主导信息传播的局面，涌现出微博、微信、微营销、微视频、微应用等微传播现象。截至2018年12月，我国网民规模为8.29亿，全年新增网民5653万，互联网普及率达59.6%，较2017年底提升3.8个百分点。我国手机网民规模达8.17亿，全年新增手机网民6433万；网民中使用手机上网的比例由2017年底的97.5%提升至2018年底的98.6%。截至2018年12月，微信朋友圈、微视频和微博使用率分别为83.4%、78.2%和42.3%。[④] 微传播凭借用户基数大、信息传播快、互动功能强等特点，成为网络传播的重要力量，不仅改变着我们的生活和

① 翟欣：《重大公共热点事件中媒体微信公众号的舆情传播研究》，《出版广角》2018年第8期。

② 史安斌、邱伟怡：《社交媒体时代政府部门的危机传播与情感引导——以深圳滑坡事故为例》，《现代传播（中国传媒大学学报）》2018年第4期。

③ 曾凡斌、卢煜璇、彭兰：《社会化媒体时代下政府官员媒介素养的调查分析》，《南方论刊》2018年第1期。

④ 中国互联网络信息中心：《第43次中国互联网络发展状况统计报告》，http://www.cac.gov.cn/2019-02/28/c_1124175686.htm，2019年2月28日。

工作，也在不断改变着媒体生态。而微传播舆情具有自由性、互动性、即时性、隐匿性、非理性和群体性等特点，已成为我国网络舆情分析与治理的重点。2018 年，微传播研究范畴和研究维度不断深化，文献数量呈现增长态势。在读秀中文网以"微传播"为篇名和"2018 年"进行搜索，得到图书 6 部，期刊论文 909 篇，学位论文 121 篇，报纸 266 篇。在中国知网上，用"微传播"为主题和"2018 年"进行检索，各类文献共有 152 篇，其中：公开发行的期刊文章 140 篇、博士硕士学位论文 9 篇、报纸会议及其他文章共 3 篇。现将收集到的相关文献资料进行梳理，分为 5 个方面进行综述。

一、探寻微传播在政治思想教育工作中的作用机理

微传播媒体在大学生群体中的广泛应用对丰富教育内容、提高受教育者的主动性以及创新教育载体起到了积极的作用。但同时也使得大学生政治思想教育的环境更加复杂，对传统的教育模式与方法构成挑战。当前，要坚持教育与自我教育结合、转变话语方式、改善教育方法、创新政治思想教育载体、加强文化宣传和管理，以促进微时代背景下大学生政治思想教育的顺利开展。① 面对微传播所导致的文化渗透，高校共青团应着力完善组织工作格局，构建思想育人、实践育人、环境育人、文化育人、管理育人五位一体的思想政治教育工作模式，充分利用高校共青团组织贴近青年的工作优势，强化政治责任，把青年凝聚在党的周围，巩固党执政的青年基础。② 高校政治思想教育工作要将微传播技术与政治思想教育教学方法相结合，提高教育传播主体的能力素养，优化教育传播内容的质量，构建完善的思想教育舆情监管与干预机制，增强政治思想教育信息传播的针对性和实效性。③ 在微传播环境中，要发挥党组织在制度和情感两个层次的优势，加强情感建设，增强制度黏性，形成两种党建模式的协同效应。④ 微传播蓬勃发展是当今时代不可逆转的发展潮流，政治思想教育工作要正视现实，加强管理者的学习与适应能力，借助微传播平台开展学生的管理和教育工作，通过开展社会主义核心价值观、道德认知、网络礼仪、网络行为规范、网络安全教育等活动，全面培养大学生的道德主体意识和自律、自省能力，使他们成为合格的微时代大学生。⑤

二、剖析微传播在意识形态领域的影响力

在微传播条件下，社会主义核心价值观的传播呈现全新的特征，表现为传播主体的多元化、传播方式的立体化、传播形式的民主化。要做好社会主义核心价值观的传播工作，必须与时俱进，选择恰当的传播路径：搭建微传播平台，创建社会主义核心价值观的传播新阵地；注重微传播创新，增添社会主义核心价值观传播的吸引力；增强微传播素养，优化社会主义核心价值观传播的新环境；加强微传播监管，净化社会主义核心价值观传播的新阵

① 薛婷：《"微时代"背景下大学生思想政治教育研究》，硕士学位论文，太原理工大学，2018 年。
② 莫忧、徐小强：《微传播视角下高校共青团育人模式创新》，《高校共青团研究》2018 年第 4 期。
③ 闫鸿斐：《微传播时代高校思想政治说服传播教育的创新策略》，《新西部》2018 年第 35 期。
④ 王阳：《从制度到情感："微传播"社会的大学生党建与实践创新》，《上海党史与党建》2018 年第 11 期。
⑤ 张娜娜：《微传播时代大学生信息交流模式变革与管理对策》，《陕西教育（高教版）》2018 年第 8 期。

地。[1] 面对开放的网络生态，高校要发挥好网络媒体裂变式、双向交互式的优势，完善官方微博、官方微信、校园公众号等新媒体矩阵，构建立体多样、融合发展的校园新型传播体系，通过声音、视频、绘画等鲜活的具体文本将社会主义核心价值观故事化、形象化，以青年学生的话语体系创造具体化、形象化的传播，打造叫得响、传得广的新媒体作品，培育打造校园网络文化品牌，壮大主流舆论。[2] 微传播是一把双刃剑，在对构建“人类命运共同体”产生一定积极影响的同时，其开放性、交互性、即时性、隐蔽性、自由性等传播特性，也使国与国之间意识形态交锋、文化观念冲突愈加突出，影响了社会主义国家意识形态的安全。[3]

运用媒体融合下的微传播，可以提高信息传播的有效性，更好地传播社会主义核心价值观。充分发挥微传播即时互动优势，使受众更加认同社会主义核心价值观。这就需要激励更多意见领袖参与到社会主义核心价值观传播当中，让微传播成为传播社会主义核心价值观的有效途径。[4] 青年价值观培育是国家富强、民族振兴的铸魂性工程。当前青年价值观培育已进入微时代，必须借助微传播媒体，通过微博、微信等微传播方式主动接收、评论、传递微信息，用微语言、微表情、微视频、微公益等微介质来传播社会主义核心价值观。[5] 以微博、微信、客户端为代表的微时代，对大学生主流意识形态教育工作既是机遇亦是挑战。要树立微传播教育理念的科学性，提升意识形态教育的主流话语能力，探索大学生意识形态教育传播的有效途径，培养意识形态教育主客体的微传播参与能力，以期提升微时代大学生主流意识形态教育实效性。[6] 在微传播语境下，要增强马克思主义在大学生中的微传播功效，就必须发挥马克思主义的微传播能力，将马克思主义转化成为大学生易于接受的微信息。要加强马克思主义的微传播阵地建设，充分发挥大学生作为微传播平台上宣传马克思主义的主体作用。[7] “微政治传播场域”是一把双刃剑，当它们所谋求的政治目的与国家宏观政治理想一致或接近时，二者便会相向而行成为一种政治正确的正能量；相反，一旦“微观政治传播场域”的诉求与国家宏观政治的理想反差过大，二者的能量就会相互抵触和磨损，在某种条件下，甚至会导致整个国家和社会的政治危机。[8]

三、解析微传播对我国文化建设的感染力

我国文化自信的构建，要重视微传播环境下传统文化的传播、革命文化的传播、社会主义先进文化的传播，要积极寻找外来文化和传统文化的契合点，打破传统传播模式，激活创新性思维。[9] 当前，思想观念多元多变，红色文化传播面临着多重困境，而全媒体平台为红色文化传播提供了新的机遇与路径。要做好红色文化

① 何妍、刘芳霞：《“微时代”下社会主义核心价值观的传播路径》，《湖南工业大学学报（社会科学版）》2018年第4期。

② 高世杰、曹海洋：《改革开放四十年大学生流行语的发展与价值呈现》，《中国高等教育》2018年第22期。

③ 庞付玲：《微传播视角下“人类命运共同体”构建路径探寻》，《山东省社会主义学院学报》2018年第1期。

④ 程晓军：《社会主义核心价值观的微传播》，《新闻战线》2018年第16期。

⑤ 胡海利：《“微传播”视域下青年价值观培育路径探究》，《青少年学刊》2018年第6期。

⑥ 邓智丹：《微时代大学生主流意识形态教育问题研究》，硕士学位论文，四川师范大学，2018年。

⑦ 李晓娟：《“微”时代马克思主义在大学生中有效传播的要素探析》，《中国青年社会科学》2018年第2期。

⑧ 荆学民：《论中国政治传播研究向纵深拓展的三大进路》，《现代传播（中国传媒大学学报）》2018年第1期。

⑨ 乐凤：《借力“微传播”增强文化自信》，《人民论坛》2018年第16期。

传播，就必须以习近平新时代中国特色社会主义思想为指导，因势而谋、应势而动、顺势而为；注重理念创新、手段创新、基层工作创新；讲好中国故事、传播好中国声音、阐释好中国特色。①借助微传播的手段，可以实现文化资源的共享，能够在短时间内对我国文化资源进行有效整合，激发文化的创造力。创新我国传统文化的传播方式，推动我国文化在新时期的发展，促进我国社会主义现代化建设。②当前，微传播作为信息传播的主流形态，逐渐改变了人们的生活方式、价值观念以及行为习惯。在微传播语境下，创新传统村落文化的传播策略，留住乡村记忆和乡土情怀，不仅需要政府、媒体、村落、村民等多元主体开展行动，还需要社会各界的智慧、责任与支持。要充分运用微传播，校准传统村落文化的传播方式，不断适应新时代的要求，使传统村落文化焕发出新的生命力。③利用微传播平台进行文化育人，以微博、微信、微电影、微视频等方式传播文化，从而对社会公众的思想和行为产生积极影响。要从微创作、微传播、微欣赏、微激励、微整合等多个维度来寻求我国文化的微传播路径，更好地实现文化育人的目标。④基于微传播特点及读者移动化、社交化的态势，高校图书馆可通过微传播服务来培养读者的信息素养，用高校图书馆微信、微博平台推送信息内容，在团队建设、内容整合、宣传推广等方面建立健全微传播服务机制，以培养和提高读者的信息素养。⑤在微传播语境下，我国传统文化遭遇了被解构的表达困境。当前要保持文化自信心与文化独立性，树立微思维，占领微阵地，创意微呈现，培育微受众，促进传承与创新传统文化，建构文化认同，提升文化软实力。⑥微传播时代，大学校园不良文化的滋生，对大学生的价值取向、责任意识、心理健康以及行为方式产生了深刻影响。要认清大学校园不良文化客观存在的必然性与长期性，继而依托校园主流文化的维护、学生综合素养的提升以及网络环境的改善，消解不良文化对大学生的危害，助推大学健康校园文化的繁荣发展。⑦微时代的到来，深刻改变了大学生的学习、生活和思维方式，同时也给大学生的主流文化认同带来危机和挑战。当前要通过创新高校思想政治微课堂模式、培育校园微文化平台、提高大学生微媒介素养、优化主流文化微传播环境等路径来增强大学生对主流文化的认同。⑧

四、分析微传播的舆情效应与治理路径

随着互联网技术的发展，基于社交网站等社会化媒体的微传播以其高覆盖率、强时效性等特点，推动了我国媒体国际化。以媒体国际微传播扩散路径的时、度、效，在国际舆论场上的号召能力，媒体国际微传播的吸引力、凝聚力和说服力，媒体国际微传播的国际公众信任度等为指标，来科学评估媒体国际微传播的影

① 李兴选、张立：《大主题　巧叙事　微传播——全媒体时代红色文化传播创新案例研究》，《红色文化资源研究》2018 年第 2 期。

② 徐苑琳：《“微传播”语境下文化自信的建构》，《人民论坛》2018 年第 20 期。

③ 陈江柳：《微传播时代传统村落文化的困境及策略》，《东南传播》2018 年第 5 期。

④ 王蓉：《微时代微文化育人的“微路径”探究》，《开封教育学院学报》2018 年第 12 期。

⑤ 杜彦峰：《社交媒体视域下培养高校读者信息素养机制研究》，《晋图学刊》2018 年第 6 期。

⑥ 曹海峰：《微传播时代传统文化的传承与认同建构研究》，《学习与实践》2018 年第 4 期。

⑦ 潘劲：《微传播时代大学校园不良文化的生成与疏导》，《中华文化论坛》2018 年第 6 期。

⑧ 周静：《微时代环境下大学生主流文化认同危机及其治理》，《湖北社会科学》2018 年第 2 期。

响力。[①] 通过使用SNA、框架比对等方法对联合国人权事务的相关微博进行分析后，有研究者认为：在保持价值中立方面，联合国官微在对发达国家和发展中国家进行报道时，议题的内容选择和价值判断方面都有显著的差异，态度和立场明显偏向发达国家。而对发展中国家的文化差异和复杂国情未能予以充分的观照，因而在态度和立场上失之偏颇。[②] 随着"互联网+"的快速发展和社交媒体的更新换代，微博、微信成为时下最流行的社交媒体平台，从公众的信息传播与交流到政府各部门的问政与服务，皆显示出其巨大的作用。近年来，警务微博、微信以其交互式表达、扩散性传播等特点，在信息发布、动态回应、舆论引导等方面广泛应用，促进警民沟通交流，及时满足公众知情权，达到沟通大众、稳定人心之目的。[③] 社会变革导致部分网民心理失衡、微传播本身的局限性、用户个人行为失当以及法律法规建设相对滞后等是造成微传播伦理失范的主要原因。当前要完善并严格执行微传播的治理法规、落实微传播平台运营的规制管理、加强微传播用户的传播伦理规范教育和法治法规教育。[④] 微传播生态下的信息技术融入了更多微特性，造就传受合一、强化即时互动、便于议程设置，契合了人们微细化需求；消解了传播者的权威地位，改变了受众的接受习惯，冲击了传统的教学方式。当前，需警惕变革、追逐对教育本质的偏离，注意构建理解取向的师生关系、重建宏大叙事、摆脱技术至上理念。[⑤]

五、展望微传播的广泛运用与开发前景

主流媒体微传播以全新的定位、内容、方式积极应对网络自媒体带来的冲击，形成融合创新的态势，这将重塑社交媒体时代新闻传播的舆论生态。[⑥] 微传播时代，信息被解构、重组，运用手法呈现多样化。传统新闻的全要素表达变成了单要素深挖，或分解，或抽离，或碎片化，让核心信息最快抵达用户心里。除了分解出关键信息，还将相关联信息有效地进行归类、组合、延伸，实现新的聚合是最快抵达的更高层次。[⑦] 当前，以日益引爆关注点的时政微视频为研究对象，通过对主流媒体的传播场景、传播主题、传播意境等方面的分析，从心理学角度剖析时政微视频的优势，从管理学和美学视角探索时政微视频的未来着力点，为主流媒体借助时政微视频提升媒体融合能力，打造媒体融合现象级产品提供理论思考和实践经验。[⑧] 微传播语境下的新闻产品应该是内容产品、关系产品和服务产品的有机融合，它们相互贯通、互动、支撑，搭建起完整的微新闻产品框架结构。改变了新闻的生产方式和传播流程，重塑了新闻内容的特质，也改写了用户的新闻消费习惯和方式。[⑨] 在当前微传播时代背景下，报纸编辑应当不断创新，保持与时俱进，紧跟时代发展的步伐，这样才能吸引受众，在

① 刘滢、应宵：《媒体国际微传播影响力的内涵与评估》，《国际传播》2018年第4期。

② 史安斌：《社交媒体时代全球传播的理想模式探究——基于联合国"微传播"的个案分析》，《武汉大学学报（哲学社会科学版）》2018年第1期。

③ 张宸鸣：《突发事件处置中警务"双微"传播问题研究》，硕士学位论文，中国人民公安大学，2018年。

④ 朱宇辰：《微传播伦理失范与规制研究》，硕士学位论文，江苏师范大学，2018年。

⑤ 刘芳：《微传播生态下教学的变革与坚守》，《中国教育学刊》2018年第2期。

⑥ 孟改正：《社交媒体时代主流媒体微传播范式研究》，《编辑之友》2018年第9期。

⑦ 池生云、余倩：《分离与整合：微传播语境下的信息应用研究》，《中国广播电视学刊》2018年第12期。

⑧ 唐彩红：《时政微视频：推动主流媒体融合发展的突破点》，《新闻世界》2018年第10期。

⑨ 王佳：《微传播：移动化新闻传播新范式》，《编辑学刊》2018年第3期。

激烈的媒体竞争市场上争得一席之地，同时也是报纸媒体行业可持续发展的必由之路。[①] 伴随着现代社会生产工业化与产业升级，如何有效解决民族手工艺品种萎缩、传承后继乏人、技艺面临衰落与消亡等系列问题，实现民族手工艺在新媒体时代的活态传承和可持续发展成为社会关注热点。从构建民族手工艺的虚拟网络社群传承传播模式、媒体内容传播的创意策划方向、快速累积品牌效应、实现民族手工艺商业化变现等方面，探索民族手工艺新媒体微传播的实施策略。[②] 微传播时代的到来，充分凸显了新媒体在企业文化建设中的地位和作用。要运用新媒体思维，建立专营团队，打造高质量的情感交互，全面激发企业文化在企业建设中的核心优势，实现更强大的企业文化传播效应。[③] 微传播时代推动了图书馆微信公众平台的建设，对其提出了更多的要求。要优化微信公众平台的服务功能，完善电子资源查询服务功能，促进图书馆微信公众平台的构建。[④]

可见，微传播是以微博、微信、移动客户端等新媒体为媒介的信息传播方式。微传播的兴起使公共信息提供方式得到创新，为丰富信息交流方式、社会交流模式提供了可能。作为一种更为直接的双向互动传播方式，微传播甚至引发了经济和政治领域的变革。[⑤] 2018 年的微传播研究，不再止步于现象描述与具体应用，而从普遍或者本质的角度来挖掘微传播的影响力。在微传播语境下，公众的自由发表、民主参与、舆论监督等权利，得到充分的体现。一方面拓宽了信息言论传播范式，拓展了人际传播的互动空间，并在一定程度上促进了我国协商民主的良性发展；另一方面，微传播信息又存在着内容可信度不高、庸俗化、资本逻辑消解公益性乃至影响正确舆论导向等诸多问题。今后，科学、全面地分析微传播影响力及其舆情效应，发挥微传播正能量，消解微传播舆情危机，是我国经济社会健康发展的需要，也是构筑中国特色网络传播学的需要。

撰稿：方金友（安徽省社会科学院新闻与传播研究所研究员）

华夏传播研究 2018 年综述

本文从华夏传播研究的相关议题出发，围绕目前华夏传播着力研究的核心主题，评析 2018 年发表于国内传播学具有学科代表的期刊论文以及该年度出版的较有标志性的研究著作，从而形成九大板块，与读者分享。

---

① 郭芃：《分析微传播环境下报纸编辑的创新思维》，《新闻传播》2018 年第 9 期。

② 宋明华：《浅析民族手工艺的新媒体微传播策略》，《传播力研究》2018 年第 33 期。

③ 高静：《“微传播”模式下企业文化传播的创新打造》，《中外企业文化》2018 年第 11 期。

④ 王薇：《微传播时代的图书馆微信公众平台构建》，《传播力研究》2018 年第 35 期。

⑤ 黄楚新：《新媒体：微传播与融媒发展》，人民日报出版社 2018 年版。

一、主体与反思：华夏传播研究四十年

2018是中国传播学发展的一个重要节点，这一年不约而同地成为了中国各大新闻传播院校、各新闻传播研究机构、各从事新闻传播事业的研究学者集体反思的一年。[①] 在众多提出“反思”的学者中，有研究者“一针见血”地指出中国传播学所存在的一个学术困境即学术研究“过度西方化”和“过度量化”，这是一种并不“健康”甚至“有病”的状态。有研究者认为，中国传播学出现的这种“亚健康”状态是一种“影响的焦虑”表现，即传播学主体性缺失所致。[②]

针对中国传播学目前发展所存在的诸多问题，以及如何进一步让传播学本土化、中国化，或者更确切地说如何让世界传播学丰富、完整、更具活力，由西南政法大学全球新闻与传播学院与厦门大学传播研究所于2018年5月19日共同举办了主题为“传统文化与传播的问题、话语与理论建设”的传统文化与传播学术研讨会。在研讨会上，厦门大学谢清果提出，“一个可行的方案便是将‘中国’阐释为一种传播观念，即具有中国特色的‘共生交往观’……‘中国’是一种元传播符号，它集中代表着一种新的交往气象：以‘文明中国’的姿态坚守‘中道’传统；在世界交往中阐扬‘共生’精神。总之，‘中国’是一种负责任、敢担当的宏大传播叙事主题与象征符号”。“也就是说，‘中国’是一种世界理念，是一个可以包含世界他国的中国，亦即无外的中国。这是‘中国’意涵中最可宝贵的地方。她体现出一种独特的文明观念，那就是兼容并包、和谐共生的观念。”[③]

二、礼乐与儒道：华夏文明传播研究

中国传播学发展进入第40个年头，华夏传播研究也推向了一个新的增长点即“从‘零’到一”[④] 的进一步推进。

（一）礼乐文化传播研究

中国礼文化是中华传统文化的核心，也是中华文明的重要标志。在几千年的发展历程中，对增进中华民族凝聚力、促进文化认同、维护社会安定和谐、提升民众文化素质、塑造民族形象发挥了重要作用，有必要从传播学角度进行整体深入的挖掘，以此推进中国本土传播学的研究。[⑤] 有研究者对礼文化在当代中国作了深入研究，是将中国礼文化放入全球背景下，如何凝聚力量，重塑“礼仪之邦”，构建国家认同、文化认同、价值认同的重要课题。[⑥]

有研究者认为，“礼乐协同是华夏文明传播的一种范式，在中国社会发展的历史进程中发挥着重要的作用，彰显了华夏文明的可沟通性和开放包容的品质”。[⑦] 除此以外，礼乐传播方面的研究，还有研究者提出，将“礼乐制度”视作华夏共同体的符号/象征意义的思考，是孔子在创立

---

① 参见《国际新闻界》2018年第2期，该期话题：反思传播学。

② 张涛甫：《影响的焦虑——关于中国传播学主体性的思考》，《国际新闻界》2018年第2期。

③ 谢清果：《中华文明传播思想的世界意义》，2018年传统文化与传播学术研讨会会议论文集，重庆，2018年5月。该篇文章后发表于2019年第2期的《西北师大学报（社会科学版）》，见谢清果：《共生交往观的阐扬——作为传播观念的“中国”》，《西北师大学报（社会科学版）》2019年第2期。

④ 吴予敏：《从“零”到一：中国传播思想史书写的回顾和展望》，《国际新闻界》2018年第1期。

⑤ 张兵娟：《中国礼文化传播》，载谢清果主编《中华文化与传播研究（第3辑）》，九州出版社2018年版。

⑥ 张兵娟、王闯：《传播史上的孔庙祭祀礼制及其当代价值》，《现代传播（中国传媒大学学报）》2018年第1期。

⑦ 谢清果、林凯：《礼乐协同：华夏文明传播的范式及其功能展演》，《新闻与传播评论》2018年第6期。

儒家学说时的传承与传播方式。[①] 有研究者讨论“礼文化”在现当代中国社会尤其是互联网社会的现实意义，[②] 以及“礼文化”对日本文化的影响[③]等研究，都从不同侧面反映了华夏礼乐文化在传播学领域的研究现状。

（二）儒家思想传播研究

先秦儒家思想对后世儒家包括整个华夏文明的影响毋庸置疑，是构建整个中华文明的重要基石。在这一语境下，有研究者从当前社会失礼、失信、失和的人际交往困境出发，提出“从中国文化发端处找寻‘中国式’的传播价值观”，并借鉴胡塞尔的现象学方法，对中国传统人际交往思想进行一次重估和再释。[④] 有研究者也提出，以儒家思想为核心的中华传统文化讲仁爱、重民本、崇正义、求大同，是中国最深厚的文化软实力。[⑤] 有研究者在儒家思想传播研究方面提出，“修身”“自省”“自悟”作为儒家文化中一种特有的内在传播活动，儒家内向传播思想的实质即在心灵世界中的自我对话，在修身成圣的精神感召中，不断反省自我，升华内心，完善自我心中理想境界达到与社会契合、顺应自然的过程与方法。[⑥]

（三）道家思想传播研究

道家思想和《道德经》随着全球化的发展其世界范围影响力也日益加深，是华人在世界舞台上展现出的一个极具东方特点、华夏文明特色的角色形象。道家倡导的“放任自由”“无为而治”等思想观念，无疑区别于冷战后以西方为中心的“丛林法则”“弱肉强食”等思想。道家对“道”的阐释和对“道”的追求亦是人类文明未来发展的一个新思路，所以《老子思想向世界传播的文明互鉴意义》[⑦] 在华夏文明传播中具有现实价值。例如，如何传播老子的思想，有研究者提出了四个层面的传播思想：“虚静无为”的内向传播观，“谦下不争”的人际传播观，“道莅天下”的国家传播观，“道法自然”的自然传播观。[⑧] 有研究者试图提出通过对“道”这一符号的解读而达到探究《老子》的思想精髓。[⑨] 有研究者进一步提出了老子“玄同”思想的传播理念。[⑩]

三、元典与诠释：华夏典籍的传播学研究

《中庸的传播思想》一书出版，不仅探讨作为一种儒家实现自我完善和适应社会的内向传播方法意义上的中庸，而且还探讨中庸在政治传播、人际传播、跨文化传播以及游戏文化制作与传播实践中的运用，从多面向、多角度阐释中庸的传播思想。[⑪]

① 殷志：《“礼乐制度”的合法化及其作为文化的衍进》，《贵州社会科学》2018 年第 5 期。

② 刘美忆：《孔子“礼”的传播思想与互联网文明的建构》，《新闻爱好者》2018 年第 12 期。

③ 侯巧红、刘俊娟：《中国礼文化在日本的传播、影响与认同建构》，《郑州大学学报（哲学社会科学版）》2018 年第 3 期。

④ 束秀芳、芮必峰：《先秦儒家人际交往思想重估与再释——基于胡塞尔现象学视野》，《新闻记者》2018 年第 2 期。

⑤ 杨云香：《新媒体环境下中华传统文化的传承与传播》，《郑州大学学报（哲学社会科学版）》2018 年第 6 期。

⑥ 谢清果：《儒家“修身为本”的内向传播意蕴考析》，《吉林师范大学学报（人文社会科学版）》2018 年第 3 期。

⑦ 谢扬举：《老子思想向世界传播的文明互鉴意义》，《青藏高原论坛》2018 年第 2 期。

⑧ 汪振军、杨利贞：《从四个维度看老子〈道德经〉的传播观》，《郑州大学学报（哲学社会科学版）》2018 年第 6 期。

⑨ 李桂全：《论〈老子〉的“道”符号思想》，《符号与传媒》2018 年第 2 期。

⑩ 谢清果：《老子“玄同”思想体系与人类命运共同体的建构方略》，《中原文化研究》2018 年第 1 期。

⑪ 谢清果编著：《中庸的传播思想》，九州出版社 2018 年版，第 1 页。

关于先秦时期的经典研究，有研究者开启了对《诗经》口头传播和文字传播两个方面的传播形态研究。[①] 有研究者对先秦诸子在口语方面展开研究，特别是春秋战国诸子游说各国时各家各派所展示"说"的功夫，继而形成百家的观点和思想，这些传播活动在传播理论和实践中逐渐形成了中国古代初具雏形的口语传播理念。[②] 有研究者主要以汉魏六朝诗歌音乐传播为研究对象，以及其文本传播在历史语境中并行、交叉与相互转化活动中，考察诗乐共生和诗乐分离的过程，以及诗歌多种传播方式与诗歌文学嬗变的内在联系。[③]

2018 年在教育部人文社会科学研究项目和国家社科基金项目中不乏华夏典籍传播研究的面向，比如，教育部的"魏晋南北朝时期的家传研究"涉及《颜氏家训》，"明清经典小说在英语世界的传播及启示研究"涉及"四大名著"，"《文心雕龙》在西班牙语世界的译介、接受与影响研究"[④] 涉及《文心雕龙》等，这些都属于华夏典籍传播研究，还有国家社科基金项目的重大课题中有关于"儒佛道三教关系视域下中国特色佛教文化的传承与发展研究""唐代到北宋丝绸之路（陆路）上的驿站、寺庙、重要古迹与文人活动、文学创作及文化传播""魏晋隋唐交通与文学图考"[⑤] 等研究课题中华夏典籍传播占据着重要地位。

四、身体与符号：华夏的元传播研究

有研究者将认识回归人自然本身，尤其是道家所提倡的修身法则"道法自然"即对人在本初的传播中的理解，是通过"身体外部的交往，是以修身体用得来的整全身体来影响、反哺人类社会与自然世界，是在与他人身体关联中展开的整体且系统的交往观念，并观照人际传播、组织传播、大众传播、跨文化传播以及天人传播等场域"。[⑥] 这一命题的华夏传播研究与"元传播"研究似乎"不谋而合"。华夏五千年的文明中无不闪烁着大量以人为本、以人为中心的优秀思想和学说，如儒家的"仁"、道家的"柔弱"、墨家的"兼爱"、法家的"法术势"等以围绕人和人的交流而展开的各种传播现象和传播活动。在华夏文明语境下的"元传播"始终穿插着人的身体、情感、符号等表达，是一种为了传播而传播，并传递符号的定义和阐释传播的意涵。不难理解在回归到第一级传播媒介时，人的传播手段也即人本身，如身体、情感和传递的基本信息符号即语言甚至包括声音等媒介。所以基于对麦克卢汉的经典认识——"媒介即人的延伸"的理解上，人们是不是更多想到了向前、向外的延伸，而恰恰忽视了延伸之前的本初，媒介难道不就是人本身吗？这或许正是"元传播"将为我们打开的传播研究新领域。

五、传播与训诂：华夏传播知识考古研究

《华夏传播新探——一种跨文化比较视角》一书"序"中，有学者提道这部作品体现"华夏传播学研究的新进展、新前

---

① 杨建伟：《先秦时期〈诗经〉的传播形态》，《新闻爱好者》2018 年第 12 期。

② 张伟：《先秦诸子口传理念探析》，《齐鲁学刊》2018 年第 6 期。

③ 吴大顺：《汉魏六朝诗歌传播研究》，中国社会科学出版社 2018 年版。

④ 教育部社科司：《教育部社科司关于 2018 年度教育部人文社会科学研究一般项目立项的通知》，http：//www. moe. gov. cn/s78/A13/A13_ gggs/A13_ s#/201807/t20180725_ 343687. html，2018 年 7 月 24 日。

⑤ 全国哲学社会科学工作办公室：《2018 年度国家社科基金重大项目立项名单公示》，http：//www. npopss - cn. gov. cn/n1/2018/1023/c219469 - 30358047. html，2018 年 10 月 23 日。

⑥ 谢清果、赵晟：《身体交往观视域下的老子思想新探》，《文化研究》2018 年第 2 期。

沿、新水准……给沉寂一时的华夏传播研究吹入了一股新风”。[①] 该学者还指出，《华夏传播新探》作者在中国古代传播机构的大视野中发现了三种媒介或媒介化事物的政治传播功能：“第一，是青铜器作为一种传播媒介，不仅在形成和传承中华文明的过程中起着重要作用，更具有宣示与合法化政治权力、实践仪式以进行政治沟通的功能；第二，是先秦歌谣作为一种舆论机制，具备政治表达与品评、舆论监督、‘舆情调查’与政治沟通、教化和舆论动员乃至政治博弈等功能，可以简称为‘歌以咏政’；第三，是女性曾经被作为一种媒介，起着政治联姻的政治功能，尤其是在‘秦晋之好’这样的政治婚姻中，当然也反映了古代社会对女性的压迫。特别是作者‘接着讲’吴予敏在《无形的网络》中提出的古代君主信息控制的问题，发现了秦汉王朝官僚科层制下信息传播的悖论，出现了‘传播失灵’的现象，值得现代人反思。”[②]

有研究者采纳传播考古学的研究方法，并且较为具有代表性，研究通过一个汉字“宣”则挖掘、整理出了大量的中国古代以“宣”为中心的传播实践，甚至可以说“宣”本身就是一种重要的传播行为或传播活动。[③] 有研究者提出，汉字可作为一种媒介的思考，尤其是进入网络时代，具有高度形象化的汉字的特点是保留完整的“声觉空间”和独特的“象思维”的结合，[④] 在互联网的视觉表达中发挥了汉语文化的文明优势。

六、交融中共生：华夏传播的多学科交叉研究

在与多学科交叉研究中，华夏传播研究可以与历史学、舆论学、视觉修辞、媒介学、符号学等方面进行结合和互鉴。在与历史学和舆论学的交叉研究中，有从中国传统历史与文化中开展舆论学的探讨和研究，如《中国古代的谣言与谶语》就揭示了中国正史和野史上流传下来形形色色的谣言和谶语，都是中国古代政治权力与斗争的利器，是从一个独特视角来观察中国传统文化之于群体传播、舆论制造、政治传播一个纵面。[⑤] 谣言方面的研究，有研究者则将考察范围缩小在对明晚期的传教士造成的谣言，并对当时社会的传播和影响进行考察。[⑥] 有研究者卸下传统西方语境下所讨论的舆论和公众意见的观点，转而以中国传统历史与文化为起点展开对舆论的研究，试图描述出华夏舆论传播的主要形态与历史特征，并希望可以勾勒出华夏文明下舆论学的一幅新图景。[⑦] 除此以外，有研究者则是以“月旦评”这一我国传统社会中的民间乡议活动为研究对象，对中国古代民间舆论与官方舆论以及它们之间的相连又对立的关系展开传播学视域下的研究和分析，对于当前社会中的舆论治理与和谐社会发展都可以提供一些

---

① 邵培仁：《一部视野开阔的华夏传播专论——〈华夏传播新探〉序》，载潘祥辉《华夏传播新探——一种跨文化比较视野》，复旦大学出版社 2018 年版。

② 邵培仁、姚锦云：《本土之路三十年：华夏传播理论的建构实践（1988—2018）》，《中国传媒报告》2018 年第 3 期。

③ 潘祥辉：《宣之于众：汉语“宣”字的传播思想史研究》，《新闻与传播研究》2018 年第 4 期。

④ 李庆林：《论汉字的媒介特性与汉语文化的新机遇——由麦克卢汉“声觉空间”理论引发的思考》，《现代传播（中国传媒大学学报）》2018 年第 12 期。

⑤ 栾保群：《中国古代的谣言与谶语》，江苏凤凰文艺出版社 2018 年版。

⑥ 刘燕燕：《晚明传教士“点金”谣言的传播与辩驳》，《华侨大学学报（哲学社会科学版）》2018 年第 6 期。

⑦ 谢清果：《华夏文明与舆论学中国化研究》，九州出版社 2018 年版。

有价值的借鉴。①

在媒介学方面的交叉研究中，有研究者以媒介学视角关注作为载体的秦汉石刻，探讨石刻媒介具有的神圣性、永恒性、稳定性和公告性，是大一统帝国集权统治的符号标志。② 有研究者将瓷器作为文化传播的媒介，探讨了明清时期大量瓷器通过官方和私人等渠道从内地流通到西藏的情况，以及在瓷器交往流通的过程中所产生的汉文化对藏传佛教文化的影响具有多方面的意义。③ 有研究者从政治婚姻出发，将“秦晋之好”制度中的女性视为一种特殊的媒介，是古代社会建构联盟关系、建立政治信任的最为常见的沟通合作机制，在内政和外交中都被广泛应用。④

在视觉修辞方面，有研究者提出视觉修辞的活力即来自视觉之势，是一种无限的潜力。并探讨了在中国文化谈到“势”时，能引起人们所遐想的通常也往往是视觉意象，由视觉意象引发的“势”则能够在公共性、意向性和空间性上产生一种引发力。⑤ 对于视觉修辞，有研究者提出了“象”，认为在视觉话语表征体系中，意象产生是一种常见的修辞实践，在中国古代文论传统中，“象”具有积极的媒介功能，可以缓解“言”与“意”之间的尴尬和矛盾。⑥ 有研究者采用训诂方法考察了文字“秽”的来源，并认为在视觉文化背景下，各类媒介普遍呈现出表演式抗争的图像文本，其内容广泛征用了具有肮脏、邪恶、不吉内涵的“秽”话语，并且“秽”话语通过象征生成、原型征用和语境重构的表达对中国人的心理结构和社会阶级形成影响。⑦ 有研究者从《赤壁赋》作品文本、视觉艺术主题、视觉艺术与文学传播三个方面展开研究。⑧ 这些学者将视觉修辞与中国文化进行对话，可谓别开生面。

目前在与华夏传播研究方面产生交叉性互动研究的其他学科较多，除了上述所提到的三个方面，还有关于集体记忆方面的研究，如有研究者考察戊戌政变的历史事件所形成的社会集体记忆，如梁启超的《戊戌政变记》作为个体的、非客观的历史记录，却对后世构建了一个普遍性认识的记忆图像，成为近代中国关于戊戌政变集体记忆的重要蓝本，深刻影响了戊戌政变的历史图像构建。⑨ 有研究者将孔庙以及其中承载的文化记忆进行思考，试图论证以孔庙作为一个记忆得以储存、共享和再生的记忆之场，在当代应当被重新认识和重视。⑩ 除此以外，还有涉及宗教学与人类学的研究，有研究者经过田野调查认为释、俗两种文化在现今更为密切和多元的交往，以寺院为主体的佛教传播在当前特别表现出一种以适应“世俗化”为特征的实践过程。⑪ 还有以古籍文献为媒介研究对象，进而梳理特定条件、特定时期和

① 田素美、谢清果：《舆论学视角下的汉代“月旦评”探析》，《现代传播（中国传媒大学学报）》2018年第7期。

② 贾南、芮必峰：《作为信仰“装置”的秦汉石刻：一种媒介学的视角》，《现代传播（中国传媒大学学报）》2018年第11期。

③ 张婧文：《明清入藏瓷器与汉藏文化交流》，《郑州大学学报（哲学社会科学版）》2018年第3期。

④ 潘祥辉：《“秦晋之好”：女性作为媒介及其政治传播功能考》，《国际新闻界》2018年第1期。

⑤ 李红：《视觉之势：论视觉修辞的活力之源》，《新闻大学》2018年第4期。

⑥ 刘涛：《意象论：意中之象与视觉修辞分析》，《新闻大学》2018年第4期。

⑦ 王雪晔：《以“秽”抗争：表演式抗争实践中的“秽”话语及其视觉生产》，《新闻大学》2018年第4期。

⑧ 郭薇：《〈赤壁赋〉的视觉艺术传播研究》，博士学位论文，东北师范大学，2018年。

⑨ 王润泽、谭泽明：《〈戊戌政变记〉与政变图像建构：从个体想象到集体记忆》，《新闻与传播研究》2018年第8期。

⑩ 王闯：《记忆之场：孔庙的传播特征及其纪念碑性》，《新闻爱好者》2018年第4期。

⑪ 冯济海：《媒介入寺与当代佛教传播——基于一座汉传佛寺的媒介人类学研究》，《北京社会科学》2018年第1期。

文化下的文化传播。有研究者以清代文人笔记资料为切入点，考察清代文人的文学传播活动，并跟进相关的传播渠道、传播方式与媒介、受众的接受与反馈等传播要素。该研究耙梳整理了大量文献材料，清代文人基于明代的反思，奠定了文人笔记创作中的学者化倾向的清代学风基础，并涉及传播技术的改良，使得清代文人笔记的传播发生在中国文学传播史上由传统雕版、活字印刷术向近代印刷技术转型的这一传播技术革命时期，以及当时知识阶层对西方文化的认识等亦颇值得思考。[①]

七、传统与现代：传统文化视域下的现代传播研究

华夏传播研究作为传播学本土化的急先锋，关注的是从古至今的中华文化传统中的传播观念与传播实践。不仅如此，近些年关于中国影视题材的作品也开始反思本土化的重要性，并且大量作品开始以中国传统的优良文化为导入，许多电影、电视、小说、话剧等形式的媒体内容都开始不断丰富、增进中国的尤其是传统文化方面的精神和内涵。如有研究者谈到电视连续剧《白鹿原》获得收视热映与好评的主要原因之一是对传统儒家文化的经典传播，“仁”“义”“礼”“孝”“和”等传统儒家文化在剧中得到了充分的表达，产生了极大的社会效应。[②] 有研究者认为，中央电视台推出的综艺节目《国家宝藏》是对传统文化传播的一次大胆创新与有益探索。[③] 因此，从近几年的研究情况来看华夏传播不仅只发轫于一个学科内的专业要求与学术发展，华夏文化也在社会生活的各方面进行传播实践，这无论对于传播学的本土化的理论建设还是我国传统文化之于社会的现实贡献与中国未来文化复兴无疑都是一件值得认可的事情。

除此以外，值得一提的还有，有研究者讨论了以“家”作为一种文化符号的分析，尤其是中国人自古都以“家”为一个重要的人生与社会的核心纽带，是中国人在文化认同中可以发挥极其显著的一个因素。研究以调查的两则央视公益广告为研究案例，认为以“家”为核心，深入挖掘“家”文化中各重要元素为符号，可以弥补当前文化传播的符号断裂问题，是讲好中国故事、传播好中国声音的目的。[④]

八、中华文化与海外传播：华夏文明的海外传播研究

2018 年关于华夏文化的对外传播的研究成果，较为集中在硕士和博士的学位论文中。如硕士学位论文有山东理工大学金善信的《〈管子〉在朝鲜半岛的传播与影响》、四川外国语大学袁鹤颖的《孔子思想在法国的传播》以及郑州大学穆毅的《传播学视域下孔子人际交往观研究》等都较有代表性，并且研究对象也较集中在先秦诸子及其思想对后世和海外的传播与影响。除此以外，山东大学谢依伦（Chia Jee Luen）的博士学位论文《〈红楼梦〉在马来西亚和新加坡的传播与研究》则是将研究范围从《红楼梦》被带入马来西亚的可能性（至 1820 年代）开始至 2018 年近 200 年的时间，通过文献记录尝试呈现出《红楼梦》在某个时代如何传播，当时的传播主体是谁，传播了什么信息，其受众范围的大小，以及根据受众的反馈来探讨

① 张瑾：《清代文人笔记研究》，博士学位论文，吉林大学，2018 年。

② 农莉芳：《〈白鹿原〉传统儒家文化的传播价值》，《新闻爱好者》2018 年第 12 期。

③ 杨洗：《传播视域下中华传统文化的传承与创新——以电视节目〈国家宝藏〉为例》，《新闻爱好者》2018 年第 10 期。

④ 吴来安：《融入“家”文化：央视公益广告的文化传播符号分析》，《新闻大学》2018 年第 2 期。

《红楼梦》传播的影响力。[①]

中国文化如何出去，华夏文明如何与其他文明进行互动是近十年中国跨文化传播与交流的热点问题，其中尤以四川大学林克勤的新作《中国文化走出去的策略与路径创新研究》为代表，该书从多个角度（如国家形象、自我形象、文化身份）、多个层次（如国际话语、中国话语、跨文化背景）等方面描述了中国在国际崛起的不争事实，也勾勒出了中华文明同世界文明接轨的真实图景，“中国文化走出去的深层考量则主要是基于文化逆差的现实规制和文化安全的必然进路。在西方中心主义的霸权思维和霸道行径冲击下，中国必然要型构和坚持自己的东方立场和价值体系，同时也会让中国制造和中国文化共同为世界面临的困难和问题提供解决方案、贡献中国智慧”。[②] 除此以外，在海外传播方面，有研究者对“侨”进行一个文字考察，再对“旅侨”一词深探，对“旅侨”加以定义进而希望作为中国在海外最主要的形象代表和舆论代表，应该进一步发挥旅侨在海外维护中国利益、改善中国形象、传播中国声音方面的重要作用。[③] 有研究者全面总结、梳理了我国推动海外华人华侨传承与传播中华文化的主要策略，并提出了中华文化传承与传播的评价指标体系，尽可能准确、客观地评估海外华人华侨对中华文化的传承与传播现状。[④]

在课题研究方面，中国传统文化的对外传播和跨文化传播一直是国家较为关注的热点，如 2018 年全国哲学社科规划办对“儒家思想文化在当代朝鲜社会流变与影响的研究”“王阳明思想在西方的翻译、传播与影响研究”“中国传统文化跨文化传播体系构建及传播模式研究”[⑤] 等项目进行立项则是华夏传播研究方面的一个拓展和深入。

九、范式与创新：华夏传播理论建构和范式研究的现状与发展

2018 年，有研究者提出的“传播的接受观”[⑥] 和“共生交往观”[⑦] 较具有理论建构方面的突出价值。除此之外，还有许多学者也共同致力于构建传播学中国化、本土化方面的研究和贡献。不仅如此，每年具有代表性的新闻传播学术会议或论坛中以“华夏传播研究”或“传播学本土化研究”为主题的研讨板块也愈见增多。如 2018 年 11 月 23—24 日，由复旦大学信息与传播研究中心、深圳大学传媒与文化发展研究中心联合主办，深圳大学传播学院协办的“作为问题和方法的中国传播研究”学术恳谈会在深圳大学举行，该次会议会集了全国十余所高校的新闻传播学院教授，共商传播学的本土化问题。[⑧] 12 月

---

① 谢依伦：《〈红楼梦〉在马来西亚和新加坡的传播与研究》，博士学位论文，山东大学，2018 年。

② 林克勤：《中国文化走出去的策略与路径创新研究》，四川大学出版社 2018 版。

③ 郭镇之：《“旅侨”概念及中华文化的海外传播》，《现代传播（中国传媒大学学报）》2018 年第 11 期。

④ 刘琛等：《海外华人华侨对中华文化的传承与传播》，北京大学出版社 2018 年版。

⑤ 全国哲学社会科学工作办公室：《2018 年国家社科基金年度项目和青年项目立项结果公布》，http：//www. npopss - cn. gov. cn/n1/2018/0621/c219469 - 30073601. html，2018 年 6 月 21 日。

⑥ 姚锦云、邵培仁：《华夏传播理论建构试探：从“传播的传递观”到“传播的接受观”》，《浙江社会科学》2018 年第 8 期。

⑦ 谢清果：《共生交往观的阐扬——作为传播观念的“中国”》，《西北师大学报（社会科学版）》2019 年第 2 期。

⑧ 《学术活动综述：“作为问题和方法的中国传播研究”学术恳谈会》，搜狐网，http：//www. sohu. com/a/279205539_ 659782，2018 年 12 月 2 日。

22 日，2018 福建省传播学会学术年会在福州马尾阳光学院召开。会议以“传播新技术与海丝核心区建设”为主题，首设了“华夏传播研究”分论坛，① 再一次标志着“华夏传播研究”将成为未来传播学本土化研究的一个重要阵地。

但总体来讲，以中国问题出发而展开的研究较多，但建构中国传播学理论和范式的较少，以华夏传播为核心命题的理论建构和范式研究的更是少之又少。仍然有不少学者囿于“西方理论，中国经验”② 二元式的研究方法并常常成为本土研究的一个有效切入点，但鲜有学者专门致力于构建中国的或华夏的传播理论，这多少是目前发展的一个学术困境，即一个“言必称经典”，但却是亟待理论创新的时刻。③ 尽管在反思下不断有新的共商议题在提出，如有学者提出可以通过体用观的革新达到与西方传播思想对话的可能性，但不支持“一味地西学为用”，因为这或许会导致走向理论工具化的歧路。④ 但总的看来，实现本土化和中国化的道路还很漫长。

笔者做一个关于 2018 年华夏传播研究总体情况的量化分析尝试，使用的分析工具为中国知网（CNKI）提供的计量可视化分析工具。首先，以“华夏传播”为主题词通过计量可视化分析工具的“全部检索结果分析”得到该主题的总体趋势图。（见图 1）

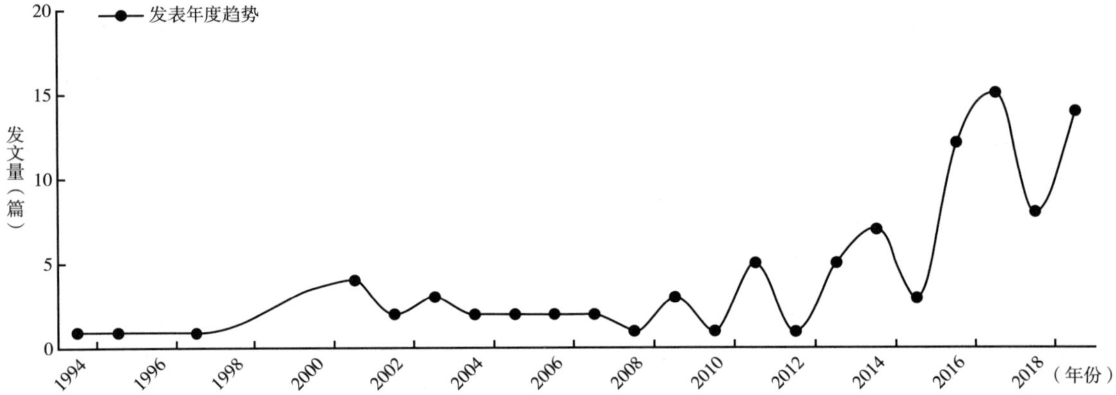

图 1　主题或题名为“华夏传播”的总体趋势分析

从趋势图来看，以“华夏传播”为主题或题名的文章公开发表情况近十年是逐年增加的，尤其是 2015—2017 年上升显著，从 2015 年的 3 篇陡然增加到 2017 年的 15 篇。据分析工具提示 2019 年预计约有 14 篇文章，又将基于 2018 年有所增长。当然，这样分析的是以单一主题或题名为“华夏传播”的文章选取并进行分析，是较为有针对性并缩小范围的量化筛选，实际情况下以“华夏传播”为主题的相关研

① 《2018 福建省传播学会学术年会在阳光学院召开》，中国网海峡频道，http://fj.china.com.cn/p/397231.html，2018 年 12 月 25 日。

② 胡翼青：《传播研究本土化路径的迷失——对“西方理论，中国经验”二元框架的历史反思》，《现代传播（中国传媒大学学报）》2011 年第 4 期。

③ 喻国明：《传播学的学术创新：原点、范式与价值准则——在“反思传播学圆桌论坛”上的发言》，《国际新闻界》2018 年第 2 期。

④ 单波：《从新体用观的角度建构中国传播学的反思性》，《国际新闻界》2018 年第 2 期。

究远不止于此。

图2则体现了主题或题名为“华夏传播”论文所涉及的其他主题分布。如图2所示，通过词频分析其中占到10篇以上的主题是华夏文明、中华文明以及华夏传播，除此以外还有其他众多相关研究主题。

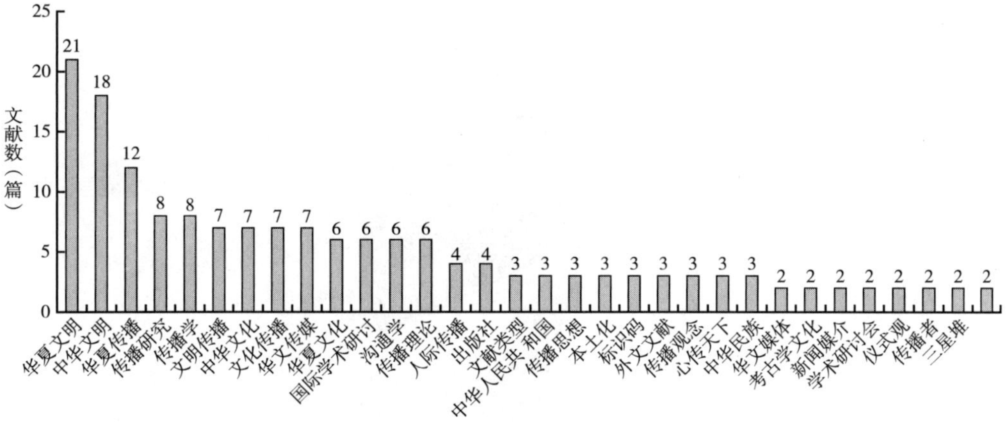

图2　主题分布

其次，笔者以传播、传播学、华夏传播、中国传统文化等为关键词搜索了129篇符合分析主题的文章（见图3），发表时间均为2018年，其中有113篇期刊、6篇硕士学位论文、3篇博士学位论文、6篇辑刊文章和1篇报纸文章。

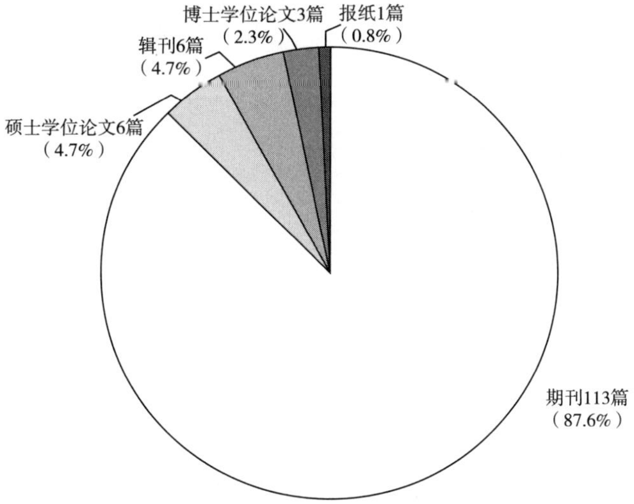

图3　资源类型分布

在所选取的129篇文章的来源分布中（见图4），在发表的期刊中占比最多的是《国际新闻界》的21篇文章，占16.3%；往后三位依次是《现代传播（中国传媒大学学报）》占10.1%、《新闻爱好者》占6.2%和《新闻大学》占6.2%。由此可见，《国际新闻界》《现代传播（中国传媒大学学报）》《新闻爱好者》《新闻大学》这四本期刊都较集中地体现出在2018年刊登了一定数量的华夏传播研究方向或者关于传播学本土化相关主题的研究文章。

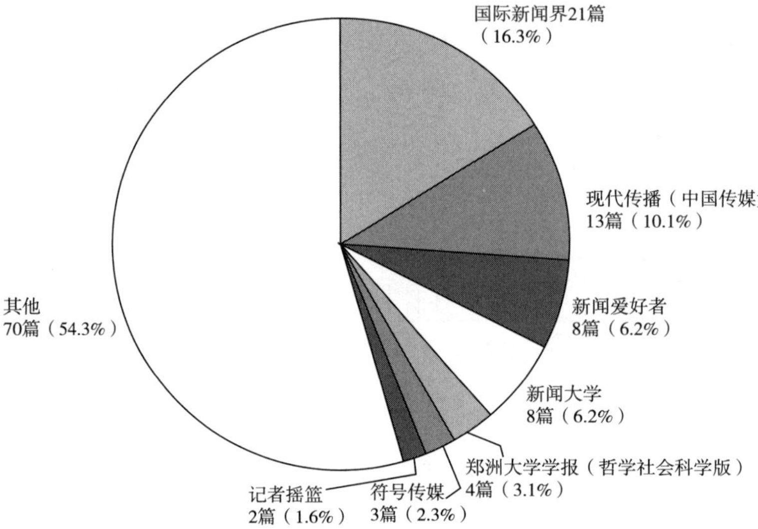

图4 来源分布

通过对这129篇文章进行量化分析后也得出一个总体趋势图（见图5）。这个趋势图相较图1所检索的主题词范围更大，包括：传播、传播本土化、华夏传播、中华文化等相关主题。两组图都有一个共同的趋势，即在近十年内所检索的主题呈逐年递增的状态。

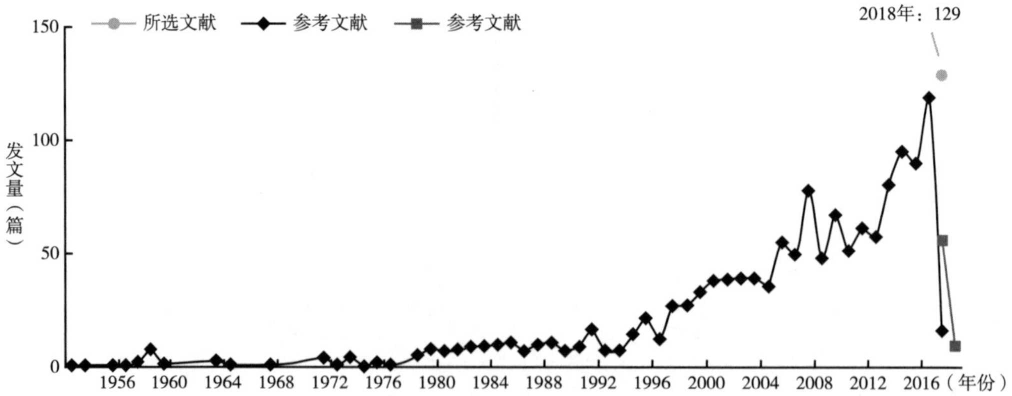

图5 以多个关键词检索的总体趋势

在文献互引分析中，以2018年为主要的观察时间段，则得到该年度文献互引关系中较为集中的聚合中心（见图6）。在图中，多个关键词都聚合在“元传播、浅描”为中心的周围（见图7），包括：传播学研究、第三人效果、知识劳动者、贝特森、民族主义、视觉修辞、互联网等关键词。这样集中的聚合只能说明在以2018年为主要考察范围内，“元传播”是研究的热点和兴趣点。除较为集中的聚合点A外，还有一个聚合点B（见图6）。聚合点B的中心则是新世界主义和人类命运共同体，围绕其中的其他关键词则是：全球化、世界主义、国际话语权、“一带一路”等（见图8）。因此，“聚合点B—人类命运共同体”关于新世界主义和人类命运共同体是除“聚合点A—元传播”外的另一个研究热点和关注点。

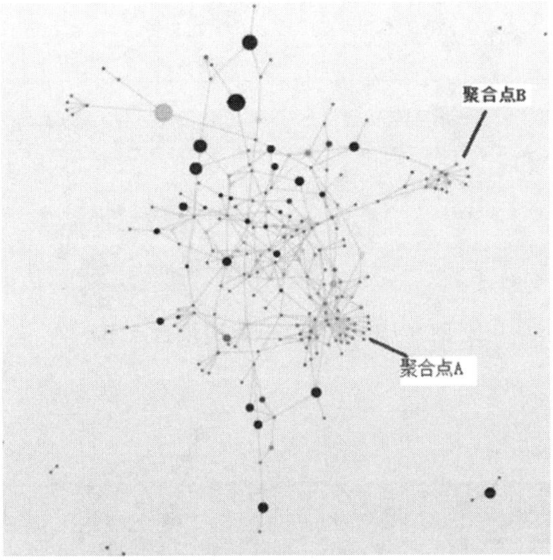

图6　文献互引网络分析

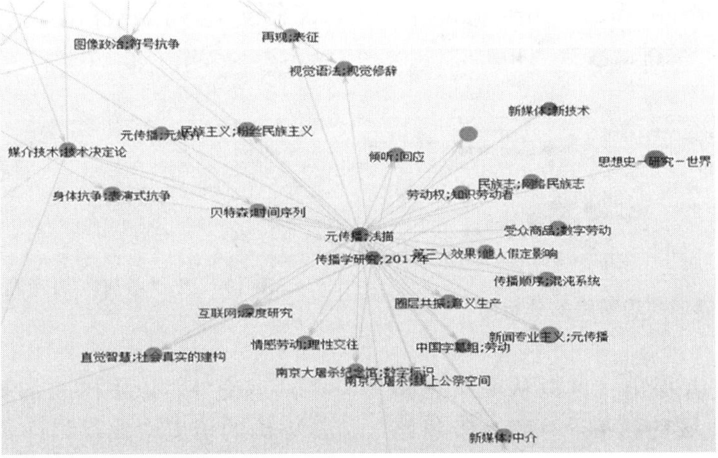

图7　2018年文献互引聚合点A

在关键词共现网络的分析中（见图9）主要的几个节点为：传播学理论、中国传播学、传播学研究等范围较大的中心点，但是不同之处在于通过分析工具可以查看到不同研究侧重点所涉及的其他关键词领域的不同。比如以“中庸”为考察节点，则得出这一组关系（见图10）；而如以儒家思想为考察节点，则是另一组关系图（见图11）。

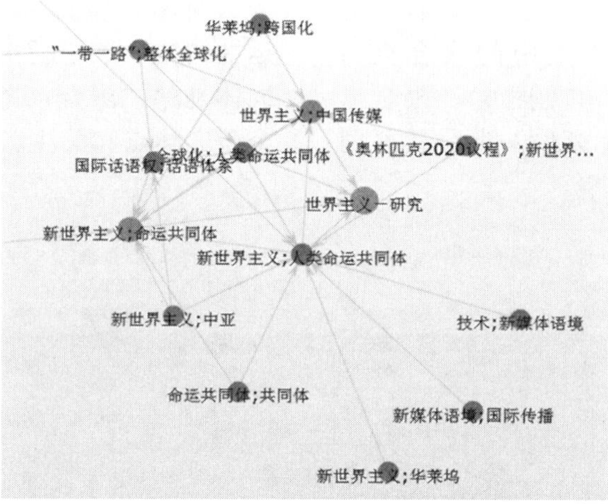

图8　2018年文献互引聚合点B

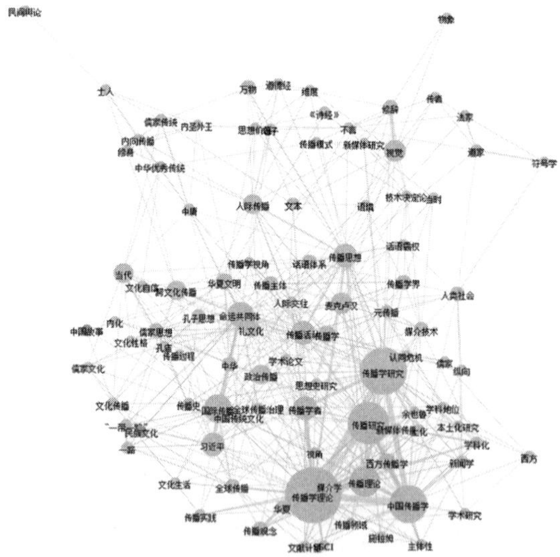

图9　关键词共现网络的分析图

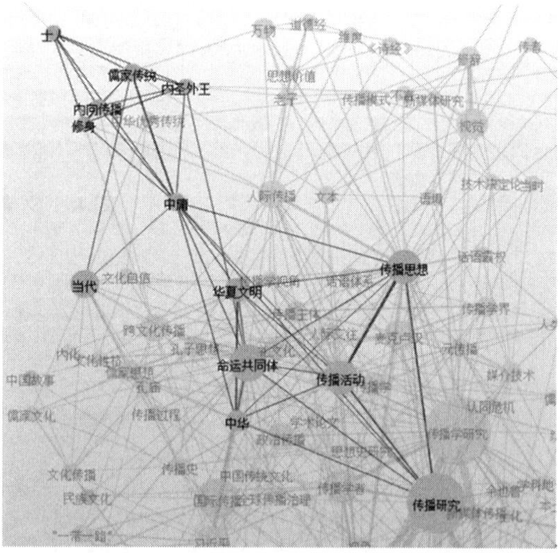

图10　以“中庸”为考察节点关系图

正如有研究者提出，可以从两条思路切入华夏传播领域的研究[①]：第一条思路是从中国传统文化中寻找“传”的智慧。即余也鲁先生所倡导的：我们除了可以在中国的泥土上学习与实验这些（西方传播）理论外，以中国人的智慧，应该可以从中国的历史中找寻到许多“传”的理论与实际，用来充实、光大今天传播学的领域。第二条思路是面对中国社会现实的中国特色传播研究。这也正是诸多学者大家

① 周岩：《知识图景：中国传播学40年原创著作出版的回顾与总结——基于文献计量的视角》，《中国传媒报告》2018年第3期。

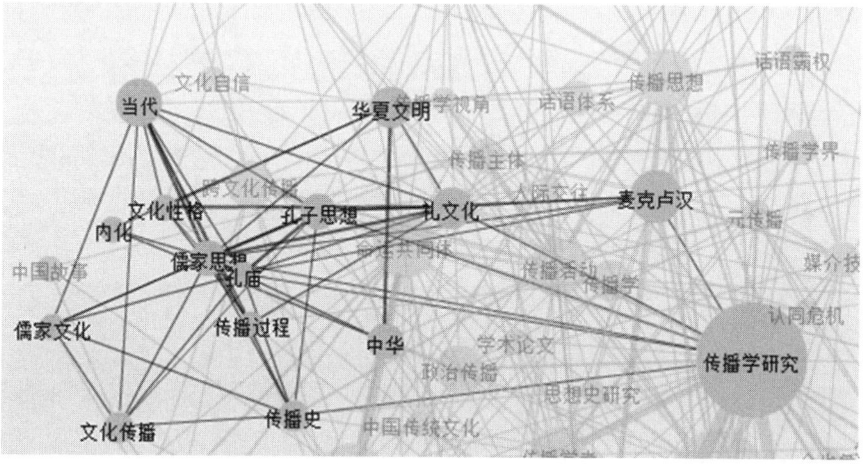

图 11　以“儒家思想”为考察节点关系图

在为中国传播学所勾勒的广阔蓝图——形成“传播学中华学派”、[①]“传播学的国学派”、[②]“华夏传播学派”[③]这一最终实现本土化的学术目标，即使作为短期的学术追求，也能在传播学本土化发展中起到“最大限度避免西方传播学经典理论过度机械地运用于中国实践”，[④]并随着中国在文化、经济、社会等国际影响力的日益加深，中国传播学可以在一定程度上实现同西方传播学或前经典传播学派的一个平等对话、交流、沟通和互鉴的学术图景。

撰稿：谢清果（厦门大学新闻传播学院教授）
王　婷（厦门大学新闻传播学院博士研究生、贵州师范大学国际教育学院讲师）

① 黄星民：《华夏传播研究刍议》，《新闻与传播研究》2002 年第 4 期。

② 杨瑞明、张丹、季燕京、毛峰主编：《文明传播的哲学视野》，中国社会科学出版社 2012 年版。

③ 谢清果：《传播学“中华学派”建构路径的前瞻性思考》，《新疆师范大学学报（哲学社会科学版）》2017 年第 6 期；谢清果编：《华夏传播学本土化研究》，九州出版社 2016 年版。

④ 周岩：《知识图景：中国传播学 40 年原创著作出版的回顾与总结——基于文献计量的视角》，《中国传媒报告》2018 年第 3 期。

第三篇
论文选粹

《中国新闻传播学年鉴》优秀论文奖作品选摘

网络诽谤案件中“通知—移除”规则的合宪性调控

表达自由与行政法规制定权

——以网络信息内容管理规范为例

社交媒体平台谣言的早期自动检测

话语范式转型：非虚构新闻叙事兴起的中国语境

塔克曼到底在说什么？经典迻译的语境与《做新闻》中译本的误译

虚拟社区里的知识分享：基于两个竞争性计划行为理论模型的分析

互联网的网络化治理：用户权利的契约化与网络中介私权力依赖

液态的连接：理解职业共同体

——对百余位中国新闻从业者的深度访谈

《戊戌政变记》与政变图像建构：从个体想象到集体记忆

马克思、恩格斯“报刊批评精神”中国化的司法层面分析

观点摘编

网络诽谤案件中“通知—移除”规则的合宪性调控

一、问题的提出

我国现行《侵权责任法》第36条（以下简称“第36条”）第2款规定：“网络用户利用网络服务实施侵权行为的，被侵权人有权通知网络服务提供者采取删除、屏蔽、断开链接等必要措施。网络服务提供者接到通知后未及时采取必要措施的，对损害的扩大部分与该网络用户承担连带责任。”同条第3款又规定：“网络服务提供者知道网络用户利用其网络服务侵害他人民事权益，未采取必要措施的，与该网络用户承担连带责任。”为了行文方便，本文将第36条第2款、第3款，以及相关司法解释所确立的规则统称为确立了“通知—移除”规则。

虽然立法机关在制定此规则时的初衷应该是很好的，但该规则在适用于网络诽谤案件时，却可能侵害公民依据宪法而享有的言论自由权。本文拟分析“通知—移除”规则在适用于网络诽谤案件时的情况，探讨其可能对公民的言论自由造成的限制，并提出一些具体的合宪性调控路径。

二、“通知—移除”规则在网络诽谤案件中的适用情况

通过分析近年来我国法院做出的45份相关裁判文书，可以大致了解“通知—移除”规则在网络诽谤案件中的适用情况。

在30份裁判文书中，法院认定网络平台无须承担侵权责任。主要的判决理由有三类：第一，网络用户发布在平台上的内容并不构成侵权（6份）；第二，被侵权人没有发出有效通知，且平台提供者在收到起诉书之后及时移除了涉嫌诽谤的内容（12份）；第三，平台提供者在收到通知之后，及时移除了涉嫌诽谤的内容（12份）。

在15份裁判文书中，法院认定网络平台需要承担侵权责任。主要的判决理由同样有三类：第一，被侵权人发出了通知，但平台提供者未能及时移除相关内容（7份）；第二，被侵权人发出了通知，平台提供者虽然移除了一部分涉嫌诽谤的内容，但移除得不够彻底（2份）；第三，被侵权人在未向平台提供者发通知的情况下直接起诉，法院认为平台提供者“知道”侵权事实的存在（6份）。

三、“通知—移除”规则对公民言论自由的限制

从样本情况来看，仅仅在4个案件中，网络平台服务提供者（简称“平台提供者”）在收到通知或起诉书之后依然拒绝移除涉嫌诽谤的内容。也就是说，绝大部分案件中，平台提供者都在收到起诉书之前或者之后移除了相关内容。这一事实说明，“通知—移除”规则确实限制了网络用户自由地利用网络平台发表言论的权利。

“通知—移除”规则之所以会产生限制言论自由的效果，从逻辑上来看其实不难理解。在收到被侵权人要求移除相关内容的“通知”之后，平台提供者实际上面临两个基本的选择：要么及时移除相关帖子，从而避免承担责任；要么拒绝移除，

而这也就意味可能成为被告甚至为网络用户发布的内容承担法律责任。在这种情况下，作为追求自身利益最大化的平台提供者，当然倾向于在收到通知后及时移除相关内容以便“息事宁人”。

四、限制的合宪性分析

依据一般的宪法理论，在判断国家公权力对基本权利的限制是否符合宪法时，需要从形式和实质两个层面展开：在形式层面，主要是审查限制是否符合法律保留原则与法律明确性原则；在实质层面，则要审查限制是不是为了实现正当目的，以及限制的手段是否符合比例原则（包括适当性原则、必要性原则，以及狭义比例原则）。

虽然保护公民和法人的名誉权是一种正当的目的，但是否有必要在诽谤案件中采用我国现行的这种“通知—移除”规则，是值得怀疑的。主要理由如下：第一，即使没有“通知—移除”规则，公民的名誉权依然能够得到保护。第二，即使有必要在网络诽谤案件中适用“通知—移除”规则，也不一定有必要采用我国目前的这种粗疏的规则。第三，至少某些案件中，法院在适用该规则时超出了必要的范围。

此外，“通知—移除”规则在网络诽谤案件中的适用，也未必符合狭义比例原则。特别是，如果网络用户发布的是与公共利益有关的公共言论（特别是那些关于官员违法的传言），那么，移除措施所造成的损害就严重得多，可能远远大于其所带来的利益。这是因为，与一般公民不同，官员掌握着公权力，如果缺乏监督，权力就可能被滥用。而公民在网上发布关于官员违法的信息，可以对官员的行为起到有效的监督作用。如果这些消息在尚未被法院认定为诽谤的情况下就被平台提供者移除，则不仅损害了公民的言论自由和监督权，而且可以说是对官员违法行为的变相纵容。这样的做法所带来的好处可能超过了其所造成的危害，因而是不符合狭义比例原则的。

五、对于“通知—移除”规则的合宪性调控

在当前的情况下，可以通过另外两种途径对“通知—移除”规则进行调控，使之更加符合宪法的要求：第一，立法机关应该通过修改法律或补充实施细则的方式对该规则进行调整；第二，法院在适用该规则时应该对其进行合宪性解释。以下是一些较为具体的建议。

（一）明确限定通知和移除的前提条件，加强对公共言论的保护

为了减少对公民言论自由和监督权的侵害，在网络诽谤案件中，应该进一步明确通知和移除的前提条件——存在真实的侵权行为。具体而言：如果争议言论已经被法院认定为诽谤，则被侵权人可以通知平台提供者移除该内容；如果争议言论尚未被法院认定为诽谤，则“被侵权人”原则上无权通知平台采取移除措施，除非该言论与公共利益无关且严重损害个人名誉。凡是与公共利益有关的网络内容，即使有损当事人的名誉，也只有在法院认定相关网络内容构成诽谤之后，平台提供者才有义务采取移除措施。

（二）对通知的形式和内容提出更为严格的要求

就通知的形式而言，至少在那些涉及公共利益的网络诽谤案件中，为了充分地保护言论自由和监督权，原则上应该要求投诉者以书面形式发送通知，并附上投诉人的签名及身份证明。就通知的内容而言，应该要求通知人提供争议言论构成诽谤侵权的初步证明材料，以及通知人对通知书的真实性负责的承诺（错误责任担保）。这里的“初步证明材

料”，应该是法院做出的认定相关言论构成诽谤的判决书，或者是通知人提供的证明争议言论与公共利益无关且有损个人名誉的材料。至于真实性承诺，则主要是为了防止通知人滥用“通知—移除”规则，同时降低平台提供者因为错误通知而承担责任的风险。

（三）限缩“知道”责任，免除平台提供者的审查义务

对于第36条第3款中的“知道”一词，司法实践中存在狭义和广义两种解释。从合宪性解释的角度出发，至少在网络诽谤案件中，应该对“知道”做狭义解释：只有在平台提供者“明知”或“实际知道”网络用户利用互联网对他人进行诽谤的情况下，平台提供者才有义务移除相关诽谤内容。如果对“知道”进行广义解释，则非常不利于言论自由，因为这样的解释实际上是要求平台提供者对网络用户的言论进行全面的审查。

（四）拓宽“必要措施”的范围，同时坚守“必要性”原则

第36条只是要求平台提供者在收到通知之后采取“删除、屏蔽、断开链接等必要措施”，但并未指明在具体案件中究竟采取何种措施。为了避免对言论自由造成过度的侵害，在选择具体措施时，不仅要考虑某种措施在制止侵权行为方面的有效性，而且要考虑其对言论自由的限制程度。在具体做法上，至少可以采取两个方面的措施：一方面，应该拓宽“必要措施”的范围，将除了第36条所列举的那些措施之外的其他措施（特别是“反通知”措施）也吸纳进来。另一方面，要坚守必要措施的“必要性”，避免采取不必要的措施：在删除、屏蔽等多种可能的措施中，应该选择对公民的言论自由和监督权构成较小限制的措施。

作者：郑海平（对外经济贸易大学法学院）
摘自：《法学评论》2018年第2期

表达自由与行政法规制定权

——以网络信息内容管理规范为例

表达自由不是绝对的自由，有些种类的言论是依法不能表达的。任何一个国家的法律都会规定一个不能表达的言论种类清单。我国也是如此。在我国，法律、行政法规、地方性法规、行政规章等多个法律渊源都规定了此类清单。作为国务院制定的关于行政管理活动的规范性法律文件，行政法规也规定了禁言清单。现在，互联网是主要的言论渠道。行政法规当然也规定了适用于互联网的禁言清单。综合若干相关的行政法规，这个清单包括以下内容：

（一）反对宪法所确定的基本原则的；

（二）危害国家安全，泄露国家秘密，颠覆国家政权，破坏国家统一的；

（三）损害国家荣誉和利益的；

（四）煽动民族仇恨、民族歧视，破坏民族团结的；

（五）破坏国家宗教政策，宣扬邪教和封建迷信的；

（六）散布谣言，扰乱社会秩序，破坏社会稳定的；

（七）散布淫秽、色情、赌博、暴力、凶杀、恐怖或者教唆犯罪的；

（八）侮辱或者诽谤他人，侵害他人合法权益的；

（九）危害社会公德或者民族优秀文化传统的；

（十）含有法律、行政法规禁止的其他内容的。

对照宪法、法律中有关表达自由限制和网络信息内容管理的规范，可以发现，行政法规中这一清单的禁止性规定可以分为三种情况：（1）有些规定是符合宪法、法律的行为规范的，比如对以下信息内容的禁止性规定：危害国家安全，泄露国家秘密，颠覆国家政权，破坏国家统一；损害国家荣誉和利益；煽动民族仇恨、民族歧视，破坏民族团结；散布谣言，扰乱社会秩序，破坏社会稳定；散布淫秽、色情信息；侮辱或者诽谤他人，侵害他人合法权益。（2）有些规定是超越当时宪法、法律的，但是后来法律规定了相应的行为规范。比如对破坏国家宗教政策、宣扬邪教的信息的禁止性规定。（3）有些规定不仅在当时而且在现在都是超越性的，比如对以下信息的禁止性规定：反对宪法所确定的基本原则；宣扬封建迷信；散布赌博、恐怖信息；危害社会公德或者民族优秀文化传统。

所谓超越，就是行政法规规定某一禁言种类但是宪法和法律并没有相应规定。例如2016年《网络安全法》第12条第2款规定，任何个人和组织使用网络应当遵守宪法法律，遵守公共秩序，尊重社会公德，不得危害网络安全，不得利用网络从事危害国家安全、荣誉和利益，煽动颠覆国家政权、推翻社会主义制度，煽动分裂国家、破坏国家统一，宣扬恐怖主义、极端主义，宣扬民族仇恨、民族歧视，传播暴力、淫秽色情信息，编造、传播虚假信息扰乱经济秩序和社会秩序，以及侵害他人名誉、隐私、知识产权和其他合法权益等活动。可以看到，《网络安全法》并不包含对上述第三种情况中四类信息内容的禁止。

行政法规的规定超越了宪法和法律，比宪法和法律管得还宽泛，还严格。它减少了公民权利，施加了更多的义务，增加了行政机关的权力。

为什么行政法规中会存在一些超越性规定？这归因于我国的立法体制。

根据我国的立法体制，国务院的行政法规制定权十分宽泛，其中包括职权性或自主性的行政法规制定权。国务院可以为执行《宪法》第89条规定的国务院行政管理职权而制定行政法规，不必等到全国人大及其常委会的特别授权，也不必是为了执行全国人大及其常委会的法律。

从法理上看，行政机关是否可以超越宪法和法律的行为规范，限制公民的表达自由呢？

这个问题涉及法律保留原则。所谓法律保留原则，是指特定领域的事项保留给国家的代议机关制定法律，行政机关只能依法律规定进行行政行为。有关法律保留的范围，存在不同的学说。尽管有所分歧，但是它们都主张，限制基本人权这种事项，应当适用法律保留原则，由代议机关立法。表达自由属于基本人权，对表达自由的限制，自然也应当适用法律保留原则。

国际上制度实践的普遍性做法是，对于包括表达自由在内的基本人权，一般只能由宪法和代议机关的法律加以限制，司法机关和行政机关可以在宪法和法律的框架内，具体化、细化落实宪法和法律的规定，但是不能超越宪法和法律的规定。

无论是理论上的法律保留原则还是制度上的法律保留实践，都旨在使人权获得更加妥当的保障。表达自由不仅被认为是一项基本自由，而且被认为是诸种自由中最重要的一种。表达自由具有特别的重要性。它是其他自由和权利存在的保障。它是民主政治的命脉和支柱，具有形成民主意志的重要作用。行政机关不是代议机关，没有民意代表性，没有资格僭越人民的意志，限制人民的表达自由。行政的本质是管理，对公民权利侧重于约束性的限制，难以做到限制权利与保障权利的平衡。

根据我国宪法的人民主权、尊重和保障人权等规定，参考前述的法律保留原则和国际上的普遍实践，有关表达自由的法律规范体系以下述方式制定出来更加适宜。第一，保障性规范应由全国人大或其常委会以法律的形式加以创制，但是不排除其他的国家机关（包括国务院）以其他形式的法律渊源（包括行政法规）进行补充和具体化。其他国家机关制定的保障性规范所提供的保障措施依公平、公共利益的原则惠及所有符合条件的公民，不偏私于特殊阶层或特殊利益集团。第二，限制性规范在原则上仅可以由全国人大或其常委会以法律形式创制之。由于一些限制性规范需要行政机关执行，而行政机关需要处理纷繁复杂的社会事务，所以国务院可以为了执行限制性规范而制定行政法规、措施和命令。在这种情况下，行政法规、措施和命令作为实施条例或细则，对限制性规范做具体化处理，不能突破限制性规范所规定的限制范围。对于法律存在或可能存在的应及而未及之处，全国人大或其常委会可以作出授权决定或在法律中规定授权条款，授权国务院制定行政法规以弥补漏洞。国务院按照法定的授权目的、事项、范围、期限以及有关原则制定行政法规。第三，剥夺性规范是最严厉的措施。这涉及公民资格问题。剥夺表达自由权利，就等于限制了公民的资格，使被剥夺者不再是具有完整权利能力的公民。此种最严厉的措施，应由全国人民代表大会以基本法律的形式规定。以基本法律的形式规定剥夺公民表达自由的法定条件，此项权力不得转授其他国家机关行使。剥夺公民的表达自由，是《刑法》规定的剥夺政治权利的组成部分。《刑事诉讼法》规定，对被剥夺政治权利的罪犯，由公安机关执行。有关具体如何执行的实施细则，应当由全国人大常委会制定。

如果上述建议可以成立，就需要修订有关立法权力配置的规范，完善立法体制。在具体操作方面，可以考虑在《宪法》第 35 条“公民有言论、出版、集会、结社、游行、示威的自由”之后，加上“仅由法律限制之”，或者在《立法法》第 8 条第 5 项中，把对公民政治权利的限制也列为全国人大及其常委会的专属立法事项。同时，修订《治安管理处罚法》，完善违法信息内容的种类和禁止性信息行为的范围，以作为行政机关执法的依据和国务院制定实施细则性质的行政法规的根据。还应健全和完善法律法规审查制度，保证下位法符合上位法和所有法律符合宪法。

我国宪法规定了人民主权、依法治国、尊重和保障人权等原则。这些也是国家治理现代化的基本原则。我国关于网络信息内容和表达自由的规范体系应当与这些原则相符合，这有助于推进我国网络空间治理的现代化。

作者：侯健（复旦大学法学院）
摘自：《新闻大学》2018 年第 2 期

社交媒体平台谣言的早期自动检测

一、前言

谣言是人类社会信息传播的重要现象，数十年来都是社会心理学与新闻传播学领域的兴趣焦点之一。关于谣言的研究可以追溯到20世纪40年代。近年来，随着社交媒体的兴起，在线谣言更加泛滥，影响更加广泛。如何定量分析和预测谣言，成为学界各领域广泛关注的话题。

广泛传播的谣言往往具有迷惑性，社交媒体用户由于专业知识或者时间空间的限制（Liu et al.，2015），无法有效地识别谣言。而且社交媒体信息规模巨大，也不可能邀请专家穷尽式地识别谣言。许多新闻机构和社交媒体服务提供商都在努力构建谣言举报平台，例如新浪的谣言报告中心，或者社交网站的相关平台如Snopes和FactCheck等。然而，这种做法需要大量的人力来收集与验证谣言，并且面临覆盖度和时间延迟等问题。如何自动检测谣言、特别是在传播早期阶段检测谣言，对于避免谣言泛滥、降低谣言危害而言意义重大。

二、已有谣言检测方法

面向社交媒体的谣言自动检测旨在利用疑似谣言的相关信息（例如文本内容、评论信息、转发模式、发布者的个人资料等）来识别在社交媒体上发布的消息是否为谣言。根据所使用的信息和方法类型，我们可以将现有谣言检测方法划分为三类：（1）使用人工设计特征的传统分类方法；（2）基于深度神经网络的方法；（3）基于传播模式的方法。

总体来说，为了解决社交媒体平台上的谣言检测问题，计算机领域研究人员建议使用机器学习技术进行自动的在线谣言检测。大多数现有模型将谣言检测视为二元分类任务。受到深度神经网络成功利用的推动（Ma et al.，2016），使用循环神经网络（RNN）来学习每条信息的动态时间表示，构成基于时间的转帖（包括转发与评论等）序列，并根据整个转帖序列的文本表示进行预测。这是第一次尝试将深度神经网络引入转帖信息的谣言检测工作，并在真实数据集上取得了相当好的效果。

三、谣言早期检测

为了实现更好的谣言早期检测，模型需要在谣言广泛传播之前尽早做出可靠的预测。在本文中，我们提出了一种新的模型来实现社交媒体谣言的在线早期检测，这样的方法在现实任务中可以实现实时监测。

如图1所示，我们提出了针对谣言的转帖序列和随时间变化的预测概率曲线。对于这个例子，我们可以在早期的时间戳上作出可信的预测，因为转帖中对原始文本信息存在很多怀疑和反驳。在“可信检测点”之前，通常存在支持或反对微博原文的冲突转帖。在此期间，不论是人还是谣言检测模型，谣言都是难以区分的。然而，在这个时间点之后，关于微博原文的辩论达成了一致，此时的预测应该是稳定和可信的。基于这一观察，我们引入了“可信检测点”（credible detection point）这一概念，并提出了一种新的谣言早期检测模型，即可信早期检测（credible early detection，简称CED）。

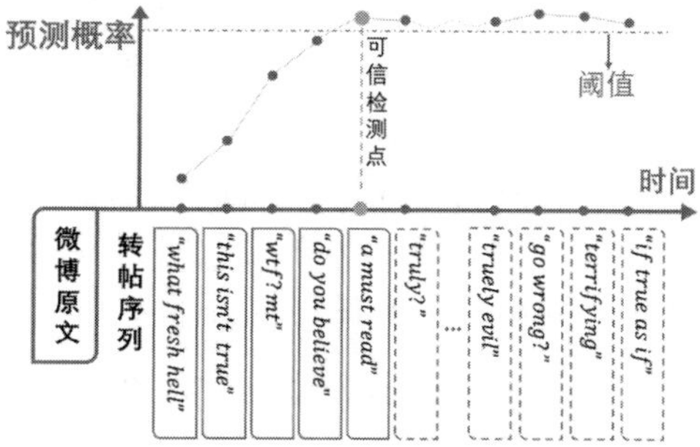

图 1 使用“可信检测点”进行谣言早期检测的一个实例

具体来说，CED 模型可以在训练阶段学习怎样确定每个转发序列的“可信检测点”，并确保在该时间点得到的预测结果的可信度，即在“可信检测点”之后不会出现预测结果反转的情况。通过这种方式，我们可以在实际应用中并不使用“可信检测点”之后的转帖信息，就可以进行可靠的谣言检测，从而实现在社交媒体平台上尽可能早地检测出谣言。

我们让每个微博的预测结果首次超过某个特定阈值时为该“可信检测点”。我们在图 2 所示的神经网络模型 CED-CNN 的训练目标中额外加入以下两种激励机制。

激励一：为了确保早期检测的性质，我们鼓励“可信检测点”尽量早出现。

激励二：为了保证该检测点的可靠性，我们鼓励该检测点之后的预测概率的稳定性。换句话说，在预测概率超过该阈值后，我们不希望预测值再发生大的波动而违背我们“可信检测点”的定义。

为了验证模型的有效性，我们对三个具有代表性的真实数据集进行了谣言检测实验，分别标记为“Weibo-stan” “Twitter”和“Weibo-all”。在转发序列的每个步骤计算预测概率时，如果当前预测概率超过或者低于某一阈值，立即判定该微博是否为谣言，否则继续载入下一段转发文本。除了主要使用准确率、召回率和 F1 等测量指标评估这些模型的性能外，我们还提出提前率（ER）评估预测时使用的转发文本的百分比。较低的 ER 值意味着模型使

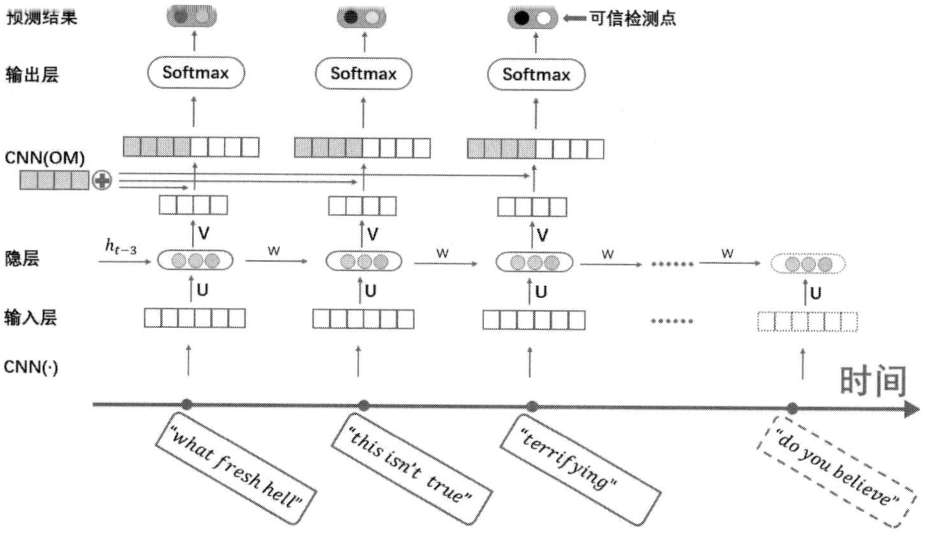

图 2 CED-CNN 的模型结构

注：图中 CNN（·）指获得特征向量的 CNN 方法。所以，CNN（OM）意味着从微博原文获得的特征向量。随着转帖信息按时间顺序不断送入模型，预测概率差距变得越来越大。一旦到达可信检测点，就不再需要后续信息（由虚线表示）。

用较少的转发信息，可以更早地检测到谣言。我们将展示两个预测阈值设置（0.875 和 0.975）下的预测结果。

四、实验结果与分析

如表 1 和表 2 所示，我们列出了各种评估指标下不同方法的详细结果。我们还在两个表格中加粗每列的最佳结果。值得注意的是，Twitter 数据集中的原始微博没有被公布。因此，我们在此数据集上省略了 CNN-OM 和 CED-OM 的结果。从实验结果来看，我们有以下观察。

表 1 微博数据集实验结果

Methods	Weibo-stan					Weibo-all				
	Acc.	Precision	Recall	F1	ER	Acc.	Precision	Recall	F1	ER
CNN-OM	0.809	0.829	0.781	0.804	100%	0.887	0.883	0.884	0.883	100%
TF-IDF	0.859	0.799	0.951	0.868	100%	0.819	0.914	0.678	0.779	100%
GRU－2	0.920	0.926	0.900	0.913	100%	0.819	0.914	0.678	0.779	100%
CAMI	0.896	0.890	0.876	0.883	100%	0.893	0.866	0.914	0.889	100%
CED(0.875)	0.938	0.930	0.946	0.938	32.7%	0.913	0.926	0.892	0.908	31.3%
CED(0.975)	0.946	0.946	0.944	0.945	41.4%	0.921	0.934	0.899	0.916	45.6%
CED-OM(0.875)	0.916	0.896	0.941	0.918	28.1%	0.920	0.930	0.902	0.916	19.6%
CED-OM(0.975)	0.942	0.923	0.964	0.943	32.0%	0.913	0.942	0.874	0.906	19.5%
CED-CNN(0.875)	0.900	0.920	0.889	0.904	15.1%	0.941	0.947	0.929	0.938	13.2%
CED-CNN(0.975)	0.912	0.920	0.912	0.916	19.3%	0.947	0.954	0.934	0.944	17.9%

注：0.875 和 0.975 是 CED、CED-OM 和 CED-CNN 的预测阈值。

1. 我们提出的谣言早期检测模型：CED、CED-OM 和 CED-CNN，与所有基线方法相比，实现了显著且稳定的提升，具有更高准确性的同时，使用了更少的转帖序列信息。它证明了我们提出的早期检测模型和策略的合理性和有效性。

2. 与所有基线方法相比，我们的模型可以大大减少微博中的谣言检测所需要的时间，具体缩减程度为 86%，该结果在 Twitter 数据集中为 77%。并且两个数据集在准确性方面均表现良好。原因是 CED 旨在使每个时间间隔内的转帖表示都可预测，而其他方法仅使最终表示结果可预测。这种做法使我们的模型能够尽早发现所必需的转帖信息量。特别值得注意的是，CED-CNN 仅使用转帖信息序列的 13.2% 就实现了非常高的检测精度，使社交媒体上的实时谣言检测得以实现。

3. 通过整合原始微博信息，CED-OM 在两个阈值下实现了时间缩减量的显著改善。这主要是因为当只有少数转帖信息时，原始微博可以提供额外的信息。缺乏转帖信息会给 CED 检测谣言带来困难，而这可以通过在一定程度上加入原始微博来解决。

4. CED-CNN 方法的时间缩减量在所有数据集中都达到了最佳性能。同时，它在精度方面也有出色的表现，尤其是模型在 Weibo-all 这样的大型数据集中接受过充分训练之后。与 CED 相比，CED-CNN 在时间缩减度性能方面具有更好的性能，表明使用 CNN 提取转帖序列信息特征的方法比 TF-IDF 更有效。

表 2　　Twitter 数据集实验结果

Methods	Acc.	Precision	Recall	F1	ER
TF-IDF	0. 587	0. 569	0. 941	0. 710	100%
GRU - 2	0. 672	0. 626	0. 779	0. 694	100%
CAMI	0. 595	0. 667	0. 525	0. 588	100%
CED(0. 875)	0. 717	0. 692	0. 733	0. 712	53. 0%
CED(0. 975)	0. 744	0. 708	0. 791	0. 747	52. 5
CED-CNN(0. 875)	0. 721	0. 642	0. 929	0. 760	32. 1%
CED-CNN(0. 975)	0. 704	0. 616	1. 000	0. 762	43. 8%

上述观察表明，我们的模型能够使用有限的转帖信息进行更准确的预测。它对各种数据集和参数设置都很灵活，且鲁棒性（robustness）很强。

五、总结与未来工作

在本文中，我们专注于在传播早期来检测社交媒体谣言的任务。该任务旨在根据转帖信息尽早识别谣言。鉴于现有模型只能使用整个或固定比例的转帖序列进行预测，我们假设每个微博都存在“可信检测点”。此外，我们提出可信早期检测（CED）模型，以消除不必要转帖信息的影响，并在特定的可信检测点进行高准确率的预测。实际数据集上的实验结果表明，我们的模型可以将预测所需时间跨度显著缩短 85% 以上，同时具有更高的准确性。

对于未来的工作，我们可以将其他重要信息纳入早期谣言检测模型当中，例如发布者的个人资料和原文信息的传播结构，以及转帖信息和原始微博的关系。这类信息有望解决转帖信息中的内容冲突问题。

作者：刘知远（清华大学计算机科学与技术系）
杨　成（清华大学计算机科学与技术系）
宋长河（清华大学电子工程系）
摘自：《全球传媒学刊》2018 年第 4 期

话语范式转型：非虚构新闻叙事兴起的中国语境

一、非虚构的本土实践及其问题性

作为一个源自西方的文学和新闻体裁类型，早在改革开放之初的 1980 年，美籍华人文学理论家董鼎山就已经把“非虚构”概念引介到中国，由此开启了 30 多年来中国文学理论界对西方非虚构文学理念及其实践的持久关注，并进一步带动了本土非虚构写作的实践传统和理论观照。

一方面，在文学创作和新闻业务领域，1980 年代以来的写作实践在结合西方观念和本土传统的基础上对非虚构文学和非虚构新闻写作体裁的探索从未停止。在中国语境下，1980年代以来传统现实主义文学和主流文化意识形态主导下的报告文学、纪实性散文、口述史、传记文学等文学体裁，与纸媒新闻业实践中长期存在的通讯、特写、深度报道等文体类型及其在电视调查报道、纪录片和纪实广播报道等视听媒体形态中的纪实叙事类型，构成了过去十年新一波非虚构写作高潮来临前传统广义非虚构写作实践的主要内容。基于不同的文化、技术和社会政治语境，2010年以来的非虚构写作潮流则以对现实的介入为核心，以写作者主体的在场、亲历、和反思为叙事特征，在回顾历史的同时，也不断进入重大社会现实和微观主体的日常现场，形成了独特的带有人类学民族志色彩的非虚构观念和写作实践方式。

另一方面，作为对这些写作实践的理论回应，学术界针对非虚构概念所引发的理论和实践问题的思考和争论也延续至今。与文艺理论界的热烈讨论形成鲜明对比的是，尽管新闻界是广义非虚构写作实践的重要领域之一，但非虚构概念及其相关理论和实践议题进入新闻传播学界则是相对晚近的事情。在2010年以来出现新一波非虚构文学创作潮流，以及这种言语实践对新闻业务产生实际影响，在新闻生产中得到大规模应用，从而促使非虚构写作成为一种明确的新闻操作理念之前，新闻传播学学术界对与非虚构概念相关的议题进行严肃学术讨论的文献数量并不多。就本文的旨趣而言，我们所关心的问题是非虚构话语实践进入并盛行于新闻报道领域是新闻写作者基于何种特定的话语谱系和社会语境做出的实践反应？在新闻传播学界，绝大多数研究者的注意力主要聚焦于何为非虚构写作，这种特定的言语实践方式的特征、方法路径及其边界问题，而对话语实践的外部复杂语境及其所表征的传播权力格局转型缺乏宏观的批判考察。换言之，对非虚构叙事进入新闻实践领域，并逐渐成为一个重要趋势的现象背后所反映的媒体技术、政治经济、社会文化和专业规范转型的危机和可能机遇，没有给予足够的剖析。

有鉴于此，本文的目的不在于探讨具体的实践方式或文本形态，而是试图进入一个更为宏观的批判分析层次，即作为一种社会实践的非虚构话语为何在当前这一特定的历史情势中的新闻实践领域呈现出强劲的发展势头，进而成为一种媒体产业操作和新闻职业行为的新模式？这种特定的书写方式在市场化改革后的中国媒体场域所承载的叙事文体谱系中处于一种什么样的位置？对作为一种追求公共性之话语实践的新闻业来说，非虚构写作理念和实践模式所表征的话语范式转型意味着什么？为了回答这些问题，本文的论述不局限于特定实践形态的技术细节，而是侧重于话语实践所处的范式转型过程，结合媒体技术和业态嬗变及其所处的政治经济情势，对非虚构与中国本土新闻话语实践的复杂关系脉络，尤其是当前语境下非虚构概念和实践方式进入新闻业的原因与社会后果进行批判分析。

二、非虚构与当代中国新闻话语的谱系

新闻生产领域中非虚构话语的出现和大规模生产并不是一个孤立现象，而是与新闻话语谱系中不同语体实践之间的竞争关系和新闻场域的结构变迁以及由此导致的权力转移息息相关。从新闻话语谱系的演变，即新闻生产所处的语态环境的变化来看，改革开放以来中国媒体的新闻话语谱系既有连续性，也随着社会条件的变化，尤其是新闻业本身的改革和发展过程在不同历史阶段产生了不同的语体范式。这些范式的变化不仅是写作文体的形式和表达方式的变化，还意味着新闻理念以及对媒体的社会政治功能属性的重新定位。

改革开放以来中国新闻话语范式的总体特征呈现出以执政党—国家政治诉求为特征的宣传取向、以公共性和社会主体利益诉求为特征的专业取向以及以叙事审美性和文化日常性逻辑为特征的文学取向三种不同的新闻话语范式。显然，非虚构新闻话语属于第三种取向的范式类型。这些不同的新闻话语范式并不是完全相互取代的关系，而是相互影响，并随着不同历史时期的媒体和社会条件的变化此消彼长。

新媒体条件下兴起的非虚构理念和新闻实践成为整合传统新闻话语中各种文学取向的新闻语体资源的一个工具。新闻生产加入人文社会科学界持续几十年的叙事转向（narrative turn）潮流，透过叙事性和讲故事突破传统新闻要素构成的浅层描述，并试图把传统新闻生产方法的默识过程转变为理论化的可识别知识体系，成为这场非虚构运动的核心旨趣。与深度调查报道相比，非虚构新闻话语继承了1990年代兴起并在21世纪第一个十年形成了稳定文体风格的特稿传统，更注重事实真实和文学手法的有机结合，在写作技法上通过对大量场景和情节细节的小说式描写，最大限度地实现新闻文本的原创性文学品质。

这种新的话语范式转换，是如何对应于新闻场域在新技术和政治经济条件下的危机与转型，又对以公共性为旨趣的新闻话语模式及其理念基础带来何种机遇和陷阱？对这些问题的回答，要求我们必须把新闻话语范式的转换，尤其是以特稿形态呈现的非虚构写作理念和实践模式对新闻业的介入，看作当前历史条件下传播权力转移过程的内在组成部分。

三、非虚构与新闻业的危机和转型

进入21世纪以后，尤其是最近十年来，随着新闻生产的技术和政治经济条件的剧烈变动，传统新闻生产研究所依赖的社会基础、理论预设和方法路径都面临着危机和重构的压力。在传媒实践上，这种危机表现为1990年代中期以来迅速发展的传统市场化媒体面临技术驱动的业态转型和政治边界收缩的双重压力，专业主义取向的职业伦理和实践模式逐渐在政治和经济上陷入双重困境，技术引发的行业生态转型导致了专业主义及公共性价值立场的边缘化，国家主义和商业主义成为统合新闻话语模式的主要逻辑。随着社交媒体的崛起，定义现实的话语权不再是社会舆论机关的垄断权力，社交媒体平台化发展导致的知识膨胀、信息泛滥和众声喧哗极大地削弱了以事实为共识基础的原则，传统新闻业及其专业主义规范赖以立足的现代主义真理观的危机日益凸显。

从媒介学的角度来看，这显然意味着当下的媒体格局处于一次新的媒介域转型的历史关头，诚如陈卫星所说“媒介域的转换时刻是媒介与社会产生紧张关系或复杂关系的时刻”。在这种媒介域转换的过程中，传播格局及其话语形式日益呈现碎片化和反宏大叙事的后现代倾向，传统媒体及其生产组织方式所体现的现代主义观念和价值追求失去了技术基础，陷入了危机之中。正是在本土新闻业面临严重危机的历史关头，非虚构新闻话语从处于潜流状态上升为当下新闻话语的主导模式之一。

我们认为，这种叙事模式和时代语境的贴切性可以归结为三个维度：第一，媒介形态的变化使得印刷传播及其理性叙事模式面临网络移动终端及其非线性、反理性的碎片化叙事逻辑的强势驱逐。这构成了强调故事性的非虚构作品取代强调严肃理性的问题意识的深度报道成为主导新闻叙事类型的传播生态语境。第二，执政党—国家政治议程刚性边界的强化结束了市场化改革以来主流媒体空间在一定程度上存在的言论边界的模糊性，以具有政治和社会问题意识敏感度的公共议题为处理对象的专业主义新闻叙事的话语机会进一步缩小，寻求突围的新闻业不得不借助非虚构的写作实践，把关注的目光从宏大主题下移至社会生活中的日常性维度，国家和社会深层次的结构性问题被处理为这种文学化新闻叙事的一个间接背景。第三，信息传播行业的整体结构性变化所导致的传播权力由传统新闻机构向新媒体传播平台转移，这些平台的资本化和商业化水平远远高于传统媒体行业，商品化逻辑推动产品化和个性化服务意识进入新媒体平台新闻生产的核心，而非虚构作品因其可读性和较高的叙事审美价值在这种市场化的新闻生产体系中占据了较高的估值等级，从而受到平台化新媒体资本的追逐。

如何看待非虚构叙事的兴起与新时期传播生态和政治经济语境的这种对应性？这种新闻叙事的范式转型对新闻业当下的困境和未来的命运意味着什么？在此，我们显然无法做出简单的价值判断，而应当持有较为开放的态度，对其可能具备的公共性潜力保持审慎的乐观，同时也对其存在的问题保持足够的警醒。总之，我们认为，非虚构理念的兴起及其在新闻业中的应用被视为新闻业在政治经济权力维度所经历的结构转型和行业危机的一个症候。继承并重构特稿传统的非虚构话语与新时期传播生态的技术、政治和商业逻辑形成了匹配性关系。这种关系既包含探索摆脱新闻业危机可能性的机遇，也可能存在风格主义的“景观”陷阱。

作者：黄典林（中国传媒大学）
摘自：《新闻记者》2018 年第 5 期

塔克曼到底在说什么？经典逐译的语境与《做新闻》中译本的误译

1978 年，盖伊·塔克曼（Gaye Tuchman）出版《做新闻：对现实建构的一项研究》（*Making News：A Study in the Construction of Reality*），该书在英文学界早已成为经典。初版 20 年之后，由英文刊物《新闻与大众传播季刊》组织的评选将之列为 20 世纪最重要的新闻传播著作之一；而在大洋彼岸的中国，《做新闻》在 20 世纪末才缓缓进入学人的视野，并一步步“再经典化”。在此过程中，2008 年中译本的翻译出版是至关重要的一步。在过去 20 年间（1997—2017），《做新闻》的中英文版被 250 余篇中文核心期刊论文引用，其中中译本被引 158 次。由此可见，中译本在中国学界接触塔克曼的学术思想方面扮演着重要角色。

中译本对原作的“跨文化转译”成为众多中文读者与原作展开对话的桥梁。本文聚焦《做新闻》中译本，将之与 *Making News* 详细对照，对译本存在的误译展开系统的梳理和批评。本文的目的并不是为了“挑刺”而“挑刺”，而是希望以《做新闻》中译本为个案，从“跨语际实践”视角和“互文性”概念出发，探讨学术著作逐译与原著论述语境、理论语境和生产语境之间的关联。本文强调，中译本之所以存在误译，除了语言转换、翻译方式等原因之外，更重要的是中译本对《做新闻》的论述语境和理论语境理解和把握得不够全面，对相关领域的概念与著作在中文学界的译介情况亦存在隔膜。

本文的讨论聚焦《做新闻》中的核心概念，从不同层面的“语境”入手，探讨中译本对这些核心概念的误译以及由此导致的误读。本文的讨论聚焦两个层面，一是原作的论述语境——即上下文和论证逻辑，二是《做新闻》的理论语境，特别是社会建构论和现象学社会学。在论述语境层面，《做新闻》第二章的标题原为“Space and the news net”（空间与新闻网），在中译本目录和标题处均被误植为“Space and the news network”，并被“相应地”翻译为“空间和新闻网络”。“新闻网”与“新闻网络”一字之差，但若对塔克曼的论述语境详加考察，就会发现“新闻网”比“新闻网络”更加准确。塔克曼对“新闻网”概念的阐发建立在类比——捕捉新闻之于捕鱼、新闻网之于渔网——和相关的隐喻之上，而“新闻网络”则将这层隐喻性的概念关联抹除了。

在建构论语境层面，社会建构论无疑构成了《做新闻》的重要理论语境，塔克曼在书中多次援引伯格和卢克曼合著的《现实的社会构建》（*The Social Construction of Reality*）（1966）展开论证，第九章更是直接将新闻视为“建构的现实”。伯格和卢克曼使用的诸多术语自然也进入《做新闻》当中，由于译者对社会建构论这一理论语境的把握不够准确，未能识别出二者之间或隐或显的“互文性”，导致了误译。本文主要以“web of facticity”和“reification”这两个概念为例展开讨论。

“The web of facticity”是《做新闻》第五章的标题，它串联起第二章至第四章的经验观察，在塔克曼的理论地图中占有重要位置。中译本将其译为“新闻事实网”，将“facticity”翻译为“真实性”或“新闻事实”。但所谓“web of facticity”并不是指由新闻事实构成的网络，而是指新闻人在受制于截稿期限的新闻实践活动中如何运用消息来源、确认并验证事实，因而，这一概念翻译为“事实性网络”更为准确。跳出塔克曼的论述语境，进入《做新闻》的理论语境，将 facticity 翻译为“事实”或“新闻事实”的偏误变得更为明显。在《现实的社会构建》中，伯格和卢克曼将“客观的事实性”与“主观的意义”相对照，并在此意义上指出，“要想对社会这一‘自成一体的现实’达致充分的理解，就必须探究该现实是如何被建构起来的”，而这种探究过程，正是“知识社会学”的任务。塔克曼延续了伯格和卢克曼的路径，在新闻生产领域展开对“事实性”的探究。“事实性”概念之外，中译本还将“reify”或“reification”翻译为“具体化”，而不是“物化”，这显示出译者对《做新闻》理论情境以及背后更为广阔的知识传统——马克思主义对物化的讨论——的隔膜。

在现象学社会学理论语境层面，《做新闻》中译本对一系列核心概念及相关论述——包括“多重现实”“此在”“意识形态”等——的翻译也存在值得商榷之处。其中最大的误译或许是将“taken for granted”翻译为“想当然”，如中译本中下面这段相当重要的论述：

> 美国人会想当然地认为，新闻是对特殊机构中日常发生的事件的非历史、非理论的叙述，它运用的是具体事物的逻辑。我们想当然地认为，每日的新闻产品就是消费者的日用消费品，而不用提到它与便士报时期广告发展的历史联系。我们也想当然地认为，置于合法机构中的新闻网和集中化采集新闻这一事实是从19世纪传下来的。

这段译文中的三处“想当然”，第一

处原文为“take as given”，后面两处原文均为“take for granted”。单纯从中文字面上看，中译本凸显的似乎是我们认识上的错误：所谓“想当然”耳，实情并非如此。这一段尽管没有标注任何参考文献，但它与现象学社会学之间存在着非常深刻的“互文”关系。例如，《社会实在问题》的“引论”指出，“这个被认为理所当然的日常世界所具有的最重要、最微妙的特色，就在于人们认为它就是理所当然的”。在《社会理论研究》（*Studies in Social Theory*）中，舒茨详细讨论了“被视为理所当然的社会世界及其结构化”。塔克曼从舒茨的理论再进一步，结合伯格和卢克曼的论述，强调新闻是“对现实的社会建构”。因而，这一段落更准确的翻译应该是：

在美国人看来，新闻理所应当就是非历史的、非理论性的叙述，关乎发生在特定机构中的日常事件，运用具体化的逻辑。新闻被当作消费品日复一日地生产出来，我们将之视为理所当然，却忽视了它与便士报时期广告发展的历史联系。新闻网嵌入到正规机构之中，新闻采集以集中化的方式展开，我们也视之为理所当然，却不知道它们乃是十九世纪的产物。

《做新闻》中译本对新闻网、事实性网络、物化、意识形态、“想当然”等关键概念或表述的误译，让译本呈现出的理论论述存在着天然的缺陷。倘若从学术翻译延伸到更一般的“跨语际实践”，中译本的误译导致的第一重误读似乎构成了某种“症候”，仿佛是在地学术社群对异域旅行者投去的匆匆一瞥：这一瞥抓住了“建构”和“框架”等闪光的标签和几样“得心应手”的批判武器，但却未必捕捉到旅行者的灵魂——有关“新闻如何生产出来”的现象学洞见。

词汇语言和翻译技术只是“误译”的表层问题，缺乏相关学科知识作为支撑、忽视文本的“互文性”关联，即便英文水平再好的译者也有可能望文生义地“误译”，哪怕是直接阅读原文的研究者也会“想当然”地解读。在此前提下，“误译”更应该被视为淮橘为枳的异变，既是身处特定学术场域中的译者参与其间的话语建构过程，也是这一过程的产物。因此，本文指出《做新闻》中译本中的误译还只是第一步，由此向前，我们至少要处理两个层面的问题：在学术批评层面，其焦点是如何在更好把握“语境”的前提下译介经典文本；在理论层面，其焦点是如何以反思式的方式将“译介”这一话语实践纳入知识社会学的范畴。

在 *Making News*、《做新闻》以及援引二者的中文论著之间形成了复杂的“互文性”网络，而不同文本的书写与互文关系的建立则牵涉更为广泛的知识过程和学术实践。这首先要求我们对学术译介实践重新概念化：译介绝不仅仅是单纯的“引进”或“输入”，更是“生产”；其生产过程和所生成的“知识”，同样是社会关系、社会过程和社会制度的产物。其次，这意味着我们需要带入更丰富的经验材料，一方面检视译介与原作及其语境的关联，另一方面则考察译介者所处的知识情境如何形塑译介工作，而译介又如何影响学术界对经典的把握和挪用。从这里出发，我们或许可以迈向围绕具体层面的误译和一般意义上的译介的“知识社会学”。

作者：李红涛（浙江大学传媒与国际文化学院）
摘自：《国际新闻界》2018 年第 6 期

虚拟社区里的知识分享：基于两个竞争性计划行为理论模型的分析

借由电脑、手机等信息传播科技接入互联网的虚拟世界，深刻改变或重塑了社交、娱乐、新闻获取与知识分享等各种活动。而具体到知识分享而言，可以把人们以互联网为中介来将专业知识、技能、价值观念、见解、经验等传递给他人的过程，称为“虚拟知识分享”或者“在线知识分享”。本研究将从计划行为理论的视角出发，考察我国目前最具影响的社会化问答网站知乎的用户在知识分享的意向和行为方面的影响因素。

计划行为理论在理性行为理论的基础上增加了一个新因素，即“知觉行为控制”。按照阿耶兹的看法，行为意向直接影响行为，知觉行为控制也可能直接影响行为，而行为意向则同时直接受行为态度、主观规范与知觉行为控制的影响。这些关系均为正相关关系：一方面，当其他条件相同时，行为态度越积极，主观规范越强烈，知觉行为控制越强烈，就越有可能导致行为意向；另一方面，当其他条件相同时，行为意向越强烈，知觉行为控制越强烈，就越有可能导致实际行为。

“知觉行为控制”概念的提出是计划行为理论最重要的贡献，但它引起的麻烦至今仍未解决。阿耶兹认为“知觉行为控制”与班杜拉的著名概念“自我效能”在理论内涵上如出一辙，甚至与后者的其中一种测量方法也近似，然而班杜拉却认为二者是相当不同的概念。自我效能更强调个体源于内在的控制因素而来的一种认知控制感，而知觉行为控制所强调的却是一种外在的控制感。

2002年，阿耶兹试图厘清围绕“知觉行为控制”在概念与方法上的模棱两可。他认为知觉行为控制准确而言应叫作“对行为表现的知觉控制”，包括两个可相互分离的组分——“自我效能”和“控制力”，它们是“一个阶层性因子模型中统一的潜变量”，即“知觉行为控制”，他同时给出了这个二阶因子模型的示意图。“为了某些目的，计算出一个单一的知觉行为控制的总体指标即可，但其他时候，研究项目的目标可能需要自我效能和控制力这两个度量。”这一理论修正对后来的研究有所影响，譬如有些研究在测量知觉行为控制时，同时测量了“控制力”和“自我效能”这两个维度。可遗憾的是，“二阶构念”的观点却并未受到认真对待。

除了理性行为理论和计划行为理论之外，社会认知理论也经常被单独或整合地用来研究知识分享，其中“自我效能”常作为一个重要因素。本研究将引入“知识分享自我效能”——一个人所持有的能有效地分享信息的信念——来考察知乎用户的知识分享现象。

本研究在文献回顾的基础上，构建出两个竞争性的概念模型，以考察知乎用户的知识分享意向与行为之影响因素。第一个模型是“计划行为理论修正模型”（记作RM），它尊重阿耶兹2002年对计划行为理论的修正：令“自我效能”和“控制力”这两个一阶构念载荷至二阶构念“知觉行为控制”。模型包括下列五个“直接效应”假设：$H1_{RM}$：知乎用户的知识分享态度正向影响知识分享意向；$H2_{RM}$：知乎用户的知识分享主观规范正向影响知识分享意向；$H3_{RM}$：知乎用户的知识分享知觉行为控制正向影响知识分享意向；$H4_{RM}$：知乎用户的知识分享意向正向影响知识分享行为；$H5_{RM}$：知乎用户的知识分享知觉行为控制正向影响知识分享行为。

第二个模型是“计划行为理论扩展模型”（记作 EM），它尊重班杜拉的观点，明确区分自我效能与知觉行为控制，并将前者嫁接至经典的计划行为理论模型，所有要素均为一阶构念。模型包括下列七个“直接效应”假设：$H1_{EM}$：知乎用户的知识分享态度正向影响知识分享意向；$H2_{EM}$：知乎用户的知识分享主观规范正向影响知识分享意向；$H3_{EM}$：知乎用户的知识分享控制力正向影响知识分享意向；$H4_{EM}$：知乎用户的知识分享自我效能正向影响知识分享意向；$H5_{EM}$：知乎用户的知识分享意向正向影响知识分享行为；$H6_{EM}$：知乎用户的知识分享控制力正向影响知识分享行为；$H7_{EM}$：知乎用户的知识分享自我效能正向影响知识分享行为。

本研究还通过比较样本中不同性别的用户来回答调节效应的问题。首先，对应于计划行为理论修正模型的五个“调节效应”假设是：$H6_{RM}$：性别调节 $H1_{RM}$ 表述的知识分享态度对于知识分享意向的影响；$H7_{RM}$：性别调节 $H2_{RM}$ 表述的知识分享主观规范对于知识分享意向的影响；$H8_{RM}$：性别调节 $H3_{RM}$ 表述的知识分享知觉行为控制对于知识分享意向的影响；$H9_{RM}$：性别调节 $H4_{RM}$ 表述的知识分享意向对于知识分享行为的影响；$H10_{RM}$：性别调节 $H5_{RM}$ 表述的知识分享知觉行为控制对于知识分享行为的影响。

其次，对应于计划行为理论扩展模型的七个“调节效应”假设是：$H8_{EM}$：性别调节 $H1_{EM}$ 表述的知识分享态度对于知识分享意向的影响；$H9_{EM}$：性别调节 $H2_{EM}$ 表述的知识分享主观规范对于知识分享意向的影响；$H10_{EM}$：性别调节 $H3_{EM}$ 表述的知识分享控制力对于知识分享意向的影响；$H11_{EM}$：性别调节 $H4_{EM}$ 表述的知识分享自我效能对于知识分享意向的影响；$H12_{EM}$：性别调节 $H5_{EM}$ 表述的知识分享意向对于知识分享行为的影响；$H13_{EM}$：性别调节 $H6_{EM}$ 表述的知识分享控制力对于知识分享行为的影响；$H14_{EM}$：性别调节 $H7_{EM}$ 表述的知识分享自我效能对于知识分享行为的影响。

本研究以重庆市主城区 33 所高校为抽样框，分层抽样 10 所学校，最终得到一个由 1198 人组成的分析样本，抽样误差为 ±2.8%。

主要变量的测量充分吸收和借鉴了前人的研究成果。其中，知识分享态度有 5 个指标，知识分享主观规范有 4 个指标，知识分享控制力有 4 个指标，知识分享自我效能有 4 个指标，知识分享意向有 3 个指标，而知识分享行为有 3 个指标。每个变量都具有良好的信度和效度。

测量模型的验证性因子分析结果显示：其一，计划行为理论修正模型没有得到良好的测量模型，因此该模型被放弃，不再对它做进一步的结构模型分析；其二，计划行为理论扩展模型的拟合优度指标显示很好（$RMSEA = 0.051 < 0.06$，$CFI = 0.967 > 0.95$，$TLI = 0.961 > 0.95$），因此测量模型可被接受。

针对计划行为理论扩展模型，基于整体样本做完整的结构方程模型分析，以检验前文提出的“直接效应”假设。首先，模型具有很好的拟合优度（$RMSEA = 0.052 < 0.06$，$CFI = 0.965 > 0.95$，$TLI = 0.960 > 0.95$），说明计划行为理论扩展模型可被接受。其次，绝大多数直接效应假设都得到了支持。具体而言：$H1_{EM}$ 假设知识分享态度正向影响知识分享意向，获得强劲支持（$\beta = 0.21$，$p < 0.001$）；$H2_{EM}$ 假设知识分享主观规范正向影响知识分享意向，获得支持（$\beta = 0.11$，$p = 0.003 < 0.001$）；$H3_{EM}$ 假设知识分享控制力正向影响知识分享意向，获得强劲支持（$\beta = 0.38$，$p < 0.001$）；$H4_{EM}$ 假设知识分享自我效能正向影响知识分享意向，获得强劲支

持（$\beta = 0.31$，$p < 0.001$）；$H5_{EM}$假设知识分享意向正向影响知识分享行为，获得支持（$\beta = 0.12$，$p = 0.026 < 0.05$）；$H6_{EM}$假设知识分享控制力正向影响知识分享行为，不但未获支持，反倒背道而驰，为显著的负向影响（$\beta = -0.35$，$p < 0.001$），这是本研究得到的一个反常发现；$H7_{EM}$假设知识分享自我效能正向影响知识分享行为，获得强劲支持（$\beta = 0.61$，$p < 0.001$）。最后，对这些路径系数稍作比较，即可发现：知识分享意向的四个预测变量都有显著的预测作用，其中知识分享意向贡献最大，知识分享主观规范贡献最小；知识分享行为的三个预测变量都有显著的预测作用，其中知识分享自我效能贡献最大，知识分享意向贡献最小；知识分享自我效能是对于整个模型贡献最大的预测变量。

再进一步按“性别”分组，做多组结构方程模型分析来检验调节效应假设。遵循王济川等人推荐的步骤，依次做基线模型、组态 SEM 模型与限制模型的分析后发现，只有$H11_{EM}$（性别调节效能—意向关系）获得强劲支持（$\Delta\chi^2 = 11.05$，$\Delta df = 1$，$p < 0.001$），其余六个假设都被拒绝。

阿耶兹指出：态度、主观规范与知觉行为控制的相对重要性，部分地取决于针对的行为意向是什么；三者对某些行为意向可能都是重要的影响因素，态度对某些行为意向比主观规范更重要，而主观规范对其他行为意向可能最为重要；同样，知觉行为控制和行为意向对行为的作用也会因不同行为而异。本研究发现，就知乎用户的知识分享现象而言，主观规范对分享意向的预测力在整体样本中虽统计显著，却相对最弱，这与现有大多数文献相一致；而分组统计却显示，主观规范不能显著地预测女性用户的分享意向。本研究还发现，就对分享行为的预测力而言，分享意向弱于控制力，更弱于自我效能，这与现有大多数文献的发现——意向是行为的主要预测变量——不一致；而分组统计更是显示，分享意向不能显著地预测女性用户的分享行为。

阿耶兹还指出，计划行为理论中的态度、主观规范与知觉行为控制对于预测行为意向的相对重要性会因个体而异，因群体而异。为此，本研究通过提出性别的调节效应假设来加以回应。尽管本研究发现性别仅显著调节了自我效能—分享意向关系，未来仍有必要继续考察性别的调节效应。此外，本研究的数据采样自“大学生”群体，该群体中的虚拟知识分享现象是否有别于其他“非学生群体”呢？未来可同时抽取学生和非学生样本，通过组间比较来检视群体类型的调节效应。

阿耶兹在理性行为理论的基础上增加“知觉行为控制”而提出计划行为理论，而本研究添加“自我效能”来进一步扩展计划行为理论。层次回归分析的结果显示，若从概念和测量上明确区分“控制力”与“自我效能”，加入后者有望显著增强计划行为理论的解释和预测力量。

最后，研究设计方面，计划行为理论研究者多半采用纵向设计中的面板设计，也不乏截面设计，而本研究属于后者。本研究受研究环境、经费等客观限制，无法做到在两个时点对同一个随机大样本开展调查，便无从知晓这种限制在多大程度上影响到了知乎用户知识分享的意向、控制力和自我效能对于其分享行为的预测力。尽管面板设计几乎必然会遭遇样本量的减损，未来仍应尽可能采用这种与计划行为理论的基本逻辑更为契合的设计，考察虚拟知识分享现象。

作者：黄顺铭（四川大学文学与新闻学院）
摘自：《新闻与传播研究》2018 年第 6 期

互联网的网络化治理：用户权利的契约化与网络中介私权力依赖

2011年，经济合作与发展组织（OECD）将网络中介定义为："在互联网上聚合或促成第三方当事人之间的交易。他们提供由第三方当事人发起的接入、存储、传输、索引内容与产品及服务，或提供基于互联网的服务给第三方。"用户规模大的中介被称为超级中介，当前的网络空间主要被超级中介控制。网络中介的私权力凸显，被称为数字环境的"结构性角色"，原因在于：第一，网络中介管理公共表达与参与平台，决定信息的流向。第二，网络中介管理用户活动空间与数据，知悉传播主体的行为。第三，网络中介对用户网络活动的控制。第四，网络中介对国家边界的突破。

用户条款是网络中介私权力的直接来源。这些条款有以下特点：第一，用户只能被动接受。第二，用户对协议知之甚少。第三，协议赋予网络中介管理用户的"权力"。第四，因海量用户形成大规模协议。虽然网络中介的用户条款仅仅涉及接受其产品或服务的用户，但随着用户群体的不断增长，网络中介的用户条款最终将与法律一样约束整个社会。但用户条款与法律是不同的。第一，订立和修改成本不同。法律修改成本远高于用户协议修改成本。第二，保障实施的强制手段不同。法律以行政或司法强制力为强制手段，而用户条款的强制手段主要是网络中介掌握的技术。第三，程序性不同。法律经过立严格的立法程序，而用户条款由网络中介的律师或法律团队拟定，并无程序性要求。第四，根本目标不同。法律以社会利益最大化为主要目标，用户条款以企业利益为主要目标。第五，公众参与度与透明度不同。法律的制定有一个公众参与或者通过代表参与的渠道，网络中介的用户条款一般缺少公众参与，无论是制定还是执行，法律都比用户条款透明。第六，网络用户对待法律和用户条款态度不同。不论是立法还是执法，用户都比较敏感，监督意识非常强。用户条款是私主体之间的契约，在订立过程中本身就缺少参与，用户享受的很多服务为免费，使用户对其不敏感。第七，统一性不同。法律的执行更为统一，不同网络中介的用户条款及其执行模式都各不相同。

网络中介管理用户或内容的正当性来自用户条款，而在用户条款背后驱动网络中介制定用户条款并积极执行的，是规避管制和法律风险，或追逐商业利益。这些驱动力要么在用户条款中直接表现为具体条款，要么是兜底条款或一般规则。主要包括如下几点。

第一，法律驱动。第一类是命令型条款。这类法律条款直接规定网络中介应当履行的法律义务。第二类是鼓励型条款。这类法律条款并未直接给予网络中介管理用户及用户发布内容的义务，但规定网络中介若采取管理措施的，可以免除或减轻其相关法律责任。

第二，政府驱动。各国一般通过以下三种透明度不同的模式直接或间接促使网络中介实现政府的内容或用户管理目标：其一，通过法律授权政府监督网络中介行使其管理职能。其二，通过协议让网络中介实施管制措施。其三，法律和协议之外的手段。上述两种模式都可以称为“硬法”，这类规范要求严格的程序，弹性较差。各国政府也普遍采取被称为“软法”的非法律性的指导原则、规则和行政政策等措施来影响网络中介管理用户的行为。

第三，用户驱动。用户通过以下几种方式直接或间接驱动网络中介依据用户条款管理互联网用户或内容：一是利用法律规则。二是利用网络中介制定的规则。三是通过集体行动施压。四是利用政府部门给网络中介施压。五是网络中介吸纳用户参与管理。

第四，商业利益驱动。为了保护自己的商业利益和品牌形象，网络中介也会在没有上述三种压力的情况下主动采取措施管理网络空间。

用户条款不是法律但胜似法律的特点带来了网络空间传播法相关权利和义务运行方式的变化，从公权力治理与保障转变为借助私权力的治理与保障，把一种不确定的对世权利转变为一种确定的对私主体的契约。造成网络空间传播法运行对网络中介私权力的依赖，公权力依赖网络中介私权力实现治理目标，用户作为私权利主体则依赖网络中介的私权力保障其权利的实现。上述四种驱动力表明，网络空间中影响私权利实现的因素因网络中介介入而更为复杂。

从国内外立法、司法和案例来看，传播行为和传播法权利的实现已经显示出这种变化：第一，表达自由的契约化。各类网络中介都会在用户条款中加入法律法规禁止传播的内容，把一种公共机构与公民之间的社会契约转化为私主体之间的私人契约。第二，著作权的契约化。对于权利人来说，一旦侵权内容上传于网络，将很快被四处传播，维权成本非常高。只有网络中介利用技术手段才能解决大规模的侵权问题。第三，人格权及其他权利的契约化。网络环境，包括姓名权、肖像权、名誉权、荣誉权、隐私权等在内的人格权侵权及救济同样因网络中介的介入而改变。

除了私法上的权利，网络中介对于治理色情、赌博等有害内容和打击犯罪甚至恐怖主义等公法的实施都起着至关重要的作用，因为网络执法中嫌疑人个人信息及其行为信息都需要网络中介技术手段配合才能为执法者获取。通过不同部门之间的牵制、政府信息公开等机制对公权力运行形成了限制，那么，对网络中介私权力有无类似限制机制呢？网络中介的私权力来源于“权利”，也有法律和伦理规范方面的多重限制，但这些限制也有局限。

第一，用户法律内的监督：合同法。总体上合同法的确对网络中介肆意侵犯用户权利或不能有效保障用户权利起到一定限制作用，但并不能有效限制网络中介滥用其管理用户的权力。第二，政府和竞争对手法律内的监督：竞争法。与合同法一样，反垄断法能够限制网络中介过度损害消费者的行为但并未干预网络中介管理用户的权力。而我国部分反不正当竞争法案例还显示，竞争法还保护了大的网络中介垄断用户信息的权利。第三，社会监督：企业社会责任。社会责任本身也有很多局限：一是社会责任要转化为有约束力的规范并不容易。二是企业与公共机构毕竟不同。第四，体制外监督：用户的集体行动。用户有组织或无组织的集体行动对网络中介有一定的遏制作用，但并不能从根本上改变现状。

从上述论证来看，传播法在网络空间的运行主要由网络中介私权力与公权力之间的博弈主导，从宏观上形成了一种公权力、网络中介、用户三方博弈机制。传统传播法的正当性来源于一种上层的政治结构，即法律被视为公共机构与社会公众之间的“社会契约”。网络空间中，这种公共性质的、抽象的“社会契约”则被部分私人性质的、具体的“私人契约”替代，不论是体制内力量对互联网的治理，还是个体权利的实现都不得不依赖于网络中介。网络中介对互联网治理的正当性并非来源于上层的政治结构，而是来源于法律制度内的合同法规则，使得其权力相对于传统的体制内治理力量在网络空间更加凸显，也更为直接，失去了传统意义上的社会协商空间，不如传统体制灵活。在现实世界中形成了在互联网治理和传播法相关权利义务上复杂的网络，其互动模式也较为复杂，并非简单的科层制，也非简单的各主体平等的扁平网络，而是科层制和扁平网络的混合体。传播行为与传播法相关权利的实现已经因网络中介私权力的介入而发生转变。我国传播法的研究在法律制度方面应拓宽研究领域，从以规范为核心转向对规范和行为的综合分析，特别是规范对网络中介行为的影响和网络中介的行为及其如何规范本身是网络空间传播法的核心问题。

作者：张小强（重庆大学新闻学院）
摘自：《新闻与传播研究》2018 年第 7 期

液态的连接：理解职业共同体

——对百余位中国新闻从业者的深度访谈

一、引言

本研究从以下问题入手：中国新闻从业者如何理解他们的职业共同体？通过直面中国新闻从业者的深度访谈，我们探寻他们对职业共同体这一概念的“在地理解”（local perception），并把这种考察置于传播技术变革、中国传媒改革和新闻业变迁的历史语境当中，试图从整体上把握、理论化中国新闻从业者的群体特征。也就是说，我们试图探索中国新闻从业者的职业意识与话语，描述并解读其内部的矛盾和张力，并检视这些矛盾和张力的理论联系。

我们以深度访谈的方法探究上述问题。2014 年 3 月至 2015 年 2 月，我们以滚雪球的方式面访了百余位新闻从业者。他们在北京、上海、广州、武汉等城市工作，以中国居民为总体服务对象，年龄介于 20—55 岁之间，是从事采访、写作、编辑、评论的新闻机构雇员。他们一部分来自喉舌型媒体——以宣传党和政府的方针政策为导向，另一部分来自市场导向型媒体——以报道受众喜闻乐见的新闻、置换商业利益为目标。若以数字化程度分类，他们一部分来自报纸、杂志、广播、电视等传统媒体，另一部分来自门户网站、移动新闻客户端等新媒体。

访谈是半结构化的。切入之前，我们已经询问受访者对记者如何专业的看法，他/她的职业模范是谁，在他/她看来传统媒体和新媒体的专业程度及其原因，等等。这些问题可以看作职业共同体这个问题的铺陈。具体到表述上，我们将直接询问受访者：（1）中国新闻业是否存在一个坚实的职业共同体。我们不告知受访者何为职业共同体，但会请他们给出回答“是”与“否”的理由。假如受访者无法理解上面的表述，在接收问题后陷入长时间停顿或思考，流露出困惑、迟疑和不解，我们将视情况择其一补充提问；（2）新闻从业者这个群体是否给受访者带来归属感；（3）新闻从业者是否团结。问题（2）和（3）是问题（1）的具体化，旨在描述职业共同体对新闻从业者的整合效用与特征。我们与受访者谈论的问题类型以受访者回应的问题为准。经受访者同意，我们录制了所有对谈的过程，得到130段可供分析的材料。

我们对所得材料进行了质性数据分析。首先，我们按照“是”和“否”这两种答案架构出两块看似相互矛盾的板块。接着，我们再归纳出各个板块的若干主题，并结合材料予以阐释，呈现不同话语的冲突与共识。虽然我们遇到了报告“不好说”的受访者，但他们大多两面论述，因此我们决定把这一部分分别整合到“是”和“否”两部分当中去。

二、结语：液态的连接

通过“是”和“否”两个部分，我们既看到了多重话语在新闻实践中的交错，反映了体制、市场、技术等历史语境中的社会力量拉扯新闻实践，使之充满矛盾和张力；又看到在特定条件下，新闻从业者可以形成共同的阐释，汇聚有限的共识。但是，这两个相互割裂的部分有何内在联系，如何从理论上认识这种联系，这个问题没有得到回答。

我们可以运用鲍曼对共同体的阐述来联结受访者在地理解中两个相互割裂的部分。与社会学意义上的“社群”“社区”相比，鲍曼阐述的共同体较为泛化，以社会中存在的、基于主观上或客观上的共同特征而组成。这些共同特征包括种族、观念、地位、遭遇、任务、身份等。在鲍曼这里，共同体是一种想象，而非一个坚实、客观存在的组织或团体。原因在于：坚实、同质的组织或团体需建立在内部的共同理解之上，而这种共同理解只能是一种人造的成就（achievement），免除不了进一步的反思、质疑与争论。相反，共同理解可能处于一种完全相反的、“活络合同”（rolling contract）的状态，它的任何一次更新都不是永久、牢固的。信息传输技术的出现给予共同理解的“自然而然性”以致命打击：一旦信息可以独立于它的载体，并以一种远远超过甚至是最先进的运输方式的速度进行传递，共同体内外之间的界限便再也无法划定、维持。这就是说，共同体与个体之间的争执反映了人类在确定性与自由之间的争执。大多数时间里，确定性和自由有着相当大的矛盾，两者此消彼长，不可能永远和谐一致。寻求共同体庇护的渴望，实际上是人类在液化的现代进程中试图消除不确定性、寻求安全感，渴望共同理解。

我们以“液态的连接”来概括受访者“在地理解”中两个看似割裂的部分。这两个部分是新闻从业者职业理念双面样态在“液态的新闻业”中的反映。一方面，在传媒改革过程中，新闻从业者始终未能被专业主义话语有效整合，因为这套话语缺乏可立足的社会制度原则，且正随着社会变迁一道演变。在技术特征凸显的历史语境中，新闻从业者既被模糊了职业身份，又受到权力和市场的持续制约。代表技术、权力、市场的多重话语在新闻实践中交叠、碰撞，反映了新闻从业者以“液态”的身份观照公共生活的全新尝试。另一方面，在充满不确定性的行业变动中，新闻从业者表达了保持“连接”的渴望。所谓“连接”就是职业群体凝聚的想象：借特殊时点、事件的契机判定整合，或创造个体融入职业群体的切身与移情体验，新闻从业者表达对职业自主的向往，以及对稳定、恒常的社会结构、制度、秩序的期盼。这种向往和期盼既可以是对过去的回溯，也可以是对未来的畅想，展现了新闻从业者对自身主体性的宣誓，以及新闻业作为必要公共部件、新闻作为公共生活基本组成部分的认知。总之，“液态的连接”展示了这样的状态：新闻从业者一面借助变动的职业身份观照公共生活，一面表达了对行业不确定性的焦虑，以及重回稳定行业和坚固社会、创造安全感的想象。

通过“液态的连接”，我们还希望讨论一个“那又如何”（so-what）的问题：新闻从业者是否对所处历史语境、所面临的社会力量保持反思自觉。多重话语的交错反映了技术—市场逻辑支配着新闻实践。应当说，市场一直都是新闻从业者结盟的社会力量。借助市场，新闻业在中国传媒改革过程中发挥着解放的作用。至于技术，它的采纳促进了新闻业的数字化改造，丰富了新闻从业者以实践服务公众的手段。但我们看到市场异化着新闻从业者的劳动，技术退化成为新闻业数字化改造、市场化生存的工具。在这种情况下，我们不仅看到专业主义话语自身的变动，还看到在技术、市场的合围之下，专业主义话语空间不断遭到挤压。这么看，新闻从业者在面对行业不确定性的过程中可能背离了对公共生活的观照。这是需要警醒的。

这项研究有它的局限性。通过深度访谈，我们直接切入新闻从业者对职业共同体的谈论。这种方法的不足之处首先在于，操作化表述可能没有阐释清概念的含义。尽管我们在访谈初始阶段就注意到了这个问题，制定了“是否存在职业共同体”“新闻从业者是否团结”“对职业共同体有无归属感”三种提问方式，但我们仍然留意到一部分受访者的迟疑、困惑与茫然，感受他们理解职业共同体这一概念的困难。其次，我们解读用的访谈材料仍然是概要性的。这是因为我们没有围绕职业共同体这一概念提出更多相关联的问题，无法引导受访者对此开展较为全面的论述。另外，鲍曼的“液态”社会理论只是我们用来考察新闻从业者职业共同体的取向之一，这么做并不意味着我们获得了新闻从业者这个职业群体的全息影像，而只是试图从一般意义上理解这个异质性群体，迈出一小步。中国新闻从业者的职业理念仍在变动之中。从理论上说，它需要更加多样、适切的理论视角；从方法上看，如何在深度访谈中具体地表述职业共同体的理论内涵，这需要进一步探索。

作者：周睿鸣（浙江大学传媒与国际文化学院）
徐　煜（美国南加州大学传播与新闻学院）
李先知（首都经济贸易大学文化与传播学院）
摘自：《新闻与传播研究》2018 年第 7 期

《戊戌政变记》与政变图像建构：从个体想象到集体记忆

维新变法失败后，流亡海外的梁启超创作了《戊戌政变记》（以下简称《政变记》），连载于《清议报》，宣称是“戊戌政变之信史”。“戊戌政变”一词自此进入人们的视野，梁氏的“戊戌政变”说逐渐成为中国社会的普遍性集体记忆。本文以此为研究对象，深入探讨了媒介影响社会集体记忆的过程。

一、集体记忆的戊戌政变

社会记忆是个现象学的问题，是社会群体的一种整体性思维活动，往往不会深思熟虑。社会形成的集体记忆往往有其独特的形成过程，是一个社会共同体重要的认知构成成分。

审慎地回顾1898年秋天的戊戌政变，不难发现集体记忆的整齐划一特征，即明君与贼后、贤臣与奸相、进步与顽固等多个鲜明对立的意象。这种蒙太奇式的记忆画面，人物具有典型的形象特征，情节演变呈现故事化倾向，宣传“正义”被“顽固”扼杀的历史悲剧。萧一山的《清代通史》、萧公权的《中国政治思想史》等都不同程度地受到集体记忆的影响。

历史是由碎片化事实构成的，充满了不可预测的因素，因果关系常常并非清晰而直白，远因与近因并存，间接原因与直接原因同在。那么，这个人物形象鲜明、故事逻辑顺畅、剧情跌宕起伏的集体记忆，显然与真实的历史史实难言尽同。

二、相关文本史料中的戊戌政变

据不完全统计，戊戌政变前后，许多局内人和局外人直接留下的文字记载超过17种，包括局内人的日记、回忆录、传记等，以及流传下来的非常宝贵的新闻报道和时事评论。然而，除梁启超的《政变记》外，其他的历史记载均不同程度地在社会记忆中消失不见了，甚至包括梁启超本人的《戊戌政变纪事本末》。

根据史学研究，《政变记》是最早记述了政变完整过程的，内容详细，同时也是最早公布于众的文本。据悉，梁启超于1898年底完成《政变记》构想，在中途中断连载后于翌年5月刊行9卷本，随后于1903年春又出版了订正9卷本，1907年进一步订正并出版8卷本。后来，这个8卷本就成了通行的版本，直至今日。

关于政变的详细经过，梁启超根据自己的情感，在《政变记》中进行了绘声绘色地绘述。它杂糅着情感与想象，既有报章性质，也有史料性质，还富有文学气息。与之相对应的，局内或局外人的私家日记大多记录琐碎，不成体系，问世较晚，缺少文学性和戏剧性，缺乏阅读乐趣。它们在集体记忆形成过程中消失了。

三、梁启超的“个体想象”与复杂的历史真实

梁启超的《政变记》先定性后描绘，讲述了一个完整的戊戌变法故事。梁氏制造了一个“想象图像”，完成了康梁维新变法运动的合法化图像建构。

在政变发生前，突出表现变法维新的正义性。《政变记》通过大量时代危机的铺陈，营造了一个维新变法势在必行的氛围，进而将康有为和他的弟子们描绘成变法的主导政治力量，把变法的正义性体现得淋漓尽致。

在维新变法活动中，竭力渲染康梁维新的领导力。梁启超将分属不同政治派别的“军机四卿”统归于康有为的领导。在“军机四卿”的任职排序中，杨锐居首，其他次之。而梁启超在《政变记》中则将好友谭嗣同排在第一位。这种排序结果是集体记忆的一部分，是《政变记》成为社会集体记忆蓝本的证据之一。

在戊戌政变发生后，炮制衣带诏宣扬政治地位的合法性。政变发生后，康有为侥幸得以脱身，大肆宣扬“密诏”，主观制造帝后矛盾。康有为的这个“衣带诏”从未以实物示人，但却可以为其海外政治活动提供合法性保护。

总体来看，《政变记》加入了写作者个人的观念、想象、意识和立场，是个体想象的政变图像，是梁启超创作的历史“作品”。其特征是：非客观，文学的笔法，不完全真实，单方面渲染。而现实中的戊戌政变却是一个系统的、复杂的、充满机缘巧合的动态过程。

从变法背景看，晚清帝国于甲午之后，上下一致呼吁变法自强，即使是荣禄也没有反对变法。但对于如何变法、变哪些法的问题，各方势力分歧严重，形成了多股不同的政治势力，且不同政治力量之间犬牙交错，形势复杂。

就意识形态层面而言，整个维新变法运动始终没有形成一个统一的指导思想。光绪皇帝赞赏冯桂芬《校邠庐抗议》的变法思想，但朝堂上还有“祖宗之法不可变”说、“托古改制”说、“中体西用”说等。虽然变法成为主流共识，但指导方针却莫衷一是。

就实践层面而言，维新变法是光绪皇帝无法掌控的政治运动。在宫廷内部，他几乎完全受制于慈禧太后；在朝廷上，他也缺乏必要的政治智慧和政治经验，无法形成主导控制。甚至，光绪对康梁他们也没能掌控，对他们“围园劫后”等密谋毫不知情。

真实的维新变法运动是一个错综复杂的历史过程，最终由慈禧太后主导完成了“戊戌政变”行动。然而，在《政变记》中，康有为被描绘成维新政治的唯一领袖。它没有告诉读者全部的变法实情，并且在某种程度上歪曲了变法的实际情形。事实上，集体记忆却不总是唯事实为准绳，故事性和趣味性相比来说更易发挥关键作用。

四、政变集体记忆的形成脉络

作为专有名词，“戊戌政变”指慈禧太后捕杀“戊戌六君子”、推翻变法新政的事件。追寻这个专有名词的形成过程，可以帮助我们发现政变集体记忆的形成脉络。自《政变记》问世以后，经康梁的推广、媒介的传播、大众的接受，“戊戌政变”逐渐成为集体记忆。

酝酿阶段：政变发生时，当时的《申报》对事件进行了跟踪报道，除了“本馆接奉电音”和“京报全录”外，相关新闻信息有 10 多篇，均未包含“戊戌政变”一词。

生产阶段：政变后 3 个月，梁启超初步完成了《政变记》的构思和写作，并登载于报端，“戊戌政变”在 1898 年底至 1899 年初进入人们的视野，《戊戌政变》《戊戌政变感赋》等诗文则进一步强化“戊戌政变”观念。

普及阶段：约在政变后一年，《政变记》开始以寄售的方式进入国内，在《申报》等报端投放广告，在一两年内销售 2000 余部。1902 年 8 月，《大公报》发表了第一篇题目为《戊戌政变说》的文章，首次公开使用“戊戌政变”一词。此时，慈禧太后仍然在世，“戊戌政变”之说却未招致灾祸，“戊戌政变”之名遂行。

定型阶段：辛亥后，先前的保皇派和立宪派人士同样参与到民初的政党活动中，戊戌六君子被奉为革命先烈，时任内阁总理熊希龄批示抚恤“戊戌六君子”案。戊戌政变的集体记忆由民间上升到官方。

经过这样一个渐变的过程，梁启超的个体想象升格为近代中国社会的集体记忆。《政变记》历史地成为戊戌政变集体记忆的蓝本，被奉为历史经典读物，一直影响到今天。

五、媒介在集体记忆中的意义及结论

历史研究工作的一个重要目标就是还原历史真相，然而，集体记忆是一种社会群体的思维活动，却不完全将真实列为首要目标。社群记忆事件，经过当事人、传播者、接受者的层层加工和传播，增添了意识或无意识的主观创造。但研究者必须清楚，这些附着了个体想象的“后历史事实”并非没有价值。它反映了群体记忆民族历史的具体状况，反映了群体的特殊价值选择。因此，历史研究不仅要努力还原最初的、最原始的真相，还应该还原包含真相和想象的集体记忆的形成过程。

通过挖掘《政变记》成为集体记忆蓝本的历史过程，我们可以窥见媒介建构社会共同记忆的功能性价值，即语言文字具有独特的传播功能，特别是汉语和汉字，在表意、表象方面有着突出的优势；近代中国报刊被赋予传统的政治教化功能，在集体记忆建构中发挥了凝聚意识和传承文化的作用；媒介在近代中国历史建构中的意义亟待重新认识，它们不仅是一种媒介形态，更是一种工具，一种权力。

总之，《政变记》是梁启超在日本撰写的一种政治宣传品，充满了个体想象，简单化了复杂的历史真相，帮助塑造了近代中国关于戊戌维新的社会集体记忆。这种由个体想象演变为集体记忆的案例，在近现代中国历史中并不鲜见，同样在历史中也不罕见。这一现象启示我们，历史学研究应该重视媒介在历史观念形成中的作用和功能。

作者：王润泽（中国人民大学新闻学院）
谭泽明（中国人民大学新闻学院）
摘自：《新闻与传播研究》2018 年第 8 期

马克思、恩格斯“报刊批评精神”中国化的司法层面分析

马克思、恩格斯基于政治情势及舆论、报刊内在规律考虑，各自从不同侧面提出了报刊批评权力行为在言辞表达、事实呈现以及官员隐私揭披方面应当具备的特质，而这些应然性特质提出的直接动因则是他们报刊批评文章面临诽谤、侮辱或侵害隐私的指责或指控而进行的免责抗辩。从政治民主价值不证自明地高于官员个体人格价值的法益比较出发，马克思、恩格斯的辩护体现了相当理性的报刊批评权利观，对于指导我国媒体正当行使批评监督权频遭缠诉的案件审理同样具有极为重要的参考价值。但不得不正视的问题是，司法审理实践中案件裁决适用的法条及理念同马克思、恩格斯所倡导的报刊批评若干具体原则存在明显不一致，这在一定程度上影响到作为整体指导思想的马克思主义新闻观中国化的实践。

一、司法范畴“真实”标准应接纳“有机的报刊运动”之“真实”理念

马克思在面临诽谤指控而为报刊辩护时多次表达类似观点：每篇报道单独看起来可能会是片面的，甚至错误的，但只要有机的报纸运动在进行着，误差会随着报道的延续和互相补充而得到纠正。报刊对事件具体发展过程的报道会出现误差并对

误差作出一次至多次的纠偏，最终的报道会达到程度较高的真实。1842 年 12 月，《莱茵报》发表了两篇有关摩塞尔地区柴荒、出版不自由问题的通讯，摩塞尔地区总督沙培尔指责报道不真实，每篇报道都应当详尽无疑，包含一切细节和全部原因，否则就是诽谤。马克思就沙培尔的诽谤指控予以回应："在有机的报纸运动下，全部事实就会完整地被揭示出来。最初，这个完整的事实只是以同时发展着的各种观点的形式出现在我们面前，这些观点有时有意地，有时无意地揭示出现象的某一方面。"1848 年 7 月，《新莱茵报》刊登寄自外地的两篇通讯，两篇文章都肯定地说，有证据说明当时颇有名气的俄国革命家米·巴枯宁是俄国间谍。在这之前，社会上已经流传着这样的说法。几天后，巴枯宁在他住地的报纸上发表了澄清事实的两个文件，指出这是俄国大使馆故意散布的谣言。《新莱茵报》又转载了巴枯宁的这两个文件。1853 年，几个俄国政治流亡者怀有恶意地旧事重提，讽刺"马克思不会为他的名字与诬告联系在一起而感到遗憾"。马克思再次论述了报刊批评呈现事实真相的过程与特点："报刊报道的真实，应当表现为从相互矛盾的报道中得出的历史的真实。要求报刊一开始就把整个事件都十分真实地报道出来，不符合事物本身发生的规律；要求报刊等到全部事实都十分明了时再进行报道，违反报刊作为新闻发布机构的职能要求。"

但在我国媒体开展批评监督引发名誉侵权纠纷的司法审理实践中，马克思所主张的通过阶段性地纠偏事实、呈现"真实"以阻却诽谤的辩护事由并未得到具有实质性的认可，亦即司法对于报道真实的要求并不包含经由若干片断式的偏离事实所构成的"整体真实"可以免于失实报道的侵权责任。依据审理名誉权案件的相关司法解释及主导性司法理念，一是司法所要求的"法律真实"或"司法真实"与马克思所强调的"根本就不必随时准备详尽无遗地叙述事情的一切细节"不能兼容。马克思认为，细节与事实状况不符是不构成诽谤的，可以忽略细节真实性。司法实践则强调，单纯地判断"细节失实"本身是否构成诽谤侵权，并无直接法律依据，关键是确认细节失实的内容是否构成报道的基本内容或主要内容，或者说，不真实的细节是否对被批评监督对象的公正社会评价产生了消极影响，细节的失误是否确实导致了当事人社会评价不应有的降低。二是司法所要求的"司法真实"未确认或未体现马克思所强调的"阶段性真实"范畴，可以免责的法定抗辩事由为两点，即有合法证据可以证明或支撑的"真实"以及多侧面呈现事实"可能状态"的"客观"，两者中满足任何一点都可以证明报道者尽到了职业所要求的"注意义务"，不存在过错，也就不具备名誉侵权的判定要件。

二、"战斗性"措辞应区分"得其应得"评价与"侮辱性"

马克思、恩格斯在报刊实践中产生过大量揭批性文章，为了强化或凸显报刊的使命，他们特别强调报刊表达立场的鲜明性、意见的尖锐性、修辞的嘲讽性和文风的战斗性，一是通过事实本身，二是通过非克制性的言辞表达。面对被批评的政客"言辞侮辱"的指控，恩格斯予以反驳："怎么能够做到既要谴责某一事物，而又措辞温和，不想使别人相信被谴责的事物是不完善的，也就是说，不想以此煽起别人的不满呢？"1841 年，普鲁士国王弗里德里希·威廉四世颁布新的书报检查政策，表面上看是放松了对书刊出版的管制，但相关条款在实际执行中存在过大的伸缩性与检查官的个人意志。比如在"其倾向性必须是善良的，而不是敌对的和恶意的”标准方面，不恭敬的言辞往往被检查官视作“敌对的和恶意的”而禁止出版。据此，马克思进行反击：“新书报检查令在禁止发表‘使用侮辱个别人的词句和进行毁灭他人名誉的判断的作品’的口实下，剥夺报刊的批评和监督权力，是扼杀一切进步出版物的一无是处的制度。”

进而言之，马克思对于“侮辱”的理解是基于事实标准而非人格尊严标准。1848年7月，马克思主编的《新莱茵报》刊发报道《逮捕》，揭露宪兵逮捕科伦工人联合会领导人时的蛮横行为，批评了柏林总检察长茨魏费尔对革命采取的反动政策。由于措辞尖刻，马克思、恩格斯被指控侮辱茨魏费尔、诽谤宪兵。1849年2月，马克思在科伦陪审法庭上依据拿破仑刑法典的有关条文就侮辱罪加以分析：“侮辱指的是什么呢？指的是谴责某种缺陷和一般的侮辱性言辞”“如果我说：‘你是一个小偷，你有偷窃的习惯’，那我就是侮辱了你。”马克思强调侮辱是诬陷的一种形式，是不针对具体事实的一般性的泛泛詈骂。因此，马克思认为指控侮辱茨魏费尔不能成立，因为报道针对茨魏费尔的内容是具体的而不是泛泛所指。如果指责的内容并非具体事实，而是一般性的泛泛指责，才构成侮辱。马克思这一理解显然与目前司法对“侮辱”的界定有比较大的分歧，即司法所认定的侮辱以人格尊严是否贬低为依据，侮辱方式则是使用人身攻击的谩骂性语汇。《关于审理名誉权案件若干问题的解答》对侮辱侵权有明确规定：“文章反映的问题虽基本属实，但有侮辱他人人格的内容，使他人名誉受到损害的，应认定为侵害他人名誉权。”言辞辱骂或人格贬损可以单独构成侮辱侵权，无须考虑事实的真实程度。

当然，司法禁止“言辞侮辱”不是简单地等同于拒绝“修辞性表达”。司法审理实践在判别“言辞侮辱”与“修辞性表达”时，主要从两个侧面辨析：一是对被指控侮辱的表达文字作总体意图与感受的把握，即表达者的意图是否明显从丑化、贬低他人人格出发，使用下流、污秽、丑恶的言辞，还是对被批评者恶行的描述只是追求一种有张力的表达，个别措词有点尖刻；二是具体辨析词语的属性，“侮辱”一般表现为以毫无人的尊严的他类作比，或以被社会唾弃的身份形象辱骂、称谓被批评对象，因为词语的恶意使用而使被批评者丧失作为人的基本尊严。修辞则是对某种恶行在道德价值判断上的否定性表述，否定行为的价值而非人格要素，虽然语词使用让被批评者感到极不愉快，但该不恭敬言辞所包含的事实信息是存在的，理论上是可以举证的。但并非可以举证事实的贬损性语汇都排除在言辞侮辱范畴之外，如若干已有的司法判例表明，涉及不正当两性关系的诸多特定称谓被视为典型的侮辱性言辞。

三、“政治事务”中的隐私须公开与司法无差别对待官员隐私

在马克思、恩格斯看来，报刊使命的重要内涵之一就是不留情面地揭批公共事务官员，包括个人生活情报与秘密。一方面，马克思、恩格斯非常重视个人隐私的保护。如马克思在批判书报检查制度的“预防”功效时指出，“书报检查经常侵害着私人的权利”。1849年3月，他在《新莱茵报》上撰文批评普鲁士政府颁布触犯个人隐私的新法规时强调：“新法案企图把在私人谈话中、在自己房屋中、在自己家庭中、在私人通信中所发表的任何意见都置于警察局和检查机关的监督之下并加以惩治……家长制的监视和惩罚竟推广到了私人生活，推广到了私人生活中最忌讳的领域。”恩格斯亦持同样的主张。如1883年5月，《南德意志邮报》主编菲勒克未经写信人（化学家肖莱马）同意，

将委托自己转交第三人的信件内容歪曲并加以发表。恩格斯对此行为予以指责："这种完全是私人的通信怎么到了报纸上而不是投进真正的信箱呢？菲勒克又怎么竟敢在自己的报纸上公开刊登私人信件呢？"

然而，马克思、恩格斯更为强调的是，公职官员不得以"私事"为理逃避报刊的批评监督，他们在这方面的论述则更为充分、透彻。如1875年11月，俄国民粹派代表人物彼得·拉甫罗夫批评马克思、恩格斯合写的揭露俄国无政府主义者巴枯宁的小册子充满了"私事"，私事是神圣的，不应该在政治争论中予以公开。恩格斯即予回应："个人隐私应受法律保护，但个人隐私甚至阴私与重要的公共利益——政治生活发生联系的时候，个人隐私就不是一般意义上的私事，而是属于政治的一部分，它不再受隐私权的保护，它应成为历史记载和新闻报道不可回避的内容。"他以法国国王路易十五与他的两个宠姬的私情为例："路易十五与杜巴丽或彭杜帕尔的关系是私事，但是抛开这些私事全部法国革命前的历史就不可理解。"马克思曾以记者身份就报刊涉及私人话题的报道作出说明："我不打算在我所提供的较为详细的材料中指出官员的姓名和乡镇的名称，只有当我引证公开发售的报刊上的文件或者提及姓名无损于任何人时，才是例外。报刊有责任揭示一般的情况，但是我们认为它不应该揭发个别的人；指出个别的人，只有在不这样做就不能防止社会的某种祸害，或者事情在整个政治生活中已经公开，揭发才是必要的。"马克思虽然没有明确使用隐私与隐私权的概念，但同样表明了隐私处理的态度：报刊不应揭发与社会、政治无关的一般个人的私事，例如揭示他的姓名、住址和私人活动等。但如果这种个人的私事涉及或妨碍了社会生活，或者个人处于政治活动中，那么他的个人活动就不属于不应揭发的隐私，而应成为新闻报道的对象。

介入政治事务、社会事务的公职人员尤其是党政干部，其个人隐私保护适度受限已超出理论探讨的阈限而成为社会公共话题，但无论政策、立法还是司法，马克思、恩格斯曾不遗余力倡导的隐私保护差别对待的原则都没有得以体现。从政策层面看，2017年2月开始施行的《领导干部报告个人有关事项规定》（简称《规定》）对县处级副职以上领导干部涉及个人、子女、家庭的八大类事项应当报告，包括本人的婚姻情况、本人因私出国出境的情况、子女与港澳以及台湾居民通婚的情况、配偶及子女移居或生活在国外境外的情况、配偶与子女及其配偶的从业及担任职务的情况、配偶与子女及其配偶被司法机关追究刑事责任的情况、本人的各类收入及劳务所得情况、本人与配偶及共同生活的子女拥有的房产情况、本人与配偶及共同生活的子女投资或者以其他方式持有股票基金等的情况、配偶与子女及其配偶经商办企业及国外境外存款和投资情况。但《规定》要求只有组织（人事）部门、纪检监察机关、巡视机构根据工作需要，按照干部管理权限，经一定的批准程序，才可以查阅有关报告事项的材料。对于保管该报告材料的有关部门应当严格遵守工作纪律和保密纪律。这就意味着被要求定期报告的领导干部私人事项是不可以随意获取与公开报道的，尽管它对发挥有效的舆论监督有非常重要的意义。

就司法层面而言，一方面，相关司法解释如《关于审理利用信息网络侵害人身权益民事纠纷案件适用法律若干问题的规定》及审理实践对"隐私"范围采取宽泛保护，即"凡'私'皆为隐私"；另一方面，对普通人与官员的隐私保护力度未作明显区分，在少数个案中仅对社会公众人物的隐私保护予以必要与适度弱化。诸多判例表明，成为媒体批评监督对象的官员干部的隐私权纠纷采取从宽保护原则，既不辨析官员“私”与介入公共事务的程度的关系，亦不考虑当事人“隐”的心理的正当性与合理性。

无论从隐私权的法理本身还是一些较发达国家的司法审理主流倾向来看，隐私权的权益都是一定条件限制下的相对保护，它的保护范围和力度与隐私主体介入政治和公共事务的程度成反比，越是频繁与深度介入政治事务，隐私保护的范围与力度就越小，以此平衡公众的知情权益。所以，汲取马克思、恩格斯关于“政治事务”中隐私无条件公开的经典论述精神，确立“高官少隐私”司法理念，是建构我国司法文明体系的重要信条之一。

作者：陈堂发（南京大学新闻传播学院）
摘自：《南京社会科学》2018 年第 8 期

· 观点摘编 ·

传播学 40 年

中国传播学 40 年：基于学科化进程的反思

胡翼青、张婧妍在《国际新闻界》2018 年第 1 期撰文指出，中国传播学学科化进程经历了从人员物资匮乏的草创阶段到当前学科队伍壮大、学科建设蓬勃发展的转变。这一历史过程划分为前学科发展阶段与学科化发展阶段，研究梳理和比较了两个时期中国传播研究的学术队伍、学术成果与学术理念，认为我国当前传播研究中依然存在功利主义倾向过强与学科意识形态保守的痼疾。在这种情况下从新媒体传播打开的新问题域入手，关注媒介技术通过改变传播方式影响人的存在方式，以及被媒介形塑的人与社会反过来如何加强或弱化媒介技术自身的偏向，成为帮助中国传播学发展走出循环走向进化的一种可能进路。

中国传播学 40 年：学科特性与发展历程

张国良在《新闻大学》2018 年第 5 期撰文指出，传播学在中国经历了 40 年发展，到达了一个较为成熟的阶段。其内因是，传播学自身的学科特性，即科学性、时代性和交叉性；人文社会学科的结构与人类社会的结构对应，可划分为三种类型：纵向型（侧重生产和分配的）学科、横向型（侧重沟通与整合的）学科、综合型（试图包容纵向型与横向型的）学科；传播学作为横向型学科，属于社会科学，而新闻学作为纵向型学科，属于人文科学，但两者在高度依赖媒介方面一致。其外因是，改革开放以来的社会需求，包括政治、经济、技术、文化层面的有力驱动；传播学为推动中国经济建设与社会发展，在学科建设、人才培养、科学研究、社会服务等方面，发挥了重要作用。今后，如能进一步加强学习、加强规范、加强合作，则前景十分宽广。

中国新闻学研究百年回望与思考

童兵在《新闻爱好者》2018 年第 8 期撰文指出，中国新闻学研究的百年回望，可以有许多观察的窗口，可以有更多评论的视角。中国新闻业全面发展，同党的领导和政策开放有关，也同这些年来互联网技术普及及发展紧密相联。新的科学技术为新闻学的新发展增添了无穷的动力。跨文化传播和中外新闻学术交流得到加强。中外新闻学术活动日趋活跃，跨文化传播研究不断深入，海内外合作研究得到支持，学科建设、人才培养、中国特色新闻学话语构建不断得到政策支持，财力、人力、物力的投入；社会主义市场经济的建立，切实推进了新闻教育的繁荣，引进传播学学科，建立博士后培养制度，中国的新闻教育逐步加大走国际化发展道路的步伐。

中国传播学 40 年：一个本土化的视角与反思

张哲瑜、邵全红在《新闻爱好者》2018 年第 8 期撰文指出，经过 40 年的发展，如今的传播学已不再只是用于分析研究的工具，而是具有了更为独立的知识意义。学界对于中国传播学研究的“独立之思想，自由之精神”的追求更加一致，也可以说对学术主体性的渴望更为迫切。在 20 世纪 80 年代传者、受众研究调查缺乏理论建构的问题依然存在。一方面传播学研究不可能脱离本土实际，急功近利的工具理性难以抵挡；另一方面对学科理论的反思和批判仍旧不足。在中国崛起、万物互通的当下，正是打破以西方传播理论为中心的好时机，逐步确立并完善立足中国、面向世界的传播理论势在必行。

反思与突破：我国传播学研究40年之进路

俱鹤飞在《西部学刊》2018年第10期撰文，通过文献计量学研究方法，运用分析软件CiteSpace对1981—2017年中国知网数据库中关于传播学研究的共5731篇文献进行了共现分析和历时分析，以呈现我国传播学研究的发展脉络和议题变迁。通过考察40年来我国传播学的文献情况发现：从共现分析看，我国学者的研究视角丰富而多元，“中国传播学的学科建设”是学者关注较多的议题；从历时分析看，我国传播学研究兴起于20世纪80年代，以介绍美国经验学派的研究成果和本土化反思为两大主题。进入网络时代后，我国传播学研究议题分散且更迭迅速，呈现出与之前截然不同的发展现状，而互联网技术的发展，也为我国传播学建设提供了新的可能。

县级融媒体中心建设

从“两个喉舌”到“两个服务”——马克思主义新闻观的当代新发展

栾轶玫在《南京政治学院学报》2018年第6期撰文指出，习近平总书记关于县级媒体融合的“两个服务”论述体现了马克思主义新闻观的当代新发展。两个喉舌既包含“新闻观念”，又包含“行动纲领”；“两个服务”是新时期“两个喉舌”的行动纲领。“两个喉舌”解决的是媒体“为谁发声”的问题，而“两个服务”则回答了新时期媒体“如何发声”。“两个服务”在价值多元、需求多元的新时代可以更好地实现与人民的联结，从而能更好地实现“两个喉舌”的功能。新时期县级融媒体中心建设要以“两个服务”的行动纲领为指导，通过切实做好“两个服务”来实现“两个喉舌”的本质功能。通过为公众提供“公共服务”来“吸引眼球”，重获关注，将受众的目光重新聚集在媒体上来，以此收获受众的关注与黏性，使得人们主动协同参与到社会治理中来，进而加强媒体的传播力与舆论引导力。

建设县级融媒体中心：新一轮事关全局的基层媒体改革

杨明品在《有线电视技术》2018年第7期撰文指出，建设县级融媒体中心是新阶段深化文化体制改革的重大举措，也意味着推进媒体融合工作重点从省以上媒体延伸到基层媒体、从主干媒体拓展到枝系媒体，枝系媒体的改革将有力促进国家媒体体系的全盘激活。在这场改革中，县级台是主体。资源整合与融合发展是这轮改革的重点，也是难点。在这轮双重改革中，县级台需要找准自己的角色和定位。

县级融媒体中心建设：经验坐标、发展机遇与路径创新

朱春阳在《新闻界》2018年第9期撰文指出，以“县级融媒体中心”建设的提出为标志，我国以行政力量主导的自上而下的媒体融合行动进入第二阶段，和第一阶段以大传媒集团“中央厨房”模式为主要特征相比，长期处于行业边缘地带的县级媒体终于有机会进入政策关注的焦点区域，获得政策扶持的发展机遇。县级融媒体中心的建设要解决“引导群众”和“服务群众”两个层面的任务，其操作经验主要来自于之前的县区媒体与社区报实践、第一阶段大媒体的媒体融合探索实践，以及BAT等商业平台融合发展探索。文章提出在县级融媒体中心建设过程中，路径创新经验的坐标系大致包括三个方面：一是如何“引导群众”：移动传播优先，抵达本地社会变动的第一现场；二是如何“服务群众”：创新始于用户，而非生产者；三是成长方式：嵌入大平台，形成广泛联结。

县级媒体融合发展的创新路径

黄楚新、王丹丹在《出版发行研究》2018年第12期撰文指出，在宣传思想网络中，县级媒体最接近基层群众，肩负着引导群众、服务群众的重要任务。自习近平总书记在全国宣传思想工作会议中指出“扎实抓好县级融媒体中心建设”后，县级媒体融合进程进一步加快。多地在县级媒体融合方面取得了成功的尝试，融媒体中心得到了持续运转和有效的应用，为进一步探索县级媒体融合的创新路径提供了借鉴。但也存在如下问题：一是融合发展中偏离融媒主业和定位；二是停留在媒体形式的整合丰富，未能真正转型；三是优质内容少，有限受众群体受到其他媒体的分流、收割。

全国县级新媒体发展调查分析

谢新洲、柏小林在《出版发行研究》2018年第12期撰文指出，我国县级新媒体平台建设已经在全国范围内铺开，基本形成了多平台传播矩阵；各新媒体平台的基本栏目和功能建设相对完善，内容更新普遍较快；经营上以自主运营为主，依赖政府财政拨款；管理上多由县委宣传部统一管理，已形成较为完善的内容管理办法和工作规范。但是，我国县级新媒体建设依然存在一些问题，如平台建设多而不精，建设水平差异显著；发布内容单一，缺乏原创性和鲜明的地域特色；缺乏专业运营团队，人才建设未成体系；经营管理分散，管理重过程、轻结果。县级融媒体中心建设未来工作重点：一是要深刻理解建设县级融媒体中心对创新基层社会治理的重要意义；二是实事求是，科学规划融媒体建设目标与实现路径；三是加强内容地方特色化和平台功能多元化建设，推进基层管理服务转型；四是转变管理方式，高度重视完善县级融媒体中心传播效果考评及相关激励机制。

数据新闻

新闻可视化生产的叙事类型考察——基于对新浪网和新华网可视化报道的分析

战迪在《新闻大学》2018年第1期撰文指出，随着大数据、数据挖掘及可视化技术的发展，在新闻从业者和学界中存在着一种对现有新闻内容、生产及价值进行挑战的观念——“数据即新闻”。受“数据即新闻”理念的影响，目前主流可视化报道呈现出新闻叙事主干模糊、叙事链条断裂的倾向，其碎片化的叙事结构割裂了受众认知的整体观。此外，在“注意力导向”的影响下，可视化新闻呈现泛娱乐化趋势，传统新闻的权威性与严肃性因此受到冲击。

数据新闻可视化设计与内容如何平衡

徐少林、白净在《新闻界》2018年第3期撰文指出，数据新闻是未来新闻报道的一个重要形式，用户日益习惯透过视觉形象来获取新闻信息，加之信息过载、数据间的关系复杂、显示终端的变化、美学以及视觉情感的侵入等新的传播特征和传播理念带来新的挑战，这样就对数据新闻可视化提出了更高的要求。可以从以下三种方法入手探求实现数据新闻设计形式与内容的平衡，分别是：运用扁平化形式做减法设计、运用对比与统一色彩形式做减法设计、运用网格版面空间形式做减法设计，通过总结以期对数据新闻从业者和研究者有所助益。

谁在数据新闻中说话——试论数据新闻的叙事主体

周均在《中国出版》2018年第4期撰文指出，叙事主体作为经典叙事学研究中最根本、最基础的一个要素，一直以来备受学界专家关注。当叙事学甫一跨进新闻学的大门，关于叙事主体的争论便应运而生，即作者是否等同于叙事者？这一争论实际上反映的是叙事文本“虚拟”与“真实”的交锋激荡，作者从“离合之争”“作者之死”“主体之变”三个维度进行阐述，试图厘清这一是非，并对数据新闻叙事主体加以界定。尽管数据源、机器人、数据团、接受者等多个叙述者的“发言说话”使记者权力遭受消解，但记者的叙事身份并未改变。数据的选择、机器程序的设定、数据团队的组建、受众对数据的审核，无不隐匿着记者的身影。用一句形象的话概述：数据新闻的关键问题不是能不能客观叙事，而是想不想客观叙事。

试析数据新闻生产中的个人数据滥用与规避

张超在《编辑之友》2018年第8期撰文指出，在数据新闻生产中，数据新闻记者对个人数据的二次利用渐成常态，一些数据新闻作品本身就是涉及特定群体的个人数据库。记者采集个人数据的四种方式主要包括：开放获取、申请获取、自行采集和共享获取。然而在数据新闻生产中也存在个人数据滥用行为，如未经同意的个人数据采集、个人隐私侵犯和个人数据的过度挖掘等。知情同意原则、合法适度原则、公共利益优先与最小伤害原则可以有效解决个人数据的保护与利用问题。

论数据新闻的叙事范式

方毅华、杨惠涵在《现代传播》2018年第12期撰文指出，数据新闻是数字技术发展下的产物，随着它的日益产业化、流程化，使得数据的分析和可视化过程可以作为一个整体的动态作品在数字媒体上实时发布。在数字时代，数据新闻不是简单扩充传统新闻或对其进行数据辅助的产品。它的叙事范式也并非简单的结构或分类，而是过程化的取向。对于数据新闻来说，专业理性和可视化是它的叙事原则，其中通过不同的聚焦策略和视觉手法，数据新闻能够走向不同的叙事作品，带给大众不同的故事体验。新闻的未来，重在分析数据。伴随技术的狂飙突进，数据新闻在未来将有更大的发展空间，并能够深度改变人们的观念和行为，但前提是数字技术的发展和数字叙事能力的强化。

人工智能

从互联时代迈向智能时代

方兴东、严峰在《现代传播》2018年第1期撰文指出，中美的“数字经济”与“美国优先”都会对当下和未来全球互联网的发展带来深远影响。超级网络平台崛起是互联网发展新高度的体现，但对其治理将是未来的难题。以人工智能为代表的互联网新技术快速发展，互联网企业的市值不断攀登新的高度，首富也在轮流坐庄，一切让人们目不暇接。但对互联网安全依然不能掉以轻心，互联网的反垄断问题也变得十分紧迫。放眼2018年，互联网照旧沿着历史的规律在前进，但2017年的政治、技术伏笔可能会带给人们更多的变化和惊喜。

交互式纪录片的现实建构与发展症候及其反思

侯洪、宁珂、王卓尔在《现代传播》2018年第4期撰文指出，纪录片作为创作者“还原世界”的真实表达，技术革新为其真实性的抒写提供了驱动力。在“后真相”时代，互联网与人工智能思维以及当代美学转向的全新媒介语境下，基于媒介“实践范式”的视角，纪录片的发展体现出人与人、人与机器之间更为频繁和有效的互动关系，进而搭建起一种对于现实建构的新模态；同时，以积极与包容的目光审视其发展的连带机制，并对其症候进行反思，力求探寻交互式纪录片更为进步的发展空间与前行之路。

人工智能驱动下的新闻传播教育变革

栾轶玫、张晓旭在《新闻与写作》2018年第5期撰文指出，人工智能技术具有即时化、个性化和海量数据存储运算等优势，在基于情景感知的资源推荐、语义数据自动标注、自动获取等方面拥有优势。它对教育产生了全方位的影响，对新闻传播教育也影响深远。文章聚焦人工智能对新闻传播教育这个细分领域的影响，深入分析了新闻传播教育的三个领域："新闻理论""新闻史""新闻实务"在AI时代发生了哪些变化，需对这些变化做思辨性探讨。

论人工智能出版的版权逻辑

王志刚在《现代传播》2018年第8期撰文指出，人工智能出版这一新兴作品形态对现行版权保护模式提出了挑战，目前急需明确人工智能出版物的权利性质、权利归属及其具体保护路径。从权利性质来看，人工智能出版物能否拥有版权争议不断，但将其视为可版权作品渐成趋势。就权利归属而言，人工智能出版物也遭遇理论困境，不仅人工智能本体主体化有悖法理，而且目前各国所采取的归属原则也不一致，故其现实安排适宜遵从"操作人优先"原则。具体的保护路径则应坚持人类作品与人工智能作品区别对待，并且重建版权注册制度，以推进人工智能出版产业的健康发展。

智能编辑：人工智能写作软件使用者的著作权侵权规制

王晓巍在《中国出版》2018年第11期撰文指出，人工智能写作软件使用者利用写作软件的"大数据作品信息库"和"智能写作功能"，擅自使用享有著作权的在先源作品，引发了一系列著作权侵权纠纷。在智能化写作过程当中，人工智能写作软件使用者利用智能化的数字技术改变享有著作权的在先源作品，并在此基础之上创作出"混合作品"。以"实质性相似+接触"的著作权侵权认定规则判断，智能写作软件使用者对在先源作品的使用行为构成《著作权法》之中的直接侵权。为保障在先源作品实现预期的著作权益，鼓励写作者创作出优质的独创性作品，《著作权法》应当对人工智能写作软件使用者的著作权侵权加以规制。

非虚构新闻写作

默会的方法非虚构写作中的民族志方法溯源与实践

周逵在《新闻记者》2018年第5期撰文指出，借助迈克尔·波兰尼提出的"默会的知识"（tacit knowledge）概念，可以发现非虚构创作者在实践中的内隐式经验与人类学民族志方法论之间的勾连。从19世纪90年代"扒粪运动"中的调查报道实践开始，到第二次世界大战后非虚构创作的高峰，直至新新闻主义作为反叛性话语的提出，历史与现实新闻生产图景中非虚构创作与民族志新闻学始终如影随形。从民族志方法论中提炼出"寻访隐秘的他者""对亚文化系统的考察"以及"田野情景中的互动"等基本规范，可以将非虚构创作中"默会的知识"转化成为"可言说的知识"，为眼下边界模糊的非虚构创作寻求方法论的资源和规范。

新闻游戏的非虚构叙事研究

蒋晓丽、贾瑞琪在《现代传播》2018年第7期撰文指出，作为一种非虚构创作类型，新闻游戏呈现出不同于新闻与游戏的叙事特性：一方面，其具有鲜明的真实性内核，真实是其第一要义；另一方面，在表达形式、呈现逻辑上其又表现出极强的主观创造性。而这种真实性与创造性之间的张力使其呈现出独特的叙事表征。作为一种具有非虚构特征的创作实践，新闻游戏依托于真实基础之上的创作本质上是对于"新闻真实"的另类表达，它使得受众能够在一种更为鲜活、更具创造性的文本空间中实现获取真实信息的内在需求。而作为一种"本质上是内容导向而非形式导向的传播形态"，新闻游戏的叙事性作为其形式创造性的重要评判指标实际上是观照其内容与形式之关系的有益路径。因此，我们要看到新闻游戏作为一种非虚构创作在叙事之外所蕴含的对于新闻表达及新闻业变革的理论价值与实践意义，这应当是新闻游戏作为一种非虚构创作形式其叙事性问题带给我们的现实反思。

非虚构写作：对抗速朽

张涛甫在《新闻记者》2018 年第 9 期撰文指出，“非虚构写作”这一文体，穿越于文学与新闻之间，属于“两栖”文体，它既溢出了现实主义文学的经典理解，也溢出了传统新闻的外延和边界，是文学和新闻杂交的产物，但其基因还是新闻的基因。“非虚构写作”在体制化的新闻常规之外，寻求新的突破空间和表达形式，意在突破传统新闻书写的刻板和僵化，激活新闻的想象力和表现力。

移动互联网时代的非虚构写作

张慧瑜在《新闻与写作》2018 年第 12 期撰文指出，非虚构写作在中国包含两种类型，一为文学性非虚构作品，二为新闻性非虚构作品。非虚构写作还与社会学、人类学有一定的关系。一些经典的社会学报告和人类学田野调查都带有非虚构的色彩。非虚构有两种基本的理念，一是平民意识，写普通人，让弱势者发声；二是全民写作，非虚构打破了写作的专业化、圈子化，鼓励非职业作者借非虚构讲述自己的故事。不过，非虚构写作对流量、点击率的追求，造成新闻性非虚构写作有时候为了吸引眼球，也带有猎奇性和揭秘性，这恰好是需要警惕的地方。

新报刊史

近代报刊史研究的新探索

凌小萍 2018 年 3 月 22 日在《中国社会科学报》撰文指出，报刊史的撰写不仅要注重历史事件的分析及社会语境的探讨，亦要遵循报刊内在演变规律与作用机制，加强历史学与传播学的对话；报刊史研究要与社会思潮史结合起来。换言之，近代报刊史的书写应从救亡图存的社会历史发展过程入手，考察和说明报人活动及其报刊的历史演进逻辑，从报人、报刊与社会职业流动不同层次考察近代报人活动、报刊的作用及其性质。书中所引史料涉及书信、日记、回忆录、文集、会议论文集、专著等，强调历史学与社会学、传播学等跨学科相结合的研究方法，为理解中国近代报刊史提供了颇多启发。

媒介再思：报刊史研究的新路向

黄旦在《新闻记者》2018 年第 12 期撰文指出，已有的中国报刊史研究，继承的是戈公振《中国报学史》中所蕴含的媒介观，即以工具论为前提，以报刊性质为尺度，以报刊内容为重点，从中显示报刊对于社会的作用以及社会对报刊的影响。这样的一种媒介观，不仅与当前的传播实践相抵牾，而且也严重束缚了研究的想象力。文章将麦克卢汉等的论点与戈公振的作比照，并结合最近的一些研究，力图从媒介理论的角度为改变现有报刊史研究状况，提供新的启示和思考。文章提出，报刊史研究者要敞开眼界，汲取不同学科的理论养料，改变考察媒介的思维和视野，同时转变观念，跳出已有的研究范式，从再思媒介切入，以辟出一条中国报刊史研究的新路。

短视频

政务短视频：政务 3.0 时代的创新与突围

冯帆在《新闻战线》2018 年第 10 期撰文指出，政务短视频在发展过程中，需谨慎注意发展过程中的“雷区”，避免重复踏入“两微一端”政务平台发展中的窠臼。政务短视频需处理好视频制作周期与信息时效性之间的矛盾。短视频时间短，但生产成本大，耗费时间长。一旦遇到突发事件，政务公众号如何保证在最短时间内发布权威消息，避免谣言散布，仍亟待技术与政策的双向打通。政务短视频在利用网络热点“卖萌”“吸粉”“接地气”的同时，应避免落入“庸俗、低俗、媚俗”的陷阱，把握自身特殊的角色定位。短视频风口红利很可能稍纵即逝。一旦新的平台出现，政务短视频很可能像“两微一端”一样成为“包袱”。政务短视频要想绕过“两微一端”曾经遭遇的雷区，长期健康发展，还需要政府、平台及第三方的共同努力。

视频博客（Vlog）的内容特点及其治理

隋岩、刘梦琪在《学习与实践》2018年第11期撰文指出，随着移动互联网技术的发展，符合当下碎片化内容消费习惯的短视频迎来爆发期。视频博客（Vlog）兼具短视频的互联网传播优势和传统博客的个人化内容趋向，在短视频热潮中迅速兴起。然而当前Vlog内容生产的小众化、同质化、易走向庸俗化等问题，也在一定程度上阻碍其生产力和竞争力的提升。研究者需要从用户生成内容的视角分析Vlog的特点及其相较于传统博客的优势，并就其存在的问题提出治理与引导对策。

抖音短视频的商业价值及盈利模式分析

郭凡在《新媒体研究》2018年第12期撰文指出，通过内容分析法研究发现，抖音短视频有四方面的商业价值：巨大流量；品牌传播能力；平台渗透引导能力；用户转化能力。这些巨大的商业价值也是支撑抖音盈利的基础。抖音盈利模式主要包括广告营销、电商模式、达人直播和互动营销四方面。此外，抖音短视频除了深度挖掘流量变现还注重内容变现，吸引用户直接向短视频内容付费，实现流量变现与内容变现的统一，从而实现抖音短视频的可持续发展。

短视频APP的走红原因及发展探析——以“抖音”为例

陈雪芳在《视听》2018年第11期撰文指出，从抖音的概述、风靡原因等方面出发，为其可持续性发展提出建议。作者指出，设置奖项坚持鼓励原创、增加用户互动性和体验感，同时加大短视频平台的监管力度，包括加强审核，出台相关法律法规，制定出适合当下传播环境的文件条文，才能进一步完善自身，营造出平台与用户共同生存、共同成长的可持续发展局面。

网络治理

网络社会治理的法治模式

徐汉明、张新平在《中国社会科学》2018年第2期撰文指出，法治是国家治理的基本形式，法治模式是网络社会治理的必由之路。网络社会的本质，是公民、法人及其他组织等主体之间的各种关系基于互联网技术产生聚合而形成的新的社会关系格局和结构形态，是现实经济、政治、文化、社会、生态领域各种关系的单一或综合反映、延伸和表达。网络社会治理的法治模式，是指运用法治思维和法治方式，将网络社会治理要素、治理结构、治理程序、治理功能纳入法治范围及运行轨道的治理理论、制度与实践。作者梳理回顾我国网络社会治理法治建设的曲折发展历程，总结网络社会治理法治建设有益经验，反思现存立法、执法和司法困境，可以构建出规范完备、实施高效、监督严密、保障有力的中国特色网络社会治理法治制度体系，保障运用法治思维和法治方式治网、办网、用网、护网，实现网络社会在法治轨道上健康有序运行发展，推进网络社会治理体系和治理能力现代化。

新时代网络强国战略思想研究

谢霄男、李净、李文清在《重庆大学学报（社会科学版）》2018 年第 5 期撰文指出，建设网络强国是实现中华民族伟大复兴的重要组成部分，因此研究以习近平同志为核心的党中央网络强国战略思想，具有重要的现实意义。其中，保障国家的网络安全，是网络强国建设的总体性要求；捍卫国家的信息主权，是网络强国建设的基础性保障；创新国家的网络科技，是网络强国建设的关键性条件；繁荣国家的网络文化，是网络强国建设的根本性动力；会聚国家的网络建设人才，是网络强国建设的现实性依托；增强国家的网络治理能力，是网络强国建设的应然性选择；提升国家的网络话语权，是网络强国建设的有效性支撑。显然，以习近平同志为核心的党中央关于网络强国的战略思想，对于推动中国特色社会主义现代化建设事业，具有深远的理论价值和现实意义。

网络舆论生态治理的认识论分析

上官酒瑞在《求实》2018 年第 6 期撰文指出，网络舆论生态是由政府—网民—媒体三维互动形成的舆论场。虽然近年来网络舆论生态治理能力不断增强，但现实中仍存在不少“行为盲点”，其背后则是“认知误区”。在认识论上，网络舆论生态治理的关键是要正确认识并处理好网络民意的虚与实、网络传播的一与多、网络言论的好与坏、网络治理的软与硬及网上治理与网下治理等关系。这构成网络舆论生态治理需要遵循的辩证法。

新时代网络综合治理体系建设探析

李泰安在《中国出版》2018 年第 7 期撰文指出，面对当前网络世界存在的种种问题，既要加强管理，又要促进发展、保持活力，这就凸显了综合治理的紧迫性。需要注意的是，网络综合治理体系既应该考虑多维度建设，又应该注重系统的开放性，不断纳入技术与社会发展产生的新维度。大数据的应用将有效提升治理能力，而与社会治理体系相结合，将从根源上解决网络治理的症结所在。

舆论熵的控制与防范：一种关于网络治理的认识方法论

陈龙在《新闻与传播研究》2018 年第 8 期撰文指出，在众声喧哗的背景下，网络空间因其特性使其生态极容易陷入失序和混乱的局面，长此以往，舆论熵会不断积累，最终出现熵定律所说的“热寂”效应引发社会动乱。舆论熵是舆论无序的一种状态，它来源于信息过载、有组织的舆论操控、被放大的民众焦虑感和恐慌感等负面情绪以及“入戏太深”的网民，其根源是破窗效应和规则漏洞。从熵定律视角看当前的网络治理，要避免简单修规代替整体、系统规则的制定，规则需要动态化设计，要寻求国家、精英和公民之间的良性互动，兼顾管理、赋权和自律。严密的整体性规则体系有助于建立网络舆论生态的有序性。

城市传播

通话中的农村与手机网络通讯的城市：移动传播与社会资本的基层图景

马志浩、吴玫在《新闻大学》2018 年第 1 期撰文指出，现阶段，手机移动通讯的技术特征突破了传统媒介技术在时间和空间上的限制，改变了传统的社会关系与社会交往。作者为描绘现阶段基层移动传播与社会资本的关系图景，通过对山东省荣成市的问卷调查数据分析，得到如下发现：影响基层社会资本的主要社会经济地位变量是收入和家庭资产指数。对于农村被试来说，其学历对社会资本的各项指标均影响显著，而城市被试仅网络规模与学历正相关。在不同地理空间的移动传播对社会资本影响方面，形成了显著的“通话中的农村”与“手机网络通讯的城市”这两个大不相同的关系图景。不论移动通讯的地理空间如何变化，手机通话可以建立和维系农村社会资本的网络规模，但对于建立和维系更好、更异质的社会资本没有显著作用。而城市被试的移动通讯活动中，手机上网通讯与社会资本正相关，地理空间上在县范围内表现显著，在县以外的范围没有显著影响。

全球城市形象传播的生成机制及理论阐释——以上海城市形象为例

郭可、陈悦、杜妍在《新闻大学》2018年第6期撰文指出，作为人类文明的地理空间聚合点，全球城市是国际传播过程中的重要节点。作者认为城市形象生成机制的学理性研究路径可以包括如下两个方面。一是把全球城市的定位目标和地理位置等因素与它们在全球媒体中的城市形象塑造相互联动，二是关注城市重大事件、相关媒体报道与全球城市形象、城市国际知名度之间互动关系的研究。在全球城市形象传播的生成机制研究过程中，研究者还可以更好地对源于西方社会环境的理论体系进行反思，如世界体系理论和议程设置（建构）理论在中国社会和中国全球城市形象生成机制中的适用性或本土化。

城市政务微信多模态话语结构与传播影响力研究

叶惠珍、陈嘉静在《山西大同大学学报（社会科学版）》2018年第6期撰文指出，以案例分析法对照研究了若干具有较高传播影响力的城市政务微信之多模态话语结构，发现当前的城市政务微信在多模态话语策略方面存在“音”模态运用不足、“情”模态运用拘谨、“数”模态运用粗糙等问题。政务微信的内容制作者需要加强运用声音、歌曲等“音”模态资源，适当运用表情图片、动图等“情”模态资源，精细化使用统计图等“数”模态资源，以适应当代网民的多模态阅读特征，提升网络执政效能和网络传播影响力。

多元传播视角下的城市沟通：上海人民广场“可沟通性”研究

钟怡在《现代传播（中国传媒大学学报）》2018年第9期撰文指出，“沟通城市”的目标，是异质共存，从而创造更具活力的城市。作者以“可沟通性”概念为切入点，对传播与城市之间的关系以及在当前城市环境、技术环境之下的传播意义进行再阐释，并通过对上海人民广场这一案例的研究，探讨城市空间是如何“沟通城市”的，尤其是在城市空间中，空间、个体与媒介是如何产生传播互动的，从而对当前城市发展中的问题进行回应。研究认为，当前城市的“可沟通性”，是在城市空间、媒介与个体呈现组成的多元传播实践中构建起来的，城市空间、媒介与个体实践呈现出一种“媒介融合”的样态。

激活空间：城市传播中的动力机制形成研究

姜海在《西南民族大学学报（人文社会科学版）》2018年第11期撰文指出，随着中国城市化程度的加深，“城市有机体”已经成为了集生活、娱乐、健康等多重取向的一个杂糅场域，城市的后现代转向亦让空间从静止走向流动，城市传播应运而生。作者立足于此，表明了城市传播从概念、属性和机理上对传播学的结构性重构，并借用传播动力学的相关理论，表明其受到以生存驱动的工作机制、行为驱动的消费机制、生活驱动的休闲机制、健康驱动的运动机制和居住驱动的圈层机制这五种动力的催化，并进而以激活多维空间为契机，建构了城市传播从基础、中观到宏观的动力核心进阶。

城市传播的研究进路及理论创新

孙玮在《现代传播（中国传媒大学学报）》2018年第12期撰文指出，传播不再是大众媒介时代对于现实的再现，而是构成现实的一个不可分割的组成部分。作者通过四个关键概念“城市”“技术”“媒介”“传播”的梳理与阐发，描绘了城市传播的理论要义及学术旨趣：从本土化的历史与经验出发，在席卷世界的城市化、新技术、全球化浪潮的背景下，立足于中国当前新传播技术的丰富实践及中国社会的城市化转型，致力于进行传播学研究进路与理论的反思与创新。城市传播，是以重新建立传播与人之存在、传播与社会进步、传播与人类文明之关系为着眼点，力争在人类迈入“城市世界”的历史性时刻，作出中国传播学的响应。

乡村传播

信息的需求与反需求：农民信息诉求行为研究

李红艳在《现代传播（中国传媒大学学报)》2018 年第 1 期撰文指出，农民观念的提升是一个农民主动参与和“反被动参与”的过程，他们以行为“对抗”社会组织和媒介对他们的想象，同时又依靠他们作为传统价值观念携带者的“优势”，对政府、培训者、基层管理者进行“反想象”，这种“反想象”带有一种失去土地之后的灵魂漂移的意识，也带有一种“被动个体化”之后的无奈心理。在这种现代化过程中，在地方知识、地方时间和地方空间中，如何在农民的媒介消费与生存伦理中找到结合点，以及如何在外来者的信息提供和农民的信息反需求之间更新培训知识体系，是认知中国农民现代化转型的一种重要途径。

在城乡之间发现传播主体

罗茜、沙垚在《当代传播》2018 年第 1 期撰文指出，非虚构作品《一个农村儿媳眼中的乡村图景》之所以能引爆互联网，在于城一代与农民工贡献了主要点击量。虽然在现实中，这两个群体的联结显得十分困难，甚至城一代日常出现的公共场所农民工都很少进入，但在互联网与新媒体的传播中，城一代和农民工的联合却被证明是可能的。城一代与农民工是一个数量庞大的传播主体，共同的经历与情感，为他们提供了对话的基础。他们的联结具有重要的社会意义，可以在城乡之间架起一座沟通的桥梁，消解彼此的误会，消除社会不稳定因素，以文化交流传播的方式在不平等的城乡二元社会结构上打开一个缺口；召唤起他们更为深刻与广泛的反思，甚至行动，可以激活潜藏在他们日常生活、价值观念与情感结构中的实践性能量，进而引导成为乡村建设的动力。

乡村主体性与农民文化自信：乡村春晚的启示

赵月枝、龚伟亮在《新闻与传播评论》2018 年第 2 期撰文指出，近年来，乡村春晚已成为引人注目的全国性公共文化现象，乡村以“春晚”的形式登上“互联网 +”时代的中国文化舞台，具有深刻的社会历史和文化意义。乡村春晚在展现新时代乡村文化上有着强大内生动力的同时，也昭示了农民在乡土文化创造性转型方面的自觉性和主体性，而舞台上下妇女和儿童的突出角色，则体现了社会发展和性别解放的成果。乡村春晚这一遵循“从群众中来，到群众中去”方法发展起来的文化现象，诠释了国家与乡村之间精神纽带的重新联结、村庄主体性的回归、农民的文化自信和对全面小康生活的追求，以及党和政府在重建乡村文化领导权和引领精神文明建设方面的重要作用。这一以农民自娱自乐为主的文化形式，也彰显了文艺的业余性、大众性和非商业性特质。

建构乡村内生秩序的数字“社区公共领域”

牛耀红在《新闻与传播研究》2018 年第 4 期撰文指出，数字社区公共领域通过虚拟在场将“半熟人社会”转变为“熟人社会”“再造社区”，建构了乡村内生秩序。其本质是新媒介赋权村庄体制外精英形成媒介自组织，成为了村庄新型内生力量。媒介自组织通过移动网络平台的话语表达、媒介动员、公共行动等方式，联结了分散在不同空间的“原子化”村民，促进了乡村社会发育。随着村庄权力结构的变迁，媒介自组织与“村两委”展开了博弈，暂时形成了相对均衡的协同治理模式。数字社区公共领域使村庄从名义上的村民自治迈向了通过网络公共参与实现的“自我管理、自我教育、自我服务”的自治模式。

农业科技传播的方式、效果及其创新

操瑞青、方晓红在《编辑之友》2018年第4期撰文指出，农民在接受农业科技信息时有两条较为固定的心理路径。其一，对内容上简单易懂的信息，农民主要依据自身生产经验进行选择性理解与接受，效果较易实现；其二，对内容相对复杂的信息，农民较少衡量信息本身的优劣，转而去评估那些直接将信息传递给自己的传播者们是否值得信任，效果的强弱与信任关系的强弱呈正相关性。据此，农业科技传播的创新至少有两种路径：一是降低信息复杂性，多采用科技标语、视频展示、现场观摩等直观化手段；二是在传播信源与农民受众之间寻找固定的“中介群体”，该群体既能接受和理解来自信源的科技内容，又能与农民保持良好信任关系，如种粮大户、农资零售商等。

网络游戏

基于社交网络的手游传播策略分析

周敏、冉倩在《新媒体研究》2018年第4期撰文指出，游戏风靡的重要原因是抓住了文化的共性进行跨文化传播。该游戏中所蕴含的中国传统文化中的精华之“家文化”，以及快节奏时代中人们对于“慢文化”——“佛系文化”的期待。改变单一盈利模式，延长产业链。类似手游成本较低，但在盈利模式上存在盈利模式单一的问题。我国手游要想在激烈的竞争中突出重围，必然要有充足的资金，创新盈利渠道和盈利模式，开发IP，延长产业链。

网络游戏亚文化中的消费主义逻辑

潘晓婷在《青年记者》2018年第5期撰文指出，伯明翰学派的亚文化研究范式，确立了由抵抗、收编等概念构成的亚文化研究话语，从批判的视角出发，将青年亚文化视为“工人阶级困境的想象性解决”。20世纪80年代以来，政治文化的氛围淡去，青年亚文化建构的重心逐渐转向身份认同、日常生活建构与符号消费。亚文化研究经历了向“后亚文化”的研究范式转向。在抛弃了阶级话语的“后亚文化”研究范式中，游戏中的等级结构依然是森严的，游戏规则是最牢不可破的，网络游戏亚文化恰恰是对阶级优势、资本优势与性别优势的现实再现。消费主义逻辑作为一条隐秘的主线，贯穿了网络游戏亚文化的始终。

“亚文化资本”：新媒体时代青年亚文化的一种解释

杨小柳、周源颖在《中国青年研究》2018年第9期撰文，围绕亚文化风格的意义，借用经典伯明翰学派和后亚文化研究形成了“仪式抵抗”和“身份认同”两种主要视角，认为把二者基于特定的时代背景将亚文化置于社会结构和亚文化群体两个层面进行解读，难以解释新媒体时代青年亚文化与主流社会的互动关系。文章在评述亚文化研究的基础上，以桑顿“亚文化资本”概念的研究思路，分析新媒体时代青年亚文化商业、媒体的关系，解释其在与主流文化互动中既凸显自身逻辑又与商业达成和解的新现象，并以网络游戏为个案呈现新媒体时代青年亚文化资本的特点及运作方式。

新媒体与青年“网络游戏文化”批判研究

王晓震在《东南传播》2018 年第 9 期撰文指出，网游电竞过去常在批判的声音中，而亚奥理事会宣布电竞正式成为 2018 年雅加达亚运会项目之一，是电竞作为表演项目首次亮相亚运会，成为电竞行业发展中的“里程碑”，是电竞走向主流的体现。稳健发展的经济和自由的新媒体环境，造就了一个“崇尚娱乐”的时代，青年“网络游戏文化”的内容和表现形式等在这个时代不断丰富，对青年与社会产生了“道德恐慌”“过度消费”和“娱乐至死”的担忧。这就需要我们充分认识“网络游戏文化”的发展历史，掌握其传播规律，并把游戏文化置于文化整体构成及其变迁中加以观察，同时把新媒体考虑在内，以此来研究其发展和未来走向。

论网络游戏直播行为著作权侵权属性

孙松在《中国出版》2018 年第 21 期撰文指出，网络游戏直播作为一种新兴的商业模式，不仅具有内容服务的平台属性，而且具有社交互动的渠道功能。对于网络游戏直播行为的侵权认定，不仅需要把握好网络游戏直播行为的内在属性，而且需要结合《著作权法》的权利类型、合理使用规则具体认定。一方面，网络游戏直播行为侵犯了著作权人的法定排他权利，具有一定的违法性和可归责性；另一方面，网络游戏直播行为不符合合理使用的法定情形，也不构成《著作权法》上的转换性使用。因此，网络游戏直播行为具有明确的著作权侵权属性。

“一带一路”

“一带一路”国家品牌形象传播与主题模型计算的实证研究

段淳林、吕笑在《现代传播（中国传媒大学学报）》2018 年第 1 期撰文指出，移动互联网和智能终端的普及带来了传播方式的变革，从而使生成和传播中国品牌形象的信息形式更加丰富和多元化。作者运用 LDA（La-tent Dirichlet Allocation）主题模型整合政治营销传播理论，进行数据深度挖掘，对社会化媒体上有关“一带一路”的网络舆情及群体态度进行情感计算。实验发现，“一带一路”倡议驱动开放包容、肩负责任、推动世界和平的国家品牌形象构建，成功实现国家品牌形象转换。

中国造纸术在“一带一路”上的传播节点、路径及逻辑探源

万安伦、王剑飞、杜建君在《现代出版》2018 年第 6 期撰文指出，“一带一路”不仅是一条关于丝绸、陶瓷等的贸易之路，也是一条关于造纸术和印刷术的中华出版文化传播弘扬之路，更是一条中国国家形象的传播树立之路。中国古代四大发明之一的“造纸术”是通过“一带一路”传向世界各地的，并由此对世界文化和文明产生了深远影响，这也是中国文明海外传播的最早印记之一。中国造纸术西传背后路径有着内在的逻辑动因。作者考察了造纸术在“一带一路”上的关键传播节点及路径形成内因：造纸术沿着陆上丝绸之路从新疆到中亚地区撒马尔罕等地，到西亚古巴比伦和大马士革，再到北非的埃及开罗和摩洛哥，再传播到西班牙和意大利，最后“双心放射”传遍世界。除地理空间路径外，商业逻辑、城市路径、战争催化以及人类文明演进的四要素是传播发展路径的内在逻辑。中国造纸术在“一带一路”上的重要传播节点及路径也承载和构建了古代中国的文化之旅和文明之行。

影响国际议题报道的全球化和本土化因素的再思考——基于“一带一路”报道的比较研究

张莉、陆洪磊在《现代传播（中国传媒大学学报）》2018 年第 10 期撰文指出，

"一带一路"倡议自2013年秋提出以来已成为海外媒体关注的国际性议题，然而哪些新闻生产因素对该议题报道产生影响却鲜有研究。作者以发源于英国的不同市场定位的五种媒体关于"一带一路"的报道为分析对象，对国际新闻生产的全球化和本土化论争进行新的辩证思考，并探讨国际传播中影响我国"一带一路"倡议报道的因素。研究发现，全球化和本土化因素在海外媒体关于"一带一路"新闻生产的不同环节产生了不同的影响，而且在"一带一路"国际议题的新闻生产中，媒体市场的区域定位比媒体市场的阶层定位影响更显著。

文化认同视角下"一带一路"跨文化传播路径选择

赵永华、刘娟在《国际新闻界》2018年第12期撰文指出，"一带一路"不仅关涉与沿线国家经济利益共享问题，还包含如何获取文化认同和国际社会认可问题，即解决"民心相通"背后的承认政治和共同体构建问题。为此，需要将"文化认同"和"日常生活"等理论与"一带一路"结合起来，促使沿线国家人民把"一带一路"视为既具有普世性又符合其在地体验的日常的、情感的、文化的存在。因此，该文基于既有研究基础，把"一带一路"倡议的跨文化传播视为获取文化认同，以完成承认政治和实现共同体构建的过程。具体而言，基于乔纳森·弗里德曼提出的文化认同维度：生活方式认同、现代族群认同、传统族群认同、种族认同，结合"一带一路"的跨文化语境，提出从日常生活的物质需求和符号意义诉求层面入手，借助间性对话和文化传播"在地化"路径，挖掘沿线国家历史和文化记忆资源，构建起"一带一路"共同体，实现真正意义上的"民心相通"。

国家议题的对外传播效果分析——以"一带一路"在海外社交媒体上的框架分析为例

胡岸、陈斌在《编辑之友》2018年第12期撰文指出，作为一项中国提出、世界参与的合作，"一带一路"倡议的成功离不开沿线国家的理解与合作。"一带一路"倡议的国际传播效果，不仅关系着"一带一路"倡议的成功，也事关中国国家形象的建设。作者通过框架理论，分析三家中国主流媒体在某海外社交媒体发布的"一带一路"新闻的传播效果。研究发现，关于"一带一路"互惠性的新闻虽然发布数量多，但是关注度较低；向外界解释"一带一路"政治意图的新闻虽然数量少，但传播效果更好。

第四篇

论文辑览

2018年主要文摘类期刊转载新闻传播学论文篇目

《新华文摘》

《中国社会科学文摘》

《高等学校文科学术文摘》

人大复印报刊资料《新闻与传播》

2018年部分新闻传播学专业期刊论文索引

《国际新闻界》

《现代传播（中国传媒大学学报）》

《新闻大学》

《新闻与传播研究》

2018年主要文摘类期刊* 转载新闻传播学论文篇目

《新华文摘》

2018年第1期

情报3.0时代情报的特征、任务与工具（时艳琴、陈雪飞、谢威、李辉、张惠娜、白波、吴晨生） 情报杂志 2017－10

中国电视类型节目的新探索——以《朗读者》为例（胡智锋、邓文卿）
民族艺术研究 2017－04

2018年第2期

人工智能与新闻业：技术驱动与价值反思（张志安、刘杰）
新闻与写作 2017－11

下一代人工智能：引领世界发展的新兴驱动力（许晔）
人民论坛·学术前沿 2017－20

我的出版观（陈昕）
中华读书报 2017－11－08

2018年第3期

网络社会的兴起与治理变革：中国问题与出路（熊光清） 学习与探索 2017－09

互联网文化新业态的产业特征与发展趋势（王林生） 甘肃社会科学 2017－05

推出精品力作 走向出版强国（吴尚之）
人民日报 2017－11－07

网络传播规律：内涵与运用（丁柏铨）
中国地质大学学报 2017－06

作为交流的读书（单波）
中国社会科学报 2017－11－24

2018年第4期

弘扬优秀传统文化进入新阶段——谈《章太炎全集》的出版意义（许嘉璐）
人民日报 2017－11－14

正确处理纸质阅读和数字阅读的关系（游苏宁） 中华医学信息导报 2017－21

智能化时代我们如何阅读？（周国清、陈暖） 山版广角 2017－12（下）

智能时代的广告产业创新趋势（姚曦、李娜） 中国社会科学报 2017－11－16

社群效应与图书出版产业新态（陈洁）
中国出版 2017－20

2018年第5期

用出版涵养国家文化自信（于殿利）
人民日报 2017－12－05

如何办好中国科技期刊（朱作言、郑永飞） 光明日报 2017－12－21

中国网络视频产业的发展现状、趋势与思考（陈积银、杨廉） 现代传播 2017－11

2018年第6期

新时代新闻舆论工作的价值坚守与路径创

---

* 这里选取的国内主要文摘类书刊包括：人民出版社主办的《新华文摘》、中国社会科学杂志社主办的《中国社会科学文摘》、上海师范大学主办的《高等学校文科学术文摘》、人大复印报刊资料《新闻与传播》。本篇目中的《现代传播（中国传媒大学学报）》简称《现代传播》。

新（高晓虹、赵希婧）
中国编辑 2017－12
网络舆论生态的系统特性与管理策略（蔡骐、袁会）
湖南师范大学社会科学学报 2017－06
话语影响力：价值认知、产生机制、影响因素（何玉兴）
社会科学论坛 2017－12
人工智能发展的社会影响新态势及其应对（毕宏音） 重庆社会科学 2017－12

2018 年第 7 期

十九大“党代表通道”的政治传播学意义（王晓红） 现代传播 2018－01
移动化、社交化、智能化：传统媒体转型的三大路径（彭兰） 新闻界 2018－01
出版业如何抢占知识付费的风口？（陈晓晖） 中华读书报 2017－12－30

2018 年第 8 期

未来的智能传播：从“互联网”到“人联网”（陈昌凤）
人民论坛·学术前沿 2017－23
电信传播的未来发展演进趋势畅想（曾静平） 人民论坛·学术前沿 2017－23

2018 年第 9 期

中国新闻学百年回望与思考（郑保卫）
新闻与写作 2018－01
全媒体语境下党报智库功能的应然与实然（双传学） 光明日报 2018－02－22

2018 年第 10 期

讲好中国故事 改进国际传播（傅莹）
参考消息 2018－03－12
让党的新闻工作优良传统代代相传（李东东） 求是 2018－04
数据、模型与决策：计算广告的发展与流变（段淳林、杨恒） 新闻大学 2018－01

2018 年第 11 期

中国传媒业投融资：发展与创新（胡钰、王嘉婧、徐雪洁）
湖南师范大学社会科学学报 2018－01
传播的新视界、新定位、新使命（曹磊、白贵） 新闻记者 2018－02

2018 年第 12 期

中国价值观全球传播的新契机和新逻辑（张恒军、唐润华）
社会科学战线 2018－03
大众传媒如何助力乡村振兴？（黄艾、熊皇） 湖北大学学报 2018－02

2018 年第 13 期

网络社会治理的法治模式（徐汉明、张新平） 中国社会科学 2018－02
中国出版与文化自信（柳斌杰）
出版参考 2018－01
从平台经场域到生命体：媒体融合的实践范式与路径（黄良奇）
西南民族大学学报 2018－03

2018 年第 14 期

算法型信息分发：技术原理、机制创新与未来发展（喻国明、韩婷）
新闻爱好者 2018－04

2018 年第 15 期

改革开放以来国家品牌观念的历史演进与宏观考察（黄升民、张驰）
现代传播 2018－03
知识付费发展现状、问题与趋势（徐敬宏、程雪梅、胡世明）
编辑之友 2018－05

2018 年第 16 期

构建新时代中国特色新闻学正当时（季为民） 人民日报 2018－05－28
加强新闻学话语体系建设（童兵）
新闻战线 2018－05
微信公众平台信息传播失范行为及其协同治理路径（兰甲云、艾冬丽）
湖南大学学报（社会科学版）2018－05

2018 年第 17 期

社交媒体时代中国对外传播的变革与转型（强月新、夏忠敏） 编辑学刊 2018－03
传媒业未来发展的七大板块（张辉锋、孙晔） 新闻与写作 2018－05

2018 年第 18 期

媒介进化定律的历史解码（刘建明）
新闻爱好者 2018－05
区块链技术推动新闻业变革（赵云泽、杨启鹏） 中国社会科学报 2018－07
2018 年第 19 期
大数据方法与传播学研究方法（曾凡斌）
湖南师范大学社会科学学报 2018－03
新媒体时代传播力的影响要素及其建构路径（沈正赋） 新闻战线 2018－07
2018 年第 20 期
智能互联与数字中国：中国新媒体发展现状、展望（唐绪军、黄楚新、王丹）
新闻与写作 2018－08
中国出版传媒业的创新共生：媒介融合与特殊管理股（付国乐、张志强）
现代传播 2018－07
2018 年第 21 期
热点事件中的网络舆论：缘起、产生、内涵与层次研究（薛可、许桂苹、赵袁军）
情报杂志 2018－08
国际出版业风云变幻的十年（范军、王卉莲、王珺）
中国新闻出版广电报 2018－08－10
2018 年第 22 期
县级融媒体中心建设：经验坐标、发展机遇与路径创新（朱春阳）
新闻界 2018－09
2018 年第 23 期
中国出版体制改革 40 年：历程、主要任务和启示（周蔚华）
出版发行研究 2018－08
数字阅读的分享化、智能化、圈层化趋势（燕道成）
中国社会科学报 2018－09－20
2018 年第 24 期
新时代出版业高质量发展的若干思考（何志勇）
中国出版传媒商报 2018－10－09
奥运会互联网信息传播模式：演进脉络、传播特征与发展趋势（林宏牛、肖焕禹、钟飞） 成都体育学院学报 2018－05

《中国社会科学文摘》

2018 年第 1 期
我国马克思主义新闻理论体系的建构（齐爱军） 新闻与传播研究 2017－07
论报纸再造：从“信息媒体”到“意义媒体”（李良荣、袁鸣徽）
现代传播 2017－08
2018 年第 3 期
伪中立性：资讯聚合平台把关机制与社会责任（朱鸿军、周逵）
南昌大学学报 2017－05
反思新闻专业主义（吴飞、孔祥雯）
新闻记者 2017－10
2018 年第 5 期
中国新闻学百年回望与思考（郑保卫）
新闻与写作 2018－01
中华传统文化的具象化传播（王源）
西南大学学报 2017－06
2018 年第 7 期
中国价值观全球传播的新契机和新逻辑（张恒军、唐润华）
社会科学战线 2018－03
俄罗斯媒体对“中共十九大”的认知与评价（李淑华） 俄罗斯学刊 2018－01
2018 年第 9 期
虚拟现实新闻的创新与困境（刘义昆）
南京社会科学 2018－07
追忆消逝的网站：互联网记忆、媒介传记与网站历史（吴世文、杨国斌）
国际新闻界 2018－04
2018 年第 11 期

中国传媒市场结构的变迁、模型及优化（易旭明、倪琳） 现代传播 2018-06

刘易斯·芒福德的媒介技术思想及其学术影响（王华） 新闻与传播评论 2018-03

《高等学校文科学术文摘》

2018 年第 1 期

作为“出版史”的中国近现代报刊史研究（范军） 华中师范大学学报（人文社会科学版）2017-06

传媒与时尚：法国现代化进程中的文化动力（周薇薇） 南京大学学报（哲学·人文科学·社会科学）2017-06

“媒介融合”：学术期刊转型发展的新趋势（张耀铭） 澳门理工学报（人文社会科学版）2017-04

提升中国国际话语权的途径和策略（张新平、庄宏韬） 南开学报（哲学社会科学版）2017-06

《共产党宣言》中国百年传播史研究述评（陈彩利） 贵州师范大学学报（社会科学版）2017-05

2018 年第 2 期

影响力：中国影视软实力提升的主要目标（胡智锋、刘俊） 艺术百家 2017-06

论中国电影片名翻译的国际叙事策略（赵冬梅、吴碧宇） 东北师大学报（哲学社会科学版）2017-05

回归 20 年香港新闻传媒的发展：演进、转向与趋势（孟书强） 澳门理工学报（人文社会科学版）2018-01

2018 年第 3 期

虚假广告治理中的侵权诉讼（邵海） 比较法研究 2018-02

2018 年第 4 期

如影随形：40 年来学术期刊编辑的身份焦虑——1978—2017 年学术期刊史的一个侧面（朱剑） 清华大学学报（哲学社会科学版）2018-02

新时代高校社科学报特色化转型发展的路径思考——以《华中农业大学学报·社会科学版》为例（鲁满新、陈万红） 华中农业大学学报（社会科学版）2018-01

2018 年第 6 期

媒介环境学视域下的教育信息化 2.0（李永智） 新闻爱好者 2018-09

网络空间命运共同体思想的内在结构和治理逻辑（葛大伟） 重庆邮电大学学报（社会科学版）2018-04

人大复印报刊资料《新闻与传播》

2018 年第 1 期

舆论学理论研究的深化与拓展（丁和根） 新闻大学 2017-05

“媒介事件”的概念建构及其流变（董天策、郭毅、梁辰曦、何旭） 新闻与传播研究 2017-10

后真相时代政治传播的理论重建和路径重构（史安斌、杨云康） 国际新闻界 2017-09

俄罗斯的民族特性及其媒体沿革（程曼丽）　国际新闻界 2017－09
从策略传播管理到数据沟通管理（颜景毅）　新闻大学 2017－05
互联网的非线性传播及对其的批判思维（陈力丹）　新闻记者 2017－10
从刻奇到戏谑："反鸡汤"作为一种感觉结构（汪凯）　新闻与传播研究 2017－10
数据新闻对传统新闻价值的突破与重构（吴小坤、童峥）　当代传播 2017－04
劳动过程理论视域下记者"新闻民工"角色认知的形成机制（戴海波、杨惠）
西南民族大学学报（人文社会科学版）2017－09
融媒体影响下的视频节目创新与营销传播（冷凇）　视听界 2017－09
意义生产的"圈层共振"：基于建国初期读报小组的研究（周海燕）
现代传播 2017－09
社会新闻：中国社会的"无意识"之力（胡雪莲）　学术研究 2017－08

2018 年第 2 期

欲望与认同：二十世纪早期的群体传播思想（胡百精、杨奕）
国际新闻界 2017－10
议程设置理论与研究 50 年：溯源·演进·前景（史安斌、王沛楠）
新闻与传播研究 2017－10
沉默的框架：框架理论六十年的时间脉络与空间想象（王彦）　浙江大学学报（人文社会科学版）2017－06
马克思主义新闻观对于新闻编辑的指导意义（蔡雯）　当代传播 2017－05
论健康风险报道中"不确定性"建构背后的价值分化（余红、李瑞芳）
现代传播 2017－10
对智能新闻若干问题的释疑（刘建明）
新闻爱好者 2017－11
平台化：主流媒体深度融合的基石（宋建武、黄淼、陈璐颖）
新闻与写作 2017－10
新媒体环境下中国调查记者行业生态变化报告（张志安、曹艳辉）
现代传播 2017－11
自媒体发展中的表达自由、政府规制及其限度（宋全成）　南京社会科学 2017－11
国共舆论战与国民党的大战略（赵光辉）
新闻与传播研究 2017－11
"送字下乡"：晚清及民国时期扫盲运动的传播社会学考察（潘祥辉）
浙江学刊 2017－05

2018 年第 3 期

走向公共：新闻专业主义再出发（潘忠党、陆晔）　国际新闻界 2017－10
新闻与记忆：回归媒体记忆研究的核心议题（龚新琼）　新闻界 2017－11
田野作业的拓展与反思——媒介人类学的视角（孙信茹）　新闻记者 2017－12
媒介环境学派的隐喻表达与隐喻思维（丁松虎）　甘肃社会科学 2017－09
寻求对话：在舆论研究的特殊性与普适性之间（张涛甫、徐亦舒）
新闻大学 2017－10
复杂系统论：中国网络舆论研究的范式转向（曲飞帆、杜骏飞）
南京社会科学 2017－11
共同体证成及规范表述——中国新闻职业道德准则中的"阐释"（肖燕雄、李淑华）　国际新闻界 2017－10
趋势、规范与本土化——移动传播时代数据新闻的生产实践研究（许向东）
新闻爱好者 2017－12
新闻生产研究的理论局限与超越（黄建友）　中国出版 2017－11
人工智能与"个人日报"时代的到来（王佳航）　新闻与写作 2017－11
迭代生产与关系建构：社交媒体中的国家形象塑造机制（王斌、戴梦瑜）
兰州大学学报（社会科学版）2017－09

人机社交传播与自动传播技术的社会建构——基于欧美学界对 Socialbots 的研究讨论（蔡润芳） 当代传播 2017－11

作为社会解释的媒介话语分析——解读《媒介话语的进路》（徐桂权、章震） 新闻记者 2017－10

2018 年第 4 期

媒介化社会理论的缘起：传播学视野中的“第二个芝加哥学派”（胡翼青、杨馨） 新闻大学 2017－06

健康传播研究常模：理论框架与学术逻辑——以“HINTS 中国”调研项目为例（喻国明、潘佳宝、Gary Kreps） 编辑之友 2017－11

新闻创新研究的视角与路径（白红义） 新闻与写作 2018－01

坚守中国特色社会主义，践行“四向四做”（童兵） 新闻爱好者 2017－11

我国国际制度性话语权的现状与构建路径（贾文山、王婧雯） 国际新闻界 2017－12

“可见的”共同体：报纸与民族国家的另一种叙述（卞冬磊） 国际新闻界 2017－12

一流学科建设的制度研究（严三九、南瑞琴） 华东师范大学学报（教育科学版）2017－06

传播学教育与研究方法论的创新与实践——专访赵月枝教授（黄艾） 全球传媒学刊 2017－04

作为媒介的 VR 研究综述（杨慧、雷建军） 新闻大学 2017－06

黑箱：人工智能技术与新闻生产格局嬗变（仇筠茜、陈昌凤） 新闻界 2018－01

伪中立性：资讯聚合平台把关机制与社会责任的考察（朱鸿军、周逵） 南昌大学学报（人文社会科学版） 2017－05

云技术神话：现实起源、人类生存境况与不确定性的未来（姚建华、郑春风） 新闻界 2017－12

2018 年第 5 期

统一性：当代中国马克思主义新闻真实观的典型特征（杨保军） 新闻大学 2018－01

马克思主义新闻观中国化的历史进程及其理论贡献（郑保卫） 新闻与传播研究 2018－02

中国新闻话语的来源和批判地吸纳西方新闻话语（童兵） 新闻爱好者 2018－02

论中国政治传播研究向纵深拓展的三大进路（荆学民） 现代传播 2018－01

技术、组织与“传递”：麦克卢汉与德布雷的媒介思想和时空观念（黄华） 新闻与传播研究 2017－12

论新时代中国特色社会主义核心价值观国际传播的新思路（姜飞、黄廓） 中州学刊 2018－01

新媒体时代的“未来考古”（吕新雨） 上海大学学报（社会科学版）2018－01

“从前有一个记者，后来他去创业了”——媒体创业叙事与创业者认同建构（陈楚洁） 新闻记者 2018－03

新闻版权即新闻获利权（宋建武） 现代传播 2017－11

致命的转化率：注意力之外的决定性因素（赵曙光） 国际新闻界 2017－11

聚合新闻：新闻聚合服务对新闻编辑行业的影响（常江） 编辑之友 2018－02

策展新闻：以“对话”为中心的新闻实践（吴果中） 湖南师范大学（社会科学学报）2018－01

2018 年第 6 期

“提高新闻舆论传播力、引导力、影响力、公信力”——学习十九大报告关于新闻舆论工作的论述（陈力丹） 新闻爱好者 2018－03

中国共产党党员的媒介话语言说及其接合——以十九大的“党代表通道”为例

（岳璐）
湖南师范大学社会科学学报 2018－02

媒介域的方法论意义（陈卫星）
国际新闻界 2018－02

“行动的场域”：“媒介”意义的非现代阐释（钱佳湧） 新闻与传播研究 2018－03

传播符号学视角中的福柯——社会互动与讯息意义（李敬）
上海大学学报（社会科学版）2018－02

政治传播的哲学基础论证（晏辉）
学术研究 2017－12

超级个体与利基时空：一个媒介消费研究的新视角（曲慧、喻国明）
新闻与传播研究 2017－12

新环境下中国电视的发展与创新空间（胡智锋） 新闻与写作 2018－03

中等收入群体在中国网络社会的角色与地位研究（郑雯、李良荣）
现代传播 2018－01

智能媒体时代的传播学研究：元问题与方法论（吴舫、崔迪）
出版发行研究 2018－02

古代中国舆论的发生及其内在精神（姜华） 山西大学学报（哲学社会科学版）2018－02

美国“外国代理人”注册媒介宣传游说规制（陈绚） 国际新闻界 2018－01

表达性行动与国际非政府组织的在华落地——一个“勾连”视角的阐释（李东晓） 新闻与传播研究 2018－03

从国际传播到公共外交：冷战缓和时期美国公共外交的体系建设（刘鸣筝）
社会科学战线 2018－03

2018 年第 7 期

选择螺旋——一个传播学大理论、元理论、预测理论和预设理论
（赵心树）国际新闻界 2018－02

语图论：语图互文与视觉修辞分析（刘涛） 新闻与传播评论 2018－01

互联网民族志：媒介化的日常生活研究（曹晋、孔宇、徐璐）
新闻大学 2018－02

走向多元：新闻传播教育的变革与坚守（刘义昆） 中国地质大学学报（社会科学版）2018－03

话语范式转型：非虚构新闻叙事兴起的中国语境（黄典林） 新闻记者 2018－05

“端口”争夺时代地方主流媒体的新闻生产（张婧妍、李宁） 新闻界 2018－04

论习近平新时代网络强国思想（汤景泰、林如鹏） 新闻与传播研究 2018－01

媒体智能化应用：现状、趋势及路径构建（宋建武、黄淼） 新闻与写作 2018－04

转向数字文化研究（杨国斌）
国际新闻界 2018－02

未来媒体视域下媒体融合空间转向与产业重构（李彪） 编辑之友 2018－03

新型视听传播的技术逻辑与发展路向（王晓红） 新闻与写作 2018－05

垄上模式：精准扶贫背景下涉农电视的“平台化”转型（徐锐）
编辑之友 2018－04

党报、列宁主义政党与群众政治参与——延安新闻业群众路线的运作机理分析（李海波） 国际新闻界 2018－03

2018 年第 8 期

显现的实体抑或意义的空间：反思传播学的媒介观（胡翼青）
国际新闻界 2018－02

媒介化研究：一种新的传播研究范式（戴宇辰） 安徽大学学报（哲学社会科学版）2018－02

关联网络议程设置的概念、研究与未来发展（曾凡斌） 新闻界 2018－05

冲突框架与中立转向：2002－2016 年 BBC 中非关系报道分析（李新烽、李玉洁）
新闻与传播研究 2018－03

守土与调适：中国政治传播的制度结构及其变迁（苏颖）
甘肃行政学院学报 2018－01

算法型信息分发：技术原理、机制创新与未来发展（喻国明、韩婷）
新闻爱好者 2018－04
加密经济重构媒体生态？区块链驱动下的新闻商业模式（谭小荷）
新闻界 2018－06
一种新的互联网知识传播范式："知识付费"的逻辑与反思（马澈、穆天阳）
新闻与写作 2018－04
传播研究的历史取向（迈克尔·舒德森）
新闻记者 2018－04
托德·吉特林：学术与政治从来不是割裂的（常江、石谷岩） 新闻界 2018－04
社会与技术共构：美国新闻业的十年危机与转型（陈红梅） 新闻记者 2018－04

2018 年第 9 期

媒介研究的实践范式：框架、路径与启示（顾洁） 新闻与传播研究 2018－06
从情感研究的起点出发：去情绪化的情感与媒介效果研究（纪莉、董薇）
南京社会科学 2018－05
从"议程设置"到"情绪设置"：媒介传播"情绪设置"效果与机理（徐翔）
暨南学报（哲学社会科学版）2018－03
比较媒介体制研究与拉丁美洲的特色（周书环） 新闻记者 2018－06
当前舆论治理的瓶颈和突破路径（张涛甫） 新闻与写作 2018－06
艰难的嵌入：反思"两微一端"的当代社会实践（胡翼青、沈伟民）
编辑之友 2018－06
智能时代的新内容革命（彭兰）
国际新闻界 2018－06
语境、演进、范式：网络研究的想象力（刘新传、魏然） 新闻大学 2018－03
海外英文媒体对"一带一路"倡议的隐喻建构——基于语料库的跨文化比较研究（辛静、单波） 现代传播 2018－06
"一带一路"建设的新机遇与新挑战（郑雯、袁鸣徽、乐音） 对外传播 2018－05
中国智库的对外传播研究（胡键）
现代传播 2018－05
中国特色新型智库的国际影响力评估与构建（王文） 新闻与写作 2018－06
传播史视阈下晚清电报的官督商办（李煜） 现代传播 2018－05

2018 年第 10 期

40 年新闻编辑业务的变革与走向——对改革开放以来媒体实践的观察与思考（蔡雯） 传媒观察 2018－07
改革开放以来中国传媒制度的演进逻辑及其启示（粟孟林）
湖南师范大学社会科学学报 2018－08
无处不在的耳目，千呼万应的喉舌——纪念马克思诞辰 200 周年兼学习马克思的报刊使命观（童兵）
新闻爱好者 2018－05
从恩格斯的《英国工人阶级状况》中寻找马克思主义新闻观发展路径（郑亚楠）
中国社会科学报 2018－08－21
愿景与悖论：传播学 CiteSpace 可视化工具引入现状批判（廖金英）
国际新闻界 2018－07
衍生与融合：框架理论研究的跨学科对话（郭小安、滕金达） 现代传播 2018－07
非虚构写作：叙事视角、路径依赖与现实冲击——对"译文纪实"系列图书的读与思（宣海林、李铎）
中国图书评论 2018－06
纸媒：生存还是死亡，这是个问题——由新一轮报纸关门潮引发的思考与对话（夏德元、石力月、尤莼洁）
新闻爱好者 2018－04
互联网的网络化治理：用户权利的契约化与网络中介私权力依赖（张小强）
新闻与传播研究 2018－07
逻辑转向与权力共生：从网络流行体看青年网民的集体记忆实践（陈旭光）
新闻与传播评论 2018－07
手机里的漂泊人生：生命历程视角下的流

动女性数字媒介使用（章玉萍）
新闻与传播研究 2018 - 07

魔灯镜影：18—20 世纪中国早期幻灯的放映、制作与传播（孙青）
近代史研究 2018 - 07

2018 年第 11 期

意义、新闻权威与文化结构（陈楚洁）
新闻记者 2018 - 08

边界、权威与合法性：中国语境下的新闻职业话语研究（白红义）
新闻与传播研究 2018 - 08

超越“人际影响”：米尔斯的迪凯特研究与传播想像（秦艺丹）
国际新闻界 2018 - 08

民族国家内部的“跨文化传播”研究：困境？出路？（郭建斌）　新闻界 2018 - 08

中国国家形象生成与传播的“多民族”视角（李彦冰）　贵州师范大学学报（社会科学版）2018 - 04

事实呈现和价值推理：对外传播中的内容结构研究（张庆园）　对外传播 2018 - 08

从媒体精英辞职去向看新闻业界学界流动障碍（曹林）　新闻与传播研究 2018 - 06

新闻生产中的算法风险：成因、类型与对策（张超）　中国出版 2018 - 13

高校综合学报新闻栏目的创新发展：与专业期刊对比下的问题与对策（尹金凤）
湖南师范大学社会科学学报 2018 - 04

县级融媒体中心建设：经验坐标、发展机遇与路径创新（朱春阳）
新闻界 2018 - 09

规则与符号的关系：游戏传播的另一个研究视角（陈静、周小普）
当代传播 2018 - 04

马克思、恩格斯“报刊批评精神”中国化的司法层面分析（陈堂发）
南京社会科学 2018 - 08

2018 年第 12 期

将习近平“党性人民性相统一”的思想落实到新闻实践中（陈力丹）
新闻界 2018 - 09

习近平新闻舆论思想研究进路初探（沈正赋）　当代传播 2018 - 05

为何缺乏本土化关照？——新闻传播领域国际发表中的问题反思（苗伟山、贾鹤鹏、张志安）　新闻大学 2018 - 04

受众的感知、识记和态度改变：数据新闻的传播效果研究——基于一项针对大学生的控制实验分析（蒋忠波）
新闻与传播研究 2018 - 09

稻草人与看门狗：作为体制存在的新闻业（彭增军）　新闻记者 2018 - 09

新媒体语境下，新闻学研究的变与不变（孙江、李婷、杨舒颖）
中国记者 2018 - 07

表达权还是知情权：信息自由概念的内涵变迁（黄建友）　国际新闻界 2018 - 09

智能连接时代个人隐私权的终结（吴飞、孔祥雯）　现代传播 2018 - 09

新闻创新中的“协作式新闻布展”（陆晔、周睿鸣）　新闻记者 2018 - 09

算法推送新闻中的认知窄化及其规避（王斌、李宛真）　新闻与写作 2018 - 09

我国媒介融合研究 20 年之进路（韩立新、张秀丽）
河北大学学报（哲学社会科学版）2018 - 07

基于网络自我呈现的行为预测及反思（郭慧）　现代传播 2018 - 09

“阅报”何以能成为中国人的日常行为：对清末新式中文报刊空间分布的社会学考察（朱至刚）　学术研究 2018 - 09

中国的广播收听和变动的公众形构（雷伟、孙皖宁）　新闻界 2018 - 10

2018年部分新闻传播学专业期刊论文索引

《国际新闻界》

2018年第1期

诱导还是警示：对明星吸毒新闻传播效果的实证分析（王天铮）
美国“外国代理人”注册媒介宣传游说规制（陈绚）
2017年中国的新闻学研究（陈辉、刘海龙）
2017年中国的传播学研究（方惠、刘海龙）
“智媒”时代的消融与重塑——2017年新媒体研究综述（苏涛、彭兰）
“互联网下半场”中传媒经济研究的问题意识与技术进路——基于2017年中国传媒经济研究的文献分析（赵睿、喻国明）
中国传播学40年：基于学科化进程的反思（胡翼青、张婧妍）
从“零”到一：中国传播思想史书写的回顾和展望（吴予敏）
“秦晋之好”：女性作为媒介及其政治传播功能考（潘祥辉）
单向度的学习：1949—1956年苏联新闻工作经验的移植（吴艳玲）
语境、路径与价值：融媒时代的主持传播——中国主持传播论坛（2017）在京举办（卜晨光、高贵武）

2018年第2期

从新体用观的角度建构中国传播学的反思性（单波）
新闻是人，新闻学是人学（杜骏飞）
回首与展望：反思传播学话题引言（吴飞）
显现的实体抑或意义的空间：反思传播学的媒介观（胡翼青）
传播中的身体问题与传播研究的未来（刘海龙）
走向反思、多元、对谈的传播学（潘忠党）
多元、对话与有机的传播研究：基于2018年JoC新酵母专刊的反思（邱林川）
携手共同构建人类整体传播学（邵培仁）
政治传播研究的“行省化”：理论反思与路径重构（史安斌）
认同危机与范式之惑：传播研究反思之反思（龙强、吴飞）
“重构中国传播学”的时代场景和学术取向（吴予敏）
转向数字文化研究（杨国斌）
传播学的学术创新：原点、范式与价值准则——在“反思传播学圆桌论坛”上的发言（喻国明）
传播学的特点及其对中国的贡献（张国良）
影响的焦虑——关于中国传播学主体性的思考（张涛甫）
大数据与新闻传播研究的学术想象（张志

安）
选择螺旋——一个传播学大理论、元理论、预测理论和预设理论（赵心树）
中国传播学研究国际发表的现状与反思（韦路）
后学科状况下，我们应该如何继续研究？——与 Silvio Waisbord 对谈（《国际新闻界》编辑部）
全球新闻传播学术焦点与前沿趋势论坛在中国人民大学召开（杨启鹏）
媒介域的方法论意义（陈卫星）

2018 年第 3 期

中国人民大学国家传播战略研究中心举办首届高峰论坛
政务微博拟人化互动效果的实验研究（张放、王盛楠）
网络空间的“文化休克”与文化认同：基于中国留学生社交媒体使用的生命故事（付晓燕）
2017 年中国的马克思主义新闻观研究（李璐玚、周建明）
党报、列宁主义政党与群众政治参与——延安新闻业群众路线的运作机理分析（李海波）
“世纪潮一代”的网络社会资本重构：对比在英流寓华人 Facebook 和微信的数字化融入（赵瑜佩）
离散族群多元文化认同对社交媒体使用的影响（张少科）
在美中国旅居者在社交媒体上的自我呈现动机研究（杨恬、蒋晓丽）
“积极受众”的价值生产——论传播政治经济学“受众观”与 Web2.0“受众劳动论”之争（蔡润芳）
建构社区与制造快感：网络社区中粉丝的交流实践类型及意义（胡岑岑）

2018 年第 4 期

新媒体与政治参与：以弹劾朴槿惠烛光集会为例（郑沅教）
社交媒体时代的公民政治参与：以新闻价值与政务微博受众参与互动关系为例（顾洁、闵素芹、詹骞）
微信使用对大学生社会资本的影响机制研究（潘曙雅、刘岩）
“媒介专业主义”的悖论（李金铨）
隐蔽的“深后台”：开放式新闻生产中的传受关系——以《中国青年》对卓伟的报道为个案（王斌、李岸东）
数据可视化传播效果的眼动实验研究（许向东）
追忆消逝的网站：互联网记忆、媒介传记与网站历史（吴世文、杨国斌）
互联网与国家认同：媒介生态学视角下基于全球 33 个国家的实证研究（卢嘉、刘新传）
公共事件在微信社群的传播场域与话语空间研究（郑满宁）

2018 年第 5 期

微信使用中的隐私关注、认知、担忧与保护：基于全国六所高校大学生的实证研究（徐敬宏、侯伟鹏、程雪梅、王雪）
公共文化传播空间的构建——以民营实体书店转型发展为例（司新丽）
美国人眼中的东方巨龙：涉华新闻关注与美国人对中国的认知、态度的关系（苏林森）
数字功夫：格斗游戏的姿态现象学（章戈浩）
“为了部落”：多人在线游戏玩家的结盟合作行为研究（王喆）
“弹性”的创意：电子游戏的美术劳动（黄佩、杨丰源）
沉浸式传播中的身体经验：以虚拟现实游戏的玩家研究为例（周逵）
从“电子海洛因”到“中国创造”：《人民日报》游戏报道（1981—2017）的话语变迁（何威、曹书乐）
从“社交媒体上的政治”到“有关社交媒体的政治”——2012 年以来俄罗斯关于社交媒体的政策调整及效果评估（贾乐

蓉、阿娜斯塔西娅·舒霍列茨卡娅）
从利润权重解析报业上市公司盈利模式的转变——以浙报传媒、博瑞传播、华闻传媒、纽约时报（2012—2016年）为例（禹建强、马思源）

2018年第6期

中国人民大学新闻学院马克思主义新闻观深度研讨会综述（人大新闻学院）
塔克曼到底在说什么？经典迻译的语境与《做新闻》中译本的误译（李红涛）
“后真相时代”的媒体与民主——访著名政治学家约翰·基恩教授（刘沫潇、约翰·基恩）
民族志传播研究的问题与反思（沙垚）
微信中的民族意识呈现与认同构建：基于一个彝族微信群的考察（张媛、文霄）
为什么经典不再续？——兼论新闻生产社会学研究的转型（陈阳）
因时而作：新闻时间性的再考察（白红义）
媒介社会学的文化研究路径：以斯图亚特·霍尔为例（黄典林）
智能时代的新内容革命（彭兰）
群像与独像：新世纪以来我国特大事故报道中的受难者形象（闫岩、邹文雪）
从中国案例到中国范式：评《中国媒体走向全球》（常江）

2018年第7期

“国家”的位置：“远处的苦难”、“国家”与中国网民的“同情”话语（袁光锋）
从“五通”到“五路”和“四同”——管窥习近平沟通思想理论体系（贾文山、刘宏宇）
参与传播：国家治理研究的新向度——瑞典乌普萨拉大学尼科·卡彭铁尔教授访谈（公丕钰、张晋升、詹扬龙、迟浩男）
道德心理的舆论张力：网络谣言向网络暴力的演化模式及其影响因素研究（刘绩宏、柯惠新）
网红微博营销对受众消费态度的影响路径及应对策略（燕道成、刘振、王淼）
新闻媒介体制：要素、内涵与特征（秦汉）
客观或团结：美国大众传播知识社会学的两种类型（王颖吉）
虚拟技术的在场效应认知：基于隐喻抽取法（ZMET）的研究（杨雅）
愿景与悖论：传播学CiteSpace可视化工具引入现状批判（廖金英）
图像技术、视觉呈现与现代中国：评吴果中著《左图右史与画中有话——中国近现代画报研究（1874—1949）》（唐海江、曾哲扬）

2018年第8期

全球价值链下两岸动漫产业的发展与合作——基于历史的考察和交易成本分析（吴琳琳、罗敏）
社交媒体对青年政治参与的影响及网络规制的调节作用——基于大陆九所高校大学生的调查研究（卢家银）
失守的边界——对我国记者诠释社群话语变迁的分析（尹连根、王海燕）
反观诸己：美国“新闻业危机”的三种话语（王辰瑶）
“西方新闻专业主义”的层累构造及其依据（陈信凌）
互联网历史学的前沿问题、理论面向与研究路径——宾夕法尼亚大学杨国斌教授访谈（吴世文）
超越“人际影响”：米尔斯的迪凯特研究与传播想像（秦艺丹）
城市办报范式与党报理念的冲突与调适——对整风运动中重庆《新华日报》改版的考察（王雪驹、楚航、王润泽）
本地与全球：中英文媒体与澳门城市形象——框架理论的视角（潘霁）
“舆论”与“共同生活”：罗伯特·E.帕克新闻思想中两个被忽视的关键词（刘娜、黄顺铭、田辉）

2018 年第 9 期

罗伯特·洛根：麦克卢汉思想圈子硕果仅存的跨学科奇人（何道宽）
表达权还是知情权：信息自由概念的内涵变迁（黄建友）
数字代沟的概念化与操作化：基于全国家庭祖孙三代问卷调查的初次尝试（周裕琼、林枫）
家庭传播研究的逻辑起点、历史演进和发展路径（朱秀凌）
触发与补偿：代际关系与老年人健康信息回避（公文）
成人初显期人群的数字媒介家庭沟通与隐私管理：一个扎根理论研究（曾秀芹、吴海谧、蒋莉）
第三层次议程设置：萨德事件中媒体与公众的议程网络（蒋俏蕾、程杨）
融通之道：解读新媒体环境下新闻传播教育的两大趋势（刘明洋、袁晓川）
融媒时代北卡罗来纳大学的新闻课程与教学（林渊渊）
观念生产与媒体扩张——默多克媒介权力的再思考（杨维东、王敏）

2018 年第 10 期

公共信息接触如何影响不同类型的政治参与——政治讨论的中介效应（张凌）
线下政治讨论如何激发青年群体的线上政治表达：一个有调节的中介模型（闵晨、陈强、王国华）
传统主流报纸对农民工“讨薪”事件的媒介呈现分析（2002—2015）（何晶）
政治新闻如何塑造参与行动：政治心理的视角（王童辰、钟智锦）
规则、随机性、符号：作为意义生产模型的“游戏性”及游戏的媒介特质——以《王者荣耀》与《阴阳师》为例（陈静、周小普）
“小方是谁?”——兼谈当下新闻研究的一些学风问题（李彬）
“揭丑运动”在中国兴起的历史必然性（程曼丽）
《新闻规律论》论纲（杨保军）
从新闻聚合平台看新闻编辑业务的变化（蔡雯、朱雅云）
抗日民族统一战线下的特殊话语表达——抗战时期范长江在国统区的公开言说与话语策略（樊亚平、李向辉）

2018 年第 11 期

中国数字广告产业二十年：基于“组织—技术”逻辑的制度化进程（邓敏）
凸显与遮蔽：国内主流报纸新闻评论中医患矛盾的隐喻分析（徐开彬、万萍）
博弈视角下中国电影保底发行的性质及策略选择（张辉锋、孙晔）
林则徐去广州：19 世纪中国“传播网络”的一个片段（卞冬磊）
离散的认同：网络社会中现代认同重构的技术逻辑（吴志远）
“益闻”与“风闻”：19 世纪中文报刊的两种新闻观（操瑞青）
台湾四大报新闻记者劳动环境与绩效管理之研究（王毓莉）
论资本影响与媒体舆论的博弈（黄楚新、郭海威）
拓展与回归：中国电视新闻报道的实践革新与观念演进（高贵武、江灏锋、胡蝶）
影响央企新媒体策略使用的因素分析：卓越公共关系理论视角（张迪、周晓辉、高涵）

2018 年第 12 期

网络小说成为超级 IP 的影响因素与生成机理研究——基于 45 例网络小说 IP 的定性比较分析（QCA）（李彪、王永祺、杨小涵）
文化认同视角下“一带一路”跨文化传播路径选择（赵永华、刘娟）
被忽视的先驱——边沁功利主义舆论思想阐释（徐蓉蓉）
总统影像的视觉修辞：对白宫 Flickr 网站

图片的分析（殷强、袁雪）
论邓小平、江泽民、胡锦涛、习近平互联网思想的主要观点及理论贡献（郑保卫、谢建东）
“自主”的情境：直播与社会互动关系建构的当代再现——对梅罗维茨情境论的再审视（周勇、何天平）
如何满足受众：日常化网络直播的技术与内容考察（王建磊）
网络视频直播的共同治理：基于政策网络分析的视角（刘锐、徐敬宏）
交流者的身体：传播与在场——意识主体、身体－主体、智能主体的演变（孙玮）
世界精神与民族关怀：全球化时代的跨文化传播伦理构建（刘国强、汤志豪）
中国新闻学论著整理研究的百年进展与反思——基于学科发展的视角（黄春平）

《现代传播（中国传媒大学学报）》

2018 年第 1 期

十九大“党代表通道”的主要做法和经验（张强）
诉说党情民意，连接党心民心（陈文申）
四位十九大党代表在研讨会上的发言摘编（景海鹏、周宇、卢丽安、孟祥飞）
让中国共产党的故事有威力，更有魅力（杨华）
十九大“党代表通道”：“中国梦”的个体具象（朱喆）
党代会报道的重大创新——十九大“党代表通道”的成效、特点和启示（徐隽）
创新展现中国共产党人的新时代气质——以新华社对十九大“党代表通道”的（高洁）
十九大“党代表通道”：政府传播的创新形式（程曼丽）
十九大“党代表通道”：政治传播的语态创新（周勇）
十九大“党代表通道”的政治传播学意义（王晓红）
2018 年中国传媒的基本面与机会点（徐立军、王玉飞）
中国电影与国家形象传播——2017 年度中国电影北美地区传播调研报告（黄会林、孙子荀、王超、杨卓凡）
传播史上的孔庙祭祀礼制及其当代价值（张兵娟、王闯）
习近平“党性人民性统一论”的理论内涵及价值（郑保卫）
信息的需求与反需求：农民信息诉求行为研究——基于北京市郊区农民观念提升工程的观察与思考（李红艳）
战后普通知识群体的报刊论政——《观察》周刊“读者投书”栏考（田秋生）
Personal Information Station：传播学元问（李宜篷）
“一带一路”国家品牌形象传播与主题模型计算的实证研究（段淳林、吕笑）
新闻游戏：概念、意义、功能和交互叙事规律研究（曾祥敏、方雪悦）
社交网络舆论空间的“中国式风险”检视（全燕、杨魁）
新媒介语境下舆论监督本位回归：历程与方向（李永）
论中国政治传播研究向纵深拓展的三大进路（荆学民）
中等收入群体在中国网络社会的角色与地位研究（郑雯、李良荣）
十八大以来中国影视艺术发展纵览（胡智锋）
媒介战争与民族构建：抗战电影的媒介环

境学研究（白贵、曹磊）
媒介记忆视域下中国电视媒体舆论监督研究——从“中国质量万里行”到《人民的名义》（陈虹、潘玉、郑广嘉）
集体欢腾与灵光塑造：数字时代流行音乐商业价值研究（李育菁、张捷）
动画符号对新媒体的影响：基于“冷热媒介”理论的思考（王凌轩）
品牌传播理论建构的主体性、史学观和思维变革（舒咏平、肖雅娟）
虚拟货币：金融及舆情风险管理探讨（丁晓蔚、高淑萍）
从互联时代迈向智能时代：2017 年盘点与 2018 年展望（方兴东、严峰）
声音作为下一个平台：智能语音新闻报道的创新与实践（张建中）
90 后独生子女网络社交实证研究（杨雪睿、曹启淏）
新中国第一代新闻教育家及其办学思想探析（赵玉明、冯帆）
冲突与和解：关系视阈下流动儿童媒介素养构建研究（王倩、李颖异）

2018 年第 2 期

新时代文艺美学的建构维度（张晶）
计算社会科学框架下内容付费产品研究（喻国明、段泽宁、孙琳）
视频内容跨屏传播评估的产品及其发展（吴殿义、周艳）
构建中国特色战略文化传播体系（刘卫东、林靖）
媒介环境学派与“技术决定论”关联的再思考（谢清果、杜恺健）
手机拍照、社会参与及主体建构——基于一个城市中老年女性群体的观察（孙信茹、赵洁）
议程建构理论的产生、发展及转向（石义彬、刘骏）
马克思新闻法治与新闻伦理思想初探（汪振军）
官方媒体对“美式民主”的解构——基于《人民日报》2016 年美国大选报道的框架分析（沈浩、李育儒）
技术污名化的传播机制：基于系列邻避事件的分析（汤景泰、星辰）
“方寸之间”的中国：1949—2016 年邮票上的国家形象变迁（杨柳、董天策）
传媒业知识型员工工作幸福感对创新绩效的影响机制研究（石姝莉、周菲）
传播仪式观视阈下中国政治图谱的演变——基于《人民日报》国庆日头版报道及社论的分析（沈正赋）
从空间转向到空间媒介化：媒介地理学在西方的兴起与发展（谢沁露）
新创意阶层的崛起与新类型电影的建构（吴冠平、张伟）
英国电视剧内容生产的历史背景与现实抉择——以 BBC 电视剧播出为例（吕鹏、张君昌、郑春风）
春节返乡题材文章的叙事和传播研究（孔德继）
元媒介与元传播：新语境下传播符号学的学理建构（赵星植）
当下影视剧人物造型创作的文化传播价值研究（危怡）
从日常生活到视听叙事文本：纪录片影像叙事的实践与探索（张小琴、梁君健）
海外民族志：中国民族志纪录片新视野（王庆福）
修辞、对话与认同：修辞流派对公共关系研究的弥合与拓展（胡百精、高歌）
论 QQ 传播的层级性受众和层级性产业（曾静平、刘爽）
从广告到传播：城市形象的沟通图景（张婷婷）
政务微博中传播权力和传播信用的博弈（姜飞、侯锷）
论人与位置媒体的空间关系（徐苒、刘明洋）
以时空维度视角看信息传播规律（董超）
媒介素养理论框架下的受众研究新论（张

开）
媒介素养视角下公众对环境风险议题的负向建构（黄河、刘琳琳）
气象影视传媒品牌的融媒体发展思考与探索（赵帆）
基于艺术符号论的播音情感新探（陈竹、林妤）
我国“二胎政策”对外传播框架研究（张琳、安若辰）
舆论作用于社会风尚的机制分析（王蓓蕾）

2018 年第 3 期

改革开放以来国家品牌观念的历史演进与宏观考察（黄升民、张驰）
地方实力传媒集团区域化扩张发展的战略思考（朱剑飞、杨琦）
媒介管理者与传媒产业化：中国广电体制变迁的微观考察（易前良）
习近平达沃斯演讲的新亚里士多德修辞分析（徐开彬、王潇雨）
信使：阿玛纳时代东地中海世界的跨文化传播者（孙宝国）
论融媒时代电视传播生态的嬗变与建构（孙宜君、王建磊）
中国近代新闻通讯业的历史源起（万京华）
文化政治视角下清末西方传教士及其报刊出版活动（程曼丽）
群体间交往理论的再思考：延伸交往研究的溯源、辨析与启示（赵欣）
作为劳动的传播：网络视频众包生产与传播的实证研究——以“PPS 爱频道”为例（吴鼎铭）
传统媒体新闻工作者互联网工作性使用与职业角色认知研究——一项基于报纸和电视媒体的实证研究（张伟伟）
新媒体与社会心理研究：方法、问题与取向（李春雷）
反驳改述谣言能够消除事实幻觉效应（熊炎）
中国电影发展新现象与产业新格局（饶曙光）
疾病的隐喻：近年来国产医疗剧的“治愈性”叙事分析（牛鸿英）
论新世纪以来中国艺术电影的快乐文本与极乐文本（曲德煊、王希楠）
“弥合冲突”的想象：韩国影视剧中的记者形象研究（陈科）
呼唤“新英雄”：早期中国电影的文化流变与其动因侧论（游晓光）
纪录片新方法：第一人称画外音叙事（邵雯艳、倪祥保）
纪录片《云之南》的国际传播路径与策略考察（任志明、左丹丹）
广播电视上市公司盈利模式及发展趋势分析（禹建强、郭超凯）
欧美完片保险风险管理模式及借鉴意义（何圣捷、贾旭东）
传媒企业基于营运资本需求的流动性评价（穆青、凡小梅）
基于谷歌图书语料库大数据的百年传播学发展研究（曾凡斌、陈荷）
恐怖组织的网络动员策略及应对机制研究（韩娜、唐润华）
中国移动听书研究：历史源流与现实图景（吴钊、杨垒垒）
绕轴翻转：媒介融合时代广播电视教育的理念革新与范式转型（张卓、吴占勇）
《电影产业促进法》的另一种解读（胡薇薇、李亦中）
论微信群对中国家庭权力关系的重构（吴静）
成都市政府公共关系构建城市软实力分析（高萍、查李楠）
全球化背景下孔子学院的文化传播功能探析（肖萌）

2018 年第 4 期

论马克思报刊活动的历史地位——纪念马克思诞辰 200 周年（郑保卫）
2017 年中国媒体融合发展报告（黄楚新、

彭韵佳）
中国电视剧制播模式：演变与利弊（李胜利、赵莹）
新型图像技术演化与当代视觉文化传播（于德山）
自媒体语境下青少年“网络出征”研究（黄俊、董小玉）
传媒公共性：西方理论与中国经验（黄艾、张晓星）
社交媒体时代政府部门的危机传播与情感引导——以深圳滑坡事故为例（史安斌、邱伟怡）
论周太玄在新记《大公报》转向过程中的推动作用（王咏梅）
澳门第一座广播电台考略（刘书峰）
“马克思主义新闻观”的概念起源及其话语变迁（叶俊）
新媒体与西方知名智库的传播机制研究——以“一带一路”建设相关研究传播为例（朱瑞娟）
网络搜索与网络舆论生成的互动研究（焦德武）
我国媒体监督与法院审判的关系张力研究（徐蓉蓉）
民主幻象与信任透支：微信投票乱象及其文化反思（蒋建国、兰志文）
科学传播：协作生产、框架建构与话语争夺——以“PX”百度词条编纂为例（刘锐）
网络影像奇观的生成逻辑、类型建构与意义解码（王长潇、刘瑞一）
圆融反复：论中国传统超验时空观对当代影视表达的影响（冯果、韩鸿滨）
从中老年表情包看网络空间的群体身份区隔（黄钟军、潘路路）
文化生产与审美生成：论网络社会的“流动空间”运作逻辑（杨光影、刘娜）
因“场”而在：网络视频节目主持人的行业现状与职业命运（张国光）
交互式纪录片的现实建构与发展症候及其反思——基于媒介研究“实践范式”的视角（侯洪、宁珂、王卓尔）
新媒体背景下纪录片的发展创新研究（孙莉）
百年广告定义研究辨析（顾明毅、姜智彬、李海容）
区域发展战略中的大众传媒致效机制及对策——基于关天经济区信息传播的实证分析（杨琳、陈燕）
有限合伙制在文化企业治理中的创新应用（彭健）
新媒体创新指数构建与案例考察（钟瑛、李秋华）
当前网络慈善舆情的特点、解析与前瞻——以“罗尔事件”为例（韩运荣、张欢）
诗歌诵读类微信公众号的传播逻辑及其社会驱动（刘火雄）
传媒创新创业教育和实践发展初探（段鹏、马奇炎）
简论电视驻外记者的调查能力（杨春）
美国短视频产业内容创意与盈利模式概览（张炜、朱竞妲）
播音主持专业大学生优秀传统文化素养调查分析（陈蕾、卢静）
拉波夫叙事模型下“返乡体”的叙事结构分析（张婵、谢锡文）

2018 年第 5 期

无边界时代的专业性重塑（彭兰）
后移动互联网背景下的智能媒体发展与管理（卢迪、韩银丽、徐玥）
当代中国文化国际传播的现状与路径述论（逄增玉）
中国智库的对外传播研究（胡键）
跨文化传播中的伦理缺失及全球伦理的构建（谢丹、杨小彬）
“沉浸式新闻”传播效果的实证研究——基于信息认知、情感感知与态度意向的实验（周勇、倪乐融、李潇潇）
近代中国新闻界对摄影术的认知与运用考

（唐海江、刘欣）
传播史视阈下晚清电报的官督商办（李煜）
社交媒体公益信息传播框架探析——以“罗一笑事件”为例（付晓静）
十九大报告主要提法的网络传播影响分析（童锋、夏泉、盛创新）
美国核心价值观的传播话语改造分析（周鑫宇）
论西美尔的媒介思想及其当代启示（张昱辰）
信息内容稳定与现代社会谣言的防控——以1768年叫魂案为分析对象（邱新有、卢佩华）
基于Google Books的百年传播学史的文化组学研究（王国燕、沈佳斐）
论当代中国电影的物化现象（陈旭光）
论智媒时代场景对数字生存和艺术感知的影响（程明、战令琦）
内容、情感与价值依赖：网红的传播艺术研究——基于准社会交往周期的思考（张允、郭晓譞）
论有声读物的用户需求及其超媒介生产策略（童云、周荣庭）
2017年中国纪录片发展研究报告（张同道）
中国品牌传播研究的学科知识可视化分析（姚曦、李娜）
“双11”网购话语表达的商业逻辑（燕道成、谈阔霖）
省级卫视官方微博影响力评估及提升路径（杨悦、艾新新）
数据新闻的算法革命与未来趋向（范红霞、孙金波）
网络剧文化的后现代特征及成因（徐轶瑛、沈菁、李明潞）
青少年粉丝的参与式文化与业余文化生产——以百度贴吧《猫吧吧刊》为例（陈天虹）
美国新闻传播学院院长的遴选机制及运作模式（吴锋、孙娟）
从业体验与职业志向：新闻实习生的职业认同研究（韩晓宁、王军）
人类命运共同体大视野中未来教育与新型领导力——第八届世界大学女校长论坛综述（王娟）
新型主流媒体竞争力与影响力塑造研究（邓若伊、余梦珑）
文化创意产业与制造业融合的内在机理与策略选择（郭健、甘月童）
论媒体监督对刑事司法的影响（廖天虎、卜希霆）
传播学视角下外交场合中古语的汉译英口译策略（丁硕瑞）
微电影广告特征及发展趋势分析（张轶楠）
译介出版的价值取向、文化立场和功能定位（卢安）

2018年第6期

欧洲公共广播电视发展趋势与变革启示——从瑞士“取消收听收视费”公投说起（俞虹、王帆）
互联网时代西方媒介规制政策的转型与重构——以澳大利亚媒体法律改革为例（王敏、王毅）
跨文化传播的活性符号对人类文明意识提升的研究——以赴英中国游客为例（童清艳、LiangTao Shan）
自媒体语境中的东北形象及其塑造机制（于凤静、王文权）
新闻UGC生成行为：主体重构与角色辨析（熊茵、刘炜心）
“轮盘式”的弱化与我国广播电视新闻台话语空间的再建构（周小普、胡岑岑）
海外英文媒体对“一带一路”倡议的隐喻建构——基于语料库的跨文化比较研究（辛静、单波）
呼应或疏离：抗战时期三报主要副刊抗战话语研究（肖燕雄）
“慢新闻”的传播理念、地方实践及其发

展前景（刘自雄、陈黎明）
“讲好国家故事”的语言策略：建构主义与后结构主义的中间道路（李华君、庆雪萌）
世界信息传播秩序演变与中国的贡献——以中国国际电视台（CGTN）的传播实践为例（李艾珂、吴敏苏、赵鹏）
精准对外传播视角下国际受众的历时性研究——基于对广州外国人媒介使用和信息需求的连续调查（杨凯、唐佳梅）
新闻舆论在中国共产党治国理政中的历史定位与时代价值（林爱珺、陈瑞华）
社交媒体地理偏好的传播机制实证研究——以新浪微博2009—2014年水灾为例（曾国华、刘新传、崔啸行）
回归艺术性的本质规定：现实题材电视剧“中国梦”的表达之道（倪学礼、张琪）
中国网络综艺节目的叙事爆点与危机（张智华）
美国电视剧华人移民形象的二元板结化塑造（常江、石谷岩）
从点击的量到传播的质：中国电视剧海外网络平台传播研究（何晓燕）
论中国早期电影创作和运营者的混杂性构成（王雪桦）
中国纪录电影为何能创造“奇迹”（袁新文）
新时代新宣传的典型范本（张涛甫）
《厉害了，我的国》：政论纪录电影中的时代精神（梁君健）
两岸数字内容产业合作探究——基于对两岸数字内容产业界深度访谈的分析（吴琳琳、罗敏）
中国传媒市场结构的变迁、模型及优化（易旭明、倪琳）
“中华优秀传统文化＋短视频”整合传播研究（宁海林）
互联网情绪传播研究的新路径探析（朱天、马超）
论新媒体对人类情感认知的异化作用（张骐严、舒敏）
走出“密苏里模式”：台湾地区新闻传播教育的专业化趋向（殷琦）
青少年微媒介叛逆与亲职督导（赖泽栋）

2018 年第 7 期

习近平文艺思想探赜（彭文祥）
人工智能：重塑媒体融合新生态（沈浩、袁璐）
大数据变革视听节目与受众测试方法（余志为、袁海涛）
英雄淀、歌淀：白洋淀文化建设的意象隐喻——基于雄安地区英雄人物的文献分析（韩立新、张秀丽、杨新明）
废除“i 奴”缘何不可能：劳动过程的遮盖及非经济报酬的崛起（杨逐原）
微媒介环境中的感知转向及对个人自我建构的影响（于隽）
论民国时期新闻史人物的群体特征及评价问题（倪延年）
情感与主题建模：自然灾害舆情研究社会计算模型新探（刘丽群、刘丽华）
衍生与融合：框架理论研究的跨学科对话（郭小安、滕金达）
舆论学视角下的汉代“月旦评”探析（田素美、谢清果）
英国全国性报纸中“一带一路”话语的意义建构研究——基于语料库批评话语分析法（钟馨）
新闻游戏的非虚构叙事研究（蒋晓丽、贾瑞琪）
媒介视角下网络零售企业社会责任评价研究（于婷婷、王雪晴）
新主流电影论：主流价值与主流市场的合流（尹鸿、梁君健）
中国有声读物播读评价体系构建研究（曾志华、卢彬）
论主旋律影片家国情怀的历史脉络与现实逻辑（李小华、覃亚林）
语言规范下的媒体口语生态：电视新闻节目字母词使用状况调查（舒笑梅、张

形)
论建国以来主旋律歌曲的历史变迁与美学特征(刘雪梅)
可见的现实"投射"虚位的历史——纪录电影《二十二》的创作理念与拍摄伦理(武新宏)
主客关系再论:纪录片创作主体的自我表达性研究(李共伟)
新媒体时代媒介用户需求的人性之维(张勇军)
中国出版传媒业的创新共生:媒介融合与特殊管理股(付国乐、张志强)
消费社会下波普艺术深入品牌构建的路径(李佳蔚、王楚涵)
公民网络影像传播伦理原则分析框架的建构(周建青、邓惠玲)
重返部落化:新媒体时代离乡青年对方言共同体的延续与再定义(孙蕾)
移动医疗新媒体产品生态系统建构(李晓珊)
国际互联网媒介素养研究知识图谱(王贵斌、于杨)
联合国教科文组织有关媒介素养政策之演变分析(耿益群、黄偲)

2018 年第 8 期

改革开放四十年:中国广播电视学术研究的历史进程(欧阳宏生、唐希牧)
国际传播效果评估指标体系建构:框架、方法与问题(刘燕南、刘双)
论人工智能出版的版权逻辑(王志刚)
东盟国家周边传播的文化捷径(刘峰、严三九)
知识生产者:记者社会角色的另一种想象(龙小农)
中国特色"通道"传播:动因、规则、话语——基于鲁曼社会系统理论的分析(郝建国)
中国驻外记者的现状、问题与培养研究(刘昶、孟伟)
调动地方:试析《毛泽东同志给刘建勋、韦国清同志的信》的历史动因及效应(朱至刚)
实践视阈下的新闻创新——基于上海 A 网站新闻生产的个案研究(白红义)
在"中介化"与"媒介化"之间:社会思想史视阈下的交往方式变革(郭恩强)
议题、变迁与网络:中国国际传播研究三十年知识图谱分析(相德宝、张弛)
习近平在纪念马克思诞辰 200 周年大会上讲话对新闻舆论工作的指导意义(张垒)
网络智能推荐算法的"伪中立性"解析(李林容)
"新感性"电影:中国电影旧理性的钝化与新感性的激发(颜纯钧)
"想象的实感":网络文艺批评的原则、类型及艺术真实论(杨柏岭、张泉泉)
影像再现与意义建构:城市空间的影视想象(刘娜、常宁)
少数民族题材电视剧中的中华民族共同体叙事(刘晓伟)
主体性建构:改革开放初期节目主持人的话语转型研究(於春、李娜)
网络自制纪录片的产制与运营研究:基于 Netflix 的经验(赵曦、王廷轩)
从自我陈述到他者叙事:中国题材纪录片国际传播的困境与契机(王鑫)
电影票房表现的延续性研究(戴建华、郑意凡)
西方广告伦理实践及理论研究的演进(康瑾)
近现代"国货"观念与广告的民族主义致思——基于美国"中国学"的批判性视角(李金正)
共同体与"内卷化"悖论:新生代农民工城市融入中的社交媒体赋权(高传智)
数据新闻的创新采纳与扩散影响因素分析(张淑玲)
微信使用对大学生主观幸福感影响的实证研究(刘毅)

智媒时代新闻传播学硕士培养：业界的视角（李晓静、朱清华）
中美播音理论源头比较：学科建设的启示（高国庆、马玉坤）

2018 年第 9 期

改革开放四十年中国企业品牌的成长动力考察（黄升民、张驰）
“算法反恐”：恐怖主义媒介化与人工智能应对（李龙、支庭荣）
“互联网 + 电视”：中国电视融媒体产业的场域空间（高红波）
智能连接时代个人隐私权的终结（吴飞、孔祥雯）
福柯的“话语与权力”及其传播学意义（朱振明）
论新时期《人民日报》中“新闻规律”的话语呈现及其知识特征（邓绍根、李兴博）
论自媒体沟通势能与医患关系的积极传播（刘宏）
国民大革命语境下农民报刊的革命话语探析（毕耕、汪家乐）
多元传播视角下的城市沟通：上海人民广场“可沟通性”研究（钟怡）
社交媒介写作的主体表达及其虚实之辨（韦小波）
十年来中国共产党政党形象对外传播的理论与实践（许正林、王卓轩）
政治媒介化与党管媒体的地方实践逻辑——基于“海口强拆”事件的个案研究（王庆）
文化记忆、崇高仪式与游戏表意：论原创文化类节目的美育功能（张晶、谷疏博）
网络时代文化的断裂性和连续性：“B 站”传统题材作品的“爆款”现象研究（曲春景、张天一）
艺术影院建设与首都文化形象建构（潘可武、黄子瑄）
主客相融与主客相分：一项中国青年人的水墨画审美实证研究（侯凡跃、林升栋、程红）
符号学视角论“传媒艺术”的命名——兼辨“传媒/媒介/媒体艺术”之异（张骋）
《习近平治国方略：中国这五年》话语视象的符号化叙事研究（彭白羽、党争胜）
政论纪录片塑造国家形象的多模态话语分析（刘煜、张红军）
互联网与传统大众媒体广告促销力博弈研究（何辉）
股市报道逆周期调节作用研究——以“615”股灾前后《人民日报》《上海证券报》为例（郑智斌、刘艺文）
传统媒体的镜像能力与虚拟价值链的建构（国秋华、刘畅）
网络虚拟社区人际关系建构的路径、模式与价值（蔡骐、岳璐）
基于网络自我呈现的行为预测及反思（郭慧）
第四轮学科评估及其对新闻传播学的影响（骆正林）
过渡性职业：新媒体环境下本科新闻学子的择业意愿及影响因素（陶建杰、张志安）

2018 年第 10 期

智能媒体语境下的未来影像：概念、现状与前景（段鹏）
组织邻近性与广告产业集群创新的影响机制研究——基于国家广告产业园的实证分析（周立春）
马克思主义新闻观与体验哲学的谱系勾连（林克勤）
流动社会的智能新媒介、移动连接与个人隐私——雷蒙德·威廉斯“流动的藏私”理论再阐释（郭小平、李晓）
二次元亚文化的“去政治化”与“再政治化”（何威）
“瓦釜效应”：一个关于媒介生态的假说

（杜骏飞）
触电的谎言与真相："电传假新闻"事件的媒介记忆重访（王润泽、杨奇光）
影响国际议题报道的全球化和本土化因素的再思考——基于"一带一路"报道的比较研究（张莉、陆洪磊）
从参与到互惠：互联网媒介域新闻创新的路径探索（龚彦方、王琼慧）
传播的兴趣偏向和浑然不觉的符号暴力——基于《今日头条》的算法控制研究（尚帅）
网络虚拟空间中的"非理性互动"类型及影响因素（王艺）
建设中国特色新闻学的命题、资源、路径与方法（雷跃捷）
自媒体对网络主权的功能性扩张与规制（张爱军、秦小琪）
新媒体时代科学传播的困境与策略研究（李天龙、张露露、张行勇）
香港主流报纸涉"一带一路"报道框架研究——以《南华早报》《经济日报》和《明报》为例（侯迎忠、蔡思岚）
论融媒传播时代综艺产品的转型升级与价值创新（欧阳常林）
数字艺术创作义务中止行为及其流行机理研究（马立新、李攀）
理念更迭与全球探望：新时期我国译制艺术发展论（麻争旗、解峥）
流动人格：传统文化艺术生产的活性与动力——基于"西游"题材影视艺术生产实践（刘荃）
"臆想"式编码与融合式文本：论二次元粉丝的批评实践（齐伟）
虚构内容的真实表现：叙事性影视作品中的"伪记录"镜头研究（潘桦、李亚）
政论纪录片的传播心理机制和叙事策略研究——基于对《辉煌中国》的分析（任桐、丁柏铨）
中国动漫产业的创新效率及其影响因素研究（张珊、王栋晗、刘筱寒）
网络广告与网络消费相关性实证研究（佘世红、王玉婷）
新型垂直媒体的资源构成、行为模式与创新路径（邓敏）
社交媒体操纵的混合宣传模式研究（方师师）
网络信息安全的辩证观（冯建华）
点赞行为的代际差异研究（陈素白、邵舒）
教科书叙事：自我认知、世界图景与国家形象传播（樊小玲）
抗战时期"重庆新闻学院"与国际高级宣传人才培育（齐辉、付红安）

2018 年第 11 期

融合发展中广电台网的"分"与"合"（朱剑飞、杨琦）
媒体智能化发展的伦理与法律问题初窥（邵国松）
"旅侨"概念及中华文化的海外传播（郭镇之）
中国国家形象在东盟：基于 2017 年的数据调查分析（罗幸、汤晓山）
非英语国家主流媒体中的中国形象研究（顾洁、赵晨）
简论智能新闻的主体性（杨保军）
智能技术体"域定"传媒的三重境界：未来世界传播图景展望（吕尚彬、黄荣）
书写"红色圣地"：世界新闻史上的"中国时刻"（曹培鑫、薛毅帆）
作为信仰"装置"的秦汉石刻：一种媒介学的视角（贾南、芮必峰）
中国传播研究早期学科化过程的回顾与反思（1978—1982）（田嘉宝、战琦）
媒介依赖与降维满足：气象灾害信息供给缝隙下的微信预警功能研究（郭森、张欢欢）
社交媒体时代新闻生产的事实核查方法探析（申金霞）
习近平关于新闻舆论工作重要论述：逻辑起点·发展脉络·理论内核（沈正赋）

从反映真实到象征架构：网络环境的信息可信度评估（潘霁）
影像中的“家园”问题透视：精神情感折射的梦幻乡愁（周星）
神·人·妖：论孙悟空的影视形象演变及其社会文化动因（周兰、周文）
从“融”到“合”：论电视艺术新媒体化的“四维驱动”（冷凇）
论“后情感社会”真人秀节目的情感规则、偏误与调适（晏青）
中外电视情感调解类节目话语方式的对比分析——兼论文化语境和社会结构如何影响主体的话语策略（郭瑛霞、赵璐）
破冰与迭代：中国纪录电影创作与营销的困境和对策分析（马池珠、周楠）
从表征到拟像：纪实影像中的“现场”建构（孟婧）
渠道、介质与场景：媒介产品化的进路（栾轶玫、刘宏）
传媒企业利他行为机理的实证研究（郭修远、昝廷全）
“边缘媒体人”的职业变迁与社会阶层——基于新闻民族志的观察（彭华新、郝金华）
品牌危机传播中的信息回流模式研究——以百度的三次信任危机为例（万晓红、余娟娟）
媒介进化的生物动因、技术本质及规律（赵雪波、张璐）
突发公共卫生事件中社交媒体内容与社会网络结构对转发行为的影响（胥琳佳、屈启兴）
播音主持学科新理路：理念、定位、结构（张政法）
人的媒介化生存与教育的澄明（周廷勇）

2018 年第 12 期

我国省级党报融合发展整体布局及盈利模式研究（中国传媒大学党报党刊研究中心课题组）
中国上市传媒公司内部治理对绩效的影响研究（江虹、谢文诗）
美图中的幻像与自我（彭兰）
论汉字的媒介特性与汉语文化的新机遇——由麦克卢汉“声觉空间”理论引发（李庆林）
青年网民的互动与沟通：复杂国际环境下的对外传播路径（张梦晗）
城市传播的研究进路及理论创新（孙玮）
新闻话语的可计算特征（李佐文、李楠）
论数据新闻的叙事范式（方毅华、杨惠涵）
从“符合事实”到“社群真知”——后真相时代对新闻何以为“真”的符号哲学省思（李玮、蒋晓丽）
集体谬误：社交媒体时代政治议题两级传播的社会后果（张晗、罗小艺）
企业公关的伦理实践及决策框架：德治与术治（滕姗姗）
第一夫人外交与中国形象的多维建构（彭祝斌、李成家）
边疆地区少数民族媒介变迁与国家安全意识舆论引导研究（南长森）
从“电影”到“虚影”：论虚拟现实导引的声画艺术变革（姚国强、侯明）
弱情节：真人秀的另一个方向（张国涛、孟雪）
面朝“她”时代：影视艺术中的“女性向”现象与文化透析（刘乃歌）
跨媒体叙事与参与式文化生产：融合文化语境下偶像明星的制造机制（赵丽瑾、侯倩）
论技术发展背景下影像的“现实性”回归（盛柏）
时代性互文互动：改革开放 40 年与中国纪录片的发展谱系（何苏六、韩飞）
历程·价值·趋势：论纪录片广告的基本问题与发展策略（王昕、陈烨）
雾霾区和非雾霾区大学生风险感知与政策认知的实证研究（王积龙）
我国新媒体经济发展的技术与市场优势及

路径抉择（陈清）
古典音乐广播内容与技术创新发展研究（李建刚）
在线医患会话信任机制研究（陈娟、高静文）
危机语境下趣缘社群话语空间重构与维系研究——以鹿晗粉丝群为例（李彪、吴倩）
社交化、认同与在场感：运动健身类App用户的使用动机与行为研究（王茜）
新中国第一代新闻教师的开创性贡献探究（赵玉明、冯帆）
大学与媒体协同育人：朝向一流本科传媒教育之路（高有祥、张西静）
新时代 新影视：中国影视的责任与使命——中国高校影视学会第十八届年会暨第十一届中国影视高层论坛综述（孟雪、张陆园）

《新闻大学》

2018年第1期

保持横站的姿势（张涛甫）
信息告知还是视觉吸引？——对中外四个数据新闻栏目可视化现状的比较研究（黄雅兰、仇筠茜）
新闻可视化生产的叙事类型考察——基于对新浪网和新华网可视化报道的分析（战迪）
媒体融合时代的新闻室矛盾：基于新闻可视化生产实践的考察（杨奇光）
统一性：当代中国马克思主义新闻真实观的典型特征（杨保军）
“微博时代”的终结？——《新媒体与当代中国政治》导言（吕新雨）
伦理的彷徨：逆全球化思潮与媒介伦理情绪化语境的分析（江作苏、孙志鹏）
中国社会伦理舆情场域空间素描——基于2010—2016年度社会热点伦理事件的分析（张佰明、杨雅、李彪）
构建数据时代中国新闻传播史史料学体系（王润泽）
民国时期中国新闻界对苏联社会主义新闻事业的考察与态度（齐辉、秦润施、付红安）
科学的缺位：新媒体环境下的中国气候传播——以在线视频分享网站为例（胡怡、张雪媚）
婚恋网站使用与婚恋满意度关系实证研究（张慧文、张国良）
传播政治经济学的话语逻辑与权力考量——基于《传播：西方马克思主义的盲点》一文的分析（陈世华）
通话中的农村与手机网络通讯的城市：移动传播与社会资本的基层图景（马志浩、吴玫）
“层中层”的想象与行动：知识群体维权符号的抽象性与标出性（郭小安、杨绍婷）
从“连接”到“场景”：互联网发展的重要进阶——试析微信小程序的价值逻辑与市场版图（喻国明、程思琪）
数据、模型与决策：计算广告的发展与流变（段淳林、杨恒）
新媒体时代新闻学子专业承诺及其与新闻教育关系的实证研究（陶建杰）

2018年第2期

一树繁花压枝头（朱春阳）
民族志传播：一幅不十分完备的研究地图——基于中文文献的考察（郭建斌）
互联网民族志：媒介化的日常生活研究（曹晋、孔宇、徐璐）
手机与云南藏区社会空间的再生产（陆双

梅）
“移动主体熟人社会”：基于少数民族农民工手机微信使用的研究（高莉莎）
“党性人民性统一论”的理论来源与当代发展（郑保卫）
在“选择”中“新生”——从“理性选择理论”看《大公报》变迁（江卫东）
创意产业化的萌芽：民国时期上海独立设计事务所研究（李华强）
我国党报国内暴恐事件报道的框架分析——以《人民日报》近十年报道为例（胡栓、童兵）
表达自由与行政法规制定权——以网络信息内容管理规范为例（侯健）
美国关于网络空间管辖权的立法与争论（戴元光）
“后真相”时代网络谣言的话语空间与传播场域研究——基于微信朋友圈4160条谣言的分析（李彪、喻国明）
网络政治参与的心理因素及其影响机制探究（韩晓宁、王军）
社交媒体环境下危机传播的新趋势新路径——以“美联航逐客门”为例（史安斌、邱伟怡）
中国本土品牌洋符化的符号学批判（舒咏平、祝晓彤）
融入“家”文化：央视公益广告的文化传播符号分析（吴来安）

2018年第3期

“关键时刻”（张涛甫）
“为行动准则立法”——新闻专业主义的理论脉络（吴飞、徐百灵）
政治性与自主性：作为专业权力的新闻专业主义（虞鑫、陈昌凤）
碎片化的新闻专业主义：一种纯粹概念分析的视角（胡翼青）
从版印媒介技术发展看宋代的文字狱及书禁报禁（郭志菊）
跌宕一生的回顾——姚福申教授口述实录（叶冲、阂圣芊、顾文剑）
抵达与黏合：美国报业移动优先环境下的App策略研究（辜晓进、叶愉）
从雾霾风险议题处理看主流媒体环境议题的建构原则及定位——基于《河北日报》与《新京报》的比较研究（白贵、韩韶君）
新世界主义视野下中国国家安全话语的演变研究——以中亚为对象的研究（邵培仁、沈珺）
虚拟社区中ACG爱好群体的区隔建构——基于stage1st论坛动漫区的虚拟民族志研究（李明、周梦青）
学科轨迹和议题谱系：中国健康传播研究三十年（孙少晶、陈怡蓓）
语境、演进、范式：网络研究的想象力（刘新传、魏然）
网络理政：中国的挑战、目标和理念（沈国麟、李良荣）
网络媒体从业者社会满意度现状及影响因素研究（杜智涛、刘英华）
基于区位熵的中国广播电视广告区域竞争力分析（陶喜红、丁兰兰）
腾讯“灰度机制”的内在机理和实现机制研究（张梅芳）
“民主”的隐喻与幻灭：社交媒体创新扩散与技术话语的互动分析（蔡润芳）

2018年第4期

多一些中国问题的研究（朱春阳）
主持人语（刘涛）
意象论：意中之象与视觉修辞分析（刘涛）
视觉之势：论视觉修辞的活力之源（李红）
以“秽”抗争：表演式抗争实践中的“秽”话语及其视觉生产（王雪晔）
从物的语言到空间的语法：宜家空间的视觉修辞实践（张潇潇）
延安时期中共媒体“群众路线”实践面向与价值诉求——以《解放日报》为例（朱清河、汪罗）

维新前后商业报刊的时政报道与读者阅读（蒋建国）
“满洲弘报协会”探微（虞文俊）
转基因话语的构建、异化、与重塑——以百名诺奖获得者与绿色和平组织围绕“黄金大米”的争议为例（刘景芳、周佩、高也）
“一国”与“两制”的工具性实现：对香港报纸的内容分析（1998—2016）（钟智锦、周志成）
为何缺乏本土化关照？——新闻传播领域国际发表中的问题反思（苗伟山、贾鹤鹏、张志安）
游子、友人与他者：春晚舞台上的外国人形象研究（张磊、温怡芳）
国内组织传播研究：特点、问题与趋势——基于2000—2017年核心期刊文献的知识图谱分析（周建青、刘航）
官方与个人社交媒体账号信任度对社会信心影响的中介效应比较研究（张洪忠、何苑、马思源）
手机技术反哺、亲子沟通与父母教养方式——基于技术接受与使用整合模型的分析（朱秀凌）
模糊的意愿：器官捐献广告对大学生认知冲突的影响与重建（庞慧敏、张倩）
新史学语境下的广告史研究——近年海外中国广告史研究的四种视角（祝帅）
网络舆情中网民的情绪表达——以中关村二小“校园欺凌”事件为例（丁汉青、刘念）

2018年第5期

把握超重的中国媒介现实（张涛甫）
主持人语（李良荣）
锻造中国新型主流媒体（李良荣、袁鸣徽）
制度多元性视角下的传媒创新（童希）
新宣传：新传播形态下的宣传调适与新时代治理术（张华）
城市风格与报刊姿态：五四时期北京《晨报副刊》与上海《觉悟》副刊妇女解放运动呈现比较（1919—1920）（蒋含平、李敏、王悦）
“改造”的悖论：上海最后一份小报《亦报》的短暂繁荣与消失（1949—1952）（伍静）
中国传播学40年：学科特性与发展历程（张国良）
自拍：一种纠结的“自我技术”（彭兰）
论“一带一路”国际话语权的提升——基于首届“一带一路”国际合作高峰论坛Twitter传播数据分析（汤景泰、星辰、高敬文）
协商、中立、对抗：当代媒体环境中“跑线记者”的话语策略（彭华新、郝金华）
自媒体科学传播对大学生科学素养影响的实证研究——以转基因传播为例（王玲宁）
社区再造：微信群与乡村秩序建构——基于公共传播分析框架（牛耀红）
路径依赖中的惯性与突破：对传媒创新的思考与探索（冯洛苏）
媒介规制与媒介生产：一种把关的制衡——基于2006—2016年广播影视法律法规和政策的分析（王炎龙、李玲）
新《广告法》的规制效果与规制模式转型研究——基于45起典型违法广告的分析（宴锋昌）
自媒体广告的规制失灵与多主体规制体系建构——一项基于自媒体人深度访谈的探索性研究（宴佳乐、黄迎新）
中美两国公众心目中的日本国家形象——基于2016年中美两国的全国性民意调查（张昆、王宇婷）
中国精英民营企业家的国家形象承载力实证研究——基于2017微信自媒体10w+文本的智能数据挖掘（郑晨予、韦龙）

2018年第6期

愿实践永远是检验真理的唯一标准（朱春

阳）

全球城市形象传播的生成机制及理论阐释——以上海城市形象为例（郭可、陈悦、杜妍）

构建政治认同：作为媒介事件的重大国际会议角色研究（吴瑛、黄天依）

中国公众对新闻业的认知及社交媒体的影响（拉斯·韦纳、唐硕、石鉴、张洪忠）

改革开放40年来新闻报道研究（丁柏铨）

智能化新闻核查技术：算法、逻辑与局限（陈昌凤、师文）

汶川十年：汶川地震的媒介记忆研究（徐开彬、徐仁翠）

媒介记忆：民国时期中共报刊对“九一”记者节的纪念报道（赵建国）

政治修辞与形象传达：延安时期毛泽东对外国记者讲述中国故事的话语策略（韦文涓、许加彪、李桢）

日本对初期东北日系报刊的干预与控制——以营口《满洲日报》的兴衰为例（李彩霞、华京硕）

“利他”的捐助与“利己”的信息分享——“轻松筹”项目的参与动机研究（陈娟、李金旭）

亚文化迷群社交媒体传播中的沉浸体验研究：以英剧《神探夏洛克》同人迷为例（王蕾、姚亚南）

影视上市公司融资结构对业绩影响的实证研究（张辉锋、王田）

连接经济：传媒经济本质的再阐释（郑青华）

国际社交网络中“国家实在”传播与国家形象演化机制研究（陈文泰、李卫东）

职业系统视野下的公关从业者职业认知研究——一项基于Q方法的测量（王迪、张宇杰）

《新闻与传播研究》

2018年第1期

论习近平新时代网络强国思想（汤景泰、林如鹏）

理解社会公平感：媒体建构与公众感知（苏振华）

能动的振摆：从新历史主义视野看新闻文本的历史性（阎立峰、王璇）

意见领袖关系及主题参与倾向研究——基于微博热点事件的耦合分析（王晗啸、于德山）

微信群的“社会互助”与“故事讲述”——一项基于美国华人社区微信群的探索性研究（肖荣春）

报人与时代相遇：金雄白早年《时报》经历的考察（1926—1929）（王保平）

职业共同体的再起与难局——以1923年北京新闻记者公会的酝酿为中心（张继汝）

2018年第2期

马克思主义新闻观中国化的历史进程及其理论贡献（郑保卫）

科学家参与科学传播的知行反差：价值认同与机构奖惩的角度（金兼斌、吴欧、楚亚杰、林成龙、张雪）

谁才是风险的“放大镜”？——一项关于不同视觉媒介可视化方式对受众风险感知影响的实验研究（周敏、侯颗、王荟萃、兰美娜）

弹性动机、群内等级、信任物化：关系传播视阈下的网络约会与风险控制（邱鸿峰）

社交媒体中“医疗众筹”信息分享行为研究：转发还是不转发？（李静、杨晓冬）

民国广播与上海市民新式家庭生活（李暄）

清末革命思潮与报刊读者的阅读心态（蒋建国）
“我的地盘我做主”：社区、行动者与空间争夺——一个关于武汉H小区拟建临终关怀医院的抗争传播故事（何志武、吴丹）

2018 年第 3 期

冲突框架与中立转向：2002—2016 年 BBC 中非关系报道分析（李新烽、李玉洁）
“行动的场域”：“媒介”意义的非现代阐释（钱佳湧）
被遮蔽的存在：论法兰克福学派的经验性传播研究（连水兴）
作为社会阶层抗争的网络影像反讽研究（彭华新）
表达性行动与国际非政府组织的在华落地——一个“勾连”视角的阐释（李东晓）
颁历授时：国家权力主导下的时间信息传播（汪小虎）
《京报》英译与两次鸦片战争期间的中英关系（赵莹）

2018 年第 4 期

论习近平新闻思想（季为民、叶俊）
社交媒体对青年网民个人信息权意识的影响研究（卢家银）
建构乡村内生秩序的数字“社区公共领域”——一个西部乡村的移动互联网实践（牛耀红）
“视觉展演”：中国农村电影放映实践的文化阐释——基于滇川藏“大三角”地区的田野研究（郭建斌、张静红、张翎、陈静静）
宣之于众：汉语“宣”字的传播思想史研究（潘祥辉）
东印度公司在印殖民主义报刊政策的历史流变（王生智）
公共舆论与社会团结——爱弥尔·涂尔干的“公共舆论”思想（方振武、吴潇阳）

2018 年第 5 期

欧洲传播研究的“媒介化”转向：概念、路径与启示（王琛元）
媒介化理论及研究路径、适用性（侯东阳、高佳）
身体－媒介/技术：麦克卢汉思想被忽视的维度（刘婷、张卓）
聚合分发平台与传统新闻出版者的著作权冲突及解决（刘友华　魏远山）
机事不密则殆：京报、新闻纸与清政府保密统治的式微（邵志择）
企业员工刊物：被忽视的民国组织传播活动初探（操瑞青、夏羿）

2018 年第 6 期

继承和发展马克思的新闻传播思想（陈力丹）
媒介研究的实践范式：框架、路径与启示（顾洁）
人际信任的代际差异：基于媒介效果视角（薛可、余来辉、余明阳）
虚拟社区里的知识分享：基于两个竞争性计划行为理论模型的分析（黄顺铭）
民间与官方的博弈：“非遗”文化中的仪式传播——基于西和乞巧节个案（雷霞）
从媒体精英辞职去向看新闻业界学界流动障碍（曹林）
台湾日据时期“治警事件”中的舆论抗争始末析（吴琳琳）

2018 年第 7 期

新时代马克思主义新闻观的最新发展——论习近平新闻思想对马克思主义新闻观的新贡献（新华社新闻研究所）
正确认识美国“网络中立”的本质——新自由主义“网络中立”批判（高海涛）
液态的连接：理解职业共同体——对百余位中国新闻从业者的深度访谈（周睿鸣、徐煜、李先知）
手机里的漂泊人生：生命历程视角下的流动女性数字媒介使用（章玉萍）

数字弱势群体的崛起：老年人微信采纳与使用影响因素研究（周裕琼）
互联网的网络化治理：用户权利的契约化与网络中介私权力依赖（张小强）
有保留的接受：1920 年代中国关于电影检查的舆论趋向（宫浩宇）

2018 年第 8 期

近眺异邦：批判地审视西方关于“后真相”的学术话语（於红梅、潘忠党）
边界、权威与合法性：中国语境下的新闻职业话语研究（白红义）
作为经验共享的传播：知识思想史视角下杜威传播观再解读（许加彪）
舆论熵的控制与防范：一种关于网络治理的认识方法论（陈龙）
传播注意义务功能研究——从侵权责任构成要件的视角（罗斌）
城市文化经济学视域下的中国传媒产业空间集聚发展研究（黄滢、陈堂发）
《戊戌政变记》与政变图像建构：从个体想象到集体记忆（王润泽、谭泽明）

2018 年第 9 期

受众的感知、识记和态度改变：数据新闻的传播效果研究——基于一项针对大学生的控制实验分析（蒋忠波）
嵌入与行动者网络：精准扶贫语境下扶贫信息传播再思考（张学波、马相彬、张利利、郭琴）
回归事实与价值二分法：反思自媒体时代的后真相及其原理（张庆园、程雯卿）
从“常规”到“惯习”：一个研究框架的学术史考察（王敏）
认同的阈限：媒介消费与移民身份的建构——以新西兰报刊广告为镜像（曹小杰）
书写与密码：晚清皇朝“灵晕”的离散（孙藜）
马星野的“三民主义新闻思想”略论（王继先）

2018 年第 10 期

理论回响：从“党性与独立性问题”到“党性与人民性之争”（向芬）
从需求到体验：用户在线知识付费行为的影响因素（杜智涛、徐敬宏）
从御宅到二次元：关于一种青少年亚文化的学术图景和知识考古（何威）
新闻传播学科化历程：媒介史角度（黄旦）
“在媒介之世存有”：麦克卢汉与技术现象学（戴宇辰）
共同体的凝聚、分化和退场：建国以来官方救灾话语的共现结构之演变（1949—2017）（闫岩、王冠宇）
谁为媒体提供经济支持？——1949 年以来中国媒体经济体制变迁与趋势（陈国权）

2018 年第 11 期

马克思主义新闻观教育的创新思路研究（胡钰、陆洪磊）
舆论监督与舆论引导：新时代中国共产党新闻舆论思想的核心理念（沈正赋）
个人奋斗与时代变革：恢复高考 40 周年的文化记忆与阐释社群建构（王润）
图绘“西医的观念”：晚清西医东渐的视觉修辞实践——兼论观念史研究的视觉修辞方法（刘涛）
大数据时代如何有效保护个人隐私？——一种基于传播伦理的分级路径（王敏）
集体读报：新中国成立初期的上海读报组研究（詹佳如）
进奏院别名考证（魏海岩、谷文浩、刘子琨）

2018 年第 12 期

知沟谬误：社交网络中知识获取的结构性悖论（李雪莲、刘德寰）
社会变迁视阈下的中国城市居民媒介使用与生态环境认知（孙明源、王锡苓）
反腐议题中的网络情绪归因及其影响因素——基于 32 个案例微博评论的细粒度情感分析（周莉、王子宇、胡珀）
网络隐私问题十年研究的学术场域——基于 CiteSpace 可视化科学知识图谱分析

(2008—2017)(顾理平、范海潮)

中国新闻传播学海归学者的学术实践与身份认同(苗伟山)

近代商业报纸何以成为“技术新知”?——以中国活字印刷革命中的《申报》《新闻报》为例(曾培伦)

专业自主性、回应社会与中西平衡:燕京大学新闻教育的面向——基于160篇燕大新闻系毕业论文的视角(胡百精、王雪驹)

整理:黄 艾(中国社会科学院新闻与传播研究所助理研究员)

第五篇
国际交流

2018年中国新闻传播研究的国际期刊发表与国际合作

本文以SSCI核心数据库为检索平台，选取学科领域“WC = COMMUNICATION”（该领域大致相当于我国的新闻传播学科），利用Web of Sciense提供的筛选、过滤功能，结合手动排查，获取2018年新闻传播学SSCI论文产出情况，对中国大陆新闻传播学国际发表的最新态势、研究热点以及国际合作进行盘点和回顾。①

一、2018年新闻传播学SSCI论文发表规模及总体分布

1. 全球主要国家的年度国际发表产量

21世纪以来，全球新闻传播学国际发表进入大规模产出阶段，但产出分布呈非均衡状态。2018年美国新闻传播学SSCI论文产量高达1744篇，占全球年度总产出的46.22%，牢牢占据霸主地位。英国年度发表361篇，占总量的9.57%，位居第二。大中华区（含大陆和港澳台）年度产量达265篇，占7.02%，进入全球前三强。澳大利亚和西班牙并列第四名。值得一提的是，据不完全统计，仅中国大陆年度发表量已达141篇，位列全球第八名。整体而言，北美、欧洲和大洋洲国家在新闻传播学国际发表领域占优势地位，非洲和拉美则处于边缘化地位（见图1）。

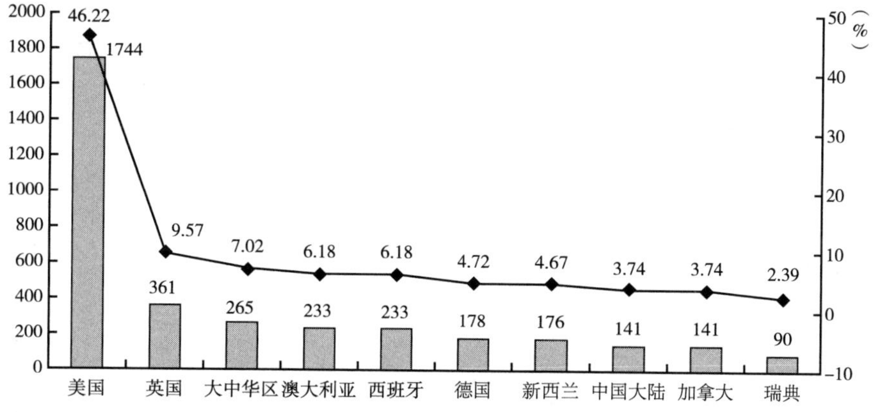

图1　2018年主要国家和地区新闻传播学SSCI论文产量排名

① 检索日期为2019年2月11日，检索地点为西安交通大学，该校购买了SSCI全文数据库。

亚洲是新闻传播学 SSCI 论文产出增长最快的区域，也是推动全球新闻传播学 SSCI 论文产出再平衡的重点区域。2018 年亚洲共有 22 个国家或地区参与全球新闻传播学 SSCI 论文发表体系，共产出论文 558 篇。中国大陆年度发文量 141 篇，占亚洲发文总量的 25.27%，位列亚洲之首。韩国年度发文量 90 篇，占亚洲发文总量的 16.13%，位列亚洲第二名。以色列和中国香港各 77 篇，并列亚洲第三名。新加坡年度发文量 64 篇，位列亚洲第四名。此外，2018 年新加坡、日本等国在新闻传播学 SSCI 论文发表中表现突出，但中亚、西亚和南亚诸国的国际发表论文产出偏少，处于边缘地位。

2. 大中华区新闻传播学 SSCI 论文产量

2018 年大中华地区共发表新闻传播学 SSCI 论文 265 篇。中国大陆发文量为 141 篇，中国香港 77 篇，中国台湾 42 篇，中国澳门 5 篇。中国大陆 2011 年新闻传播学 SSCI 论文产量首次超越中国台湾，2016 年首次超过中国香港，已成为中国新闻传播学国际发表的主体力量。在区内合作方面，2018 年中国大陆和中国香港合作发表 15 篇，与中国澳门合作发表 2 篇。中国香港和中国台湾合作发表 1 篇，中国台湾、中国香港、中国大陆合作发表论文 1 篇，未有四地合作论文发表。

二、中国大陆新闻传播学年度SSCI 论文产出及分布情况

1. 中国大陆新闻传播学 SSCI 论文产出演进

1987—2018 年，中国大陆共发表新闻传播学 SSCI 论文 699 篇。其发展历程可分为三个阶段（见图 2）：第一，零星产出期（1987—1996）。十年间共产出论文 8 篇，年均发文量仅 0.8 篇，其中 1994 年发文量为 4 篇。第二，连续产出期（1997—2006）。1997 年底传播学一级学科建立，促进中国大陆新闻传播学国际发表走向持续产出阶段，自 1997 年到 2006 年共发表论文 27 篇，年均发文量为 2.7 篇，其中 1999 年发文量为 4 篇，2006 年发文量为 8 篇。第三，快速增长期（2007—2018）。2007 年发表量首次突破 10 篇，到 2009 年达到 37 篇，2010 年又降至 19 篇。2012 年发文量达到 59 篇。2016 年发文量达到 95 篇，2017 年又降至 85 篇，2018 年发文量首次突破 100 篇，达到 141 篇。就作者排序而言，2018 年中国大陆新闻传播学 SSCI 论文产出中，第一作者发文量为 105 篇，占总发文量的 74%；第二作者发文量为 24 篇，占总发文量的 17%；第三作者发文量为 7 篇，第四作者及其他发文量为 5 篇，占总发文量的 9%。

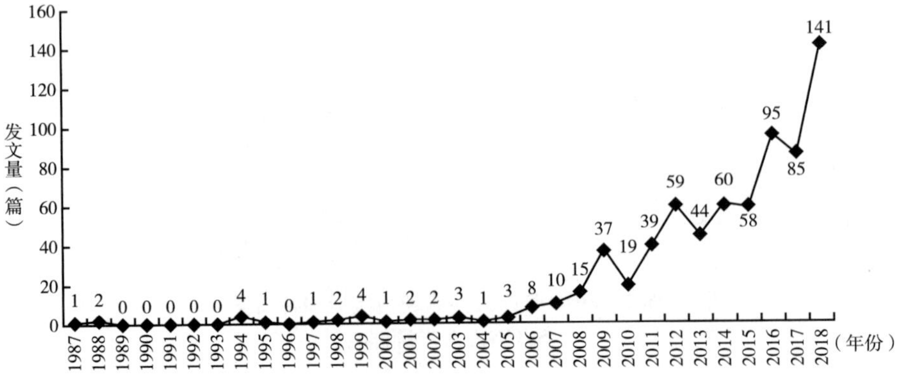

图 2 中国大陆新闻传播学 SSCI 论文产出演进轨迹

2. 2018 年中国大陆新闻传播学 SSCI 论文产出分布

基金支持论文分布。统计显示，2018 年中国大陆发表的 141 篇新闻传播学 SSCI 论文中共有 74 篇获基金项目支持。其中，中国国家社会科学基金支持发文 23 篇（包含 2 个重大项目），中国国家自然科学基金支持发文 13 篇，中央高校基本科研专项资金支持发文 6 篇，中国博士后科学基金支持发文 4 篇，教育部人文社科项目支持发文 7 篇（包含 4 个重大项目），孔子学院（国家汉办）、教育部人文社科青年项目支持发文 2 篇。这表明国家级基金项目（含中央部委）是支持新闻传播学国际发表的主要资金来源。与此同时，上海浦东项目、北京市社会科学基金、上海哲学社会科学项目、山东省社会科学项目等支持中国大陆新闻传播学 SSCI 论文发表均在 2 篇及以上。因而，地方政府也是支持中国大陆新闻传播学国际发表的重要力量。此外，一些高校也是支持中国大陆新闻传播学国际发表的重要力量，其中香港城市大学支持发表论文 5 篇，四川大学、澳门大学、香港大学分别支持发表论文 2 篇。

表 1 中国大陆新闻传播学 SSCI 论文基金资助分布

序号	基金名称	资助产出	百分比（%）	序号	基金名称	资助产出	百分比（%）
1	中国国家社会科学基金	23	16.31	11	四川大学	2	1.42
2	中国国家自然科学基金	13	9.22	12	中国社会科学重大研究项目	2	1.42
3	中央高校基本科研专项资金	6	4.26	13	澳门大学	2	1.42
4	香港城市大学	5	3.55	14	德国大众基金	2	1.42
5	中国博士后科学基金	4	2.84	15	美国国家科学基金	2	1.42
6	上海浦江项目	4	2.84	16	上海哲学社会科学项目	2	1.42
7	中国教育部人文社科重大项目	4	2.84	17	山东省社会科学项目	2	1.42
8	中国教育部人文社会科学基金	3	2.13	18	中国教育部人文社科青年项目	2	1.42
9	北京市社会科学基金	3	2.13	19	香港大学教学资助委员会	2	1.42
10	孔子学院（国家汉办）	2	1.42				

论文期刊分布。统计显示，2018 年中国大陆新闻传播学 SSCI 论文发表排名前五的期刊均处于 Q3 区或 Q4 区，共发表论文 56 篇，占总发文量的 40.00%。其中由英国创办的《国际冲突管理》（*International Journal of Conflict Management*），主要研究相关领域的谈判和冲突管理，位列 Q3 区，影响力因子（2017）为 1.000，是 2018 年刊载中国大陆新闻传播学 SSCI 论文量最多的期刊，发文量为 16 篇。修辞学领域的《话语、语境与媒体》（*Discourse Context & Media*）、《文字与对话》（*Text & Talk*）分别处于 Q3 区和 Q4 区，2018 年刊载中国大陆新闻传播学 SSCI 论文分别为 11 篇和 10 篇。*Asian Journal of Communication* 和 *Chinese Journal of Communication* 是亚洲地区仅有的两本传播学 SSCI 期刊，分别处于 Q4 区和 Q3 区，年度刊载量分别为 10 篇和 9 篇。除此之外，2018 年中国大陆在位列 Q1 区的《新闻学》（*Journalism*）发表论文 7 篇，《新媒体与社会》（*New Media & Society*）发表论文 3 篇。中国大陆在位列 Q2 区的 *International Journal of Mobile Communications*、*Telecommunication Policy*、

Health Communication、*International Journal of Advertising*、*Journalism Studies*、*Journal of Health Communication* 上的发文量为 23 篇，占发文总量的 16.31%。由此可知，中国大陆新闻传播学 SSCI 论文的发文期刊主要处于 Q3 区或 Q4 区，在 Q2 区期刊的发文量有所突破，在顶级期刊（Q1 区）的发文量还极为稀缺。

表 2　2018 年中国大陆新闻传播学 SSCI 论文发表期刊分布

序号	期刊名称	主办国	影响因子（2017）	JCR 分区	出版周期	研究领域	数量	百分比（%）
1	*IJCM*	英国	1.000	Q3	4 期/年	冲突管理	16	11.35
2	*DCM*	英国	1.136	Q3	4 期/年	传播话语	11	7.80
3	*AJC*	新加坡	0.574	Q4	6 期/年	亚太地区传播	10	7.10
4	*T&T*	德国	0.426	Q4	6 期/年	话语传播研究	10	7.10
5	*CJC*	中国香港	1.188	Q3	4 期/年	华人传媒研究	9	6.38
6	*Journalism*	美国	2.119	Q1	8 期/年	新闻业发展	7	4.96
7	*IJMC*	英国	1.742	Q2	6 期/年	传播技术的影响	6	4.26
8	*TP*	英国	2.087	Q2	11 期/年	通信技术的影响	5	3.55
9	*Argumentation*	荷兰	1.114	Q3	4 期/年	辩论	4	2.84
10	*HC*	美国	1.710	Q2	10 期/年	健康信息传播	3	2.13
11	*ICG*	美国	0.703	Q4	8 期/年	国际传播	3	2.13
12	*IJA*	英国	2.494	Q2	5 期/年	营销传播	3	2.13
13	*JS*	英国	1.735	Q2	6 期/年	新闻学理论	3	2.13
14	*NM&S*	英国	3.121	Q1	11 期/年	新媒体研究	3	2.13
15	*SS*	英国	0.754	Q4	5 期/年	符号学研究	3	2.13
16	*JHC*	美国	1.648	Q2	12 期/年	全球健康传播	3	2.13

注：*IJCM* = *International Journal of Conflict Management*；*DCM* = *Discourse Context & Media*；*AJC* = *Asian Journal of Communication*；*T&T* = *Text & Talk*；*CJC* = *Chinese Journal of Communication*；*IJMC* = *International Journal of Mobile Communications*；*TP* = *Telecommunication Policy*；*HC* = *Health Communication*；*ICG* = *International Communication Gazette*；*IJA* = *International Journal of Advertising*；*JS* = *Journalism Studies*；*NM&S* = *New Media & Society*；*SS* = *Social Semiotics*；*JHC* = *Journal of Health Communication*.

3. 年度中国大陆新闻传播学 SSCI 论文集中度

核心作者分布。核心作者是指在某一领域发表文献较多，影响较大的一批稳定作者。依据普赖斯的研究可计算入围核心作者群的最低发文量，即当且仅当某一作者在特定领域的论文发表数达到某一阈值（M）时，才可被列入“核心作者群”。[①] 根据中国大陆 2018 年新闻传播学整体发文情况，将发文量为 2 篇以上的作者列为核心作者。统计显示，2018 年中国大陆新闻传播学 SSCI 论文核心作者呈多元化分布，传统新闻传播学强校仍处于核心位置，2018 年复旦大学孙少晶发表论文 3 篇，中

① 宁宝英、宋敏红、申巧南、张静辉：《1982—2011 年〈高原气象〉论文发表趋势——基于文献计量分析结果》，《高原气象》2012 年第 1 期。

国传媒大学 Matingwina Simon 发表论文 2 篇。新型传媒院校、特色传媒院校及中外合作办学院校的学者也进入核心作者群，中山大学的潘大为、王海燕、吴晓苹、刘洋、Zenker Frank 分别发表论文 2 篇，中国科学院大学的汪寿阳发表论文 2 篇，上海交通大学的牟怡、吴舫，大连理工大学的蒋俏蕾（现已调入清华大学），西交利物浦大学的魏日宁，广东外语外贸大学的冉永平，湖南大学的 Chris Sinha 等也分别发表论文 2 篇。进一步研究发现，这些在国际发表方面表现突出的多为青年学者，其国内论文发表表现并不十分抢眼；国际发表为青年学者进入学术圈、追求超越提供了广阔的舞台。此外，湖南大学、中国传媒大学和中山大学均有外籍教师进入核心作者群，表明这些院校在国际人才引进方面取得了较大进展。

表 3　2018 年中国大陆新闻传播学 SSCI 论文作者分布

作者(索引)	所属单位	发文量	作者(索引)	所属单位	发文量
孙少晶(Sun SJ)	复旦大学	3	牟怡(Mou Y)	上海交通大学	2
汪寿阳(Wang SY)	中国科学院大学	2	吴舫(Wu F)	上海交通大学	2
潘大为(Pan DW)	中山大学	2	Matingwina Simon (Matingwina S)	中国传媒大学	2
王海燕(Wang HY)	中山大学	2	蒋俏蕾(Jiang QL)	大连理工大学	2
吴晓苹(Wu XP)	中山大学	2	魏日宁(Wei RN)	西交利物浦大学	2
刘洋(Yang L)	中山大学	2	冉永平(Ran YP)	广东外语外贸大学	2
Zenker Frank(Zenker F)	中山大学	2	Chris Sinha(Sinha C)	湖南大学	2
吴锋(Wu F)	西安交通大学	2	曹博林(Cao BL)	深圳大学	2

注：因 SSCI 数据库分类的原因，上表名单数据可能有遗漏，如吴锋、曹博林的部分论文刊发在非新闻传播学类期刊上。

论文产出机构分布。2018 年中国大陆有 32 所高校新闻传播学 SSCI 论文产量超过 2 篇（见图 3）。产出机构大致有四类：一是老牌新闻传播学术重镇，复旦大学产出 10 篇，浙江大学 8 篇，武汉大学 6 篇，中国传媒大学和暨南大学各 5 篇，清华大学和华中科技大学各 4 篇，中国人民大学、北京大学、四川大学均为 3 篇，厦门大学 2 篇，说明老牌新闻传播强校在国际发表中仍扮演领头羊角色。二是新兴传媒院校，中山大学年度产出 11 篇，位列全国之首。广东外语外贸大学产出 5 篇，湖南大学 4 篇，江西财经大学和北京师范大学各 3 篇，重庆大学、北京语言大学、广西大学、对外经贸大学、西安外国语大学均为 2 篇，说明新兴传媒院校在国际发表中增长势头强劲，正在改写传统的新闻传播学术版图。三是中外合办院校，西交利物浦大学年度发表论文 3 篇，宁波诺丁汉大学 2 篇，说明此类院校也是中国大陆新闻传播学国际发表的重要力量。四是以工科见长类院校，上海交通大学产出论文 9 篇，中国科学院大学、大连理工大学、哈尔滨工业大学、华南理工大学、东南大学、上海工程技术大学均为 2 篇，表明工科院校已成为中国大陆新闻传播学国际发表的新兴力量。

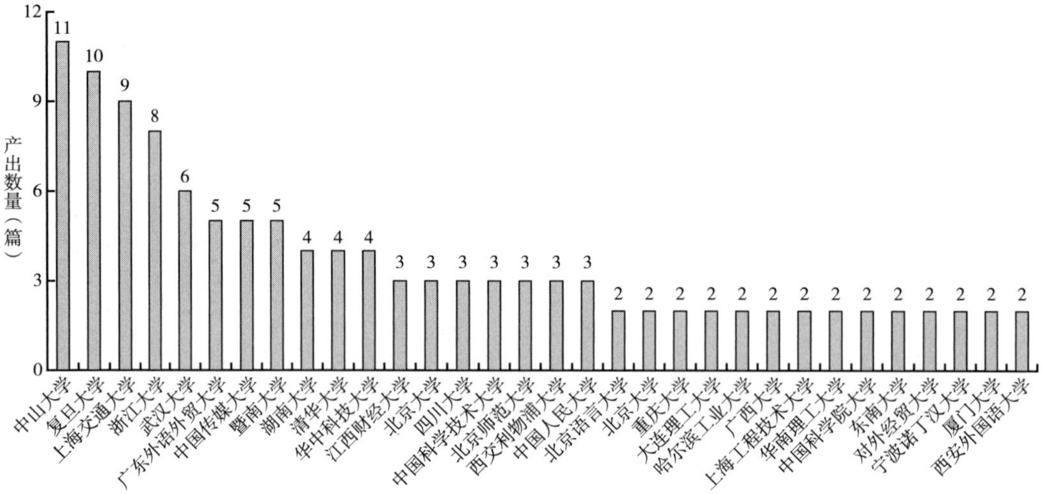

图 3　2018 年中国大陆新闻传播学 SSCI 论文发表机构分布

4. 年度中国大陆新闻传播学 SSCI 热点文献分布

2018 年中国大陆新闻传播学 SSCI 论文总被引频次为 50，平均每篇文章被引频次为 0.35。38 篇文章有被引记录，其中有 30 篇论文被引 1 次，6 篇文章被引 2 次，1 篇文章被引 3 次，单篇最高被引 5 次。高被引文献关注的内容主要包括媒介热点事件或热门传播现象（社交媒体传播中的社会标签、网络成瘾因素及青少年风险行为、中国慈善众筹项目捐赠意愿等）；中国传统特色文化传播学理研究（如中医咨询中的修辞模式）；中国特色的社会现象（如中国的“剩女现象”）。8 篇高被引文献中有 4 篇出自在华外籍学者，其余 4 篇作者分别为武汉大学的闫岩（现已调入中国人民大学），大连理工大学的蒋俏蕾（现已调入清华大学），中山大学的潘大为，中国科学技术大学的周荣庭等。

5. 年度中国大陆新闻传播学 SSCI 论文学科交叉分布

学科间的交叉融合是科学发展的必然趋势，有统计表明，近一半的诺贝尔奖项都是交叉研究成果，[①] 新闻传播学本是跨学科发展的新兴学科，通过学科交叉融合将进一步促进其向纵深发展。统计显示，2018 年中国大陆新闻传播学 SSCI 论文与 16 个学科分类有明显交叉，其中与商业经济学交叉发表的论文 22 篇，主要关注企业管理、市场营销、劳资冲突等，表明经济管理与传播学研究密切相关。与语言学交叉发表论文 21 篇，这部分论文内容分布广泛，包括政治、经济、文化等各类现象，例如“The American Dream Meets the Chinese Dream: A Corpus-driven Phraseological Analysis of News Texts”（《美国梦遇到中国梦：对新闻文本的语料分析》）等，表明语言学和传播学的融合有利于学术拓新。与政策法律交叉发表论文 18 篇，这部分论文主要关注劳资冲突、企业治理、国家形象等，多与经济管理研究视角重合。与信息科学图书馆学交叉发表 9 篇，与社会学交叉发表 6 篇，与电信交叉发表 5 篇，与文化研究、哲学、心理学交叉发表各 4 篇，与人文艺术、电影电视、医疗科学

① 谌群芳、陈积明：《交叉学科发展是“双一流”建设的新兴增长点》，《中国高等教育》2018 年第 10 期。

服务交叉发表各 3 篇，与工程管理、妇女研究交叉发表各 2 篇，与教育学、环境生态学交叉发表各 1 篇。表明中国大陆 2018 年新闻传播学 SSCI 论文研究视角广阔，涉及社会各个方面。

三、2018 年中国大陆新闻传播学 SSCI 论文国际合作及知识图谱分析

1. 2018 年中国大陆新闻传播学 SSCI 论文合作网络分析

研究文献国际合作图谱。利用 CiteSpace 软件，分析对象选择“Country”建立中国大陆新闻传播学 SSCI 国际合作图谱（见图 4）。其中，网络节点的大小代表国家发文量，连线表示合作关系。本文是以中国大陆为基准考察与其他地区的合作关系，所以中国位于图谱的中心。结果显示，中国大陆与美国合作发文量最多，为 29 篇，远高于其他地区；其次是与英国和澳大利亚合作发文量分别为 9 篇和 8 篇。与新加坡和韩国合作发文均为 4 篇，与加拿大、德国、瑞士、西班牙合作发文量均为 3 篇，与瑞典、斯洛伐克、意大利、匈牙利合作发文各 2 篇。总之，美国作为传播学研究强国，在与中国大陆合作中也独占鳌头；中国大陆与英国、德国、瑞士、西班牙、瑞典、意大利等欧洲发达国家合作较为紧密；亚洲地区的新加坡和韩国由于地理接近优势，与中国大陆合作发文量也保持较高频次。

研究文献机构合作图谱。利用 CiteSpace 软件，分析对象选择“Institution”进行共线分析，得到图 5 的研究机构合作图谱。在研究机构合作图谱中，节点大小代表发文量，连接边代表合作性，节点外围紫色圈层厚度代表中心度。数据显示，中国大陆作者国际发表的合作机构网络渐成体系，机构之间的联系与合作基本形成。结果显示，网络节点数量为 51，连接线数量为 51，网络密度为 0. 04。在研究机构合作图谱中形成了 6 个中心，分别是中山大学（Centrality = 0. 25）、浙江大学（Centrality = 0. 25）、香港城市大学（Centrality = 0. 23）、上海交通大学（Centrality = 0. 12）、宾夕法尼亚大学（Centrality = 0. 11）、江西财经大学（Centrality = 0. 10）。这表明，国内高校正快速融入国际合作体系，推动中国大陆新闻传播学走向国际舞台。但华中科技大

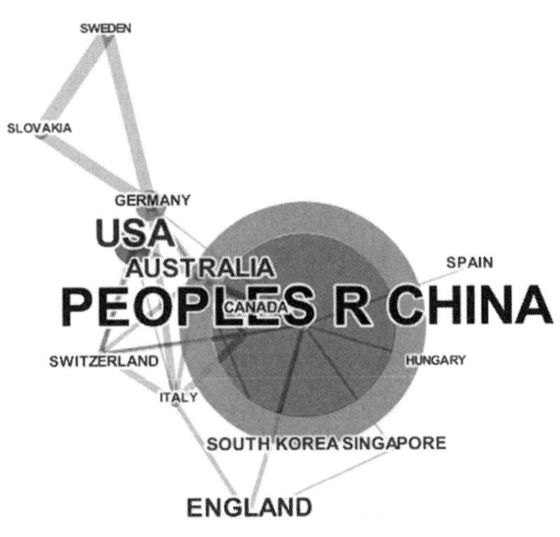

图 4　2018 年中国大陆新闻传播学 SSCI 论文国际合作图谱

图 5　中国大陆新闻传播学 SSCI 论文研究机构合作图谱

学、厦门大学、暨南大学等仍游离在合作网络之外，它们需加强与国内外高校之间的合作，促进国际学术共同体的融合发展。

作者合作图谱。将 CiteSpace 的分析对象选择为“Author”，结果显示，网络节点数量为 21，连线数量为 3，网络密度为 0.01。显然，中国大陆新闻传播学国际发表的作者队伍十分分散，作者之间联系极少，未形成紧密合作的学术共同体。

2. 2018 年中国大陆新闻传播学 SSCI 论文前沿热点探析

热点关键词分布。利用 CiteSpace 得到 2018 年中国大陆新闻传播学国际发表的高频词和中心度（选取出现频次 4 次以上），节点之间的连线表示关键词之间的共现关系，节点外围紫色圈层的厚度代表中心性（见图 6）。“China”（中国）是该知识图谱中频次最高的节点，频次高达 30 次，远超于其他关键词。其次是“internet”（网络）、“social media”（社交媒体）和“media”（媒介）。此外，“impact”（影响）、“information”（信息）、“model”（模式）等关键词的频次也位居前列。与此同时，中心度最高的是“coverage”（报道），位居其后的关键词是“media”（媒介）、“market”（市场）、“response”（回复）、“journalism”（记者）、“policy”（政策）、“organization”（组织）。“China”在中国大陆学者追求国际发表时多次被提及，但是其中心度仅为 0.01，即“China”虽常被国内研究者所提及，但较为边缘化，分量不足。值得注意的是兼具高中心度和高频次的关键词是“media”（媒介），说明中国大陆学者在传播学研究中，媒介是各类研究的中心词语。

研究热点分布。将分析对象设置成“Cite reference”，节点类型选取标准设定为“Top30”，建立 2018 年中国大陆新闻传播学 SSCI 论文的引证文献共引网络（引证文献共 7258 篇）。

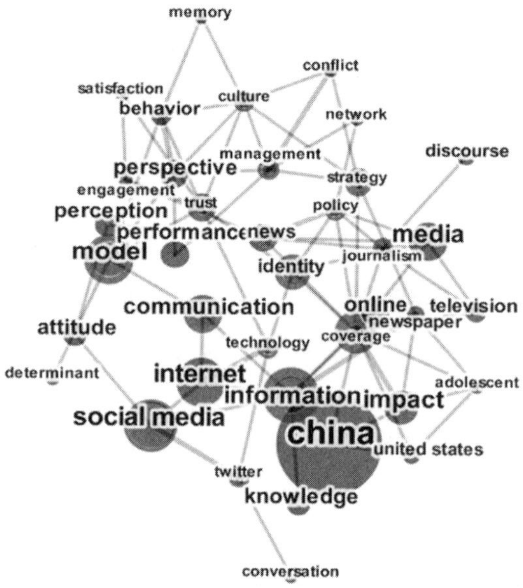

图 6　2018 年中国大陆新闻传播学 SSCI 论文共现图谱

在高共被引频次引文中更注重“中国”社会发展中的热点现象、文化现象、媒体现象等，而高中心度引文文献则关注的是通用的媒体方法论、研究理论、模型等，具有一般性价值。检索发现，共被引频次最高的是广东外语外贸大学和暨南大学合作发表的“Understanding Labor Conflicts in Chinese Manufacturing: A Yin-Yang Harmony Perspective”（《以阴阳和合观理解中国制造业中的劳动冲突》），其共被引频次为 6 次。中心度最高的是皇家墨尔本理工大学发表的“Towards a Broadloid Press Approach: The Transformation of China's Newspaper Industry since the 2000s”（《迈向小型大报：2000 年以来中国报业的转型》），其中心度达 0.3，该研究主要关注 21 世纪初以来中国报业的变化和挑战。①

通过进一步聚类分析，Q = 0.7946 > 0.3，说明聚类模块结构显著，有明确轮

① Huang CJ.,: “Towards a Broadloid Press Approach: The Transformation of China's Newspaper Industry since the 2000s”, *Journalism*, 2016, (17) 5, pp. 652 - 667.

廓；S = 0.4639 < 0.5，说明相关文献的知识聚类特征不明显，中国大陆新闻传播学国际发表的专注度和深度有待进一步深化。图 7 表明，2018 年中国大陆 SSCI 论文共引网络共形成 8 个知识领域，即"online video piracy"（网络视频版权问题）、"conflict management style"（冲突管理）、"comparative case study"（比较事例研究）、"Chinese journalist"（中国记者）、"China air pollution"（中国空气污染）、"argumentative pattern"（论证模型）、"media event"（媒体事件）、"vaccine literacy"（疫苗事件），其研究还需进一步向纵深发展。

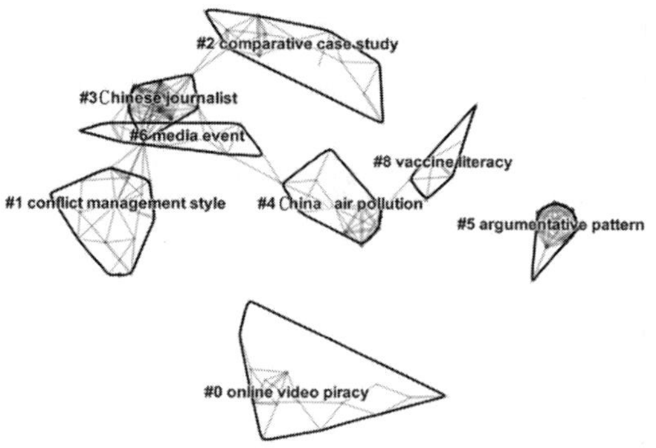

图 7　中国大陆新闻传播学 SSCI 论文共被引文献聚类图谱

四、中国大陆新闻传播学国际发表的现状、知识基础以及研究热点分析①

本研究基于 CiteSpace 可视化软件，以 Web of Science 数据库中中国大陆发表的新闻传播学 SSCI 论文为样本，分析中国大陆新闻传播学国际发表的现状、知识基础以及研究热点，得出以下结论：

中国大陆自 1987 年发表第一篇新闻传播学 SSCI 论文以来，经过 32 年的发展已经成为大中华地区新闻传播学国际发表的主体。就数量而言，中国大陆 2018 年发表量首次突破百篇，达 141 篇。仅第一作者发文量也突破了 100 篇，发展潜力巨大。不仅成为大中华地区的发表主体，且在亚洲地区具有明显的优势。但从全球年度发表份额来看，大陆发表量仅占不到 4%，与国际发表强国仍有巨大距离。

中国大陆 2018 年新闻传播学 SSCI 论文产出基金支持覆盖率高，但论文整体质量偏低，亟待构建以质量为中心的论文产出导向。中国大陆 2018 年产出的新闻传播学 SSCI 论文逾半数获得基金项目支持，基金来源从中央到地方，从国内高校到国际基金，覆盖广泛，说明中国大陆传播学学者正积极回应时代热点和学科发展需求。但研究论文整体质量偏低，40% 的论文发表在分区为 Q3 和 Q4 的期刊上，能见度弱，亟待构建以质量为中心的论文产出导向。

青年学者开拓新闻传播学国际发表新途径，新兴传媒院校及其他院校成为国际发表的关键力量。进入 2018 年中国大陆新闻传播学国际发表核心作者群的，大多为新兴院校中刚刚崭露头角的青年学者或具有海外学习经历的青年学者，这批学者已然成为中国新闻传播学走向国际舞台的关键力量。从产出机构来看，老牌新闻传媒强校产出依旧可观，但新兴传媒院校及以工科见长的院校在新闻传播学国际发表中表现抢眼、后劲十足，是中国大陆新闻传播学国际发表的崭新力量。

中国大陆新闻传播学 SSCI 论文合作网络初步建构，但并未形成学术共同体，研究成果多为单兵作战成果，跨校及跨区合作较少。2018 年，中国大陆学者与 13 个国家的学者均有合作交流，表明国际合作逐步常态化。就高校合作情况来看，已经初步形成国际高校合作网络，但一些老牌

---

① 由于本研究采用 SSCI 数据库的学科分类，仅研究该数据库中的传播学论文，这不可避免地忽略了一些新闻传播学者刊发在非传播学类期刊上的论文，因而与相关院校学者的实际产出数据略有出入。同时，本研究利用 CiteSpace 引文空间分析软件从宏观着手，分析中国大陆新闻传播学 SSCI 论文的整体情况，但具体到每篇文献的具体内容有待后续深入研究。

新闻传媒强校还游离在合作网络之外，进一步扩大国际交流与学术合作是未来新闻传播学发展的必由之路。除此之外，作者之间需要加强团队合作与国际交流合作，以促进新闻传播学学术共同体建设。

跨学科研究是新闻传播学向纵深发展的必要条件，突破地域性限制，增强理论贡献是中国新闻传播学参与国际学术话语体系建设的重要抓手。传播学是研究人与人之间关系的科学，与其他社会科学学科有密切的联系。2018 年中国大陆新闻传播学 SSCI 论文与 16 个学科分类有明显交叉，跨学科研究将促进中国传播学学科化进一步发展。通过 2018 年中国大陆新闻传播学 SSCI 论文关键词图谱及共引网络图谱可知，带有中国特色的社会现象、文化现象、媒体现象等已获得各界广泛关注，但中国特色问题研究既要立足于本土诠释，更要突破地域限制，提升理论贡献，服务全球学界的共同关切。

撰稿：吴　锋（西安交通大学新闻与新媒体学院教授）
王学敏（西安交通大学新闻与新媒体学院硕士研究生）

2018 年中国学者国际期刊发表新闻传播学论文篇目概览

1. **篇名**：Evaluating Survey Items of Buddhism Religiosity in China

作者：Hu, Anning

第一作者单位：复旦大学

所发期刊及卷期：*INTERNATIONAL JOURNAL OF PUBLIC OPINION RESEARCH*, 30 (4), 675 – 402

内容摘要：Over the past few decades, public opinion studies have paid increasing attention to the comparison of eastern and western religions, an endeavor that calls for a rigorous evaluation of empirical measures of religiosity for eastern religions. This study investigates the applicability to Chinese Buddhism of a measurement scheme based on believing, belonging, and behaving (the Three Bs). Confirmatory factor analyses of the Chinese Spiritual Life Survey suggest that the Three Bs are valid measures of Buddhist religiosity as they converge to the same latent construct. They are also reliable survey instruments, as illustrated by measurement invariance across subpopulations defined by differences in region of residence, gender, cohort, and education. The Three Bs measurement scheme has potential for empirical comparative research.

2. **篇名**：Parent-child Relationships and Chinese Children's Social Adaptations: Gender Difference in Parent-child Dyads

作者：Xu, Liangyuan; Liu, Lisha; Li, Yanfang; Liu, Lijun

第一作者单位：北京师范大学

所发期刊及卷期：*PERSONAL RELATIONSHIPS*, 25 (4), 462 – 479

内容摘要：Based on data from 1366 Chinese preschoolers aged 31 – 77 months from 62 preschools, this study compared differences among four parent-child dyads in parent-child relationships and the associations between parent-child relationships and children's social adaptations. According to the results, the same-sex dyad and opposite-sex dyad patterns were tested. The results showed the same-sex dyad and opposite-sex dyad patterns in parent-child closeness. Mother-daughter dyads had more closeness than mother-son dyads; father-daughter dyads had more closeness than father-son dyads. The results were more supportive of the same-sex dyad pattern in the associations between parent-child relationships and social adaptations. Mother-child closeness predicted girls' greater social skills and fewer problem behaviors; father-child conflict predicted boys' worse social skills and greater problem behaviors.

3. **篇名**:Supportive Organizational Environment, Work-life Enrichment, Trust and Turnover Intention: A National Survey of PRSA Membership

作者:Jiang, Hua; Shen, Hongmei

第一作者单位:南京师范大学

所发期刊及卷期: *PUBLIC RELATIONS REVIEW*, 44 (5), 681 - 689

内容摘要:Based on an online survey of a national random sample of the PRSA membership (n = 650), this study is among the first to explore public relations employees' own turnover intention and propose three contributing factors for employers to keep top talent in PR industry: a family-supportive organizational environment; the positive, enriching impact of professional work upon practitioners' life; and PR practitioners' trust toward employers. Theoretical and practical implications are discussed.

4. **篇名**:Argument by Multimodal Metaphor as Strategic Maneuvering in TV Commercials: A Case Study

作者:Zhang, Chuanrui; Xu, Cihua

第一作者单位:浙江大学

所发期刊及卷期: *ARGUMENTATION*, 32 (4), 501 - 517

内容摘要:Drawing on insights from contemporary studies on conceptual metaphor and multimodal metaphor, the present study proposes a tentative analysis of multimodal metaphorical argument from the perspective of the extended theory of pragma-dialectics. A case, Liqun Commercial, is presented as an illustration. This commercial proves to use a conceptual metaphor, life is a journey, that underlies a multimodal metaphorical argument. The conceptual metaphor is highly acceptable in the cultural context of the Chinese target audience. Due to the restrictions imposed by the institutional context, the commercial tries to convince the audience by using implicit argumentative means. In this endeavor, multimodal metaphorical argument is used to enhance the commercial's effectiveness by foregrounding through framing the aspects the protagonist desires to show and by using a strategy to evade sanctions for ignoring institutional constraints.

5. **篇名**:A Corpus-assisted Critical Discourse Analysis of News Reporting on China's Air Pollution in the Official Chinese English-Language Press

作者:Wang, Guofeng

第一作者单位:上海师范大学

所发期刊及卷期:*DISCOURSE & COMMUNICATION*, 12 (6), 645 - 662

内容摘要: This corpus-assisted critical discourse analysis of news reports on air pollution published from 2008 to 2015 by *China Daily*, China's largest official English-language newspaper, reveals a significant attitudinal shift around the end of 2011 as regards public awareness of increasing air pollution levels in China and related public criticism. It also constructs a clear image of the increasing determination and resolve of the Chinese central government over the course of this 8 – year period to take action to effectively reduce air pollution. This study highlights the submissive role played by the official Chinese press in their reporting on air pollution under the strict censorship system of the Communist Party of China (CPC), as well as the socio-political role that international sporting events such as the 2008 Beijing Olympic Games and the 2010 Guangzhou Asian Games played in raising both public and governmental awareness of environmental issues.

6. **篇名**: Mitigation in Chinese Online Consumer Reviews

作者:Ren, Wei

第一作者单位:北京航空航天大学

所发期刊及卷期: *DISCOURSE CONTEXT & MEDIA*, 26, 5 – 12

内容摘要:With the increasing popularity of online shopping among consumers and the continuous development of interactive digital communication, online reviews are prevalent in contemporary life. As a new genre, online reviews deserve more attention in language and discourse studies. Existing studies in this field predominantly investigate online reviews in English. More research on a greater variety of languages is needed to better understand the linguistic features of this genre and the localization of the social practice. In addition, how consumers mitigate their evaluations lacks systemic exploration. This study provides an analysis of mitigation strategies in Chinese consumer reviews, based on a dataset of user generated online comments on Kindle E-Reader collected from Amazon China. The study examines the usage and frequency of different types of mitigation devices in the reviews. The distribution of mitigation is further investigated against the positive or negative nature of the comments. Since Chinese is a logo graphical language, exploring Chinese mitigation identified some particular usages. The study demonstrates that the investigation into mitigation in Chinese online consumer reviews could provide insights into cross-cultural differences in this genre.

7. **篇名**: Facework by Global Brands across Twitter and Weibo

作者:Li, Chaoyuan; Wu, Doreen Dongying

第一作者单位:西安外国语大学

所发期刊及卷期: *DISCOURSE CONTEXT & MEDIA*, 26, 32 – 42

内容摘要: Applying a micro-analytical form of discourse analysis to a set of microblogging record over a three-month period, the study examines how ten top global brands utilize linguistic resources and strategies to build positive and socially acceptable images with the public across two significant social media platforms, i. e. , with the English speaking public on Twitter and with the Chinese speaking public on Weibo. In the process of the examination, the notions of face and facework from interactional linguistics are utilized and further defined. It is found that impression management by these global corporations on social media is characterized by duality of facework: on one hand, global brands promote their corporate assets, as evidenced in the use of speech acts such as disclosing corporate information and broadcasting corporate products and campaigns; on the other hand, they build solidarity with their followers, as evidenced in the use of speech acts such as greeting, directing, expressing, sharing, and retweeting. Finally, the study points to the emergence of a global culture on social media and concludes with a glocalization perspective for further studies of corporate communication practice in the age of digitalization.

8. **篇名:** Exploring Chinese College Students' Construction of Online Identity on the Sina Microblog

作者: Yuan, Zhou-min

第一作者单位: 南京邮电大学

所发期刊及卷期: *DISCOURSE CONTEXT & MEDIA*, 26, 43 – 51

内容摘要: This paper aims to investigate identity construction on a social network site, the largest microblog platform, Sina Microblog, in China. By focusing on the action types and language use in the status updates and personal profiles of ten college student users from China together with individual interviews, this study finds that microblog users employ a variety of strategies to construct their online identities, such as different action types; visual, enumerative, narrative and self-labelling practices; and different forms of internet language. The results also show that microblog users tend to use more implicit identity claims and strategically use language to construct situation-appropriate multiple identities, using identity rhetoric to achieve some communicative needs. The user, displayed friends and distant audiences triangulate to mould and portray their online identities on the Sina Microblog. The related factors that shape identity construction are described, and the implications of these findings are discussed.

9. **篇名:** The Representation of Ordinary People: A discursive Study of Identities Constructed in China's News Reports of Social Conflicts

作者: Ge, Yunfeng; Wang, Hong

第一作者单位: 山东师范大学

所发期刊及卷期: *DISCOURSE CONTEXT & MEDIA*, 26, 52 – 63

内容摘要: The development of information technologies has made traditional news media aware of a public desire for bottom-up participation in the news production process. As a result, ordinary people have frequently participated in or even become the focus of news output. By following Van Dijk's socio-cognitive approach of critical discourse analysis, this article examines how ordinary people are represented in China's news reports of social conflicts. The data include 106 news reports collected from the state-run websites of Xinhuanet and People's Network. Analytical results Show that ordinary people have an either positive or negative representation in three relations constructed between ordinary people and government institutions, namely, antagonistic, jural and harmonious relations. It has also been found that journalists construct super-ordinate identities for ordinary people and represent them either positively as advocates of government policies or negatively as violators of social rules. The representation of both identities and relations of ordinary people is realized through both macro and micro discourse strategies. In essence, the complex representation of identities and relations is the result of the diversified ideologies underlying China's news reports.

10. **篇名**:Discursive Strategies of Resistance on Weibo: A Case Study of the 2015 Tianjin Explosions in China

作者:Wu, Xiaoping

第一作者单位:中山大学

所发期刊及卷期: *DISCOURSE CONTEXT & MEDIA*, 26, 64 – 73

内容摘要:The internet and social media are increasingly seen as one of the major channels for public participation and through which anxiety and discontent about social and political issues are voiced and dealt with in non-democratic countries like China. Weibo, as a platform of this type, has been attracting growing attention in the fields of political communication and media studies in recent years. This study takes a discourse approach to explore resistance on Weibo by drawing upon a case study of the 2015 Tianjin explosions. Based on a discourse analysis of 1322 microblogs immediately following the explosions, this study unravels the details and dynamics of how Weibo users challenge the official discourse and offer an alternative discourse of the disaster online. It identifies three discursive strategies of resistance in Weibo: (a) resisting by quoting cross-platform witness accounts; (b) resisting by creating rumors; (c) resisting by ridiculing the official discourse. These strategies of resistance exemplify how Chinese netizens actively use social media platforms to express sociopolitical arguments in non-democratic contexts, and in turn, reshape the power relations between the state and the public.

11. **篇名**:Emoji and Communicative Action: The Semiotics, Sequence and Gestural Actions of "Face Covering Hand"

作者:Gibson, Will; Huang, Pingping; Yu, Qianyun

第一作者单位:北京师范大学

所发期刊及卷期: *DISCOURSE CONTEXT & MEDIA*, 26, 91 – 99

内容摘要:This paper uses conversation analysis to explore the communicative functions of one emoji in a mobile reading community in China. In contrast to semiotic approaches to emoji that focus on their cultural signification, or that treat them as reflections of users' inner intensions, we analyse emoji as communication phenomena by exploring their relation to other textual actions in the production of text-talk. The emoji analysed here functioned as a laughter token, and performed specific interactional work related to laughter. We conclude that conversation analysis offers an important corrective to abstracted semiotic analysis and a useful resource for exploring the demonstrable meaning of emoji for interlocutors. However, we also emphasise the importance of capturing the process of composing messages, the challenges of dealing with the variety of forms that emoji take and their relation to gestural and other actions in face to face communication.

12. **篇名**:Event-Marketing and Advertising Expenditures: The Differential Effects on Brand Value and Company Revenue

作者:Liu, Lei; Zhang, Jin; Keh, Hean Tat

第一作者单位:中央财经大学

所发期刊及卷期: *JOURNAL OF ADVERTISING RESEARCH*, 58 (4), 464 – 475

内容摘要: Surprisingly little empirical research has examined the effects of event marketing at the company level. The authors compared the differential effects of event-marketing and advertising expenditures on brand value and company revenue. Using a longitudinal dataset for 74 real-estate companies in China (2006 - 2013), the authors found that both event-marketing and advertising expenditures had positive impacts on company revenue and brand value. As a brand aged, advertising expenditure continued to yield positive returns on brand value and company revenue, whereas event marketing had diminishing marginal returns on brand value and company revenue.

13. **篇名**: To Include, Or Not to Include, That Is the Question: Disability Digital Inclusion and Exclusion in China

作者: Lin, Zhongxuan; Yang, Liu; Zhang, Zhi'an

第一作者单位:中山大学

所发期刊及卷期:*NEW MEDIA & SOCIETY*, 20 (12), 4436 - 4452

内容摘要: Information and communication technologies (ICTs) are increasingly important for people with disabilities (PWDs), suggesting digital inclusion as a possible social mechanism against the social exclusion of disability. This study suggests a more complicated relationship between ICTs and disability. Situated in a Chinese context and based on research methods of ethnographic participant observation and in-depth interviews, this study explains why and how social exclusion of disability in China leads to PWDs' exodus to the Internet, where they find a possible habitat of digital and social inclusion notwithstanding the risk of more profound social exclusion. The study finally argues that the Internet habitat of PWDs is both a material enclave and a discourse heterotopia for understanding Chinese society, disability, and ICTs. In addition, future studies should further include PWDs in this field.

14. **篇名**: Peirce Knew Why Abduction Isn't IBE—A Scheme and Critical Questions for Abductive Argument

作者:Yu, SY; Zenker, F

第一作者单位:中山大学

所发期刊及卷期: *ARGUMENTATION*, 32 (4), 569 - 587

内容摘要:Whether abduction is treated as an argument or as an inference, the mainstream view presupposes a tight connection between abduction and inference to the best explanation (IBE). This paper critically evaluates this link and supports a narrower view on abduction. Our main thesis is that merely the hypothesis-generative aspect, but not the evaluative aspect, is properly abductive in the sense introduced by C. S. Peirce. We show why equating abduction with IBE (or understanding them as inseparable parts) unnecessarily complicates argument evaluation by levelling the status of abduction as a third reasoning mode (besides deduction and induction). We also propose a scheme for abductive argument along with critical questions, and suggest retaining abduction alongside IBE as related but distinct categories.

15. **篇名**: Citizen-centered Big Data Analysis-driven Governance Intelligence Framework for Smart Cities

作者:Ju, Jingrui; Liu, Luning; Feng, Yuqiang

第一作者单位:哈尔滨工业大学

所发期刊及卷期: *TELECOMMUNICATIONS POLICY*, 42 (10), 881 - 896

内容摘要: Sensors and systems within rapidly expanding smart cities produce citizen-centered big data which have potential value to support citizen-centered urban governance decision-making. There exists a wealth of extant conceptual studies, however, further operational studies are needed to establish a specific path towards implementation of such data to governance decision-making with analytical algorithms that are appropriate for each step of the path. This paper proposes a framework for the use of citizen-centered big data analysis to drive governance intelligence in smart cities from two perspectives: urban governance issues and data-analysis algorithms. The framework consists of three layers: 1) A data-merging layer, which builds a citizen-centered panoramic data set for each citizen by merging citizen-related big data from multiple sources in collaborative urban governance via similarity calculation and conflict resolution; 2) a knowledge discovery layer, which plots the citizen profile and citizen persona at both individual and group levels in terms of urban public service delivery and citizen participation via simple statistical analysis techniques, machine learning, and econometrics methods; and 3) a decision-making layer, which uses ontology models to standardize urban governance-related attributes, personas, and associations to support governance decision-making via data mining and Bayesian Net techniques. Finally, the proposed framework is validated in a case study on blood donation governance in China. This research highlights the value of citizen-centered big data, pushes data-to-decision research from conceptual to operational, synthesizes previously published frameworks for citizen-centered big data analysis in smart cities, and enhances the mutual supplement cross multiple disciplinaries.

16. **篇名**:Illusionary Fairness and Controlled Democracy: A Critical Examination of Blind Audition and Voting System in *The Voice of China*

作者:Jiang, Xinxin

第一作者单位:西南财经大学

所发期刊及卷期:*MEDIA CULTURE & SOCIETY*, 40 (8), 1237 - 1251

内容摘要:This article critically examines the blind audition and the voting system in *The Voice of China* to understand how the singing competition show narrates the most contemporary political, social, and cultural ideology of the Chinese society in the discourse of globalization. The article starts with an overview and some highlights of the show. Then this article explores how the blind audition serves as the venue for the ordinary Chinese viewers to engage with an illusion of fairness in a society. Next, this article investigates how the re-creation of the voting mechanism in the show symbolizes the fantasy of democracy and how it negotiates the power between the public and the state. I conclude with the argument that societal discourses on the blind audition and voting systems on a singing competition show reveal growing public awareness of and concern with issues of equity and fairness in the cultural arena of traditional esthetic standards as well as the societal arena of electoral politics.

17. **篇名**:Towards Understanding Young Children's Digital Lives in China and Australia

作者:Gou, He; Zuanni, Michael

第一作者单位:苏州大学

所发期刊及卷期: *COMUNICAR*, 26 (57), 81 - 90

内容摘要:This article develops insights and generates new lines of inquiry into young children's digital lives in China and Australia. It brings to dialogue findings from a national study of young children's digital media use in urban settings in China with findings from studies in Australia. This is not presented as a direct comparison, but rather as an opportunity to shed light on children's digital lives in two countries and to account for the impact of context in relatively different social and cultural circumstances. The article outlines findings from a study of 1171 preschool-aged children (3 to 7 - year-olds) in six provinces in China, including the frequency of their use of television, early education digital devices, computers, tablet computers and smartphones, music players, e-readers and games consoles. It also focuses on various activities such as watching cartoons, using educational apps, playing games and participating in video chat. Methods included a multistage sampling process, random selection of kindergartens, a weighted sampling process, the generation of descriptive data and the use of linear regression analysis, and a chi-square test. The study demonstrates the significance of a range of factors that influence the amount of time spent with digital media. The contrast with Australian studies produces new insights and generates new research questions.

18. **篇名:**Re-appraising Self and Other in the English Translation of Contemporary Chinese Political Discourse

作者: Li, Tao; Xu, Fang

第一作者单位:上海海洋大学

所发期刊及卷期: *DISCOURSE CONTEXT & MEDIA*, 25, 106 - 113

内容摘要: Drawing on appraisal system (Martin and White, 2005), this paper examines the variation of attitudes towards China and other countries by analyzing a corpus of the Chinese-English translation of evaluative epithets in graduation-the sub-category of appraisal system-in contemporary Chinese political discourse from 2000 to 2017. The findings suggest that: (1) translation shifts do exist in the translation of graduation epithets, particularly in the form of zero translation, though the cardinal principle of remaining faithful to the original Chinese political discourse is respected; (2) statistical analysis indicates a significant difference in the variation of attitudes towards China and other countries through translation shifts, and the variations of attitudes are in such a way that attitude towards China becomes less positive while attitude towards other countries less negative in the translation of political discourse from Chinese into English. It is argued that the translation participants' adherence to the General Strategy of Politeness (Leech, 2014) can partially account for the research findings. It should also be noted that the basis for their adherence, ideologically speaking, is to serve the Self's interests.

19. **篇名:**A Study on the Deployment of High-speed Broadband Networks in NUTS3 Regions within the Framework of Digital Agenda for Europe

作者: Feijoo, Claudio; Ramos, Sergio; Armuna, Cristina; Arenal, Alberto; Gomez-Barroso, Jose-Luis

第一作者单位:同济大学

所发期刊及卷期: *TELECOMMUNICATIONS POLICY*, 42 (9), 682 - 699

内容摘要: This paper investigates the high-speed broadband situation in the EU and its prospects. It uses a deployment model to estimate the investment required to meet the

Digital Agenda for Europe (DAE) broadband targets set by the European Commission in its Europe 2020 strategy at different stages: as of 2016, after expected operators' deployment, after public subsidies and leveraged investment, and as expected in 2020. The model uses data at the NUTS3 level, which is the most granular level that has data available on the status of broadband deployment, to arrive at a coherent and comparable framework. From the different perspectives on the investment to meet DAE targets, the paper concludes on the need for an appropriate combination of incumbent and alternative operators investments, public subsidies and leveraged investments, and new investments, both public and private and non-existing as of 2016, examining their feasibility and the impact of different regulatory, technical, and policy strategies.

20. **篇名:** The Appeal to Political Sentiment: An Analysis of Donald Trump's and Hillary Clinton's Speech Themes and Discourse Strategies in the 2016 US Presidential Election

作者: Liu, Dilin; Lei, Lei

第一作者单位: 华中科技大学

所发期刊及卷期: *DISCOURSE CONTEXT & MEDIA*, 25, 143 - 152

内容摘要: This study investigated Hillary Clinton's and Donald Trump's speeches during the 2016 presidential election to identify their sentiments and discourse themes and strategies by using machine-based methods, including computerized sentence-level sentiment analysis, structural topic modeling for themes, and word2vec exploration for thematic associations. The machine-based automatic analyses were also complemented by a qualitative examination of the speech data motivated by the top thematic terms identified by the automatic analyses. The results of the study revealed that Trump's speeches were significantly more negative than Clinton's. The results also provided evidence supporting many previous findings regarding Clinton's and Trump's discourse/rhetoric styles and major campaign themes produced by studies using different research methods. The results of this study might also help explain Trump's victory despite the significant more negative sentiment in his discourse.

21. **篇名:** Metaphor Use in Chinese and American CSR Reports

作者: Sun, Ya; Jin, Guangsa; Yang, Yingli; Zhao, Jingjing

第一作者单位: 对外经济贸易大学

所发期刊及卷期: *IEEE TRANSACTIONS ON PROFESSIONAL COMMUNICATION*, 61 (3), 295 - 310

内容摘要: Background: Corporate social responsibility (CSR) reports are one of the vehicles for developing corporate images, namely, the cognitive representation of a company perceived by the concerned stakeholders. It would be interesting to compare the CSR reports of companies of the world's two largest economies: the US and China. Literature review: Previous studies of CSR reports tend to highlight their lexicogrammatical, semantic, and functional features at the discursive level, but few studies have examined the cognitive images that companies intend to develop at the level of conceptual structure (knowledge representation). This study investigates metaphor use as a discursive and cognitive strategy for developing corporate images in Chinese and American CSR reports from the perspective of corpus-based conceptual metaphor analysis, particularly based on the concept of genre-specific metaphors, the metaphors used to conventionally construe notions for a certain communicative purpose achieved by a particular discourse community. Research questions: 1. What are the major concerns of Chinese and American CSR reports? 2. What are the genre-specific metaphors used to construe major concerns of Chinese and American CSR reports? 3. What do the genre-specific metaphors reveal about the corporate images of Chinese and US companies? Are there differences in developing corporate images between Chinese and American CSR reports? Methodology: We collected CSR reports of the top companies in China and the US, identified genre-specific linguistic and conceptual metaphors, and conducted comparative analysis of metaphor-based corporate images. Results and conclusions: The conceptual metaphors genre-specific to CSR reports are BUSINESSES ARE OBJECTS, BUSINESS IS WAR, BUSINESS IS A JOURNEY, and BUSINESS COMPETITION IS COMPETITIVE GAMES/SPORTS. Furthermore, CSR reports of both countries share most genre-specific metaphor parings and thus nearly the same mappings, which contribute to building corporate images of being economically competitive, ethically cooperative, and environmentally responsible. Although both stress self-development and taking a leading position, American companies seem to pay more attention to external cooperation with others. On the other hand, Chinese companies seem to stress internal cooperation and a well-organized hierarchy. Admittedly, this study may be limited in terms of analyzing only genre-specific metaphors and not balancing sector types of the companies in the two corpora.

22. **篇名**: Attitude as Mediation: Peritextual Commentary in the Translation of the Platform Sutra

作者:Yu, Hailing; Wu, Canzhong

第一作者单位:湖南大学

所发期刊及卷期: *TEXT & TALK*, 38 (5), 633 - 654

内容摘要:As explicit expression of attitude is restrained in translations of canonical texts, the peritext often becomes a place for the translator's attitudinal mediation. Unlike previous studies where the translational peritext is under the name of the translator, this study presents a special case in which the peritext attached to the translation of the Platform Sutra, a religious text, is attributed to the translator's teacher, whose lectures in the source language served as the basis of the peritextual commentary. By adopting the appraisal framework, the study demonstrates how explicit attitudes, especially judgements, are instilled in the commentary to direct the readers to see the protagonist Huineng as a hero and many other characters as villains. Despite the apparent attribution of the commentary to the translator's teacher, the translator plays an active role in reorganizing, translating and sometimes modifying the attitudinal expressions from the original lectures. Putting the commentary under the name of the translator's teacher functions to further enhance the mediating power of the attitude. The specialness of the case study will make it complementary to existing studies on attitude as mediation.

23. **篇名**:Popular Journalism in China: A Study of *China Youth Daily*

作者: Wang, Haiyan; Sparks, Colin;

Yu, Huang

第一作者单位:中山大学

所发期刊及卷期: *JOURNALISM*, 19 (9-10), 1203-1219

内容摘要: It is commonly stated that the press in China can be divided into two main categories, the party-oriented official press and the market-oriented commercial press. This article examines an official paper, *China Youth Daily*, which is a central organ of the Communist Youth League of China. The findings of a content analysis demonstrate that this title differs significantly from other central official titles, like *People's Daily*, but also from commercial papers, like *Southern Metropolis Daily*. While *China Youth Daily's* journalism is close to the official pole in the amount of propaganda-related material it covers, it also has a greater emphasis on watchdog journalism than does *People's Daily*. It places a much greater emphasis on infotainment than do either of the official and commercial poles. It is more likely to use journalistic techniques like sensationalism and the revelation of personal details than are the other titles analysed. These findings lead to the conclusion that the bi-polar characterization of the Chinese press requires modification. At least one prominent national title is best described as "popular official" media. One of the main features of this kind of journalism is that it presents the party and business elite in a human light and thus constitutes a renewal of the repertoire of hegemonic devices at the party's disposal. What is certainly the case is that the frequent claim that there is a contradiction between popular journalism responding to audience tastes and official journalism constrained by the propaganda needs of the party is mistaken.

24. **篇名:** Professional Impact and Job Satisfaction among Chinese Journalists

作者: Yi Liu; Hao Xiaoming; Wen, Nainan

第一作者单位:重庆大学

所发期刊及卷期: *JOURNALISM*, 19 (9-10), 1344-1362

内容摘要: Through a survey of 343 journalists from 5 metropolitan newspapers, this study explores the link between job satisfaction of journalists and their perceived work impact within the social context of China. The study shows that (a) Chinese journalists may not be happy about the current press system in China; however, this does not necessarily make them feel dissatisfied with their job; (b) In a controlled press system, journalists who find the system more acceptable tend to see the personal benefits offered by their job and to feel contented with their work environment; and (c) Journalists who find the existing press system acceptable are more likely to experience their personal impact on the news production process and perceive the significant influence of their newspaper. Such perceptions lead to greater satisfaction with their job.

25. **篇名:** How Framing of Nationally and Locally Sensitive Issues Varies? A Content Analysis of News from Party and Nonparty Newspapers in China

作者: Kuang, Xianwen; Wei, Rining

第一作者单位:西安交通利物浦大学

所发期刊及卷期: *JOURNALISM*, 19 (9-10), 1435-1451

内容摘要: This study investigates how party and nonparty newspapers in China frame sensitive political issues differently, depending on their geographic relevance. Extant studies indicate that political control influences how news organizations present an issue. The assumption is that the framing of nationally sensitive issues is similar across Chinese news outlets, while the framing of locally sensitive issues diverges. An examination of the news frames used by six newspapers in Guangzhou in their coverage of a nationally sensitive issue and a locally sensitive issue confirms this assumption. In the coverage of the nationally sensitive issue, all newspapers use more leadership frames and factual information than responsibility, conflict and human interest frames. Contrastingly, the party newspapers use more leadership frames, whereas nonparty newspapers use more conflict frames in the reporting of the locally sensitive issue.

26. **篇名:** Race, Colonial History and National Identity: Resident Evil 5 as a Japanese Game

作者: Martin, Paul

第一作者单位: 宁波诺丁汉大学

所发期刊及卷期: *GAMES AND CULTURE*, 13 (6), 568 -586

内容摘要: Resident Evil 5 is a zombie game made by Capcom, featuring a White American protagonist and set in Africa. This article argues that approaching this as a Japanese game reveals aspects of a Japanese racial and colonial social imaginary that are missed if this context of production is ignored. In terms of race, the game presents hybrid racial subjectivities that can be related to Japanese perspectives of Blackness and Whiteness, where these terms are two poles of difference and identity through which an essentialized Japanese identity is constructed in what Iwabuchi calls strategic hybridism. In terms of colonialism, the game echoes structures of Japanese colonialism through which Japanese colonialism is obliquely memorialized and a normal Japanese global subjectivity can be performed.

27. **篇名:** Weibo Interaction in the Discourse of Internet Anti-corruption: The Case of "Brother Watch" Event

作者: Feng, Debing; Wu, Xiaoping

第一作者单位: 江西财经大学

所发期刊及卷期: *DISCOURSE CONTEXT & MEDIA*, 13 (6), 568 -586

内容摘要: Extant studies have been predicated on the assumption that Weibo interaction plays important roles in the formation and development of Internet anti-corruption, but little attention has been given to how such interaction is locally constructed among Weibo users. Drawing upon analytical tools evolved from Conversation Analysis and Multimodal Discourse Analysis, this study examined a pool of Weibo tweets and responses employed in discussing an Internet anti-corruption event, i. e., the "Brother Watch" event which happened in 2012. The analysis showed that Weibo interaction featured an overarching sequence of "key tweet + responses", wherein key tweets were formulated as newsworthy and authentic messages to engage the audience. Responses were designed to project new meanings and actions while orienting to prior turns. As a result, exposed information became repetitively circulated, amplified and reinforced, and eventually shaped into an online public event.

28. **篇名:** Translating the News in China: The Evolution of *Reference News* and Its Future in A Digital News Landscape

作者: Chase, Thomas

第一作者单位: 东南大学 - 蒙纳士大

学苏州联合研究生院

所发期刊及卷期： *MEDIA INTERNATIONAL AUSTRALIA*, 168 (1), 140 - 152

内容摘要： *Reference News* is a prominent, Mainland Chinese newspaper that, for many decades, has translated and published foreign language news reports for its sizable readership. Over the course of its long history, both as a result of government directives and in response to the changing nature of Chinese society, the newspaper has undergone successive transformations. This study charts these changes, documenting *Reference News*' earlier roles as intra-party intelligence bulletin and as a tool of ideological inculcation before analysing the newspaper's later struggles to adapt to a pluralised and commercialised media market. This article argues that the more recent challenges posed by the increasing popularity of digital sources of news information has meant that despite a robust strategy designed to embrace the opportunities of the digital era, the future of *Reference News* as a successful and influential publisher in the digital realm is by no means certain.

29. **篇名：** The Sky Is Falling: Predictors of News Coverage of Natural Disasters Worldwide

作者： Yan, Yan; Bissell, Kim

第一作者单位： 武汉大学

所发期刊及卷期： *COMMUNICATION RESEARCH*, 45 (6), 862 - 886

内容摘要： General journalistic principles guide the ways that gatekeepers evaluate the newsworthiness of events. These principles are adapted in the field of international communication and indicate some unique features, in particular, of international disasters reporting. The current research examined the presence, amount, and length of news coverage from 3 major U. S. newspapers on 292 global natural disasters from 2004 to 2014. Results showed that U. S. newspapers had a reasonable neglect of international disasters compared with domestic ones and a disproportional favor toward huge versus smaller size disasters. A systematic predicting model was evident: Severity was the most significant and the only consistent determinant of disasters reports, followed by the intensity of deviance. Geographic distance and degree of relevance between countries failed to predict any variance of news coverage. This finding might demonstrate a return to the news value that the newsworthiness of an event should be based on the attributes of the event per se.

30. **篇名：** Data Visualization as Creative Art Practice

作者： Li, Qi

第一作者单位： 上海工程技术大学

所发期刊及卷期： *INFORMATION VISUALIZATION*, 17 (3), 299 - 312

内容摘要： This article begins by tracing the evolution of data visualization from the fields of aesthetics to areas of creative practice, arguing that the emergence of big data presents creative potential for digital artists. Whereas conventional information visualization emphasizes the effective understanding of data, aesthetics considers the possibility that visualization can enhance the experience of data and support the acquisition of knowledge. In expressing an artistic intent or form, data-based creative practices synthesize and build upon techniques in communications and aesthetics. The article provides a review of recent digital art projects involving big data and suggests further directions for creative practice in an era of data proliferation.

31. **篇名**:Evaluation in English Earnings Conference Calls: A Corpus-assisted Contrastive Study

作者:Pang, Jixian; Chen, Fang

第一作者单位:浙江大学城市学院

所发期刊及卷期: *TEXT & TALK*, 38 (4), 411 -433

内容摘要:An earnings conference call is a hybrid genre of reporting and promotional discourses in which evaluation plays an important role. Using data from two self-built corpora, this study aims to explore the frequency and functions of evaluation in English earnings conference calls issued by Chinese companies and international companies. Using the computer software package Wmatrix, we carried out a key semantic domains analysis and keywords analysis of the data. The major findings of the analyses are as follows: First, the four parameters of evaluation receive different degrees of importance in earnings conference calls. Second, in earnings conference calls evaluation performs three inter-related functions: as an image promotion strategy, as a speaker identity indexing strategy, and as metadiscourse. Third, although there are similarities, speakers of Chinese companies deviate from their international counterparts in using evaluative language during the calls in aspects of parameters and word choice. Possible reasons for these similarities and differences are discussed with reference to the functions of evaluation in the call as a hybrid genre, genre awareness, and cultural influences.

32. **篇名**:Is There a Gender Difference in Cyber-Victimization? A meta-analysis

作者:Sun, Shaojing; Fan, Xitao

第一作者单位:复旦大学

所发期刊及卷期:*JOURNAL OF MEDIA PSYCHOLOGY-THEORIES METHODS AND APPLICATIONS*, 30 (3), 125 -138

内容摘要:The study provides a quantitative synthesis of the literature on gender difference in cyber-victimization (CV). A total of 40 usable research articles were identified and used in this meta-analysis. With some articles having multiple effect sizes, a total of 150 effect sizes for gender difference in CV were obtained. Results indicated a small gender difference, with females experiencing slightly more CV than their male counterparts. However, there were considerable inconsistencies across the studies. Follow-up analyses on the study features revealed that several factors, such as response time frame and region of sampling, significantly moderated the relationship between gender and CV. Exploratory in nature, this study discusses the implications of the findings in reference to existing theories, and suggests future research directions.

33. **篇名**:Constructing Self-expert Identity via Other-identity Negation in Chinese Televised Debating Discourse

作者: Li, Cheng-Tuan; Ran, Yong-Ping; Kadar, Daniel

第一作者单位:广东外语外贸大学

所发期刊及卷期: *TEXT & TALK*, 38 (4), 435 -455

内容摘要: This article investigates the conflictive construction of identities in Chinese interactions. We examine the way in which people build up their own identities as "experts" and negate others' similar identities in Chinese televised debates with complex participation structure. Our datasets are collected from 120 Chinese televised debates. Using indexicality [Bucholtz, Mary & Kira Hall. 2005. Identity and Interaction: A socio-cultural linguistic approach. *Discourse Studies* 7 (4/5). 585 - 614] and Membership Categorization (Sacks, Harvey. 1992. *Lectures on conversation*, vols I and II, edited by G. Jefferson. Oxford: Blackwell) as analytic notions to capture the interactional co-construction of identities, we examine the ways in which identity co-construction in such conflict scenarios takes place, as interactants attempt to construct their own identities as experts, and negate the expert identities of others. This exploration fills an important knowledge gap: little research has been done on Chinese conflict talk, in particular from the perspective of the co-construction of identities. Our research models identity construction in conflict by identifying various routes or "strategies" through which identities can be worked out in conflict scenarios. Our focus is on revealing how interlocutors construct or promote their identity by making their membership category conform to their category-bound activity/attribute, and negate others' identity by revealing others' violation of category-bound activity/attribute.

34. **篇名:** Does Computer Penetration Increase Farmers' Income? An Empirical Study from China

作者: Gao, Yanyan; Zang, Leizhen; Sun, Jun

第一作者单位: 东南大学

所发期刊及卷期: *TELECOMMUNICATIONS POLICY*, 42 (5), 345 - 360

内容摘要: The diffusion and adoption of modern information technology provide new chance for China to close urban-rural income gap. This paper uses China's provincial panel data from 2002 to 2013 to investigate the effect of computer penetration on rural residents' income. A public program aiming to connect every village with broadband Internet and other rural facilities provides plausibly exogenous variation in rural residents' availability and adoption of the broadband Internet, which is used to explore the instrument variable for rural computer penetration. The results show that rural computer penetration tends to increase rural residents' income over time, but the average effect remains limited. The dynamic panel threshold effects model, which allows for both the threshold variable and other covariates to be endogenous, is further used to explore the constraints of the income-increase effect of rural computer penetration. It shows that the effect is at least doubled over the average effect estimated from instrument variables method, once the digital divide causes are removed. Our findings have important implications for the government to increase rural residents' income and reduce urban-rural income gap by encouraging rural computer usage and removing the digital divide.

35. **篇名:** A Socio-technical Analysis of China's Cybersecurity Policy: Towards Delivering Trusted E-government Services

作者: Zhang, Huiping; Tang, Zhiwei; Jayakar, Krishna

第一作者单位: 电子科技大学

所发期刊及卷期: *TELECOMMUNICATIONS POLICY*, 42 (5), 409 - 420

内容摘要: This paper uses a socio-technical analysis framework to examine the potential impact of the 2016 Cybersecurity Law on e-government services in China. Based on prior survey results in the literature, the factors that affect user responses to e-government portals are identified. It then reviews the provisions of the Cybersecurity Law and identifies the factors that are likely to affect e-government operations. Open-ended interviews with cybersecurity and e-government experts are used to assess the possible impacts of the law.

36. **篇名**: Multimedia News Storytelling as Digital Literacies: An Alternative Paradigm for Online Journalism Education

作者:Song, Yang

第一作者单位:复旦大学

所发期刊及卷期: *JOURNALISM*, 19 (6), 861 – 859

内容摘要:This article analyzes a journalism student's multimedia news storytelling project in the format of audio slideshows as required by an introductory course on online journalism. Combining classroom ethnography, semi-structured interviews, content and textual analysis, the study focuses in detail on how the student designs a character-driven, audio visual story through the theoretical lens of digital literacies and multimodality. The findings reveal the complexity of multimodal and generic design made by the journalism student. It is also found that the design process helps her to assert an authorial stance as an emergent online journalist who negotiates heterogeneity of journalistic professional Discourses. This article proposes a genre-aware, semiotic-aware, critical framework informed by digital literacy studies and embeds a case study in the theoretical framework in order to understand the literacies' as required and performed in multimedia news storytelling. Theoretical and pedagogical implications are also discussed at the end of the article.

37. **篇名**:Legal Facts in Argumentation-Based Litigation Games

作者:Xiong, Minghui; Zenker, Frank

第一作者单位:中山大学

所发期刊及卷期: *ARGUMENTATION*, 32 (2), 197 – 211

内容摘要:This paper analyzes legal fact-argumentation in the framework of the argumentation-based litigation game (ALG) by Xiong [*Leg. Sci.* 370 (9): 16 – 19, 2012]. Rather than as an ontological one, an ALG treats a legal fact as a fact-qua-claim whose acceptability depends on the reasons supporting it. In constructing their facts-qua-claims, parties to an ALG must interact to maintain a game-theoretic equilibrium. We compare the general interactional constraints that the civil (a. k. a. "continental") and common law systems assign, and detail what the civil, administrative, and criminal codes of mainland China require of the suitor (S), the respondent (R), and the trier (T) to establish their respective S-, R- and T-facts. We also offer an improved version of the legal syllogism.

38. **篇名**: The American Dream Meets the Chinese Dream: A corpus-driven Phraseological Analysis of News Texts

作者:Hou, Zhide

第一作者单位:暨南大学

所发期刊及卷期: *TEXT & TALK*, 38 (3), 316 – 340

内容摘要:This study is a corpus-driven examination of frequent lexical words and keywords in the news texts related to the American Dream and the Chinese Dream. Based on Sinclair's (Sinclair, John McHardy. 2004. *Trust the Text.* Routledge: London) five categories of co-selection as framework, it discusses the patterns of co-selection across the corpora of news texts, with a particular focus on the cumulative effects of the co-construction of situated meanings and establishment of ideological positions associated with the two dreams. The corpus linguistic tool Wordsmith is used to generate frequent words and keywords for detailed concordance analysis along both syntagmatic and paradigmatic relations in order to indicate collocation, colligation, semantic preference, and semantic prosody. The findings demonstrate the individualistic home, work and education associations of the American Dream versus the collectivistic attributions of the Chinese Dream of national rejuvenation. The study not only confirms different cultural practices, but also reveals different social-historical conditions, and political influences associated with media representations of the American Dream and the Chinese Dream.

39. **篇名：** Discursive Constructions of Scientific (Un) Certainty about the Health Risks of China's Air Pollution: A Corpus-assisted Discourse Study

作者： Liu, Ming; Zhang, Yiheng

第一作者单位： 中山大学

所发期刊及卷期： *LANGUAGE & COMMUNICATION*, 60, 1 – 10

内容摘要： This article gives a corpus-assisted discourse study of the representations of the health risks of China's air pollution (2011 – 2014) in Chinese and Anglo-American English-language newspapers with a view to examining their particular ways of constructing scientific (un) certainty about health risks. Findings suggest that although health information has been addressed in the two groups of newspapers, the Anglo-American English-language newspapers prefer to amplify and dramatize the certainty about health risks through such discursive strategies as predication, nomination, and the rhetoric of quantification, while the Chinese English-language newspaper is inclined to highlight the uncertainty about health risks through such discursive strategies as particularizing the Chinese context, complicating the causes of health problems, and arguing for more scientific tests.

40. **篇名：** Is Trump Always Rambling Like a Fourth-grade Student? An Analysis of Stylistic Features of Donald Trump's Political Discourse during the 2016 Election

作者： Wang, Yaqin; Liu, Haitao

第一作者单位： 浙江大学

所发期刊及卷期： *DISCOURSE & SOCIETY*, 29 (3), 299 – 323

内容摘要： During the 2016 election, Donald Trump was characterized by his simple, pompous and repetitive language. However, studies have shown that sometimes he does not speak the way he used to. Critical discourse analysis suggests that political discourse analysis should include both the characterization of the text and the systematic description of the context. Thus, this study intends to evaluate stylistic features of Donald Trump's political discourse based on the evolution over time as well as the genre variation by employing a comparison between Obama, Clinton and Trump. Results show that in debates, Trump uses less diverse vocabulary and simpler sentences. In campaign speeches, nonetheless, along with the change of circumstances, he sometimes employed a richer vocabulary and well-edited sentences. In addition, Trump's speeches contain relatively more central themes in his campaign speeches. His concentration on political themes may meet key interests of a large proportion of electorates.

41. **篇名**：A Matter of Perspective：A Discursive Analysis of the Perceptions of Three Stakeholders of the Mutianyu Great Wall

作者：Feng, Jieyun; Dai, Luyao; Jiang, Jinlin; Wei, Rining

第一作者单位：对外经济贸易大学

所发期刊及卷期：*IEEE TRANSACTIONS ON PROFESSIONAL COMMUNICATION*, 61 (1), 22 –47

内容摘要：This study aims to investigate the different and competing perspectives of stakeholders of cultural heritage sites by examining the Mutianyu Great Wall in China. Literature review：Most studies focus on investigating the tourism destination image from the perspective of only one stakeholder, and only a small amount of research has attempted to integrate the perspectives of competing stakeholders into a single study. Research questions：1. How did the business operator perceive the Mutianyu Great Wall? 2. How did UNESCO perceive the Mutianyu Great Wall? 3. How did international tourists on TripAdvisor perceive the Mutianyu Great Wall? 4. What are the dynamics among the three stakeholders' perceptions? 5. In those dynamics, what are the contested issues in the Great Wall's heritage preservation and tourism development? Methodology：The study adopts a discursive approach to social constructivism in examining the images of the site as perceived by the three important stakeholders. It incorporates qualitative thematic and multimodal discourse analysis with quantitative high-frequency word analysis, supplemented by an interview with the heritage site administrator and a field trip. Results：The business operator perceived the Mutianyu Great Wall as a scenic spot for modern rural tourism, UNESCO emphasized its historical and cultural significance, and international tourists perceived it as a hybrid image. Conclusions：The study identified a preservation-growth continuum and showed different and even competing perspectives. It also discussed two contested issues in the field. The study contributes to heritage studies by developing an interdisciplinary discursive framework and suggests practical implications to heritage management and professional communication.

42. **篇名**：Exploring the Relationship between Corporate Reputation and the Public's Crisis Communication on Social Media

作者：Zheng, Bowen; Liu, Hefu; Davison, Robert M.

第一作者单位：中国科学技术大学

所发期刊及卷期：*PUBLIC RELATIONS REVIEW*, 44 (1), 56 –64

内容摘要：Among traditional crisis communication research, the public is often treated as passive receivers of firm-dominated crisis communication. Social media has changed the situation since the public have now become senders and engage in secondary crisis communication (SCC) that affects corporate crisis management. However, our understanding of the mechanism of SCC on social media is still limited. This study aims to reveal how the public engages in the decision-making process related to SCC from a social control perspective by critically considering the broadcasting and social network functions of social media. Our research hypotheses were supported by a survey conducted after a real crisis in China. The results indicate that cognitive reputation results in SCC by causing the public to feel morally violated, and that such feelings of violation lead to individuals being more likely to engage in SCC given the perception of support for their opinions on social media. Thus, this research provides a better understanding of SCC from the public's perspective in the context of social media.

43. **篇名:** Exploring Alternative Journalistic Approaches to Report on China and Africa Relations? Comparative Study of Two Best Reporting awards Projects in China and South Africa

作者: Zhang Yanqiu; Matingwina, Simon

第一作者单位: 中国传媒大学

所发期刊及卷期: *JOURNAL OF AFRICAN MEDIA STUDIES*, 10 (1), 21 –37

内容摘要: The media in China and Africa have dedicated considerable space and time to issues on China, Africa and their relationship. While there is quantitative growth in terms of media coverage, there is lack of knowledge on the real issues that define the relationship. In response, University of Witwatersrand (Wits) in South Africa and Tsinghua University in China initiated reporting projects aimed at training journalists on the best approaches to report on China and Africa. This study analysed all the award-winning stories by using content analysis to inquire into the issues and narratives considered significant in defining China, Africa and their relationship. The study finds that there are differences in terms of issues and focus of the stories but this shows the diversity of the issues to be covered on China and Africa. Most significantly, the study shows that the stories from the two projects used constructive journalism narratives that cast new light on existing stereotypes and explore new controversies. Such narratives have the potential to create better understanding between the people of China and Africa, but there is a need to ensure training of more media personnel to ensure sustainability of the initiatives.

44. **篇名:** Perceived Credibility of Chinese Social Media: Toward an Integrated Approach

作者: Li, Xiaojing; Zhang, Guoliang

第一作者单位: 上海交通大学

所发期刊及卷期: *INTERNATIONAL JOURNAL OF PUBLIC OPINION RESEARCH*, 30 (1), 79 –101

内容摘要: Using Weblog files and an online survey on Sina Weibo (N = 754), this article (1) empirically examined Chinese social media credibility in validated indexes; (2) compared the credibility of 12 types of media, which yielded three genres: traditional media, Web 1.0, and social media; and (3) explored the predictors of social media credibility. Results indicated SW users rate social media moderately high, especially on its fairness and unbiasedness, rather than accuracy. Comparatively, they trust traditional media most (especially newspaper) and social media least (especially SNS), although social media are more popular and rated fairly credible alone. Users' frequency of traditional media use and social media use, information-seeking motivation, and innovativeness has a positive impact on social media credibility. Reversely, users' join date, participation, trust inclination, education, and age negatively influence social media credibility.

45. **篇名:** You, Our Shareholders: Metadiscourse in CEO Letters from Chinese

and Western Banks

作者:Huang, Ying; Rose, Kate

第一作者单位:中国矿业大学

所发期刊及卷期: *TEXT & TALK*, 38 (2), 167 -190

内容摘要:As China internationalizes its own banks more and more, and the Chinese are an expanding market in Western banks, the linguistic specificities of communication strategies may be understood and applied in the professional environments of banks. The present comparison is based on the key features of metadiscourse markers in the Chinese English-version CEO letters and the Western English-version CEO letters in banking annual reports. Metadiscourse in business genres is an under-represented topic, particularly across cultures; this study invites further inquiry. This paper applies corpus-based contrastive analysis to CEO letters in English from Chinese and Western banks. Comparing distribution patterns of metadiscourse markers, we found that both interactive and interactional metadiscourse was more frequently used in the Western letters. This suggests that Western CEO letters tend to use more credibility and affective appeals, while Chinese CEO letters are based more on rational appeals. Variation in use of metadiscourse is discussed with a focus on the interplay of linguistic and cultural features. This study contributes to the fields of Chinese English professional written communication, and cross-cultural writing in workplaces.

46. 篇名:Retailing Science: Genre Hybridization in Online Science News Stories

作者:Zhang, Yiqiong

第一作者单位:广东外语外贸大学

所发期刊及卷期: *TEXT & TALK*, 38 (2), 243 -265

内容摘要:This study explores how marketing and science rhetoric have become entrenched in online science news stories. The schematic structures of a corpus of 270 news stories from three types of website (university websites, the websites of Futurity. org and MSNBC. com) have been analyzed and compared. An eight-move structure identified from the corpus suggests that the genre of news stories is a hybridization of promotional discourse for marketization and science discourse for explanation. Hybridization is first evident in university press releases, which are then spread by the mass media without significant changes. From the perspective of intertextual chains, the emerging discourse practices can be attributed to the power shifting of news production from journalists to science institutions and further from journalistic to scientific norms. In turn, the discourse practices accelerate the shift of power, which could ultimately lead to the loss of independent and critical science journalism.

47. 篇名:Argumentative Patterns in Chinese Medical Consultations

作者: Pan, Dawei; Chen, Yanjin; Ju, Shier

第一作者单位:中山大学

所发期刊及卷期: *ARGUMENTATION*, 32 (1), 37 -52

内容摘要: Medical argumentation in non-Western societies has attracted little attention. In line with the pragma-dialectical approach to the study of argumentation, this article identifies a prototypical argumentative pattern in Chinese medical consultations. In addition to institutional preconditions, whose relevance to the argumentative pattern has been well cited, a factor that may be equally important has remained unnoticed: the preference for certain drugs, treatments or therapeutic measurements on the basis of folk interpretations of medical phenomena in individual ethnic groups. These preferences may be seen as cultural preferences in the medical domain. In this paper, a prototypical argumentative pattern of Chinese medical consultations is provided. Two levels of the pattern are distinguished and discussed: a basic argumentative pattern as presented in the pragmatic-dialectical approach and its extensions due to cultural preferences as well as institutional constraints. Illustrated by an exemplary analysis on the basis of empirical data collected from Chinese consulting rooms, the impact of cultural preferences on physicians' strategic maneuvering in argumentation is identified and recognized. It is argued that the existence and impact of cultural preferences require attention in medical argumentation.

48. **篇名:** On the Use of the Term "Translation" in Journalism Studies

作者: Valdeon, Roberto A.

第一作者单位: 暨南大学

所发期刊及卷期: *JOURNALISM*, 19 (2), 252 -269

内容摘要: Starting from the consolidation of journalistic translation as a subarea of research within translation studies and the calls for interdisciplinary approaches to the analysis of news texts, this article interrogates the lack of interaction between translation and journalism studies by examining the use of the term "translation" in the latter. After providing the definition in two general dictionaries and in translation studies reference works, the article explores how "translation" is used in a corpus of 186 articles written by journalism studies scholars. The results show that these researchers use "translation" to refer to linguistic transfer as well as to other more general transformations. The study also demonstrates that "transediting", widely used in journalistic translation research, does not appear in the publications by journalism studies scholars.

49. **篇名:** Exposure to News about the South China Sea, Nationalism, and Government Evaluation: Examining the Mediation Roles of Third-person Effects and Online Discussion

作者: Li, Xueqing; Guo, Lei

第一作者单位: 上海交通大学

所发期刊及卷期: *CHINESE JOURNAL OF COMMUNICATION*, 11 (4), 455 -472

内容摘要: Based on the communication mediation model, the third-person effect hypothesis was integrated to analyze the influence of the exposure to South China Sea news on its perceived effects on the self and others. In addition, the influences of such exposure on online discussions and political attitudes were examined, specifically in relation to nationalism and government evaluation. The survey (N = 868) found that the respondents perceived a stronger media effect on others than on themselves, whereas exposure to traditional and news media exposure exhibited equivalent effects on the self and on others. Moreover, the perceived effects on oneself promoted online discussion and nationalism, whereas the perceived effects on others improved government evaluation. The findings of this study indicate that the effects of media exposure on nationalism and government evaluation are marginally mediated by perceived effects, online discussion, or both.

50. **篇名：** Aggressiveness in Chinese Foreign Ministers' Responses to Journalists during Press Conferences, 1996 – 2016

作者： Wu, F; Zhang, JH

第一作者单位： 西安交通大学

所发期刊及卷期： *INTERNATIONAL JOURNAL OF COMMUNICATION*, 12, 2503 – 2526

内容摘要： Chinese foreign ministers' press conferences are significant occasions for journalists to learn about the country's policies and attitudes toward heated and important issues. This study analyzes and measures Chinese foreign ministers' aggressiveness in response to journalists' questions at press conferences between 1996 and 2016 with an IDAAA (initiative, directness, assertiveness, adversarialness, and accountability) framework. The results indicate that foreign ministers become significantly less aggressive over time and that the higher China's gross domestic product ranking is, the more aggressive they are and vice versa. In addition, Chinese foreign ministers tend to be more aggressive toward sensitive questions, foreign journalists, and those from countries with worse diplomatic relations with China, and they tend to be less aggressive toward nonsensitive questions, domestic journalists, and those from countries with whom China has good relations. Finally, foreign ministers with overseas educational experiences are less aggressive than those who did not receive this type of education.

51. **篇名：** How Propaganda Moderates the Influence of Opinion Leaders on Social Media in China

作者： Huang, He; Wang, Fangfei; Shao, Li

第一作者单位： 中国人民大学

所发期刊及卷期： *INTERNATIONAL JOURNAL OF COMMUNICATION*, 12, 2599 – 2621

内容摘要： Social media provide a free space for opinion leaders (OPLs) to influence public opinion in contemporary China, where OPLs need to compete with the powerful propaganda machine. So how much influence can OPLs exert on the public under the shadow of authoritarianism? A survey experiment of 1326 Internet users in Beijing found that OPLs guide respondents' policy opinions and encourage information sharing when the OPLs are not perceived to be a part of the propaganda campaign. However, when audiences believe that OPLs are the agents of propaganda, such effects disappear. The results reveal that the OPLs' effects are conditioned by the authoritarian institutional context in which the public discussion takes place. We conclude that such effects have ambiguous consequences in cultivating critical citizens.

52. **篇名：** Where Is the Deliberative Turn Going? A Survey Study of the Impacts of Public Consultation and Deliberation in China

作者： Yan, Wenjie

第一作者单位： 浙江大学

所发期刊及卷期： *INTERNATIONAL JOURNAL OF COMMUNICATION*, 12, 2661 – 2682

内容摘要： Deliberation researchers have started to question the commonly assumed association between democracy and deliberation, arguing that public deliberation in authoritarian states is not only theoretically possible, but also empirically existent. Echoing their speculation that deliberation may lead China to different political trajectories, this study examines the political impacts of authoritarian consultation and deliberation by analyzing data from sample surveys conducted in multiple rural areas in Zhejiang province. The results show that both individuals' discursive experience and the level of discursive institutionalization have positive impacts on state legitimacy, and that deliberation tends to exert a stronger influence on promoting state legitimacy in an area with less fully developed discursive institutions. In contrast, individuals' discursive experience and institutional levels play far weaker roles in fostering citizenship characteristics. The implications of the findings for China's political future are discussed.

53. **篇名**:Networks of Play and Resentment: Emotionally Mobilized Protests in Macau in the Internet Age

作者:Lin, Zhongxuan

第一作者单位:中山大学

所发期刊及卷期:*INTERNATIONAL JOURNAL OF COMMUNICATION*,12, 3274 –3293

内容摘要:Scholars have hotly debated the relationship between the Internet and protest throughout the current global cycle of protests. This study, however, introduces two crucial yet understudied factors of associations and emotions-especially the central role of emotion-to develop a metacomprehensive analytical framework that stretches beyond the binary relationship between the Internet and social protests. Situated in Macau's specific context, this study explores how particular associations strategically appeal to two emotional routes to mobilize the public to participate in protests in Macau in the Internet age. Through the use of case studies, ethnographic participant observation, and in-depth interviews, this study focuses on two particular strands of emotion-centered, association-initiated, and Internet-facilitated protests, namely, playful protests and resentful protests, to illustrate the working mechanisms of emotional mobilization of protests in the Internet age.

54. **篇名**:Implicit and Explicit Control: Modeling the Effect of Internet Censorship on Political Protest in China

作者:Lu, Jiayin; Zhao, Yupei

第一作者单位:中山大学

所发期刊及卷期:*INTERNATIONAL JOURNAL OF COMMUNICATION*,12, 3294 –3316

内容摘要:This study brings the theory of structural threats to Internet research to examine the impact of Internet censorship on young adults' political expression and protest. Conducted with a Web survey of university students in China (N = 2188), this study shows, first, that the degree of awareness of Internet laws and regulations can contribute directly to young adults' political protests or accelerate their political protest through online political expression, and second, that the degree of psychological perception of Internet censorship can directly weaken political protest or indirectly limit it by curtailing young people's online political expression. Moreover, Internet censorship as an intended threat leads to political protest, but the relationship between Internet censorship and political protest is mediated through online political expression. This article discusses the implications of the findings for freedom of speech and Internet regulation under an authoritarian regime.

55. **篇名**:Examining Effects of Informational Use of Social Media Platforms and Social Capital on Civic Engagement Regarding Genetically Modified Foods in China

作者:Wen, Nainan; Wei, Ran

第一作者单位:南京大学

所发期刊及卷期:*INTERNATIONAL JOUR-*

NAL OF COMMUNICATION,12, 3729 - 3750

内容摘要: Genetically modified (GM) foods constitute a hotly debated socioscientific issue in China, yet the topic is ostensibly absent from Chinese official media. Flourishing social media platforms appear to fill the void. To understand how the Chinese public engages in the GMO debate on various nationwide social media platforms, this study examines the role of social media and social capital (i. e., resources derived from social relationships, particularly in online communities) as predictors. Results of a large-scale online survey (N = 1370) using a stratified quota sample showed that bridging social capital is a significant predictor of respondents' likelihood of expressing opinions on the controversy on Chinese social media platforms. Moreover, this relationship was found to be mediated by use of social media for GMO-related information-greater bridging capital leads to more informed respondents about GMOs, which in turn predicts their willingness to speak their mind about the issue online. Our study also discusses the implications for social media as an emerging networked sphere for public deliberation in media-rich, information-poor China.

56. **篇名:** One Belt, Competing Metaphors: The Struggle over Strategic Narrative in English-language News Media

作者: Xin, Jing; Matheson, Donald

第一作者单位: 华中师范大学

所发期刊及卷期: *INTERNATIONAL JOURNAL OF COMMUNICATION*, 12, 4248 - 4268

内容摘要: This article studies the reception by English-language news media of a strategic narrative deployed by the Chinese state to reposition China in the world. Metaphor analysis is conducted on 816 articles from six countries or regions at the time of a summit in Beijing about the USMYM5 trillion Belt and Road Initiative to trace the impact of the symbolic work done by China on Western representations. The analysis, combining computer-assisted analysis of the corpus with close analysis of each text, identifies the widespread use of a set of conventional metaphors that reinforce the Chinese state's geopolitical shift, but also frequent and sometimes highly conscious use of novel metaphors that cast doubt on official Chinese discourse and foreground it as a geopolitical move. The analysis reveals a global English-language imaginary that both extends beyond long-standing stereotypes of China and displays an ironic and critical attitude toward China's strategic self-positioning. The article argues for the importance of investigating strategic narrative as a rhetorical performance.

57. **篇名:** An Empirical Study on the Relationship between Consumption Emotions and Brand Loyalty

作者: Geng, Lihui; Li, Xiaoli

第一作者单位: 西南交通大学

所发期刊及卷期: *CHINESE JOURNAL OF COMMUNICATION*, 11 (3), 267 - 288

内容摘要: Consumption emotions play a crucial role in consumers' post-purchase behaviors. Evoked by potentially controllable factors related to marketers, consumption emotions fall into a two-by-two matrix: attribute-level emotions (ALE) and beyond attribute-level emotions (BALE) with positive or negative latencies. ALE is related to product, and BALE is related to marketing communication. The authors hypothesized a model of consumption emotions in relation to brand trust, brand affect, and brand loyalty in product consumption. The study tested the model by using a sample of 398 college students and applying structural equation modeling. The results supported most the hypotheses, suggesting indirect effects of the four major types of consumption emotions on brand loyalty via brand affect. Furthermore, the study revealed the direct effects of positive or negative emotions at the attribute level. The positive emotions on brand trust were induced by marketing communication, which in turn led to higher levels of brand loyalty. Nevertheless, the effect of negative emotions on brand trust was non-significant.

58. **篇名:**We are Not Machines: The Identity Construction of Chinese Female Migrant Workers in Online Chat Groups

作者: Cao, Ang; Li, Pengxiang

第一作者单位:中国人民大学

所发期刊及卷期: *CHINESE JOURNAL OF COMMUNICATION*, 11 (3) 289 –305

内容摘要: Female migrant workers have made a significant contribution to the rapid development of China, but they are marginalized in the current social structure. This research was conducted to investigate the identity construction of female migrant workers in online groups. Virtual ethnography was the primary method used to study two online groups for nine months. Castells's categorization of identity was adopted to examine the identity construction process. Our thematic analysis revealed three underlying mechanisms of identity construction among female migrant workers: sharing experiences to break the silence; the leading role of non-governmental organizations (NGOs); and setting boundaries to indicate identity. The results showed that although the female migrant workers internalized their legitimizing identity as a machine, they constructed themselves as united resistant female workers who opposed suppression, and they desired to project the identity of decent workers. Our findings suggest that dominant institutions should consider female migrant workers' gender issues and work closely with NGOs to help them obtain their desired identity and social equality in urban settings.

59. **篇名:**Frames and Framing Effects in Chinese Online and Offline Crisis Communication: The Case Study of a Celebrity Scandal

作者: Wu, Fang; Choy, Christine Hiu Ying

第一作者单位:上海交通大学

所发期刊及卷期: *CHINESE JOURNAL OF COMMUNICATION*, 11 (3), 324 –343

内容摘要: This study develops a model for analyzing the flow of frames and the multiple levels of framing effects in Chinese crisis communication both online and offline. To investigate the convergence and/or divergence of traditional media and social media in framing a crisis event in China, the study uses the sample of a celebrity scandal case that received extensive attention both online and offline. The empirical findings showed that crisis communicative strategies (CCSs), that is, the frames used in crisis communication, were correlated with those used in newspaper coverage (i. e. frames in representation) but were not correlated with the CCSs used by the online public (i. e. frames in thoughts). Specific and defensive CCSs, such as attacking the accusers and denial, led to fewer favorable responsibility-oriented frames than ambiguous strategies, such as excuses and justification. This finding supports the assumptions of classic situational crisis communication theory.

However, none of the above-mentioned CCSs significantly predicted the relationship-oriented frames in thoughts. Relationship-oriented frames were found to be a predictor of the valence of online public opinion whereas no CCS was observed to be influential in the online public opinions expressed by social media users.

60. **篇名：** Exploring the De-stigmatizing Effect of Social Media on Homosexuality in China: An Interpersonal-mediated Contact Versus Parasocial-mediated Contact Perspective

作者： Wu, Yue; Mou, Yi; Wang, Yi (Jasmine); Atkin, David

第一作者单位： 中国青年政治学院

所发期刊及卷期： *ASIAN JOURNAL OF COMMUNICATION*, 28 (1), 20 – 37

内容摘要： The subject of homosexuality remains taboo in contemporary China, given that the public maintains a considerably negative attitude toward the subject. Recent Pew Research indicates that, on average, 21% of Chinese respondents believe that homosexuality should be accepted. However, parallel surveys of Internet users paint a different picture, as online surveys found a more liberal atmosphere toward homosexuality and same-sex marriage. The online and offline discrepancy in attitudes toward homosexuality begs the question of whether the Internet carries a stigma-reducing function in terms of views on sexual minority groups. Guided by the contact hypothesis and parasocial contact theory, the current study investigates the de-stigmatizing effect of the social media on homosexuality in China. A web-based survey with 980 social media users with a heterosexual orientation confirmed the positive role of interpersonal-mediated contact with lesbian and gay celebrities via social media venues in stigma reduction; but findings did not lend support to the parasocial-mediated contact hypothesis.

61. **篇名：** Factors Affecting Smartphone Dependency among the Young in China

作者： Jiang, Qiaolei; Li, Yan

第一作者单位： 大连理工大学

所发期刊及卷期： *ASIAN JOURNAL OF COMMUNICATION*, 28 (5), 508 – 525

内容摘要： With rapid adoption of smartphones globally, the negative consequences of excessive smartphone use and dependency, especially among the young, has garnered more public attention recently. This study investigated the factors influencing smartphone dependency among the young. Using the Individual Media Dependency (IMD) perspective, this study proposed an extended IMD model to examine the influencing roles of six IMD goals, three psychological traits (self-esteem, leisure boredom, and sensation seeking), and smartphone use on smartphone dependency. A survey based on stratified random sampling was used to collect data from young smartphone users at one main public university in China. Structural equation modeling was then employed to examine the fit of the data to the model. The results identified four smartphone dependency symptoms, i. e. inability to control cravings, escape, feeling anxious, and productivity loss, and revealed the mechanisms between IMD goals, psychological traits, and smartphone dependency. The results showed that different IMD goals had significant impacts on different aspects of smartphone use, while smartphone use did not have a direct effect on smartphone dependency. The study provided important information, as it was among the first few to provide valuable references for both academicians and practitioners concerning smartphone dependency, which is still rarely explored in China.

62. **篇名:** Examining the Effects of Social Networks Formed in A Senior-oriented Online Community on Older Participants' Subjective Well-being in China

作者: Pan, Shuya

第一作者单位: 中国人民大学

所发期刊及卷期: *CHINESE JOURNAL OF COMMUNICATION*, 11 (2), 135 - 154

内容摘要: In recent decades, the dramatic socioeconomic changes that have occurred in China have increasingly affected the social lives of older Chinese adults. The purpose of this study is to determine whether the social networks developed in an online community contributed to the subjective well-being of this age group. The underlying mechanism of this effect was examined by investigating a senior-oriented online community (OldKids). An online survey was administered to participants in the OldKids network. The results showed that the proposed theoretical model was effective in demonstrating that their participation in the OldKids network improved the participants' subjective well-being through the mediation of perceived social support and feelings of social connectedness. The theoretical and practical implications of the results are discussed in this paper

63. **篇名:** (Potential) Patients Like Me: Testing the Effects of User-generated Health Content on Social Media

作者: Mou, Yi; Shen, Fuyuan

第一作者单位: 上海交通大学

所发期刊及卷期: *CHINESE JOURNAL OF COMMUNICATION*, 11 (2), 186 - 201

内容摘要: As media technology becomes increasingly participatory, individuals may use social media to share health information and connect with those who have similar health concerns. While prior research has focused on evaluating the feasibility, usability, and effectiveness of traditional health messages, this study investigates the effects of user-generated health content on individuals' cognitive and emotional responses, as well as their behavioral intentions. An experimental study with a two (story source: personal story vs news story) by two (story ending: happy ending vs sad ending) factorial design was conducted. The results confirmed the positive effects of identification with the narrative character on the experience of being transported, which further led to the behavioral intentions to take countermeasures and viral communication on social media. The sad ending of a narrative was found to elicit emotions that were sufficiently strong to increase perceptions of susceptibility to dengue fever, which, however, failed to result in behavioral intentions.

64. **篇名:** Factors Impacting Donors' Intention to Donate to Charitable Crowd-funding Projects in China: A UTAUT-based Model

作者: Li, Yazheng; He, Tongliang; Song, Yiran; Yang, Zheng; Zhou, Rongting

第一作者单位: 中国科学技术大学

所发期刊及卷期: *INFORMATION COMMUNICATION & SOCIETY*, 21 (3), 404 - 415

内容摘要: The new and increasingly popular tool of crowd-funding is widely used by non-profit organizations in China to raise money online for their charitable projects. In order to use this tool effectively, it is essential to understand donors' motivations for supporting charitable projects. This study investigates the impact of performance expectancy (PE), effort expectancy (EE), social influence (SI), facilitating conditions (FC), sense of trust, and experience expectation on donors' intention to donate to charitable crowd-funding projects, using a research model based on the Unified Theory of Acceptance and Use of Technology model. Empirical data were collected through a survey, and structural equation modeling was used to analyze 316 responses from users of the Tencent charitable crowd-funding platform in China. The results indicate that SI, sense of trust, EE, and PE significantly affect donors' intention to donate to charitable crowd-funding projects. The impact of FC and experience expectation on donors' intention is also positive; however, it is not very strong. Finally, this paper presents suggestions for how to increase users' intention to donate money on charitable crowd-funding platforms.

65. **篇名**: From Divergence to Convergence: Institutionalization of Copyright and the Decline of Online Video Piracy in China

作者:Gu, Jie

第一作者单位:中国传媒大学

所发期刊及卷期:*INTERNATIONAL COMMUNICATION GAZETTE*, 80 (1), 60-86

内容摘要:Since its emergence in 2005, China's online video industry has been embroiled in rampant piracy. Nevertheless, online video piracy has sharply declined in recent years, and copyrights have become a widely accepted and practiced legal norm. With reference to historical institutionalism, this article considers copyrights as an institution and embeds the decline of China's online video piracy in institutional changes of three copyright-related institutions: legal regimes, administrative regulations, and the online video industry. It argues that even though intervention by legal regimes cannot simply be overlooked, an interest-led institutional change in which the industry first diverges and then converges with administrative regulations is pivotal to the institutionalization of online video copyrights. These findings further our understanding of how China's online video piracy is sustained or undermined with a holistic, historical, and dialectical outlook.

66. **篇名**: Preannouncement Messages: Impetus for Electronic Word-of-mouth

作者:Zhang, Hao; Choi, Yung Kyun

第一作者单位:东北大学

所发期刊及卷期:*INTERNATIONAL JOURNAL OF ADVERTISING*, 37 (1), 54-70

内容摘要: To enhance public opinion, firms must establish effective communication strategies before introducing new products to the market. One of the most popular strategies is to make new product preannouncements (NPPs) to attract consumer attention and create positive buzz. The authors of this paper offer theoretical insights into the relationship between NPPs and electronic word-of-mouth (eWOM). They conduct three experiments to investigate the effects of NPP message clarity and brand characteristics on eWOM. In Study 1, they find that consumers are more likely to disseminate eWOM when NPPs have high rather than low clarity. In Study 2, they show that brand familiarity moderates the effects of NPP message clarity. In Study 3, they show that brand preference moderates the effects. Marketers can use the findings to establish more effective NPP communication strategies that signal brand information. Theoretical implications are discussed.

67. **篇名**:An Investigation of the Influence of Cinema Environment on Advertising Effectiveness

作者:Yuan, Sheng

第一作者单位:温州商学院

所发期刊及卷期:*INTERNATIONAL JOURNAL OF ADVERTISING*, 37 (4), 591 –608

内容摘要:Many advertisers are looking to cinema advertising as a nontraditional medium to reach consumers. Although several scholars have examined the effectiveness of this advertising vehicle, there is a dearth of empirically grounded research on how to improve such effectiveness. This study, based on the reactance and the equity theories, is probably the first academic project investigating how to manipulate an advertising environment in a real movie theatre to maximize advertising effectiveness. Results indicated that audiences in a distractive environment held a more positive attitude toward cinema advertising in general, but those in a restrictive environment were more likely to remember the advertised brands. In addition, the provision of ticket price information improved audiences' acceptance of cinema advertising, but did not enhance recall. Moreover, the influence of ambient scent emitted into the atmosphere in a cinema room on ad recall dissipated when movie viewers became accustomed to such stimuli. Based on these findings, theoretical discussions and recommendations for practising managers were made.

68. **篇名**:Effects of Contractual Flexibility on Conflict and Project Success in Megaprojects

作者:Wu, Guangdong; Zhao, Xianbo; Zuo, Jian; Zillante, George

第一作者单位:江西财经大学

所发期刊及卷期:*INTERNATIONAL JOURNAL OF CONFLICT MANAGEMENT*, 29 (2), 253 –278

内容摘要:Purpose: This study aims to investigate the influence of contractual flexibility on different types of conflict, determine if contractual flexibility is significantly correlated with project success between contracting parties, verify the mediating effect of project conflicts on the relationship between contractual flexibility and project success and examine the relationship between different types of conflicts and project success in megaprojects.

Design/methodology/approach: A theoretical model was developed and a structured questionnaire survey was conducted with 468 professionals. The structural equation modeling technique was used to analyze the data.

Findings: The results showed that both types of contractual flexibility-term and process flexibility-were correlated with and significantly positively affected project success, and term flexibility was found to have a greater influence. The introduction of project conflicts significantly weakened the relationship between contractual flexibility and project success, verifying the partial mediating effect of conflicts. All types of project conflicts play a destructive role in achieving project success; relationship conflict had the largest negative effect. Contractual flexibility affects two paths with respect to project success: the direct path (contractual flexibility project success) and the indirect path (contractual flexibility conflict project success). The direct effect of contractual flexibility on project success is positive; the corresponding indirect effect is negative. The direct effect is greater than the corresponding indirect effect.

Research limitations/implications: Different types of conflicts may mutually transform to extent certain degree. However, this study did not address the potential influence of conflict transformation on project success. The results implied that more emphasis should be placed on contractual terms, particularly on developing flexible terms in the contractual document, when implementing megaprojects. Meanwhile, this study reveals the effects of conflicts on project success in megaprojects, which provides a useful reference for project stakeholders to avoid the negative effect of conflicts.

Practical implications: This study provides a better understanding of the relationship between contractual flexibility, types of conflicts in megaprojects and a reliable reference for the project manager to effectively deal with these related issues. This implies the contracting parties strengthen communication and cooperation to establish a trust mechanism, while reducing the negative influence of project conflicts and enhancing the positive effect of contractual flexibility.

Originality/value: Few studies have investigated the effects of contractual flexibility on conflict and project success in megaprojects; this study contributes significant theoretical and practical insights to contract management and conflict management and provides a reliable reference to achieve project success.

69. **篇名**: How does Emotional Conflict Affect Innovation Behavior? The Moderating Roles of Leader-member Exchange and Team-member Exchange

作者: Wu, Weiwei; Liu, Yexin; Kim, Yanggi; Gao, Pengbin

第一作者单位: 哈尔滨工业大学

所发期刊及卷期: *INTERNATIONAL JOURNAL OF CONFLICT MANAGEMENT*, 29 (3), 327 – 346

内容摘要: Purpose: This study aims to offer insights regarding the impact of emotional conflict on innovation behavior. This study also explores the boundary conditions by examining the moderating effects of leader-member exchange (LMX) and team-member exchange (TMX) on the relationship between emotional conflict and innovation behavior.

Design/methodology/approach: This study used a questionnaire survey to collect data in China. Hypotheses were tested using hierarchical regression analysis. To test for inverted U-shaped relationship between emotional conflict and innovation behavior, the authors computed the squared term for emotional conflict. To investigate moderating roles of LMX and TMX, the authors carried out an interaction term between the main effect variables (emotional conflict and emotional conflict) and the moderating variables (LMX and TMX).

Findings: The empirical findings indicated that emotional conflict had an inverted U-shaped relationship with innovation behavior. Furthermore, LMX and TMX moderated the inverted U-shaped relationship between the emotional conflict and innovation behavior in such a way that the inverted U-shaped relationship was flatter in high-quality LMX and TMX than in low-quality LMX and TMX. That is to say, LMX and TMX may dampen the positive effects of lower levels of emotional conflict on innovation behavior; yet, it may also weaken the negative effects of higher levels of emotional conflict on innovation behavior.

Research limitations/implications: This research can be extended in several ways. First, future research can investigate the impact mechanism of emotional conflict on innovation behavior. Second, future research can analyze other types of moderators at different levels. The last but not the least, future research can test the results using heterogeneous samples. Despite these potential limitations, this study provides an elaborate understanding of the conflict-creativity relationship by outlining the inverted U-shaped relationship between emotional conflict and innovation behavior under the LMX and TMX contexts, which can make important contributions to the conflict management literature.

Practical implications: The findings of this study offer some guidance on how to stimulate innovation behavior through emotional conflict. It suggests that managers should maintain the emotional conflict at the moderate level. Furthermore, managers can strengthen the LMX and TMX to avoid the negative effects of high levels of emotional conflict, and several practices are provided as well.

Originality/value: This study develops an exhaustive understanding of the conflict-creativity relationship by figuring the curvilinear relationship between emotional conflict and innovation behavior, which is the response to the call of Posthuma to focus on the outcomes of conflict management. The findings further provide an empirical evidence of the conceptual argument that the consequences of conflict depend on the situational context by pointing out the important contingency factors of LMX and TMX.

70. **篇名**: Governance Conflict in Chinese Family Firms: Managed by Family-based Managers or External Managers?

作者: Yu, Fan; Wang, Pingtian; Bai, Yun; Li, Dandan

第一作者单位: 武汉大学

所发期刊及卷期: *INTERNATIONAL JOURNAL OF CONFLICT MANAGEMENT*, 29 (4), 446－469

内容摘要: Purpose: According to the real environment of China, the authors collect micro data about Chinese family firms (FFs) to explain why some Chinese FFs still tend to introduce external managers though they have to face governance conflict between family-based managers and external managers.

Design/methodology/approach: This study analyzes the effect of governance conflict between family-based managers and external managers on firm performance by using ordinary least square test, which is also used to test which factor has influence on governance conflict's profit promotion effect.

Findings: This study finds that governance conflict significantly improves firm performance (profit promotion effect). The governance conflict caused by the introduction of external managers in Chinese FFs can significantly improve a firm's performance by raising its management efficiency and capital investment.

Research limitations/implications: The governance conflict of the family business needs to be further refined in following research. Besides, this study is only based on the empirical study of cross-section data.

Originality/value: Different from the existing related research is mainly based on the sample data of listed family enterprises, the China employer-employee matched survey data includes a large number of small and medium-sized FFs, and has obtained the actual situation of how many of the middle and senior managers are external not family members.

71. **篇名**:Do Labour Unions Mitigate Labour Conflicts in China's Manufacturing Firms?: Evidence from the China employer-employee survey

作者: Fan, Hanbing; Dong, Yiming; Hu, Dezhuang; Luo, Lianfa

第一作者单位:武汉大学

所发期刊及卷期:*INTERNATIONAL JOURNAL OF CONFLICT MANAGEMENT*, 29 (4), 470 -486

内容摘要:Purpose: This paper aims to examine whether labour unions influence labour conflicts and this mechanism is different in China compared with other countries.

Design/methodology/approach: This paper uses the data from the China Employer-Employee Survey that interviewed 1208 firms and 10087 workers in 2016 as the measurement of variables, and it uses Logit regression model to do the empirical research.

Findings: Unions cannot significantly influence labour conflicts. More active unions and unions whose leaders are appointed by the firms' management are associated with a higher incidence of labour conflicts.

Originality/value: This paper finds a new mechanism that explains the relationship between unions and labour conflicts. The existing literature states that unions may increase labour conflicts via monopoly power and may also mitigate labour conflicts via voice mechanisms. This paper's findings show that the positive correlation between unions and labour conflicts may be explained by the lack of voice mechanism rather than monopoly power. The findings imply that labour unions should represent the interest of workers to mitigate the increasing labour conflicts.

72. **篇名**: Activity-based Linkage and Ranking Methods for Personal Dataspace

作者:Sah, Deependra Kumar; Wu, Xiaobo; Lv, Mingqi; Mirza, Hamid Turab

第一作者单位:浙江大学

所发期刊及卷期:*INTERNATIONAL JOURNAL OF MOBILE COMMUNICATIONS*, 16 (3), 266 -285

内容摘要:This research was conducted to alleviate desktop activity support deficiency, which occurs due to the lack of links between desktop resources. The research exploited information such as associations, contexts, and activity information about accesses to local resources, and translated this information into a personal linkage structure. More specifically, the research presented a novel approach to link and rank desktop resources by analysing users' activities over time, and exploited the associative links of resources from their implicit access patterns. Furthermore, multiple ranking methods, such as frequency of access, recency of access, focus time, and connectivity of resources, were proposed. Prototype systems were also developed, and a user study was conducted to validate the effectiveness of the proposed methods. The results showed that ranking desktop resources by their relevance-as carried out in this research-could improve activity-specific support, as well as overall performance in the area of personal information management.

73. **篇名**:The Impact of Mobile Marketing on Online Consumer Buying Behaviour: Empirical Evidence from Pakistan

作者:Waheed, Abdul; Yang, Jianhua

第一作者单位：北京科技大学

所发期刊及卷期：*INTERNATIONAL JOURNAL OF MOBILE COMMUNICATIONS*，16 (6)，624－643

内容摘要：The revolutionary technology has dramatically shifted the marketing operations toward wireless communications networks owing to the emergence and widespread diffusion. In contrast, consumer buying behaviour is also transforming toward advanced means of the technology over the past decades. The present study investigates the relationship between mobile marketing and online consumer buying behaviour within the contextualisation of Pakistan. The surveys were distributed among 1000 consumers between January 2016 and June 2016. Structural equation modelling using SPSS/AMOS was employed to examine the study hypotheses. The findings revealed the significant correlation between mobile marketing and online buying behaviour. The profound examination affirmed the positive relationships of each element of mobile marketing such as MMS, WAP, and SMS marketing. Despite, this study suggests several managerial implications together with future directions for academic researchers and practitioners.

74. 篇名：Communicating Online Diet-Nutrition Information and Influencing Health Behavioral Intention：The Role of risk Perceptions, Problem Recognition, and Situational Motivation

作者：Yan, Jing; Wei, Jiuchang; Zhao, Dingtao; Vinnikova, Anna; Li, Lianjun; Wang, Shanyong

第一作者单位：中国科学技术大学

所发期刊及卷期：*JOURNAL OF HEALTH COMMUNICATION*，23 (7)，624－633

内容摘要：Despite the concerns raised about the impact of online health information on users, research has not specifically explored different types of information behaviors people exhibit during the communicative process. In this article, we address this research gap by combining the Situational Theory of Problem Solving with considerations of multiple dimensions of risk perception, such as affective and deliberative. This study constructs a hypothetical model to explore how online users' risk perceptions and information behaviors (information seeking, forefending, and forwarding) influence their health behavioral intention. A survey collected data from 1463 participants at two healthcare centers in China. Based on the structural equation modeling, multiple dimensions of risk perception play a distinctive role in communicating online health information and forming health behavioral intention. Furthermore, information forwarding, an essential information behavior, influences deliberative risk perception more than information forefending, and it is a much better predictor of individuals' health intention than information seeking. Implications and suggestions for health communication research are discussed.

75. 篇名：The Effect of the Audience on the Spoken Narrative of Chinese Children

作者：Wang, Juan; Evangelou, Maria; Xu, Shanshan

第一作者单位：江苏师范大学

所发期刊及卷期：*NARRATIVE INQUIRY*，28 (2)，301－329

内容摘要：This study investigated the influence of the audience and narrator's gender on spoken narratives produced by Chinese children. Sixty typically developing five-and six-year-old children were evenly divided into three groups. Each group was assigned one audience, being a teacher, a same-age peer, or a younger peer. The children were asked to view a wordless picture book and retell the story to the audience. The results showed that the children tended to use more macrostructure elements when telling stories to sameage peers, with boys using more macrostructure elements than girls. Girls used more words and more events when narrating to younger peers, whereas boys used more words, more diverse words, and more evaluative language when narrating to teachers. In addition, the children marked temporality more in narratives to younger peers than to same-age peers. The findings indicated that the audience and narrator's gender influence the narrative production of Chinese children.

76. **篇名**: Positive or Negative?: The Role of Native Place Enclave in the Conflicts between Migrant Workers and their Employers

作者:Wei, Wanqing; Gao, Wei

第一作者单位:广西大学

所发期刊及卷期:*INTERNATIONAL JOURNAL OF CONFLICT MANAGEMENT*, 29 (5), 570 - 590

内容摘要:Purpose: In China, rural-to-urban migrant workers who are from the same place of origin tend to concentrate in the same workplace. If the concentration is sufficiently dense, it means that these migrant workers build up a social network which could be defined as native place enclave (NPE). In this paper, the authors discussed whether there are behavioral differences between enclave workers and non-enclave workers when they have conflicts with their employers.

Design/methodology/approach: The authors put two questions to empirical tests. First, do enclave workers experience less sense of deprivation than non-enclave workers? Second, compared to non-enclave workers, are enclave workers more willing to participate in collective action against their employers? Using data from a survey of migrant workers in Pearl River Delta and Yangzi River Delta in 2010, the authors made a comparison between enclave workers and non-enclave workers with respect to sense of deprivation and willingness-to-participate by using a propensity score matching method.

Findings: The authors found that the relationship between NPE and sense of deprivation was negative, so was the relationship between NPE and willingness-to-participate. Meanwhile, the two relationships were stronger than what had been found after the propensity score matching method was used.

Practical implications: The results implied that employers can reduce labor conflicts by using NPE to mitigate migrant workers' sense of deprivation and by lowering the risk of their collective actions. In this way, NPE may contribute to the upkeep of workplace order and even social order.

Originality/value: There have been hot debates on how NPE would affect migrant workers' collective action. Resource mobilization theory pointed out that NPE was positively related to workers' collective action while production politics theory held an opposite view. Our findings provided empirical evidences for the debates.

77. **篇名**:Labor Relations and New Generation Employees: Subjective Evaluation and Implications for Conflict Management—An Empirical Analysis in China

作者:Xiong, Wei; Wang, Tao

第一作者单位:中南财经政法大学

所发期刊及卷期:*INTERNATIONAL JOURNAL OF CONFLICT MANAGEMENT*, 29 (5), 591 –616

内容摘要:Purpose: Feelings about conflict in labor relations are determined by both the objective conditions surrounding the dimension of labor relations and their subjective evaluation. This study aims to examine features of the subjective evaluation factors in labor relations for new generation employees born in the post – 1980s, transitional China, and to explore the conflict reduction strategies in labor relations.

Design/methodology/approach: This study designed items and a scale to measure employees' subjective evaluation bias regarding labor relations, and conducted a survey of 1500 employees in 80 Chinese enterprises. It conducted a principal components analysis of the subjective evaluation biases, and a covariance analysis to explore differences in the common factors between employees of two generations. Comparing the subjective bias with the objective status of labor relations, as well as with employers' expectations, this study analyzed the feelings toward conflict and conflict management strategies.

Findings: There are eight common factors in the subjective evaluation bias toward labor relations, four of which show significant differences between employees of two generations. Employers should study these differences, and apply conflict reduction measures to manage labor relations.

Originality/value: This is one of the first studies to propose the concept of a subjective evaluation bias regarding labor relations, and examine the common factors and features among new generation employees. It establishes a model for feelings toward conflict through four combinations of the subjective preferences and objective status dimensions. This study offers new insights for reducing workplace conflict.

78. **篇名**:More Entrepreneur Innovation and Less Labor Conflicts-empirical Evidence from China Employer-employee Survey

作者:Li, Tang; Deng, Yue; Jia, Xu; Wang, Zeyu

第一作者单位:武汉大学

所发期刊及卷期:*INTERNATIONAL JOURNAL OF CONFLICT MANAGEMENT*, 29 (5), 617 –639

内容摘要:Purpose: Labor conflict has become a serious problem in recent China. From the perspective of entrepreneur innovation, this paper aims to find an effective path to eliminate this conflict. On the basis of theoretical analyses and regression analyses, this paper finds that, with legal environment and other conditions identical, entrepreneur innovation will significantly facilitate elimination of labor conflicts.

Design/methodology/approach: Using theoretical analyses based on entrepreneurship theory, this paper puts forward a series of hypotheses about the effects of entrepreneur innovation on labor conflicts. With panel data during 2013 – 2015 from China Employer-Employee Survey, this paper examines the effects of entrepreneur innovation on labor conflicts. Using interaction term regressions, this paper examines heterogeneous effects of entrepreneur innovation on labor conflicts by ownership, market power and export behavior. With mediating effect model, this paper examines whether workers' participation in corporation governance is an important channel in which entrepreneurial innovation can impact on labor conflicts.

Findings: First, using benchmark regressions and robustness checks, this paper finds that there exist significantly positive effects of entrepreneur innovation on workers' job satisfaction, incentive, social security, job development and job stability, which will reduce potential risks of labor conflict effectively. Second, using interaction term regressions, this paper finds that there exist heterogeneous effects of entrepreneur innovation on labor conflicts by ownership, market power and export behaviors. The study finds that the effects of entrepreneur innovation are more concentrated in private firms, firms with stronger market power and non-exporters. Third, using a mediating effect model, the study finds that workers' participation in corporation governance is an important channel in which entrepreneur innovation can have impacts on labor conflicts.

Originality/value: The paper enriches the existing research about how to eliminate labor conflicts in China. On the basis of China Employer-Employee Survey data, this paper finds the importance of entrepreneur innovation on Chinese transition, which not only has positive impacts on firm performance, but also has impacts on eliminating labor conflicts and establishing better labor relationship. Therefore, stimulating entrepreneur innovation is very important for solving conflicts during Chinese transition.

79. **篇名**:Chinese Strategic Thinking on Competitive Conflict: Insights from Yin-Yang Harmony Cognition

作者: Chin, Tachia; Rowley, Chris; Redding, Gordon; Wang, Shouyang

第一作者单位:杭州电子大学

所发期刊及卷期:*INTERNATIONAL JOURNAL OF CONFLICT MANAGEMENT*, 29 (5), 683 – 704

内容摘要:Purpose: Grounded in Yijing, the wellspring of Chinese philosophies, this research aims to propose a novel interpretation of the indigenous Yin-Yang harmony cognitive framework, and to elaborate on how to use it as a meta-theorising tool to characterise the conflicting yet complementary dynamics of strategy, commonly seen as the prominent feature of Chinese strategic thinking.

Design/methodology/approach: Using the Yin-Yang harmony approach (i. e. Yin as the endogenous factors and Yang the exogenous factors), the authors first put forward eight paradoxical situations facing Chinese organisations as per the changing paradigm of Yijing. Then the authors use the thick description model as a roadmap to identify three evolving trajectories in Chinese higher education (HE) system. Finally, they raise four strategic propositions regarding how competing HE institutes handle the conflicting yet complementary dynamics in China.

Findings: Results show that the main strategic choices used by two different types of higher education institutes to cope with the current high-level uncertainty and competition could be described in terms of the two Qian and Li strategic situations, respectively. More details are discussed in the four propositions.

Research limitations/implications: This research brings potentially valuable implications for global regulators, policymakers, providers and other stakeholders through better understanding of HE-related issues, as well as certain distinct conceptual complexities in terms of developing strategies in China. It implies potentially significant differences in cognition between East and West, and illustrates what may be their workings.

Originality/value: This indigenous eight-dimensional paradigm demonstrates the conflicting yet complementary dynamic gestalt of organisational strategic choices that may only be realised in Chinese terms, and that cannot be elucidated by theories purely derived from Western experience. It thus can foster the transfer of understanding between the East and West and open a new chapter for future research.

80. **篇名**: Mapping Contentious Discourse in China: Activists' Discursive Strategies and their Coordination with Media

作者:Zhou, Yuqiong; Yang, Yunkang

第一作者单位:深圳大学

所发期刊及卷期:*ASIAN JOURNAL OF COMMUNICATION*, 28 (4), 416 –433

内容摘要:Discursive strategy in social movements in China has received limited scholarly attention. This paper systemically examines the way in which contentious discourse in China is informed by its cultural repertoire and illustrates how activists strategically frame their culturally informed discourse in coordination with the usage of media platforms. We analyzed 143 slogans and banners from 22 environmental and land requisition protests, and found that activists in China draw heavily on Chinese cultural repertoire. They embed family values in a rank system that is mapped onto two axes-space vs. time and us vs. them-with family/self at the center, to frame diagnostic, motivational, and prognostic collective action frames. In order to unpack the dynamic process of strategic framing, we paid special attention to activists' coordination mechanisms with media in our analyses drawn from extensive participatory observation and interviews in two protest cases. We found strategic framing (such as frame bridging, amplification, extension, transformation and borrowing) was used in coordination with both traditional and new media in an effort to adjust their contentious discourse to achieve consensus mobilization, action mobilization, and social mobilization at various stages of protest. This study brings cultural repertoire back into the study of contentious discourse in China and highlights the dynamic nature of strategic framing that is often practiced in coordination with media.

81. **篇名**:Praxis, Symbol and Language Developmental, Ecological and Linguistic Issues

作者:Sinha, Chris

第一作者单位:湖南大学

所发期刊及卷期:*INTERACTION STUDIES*, 19 (1 –2), 239 –255

内容摘要:This article focuses on the interweaving of constructive praxis with communication in ontogenesis, in phylogenesis and in biocultural niche evolution (ecogenesis), within an EvoDevoSocio framework. I begin by discussing the nature of symbolization, its evolution from communicative signaling and its elaboration into semantic systems. I distinguish between the symbol-ready and the language-ready brain, leading to a discussion of linguistic conceptualization and its dual grounding in organism and language system. There follows an outline account of the interpenetration in the human biocultural niche-complex of semiosphere and technosphere, mediated by the evolution of the niche of infancy. Symbolization (the foundation of the semiosphere) is by definition normative; the normative character of the technosphere is demonstrated by the interrelations in human development between affordance, action schema and canonical functional object schema. A model of the neuro-computational implementation of dual grounding is proposed.

82. **篇名**：How do Network Externalities Affect Customers' Adoption Intention in Mobile App Store: From a Perception of Consumer Perceived Value

作者：Zhu, Ting; Lu, Yaobin; Gupta, Sumeet

第一作者单位：华中科技大学

所发期刊及卷期：*INTERNATIONAL JOURNAL OF MOBILE COMMUNICATIONS*, 16 (5), 493 - 512

内容摘要：Faced with the fiercely competitive mobile apps market in China, many mobile app store managers developed their own communities to improve the users' adoption and retention. Those communities help make consumers a sense of the amount of users in mobile app stores and expand the complementarity of mobile app stores. Thus, in this study, we examine how network externality affects customers' intention to adopt app store using the concept of perceived value. Based on the theoretical frame of customer perceived value (CPV), we present a research model that integrates network externalities to adoption intention. The results of this study indicate that network externality has a positive and highly significant effect on CPV, which in turn affects people's intention to adopt. However, perceived price structure describing the financial value does not have a significant influence on adoption intention. Implications for theory and practice are presented.

83. **篇名**：Research on Mobile Social Non-uniform Hypernetwork Evolving Model

作者：Wang, Fuhong; Guo, Jinli

第一作者单位：上海理工大学

所发期刊及卷期：*INTERNATIONAL JOURNAL OF MOBILE COMMUNICATIONS*, 16 (5), 592 - 605

内容摘要：The modelling studies for the mobile social network will help to understand the characteristics of network structure and evolution mechanisms. In order to improve the accuracy of the description of mobile social hypernetwork model, this paper takes the WeChat as a sample and puts forward a non-uniform hypernetwork (hypergraph-Oriented) model with the attractiveness and the ages of nodes. In the model, nodes arrive at the system in accordance with Poisson process and are gradually ageing as the growth of time. We analyse the relevant characteristics of hypernetwork evolution and obtain the stationary average hyperdegree distribution of the hypernetwork by the characteristic equation. Numerical simulations of the models agree with the analytical results well. The whole research aims to provide support for the dynamics rule of mobile social hypernetwork and to provide a new perspective for the study of mobile social hypernetwork.

84. **篇名**：Provoking the Citizen: Re-examining the Role of TV Satire in the Trump Era

作者：Kilby, Allaina

第一作者单位：宁波诺丁汉大学

所发期刊及卷期：*JOURNALISM STUDIES*, 19 (13), 1934 - 1944

内容摘要：TV satire has been commended for its ability to hold power to account and provide audiences with context and alternative perspectives to news events. Despite accolades to public discourse and journalistic integrity, TV satire is fraught with limitations including; its inability to change politics, its ability to encourage political apathy and promote a partisan logic. While this may be a counter-liberal response to the right-wing media and politicians it critiques, TV satire often preaches to a converted audience, the potential impact of which can lead to a repudiation of deliberative politics and increased political disengagement. Under the Trump administration, America is experiencing more intensified demonstrations of partisanship and public distrust in political and media institutions. Furthermore, in a culture where satire has become reality and critical journalism has increased, its role has become problematic. By adopting a multi-method approach of content and discourse analysis this study examined whether TV satire could offer a different approach to reporting in the Trump era. The study found that TV satire is adopting solution and motivation building frames associated with advocacy journalism in an attempt to encourage audiences to engage with traditional forms of civic participation.

85. **篇名：**Examining Factors Influencing Internet Addiction and Adolescent Risk Behaviors among Excessive Internet Users

作者：Jiang, Qiaolei; Huang, Xiuqin; Tao, Ran

第一作者单位：大连理工大学

所发期刊及卷期：*HEALTH COMMUNICATION*, 33 (12), 1434 - 1444

内容摘要：In China, public concern continues to mount regarding the risks of excessive Internet use among adolescents. This study investigated the factors influencing Internet addiction and adolescent risk behaviors among excessive Internet users. Proposing a conceptual model with a theoretical origin in risk behavior theory and media dependency theory, this study examined the influence of personality traits, online gaming, Internet connectedness (both the overall index and various scopes), and demographics on Internet addiction and risk behaviors (smoking, drinking, gambling, and risky sexual behaviors). Clinical data (N = 467) were retrieved from one of the earliest and largest Internet addiction clinics in China. The findings reveal that certain personality traits are significantly associated with Internet addiction and risk behaviors. Online gaming had a strong impact on both Internet addiction and risk behaviors among excessive Internet users. The study also reveals that various scopes of Internet connectedness, such as site scope, facilitate addictive Internet use, and risk behaviors among adolescents. The findings can contribute to the prevention of and intervention into Internet addiction and adolescent risk behaviors.

86. **篇名：**Dealing with an Abusive Boss in China: The Moderating Effect of Promotion Focus on Reward Expectancy and Organizational Citizenship Behavior

作者：Zeng, Wei; Zhou, Ying; Shen, Zhengyu

第一作者单位：湖南大学

所发期刊及卷期：*INTERNATIONAL JOURNAL OF CONFLICT MANAGEMENT*, 29 (4), 500 - 518

内容摘要：Purpose: This study aims to examine how reward expectancy mediates the effect of abusive supervision on organizational citizenship behavior. Furthermore, drawing upon regulatory focus theory, this paper proposes and tests the moderating role of promotion focus in the proposed mediating effect.

Design/methodology/approach: Both hierarchical regression and PROCESS macro are conducted to analyze longitudinal data collected from 142 MBA students in different industries in the People's Republic of China.

Findings: Results reveal that abusive supervision was negatively related to both organization-directed citizenship behavior (OCBO) and individual-directed citizenship behavior (OCBI) through undermining individual reward expectancies. Results also show that promotion focus moderated the negative effect of abusive supervision on reward expectancy, such that the relationship was stronger when promotion focus was higher. In addition, the indirect effect of abusive supervision on OCBO and OCBI carried through reward expectancy was also stronger among individuals with higher promotion focus.

Originality/value: It contributes to the literature on abusive supervision by offering a new perspective regarding the mechanism of abusive supervision influence on organizational citizenship behavior. The findings thus shed insights into cognitions and motivations that are associated with organizational citizenship behavior. In addition, it is the first to link abusive supervision with regulatory focus theory to examine the decrease of organizational citizenship behavior.

87. **篇名**: Foreign Correspondents: A Case Study of China in the Digital and Globalization Age

作者:Zhang, Shixin Ivy; Zhang, Xiaoling

第一作者单位:宁波诺丁汉大学

所发期刊及卷期:*JOURNALISM STUDIES*, 19 (12), 1804 – 1824

内容摘要:While Western foreign correspondence is retreating, Chinese central media and correspondents, resourced by the government's financial backing for media's role in public diplomacy, are taking the opportunities to expand overseas bureaus, hire experienced local employees, enhance the quantity and quality of international news reporting, use digital technologies in newsgathering and dissemination, and receive Western-style trainings. Against this backdrop, this paper studies the identities, media cultures, and journalistic practices of Chinese foreign correspondents, as well as the international news output, and media-audience and media-foreign policy relationships. In doing so, we propose a new six-level theoretical model: (1) journalists' identities; (2) cultures; (3) practices; (4) news output; (5) news dissemination, reception, and audiences' interactions; (6) the impacts of international news coverage. Based on semi-structured interviews with Chinese resident journalists over eight years, we argue that the media-audience and media-foreign policy relationships in China have become more interactive, dynamic, and complex.

88. **篇名**:Trust, Norms and Networks in Social Media Environmental Mobilization: A Social Capital Analysis of *Under the Dome* in China

作者:Deng, Xiujun; Peng, Shuang

第一作者单位:华中科技大学

所发期刊及卷期:*ASIAN JOURNAL OF COMMUNICATION*, 28 (5), 526 – 540

内容摘要:After the Spring Festival of 2015, an environmental documentary called *Under the Dome* in which Chai Jing acted as a narrator has caused the public opinion to boom in social media in China. Why could a documentary released by internet attract so much attention and spark such a heated discussion? What are the factors that have influence on the information dissemination of social media environmental mobilization? This paper employed case study and semi-structure interviews to reveal these questions. It turned out that individual trust, group norms and information networks of the social capital played an important role in the social media environmental mobilization. The reason why *Under the Dome* became a hot issue was that it made full use of the social media users' trust on the mobilizer, aroused the mobilized's emotions and combined the network channels of social relationships.

89. **篇名:** Is Fantasy just Fantasy? An Ethnography of Female Fanship: Viewing *Sex and the City*

作者: Miao, Lingling

第一作者单位: 暨南大学

所发期刊及卷期: *FEMINIST MEDIA STUDIES*, 18 (3), 475 –488

内容摘要: This article is an ethnographic study of Chinese female viewers' fanship on the American TV series of *Sex and the City* (SATC). It focuses on the micro level of SATC fans' consumption of and interaction with the text, trying to explore the relationship between SATC fans' selves and their fan objects, i. e. , the intrapersonal pleasures, affection, and motivations among the fans, mainly by way of collecting and analyzing Chinese SATC fans' discourse on how they make use of this television show on China's biggest fandom website, Douban. com. The research findings suggest that SATC is so passionately received by its female fans mainly because the type and content of the show (a feminist text) can well satisfy their social and psychological needs-they choose to engage in SATC and utilize it as a resource for their own social lives and personal identities. The fans view it mainly for the therapeutic effect and empowerment it brings to them, rather than for entertainment or scopophilia.

90. **篇名:** Searching for an Online Space for Feminism? The Chinese Feminist Group Gender Watch Women's Voice and Its Changing Approaches to Online Misogyny

作者: Han, Xiao

第一作者单位: 中国传媒大学

所发期刊及卷期: *FEMINIST MEDIA STUDIES*, 18 (4), 734 –749

内容摘要: Based on a case study of a leading Chinese feminist group, the Gender Watch Women's Voice (GWWV), this paper examines the ways in which this feminist group has perceived misogyny and used its social media platforms to respond in the Chinese context. Drawing on a two-phase ethnographic study of the GWWV's online communities, this study specifically reveals the GWWV's changing attitudes towards the hostile messages they often confront online. It also aims to identify the innovative strategies that have been deployed by the GWWV to address the Chinese backlash against feminism. This paper argues that, in the Chinese context, what digital feminist activism has brought about is not social change but the increasing problem of misogyny online.

91. **篇名:** "Doctors Killed My Baby": Argumentative Patterns in Medical Disputes in China

作者：Pan, Dawei

第一作者单位：中山大学

所发期刊及卷期：*HEALTH COMMUNICATION*, 33 (10), 1267 - 1276

内容摘要：The recent surge in medical disputes requires that more attention be paid to the voices of laypeople. This article explores the argumentative nature of the public discourse of the reported malpractice mobs that strive to convince members of the public (in the place of health or legal experts) that they have been victims of medical errors and injustice. This case-based qualitative empirical study uses a pragma-dialectical approach to suggest a prototypical pattern of such public appeals that contains a basic argumentative pattern and various types of extensions. The presence and influence of cultural factors are identified and discussed. The results of the analysis indicate that malpractice mobs largely display a tendency to target certain drugs, treatments or therapeutic methods based on folk interpretations of medical phenomena among individual ethnic groups, which may be regarded as cultural preferences in the medical domain. Although these preferences have little coercive power, in the absence of institutional restraints, they may have a powerful impact. The introduction of cultural preferences into pragmatic argumentation explains not only why some critical questions are emphasized (whereas others are invariably ignored) but also why certain types of support are repeatedly demanded in public appeals. The findings suggest the importance of paying greater attention to the argumentation of laypeople in medical disputes in China and the essential role of a culturally sensitive model of argumentation theory in improving health communication.

92. 篇名：The Effect of Vaccine Literacy on Parental Trust and Intention to Vaccinate after a Major Vaccine Scandal

作者：Wang, Xiaomin; Zhou, Xudong; Leesa, Lin; Mantwill, Sarah

第一作者单位：浙江大学

所发期刊及卷期：*JOURNAL OF HEALTH COMMUNICATION*, 23 (5), 413 - 421

内容摘要：Health literacy, and more specifically vaccine literacy, might be an important factor in reducing the negative effects of exposure to misleading reports on vaccination. This study explores the association between vaccine literacy and vaccination-related outcomes after misleading reports on a scandal concerning locally produced childhood vaccines had emerged in 2016 in China. Data for this study came from a cross-sectional survey, which was conducted in April 2016 in Hangzhou, China. Data were collected in kindergartens and community health centers among parents of children up to 6 years of age. Data were analyzed for 1864 participants. Binary logistic regression models showed that, after controlling for socio-demographics and children's age, parents who had better vaccine literacy (<0.05) were more likely to trust and choose domestically produced vaccines, which account for about 95% of the total vaccinations in China. This study provides evidence on a still largely understudied relationship between vaccine literacy and vaccination-related outcomes. Findings might suggest that higher literacy levels could reduce some of the negative effects of being exposed to misleading information on vaccination, eventually leading to less vaccination hesitancy.

93. 篇名：Nuclear Risk Perception, Political Efficacy, and Internet Use for Civic En-

gagement in China

作者：Qiu, Hongfeng; Weng, Suwei; Du, Kaijian

第一作者单位：厦门大学

所发期刊及卷期：*CHINESE JOURNAL OF COMMUNICATION*, 11 (2), 218 –235

内容摘要：Nuclear power was recently reintroduced into China's economic agenda. However, concerns have arisen as to how communities close to the sites of newly planned nuclear power plants react to the potential environmental and health risks. In a field study conducted in the proximity of the Yunxiao Nuclear Power Plant in Fujian province, it was discovered that a majority of the respondents perceived the project as having a certain level of risk. Nevertheless, online social networks were rarely used to seek relevant information, discuss benefits and threats, deliver concerns to decision-makers, or even to mobilize collective actions. Further investigation revealed a strong connection between the political efficacy of the respondents and their level of Internet use for civic engagement. The mechanisms underlying the formation of political efficacy are examined by relating the discourses of risk to their social contexts.

94. 篇名：Culture, Trust and Business Ecosystems: The Mediating Role of Online Chat in China

作者：Rong, Ke; Secchi, Davide; Shou, Yongyi

第一作者单位：清华大学

所发期刊及卷期：*INTERNATIONAL JOURNAL OF MOBILE COMMUNICATIONS*, 16 (3), 247 –265

内容摘要：This paper analyses the case of Taobao (the B2C and C2C platform of Alibaba Group), the "focal firm" in a large online shopping ecosystem in China. The study attempts to reframe the business ecosystem considering the impact of cultural dimensions. Findings show that in a society with strong culture of guanxi and collectivism, a computer-mediated online communication tool works as a surrogate for real-life experience of socially binding behaviours to organise ecosystem stakeholders such as online marketplace owners, customers and sellers. The perception of collectivism affects the effectiveness of the communication tool, which, in turn, facilitates trust building between sellers and buyers. The result is unique and tied to a society dominated by guanxi and collectivism, and shows how it addresses socio-cultural needs through a computer-mediated communication technology.

95. 篇名：Social Media Communicative Action and the Interplay with National Security: The Case of Facebook and Political Participation in Zimbabwe

作者：Matingwina, Simon

第一作者单位：中国传媒大学

所发期刊及卷期：*AFRICAN JOURNALISM STUDIES*, 39 (1), 48 –68

内容摘要：The use of social media in political participation in Zimbabwe became more visible after the much celebrated use of Facebook and Twitter in facilitating the "Arab Spring" as well as other similar uprisings. Resultantly, national security concerns have been raised based on the perceived potential of the new media to coordinate and mobilise users. Motivated by this potential conflict, this study uses Habermas's theory of communicative action to understand how communicative power and national security laws relate in Zimbabwe. The study draws on content from

This Flag's Facebook page as well as a survey conducted with 124 students from Great Zimbabwe University. The study finds that protest is the most dominant issue discussed. However, the survey shows that the majority of the respondents were unwilling to engage in protests. On the interplay between content and national security, the majority of the content was not in conflict with national security regulations guiding political communication. What is significant to note is that the issues have a short lifespan which potentially renders the platform ineffective to influence policy. Further, the study argues that national security concerns on social media should be understood from the perspective of presence and not frequency of content conflicting with national security.

96. **篇名**:The Nation-State in the Digital Age: A Contextual Analysis in 33 Countries

作者:Lu, Jia; Liu, Xinchuan

第一作者单位:清华大学

所发期刊及卷期:*INTERNATIONAL JOURNAL OF COMMUNICATION*, 12, 110 -130

内容摘要:The rise of the Internet brings up a debate about its role in eroding or strengthening the nation-state. Taking the perspective of media ecology, this article explored the Internet's impacts on social context in which national identity and trust in the state are formed. Using the data from the World Values Survey, this article carried out multilevel analyses with 47965 respondents in 33 countries. The results illustrated two conclusions. First, the Internet as a context threatens the mutual support between the nation and the state, leading to the separation of the nation-state. Second, democracy harnesses the Internet. On the one hand, digital freedom neutralizes the challenges brought by digital infrastructure. On the other hand, digital infrastructure favors the civic approach over the ethnic approach.

97. **篇名**:Public and Personal Responses to Environmental Pollution in China: Differential Susceptibility, Direct Experience, and Media Use

作者:Sun, Shaojing; Merolla, Andy J.; Seo, Mihye

第一作者单位:复旦大学

所发期刊及卷期:*INTERNATIONAL JOURNAL OF COMMUNICATION*, 12, 1501 -1522

内容摘要:This study examined how internal environmental efficacy and perceived severity are associated with multiple forms of media use pertaining to environmental issues. We also investigated effects of media use on Chinese citizens' engagement in public environmental expression and personal environmental action. Results showed that internal environmental efficacy and perceived severity influenced the usage of different types of media. We also found that use of traditional media sources (e. g. TV, newspapers) and online news directly affected public environmental expression and personal environmental action. Moreover, the effect of internal environmental efficacy and perceived severity on traditional media use was moderated by one's direct experience with environmental pollution.

98. **篇名**:The Impact of Young Chinese Employees' Notions of Work on Conflict Management Styles: An Explorative Study

作者:Meng, Yong; Yu, Haiyun; Ma, Zhenzhong; Yang, Zhiyong

第一作者单位:上海工程技术大学

所发期刊及卷期: *INTERNATIONAL JOURNAL OF CONFLICT MANAGEMENT*, 29 (3), 306-326

内容摘要: Purpose: This study aims to explore the impact of well-educated young Chinese employees' notions of work on their conflict management styles in the increasingly turbulent workplace to help better manage work-related conflict in the time of transition in China.

Design/methodology/approach: Self-administered questionnaires were used to collect data from over 400 young Chinese employees. The data were first factor analyzed to explore the underlying dimensions of contemporary work notions in China's transition period. Hierarchical regression analysis was then conducted to explore the relationship between dimensions of work notions and conflict management styles.

Findings: The results showed that well-educated young Chinese employees' notions of work consisted of sense of control, fulfilling and rewarding, holistic concerns, personal growth and development and meaningfulness. The results further indicated that young Chinese employees with strong needs to satisfy individual interests in their work tend to use competitive methods to manage work-related conflicts, employees with strong needs to satisfy group interests in their work prefer to use collaborative methods and those who believe in collective efforts in achieving individual goals through group goals' obtainment are more likely to use collaborative and compromising approaches.

Originality/value: This study provides a new perspective to manage work-related conflict in the Chinese context. The findings of this study are able to help enrich conflict management theories in China and suggest insightful conflict resolution approaches to work-related conflicts in China's changing environment. This study also helps bridge the research gap between work notions and conflict management styles. The results of this study can greatly facilitate Chinese companies' endeavors toward crafting a more innovative workforce and help improve employee performance in China's transition to industrialization.

99. **篇名:** Bayesian-based Conflict Conversion Path Discovery for Waste Management Policy Implementation in China

作者: Yang, Qing; He, Ling; Liu, Xingxing; Cheng, Mengying

第一作者单位: 武汉理工大学

所发期刊及卷期: *INTERNATIONAL JOURNAL OF CONFLICT MANAGEMENT*, 29 (3), 347-375

内容摘要: Purpose: This study aims to analyze reform path for waste management policy implementation. With reference to the Bayesian theory, this study provides a dynamic policy conversion method through various context settings. Furthermore, this study attempts to present an empirical research paradigm.

Design/methodology/approach: Matland's ambiguity-conflict model is applied to explain the problems and reform paths of China's waste management policy implementation. Integrating structure discovery and bibliometrics into qualitative analysis, this study used search data from literature search engine with specific themes to achieve structure learning of Bayesian network with key factors refined in waste management policy.

Findings: The results show that China's waste management policy implementation belongs to symbolic implementation with high ambiguity and high conflict. Four basic conversion paths for the waste management policy are proposed, which are classified by length and stability. Then, it is possible to locate the factors, paths and types of policy implementation through involvement analysis with features of each path and each district of policy implementation. Public education holds direct but unstable impact on waste management. Economic incentives hold continuous but gradually diminishing impact. Perceived policy effectiveness plays the crucial role like a central bridge. Resident conditions have a positive impact, which could be enhanced through economic development of China. The impact of subjective norm on waste management is not significant. But subjective norm has the potential breakthrough for solving stagnation of waste classification policy. However, the impacts from each factor may change along with economy growth and technology innovation.

Originality/value: This study uses the ambiguity-conflict model to position China's waste classification policy and suggests that structure discovery methods help understand feasible reform paths for reform policy. The integration of theoretical analysis and quantitative simulation can achieve a comprehensive analysis of problems and solutions in waste management policy implementation of China. Promotion and education, economic incentives, perceived value, behavior control, subjective norm, perceived policy effectiveness, informal waste recycling system and residential conditions are explored as key factors for waste classification policy implementation as a representative in waste management policy. The role of each key factor and features of each conversion paths are integrated to position reform paths in the ambiguity-conflict model. This work helps to explain the stagnation of waste management policy implementation from the perspective of dynamic structure evolution, and some specific suggestions to get out of stagnation are proposed.

100. **篇名:**Her "Vocal Authority": The Semiotic and Cultural Soundscape of Chinese Female Rock Singers' Voices in the late 1990s

作者: Qu, Shuwen

第一作者单位:暨南大学

所发期刊及卷期:*SOCIAL SEMIOTICS*, 28 (3), 349 – 370

内容摘要: This paper explores the vocal authority of Chinese female rock singers' voices as semiotic and cultural rebellion against male-dominated rock aesthetics and the accepted sounds of women's singing in popular music. The first of the paper's two sections challenges the gendered stereotypes associated with female singers, and argues for the artistic significance embedded in the voice to act the exploration of subversive femininities, and, more importantly, to unveil the polysomic cultural and social making process of a distinctive personal voice. The second and longest section of the paper first creates theoretical dialogues regarding Potter, De Certeau, Shepherd and Barthes' theories of voice and culture, and then presents the case analysis of three prominent Chinese female rocker singers, Zhang Qianqian, Wu Hongfei and Kang Mao. The analysis discusses distinctive feminine noise by excavating the cultural and institutional forces embedded in the vocal styles of these singers. The semiotic features of grain, timbre, articulation and volume in the voice demonstrate how the complex acoustic soundscape of feminine noises reveals the regional, ethnic, class and sexual formation of female musicians' gender identity.

101. **篇名:**The Anxiety of Love: An Analysis of Recent Chinese Popular Music

作者: Lu, Zhenglan

第一作者单位:四川大学

所发期刊及卷期:*SOCIAL SEMIOTICS*, 28 (3), 429 -441

内容摘要: Love between two sexes is a time-honored but commonplace theme in songs that it does not seem to demand scholarly attention. Yet, the manner in which sexual love is expressed in Chinese songs today carries with it the deep stigma of the sea change that has been taking place in recent Chinese culture. The present paper discovers that, as a result of drastic changes in Chinese people's attitude toward sexual relations, there has been a greater anxiety in songs intended for men to sing, as well as those for women, and manifestations of the anxiety of the loss of love are gender-specific. In male songs, paradoxically, the anxiety has been more voiced and apparently with more pain, which is one of the key indicators of the profound change in sexual attitudes in Chinese society.

102. **篇名:**The Powerful Image and the Imagination of Power: The "New Visual Turn" of the CPC's Propaganda Strategy since its 18th National Congress in 2012

作者: Chang, Jiang; Ren, Hailong

第一作者单位:清华大学

所发期刊及卷期:*ASIAN JOURNAL OF COMMUNICATION*, 28 (1), 1 -19

内容摘要: This paper adopts the academic tool of discourse analysis to examine the "new visual turn" of the Communist Party of China's propaganda work since the 18th CPC National Congress when Xi Jinping was inaugurated as the leader of Chinese Communists. A thorough review of the new visual means the Party uses for photojournalism, TV news, animated cartoons and online promotional videos points to three developments markedly different from traditional discursive strategies: a full embrace of Confucian ethics, articulation of the Internet-based popular culture and subcultures, and an effort to fortify Xi's personal authority as a political idol. The paper concludes that the "new visual turn" of CPC propaganda after the 18th Party Congress suggests that the Communist discourse has evolved to a new stage where sophisticated manipulation of sleek technological tools substantiates a rigorous, dynamic CPC discursive system more at ease with itself and more powerful than ever in shaping the mainstream political culture in China.

103. **篇名:**Public Trust in Local Governments and Environmental Risks in China: The Effects of Media Use, Perceived Dread, and Perceived Inequality

作者: Huang, Qing

第一作者单位:浙江大学

所发期刊及卷期: *CHINESE JOURNAL OF COMMUNICATION*, 11 (1), 88 -104

内容摘要: This study deals with the phenomenon of air pollution in China, focusing on the relative influence of media use and risk perception on public trust in local governments. In particular, risk perception is specified as perceived dread and perceived inequality. Detailed analyses of the survey data showed that perceived dread partially mediated the positive impact of the use of news media or social media on public trust in local governments. Specifically, the mediating effects were stronger when the public's perceived inequality regarding risk distribution was high than when their perceived inequality was low. The findings shed light on how perceived dread and perceived inequality bridge and condition the impact of media use on public trust in local governments in China, thus highlighting the role of risk perception in the mechanism of political trust in the context of environmental risks.

104. **篇名:**Risk Factors Influencing Environmental Protest Severity in China

作者: Xue, Ming; Shen, Huizhang; Zhao, Jidi

第一作者单位:上海交通大学

所发期刊及卷期:*INTERNATIONAL JOURNAL OF CONFLICT MANAGEMENT*, 29 (2), 189-212

内容摘要: Purpose: Using protest event analysis, this study aims to investigate which risk factors influence the severity of environmental protests in China, thus filling a gap in China-related environmental protest literature.

Design/methodology/approach: Using a database derived from media coverage of 129 environmental protests in China from 2009 to 2015, this empirical study identifies underlying risk factors influencing environmental protest severity, quantifies these protest cases and verifies the associations between risk factors and severity using ordered logistic regression.

Findings: The results show that higher environmental health threat, economic loss, distrust of local government, lack of local governmental response, improper local government action and higher population density are likely to increase environmental protest severity; however, contrary to expectations, environmental information disclosure has no significant effect. These findings illuminate the vital and variational role of local government throughout all stages of the evolutionary process in environmental protests. Moreover, public distrust of local government is the principal cause of these protests.

Originality/value: This study enhances the understanding of how Chinese environmental protests arise from the identified risk factors and contributes to quantitative multi-case research in this area. Furthermore, the findings may help local governments in China, as well as in other countries, to enact positive measures to prevent serious environmental protests and improve their ability to address the environmental problems that cause protests. More effective governance can decrease the number and severity of environmental protests and thus promote social stability.

105. **篇名:** Negotiating Identity in the Diasporic Space: Transnational Chinese Cinema and Chinese Americans

作者: Han, Qijun

第一作者单位:南京理工大学

所发期刊及卷期: *CONTINUUM-JOURNAL OF MEDIA & CULTURAL STUDIES*, 32 (2), 224-238

内容摘要: Within the field of Asian American studies, there has been an abundance of research on the cinematic representation of Chinese Americans in association with identity. While one type of study primarily focuses on the Orientalist discourse and racial politics in the Hollywood films, another approach highlights the production and distribution of Asian American independent media. Taking the representation of Chinese American families in transnational Chinese cinema as a point of departure, this article adopts a narrative analysis approach to illustrate the re-articulation of Chinese cultural identity. Following the premise that experience is pertaining to the construction of the identity of Chinese immigrants, four kinds of experiences are categorized-historical, educational, family and immigration. Representative characters are chosen as reference points from four films: *Pushing Hands* (Ang Lee, 1992), *The Guasha Treatment* (Xiaolong Zheng, 2001), *Saving Face* (Alice Wu, 2004) and *A Thousand Years of Good Prayers* (Wayne Wang, 2007). The disaporic subjects demonstrate how Chinese cultural identity has been shaped by various experiences.

106. **篇名:** Antecedents of Frontline Manager Handling Relationship Conflicts

作者: Tanveer, Yasir; Qi Jiayin; Akram, Umair; Tariq, Anum

第一作者单位: 北京邮电大学

所发期刊及卷期: *INTERNATIONAL JOURNAL OF CONFLICT MANAGEMENT*, 29 (1), 2-23

内容摘要: Purpose: Conflicts are inevitable in organizations and are a significant challenge for frontline managers (FLMs). This study aims to investigate the relationship between the leadership styles of FLMs and relationship conflicts (RLCs), with the indirect intervention of emotion regulation (ER) and five conflict-handling styles (CHSs).

Design/methodology/approach: Research data were obtained from 243 FLMs in the Pakistan textile industry. SPSS 23 and PROCESS macros software were used to test and verify hypotheses regarding leadership styles, ER, CHSs and RLC. The authors conducted 5000 bootstrap replications to verify mediation.

Findings: Leadership styles are significantly associated with RLC. A high degree of ER can negatively moderate RLCs through transformational leadership (TFL) and transactional leadership (TCL) styles and positively moderate RLCs through a laissez-faire leadership (LZF) style. Among CHSs, a compromise style mediates the relationship between RLC and the TFL and LZF styles, and a domination style mediates the relationship between RLC and the TCL style.

Practical implications: FLMs should be trained to overcome workplace interpersonal conflicts. Appropriate cognizance of a conflict before it occurs is a requisite skill. FLMs must be able to use all five given CHSs.

Originality/value: This study identifies the association of leadership styles with CHSs and ER to manage RLC in a non-Western context. The study enhances understanding of the use of the ER factor with the different CHSs of FLMs.

107. **篇名:** One Disaster, Three Institutional Responses: Legitimation Crisis and Competing Discourses in China

作者: Liu, Stephanie Na; Chang, Tsan-Kuo

第一作者单位: 四川大学

所发期刊及卷期: *JOURNALISM STUDIES*, 19 (3), 392-414

内容摘要: Public discourses over the same social crisis, the most deadly train crash in recent times in China, in July 2011, show three divergent but interactive packages across the government, the media, and online public opinion. The government dominated public discourse and framed the crash as an intra-institutional flaw. The media sought to legitimize the official rhetoric by focusing on victim compensation, official concern, and rescue. Online public opinion, however, contested both official rhetoric and media discourse, and highlighted the train crash as terrible malfeasances of the government. Constructed as a result of the state legitimation crisis, the three perspectives are entangled in a tense dominator-mediator-challenger relationship. However, the seemingly diversified opinions and conflicting ideas have been maintained within the sphere of legitimate controversy that does not necessarily undermine state legitimacy. The coercive state's control and the mimetic organizational responses to crisis direct social actors to behave similarly and form institutional isomorphism. The dominance of political power over social power is thus manifest in the process of discursive competition and interaction. The discursive framework developed in this study illuminates similar crisis events in Asia and in Western democracies where social trust in government and in media is relatively low.

108. **篇名**:How does the Context Make a Translation Happen? An Activity Theory Perspective

作者:Sang, Zhonggang

第一作者单位:天水师范大学

所发期刊及卷期:*SOCIAL SEMIOTICS*, 28 (1), 125 – 141

内容摘要:Context is a critical topic in translation studies. The research into translation context has undergone a shift from the multidisciplinary investigation into one or a few contextual factors to conceptualizing it as contextualization, i. e. a dynamic process of the interactions among the contextual factors. Nevertheless, the mechanism of translation contextualization, namely, the problem of how the interactive factors enable a translator to bring a meaningful target text into being, is yet to be explored. Activity Theory is a cultural-historical framework to analyze social practices. It can provide an account of translation contextualization. In light of the framework, an activity itself is the context of a translator's decision-making and translation contextualization is no other than the rule-governed actualization process of a translation activity, which is hierarchically realized through chains of actions and operations.

109. **篇名**:The Metamorphosis of Medical Discourse and Embedded Cultural Rationality: A Content Analysis of Health Reporting for Neurasthenia and Depressive Disorder in China

作者:Li, Yungeng; He, Qijun

第一作者单位:上海财经大学

所发期刊及卷期:*ASIAN JOURNAL OF COMMUNICATION*, 28 (2), 170 – 184

内容摘要:Neurasthenia (shenjing shuairuo) and depressive disorder are medical issues that have given rise to disputes in China for more than 20 years. Since the 1980s, the once ubiquitous diagnosis of neurasthenia in China was rapidly substituted by depressive disorder in the clinical context. Globally, the metamorphosis from neurasthenia to depressive disorder heralded the triumph of scientific rationality, which identifies neurasthenia as a categorical fallacy. In China, however, neurasthenia retained social and cultural significance; thus, it has become a contestable discourse in relation to depressive disorder. By examining the health reporting of both discourses over a decade, this study explicated how neurasthenia and depressive disorder were represented in a popular health newspaper in China. The content analysis showed that neurasthenia is a more culturally and everyday embedded discourse closely associated with Chinese medicine and laymen's discourse, while depressive disorder is more associated with Western medicine and the professional discourse. The differentiation of two sets of medical discourse evinces that despite the ostensibly prevailing scientific rationality in media health reporting, cultural rationality is deeply embedded in communicating mental health issues with the lay public. It further suggests the significance of investigating the social and cultural expression of mental illnesses in China.

110. **篇名**: From Modernization to Neoliberalism? How IT opinion leaders Imagine the Information Society

作者:Wu, Jing; Yun, Guoqiang

第一作者单位:北京大学

所发期刊及卷期:*INTERNATIONAL COMMUNICATION GAZETTE*, 80 (1), 7 –29

内容摘要:Before the information society becomes reality, it exits as discourses and arguments. These narratives shape people's expectations, imaginations, and understandings of the concrete form of information society. The article first reviews some recent literature on the social and cultural history of the Internet and information technologies. Then, we will critically examine some prominent discourses on new information technology, especially the Internet, by cultural intermediaries in China. We hope to understand how the different imaginations of information society come into being, their internal diversity, their sources of influence, and how they help imagine a social form in which these technologies shape, belong, and work well.

111. **篇名**:How Local Journalists Interpret and Evaluate Media Convergence: An Empirical Study of Journalists from Four Press Groups in Fujian

作者:Xiong, Hui; Zhang, Jian

第一作者单位:厦门大学

所发期刊及卷期:*INTERNATIONAL COMMUNICATION GAZETTE*, 80 (1), 87 –115

内容摘要:Previous studies on the influence of media convergence in China either took a market-or norm-oriented approach. From a news production perspective, the current study analyses the interaction between the top-down design and bottom-up practices of journalists to disclose the influence of the dominant path of media convergence within the press industry of Fujian Province. A survey and 20 in-depth interviews show that the current media convergence practices of Fujian's press industry fail to receive the support of journalists because of institutional, organisational and individual complexities, rather than technological reasons. This study discusses the implications of this finding for media convergence in China.

112. **篇名**: Evaluating News Actors in Chinese Hard News Reporting: Language Patterns and Social Values

作者:Huan, Changpeng

第一作者单位:上海交通大学

所发期刊及卷期: *TEXT & TALK*, 38 (1), 23 –45

内容摘要: This paper interrogates the ways Chinese journalists judge behaviors of different news actors (individuals or institutions written about in a news report) in Chinese hard news reporting on risk events.

Drawing on a newly constructed corpus of hard news reporting and following the APPRAISAL framework, the study examines language patterns of JUDGEMENT and suggests how lexicogrammatical patterns of JUDGEMENT, semantic features of JUDGEMENT and social orders are intimately connected. Corpus analytic findings show that news actors of different social statuses are judged in different manners. Social elites are primarily judged positively in relation to their "capacity" and "tenacity" in dealing with risk situations, whereas ordinary risk makers are mainly judged negatively in relation to their "propriety" in producing risk situations. Additionally, the same JUDGEMENT marker in the same phraseological pattern may realize different valences of JUDGEMENT in relation to news actors of different social statuses, and JUDGEMENT of different news actors tends to select distinctive local patterns. It is argued that such different discursive patterns of judging news actors point to the distinction in the way social values are (re) produced and journalistic professional practices undertaken in the production of Chinese hard news.

113. **篇名:** A Cross-disciplinary Corpus-Based Study on English and Chinese Native Speakers' Use of First-person Pronouns in Academic English Writing

作者: Xia, Gao

第一作者单位: 北京航空航天大学

所发期刊及卷期: *TEXT & TALK*, 38 (1), 93 - 113

内容摘要: This paper reports on a study that comparatively investigated the differences and similarities in the use of first-person pronouns by English and Chinese native speakers (ENSs and CNSs) in their academic English writing. Using a corpus comprising journal research articles (RAs) from the fields of Physics, Computer Science, Linguistics and Management written by ENSs and CNSs, I present data to reveal that (i) the use of first-person pronouns in Physics is more frequent than that in other disciplines for both ENSs and CNSs; (ii) there are no consistent ENS/CNS frequency differences in first-person pronoun usage across the four disciplines; (iii) the plural first-person pronoun we is used more often than the single form I in single-authored RAs, particularly so for CNSs; and (iv) the distribution patterns of we vary greatly in different RA sections. These findings may have implications for the teaching of academic writing, as well as for cross-cultural understanding among academics.

撰稿: 王学敏 (西安交通大学新闻与新媒体学院硕士研究生)
宋帅华 (西安交通大学新闻与新媒体学院博士研究生)

第六篇
学术出版

序跋选粹

“中国近代新闻学名著系列丛书”总序

《科学传播：争议性科技的社会认知及其改变》作者自序

《传播力》序

《重走美国大报——美国报业转型：颠覆与重生》序

《影像都市：视觉、空间与日常生活》导言

《计算传播学导论》后记

《文本盗猎者：电视粉丝与参与式文化》引言

“跨文化传播译丛”总序

《新闻：幻象的政治》自序

《传媒话语权与影响力——新时期舆论引导能力的提升》前言

新书选介

《错位：后冷战时代的中国叙述与视觉政治》

《大众传媒道德失范治理研究》

《广告文化研究：批判导论》

《进城：传播学视野下的新生代农民工》

《媒介政治社会学分析》

《媒体的马克思主义分析》

《全媒体新闻生产：案例与方法》

《社交媒体：原理与应用》

《社交媒体批判导言》

《世界报刊史：报刊的起源、发展与作用》

《世界广播电视史》

《数据新闻可视化》

《文化与社会的媒介化》

《新闻业的救赎：数字时代新闻生产的16个关键问题》

《舆论学——舆论导向研究》

《中国传媒文化百年史》

《中国电视史：1958—2008》

书目辑览

2018年新闻传播类书目

新闻传播理论

新闻传播业务

新闻传播史

媒介经营与管理

新媒体

广告

广播电视

电影

国外新闻传播论（译）著

论文集及综合性工具书

其他

·序跋选粹·

“中国近代新闻学名著系列丛书”总序

如果从1903年商务印书馆编译出版日人松本君平《新闻学》算起，中国的新闻学已有115年历史。如果从1918年北大新闻研究会建立，徐宝璜开办新闻学讲座算起，中国新闻学教育和研究迄今正好100年历史。值此之际，我们搜集整理清末民国期间一些有代表性的新闻学书籍，希望借此重现早期中国近代新闻学的本来面貌，反映我国新闻学发展的历史脉络。我们认为这对中国新闻学术、教育史研究以及中国近现代思想史研究都是很有意义的。

从1903年到1949年9月止的40多年间，我国公开出版和内部印行的新闻学书籍，包括专著、教材、论文集、资料汇编、参考工具书等，约468种之多。它们集中反映了我国新闻学的历史发展轨迹。然而，由于多种原因，这些书籍除了几本曾被重印出版外，大多已经是“只闻其名、难觅其踪”，这对我国新闻学研究不能不说是一个遗憾。

本丛书在梳理1903—1949年间出版的有代表性的新闻学书籍基础上，精选50部著作，校订注释，编纂再版，也算是对这一遗憾的弥补。

从我们挑选的这50部新闻学书籍看，中国早期新闻学的发展有三个鲜明的特点：

一、中国早期新闻学的发展与中国社会发展尤其与国家民族利益息息相关

40多年间，中国新闻学从近乎空白到勃然而兴，与中国社会的动荡、变革休戚相关。西方新闻学是现代化的产物，最早形成于19世纪末20世纪初。1901年“新闻学”一词首见于中文报章，但直到民国前夕国人对于“新闻有学乎”尚存疑，认为报社就是新闻人才的“养成所”。至1912年上海报业俱进会以“吾国报业之不发达，……其最大原因，则为无专门之人才！”为由，号召组织报业学堂，培养报业专门人才。不难看出，此时新闻界亦将新闻学视为办报之“技”。至1918年邵飘萍为徐宝璜《新闻学》作序仍“窃叹我国新闻界人才之寥落，良由无人以新闻为一学科而研究之者”。黄天鹏把1903年至1918年新闻学研究会建立之前的十余年视为中国新闻学的启蒙期。

1918年，随着以启蒙为目标的新文化运动愈演愈烈，新思潮涌入国门，“新学”“西学”站在旧传统的对立面被学界关注，新闻学思想也不例外；作为公学之首和新文化运动中心的北京大学率先开办新闻学研究会力证了“新闻学”存在的正当性；徐宝璜《新闻学》一书问世，成为中国新

闻学理论奠基之作。新闻学教育兴起，新闻学研究著作渐盛，待到北伐前夕，中国新闻学从学理上和实践上俱已建立起来。

新文化运动后期马克思主义传入中国，资本主义文明逐渐“祛魅”。之后的大萧条使得西方国家的痼疾暴露无遗，曾经“理想之彼方”的西方报业也难以幸免。在这一时代背景下，如何建立“吾国之报业”成为新闻学研究热点，围绕这一热点，关于中外新闻理论、新闻事业、新闻业务的著作涌现。另外，军阀对于激进言论的暴力摧残，又引发新闻人对于言论自由的论争。20 世纪 20 年代的中国新闻学呈现百家争鸣之势。

“在这言论自由纷争之际，也有若干论调，认为新闻纸不过是一种政治宣传的工具，在新闻学方面也提过所谓社会主义的新闻理论，不过这种论调没有完成，当头的国难已把这种理论粉碎。”“九・一八”事变后，面对空前的民族危机，“国家至上、民族至上”成为国论，报业成为勾连和动员社会的渠道和网络，致力于推动“舆论统一”形成。直到全面抗战中期之前，以战争宣传动员为主要研究目标的“战时新闻学”都是新闻学研究的热点。

1943 年至 1949 年中华人民共和国成立前夕，随着战争形势的转变，抗日战争已现胜利的曙光，中国新闻学人开始构想新闻业的未来。萨空了于 1943 年开始着手书写《科学的新闻学概论》，旨在提醒新闻人应“鉴于美英的前车”，避免报纸“为大财阀资本家所独占”，“积极的设法使报纸成为大多数民众自己的相互报道消息、提供意见的工具”。

二、中国新闻学是“西学东渐”的产物，中国早期新闻学人大多具备西学背景

“西学东渐”的内在精神是中体西用。在“用”的招牌下，西学大量涌入。中国新闻学直接引自日本和美国。首先，中国最早的新闻学译著分别为 1903 年商务印书馆编辑出版的日本人松本君平的《新闻学》和 1913 年美国记者休曼著、史青编辑的《实用新闻学》。前者成为中国新闻学的开端，而后者作为美国第一本新闻教育著作，该书“提供采访编辑各种实际问题的解决方案”，也奠定了中国新闻人对于新闻教育之作用的基本构想。

早期中国新闻学人大多具备留美留日的求学背景。徐宝璜曾于美国密歇根大学修习经济学与新闻学，其《新闻学》（1919）的参考文献包括美国书 23 种、英国书 7 种，印证了时任北大校长蔡元培所言，“新闻学之取资，以美为最便矣”。任白涛求学日本早稻田大学政治经济学系时，加入《朝日新闻》名记者杉村等筹建的“大日本新闻学会”，《应用新闻学》（1922）正是仿照杉村《最近新闻纸学》一书体例所做。邵飘萍《实际应用新闻学》（1923）亦参考了《最近新闻纸学》。而杉村深受美、德新闻思想熏陶，美、日、德新闻思想的影响因故传到中国。

事实上，正是留美、留日学生群体的新闻学著述构建中国早期新闻学的基本框架。仅在本丛书所涉国内著（编）者 30 人中，剔除资料不详 3 人，有留学经历者 16 人；其中留美 5 人：徐宝璜、伍超、赵敏恒、戈公振、曹用先；留日 9 人：吴定九、邵飘萍、黄天鹏、任白涛、张友渔、谢六逸、袁殊、管翼贤、王文萱；旅欧 2 人为胡愈之和储玉坤。这些涉足新闻学研究的归国留学生兼容并蓄，汲取美、日、德等国新闻理论和马克思主义新闻思想的精华，进行本土化改良，亦从侧面反映出中国新闻学的理论来源。

三、中国早期新闻学人往往兼新闻实践、新闻教育、新闻研究于一身

1918 年北京大学新闻学研究会成立，徐宝璜负责讲授新闻学知识。他结合自身从业经验，参考欧美新闻学书目，形成课程讲义；再结合讲课心得，不断完善新闻

学理论。1919年，国人自撰第一本新闻学专著《新闻学》最终成书。徐在自序中细陈写书修书之过程：“新闻学乃近世青年学问之一种，尚在发育时期。余对于斯学，虽曾稍事涉猎，然并无系统之研究。客岁蔡校长设立新闻学研究会，命余主任其事，并兼任导师。余乃于暑假中，正式加以研究，就所得著《新闻学大意》一篇，以为开会后讲演之用。……开会后，余继续研究，加以会员之质疑问难，时有心得，遂将原稿加以修改，成第二次之稿……”显然，“曾稍事涉猎”指其曾经是《晨报》主笔的工作经历。早期中国新闻学人兼具从业经验和新闻学教学经验中总结实践经验丰富新闻理论、著书立说、传道授业，这种情况并不鲜见。

从早期新闻学著作的作者（编者）身份来看：本丛书涉及国内著（编）者30人，除李公凡、刘元钊和鲁风三人身份不详，仅蒋国珍、项士元二人没有明确的新闻从业经验。而在这25人中，更有20人兼具从业经历与从教经历。新闻学人大多具有新闻从业经历，学术研究、传承活动与新闻实践密不可分。

从新闻学著作本身来看：许多民国新闻学书籍正是新闻实践和新闻教育的直接产物：国人自撰的第一部新闻采访学专著——邵飘萍《实际应用新闻学》据其在北京大学新闻学研究会和平民大学新闻系的讲稿所著，《新闻学总论》一书则根据邵氏国立政法大学的新闻学讲义整理而成；周孝庵根据自己在复旦大学新闻学教授讲义编著《最新实验新闻学》；郭步陶《本国新闻事业》是上海市私立申报新闻函授学校讲义之十一；而《新闻学的基础知识》本就是中美日报读讯会为新闻学自修者所出版的教材《实用新闻学讲义》之一；储玉坤的《现代新闻学概论》则是专门为大学新闻理论教科书而编写。

正是由于早期新闻学人兼新闻实践、新闻教育、新闻研究于一身，才能为理论教学与著述提供最鲜活的案例，促使新闻实践经验迅速融入新闻学理论研究。这是近代中国新闻学迅速发展的重要因素，对于当今新闻学研究、新闻学教育工作也有重要启示。

由于历史的局限，民国新闻学书籍的不足是明显的，如学术理论之不成熟、部分话语和话题打上了深深的时代烙印等；又因书中涉及的新闻稿件写作于特定历史环境和历史年代，其表达方式不严谨亦无可避免。盖所选书目皆是历史文献，我们在审校中尽量保持其历史原貌：原文明显错漏处，编辑改动用［］标明，难以辨认处用□标明；人名、地名与今日通译不符处，用［］加注；极个别对马克思主义、共产党等有不适当叙述处加注处理；个别有重大历史污点的作者，以不遮掩、不回避污点的原则，将其新闻学著作整理出版，以作学术研究之用。

此丛书规模较大，从策划项目、搜集资料、校订编纂到审稿成书，历时2年有余。这50本书可能并非本本经典，其中有些内容也有重复、雷同之处。但瑕不掩瑜，它们对于中国新闻学功不可没，作为新闻史资料极具研究价值。感谢中国传媒大学出版社和安徽大学新闻传播学院的诸位老师的辛勤付出。也希望读者在此丛书中能读出更丰富的内容，并启发更深入的思考。

（由于篇幅所限，编者对原文进行了删减）

芮必峰

书　介

书名：《新闻学撮要》

编者： 戈公振

出版社： 中国传媒大学出版社 2018 年版

《科学传播:争议性科技的社会认知及其改变》作者自序

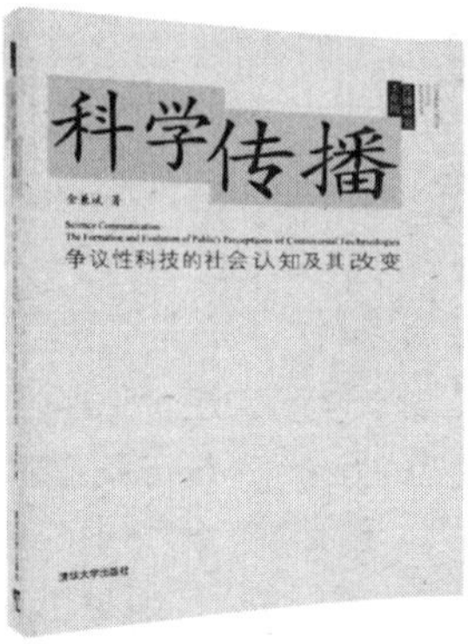

2017年的春天对于笔者而言是一个繁忙而不乏焦虑的季节。万物复苏，草长莺飞，置身清华园里，水清木华，鸟语花香，但常常神游物外，不知身在何方。

一、结缘科学传播

我与科学传播教研结缘算来超过20年。1992年8月，当我以清华大学的双学士身份——材料科学与工程专业工学士和科技编辑专业文学士——毕业留校时，我在当时的人文社科学院中国语言文学系所教的第一门课，就是“科技编辑学”。这是一门我在中文系就读科技编辑专业时，由曾任清华大学出版社总编的时任中国编辑学会副会长庞家驹先生主讲的。当时的清华大学刚刚开始复建文科，清华大学中文系的科技编辑专业是唯一招收本科生——且是通过招收校内二学位生的方式——的文科院系，而中文系选择了一条“小而精、有特色”的发展之路，结合国内新闻出版界兼具理工素养和编辑素养人才的奇缺之现状，决定从科技编辑作为切入口，开展卓有清华特色的交叉复合型人才的培养模式。我作为最早几批这个专业模式的受教育者，也很快加入这个专业的教学教育工作中，承担起“科技编辑学”这门主干课的教学任务。

就科学传播的教研而言，我最早接触到的概念是“科技传播”，当时是1995年。我和当时在清华大学中文系工作的孙宝寅教授一起，参与组织了也许是国内首次科技传播学年会，在清华大学甲所举办。会议当时邀请了美国技术传播学会的一位资深教授参会，我作为主办方老师，负责对这位资深科技传播学者的接待，并在需要的时候担任翻译工作。这次会议有多位来自开设科技编辑专业的国内著名高校的老师参会，他们成为随后几年连续召开的科技传播学年会的核心骨干。但在我而言，自从进入传播学这个学科领域，对我这个理工出身、半路出家进入编辑出版教研领域的年轻老师，无疑是眼界大开，从此开启了以社会科学的研究范式来进行实证传播研究的生涯，主要关注媒介的使用行为和效果问题。但是1995年在清华召开的首届科技传播学年会无疑在我的学术兴趣中埋下了最初的伏笔。在我此后这些年的自我介绍中，有关学术兴趣和教研领域，编辑出版和科技传播，始终有其一席之地，尽管1998年后在我的学术版图上已经被荒废了很久。

但很多时候早先埋下的某个种子，在机缘合适的时候，是会在你差点要遗忘的多年以后，蓦然生根发芽的。从2010年开始，我担任新闻与传播学院的党委书记，开始了两任逾6年的双肩挑生涯。作为学院的主要负责人之一，让我有很多机会——如每月一次的全校书记会，以及每年清华的暑期干部会——与来自各个学院的院长书记们进行交流，与学校领导也有了很多正式、非正式的关于学科发展的讨论。作为曾经在清华五个院系——包括工物系、材料系、中文系、经管学院和传播学院——学习和工作过的清华人，我一方面对于与各理工院系的老师进行学科交流，特别是涉及交叉领域的合作的交流讨论，能够无障碍交流；另外，在这个过程中，也促使我思考在清华大学这个理工科具有传统优势的综合性大学，新闻传播学科建设发挥利用好背靠国内最强的理工学科这一得天独厚的优势的可能性。特别是当我与来自核研院、生命学院和医学院、材料系、化工系、物理系等院系的领导和老师交流时，常常会对他们无意之中提到的社会上对其学科领域中一些前沿研究方向——如核能安全、转基因生物技术、纳米材料等方面的误解、误传或不实舆论表示气愤时，我意识到，在清华，很多前沿学科都面临着如何更好地与社会和公众进行沟通交流的问题：国家在这些学科研究方面投入巨额经费，于国于民，到底意义何在？这个问题是如此重要而急迫，以致清华前校长陈吉宁教授曾经建议，清华大学新闻学院的《清新时报》的一个报道重点，应该放在对清华各个优势学科尤其是理工生医类前沿成果的科学传播上。正是在这样的背景下，我在最近这些年，对自己的研究领域和关注方向重新作了调整。一个学院的学科方向的调整是一件大事，需要慎重的论证。但我作为一个普通学者的研究重点的转向，则是我可以自我把握的。于是这些年，无论是我关注的文献资料，还是指导的硕博士论文的研究方向，科学传播慢慢成为我的一个主要方向和领域。迄今为止我指导毕业的两名博士生、多名硕士生的论文研究题目，都属于科学传播领域。

其实回顾清华大学新闻与传播学院与科学传播的渊源，也一直未断。当时孙宝寅老师、刘惠芬老师和我属于中文系最早一批从事科技传播教研工作的；中文系1994年恢复面向社会招收全日制本科生，本科专业方向就是“科技与文化传播”，1995年开始建立硕士点，专业方向为科技新闻硕士点，刘建明教授是这个方向清华最早的导师，而现任学院党委书记胡钰教授，正是当时清华科技新闻硕士点刘建明老师指导毕业的第一个硕士生。1998年成立传播系后，学校引进了一批迅速享誉学界的中青年骨干学科带头人，其中崔保国老师的研究方向之一，就是科技传播。也正如此，虽然自1998年学校成立传播系后，中文系的学科方向重新调整为传统的语言文学方向，不再关注编辑出版或科技传播方向，而2002年清华大学新闻与传播学院成立后，也没有把科技传播作为学科方向，甚至没有开设这门课，但从对科学传播具有研究背景和学术兴趣的教师而言，不管专业方向存废，其实我们一直在这里，弦歌不辍。当然，值得一提的是清华其实一直有“科技与社会研究所”，主要是从科技哲学的角度为全校学生提供通识课教学，并从事科技史和科技哲学研究，社会和学术影响比较大。但科技所和始自中文系科技编辑专业的科技传播教研，由于不是一个路子，关注重点不同，两者一直没有实质性的交叉，只有个别老师之间——如我和科技所已故的曾国屏教授之间，曾进行课题和著述合作。目前清华在建设世界一流大学的大背景下，意识到加强文科对其整体实力和影响提升的重要性，因此将持续加大对学校文科院系重点学科方向的支持建设力度，其中科技哲学将成为一个重点方向。与此同时，在新闻与传播学院，这些年来我们也积累了一批对科学传播、环境传播、风险传播有学术兴趣和专长的师资队伍，其中，孙宝寅老师长期担任中国科技新闻学会科技传播研究会会长，虽然目前已经退休，但仍然十分关注学会的活动和工作；崔保国教授目前担任中国科技新闻学会科技传播研究会会长，胡钰教授和我分别作为该研究会的秘书长和副会长，在科技传播领域积极组织开展学术交流活动。此外，学院曾繁旭副教授、戴佳副教授近年来在风险传播、环境传播方面著述颇丰。而李希光教授则长期从事健康传播方面的研究。在国际重要的传播学学术组织如国际传播学会、美国新闻与大众传播研究会等年会中，大多有所谓“SHER Division”，即科学（Science）、健康（Health）、环境（Environment）、风险（Risk）传播研究子领域。可以说，清华大学新闻学院在科学、健康、环境、风险传播研究方面已经形成了一支比较强大的教研队伍。这支队伍近年来也凭借扎实的学风和较高的研究质量，多次承接国家一些重大科研项目，针对我国转型期面临的科学、健康、环境和风险传播方面的各种复杂问题进行针对性专题研究，成果丰硕，也正在国内外学界产生一定的影响。

二、写书由来

我并不是一个爱写书的人，这也许源于我作为一个社会科学实证取向的传播学学者的偏见。我在过去十多年的教研生涯中，包括和自己交往的部分学者、特别是来自清华理工科院系的学者交流时，形成了一个概念，即学术论文才是研究成果的理想而合适的载体。在我所关注的不少学者的履历中，最重要和耀眼的学术成果，大多是以在一流期刊发表的高引用率论文来体现的。很多时候，无论升等晋职，还是应聘推优，高引用的一流期刊论文成为一个绕不过去的标配。在理工科领域更是如此。写书被看作对过往研究和他人研究的总结，而不是一流原创成果的展示。也正如此，虽然在我2001年底博士毕业回到清华迄今的近16年时间里发表了90余篇各类中英文论文，但就著作而言，除了基于博士学位论文在2002年出版的《我国城市家庭上网的意向研究》一书外，一直未有专著问世，尽管中间编著出版了若干书稿和论文集，也翻译过几本英文教材，但就专著而言，却10年未能磨出一剑来。

回头来看，我这种重论文轻专著的想法是很片面和幼稚的。学科不同，研究路子不同，对于学术成果的恰当承载方式的选择和看重，自然也会不同。我毕竟身处新闻传播这一文科学科领域。在人文社科领域，厚实的思想成果的整理和传播，专著常常是首选，所谓学富五车、著作等身，都是就其著作而言，而非单凭论文。这是人文社科研究显著不同于自然科学研究之处。也正因如此，在我作为学院主要领导之一起草本院的人事制度改革方案时，我们对教师学术水平和绩效的认定和衡量中，不仅专著和学术论文都作为重要的成果形式，而且规定，对于高级学术职称的晋升而言，专著是一个必要条件。

我从2016年6月卸任学院书记一职之后，教研生涯进入了另外一个阶段和状态。由于我不是一个善于多任务并行处理的人，使得从2010年以来的6年多时间里，在学术成果的整理发表上拖欠了大量的待发表半成品，研究课题积累的数据、资料和会议论文材料，很多都未及时整理发表。如果说在任6年我的压力主要来自我并不擅长的党政管理方面——虽然其间我的教研工作量并未削减，但教研从来不对我构成太大压力——那么2016年6月卸任之后，我的压力便骤然转移到对各种积压的研究结果的整理发表上来。在过去大半年时间里，我除了陆续整理发表了一批论文外，还同时定稿一本翻译书稿和完成对一本论文集的编著工作，但一直计划中的这本科学传播专著，则进展缓慢。虽然过去几年我积累了大量的文献资料和调查数据，但真要规划一本书——而不是一篇我熟悉的期刊论文——还是让我有点一筹莫展，甚至有点久疏战阵的茫然。所以在内心，我一直对写作专著有点逃避，尽管一直在断断续续做着文献整理和单个主题的写作。

转变出现在 2016 年底寒假前。因为某种原因，按照此前订立的出版约定，我必须要在 2017 年 6 月前后正式把该书出版，我的著作计划不得已加快。我对该书的章节结构数易其稿，多次调整，最后采用比较松散的主题版块的方式进入各章节的写作，并在写作过程中慢慢沉淀和形成目前的章节结构。在此过程中，我把写作过程中需要对特定主题进行资料和文献收集、整理的一些工作，以及进行特定主题的数据分析的部分任务，委派给我的一些硕博士学生来进行准备。很多任务是根据写作进程和需要随时指定和交代的。正是因为有我的学生们为本书的写作提供的诸多形式的帮助和协助，才使得本书能够在短时间里最终成型。

三、关于本书内容

本书共分九章和一个附录，略述如下。

第一章我对科学传播作为一个研究领域作了系统地梳理。本书讨论争议性科技的传播和公众感知问题，由于这一问题的综合性和复杂性，为了使有关讨论更加深入而符合社会历史和文化场景，有必要将其放在一个更大的学科背景当中。由于科学传播本质上讨论科学和社会之间的关系，涉及多种不同性质的主体，以及各个不同层面、不同方面的社会环境和发生场景，因此在这一章节中，我首先对科学传播的内涵及其作为一个研究领域的演变进行了简单的勾勒；其次，在科学社会学的视野下，来考察科学传播中涉及的一系列重要的问题；最后对这个研究领域的相关重要资料，包括会议、期刊、课程教育项目等作一个介绍。

第二章讨论在科学传播领域和历史上具有重要意义的“公众理解科学”运动。我首先对第二次世界大战后科学的社会变迁作了梳理，然后介绍英国皇家学会 1985 年发布的影响深远的《公众理解科学》报告，以及围绕报告及其所体现的诸多“隐含”的认知假设（assumptions）进行的各种批判性分析。“公众理解科学”所倡导的科学传播模式即缺失模型（deficit model）虽然理论上受到各种质疑和挑战，实践上被证明效果欠佳，但其对社会特别是科学共同体带来的影响是巨大的。因此从实践效果上看，尽管随后的“公众参与科学”模式更被广为接受，但作为对科学传播理念和理论、历史的梳理，我们觉得对“公众理解科学”予以详细深入的讨论是十分必要和有启发价值的。

第三章讨论媒体与科学传播。在科学传播中，媒体扮演了重要的角色，无论是在大众传媒时代还是社会化媒体时代。在这一章，我们首先讨论了科学传播媒介环境的演变对科学传播带来的影响；其次介绍媒体上的科学呈现，包括影视作品中的科学内容，以及作为大众传媒时代科学传播的主要载体的科学新闻和科学报道；最后我们讨论随着越来越多的科研机构和科学家意识到与媒体沟通的重要性而带来的所谓“科学的媒体化”现象。

第四章和第五章我们重点讨论争议性科技的传播问题。第四章具体讨论争议性科技及其风险控制问题。我们首先对争议性科技、特别是本书所讨论的争议性科技作了界定，重点放在争议性科技议题这一概念上，即从公众感知的角度，而不是从技术本身的特点的角度来认识争议性科技；其次我们主要从社会对争议性技术的监管角度，来讨论争议性科技的风险控制问题，我们对欧美在争议性科技的监管理念、具体法规、相关机构作了精心梳理，以资我国在制定和实施类似社会监管方法和措施时参考；最后我们通过两个具体的案例，对争议性科技议题的特点和演变进行了讨论。

第五章则把重点放在争议性科技的媒体呈现上。过去几十年，围绕争议性科技，特别是农业生物科技方面的媒体报告和公众认知，已经积累了大量的文献和分析框架，为我们进行相关的研究提供了非常丰富的理论资源和参考材料。本章首先对争议性科技媒体呈现方面的理论和文献进行梳理；其次具体探讨我国围绕转基因生物科技，在媒体上进行的讨论和争论，对不同主体和利益方在媒体上的行为和形象进行了分析；最后我们基于内容分析，对主流媒体和社交媒体上的转基因生物技术的呈现进行了研究，为我们认识这一重要的现象提供了第一手实证资料。

第六章是专门探讨在争议性科技的认知和态度研究中一个非常重要的概念和影响因素——信任。信任是日常生活中的关键要素之一，也是社会得以健康、高效运转的基石。在争议性科技的社会传播中，由于科技本身与民众科技知识水平和直接经验的距离，使得人们对争议性科技无论是研发、产业化和消费相关产品的态度和意向，都和人们对作为技术和产品研发方的科学家群体，和相关产品生产方企业群体的信任感有关，也与人们对政府的监管能力和意愿、决心的感知和信赖有关。在这一章我对信任概念作了系统的梳理，并结合我们自己的调查数据，揭示了民众对不同社会群体信度程度的差序格局，最后重点讨论了对人们态度形成尤为关键的制度信任问题。

第七章讨论对争议性科技的认知和态度问题，这是本书的核心问题。我们首先对有关知识和态度形成方面的理论和研究进行了梳理。其次以《公众理解科学》上一篇论文所提供的研究为例，对知识水平如何影响人们对转基因生物科技的不同方面的接受度进行了分析和说明。最后我们提供了三种典型的争议性科技，即转基因生物科技、核能、纳米科技的知识水平测量题。在我们对争议性科技的社会传播研究中，无论是根据理论还是文献，对有关科技的认知水平是一个经常被检验的预测因素，而这方面的测量工具，在文献中并不统一。很多文献中涉及科学知识这个概念时，其测量设计也比较随意，影响了知识水平这个概念测量的信度和效度。本书精心整理这部分内容，无意为其他学者进行科学知识这个概念测量时提供现成工具，而只是希望为他们的相关测量设计提供一些有益参考，可以少走弯路。毕竟，这个研究工具的设计，涉及大量的专业知识，对于人文社会科学的学者有一定的知识门槛和挑战。

第八章和第九章基于我们自己的调查数据，向读者提供了两个具体的与本书主题相关的研究。第八章提供一个完整的有关公众对科学家的信任的实证研究。如前所述，在争议性科学传播中，公众对科学家的信任常常对其态度和行为意向具有重要的影响。我们的这一研究把信任水平作为关注对象，试图通过科学素养、媒介使用和社会网络等角度，来理解公众对科学家的信任机制。第九章则是用两个不同的调查得到的数据，来详细描述不同知识水平和人们对转基因生物技术从技术到产品消费各个不同方面的态度和意愿的关联性。

本书的附录，收录的是由英国皇家学会媒体与公共事务小组前负责人鲍勃·沃德写的《英国皇家学会与气候变化的论证》一文，由陕西师范大学新闻与传播学院教授许加彪老师翻译。之所以特意附上沃德的这篇材料，是有感于英国皇家学会在面对诸如全球气候到底有没有变暖这样一些重大而又涉及背后复杂的利益集团力量影响的争议性议题上。一个权威的科学机构或组织，如何利用其在公众中所享有的较高的公信力，代表科学共同体站出来发声，并有所作为，采取行动，这不仅需要科学精神，也需要道德勇气和社会责任感。在我们对有关转基因生物科技的科普宣传的研究中，我们也多次听到一些一线科学家抱怨，我国在面对媒体上各种利益集团和反转人士围绕转基因生物科技和食品安全问题上种种混淆是非的言论和争论时，具有英国皇家学会这样类似性质的机构和组织却未能及时站出来正本清源，提供科学共同体的权威观点和意见，放任有关争论愈演愈烈，偏离科学和理性协商的轨道。这正是我们附上这一附录的初衷。

总之，经过这几年的积累和近半年多时间的集中撰写，笔者自认为本书还是较好地反映了科学传播领域，特别是在对争议性科技的社会传播方面的国内外最新理论和研究成果。在本书中，我们进行了大量有一定创新性的相关历史、文献、理论和政策梳理，对于理解科学传播历史和研究领域中的一些重要问题，相信能给读者以启发。我们也收集整理了大量的资料，这些资料将有助于感兴趣的读者更加方便地从事科学传播的相关研究和教学工作。本书最后两章，我们基于我们自己第一手的调查数据，就公众对科学家的信任问题，以及争议性科技的认知情况和人们的态度之间的关系，提供了多个角度的实证性分析。这些，相信都是对我国迄今为止在社会科学实证研究范式下进行的科学传播研究的最新成果的反映，应该有它独特的学术价值、文献价值和社会意义。

金兼斌

书　介

书名：《科学传播：争议性科技的社会认知及其改变》

作者：金兼斌（清华大学新闻与传播学院教授）

出版社：清华大学出版社 2018 年版

《传播力》序

本书的核心观点是：作为社会各类机构的基石，权力关系很大程度上通过传播过程在人们心灵中得以建构。恐吓或暴力可以造成肉体屈服，但相较而言，精神的塑造是一个更具决定性和持续性的统治形式。传播过程包括了人际传播与媒体传播（mediated communication）两种类型。在社会维度，正是媒介化传播构成了符号化的环境，人们在其中接收、处理并发布各类信息，由此创造出生活的各种意义。媒介化传播的活力与效果，取决于文化、组织与具体传播系统中的技术。因此，数字传播的出现所导致的传播转型，以及与之相伴随的组织机构与文化的变迁，已经深刻改变了权力关系运作的方式。这一观点贯穿于本书所列举的各种案例。

数字时代的传播转型

近年来，传播转型中最重要的一类，就是由大众传播到大众自传播（mass self-communication）的演进。在互动传播过程中，大众自传播（自媒体）可以潜在地触及大量受众，但是其信息制造是自我生产的、信息流动是自我定位的、数字传播网络内容的接收与融合是自我选择的。以传统电视网络为代表，单向大众传播（大众媒体）的兴起，带来的是大型商业集团的出现。但因为互联网与移动传播网络的出现，自媒体开始从逐渐分化的传播网络中兴起。然而，随着互联网发展成为数字时代主要的传播媒介，主要的大公司开始控制互联网商业，全球性通信公司也构建了移动传播平台。正如本书所提出的，在数字时代，主要的传播组织形式由全球化的多媒体商业网络占据，它们使用不同的传播媒介但又整合在同一家大集团内，在一个越来越由寡头垄断的商业环境中，竞争力得以提升。不仅如此，横向传播网络与单向的传统传播形式（如电视、广播、出版社）日益融合，由此形成一个使用数字技术的混合型传播体系，从而由统一的普通超文本演变为丰富多彩的、个性化的“我的文本”（mytext）。然而，即便互联网领域同样也是围绕主要商业集团的权力来建构，并且还要受到政府一定程度的监管，但它实际上仍然保持了一种不同的传播模式。这典型地体现在：传播主体面对网络监管者，仍可以大量自主设置议题。其中原因在于数字网络技术让各类个体和组织可以在很大程度上绕过大公司和管理机构，自主生产信息和内容，并在数字空间中传播。当然这并非毫无困难，也并非完全没有审查，但相对于交给公司编辑和政府检察官，确实实现了更高的自由度。实际上，由于互联网公司做的是自由传播的生意，所以它们经常加入鼓吹互联网自由的抗争中，反对政府各种钳制互联网的企图。此外，它们也不时遭遇传播渠道控制者针对“网络中立观”的攻击。这就是为什么网络流量越多，互联网公司盈利越高的原因。因此，为了实现自身利益的最大化，它们会不断改造互联网的应用模式。不仅如此，互联网行业的进入门槛要远低于传统传播业。很多懂技术的年轻人拥有了一些创意和资金就能创办公司，去冲击那些垄断企业给自由传播设置的各种限制，这在互联网公司的转型扩张中屡见不鲜，特别是那些新崛起的社交网站，如Friendster、Facebook、YouTube、Twitter，以及从2002年以来世界上改变了传播网络中社会与组织样貌的那些公司。2013年，世界上有超过28亿的互联网用户以及超过64亿的无线通信设备用户，地面数字通信网已经成为我们生活的基础，从而建构了一种新的社会结构，多年前我就将其称为网络社会。商业公司一直试图将自由的空间改造成加了围墙的花园，以便把控入口获得利益。政府一直以来也对互联网上的自由传播非常焦虑，因为在整个历史过程中，它们的权威都建立在对信息和传播的控制上。

然而世界上数以百万计的网络高手已经发起了一场坚决斗争，以夺回自由传播的空间。凭借着司法系统的刚正不阿，以及互联网从业者骨子里的自由基因，他们在维护个体表达权的征途上，已经获得了某种程度的成功。对于大部分新时代的人来说，维护自由上网的权利已经超越了其他需求，因为无论是从音乐到政治，还是从购物到情感交流，自由传播都是他们各种重要活动的先决条件。因此，当人们把任何内容、任何地点与任何人的传播权利视为自由人性最重要的标示，争取网络自由的斗争就是一个永不终结的过程，而且互联网所蕴含的技术与文化特征使得自由的敌人在面对反抗的大众时很难占据优势。

不过，这些发展的结果也不能高估。自由传播是最重要的颠覆性活动，因为它会挑战嵌在社会组织机构中的权力关系。政府和商业机构控制下的自上而下的传播，是人类社会历史的典型特征。任何新的传播技术，比如出版，都会挑战权威。长期生活在不公社会中的人们心中滋生的反抗的种子，只有在和其他人联结的时候才会生长开花，并打破个体间的隔阂，演变为社会动员和非传统的社会组织。严谨一点说，这并不一定会更好，因为历史并没有关于积极经验的预设，把进步作为人类演化的必然命运只是一种意识形态假设。然而，如果不考虑社会变化进程的重大内涵，这就是无尽的社会运动。在生活的每个领域，传统统治机构都受到那些自觉被统治、贬损、剥削、侮辱和歪曲的人的挑战。这些挑战需要面对体制暴力以及占社会支配地位的观念模式所产生的说服能力，而正是这些观念模式使既有权力关系合法化。作为一种社会空间，传播领域充满了冲突，各方围绕价值与利益展开斗争与辩论，而社会秩序也正是在这样的环境中不断“重熔再生”。你来我往中，新旧势力或颠覆，或适应那些不断演进中的新模式。所谓新模式，具体来说，就是过去精致却固化的统治者，与渴望改变世界并预备好为之而奋斗的反叛者，所提出的人类未来生活的可选方案。与系统地偏向于现有统治阶层的协商制度不同，传播空间的权力来自多元主体所提供的信息，以及这些主体间的互动。信息来源越广越大，互动的频率越快，传播作为社会变化的动力就越强。这就是为什么政治权力与社会秩序都是基于统治者对传播过程的有效控制，这种控制渗透在布道坛的宣讲、报纸的编辑流程以及电视节目中。传播机构越庞大且越高高在上，它所传播的信息就越集中，受众就越容易被分化和控制。这就是，也仍旧是大众传播世界的现状。但这并不意味着信息的接收者都是被动的受众。实际上，人们会用自己的方式来分析这些信息，而且并不一定获得传播主体想要实现的结果。只不过从社会维度来看，人们所能获得的唯一素材（无论是图像、声音、文字），都来自政府与企业所控制的大众媒体。但由复合传播（multimodal communication）构成的横向网络在世界上流行开来后，这种垂直传播模式就被瓦解了。各种各样的信息出现了，其中的丰富意义也由传播主体自身所建构。他们有时可以达成一致，但更多时候则充满了分歧。尽管如此，他们很大程度上仍然可以独立于大众传播主导者们的议程设置策略。传播与权力的相互作用由此变得更加充满变数，自由的精灵从被媒体封闭的瓶子里解放，全世界的人们都可以拥抱新的自由。

预测最近的过去

从本书初版的2009年到2013年刊印第二版，这短短几年时间里，权力关系实实在在地受到了新的数字传播语境既深且巨的影响。为大众媒体所聚焦的政治运动，一直以来都是媒介政治的条件反射，对丑闻的突出强调成为政治斗争中的主要策略选择。政府将媒体当作自己的宣传机器，并利用自己的监管权作为交换支持传媒产业。信息管控会一直对公民掩盖真相，无论战争还是和平，亦无论生存还是死亡。金钱不断塑造着政治，媒体宣传和政治信息传播会通过复杂的数据库技术获取选民的隐私，从而更具针对性。政治表演和被篡改的图像建构了公民的感知方式，但公民却不得不如在迷宫一样，探寻自身的思考方式。

对于这种有偏向的传播系统，互联网目前还不是真正有效的解药，因为政治操纵者虽然最初对互联网有误解，把它当成电视一样的媒体，但也学习了新的策略。事实上，2008年奥巴马的总统大选，就代表了政治技术的一个分水岭。在这场竞选中，对互联网的熟练使用和对草根阶层的有效动员，是奥巴马取得成功的决定性因素。自此以后，世界上大部分的政治运动都将互联网和移动传播纳入其中，尽管他们忘记了草根阶层通过支持运动所获得的自主权会使互联网的权力最大化。无论如何，互联网已经像电视那样，成为制度主义政治学的核心工具。

从某种程度上来说，互联网已经占据更重要的角色，因为电视聚焦于选举或批判性报道，如国家或国际危机，而互联网已经在政治与公民之间搭建了日常联系平台。因此，互联网的使用并不像看起来那样局限于社会运动，而大众媒体也并非被占支配地位的精英所独占。我们生活在一个多种传播模式互相渗透的世界，所以在权力生产过程中，在很大程度上，传播实际既在各种机构中又在整个社会上，拓展和深化自身的关键角色。

与此同时，横向传播网络的扩散以及本地与全球传播系统的多点接入，已经在社会和体制层面深刻地改变了权力实践，增强了市民社会和非机构的社会政治角色对权力关系形式与动力的影响的作用。

自本书出版以来，围绕着国家的政治动态，基于互联网的自主传播已经显示出决定性影响，成为权力关系最直接的表现形式之一。我要让读者意识到：我从来不去预测什么，因为我不信任那些常被用来预测未来的方法，那只不过是对现在作些推断以及加上一些趋势，而不考虑预测的众多变量在发展趋势中的相互作用。事实上，我更偏爱谨慎行事以及预测过去。这并非开玩笑。我的目标是观察那些在著作出版后发生的典型事件，它们使本书提出的分析框架看起来更有道理。这些特别案例都收录在本书中。

我整个的分析都基于权力关系建构过程中权力与反权力（counter power）的互动（权力多来自机构，而反权力来自公民社会）。我在本书中的主张是，传播的形式与过程对于这一互动的形塑具有决定性影响。我在本书的分析中指出了传播在政治体制中的关键角色。基于一些案例研究，我还特别强调，大众自传播的兴起给社会行为主体提供了社会政治变革的新途径。我现在可以更坚定地说，大众自传播近年来的扩张，已经前所未有地强化了个体和社会行为主体挑战国家权力的能力。当然，这并不是互联网发展的必然结果。没有技术可以决定一切，原因在于社会进程中嵌入了一套复杂的社会关系。然而技术，特别是传播技术，并不是中性的。极少数人把持书写的社会，与印刷机发明后形成的书写与出版普及的社会之间，存在着巨大的差异。当年欧洲最具权威的天主教，正是被《圣经》的自由阅读所挑战并最终瓦解。政治进程由报纸主导还是更多的由广播或者电视所形塑，其中也存在着巨大的差异。而本书努力分析和定义的另外一个关键变化则是，嵌入大众传播中的权力和基于互联网的、挑战传统政治秩序的自主能力。因此，技术并不能决定权力形成的过程及其结果，但它也并非中立，因为它会在挑战权力的社会中，最大限度地为那些可能的选择，提供表达与动员的机会。

两个具有不同意义的案例可以说明，在数字传播网络世界中，权力与反权力之间互动的变化。第一个是由维基解密对政府在国内外事务中的信息控制所造成的挑战。将信息设为“机密”一直是政府的重要手段。一旦当选或被授权，政府就可以代表公民进行决策而并不需要真正向他们公开。维基解密暴露了那些公众关心但却一直隐藏在国家安全名义下，缺乏公众监督的事务，由此创造了公民掌握自身代表权的新机遇。第二个例子是 2010—2012 年间在全球 100 多个国家的数千个城市所爆发的反抗社会不公和政治不民主的社会运动。这些运动通过互联网和无线设备建立的匿名传播活动形成了自传播和自组织，由此最终在政治体系和公共意识的多重背景下产生了重大影响。相关详细分析和经验材料，在此不加赘述，相关内容均已出版（Castells，2012），或在一些学术活动中发布（Castells，2010，2011）。在此，我将聚焦于这些事件中与传播和权力的相互作用有关的意义分析。

关于权力与社会变革的传播理论

依据本书提供的传播权力理念框架，发生在 2010—2013 年的网络社会运动可以得到更好地理解。我想提醒读者的是，从本质来看，我的主张是权力关系主要体现为权力与反权力之间的动态特征，也就是体制蕴含的权力再生产与社会行为主体对这种权力的挑战，这些人认为他们的兴趣与价值没有在现有体制中得到充分体现。无论权力还是反权力在很大程度上都取决于对人们精神世界的塑造，这宛如一场在复合传播网络上爆发的战争。

权力由机构强制执行。反权力则一般由兴起的社会运动来行使。事实上，纵观历史，社会运动已经是并将继续是社会变革的杠杆。它们通常源于一场令大多数人的日常生活都变得难以接受的社会危机。它们都出于对社会政治管理机构强烈的不信任。物质生活条件的降低与统治者管理公共事务合法性的危机一旦结合，会促使人们把主动权掌握在自己手中，在规定的体制性渠道之外开辟新的集体行动，来捍卫他们的需求，并最终改变统治者，甚至重新塑造自身生活的那些规则。然而这种危险行为，因为维持社会秩序和政治稳定是强制性的权力关系表达，如果必要会使用恐吓，以及最后的手段——武力。因此，从历史经验来看，同时结合我对网络社会运动的观察，社会运动通常由情感触发，这些情感缘于一些意义重大的事件，可以帮助抗议者克服恐惧并勇于挑战权力，尽管一些意义重大的事件，可以帮助抗议者克服恐惧并勇于挑战权力，尽管他们的行动危险重重。其实社会变革涉及个人行动和/或集体行动，其根本原因是情绪动机。根据社会神经科学的最新研究（Damasion，2009），这正如所有的人类行为一样。基于实验心理学（Newman et al.，2007）的研究，政治传播中的情感智力理论（theory of affective intelligence）认为，触发器是愤怒，阻碍物是恐惧。愤怒可以强化对不公正行为的感知以及对该行为负责机构的确认。恐惧触发焦虑，这与避险密切相连。在传播过程中，通过分享与身份确认，可以克服恐惧。然后愤怒就会接管：它会导致冒险行为。当传播过程诱发集体行动并且变革被激活时，最有力的积极情绪——热情，就占了上风，它可以点燃目的明确的社会动员。被热情鼓舞的网络化个体，克服了恐惧，成为一个有意识的集体角色。因此，社会变革源自传播行动。其中涉及与人类大脑神经网络的关联，因为其信号刺激来自周围环境中的传播网络。

这些传播网络的技术与形态塑造了动员过程，因为社会变革既是一种过程也是其结果。作为普遍的、媒介化的人类互动形式，数字传播网络的兴起提供了新的语境。它居于网络社会的核心，并成为一种新的社会结构，21 世纪的社会运动正是在其中被塑造的。你手中拿着的这本《传播力》，目的就是要提供一个接地气的理念框架，以理解我们这个时代社会变革与政治变革的路径。这只是个假设性的框架，一定要与学术研究中已有的历史经验相对照，并最终由其来校正。

（由于篇幅所限，编者对原文进行了删减）

曼纽尔·卡斯特（Manuel Castell）

书 介

书名：《传播力》

作者：［美］曼纽尔·卡斯特（Manuel Castell）（美国南加州大学安纳伯格传播学院院长）

译者：汤景泰、星辰

出版社：社会科学文献出版社 2018 年版

《重走美国大报——美国报业转型：颠覆与重生》序

14 年前，辜晓进在台湾出版《走进美国大报》时，我替他写过一篇推荐文章，标题是《辜晓进让我想起容闳》。容闳是中国第一个留学生，他写的《西学东渐记》是后来几个世代留学生的必读经典。在中国传媒历史中，辜晓进虽非第一个赴美访问调研的记者，但他为了撰写《走进美国大报》这本书，无论是走访美国报业家数之多、访问美国报业高层之众还是引介美国报业历史与现状之广之深，都前无古人。书成后在传播实务界与学界的影响力，同类书籍中也罕见其匹。这本书若改名为《美国报业东渐记》，大概亦属允当。

但看完辜晓进的《重走美国大报——美国报业转型：颠覆与重生》这本新书后，辜晓进又让我想起了唐朝的玄奘和尚。

玄奘苦行天竺取经，其结果不但成就了佛教史上一代高僧，也让中国佛学从此有了经典模板可学之习之，更让中国佛教因此而进入了盛世。

若从盛世这个比喻来观察全球媒体现状，应该没有人会否认：现在是纸媒的衰世，网媒（数字媒体）的盛世；辜晓进 14 年前亲历亲见的美国报业，目前正处于一个衰世末期进入另一个盛世初期的转型阶段。他这趟走进美国大报，目睹了纸媒旧典范的被颠覆，也看到了纸媒因创造新典范而显现了许多重生的蛛丝马迹。这本记录他访谈、观察与感想的书籍，比十几年前那本书，应该更有像玄奘西天取经后那样既影响当代又引领后世的重要意义。

从事传媒工作的人都有共同体认：传统媒体的旧世界已被新的科技、新的工具、新的方法与新的世代所建构的新媒体有所颠覆，每个媒体都在纸媒黑夜与网媒黎明交替交错的微光中摸索前进，试图寻找一条出路。

但即使有这样的共同体认，从事传媒工作的人却也都犯了同样的错误：多数传统媒体不是转型太慢太少，就是太多太快弃守媒体应坚持的专业古典价值。其结果便是：想要转型突围的媒体，绝大多数却自困于衰世逐渐崩塌的断瓦残垣中，既哀叹昔日风华之不再，又惊慌于距离美丽新世界依然何其遥远。

网媒，当然就是那个美丽新世界。但能在美丽新世界这片广阔大地上开疆辟土的媒体，无论是转型的旧媒体，还是原生的新媒体，都寥寥可数。

原因是什么？美国硅谷的《圣何塞信使报》（*The San Jose Mercury News*），也许可作为例子。这家报纸被公认是全美传统报业试图向数字化转型的先驱，比《纽约时报》更早，但从20世纪80年代末期开始，信使报不管投入多少资金、增加多少员工或是成立多少研发组织，转型数字化的脚步总是进两步退三步，过程中最大的阻力就是来自集团内部高层主管的“难忘旧情”：他们难忘报纸的广告与发行收入，难忘报纸至上的影响力，始终抵制“数字化优先”的经营策略。其结果便是：转型数字化的先驱最后竟然变成了转型失败的最佳范例。先驱变成先烈，让曾经参与信使报转型的那些改革推手这几年一再感叹“报纸的根阻挡了我们”。知名的《哥伦比亚新闻评论》也在一篇长文中，用了“这家报纸差一点就抓住了未来”（The Newspaper That Almost Seized The Future）这样的标题，惋惜《圣何塞信使报》转型的功败垂成。

其实类似《圣何塞信使报》这样的故事，在美国报业中多得不计其数。每家报纸面临的共同困境是：发行量逐年下滑以及广告收入大幅减少，其中有些报纸虽因数字化转型而收入略增，但数字化带来的有限收入，却仍不足以弥补纸本日益扩大的亏损。两头落空的结果，有些报纸在犹疑踌躇间便停顿或放慢了数字化脚步，转而集中所有资源去死守报纸的原有阵地。但在“科技大崩解”的美丽新世界中，这种“战略胆怯，战术保守”的媒体经营策略，就如同困守围城一样，迟早会因弹尽粮绝而走向败亡的命运，多少曾经显赫一时的那些大报、“质报”，这几年就这样一个接一个从核心退向了边缘，甚至变成了让人缅怀悼念的历史名词。

少数几家报纸，像《纽约时报》与《华盛顿邮报》，在向数字化转型的漫漫长路中，虽然也曾经被报纸的根绊倒，尝尽失败滋味。《华盛顿邮报》由格雷厄姆家族以低价易主亚马逊老板贝佐斯（Jeff Bezos）后，更让人仿佛听到了挽歌响起，以为这是这家历史性大报“结束的开始”。但《纽约时报》因不断试误，例如付费墙模式的一再修正，日复一日与绝境愈来愈拉远了距离；《华盛顿邮报》在非新闻人出身而没有“报纸人”包袱的贝佐斯带领下，也在美丽新世界中一步一步攻城略地。

根据2018年5月的最新统计，《纽约时报》的纯数字订户已达到280万人之多，超过它的纸本订户，数字广告收入也有4670多万美元，约占《纽约时报》包括纸本在内全部广告收入的三成七左右。《华盛顿邮报》的数字订户虽然只有《纽约时报》的一半左右，但《华盛顿邮报》的总体获利率却高于《纽约时报》。而且在全球报业普遍性裁员的浪潮中，贝佐斯却逆向前行，他不但不紧缩组织，反而扩增了编辑部一百多名员额，可见他对《华盛顿邮报》转型前景充满信心。

贝佐斯虽然被《华盛顿邮报》员工形容是个“产品人”（产品的家伙）而非“报纸人”，但他对办报却自有一套经营哲学：其一，“读者优先，而非广告商优先”，因为广告商是跟着读者走的；其二，“扩展而非缩小通往获利的道路”，因此紧缩规模并非良策；其三，“运用科技，但不能变成科技的奴隶”，所以不能迷信数据；其四，“单靠广告无法支持调查性新闻”，读者知道高质量新闻必须耗资完成，也知道天下没有免费的午餐，因此只要媒体要求，他们通常会愿意为此而付费；其五，“民主在黑暗中死亡”，而媒体却是点亮黑暗的光，这也是《华盛顿邮报》作为媒体的价值与使命。

《纽约时报》老板苏兹伯格跟贝佐斯的转型策略虽然不尽相同，但在坚持媒体价值这一点上，他们却道不同而理同。在科技大崩解的年代里，《纽约时报》虽然不断提醒它的员工“如果我们不做任何事，胆怯于想象未来，或者误以为过去成功的历史会保护我们免于受到科技改变的冲击，我们最后一定会被时代抛在后面”，但苏兹伯格在拥抱美丽新世界的同时，却仍然再三重复《纽约时报》的“3Q 理论”：优质新闻（quality journalism）、优质读者（quality readers）以及优质广告（quality advertising）。“《纽约时报》之所以不像其他竞争者一样走向凋零的命运，就是因为我们始终坚持一个强大的价值系统，这是《纽约时报》最重要的一个传统，即使在数字年代，这个价值依然不变。”这是苏兹伯格始终不渝的一个信念。

换句话说，《纽约时报》与《华盛顿邮报》一样，它们在穷尽一切可能向数字化大步转型的过程中，所承担的角色与使命都是双重的：拥抱美丽新世界，坚守古典老价值。它们既要做新媒体的拓荒者，也要做老价值的守护者；而且它们相信，老价值不老，其命维新；相信媒体也许有新旧之分，但价值却无新旧之分；相信新媒体与老价值的结合，不是悖论，也非两难，而是当然与必然。“新闻重要，比任何时候都重要。”（Journalism that matters, more essential than ever.）《纽约时报》的这段促销广告文字，道尽一切。

过去 40 年，我办过报纸与杂志，也办过三家原生型数字媒体，对媒体典范转移之艰难，略有心得，对纸媒之衰与网媒之兴，也不无感触。但这些心得与感触，与辜晓进新书中所记所述内容相比，却浅得太多也窄得太多，在这本新书面前我只是一个学生。感谢辜晓进千辛万苦替我们远渡重洋取经。这篇文章只是替他的“西域记”，写下一个小小的脚注。

王健壮

书 介

书名：《重走美国大报——美国报业转型：颠覆与重生》

作者：辜晓进（深圳大学传播学院特聘教授）

出版社：南方日报出版社 2018 年版

《影像都市：视觉、空间与日常生活》导言

城市的意义在于它是一个复杂的人居环境。由于人类本质上是社会性的，传播的质量是个体和群体生活质量最基本的决定因素，因此传播成为城市自主自足、自主诗化、自主长存的基础和动因。早在1960年代，社会学者简·雅各布斯（2006）就在其著作《美国大城市的生与死》中，将城市描绘成一个极富动态的地方，充满活力、多样化的城市孕育着自我再生的种子。建筑学者凯文·林奇（2001）同样强调城市可以被看作是一个故事、一个反映人群关系的图示、一个整体分散并存的空间……一个充满矛盾的领域。马克·吉罗德（2008）则告诉我们，城市聚集了人的智慧，经历了岁月，也在岁月中发展起来；有些过度繁荣，有些陷入困境；但城市的故事将永远叙述下去，因为它是那么丰富多样。正因为如此，大卫·哈维（2010）才得以在《巴黎城记：现代性之都的诞生》中，从多个维度探讨城市空间生产如何再造新的社会关系和形塑新的共同体。

当今信息与传播技术（Information and Communication Technology，简称ICT）革命正在重塑信息化时代的城市形态，其中一个明显的特征就是都市的快速视觉化、影像化及其深远影响。在这一背景下，从视觉、空间与日常生活的角度探究城市与传播的关系，是一个有价值的路径。一个城市，其视觉可识别性和视觉质量，不仅是都市构成的一个重要方面，还对都市生活的安全感、美感、节奏、象征再现多方面，都意义重大。就像凯文·林奇（2001）所说的那样，城市"充满令我们困惑的景观"，但只要城市景观"清晰可见，那么所有的恐惧和困惑都将被景观的丰富和力量中蕴含的欢乐所取代"。媒介文化学者斯科特·麦奎尔（2013）更是着眼于技术、媒介、城市的关系，认为媒介将都市转变为一种影像，进而借此代表都市生活。从这个意义上看，影像是都市的透视镜，都市因此得以展示；影像也是都市的载体，都市因此得以延展。

在这里，本项目组力图基于经验研究，发展一系列有关影像都市的理论阐释。所谓影像都市，特指以影像中介的城市——在本研究中，影像和都市的关系从两个层面体现出来，一是影像参与构筑都市，是都市空间的一部分，在都市的实体空间中生产意义；二是都市的影像再现。这两个层面相互介入、相互影响，建构了光怪陆离的都市景观，成为具有高度可识别性的城市表征之一，参与都市意义的维系、协商、冲突、再造。

基于前期的基础性调研，并综合项目开题和中期成果会议上多位专家学者的意见，本项目组在最终成果当中，将"传统

的消逝：影像传播与日常生活”这一议题，聚焦到影像都市这个核心概念，在新技术环境下从实体空间和虚拟空间两个维度展开，以翔实丰富的经验材料探讨视觉、空间与当下青年文化的关系。具体而言：

第一章“影像都市的视觉建构”借助2010上海世博会这个高度视觉化的特殊标本，阐释了影像都市这一用于指涉影像中介的都市的概念，正是新技术时代都市时空新关系的一个重要维度，其内涵既包含都市的影像再现，也包含影像化的都市现实。基于技术的影像奇观，是都市的表征，也作为一个重要相面构成都市自身，为进一步开掘有关影像经验与都市经验的关系，提供了重要的理论参考。

第二章关注LED大屏幕与都市空间的相互嵌入，在梳理大屏幕发展的国际经验和在地实践基础上，对大屏幕如何构成公众的都市视觉经验进行探讨。在公众看来，大屏幕代表一种全新的大都会主义审美，它既是都市公共空间景观，是都市现代建筑的高科技表达，也是都市的环境背景。它构成影像都市的基本形态之一。大屏幕嵌入现代都市实体公共空间，不仅强烈地概括出城市的可识别性，也是公众之于影像都市的一个新的视觉参与维度。

第三、四、五章均着眼于都市青年亚文化在视觉实践领域的行为及意义。

第三章探讨的是作为都市青年亚文化的文化反堵，如何颠覆消费主义的视觉建构。通过广告牌劫持和广告颠覆等视觉手法，都市青年与消费主义直接冲撞。尤其基于信息传播技术革命，文化反堵实践更易于获取资源、跨越时空限制，通过一种去中心化的网状路径，呈现新的视觉行为特征。

第四章从影像如何构造名望这一过往较少被研究者关注的理论路径出发，从视觉叙事策略的类型化方式、视觉文本情境的“诱导性规则”等不同维度，讨论电视真人秀参赛选手如何经由“身份”“专业”等资源与电视真人秀进行交换，以期达成自身的都市梦想并获得个体认同。

第五章的议题是新技术环境下影像传播如何影响都市青年的亲密关系。通过研究恋人在社交网络的秀恩爱现象，发现个人利用影像将日常生活的超常部分抽取出来，加工、美化、表演而使之臻于完美，通过向公众显现亲密关系的理想状态来获得认可并确认实在性，然后再将这些建构重新镶嵌进日常生活的进程。正是通过这样的机制，影像重构了当代都市青年的亲密关系，也成为个人抵抗和建构日常生活的工具。

第六章以上海城市形象宣传片的受众解读为个案，探究影像化的都市景观如何与公众达成意义共享。研究发现，都市景观通过影像达成意义共享的过程，是景观实体、共同的历史人文背景、个体生活经验三者关系相互作用的过程，其中影像十分有助于通过凸显日常生活场景的丰富质感和复杂底色，来激发接受者的共同记忆，促成接受者达成有关都市的意义共享。

通过以上讨论，我们可以看到，公众，尤其青年，是新技术与大众媒介在实体空间和虚拟空间多个维度的都市生活的积极践行者，他们建构、阐释、生产着影像都市的意义，并借此将他们自身投入多元、动态、活力的传播系统当中，通过日常实践参与社会生活、寻求个体认同，并且，在形塑积极的公共生活、社会互动和文化凝聚当中承担一定的角色。正如罗兰·巴尔特（2008）所言：“城市是一个话语，而且这个话语实际上是一种语言：城市对其居民说话，我们通过居住、穿行、注视来谈论着我们身处的城市。”从视觉、空间与日常生活的维度，立足于新技术带来的传播革命及其正在显露的深远影响，发展有关影像都市的理论阐释，这一研究我们才刚刚起步，未来还有很长的路要走。

陆晔

书　介

书名：《影像都市：视觉、空间与日常生活》

主编：陆晔（复旦大学新闻学院教授）

出版社：复旦大学出版社 2018 年版

《计算传播学导论》后记

21 世纪是计算社会科学的时代。1998 年邓肯·瓦茨关于小世界网络的模型和 1999 年阿尔伯特·巴拉巴西关于幂律和无标度网络的研究复兴了网络科学。一石激起千层浪，在学术领域产生了深远的影响。对于万维网上的人类行为的研究也形成了一个子领域，被称为万维网科学（Web Science）；伴随着社交媒体等数字媒体的发展，社会网络分析开始受到前所未有的重视，社交网络上的信息流动网络研究也引起广泛的兴趣；与此同时，机器学习和数据科学取得了突飞猛进的发展，进一步加速了计算化的浪潮；在新闻传播产业当中，数据驱动的新闻生产、计算广告和媒体推荐系统开始成为席卷世界的潮流。面对海量的互联网数据、持续困扰人类的重大社会问题、崭新的理论视角、诱人的物理学模型，在世界大战中发展起来的新闻传播学研究会走向什么地方？这构成了困扰我们的时代问题，而计算传播学正是试图回应这一时代叩问的一种尝试。

邓肯·瓦茨 2008 年在《自然》杂志上发表了题为《一个二十一世纪的科学》的文章。瓦茨认为社会科学才是 21 世纪的科学。社会系统当中充满了海量的异质性个体构成，这些个体之间的互动使得社会过程充满了复杂性。相比于自然科学，社会科学内部的复杂性更高，也更难研究。人类对于自然现象当中的很多规律已经非常了解，但对于社会现象的理解则通常非常有限。面对这些挑战，或许很多人可以做一群鸵鸟，只盯住让自己感觉舒适的领域，当危险来的时候干脆把头埋进沙子里，但是年轻人没有逃避的理由。年轻研究者唯有敢于冒险，才能走出不一样的路来。瓦茨指出网络科学的视角和大规模的互联网数据与实验为社会科学的发展提供了前所未有的理想条件，并乐观地认为“基于因特网的传播数据和互动将会变革我们对于人类群体行为的理解”。

“计算传播学”这个词语的提出源于香港城市大学互联网挖掘实验室成员之间在 2012 年年初的一次组会讨论。互联网挖掘实验室由祝建华老师在 2000 年创建，最初起源于香港互联网使用调查项目。祝建华老师每周都会组织实验室成员进行讨论，讨论的主要内容除了每个人的研究进展之外，还包括文献分享、经验见闻等内容。置身于这样的一个实验室当中，使得我们较早就感受到在互联网人类传播行为的研究领域里来自跨学科的学术创新。这种范式的革新确立的一个标志是2009年大卫·拉泽等人发表在《科学》杂志上的一篇名为《计算社会科学》的文章。以拉泽为首的一群来自社会科学、计算机科学、网络科学等领域的资深研究者宣告了计算社会科学的诞生。计算社会科学以大规模数据收集和数据分析作为主要的工具，采用网络科学作为主要的研究视角，力图揭示个体和群体行为的模式。

2010年我作为博士生进入香港城市大学互联网挖掘实验室以来，切身感受到了传播学研究者在互联网时代的身份焦虑。2012年1月，我在博客上写了一篇题为《计算传播学：宣言与版图》的短文，试图走一条计算驱动的研究道路，强调了将寻找人类传播行为的可计算基因作为计算传播学的发展使命。在更早一些时候，这篇小文章首先在一个名为“数字媒体阅读报告”的小圈子里流传。2012年2月，合作者林武来实验室交流，分享了关于Python编程基础、数据抓取、Hadoop使用等方面的知识。我们在此期间的一次组会中再次讨论了我们自己期待传播学将走向什么地方这一时代问题，并提出了计算传播（computational communication）的思路，激发了大家进一步讨论的兴趣。在吴令飞的提议之下，计算传播学谷歌邮件组在2012年2月建立；2012年3月，计算传播学豆瓣小站正式建立；2012年底，吴令飞在多贝网上发布了一个名为计算传播学的系列课程；2014年暑假，我在腾讯实习期间，计算传播网正式建立。在此期间，我和许小可老师进行了一次讨论，我介绍了计算传播学的发展思路。当时，许小可、胡海波和张伦老师在写作一本关于社交网络上的信息传播的书，小可敏锐地觉察到他们所探索的研究范式可以采用计算传播学作为一个理论框架来进行理解，我也加入了这本书的写作。作为第一本计算传播学的图书，《社交网络上的计算传播学》于2015年在科学出版社正式出版。

2014年之后，计算传播学开始步入学科建制化的发展阶段。南京大学新闻传播学院计算传播学实验中心经过半年多的筹备在2015年2月成立。2016年1月，国际传播学会（ICA）计算方法兴趣小组建立。2016年9月25日，第一届计算传播学论坛在南京成功举办，此次论坛的主题是“计算传播时代”，旨在让人们认识到基于互联网传播产生的数据和互动性正在变革我们对人类传播行为的认知，传播学研究面临着新的问题与挑战，以人类传播行为的可计算性基础为研究中心的计算传播学为传播学的发展提供了更广阔的空间与可能性。2017年9月14日，第六届全国社会媒体处理大会（SMP2017）在北京举办，张伦和我一起在SMP讲习班介绍了“计算社会科学视角下的计算传播学”，此次会议还设有计算传播学分论坛。2017年9月22—24日，第二届计算传播学论坛暨工作坊在南京大学成功举办。2017年计算传播学工作坊为期一天半，分为两个子题并行进行，分别为“信息传播的网络分析”（Network Approaches to Information Diffusion）和“文本数据处理方法”（Processing Text Data）。前者定位为高级程度，聚焦于计算传播学研究中的一个核心而又困难的题目，以探讨研究设计、理论模型、数据要求、方法选择等问题为主，操作问题为辅，适合已掌握基本方法并有一定研究经验者。后者定位为入门程度，介绍用于文本数据处理的各个步骤上的方法、工具、算法等，含有众多动手操作。这次工作坊“信息传播的网络分析”部分由张子柯和王成军主讲“网络信息传播基础”、许小可讲解“网络信息传播实证研究”、胡海波和阮中远讲解“网络信息传播模型”；“文本数据处理方法”部分由张伦主讲“文本分析的基本步骤与方法”、王成军介绍“主题模型”、汪臻真主讲“情感分析”。在大数据和人工智能的时代，未来的计算社会科学家更需要训练问题意识、培养计算思维、增强数据挖掘和分析的能力，而这正是本书写作的一个重要目的。

在参加第二届计算传播学论坛暨工作坊的过程中，许小可、胡海波、张伦和我开始计划写一本《计算传播学导论》。按照祝建华老师的建议，我们曾对参加了2016年第一届计算传播学论坛的研究者公开征集计算传播学工作坊的题目。经过汇总整理之后的题目包括：计算机模拟/多主体建模、社交媒体数据爬取、传播文本挖掘和主题模型分析、使用深度学习进行传播学研究、社交媒体数据的时间序列分析和空间分析、传播学研究和数据新闻的可视化方法、传播网络分析（社区识别、复杂网络与信息流动）、机器学习、意见形成、Python编程，以及如何教授新闻传播学专业的学生网络分析/数据新闻/编程。我们的想法是每年遴选两个主题组织计算传播学工作坊，系统地整理和组织工作坊教学材料，基于此形成了《计算传播学导论》一书的基本材料。

计算传播学作为一个概念的提出主要源于计算社会科学的发展。直到计算社会科学成为研究热点之后，计算传播作为一个概念才被正式提出。另外一种定义计算传播学的思路是计算传播的产业实践，可以将计算传播定义为数据驱动的、借助于可计算方法所进行的传播过程，而分析计算传播现象的研究领域就是计算传播学。计算传播的应用有很多，例如数据新闻、计算广告、媒体推荐系统等，在过去的几年里，产生了深远的影响。数据新闻风靡全球，重要的国际媒体和国内媒体纷纷采用数据新闻，以开放数据、数据挖掘、可视化的方式提供信息；计算广告备受瞩目，不管是门户网站、搜索引擎，还是社交媒体，纷纷将计算广告当作数据变现的重要渠道，以可计算的方法对广告进行拍卖，实现媒体、内容和用户三方的匹配；媒体推荐系统成为个性化信息获取的重要途径，既包括传统的社交新闻网站，也包括今日头条这种后起之秀，它们纷纷采用协同过滤的方法为用户提供信息，建立了新的信息把关模式。

计算传播学将传播学研究置于数据和计算方法的坚固基础上。数据作为一种新的“石油”，解放了社会科学家对于理论的过度依赖。随着数字媒体的发展，人类社会积累的人类传播行为数据的规模日趋庞大，详尽地记录了社会发展和人类互动的各种细节。运用这些生动的人类传播行为数据，可以从更细的颗粒度、更大的样本规模上让我们捕捉社会的发展。毫无疑问，对于数据的挖掘依赖于人类的计算能力的提高，依赖于跨学科的研究方法和研究视角。我们人类传播行为的基因恰恰隐藏在互动性当中，但这种人类传播行为的互动性本身也使得传播过程充满了复杂性。网络科学为捕捉到纷繁复杂的人类互动提供了一个很好的视角。从数据出发，借助于计算方法和好的理论视角，就可以更好地刻画人类传播行为的模式和法则。

需要指出的是，不管是模式还是法则，本身并没有能够回答我们所观察到的社会现实是由何种社会机制构成，因而需要通过建构数学和物理模型的方式来解释社会机制并基于社会机制预测具体的社会现实。社会机制虽然可能非常复杂，但背后的普适性原理却可以非常简单。计算传播学试图从重大的社会问题出发，系统地收集并分析人类传播行为的数据，刻画数据背后的行为模式，探索模式背后的社会机制，试图上升到一般性的原理，达到更好地解释和预测人类传播行为的目的。一个好的理论应当尝试捕捉到这种普适性的原理，基于一般性的原理生成机制，基于因果机制解释行为模式，基于模式预测现实，最终回答重要的社会问题。

王成军

书 介

书名：《计算传播学导论》

作者：张伦（北京师范大学艺术与传媒学院数字媒体系副教授）、王成军（南京大学新闻传播学院副教授）、许小可（大连民族大学教授）

出版社：北京师范大学出版社 2018 年版

《文本盗猎者：电视粉丝与参与式文化》引言

《文本盗猎者：电视粉丝与参与式文化》（以下简称《文本盗猎者》）是关于一个特殊媒体粉丝（media fan）群体的民族志（ethnography）研究，记录了其社会机构、文化行为及其与大众媒体（mass media）和消费资本主义（consumer capitalism）之间复杂矛盾的关系。很显然，粉丝有各种不同的类型——摇滚乐粉丝、体育粉丝、电影迷、歌剧爱好者等，“粉丝”这个词可以上溯很长一段历史，在小说的流行消费和读者对流行娱乐反馈的长期争论中也有一席之地。当文化研究将目光转向接受过程（reception），当研究者试图更精确地描述历史的和当代的观众时，我们开始以更复杂的方式理解这个群体和大众媒体的关系，以及他们在日常生活中从大众媒体汲取资源的方式。我在书中只详细讨论一个粉丝群体，此群体形式多变，但仍大致可辨：他们是一群电影和电视剧的狂热爱好者，自称“媒体粉丝圈”（media fandom）。这一群体并不只爱某个单一的文本，甚至不只爱好一个类型，他们爱好多种文本——英美连续剧、好莱坞类型电影、漫画、日本动画、流行小说（尤其是科幻、奇幻和推理小说）——但同时又对特定文本持排斥态度，尤其是肥皂剧和大多数商业言情小说（commercial romance）。这个群体大部分是女性，大部分是白人，大部分是中产阶级，但对不符合这些描述的其他人也持开放欢迎的态度。这一亚文化（subculture）打破了传统的地理和年龄的壁垒，以特定消费风格和文化偏好的形式自我定义。我们这里讨论的粉丝遍及美国新英格兰地区、东北海岸、南部、中西部、西部、太平洋沿岸，一直能到达英格兰、澳大利亚、新西兰、冰岛和欧洲大陆。也许我此处真正的问题是：如此广泛而多样化的群体是否仍能构成独特且有辨识度的亚文化。

《文本盗猎者》指出这种文化里至少五个不同（但经常相关联）的维度：它与特定接受形式的关系；它鼓励观众参与社会活动的角色；它作为阐释共同体的功能；它特殊的文化生产传统；它另类社群的身份。第一章概述粉丝复杂的社会和文化身份，挑战传统的刻板印象，并简要介绍一些为本书提供理论背景的新近的文化研究著作。第二章指出粉丝接受模式的几个特点，提出文本近距、重读和将电视剧文本转化为对话和八卦来源等几个问题。第三章主要考察粉丝社群的批评和阐释行为，包括原文本的选择、经典化、评价和阐释，以及它们与性别化阅读方式的联系。第四章着重追溯《侠胆雄狮》（*Beauty and the Beast*）这部电视剧的接受历史，提出类型期待（generic expectation）在粉丝反馈中所起的重要作用，以及粉丝阐释套路（convention）如何成为粉丝集体行动反对制作人的基础。第五章、第六章和第七章主要检视两种特定的粉丝群体的文化产品——同人写作（fan writing）和同人视频制作（fan video making），描述了产出的文本、类型传统以及评判它们的美学标准。第八章把粉丝圈视作一种新型的通过消费关系和品位范式结成的“社群”，并分析民间音乐在这一地理和社会上极为分散的群体中创造共同身份的作用。结语回到粉丝圈的定义问题，指出这本书能在哪些方面对理解媒体观众作出贡献，同时又有哪些不足。这种视角将粉丝文化视作复杂的多维度现象，邀请各种不同形式的参与和不同层面的结合。这种视角同样指出广播节目的瞬间接受是如何逻辑性地进展到另类文本和另类社会身份构建的。我对这一群体的描述大多都可以应用于其他粉丝文化，我分析的一部分可以应用于流行阅读整体，但是，我作出的推论较为保守，一般只限于这个亚文化及其传统。

考虑到“文化”和“社群”这些词在社会科学中的地位日益问题化，本书对它们的使用比较谨慎。社会科学中，最新的趋势是解构“文化”这一经典人类学著作中统一的概念，而更关注传统文化群体中矛盾、边缘以及不同文化群体的交叉点。正如雷纳多·罗萨尔多（Renato Rosaldo，1989）新近概述民族志相关的争论时所说，从前人类学视文化如陈列在“艺术博物馆”中的“圣像”，其“整体性和统一性”才使它们有资格分别成为独立考量的对象；对新晋学者而言，人类学更像是“车库旧货大甩卖”，其针对性转向了理解那些复杂的“流动的浸润着力量的田野上纵横交错的边界”。和经典民族志不同，我研究的正是一个地位暧昧的亚文化，处于大众文化和日常生活的“边界”上，借用已经在流通中的文本来构造自我身份和文化产物。粉丝文化的表述从一开始就必然会显示其问题重重的身份，它与其他文化生产及社会身份无从逃避的联系。没有人能够纯粹地在粉丝文化中运作，粉丝文化也无法作出自给自足的宣言。这种文化没有永恒不变的质素，粉丝圈源于对特定历史情境的反馈（不仅是电视剧的特定构成形式，也包括女性主义发展、新技术的进步、当代美国文化的原子化和疏离化等），也在不断地变迁和流动。由于其流动的边界、地理上的分散性及其地下文化的身份，这种文化拒绝任何数量化企图。我这里的任务并非强调此文化社群的流动性，而是从本质上质疑粉丝圈存在任何整体性和稳定性。在很多学者描述为后现代时期的背景下，《文本盗猎者》描述了一个还在努力定义自身文化、构建自身社群的社会群体；记录了一个不断将他人眼中无足轻重、毫无价值的文化材料构造出意义的社群。这本书提供的只是这一亚文化在20世纪80年代末和90年代初我所看到的片面景观。米歇尔·德塞杜（Michel de Certeau，1988）认为，读者的活动只能理论化，不能记录下来。我不同意这一观点，因为粉丝文化的生产活动中有很多是实体化的；当然，这种文化只能从局部细节窥探而不能从整体观照，这一点显然是真实的。

当代社会科学中同样问题重重的是民族志研究的权威（ethnographic authority）问题。罗萨尔多（1989）、詹姆斯·克利福德等人（Clifford，1983；Clifford and Marcus，1986）都对抽象、客观、冷漠的民族志传统提出了质疑，转而倡导关注民族志记录者设身处地的知识以及研究执行者和社群之间的权力关系。人类学和社会学已经进入了实验性阶段，民族志从事者开始寻找从自传性质的田野调查报告到各种对话记录等新方式。这一趋势的中心认识，是调查一种文化绝无任何优势位置可言。相反的是，每种视角都同时带来了优势和局限，既促进某种理解，同时又使我们对其他方面视而不见。最终使得对社会文化的总体性叙述走向了文化之中或之间那些片面、具体且植根于语境的特定际遇。这种新型的民族志权威在女性研究、同性恋研究和少数族裔研究中起到了核心作用，在这些领域中新型民族志参与重构社群的社会形象（Strathern，1987；Strathern，1987；McRobbie，1982；Chabram，1990；Paredes，1977；Goodwin，1989）。新型民族志的叙述中参与和观察同样重要，民族志调查者和社群之间的界限消弭了，社群成员能以自己的经验为例积极挑战民族志的叙述。

《文本盗猎者》从传统社会科学领域的运动中获得灵感。本书不仅有常规形式的田野调查内容，也有我自己作为粉丝积极投身亚文化社群十余年的经历。我一向认为在某种程度上是粉丝，小时候长时间在电视上看老电影，阅读《电影地带的著名怪兽》（*Famous Monsters of Filmland*），在后院里和朋友们扮演自己最喜欢的故事。最早引导我看到组织化粉丝圈的是我的堂兄小乔治，他的房间里满满的怪兽杂志和模型、漫画书、《疯狂》（*Mad*）杂志，还有大量手绘流行卡通人物形象，让少年时期的我非常着迷。我父母告诉我他在亚特兰大科幻和漫画粉丝圈里非常活跃，然而当时我对其中的意义只有极模糊的了解。我上大学的时候重新发现了粉丝圈的存在，带着沉迷于《星球大战》（*Star Wars*）的激动心情第一次参加了同人展。当时我完全没有想到会投身学术，更不用说写一本关于粉丝文化的书了。相反，我当时正读着政治学和新闻学的双学位，想成为政治新闻记者（水门事件刚结束时，这种野心相当普遍）。在遇到了伴我一生的女人后，我对粉丝圈的投入更加深入：通过她，我发现了同人志和粉丝批评。最初我对粉丝阅读和写作行为持怀疑态度，不能打破自己对作者权威意志的尊重，不明白长期耗费时间和精力于业余创作有何意义可言。然而，我逐渐了解了粉丝阐释的乐趣，就开始欣赏起它文化传统的价值来。我对电影的兴趣，我在校报的批评撰写者和娱乐版编辑的工作，以及我在社会科学上的学术兴趣（更不用提我正在萌芽的爱情生活），在某一天终于使我意识到我应该去读研究生，研究媒体。我对粉丝方面的热情，使我最终考虑在媒体研究上获得一个学位，并用所有时间在这个领域获得资历（我的学术好奇心在这个决定上并没有那么重要，虽然当时我没有区分二者的想法）。

我发现以粉丝的身份观看流行文化让我对媒体产生了很多深刻的见解，让我从学术批评狭隘局限的范畴和假设中解放出来，并让我能更自由地运用文本材料。我对粉丝文化的了解大大挑战了我在学校里学到的“观察主体的意识形态地位”理论。这种不满使我在多年前爱荷华大学约翰·费斯克教授的一堂课上接触到文化研究理论后立刻接受了它。

当我写作关于粉丝文化的文字时，我既是一个学术界人士（了解一定流行文化理论、一定批评和民族志文献），同时又是一个粉丝（了解粉丝圈这个社群的知识和传统）。我的叙述在两个不同层面的理解之间不断游移；虽然两个层面并不一定处于针锋相对的矛盾状态，却也并不一定和谐共处。如果因为我时常退一步在社群内为整个粉丝社群代言，而非直接叙述我自己的经历，所以这本书中的叙述并非纯粹自传体，那么它依然是深切的个人书写。（更加实验性的自传性质媒体观众研究，请参见Walkerdine，1986；Fiske，1990；McRobbie，1991）

这会让我对粉丝圈的描述带有偏见色彩吗？这几乎是肯定的，这就是我开门见山承认这一点的原因。大卫·绍尔（David Sholle，1991）在最近一篇批评观众反抗相关民族志研究的文章中，提出过分认同研究对象的危险警告："民族志作者的立场……必须和被研究者保持相对的距离。完全以粉丝的视角看待问题会混淆自身和被研究者的立场。"虽然我承认在粉丝群体内部写作民族志存在上述风险［媒体研究版的"本土化"（going native）］，但我必须同时指出：在采用更传统的"客观"视角时，这一风险并不会显著降低。过去的学者对粉丝群体既无直接知识也无社群内的感情投入，却将他们心目中对大众文化危险的恐惧、不安和幻想投射在粉丝圈上。这种远距离视角并不能保证学者能理解这一复杂现象，只能让他们讨论一个按理无法反馈他们的再现（representation）的群体。在新近的对粉丝文化明显更为同情的著作中，同样的危险依然会出现，比如詹妮斯·拉德威（Janice Radway）的《阅读言情小说》（*Reading the Romance*，1984）本该成为一个极其出众的范例，却将作家刻画成了可以将粉丝和流行文化的关系引导向更加政治化方向的先锋知识分子。学术距离只能方便他们居高临下地作出道德评判和训诫，而不能使学者更好地和粉丝群体对话，因为这一过程需要更大的亲密度，并需要放弃一定知识分子的矜持和体制上的特权。

以粉丝的身份写粉丝文化，这对学术批评者提出了可能的风险，但同时也提供了其他立场不可能实现的理解和观察形式。我认识的很多粉丝都给我看过通俗媒体和学术文章中描述粉丝文化的极其"恐怖的故事"。很多人对他们的文化在学术观察下究竟作何表现深表疑虑，我只能以我自己在粉丝社群内的投入、参与和浸淫来获取他们的信任。

自居和粉丝一样的身份并不能抹消其他笼罩着所有民族研究的权力关系；因为如果我是一个粉丝，我同时也是一个在女性占绝大多数的粉丝文化中的男性粉丝。虽说并非凤毛麟角，但男性媒体粉丝比起女性来说相对少见得多。我们学会了按照社群内部的阐释常规套路运作，尽管这种亚文化传统并非源自我们的兴趣和背景。我是一个男性参与者，虽然粉丝圈对我开放并欢迎我的参与，但也许仍存在对我关闭的角落。

以粉丝的身份写作同样也意味着我感到一份对整个群体的沉重责任和深厚依赖。在研究过程中我把我的粉丝同人看作积极的合作者。我从最开始就把每一封来信作为参考。信中提到他们自己对某些问题的见解。我个人从他们的反馈中获益匪浅。我和很多粉丝集体讨论过我的文字，并采用了他们的意见进行修改。有时我直接把他们的反馈写进书里；但即使我没有在行文中明显提到，我仍然必须强调此书是在和粉丝社群积极对话中写就的。我在寻找粉丝的过程中并非一帆风顺，很多人也并不乐意回答我的问题。很多同人制品是在匿名状态下流通的，它们的来源是这个大社群，这使寻找原作者变得极为困难。我确实作出了努力（虽然我书桌上退回的信件堆积如山），但如若在我漫长而复杂的研究写作过程中有任何忽视，在此我请求您的原谅。我仍然欢迎粉丝们对我的工作作出评论，并希望此书付梓后这一对话仍能持续下去。

我写作此书的动机非常复杂，且严重受制于我粉丝和学者的双重身份。作为粉丝，我认为现有的关于粉丝文化的学术文献中大多数都有哗众取宠的倾向，并强化了对此亚文化的误解。和粉丝对话的过程中，我意识到这种误解在生活中留下了实体化后果，导致同事朋友和家人的敌意对待。我希望能参与重新定义粉丝圈在公共领域的身份的过程，以我的体制内权威来挑战这些刻板印象，并希望唤起更多公众意识到粉丝文化的丰富性。我也希望我的作品能在粉丝群体的不同分支之间起到知识沟通的作用，并为出色的同人作者、画手和表演者留下他们成就的记录。作为一个学者，我不满电视观众理论几乎不曾意识到我作为一个粉丝所经历的复杂精细的文化。我同样感到困扰的是，很多学术研究不能胜任关于流行文化的写作，尤其是不能在意识形态批评的同时承认能在流行文本中找到的乐趣。在如今媒体研究的发展过程中，我们作为学者从粉丝文化中能得到很多信息，而且可能学到很多知识。两组不同的兴趣和利益在这本书中交汇。这本书是为了粉丝、写给粉丝、关于粉丝的，但同时也是对学术界内部争论的回应。

亨利·詹金斯（Henry Jenkins）

书　介

书名：《文本盗猎者：电视粉丝与参与式文化》

作者：［美］亨利·詹金斯（Henry Jenkins）（美国南加州大学特聘教授）

译者：郑熙青

出版社：北京大学出版社 2018 年版

“跨文化传播译丛”总序

1648 年以前的世界，不过是一个个隔离的孤岛，虽然出现过古埃及、美索不达米亚、古印度及中国四大古代文明体系，但这几大文明基本上只有地域性影响力，全球性秩序还没有成为表征那个时代的重要概念。欧洲 30 年战争后签订的《威斯特伐利亚和约》，把王权和神权的边界确定下来，承认国家主权不可随意被剥夺，欧洲文明开始了全球性扩张，主权国家的概念也影响到世界格局的确立，全球性秩序逐渐成为一个很重要的概念。

近几百年来，一直是欧洲文明主导着世界秩序。不过海湾战争后，特别是苏联和东欧的解体、两极格局的结束变成了美国一家独大的世界格局，这个阶段世界秩序出现了一个新的特征，那就是人权、民主等普世原则成为超越主权的新的游戏规

则，成为美国强势在全球施展影响力的主要工具。当然，最近俄罗斯在乌克兰的动作多少从美国制定的游戏规则和美国近几年单方面行动的作为中获得了一些灵感。尽管第68届联合国大会2014年3月27日投票通过有关乌克兰问题决议，申明对乌克兰主权和领土完整的承诺，同时敦促各方通过直接政治对话和平解决乌克兰危机。但俄罗斯是否会置联合国决议于不顾，可能性比较大。因为根据《联合国宪章》，联合国大会决议与联合国安理会决议有所不同：前者具有政治影响力，但没有法律约束力；后者具有强制性，相关国家必须接受并履行。美国除了军事和外交方面的强势影响外，全球交流技术（尤其是交通与传媒技术）的飞速发展，推进了全球经济、消费与文化的全球化发展。无论是国际分工、国际贸易体系、国际金融都存在严重的不平等现象，美国主导的经济、文化与政治游戏规则成为这个世界的不二法则。

虽然网络社会的兴起、跨境物质的流动、全球各地区间人类生活方式的互相连接使得“社会”这一概念发生了巨大变化。符号和人都很复杂、易变，产生了一种由“社会化”到“信息”“传播”的转变。安娜贝拉·斯瑞伯尼（Annabelle Sreberny）曾指出，“当代修辞学主张，我们生活在一个单一的世界里，在其中，事件与空间均已消亡，距离的体验已不复存在”。诚然，随着海底电缆、卫星电视、移动电话以及互联网的出现，国际电信使得时空逐渐消亡，让全世界的人际关系获得自身的即刻性和内在性。全球信息传播重新界定了全球和地方的物理界限，厘定了时间的线性进程，这些都不再虚幻。新兴的媒介技术和通信手段，尤其是互联网，让人们产生了错觉，以为重构时间与空间是20世纪90年代的现象。同麦克卢汉观察到的一样，空间消亡而时间成为关注的焦点是电子时代的决定性结果。但事实上，传播权力并没有因为传媒技术的进步发生根本性的改变，不少学者的研究便表明，全球数字鸿沟仍然存在，在线信息往往以欧美国家为中心。国家信息流仍然是从发达国家流向非发达国家，发达国家（尤其是美国）生产的文化产品、娱乐产品，仍然主导着全球文化消费市场。

但正因为美国的强势地位，让许多人开始反思“西方是最好的”这一观点存在的问题，包括法国、日本在内的发达国家，更包括中国、俄罗斯、印度、南非等金砖大国，重新评估自己传统文明的价值和意义，一股去西方化，“脱美”的风潮正席卷全球。“欧洲中心论”“冲击—反应”“传统与现代”等传统模式无一不再受到广泛、更严厉的挑战。与世界权力格局向东转移的同时，重建国际信息新秩序也一直成为自醒自觉民族和国家的普遍认同。问题是，世界权力的转移是否会导致新的国际冲突？世界和平的理想，是否能够从中国、印度这样的传统文明中获得新的营养？未来的国家实力，如何在硬实力与软实力之间找到一种良性的平衡？不同文明之间的冲突真的不可避免吗？这一系列问题，成为全球最紧迫的研究热点问题。

影响世界和平最关键的因素是资源稀缺所导致的利益之争，但与此同时，那种“你们”与“我们”、“东方”与“西方”之类的二元思考框架，也影响着人们无法超越自我格局的思维定势。这种“你们”与“我们”、“西方”与“东方”的区隔，不仅表现在地缘政治、经济利益之中，也表现在意识形态和文化价值等方面。从“黄祸”论到“中国威胁论”、从亨廷顿的“文明冲突论”到布热津斯基的“全球权力危机论”、从福山的“历史的终结”论到保罗·肯尼迪的“美国的衰落”论，都能够发现“西方”与“非西方”、“我们”与“他们”的实质性区别。诚如保罗·柯文所言：“美国人在处于逆境时，依然可能在感情的最深处不由自主地回到那种经过夸大的‘我们’与‘他们’的两分法思想中去，认为‘我们’代表‘文明’，‘他们’则代表文明的对立面。”这种思维定势以自我为中心，建构对于他者的想象，误解、误读与认知偏见在所难免。民族国家间、宗教信仰间，乃至思想观念与意识形态间之隔离与冲突盖与此有着密切勾连。在全球化时代，社会交往频度、广度和交往技术都较以往有着根本区别。因此笔者认为，人类社会唯有完善“与他人共在”的交往理性，超越“东”/“西”的二元思维定势，方能化解文明之冲突，建立起和平的世界交往秩序。

历史上从来不乏智者对此进行深入的思考。芝加哥大学的谢尔登·波拉克（Sheldon Pollock）教授曾出版过一本专门论述世界主义精神的著作，名叫《世界主义》。在该书中，他专门讨论了印度的世界主义精神，以及这种精神与欧洲历史上出现的世界主义精神之间的差异。与世界主义对等的概念——“天下”，同样见之于中华文明。它的确隐含了“世界主义”的含义。“天下主义”与西方的“世界主义”尽管存在差异，但它仍可以看作是古希腊“世界主义”的对应词。在西方，随着希腊城邦扩张到了波斯，然后又到了印度，四海为家的世界主义思想便自然而然萌生了。古希腊犬儒学派的代表人物第欧根尼声称“我是一个世界公民”，第一次清楚地表达出世界主义最初的理念之一就是追求个人自由。而智者学派的安提丰（Antiphoon）的雅典思想家就“以毫不含糊的词语断言，所有的人都是平等的，并谴责贵贱之分和希腊人野蛮人之分”，他的见解“表述了一种坚定的世界主义”。之后斯多葛派的哲学家们认为，世界主义是一个普世观念，反映了人类成员间亲密而安全的关系，就其本身而言，它不是一种个人的自由行为。斯多葛派批评了古希腊人思想中将政治团体局限于城邦的倾向。芝诺（Zeno）认为，一个理想的世界城市应建立在一个囊括更广泛的人类社会成员的基础之上，他强调政治责任来源于强烈的主观情感。公民是宇宙整体的一部分，即国家应当是一个世界国家的想法，这形成了罗马人和基督教思想的世界普救说的基本观点，给当代社会展现了一种超越我们现在所属社会的人类社会的景象。

1772年法国著名思想家让-雅克·卢梭在他的《关于波兰政府的思考》一书中，预见到了一个新时代的来临。在这个新时代里，再没有法国人、德国人、西班牙人甚至英国人之分，而只有一种人的存在——欧洲人。他们有共同的品位、一样的激情以及相同的生活方式。1784年康德发表了《世界公民观点下的普遍历史》，宣称历史正在趋向于缔造一个世界主义共和政体的秩序，而这一秩序将取代由民族共和国组成的世界。1795年9月29日71岁的康德写下了著名的《永久和平论》一文，在这篇文章中，他明确提出了法律层面上的世界主义（第一次明确地提出了世界主义宪法），开创了世界主义政治哲学，再次将世界主义推到学术前沿。不过，尽管世界主义的思想无论在自由主义者还是在马克思主义者那里都可以找到知音，但在理论和实践上很长时间处于停滞状态。直到冷战之后，随着南非种族隔离制度的瓦解、信息技术革命、全球化和移民运动，以及各种全球性问题的出现、全球公民社会的壮大和全球治理的发展，世界主义的理念也得到广泛复兴和发展。人们发现，国家不再是国际体系中的唯一行动者，尽管它仍然是最重要的行动者。相反，在处理全球公民社会的事务中，国家已越来越力不从心，各种跨国组织和国际协议（如联合国、世界贸易组织、APEC、G20、奥委会、绿色和平组织等）发挥着越来越大的作用。尤其是在“9·11”事件之后，恐怖分子、买卖武器者、洗钱者、贩毒者、拐卖妇女儿童者和知识产权的现代抢夺者都是通过全球网络运作的。与此同时，各国政府官员——警方调查员、金融监管者，甚至法官和立法者——越来越在全球范围的网络上交换信息和协调行动以打击全球犯罪，解决共同的难题。虽然正在形成的全球公民社会是否能组成一个世界之城仍不确定，但它的确为建立一种新的世界主义奠定了基础。

当然“世界主义”不过是众多关于国际新秩序思考的一种向度，其他诸如现实主义国际政治，文明冲突论、天下体系、依附理论、文化帝国主义、软实力论等，都各领风骚，在国际关系与全球传播中占有一席之地。

近几年中国一直主张建立公正合理的国际政治经济新秩序，并明确提出了和平共处五项原则是建立国际新秩序的基础。其基本内容是：各国政治上应相互尊重，共同协商，而不应把自己的意志强加于人；经济上应相互促进，共同发展，而不应造成贫富悬殊；文化上应相互借鉴，共同繁荣，而不应排斥其他民族的文化；安全上应相互信任，共同维护，树立互信、互利、平等和协作的新安全观，通过对话和合作解决争端，而不应诉诸武力或以武力相威胁。但这种新秩序的建立，注定是一个漫长的历史过程。

总之，进入21世纪以来，地球虽然还是那个世界地球，但全球秩序发生了一些重大的变化。全球化、新媒体技术、软实力、符号资本等成为传播学研究者最为关切的核心概念。而随着中国通过改革开放，经济上取得了巨大发展，GDP已经超过日本，成为全球第二大经济体。中国作为世界重要成员的国家身份认同变得异常强烈，中国领导人顺势提出了中国梦旗帜，积极参与国际事务，努力重构自己大国形象并谋求在世界格局中有利的地位。因此重构与自己实力相当的国家形象就变成当下最热闹的研究课题。但如何向世界说明中国，如何清晰表达中国的和平发展理念，同时又如何向国人说明“中国梦”以求形成整合力量，仍然是相当复杂而艰难的工作。为此，浙江大学传媒与国际文化学院组织翻译了这套丛书。这些著作从多个不同的角度，来分析全球传播与跨文化传播方面的理论与实践问题，对中国学界、政界，甚至是商业领域都有着重要的参考意义。丛书的译者，大多有较长时间的相关领域的研究和学习经历，数位译者在海外工作，这确保了翻译的质量。浙江大学出版社有一支优秀的出版编辑队伍，他们辛苦的劳动和认真细致的工作，使这套丛书得以顺利出版，特此致谢！

吴　飞

书　介

书名：《理解全球媒介》

作者：［澳］泰瑞·弗卢（Terry Flew）（澳洲昆士兰科技大学传媒系主任）

译者：李欣

出版社：浙江大学出版社2018年版

《新闻:幻象的政治》自序

《新闻:幻象的政治》每一版都反映了媒体—政治世界的变化。本书不断再版,就是为了聚焦于这些变化对美国民主的影响。通过对政治人物如何与民众交流以及民众如何处理日常问题的观察,我们就能看出这种影响的端倪。现在距离上一版出版已过去三年,其间发生了太多变化,所以我对本书的章节重新进行了调整,以便阐释美国民主今天面临的重大新闻:新闻业陷入危机。

关于新闻危机的讨论大多集中于如何修复美国媒体已经遭到破坏的经营模式。但实际上,美国媒体所面临的深层次问题远非恢复新闻机构的盈利就能解决,公民——特别是年轻公民——对媒体和政治的信任危机已经到了令人扼腕的地步,这种双重的信任危机涉及媒体的可信度和报道的相关性。人们普遍认为,主流媒体已经成为腐败的政府体系的同谋。通过更新的事例、学术文献提出的新的视角以及每章重点呈现的案例研究,第九版对于这一双重危机进行了深入探究,这也是本书贯穿始终的主题。其中,案例研究讨论了媒介化民主的各个主要方面。

新闻对于美国民主统治的重要性一直是本书阐述的重点。现在,我们面临一个令人困惑的问题:为什么尽管民众已经失去了对新闻的信任而不再关注新闻,新闻对于统治来说仍然非常重要?本书最核心的关切就是,政治人物和不同的利益代表如何彼此竞争,力图把自己的议题和立场挤进新闻议程?谁成功了?为什么这么做很重要?特别是,为什么尽管新闻机构努力做到公正平稳,但实际上它们对某些政治信源要比对其他信源更顺从、更尊重?理解这些问题非常重要。

在新闻和政治信任危机的大背景下,本版《新闻:幻象的政治》继续聚焦媒体和政府的密切关系,并进行深入探究。20世纪早期,随着现代公共关系学的兴起,许多有影响力的政治人物和知识分子已经把新闻管理作为取得公众共识的基本手段。他们认为,在民主体制下进行统治,公众共识必不可少。有的人则继续认为,新闻应该承担起人民论坛和“看门狗”的作用,对统治者的权力进行监督。在有关美国媒体这两种模式的平衡问题上,我的同事多丽丝·格雷伯(Doris Graber)在为本书作序时,对我的核心理念进行了归纳,并提出了她的看法,但我对于她的意见不敢完全苟同。我并不认为媒体应该就当今的重要问题对公众进行教育。我的观点是,媒体应该向当权者问责,要求当权者保证一定程度的诚实、透明,在公共利益与公司及个人(金钱)对政治日益增强的影响中保持一种平衡。

章节概览

社会、媒体和民主一直处在不断地变化之中,这是为什么本书不断再版,而我一直乐此不疲地更新写作的原因。仔细分析这些变化的产生以及它们对政治事件带来的影响，我就会受到激励，继续工作，不断把新的观点放进书中。本书第九版保持了与此前各版统一的宗旨，继续追踪新闻的发展演化，因为它既是经济和社会的产品，同时也是理解美国政治进程的钥匙。本书的核心仍然是，在一个（并不总是运转正常的）政治体系下，媒体、公众和政治人物之间如何相互作用。这是一个结构性的核心主题。本书增加了一些新的讨论和案例，以反映近年来新闻行业、新闻受众以及公众生活湍流般的变化。

其他各章内容的编排与前一版基本相似。第一章介绍美国政治信息体系，指出新闻是一个不断变化演进的社会建构，是在记者、政治人物以及公民—消费者日常相互作用的基础上产生的。对于“新闻和政治体系处在不断的变化中”这一主题，最好的例证莫过于美国民主面临的新闻危机。本版第一章对此进行了讨论，并且这一主题贯穿于全书的陈述和论证中。我一直力图在本书的开篇用一种浅显易懂的全景式视角，阐述公众、政治人物和记者如何构成了美国的政治进程。尽管备受大众和政治人物的指责，为什么新闻体系仍然是理解美国政治和统治的关键，第一章对此进行了阐述并加以扩展。开篇之章还介绍了一系列关于“媒体—政府”的基本概念，例如“把关”等，并解释了在变化着的媒介和政治环境中它们是怎样起作用的。

第二章从有意参与政治进程的公众的角度审视新闻体系潜在的信息倾向性。传统观念认为，媒体多少有点“自由主义”倾向，这种看法使得我们不大关注其他更为严重的信息倾向性，而正是这些倾向性阻碍了公众对政治生活的有效参与，此版将对此做详细探讨。这一探讨解释了为什么新闻经常呈现出碎片化、戏剧化和个人化的特征，并且陷于“权威—失序”的旋涡，以及为什么这些信息倾向性至关重要。本章用一些当代的实例来解释这些倾向性，目的是为学生提供一些例证，帮助他们参与课堂讨论以及自己进行分析。本章提供了新的案例研究，讨论了媒体是如何达成共识的，得出结论认为奥巴马总统已在某种程度上“失去了关于自己的叙事权”。

第三章主要解决以下两个问题：公众如何解读从媒体那里获取的政治信息，以及经过专业传播人士塑造的新闻如何策略性地影响公共舆论。这一讨论揭示新闻策划是如何影响民调及其结果的解读。在这个过程中，公众的意见经常被误导。第九版增加了新的案例，包括有关亚利桑那州的移民法案以及奥巴马移民政策的民调，也解释了为什么人们对于具有历史意义的医保法案失去关注兴趣，为什么共和党采取的反对医保法案、反对奥巴马政府在国家危机中提出的一切议案的策略并没有对共和党本身造成负面影响。本章还引入了关于“媒体—政治”的讨论，但有关问题是在第四章至第六章才详细展开的。

本书中间的几章深入探讨媒体与政府的互动关系，正是这种互动产生了新闻。第四、第五和第六章继续剖析政治人物与媒体时而合作、时而竞争的奇特共生关系，在此过程中，产生了日常新闻。

第四章展示政治角色如何试图控制新闻内容。如上一版一样，本版关注的焦点是新闻管理策略如何成功发挥作用，又如何时常面临失败的风险。本章的“案例研究”探讨的是全球变暖的人为因素问题，这个问题在科学界已经取得共识，但在新闻中变成了备受争议的党派话题。本章的一个核心特征是展示了共和党的营销大佬弗兰克·伦茨如何运用他的战略传播技巧。第九版增加了一些新的案例，包括奥巴马政府失败的传播策略，白宫的失误如何导致媒体团队的敌意，以及奥巴马在

2008年大选中提出的“希望与改变”的口号为何失灵。本章内容还告诉我们为什么主流媒体的地位依然举足轻重。

第五章阐释媒体日常的组织流程和新闻报道惯例如何造成新闻的各种倾向性。和此前的版本一样，对新闻机构内部的审视主要集中在美国新闻的基本操作规程上。此外，我增加了一些新的内容，包括数字媒体以及新闻编辑部面临的公司压力。本章的“案例研究”讨论了为什么主流媒体在伊拉克战争的问题上极少质疑布什政府。其他一些最新实例包括2010年，政治操盘手如何利用博客以及向福克斯新闻提供经过编辑的视频新闻，提出对奥巴马政府种族问题的指控，从而帮助茶党崛起。这一案例说明网络信息和主流媒体新闻之间出现越来越多的“短路”现象。

第六章检视了美国的新闻职业在其发展历程中几乎很少考虑民主的需求这一事实，这可以加深我们对新闻体系的理解。对客观性（也被定义为公平、准确、平衡、中立或者事实报道）这一新职业准则的近距离观察，让我们了解到，这一看似高尚的标准在应用过程中实际上造成了新闻的各种问题。第六章讨论的大部分内容本质上是历史问题，关于新闻职业准则和惯例起源的讨论与此前的版本没有太大差别。客观报道的起源问题仍然是本章强调的重点。“案例研究”探讨的是，为什么这些报道原则尽管看上去很美，但却限制了记者，令他们在欺骗和谎言出现时不能有效地提出质疑。第九版还讨论了媒体把官方信源和客观性混为一谈的行为，指出这种做法导致官员可以任意进行新闻运作，把网上的谣言和极端主义者的指控变成新闻。新的实例包括针对奥巴马的攻击和诽谤（比如说，他到底是不是美国公民）。虽然这一指控毫无根据，但仍然成为媒体回音室的重大新闻。

第七章探讨新闻的政治经济学，继续追踪新闻作为商品存在所依靠的商业和经济基础。本章全面回顾了新闻行业面临的经济危机，探究这一危机如何影响到公共信息的质量。第九版增加了大量的实例探讨新闻行业的自由落体式下滑，解释为什么这一情况影响到新闻内容的公共价值。跟前一版相同，本章的主要目的是解释影响新闻生产和消费的经济的、政治的、社会的和技术的力量，重点介绍新闻行业的商业惯例。正是这些惯例导致了第二章所讨论的信息倾向性，这也解释了本书中间几章所探讨的新闻转型。很多例子都说明，公共信息的质量受到商业利益的无情摧残。本章最新的“案例研究”关注1996年《电信法案》，这一法案的出台开启了媒体巨无霸的时代。在本章的“案例研究”中，我们将讨论在这一过程中，政府扮演了什么样的角色。我们还将简单介绍公民的媒体改革运动，在当前政府急于放松对也许是最珍贵的公共资源——空中电波——的所有权限制以及社会责任要求的情况下，这一运动对政府的急功近利发起了挑战，让我们看到一丝希望的曙光。

第八章对全书进行了总结，讨论政治人物、媒体和公众如何才能为提升公共信息质量作出各自贡献。第九版重点介绍了新闻行业危机以及公民信息和媒体习惯的改变如何带来公共信息的新模式。新的“案例研究”探索了一系列新的公共信息模式以及各种不同的支持方案，像过去一样，本章还讨论了公民可以如何更有效地“解读”他们所消费的日常新闻，获得更多有用的视角；在盈利驱动的新闻机构的限制下，记者可以如何更有效地工作，更多报道对公民更有用的新闻；政府政策可以在哪些方面努力，来增进公共电波中流动的政治传播的多样性和深度。“案例研究”探讨了新传播技术如何为更多的公民参与带来希望。本章的结尾部分回到原来的主题，用更广阔的视角看待日渐壮大的社会运动，要求传媒公司承担起回应公民关切、提升公共生活的传播责任。

几个关键的中心主题

几个比较宽泛的主题互相交织，贯穿全书，涉及现实世界中媒体、政治人物和公众之间的关系变化。一些新例子和政治传播理论的新发展点缀其中，用来阐明这些主题。

第九版直击新闻危机的痛处，描绘了新闻行业急转直下、报纸倒闭、时政记者失业的惨淡景象。这一危机在第九版自始至终受到关注，并与本版新增的中心主题如新闻独立性的丧失和监督能力的式微，融为一体。

新闻独立和问责。新闻行业的危机反映在媒体逐步失去对掌权者问责的能力。拥有对掌权者问责能力的独立媒体如何渐渐变成了新闻运作的被动传声筒？对此，不少记者自己加入了讨论。大公司利益和金钱在政治中的角色导致日益严重的政府腐败，引起人们的关切，第九版对此也有所涉猎，并通过当前民调的现状以及茶党的愤怒言辞等案例讨论了公众对政府和媒体信任感下降的问题。

媒体回音室和“把关”行为的陷落。一个新的主题贯穿本书，解释了从大众传播到媒体回音室的演变。在大众传播时代，信息内容广泛传播，而在媒体回音室里，病毒式信息通过网络从脱口秀广播传到电视新闻，然后又传回来。实例如下：

·推特革命：新闻机构何时以及如何利用新闻人物的推特推文作为信源。

·社交媒体作为新闻信源：萨拉·佩林的外交政策如何从脸书开始，最终演变成福克斯新闻。

·记者越来越没有自己的视角，也越来越失去对新闻的把关能力：包括第二章“案例研究”对奥巴马失去有关自己的叙事的主导权的讨论，阐述了2010年石油泄漏事件如何变成对奥巴马个人能力的考验，对他是否能够重夺叙事主导权的考验。

除此之外，此前各版中一些经典的主题仍然保留了下来。

战略传播是如何运作的（以及为什么它对于今天的执政也很重要）。政治人物为了改善新闻形象，越来越依赖专业传播人士来界定政治信息。政治市场调查手段被用来锁定目标受众以设计、提供信息给这些受众，本书对此进行了详细阐述。政治体系内部的政策辩论与围绕相应议题的运动中各种说辞口号相呼应，使得新闻更像党派信息斗争的回音室，而非为观察这些深层次问题提供一个视角。

媒体是如何运作的。想要理解新闻机构为什么采用那么多打包传播的素材，深入行业内部非常必要。本书通过深入新闻行业内部，揭示了为什么职业新闻所推崇的准则经常妨碍记者报道或是挖掘新闻背后的新闻。

媒体效应的本质。认识到新闻对公共舆论影响的限度在哪里非常重要。当新闻事件与个人日常生活经验息息相关时，人们可能不容易被新闻误导。诸如性道德、堕胎、种族歧视、性骚扰、环境危机以及艾滋病等主题都已经成为电影、脱口秀节目以及朋友间闲聊的话题。当房贷危机降临时，那些背负新房按揭的人并不需要通过新闻了解他们面临的经济问题，尽管关于政府为恢复市场稳定正在进行努力的报道会让他们感到一丝安慰。但是对于更加遥远的政治世界的问题，比如战争、银行业、媒体管制等，主要是通过新闻才让问题变得真实可见，进而影响公共舆论。并且，正如第三章所讨论的，新闻机构对这些问题的民调进行组织和诠释的方式会在公众的关注和关切度上造成一种错误印象。

新闻如何定义公民身份。新闻塑造的形象对于谁参与美国政治以及谁在社会上举足轻重往往有一种含蓄的界定。新闻对公民结构的这种界定对于理解社会上流行的对政府和政治的态度至关重要，同时，对于理解公民参与度和公民对信息掌握的水平也至关重要。

年轻人的公民离散现象和他们的信息习惯。本书从新的视角探讨了为什么年轻人越来越排斥主流媒体以及新闻中描述的政治事务。第三章分析了年轻人远离整个信息过程的原因。我们还讨论了新闻如何挫伤年轻受众的热情，同时指出互动媒体的一些可喜发展可能对解决这一问题有所帮助。

政治喜剧秀和参与式媒体的作用。在一系列富有希望的公民参与的图景中，《每日秀》这样的政治喜剧秀节目和YouTube这样的参与式媒体的兴起都令人欣喜。大批观众现在积极参与对新闻事件的反馈，并且通过大型数字网络分享他们的回应。

政治信息处理以及新的信息技术。新技术有潜力解决公民离散和政治疏远等问题，认识到这一点非常重要。我们需要了解人们的信息处理能力如何促使他们接受和应用新思想、新信息，以及是什么动机促使他们这样做。一方面，互联网显然成为对年轻人具有吸引力的主要信息渠道；另一方面，受众被分化为小型的交流圈子和虚拟社区，很难形成较大的公众群体，也不利于社会活动的广泛参与。

新闻编辑部的公司盈利压力。媒体面对的盈利压力会一直增加并主导媒体的报道决策，现在这种情况甚至比本书上一版中描述的更加严重，这对很多人来说似乎很难想象。但事实却是，20世纪90年代盛行的利益驱动由于新千年的经济衰退变本加厉，这种作用进一步威胁新闻质量。本版继续探讨公司的盈利逻辑，分析其对新闻产业造成的影响，并详述在这个过程中新闻是如何被重新定义的。

新闻受众的分化。有线电视和互联网的普及已经改变了过去大众传播的概念。选举的成本越来越高，这从一个方面说明传统媒体对公众参与政治的影响力越来越小。技术和市场的革新时代已经到来，这一消息令人振奋，但它并不能自动让公民的信息选择更有意义，或者让传播的政治内容更加多样化。

新闻的未来。面对受众的减少和公众对新闻信任度的降低，记者和新闻机构作何反应？对这一问题，本书从始至终一直在加以讨论和分析。此外，本书还对关于公民新闻以及其他一些新闻形式的重要争论和实验进行了认真研究。第八章最后的“案例研究”以一种新的视角对新的新闻互动方式进行了探讨。这种方式使得公民、记者和政治人物之间能够在一些重要议题上进行更加直接的交流。有意思的是，最近出现了一种要求进行媒体改革的公民运动。人们对参与式媒体以及受众直接参与政治信息内容的制作表现出了浓厚的兴趣，这也许标志着我们进行政治交流的方式正在经历重要的变革。

（由于篇幅所限，编者对原文进行了删减）

兰斯·班尼特（W. Lance Bennett）

书　介

书名：《新闻：幻象的政治》

作者：［美］兰斯·班尼特（W. Lance Bennett）（美国华盛顿大学传播学教授和政治学教授）

译者：杨晓红、王家全

出版社：中国人民大学出版社2018年版

《传媒话语权与影响力——新时期舆论引导能力的提升》前言

舆论是社会控制系统中一个不可或缺的重要环节，是影响社会发展的重要力量。要维系社会的良性运转，不仅需要政治、法律力量的硬性制约，还需要舆论力量的软性约束，二者相辅相成，唯此才能收到良好的效果。正因如此，我国党和政府历来重视舆论工作，特别是舆论引导工作，党的几代领导人对做好舆论工作，加强舆论引导，提升舆论影响力都有许多精辟论述。

毛泽东作为革命家和政治领袖，对舆论有着独特理解和认识。他曾指出："首先制造舆论，夺取政权，然后解决所有制问题，再大大发展生产力，这是一般规律。"他还说过："凡是要推翻一个政权，总要先造成舆论，总要先做意识形态方面的工作。"在其革命的一生中，他始终注意组织舆论和运用宣传，用以为革命和建设事业鸣锣开道。1919 年他在《湘江评论》发刊词中发出的"民众大联合"的呐喊振聋发聩，产生了巨大的舆论力量，激励无数有志青年走上革命道路。战争年代，毛泽东正是借助舆论和宣传的力量，"唤起工农千百万"，打败国民党百万兵，创建中华人民共和国，成就了一番革命伟业。建设时期，他也是借助舆论和宣传的力量，激发起"六亿神州尽舜尧"，投身社会主义革命和建设事业，在战争废墟上建立起了我国社会主义的经济基础和政治制度。

邓小平作为党的第二代领导集体的核心，在改革开放初期，针对一段时间里社会上出现的资产阶级自由化思潮，强调作为党的重要舆论阵地的新闻媒体，要旗帜鲜明地宣传四项基本原则，要"成为全国安定团结的思想上的中心"。他希望新闻媒体能够发挥其思想宣传和舆论引导功能，引领社会思潮，影响社会舆论，壮大主流声音，团结全国人民，特别是引导广大青少年去为实现党所提出的建设现代化国家的宏伟目标而奋斗。

1989 年担任总书记的江泽民，在总结我国新闻宣传和舆论工作历史经验教训的基础上，提出了"以正确的舆论引导人"的重要命题。他指出："历史经验反复证明，舆论导向正确与否，对于我们党的成长和壮大，对于人民政权的建立和巩固，对于人民的团结和国家的繁荣富强，具有重要作用。舆论导向正确，是党和人民之福；舆论导向错误，是党和人民之祸"，把舆论导向工作提到了党的工作的极高地位。

党的十六大后担任总书记的胡锦涛，把新闻宣传和舆论工作当作是党的执政资源，2008 年他在考察人民日报社时提出"舆论引导正确，利党利国利民；舆论引导错误，误党误国误民"。他还强调要把提高舆论引导能力作为党的执政能力，放在突出位置，深入研究舆论引导工作面临的新形势，准确把握舆论引导工作的新特点，提出切实可行的措施，取得新的成效。

党的十八大后担任总书记的习近平，在2013年全国宣传思想工作会议上把舆论工作摆到了“重中之重”的位置。他指出：“做好舆论引导工作，关系道路和方向，关系人心和士气，关系中心和大局，是新闻宣传工作的重中之重，是意识形态工作的重要内容”。2016年2月19日，他在党的新闻舆论工作座谈会上的讲话中强调，党的新闻舆论工作是党的一项重要工作，是治国理政、定国安邦的大事，提出要适应国内外形势发展，从党的工作全局出发把握定位，坚持党的领导，坚持正确政治方向，坚持以人民为中心的工作导向，尊重新闻传播规律，创新方法手段，切实提高党的新闻舆论传播力、引导力、影响力、公信力。

党的领导人对提高舆论传播力、引导力、影响力和公信力的重视，以及对舆论引导工作提出的希望和要求，成为我们研究新形势下舆论引导问题的前提和契机，也显现出此项研究的实践价值和意义。尤其是当前，我国正处在改革发展的转型期和关键期，我们所面临的问题和矛盾之多样，国内外舆论环境之复杂，是任何一个转型国家都不曾遇到过的。由于利益关系调整所带来的各种问题并存、各类矛盾交集的社会形态，往往会引发阵阵舆论风波，从而使党和政府面临巨大的舆论风险考验。这使得新形势下如何提高党和政府以及新闻媒体的舆论传播力、引导力、影响力和公信力，特别是舆论引导能力显得更加迫切和重要。

我们希望通过探讨新形势下党和政府舆论引导的新特点、新规律，促进党和政府的舆论引导能力建设；通过探讨互联网等新媒体引发的媒体格局、舆论格局及舆论生态的变化，认识传统舆论引导方式和理念存在的问题，增强党和政府舆论引导能力建设的自觉性；通过探讨在以利益主体多元化为主要特征的转型期舆论引导面临的新态势，提高党和政府对舆论引导能力建设紧迫性的认识；通过探讨提高舆论引导能力与增强国家“软实力”关系，为全面提升党和政府软实力提供理论支持；通过探讨提高舆论引导能力与构建和谐社会关系，更好地发挥新闻媒体在促进社会和谐方面的舆论引导作用；通过探讨全球化浪潮以及与此相关联的“颜色革命”风潮背景下对舆论引导能力建设的新要求，促进和提高我国国际传播舆论引导能力建设；通过探讨舆论引导能力建设在舆论学、新闻学与传播学等学科体系中的地位和作用，为构建中国特色社会主义舆论引导理论体系和知识体系提供理论支持与学术支撑。

此外，传播力、引导力和影响力直接体现在话语权的掌控能力问题上。也就是说，是否拥有话语权会直接关系到传播力、引导力和影响力的有无、大小和强弱。本书题目突出“话语权”和“影响力”的原因也正在这里。因此，我们还要研究如何增强话语权的问题，特别是要研究如何进一步增强国际话语权和加强国际传播能力建设，如何集中讲好中国故事和传播好中国声音，如何优化战略布局，着力打造具有较强国际影响的外宣旗舰媒体，以便更好地为塑造国家形象，增强国家软实力服务。

研究这样一个复杂而特殊的社会情境和场域中的舆论调控和引导问题，不仅涉及舆论学，而且还涉及新闻学、传播学、宣传学、政治学、社会学，以及现代化理论、风险社会理论等多领域的相关理论。这些理论一方面有助于此项研究以跨学科的综合视角，取得更有价值的学术成果。另一方面，在运用这些理论分析、解决中国实际问题的过程中，也会使这些理论得到进一步检验和丰富、发展，这就可以丰富和发展舆论学理论，为构建中国特色社会主义舆论引导理论体系和知识体系提供理论支持与学术支撑。

从新闻学与传播学的学术层面看，虽然舆论和舆论引导一直是我国新闻学与传播学研究的重要领域，也取得了不少研究成果，但媒体格局、媒介生态及国内国际舆论环境的变化，要求舆论引导工作要不断创新，要善于运用新思维、新策略和新方法，去完善舆论引导的体制机制，改进舆论引导的方式方法，以更好地满足时代发展和实际工作的要求。

党的十六大之后，胡锦涛多次强调要研究新闻传播和舆论工作的新特点、新规律，并对提高舆论引导能力提出了许多明确要求。他指出，新形势下媒体舆论引导工作要坚持解放思想、实事求是、与时俱进，适应国内外形势的新变化，顺应人民群众的新期待，以改革创新精神做好引导工作；要坚持用时代要求审视新闻宣传工作，按照新闻传播规律办事，创新观念、创新内容、创新形式、创新方法、创新手段，不断提高舆论引导的权威性、公信力和影响力；要认真研究新闻传播的现状和趋势，深入研究各类受众群体的心理特点和接受习惯，加强舆情分析，主动设置议题，善于因势利导，以增强舆论引导的针对性和实效性，要注意整合传统媒体、都市类媒体和网络媒体，形成新的舆论格局，做好舆论引导工作等。

党的十八大以来，习近平总书记对新形势下，特别是新媒体背景下的舆论导向问题更是关注有加。2016 年 2 月 19 日，他亲自主持召开党的历史上第一次以“新闻舆论”为名称的座谈会，提出要“牢牢坚持正确舆论导向”，并对如何坚持正确舆论导向作出全新阐释，提出严格要求：各级党报党刊、电台电视台要讲导向，都市类报刊、新媒体也要讲导向；新闻报道要讲导向，副刊、专题节目、广告宣传也要讲导向；时政新闻要讲导向，娱乐类、社会类新闻也要讲导向；国内新闻报道要讲导向，国际新闻报道也要讲导向。习近平总书记站在全局高度，从维护群众利益、社会利益和国家利益，净化社会环境、媒体环境和传播环境的立场出发，对舆论导向问题，提出了涉及各个方面、各个环节的，以往所不曾有过的全面而又严格的要求，体现了他对舆论引导工作的极端重视。习近平总书记还敏锐地指出，互联网是我们面临的“最大的变量”，如果“我们过不了互联网这一关，就过不了长期执政这一关”。

这些要求是我们研究舆论导向问题的现实依据和理论指引。我们期待在探索新形势下舆论引导规律及做法方面有所突破，以使新闻媒体更加有效地发挥自身的舆论功用，营造良好的社会舆论环境，同时也使党和政府进一步提升对舆论导向问题的认识，提高舆论引导的能力和水平，更好地发挥新闻媒体的舆论引导功能，引领全国各族人民为实现党所确立的目标任务而努力奋斗。

我们的研究以“新形势”为背景，将提高舆论引导能力置于当前全新的传媒生态、媒体格局、舆论格局和国内外社会发展实际这一重要背景下，能够更新相关领域的学术研究成果，进一步深化对一些问题的理论认识。

此外，在探讨新闻媒体舆论引导能力的同时，我们的研究也涉及党和政府的舆论引导能力问题，我们希望此项研究成果能够达到一定理论和学术水平，能够为最终构建起中国特色社会主义舆论引导的理论体系、知识体系和独具特点的中国话语体系作出有益的贡献。

郑保卫

书 介

书名：《传媒话语权与影响力——新时期舆论引导能力的提升》

主编：郑保卫（中国人民大学新闻学院教授）

出版社：湖南人民出版社 2018 年版

·新书选介·

《错位：后冷战时代的中国叙述与视觉政治》

作者： 吕新雨

出版社： 华东师范大学出版社 2018 年版

简介： 该书主要辑录了作者的三篇长文，分上、中、下三部分，围绕艺术、政治和视觉三个主题，探讨后冷战时代的中国认同问题。上篇以"'美术'作为中国的世界史"为主题，回顾了作为"救亡"与"保守"双重奏的苏州 1930 年代文献展，同时聚焦 1937 年世界博览会与中国"民族主义"的关系。中篇主要通过《"台独"的历史根源：从"白团"到"台湾帮"——作为中国叙述的"台湾问题"》一文，对两岸关系问题的理解进行了厘清和推进。下篇则借助《新中国少数民族影像书写：历史与政治——兼对"重写中国电影史"的回应》一文，探讨了"新中国少数民族影像：历史与政治"这一主题。

《大众传媒道德失范治理研究》

作者： 彭颜红

出版社： 人民出版社 2018 年版

简介： 该书以马克思主义理论为指导，以当代大众传媒的道德失范为研究对象，综合运用教育学、伦理学、心理学、思想政治教育学与新闻学、传播学等众多学科的知识和研究方法，在学科交叉融合中推进思考，深入分析和探讨了大众传媒道德失范的各种表现及其产生这些问题的原因，有针对性地提出了治理大众传媒道德失范、加强大众传媒道德建设的对策和建议，并进一步探讨了大数据时代道德传媒的构建思路与实现路径，从而让大众传媒更好地为促进社会全面进步与和谐服务。该书对于大众传媒的道德建设具有一定的学术价值和实践意义。

《广告文化研究：批判导论》

作者： 葛在波

出版社： 厦门大学出版社 2018 年版

简介： 该书针对广告这一当代社会中彰明较著的文化与社会景观，梳理了自 19 世纪末以来的学科发展脉络，将广告学近一个世纪以来的研究成果区分为马克斯·韦伯意义上的工具理性派别和价值理性派别，并坚持从价值理性出发，构建了一个融“广告本体文化研究”（本体符号分析）、“广告社会文化研究”（社会分析）、“广告政治经济学批判”（政治经济分析），以及“广告历史文化研究”（哲学思辨）等在内的综合性、立体式研究框架，对广告开展了系统的批判性考察，并得出重要结论：（1）广告是当代社会中一种强大的控制机制；（2）广告是对社会中既存不平等权力关系的一种维护性和固化性力量而不是相反；（3）广告加深了人的不自由而不是相反。

《进城：传播学视野下的新生代农民工》

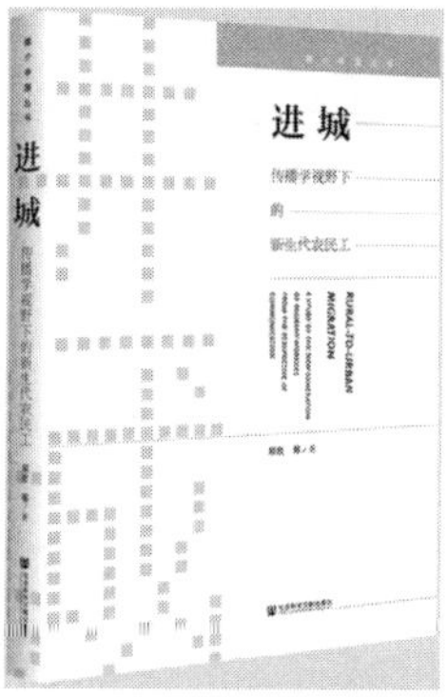

作者：郑欣等

出版社：社会科学文献出版社 2018 年版

简介：该书从传播社会学角度，深入探讨新生代农民工群体如何在社会边缘与人际网络、组织系统、传统媒介以及新媒体互动，从而建构、更新并维系他们的“意义之网”——包括身份认同，对城市的想象、人生和职业规划、人际交往、就业资本等，乃至影响到日常生活的消费形态和闲暇活动。作者扎根于中国的本土社会实践，花费 5 年的工夫，在长三角 8 个城市做了 500 个个案的访问和观察，并以绣花的针法和“深描”的方式，呈现细致入微而又栩栩如生的故事；又在繁复的故事中抽丝剥茧，提出概括性的理论洞见。该书还突破一般传播研究的格局，没有把传播（媒介、信息）视为简单之“因”，也没有落入“科技决定论”的陷阱。同时，作者扣紧特殊社会群体与传播维度之间的“互动”，从大处着眼，小处着手，提出许多新鲜而深刻的问题，使整个研究充满想象力，为传播学视角下中国社会变迁的本土化探索提供了成功的范例。

《媒介政治社会学分析》

作者：谢进川

出版社：中国传媒大学出版社 2018 年版

简介：该书将特定的研究对象与政治、社会，乃至于个人建立起关联分析，着重围绕传播媒介相关的几个重要方面展开分析，具体涉及媒介技术、媒介生产、媒介话语以及媒介行动。但该研究与基于传播本体意义上的分析不同，将这些重要方面与政治、资本、社会，乃至于个人建立起关联分析。显然，这一过程需要展开跨学科思考，并实现跨学科的视界融合与转换，以获得更丰富的阐释和研究发现。同时，该书还坚持了全球视角和本土经验，但这不是一个本土经验验证全球理论的依瓢画葫芦的过程，而是一个检视理论和阐发本土经验独特性的过程。此外，由于与此或多或少有关的研究不乏卓著成果，因此该研究同时也是对相关成果进行梳理与对话的过程。

《媒体的马克思主义分析》

作者：［英］约翰·莫利纽克斯

译者：杨倩

出版社：中国传媒大学出版社 2018 年版

简介：为什么电视制作公司去制作《学徒》和《龙穴》这样的节目，而不是

《如何成为工会代表》这样的节目？为什么每一条新闻发布都假设股票上涨将对大家都有利？为什么《东区人》里人人开办小公司？媒体是真的仅仅是有求必应吗？该书运用马克思主义的立场、观点、方法直击当下欧美的媒体乱象，穿透表象、去芜存真，对资本主义媒体危机进行了深入细致的把脉和淋漓尽致的批判。书中不乏对欧美比较热门的选秀综艺、肥皂剧和广告业态的思考，对西方媒体表面发达、虚假繁华的景象进行深入剖析，从而将读者引向深刻的思考。该书是英国经典马克思主义流派有关媒体批判方面的新作，其对资本主义媒体的批判在西方社会可谓立场坚定、态度鲜明。

《全媒体新闻生产:案例与方法》

作者：窦锋昌

出版社：复旦大学出版社 2018 年版

简介：2014 年以后中国的新闻生产完全进入了全媒体新闻生产的阶段，在一个机构媒体内部，报纸、网站、官方微博、官方微信一体化运营，采编平台重新搭建、采编流程重新构建、采编理念重新梳理，但传统的新闻采编教材基本上还是以报纸为模板书写的，与实践的脱节严重。该书立足于全媒体新闻采编的实际操作，归纳出目前存在的九个问题，分别是全媒体新闻采编的由来、平台搭建、采编流程、新闻产品、人才与考核、管理控制、新闻侵权、新闻伦理、舆论场变迁，逐个专题去编撰著述，试图让新闻传播学子触摸到真实的全媒体采编实践。

《社交媒体:原理与应用》

作者：［美］帕维卡·谢尔顿

译者：张振维

出版社：复旦大学出版社 2018 年版

简介：该书从社会化媒体的原理和应用两个方面入手，对美国近年来关于社会化媒体的实证研究展开了梳理和总结。在社会化媒体的原理层面，该书主要从“社会媒体和传统媒体中的人际传播、社会化媒体和大众传播理论、社会化媒体的心理学意涵”的角度对相关理论进行了探索和研究；在社会化媒体的应用层面，该书主要关注了社会化媒体在当下的政治、隐私和安全、教育、灾害传播、广告、网瘾等层面的现实作用。

《社交媒体批判导言》

作者：［英］克里斯蒂安·福克斯

译者：赵文丹

出版社：中国传媒大学出版社 2018 年版

简介：该书介绍了批判性地理解社交媒体所需的基本理论，并分析和回答了以下问题：社交媒体如何进行商业化运作？谷歌作为全球领先的互联网平台与搜索引擎，其优势和弊端何在？脸书作为全球最成功的社交网络，隐私与监督在其中扮演何种角色？推特带来新的政治与民主形式了吗？维基解密作为全球最知名的在线监督机构，其促使权力透明的潜力何在？维基百科作为全球使用最广泛的基于维基技术的在线百科全书，其协作式智力劳动的形式与原则是什么？

《世界报刊史:报刊的起源、发展与作用》

作者：［法］乔治·维尔

译者：康志洪、王海

出版社：科学出版社 2018 年版

简介：该书是首部描述西方报刊史的专著，该书全面、准确、系统地论述了世界报业的走势，将各国报业尤其是英国、法国、德国、美国的报业发展情况置于国际局势和该国社会变革的背景下展开介绍。

《世界广播电视史》

作者：刘建明

出版社：科学出版社 2018 年版

简介：该书全面而系统地梳理了世界广播电视的发展历程，内容主要包括广播电视重大技术的发明和革新、制度差异的形成和嬗变、节目形态的创新和演进。该书既凸显发达国家在广播电视技术、制度、节目形态方面的创新和引领，也兼顾发展中国家在广播电视事业上的突破性进展；既着重对世界广播电视发展过程进行描述，也注重对广播电视发展动因、联系、影响等规律进行探索。该书突破了世界广播电视国别史编写体例的共时性架构，尝试以通史的书写体例协调世界各国广播电视发展不平衡的历时性缺憾。

《数据新闻可视化》

作者：许向东

出版社：中国人民大学出版社 2018 年版

简介：近几年，数据新闻可视化不仅在西方媒体盛行不衰，在中国传媒界也是方兴未艾，致使其成为当前新闻传播实践与研究中的热点话题。然而在我国，无论是学界的理论研究还是业界的实践应用都比较薄弱，这使得对数据新闻可视化进行系统化研究显得非常必要。该书从可视化的基础理论和发展历程切入，通过对数据新闻可视化的主要类型的分析，对数据新闻可视化生产实践、传播效果和再传播路径等的考察，以及对不同介质媒体的数据新闻可视化产品特征的研究，探索构建数据新闻可视化的产品评价指标体系和我国数据新闻可视化的发展路径。

《文化与社会的媒介化》

作者：［丹麦］施蒂格·夏瓦

译者：刘君、李鑫、漆俊邑

出版社：复旦大学出版社 2018 年版

简介：该书是继“新媒体”系列译丛之后，复旦大学出版社重磅推出的第一本系统介绍“媒介化”研究的译著。21 世纪以来，随着数字媒介的飞速发展，“媒介化”渗透进人们日常生活中的方方面面。作为欧陆“媒介化”研究的顶尖学者，哥本哈根大学施蒂格·夏瓦教授在该书中追根溯源，完整地阐释了“媒介化理论”的框架、内涵及演变过程，并揭示出在“媒介逻辑”影响下，与人们密切相关的政治、宗教、游戏和惯习四方面的深刻变化。

《新闻业的救赎：数字时代新闻生产的16个关键问题》

作者：彭增军

出版社：中国人民大学出版社 2018 年版

简介：该书从一个从业多年的记者和学者的角度，全面阐述新媒体生态下，新闻生产所受的冲击、面临的困境与可能的对策。全书内容围绕这样一个主题：在新的媒介环境下，新闻作为理念（idea）和行业（industry）的生存问题，包括传统媒体的困局和出路，以及大变革中新闻人如何面对和走出职业危机。该书始于作者为《新闻记者》写的专栏。系列文章在《新闻记者》及其微信公众号推出后反响热烈，经过编辑、整理，这些学术随笔文章，成为这本《新闻业的救赎：数字时代新闻生产的 16 个关键问题》。

《舆论学——舆论导向研究》

作者：陈力丹

出版社：上海交通大学出版社 2018 年版

简介：每个人都会感受到一种难以把握的外部精神力量对自己言行的制约。该书揭示的便是这种力量——舆论的内在要素、它的形成、形态、传播特征，以及与此相关的传播学理论、美学接受理论、舆论引导的若干问题。该书初版后受到社会的好评，被不少高校新闻传播学作为舆论学课程的教材使用。鉴于当前的新形势，新版增补了导言一和导言二，在论述舆论学基本理念的基础上，着重叙述了数字化时代舆论形成和传播的特点。全书分为九章，浅出深入，适合高校社会学、文化学和新闻传播学学生和研究者，以及对该领域感兴趣的社会读者。

《中国传媒文化百年史》

作者：曾一果、许静波

出版社：南京师范大学出版社 2018 年版

简介：该书总结 100 年来中国传媒文化发生、发展的历史，兼及总结中国传媒文化发展的历史规律。根据报纸、期刊、电报和电影等媒体的发展情况，结合中国百年来的历史演进，该书将百年中国的媒介发展历程分为六个阶段加以描述，分别为：五四时代的民主与科学，20 世纪二三十年代的革命与自由，三四十年代的民族与民主，五十年代至七十年代的理想与斗争，七十年代末到八十年代的改革与开放，九十年代到 21 世纪的多元与发展。

《中国电视史:1958—2008》

作者：常江

出版社：北京大学出版社2018年版

简介：该书对中国电视业半个世纪（1958—2008）变迁与演进的历史展开了系统性的研究。作者采用传播政治经济学、媒介社会学与话语理论相结合的研究体系，在电视与社会现实、日常生活和权力结构之间的关系中，对这一强大而富庶的大众媒介与中华人民共和国历史之间的勾连与互动过程，进行了全面而深入的阐释。全书共六章，对中国电视业发展的不同时期进行了总结和分析。

整理：张　萌（中国社会科学院新闻与传播研究所助理研究员）

·书目辑览·

2018年新闻传播类书目

新闻传播理论

中美传媒互动与文化交流　肖欢容、孙璐主编，社会科学文献出版社，2018年1月

跨文化沟通　徐波著，复旦大学出版社，2018年1月

新闻的边界：《新闻伦理与法规》案例选编　汪露编著，五洲传播出版社，2018年1月

媒介·科技·传播：大众传媒科技传播现状研究　武丹、钟琦著，科学出版社，2018年1月

传媒话语权与影响力：新时期舆论引导能力的提升　郑保卫主编，湖南人民出版社，2018年1月

当代环境文化与新闻传播研究　孙惠敏主编，浙江大学出版社，2018年1月

传媒对村民政治信任和社会信任的影响研究　王正祥著，科学出版社，2018年1月

话语互构：民族新闻的跨文化之维　廖云路著，民族出版社，2018年1月

伯明翰学派前期媒介研究（1964—1979）　孙勇著，中国社会科学出版社，2018年1月

媒介政治社会学分析　谢进川著，中国传媒大学出版社，2018年1月

质检新闻话语体系研究　李刚、冯军、李本军主编，中国计量出版社、中国标准出版社，2018年2月

想象的互动：网络人际传播中的印象形成　张放著，北京大学出版社，2018年2月

中国出版业文化遗产保护问题研究　彭俊玲、赵春英等著，知识产权出版社，2018年2月

配方式媒介——大众文本及其生产机制分析　何群著，经济科学出版社，2018年3月

突发公共事件中的谣言传播与治理　王颖吉主编，中国传媒大学出版社，2018年3月

舆论学——舆论导向研究　陈力丹

著，上海交通大学出版社，2018年3月

有效传播的道与术 杨雨丹主编，厦门大学出版社，2018年3月

传媒责任伦理研究 钟媛媛著，首都经济贸易大学出版社，2018年3月

我国虚假新闻传播的受众心理研究 周灿华著，科学出版社，2018年3月

生态环境与公共健康领域的传播机制研究 罗小萍、李韧主编，中国广播影视出版社，2018年3月

新闻传媒在公共管理中的作用探析 罗小萍、李韧主编，中国广播影视出版社，2018年3月

走向和谐之路：危机传播视域中的政府与媒体关系 史雯、黄鸣刚著，上海交通大学出版社，2018年4月

新闻学概论（第六版） 李良荣主编，复旦大学出版社，2018年4月

科学与新闻之争——十年疫苗事件中的媒体与传播 李希光、苏婧著，清华大学出版社，2018年4月

舆论引导新论 雷跃捷、薛宝琴等著，社会科学文献出版社，2018年4月

演进·迭代·反哺：青年文化的当代阐释 杨晶著，中国传媒大学出版社，2018年5月

数据新闻可视化 许向东著，中国人民大学出版社，2018年5月

科学传播：争议性科技的社会认知及其改变 金兼斌著，清华大学出版社，2018年5月

人际传播与沟通 禹建湘著，科学出版社，2018年5月

娱乐时代的文化坚守 谭飞著，工人出版社，2018年5月

华人社团与中华文化传播 张禹东、陈景熙等著，社会科学文献出版社，2018年5月

城市化视角下的农民工报道问题研究 李道荣、徐剑飞、袁满等著，中国社会科学出版社，2018年5月

读者心理学导论 孙海英等主编，知识产权出版社，2018年5月

中国"走出去"背景下外译的传播学路径研究——以《习近平谈治国理政》为例 梁林歆著，武汉大学出版社，2018年5月

基于社交网络的行为分析和挖掘 李磊等著，科学出版社，2018年5月

综合新闻学（上中下册） 任白涛著，中国传媒大学出版社，2018年6月

实际应用新闻学 邵振青著，中国传媒大学出版社，2018年6月

科学的新闻学概论 萨空了著，中国传媒大学出版社，2018年6月

实用新闻学（上下册） 谢六逸著，中国传媒大学出版社，2018年6月

新闻学 戈公振著，中国传媒大学出版社，2018年6月

新闻学大纲 伍超著，中国传媒大学出版社，2018年6月

实验新闻学（全二册） 周孝庵著，中国传媒大学出版社，2018年6月

中国的新闻纸 张静庐著，中国传媒大学出版社，2018年6月

舆论的脾气 赵强著，湖南人民出版社，2018年6月

新闻学概要 黄天鹏著，中国传媒大学出版社，2018年6月

新闻学讲话 刘元钊编著，中国传媒大学出版社，2018年6月

新闻之理论与现象 张友渔著，中国传媒大学出版社，2018年6月

新闻学论集 管照微编，中国传媒大学出版社，2018年6月

战时新闻学 任毕明著，中国传媒大学出版社，2018年6月

学校新闻讲话 袁殊著，中国传媒大学出版社，2018年6月

媒体监测 郭好主编，高等教育出版

社，2018年6月

基于政治安全的网络舆情治理创新研究 舒刚著，武汉大学出版社，2018年6月

本国新闻事业 郭步陶编著，中国传媒大学出版社，2018年6月

新闻学总论 邵飘萍著，中国传媒大学出版社，2018年6月

基础新闻学 李公凡著，中国传媒大学出版社，2018年6月

新闻学 曹用先著，中国传媒大学出版社，2018年6月

现代新闻学概论 储玉坤著，中国传媒大学出版社，2018年6月

新闻学撮要 戈公振著，中国传媒大学出版社，2018年6月

应用新闻学 任白涛著，中国传媒大学出版社，2018年6月

新闻学 鲁风著，中国传媒大学出版社，2018年6月

学术出版“走出去”研究——基于西方中国学的思考 刘海涛著，民族出版社，2018年6月

谣言传播规律与突发事件应对策略研究 赵来军等著，科学出版社，2018年6月

新闻学的基础知识（上下册） 中美日报读讯会编，中国传媒大学出版社，2018年6月

突发公共事件情境下舆情成长及其决策问题研究 王治莹著，经济管理出版社，2018年7月

传播学概论（第三版） 孙庚编著，中国人民大学出版社，2018年7月

健康传播：中国人的接触、认知与认同——基于HINTS模型的实证研究与分析 喻国明主编，人民日报出版社，2018年7月

分化竞争——中国报纸形态演化与未来 陈国权著，清华大学出版社，2018年7月

媒介素养与传媒批评 程丽蓉、蒋忠波主编，科学出版社，2018年7月

影响的焦虑：基于新媒介影响的阅读考察 杨沉著，安徽师范大学出版社，2018年7月

印刷术与西方现代性的形成——麦克卢汉印刷媒介思想研究 李昕揆著，商务印书馆，2018年7月

学术出版研究：中国学术图书质量与学术出版能力评价 谢曙光等著，社会科学文献出版社，2018年7月

身体传播 赵建国著，社会科学文献出版社，2018年7月

中国政府官员口语传播能力研究 康健著，国家行政学院出版社，2018年8月

标准化传播知识的机理及绩效评价 宋明顺著，中国标准出版社，2018年8月

中外新闻中的“一带一路” 陈婧著，石油工业出版社，2018年8月

新闻翻译量化研究 王立松著，天津大学出版社，2018年8月

错位：后冷战时代的中国叙述与视觉政治 吕新雨著，华东师范大学出版社，2018年8月

对话新闻：新闻采写理论与实践 沈正赋著，安徽师范大学出版社，2018年8月

媒体素养教育的嬗变与启示 李廷军著，科学出版社，2018年8月

新闻研究：经典概念与前沿话题 白红义著，上海交通大学出版社，2018年8月

标语的力量 林升栋编著，厦门大学出版社，2018年9月

从区域传播迈向世界传播——边疆省区党报参与构建现代传播体系研究 才让卓玛著，经济科学出版社，2018年10月

海外华人华侨对中华文化的传承与传播 刘琛、王丹丹、宋泽宁等著，北京大

学出版社，2018 年 11 月

计算传播学导论 张伦、王成军、许小可编著，北京师范大学出版社，2018 年 11 月

社会舆论传播、演化和引导——网络建模与仿真视角 王光辉著，科学出版社，2018 年 11 月

中国舆评 章丹栋著，浙江人民出版社，2018 年 11 月

文化框架：美国主流媒体中的“中国制造” 潘霁著，复旦大学出版社，2018 年 11 月

中国文学译介与传播研究 许钧总主编，浙江大学出版社，2018 年 12 月

互联网与全球传播：理论与案例 沈国麟等著，复旦大学出版社，2018 年 12 月

弱传播：舆论世界的哲学 邹振东著，国家行政学院出版社，2018 年 12 月

新闻传播业务

从一支笔到十八般武艺：融媒时代新闻传播实务教学探索 白净主编，光明日报出版社，2018 年 1 月

播音主持艺术语言表达 马欣、白龙主编，科学出版社，2018 年 1 月

新闻写作精要 高钢著，首都经济贸易大学出版社，2018 年 1 月

新闻记者岗位准入与退出制度研究 严功军著，西南师范大学出版社，2018 年 1 月

中学生播音主持与才艺表演训练（第二版） 邢悍国主编，中国传媒大学出版社，2018 年 2 月

普通话语音基础与播音发声实训 王炜主编，科学出版社，2018 年 3 月

拓展新闻写作研究的思维空间 樊凡著，科学出版社，2018 年 3 月

十天学会写舆情报告 人民网舆情数据中心编著，人民日报出版社，2018 年 4 月

美国名编辑研究 叶新、易文翔、周丽锦编著，知识产权出版社，2018 年 4 月

通讯员新闻采写一本通 王卫明、倪洪江主编，人民日报出版社，2018 年 4 月

科学记者手册 陈鹏主编，科学出版社，2018 年 4 月

知识产权新闻十堂课 刘瑞升著，知识产权出版社，2018 年 4 月

挑战与机遇：新闻传播业发展与创新研究 丁光梅主编，知识产权出版社，2018 年 4 月

全媒体时代宣传干部新闻采编实务手册 姚赣南主编，中国国际广播出版社，2018 年 4 月

当代新闻写作（第二版） 白贵、彭焕萍著，中国人民大学出版社，2018 年 4 月

编辑哲思与践行 游苏宁编著，科学出版社，2018 年 4 月

新闻记者实用技巧 廖洋著，中国纺织出版社，2018 年 4 月

报刊出版 “新闻出版实用知识丛书”编委会编，西南师范大学出版社，2018 年 5 月

我的新闻作业——从业 30 年的新闻实战与思考 王少军著，合肥工业大学出版社，2018 年 5 月

青少年阅读欣赏丛书：中外新闻作品赏析 董小玉主编，西南师范大学出版社，2018 年 5 月

新闻摄影教程（第二版） 吴建、徐沛主编，四川大学出版社，2018 年 5 月

新闻课——如何学会与读者“拍拖” 陈彦儒著，九州出版社，2018 年 5 月

法制新闻采编的理论与实务 宣海林著，安徽大学出版社，2018 年 5 月

总编视角——《澳门理工学报》专栏文萃（2015—2017） 李向玉、刘泽生主编，社会科学文献出版社，2018 年 5 月

电视采访：融合报道中的人、故事与视角（第3版）　曾祥敏著，中国传媒大学出版社，2018年6月

记者道　袁殊著，中国传媒大学出版社，2018年6月

电视采访学（第三版）　雷蔚真、朱羽君著，中国人民大学出版社，2018年7月

全媒体新闻作品评析教程　李军著，中国传媒大学出版社，2018年7月

镇版报道的气质养成：新闻通讯采写实践与感悟　冯诚著，新华出版社，2018年6月

人民日报记者说：好稿是怎样“修炼”成的　费伟伟著，人民日报出版社，2018年7月

播音员主持人语言文字规范手册（语音篇）　上海广播电视台播音主持业务指导委员会编，上海人民出版社，2018年7月

播音与主持艺术专业考试指导（第二版）　林小榆等编著，暨南大学出版社，2018年7月

出版是什么　于殿利著，中国传媒大学出版社，2018年7月

新编辑实用入门手册　李海凌著，中央编译出版社，2018年8月

新闻采访与写作　高钢、潘曙雅主编，中国人民大学出版社，2018年8月

阅读推广理论与实践　阮莉萍、朱春艳等著，武汉大学出版社，2018年8月

财经新闻报道实务教程（第2版）　赵智敏主编，中国传媒大学出版社，2018年9月

播音主持艺术简明教程　杜晓红主编，中国传媒大学出版社，2018年9月

中国主流媒体融合创新研究　段鹏著，中国传媒大学出版社，2018年9月

新闻锻造：地市报记者创优稿探析　向湘龙著，群言出版社，2018年9月

新闻视角与编辑创新　林余荫著，中国纺织出版社，2018年9月

新闻摄影　董河东主编，中国电力出版社，2018年9月

新闻播音　李凌主编，中国传媒大学出版社，2018年10月

中国应用新闻传播创新十大案例（第一辑）　张志安主编，南方日报出版社，2018年10月

主持艺术风格形态　陈墨著，中国传媒大学出版社，2018年11月

新闻传播史

当代世界媒体（上下册）　徐和建、刘笑盈主编，中国传媒大学出版社，2018年1月

范式的变更：新报刊史书写　黄旦主编，上海交通大学出版社，2018年1月

中国电视史：1958—2008　常江著，北京大学出版社，2018年1月

汉水上游报刊史话　付鹏等编著，中国文联出版社，2018年2月

五四报刊通信栏与多重对话研究　王玉春著，人民出版社，2018年2月

中国新闻事业编年史（上中下）（第二版）　方汉奇主编，福建人民出版社，2018年4月

上海《时报》新闻业务变革研究　余玉著，人民出版社，2018年4月

《密勒氏评论报》：美国在华专业报人与报格（1917—1953）　郑保国著，北京大学出版社，2018年5月

铸以代刻：十九世纪中文印刷变局　苏精著，中华书局，2018年5月

全球传播政策：从传统媒介到互联网　徐培喜著，清华大学出版社，2018年5月

中国新闻发达史　蒋国珍著，中国传媒大学出版社，2018年6月

外人在华的新闻事业　赵敏恒著，中

国传媒大学出版社，2018年6月

中国近代之报业（全二册） 赵君豪著，中国传媒大学出版社，2018年6月

五四时期“四大副刊”研究 员怒华著，华中师范大学出版社，2018年6月

中国新闻事业（上下册） 黄天鹏著，中国传媒大学出版社，2018年6月

浙江新闻史（上下册） 项士元编，中国传媒大学出版社，2018年6月

上海新闻事业之史的发展 胡道静著，中国传媒大学出版社，2018年6月

葡萄牙新闻传播史 李菁著，人民日报出版社，2018年6月

新闻史上的新时代 胡道静著，中国传媒大学出版社，2018年6月

晚清民初的知识转型与知识传播 张寿安著，北京师范大学出版社，2018年6月

上海新闻志（1993—2002） 《上海新闻志（1993—2002）》编纂委员会编，上海人民出版社，2018年9月

中国地区比较新闻史（上中下三卷） 宁树藩主编，复旦大学出版社，2018年9月

中国报学史（清末民初文献丛刊） 戈公振著，朝华出版社，2018年9月

当代中国广播电视史 哈艳秋主编，中国国际广播出版社，2018年9月

从“思想云端”走向“现实深处”：1978—2017年《解放日报》理论传播梳理与思考 夏斌著，上海社会科学出版社，2018年10月

报章里的改革史 刘昆编，广西师范大学出版社，2018年10月

北京大学日刊与北京大学图书馆（1917—1932） 范凡主编，海洋出版社，2018年11月

传记出版与社会变迁——我国1949年以来传记出版研究 王宏波著，南京大学出版社，2018年12月

多元文化认同的建构：《中国评论周报》与《天下月刊》研究 黄芳著，南京大学出版社，2018年12月

连续性内部资料性出版物规制研究 蔡健著，南京大学出版社，2018年12月

媒介经营与管理

中国媒体融合发展报告（2016—2017） 唐绪军、黄楚新、彭韵佳著，中国社会科学出版社，2018年1月

社会与市场之间：改革开放以来民营电视剧企业的演展和趋向 潘娜著，中国传媒大学出版社，2018年2月

坚守与变革：遭遇大数据时代的传统出版业 张立、介晶、梁楠楠、李大美、陆希宇等著，社会科学文献出版社，2018年3月

雾里看花：谁的期刊 谁的评价 朱剑著，社会科学文献出版社，2018年4月

转型与重生——传统报业经营实践与探索 冯广圣著，广西师范大学出版社，2018年4月

众筹出版发展源流及运作模式研究 梁徐静著，中国书籍出版社，2018年4月

媒体融合背景下我国报业转型的发展策略研究 张帆著，武汉大学出版社，2018年4月

图书出版走出去的思索 张东平、张洪著，人民出版社，2018年4月

出版产业供应链协同管理研究 何国军著，武汉大学出版社，2018年5月

我国出版物市场体系建设研究 秦洁雯著，厦门大学出版社，2018年5月

中国报人之路 杜绍文著，中国传媒大学出版社，2018年6月

新闻事业经营法 吴定九著，中国传媒大学出版社，2018年6月

数字出版产业链研究 曾元祥著，武汉大学出版社，2018年8月

移动互联环境下我国出版业的发展现状及问题研究　孟晖著，上海社会科学院出版社，2018年8月

重走美国大报——美国报业转型：颠覆与重生　辜晓进著，南方日报出版社，2018年8月

“一带一路”视野下海外华文媒体动态与前瞻　彭伟步主编，暨南大学出版社，2018年9月

走向在线社会信息传播系统——中国报业的转型之路　吕尚彬、熊敏、黄荣著，人民出版社，2018年9月

数字媒体资产价值传播研究　黄昭文著，对外经贸大学出版社，2018年11月

邹韬奋与中国现代出版转型　刘火雄著，南京大学出版社，2018年12月

中国出版业“走出去”研究　潘文年著，南京大学出版社，2018年12月

新媒体

微博话语多维分析：以新浪微博为例　焦新平著，中国言实出版社，2018年1月

新媒体与社会变革　姜作苏主编，中国传媒大学出版社，2018年1月

新兴媒体时代广播发展研究　隋欣著，中国传媒大学出版社，2018年1月

微博舆情传播中的用户行为研究——发布、转发与评论　成俊会著，经济科学出版社，2018年1月

新疆党报与新兴媒体融合发展研究　景德明著，知识产权出版社，2018年1月

互联网思维下的媒体融合　付晓光著，中国传媒大学出版社，2018年1月

媒体融合背景下媒体人转型研究　蒋旭灿、袁志坚著，浙江大学出版社，2018年1月

互联网使用与政治参与　曾凡斌著，中国人民大学出版社，2018年2月

技术创新网络惯例、学习机制与网络治理目标关系研究　王方著，经济科学出版社，2018年3月

突发事件舆论引导实务　刘洋著，四川大学出版社，2018年3月

新媒体：微传播与融媒发展　黄楚新著，人民日报出版社，2018年3月

政务新媒体与政府形象（第二辑）　王建华主编，上海交通大学出版社，2018年3月

网络媒体可信度的生成与维系机制研究　刘学义著，吉林大学出版社，2018年3月

数字出版前沿　王京山、包韫慧、侯欣洁等编著，知识产权出版社，2018年3月

媒体融合背景下的北京市新闻舆论工作　赵晨主编，中国书籍出版社，2018年3月

新媒体传播及其效果研究　罗小萍、李韧主编，中国广播影视出版社，2018年3月

媒体信息的综合处理及数字化校园的建设研究　程允丽著，中国原子能出版社，2018年4月

全球化语境下社会化媒体对国家文化安全的影响——基于境外媒体新浪微博账户的研究　信莉丽著，山东人民出版社，2018年4月

逾矩的课堂——跨文化与新媒体传播研究　杨中举著，知识产权出版社，2018年4月

全国各省市的媒体镜像——基于网络新闻大数据　黄合水、彭丽霞著，厦门大学出版社，2018年4月

新媒体概论　李鹏等编著，陕西师范大学出版社，2018年5月

作者引用网络模式与功效研究　马瑞敏著，科学出版社，2018年5月

网络舆情典型案例评析　蔡骐、岳璐主编，湖南人民出版社，2018年5月

基于网络媒体监测语料库的性别语言差异研究 王宇波著，科学出版社，2018年5月

掌中“政”能量——“浙江发布”微信矩阵2013—2016年度选评 王建华、李华等著，浙江大学出版社，2018年5月

见微知著：网络热点事件评析（第1辑） 付晓光主编，中国传媒大学出版社，2018年5月

国外数字出版全球化发展战略研究 侯欣洁著，知识产权出版社，2018年5月

论网络行政问责：场域分析之视界 姚莉著，浙江大学出版社，2018年5月

互联网时代媒体平台经济发展的理论与实践 林翔著，国家图书馆出版社，2018年5月

微博情绪表达与舆论治理研究 焦德武、马玉春、贯雪枫著，安徽大学出版社，2018年5月

媒介融合趋势下的新闻传播及其变革研究 李轶、王慧、徐鹏著，中国商业出版社，2018年5月

移动互联背景下的网络舆论引导 牛艳艳著，知识产权出版社，2018年5月

移动互联时代的政府形象传播 黄河著，中国人民大学出版社，2018年5月

新媒体内容生产与编辑 杨嫚主编，西南师范大学出版社，2018年5月

社会化媒体隐私行为机理与管理策略 刘子龙著，科学出版社，2018年6月

社会化媒体生态演化研究 杨艳妮著，科学出版社，2018年6月

新闻业的救赎：数字时代新闻生产的16个关键问题 彭增军著，中国人民大学出版社，2018年6月

2017年网络舆情热点扫描 石瑾、刘春阳编著，清华大学出版社，2018年6月

网络时代高校信息安全体系建设研究 张丽华著，中国水利水电出版社，2018年6月

微博对社会稳定的影响及对策研究 李汝川著，中国社会科学出版社，2018年6月

网络舆论引导机制研究 薛宝琴著，人民日报出版社，2018年7月

媒体融合背景下对农电视媒体核心竞争力研究 陈小娟著，中国社会科学出版社，2018年7月

新媒体编播技术与应用 姚建东主编，清华大学出版社，2018年7月

直播：造就网红星工场 宋江龙著，中国经济出版社，2018年7月

直播：互联网精彩的成长蜕变 宋江龙著，中国经济出版社，2018年7月

直播：移动互联时代营销新玩法 宋江龙著，中国经济出版社，2018年7月

融媒体时代播音与主持艺术发展策略 梁亚宁著，吉林大学出版社，2018年7月

互联网环境下传统出版的版权保护和版权贸易 上海新闻出版教育培训中心编，上海人民出版社，2018年7月

双重维度下的主题报道——媒介融合与舆论引导 叶锡环著，浙江工商大学出版社，2018年7月

新编新媒体概论 谭辉煌、刘淑华编著，重庆大学出版社，2018年8月

网络编辑实务项目教程 卢金燕主编，西安电子科技大学出版社，2018年8月

运营数字媒体 周荣庭著，科学出版社，2018年8月

自媒体话语权研究 许哲著，知识产权出版社，2018年8月

新媒体与社会舆情 韩素梅等著，浙江大学出版社，2018年8月

新媒体概论 谭云明主编，北京大学出版社，2018年8月

社会化媒体：起源、发展与应用 宋凯著，中国传媒大学出版社，2018年9月

全媒体传播环境与高校思想政治教育

秦世成编著，首都师范大学出版社，2018年9月

自媒体写作：从基本功到实战方法——迈出下班后赚钱的坚实一步！ 余老诗著，清华大学出版社，2018年9月

公共数字文化共享——模式、框架与技术 罗云川、张桂刚著，社会科学文献出版社，2018年9月

新媒体传播 刘雪梅、王泸生编著，暨南大学出版社，2018年9月

新媒体传播研究——以工匠精神传播为例研究网络正面宣传的规律性 臧海亮著，中国海洋大学出版社，2018年9月

互联网时代学术出版新范式："预印本+自组织同行评议"理论与应用 王凌峰著，武汉理工大学出版社，2018年9月

突发公共事件网络舆情演化研究 陈璟浩著，知识产权出版社，2018年9月

数字出版项目实训手册 陈敏主编，化学工业出版社，2018年9月

迈向智媒体 李鹏著，东方出版社，2018年9月

大数据时代的网络舆情分析 武装著，北京理工大学出版社，2018年9月

现代媒体下的品牌形象推广研究 亢晓昉著，中国农业科学技术出版社，2018年9月

大数据视域下微博舆情研判与疏导机制研究 王秋菊、刘杰等著，人民出版社，2018年9月

最前沿：国家网信工作沉思录 任贤良著，新华出版社，2018年11月

高校学生网络话语与网络舆情引导研究——基于大数据的视域 崔海英著，上海人民出版社，2018年10月

媒体传达新时态 吴洁编，同济大学出版社，2018年10月

微博舆论与公众情绪的互动 常松等著，社会科学文献出版社，2018年10月

新媒体写作教程 喻彬著，中国传媒大学出版社，2018年10月

新形势下的女性传媒 宋素红著，北京师范大学出版社，2018年10月

新媒体传播学概论 褚亚玲、强华力著，中国国际广播出版社，2018年10月

日常生活视域下我国主流意识形态网络传播研究 刘世衡著，中国社会科学出版社，2018年10月

媒介融合背景下的数据新闻生产研究 孟笛著，上海大学出版社，2018年10月

广 告

广告策划 钟怡编著，中国建筑工业出版社，2018年1月

影记沪上：招贴画 孙孟英编著，生活·读书·新知三联书店，2018年1月

数字传播背景下广告发展研究 姜帆著，中国传媒大学出版社，2018年1月

广告学实用教程 金星主编，北京师范大学出版社，2018年1月

中国现代文学转型的政治经济学维度——以《小说月报》上的广告为中心 李直飞著，中国社会科学出版社，2018年1月

中国城市广告的文化意识研究 钟正武著，北京理工大学出版社，2018年1月

POP广告设计 黄金霞、刘德龙编著，上海人民美术出版社，2018年1月

广告营销法律法规 曾朝主编，汕头大学出版社，2018年1月

广告传播理论与实践 章军主编，中国科学技术大学出版社，2018年1月

中美广告比较研究 张幼斌、黄蜜、陈若溪著，中国传媒大学出版社，2018年1月

广告学原理与实务（第二版） 李志刚主编，重庆大学出版社，2018年2月

如何把产品打造成有生命的品牌：跟广告鬼才叶明桂学品牌的技术与艺术 叶

明桂著，中信出版集团，2018年2月

广告法理论与实务 程远著，法律出版社，2018年2月

广告学 王莉、严昊、王晨主编，清华大学出版社，2018年3月

消费语境下广告的图像叙事与审美 孙永著，中国书籍出版社，2018年3月

电视广告（第2版） 孙会著，中国传媒大学出版社，2018年3月

平面广告设计与制作 孔祥华、夏琰主编，电子工业出版社，2018年4月

吸金广告文案写作训练手册 朱雪强著，民主与建设出版社，2018年4月

影视广告创意与制作 李静编著，中国建筑工业出版社，2018年4月

互联网广告设计与制作 胡春瀛、唐颖编著，中国建筑工业出版社，2018年4月

广告态度及其影响因素研究——以电视和网络视频为对象 顾远萍著，中国社会科学出版社，2018年4月

广告设计从入门到精通 陈根编著，化学工业出版社，2018年5月

广告设计（升级版） 崔生国著，上海人民美术出版社，2018年5月

视觉与创意：广告设计艺术与方法实践 唐丽、熊洁、魏官禄著，中国书籍出版社，2018年5月

网络广告学 刘勇主编，东北财经大学出版社，2018年5月

广告学：全媒体营销沟通 吕巍主编，北京师范大学出版社，2018年5月

广告策划与创意 郑建鹏、张小平编著，中国传媒大学出版社，2018年5月

广告创意 张雯编著，中国建筑工业出版社，2018年5月

平面广告设计与生产制作案例教程 骆正茂等主编，电子工业出版社，2018年6月

创意绽放——第九届全国大学生广告艺术大赛广西分赛区优秀作品集 汤晓山、罗幸主编，广西师范大学出版社，2018年6月

广告法规教程 徐卫华编著，浙江工商大学出版社，2018年6月

使命与责任：中国广告的创新与未来 杨先顺主编，暨南大学出版社，2018年6月

平面广告设计（第4版） 高文胜、潘力编著，清华大学出版社，2018年7月

广告理论与实务（第二版） 戴勇主编，大连理工大学出版社，2018年7月

中国当代广告“健康”话语变迁研究（1979—2014） 厉国刚著，社会科学文献出版社，2018年7月

广告学概论 薛菁编著，中国建筑工业出版社，2018年7月

网络广告原理与实务（修订版） 林升梁著，厦门大学出版社，2018年7月

广告文化研究：批判导论 葛在波著，厦门大学出版社，2018年7月

商业广告设计手册 赵庆华编著，清华大学出版社，2018年7月

网络与新媒体广告 尚恒志主编，北京大学出版社，2018年7月

广告设计与制作 张行彦、杨建红主编，中南大学出版社，2018年7月

平面广告设计与制作（第三版） 刘艺琴编著，武汉大学出版社，2018年7月

广告法律法规 周晖、王桂霞主编，清华大学出版社，2018年7月

广告设计基础 朱平主编，科学出版社，2018年7月

广告媒介 李晨宇编著，中国建筑工业出版社，2018年7月

商业广告伦理构建 徐鸣著，社会科学文献出版社，2018年8月

广告创意概论（第二版） 刘建萍、陈思达主编，中国人民大学出版社，2018年8月

广告管理 王悦彤著，社会科学文献出版社，2018年8月

数字化广告运营 杨志杰、李思达著，人民邮电出版社，2018年8月

新媒体广告规制研究 孟茹、查灿长著，南京大学出版社，2018年8月

广告学 何清湖著，中国中医药出版社，2018年8月

中美广告比较教程 张幼斌编著，四川大学出版社，2018年8月

中国当代市场环境下的儿童广告 李诗颖著，重庆大学出版社，2018年9月

现代广告学概论（第4版） 陈培爱编著，首都经济贸易大学出版社，2018年9月

岭南新媒体说：数字营销传播思想荟萃 杨先顺主编，暨南大学出版社，2018年9月

广告副作用（全二册） 李欣频著，中信出版集团，2018年9月

大数据时代的广告与营销嬗变之路 蒋洛丹著，经济管理出版社，2018年9月

玩转广告 徐雯主编，中国传媒大学出版社，2018年10月

网络广告治理比较研究 周辉主编，中国社会科学出版社，2018年10月

中华人民共和国广告法（最新修正版） 法律出版社，2018年11月

定格动画与广告创意 浦詠、曹静洋著，北京联合出版有限公司，2018年11月

广告策划（第三版） 黄升民、段晶晶著，中国传媒大学出版社，2018年11月

广播电视

中国广播现代性流变 李煜著，中国传媒大学出版社，2018年1月

新世纪中国影视创作论——基于中美比较视角 邱飞著，上海交通大学出版社，2018年1月

电视编辑与创意制作 杨庆国主编，中国科学技术大学出版社，2018年1月

致青春——同济大学广播台（1952—1966） 章华明主编，同济大学出版社，2018年3月

互为与互动的镜像——中国电视真人秀研究 张贞贞著，中国文联出版社，2018年3月

中国广播电视管理实务 赵彦华编著，中国国际广播出版社，2018年4月

中国广播电视节目评估体系研究 中国广播电影电视社会组织联合会主编，中国国际广播出版社，2018年3月

广播编辑与音频制作 张洁意著，合肥工业大学出版社，2018年3月

电视新闻编辑理论与实践 文红著，山西经济出版社，2018年4月

电视新闻市场竞争研究 唐俊著，文汇出版社，2018年4月

电视的未来 李宇著，中国广播影视出版社，2018年4月

传播信任——转型期电视媒介公信力研究 李其芳著，人民出版社，2018年4月

影视解说配音教程 韩梅著，浙江大学出版社，2018年5月

形态变革与话语转型：1990年代央视新闻评论部生产实践 张海华著，社会科学文献出版社，2018年5月

电视导播艺术 徐先贵、赵耘曼主编，西南交通大学出版社，2018年5月

在枪口下抢新闻：蒋生元国际采访报道精选 蒋生元著，中国国际广播出版社，2018年5月

电视媒体对维吾尔族观众的影响力现状与提升路径研究 王斌著，中央民族大学出版社，2018年6月

广播电视法律制度概论（第三版）

涂昌波著，中国传媒大学出版社，2018年6月

中外影视互译与合作2017 金海娜主编，中国传媒大学出版社，2018年6月

电视媒体融合发展的探索与实践 闫勇、李瑶编著，九州出版社，2018年6月

短视频产业研究 司若、许婉钰、刘鸿彦著，中国传媒大学出版社，2018年6月

数字电视节目制播技术 杨晓宏、李兆义编著，北京大学出版社，2018年7月

中国译制片研究 马建丽著，中国传媒大学出版社，2018年7月

全国广播电视（传输系统）技术能手竞赛光纤传输辅导及习题精解 阎婷婷编著，中国广播影视出版社，2018年7月

电视节目体育播音解说 王喆著，天津社会科学院出版社，2018年7月

广播电视概论 陈相雨、郭静主编，西安交通大学出版社，2018年7月

协商民主视域下的电视问政研究 俞春江著，浙江大学出版社，2018年8月

西部大开发与西部电视剧创作研究 黄怀璞主编，民族出版社，2018年8月

广播电视综合知识（2018—2019） 广播影视业务教育培训丛书编写组编，中国国际广播出版社，2018年8月

广播电视业务（2018—2019） 广播影视业务教育培训丛书编写组编，中国国际广播出版社，2018年8月

广播电视新闻学（第三版） 李岩、黄匡宇著，高等教育出版社，2018年8月

文化+科技——广播电视技术在博物馆中的应用研究 中国博物馆协会社会教育专业委员会组编，中国科学技术出版社，2018年8月

广播电视概论 张霆主编，人民交通出版社股份有限公司，2018年8月

电视娱乐奇观的多维透视：内容生产、文本与受众 徐展著，中国传媒大学出版社，2018年9月

电视媒介融合论：融媒时代的大电视产业创新发展 高红波著，社会科学文献出版社，2018年9月

中国电视文艺通论（1958—2018） 盛伯骥著，中国广播影视出版社，2018年9月

视听节目类型解析 张健编著，复旦大学出版社，2018年10月

知行合一：电视媒体研究十年报告 符绍强著，经济科学出版社，2018年10月

大视频时代的电视覆盖率与融合传播研究 北京美兰德媒体传播策略咨询有限公司著，新华出版社，2018年11月

世界广播电视史 刘建明著，科学出版社，2018年11月

电视节目制作（第五版） 谢毅、张印平编著，暨南大学出版社，2018年11月

电　影

微电影实战技巧 肖澎主编，中国轻工业出版社，2018年1月

中国电影产业发展趋势报告 陈岩主编，中国传媒大学出版社，2018年1月

二十一世纪西方电影思潮 孙绍谊著，复旦大学出版社，2018年1月

中美动画电影叙事比较研究 王灵丽著，东方出版中心，2018年1月

新世纪以来的中国类型电影研究 张晶著，台海出版社，2018年1月

中外经典电影解析 刘峰、李振宇、赵博著，中国广播影视出版社，2018年2月

当代文化生产中的微电影研究 孙婧著，四川大学出版社，2018年2月

上海电影产业发展报告（2018） 荣跃明主编，上海书店出版社，2018年3月

中国电影忧思录 车径行著，北京联

合出版有限公司，2018 年 3 月

走向融媒时代的影视教育　刘迅、李城著，浙江大学出版社，2018 年 3 月

创作、批评与教育——构建良性互动的影视戏剧生态链　中国长三角高校影视戏剧学会编，中国电影出版社，2018 年 3 月

影戏剧本作法　侯曜著，东方出版社，2018 年 3 月

中国体育电影史（1905—2016）　倪沫著，中国广播影视出版社，2018 年 3 月

看电影学心理学　郑世彦著，广西师范大学出版社，2018 年 3 月

电影讲义　周剑云等著，东方出版社，2018 年 3 月

西学东渐：民国电影美学研究　李良嘉著，南京大学出版社，2018 年 4 月

2018 中国电影艺术报告　尹鸿等编，中国电影出版社，2018 年 4 月

创意·创作·创新——宋鸿荣影视美术创作理论与实践　宋鸿荣著，中国电影出版社，2018 年 4 月

政治、艺术抑或商业——1949 年以来内地和香港电影的互动与影响　赵卫防、张文燕著，中国电影出版社，2018 年 4 月

一念：蔡明亮谈电影　蔡明亮著，新星出版社，2018 年 4 月

中国动画电影发展报告（2017）　朱玉卿、周晔主编，中国电影出版社，2018 年 4 月

恋恋风尘：侯孝贤谈电影　侯孝贤著，新星出版社，2018 年 5 月

突围传统观念的影视作品　吴炫著，上海大学出版社，2018 年 5 月

当代西方即兴戏剧导论　魏微著，中国电影出版社，2018 年 5 月

宋代笔记小说与戏剧影视　张智华著，中国电影出版社，2018 年 5 月

他们就是电影——20 世纪电影大师小传及作品　江小鱼著，人民出版社，2018 年 5 月

现代湖南文学的电影改编　岳凯华著，中国电影出版社，2018 年 5 月

幼儿园电影主题活动创意设计　王微丽、张丹丹主编，中国轻工业出版社，2018 年 5 月

电影之外的美国　章珺著，作家出版社，2018 年 5 月

中国当代电影的空间叙事研究　孟君著，商务印书馆，2018 年 6 月

中国电影产业转型研究　巴丹著，中国社会科学出版社，2018 年 6 月

中国电视剧 60 年大系编年史　中国传媒大学电视剧研究所编，中国广播电视出版社，2018 年 6 月

中国电影伦理学（2018）　贾磊磊、袁智忠主编，西南师范大学出版社，2018 年 6 月

她的光影：女导演访谈录（上）　周夏主编，中国电影出版社，2018 年 6 月

2018 中国电影产业研究报告　中国电影家协会、中国文联电影艺术中心著，中国电影出版社，2018 年 6 月

电影、社会与观众　孙承健著，中国电影出版社，2018 年 7 月

大众文化与电视自制剧　王乙涵著，中国电影出版社，2018 年 7 月

当代农村电影的创作与传播研究　薛晋文著，中国电影出版社，2018 年 7 月

水银灯外——新视野下的中国早期电影演员研究　吴徐君著，旅游教育出版社，2018 年 7 月

北京市电影业发展报告（2006—2016）　北京影视艺术研究基地编，中国电影出版社，2018 年 7 月

中国电影史学　丁亚平编著，中国广播影视出版社，2018 年 8 月

中国电影蓝皮书（2018）　陈旭光、范志忠主编，北京大学出版社，2018 年 8 月

英美戏剧与电影 张桂珍、张红波编，北京大学出版社，2018年8月

电影剧作观念选编 刘纯羽编著，北京联合出版有限公司，2018年8月

电影的故事 车径行著，台海出版社，2018年8月

雅笛讲电影 张雅笛著，中国电影出版社，2018年8月

民国时期喜剧电影研究 秦翼著，中国电影出版社，2018年9月

角色的诞生 郑君里著，生活·读书·新知三联书店，2018年9月

银屏之戏：中国戏剧与电视剧改编研究 李勇强著，中国电影出版社，2018年9月

中国电影产业制度变迁研究 欧阳云玲著，科学出版社，2018年9月

当教育遇上电影 路文彬著，安徽教育出版社，2018年9月

电影现象学引论 王文斌著，中国社会科学出版社，2018年9月

娱乐法律法规汇编（上下册） 武玉辉、刘承韪、刘毅编，中国电影出版社，2018年9月

电影志·观影手账 光体文化著，人民邮电出版社，2018年9月

时代影志：新闻纪录电影卷 黎煜编，中国电影出版社，2018年9月

看懂中国：外国影像里的60年 李振宇、崔轶主编，中国电影出版社，2018年9月

微电影理论与创作 黎力著，上海三联书店，2018年9月

中国电影批评年鉴（2017） 贾磊磊主编，中国电影出版社，2018年9月

在观众灵魂深处编码——电影编剧实操手册 刘立春著，清华大学出版社、北京交通大学出版社，2018年10月

历史透视与现实观照——新观念视阈下的香港电影 赵卫防主编，中国电影出版社，2018年10月

影像江苏：民国时期电影空间美学研究 宋奕著，东南大学出版社，2018年10月

近代电影史研究资料汇编（全四十册） 马昕编，广陵书社，2018年10月

中国电影市场影响力研究 于丽主编，中国电影出版社，2018年10月

电影中的心理分析 郭明珠等主编，中国人民大学出版社，2018年10月

好莱坞电影在中国的跨文化传播 张江彩著，中国社会科学出版社，2018年10月

流动的影像（电影三部曲研究） 符晓著，上海三联书店，2018年10月

电影表演理论研究文集 张华主编，北京十月文艺出版社，2018年11月

电影中的日本人 陈开举等著，知识产权出版社，2018年12月

银幕里的中国：40周年，电影中的改革开放故事 徐冠一著，吉林出版集团股份有限公司，2018年12月

全球化与后全球化——中国影视的进程与前景 胡志峰、陈龙主编，中国传媒大学出版社，2018年12月

主体建构与话语反思：新都市电影符号的文化与美学解码 宋眉著，浙江大学出版社，2018年12月

故事片创作六讲 王竞著，四川文艺出版社，2018年12月

国外新闻传播论（译）著

一个美国媒体人的自白 ［美］汤姆·普雷特著，江卫东译，复旦大学出版社，2018年1月

日本电影110年 ［日］四方田犬彦著，王众一译，新星出版社，2018年1月

统计数据会说谎 ［美］达莱尔·哈夫著，靳琰、武钰璟译，中信出版集团，

2018 年 1 月

隐性说服力：广告中的 33 种心理影响技术　［德］马克·安德鲁斯、［荷］马泰斯·范·莱文著，宋一辰译，中国轻工业出版社，2018 年 2 月

数字媒介与创新——传播管理与设计策略　［美］理查德·A. 格申著，谢毅译，清华大学出版社，2018 年 2 月

控制论（第二版）　［美］诺伯特·维纳著，陈娟译，中国传媒大学出版社，2018 年 2 月

好莱坞的叙事之道：现代电影中的故事与风格　［美］大卫·波德维尔著，谢冰冰译，世界图书出版公司，2018 年 3 月

新闻：幻象的政治（第九版）　［美］兰斯·班尼特著，杨晓红、王家全译，中国人民大学出版社，2018 年 3 月

品牌传播战略：数字时代的整合传播计划　［美］杨东念著，梁雨晨译，科学出版社，2018 年 3 月

全局敏感性分析　［意］萨特利等著，吴琼莉、丁义明、易鸣、范清风译，清华大学出版社，2018 年 3 月

美国杂志写作 5——美国国家杂志奖获奖作品　［美］克里斯琼斯等著，朱翼等译，南方日报出版社，2018 年 4 月

社交媒体：原理与应用　［美］帕维卡·谢尔顿著，张振维译，复旦大学出版社，2018 年 4 月

理解全球媒介　［澳］泰瑞·弗卢著，李欣译，浙江大学出版社，2018 年 4 月

社交媒体批判导言　［英］克里斯蒂安·福克斯著，赵文丹译，中国传媒大学出版社，2018 年 5 月

舆论　［美］沃尔特·李普曼著，常江、肖寒译，北京大学出版社，2018 年 5 月

传播学史——一种传记式的方法　［美］E. M. 罗杰斯著，殷晓蓉译，上海译文出版社，2018 年 5 月

15 堂财经新闻写作课：记者教你报道与金钱有关的故事　［美］克里斯·劳什著，张淑玲译，社会科学文献出版社，2018 年 5 月

互联文化：社交媒体批判史　［荷］何塞·范·戴克著，赵文丹译，中国传媒大学出版社，2018 年 5 月

传播的历史：技术、文化和社会（第 6 版）　［加］戴维·克劳利、保罗·海尔著，董璐、何道宽、王树国译，北京大学出版社，2018 年 5 月

倒时差：一个广告人的世界　［法］让－马里·德鲁著，戴丽娜译，上海社会科学院出版社，2018 年 5 月

世界报刊史：报刊的起源、发展与作用　［法］乔治·维尔著，康志洪、王海译，科学出版社，2018 年 6 月

追溯柏拉图：传播学起源概论　［美］迈克尔·杜斯、玛丽·布朗著，王海译，科学出版社，2018 年 6 月

实用新闻学　［美］休曼著，史青译，中国传媒大学出版社，2018 年 6 月

新闻学　［日］松本君平著，中国传媒大学出版社，2018 年 6 月

新闻纸研究　［日］后藤武男著，俞康德译，中国传媒大学出版社，2018 年 6 月

独一无二的作品：出版人的艺术　［意］罗伯托·卡拉索著，魏楠译，四川人民出版社，2018 年 6 月

新闻概论　［日］杉村广太郎著，王文萱译，中国传媒大学出版社，2018 年 6 月

新闻学的理论与实际　［英］斯蒂德著，王季深、吴饮冰译，中国传媒大学出版社，2018 年 6 月

美国电影美国文化（插图第 4 版）　［美］约翰·贝尔顿著，米静、马梦妮、王琼译，四川人民出版社，2018 年 6 月

电影声音制作实用技巧（第 4 版）

［美］大卫·路易斯·耶德尔著，黄英侠译，人民邮电出版社，2018年6月

电影创造美国：美国电影文化史 ［美］罗伯特·斯克拉著，郭侃俊译，北京大学出版社，2018年7月

王家卫的感官电影：影像诗学与烦郁之美 ［英］加里贝廷森著，倪志昇译，浙江大学出版社，2018年7月

数据的真相：如何在数字时代做出明智决策 ［美］约翰·H. 约翰逊、迈克·格鲁克等著，王喆译，中信出版集团，2018年7月

美国新媒体教育与研究前沿 ［美］董庆文、边巍、韦济木、陈卓著，中国传媒大学出版社，2018年7月

电视批评（第3版） ［美］维多利亚·奥唐奈著，嵇美云译，清华大学出版社，2018年7月

好莱坞之眼：像电影人一样思考 ［美］乔恩·布尔斯廷著，宋嘉伟译，北京联合出版有限公司，2018年8月

宝莱坞电影史 ［英］米希尔·玻色著，黎力译，复旦大学出版社，2018年8月

感官心理学：身体感知如何影响行为和决策 ［美］塞尔玛·洛贝尔著，靳婷婷译，中信出版集团，2018年9月

真实的广告狂人：统治麦迪逊大道的创意之狼 ［英］安德鲁·克拉克内尔著，朱玉犇、刘宇波译，外语教学与研究出版社，2018年9月

理解传媒经济学（第二版） ［英］吉莉安·道尔著，黄淼、董鸿英译，清华大学出版社，2018年9月

好莱坞行动：美国国防部如何审查电影 ［美］戴维·罗布著，林涵、王宏伟译，金城出版社，2018年9月

如何聊电影 ［美］安·霍纳迪著，陈功译，北京联合出版有限公司，2018年10月

电影简史 ［法］安杰洛·克里帕、邦雅曼·巴尔比耶、梅拉妮·布瓦索诺著，胡莲、陈阳译，江苏科学技术出版社，2018年10月

《华尔街日报》是如何讲故事的（珍藏版） ［美］威廉·E. 布隆代尔著，徐扬译，华夏出版社，2018年10月

媒体的马克思主义分析 ［英］约翰·莫利纽克斯著，杨倩译，中国传媒大学出版社，2018年10月

儿童、青少年与媒体（第3版） ［美］维克托·C. 施特拉斯布格尔、芭芭拉·J. 威尔逊、埃米·B. 乔丹著，高丽译，清华大学出版社，2018年10月

传播力（新版） ［美］曼纽尔·卡斯特著，汤景泰、星辰译，社会科学文献出版社，2018年10月

行为设计学：让创意更有黏性 ［美］奇普·希思、丹·希思著，蒋奕晖译，中信出版集团，2018年10月

130+广告人带你求职 ［美］威廉·伯克斯·斯宾塞著，黄鹤译，华中科技大学出版社，2018年11月

电影的秘密：形式与意义（插图第6版） ［美］斯蒂芬·普林斯著，王彤译，文化发展出版社，2018年11月

开拍之前：故事板的艺术（插图修订第2版） ［美］约翰·哈特著，梁明、宋丽琛译，北京联合出版公司，2018年11月

拍电影时我在想的事 ［日］是枝裕和著，褚方叶译，南海出版社，2018年11月

经典电影理论导论（修订版） ［美］达德利·安德鲁著，李伟峰译，北京联合出版公司，2018年12月

激昂的幻梦——从斯坦尼体系到方法派表演 ［美］李·斯特拉斯伯格著，伊万杰琳·墨菲斯编辑整理，姜若瑜译，台海出版社，2018年12月

论文集及综合性工具书

广播影视业务教育培训丛书：广播电视播音主持业务（2018—2019年） 广播影视业务教育培训丛书编写组编，中国国际广播出版社，2018年1月

邱沛篁新闻传播教育论集 邱沛篁主编，四川大学出版社，2018年1月

中国传媒智库（第一辑） 喻国明、张洪忠主编，中国传媒大学出版社，2018年1月

中国新闻传播研究2016（下） 高晓虹主编，中国传媒大学出版社，2018年1月

中国媒体发展研究报告（总第16辑） 单波、肖珺主编，社会科学文献出版社，2018年1月

中国跨文化传播研究年刊（2017） 顾力行、英亚东主编，中国社会科学出版社，2018年2月

中国新闻传播学评论02：从现代性到媒介学 雷跃捷、陈卫星主编，中国传媒大学出版社，2018年2月

中国广播收听年鉴2017 徐立军主编，中国传媒大学出版社，2018年2月

播音主持艺考培训教程（第二版） 贾毅等编著，中国传媒大学出版社，2018年3月

融媒时代广电媒体生存逻辑解析——第十四届全国广播影视学术论文评选获奖作品精编 中国广播电影电视社会组织联合会编，中国广播影视出版社，2018年3月

2016年度江西省报纸广播电视优秀新闻作品评析 杨六华、王文科主编，浙江大学出版社，2018年3月

2016年新闻出版产业分析报告 中国新闻出版研究院编，中国书籍出版社，2018年3月

融媒时代广电人才的理论视野——第六届全国广播影视十佳百优理论人才成果精编 中国广播电影电视社会组织联合会编，中国广播影视出版社，2018年3月

中国出版业发展现状及结构研究报告（第一卷） 李治堂、赵辉编，知识产权出版社，2018年3月

寻找家乡记忆——传统艺术新媒体交互传播普及大展论文集 刘茜主编，文化艺术出版社，2018年3月

中国新闻传播学年鉴（2017） 唐绪军主编，中国社会科学出版社，2018年3月

中国新闻奖精品赏析（三） 刘保全编著，新华出版社，2018年3月

北大新闻与传播评论（第十一辑） 程曼丽主编，北京大学出版社，2018年3月

现代体育传播（2017第二辑） 魏伟主编，中国广播影视出版社，2018年3月

中国报业40年（1978—2018） 张建星主编，人民日报出版社，2018年4月

中国特色社会主义新闻传播理论与实践十二讲学习心得选编 胡靖主编，安徽师范大学出版社，2018年4月

中国书业年度报告（2016—2017） 伍旭升主编，商务印书馆，2018年4月

新闻与传播评论（2017秋冬卷） 强月新主编，中国传媒大学出版社，2018年5月

中国传媒社会责任研究报告（2017—2018） 黄晓新、刘建华、邱昂主编，中国书籍出版社，2018年5月

中国报业融合创新研究报告（2017—2018） 黄晓新、刘建华、卢剑锋主编，中国书籍出版社，2018年5月

数据新闻蓝皮书：中国数据新闻发展报告（2016—2017） 王琼、苏宏元主编，社会科学文献出版社，2018年5月

**2016年度温州广播电视传媒集团广播

电视作品评析 王文科、杨建辉主编，浙江大学出版社，2018年5月

新闻传播学考研名词解释专题训练（第二版） 圣才考研网主编，中国石化出版社，2018年5月

新闻传播学笔记与考研真题详解（第11版） 圣才考研网主编，中国石化出版社，2018年6月

首届中国新闻出版智库高峰论坛成果集 融智库编，知识产权出版社，2018年5月

传媒的力量——中国人民大学新闻学、传播学专业在职研究生论文集（上下卷） 《传媒的力量》编写组编，科学技术文献出版社，2018年5月

人民日报70年通讯选 人民日报社新闻协调部编，人民日报出版社，2018年6月

华夏传播研究（第一辑） 谢清果主编，中国传媒大学出版社，2018年6月

第27届中国新闻奖获奖作品新媒体展示手册 殷陆君、高晓虹主编，中国传媒大学出版社，2018年6月

中国广播影视大奖新媒体展示手册：2015—2016年度广播电视节目奖获奖作品 张海涛主编，中国传媒大学出版社，2018年6月

中国电视收视年鉴（2018） 徐立军主编，中国传媒大学出版社，2018年6月

新闻出版实用知识丛书合订本 "新闻出版实用知识丛书"编委会主编，西南师范大学出版社，2018年6月

上海出版改革40年（上下册） 政协上海市委员会文史资料委员会、上海市新闻出版局等编著，上海教育出版社，2018年6月

新媒体蓝皮书：中国新媒体发展报告No. 9（2018） 唐绪军主编，社会科学文献出版社，2018年6月

全国出版专业技术人员职业资格考试（2018年版） 全国出版专业资格考试办公室编，商务印书馆，2018年6月

数字出版与出版教育（第五辑）："第五届数字时代出版产业发展与人才培养国际学术研讨会"论文集 方卿、苏雨恒主编，高等教育出版社，2018年6月

媒体眼中的人大——上海市第十四届新闻获奖作品集 上海市人大常委会研究室编，学林出版社，2018年6月

马克思主义新闻观十五讲（修订版） 李彬、宫京成主编，清华大学出版社，2018年6月

继续攀登：2017年度广东省广播影视奖获奖作品精选点评 广东省广播电影电视协会编，暨南大学出版社，2018年6月

IAI广告作品与数字营销年鉴（2018） 丁俊杰、李西沙、黄升民、刘文飞编，中国传媒大学出版社，2018年7月

转型之路：新闻和纪实通讯集 《转型之路》编委会编，冶金工业出版社，2018年7月

新闻传播与媒介法治年度研究报告（2017） 陈绚、杨秀、李伟著，中国人民大学出版社，2018年7月

尽展未来传媒人的风采——"新传青年说"演讲优秀作品集（2017） 孙保营编，郑州大学出版社，2018年7月

凝心聚力与砥砺奋进——上海新闻评点精选（2017） 中共上海市委宣传部新闻阅评督查组编，上海人民出版社、上海书店出版社，2018年7月

2017—2018中国数字出版产业年度报告 张立主编，中国书籍出版社，2018年7月

皮书研创与当代中国研究 谢曙光主编，社会科学文献出版社，2018年7月

皮书手册：写作、编辑出版与评价指南（第三版） 谢曙光主编，社会科学文献出版社，2018年7月

传媒与艺术研究（2018第一辑） 李

锦云主编，中国传媒大学出版社，2018 年 8 月

符号与传媒（17）　曹顺庆、赵毅衡主编，四川大学出版社，2018 年 8 月

中国环境新闻研究（第一卷·信息公开）　王积龙、郭舒主编，花城出版社，2018 年 8 月

2015 年出版科普图书统计报告　高宏斌、马俊锋著，科学出版社，2018 年 8 月

砥砺奋进——上海学术期刊发展报告（2018）　上海市期刊协会编，上海大学出版社，2018 年 8 月

新闻的名义Ⅱ：社会脉动　辜晓进主编，中国人民大学出版社，2018 年 8 月

大鳄三部曲　仇晓慧著，中信出版社，2018 年 8 月

海峡两岸新闻交流 30 年纪念文集　张铭清、季星星主编，九州出版社，2018 年 8 月

外国语言文化传播研究（第一辑）　李佐文主编，中国传媒大学出版社，2018 年 8 月

看看书，做做片儿：电视编辑实用手册　孙琳琳主编，清华大学出版社，2018 年 8 月

上海媒体融合发展研究五年报告（2013—2018）　上海社会科学院新闻研究所媒体融合发展创新团队著，上海社会科学院出版社，2018 年 8 月

媒介批评（第八辑）　蒋原伦、张柠主编，广西师范大学出版社，2018 年 9 月

未来媒体蓝皮书：中国未来媒体研究报告（2018）　林小勇、张苗苗主编，社会科学文献出版社，2018 年 9 月

中国新闻业年度观察报告（2018）　张志安主编，人民日报出版社，2018 年 9 月

新闻与信息传播论坛（第四卷）　张昆主编，华中科技大学出版社，2018 年 9 月

国际出版业发展报告（2017 版）　范军主编，中国书籍出版社，2018 年 9 月

新闻传播学热点专题：知识图谱（2019）　孙祥飞著，人民日报出版社，2018 年 9 月

解析中国新闻传播学（2018）　陈力丹、刘海龙主编，中国人民大学出版社，2018 年 9 月

北大新闻学研究会复会新篇章　刘扬、李杰琼、崔远航编著，清华大学出版社，2018 年 10 月

默片后的女性：历史的性别化写书方法论（2017 女性与默片国际学术会议论文集）　厉震林、万传法主编，中国电影出版社，2018 年 10 月

治学例话：全国新闻传播学优秀论文品鉴（第五辑）　唐绪军主编，中国社会科学出版社，2018 年 10 月

舆论学研究（第三辑）　谢耘耕、陈虹主编，社会科学文献出版社，2018 年 10 月

北京广播影视发展研究文集（2017 年）　北京音像资料馆（北京广播电影电视研究中心）编，北京日报出版社，2018 年 10 月

知往鉴来：中国社会科学院新闻与传播研究所建所四十周年论文集　中国社会科学院新闻与传播研究所编，社会科学文献出版社，2018 年 11 月

媒介热点透析与前瞻（2019）　孙祥飞著，人民日报出版社，2018 年 11 月

清华新闻书目导读（100 种）　李彬、李海波主编，清华大学出版社，2018 年 11 月

传播创新蓝皮书：中国传播创新研究报告（2018）　单波主编，社会科学文献出版社，2018 年 11 月

北京电视台年鉴（2018）　北京电视台年鉴编辑部编，北京日报出版社，2018 年 12 月

其 他

记者心语新修：职业伦理与心理取向 江作苏主编，中国传媒大学出版社，2018年2月

当代岭南文化名家范以锦 马立明主编，广东人民出版社，2018年3月

南振中文集：我怎样学习当记者 南振中著，清华大学出版社，2018年3月

走过江岚——孟溟捷作品选粹 孟溟捷著，同济大学出版社，2018年3月

做书的故事 李昕著，人民出版社，2018年4月

我的平壤故事 杜白羽著，华夏出版社，2018年4月

媒商十堂课——教你学会信息传递术 李颖、田香凝著，清华大学出版社，2018年5月

新闻求新聊吧 汝鸣著，经济日报出版社，2018年5月

守望：与新华社记者共同"感知中国" 李斌主编，电子工业出版社，2018年8月

信息素养与法律文献检索 林燕萍主编，法律出版社，2018年8月

新闻专业毕业设计 李明伟主编，中国人民大学出版社，2018年8月

书林丛谈近思录 杜泽逊著，浙江大学出版社，2018年9月

方汉奇文集（增订版） 方汉奇著，清华大学出版社，2018年10月

中国出版家·钱君匋、曹辛之 钟桂松著，人民出版社，2018年10月

中国出版家·王伯祥 张建安著，人民出版社，2018年10月

中国出版家·金灿然 齐浣心著，人民出版社，2018年10月

署长笔记：新闻原理的思考 梁衡著，中国人民大学出版社，2018年10月

总编手记：版面背后的故事 梁衡著，中国人民大学出版社，2018年10月

记者札记：没有新闻的角落 梁衡著，中国人民大学出版社，2018年10月

评委笔记：新闻绿叶的脉络 梁衡著，中国人民大学出版社，2018年10月

头条背后的故事 刘杰著，人民日报出版社，2018年10月

中国出版家·罗竹风 许志杰著，人民出版社，2018年12月

中国出版家·陈翰伯 孙顺华著，人民出版社，2018年12月

整理：贯金玺（中国社会科学院新闻与传播研究所助理研究员）

第七篇
学术期刊

学术期刊2018年概况
《编辑学报》
《编辑之友》
《出版发行研究》
《当代传播》
《国际新闻界》
《全球传媒学刊》
《现代传播（中国传媒大学学报）》
《新闻春秋》
《新闻大学》
《新闻记者》
《新闻界》
《新闻与传播评论》
《新闻与传播研究》
《中国科技期刊研究》
中国新闻传播专业期刊名录

《编辑学报》

《编辑学报》创刊于 1989 年 2 月，是中国科学技术协会主管、中国科学技术期刊编辑学会主办的专业学术刊物。创刊 29 年来，学报经历了 3 任主编：翁永庆，鲁星，陈浩元；刊期最初为季刊，2001 年改为双月刊；页码由最初的 64 页/期发展到 2018 年的 120 页/期，封面也几经变化，但始终不变的是坚持为中国科技期刊发展服务的办刊理念。

《编辑学报》被中文核心期刊要目总览、中国科技核心期刊、中文社会科学引文索引、中国人文社会科学核心期刊等数据库收录，学术评价指标一直名列出版类期刊前列。2017 年 1 月 1 日起正式启用在线投审稿系统，实现投审稿过程的完全透明化。截至 2018 年年底，该刊共出版 30 卷，156 期。

《编辑学报》的办刊宗旨为“在习近平新时代中国特色社会主义思想指引下，执行‘百花齐放、百家争鸣’和理论与实践相结合的方针，坚持学术权威性、实践指导性、编校规范化特色，主要发表有关科技期刊编辑出版、经营管理、深化改革等理论与实践问题研究的文章，为创建并完善科技期刊学、培养优秀办刊人才、培育世界一流科技期刊、建设中国特色科技期刊强国服务”。

（一）构建编辑—作者关系

一直以来，为了构建和谐的编辑—作者关系，《编辑学报》对作者也作出了真诚的承诺：（1）树立立刊为公，办刊为了繁荣科技期刊学研究、助推科技期刊质量提升的意识，甘于清贫，乐于奉献，全心全意地为科技期刊同人服务；（2）公正、公平地处理所有来稿，杜绝以人取稿、以刊取稿、以权取稿、以钱取稿的不正编风，坚持在稿件的质量面前一律平等的原则，只要达到发表要求，一律录用；（3）加快稿件审理速度，95% 以上的来稿做到 60 天内处理完毕，对每一篇来稿都给出具体审稿意见，对退稿做到“退稿不退人”；（4）在适当的时候再增加页码，为更多作者尤其是发表处女作的青年编辑提供发文的机会。

《编辑学报》继续保持办刊“初心”，所有稿件均严格遵照“三审三校”制度。2018 年投稿系统收到投稿 1300 余篇，录用 181 篇，退稿率超过 85%。“金杯银杯不如读者的口碑”，经过多年的努力，《编辑学报》在科技期刊编辑界树立了良好的形象，成为公认的优秀刊物之一，2018 年纸刊的期均发行量近 2400 册。

（二）内容建设

《编辑学报》常设栏目：理论研究、编辑工程与标准化、经营管理、期刊现代化、人才培养、办刊之道、期刊评价、他山之石、编辑感悟、有问必答、谬误辨析、编余雅兴、消息等。读者对象为科技期刊办刊人、管理者，编辑出版科学研究者，高校传媒专业的师生等。

2018 年，《编辑学报》共出版正刊 6 期、增刊 1 期。正刊全年共发表文章 200 余篇（含补白短文），约 140 万字。

2018 年，《编辑学报》继续践行办刊

宗旨，按照既定的“加强理论，注重实用，标准规范，‘双效’‘双爱’”的办刊思路，学报坚持严格的发文要求：（1）要紧密联系科技期刊办刊实际，不发表大话连篇、空洞乏味的理论文章；（2）要选题新颖、论点明确，传播正能量，提出的建议、对策具有可操作性，不发表选题陈旧重复，论证缺乏令人信服的依据，分析问题走极端，过度贬低、丑化我国期刊，宣扬指标崇拜、崇洋媚外的文章；（3）拒发学术不端的文章；（4）不录用未严格按《编辑学报》文章格式和标准化要求撰写的文章。

学报是定位于科技期刊学研究的专业学术期刊，主要发表科技期刊编辑出版理论与实际问题研究的文章。2018年《编辑学报》发表编辑出版理论文章40余篇，实际问题研究文章近140篇。邀约的文章有游苏宁等撰写的《砥砺前行 实现科技期刊强国梦》（第4期）、何满潮院士等的《我国英文科技期刊国际影响力提升的策略与对策》（第4期）、朱邦芬院士的《回归本源，振兴中国期刊，争创国际一流——在2018年中国科技未来论坛上的致辞》（第6期），以及卓宏勇的《中国科技期刊改革开放40周年回顾与展望》等。

2018年增刊为中国科学技术期刊编辑学会“第18届中国科技期刊青年编辑学术研讨会”会议征文集。增刊收录文章71篇，涉及7个栏目：“理论研究”（9篇），“编辑工程与标准化”（11篇），“经营管理”（8篇），“期刊现代化”（10篇），“办刊之道”（14篇），“人才培养”（10篇），“期刊评价”（9篇）。

（三）其他

为了繁荣科技期刊学研究，鼓励编辑人员从事研究，经编委投票推选出2016—2018年度《编辑学报》优秀论文5篇，分别是：《互联网背景下科技期刊的媒体融合路径》《中国科技期刊国际化之路——从“被国际化”到真正走向“国际化”》《砥砺前行 实现科技期刊强国梦》《利用知识服务与知识传播提升学术期刊品牌影响力》和《学术期刊融合新媒体需要解决的关键问题》。

该刊在线投稿网址：www. cessp. org. cn. 电子信箱：bjxb_ bj@ 163. com.

该刊双月25日出版，国内邮发代号：82 - 638。

供稿：《编辑学报》编辑部

《编辑之友》

2018年，《编辑之友》深入学习贯彻习近平新时代中国特色社会主义思想和党的十九大精神，深入贯彻落实全国宣传思想工作会议和山西省宣传思想工作会议精神，按照山西出版传媒集团的工作部署和工作要求，紧密围绕业界实际和行业需求，立足基础服务，积极开展工作，完成了预期的工作目标，取得了积极的工作成效。

一、以质量为基，保持学术品牌地位

《编辑之友》在2018年位列“中文社会科学引文索引（CSSCI）来源期刊”“中国人文社会科学核心期刊”“中文核心期

刊”，保持三核心期刊地位，在出版类学术期刊中排名较为靠前，受众认可度较高。2018 年，被《新华文摘》、人大复印报刊资料等权威媒体转载、摘编，其中人大复印报刊资料全文转载量排名第一位。

2018 年 1 月，《编辑之友》被评为全国“百强报刊”，2018 年 9 月，《编辑之友》荣获“中国最美期刊”称号，2018 年 12 月，《编辑之友》获评第二届山西出版奖报纸期刊奖。继 2015 年获得全国“百强报刊”后，《编辑之友》再次蝉联此项殊荣，是新闻出版领域唯一连续获得此称号的学术期刊，也是山西省唯一入选“百强报刊”的社科类期刊。

2018 年是《编辑之友》收获丰盈的一年，全国“百强报刊”“中国最美期刊”“山西出版奖”荣誉的获得，既提高了《编辑之友》在全国范围、行业领域、山西省内的影响，也再次证明了《编辑之友》的学术品牌力、行业知名度和全国影响力。

二、以学科为本，坚持高质量发展

“沙龙”“特稿”“专题”一直以来是《编辑之友》的招牌栏目，其作者选择、策划含量、文章质量，乃至学术影响都在一定程度上反映《编辑之友》整体学术质量。2018 年，《编辑之友》共发文 249 篇，自主策划并实现选题 10 个计 19 篇文章，被《新华文摘》、人大复印报刊资料、《中国社会科学文摘》等权威刊物转载、摘编共 20 篇，索引 45 篇，转载摘编率 8.0%，索引率 18.1%。在此基础上，《编辑之友》始终以一种富有时代感和发展意识的新思维，审视我国新闻出版业的总体发展态势，从理论与实践的深层关系中，探寻行业未来的发展道路，反映出版界、传媒界的学术成果，提升高品质选题的保有量和实现率。

随着行业形势的发展，理论研究和学术创建的格局也在发生深刻的变化，编辑出版学的学科地位呈逐年下降态势，学术界人士或纷纷转向新闻传播，或专注于业务工作，编辑出版学科建设任重道远。在此情境下，《编辑之友》坚持以“沙龙”延伸学术研究的宽度，以“专题”拓展学术研究的深度，以“特稿”提升学术研究的知名度。始终将编辑出版及新闻传播基础学科建设的与时俱进，作为《编辑之友》学术研究的重点方向，始终把研究的关注点放在新闻传播、编辑出版的现实需求上，持续在主题出版、阅读转向、新技术与少儿出版、实体书店营销、IP 跨界运营、数字出版盈利模式、大众出版转型、融媒体建设、新媒体受众研究、主流媒体的主流传播、区块链与版权建设、技术迭代下的新闻出版转型等实践领域的热点难点问题上，加大选题策划的力度，引领理论界对这些问题进行不同角度、不同思路的探讨，形成了一批既贡献影响因子又受学界业界好评的研究成果。

三、以量化为准，加强内部制度建设

为加强《编辑之友》刊登稿件质量，规范外审审稿流程，提高编辑部工作效率，明确岗位职责，促进出版工作标准化、规范化，提升期刊出版质量，2018 年，《编辑之友》杂志社在《编辑绩效奖励办法》《外审制度实施办法》等系列制度基础上，坚持社会效益优先的考核机制，确立和完善《编辑之友绩效考核办法》《编辑之友责任编辑、责任校对制度及奖惩细则》等制度，健全和规范外审制度。

四、以创新为要，提升新媒体影响力

随着信息技术的不断发展、阅读方式的不断更新，《编辑之友》在 2018 年大力拓展期刊的呈现方式和传播方式，积极从事学术期刊互联网出版工作，以更好地满足不同使用者的多样化需求。主要表现在以下几个方面：

第一，对微信公众号进行内容定位，实现学术性、知识性、实用性和可读性的结合。《编辑之友》微信公众号现已形成独特风格，每期开设“学术文章”“优美软文”“编辑之友：实务”等栏目，期刊的影响力逐年增加。截至2018年12月，《编辑之友》微信公众号关注数量提升至15723，较之2018年增加4900，微信阅读量均值超过CNKI下载量均值的6倍，“学术文章”单篇阅读量最高达17297次，在新闻传播类CSSCI期刊微信平台文章阅读量最高。

第二，开设《编辑之友》微店。微店自2018年6月上线，目前客户总数64，收藏量72，成交65单，实现收入2825.8元。微店的开通，一方面，便利读者，随时随地，一键购买，省时省力，既可提前预订刊物，又可及时阅读文章；另一方面，于杂志社而言，不再局限于邮局订阅、电话订阅等方式，丰富订阅形式，简化订阅流程，提升发货速度。

供稿：《编辑之友》编辑部

《出版发行研究》

《出版发行研究》杂志创刊于1985年7月，是新闻出版署主管、中国新闻出版研究院（其前身为中国出版科学研究所）主办的出版行业学术性刊物，它是应我国出版体制改革、总结出版工作丰富的实践经验、开展出版学理论研究、加强国内外学术交流、探索出版工作规律的需要而创办的。创刊时刊名为《出版与发行》，1988年刊物更名为《出版发行研究》。《出版发行研究》杂志以探索出版传媒热点、研究出版传媒理论为主。

《出版发行研究》设有马克思主义新闻出版观、理论探索、本期关注、产业论坛、行业报告、数字出版、市场与营销、编辑理论与实践、传媒视角、期刊研究、出版法苑、阅读与接受、走出去、环球扫描、馆配园地、人才培养、出版史研究等栏目。

《出版发行研究》全方位服务图书、期刊、音像制品、电子出版物以及新媒体出版各个领域，刊载内容涵盖出版研究、出版管理、出版生产、出版教育等多个层面。刊物创刊20多年来，特别是我国实行社会主义市场经济以来，注重理论与实际的结合，刊载了一大批反映出版研究前沿观点、出版科研重大成果的理论文章以及专题报告等，对深化出版业体制与机制改革，促进出版产业的形成和发展，起到了积极的推动作用；对探索研究出版学科理论建设体系和出版教育发展，起到了积极的促进作用。《出版发行研究》现为入选《中文核心期刊要目总览》的核心期刊；《中文社会科学引文索引》（CSSCI）来源期刊。2018年《新华文摘》全文转载两篇文章，人大复印报刊资料全文转载14篇文章，多年来在人大复印报刊资料新闻传播类期刊转载率中名列前茅。

2018年，《出版发行研究》共刊发文章321篇，约240万字。

“马克思主义新闻出版观”栏目，2018年刊发了《再谈马克思主义的新闻观与历史观》（第8期）、《习近平“正面宣传为主”思想的源流与传播学解读》（第7期）、《基于习近平新闻舆论思想的媒体引导力构建研究》（第10期）等相关文章。

“本期关注”栏目，2018年刊发了“出版与文化自信”（第1期）、“聚焦知识服务”（第2期）、“人类命运共同体与出版传播”（第3期）、“媒介融合的重塑与嬗变”（第4期）、“全民阅读与文化建设”（第5期）、“阅读史与经典变迁”（第6期）、“有声读物传播新形态”（第7期）、“出版体制改革40年”（第8期）、“网络强国与价值引导力”（第9期）、“出版业的短视频应用”（第10期）、“自媒体‘洗稿’侵权治理”（第11期）、“县级融媒体发展调查分析”（第12期）等行业热点选题。

“产业论坛”栏目，2018年刊发了《中国民营图书企业海外投资策略研究》（第1期）、《我国文化产业发展专项资金绩效提升对策研究》（第1期）、《以工业设计的思想重塑出版社》（第5期）等文章。

“数字出版”栏目刊发了《基于共享经济商业模式视阈下的出版模式探究》（第1期）、《人工智能技术在数字出版中的应用现状与发展趋势》（第2期）、《数字出版的本土概念与实践：一种基于产业关联的实证研究视角》（第3期）、《利用社交媒体用户数据服务出版决策》（第4期）等文章。

“市场与营销”栏目，2018年刊发了《内容付费背景下在线音乐平台版权开发策略分析》（第1期）、《读者信任视角下图书社群营销研究》（第2期）、《口述出版：书籍出版的新路径》（第4期）、《以现实主义题材打造网络文学优质文化IP探析》（第5期）等文章。

“传媒视角”栏目，2018年刊发了《智能媒体时代的传播学研究：元问题与方法论》（第2期）、《社交媒体时代的传媒创新及其反思——基于BuzzFeed案例》（第3期）。

“出版法苑”栏目，2018年刊发了《对未出版书稿以商业秘密进行司法保护》（第1期）、《著作权集体管理的反垄断预防机制》（第3期）、《权益保障视角下期刊版权管理的路径探索》（第4期）。

“走出去”栏目，2018年刊发了《全球文化消费视角下中国网络文学海外传播研究——以Wuxiaworld为例》（第1期）、《中国出版物出口区位选择实证研究》（第2期）、《英语世界的中国故事：韩少功作品英译出版与传播》（第3期）、《基于文化自信与国家形象的中华文化海外出版策略分析》（第5期）。

“出版史研究”栏目，2018年刊发了《中国近代图书馆图书出版的书业性质》（第1期）、《中国共产党早期组织机关刊物研究》（第2期）、《全面抗战时期中共中央党刊的民生宣传策略》（第3期）、《商务印书馆与清末民初的版权文化》（第4期）。

供稿：《出版发行研究》编辑部

《当代传播》

《当代传播》创刊于1999年1月，是新闻学与传播学学术理论刊物，其前身是创办于1985年5月的《新疆新闻界》，由新疆日报社、新疆维吾尔自治区新闻工作者协会主管、主办。刊物为中文、公开发行、大16开、双月刊，单月出版。2012年起，该刊进行了全新改版，增加了套彩大美新疆·摄影、大美新疆·美术，并将封三的传媒幽默与其整合居中，封面以本土元素进行了重新设计，对行文间距行距、用纸等进行了调整，对参考文献、引文注释作了进一步规范。截至2018年年底该刊共出版198期。

该刊秉承展示新闻传播理论领域的最新学术成果和前沿理论，分析中国新闻传播实践的演进规律，揭示新闻传播现象的本质内涵，推进新闻传播事件和理论创新的办刊理念。其始终将期刊定位于探讨新闻学术理论，关注新闻实践，追逐研究前沿的新闻理论，探索新闻媒体发展规律，研讨新闻传播业内的新现象、新成果。主打品牌栏目：卷首语、本刊特稿、新闻与传播研究、本期关注、热点透视、传媒观察、新闻法制研究、新媒体等。截至2018年，《当代传播》自1992年起连续七届荣获全国新闻核心期刊；自2008年起连续六次进入中国社会科学研究评价中心遴选的全国15家新闻传播类CSSCI（社会科学引文索引来源期刊）；自1999年起蝉联九届新疆期刊奖。2013年荣获新疆十佳期刊奖，并先后获得中国期刊方阵社会科学双效期刊、中国社会科学期刊学术论文统计数据库核心刊物、中国学术期刊综合评价数据库统计源期刊、中国期刊全文数据库全文收录期刊中国核心期刊（遴选）数据库收录期刊，入选“2018年度中国人文社会科学期刊AMI综合评价”（A刊）核心荣誉。同时，刊发的论文荣获中国新闻奖二等奖，实现了新疆维吾尔自治区期刊在此项殊荣上零的突破。采写编辑的文章多次荣获新疆新闻论文奖一、二、三等奖。历任主编为亢平、郑瑜，现任主编郝红。

2018年，《当代传播》共出正刊6期，增刊1期。正刊全年刊登学术论文151篇，约170万字。

（一）内容建设

2018年，该刊继续以习近平系列重要讲话精神特别是习近平在全国宣传思想工作座谈会上、在中共中央政治局第十二次集体学习时的重要讲话精神为引领，办好本刊特稿、新闻与传播研究、本期关注、热点透视、传媒观察、新闻法制研究、新媒体等栏目，不断加强选题策划，注重理论与实践的结合，不忘初心、砥砺前行，努力把期刊内容提高到一个新水平。

在专栏建设方面，该刊因势而谋、应势而动。2018年是一个具有非凡意义的历史节点——改革开放40周年、马克思诞辰200周年、中国特色社会主义新时代的开启之年。在这个划时代的时间节点上，中国新闻传播学也面临重大机遇和学术挑战，该刊专题策划“中国道路新闻学”，在2018年陆续推出清华大学新闻与传播学院李彬教授的论述：《中国道路新闻学（一）》（2018年第1期）、《中国道路新闻学（二）——思想解放》（2018年第2期）、《中国道路新闻学（三）——中国道路》（2018年第3期）、《中国道路新闻学（四）——挨打、挨饿、挨骂》（2018年第4期）、《中国道路新闻学（五）——文化政治与文化领导权》（2018年第5期）、《中国道路新闻学（六）——社会主义》（2018年第6期）等十篇论文。该系列论文秉持“正心诚意行大道，正本清源开新说”的立意和初衷，导向正确，主题鲜明，内容厚重，是新闻学界近年来难得一见的大手笔著述，也为新闻学科建设提供一种新思路，以推进有中国特色与普遍意义的新闻学及其学科体系、学术体系和话语体系。

在内容把关与选题策划方面，该刊始

终对每篇拟用稿的政治导向、学术方向进行严格审核，确保所刊出文章内容坚持正确的政治方向、舆论导向和价值取向，契合当下话题的有效引导。刊发了《舆论监督要在党统一指挥下》（2018 年第 1 期）、《当代中共领导人舆论观及其变迁逻辑》（2018 年第 2 期）、《与马克思同行　推进马克思主义新闻观中国化》（2018 年第 3 期）、《学习贯彻习近平关于国际传播的论述》（2008 年第 5 期）等文章。为了深入贯彻习近平新时代中国特色社会主义思想和党的十九大精神，以习近平总书记关于新闻舆论工作的重要论述为指导，深入贯彻落实《中共中央关于加强和改进党的新闻舆论工作的意见》，加强和改进高校新闻传播专业建设，建设中国特色、世界水平的一流新闻传播专业，特别策划了一组文章，就改革任务和重点举措进行阐释。刊发了《深刻认识实施卓越新闻传播人才教育培养计划的重大意义》、《略论马克思主义新闻观课程建设和其他相关建设》、《不断提升部校共建新闻学院的质量和水平》、《切实加强卓越新闻传播人才培养的组织保障》（2018 年第 6 期）。

新闻与传播研究方面，刊发的主要论文有《算法与内容及其关系论析》（2018 年第 1 期）、《危机传播管理对话范式（上、中、下）》（2018 年第 1、2、3 期）、《VR 技术在电视节目中的应用与前景》（2018 年第 2 期）、《论新媒介环境下新闻传播的“时效统一”原则》（2018 年第 3 期）、《优化媒体舆论监督语境的两个选项》（2018 年第 4 期）、《“非虚构写作”对新闻编辑业务改革的启示》（2018 年第 4 期）、《大数据文本挖掘技术在新闻传播学科的应用》（2018 年第 5 期）、《新闻内容的历史变迁及实质》（2018 年第 6 期）、《中国传播技术创新研究》（2018 年第 6 期）等。

热点透视和传媒观察方面，刊发的论文有《突发事件中网络谣言的传播机制》（2018 年第 1 期）、《央视公益节目“等着我”的情感叙事解析》（2018 年第 3 期）、《传统媒体新闻短视频发展现状与传播态势》（2018 年第 6 期）等。

新媒体和新闻法制研究方面，刊发的主要论文有《新媒体与区域社会文化互动》（2018 年第 1 期）、《新闻侵犯隐私权的文化基因归因研究》（2018 年第 2 期）、《新媒体普法传播模式创新研究》（2018 年第 5 期）、《民法典（草案）“新闻舆论条款”举证责任问题研究》（2018 年第 6 期）等。

（二）其他

该刊电子信箱：ddcbtg@ 163. com.

该刊单月 15 日出版，由《当代传播》杂志社自办发行和邮政局邮政发行。

供稿：《当代传播》编辑部

《国际新闻界》

《国际新闻界》（*Chinese Journal of Journalism & Communication*，CJJC）是由中华人民共和国教育部主管、中国人民大学主办的新闻传播学综合性学术月刊，刊载国内外新闻传播学各领域理论和应用研究的原创性成果。该刊为新闻传播学科唯一的国家社科基金首批资助期刊、全国中文核心期刊、全国新闻核心期刊、中文社会科学引文索引（CSSCI）来源期刊之一。1961 年 4 月 25 日创刊，至 1965 年 12 月共出版 24 期。1979 年 5 月，《国际新闻界》恢复出版。1981 年 3 月 11 日，《国际新闻界》经教育部批准，自该日起公开发行。1999 年开始，《国际新闻界》正式实行来稿同行专家匿名审稿制度。2006 年开始，《国际新闻界》又由双月刊改版为月刊。2010 年第 4 期开始，该刊的网站和在线投稿审稿系统开通，初步实现投稿和审稿的数字化管理。

2018 年，全年共出版 12 期，每期内页 176 页，约承载 10—12 篇学术论文。每期保质保量按时出版。

一、坚持正确的出版导向

2018 年以来，习近平总书记关于新闻舆论工作发表了数次重要讲话，《国际新闻界》结合理论界的动态，进行了探讨。例如 2018 年第 7 期贾文山等撰写的《从“五通”到“五路”和“四同”——管窥习近平沟通思想理论体系》。

结合中国改革开放 40 年，该刊重点（2018 年第 2 期专刊）推出“回顾与反思中国传播学四十年发展历程”的讨论话题。集中“50”“60”“70”三代海内外 20 多位传播学者力量，既回望了中国传播学 40 年发展历程，面对巨变的时代环境和媒介场景，探求如何从理论和方法维度推进传播研究的学术创新。参会学者从不同的视角出发，围绕“中国传播学的知识脉络与理论贡献”“传播学术创新的理论和方法维度”“学术自主性与共同体培育”三个议题展开了深入的讨论。如《媒介域的方法论意义》《从新体用观的角度建构中国传播学的反思性》《新闻是人，新闻学是人学》《显现的实体抑或意义的空间：反思传播学的媒介观》《传播中的身体问题与传播研究的未来》《走向反思、多元、对谈的传播学》《多元、对话与有机的传播研究》《携手共同构建人类整体传播学》《政治传播研究的“行省化”：理论反思与路径重构》《认同危机与范式之惑：传播研究反思之反思》《重构中国传播学的时代场景和学术取向》《数字文化与社会》《“互联网下半场”中传媒经济研究的问题意识与技术进路》《传播学的特点及其对中国的贡献》《影响的焦虑——关于中国传播学主体性的思考》《大数据与新闻传播研究的学术想象》《选择螺旋——一个传播学大理论、元理论、预测理论和预设理论》《中国传播学研究国际发表的现状与反思》等专题文章。

此外，还重点刊出《中国传播学 40 年：基于学科化进程的反思》《从“零”到一：中国传播思想史书写的回顾和展望》等名家文章。

该刊响应国家“互联网 +”战略实施计划，针对新媒体、大数据的社会影响，刊发了《“智媒”时代的消融与重塑》《“互联网下半场”中传媒经济研究的问题意识与技术进路》《“互联网 +”环境下中国传媒经济的涅槃与重生》《大数据热的冷思考》《追忆消逝的网站：互联网记忆、媒介传记与网站历史》《互联网与国家认同》《公共事件在微信社群的传播场域与话语空间研究》《新媒体与政治参与》《互联网历史学的前沿、理论面向与研究路径》《智能时代的新内容革命》等名家重头文章，廓清了目前理论与实践界的一些似是而非的观点。

二、提升出版质量

1. 在选题策划上，开设“马克思主义新闻观研究”栏目，推出《2018 年中国的马克思主义新闻观研究概述》《党报、列宁主义政党与群众政治参与——延安新闻业群众路线的运作机理分析》《城市办报范式与党报理念的冲突与调适——对整风运动中重庆〈新华日报〉改版的考察》等系列文章。每月的“本期话题”，多数围绕当前学科重要话题或现实中的新事物组织研讨。譬如“新闻职业道德与媒介伦理学研究”“中俄媒体交流年与媒体合作传播”“反思传播学”“离散经验与社交媒体”“互联网的文化与政治”“游戏研究”“重访媒介社会学经典文本”“网络传播的情感与效果”“新闻社群话语研究”等选题。每月的“名家聚焦”，旨在会集新闻传播学界学者名家，对新闻传播学界和业界的重点和热点问题进行集中、及时的探讨。这在一定程度上拓展了作者群体和读者视野。每月的“学术沙龙”，除该刊自己组织外，与中国人民大学新闻学院合办新闻（传播）学沙龙、工作坊，邀请国际、国内知名学者及杰出青年学者探讨传播领域的世界前沿课题和国内相关问题，并及时撮要刊载或提前在微信平台刊出。相关文章同步上网，广受欢迎，点击率高。另外，“书评”栏目，不定期刊载介绍本学科具较高理论价值和学术价值的新著，2018 年度推出的如《从中国案例到中国范式：评〈中国媒体走向全球〉》《图像技术、视觉呈现与现代中国：评吴果中著〈左图右史与画中有话——中国近现代画报研究（1874—1949）〉》《“舆论”与“共同生活”：罗伯特·E. 帕克新闻思想中两个被忽视的关键词》。

2. 围绕现实问题组织研究话题。这方面，除举办“金砖国家领导人厦门会晤媒体报道分享会”、以“走近‘一带一路’国家媒体：与亚洲非洲记者面对面”为主题的学术沙龙外，还重点针对学术前沿课题，组织策划讨论活动。2018 年 4 月 21 日，围绕“数据驱动与学科未来”问题，回答“在社交媒体上，什么会火，什么不会火？”“人工智能会不会最终取代人类？”“愤怒和高兴何者更容易传播？”“大数据在未来到底能为社会做什么？”“什么会火，什么不会火”是新闻传播学科长期关注的重点话题，但如何通过数据分析实现信息传播的预测，却是难以突破的瓶颈。2018 年 4 月 28 日，围绕“旧知识与新问题：互联网新闻学及其可能性”，回答了“从传统新闻学到互联网新闻学，什么是真正的转换，非制度化的新闻生产，传统框架能否有所作为，互联网时代的新闻样态是怎样的，当下的新闻研究和教学该如何面对技术”等问题。此外，互联网环境已经对新闻理论的发展和新闻教学的实施提出了挑战，旧知识如何面对新问题，互联网新闻学的可能性路径究竟在哪？对这些问题进行的讨论，产生了较好的社会反响。

3. 积极关注学术前沿话题、组织学术前沿讲座、访谈。2018 年 1 月 6—11 日，美国乔治华盛顿大学媒介和公共事务学院教授西尔维奥·R. 韦斯伯（Silvio R. Waisbord）受中国人民大学新闻学院之邀，首次踏足中国，跟中国学者进行了面对面的学术交流。该刊 2018 年第 2 期刊载对他的专访。美国南卡罗来纳州立大学教授魏然“如何打造 SSCI 传播类期刊”的讲座，从学术规范、论文评审制度以及学术文化等层面谈论 SSCI 期刊是如何打造的，并从 SSCI 期刊的增长趋势兼谈当前西方传播学的发展趋势。该刊微信公众号均及时推送了相关内容。

该刊刊载了以下文章：《后学科状况下，我们应该如何继续研究？——与 Silvio Waisbord 对谈》（2018 年第 2 期）、《追忆消逝的网站：互联网记忆、媒介传记与网站历史》（2018 年第 4 期）、《“后真相时代”的媒体与民主——访著名政治学家约翰·基恩教授》（2018 年第 6 期）、《参与传播：国家治理研究的新向度——瑞典乌普萨拉大学尼科·卡彭铁尔教授访谈》（2018 年第 7 期）、《互联网历史学的前沿问题、理论面向与研究路径——宾夕法尼亚大学杨国斌教授访谈》（2018 年第 8 期）。

4. 加强对“国家社科基金资助项目”的版面倾斜。2017—2018 年度，该刊在每个栏目和不同的话题或选题中，仍然注意了“国家社科基金资助成果”的呈现。2018 年，共刊载“国家社科基金资助成果”29 篇，占发表论文总数的 25%。

5. 注重对青年学者的培养。这体现在三个方面：一是在发稿方面，只看论文质量，不问作者是谁；编辑部掌握作者的情况，对年轻作者的来稿，若具有一定的学术价值或应用价值，均请审稿专家给予指导，经反复修改，给予尽早发表。二是与学科四大学术期刊首次联合举办评选优秀论文，聘请海内外著名学者做匿名评审专家。于 2017 年 9 月中旬颁发首届新闻传播学期刊优秀论文奖。三是在全国范围内（部分延伸至海外华人学者），聘请一批学术上有突出成绩的年轻学者担任该刊的外审专家。而且，不定期地通过学术茶座、学术沙龙、工作坊，以及网络系统（稿件处理互动平台）和电邮等方式，请他们为该刊献计献策。

该刊在线投稿网址：http：//cjjc. ruc. edu. cn；地址：北京市海淀区中关村大街 59 号明德新闻楼；邮编：100872；电话：010 - 82509362；E - mail：gjxwj@ ruc. edu. cn.

供稿：《国际新闻界》编辑部

《全球传媒学刊》

《全球传媒学刊》是由教育部主管、清华大学主办的正式学术期刊，清华大学新闻与传播学院承担该期刊的学术组织工作，清华大学出版社承担期刊的出版发行工作。《全球传媒学刊》在最初创办于 2005 年带有集刊性质的《全球传媒报告》和随后的电子期刊《全球传媒评论》的基础上发展演变而来。2014 年，《全球传媒学刊》（*Global Media Journal*）正式获批成为教育部主管、清华大学主办的新闻传播类学术期刊，并在 2018 年年底成为中国社会科学期刊索引扩展版来源期刊。

《全球传媒学刊》以学术创新和学术生产为己任，重点发表来自国内和国际学者的原创性学术研究成果；同时，也观察中国和世界传媒发展的新趋势，介绍全球新闻传播研究领域的新思想、新方法和学科前沿成果，着力推动新闻学和传播学的理论、历史和现实研究。学刊设立了一批相对固定的栏目，包括：全球/国际传播、新闻传播史论、传播与社会变迁、影视文化、研究综述、学术对谈、研究方法等。同时，学刊每年在前期调研论证的基础上，都会推出一系列重点专题，如社交媒体、国家形象、网络空间治理、环境传播、战略传播、马克思主义新闻观、健康传播、新闻传播教育、中国特色新闻学、假新闻、媒介伦理、人类命运共同体、人工智能、科学传播等。这些特色专题是学刊尝试全球视野和本土关怀的有机结合的产物，一定程度上反映了学刊的定位、风格和特色取向。

2018 年《全球传媒学刊》共出刊 4 期，刊登学术论文 43 篇，约 48 万字。其中 3 篇被《新华文摘》转载，1 篇被人大复印报刊资料收录，2 篇获新闻传播领域重要奖项。第一期的“中国特色新闻学”专题理论性与实践性、现实针对性并重，得到国内从事马克思主义新闻学和中国特色新闻学研究的学者的广泛关注。第二期的“假新闻与‘后真相’”专题深入阐释“后真相”时代假新闻产生的原因、反转新闻中媒体的责任与对策，倡导正确的社会价值观和新闻伦理。第三期的“人类命运共同体”专题，紧扣该刊主旨定位，从多个理论视角切入，深入探讨了“一带一路”、国家形象等议题。第四期的“人工智能与社会”专题，研究人工智能对社会、媒体和传播可能带来的深远影响。

《全球传媒学刊》力求成为思想性和学术性并重的学术刊物，以此为国内新闻传播领域的学科发展和学术共同体建设作出自己的一份努力和贡献。学刊坚持融会古今、放眼全球的基本定位，鼓励学者以独立之思想、自由之精神，积极回应时代和社会的重大关切，通过严谨、扎实并具有理论创新自觉的原创性研究，反哺我们所处的伟大的时代，为我国哲学、社会科学的思想繁荣和文化建设作出贡献。学刊注重学术研究的厚重感和严肃性，鼓励学者对国家和时代所面临的诸多重大问题、重要现象、前沿课题，基于深入的原创性、理论化思考，展开扎实的实证性或批判性研究。理论和实证兼具和并重是《全球传媒学刊》对学人研究的基本期待，也是其对学术成果选编时的基本考量。与此同时，针对新闻与传播实践中提出的各种重大现实问题，学刊也积极鼓励一些战略性和对策性研究，为国家的长治久安和民族的繁荣进步作出贡献。

作为一家包含“全球”基因的学术刊物，在这个传播、经济、文化日益全球化的时代，《全球传媒学刊》将以全球视野关注学科发展的前沿领域和方向，以问题为导向，鼓励跨学科综合研究，努力团结和依靠国内外学人，高标准助力学术共同体的学术生产。参照国内外优秀学术刊物的通行做法，学刊实行“同行匿名评审”的期刊内容质量把关和审核制度，并积极开展与国内外学术界、期刊界的广泛交流与多种形式的合作，以不断提高办刊水平，提升学术品位。《全球传媒学刊》希望通过自己对高质量、原创性研究成果的组织生产，为中国特色、中国风格、中国气派的新闻传播学研究走向世界，作出一点自己的贡献。

学刊在线投稿网址：http：//qqcm. cbpt. cnki. net/EditorEN/index. aspx？ t =1.

电子邮箱：gmj2014@ tsinghua. edu. cn.

该刊为季刊，由清华大学出版社期刊中心统一发行。

供稿：《全球传媒学刊》编辑部

《现代传播（中国传媒大学学报）》

一、期刊简介

《现代传播（中国传媒大学学报）》系国家社科基金资助期刊（“优秀”等级）、教育部“名刊工程”入选期刊、全国高校社科名刊、中文社会科学引文索引（CSSCI）来源期刊、全国中文核心期刊、中国人文社会科学核心期刊、RCCSE 中文权威学术期刊（A+级）。

《现代传播（中国传媒大学学报）》是由教育部主管、中国传媒大学主办的权威学术月刊。刊物于 1979 年创刊，1994 年 8 月更名为《现代传播（北京广播学院学报）》，2005 年 1 月经国家新闻出版总署批准改用现名。

《现代传播（中国传媒大学学报）》创刊 40 年来培育滋养了一批批传媒精英和学界名家。《现代传播（中国传媒大学学报）》是反映我国新闻传播学术前沿、影视艺术潮流趋势的重要载体，近年来在数百家同类刊物综合排名中均名列前茅。

《现代传播（中国传媒大学学报）》发文领域涵盖新闻、传播、影视、艺术、文化、教育、经营管理等与传媒和艺术紧密相关的多个学科。《现代传播（中国传媒大学学报）》将始终坚守“学术性、思想性、时代性”的一贯标准，持续为传媒行业、高校师生和广大读者奉献权威观点、前沿思想和新鲜个案，努力争创世界传媒学术的一流大刊、名刊。

二、刊物信息

主管：中华人民共和国教育部

主办：中国传媒大学

出版：中国传媒大学学术期刊中心

编辑：《现代传播（中国传媒大学学报）》编辑部

主编：隋岩

编辑部主任：张国涛

责任编辑：潘可武、刘俊、杨旭东

特约编辑：张毓强

地址：北京市朝阳区定福庄东街 1 号中国传媒大学 27 号楼 2 层

邮编：100024

电话：010－65779586

传真：010－65779150

Email：journalcuc@163.com

三、栏目介绍

2018 年，《现代传播（中国传媒大学学报）》常态化设置如下栏目，各栏目简单介绍如下：

1. 传媒观察：选题领域主要是对国内外传媒整体性发展的宏观观察。

2. 传播文化：选题领域主要是传播与社会、传播与文化的深度思考。

3. 新闻学与传播学：选题领域主要是新闻学、传播学的历史与发展、理论与实践的系统研究。

4. 繁荣哲学社会科学前沿：选题对象主要是国家社科基金项目的研究成果，部分刊文具有跨学科特点。

5. 传媒艺术：选题领域涵盖传媒艺术这一艺术族群（含摄影、电影、广播电视、新媒体艺术等）的历史与理论问题，以及包括传统艺术的历时与当代传播考察等。

6. 纪录片研究：选题对象主要是纪录片的历史与理论问题。

7. 传媒经营管理：选题领域主要是传媒机构的经营、管理以及产业问题。

8. 新媒体研究：选题领域主要是新媒体的历史与未来、理论与实践问题。

9. 传媒教育：选题领域主要是新闻传播、戏剧影视、艺术教育等领域的学科建设、媒介素养、艺术素养、文化素养问题。

此外，《现代传播（中国传媒大学学报）》还不定期刊发“本刊专稿”“专题研究”“个案研究”“学术动态”“学术争鸣”等栏目。

四、转载情况

2018 年，《现代传播（中国传媒大学学报）》三大文摘类期刊的转载量再创新高，全年获《新华文摘》《中国社会科学文摘》、人大复印报刊资料转载、转摘达 35 篇次，情况如下。

——获《新华文摘》转载、转摘 9 篇（全文转载 6 篇、论点摘编 3 篇，另有篇目辑览 10 余篇）；

——获《中国社会科学文摘》转载、转摘 3 篇（其中转载 2 篇、论点摘要 1 篇）；

——获人大复印报刊资料全文转载 23 篇。

其中，该刊 2018 年第 1 期刊发的“党代表通道”专题中的 3 篇，被《新华文摘》同期转载，并列为当期封面推荐文章。

此外，根据中南财经政法大学图书馆期刊信息检索中心发布的《信息检索报告》，在《2018 年全国综合性大学学报被转载篇目排序表》中，《现代传播（中国传媒大学学报）》以 38 篇的数量与《厦门大学学报》并列第 22 位，位于全国综合性大学学报前列。

供稿：《现代传播（中国传媒大学学报）》编辑部

《新闻春秋》

《新闻春秋》系我国新闻传播学领域唯一一个国家一级学会中国新闻史学会的学报，由教育部主管、中国人民大学主办、中国人民大学书报资料中心出版发行。《新闻春秋》现任社长为王润泽教授，主编为周蔚华教授，执行主编为邓绍根教授，副主编为赵云泽教授、常江教授、陈开和教授。《新闻春秋》自 2019 年开始改版为双月刊，此前为季刊。《新闻春秋》是一本以新闻传播史为特色，涵盖新闻传播理论、新闻传播实务、媒介文化研究、广告与公共关系研究、编辑与出版研究等领域的新闻传播学综合性学术期刊。《新闻春秋》目前被中国知网全文收录。

在 2018 年，《新闻春秋》顺利、圆满地完成了全年的编辑出版任务。全年出刊四期，全部实现按规定期限和要求出版，共计发文 49 篇，单期发文 12 篇左右，发文量在过去 5 年中呈平缓下降趋势，单篇文章的平均容量提升至 1.3 万字左右，体现了刊物质量优先、不滥发文章的编辑方针。文章内容涵盖新闻传播学历史与前沿理论的丰富议题，同时亦体现出较为鲜明的跨学科色彩。同时，编辑部进一步巩固、完善作者群建设，已基本实现国内新闻传播史研究领域最有影响力的作者和最新研究成果优先在该刊发表论文；而新闻传播理论与实务领域的优秀青年作者，也日益将《新闻春秋》作为一个重要的投稿、发表阵地。

在稿件来源方面，《新闻春秋》在2018年广泛与国内外新闻传播学知名研究机构建立联系，累计发稿60余万字。一方面，刊物稿件和作者的跨学科、跨行业特色正在逐渐形成，稿件除来自传统新闻传播学科外，亦有大量来自历史学、法学、社会学、商学等领域的投稿，这在极大程度上提升了期刊文章的学术含金量；另一方面，在新闻传播学科内部的作者和投稿依然保持着较高的专业水准，绝大多数稿件来自清华大学、中国人民大学、复旦大学、中国传媒大学、南京大学、厦门大学、暨南大学等国内一流研究机构和中央电视台、新华社等国家级新闻媒体，多为相应领域的资深学者或中青年骨干。优秀的作者队伍确保了文章质量的上乘，是《新闻春秋》最宝贵的品牌资产。

在栏目建设方面，在2018年，《新闻春秋》按大类对栏目进行了整合，不再做过于细致的分类，而按照“新闻传播史”“新闻传播理论”“媒介文化”等大类选稿、征稿，并计划有步骤地取消因栏征稿的工作方式，一切以文章内容和文章质量为准，向国际一流学术期刊靠拢。此外，刊物积极、广泛地采用海外学者的投稿，以确保所刊稿件在理论上的前沿性。总体上，《新闻春秋》已形成较为完善的栏目架构，完全适应了“以新闻传播史为特色的综合性新闻传播学学术期刊”的刊物定位。

此外，《新闻春秋》在2018年基本取消了书评、学会事务报道等非学术性内容的刊发，努力提升刊物的学术性，淡化其事务性、行政性色彩。

在编辑部建设方面，《新闻春秋》全面建立起完善的编辑人员队伍，责任编辑均为拥有新闻传播学博士学位的学者担任，助理编辑和校对人员则由在读博士生担任。在中国人民大学书报资料中心的监督下，编辑部严格管理编辑人员资质，并为其提供必要的专业培训以使之更好地适应学术期刊编辑工作。

经过一年的努力和摸索，《新闻春秋》在2018年无论在内容生产还是在对外交流上，均取得了显著的成就。这与刊物的主办方中国人民大学和刊物所依托的中国新闻史学会的支持密不可分。但与此同时，编辑部在工作中仍然存在提升的空间，这有待于编辑部全体成员在自我检视的基础上去切实地调整、改进。在未来的发展中，《新闻春秋》编委会和编辑部将再接再厉，努力将刊物打造成国内新闻传播学界一流的学术期刊，为繁荣我国学术出版事业作出应有的贡献。

供稿：《新闻春秋》编辑部

《新闻大学》

《新闻大学》于1981年5月在上海创刊。该刊是一本由国家教育部主管、复旦大学主办、复旦大学新闻学院主编的新闻学术刊物。自1999年起，对投稿稿件实行专家匿名评审制度。创办初期为季刊，2012年起改版为双月刊。改版后，期刊版式、引文注释等都做了更新和规范。截至2018年该刊共出版152期。

该刊始终秉持“新闻传播融合、理论实践结合、科研教育并重”的办刊宗旨，以“大学之道，在明明德，在亲民，在止于至善”作为办刊理念。主要读者对象为新闻院校的师生、新闻学研究者、有志于理论探索的新闻从业人员和广大新闻爱好者。

《新闻大学》是全国新闻核心期刊，人大复印报刊资料的核心来源期刊；中国人文社会科学论文与引文数据库首批来源期刊；中文社会科学引文索引（CSSCI）来源期刊；北大中文核心期刊；RCCSE中国核心学术期刊（A类）。历任主编是王中、徐震、夏鼎铭、姚福申、黄芝晓，现任主编张涛甫。

《新闻大学》由复旦大学新闻学院院长米博华担任编委会主任，党委书记、执行院长、长江学者特聘教授张涛甫任杂志主编，中国传媒经济与管理学会副会长、青年长江学者朱春阳教授担任常务副主编。陈韬文（香港中文大学教授、长江学者特聘教授）、祝建华（香港城市大学教授、长江学者特聘教授）、洪俊浩（美国纽约州立大学终身教授）担任该刊海外编委。编辑部成员共13人。栏目编辑由复旦大学新闻学院教师兼任，其中正高职称人数7人；副高职称人数3人。设办公室由专人管理行政及版面安排等编辑事务。

2018年，《新闻大学》共出版6期，全年刊发论文97篇，大约150万字。

《新闻大学》坚持正确办刊方向，加强选题策划力度，着眼学术界重要研究议题，继续办好新闻理论、传播学、新闻业务、新闻史、广播电视、媒介经营管理、新媒体研究、新闻教育等栏目，在继承和保持复旦大学新闻学院史论结合传统的同时，关注新闻传播领域研究新动向、新理论、新方法，特别是具有跨学科视野的创新性研究。2018年，办刊水平在原有基础上有了新的发展。

在马克思主义新闻观建设方面，在新闻理论、新闻史、新闻业务等多个栏目刊发多篇论文——《统一性：当代中国马克思主义新闻真实观》《“党性人民性统一论”的理论来源与当代发展》《“微博时代”的终结？——〈新媒体与当代中国政治〉导言》《构建数据时代中国新闻传播史史料学体系》《政治修辞与形象传达：延安时期毛泽东对外国记者讲述中国故事的话语策略》《改革开放40年来新闻报道研究》等，丰富了当下的马克思主义新闻观研究。

在专题策划方面，2018年共策划6个专题，包括新闻可视化生产（第1期），民族志研究（第2期），新闻专业主义（第3期），视觉议题研究（第4期），新时代的传媒创新（第5期），城市形象传播（第6期）。《信息告知还是视觉吸引？——对中外四个数据新闻栏目可视化现状的比较研究》《民族志传播：一幅不十分完备的研究地图——基于中文文献的考察》《意象论：意中之象与视觉修辞分析》《锻造中国新型主流媒体》《构建政治认同：作为媒介事件的重大国际会议角色研究》等均有一定的前沿性或跨学科性质，对于深化新闻传播学研究以及促进新闻传播学与其他学科的交流互动，具有一定促进作用。

传播学研究方面，刊发的论文有《中国传播学40年：学科特性与发展历程》《科学的缺位：新媒体环境下的中国气候传播——以在线视频分享网站为例》《新世界主义视野下中国国家安全话语的演变研究——以中亚为研究对象》《自拍：一种纠结的“自我技术”》《虚拟社区中ACG爱好群体的区隔建构——基于stage1st论坛动漫区的虚拟民族志研究》《学科轨迹和议题谱系：中国健康传播研究三十年》《为何缺乏本土化关照？——新闻传播领域国际发表中的问题反思》《国内组织传播研究：特点、问题与趋势——基于2000—2017年核心期刊文献的知识图谱分析》《论“一带一路”国际话语权的提升——基于首届“一带一路”国际合作高峰论坛Twitter传播数据的分析》等。

新闻业务研究方面，刊发的论文有《我国党报国内暴恐事件报道的框架分析——以〈人民日报〉近十年报道为例》《报业移动优先环境下的App策略研究》《转基因话语的构建、异化与重塑——以百名诺奖获得者与绿色和平组织围绕“黄金大米”的争议为例》《“一国”与“两制”的工具性实现：对香港报纸的内容分析(1998—2016)》《协商、中立、对抗：当代媒体环境中“跑线记者”的话语策略》《智能化新闻核查技术：算法、逻辑与局限》等。

新媒体研究方面方面，刊发的论文有《语境、演进、范式：网络研究的想象力》《网络理政：中国的挑战、目标和理念》《通话中的农村与手机网络通讯的城市：移动传播与社会资本的基层图景》《“后真相”时代网络谣言的话语空间与传播场域研究——基于微信朋友圈4160条谣言的分析》《网络政治参与的心理因素及其影响机制探究》《两个舆论场的假想：官方与个人社交媒体账号信任度对社会信心影响的中介效应比较》《社区再造：微信群与乡村秩序建构——基于公共传播分析框架》等。

媒介经营管理研究方面，刊发的论文有《从“连接”到“场景”：互联网发展的重要进阶——试析微信小程序的价值逻辑与市场版图》《基于区位熵的中国广播电视广告区域竞争力分析》《腾讯“灰度机制”的内在机理和实现机制研究》《路径依赖中的惯性与突破：对传媒创新的思考与探索》《媒介规制与媒介生产：一种把关的制衡——基于2006—2016年广播影视法律法规和政策的分析》《连接经济：传媒经济本质的再阐释》等。

广告与公共关系研究方面，刊发的论文有《数据、模型与决策：计算广告的发展与流变》《中国本土品牌洋符化的符号学批判》《融入“家”文化：央视公益广告的文化传播符号分析》《新史学语境下的广告史研究——近年海外中国广告史研究的四种视角》《中美两国公众心中目的日本国家形象——基于2016年中美两国的全国性民意调查》《职业系统视野下的公关从业者职业认知研究：一项基于Q方法的测量》等。

此外，传播法、媒介记忆、媒介文化、新闻传播教育等方面，刊发的论文有《美国关于网络空间管辖权的立法与争论》《新媒体时代新闻学子专业承诺及其与新闻教育关系的实证研究》《汶川十年：汶川地震的媒介记忆研究》《媒介记忆：民国时期中共报刊对“九一”记者节的纪念报道》等。

全年共发稿97篇，其中80篇为自由来稿，万字以上的论文约为75篇。被转载文章13篇。其中，《新闻与传播》（人大复印报刊资料）等转载10篇；《新华文摘》转载2篇，论点摘编1篇。

该刊投稿电子信箱：xwdx@fudan.edu.cn，于2019年年底前推出在线投稿系统。

该刊每月30日出版，自办发行，期刊以印刷品方式邮寄。

供稿：《新闻大学》编辑部

《新闻记者》

《新闻记者》创刊于1983年3月，由上海市新闻学会创办，文汇报新闻研究所承办，最初是一本报道新闻业动态，研讨新闻业务经验、新闻理论观点的专业期刊，提出“《新闻记者》的首要任务，就是要为新闻改革呐喊，鸣锣开道”。1988年转由上海社会科学院新闻研究所主办，加大了关于“发展新闻改革、加强公开性、提高透明度、进行舆论监督的新论述、新见解、新设想”，增加了对“新闻单位新闻改革的试验和成效”的介绍，特别是在新闻法治方面增加了研讨。1995年，《新闻记者》改由新民晚报社主管，新民晚报与上海社会科学院新闻研究所联合主办，提出“《新闻记者》不仅仅给新闻记者读”“架起传媒研究和实践的桥梁”的办刊口号。随着上海传媒业整合，1998年主管主办单位改为文汇新民联合报业集团，2013年改为上海报业集团，另一主办单位上海社会科学院新闻研究所始终未变。2010年以来，逐步加大了学术研讨的比重，引入匿名评审制度，倡导有“问题意识、现实关怀”的研究取向，目前是我国新闻传播学科重要的学术期刊之一。

2018年，《新闻记者》共出正刊12期，全年刊登学术论文126篇，约180万字。

2018年该刊开设“马新观研究”专栏，推出一批有理论深度，有广泛影响的论文。包括《把握两个要点　领会两个重点》《坚持党性，尊重规律，以人民为中心——习近平新闻舆论观的两个要点和一个落脚点》《全球视野中的中共新闻理论与实践》《“党八股”概念的来源与变迁》《新中国成立之初农村读报组的历史考察——以关中地区为例》等。

该刊突出前沿性，就媒介融合、算法新闻等课题展开研讨，刊发了《中国媒体“中央厨房”发展报告》《媒介技术演进脉络的哲学考察》《搜索引擎中的新闻呈现：从新闻等级到千人千搜》《脸书是一个国家吗？——“Facebookistan”与社交媒体的国家化想象》《赛博人：后人类时代的媒介融合》《“位置即讯息”：位置媒体与城市空间的融合》《跨学科视野中的媒介融合研究：多重维度与范式》。

新环境下新闻业的变迁，是该刊重点关注的选题，在这方面刊发了比较多的文章。包括《“从前有一个记者，后来他去创业了”——媒体创业叙事与创业者认同建构》《新闻从业者的工作自主性感知与政治效能感——一项针对西北地区的调查研究》《新闻专业主义的“控制危机”与价值重建》《新闻创新中的“协作式新闻布展”——媒介融合的视角》《中国公众如何看待记者、媒体和假新闻——基于2017年全国性问卷调查的研究》《新闻的时间性变迁：生产、文本与消费》《社交媒体环境下职业把关人的受众思维与行为模式》等。

2018年，该刊围绕一些热点学术话题策划组织了一批论文。关于“后真相时代”的讨论，刊发了《在“后真相”喧嚣下新闻业的坚持——一个以“副文本”为修辞的视角》《什么是真相？谁的真相？——理解“后真相时代”的社交媒体恐惧》《后真相时代新闻的立场与担当》《后真相时代网络舆论场的话语空间与治理范式新转向》《再论后真相：基于时间和速度的视角》《语境真相与单一真相——新闻真实论的哲学基础与概念分野》等论文。关于“非虚构写作”的讨论，刊发了《话语范式转型：非虚构新闻叙事兴起的中国语境》《默会的方法：非虚构写作中的民族志方法溯源与实践》《塑造人物与再现偏差——人物类非虚构写作中讽刺修辞的效果及争议》《变动时代新闻职业价值的消解与重构——基于ONE实验室解散的元新闻话语研究》《文学新闻：特征、文化价值与技术驱动的未来》等论文。关于媒介社会学方法，刊发了《重审语境与重新出发：新闻生产社会学的“本土化”脉络和反思》《“实践知识”与“表象知识”——作为“知识”的新闻与媒介社会学的研究演进》《作为意义探究的田野笔记——媒介人类学“实验性文本”的实践与思考》等论文。2018年华人著名学者李金铨在香港城市大学荣休，为此刊发了《传播纵横：学术生涯五十年》《传播研究的“跨界”、“搭桥”与“交光互影”——与李金铨教授谈方法论》等文章。

由该刊组织课题组撰写的传媒伦理问题研究报告、虚假新闻研究报告、中国传媒法治发展报告已经持续多年，获得很大的传播量，被多种传媒报告转载，也成为后续专题研究的基础材料。

在新闻史研究方面，该刊刊发了《媒介仪式与政治斗争——重庆新华日报的祝寿活动及意义探析》《家长制支配下侍从报人的职业命运——迁台后中央日报社长马星野下台原因分析》《警钟日报案中的舆论角力》《媒介再思：报刊史研究的新路向》等论文。

“传媒对话”栏目刊发学术对谈类的文章，包括《新闻业能做什么？——美国宾夕法尼亚大学芭比·泽利泽（Barbie Zelizer）教授学术访谈》《生存，还是毁灭——“人工智能时代数字化生存与人类传播的未来”圆桌对话》《新闻观：人文主义转向何以可能？——南京大学杜骏飞教授学术专访》《数字通信革命视角下的后真相反思——与约翰·基恩的讨论》等。

在取得作者授权的前提下，“海外研究”栏目编译了一批国外学者的优秀论文，包括《传播研究的历史取向——谈谈传播史的研究方法》《自动化判断？算法判断、新闻知识与新闻专业主义》《不存在“旧媒介”》等。

“传媒法治”栏目刊发了《知情的法治意识：媒体人对信息公开法规的认知、态度与依赖度——对20位媒体人的访谈笔记》《网络环境下如何正确界定刑事商业诽谤？》《我国网站个人信息保护水平研究——基于网络安全法对我国500家网站的实证分析》等。

“传媒随笔”栏目继续连载彭增军以媒体融合为主题的学术随笔，专栏前期内容已汇编为《新闻业的救赎》于2018年由中国人民大学出版社出版。

在学术成果评价方面，该刊多篇论文获得中国新闻史学会颁发的各种奖项。

在学术传播方面，该刊利用“新闻记者”微信公众号，推出论文全文，以及新闻传播学术信息等。

该刊投稿邮箱：xwjz@ sumg. com. cn.

供稿：《新闻记者》编辑部

《新闻界》

《新闻界》创刊于1985年1月，由四川日报报业集团主管主办。现为月刊，每月10日出版。属于中文社会科学引文索引来源期刊（CSSCI或南大核心）、中文核心期刊（北大核心）、中国人文社会科学期刊（AMI）。

《新闻界》以“思想影响传播媒介推动文明”为办刊宗旨，以持续不懈的创新为办刊动力，始终坚持马克思主义新闻观，努力推动新闻传播学术创新与理论创新。从2012年开通网上投稿审稿系统（www. ixinwenjie. com），并从当年开始在部分栏目实行匿名审稿制度；从2018年年初开始，除约稿以外的所有栏目均实行匿名审稿制度。

《新闻界》从2011年以来，明确倡导问题意识、方法意识和现实观照的学术精神。所谓问题意识，即提倡有明确的问题，有真正的问题，围绕问题进行研究；所谓方法意识，即提倡遵循学术研究的要求，有相应的研究方法作支撑得出结论；所谓现实观照，即提倡研究者关注我们的时代与我们的社会所需要的理论创新与实践创新。在研究对象方面，期刊突出新闻研究和新闻媒体研究，突出应用研究，兼及新闻传播领域其他方面的研究。

2012年5月，期刊开始推出“博士生新论”栏目，专门刊登博士研究生的文章，该栏目一直坚持采用匿名审稿制度，每个月刊登2—3篇，一般两篇。迄今为止，该栏目已经刊登接近200位博士研究生的文章，其中不少人已经成长为学术后起之秀。

2018年1月，期刊开始推出“全球大师访谈栏目”，由清华大学新闻传播学院常江副教授主持，在全球范围内选择对新闻传播理论作出建构性贡献的知名学者进行学术访谈，每月访谈一位并刊出；当年先后访谈的有迈克尔·舒德森、格雷厄姆·默多克、洪美恩、托德·吉特林、托伊恩·范·迪克、约翰·杜伦·彼得斯、罗伯特·麦克切斯尼、劳拉·穆尔维、伊莱休·卡茨、安吉拉·麦克罗比、大卫·莫利、亨利·詹金斯共计12位。

其他常设的栏目有新闻学、传播学、传媒与社会等，非常设栏目有新闻传播史、伦理与法、全球视野、实务探索等。

近五年来，期刊获得了一系列荣誉。获得中国新闻奖二等奖一次（2018年）、三等奖一次（2014年）；四川新闻奖一等奖4次，二、三等奖若干次；获得四川省哲学社会科学优秀成果一等奖一次；连续两届被评为四川省社会科学优秀学术期刊。

供稿：《新闻界》编辑部

《新闻与传播评论》

戊戌春日，在樱花浪漫的最美季节，《新闻与传播评论》以新面目与读者见面了。

2017年11月23日，国家新闻出版广电总局批复同意《武汉大学学报（人文科学版）》更名为《新闻与传播评论》（新广出审〔2017〕9803号）。《新闻与传播评论》由教育部主管，武汉大学主办，国内外公开发行。其历史意义在于，创办于2000年的《新闻与传播评论》（集刊）接通人文科学的血脉，也续上武汉大学独特的期刊精神。

《新闻与传播评论》亦即《武汉大学学报（人文科学版）》的前身是创办于1930年的《国立武汉大学文哲季刊》。王世杰校长在《创刊弁言》阐明了一种融学术、文化、交流于一体的期刊精神。即重质量，把学术期刊“看作一国文化的质量测验器”，促进学术发展的“鉴赏与批评媒介”，把刊物办成“全学术界之公共刊物”，使之成为“相互讲学之资”。不忘初心，方得始终。刊物以学术为志业，保持开放的视野，关注国内外新闻传播的前瞻性、前沿性理论与实践，开展国际对话，深化学术交流，促进新闻传播学科的发展。截至2018年年底，共出版71卷，359期。

2018年，《新闻与传播评论》共出版6期，全年刊登学术论文67篇（不含卷首语），约140万字。一年来，在学术精神传承、期刊转型与建设发展方面做了多方面工作。

一、组建高端专业的学术机构

为传承武汉大学期刊精神，实现该刊成为新闻传播类具有重要影响的专业性学术期刊建设目标，该刊先后成立编委会和编辑部。编委会由院长强月新兼任主任，成员均由知名学者担任，包括陈刚、胡百精、刘丽群、吕尚彬、冉华、单波、隋岩、唐绪军、徐开彬、姚曦、周光明、张涛甫等教授。主编姚曦，副主编刘金波。编辑部责任编辑由专业编辑和兼职编辑组成，确保刊物的规范性和学术性。

二、形成科学规范的编审制度

按照最新国际国内学术期刊出版规范建立该刊出版规范。在约编审校等流程方面形成责任制度：一是约稿为主、自由来稿为辅的选稿方式；二是“专题+专栏”的组版方式；三是双向匿名、三审五校的审稿方式；四是专家终审的定稿方式；五是淡雅、简约、精美的出版方式。所有稿件取舍不以作者身份、地位、来源、职称等外在内容作为评价根据，而均以稿件内在学术质量为唯一依据。

此外，还在流程上强化每周例会、每期编前会议制度、编中三审制度、终审定稿制度、编后审读制度、推送制度与责任追究制度等一系列保障体系。

三、进行精准科学的学术定位

该刊传承《武汉大学学报（人文科学版）》和《新闻与传播评论》（集刊）相关数据，目前为人文社会科学中文核心期刊、中国人文社会科学核心期刊、中国社会科学引文索引（CSSCI）来源期刊。办刊宗旨由“问题意识、原创精神、学术前沿、国际视野、责任担当”变更为“关注国内外新闻传播的前瞻性、前沿性理论与实践问题，追求正确的价值取向、开展国际对话、深化学术交流，努力促进新闻传播学科的发展”；刊物性质由综合性学术期刊转型为专业性学术期刊；出版方式由单一纸版转变为纸版、超星、知网、公众号、网站等多维立体融合出版。刊物开设主要栏目有新闻学、传播学、马克思主义新闻观、媒介化社会、传播与文化、跨文化传播、广告与媒介经济、新闻传播史等。期刊关注具有学术性、前沿性、思想性的稿件，既重视选题独特、视角新颖、积淀深厚、富有创见的理论性文章，也青睐问题意识明显、社会意义巨大、深入浅出的实践性文章。

为确保刊物的学术质量，刊物坚持问题导向，学术前沿，跨学科视域，本土化发展，特色化立足，高品质出版，精准化推送，追求传播学术，规范学术，引领学术，力争把《新闻与传播评论》建设成学术共同体的坚实平台，在学界和业界具有相当凝聚力和广泛辐射力的新闻传播学 A 类期刊。

四、打造三位一体的保障体系

为实现具有广泛影响的新闻学 A 类期刊的建设目标，期刊编辑部逐步打造形成了高端审稿队伍、品质作者队伍、专业编辑队伍三位一体的刊物质量保障体系。如刊物建立由知名专家陈力丹、喻国明等 400 余人组成的高端、前沿的审稿专家库、约稿专家库，由单波、张涛甫、隋岩、赵月枝、邓绍根、吕新雨等具有广泛影响的学者组成作者队伍，由刘金波、汪晓清等具有数十年编审经验的专业编辑和纪莉、廖秉宜、刘娜、吴世文、肖珺、闫岩等一线学者兼职编辑团队组成的编辑队伍。

此外，学校和学院年度 35 万元的办刊经费投入，近 200 平方米的办公场所，也确保了刊物的正常高效运转。

五、走进学术一线的取稿方式

该刊编辑先后走进 5 月 5 日在广西大学召开的马克思主义新闻观理论研究与教学实践研讨会，11 月 23—25 日在武汉大学举办的媒介、历史与记忆工作坊，12 月 1 日在华东师范大学召开的首届大夏传播论坛，12 月 1 日在陕西师范大学召开的中国新闻史学会编辑出版研究委员会学术年会，12 月 8 日在武汉大学召开的首届中国传播创新研究工作坊等多个学术会议现场组稿约稿。同时作为支持期刊参与 4 月 21 日在广东外语外贸大学举办的“新时代·新故事·新影像·新传播：中国高等院校影视学会影视国际传播专委会第二届国际影视传播高峰论坛”，12 月 1 日在西南大学举办的视听传播年会，等等。通过这种方式获得一些具有重要影响作者的高质量学术论文。

六、出台多维互动的助力举措

编辑部 2018 年进行了多维互动的助推发展举措。以咨询、座谈、融合出版等多角度、多方式提升刊物影响力和竞争力。如编辑部先后于 5 月 4 日召开期刊建设咨询会、6 月 16 日召开期刊建设座谈会、12 月 28 日举办期刊主编座谈会等，充分听取学界、评价界、期刊界对该刊建设与发展的意见和建议；先后实现与国家期刊库、中国知网、超星、百度学术等联系免费数字出版，同时开发网络投审稿系统，标注 DOI 号，运营微信公众号、自有网站等。

2018 年《新闻与传播评论》在刊文质量和社会反响方面收获诸多正面评价。

在转载方面，据不完全统计，已有强月新、刘涛、赵月枝、陈旭光、王华等作者文章被《新华文摘》、《中国社会科学文摘》、《新闻与传播》（人大复印报刊资料)、《高等学校文科学术文摘》四大文摘及《文摘报》等多家转载机构转载，转载总量居全国新闻传播类学术期刊第 14 名。

在引用方面，2018 年该刊在中国知网的综合影响因子 0.582，复合影响因子 0.995，均比原《武汉大学学报（人文科学版)》有较大幅度上升，在人文社会科学综合刊物中，排名从第 138 位上升到第 88 位，位居新闻传播类学术期刊第 8 位。

在学人评价方面，《新闻与传播评论》也取得良好口碑，很多知名专家均对刊物给予非常高的评价。如清华大学李彬教授、华中科技大学牛静教授、上海师范大学吕新雨教授、中国传媒大学张毓强教授等均给予充分肯定和积极评价。

在校内期刊活动方面，2018 年武汉大学人文社会科学学术期刊编辑能力提升工作坊举办四期，有两期在新闻学院举办。在武汉大学举办的首次优秀编辑评选活动中，该刊刘金波成为全校 6 位优秀编辑之一。

《新闻与传播评论》编辑部所有同人愿张开双臂，和海内外学者一道，勠力同心，激荡智慧，携手探索，彼此成就，共同推动新闻传播学科的发展与繁荣，为国家的现代化建设竭忠尽智。

刊物联系电话为 027－68754345，电子邮箱是 xwycbpl@ 163. com.

投审稿系统是 http://www.whds.cbpt.cnki.net. 刊物逢单月 8 日出版发行。

供稿：《新闻与传播评论》编辑部

《新闻与传播研究》

《新闻与传播研究》创刊于 1994 年 1 月，是新闻学与传播学学术理论刊物，其前身是创办于 1979 年的《新闻研究资料》，由中国社会科学院主管，中国社会科学院新闻与传播研究所主办。最初为季刊，2008 年改为双月刊。2013 年起，该刊进行了全新改版，刊期改为月刊，封面进行了重新设计，开本、用纸等进行了调整，刊物引文注释作了进一步规范；确立了“透视新闻·解析传播·专注研究”的办刊理念。截至 2018 年年底该刊共出版 25 卷，161 期（含 2014 年、2016 年、2018 年 3 期增刊)。

该刊始终以“代表我国新闻传播学研究最高水平、引领我国新闻传播学研究发展方向”为办刊宗旨。2015 年 5 月起实行网上在线投稿、匿名评审。常设栏目有马克思主义新闻学、传播学、新闻传播史、新闻传播法、媒介经济、前沿探讨等。该刊于 2012 年入选国家社会科学基金资助期刊。2014 年被中国社会科学评价中心评定为“中国人文社会科学（CECHSS）顶级期刊”。2015 年 9 月，被新闻出版广电总局推荐为全国“百强报刊”。2017 年 12 月，被国家新闻出版广电总局推荐为第三届全国“百强报刊”。历任主编为孙旭培、喻权域、尹韵公，现任主编唐绪军。

2018 年，《新闻与传播研究》共出正刊 12 期，增刊 1 期。正刊全年刊登学术论文 83 篇，约 180 万字。

（一）内容建设

2018 年，该刊继续以习近平系列重要

讲话精神特别是习近平在哲学社会科学工作座谈会上的重要讲话为引领，办好新闻学、传播学、新媒体、传媒经济、新闻传播法、广告学、媒介分析、传媒文化、国际传播、新闻传播史等栏目，不断加强选题策划，注重理论与方法的引导，把期刊内容提高到一个新水平。

在专栏建设方面，该刊根据新闻传播学学科特点，在原有的“马克思主义新闻学”栏目基础上，开辟“特设专栏：新时代·新思想·新探索”，刊发了《论习近平新时代网络强国思想》（第1期）、《马克思主义新闻观中国化的历史进程及其理论贡献》（第2期）、《继承和发展马克思的新闻传播思想》（第6期）、《新时代马克思主义新闻观的最新发展》（第7期）、《理论回响：从“党性与独立性问题”到“党性与人民性之争”》（第10期）等理论文章。这些文章时代性、思想性、学理性兼具，是对马克思主义新闻观研究的新拓展。

在内容把关方面，该刊深入分析每一篇拟用稿背后的意识形态含义，确保所刊文章政治导向、学术方向正确。深入批判资产阶级错误思潮，刊发了《正确认识美国“网络中立”的本质》（第7期）、《近眺异邦：批判地审视西方关于“后真相”的学术话语》（第8期）等理论文章。

在选题策划方面，该刊就媒介化时代的公共传播和传播的公共性进行了专题研讨，刊发了《理解社会公平感：媒体建构与公共感知》（第1期）、《表达性行动与国际非政府组织的在华落地》（第3期）等论文。

前沿探讨栏目，刊发的主要论文有《欧洲传播研究的“媒介化”转向：概念、路径与启示》（第5期）、《受众的感知、识记和态度改变：数据新闻的传播效果研究》（第9期）、《嵌入与行动者网络：精准扶贫语境下扶贫信息传播再思考》（第9期）、《从需求到体验：用户在线知识付费行为的影响因素》（第10期）等。

新闻学栏目，刊发的主要论文有《液态的连接：理解职业共同体》（第7期）、《边界、权威与合法性：中国语境下的新闻职业话语研究》（第8期）等。

传播学栏目，刊发的主要论文有《科学家参与科学传播的知行反差：价值认同与机构奖惩》（第2期）、《“行动的场域”：“媒介”意义的非现代阐释》（第3期）、《“视觉展演”：中国农村电影放映实践的文化阐释》（第4期）、《欧洲传播研究的“媒介化”转向：概念、路径与启示》（第5期）、《虚拟社区里的知识分享：基于两个竞争性计划行为理论模型的分析》（第6期）、《新闻传播学科化历程——媒介史角度》（第10期）、《图绘“西医的观念”：晚清西医东渐的视觉修辞实践》（第11期）等。

新媒体栏目，刊发的主要论文有《微信群的“社会互助”与“故事讲述”》（第1期）、《社交媒体对青年网民个人信息权意识的影响研究》（第4期）、《数字弱势群体的崛起：老年人微信采纳与使用影响因素研究》（第7期）等。

新闻传播法栏目，刊发的主要论文有《聚合分发平台与传统新闻出版者的著作权冲突及解决》（第5期）、《互联网的网络化治理：用户权利的契约化与网络中介私权力依赖》（第7期）、《传播注意义务功能研究》（第8期）等。

新闻传播史栏目，刊发的主要论文有《报人与时代的相遇：金雄白早年〈时报〉经历的考察》（第1期）、《清末革命思潮与报刊读者的阅读心态》（第2期）、《颁历授时：国家权力主导下的时间信息传播》（第3期）、《宣之于众：汉语“宣”字的传播思想史研究》（第4期）、《机事不密则殆：京报、新闻纸与清政府保密统治的式微》（第5期）、《〈戊戌政变记〉

与政变图像建构：从个体想象到集体记忆》（第8期）、《书写与密码：晚清皇朝“灵晕”的离散》（第9期）、《集体读报：新中国成立初期的上海读报组研究》（第11期）、《近代商业报纸何以成为“技术新知”?》（第12期）等。

2018年增刊内容为“中国新闻学百年暨中国社会科学院新闻与传播研究所成立四十周年学术研讨会”上专家学者的发言摘编，设有“本刊特稿”“知往鉴来·我与新闻所”和专题研讨“中国新闻学百年与马克思主义新闻观的发展”“改革开放与中国新闻传播学的发展”“新时代中国新闻传播学的新担当”等栏目。

（二）其他

在学术成果评价方面，该刊举办了第7次优秀论文评选活动，评出2017年10篇优秀论文，以在全国新闻与传播学界倡导“认认真真做研究、扎扎实实写论文”的良好学风，为学界树立榜样。

在学术传播方面，该刊利用“新闻与传播学术前沿”微信公众号，每月按时推出封面和目录篇目，推介封面文章。还对期刊评出的优秀论文作者进行访谈，扩大论文的社会影响力。

该刊实行开门办刊，注重发挥全国新闻传播学界专家学者的学术把关作用。为鼓励专家高质量地为期刊审稿，该刊陆续公布优秀审稿专家名单。继2017年年底在《新闻与传播研究》第12期刊出第一批审稿专家名单（共30人）后，2018年年底在《新闻与传播研究》第12期再次“致谢本刊审稿专家”（共30人）。为刊物审稿的专家有近200人。

2018年9月，在由中国（武汉）期刊交易博览会组委会、中国期刊协会联合主办的“2018期刊数字影响力100强”遴选活动中，《新闻与传播研究》入选“2018期刊数字影响力100强”（学术类期刊）榜单。2018年11月，在中国社会科学评价研究院发布的《中国人文社会科学期刊AMI综合评价报告》中，《新闻与传播研究》入选新闻学与传播学唯一的权威期刊。

该刊在线投稿网址：www. xwycbyj. org；电子信箱：submit - jc@ 163. com.

该刊每月25日出版，由社会科学文献出版社期刊运营中心统一发行。

供稿：《新闻与传播研究》编辑部

《中国科技期刊研究》

《中国科技期刊研究》（月刊）是中国科学院自然科学期刊编辑研究会的会刊，由中国科学院主管，中国科学院自然科学期刊编辑研究会、中国科学院文献情报中心联合主办，是面向全国的中国第一份综合研究科技期刊学术理论与实践创新的专业性核心期刊，是中国期刊出版界有重要影响力的学术期刊。1990年2月创刊，最初为季刊，2000年改为双月刊，2014年改为月刊。截至2018年年底该刊共出版29卷，191期（含7期增刊）。

该刊集学术前瞻性、理论系统性、应用规范性、实践指导性于一体，已经在学界业界形成了很高的影响和声誉，在引领学术前沿、促进学术交流、指导业务实践、培养专业人才等方面发挥了重要作用，取得了良好的社会效益，多次荣获国家、中国科学院各种奖项。从2014年起实现了全流程在线投审稿，双盲评审。目前主要栏目有论坛、数字出版、质量建设、编辑规范、管理与改革、评价与分析、能力建设等。该刊目前是《中文核心期刊要目总览》核心期刊、《中文社会科学引文索引》来源刊、中国科技论文统计源期刊、中国人文社会科学核心期刊、人大复印报刊资料重要转载来源期刊（2017年版）。现任主编张薇。

2018年，《中国科技期刊研究》共出正刊12期。正刊全年刊登学术论文218篇，约177万字。

（一）内容建设

2018年，该刊以习近平系列重要讲话精神为指导，继续关注期刊出版业前沿趋势、把握研究热点、服务期刊业务实践，不断加强选题策划，把期刊内容提高到一个新水平。

在专题建设方面，根据目前学界开放科学发展的迅猛趋势，在第11期刊发了“开放科学”专题，包括3篇论文：《开放获取期刊的学术声誉风险及其预警研究》《开放服务：学术期刊知识服务转型发展的突破路径》《我国学术期刊开放获取政策现状及制定策略研究》。根据目前业界对中文期刊发展的各种探讨，在第2期和第5期组发了两个关于“中文期刊路在何方”的专题，包括8篇论文。对于近年出现了新指标CiteScore，也在第4期组发了3篇论文《CiteScore与影响因子评价对比研究——基于2016年SCI收录的美国眼科学期刊》《期刊CiteScore评价研究》《基于CiteScore的江苏省科技期刊国际影响力研究》。这些文章对目前的科技期刊界趋势和前沿都有很好的梳理和思考，对期刊界的未来发展有一定的启示。

在特别稿件方面，张薇主编特约了中国期刊学会会长吴尚之在第六届亚太数字期刊大会暨2018中国期刊媒体国际创新发展论坛上的主题致辞——《树立新理念，推进新时代出版传媒转型融合新发展》，发在第11期。张薇主编也亲自为期刊撰写《不忘初心，砥砺前行》《在中国科学院自然科学期刊编辑研究会2018年课题研讨会上的讲话》，分别发在第1、3期。常务副主编初景利为期刊撰写《科技期刊发展的十大主要态势》（第6期）、《数字化与新媒体时代期刊发展的困惑与出路——第八届两岸期刊研讨会暨期刊展观感与思考》（第8期）。

全年共推荐封面论文72篇，每期6篇。其中包括中信所发布的《2016年中国科技论文统计与分析简报》（第1期）、一些重要数据对比《中国科技期刊国际影响力提升计划实施效果与分析》（第4期）等。

（二）其他

在学术成果评价方面，获中国高校科技期刊研究会2018年论著奖的论文中有28%的论文来自该刊，其中金笔奖共10项，该刊有1项；银笔奖共32项，该刊有9项；优秀奖共40项，该刊有13项。

在学术传播方面，该刊利用“中国科技期刊研究”微信公众号（cas_ cjstp），推送业界相关的主题内容和重要信息，提高期刊的影响力与显示度；与超星开展合作，扩大论文的社会影响力。

在编辑出版方面，继续全流程参加科云出版生产平台试验，对集中生产的问题进行反馈，顺利完成后期的生产及运营。

在培养人才方面，积极走出去，对青年编辑展开写作培训。

该刊实行开门办刊，注重发挥全国编辑出版学界专家学者的学术把关作用。为鼓励专家高质量地为期刊审稿，与审稿专家保持良好的交流沟通，目前刊物的审稿专家有近 200 人。

2018 年该刊入选为“人大复印报刊资料重要转载来源期刊（2017 年版）”；继续入编北大核心；继续入编中国社科院核心；影响因子稳居中信所、清华大学第一名；在 CSSCI 期刊排名提升一位，跃居第二位；武汉大学排名提升两位，称为 A + 权威期刊；中科院排行榜三等排名提升六位。

该刊在线投稿网址：www. cjstp. cn.

电子信箱：cjstp@ mail. las. ac. cn.

该刊每月 15 日出版，单价 48 元/期，全年价 576 元。

全国各地邮局均可订阅，邮发代号82 - 398。

供稿：《中国科技期刊研究》编辑部

中国新闻传播专业期刊名录

期刊名称（刊号）	负责人	期刊类型	通信地址	邮　编	联系电话
国际传播 CN10 - 1422/G2	胡邦胜	双月刊	北京市石景山路甲 16 号	100040	(010)68892143
新闻战线 CN11 - 1337/G2	王　刚 祝晓虎	月刊	北京市金台西路 2 号人民日报社院内	100733	(010)65369252
中国记者 CN11 - 1275/G2	李仁虎	月刊	北京市石景山区京原路 8 号	100040	(010)63074754
中国出版 CN11 - 2807/G2	马国仓	半月刊	北京市朝阳区东四环南路 55 号	100122	(010)87622011
中国传媒科技 CN11 - 4653/N	杨　真	月刊	北京市宣武门西大街甲 97 号	100031	(010)63074927
军事记者 CN11 - 4467/G2	姜兴华	月刊	北京市阜外大街 34 号	100832	(010)66720965
中国广播 CN11 - 3074/G2	刘浩三	月刊	北京市复兴门外大街 2 号	100866	(010)68045665
电视研究 CN11 - 3068/G2	李　挺	月刊	北京市朝阳区光华路甲 1 号	100020	(010)85057269
中国广播影视 CN11 - 1506/G2	王卫平	半月刊	北京市复外大街 2 号	100866	(010)86093593
国际广播影视 CN11 - 4891/G2	胡　木	月刊	北京市石景山路甲 16 号	100040	(010)68892958
广播电视信息 CN11 - 3229/TN	光　辉	月刊	北京市复兴门外大街 2 号广电总局院内	100866	(010)86091981
网络传播 CN11 - 5195/G2	夏文辉	月刊	北京市车公庄大街 9 号五栋大楼 A3 座 403 室	100037	(010)68300129
新闻与传播研究 CN11 - 3320/G2	唐绪军	月刊	北京市朝阳区潘家园东里 9 号国家方志馆 2 层	100022	(010)65025792

续表

期刊名称(刊号)	负责人	期刊类型	通信地址	邮 编	联系电话
国际新闻界 CN11 - 1523/G2	刘海龙	月刊	北京市海淀区中关村大街59号明德新闻楼中国人民大学新闻学院	100872	(010)82509362
新闻与传播 CN11 - 1343/G2	陆 地	双月刊	北京市海淀区中关村大街59号文化大厦	100086	(010)62514977
中国报业 CN11 - 4629/G2	胡线勤	月刊	北京市朝外金台西路2号人民日报社内	100733	(010)65363856
现代传播 CN11 - 3614/G2	隋 岩	月刊	北京市朝阳区定福庄东街1号	100024	(010)65779586
传媒 CN11 - 4574/G2	杨驰原	月刊	北京市丰台区三路居路97号	100073	(010)52257129
中国广播电视学刊 CN11 - 1746/G2	胡占凡 周然毅	月刊	北京市复兴门外大街2号	100866	(010)86093458
中国新闻年鉴 CN11 - 3287/G2	赵天晓 钱莲生	年刊	北京市朝阳区潘家园东里9号国家方志馆2层	100022	(010)65025792
新闻与写作 CN11 - 1109/G2	梁凤鸣	月刊	北京市建国门内大街20号	100734	(010)65253353
中国广播电视年鉴 CN11 - 4069/G2	赵玉明 曲宗生	年刊	北京市朝阳区定福庄东街1号	100024	(010)65766415
对外传播 CN11 - 4811/G2	于运全	月刊	北京市百万庄大街24号	100037	(010)68326098
新媒体研究 CN10 - 1330/G2	祁书彦	半月刊	北京市朝阳区东土城路8号林达大厦B座11层E室	100013	(010)64462956
大数据 CN10 - 1321/G2	郑玮民	双月刊	北京市丰台区成寿寺路11号邮电出版大厦8层	100078	(010)81055448
中国出版史研究 CN10 - 1176/G2	杨牧之	季刊	北京市丰台区太平桥西里38号	100073	(010)63458238
采写编 CN13 - 1168/G2	芦海英	双月刊	石家庄市裕华东路86号	050013	(0311)67562253
新闻采编 CN14 - 1070/G2	任 珊	双月刊	太原市双塔寺街124号	030012	(0351)4281590
新闻论坛 CN15 - 1019/G2	张庶民	双月刊	呼和浩特市新城西街内蒙古日报社大楼	010010	(0471)6635549
记者摇篮 CN121 - 1032/G2	曹 东	月刊	沈阳市青年大街356号	110003	(024)22698220
新闻传播 CN23 - 1070/G2	高永强	月刊	哈尔滨市道里区地段街1号	150010	(0451)84696061
新闻记者 CN31 - 1171/G2	刘 鹏	月刊	上海市延安中路839号	200040	(021)62791234
新闻大学 CN31 - 1157/G2	张涛甫	双月刊	上海市邯郸路44号复旦大学新闻学院内	200433	(021)65643630
传媒观察 CN32 - 1712/G2	沈志强	月刊	南京市管家桥65号	210092	(025)84702171

续表

期刊名称(刊号)	负责人	期刊类型	通信地址	邮编	联系电话
视听界 CN32－1294/G2	许敏球	双月刊	南京市珠江路28号珠江大厦26楼	210018	(025)83287966
传媒评论 CN33－1163/G2	庞承 杨忆华	月刊	杭州市体育场路178号	310039	(0571)85310376
未来传播(浙江传媒学院学报)CN33－1334/G2	徐小洲	双月刊	杭州市下沙高教园区学源街998号	310018	(0571)86832735
新闻世界 CN34－1090/G2	叶水茂	月刊	合肥市政务新区安徽报业大厦8楼	230071	(0551)65179801
声屏世界 CN36－1080/G2	陈道生	月刊	南昌市洪都中大道207号省广播电视中心	330046	(0791)88316904
青年记者 CN37－1003/G2	赵国华	旬刊	济南市泺源大街2号大众传媒大厦	250014	(0531)85196697
新闻爱好者 CN41－1025/G2	张靖	月刊	郑州市农业路东段28号	450008	(0371)65795932
新闻前哨 CN42－1263/G2	樊晓燕	月刊	武汉市东湖路181号	430077	(027)88568037
中国地市报人 CN42－1368/G2	熊笑云	月刊	宜昌市东山大道119号	443000	(0717)6466989
湖南大众传媒职业技术学院学报 CN43－1370/Z	刘国清	季刊	长沙市特立路5号	410100	(0731)84028582
南方电视学刊 CN44－1678/G2	杨卓兴	双月刊	广州市环市东路331号	510066	(020)61293133
新闻潮 CN45－1044/G2	覃咏梅	月刊	南宁市民主路21号广西日报社大院	530026	(0771)5690057
新闻研究导刊 CN50－1205/G2	彭德术 刘自良	半月刊	重庆市中山四路81号	400012	(023)63891685
新闻界 CN51－1046/G2	邓树明	双月刊	成都市红星路二段70号	610012	(028)86968603
新闻窗(2018年第6期更名为《媒体融合新观察》)CN52－1034/G2	朱梅	双月刊	贵阳市宝山北路372号	550001	(0851)86625237
今传媒 CN61－1430/G2	张军孝	月刊	西安市129号信箱	710068	(029)88820312
新闻知识 CN61－1022/G2	李伟	月刊	西安市环城南路东段1号	710054	(029)82267260
当代传播 CN65－1201/G2	郝红	双月刊(汉文)	乌鲁木齐市扬子江路1号	830051	(0991)5593316
新疆新闻出版 CN65－1240/G2	齐秀华	双月刊	乌鲁木齐市解放南路346号	830001	(0991)2840136

整理：贾金玺(中国社会科学院新闻与传播研究所助理研究员)

综合编

第八篇

学术评奖

吴玉章人文社会科学奖（新闻学科）

第二十八届（2017年度）中国新闻奖（新闻论文）

2018年国家级教学成果奖（新闻传播学科）

第六届（2017年度）全国新闻传播学优秀论文遴选

中国新闻史学会第四届“新闻传播学学会奖”

吴玉章人文社会科学奖（新闻学科）

2017年9月28日，第七届吴玉章人文社会科学奖评选结果在北京揭晓。53项学术成果获得第七届吴玉章人文社会科学奖，其中，新闻传播类有7项。

吴玉章人文社会科学奖是全国人文社会科学领域内历时长久、分量厚重、影响深远的非政府组织奖项之一，被教育部认定为省部级奖励，面向全国每五年评选一次，自1992年开始，至今已评选七届。

获奖名单如下：

序号	著作名称	作者	出版单位	出版时间
1	传播学教程(第二版)	郭庆光	中国人民大学出版社	2011年4月
2	符号中国	隋　岩	中国人民大学出版社	2014年2月
3	新闻观念论	杨保军	复旦大学出版社	2014年7月
4	大众传媒与政治变迁——聚焦独联体国家“颜色革命”	赵永华	中国书籍出版社	2013年5月
5	电视修辞学	张小琴	清华大学出版社	2013年6月
6	中国新闻学的筚路蓝缕:北京大学新闻学研究会	邓绍根	清华大学出版社	2015年10月
7	电视娱乐:传播形态及社会影响研究	殷　乐	中国社会科学出版社	2011年7月

来源：吴玉章基金网站

第二十八届（2017年度）中国新闻奖
（新闻论文）

2018年11月2日，中华全国新闻工作者协会主办的第二十八届中国新闻奖评选结果揭晓。共有20件新闻论文作品获奖，其中一等奖2件，二等奖7件，三等奖11件。

中国新闻奖是经中央批准常设的全国优秀新闻作品最高奖，由中华全国新闻工作者协会组织评选，每年评选一次。

奖次	题目	作者(主创人员)	编辑	刊播单位	报送单位
一等奖	理性对待西方涉华舆论	朱龚星 朱金平	张 锋	军事记者	军委政治工作部宣传局
	构建话语共同体 提升舆论引导力	双传学	万仕同	新闻战线	江苏记协
二等奖	国家领导人海外社交媒体报道效果评估与优化思考	朱智宾 蒋玉鼐	梁益畅	中国记者	新华社
	把“四向四做”要求 落实到记协工作实践之中	徐体义	王洪奎 傅尚坤	影响力·云南传媒	云南记协
	推动新闻舆论工作更好担负起时代使命	崔士鑫	冷 梅	新闻战线	人民日报
	从“相加”到“相减”	陈忆多	谢江林	南方电视学刊	海南记协
	中国国际传播的盲区与突破	解 冰 沈 斌	沈 斌	对外传播	中国日报
	坚定方向 做好导向 确立志向 把握取向	郑保卫	陈国权	中国记者	新华社
	基于区块链技术的媒体融合路径探索	李鹏飞	郭潇颖	长沙晚报	湖南记协
三等奖	探索传统媒体转型发展的“智库化道路”	王斯敏 贾 宇	黄鑫茹	青年记者	光明日报
	努力提升藏语广播电视节目传播力和影响力	谭 霖		中国广播影视	青海记协
	重大国际性会议在地化舆论引导策略研究	郑文锦 朱 鹏	肖玉平	东南传播	福建记协
	媒体应急直播报道的几个问题	邢书良	耿建萍	新闻采编	山西记协
	移动优先战略下，新媒体首发制的误区与提升路径	陈建飞	张 垒	中国记者	浙江记协

续表

奖次	题目	作者（主创人员）	编辑	刊播单位	报送单位
三等奖	“青记”发展史	陈　娟	李思辉　肖　曜	新闻前哨	陈　娟
	破解中国学术话语的传播困境	冯建华	章淑贞	新闻与写作	中国行业报协会
	“顺势”与“逆势”下新一轮报纸副刊热剖析	赵晓梦	张晓燕	中国报业	四川记协
	政治站位高 一线报道活 融合传播新	李　旭　朱　彦　骆　辉	冷　梅	新闻战线	江西记协
	认真学习贯彻“11·7”重要讲话精神 为党的十九大营造良好舆论氛围	蔡小伟	梅晓敏	海峡通讯	福建记协
	我党新闻思想理论的创新发展	林如鹏　支庭荣	贾　宇　王　珺	光明日报	广东记协

来源：中华全国新闻工作者协会网站

2018 年国家级教学成果奖
（新闻传播学科）

2018 年 12 月 25 日，教育部印发《关于批准 2018 年国家级教学成果奖获奖项目的决定》，公布国家级教学成果奖评审委员会评审确定的 2018 年国家级教学成果奖项目，经过异议处理，共计 1355 项成果获得国家级教学成果奖。

国家级教学成果奖，每 4 年评审一次，获奖项目需在教育教学理论及实践中取得重大突破。前 6 次分别在 1989 年、1993 年、1997 年、2001 年、2005 年、2009 年评选。2013 年扩展为国家级教学成果奖。目前，国家级教学成果奖已被视为与国家科技成果三项奖励并列的国家级奖励。

一等奖

序号	成果名称	完成人	完成单位
1	实践中的马克思主义新闻观	高晓虹 王晓红 涂凌波 曾祥敏 赵希婧 冷 爽	中国传媒大学
2	面向国家战略的数字化与国际化设计创新人才培养体系	何人可 季 铁 谭 浩 袁 翔 肖狄虎	湖南大学

二等奖

序号	成果名称	完成人	完成单位
1	中国特色新闻传播人才的生态型培养体系构建	胡百精 周 勇 张辉锋 王润泽 刘海龙 许向东 高贵武 王 菲 赵云泽	中国人民大学
2	新闻评论人才培养创新体系的构建与实施	赵振宇 张 昆 顾建明 何志武 刘义昆 牛 静	华中科技大学
3	马克思主义新闻观指导下新闻人才培养“六结合”模式的创建与实践	林如鹏 支庭荣 刘 涛 张晋升 邓绍根 杨先顺 范以锦 刘红兵	暨南大学，中共广东省委宣传部，南方报业传媒集团
4	中国电影史论课程体系的教学改革与创新拓展	周 星 张 燕 王宜文	北京师范大学
5	基于“互联网+”的信息特色地方高校人才培养改革与实践	胡 华 徐江荣 陈建华 贺武华 刘春英 孟晓俊 陈临强 韩建平 徐毅鹏 陈南松 吴 卿	杭州电子科技大学

来源：中华人民共和国教育部网站

第六届（2017 年度）全国新闻传播学优秀论文遴选

2018 年 10 月，第六届（2017 年度）全国新闻传播学优秀论文遴选结果在北京揭晓，10 篇论文入选。

全国新闻传播学优秀论文遴选活动由中国社会科学院新闻与传播研究所自 2013 年起创办。每年从上一年度发表的众多新闻传播学论文中遴选出若干高水平的佳作，以此反映我国新闻传播学术研究的新进展，为学界提供可资借鉴的学术样本。这项活动与各种评选活动最大的不同有两点：其一，不需要论文作者自己申报，优秀与否由同行评判；其二，裁判员不当运动员，该所学者的论文一律不参与遴选。

2017 年度优秀论文遴选的备选文本，由北京清博大数据科技有限公司协助收集。这些数据来自全国公开出版的 166 种期刊 2017 年全年刊发的 12139 篇新闻学与传播学论文。经中国社会科学院新闻与传播研究所学术委员会委员和各研究室主任组成的遴选委员会初评、复评，最终以集体评议的方式从中选出 10 篇优秀论文（按论文发表期刊号顺序排列，同一期号的按作者姓氏音序排列）。

序号	论文	作者	论文出处
1	中国网络抗争性话语研究的学术图景 2005—2015	曹洵　崔璨	《国际新闻界》2017 年第 1 期
2	大数据时代的隐私危机及其侵权法应对	徐明	《中国法学》2017 年第 1 期
3	旧关系与新组织:从《时务报》看中国同人报的内在困局	朱至刚	《现代传播》2017 年第 2 期
4	断裂的平衡:中国对外传播制度史探析 1966—1976	周庆安　吴月	《全球传媒学刊》2017 年第 3 期
5	“可见性”赋权——舆论是如何“可见”的	姜红　开薪悦	《苏州大学学报》2017 年第 3 期
6	互联网时代突发环境事件信息公开的主体制度创新——以环保 NGO 的参与为突破口	施志源	《法学评论》2017 年第 3 期
7	民族文化经典的“再地方化”——“阿诗玛”回归乡土的个案	肖青　李淼	《新闻与传播研究》2017 年第 5 期
8	在风险与利益间传达不确定性:科学事实查验对转基因食品议题信息误解的影响	刘于思　亓力	《新闻与传播研究》2017 年第 7 期
9	我国马克思主义新闻理论体系建构的知识演进路径考察	齐爱军	《新闻与传播研究》2017 年第 7 期
10	以媒抗争:2009 年南京老城南保护运动研究	白红义	《国际新闻界》2017 年第 11 期

供稿：中国社会科学院新闻与传播研究所

中国新闻史学会第四届“新闻传播学学会奖”

2018 年 10 月 7 日，在中国新闻史学会 2018 年学术年会上举行了第四届“新闻传播学学会奖”颁奖典礼。

该学会奖由中国新闻史学会主办，由教育部高等学校新闻传播学类专业教学指导委员会合办。

序号	奖项	等级	获奖作品	获奖者	获奖作品出版者
1	优秀学术奖·新闻学与传播学	一等奖	空缺		
		二等奖	吾土吾民:农民的文化表达与主体性	沙 垚	中国社会科学出版社 2017 年 11 月
			Networking China: The Digital Transformation of the Chinese Economy	洪 宇	美国伊利诺伊大学出版社 2017 年
			When Health Information Meets Social Media: Exploring Virality on Sina Weibo	刘新传 卢 嘉 王海燕	*Health Communication*, 2017, Volume 32, Issue 10
			未来传媒生态:消失的边界与重构的版图	彭 兰	《现代传播》2017 年第 1 期
			Structurally Embedded News Consumption on Mobile News Applications	张 伦 郑 路 彭泰权	*Information Processing and Management*, 2017, Volume 53, Issue 5
		三等奖	从网络集群行为到网络集体行动——网络群体性事件及相关研究的学理反思	董天策	《新闻与传播研究》2016 年第 2 期
			潜行的力量:ICT 精英如何嵌入并影响社会运动	吴小坤	《新闻与传播研究》2015 年第 11 期
			环境传播:议题、风险与行动	戴 佳 曾繁旭	清华大学出版社 2016 年 1 月
			语言革命的社会指向:对中国近代史的一种传播学考察	黄 华	广西师范大学出版社 2016 年 11 月
			戈公振与中国古代报纸起源研究路径的形成考辨	刘晓伟	《新闻与传播研究》2016 年第 4 期
			我国新闻传播诽谤诉讼的历史演进——基于证明责任分配角度的研究	罗 斌 宋素红	《新闻与传播研究》2017 年第 1 期

续表

序号	奖项	等级	获奖作品	获奖者	获奖作品出版者
1	优秀学术奖·新闻学与传播学	三等奖	善治安心:中国网络理政的理念与实践	沈国麟	华夏出版社 2017 年 10 月
			微信的“书写”与“勾连”——对一个普米族村民微信群的考察	孙信茹	《新闻与传播研究》2016 年第 10 期
			社区传播论:新媒体赋权下的居民社区沟通机制	王 斌	中国人民大学出版社 2017 年 1 月
			新浪社会新闻传播中的“情绪偏好”效应与特征研究——基于新浪社会新闻的网络挖掘与实证分析	徐 翔	《国际新闻界》2017 年第 4 期
			游戏人、Q 方法与传播学:威廉·斯蒂芬森的传播游戏理论研究	宗益祥	中国政法大学出版社 2017 年 3 月
			社交媒体礼仪:数字关系情境下的伦理方案与效果辨析	晏 青 支庭荣	《现代传播》2017 年第 8 期
			内地网民情绪记忆中的香港澳门回归	钟智锦 林淑金 温 仪 廖 雯	《新闻与传播研究》2017 年第 1 期
2	优秀学术奖·方汉奇奖(新闻史专项)	一等奖	宋代出版史	田建平	人民出版社 2017 年 4 月
		二等奖	陕甘宁边区新闻事业	李 文	人民出版社 2017 年 5 月
			左图右史与画中有话:中国近现代画报研究(1874—1949)	吴果中	北京大学出版社 2017 年 9 月
		三等奖	中国古代官报入史考	魏海岩、宋 妍、刘诗萌	《新闻与传播研究》2017 年第 3 期
			沙俄统治下“关东州”新闻事业及其管制——兼谈日俄战争中的新闻战	虞文俊	《新闻与传播研究》2016 年第 11 期
			当代东北地区少数民族新闻传播史研究	于凤静	中国社会科学出版社 2017 年 10 月
			从“四不”到“二不”——探析新记《大公报》办报方针表述改变的背后	王咏梅 刘宪阁	《新闻与传播研究》2017 年第 2 期

续表

序号	奖项	等级	获奖作品	获奖者	获奖作品出版者
3	卓越学术奖		走进美国大报	辜晓进	南方日报出版社2002年10月第一版
					台湾左岸文化出版社2004年2月繁体字版
					南方日报出版社2004年11月修订版
4	杰出青年奖			常　江	
				周裕琼	
5	终身成就奖			吴高福	
				邱沛篁	
				张大芝	
6	组委会特别成就奖			李　瞻	

供稿：中国新闻史学会

第九篇
科研项目

项目名录

国家社科基金2018年度重大项目立项一览表
（新闻学与传播学）

课题名称	首席专家	责任单位
智能时代的信息价值观引领研究	陈昌凤	清华大学
人工智能时代的新闻伦理与法规	林爱珺	暨南大学
大数据驱动的社交网络舆情主题图谱构建及调控策略研究	梁 循	中国人民大学
	王晰巍	吉林大学
网络与数字时代增强中华文化全球影响力的实现途径研究	孟 建	复旦大学
	童清艳	上海交通大学
网络亚文化传播机制与引导研究	陈 龙	苏州大学
中国共产党新闻宣传工作史料收集、整理与数据库建设（1949—1966）	赵建国	暨南大学
马克思主义中国化百年传播话语体系变迁研究（1919—2018）	周宇豪	郑州大学
中国特色网络内容治理体系及监管模式研究	何明升	华东政法大学
	谢新洲	北京大学
海峡两岸新闻交流三十年史料整理、汇编与研究	张晓锋	南京师范大学
全球互联网50年发展历程、规律和趋势的口述史研究	方兴东	浙江传媒学院
冷战后全球主流媒体意识形态演变与人类命运共同体理念引领国际舆论对策研究	孙有中	北京外国语大学
中医药文化国际传播认同体系研究	李希光	清华大学
	张宗明	南京中医药大学

来源：全国哲学社会科学工作办公室网站

国家社科基金2018年度重点项目、一般项目、青年项目立项一览表
（新闻学与传播学）

课题名称	负责人	工作单位	所在省市	项目类别	预期成果	计划完成时间	批准号
提升新时代中国特色社会主义新闻学国际话语权研究	刘　洁	华中科技大学	湖北	重点项目	研究报告 论文集	2021/6/30	18AXW001
中国当代画报研究	吴果中	湖南师范大学	湖南	重点项目	专著	2021/12/30	18AXW002
移动互联网背景下主流媒体新闻视听传播变革研究	曾祥敏	中国传媒大学	高校	重点项目	论文集 专著	2021/9/1	18AXW003
反贫困语境下农村地区的信息贫困与信息援助研究	郑素侠	郑州大学	河南	重点项目	研究报告 专著	2021/7/30	18AXW004
智能媒体与儿童认知发展研究	李晓静	上海交通大学	上海	重点项目	专著 论文集	2022/12/31	18AXW005
新技术影像与社会再生产研究	殷　强	中国人民大学	高校	重点项目	专著 论文集	2021/9/30	18AXW006
网络舆论中意识形态话语冲突的弥合机制研究	吴小坤	华南理工大学	广东	重点项目	研究报告 专著	2021/6/30	18AXW007
全球互联网治理的竞争格局与中国进路研究	罗　昕	暨南大学	广东	重点项目	研究报告	2020/12/20	18AXW008
国家网络治理与中国互联网全球化协同研究	洪　宇	浙江大学	浙江	重点项目	研究报告	2022/6/30	18AXW009
基于大数据的城市突发公共事件社会舆情治理研究	杨　魁	广东外语外贸大学	广东	重点项目	论文集 研究报告	2021/12/31	18AXW010
基于乡村振兴战略的主流媒体涉农传播研究	马　梅	安徽师范大学	安徽	一般项目	专著	2020/12/31	18BXW001

续表

课题名称	负责人	工作单位	所在省市	项目类别	预期成果	计划完成时间	批准号
习近平讲故事及其对增强中国国际传播能力建设的影响研究	赵　欣	大连外国语大学	辽宁	一般项目	专著 研究报告	2021/6/30	18BXW002
习近平新闻舆论思想研究	雷跃捷	中国传媒大学	高校	一般项目	专著 研究报告	2021/5/30	18BXW003
新时代背景下主流媒体提升对台传播力研究	王桂亭	华侨大学	福建	一般项目	专著	2020/6/30	18BXW004
新时代中国国家领导人公共形象国际传播研究	朱　颖	广东外语外贸大学	广东	一般项目	论文集 研究报告	2021/6/30	18BXW005
中国国家形象在维基百科词条中的建构与重塑研究	甘莅豪	华东师范大学	上海	一般项目	专著	2021/12/30	18BXW006
中国政府新闻发言人选拔、培养、评估制度研究	夏　琼	武汉大学	湖北	一般项目	专著 研究报告	2021/12/31	18BXW007
近现代东北新闻史研究(1898—1949)	王　健	大连民族大学	辽宁	一般项目	专著	2022/12/30	18BXW008
抗战时期中国共产党形象的图像传播研究(1931—1945)	赵　昊	安徽师范大学	安徽	一般项目	专著	2021/12/31	18BXW009
全球史视野中的互联网史论研究	方兴东	浙江传媒学院	浙江	一般项目	论文集 研究报告	2020/3/1	18BXW010
中国近代报业经营史研究(1815—1949)	张立勤	华南师范大学	广东	一般项目	专著	2021/7/1	18BXW011
19世纪新教华文报刊形塑“汉语文化圈”多重认同机制研究	李安定	西北大学	陕西	一般项目	专著	2021/12/20	18BXW012
抗战时期边疆民族地区报刊的舆论动员与国家认同建构研究	张丽萍	内蒙古大学	内蒙古	一般项目	专著	2021/12/31	18BXW013
现代化问题论争中的民国报刊研究	雷晓彤	江西师范大学	江西	一般项目	专著	2021/12/31	18BXW014

续表

课题名称	负责人	工作单位	所在省市	项目类别	预期成果	计划完成时间	批准号
辛亥时期岭南革命报刊社会动员研究	黎藜	广州大学	广东	一般项目	专著	2022/12/31	18BXW015
新疆兵团的媒介记忆及其社会框架研究	王霞	新疆大学	新疆	一般项目	研究报告	2021/7/30	18BXW016
以学刊为中心的新闻学术思想史研究(1927—1949)	李秀云	天津师范大学	天津	一般项目	专著	2022/6/30	18BXW017
中国报刊文人论政观念的现代转型研究	李滨	湖南师范大学	湖南	一般项目	论文集	2022/10/30	18BXW018
中国近现代新闻职业共同体的肇始与演进研究	余玉	南昌大学	江西	一般项目	专著	2021/12/31	18BXW019
“一带一路”背景下中国出版走出去的数字化模式与路径研究	韩建民	杭州电子科技大学	浙江	一般项目	专著 研究报告	2020/6/30	18BXW020
“一带一路”倡议下西北少数民族文化对外传播的话语建构研究	郝香	甘肃政法学院	甘肃	一般项目	专著	2020/12/31	18BXW021
“一带一路”对外传播话语体系建构研究	于嵩昕	东华大学	上海	一般项目	研究报告	2021/4/5	18BXW022
“一带一路”对外传播话语体系建构研究	周丽	新疆财经大学	新疆	一般项目	研究报告	2021/12/31	18BXW023
“一带一路”战略背景下中国出版走出去研究	赵树旺	河北大学	河北	一般项目	专著 其他	2022/12/31	18BXW024
“一带一路”重大涉华突发事件传播话语“噪音”研究	田新玲	西北大学	陕西	一般项目	研究报告 其他	2020/12/31	18BXW025
东盟国家对“一带一路”倡议的媒介话语研究	谢卓华	广西财经学院	广西	一般项目	研究报告	2021/7/31	18BXW026
基于社交媒体“一带一路”国际传播效果评估与提升路径研究	刘昊	四川外国语大学	重庆	一般项目	专著	2021/6/30	18BXW027

续表

课题名称	负责人	工作单位	所在省市	项目类别	预期成果	计划完成时间	批准号
闽台茶文化海上丝绸之路传播研究	蔡清毅	厦门理工学院	福建	一般项目	专著 论文集	2021/9/1	18BXW028
提升北部湾城市群对“一带一路”沿线国传播力的策略研究	何德珍	桂林理工大学	广西	一般项目	专著 论文集	2021/12/31	18BXW029
网上丝绸之路两岸新媒体与大数据营销传播对策与效果研究	吴孟轩	泉州师范学院	福建	一般项目	专著	2021/6/30	18BXW030
后真相语境下西方媒体事实核查机制研究	张海华	北京语言大学	高校	一般项目	专著 研究报告	2020/12/30	18BXW031
面向融合传播的新闻内容生产机制研究	唐　铮	中国人民大学	高校	一般项目	论文集 研究报告	2021/9/20	18BXW032
融媒体背景下新闻报道体系创新研究	欧阳霞	中国海洋大学	山东	一般项目	专著	2021/6/30	18BXW033
社会性别视角下女性媒体工作者的职业发展研究	曾丽红	广州大学	广东	一般项目	论文集 研究报告	2021/12/31	18BXW034
算法推送环境下新闻生产流程重构研究	王　斌	中国人民大学	高校	一般项目	研究报告	2020/9/30	18BXW035
新时代国家传播视阈下中国发展报道的范式转换与重构研究	蔡　敏	重庆工商大学	重庆	一般项目	专著	2021/11/30	18BXW036
新一代信息技术对新闻传播的运行方式影响研究	张　锐	北京电影学院	北京	一般项目	专著 研究报告	2019/12/31	18BXW037
基于文化共识的中国版权输出供需错位矫正与绩效评价研究	崔　波	浙江传媒学院	浙江	一般项目	专著	2021/12/31	18BXW038
近代地方官书局出版文化研究	江　凌	上海交通大学	上海	一般项目	研究报告	2021/12/30	18BXW039
数字时代网络出版管理机制研究	宋嘉庚	北京印刷学院	北京	一般项目	研究报告 其他	2021/7/30	18BXW040
台湾地区学术出版的历史、现况与未来发展研究	万丽慧	闽南师范大学	福建	一般项目	专著	2022/6/30	18BXW041

续表

课题名称	负责人	工作单位	所在省市	项目类别	预期成果	计划完成时间	批准号
网络空间治理背景下我国非法网络出版的规制研究	崔明伍	安徽大学	安徽	一般项目	研究报告	2021/12/31	18BXW042
虚拟现实技术跨媒体出版的传播策略研究	章　力	江苏第二师范学院	江苏	一般项目	专著 电脑软件	2021/12/31	18BXW043
中国共产党红色图书出版史（1921—2017）	张文彦	青岛大学	山东	一般项目	专著 研究报告	2022/12/31	18BXW044
中国近现代出版生活史专题研究	范　军	华中师范大学	湖北	一般项目	专著 论文集	2021/9/30	18BXW045
国家人工智能战略下新闻传播产业创新研究	牟　怡	上海交通大学	上海	一般项目	专著 其他	2023/6/30	18BXW046
新时代中国传统媒体盈利模式转型研究	窦锋昌	复旦大学	上海	一般项目	专著 研究报告	2021/6/30	18BXW047
要素扭曲对传媒产业供给质量的影响机制研究	邓向阳	湖南大学	湖南	一般项目	专著	2021/6/30	18BXW048
媒介融合视阈下编辑出版学学科发展理路研究	陈　莹	吉林师范大学	吉林	一般项目	专著	2023/8/31	18BXW049
美国读者对中国人文社科图书的阅读和接受研究	孙万军	北京印刷学院	北京	一般项目	专著 研究报告	2021/12/31	18BXW050
新时代哲学社会科学学报与马克思主义意识形态话语权研究	戴　正	西北民族大学	甘肃	一般项目	研究报告	2021/6/30	18BXW051
中韩（朝）译语语料库及话语体系研究	卢雪花	延边大学	吉林	一般项目	专著	2022/12/30	18BXW052
二十世纪《西游记》跨媒介改编创意研究	赵　敏	福建师范大学	福建	一般项目	专著	2023/7/1	18BXW053
人工智能应用与电视媒体内容生产、传播方式变革研究	陈丽丹	西南政法大学	重庆	一般项目	研究报告	2022/12/31	18BXW054

续表

课题名称	负责人	工作单位	所在省市	项目类别	预期成果	计划完成时间	批准号
融媒时代西藏电视媒体创新与影响力提升研究	脱慧洁	西藏民族大学	西藏	一般项目	专著	2020/12/31	18BXW055
文化强国背景下提升原创文化节目传播力研究	张爱凤	扬州大学	江苏	一般项目	专著 研究报告	2021/6/30	18BXW056
新时代我国主旋律纪录片价值导向研究	张步中	华南理工大学	广东	一般项目	研究报告	2020/12/31	18BXW057
大数据背景下的新时代中国特色视听媒体收视体系研究	孔　彬	国家新闻出版广电总局	机关	一般项目	专著 研究报告	2020/6/30	18BXW058
中俄黑龙江界江区域世居民族影像志与文化传承研究	王　颖	黑河学院	黑龙江	一般项目	专著 其他	2022/3/30	18BXW059
促进两岸青年心灵契合的传播机制研究	黄裕峯	厦门大学	福建	一般项目	研究报告	2020/12/31	18BXW060
感官化传播论述的精神分析	张维元	龙岩学院	福建	一般项目	论文集	2022/12/31	18BXW061
人类命运共同体理念与全球传播秩序重建研究	邵　鹏	浙江工业大学	浙江	一般项目	专著 研究报告	2021/6/30	18BXW062
信息扶贫精准传播机制与模式研究	陶建杰	中山大学	广东	一般项目	研究报告	2020/12/31	18BXW063
缅甸涉华舆论现状、传播特征及引导策略研究	王建陵	云南师范大学	云南	一般项目	论文集 研究报告	2021/12/30	18BXW064
十九大后国际舆论新走势与新格局研究	陈沛芹	上海外国语大学	上海	一般项目	专著 研究报告	2021/12/31	18BXW065
台湾社会集体记忆变迁与两岸共同体重塑研究（1988—2018）	陈经超	厦门大学	福建	一般项目	研究报告	2020/12/31	18BXW066
新时代中国对湄公河国家国际传播能力建设研究	李　昌	昆明理工大学	云南	一般项目	研究报告	2020/12/31	18BXW067

续表

课题名称	负责人	工作单位	所在省市	项目类别	预期成果	计划完成时间	批准号
新时代中国民间外交的国际传播能力建设研究	张彩霞	山东大学	山东	一般项目	专著	2021/6/30	18BXW068
亚洲命运共同体与环喜马拉雅跨文化研究	李希光	西南政法大学	重庆	一般项目	专著 研究报告	2021/12/31	18BXW069
战略传播在构建中国—东盟命运共同体中的作用及路径研究	王　辉	广西大学	广西	一般项目	研究报告 论文集	2021/12/30	18BXW070
周边传播视阈下中越边境地区的舆论交融与扩散研究	林荧章	广西师范学院	广西	一般项目	论文集 研究报告	2021/6/30	18BXW071
国家认同视阈下凉山彝族地区集体记忆研究(1978—2018)	林晓华	西南民族大学	四川	一般项目	研究报告 其他	2022/6/1	18BXW072
穆斯林流动人口媒介使用、社会交往与城市融入研究	张　宁	南京师范大学	江苏	一般项目	研究报告	2021/12/30	18BXW073
农村留守儿童的网络行为及网络素养教育研究	安　涛	江苏师范大学	江苏	一般项目	专著	2021/6/30	18BXW074
西部藏区地方媒体影响力调查研究	马敬芳	青海师范大学	青海	一般项目	研究报告 论文集	2020/12/30	18BXW075
乡村媒介文化的社会再生产研究	秦红雨	西南大学	重庆	一般项目	论文集 研究报告	2020/7/1	18BXW076
乡村振兴视角下新媒体与乡村治理关系研究	李红艳	中国农业大学	高校	一般项目	研究报告	2021/12/31	18BXW077
新疆少数民族媒介形象建构与传播研究	高　山	石河子大学	兵团	一般项目	论文集 研究报告	2021/6/30	18BXW078
新媒体语境下我国少数民族文化传播路径创新研究	陈峻俊	中南民族大学	湖北	一般项目	专著 论文集	2021/12/31	18BXW079
新时代大数据发展与贵州新形象传播研究	顾雪松	贵州财经大学	贵州	一般项目	专著	2022/12/31	18BXW080

续表

课题名称	负责人	工作单位	所在省市	项目类别	预期成果	计划完成时间	批准号
新时代中国乡村传播与乡村社会治理研究	李　乐	宁波大学	浙江	一般项目	专著	2021/6/30	18BXW081
大数据背景下学龄儿童新媒体使用与身心健康关系的实验研究	冯广超	深圳大学	广东	一般项目	论文集 电脑软件	2020/7/31	18BXW082
基于行动研究的流动儿童社交媒体使用与城市融入研究	黄　蓉	西安交通大学	陕西	一般项目	专著	2020/12/31	18BXW083
基于自媒体的女性参与赋能机制研究	杨　霞	山西师范大学	山西	一般项目	专著	2022/12/31	18BXW084
媒介新变迁与新消费主义研究	石　磊	西南交通大学	四川	一般项目	专著	2022/12/31	18BXW085
网络社会资本对我国新型医患关系建构的影响研究	周　敏	北京师范大学	高校	一般项目	研究报告	2021/6/30	18BXW086
新媒介场域下的青少年社群交往方式及其社会化影响研究	杨　嫚	武汉大学	湖北	一般项目	研究报告	2021/12/31	18BXW087
新时代环境生态文明传播策划与效果研究	戴　佳	清华大学	高校	一般项目	论文集	2020/12/30	18BXW088
中国青少年的艾滋病风险感知与媒介干预机制研究	张潇潇	暨南大学	广东	一般项目	论文集 研究报告	2021/12/30	18BXW089
自媒体时代环境传播中的舆情研究	常　松	安徽省社会科学院	安徽	一般项目	研究报告	2021/6/30	18BXW090
交往理论视阈下的城市公共艺术传播研究	陈　霖	苏州大学	江苏	一般项目	专著	2022/6/30	18BXW091
西方民意调查数据中的中国国家形象分析和批判研究	赵丽君	重庆大学	重庆	一般项目	专著	2020/12/31	18BXW092
《中国丛报》典籍译介和中国文化“走出去”译介模式研究	李海军	湖南文理学院	湖南	一般项目	专著	2021/12/30	18BXW093

续表

课题名称	负责人	工作单位	所在省市	项目类别	预期成果	计划完成时间	批准号
互联网群体传播对节日文化传承与创新的影响研究	常启云	郑州大学	河南	一般项目	论文集 研究报告	2020/12/31	18BXW094
美国孔子学院跨文化传播的时、度、效研究	刘　荣	四川大学	四川	一般项目	专著	2021/6/30	18BXW095
民国时期中医古籍出版与文化传承研究	赵　艳	北京中医药大学	高校	一般项目	专著	2023/3/1	18BXW096
南海《更路簿》的跨文化研究与国际传播	张军军	海南大学	海南	一般项目	专著	2022/12/31	18BXW097
数字传播时代两岸青年文化记忆与“命运共同体”建构研究	华　昊	苏州大学	江苏	一般项目	专著 论文集	2021/12/31	18BXW098
中国传统文化跨文化传播体系构建及传播模式研究	漆　谦	解放军电视宣传中心	军队	一般项目	专著 研究报告	2020/12/30	18BXW099
中国西北跨国民族文化传播与文化安全研究	王晓红	兰州大学	甘肃	一般项目	研究报告	2020/12/30	18BXW100
参与式文化背景下的网络视频社群研究	刘　琼	华中师范大学	湖北	一般项目	专著	2021/12/31	18BXW101
传播学视阈下的虚拟现实新闻研究	陈越红	哈尔滨工业大学	黑龙江	一般项目	专著 研究报告	2021/6/30	18BXW102
我国人口结构变迁与文化产业互动机制研究	段　莉	广东外语外贸大学	广东	一般项目	论文集	2021/10/1	18BXW103
基于广告投放的传媒业生态位竞争实证研究	姜照君	南京航空航天大学	江苏	一般项目	专著	2021/6/30	18BXW104
人工智能重构下的广告运作流程研究	姜智彬	上海外国语大学	上海	一般项目	研究报告	2021/6/30	18BXW105
中国广告 40 年研究	丁俊杰	中国传媒大学	高校	一般项目	专著 研究报告	2020/6/30	18BXW106
多元理性比较视阈下网络交往行为与合理引导研究	李名亮	上海师范大学	上海	一般项目	专著 研究报告	2021/6/30	18BXW107

续表

课题名称	负责人	工作单位	所在省市	项目类别	预期成果	计划完成时间	批准号
公共危机的媒介化机制与关系性化解方法研究	胡　悦	厦门大学	福建	一般项目	专著	2021/6/30	18BXW108
跨媒体网络舆情大数据智能获取、分析与处理技术及应用研究	段峰峰	湖南师范大学	湖南	一般项目	专著	2022/10/30	18BXW109
媒介仪式凝聚当代社会共识的路径与对策研究	张梅兰	华中科技大学	湖北	一般项目	专著	2021/6/30	18BXW110
社会责任视角下网络意见领袖传播效能的实证评价	芦何秋	湖北大学	湖北	一般项目	专著 论文集	2021/12/31	18BXW111
网络时代信息传播在构建人类命运共同体中的作用及路径研究	卢　嘉	清华大学	高校	一般项目	论文集	2021/12/31	18BXW112
《网络安全法》后移动应用程序 App 个人信息保护研究	付　涛	对外经济贸易大学	高校	一般项目	论文集	2020/12/31	18BXW113
大数据时代个人信息安全困境与共律体系构建研究	卢家银	中山大学	广东	一般项目	论文集	2021/6/30	18BXW114
全球互联网治理背景下主权原则的理论调适与实践路径研究	邹　举	南京师范大学	江苏	一般项目	专著 论文集	2020/12/30	18BXW115
人工智能传播法律规制研究	许根宏	西北政法大学	陕西	一般项目	专著	2021/12/30	18BXW116
以大数据解析网络谣言与媒体假新闻的融合传播与影响研究	陶圣屏	闽江学院	福建	一般项目	专著 论文集	2021/6/30	18BXW117
非传统安全事件虚实耦合互动的网络群体集聚舆情传播研究	张亚明	燕山大学	河北	一般项目	专著 论文集	2021/12/31	18BXW118
基于大数据的社会化媒体舆情传播机制及风险防控体系研究	王秋菊	河北大学	河北	一般项目	专著 研究报告	2020/12/31	18BXW119

续表

课题名称	负责人	工作单位	所在省市	项目类别	预期成果	计划完成时间	批准号
网络空间党媒的社会共识话语生产研究	曾振华	江西师范大学	江西	一般项目	专著	2020/12/30	18BXW120
我国互联网信息的多元主体协同治理体系研究	张文祥	山东大学	山东	一般项目	专著	2021/12/30	18BXW121
新媒体语境下涉疆暴恐信息的传播特点及应对研究	郑　亮	新疆大学	新疆	一般项目	专著 研究报告	2021/7/1	18BXW122
重特大安全事故的舆论引导机制研究	严利华	华中师范大学	湖北	一般项目	论文集 研究报告	2021/12/31	18BXW123
新时代政务新媒体传播机制与效果研究	贾哲敏	北京航空航天大学	高校	青年项目	论文集	2021/12/31	18CXW001
新时代中国特色社会主义新闻观念结构与演进研究	涂凌波	中国传媒大学	高校	青年项目	专著 论文集	2021/6/30	18CXW002
政务新媒体运行绩效的影响机制与改进策略研究	刘　焕	西安交通大学	陕西	青年项目	研究报告	2020/12/31	18CXW003
海外华语电视的本土内容生产与中华传统文化传播创新研究	梁悦悦	中央民族大学	高校	青年项目	研究报告	2021/6/30	18CXW004
近代日本在华新闻统制研究（1882—1945）	虞文俊	扬州大学	江苏	青年项目	专著	2021/12/31	18CXW005
美国当代新闻史研究的学术脉络与理论镜鉴（1970—2010）	方　晨	广州大学	广东	青年项目	论文集	2021/12/31	18CXW006
“一带一路”对外传播话语体系建构研究	王璟璇	国家信息中心	机关	青年项目	研究报告 论文集	2020/7/30	18CXW007
人工智能时代记者的角色定位与价值重构研究	胡晓娟	大连理工大学	辽宁	青年项目	专著	2021/6/30	18CXW008
基于用户个性化需求的精准出版研究	张　弛	武汉理工大学	湖北	青年项目	专著	2021/5/18	18CXW009

续表

课题名称	负责人	工作单位	所在省市	项目类别	预期成果	计划完成时间	批准号
中国网络视频产业生态创新系统与融合成长路径研究	黄　艳	池州学院	安徽	青年项目	论文集 研究报告	2020/7/31	18CXW010
县域自媒体视阈下新时代中国乡村传播重建研究	王一岚	郑州大学	河南	青年项目	研究报告	2021/7/1	18CXW011
新时代中国特色新闻学视阈下的乡村实践研究	沙　垚	中国社会科学院	社科院	青年项目	专著	2021/12/31	18CXW012
智能手机对彝族青年生活方式及其家乡振兴发展的影响研究——基于凉山彝寨的实证考察	江　凌	上海理工大学	上海	青年项目	专著 研究报告	2021/6/30	18CXW013
中国西南地区回族社群的社会传播网络研究	马小娟	昆明理工大学	云南	青年项目	研究报告	2021/12/30	18CXW014
健康中国战略背景下新媒体融入对老龄人口健康传播的路径研究	姜　海	南京大学	江苏	青年项目	专著 研究报告	2020/12/31	18CXW015
近代西北地方媒介传播西医防疫思想研究	吕　强	西北政法大学	陕西	青年项目	研究报告	2021/12/31	18CXW016
线上医患交流平台的健康传播效果和风险评估研究	曹博林	深圳大学	广东	青年项目	论文集 研究报告	2021/12/31	18CXW017
21世纪海上丝绸之路妈祖信仰的传播路径与理论构建研究	谢雅卉	湖北经济学院	湖北	青年项目	专著	2020/12/30	18CXW018
佛教传播中的文明交流互鉴话语构建研究	赵立敏	衡阳师范学院	湖南	青年项目	专著	2021/12/31	18CXW019
沉浸传播环境下新媒体技术对媒介融合的影响研究	吴志远	南京大学	江苏	青年项目	专著	2021/12/31	18CXW020

续表

课题名称	负责人	工作单位	所在省市	项目类别	预期成果	计划完成时间	批准号
技术发展影响下的新媒体平台社会影响力评估研究	刘　倩	暨南大学	广东	青年项目	专著	2020/6/30	18CXW021
演示类叙述的数字化传播特征及价值内涵研究	胡一伟	南昌大学	江西	青年项目	专著	2021/12/30	18CXW022
中国网络流行语发展史研究（1994—2018）	于鹏亮	宁夏大学	宁夏	青年项目	专著	2023/6/30	18CXW023
美国政治选举中的网络政治广告研究	莫　莉	福建师范大学	福建	青年项目	专著	2021/12/31	18CXW024
人工智能驱动下的广告产业发展研究	秦雪冰	湖北大学	湖北	青年项目	研究报告	2020/12/31	18CXW025
智能算法时代的计算广告学理论构建和应用创新研究	刘庆振	北京信息科技大学	北京	青年项目	专著	2020/12/31	18CXW026
后真相时代虚假网络信息识别的大数据技术应用与研究	纪娇娇	南京大学	江苏	青年项目	专著 研究报告	2021/12/31	18CXW027
基于大数据及人工智能技术的新时代网络舆情监测研究	徐　涵	华中科技大学	湖北	青年项目	论文集 研究报告	2021/6/30	18CXW028
社会媒体环境中大众舆论关注焦点形成与演变动态过程研究	汪翩翩	深圳大学	广东	青年项目	论文集 研究报告	2021/12/31	18CXW029
社会责任视角下的网络意见领袖传播效能评价研究	吴惠凡	北京联合大学	北京	青年项目	研究报告 其他	2021/6/30	18CXW030
大数据时代新媒体传播权体系研究	代江龙	武汉工程大学	湖北	青年项目	研究报告	2021/6/30	18CXW031

来源：全国哲学社会科学工作办公室网站

国家社科基金2018年度西部项目立项名单（新闻学与传播学）

课题名称	姓名	单位
新时代中国党报的传播力、引导力、公信力研究	符万年	西北政法大学
全球化视野下中国出版“走出去”战略创新发展研究	裴永刚	西南政法大学新闻与传播学院
新媒体环境下新闻受众认知负荷的影响因素及认知负荷驱动的智能媒体界面研究	周建龙	西安交通大学城市学院
“互联网＋”环境下微博社会网络的网络结构模型和信息传播研究	冯　楠	西安医学院
互联网群组治理与社会资本的约束作用研究	来向武	西北大学新闻传播学院
基于刻板印象挖掘的突发公共事件网络媒体报道影响力分析及其应用研究	魏　彬	中国人民武装警察部队工程大学
南京大屠杀纪念馆的集体记忆工程研究	黄顺铭	四川大学文学与新闻学院
台湾认同政治的公共叙事与舆论引导策略研究	王　强	闽南师范大学新闻传播学院
网络文学正能量传播激励机制研究	闫伟华	内蒙古大学文学与新闻传播学院
网络舆情治理的符号化路径、方法与策略研究	李　红	西北师范大学传媒学院
西部农村地区基于移动互联网的政治类出版物传播效果评价体系研究	王小宁	西安石油大学
新疆各民族共同记忆与共有精神家园研究	张　莉	新疆财经大学
新疆跨语种网络信息传播路径与动力机制研究	张　允	新疆大学
新形势下新疆民众的群体观点极化与网上舆情治理研究	孙　彬	新疆财经大学
自媒体环境下藏区网络舆情转变及其治理方略研究	陈航行	西藏民族大学

来源：全国哲学社会科学工作办公室网站

国家社科基金2018年度后期资助项目立项名单
（新闻学与传播学）

项目名称	申请人	工作单位
公益广告的运行机制与传播效果研究	初广志	中国传媒大学
BBC新闻话语研究	冯德兵	江西财经大学
在地方与国家之间:民国时期的《新疆日报》	潘理娟	四川师范大学
新闻文学化的历时性研究	周大勇	吉林大学
文化软实力视阈下的城市形象价值评估研究	聂艳梅	上海师范大学
“互联网+”时代的自媒体治理	郭　栋	陕西师范大学
中国当代广告艺术形态流变研究(1978—2018)	吴文瀚	河南工业大学
山东解放区新闻史(1937—1949)	王　华	山东大学
中国近代儿童报刊史	傅　宁	鲁东大学
话语反抗:日俄战争时期(1904—1905)中国报刊对日本“亚洲主义”的书写	李松蕾	重庆大学
民国时期民营出版企业制度研究	欧阳敏	武汉大学
大众媒介与近代都市世界的诞生:以《通海新报》为中心	何秋红	南通大学
社会化媒体空间表达与治理研究	刘继忠	南京师范大学
奥运文化的传播与重塑	张　博	浙江传媒学院
流动的都市:移动互联网的时空重组	李慧娟	浙江理工大学
当代中国社会转型背景下新闻报道的嬗变	张　萍	四川师范大学

来源：全国哲学社会科学工作办公室网站

国家社科基金2018年度后期资助项目结项名单
（新闻学与传播学）

证书号	批准号	项目名称	负责人	工作单位
20185079	16FXW007	互联网时代媒体平台经济发展的理论与实践	林　翔	武汉工商学院
20185147	15FXW005	中国民营文化资本跨界研究	崔　波	浙江传媒学院

来源：全国哲学社会科学工作办公室网站

教育部2018年度人文社会科学重点研究基地重大项目

（新闻学与传播学）

序号	学校名称	基地名称	项目名称	责任人	所在单位
1	复旦大学	信息与传播研究中心	媒介哲学：新技术、城市化背景下的中国传播理论与范式创新研究	孙　玮	复旦大学
2	中国传媒大学	国家传播创新研究中心	中国传媒体制机制创新研究	胡正荣	中国传媒大学

来源：教育部网站

教育部2018年度人文社会科学规划基金、青年基金、自筹经费项目

（新闻学与传播学）

学校名称	项目类别	项目名称	申请人
北京师范大学	规划基金项目	新媒介环境中的社会性别意识传播研究	宋素红
北京师范大学	规划基金项目	高校出版社持续做好主题出版工作研究	饶　涛
北京语言大学	规划基金项目	新时期高校出版单位融合发展长效机制研究	张　健
复旦大学	规划基金项目	基于环境传播学视角的中国焦点环境议题的话语理论构建及实证研究	刘景芳
广西大学	规划基金项目	自媒体创业行为范式、价值实现及效应演进研究	张鸿飞
河海大学	规划基金项目	高校学术期刊“走出去”模式研究	吴　玲
河南工业大学	规划基金项目	中国社会化媒体正能量传播的激励政策研究	于建华
湖南理工学院	规划基金项目	博物馆 IP 的媒介化研究	谢　征
华东师范大学	规划基金项目	印刷出版与网络出版的范式冲突、融合与转移研究	刘　影
辽宁师范大学	规划基金项目	高校出版单位深化供给侧改革路径研究	王　星
陕西师范大学	规划基金项目	移动互联网背景下青少年新媒体素养研究	王贵斌
深圳信息职业技术学院	规划基金项目	对广东媒介改革报道的新闻话语研究（1978—2018）	庄向阳
苏州大学	规划基金项目	“双一流”背景下高校教育类期刊品牌建设与发展策略研究	江　波
同济大学	规划基金项目	高校出版单位社会效益优先保障机制研究	段存广
武汉纺织大学	规划基金项目	社会网络分析视角下的“一带一路”中国纺织企业国际形象传播研究	周　辉

续表

学校名称	项目类别	项目名称	申请人
西南财经大学	规划基金项目	知识服务视角下的大学出版社融合发展研究	冯卫东
新乡学院	规划基金项目	全媒体视域下宗亲文化与伦理道德传播研究	任宝旗
长沙学院	规划基金项目	报刊与近代湖湘文化转型及其认同研究（1897—1919）	阳海燕
浙江财经大学	规划基金项目	民国新闻学者的群体镜像研究（1918—1949）	曹爱民
浙江传媒学院	规划基金项目	面向社会责任的社交网络意见领袖传播效用研究	俞定国
浙江工商大学	规划基金项目	广告意识形态的生成与传播研究	周志平
浙江万里学院	规划基金项目	“中国梦”的媒介建构研究：议程设置、话语表达与路径优化	陈万怀
中国地质大学（武汉）	规划基金项目	热点事件中网络情绪传播的形成机制与疏导研究	宁　薇
中国计量大学	规划基金项目	《澳门宪报》（1851—1911）与澳门近代社会转型研究	徐莉莉
中山大学	规划基金项目	互联网媒介域的媒体创新与规制研究	龚彦方
北京工商大学	青年基金项目	突发事件下社交媒体信息传播机制研究	洪　莹
北京工商大学	青年基金项目	国家形象视阈下数字广告对中国故事的承载路径与传播策略研究	张慧子
北京交通大学	青年基金项目	社交媒体中转基因的风险社会放大研究	黄彪文
北京师范大学	青年基金项目	移动媒体新闻消费行为特征及其影响因素研究	张　伦
常州工学院	青年基金项目	前范式时代中国新闻现代性起源研究	周　彤
成都理工大学	青年基金项目	认知神经科学视域下的移动互联网媒介体验研究	张纾舒
广东财经大学	青年基金项目	现代传媒与新中国初期乡村社会文化重构研究（1949—1966）	朱　戈
广东外语外贸大学	青年基金项目	个性化新闻推荐的传播偏向研究	杨莉明
广东外语外贸大学	青年基金项目	社交媒体中医患关系的框架构建及沟通机制研究	龚婉祺
广西财经学院	青年基金项目	青年群体的新媒体政治参与和核心价值观认同研究	马　燕
广西师范大学	青年基金项目	中国现代出版评论研究	曾建辉
广州大学	青年基金项目	珠三角工厂女工社交媒体中的疾痛叙事与传播赋权研究	张灵敏
广州大学	青年基金项目	新时期以来的中国纪录片与社会记忆关系研究	熊　琦
广州大学	青年基金项目	全球互联网治理规则中的中美冲突及对策研究	李　彦
桂林航天工业学院	青年基金项目	大数据时代网络谣言的受众传播研究	刘思彤
合肥师范学院	青年基金项目	曼纽尔·卡斯特传播思想研究	陈敬宇
河北大学	青年基金项目	中国互联网广告行业自我规制研究	张　艳
黑龙江大学	青年基金项目	人工智能驱动下的新闻生产研究	王　威
呼和浩特民族学院	青年基金项目	蒙古语网络媒体现状与发展趋势研究	图　亚

续表

学校名称	项目类别	项目名称	申请人
华东政法大学	青年基金项目	新时代媒介场景下的农村社会关系嬗变研究	刘　展
华中科技大学	青年基金项目	基于空间可视化理论的大数据舆情研判体系建构研究	徐　迪
淮安信息职业技术学院	青年基金项目	互联网知识付费业态下数字出版的优化对策研究	杨方铭
吉林农业大学	青年基金项目	乡村振兴战略视域下乡村文化传播生态重建研究	李　彬
乐山师范学院	青年基金项目	纪实影像叙事与国家修辞策略研究	杨晓军
辽宁工程技术大学	青年基金项目	新媒体环境中伪科学信息传播的社会治理研究	王胜源
南京理工大学	青年基金项目	数字时代的媒介记忆理论研究	宋嘉伟
宁波大红鹰学院	青年基金项目	“纳什均衡”理论视域下转型社会负效应传播研究	叶　阳
宁波大红鹰学院	青年基金项目	基于中日两国个案的“环境运动 - 媒介 - 环境公民身份”三者运行模式及保障机制研究	严梦思
青岛理工大学	青年基金项目	新舆情环境下沉默螺旋在年轻群体中的发展态势研究	常　宁
山东大学	青年基金项目	“众智新闻”视阈下专业新闻生产的价值与变革研究	任媛媛
山东大学	青年基金项目	网络语言对新闻话语表达影响研究	周　妍
陕西师范大学	青年基金项目	美国传播学术史书写研究	李孝祥
陕西师范大学	青年基金项目	新媒体对农村留守儿童社会化影响的多点民族志调查研究	管成云
上海财经大学	青年基金项目	高校出版单位原创出版机制研究：路径选择、指数构建与机制创新	王　孜
上海大学	青年基金项目	社交媒体用户信息转发行为影响因素研究——用户行为传播视角	方　冰
石家庄学院	青年基金项目	自由的悖相：网络游戏对玩家的控制研究	张炳杰
四川大学	青年基金项目	Twitter 中孔子学院相关议题的话语分析与对策研究	侯宏虹
同济大学	青年基金项目	健康传播视域下的医患纠纷报道的新闻生产研究	王晓虹
武汉大学	青年基金项目	近代漫画的图像叙事与传播研究	朱　琳
西安交通大学	青年基金项目	社交媒体网络社群对城市弱势群体公共事务参与的影响研究	蒙胜军
西华师范大学	青年基金项目	四川籍农民工在新疆地区的文化适应调查研究——基于文化传播与交流的视角	李　涛
盐城师范学院	青年基金项目	影视镜像中农民工媒介形象新变研究	姚永明
浙江传媒学院	青年基金项目	合作规制：中国传媒产业社会性规制新路径研究	袁　琳

续表

学校名称	项目类别	项目名称	申请人
浙江大学	青年基金项目	技术变革与社会转型中的新闻业创新:理念、过程和社会影响——一项新闻民族志研究	周睿鸣
浙江大学	青年基金项目	移动数字媒体中风险传播的信息扩散机制研究	黄　清
浙江理工大学	青年基金项目	新媒体环境下艾滋病人亲社会行为培养机理研究	胡雨濛
郑州大学	青年基金项目	智能算法驱动下的新闻分发变革研究	王　茜
中国传媒大学	青年基金项目	中国未来国际传播策略研究:基于中国方案的媒介化协商历史考察(1978—2017)	陆佳怡
中国传媒大学	青年基金项目	博物馆情景化的传播效能研究	王　蕾
中国传媒大学	青年基金项目	乡村振兴视野下的乡村春晚研究	龚伟亮
中国科学院大学	青年基金项目	中国英语教育话语中的意识形态传播机制研究	孟艳丽
中国人民大学	青年基金项目	商业模式创新视角下平台型媒体的建构路径研究	黄　淼
中南财经政法大学	青年基金项目	农村公共服务中电视媒体的“平台化”转型研究	徐　锐
中山大学	青年基金项目	融合语境下的新闻社会学研究:一种文化路径	陈楚洁
中山大学	青年基金项目	行动主义框架下的技术与媒介互动:ICT 精英的媒介行动研究	曹小杰
重庆大学	青年基金项目	媒介融合视域下学术出版人才队伍建设与培养研究	王维朗
重庆大学	青年基金项目	中国报界对日本在华舆论诱导的认知与抵制研究(1895—1911)	李松蕾
重庆文理学院	青年基金项目	“后真相”语境下新闻事实核查与媒介功能调适研究	赵立兵

来源：教育部网站

教育部2018年度人文社会科学研究西部和边疆地区项目立项
(新闻学与传播学)

学校名称	项目类别	项目名称	申请人
兰州大学	青年基金项目	我国公众媒介偏见感知与参与行为研究	马　萍
西安交通大学	青年基金项目	移动新闻服务用户初始采纳与持续使用行为实证研究	朱多刚

来源：教育部网站

国家新闻出版广电总局2018年度广播电视总局部级社科研究项目立项名单

序号	课题名称	申报人
1	《新闻联播》在融媒体时代的创新和发展研究	汪文斌
2	广电媒体新闻融合传播的创新策略研究	陈　辉
3	新闻宣传融合传播策略研究	曾祥敏
4	广播新闻宣传融合传播策略研究	孟　伟
5	媒介融合下少儿广播多元化发展	张秋玲
6	融媒体下的新闻视听语言理论及应用	张　丽
7	电视频道综合评估体系研究	莫　桦
8	青海藏区群众收听收看广播电视节目内容及方式调查研究	王育宏
9	用户收视行为大数据分析在电视节目综合评价中的应用研究	肖红江
10	广播电视公益广告扶持项目效果评估研究	和群坡
11	融媒体时代视频公益广告的传播策略研究	冯依民
12	西北丝绸之路沿线多民族地区广播电视跨文化传播战略及对策研究	彭鸿嘉
13	青海藏区县级广播电视台传播能力建设研究	冯文礼
14	我国广播电视公共服务提质增效研究——基于供给侧结构性改革的视角	金雪涛
15	媒体融合环境下我国城市广电创新发展调查与研究	张春朗
16	新时代推进广电网络优化升级、实现高质量发展战略与实践研究	张文晨
17	有线电视网络业务发展研究	高　峰
18	有线广播电视网络数据业务顶层设计研究	吕建杰
19	媒介融合环境下的新型主流媒体建设研究	姚　远
20	少数民族地区主流电视媒体全媒体转型之路研究——以西藏电视台全媒体转型为例	支晓亮
21	“一带一路”沿线国家广播电视媒体现状研究	贺　涛
22	“一带一路”背景下广播电视跨文化传播战略及对策研究	马　黎
23	西方发达国家国际广播战略研究	陈静静
24	DTMB国际传播能力建设研究	余　雷
25	广播电视产业海外拓展策略研究	闫成胜
26	广播电视深度融合发展背景下现代监管体系研究	吴跃先
27	媒体融合背景下民族地区广播电视节目监管体系研究	普布多吉
28	CCTV新闻移动客户端传播创新与竞争策略研究	张腾之
29	广播电视与新媒体产业融合研究	杨国瑞
30	媒体融合下的智能广电业务研究	赵为纲

续表

序号	课题名称	申报人
31	基于大数据的电视节目评价体系研究	宋　凯
32	短视频发展与管理研究	孙文涛
33	广播电视版权保护与开发研究	郭晓霞
34	舆情生态视域下的视频自媒体治理研究	程　前
35	媒介融合下广播电视节目综合评估研究	王国庆
36	利用多源融合大数据建立视听节目综合评价体系研究	邱　宏
37	中国经典民间故事动漫创作研究	贾秀清
38	中国电视剧海外市场化推广研究	陈清洋
39	优化影视制作成本结构研究	王艳红
40	新时代加强我国现实题材电视剧精品化创作研究	闫　伟
41	“振兴乡村”题材创作与创新对策研究	肖　芒
42	2008—2017：十年国产热播电视剧的题材变迁	李　威
43	中国动画的价值观追求与叙事策略研究	赵贵胜
44	国产动画“中国故事”叙事探究	耿少波
45	中国新媒体纪录片发展现状与策略研究	赵　谦
46	新时期中国电视剧/网络剧国际传播能力建设研究	张国涛
47	新时代都市题材电视剧创作研究	李　磊
48	新时期我国动画民族化发展策略研究	孙　平

来源：国家新闻出版广电总局网站

第十篇
学人自述

石长顺	张　敏	孟　建
郝　雨	郑　涵	张力奋
钟　瑛	段淳林	张举玺
金兼斌	刘　洁	张殿元
王君超	张小强	赵　瑜
郭小安	李红涛	

石长顺

石长顺，男，1952年出生于湖北钟祥。华中科技大学新闻与信息传播学院二级教授、博导，历任华中科技大学新闻与信息传播学院副院长、广播电视与新媒体研究院院长，教育部新闻学教学指导委员会委员、中国广播电视与新媒体研究会副会长，中国电视艺术家协会电视节目研发委员会副主任，湖北省新闻与传播教育学会会长，武昌首义学院副校长兼新闻与法学院院长等职。1996—1997年随中国电视代表团访问美国纽约大学、NBC（美国全国广播公司）等媒体。2004—2005年，随华中科技大学访问团访问日本东京大学、韩国汉城（首尔）大学等高校。

治学自述

我于1986年开始从事电视新闻工作，10多年间，出于对传媒业务工作的困惑求解，致力于理论上的探讨，发表了数十篇论文。其中不乏纯学术的研究，如对当时最热门的电视传播形态“电视专题片”进行概念化的首次界定与阐释，被收入中央电视台主编的《中国电视专题节目界定》一书；针对电视新闻实务研究的《论电视现场采访中的提问艺术》，获湖北省首届广播电视论文一等奖；论文《从王维的诗歌看电视画面语言的运用》在广电界引起较大反响。这些来自实践的研究文章现在看来虽有些稚嫩，但它们却是业界实践早期急切需要回答而还没有解决的一些理论问题，我所做的即是针对实际问题的研究，写出了一些较为接“地气”的文章。

1998年我被调入华中科技大学新闻与信息传播学院，自此开始专职从事广播电视与视听新媒体传播教学与学术研究工作，发表了100多篇论文，出版了10多本专著和教材，这些成果基本反映了我的治学研究历程。

致力于构建电视传播体系的研究，以专著《电视传播学》（2000）为代表。这一领域的研究从中国电视理论的历史观照（《电视研究》创刊150期纪念特刊，2002）开始，到电视学理论体系建构模式，以及作为学科的内涵与知识体系的广播电视学［《现代传播（中国传媒大学学报）》，2011、2013］的论述，一脉相承。其间，还主持设置并主讲了华中科技大学博士课“广播电视理论体系建构研究”，其中我与博士生的一堂讨论课被整理成文稿《电视学的建构与研究路径》，在《新闻大学》（2007年冬季号）刊载。

鉴于上述研究基础，我于2013年成功申报并主持完成国家社科基金重点项目“构建和发展现代广播电视传播体系研究”（13AXW008），其成果由人民出版社出版。

深入探讨广播电视公共服务转型，以专著《公共电视》（2007）为代表。针对电视过度娱乐化的偏向，先后发表了多篇相关论文：《公共电视与公共领域的建构》、《公共电视的公共文化服务诉求》（国家广电总局《广播电视理论动态》2007年第1期转载）、《中国广播电视公共服务的历史使命》、《中国广播电视公共服务体系建构》（《新华文摘》2010年第24期、《新闻与传播》2010年第12期转载）等。与此同时，发表了《论新兴媒体时代的公共传播》（《中国社会科学文摘》2008年第1期转载）、《新兴媒体公共传播的核心价值》等论文。

鉴于上述研究基础，我于2009年成功

申报并主持完成国家社科基金一般项目“中国广播电视公共服务”（09BXW015）。

聚焦当代媒体融合发展研究，以《融合新闻学导论》（2013）为代表。21世纪初，我感受到网络新媒体的兴起，必将改变传统传媒格局。于是以论文连载的方式，追踪网络新闻新探（一至五），在《当代传播》2000—2001年多期刊物发表。随后，又从手机电视研究切入，发表了论文《探索新收视时代媒介格局的重构》（《新华文摘》2006年第15期、《新闻与传播》2006年第9期转载）。继而，探讨媒体融合发展的影响及应对策略，发表了包括《全媒体语境下电视编辑的角色转型与功能拓展》、《媒介融合语境下新闻生产模式的创新》、《论报业的全媒体转型》（《新华文摘》2012年第17期转载）、《互联网思维下的新型主流媒体建构》（人大复印报刊资料《新闻与传播》2015年第4期转载）、《现代视听新媒体产业模式创新研究》等论文。研究认为，媒体融合，作为“一种具有革命性的新闻进化方式”，在中国的实践中，以2014年为标志，媒体融合上升到国家战略高度，并向高度、广度、深度三个维度纵深发展。

张　敏

张敏，男，1953年出生。复旦大学文学博士，上海大学新闻传播学院教授，博士生导师，上海会展研究院执行院长，上海会展协会副会长兼教育专业委员会主任，中国会展经济研究会学术委员。历任山西大学比较文学研究所所长、上海大学影视艺术技术学院副院长、上海大学学科办副主任。主要研究领域为策略传播、会展沟通、美学思想史，曾多次赴欧、美、日研修考察。发表论文200余篇，出版《克罗齐美学论稿》《冰点的热度》《外国文论简史》等著作多部，主编《会展蓝皮书：中外会展业动态评估研究报告》（社会科学文献出版社，2012、2016、2018）、《会展人丛书》《中国会展研究30年论文集》等，曾获世博会咨询专家奖（2010）、中国会展经济研究会优秀著作一等奖（2013）、影响中国会展十大理论人物（2009、2011、2013、2015）称号。

治学自述

我的标志性工作是组建上海大学会展专业和创建上海会展研究院。

一是组建会展专业。中国加入WTO以来，会展业出现爆发式增长。上海世博会筹备和国际会展之都建设，为上海会展业繁荣和会展学成长提供了沃土。我2003年甫一调入上海大学，即受命组建会展专业，至今已走过15个年头。15年里，上海大学会展专业集聚起全国最大规模的专职教师队伍，形成了全国最完善的本硕博全系列培养模式，建起了全国最有特色的中高端会展人才培养中心，创办了全国最高水准的会展研究基地，创立了全国独标一格的基于交往理论和沟通学说的会展理论话语，研发出全国最具影响力的会展业评估指标体系，与上海和全国会展业界形成了良性互动、融合发展的局面，成功履行了研究型大学的两大职责：人才培养和知识创新。

二是创建上海会展研究院。2011年，我代表上海大学牵头交大、华师大、工技大、上海社科院、上海图书馆等单位，成功完成大虹桥国家会展中心可行性论证，获得国务院常务会议立项和国家商务部、上海市政府信任。时任商务部副部长钟山、上海市副市长唐登杰明确要求，“研究不要断，队伍不要散，服务不能停”，决定在上海大学原有的会展传播研究中心基础上，部市合作共建国家会展研究基地，并责成上海市商务委代表部、市方面与上海大学签订协议，协助予以落实。

2011 年 12 月，学校正式行文成立上海会展研究院，对接国家战略和上海发展。研究院以跨学科交叉、官产学研合作为模式，旨在服务会展业发展，促进新学科成长，建设国家会展研究基地。研究院有班子、有编制、有公章、有经费、有办公场所，设有现代会展研究、大型活动研究、国际比较研究、博览会展国家战略、基础理论研究等方向。

研究院取得了一批代表性成果。除此前参与世博会总体设计和主题论坛策划外，研究院多年来主持完成了进博会组织实施方案及相关调研、国家会展中心可行性研究及其“十三五”规划、全球化背景下国际会展业发展比较研究、中国上海国际艺术节三年提升行动系列调研、上海建设国际会展之都研究、进博会溢出带动效应研究、上海会展业立法研究等国家或上海市重大会展项目，并为支撑长江经济带和“一带一路”建设，主持完成了浦东、花桥、西安、无锡、安庆、宁夏会展业相关研究，得到各地政府有关部门高度评价，如“为进博会成功举办奠定了坚实基础”。

与此同时，上海会展研究院还在广泛调研基础上，独立研发出会展业生产力三要素评价指标体系，中外会展城市与全球会展国家综合实力调查评估，国际会展业发展路径、特色比较、竞争策略参照系统，并连续三次在中国北京国际服务贸易交易会上作会展研究成果权威发布，在全国业界和学界产生了广泛影响。自 2012 年以来，上述成果以国家“十三五”重点图书《会展蓝皮书：中外会展业动态评估研究报告》的形式连续出版，名列中国社会科学院创新工程皮书系列行业产业类十强。

目前，上海会展研究院已初步建成国家会展研究基地和高层次人才培养中心，名列全国会展研究前茅，有较大的社会影响力。上海乃至国家在上海举办的重大会展活动，经常会向上海会展研究院咨询。我作为专业带头人被聘为世博会咨询专家、进博会特聘专家、中阿博览会特聘专家、国家会展中心和国家会议中心特聘专家，并担任上海市会展行业协会副会长兼教育专业委员会主任，中国会展经济研究会理事；应邀赴中国国际进口博览局、中国对外贸易中心（广交会）、国家会展中心、上海市商务委党组中心组、东浩集团、中国纺博会、天津国家会展中心举办专业讲座，赴南昌大学、海南大学、天津财经大学等院校举办学术讲座。

孟　建

孟建，男，1954 年 7 月生于江苏常州。现为复旦大学新闻学院教授（文科二级），博士生导师，享受国务院特殊津贴。孟建现任国务院新闻办公室省部级新闻发布评估组组长、国家文化创新研究中心主任、国家社科基金评审委员会委员、中国高校影视学会常务副会长（国家一级学会）、复旦大学国际公共关系研究中心主任、复旦大学视觉文化研究中心主任。出版专著、编著 20 余部，发表学术论文百余篇，承担省部级以上项目近 20 项（其中国家社科基金重大招标项目 2 项）。此外，作为新闻传播和文化战略智库的负责人，为国家提供了一定的智力支持和政策支持。多次受到省部级以上奖励。

治学自述

我1977年考入了南京师范大学中文系，是我国恢复高考后的首届大学生。1982年本科毕业后，我先留校任教，后去江苏省文化厅、江苏省文联等部门工作，曾先后担任过江苏省电视艺术家协会秘书长等职务。

1988年我到南京大学任教，先后担任南京大学新闻专业副主任、南京大学新闻系（现在的南京大学新闻传播学院）副主任，1997年被评为教授，2000年享受国务院特殊津贴。2001年我到复旦大学任教，曾先后担任复旦大学新闻学院广播电视系系主任、副院长等职务。

我作为一名在新闻传播领域从教近40年的教师，在教学方面努力耕耘，取得了一定成绩。首先，根据本科、研究生教学的共同要求和不同特点，我在教学工作中，始终将教书育人作为最高宗旨。其次，在教学理念上不断创新。我于20世纪80年代就提出了新闻教育“五不停”的人才培养理念（脑不停、眼不停、腿不停、嘴不停、笔不停），获国家优秀教学实践成果一等奖。最后，在教学方法上努力改革。我作为新闻传播院系负责人以及一名一线教师，对新闻传播教学方法的创新，予以大力倡导和努力推进。

我作为一名在新闻传播领域奋斗了近40年的科研工作者，在科研方面奋力前行，也取得了一定成绩。主要集中在以下几个方面：首先，持续进行广播电视领域的研究。我在这一研究领域发表了50多篇学术论文，出版专著、编著10多部，在新闻传播界产生了较广泛和持续的学术影响。在广播电视发展的不同时期，我都提出过一些重要的、有影响的，甚至是有重要影响的学术理论和观点，如“我国广电媒体融合的历史性转向”等。我主编的新世纪广播电视系列教材（复旦大学出版社）在全国高校中有相当的影响，持续高居高校广播电视教材使用前列。其次，拓展了跨文化传播研究领域。在这一研究领域，我出版了有一定创新意义的专著，并发表了一批有影响的论文。在视觉文化传播研究领域，成绩格外突出：较早在全国成立了视觉文化研究的专门机构；召开了全国第一个视觉文化传播国际会议；出版了我国第一本视觉文化传播研究著作。最后，丰富了政治传播领域的研究。我对“中国新闻发布制度”进行了系统的研究，先后对中国的“政府、党委、军队”三大领域的新闻发布制度进行了深入研究，完成了这方面的多个省部级研究项目，发表了一系列学术论文。我连续16年承担了国新办“国务院新闻办省部级新闻发布研究（年度研究项目）”。在新闻发布制度建设研究领域，我的研究具有较为重要的学术地位和影响。

童兵教授在为我的专著《言说的跬步》作序时，曾引用别人对我进行专访中的一段话“这位新中国恢复高考后的第一届大学生，在时代变迁的洪流中，经历了从城市到农村，从农村到工厂，从工厂到校园，从校园到机关，而后又从机关返回高校的辗转轨迹。他把自己经历过的坎坷磨难转化为义不容辞的学术责任，把急流勇退的人生抉择解释为从心所欲的学术自觉，把透彻深刻的洞鉴能力比喻为水到渠成的学术领悟，把创新求变的研究风格升华为经世致用的学术追求”。

郝　雨

郝雨，男，1957年出生于河北秦皇岛市昌黎县，原名郝一民（郝亦民），上海大学新闻传播学院教授，博士生导师，1985年于北京师范大学师从王富仁先生，深受其学术思想影响。自1995年任中国赵树理研究会副会长，2013年任上海大学传

媒研究中心主任，兼《中华文化与传播研究》编委，《名作欣赏》学术顾问。曾在《国际新闻界》《现代传播（中国传媒大学学报）》《文史哲》《诸子学刊》《当代传播》《文学评论》《鲁迅研究月刊》等发表论文数百篇，在《文化中国》（加拿大）、《二十一世纪》（中国香港）、《联合文学》（中国台湾）等刊发表文章数十篇。被《新华文摘》、人大复印报刊资料《中国现当代文学》《新闻与传播》等转载数十篇。出版专著《中国现代文化的发生与传播》《当代传媒与人文精神》《媒介批评与理论原创》《新闻学：世纪性开拓与重建》《新闻，如何改变世界》《中国媒介批评学》等20余部。曾获河北社会科学优秀青年专家提名奖、河北省新闻一等奖，上海市社会科学界优秀论文奖等各类奖项。

治学自述

我原本的专业是文学评论与研究。1997年由于工作需要，我开始涉猎新闻传播学。尤其是2001年调入上海大学以后，主要研究方向转向新闻理论，但是，文学理论研究和评论的长期训练，使得我在新闻学科的发展有着独特的跨学科优势。我的学术思路更开阔，理论视野不局限。

2001年以后，我陆续发表了《新闻专业主义：历史、批判与反思》（《新闻界》）、《媒介权力运演及社会权力嬗变》（《新闻大学》）、《中美微博政务之比较》（《中国传媒报告》）、《中国智慧思维方式及在媒介批评中的应用架构》（《河北大学学报》）等论文。研究领域比较开阔。

2017年，我发表《传播学范式危机的学术转型与路径拓展》（《社会科学》），借鉴文学研究思路和方法，论述了：自引入传播学以降，中国的传播研究就一直以功能主义—实证研究为主导范式。这一范式缺少了探讨媒介与社会之关系的人文情怀和揭露媒介作为意识形态的批判锋芒，难以全面解释新的互联网传播现象，使传播研究陷入了僵化和机械状态。詹姆斯·凯瑞的传播仪式观将传播视为一个现实得以被生产和维系的符号过程。这启发我们应将传播研究进行文化转向，以人类行为和日常生活为研究对象，以多元范式并置促进传播理论创新，以此作为走出传播学范式危机的一条路径。

2018年，我又把研究视角转向中国共产党报刊思想领域，发表《中国共产党早期报刊思想与新闻理论生成》（《当代传播》），提出，100多年来，中共在革命和战争年代的报刊实践中，也非常重视报刊经验的总结和思想理论的提升与建设。就中国共产党最早的报刊活动以及新闻思想和理论的发展成熟，从几个侧面加以讨论，并联系当今的习近平新时代中国特色社会主义思想，通观中共有史以来新闻理论体系化建设的几个方面。特别解读了中共报刊思想中对于报刊作用的独特观点，尤其是新闻报刊在革命和战争中的特殊功能，以及新闻的党性观念、群众办报方针等，总结了中共新闻理论体系形成的标志性过程。对于更好发展和创新中国特色社会主义新闻理论体系，具有重要的历史传承和借鉴意义。

我的成系统的规模化的文学研究始于20世纪90年代，第一部专著《为了艺术的永恒上帝》，全面研究赵树理大众化文艺思想。此后又出版了《走出混沌》《告别世纪》等。2000年以后开始进入跨学科研究领域，2003年出版的《中国现代文化的发生与传播》是对五四新文化运动的传播学视角的研究。2009 年出版了《媒介批评与理论原创》（上海三联书店）、《新闻学：世纪性开拓与重建》（复旦大学出版社）等，基本观点是中国化新闻学与传播学原创体系的建立，首先要有三方面的要件：一是从基本学术概念到整体理论框架的独立创造；二是全面吸收本土的传统文化资源；三是传播学理论的哲学化提升。在前人理论的基础上，我提出了“世界图景”“人文关怀”等概念，在寻求新闻学整体超越与重建的方向和目标上，引入新的理论和方法，通过学科交叉开拓理论视野，开创新的理论体系，呼唤新时代中国特色新闻学派的建设。

2015 年出版的《中国媒介批评学》，尝试开创一套中国特色的媒介批评体系，立足于深厚的传统文化土壤，吸收和应用博大厚重的中国智慧，将“人文精神”视为中国媒介批评的终极目标。该书充分发掘中国本土理论资源、文化智慧和批评方法，力图在世界文化背景之下凸显中国媒介批评的独特价值观念和思维方式。

郑 涵

郑涵，男，1959 年出生于无锡，文学博士，上海大学新闻传播学院教授、博士生导师、上海大学第二届学术委员会委员、上海大学学位委员会委员、上海大学新闻传播—中文—外语学科组副组长、上海大学新闻传播学科带头人、上海大学新闻传播学科博士后流动站站长、上海市文化广播电视局专项资金评审专家及智库成员、上海文创办评审专家、上海市文化发展基金会评审专家、中国新闻史学会传播学分会副会长、国务院学位委员会—教育部—人力资源和社会保障部全国新闻与传播专业学位研究生教育指导委员会第二届委员会委员、上海市学位委员会第五届学科评议组成员，曾任上海社会科学院文学研究所助理研究员、上海大学影视艺术技术学院主持工作副院长、新闻传播系主任、上海大学上海电影学院新闻传播学科教授。

治学自述

1987 年夏，我入职上海社会科学院文学研究所，受命从事文化与传媒政策研究，参与该所与中共上海市委宣传部合作项目中共文艺政策研究；1988 年，作为上海市人民政府文化经济与文化管理调研小组成员，参与上海城市文化政策改革调研工作；至 20 世纪 90 年代上半叶，在上海文化宣传系统从事文化与传媒政策研究。这一段时间，我思考的焦点是当代中国文化产业与市场问题，探讨文化事业与文化产业分流发展这一当代中国文化转型关键问题。20 世纪 90 年代末，中国文化产业发展问题成为学界显学，窃以为，同样重要的是，应该从“公共”政策意义上反思文化事业性质及其发展方式转型问题。20 世纪 90 年代中期，游学奥斯陆大学，学术兴趣转向传媒制度问题。1998 年年初，我应上海大学影视艺术技术学院院长金冠军教授之邀，加入该院新闻传播系。与金院长合作，集中精力研究中国加入世界贸易组织对中国—上海文化发展影响问题，上海市哲学社会科学规划办公室 1999—2000 年就此题目两次设立年度规划项目。与此同时，也接受了中宣部理论局、文艺局等部门有关此问题的政策咨询。

21 世纪以来，我主要从事传媒制度研究工作，除了一般理论问题以外，还就当代欧美文化与传媒版权体系重构、当代国际电影审查与分级制度、文化创意产业、传媒经济四大议题展开研究。在中国当代传媒制度变革研究领域，2005 年年底阐述了“传媒体制权威转型”观点；2010—2014 年从全球化与中国当代基层民主治理改革视角讨论中国传媒体制转型，提出“主流传媒权威转型以及基层民主治理变革与传媒体制创新驱动相结合的传媒多元改革路径”的观点；2015—2016 年论述了传媒法治创制过程权力结构转型的重要意义。2017 年，反思最近 20 余年传媒社会与传媒经济理论与实践，提出融合产业概念，以便在产业跨界融合过程中研究全球—民族国家经济与传媒产业体系嬗变问题。

数十年以来，我撰写了有点学术价值的论著：1. 在传媒制度研究领域，与同事合作专著《冲突融合发展：关于文化全球化和 WTO》《当代西方传媒制度》，主编《国际传媒政策新视野》《亚洲传媒发展的结构转型》《新媒体与文化转型》《国际电影审查与分级制度》《文化创意产业读本》《传媒经济研究读本》，论文《全球化语境下民族国家与传媒制度的结构变迁》《当代国际文化传媒产业体制转型危机：版权体系的重构》《数字传媒时代传媒经济历史延续嬗变格局反思》等。2. 新闻与中国传媒体制创新研究领域，论文《论新闻传媒研究中的社会责任和问责概念》《当代中国新闻舆论监督的角色定位与历史语境刍议》《全球化语境下中国传媒体制转型反思》《现代与后现代间范式转型：后媒介融合时代传媒法治创制刍议》等。3. 文化传播研究领域，专著《中国和文化意识》等。与此同时，主持政府大型科研项目：教育部—上海市人民政府 211 工程项目、上海市一流学科建设项目、上海市高原学科建设项目等。

张力奋

张力奋，男，1962 年出生于上海。现任复旦大学特聘教授，博士生导师。1984 年毕业于复旦大学新闻系。留校任教，并攻读硕士研究生。1988 年获中英友好奖学金赴英留学，1994 年获莱斯特大学（Leicester University）传播学博士学位。曾在英国广播公司（BBC 电视台、国际电台）工作 10 年，任助理制作人、记者、资深制作人、新闻/节目制作资深培训师、中文台新闻时事主编。2004 年加盟英国《金融时报》（*Financial Times*），创办 FT 中文网、《FT 睿》杂志，出任创刊总编辑、FT 副主编。曾任台湾政治大学、香港浸会大学、上海复旦大学、香港大学客座教授，牛津大学访问学者，世界经济论坛（World Economic Forum）传媒领袖。曾获国际新闻奖，包括 BBC Onnasis 旅行奖、亚洲新闻奖（SOPA）、道富杰出机构新闻贡献奖（State Street Award for Outstanding Contributions in Institutional Journalism）。2016 年年初，重返母校复旦大学新闻学院任教。

治学自述

本科四年，正值“文化大革命”后中国百废待兴、思想激荡年代，得益于复旦大学宽松、浓厚的人文、跨学科氛围，决意投身新闻和媒体。20 世纪 80 年代初，传播学西学东渐，传入中国，最早在复旦大学上岸。我生吞活剥了几本入门书，听施拉姆讲座，初探传播研究的新天地。曾协助高年级学长到上海郊区，做农民电视收视行为民意调查，埋下对传播行为的研究兴趣。两次实习，分别在江苏《宜兴报》、上海《世界经济导报》。这是我对中国新闻机制及运作的最早体验。

留校后在初建的广播电视教研室工作，同时攻读硕士研究生，师从资深新闻人邹凡扬教授。向导师求教最多的是媒体与权力的关系。博士研究在英国莱斯特大学 CMCR（大众传播研究中心），当时欧洲最重要的传媒研究重镇之一，哈洛伦教授领军，导师 Roger Dickinson。博士学位论文《毛泽东后的电影与中国社会（1978—1990）：一个社会学分析》。

博士初期，曾作为英国人口普查调查员参与数据采集，家庭访问，对用数据描述和分析个人与集体行为产生兴趣。博士研究后，在 BBC、FT 工作 20 多年，一直从事新闻生产与内容管理，并在 BBC 培训部教授新闻与节目制作，培训记者、制作人。

重回母校任教后，再拾学术，仍在起步中。研究兴趣主要为：英国新闻制度、国际传播秩序、传播与新闻伦理、互联网与技术哲学、内容生产、媒介素养、青少年网络使用行为与社会化等。

著有《世纪末的流浪》（合著）、《中国领导力》（主编之一）、《历史的底稿：十七世纪后中外珍报辑录》、《黑白灰：纪实摄影集》。

作为纪实摄影者，两次举办个展：2003 年，在伦敦、台北的《西藏》、2017 年在上海的《上海，2016 年最后一天》。

钟　瑛

钟瑛，女，1962 年出生。华中科技大学新闻与信息传播学院教授（二级）、博士生导师。中国网络传播学会副会长，中国传播学会副会长，华中科技大学—睛彩视讯新媒体联合实验室主任。华中师范大学本科、硕士、博士，复旦大学新闻学院博士后。1997 年英国北伦敦大学信息传播学院访问学者，2008 年美国密苏里大学新闻学院访问学者。曾涉猎的专业有中文、历史、信息管理、新闻传播，现在主要从事网络传播、媒体政策、传播史等领域的教学与研究工作。在权威及核心以上的学术期刊上发表论文近百篇。独著、合著出版学术著作 20 多部。主持和主要负责不同类型的科研课题 10 余项。

治学自述

我的教学与研究涉及过新闻史、专业英语、新闻伦理与法治、新媒体前沿等，近年来主要集中在新媒体社会责任、新媒体管理、网络舆论、新媒体前沿技术及其社会影响等方面。

1. 新媒体社会责任的研究

自 2014 年以来，我一直带领以博士研究生与学院中青年教师为核心的研究团队，致力于对新媒体社会责任的方方面面进行系统考察。媒体社会责任的研究，由于问题突出，越来越受到社会各界的高度重视。然而，纵观中外学术研究，媒体社会责任虽然一直都是一个历久弥新的热门话题，但却没有一套科学的考核指标，缺乏量化的考察标准，没有办法上升到具体可操作的层面。自 2013 年始，我带领研究团队在广泛的文献收集、社会调查的基础上，推出了新媒体社会责任的量化考察标准，具体到 27 个指标，一级指标 4 个、二级指标 9 个、三级指标 27 个，根据德尔菲法，构造矩阵，得出权重，以新媒体社会责任蓝皮书的形式，对典型的新媒体类型及其平台进行考察，对每年的热点话题、重要案例进行探讨。《新媒体社会责任蓝皮书》，又称《中国新媒体社会责任研究报告》，自 2014 年发布至今，已经连续发布 5 部，在业界学界产生广泛的社会影响。第一次皮书发布会，转载媒体多达 100 多家，历年的皮书发布会，皆受到广泛的关注。蓝皮书建构的新媒体社会责任指标体系，在理论上具有开创性，在实践中具有操作性。

2. 新媒体管理研究

2007 年成功申报国家社科基金重大项目“互联网管理与中国特色网络文化建设”（07&ZD040），课题研究期间，带领研究团队对新媒体管理的诸多方面进行广泛深入的调查与研究，发表论文 100 余篇，研究成果众多。最早对新媒体从业者、网络主流媒体管理、网民网络文化适应、网络新闻可信度等问题进行多层次、多角度的数据调查，较早从学术的角度建构了互联网问题的分析框架、不同论坛网络意见领袖的筛选模型、网络舆论行为的心理图示等，较早对国外的网络管理进行系统分析，特别是对欧美的网络中立规制进行本质剖析，揭露其两面性。相关成果最后整理成重大课题结题报告《网络传播管理研究》，并入选 2014 年国家哲学社会科学成果文库，该书从概念梳理，到理论探讨，到研究方法的使用，都具有开创性。

3. 网络舆论的研究

该领域一直是政府关注的重点，学界研究的热点。由于对新媒体的关注，我是较早进入这一研究领域的学者之一。早在 2007 年，我就带领我的博士生与硕士生对自 1998 年有网络舆论事件以来的所有的网络舆情案例进行梳理分类，运用自下而上的原则，达到一定数量就分为一类，最后将其分为十三大类，对其时空分布、所涉群体、类型、信源、传播路径、效果等进行分析比较，这是较早对网络舆论案例进行系统的研究，文章发表以后，广为引用。在此基础上，我们建构了一套网络舆情分析的模型，其间跟官方合作过海外舆情的分析，跟企业合作开发过教育舆情分析系统。多年以来，我们坚持在我们自己开发的“媒况”公众号平台定期发布每周舆情、每月舆情、年度舆情以及各类突发事件的分析，受到同行的高度关注与评价。

4. 新媒体前沿技术及其社会影响研究

该方向是我在学院开设的博士生前沿课程，围绕这一选题，多年来特别关注新媒体的前沿发展及其社会影响，在学术上不断开发新的研究领域，在实践上为政府管理建言献策。如面对网络新生代的管理困境，曾经对青少年网络使用行为及其影响进行全国性的数据调查，分析问题，提出对策建议，为中国科协提供调研报告；面对自媒体管理的困境，与中共湖北省委宣传部合作，在理论分析的基础上，对自媒体行业进行深入调研，发布《湖北省自媒体发展报告》；面对传统文化数字化的不足，对传统文化进行分类，对全省不同类型的传统文化数字化问题进行深入调查，为中共湖北省委宣传部提供调研报告；面对媒介融合，特别是县级媒体融合的困境，以湖北省为个案，对其报业、广电、出版各个领域的媒介融合进行数据调查与分析，发现问题，为中共湖北省委宣传部提供调研报告等。

段淳林

段淳林，女，生于 1964 年 7 月，山西太原市人。华南理工大学新闻与传播学院教授、博士生导师，中国知名品牌战略与传播专家，广东省新媒体与品牌传播创新应用重点实验室主任，广东省大数据与计算广告工程技术研究中心主任，华南理工大学品牌研究所所长。武汉大学广告学博士。在广告和营销方面，荣获中国广告学术发展特别贡献人物奖、广告人国际卓越

教育人物奖、“品牌四十年——风云人物”奖、广州国家广告产业园特聘教授。担任中央电视台品牌顾问，中央电视台新媒体中心顾问并兼任中国广告教育研究会常务理事，中国广告协会学术委员会委员，中国品牌营销学会理事，广东省广告协会学术专业委员会主席。

治学自述

我是全国第一个广告学专业品牌传播特色方向的创办人，也是整合品牌传播（IBC）理论体系的创始人。主要研究方向为品牌战略与传播、大数据及组织文化管理以及大数据与计算广告。在华南理工大学新闻与传播学院、工商管理学院开设课程有“整合品牌传播”“品牌传播学”“组织文化与跨文化传播”“品牌战略管理”等，为近百家企业提供过培训和咨询。

我所创办的广告学专业品牌传播特色方向，是以“传播学与管理学交叉、市场营销学与创意策划相融”为专业定位，以“大数据与品牌传播创新”为专业特色，致力于地方政府决策咨询和企业传播。目前，已成为广东省的优长学科与特色学科。我认为“求变”和“求新”是一个相辅相成的关系。因而多年来，我一直保持与时俱进并积极拥抱变化。我认为在教学和学术方面要时刻关注时代前沿，把握新机遇，才能寻求新突破。因而我将品牌传播的创新与前沿技术大数据结合起来，为企业做定制化的品牌咨询和传播。包括目前，我也一直在从事计算广告、智能广告等前沿理论的研究，通过与软件学院和计算机学院的合作，凸显“文科中的工科”优势，以需求为导向，将理论创新与实践创新相结合，致力于培养适合新环境、新时代的复合型专业人才。

在学术研究和交流方面，目前我已在《新华文摘》《现代传播（中国传媒大学学报）》《新闻大学》等核心期刊上公开发表80余篇研究成果；还主编了全国第一套“21世纪品牌传播与管理系列”教材，出版《整合品牌传播：从IMC到IBC理论构建》《淳林话品牌》《品牌传播学》等8部著作，其中《整合品牌传播：从IMC到IBC理论构建》成为理论粤军的重要著作；并主持国家社科基金项目“大数据与国家品牌形象的构建”及50余项省部级和企业咨询项目。此外，在广东广播电视台开辟专栏节目《淳林话品牌》，目前全网传播量已超过300万次。

近几年，我还出访和调研国内外优秀的传媒机构和院校，致力于将最前沿的思想和技术带到课堂和学术研究之中。如美国联合通讯社（AP）、美国有线电视新闻网（CNN）、美国之音（VOA）、华盛顿邮报、旧金山KQED与佛罗里达坦帕融媒体新闻中心等世界知名媒体机构；同时，还受邀出访斯坦福大学、美国爱达荷大学等；并出席美国AAA广告年会与ACR会议、印度新德里营销会议、中国台湾地区“两岸行销传播论坛”以及日本早稻田大学举办的亚洲国际广告论坛等多项国际会议，逐步确立了在国内外学术界的学术地位和学术影响力。

张举玺

张举玺，男，1964年4月出生于河南辉县，新闻学博士、教授、博士生导师。曾任我国驻俄罗斯记者、河南大学传媒研究所首任所长、河南大学国家级新闻与传播实验教学示范中心首任主任、河南大学新闻与传播学院第二任院长。现任郑州大学新闻与传播学院院长、河南省新闻传播

类专业教学指导委员会主任委员、教育部新闻传播学类专业教学指导委员会委员、教育部国家级实验教学示范中心评审专家、教育部全国卓越新闻传播人才教育培养专家委员会委员、国家社科基金重大招标项目首席专家、国家社科基金项目最终研究成果鉴定专家、国家社科基金项目通讯评委、国务院教育督导委员会办公室博士学位论文抽查评议专家。

治学自述

1981年7月，我由河南辉县一中考入兰州大学外语系俄罗斯语言文学专业学习，深受水天明教授、杨育乔教授、吴吉康教授等影响，对俄苏文学产生浓厚兴趣，在学业之余通读30多部俄苏文学名著，创作60余篇约40多万字的散文、诗歌和小说，练就了较强的写作能力。

1985年7月本科毕业后，先后担任机械工业部系统驻苏联相关办事处翻译、工程师和特约记者。1992年起任我国驻俄罗斯记者，先后在国内外媒体发表新闻作品2000余篇。

为了提升专业能力，分别于2000—2002年在俄罗斯国立普希金俄语学院攻读报刊语言方向硕士学位，2002—2005年在俄罗斯人民友谊大学攻读新闻学博士学位。

2005年10月回国后，在李建伟院长和陈灿书记的感召下，于当年11月加盟河南大学新闻与传播学院师资团队，筹建河南大学传媒研究所并任所长。2006年被评为四级教授，2008年任河南大学国家级新闻与传播实验教学示范中心主任，2010年晋升为三级教授，2012年评为跨文化传播学科方向博士生导师，2013年任河南大学新闻与传播学院院长。兼任河南大学第二届、第三届、第四届学术委员会委员，河南大学新闻学科特聘教授，河南大学人文科学学部秘书长。

2015年8月调任郑州大学新闻与传播学院工作至今。2016年领衔筹办第三届中宣部、教育部共建新闻学院现场推进会，2017年组织与实施郑州大学新闻传播学一级学科博士点申报工作，筹办中国新闻史学会2017年学术年会千人大会，2018年带领郑州大学新闻传播学科入围全国新增一级学科博士点序列。

从20世纪90年代作为我国驻俄罗斯记者开始，不仅采写新闻稿件，同时在不断思考国际话语表达能力与构建国际话语体系问题。回国以来主要研究成果集中在国际话语体系、国际传播与比较新闻学研究方向。

主持国家社科基金项目4项：国家社科基金重大招标项目“中俄媒体合作与国际舆论话语权构建研究”（17ZDA289）、国家社科基金一般项目“中俄战略伙伴语境下媒介合作研究”（15BXW014）、“新闻自由化与苏共亡党关系研究”（11BXW002）和“中俄现代新闻理论比较研究”（08BXW001）。

主持省部级项目主要有“中俄传媒理论与实践研究”（2014 - YXXZ - 20）、“中俄新闻与传播学比较研究”（高校创新2008 - 551号）、“中俄新闻文体比较研究”（教育部基金〔2007〕1108）、“中俄教育管理体制比较研究”（教科2006 - JKGHAG - 026）等6项。

围绕上述课题出版的主要著作有《中俄传媒理论与实践研究》（郑州大学出版社2017）、《苏联晚期媒介生态与体制》（中国社会科学出版社2016）、《中俄现代传媒文体比较研究》（新华出版社2014）、《中俄现代新闻理论比较》（社会科学文献出版社2011)、《中俄新闻功能比较研究》(社会科学文献出版社2010)、《中俄新闻文体比较研究》(中国社会科学出版社2009)、《俄罗斯大国转型之道》(新华出版社2008)、《中俄教育管理体制比较》(河南大学出版社2007)等9部,发表论文40余篇。

主编教材3部:《实用新闻理论教程》(河南大学出版社2012)、《新闻采访与写作新编》(河南大学出版社2010)、《新闻写作新编》(河南大学出版社2008)。主讲本科课程"新闻理论""新闻采访""新闻写作"、硕士生课程"国际传播研究""新闻传播专题研究"、博士生课程"跨文化传播研究"等。

上述成果从国际话语体系维度,考察与研究了苏联苏共、中俄等国际话语体系与国际话语能力。同时,把比较新闻学与国际新闻传播对接,具体运用到了中俄新闻学比较研究。期待这些成果能为我国构建对外话语体系,提高国际话语能力,提供一定参考依据与理论研究基础。

金兼斌

金兼斌,男,1968年出生于浙江诸暨,现为清华大学新闻与传播学院教授,博士生导师,院学术委员会副主任。1986年考入清华大学工程物理系,先后在清华大学获得材料科学与工程专业工学学士(1991)、科技编辑专业文学学士(1992)、管理科学与工程专业硕士(1997),在香港浸会大学获得传播学博士学位(2002),并曾在牛津大学互联网研究所进行访学(2006.5—2007.1)。1992年8月毕业留校,先后在清华大学人文社会科学学院和新闻传播学院担任教职至今,主要从事新媒体使用与效果、科学传播等方面的实证研究。金兼斌教授先后主持或参与多个国家社会科学基金或自然科学基金研究课题。目前作为总负责人承担国家转基因生物新品种培育重大专项课题"转基因生物技术发展科普宣传与风险交流"(2016—2020)。出版专著《我国城市家庭的上网意向研究》《技术传播:创新扩散的观点》《科学传播:争议性科技的社会认知及其改变》等,在国内外期刊、集刊上发表论文近百篇。2007年入选教育部"新世纪优秀人才支持计划"。目前担任多家SSCI期刊编委,是《全球传媒学刊》的执行主编。

治学自述

我1992年8月以双学士身份开始在清华大学人文学院中文系留校工作,迄今已有整整27年,中间除了4年在香港读博和短暂工作的时间(这期间仍保留清华教师身份)之外,我青壮年的大部分时光都在清华园里度过。当年我留校工作的时候,清华还是一个纯粹理工科大学,人文、社科、艺术类学科都处于起步萌芽阶段,尚未对外进行本科和研究生招生,只招收第二学士学位生。而我工作后所教的第一门课程,是科技编辑学。这门课是从已故清华大学出版社总编庞家驹老师那里接过来的。他是我进入编辑出版教研领域的领路人之一。

工作后通过备课和资料阅读,特别是通过参加中国编辑学会的年会活动,我很快意识到,编辑和出版本身学科属性比较弱,所谓"编辑无学",我是比较认同的,这也使得我在1992年到1998年1月去香港读博之前的这几年,对于自己的学术生涯的发展方向一直比较迷茫和困惑。其间虽然也兼职攻读了清华经济管理学院的管理工程硕士，但管理学也非自己所感兴趣之领域，所以这种隐隐的对自己学术前景的不踏实，伴随着我刚刚工作的那些年月。

清华大学中文系自 1995 年从国际关系学院引进刘建明老师开始，进入了新闻传播学科的筹建阶段。1998 年传播系正式成立，成为与中文系并列的下属人文社会科学学院的独立系。而我也是在这样的背景下，在当时中文系主任徐葆耕教授的大力鼓励和推荐下，以而立之年到香港浸会大学传理学院攻读传播学博士学位，师从传理学院时任院长朱立教授。这也是我接受比较系统的社会科学研究方法的开始。香港大学的博士培养，那时很大程度上沿袭英国模式，上课少，有点师傅带徒弟性质。我基本上每两周通过院长秘书约导师见面，汇报一次学习研究进展。在整个博士阶段，我最大的转变和收获，便是在如何对社会现象进行有效而有意义研究的体会和感悟方面，以及相应技能的初步习得。这使得我读博之前那颗悬着的不踏实的心，一下踏实了下来，即使起点低（34 岁才博士毕业），但内心已经比较平静而自信。

我的博士学位论文研究当时刚刚兴起的互联网在中国大陆城市家庭的采纳和使用情况，理论框架的建立主要借鉴了创新扩散理论和态度—行为理论两大研究脉络。延续博士阶段的研究方向和路子，我 2002 年回到清华大学后的教研重点，一直在新媒体研究方向，先后做过比较系统的探究的题目包括数字鸿沟、网络舆论的测量和演变，新媒体使用与效果，等等，研究大多采用行为科学研究路子，多通过调查和内容分析方法进行数据收集。回过头来看，我定位在偏重社会科学属性的传播学而不是新闻学，研究多采用量化而非批判诠释路子，其实至少部分也源于自己对教研领域所熟悉的舒适区的眷恋，未始没有一些前辈大家所批判的那种对社会重要价值观进行守望和看护责任的逃避。从这个意义而言，我觉得我从来不是一个勇敢的社会科学研究者。

这种情况在近年来我试图进行一些自我校正，这从我 2016 年开始介入国家转基因生物新品种培育重大专项中有关面向公众的转基因科普宣传和风险交流项目为标志。在年届知天命之年，我意识到自己除了教书、育人、发文章之外，还需要重返生活的田野，在力所能及的范围内更直接地参与一些国家和社会发展所需要的重大项目，本是一个学人社会责任的题中应有之义。争议性科技的公众认知和态度研究，由此慢慢成为这几年我的关注重点。作为一名从清华大学理工学科走出来的社会科学学者，我希望自己能在这个领域为这个时代和社会的发展尽一点绵薄之力。

回首所从来路，我发现自己的学术之路，是弱弱地嵌入在清华人文社会学科的发展历程和国内新闻传播学科的发展之路中的。大时代给我们提出了很多值得探究的问题和挑战，在看着我们这一辈传播学者，能给出什么样的解说来。

刘　洁

刘洁，女，1968 年出生于湖北省武汉市。获华中科技大学新闻学学士学位、郑州大学新闻学硕士学位和华中科技大学管理学博士学位。从 1995 年至今在华中科技大学新闻与信息传播学院任教，教授，博士生导师。1998 年在中国人民大学访学，2001 年在新加坡南洋理工大学访学，2005 年在香港城市大学访学，2012 年在英国剑桥大学丘吉尔学院访学，2016 年在香港中文大学访学。曾任新闻系系主任，2010—2016 年任华中科技大学人文社科处处长。2008—2015 年兼任全国新闻学研究会副会长，现兼任湖北省科技新闻学会法人代表和秘书长。

治学自述

渊源和师承。我从 1992 年师从王益民教授开始，学习研究领域就定位在新闻学理论方向，硕士学位论文关注“新闻事业运行的动力机制”。在博士阶段跟随邹珊刚和程世寿两位教授学习，研究中国媒介产业化进程中媒介与政府关系。1998 年在中国人民大学新闻学院访学期间，我遍访在京的新闻理论大家，分别向方汉奇、童兵、郑保卫、孙旭培、刘建明、陈力丹、喻国明教授等前辈求教，收获良多。孙旭培教授在华中科技大学新闻与信息传播学院工作 10 年，我有幸长期得到他和吴廷俊教授的指教。以上所述及中国传统新闻学理论和改革转型时期新闻理论研究成果是我的学术源流和师承。

彷徨和寻觅。踏进新闻理论领域伊始，迎头碰到新闻“有学”“无学”之争，我执拗地认定新闻有学，同时为当下新闻学基础薄弱和理论陈旧、对现实解释乏力等现状痛惜，苦于一时找不到出路。新闻学的逻辑起点、学科定位、核心概念、框架体系等基础理论问题亟待解决，新闻学与传播学的关系有待廓清。中国新闻学和中国特色社会主义新闻学基本规律、中国共产党新闻理论、中国新闻学世界地位和贡献等问题需要给予有力的回答。我勉力做了些研究工作，有点微末成果，发表了《“传播”是新闻学研究的逻辑起点》《新闻学学科定位解析》《论中国新闻学理论自觉的建构》《中国新闻学要有世界贡献》《新闻学跨学科——在共生中确立自我》等论文。在和程世寿教授合著的教材《现代新闻传播学》中，我尝试着把部分传播学理论引入新闻学。

探索和坚守。我坚信中国新闻学正在经历一场范式革命，面向深刻的社会变革和业界改革，吸收中国优秀传统文化，迎接信息技术革新，通过学科融合确立自我，全面总结中国共产党新闻宣传经验和理论，中国新闻学不仅可以实现从“无学”到“有学”的实质性进步，而且能提升国际话语权，为世界文明作贡献。

研究方向之一：马克思主义新闻观。2004 年至 2009 年，我作为全国马克思主义理论研究与建设工程重点教材《新闻学概论》写作组成员，撰写了该书“新闻价值”部分，并参与了面向全国新闻院系的系列教学培训和辅导工作。2014 年以来参与编写了中宣部和教育部特别委托项目成果《马克思主义新闻观十二讲》。受多家新闻单位邀请，宣讲马克思主义新闻观和习近平新闻舆论观。

研究方向之二：中国特色社会主义新闻学。我作为第二负责人承担了湖北省社会科学基金重大项目“中国共产党新闻政策研究”（程世寿教授为课题负责人），并开设了“中国共产党新闻政策”本科课程。论文《超越空间：中国马克思主义新闻学的世界因素》获全国新闻传播学院马克思主义新闻学优秀论文二等奖。还在“党管新闻与新闻法治”“党报体制”等方面发表论文。已完成中共湖北省委宣传部委托项目“正确引导社会舆论进一步密切党群关系”。2018 年获国家社科基金重点项目“提升新时代中国特色社会主义新闻学国际话语权研究”，项目在研中。

研究方向之三：媒介管理。研究主要集中在媒介产业与政府关系，专著《主导·协作·博弈——当代媒介产业与政府关系》获武汉市优秀社会科学成果一等奖。若干篇论文涉及中国媒介产业增长极孤岛现象、媒介产业地方保护、媒介产业空间布局、媒介所有权等方面，比较系统地总结了1978年到2008年中国新闻传播媒介形态及制度体系的演变。

张殿元

张殿元，男，1970年出生于吉林，中国人民大学新闻学博士，复旦大学新闻与传播学博士后，日本早稻田大学访问学者，复旦大学新闻学院教授、博士生导师。兼任复旦大学国家文化创新研究中心秘书长，中国新闻史学会公共关系学分会常务理事，广告与传媒发展史分会常务理事，中国广告协会学术委员会常务理事，中国高等教育学会新闻学与传播学专业委员会广告学研究分会常务理事，上海广告研究院研究员等职。

治学自述

2005年入职复旦大学新闻学院以来，我的学术活动主要聚焦在广告批判研究上。在广告批判研究领域我提出“广告社会化”和“社会广告化”概念、提出构建中国广告文化批判和广告政治经济学批判的理论架构，是国内广告学界中广告批判研究的代表。在我看来，在全球化语境下广告批评应更加科学、更加理性，对广告批评不应仅停留在真实、虚假等形而下之探讨，而应上升到更高的理论层次、经世致用与形而上反思。

就广告文化批判而言，现代传播媒介加快了社会文本化的进程，社会实体被完全遮蔽，只有透过对文本世界的解读才有可能真正了解这个世界。而在各种表象和符号系统中，广告是最丰富、最有生命力的一支，应该做细致的分析和研究。对我来说，广告中所宣扬的与文化现代化相悖离的价值观念、消费意识、生活态度以及广告作为文化本身所具有的负面效应是最为关切的。对广告文化传播负面价值的研究是一种批判性研究，它以总体的社会关系为参照来解读广告文化现象。广告文化批判研究在中国还处于萌芽状态，而在成建制的广告文化批判活动开始以前，澄清该研究方法的理论误区尤其重要。第一，广告文化的批判性解读所遵循的既不是传统解释学也不是现代解释学。第二，广告文化的批判性解读并不代表文化保守主义立场。第三，广告文化的批判性解读并非对社会制度的根本性否定。

就广告政治经济学批判而言，这种研究坚持以历史主义、整体社会理论、社会平等价值观以及多学科并用为主线的一种研究方法，我的研究也是根据这一传统研究思路，关注我国商品经济发展过程中广告传播的功能性评估问题。广告政治经济学批判研究与广告经济学研究的最主要区别是考察问题的多元化视角，坚持整体社会理论，将广告传播置于广阔的社会、政治、经济、文化的背景下，使用联系观和形成观的思考方式，以政治经济结构、意识形态、文化价值体系、权力宰制为研究重点，关注广告传播产品的生产、流通与消费过程中，市场机制（经济力量）、国家机器（政治力量）与传播体系（知识和资讯力量）三者之间的互动关系，分析广告传播与社会的商业化进程及其所带来的文化与社会等层面的影响。马克思主义批判政治经济学是广告传播政治经济学批判研究最直接的理论武器，同时因为广告传播本身涉及多个领域，因此对广告传播进行研究也并非单一学科，而应是多个学科共同的学术事业，我们在研究中除要采用传播学、经济学、政治学等主要的研究取向外，还应广泛地汲取如社会学、社会心理学、历史学等学科的研究方法和研究成果。

我的科研成果主要集中在以下几个方面：1. 在广告批判研究领域，出版专著《广告视觉文化批判》《广告传播政治经济学批判》《无形的广告：消费主义、文化宰制和权力关系》以及一系列的学术论文；2. 在传媒体制改革创新领域，出版专著《中国报业传媒体制创新》以及相关的系列学术论文；3. 在新媒体文化研究领域，发表《技术·权力·结构：网络新媒体时代公共领域的嬗变》《人文、技术和规制：认知网络传播媒介的三个维度》《新媒体文化之于当代中国发展的理论创新》等系列论文。

王君超

王君超，男，清华大学新闻与传播学院教授、博导，清华大学马克思主义新闻学与新闻教育改革研究中心执行主任。兼任首都互联网协会新闻评议专业委员会评议员、中国新闻奖评委。中国人民大学新闻学院博士，人民日报海外版原主任编辑。英国牛津大学互联网研究院、伦敦大学金史密斯学院、美国乔治城大学访问研究员；澳大利亚悉尼大学高级访问研究员。为“教育部新世纪优秀人才支持计划”入选者和“北京市新世纪社科理论人才百人工程”培养人选；获两届“清华大学研究生良师益友”称号。

治学自述

我2002年从人民日报社离职，加盟刚刚成立的清华大学新闻与传播学院，从此开始了教学与科研的生涯。办离职手续时，有同事打趣地说：“去大学教书，现在就能看到你退休时的样子。”言外之意，是说大学就是一个“象牙塔”，生活沉静如水、一成不变，不如做记者那样天马行空，在历览时代风云的同时，也不断刷新自己的面貌。

转眼17年过去了。亲身体验的大学生活，远非社会上想象的那样单调、乏味，而是一样的五彩斑斓。虽然狭小的工作室一如既往，窗口的灯光仍在深夜闪烁，但学术本身的波光云影，已足以让每个平淡的日子不同凡响。也许，用“静水流深”和“波谲云诡”这两个成语，方能道出学术生活的真谛。

作为从主流媒体转向学术研究的人来说，最大的挑战在于所有的学术标准都是以学术论著为准的。相比那些“本硕博—博士后—教师”一路走来的同事来说，我10年的记者生涯（加上地方记者两年），无疑等于少写了几本书或数十篇论文。

学术上没有“弯道超车”一说，掺不了半点假。半路出家，那就要老老实实地坐冷板凳，学问一点一滴地做，论文一篇一篇地发。

我的学术起点是媒介批评研究，这既是我的博士学位论文选题，同时也是我第一本学术专著的主旨，因此有必要将其作为最主要的研究方向。但是，我恰恰在这个优势的研究领域折戟沉沙，抱憾至今。原因如下：一是批判研究（Critical Studies）的“水很深”，举凡批判学派、文化研究、政治经济学、后现代主义以及形形色色、光怪陆离的“媒介奇观”，都可归于麾下。客观地说，没有足够的马克思主义哲学、新闻传播学与西方马克思主义的根底，越是深研，就越会感到“云深不知处”。二是在高校的考核标准框架内，学术晋级是与重量级的科研课题绑在一起的。而媒介批评并不属于热门选题，同时又不属于女书、清华简那样的“冷门绝学”。因此，按“课题导向”设立急功近利的科研路线，势必冷落自己真正想做的学问。

为了实现“学术翻身”计划，我做了以下工作：一是在10余年的本科媒介批评授课基础上，开发有中国特色的媒介批评学科体系，以便将来奉献出一本成熟的媒介批评学术专著；二是从2018年开始，在清华开设媒介批评研究的博士生双语课程，以期教学相长，探讨媒介批评的前沿课题。此外，在具有哲学学科背景的柳斌杰院长的支持下，利用清华大学马克思主义新闻学与新闻教育改革研究中心的学术平台，邀请国外的马克思主义学者开办“马克思主义与当代媒介社会”的系列讲座，以跟踪世界马克思主义研究前沿，更好地融通“中西马”学术，使媒介批评研究具备大视野、跃上高平台。

毋庸讳言，记者出身的学者在科研方面也有着真实不虚的优势，那就是在媒介研究（Media Studies）中，工作经验与田野调查（参与观察、深度访谈等）和案例研究方法可以做到天然契合。利用这一优势，我的科研突出了“聚焦未来媒介发展”与“扣紧实践教学”两个方面。前者以承担国家社科基金重点项目“‘新新媒介’环境下的报纸发展趋势和转型研究”、教育部人文社科规划基金项目“基于微博的表达权与‘理想的传播背景’”、教育部新世纪优秀人才支持计划项目“媒介融合背景下的党报创新策略”为标志；后者以研究融合新闻传播教育与实践教学模式为起点，希望这些微薄的努力，能对巨变中的中国新闻传播教育改革有所贡献。

张小强

张小强，男，1974年生于湖北随州。重庆大学新闻学院教授、法学院兼职教授，新闻法学博士生导师。重庆大学新闻传播与社会发展研究院研究员、重庆大学国家网络空间安全与大数据法治战略研究院研究员。1997年、2002年、2006年分别于重庆大学获工学学士、硕士，法学博士学位。2008—2009年于美国加州大学Hastings法学院访学；2011—2014年在重庆中科普传媒发展股份有限公司博士后工作站做博士后研究工作；1997—2012年在重庆大学学报从事中英文编辑工作，2013年调入重庆大学新闻学院任专职教师。兼任中国科技新闻学会数据新闻专委会常务理事、融智库媒体融合专家、重庆大学教材委员会委员等职。

治学自述

我的学术之路非常偶然。1997年大学毕业留在《重庆大学学报》编辑部工作。学报编辑是一个学术把关岗位，也是新闻传播学的一个领域。1999年，我考入机械制造及自动化专业读研，帮导师制作多媒体光盘，让我对新媒体领域产生浓厚兴趣，2003年进入博士学习阶段，我关注的也是互联网领域的反垄断。此后开始撰写发表编辑出版和法学论文，在与审稿专家、编辑的交流中逐渐掌握学术规范和研究方法。在博士就读期间我的论文不仅发表在《编辑学报》《法商研究》等期刊，还被人大复印报刊资料全文转载。

博士毕业后，我开始兼职在重庆大学法学院和文学与新闻学院指导硕士和授课，博士学位论文《网络经济的反垄断法规制》也在法学院部分资助下出版。2008—2009年，我在美国旧金山Hastings

法学院访学一年进一步开阔了学术视野。那几年的研究主要集中在数字出版与版权、网络法等领域。2005—2008 年获得中国高校学报"突出贡献奖"等多个出版界奖项。2009 年回国后，因在网络法领域的影响，曾被邀请参加腾讯公司资助的网络反垄断研讨会及其他会议。为了系统掌握法学知识，我还于 2009 年通过司法考试并尝试兼职执业。2012 年进入中国高校学报研究会版权工作委员会，组织起草了期刊版权转让协议示范文本推动高校期刊版权工作。

2012 年，重庆大学文学与新闻学院学科调整后更名为"新闻学院"，我也于 2013 年 1 月正式调入新闻学院（转聘为副教授）。2013 年我先后获得国家社科基金、国家新闻出版广电总局项目、重庆市本科重点教改项目和研究生教改项目。加上此前已经获得的教育部社科项目、重庆市自然科学基金项目和发表的成果，当年得以入选教育部新世纪优秀人才支持计划。2014 年提交的专家建议书被教育部社科司采纳。

为适应学院和个人发展，此后我开始有意将研究方向往网络与新媒体调整。2014 年我对新闻业社交媒体控制的研究成果、2017 年关于新媒体研究创新与扩散的研究发表在《国际新闻界》。其他关于新媒体新传播方式的思考和对业界的观察也发表在《新闻界》《科技与出版》等期刊。2018 年在《新闻与传播研究》发表的关于网络中介私权力与互联网治理的论文被评为第七届全国新闻传播学优秀论文。为系统掌握传播学研究方法，编著《新媒体研究案例：传统方法、社会网络与数据挖掘》。

我深知自己最大的不足除了研究方向分散之外，还有与新闻业界的脱节。为此，我 2013 年通过教育部、中宣部高校与新闻单位从业人员互聘"千人计划"在《重庆日报》挂职一年。通过运营公众号"小强传播"锻炼自己和学生的新媒体传播实践能力。也通过创意课和上游新闻建立合作，通过数据新闻与《中国科学报》合作，也担任过大数据广告公司独立董事。在教学上通过教改项目不断摸索，获得一定效果，如 2016 年弹幕教学获得广泛关注。也和中共重庆市委宣传部、网信办、重庆市文旅委等业务主管部门建立了联系。

虽然 CSSCI 期刊论文发表超过 30 篇，出版著作 3 部，大小项目完成 10 多项，但研究不够聚焦。未来我将聚焦于新媒体对新闻出版、传播法等领域的影响，做一些范式转型等理论性更强和更宏观的研究，也探索行动者网络理论等更前沿的理论方法。

赵　瑜

赵瑜，女，浙江大学传媒与国际文化学院院长助理，影视艺术与新媒体学系主任，教授，博士生导师。2001 年获得浙江大学广播电视新闻学专业学士学位，2004 年获得浙江大学传播学硕士学位，2008 年获得复旦大学传播学博士学位，2008 年进入浙江大学工商管理博士后流动站。主要研究专长为新媒体、文化创意产业创新管理等，浙江省社科联之江青年学者，先后赴荷兰乌特列支大学和英国牛津大学访学。具有丰富的媒介咨询和影视策划经验，目前担任浙江卫视、浙江影视（集团）有限公司等媒体顾问，担任中国新闻史学会应用新闻传播分会常务理事，视听传播学会副秘书长、浙江省纪录片协会副秘书长等学术兼职。

治学自述

我从事传播学研究已逾15年，研究经历主要分为两个阶段：第一阶段的研究兴趣聚焦于传播学广播电视领域，传播政策、传媒组织变革管理是研究的主要议题；第二阶段的研究聚焦社会变革性技术的传播伦理问题，人工智能、5G技术背景下的新闻伦理。

自2004年以来我开始关注数字电视政策，对包括互联网电视（OTT TV）在内的电视新媒体政策框架及规制范式变化做了长期跟踪式研究。同时得益于管理学的博士后研究经历，创新性地将组织行为学理论和研究方法引入本学科核心问题，对电视台团队管理和媒体组织变革做了开创性的研究。

学术著作《从数字电视到互联网电视——国际媒介政策范式及其转型》站在媒介与社会“紧密缠绕的关系”立场之下，透过国际传播政策范式的转型来透视数字电视、互联网电视所引发的传播媒介结构转变及其影响。这一论著全面研究了电视数字化的技术和规制历程，对电视网络化的新趋势也予以了学术关注，是这一领域较为全面的研究。

《媒介市场化、市场化媒体与国家规制——从净化荧屏、反三俗和限娱令谈起》一文，从国家广电总局的历次“净化荧屏”为研究起点，通过梳理近十年来我国先后掀起的四次电视内容整治行动，对国家规制与媒介市场化之间张力的持续强化做了综合分析。研究认为在保证电视媒体喉舌功能的前提下规范广电市场发展是广播电视行政主管部门最鲜明的政策目的。市场化媒体的“创造性遵从”使得中央政令在形塑广电市场的过程中遭遇文化抵抗，国家规制与媒介市场之间张力的持续强化，体现了两者悖论无法在合理的政策框架下予以通盘解决的困境。

在《高压力工作情境下伦理型领导提升员工工作绩效和满意感的过程机制研究》一文，基于资源保存理论，对浙江广电集团40个节目团队的154位员工开展历时性调查，聚焦探讨了高压力工作情境下，伦理型领导影响员工工作绩效和满意感的过程机制。这一研究运用了组织行为学前沿理论，并采取多层嵌套研究设计，显著地丰富了压力管理理论及媒介变革管理应对策略，论文发表于权威期刊《管理世界》。

2018年我开始进入全新的研究领域——人工智能背景下的新闻伦理研究。《人工智能时代新闻伦理研究重点及其趋向》一文综论哲学、法学和新闻传播学对人工智能的研究，总结出四个较为活跃的研究领域：技术伦理学视野下的人—机关系研究；算法伦理和工程师伦理；新媒体技术背景下的新闻伦理本体研究；法学领域的人工智能技术法规治理研究。其中，智能技术的伦理主体地位、数据安全与国家信息主权、个人隐私和算法纠偏，是各个学科共同关心的焦点议题。该文首发于《浙江大学学报（人文社会科学版）》，2019年被《新华文摘》全文转载并作封面推荐。《人工智能时代的新闻伦理：行动与治理》以算法伦理和大数据伦理为主要的逻辑起点，结合智能时代新闻传播模式的具体变化，从个体伦理层次、组织伦理层次和社会伦理层次厘清具体道德行动者的行动领域，以期更为清晰地展现各道德行动者之间的伦理互动结构，并综合呈现人工智能时代的新闻伦理结构和不同责任主体之间的关系。

从专业实践角度，我担任浙江卫视特邀评论员，参与《今日评说》《思想的田野》等新闻理论节目，同时也担任浙江卫视《江南》、山东卫视《中国面孔》《国学小名士》等文化节目嘉宾。评论文章先后刊登于《人民日报》文艺评论版和理论版。

郭小安

郭小安，男，1980年出生于江西遂川，现任重庆大学新闻学院副院长、教授、博士生导师，入选第四批国家“万人计划”青年拔尖人才，获重庆大学最受学生欢迎教师奖、唐立新优秀奖教金以及河钢奖教金，主要研究政治传播、公共舆论，兼任中国新闻史学会传播学研究专业委员会副会长、中国新闻史学会舆论学研究委员会常务理事、中国新闻史学会新闻传播思想史学会常务理事、中国新闻史学会公共关系学会常务理事、国家社科基金项目通讯评审专家、人民网新媒体智库特邀研究员、中山大学互联网与社会治理中心特邀研究员、重庆大学青年教师科协副主席等，在《新闻与传播研究》《传播与社会学刊》《国际新闻界》等刊物发表学术文章50余篇，其中CSSCI期刊论文40余篇，被人大复印报刊资料全文转载6次，在中国社会科学出版社出版个人专著2部，获得省部级奖2项，连续获得国家社科基金项目2项（2010、2015），并主持国家社科基金重大项目子课题1项、重庆市社科规划等其他课题12项。

治学自述

我于2003年9月至2009年7月在武汉大学政治学理论专业学习，师从虞崇胜教授。2003年“孙志刚事件”在网上掀起了一番舆论风暴，最终导致了《收容法》的废除，2003年由此被称为“网络舆论年”，此后，网络参政现象开始成为社会热点问题受到学界关注，也激发了我浓厚的研究兴趣，在导师的鼓励下，我选择了网络政治参与作为硕士学位论文选题，为后续的网络政治传播研究打下了一定基础。在攻读博士学位时，通过阅读了大量的新闻传播学文献，我对媒介与民主的关系产生了浓厚的兴趣，在和导师沟通后，确定了博士学位论文选题《网络民主的可能及限度——基于媒介与民主的关系视角》，论文从媒介与民主的关系中考察了网络民主的生成和演变规律，考察网络民主在不同政治生态下的表现形式，研究了网络民主的效度及结构性缺陷，论文荣获2010年湖北省优秀博士学位论文奖，并于2011年在中国社会科学出版社出版。

2009年，我进入华中科技大学工作，进入新岗位不到半年，就面临国家社科基金的申报，而确定选题算是申报工作的头等大事了。记得当初在选择博士学位论文选题时，我曾经冒出过一个大胆的想法，想把“谣言在政治变迁中的角色”作为博士学位论文选题，后来担心自身历史知识单薄而作罢。虽然后来博士学位论文选择的是网络民主，但我一直没有停止对谣言传播的研究。当时国内对网络谣言的研究主要局限于传播学、管理学领域，并偏向传播规律和管理措施的研究，从政治心理学视角去关注谣言与政治参与、政治表达、政治监督乃至政治抗议的关系的文献非常少。因此，在拟申报国家社科基金构思选题的时候，我尝试将网络谣言作为研究探索和拟突破的方向。庆幸的是，第一次申报顺利成功了。在项目立项后，围绕网络谣言的社会心理、网络谣言的定量与定性、网络谣言的动员机制以及网络谣言的研判及治理等视角，陆续在《国际新闻界》《现代传播（中国传媒大学学报）》

《武汉大学学报》等刊物发表10余篇前期成果，2014年8月项目结题后，成果修改后在中国社会科学出版社出版，并有幸获得第九次重庆市社会科学优秀成果三等奖。

2013年4月，正当职业生涯的彷徨之际，我有幸收到了董天策院长抛来的橄榄枝，恰逢重庆大学推出人才引进政策"百人计划"，为青年学者提供了较为优厚的待遇和较高的学术平台，在董院长的盛情邀请和努力安排下，我以"百人计划"学者的身份进入重庆大学新闻学院工作。此后，我把公共舆论和政治传播作为主攻方向，主要成果体现在以下两个方面：1. 公共舆论与群体心理研究，在《新闻与传播研究》《国际新闻界》等发表了10余篇论文，主要观点是，公共舆论中的情绪、偏见、戏谑等尽管具有破坏性，但具备一些隐藏的功能，产生"聚合的奇迹"。过往网络舆论的研究多把"社会情绪"视为非理性病症，研究对策仍然偏重于消极意义上的技术防控和政策管控，缺乏把社会情绪视为一种社会资源的想象力，如果能够建构情感与理性交融的"协商对话"模式，将有助于丰富社会治理的工具箱。2. 集体行动与情感动员研究，在《国际新闻界》《传播与社会学刊》《新闻大学》《现代传播（中国传媒大学学报）》等期刊发表了近10篇论文，研究关注了群体性事件中的情感动员策略及效果，也关注了不同人群（底层、知识分子、艺术家群体）的情感动员剧目及舆论效果。此外，我还关注了图像、视频、表情包、流行语等在公共事件中所扮演的角色。如以"帝吧出征Facebook"事件为案例，考察了米姆符号（表情包）的生产、组织、情感动员过程及效果，并反思了其内在缺陷，并指出网络米姆具有较强的传播力和感染力，为网络民族主义运动提供一种新的动员模式，是视觉传播时代青年群体集体行动的新逻辑。

李红涛

李红涛，男，1980年出生于黑龙江，西南政法大学文学学士、四川大学文学硕士、香港城市大学哲学博士，浙江大学传媒与国际文化学院教授，奥斯陆大学（UiO）文化研究与东方语言学系（IKOS）非常任副教授，复旦大学信息与传播研究中心研究员。研究领域与研究兴趣包括媒体与集体记忆、媒介社会学、环境传播。主持并完成国家社科基金青年项目和教育部人文社科项目各1项。出版专著《记忆的纹理：媒介、创伤与南京大屠杀》（与黄顺铭合著，中国人民大学出版社2017），译著《什么在决定新闻》（北京大学出版社2009）、《理解国际新闻：批判性导论》（中国传媒大学出版社2016）。在 *The China Quarterly*, *Global Environmental Change*, *Communication and the Public*, *Media, Culture & Society*, *International Journal of Press/Politics*, *Asian Journal of Communication*, *Chinese Journal of Communication*，以及《中华传播学刊》《传播与社会学刊》《新闻与传播研究》《国际新闻界》《新闻记者》等期刊发表30余篇论文。曾获得浙江大学教学优质奖、浙江大学竺可桢学院优秀导师、首届新闻传播学期刊优秀论文奖（2017）、全国新闻传播学优秀论文奖（2016、2019）、浙江省哲学社会科学优秀成果奖一、二等奖（2015、2017、2019）、中国新闻史学会"新闻传播学会奖"二等奖（2016）等教研奖励。

治学自述

我于2010年2月在香港城市大学媒体

与传播系获得博士学位后于当年5月入职浙江大学传媒与国际文化学院。如果以博士毕业作为学术生活的起点，我踏入学术界不过短短9年，9年一瞬，对于学者的学术生涯而言，或许只能算刚刚开始。因此很难讲有什么丰富的“治学经历”或者可以围绕自己的研究做回顾式的“治学自述”，以下所述，只能说是一个“老青椒”（青年教师）的批判自省吧。

我的博士学位论文，是在李金铨教授的悉心指导下完成的，做博士学位论文的过程，也受到导师组成员何舟教授、李立峰教授和张赞国教授的指导。因此，尽管我的博士学位论文选题是透过中国新闻传播期刊结构和把关实践来探讨新闻传播知识的生产，看似与上述诸位老师的研究领域相距甚远，但却受到他们各自擅长的传播政治经济学、知识社会学和媒介社会学理论视角和研究取径的深刻影响，他们的治学风格乃至工作方式都对我产生了耳濡目染的影响。

在2009年11月至2010年5月，我在香港城市大学传播研究中心做博士后研究工作，参与到李金铨教授负责的研究课题当中。正是这半年多的研究经历，让我对此前一无所知的集体记忆领域发生了浓厚的兴趣。入职浙江大学后，我于2011年申请了教育部课题“为了忘却的纪念：南京大屠杀集体记忆的建构与传播”。从2011年到2017年年底，我和四川大学黄顺铭老师展开了长达6年的合作研究。我们对南京大屠杀媒体记忆的研究从《人民日报》的纪念报道延伸到维基百科条目，从侵华日军南京大屠杀遇难同胞纪念馆中的数字标识延伸到国家公祭日期间的线上纪念活动。这项研究对我们而言有着非常重要的意义，它让我们在博士毕业之后不久就进入一个充满生机的研究领地，也建立起长期的合作关系，后者在今时今日的学术环境中，尤为难得。

记忆研究是一个跨学科的领域，不可能固守在“媒介”阵营，而必须不断从其他领域汲取营养，并努力与其他学科的学者展开对话。从攻读博士起，我就大量阅读其他学科的论著，希望获得“跨学科”的视角、问题意识和理论资源。不过，我所参与的真正意义上的跨学科合作，是2015年之后参与的一项题为“雾与霾：中国空气污染与可持续发展的愿景”的跨国合作。这项课题由挪威奥斯陆大学贺美德教授负责，我在课题组内关注的虽然仍是与媒体话语有关的议题，但却先后与历史学家和人类学者合作，并在区域研究和环境研究类的国际学刊上发表论文，这一经历既让我对不同学科视角有更切身的体会和把握，也对传播学科的优势和局限有了更切实的反思。

从写博士学位论文开始，我就对知识生产形成了浓厚的兴趣，而在博士毕业之后的9年中，媒体与集体记忆、中国新闻业转型、环境传播等议题都曾在不同阶段占据着研究工作的核心位置。最近两年，我和黄顺铭教授撰写了数篇文章，讨论媒介社会学的知识谱系以及它在中国大陆的理论旅行和“驯化”过程，这似乎与我最初的学术起点有着遥相呼应之处。我们身处的世界正在发生迅猛的变化，学术风潮也随之摇摆，不过，我个人比较“迟钝”，不太跟得上风，更愿意保持住自己的工作节奏，从“有趣”的问题出发，寻求一些“靠谱”的答案。

第十一篇

学术动态

学术纪事

2018年新闻传播学学术大事记

2018 年新闻传播学学术大事记

1 月

○ 6 日，“首届中国新闻传播学国际发表专题论坛”在西安市举行，论坛由西安交通大学新闻与新媒体学院和社会科学处联合主办。来自中国社会科学院大学、清华大学、中国人民大学、中国传媒大学、浙江大学、中山大学、武汉大学、南京大学、四川大学、北京师范大学、天津大学、中国科学技术大学、山东大学、北京外国语大学、香港浸会大学、澳门大学和东道主西安交通大学等境内外 60 余所高校的百余名专家学者就“中国大陆新闻传播学国际论文发表产出”开展深入研讨。

○ 8 日，“全球传播与中式全球化高端学术论坛”在中国人民大学召开。会议由中国人民大学国家传播战略研究中心主办。论坛汇聚中外跨国界、跨业界、跨学科之力共同攻坚，来自 10 余所中外高校、科研机构的学者专家和业界领军人物在理性激辩中，探讨中国在世界全球化进程中的使命责任和路径特征。

○ 12 日，“上海研究院世界传媒研究中心成立大会暨新时代：传媒 · 中国 · 世界——智库专家论坛”在上海举行。论坛由中国社会科学院—上海市人民政府上海研究院主办。上海研究院世界传媒研究中心由上海研究院、中国社会科学院新闻与传播研究所、上海大学共同组建。中心由中国社会科学院新闻与传播研究所所长、研究员唐绪军任主任，上海大学教授吴信训任执行主任，中国社会科学院新闻与传播研究所副所长、研究员季为民任副主任。中心还聘请了一批国际国内传媒学界业界专家学者任特聘研究员。

○ 27 日，“2018 互联网大数据与社会治理南京智库峰会”在南京市举行。会议由中国社会科学院新媒体研究中心与人民网、中共南京市委宣传部主办，人民网舆情中心、人民在线、人民网新媒体智库、中共南京市委网信办、中共江宁区委宣传部共同承办。

3 月

○ 18 日，首届中国视觉修辞论坛在暨南大学召开。来自西南大学、重庆大学、西北师范大学、西安外国语大学、北京工商大学、暨南大学外国语学院、暨南大学的教师参与论坛讨论。

○ 24 日，“2018 年中国新闻学传播学学科发展论坛暨教育部社会科学委员会语言文学、新闻传播学和艺术学学部新闻传播学咨询组第三次会议”在广西大学召开。会议由教育部社会科学委员会语言文学、新闻传播学和艺术学学部主办，广西大学新闻传播学院承办。来自中国人民大学、复旦大学、中国传媒大学、清华大学、武汉大学、华中科技大学、上海交通大学、浙江大学、暨南大学、四川大学、南京大学、重庆大学、郑州大学、云南大学、西南政法大学等国内十余所著名新闻院校的 20 余名专家学者，以及 10 家广西高校新闻院系的负责人参会，助力新时代新闻学传播学学科发展建设。

○ 31 日，纪念毛泽东《对晋绥日报

编辑人员的谈话》70周年暨中国特色新闻学学科建设研讨会在中国人民大学举行。研讨会由教育部社会科学委员会语言文学、新闻传播学和艺术学学部，中国新闻史学会，中国高等教育学会新闻学与传播学专业委员会新闻学研究会，中国人民大学新闻学院，山西省晋绥文化教育发展基金会，吕梁学院等共同主办。来自全国新闻院校的130多名专家学者和10余名晋绥文化教育发展基金会理事及晋绥新闻人后代与会。与会代表们重温毛泽东同志当年的讲话，结合学习习近平总书记近年来关于党的新闻舆论和宣传思想工作的一系列重要讲话，探讨深入学习践行马克思主义新闻观，共商中国特色新闻学学科建设之路。

4月

○13日，新媒体时代中国新闻史课程教学改革研讨会在天津召开。这是中国人民大学新闻传播学术话语体系创新深研会第1期，由中国人民大学新闻学院、中国人民大学新闻与社会发展研究中心、天津师范大学新闻传播学院联合主办，来自中国新闻史教学一线的学者展开深入对话。

○14日，“新时代新闻传播学科建设与人才培养高端座谈”在重庆大学举行。会议由重庆大学新闻学院主办，来自中国社会科学院、中国人民大学、中国传媒大学、北京师范大学、复旦大学、上海交通大学、武汉大学、华中科技大学、四川大学、中山大学、暨南大学的专家学者进行研讨与交流。

○21日，中国人民大学新闻传播学术话语体系创新深研会第2期“数据驱动与学科未来”在中国人民大学举行。来自中国人民大学、清华大学、中国科学院、北京航空航天大学、北京邮电大学、北京师范大学以及拓尔思公司、中译语通研究院的学者展开对话。

○21日，中国新闻史学会常务理事会第五届第六次会议在西安市召开。会议由中国新闻史学会主办，西北大学媒体与传播中心、西北大学新闻传播学院承办。与会代表畅谈了改革开放40年来我国新闻传播学的发展变化，通过了在学会内成立计算传播研究委员会、符号传播学研究委员会、地方新闻史研究委员会、博物馆与史志传播研究委员会四个分会的议案。会议审议通过了第四届“新闻传播学学会奖”的评审结果，评选新闻传播教育史研究委员会、公共关系研究委员会、应用新闻传播研究委员会为2017年度优秀分会。会议还对今年史学会年会的相关议题和学会未来发展等事宜进行了研讨。

○21日，“第二届马克思主义与中国新闻传播学研讨会”在济南市开幕。研讨会由马克思主义与中国新闻传播学研究会组委会主办，山东大学新闻传播学院承办。来自中国人民大学、复旦大学、北京师范大学、重庆大学、大众报业集团、清华大学、陕西师范大学、河北大学、中新社山东分社、山东省记者协会、《山东社会科学》杂志社等的百余位学界业界专家参加此次研讨会。

○28日，中国人民大学新闻传播学术话语体系创新深研会第3期举行。会议主题是“旧知识与新问题——互联网新闻学及其可能性”。来自中国人民大学、清华大学、武汉大学、中山大学、中国传媒大学、中国政法大学、上海社会科学院的专家学者展开交流。

5月

○5—7日，“马克思主义新闻观理论研究与教学实践研讨会”在广西大学新闻传播学院举行。研讨会由教育部社会科学委员会语言文学、新闻传播学和艺术学学部和广西大学，联合中国人民大学、复旦大学、中国传媒大学、清华大学、北京大学等10所新闻院校和中宣部教育部特别委托项目"马克思主义新闻观研究"课题组，以及广西马克思主义新闻观研究与实践基地、中国人民大学马克思主义新闻观研究中心等研究机构共同举办。来自全国50多所新闻院校的100多位专家学者齐聚邕城参加会议。

○9日，中国广播影视报刊协会期刊专业委员会2018年会暨融合发展论坛在暨南大学召开。论坛由中国广播影视报刊协会期刊专委会主办，暨南大学新闻与传播学院承办，广东广播电视台《南方电视学刊》协办。来自中国文联、暨南大学、国家广电总局发展研究中心、广东广播电视台、国家新闻出版广电总局宣传管理司、中国广播影视报刊协会、南方财经全媒体集团以及全国多个省市广电系统的影视期刊负责人及学院部分学生参加会议。

○19日，"微聚正能量·新媒体正能量传播"研讨会在北京召开。研讨会由中国社会科学网、中国社会科学院舆情调查实验室主办，微博智库承办。来自中国社会科学院新闻与传播研究所、《中国社会科学》杂志社、新浪微博和多所大学的40余位专家学者参加研讨会。

○19—20日，第三届全国新闻学博士生学术年会在中国传媒大学召开。会议由中国传媒大学新闻传播学部新闻学院主办。年会以"智能·全景·未来想象"为主题，下设8个分论坛，主要探讨新兴技术的发展与应用给当下新闻业带来的机遇与挑战。

○25日，"2018清华财经新闻论坛"在清华大学举行。该论坛的主题为"报道经济发展——叙事与技术"。论坛由清华大学新闻与传播学院主办。来自美国国际记者协会、彭博新闻社、中国国际电视台、新华社、人民日报社、中新经纬、腾讯金融等国内外媒体的专家学者参加了论坛。

○5月26日，改革开放四十年与新闻传播教育发展论坛在中国人民大学举行。论坛由中国高等教育学会新闻学与传播学专业委员会和中国人民大学新闻学院联合主办。全国百余所高校的新闻传播院校负责人、学者与会，就改革开放以来新闻传播教育发展的经验和新时代新闻传播教育的使命展开研讨。

○5月，由新闻史学家、中国人民大学荣誉一级教授方汉奇主编的《中国新闻事业编年史》（第二版）出版。全书三卷本共340万字，记述的时间从713年到2016年，长达1304年，纵贯中国新闻事业从古代、近代、现代到当代的整个历史时期，所记述的史实涉及新闻事业的各个方面。

6月

○1—3日，中国认知传播学会2018年年会暨国际认知传播高端论坛在暨南大学举行。会议聚焦"新媒体环境中的体认革命：认知传播的学科建设、自我图式与娱乐体验"。

○2日，中国人民大学新闻传播学术话语体系创新"深研会"第4期在中国人民大学新闻学院举行。会议主题是"实践中的马克思主义新闻观"。来自中共北京市委宣传部、中国人民大学、清华大学、复旦大学、中国传媒大学、上海大学、陕西师范大学的负责人和专家学者展开交流。

○7日，中国人民大学新闻传播学术话语体系创新深研会第5期举行。研讨会主题是"见'微'知著——微纪录片在文化传播中的实践进路"。中国人民大学新闻学院师生和来自中国网络视听节目服务协会、中国电视艺术委员会等机构的相关负责人和中央广播电视总台、腾讯视频、阿里巴巴文化娱乐集团大优酷事业群、新片场、三声、知了青年的相关微纪录片从业者、研究者展开交流。

○ 8 日，第十三届亚洲传媒论坛在北京召开。论坛聚焦“媒体·艺术·文化”，云集全球传媒学术领域知名学者、前沿业界开拓者、媒体界人士等 150 人，就当下的媒体、艺术和文化多重关系展开多层次的思考，扎根媒体和艺术的文化分析和文化理论，鼓励方法的创新和尖端的理论发展，推动亚洲传媒业的发展，体现“来自亚洲，超越亚洲”的论坛精神，实现“引领传媒前沿，发出亚洲声音”的论坛使命。论坛由中国传媒大学和韩国高等教育财团联合主办。

○ 8—9 日，“大数据时代信息权利问题高峰论坛暨媒介法规与伦理研究委员会常务理事会”在南京市召开。来自包括重庆大学新闻学院在内的全国 15 所高校的学会常务理事参加了会议。会议由中国新闻史学会媒介法规与伦理研究委员会主办、南京师范大学新闻与传播学院承办。

○ 15 日，《中国新闻传播学年鉴》第三届编辑出版研讨会在厦门大学举行。会议由中国社会科学院新闻与传播研究所、中国社会科学出版社主办，厦门大学新闻传播学院承办。

○ 15 日，中国人民大学新闻传播学术话语体系创新深研会第 6 期在中国人民大学新闻学院举行。研讨会主题是“新媒体技术在媒体内容生产和新闻实验教学中的应用现状与展望”。由中国人民大学新闻学院和新华社新媒体中心共同发起的新媒体作品众筹平台同时启动。来自北京大学、清华大学、北京师范大学、中国传媒大学、武汉大学新闻传播院系的专家学者与新华社新媒体中心、网易新闻学院、北京七维视觉科技有限公司、超威半导体产品（中国）有限公司（AMD）、杭州当虹科技有限公司、北京小鸟看看科技有限公司的相关负责人，展开交流。

○ 15—17 日，第二届中国传播创新论坛在武汉大学召开。武汉大学创办的“中国传播创新论坛”旨在聚焦中国传播创新实践，广泛联合中国传播的研究者、实务工作者和管理者，从多维角度探索中国传播创新的路径，从中国传播的发展道路中凝练中国理论，共同推动中国传播研究的创新。

○ 20 日，第十八届中国新闻传播学科研究生学术年会在复旦大学召开。年会以“新时代与新视野：中国传媒变革的进程与趋势”为主题，下设“技术哲学与传媒变革”“传播理论与转型实践”“媒介叙事与全球传播”“社会变迁与媒介伦理”“网络舆情与新闻法治”等分论坛。

○ 25 日，暨南大学新闻与传播学院第四期“中华青年传播学者研修班”举行。研修班的主题是“媒介形象与视觉传播”。研修班由暨南大学新闻与传播学院和国际中华传播学会（CCA）联合举办，旨在为中国大陆和港澳台地区的传播学青年教师提供符合国际视野的、严谨且富有创造性的研究平台。研修班于 2015 年暑期开始，每年举办一期。

○ 26 日，中国人民大学新闻传播学术话语体系创新深研会第 7 期举行。研讨会聚焦新技术、新思路、新举措——新闻实践的发展与新闻实务教学的变革。来自《人民日报》《中国日报》《中国青年报》等新闻传媒领域的业界专家和来自中国人民大学、清华大学、南京大学等高校的学界同人与中国人民大学新闻学院师生，共同就当下新闻实践和实务教学中的热点话题进行探讨。

○ 26 日，中国社会科学院新闻与传播研究所和社会科学文献出版社举办《中国新媒体发展报告（2018）》发布暨新媒体发展研讨会。

○ 29 日，第四届观媒峰会在重庆市召开。峰会由观媒、观媒研究院主办，华龙网联合主办，重庆大学新闻学院为峰会提供学术指导。来自全国的行业主管部门领导、省级党报集团高层、主流都市报和新闻网站总编辑、新媒体领袖、学界专家、企业家等百余人齐聚一堂，围绕“新时代，主流再出发”的主题，共同探讨主流媒体在新时代的深度融合、创新发展。

7 月

○ 7 日，中国新闻史学会新闻传播思想史研究委员会 2018 年会暨第五届中外新闻传播思想史高峰论坛在成都举办。论坛由中国新闻史学会新闻传播思想史研究委员会主办，四川大学文学与新闻学院承办，主题为“反思与跨越：中国传播学发展四十年”。来自中国人民大学、中国传媒大学、复旦大学、清华大学、武汉大学、南京大学、上海交通大学、厦门大学、中山大学、四川大学及台湾政治大学、新加坡国立大学等 30 余所高校和科研机构的专家学者参加了论坛。

○ 8 日，中国科技新闻学会数据新闻专业委员会成立大会在河北大学举行。会议由中国科技新闻学会主办，河北大学新闻传播学院承办。

○ 8 日，“纪念马克思诞辰 200 周年学术研讨会暨《马克思主义新闻观百科全书》新书发布会”在暨南大学举行。会议由暨南大学主办，暨南大学新闻与传播学院和马克思主义新闻理论研究中心承办，中国人民大学出版社和《中国社会科学报》协办。来自国内 30 多位马克思主义专家学者、教师代表与会，并分别围绕“马克思主义新闻观与新时代中国新闻传播新使命”主题和马克思主义新闻观研究与教学，进行研讨和交流。

○ 8 日，“改革开放 40 周年舆情分析论坛”在天津召开。会议由天津市舆情研究中心和天津社会科学院共同主办，天津社会科学院舆情研究所承办，来自全国各高校、科研院所和媒体机构的 30 多位专家学者参加会议。

○ 9—10 日，“首届符号传播学研讨会暨 2018 年符号学高层论坛”在成都举行。论坛由中国新闻史学会符号传播学研究委员会、中国中外文艺理论学会文化与传播符号学研究委员会、四川大学文学与新闻学院联合主办。大会的主题为“传播学与符号学：本体、方法、趋势”。

○ 9—13 日，2018 年全国新闻学教学科研高级研讨班在青岛举行。来自海内外 60 多所高校的近 150 位新闻学教学科研人员及业界精英代表齐聚青岛大学。该研讨班由中国高等教育学会新闻学与传播学专业委员会、中国高等教育学会新闻学与传播学专业委员会新闻学研究会主办，青岛大学新闻与传播学院承办，以“融合 · 规范 · 创新”为主题。

○ 9—14 日，第四期“网络与新媒体讲习班”在重庆大学举行。讲习班由中国新闻史学会网络传播研究会、重庆大学社会科学学部、重庆大学新闻学院共同主办。讲习班邀请了美国纽约州立大学、台湾世新大学、中国人民大学、中山大学、北京航空航天大学的专家学者，《人民日报》、《四川日报》、一点资讯的业界精英，与重庆大学新闻学院的教授、研究员一道担任主讲教师。来自中国传媒大学、上海交通大学、华中科技大学、中山大学、四川大学、湖南大学、大连理工大学等全国 150 多家高校新闻传播院系以及重庆大学的研究生、青年教师，部分媒体机构与政府部门的实务工作者，共计近 400 名学员参加了学习研讨。

○ 17 日，教育部社会科学委员会语言文学、新闻传播学和艺术学学部 2018 年度工作会议在内蒙古大学召开。会议由教育部社会科学委员会语言文学、新闻传播学和艺术学学部主办，内蒙古大学蒙古学学院、山东大学文艺美学研究中心、北京师范大学文艺学研究中心联合承办。教育部社会科学委员会语言文学、新闻传播学和艺术学学部委员，国务院学位委员会中国语言文学学科评议组成员，教育部人文社会科学重点研究基地负责人，全国40多所知名高校、科研院所的领导和专家，内蒙古自治区相关高校、科研院所的领导和专家，内蒙古大学相关职能部门负责人、相关学院领导和专家等90余人参加会议。

8月

○ 18日，中国社会科学院新媒体研究中心与中共玉门市委、玉门市人民政府联合举办的“中国县级媒体融合发展与加强基层主流舆论阵地建设论坛”在甘肃省玉门市举行。

9月

○ 8日，第七届“中国报刊与社会历史研究”学术研讨会在安徽大学举行。来自中国人民大学、中国传媒大学、复旦大学、浙江大学、安徽大学、南开大学、重庆大学、山东大学、天津师范大学、山东师范大学、广东省社会科学院、安徽省社会科学院等多所高校及科研机构的专家学者参加会议。

○ 10日，中国新闻史学会新闻传播教育史研究委员会2018年学术年会开幕式在山东大学举行。年会吸引了来自全国近90所新闻院系的100多位代表参加。年会以“改革开放40年来的中国新闻传播教育”为主题，具体讨论了40年来中国新闻教育改革整体发展、40年新闻教育改革特定阶段、不同地域新闻传播教育改革、代表院系新闻传播教育改革、中国新闻传播教育重要改革者、中国新闻传播教育改革重大问题等议题。发布了中国新闻史学会新闻传播教育史研究委员会的一些重要研究成果。会议期间举行了《中国新闻传播教育年鉴2018》首发式。

○ 14—17日，中国新闻史学会少数民族新闻传播史研究委员会2018年年会在甘肃举行。会议由中国新闻史学会少数民族新闻传播史研究委员会、西北民族大学新闻传播学院、河西学院信息技术与传媒学院主办，西北民族文化传播研究中心（西北民族大学新闻传播学院与武汉大学媒体发展研究中心共建）承办。来自北京大学、武汉大学、厦门大学、河北大学、云南大学、中国文化大学（台湾）、中国传媒大学等高校的100多名专家学者、媒体嘉宾及西北民族大学、河西学院的师生代表参加了会议。

○ 15日，广东省广告教育联盟成立大会在暨南大学新闻与传播学院举办。

○ 15—16日，以“责任与悖论：新时代的媒介法规与伦理研究”为主题的首届中国媒介法规与伦理学术年会在华中师范大学新闻与传播学院举行。该学术年会是继中国新闻史学会媒介法规与伦理研究委员会成立以来的第一次学术盛会，由中国新闻史学会媒介法规与伦理研究委员会主办，华中师范大学新闻传播学院承办。来自中国人民大学、中国传媒大学、复旦大学、北京大学、武汉大学、华中科技大学、华中师范大学、华东政法大学、山东大学、北京师范大学、厦门大学、重庆大学、南京师范大学、上海大学、中国社会科学院等多所高校及科研机构的专家学者参加了会议。

○ 15—16日，第四届中国新闻史学会青年论坛在山东大学举行。论坛由中国新闻史学会、中国社会科学院新闻与传播研究所主办，山东大学新闻传播学院承办。

○ 21—22日，中国新闻史学会计算传播学研究委员会成立大会暨2018计算传播学年会在北京师范大学举行。来自全国70余家单位的近200名学者参加了年会。

○22日，第六届国家传播战略高峰论坛在华中科技大学举行。来自国内知名学府、军方、政府及业界的70余名专家学者参与了论坛。论坛由华中科技大学主办，国家传播战略研究院承办，论坛主题是“新时代、新传播、新战略”。

○23日，中国新闻史学会地方新闻史研究委员会成立大会在广州举行。该委员会由华南理工大学新闻与传播学院牵头，联合全国80余所高校与科研机构共同建成。

○26日，中国人民大学新闻传播学术话语体系创新深研会第9期“双一流”与虚拟仿真项目建设在中国人民大学新闻学院举行。来自中国人民大学、清华大学、复旦大学、上海交通大学、中国传媒大学、浙江大学、武汉大学、华中科技大学、暨南大学、河南大学等10所高校的专家学者展开交流，深入探讨虚拟仿真实验教学项目的设计与建设、各高校统筹协调共建项目等问题。

○29日，“第二届全国马克思主义新闻观中国化学术年会”在陕西师范大学长安校区召开。会议由陕西师范大学新闻与传播学院、马克思主义新闻观中国化研究中心、延安大学文学与新闻传播学院、《陕西师范大学学报》联合主办。来自中国人民大学、复旦大学、清华大学、北京大学等国内30多所高校与研究机构的100余位专家学者参加会议。

10月

○12—13日，纪念浙江传媒学院建校40周年校庆系列学术活动之“受众心理与传媒创新”学术研讨会在浙江传媒学院召开。研讨会由浙江传媒学院新闻与传播学院、浙江传媒学院新闻与传播研究院主办，中国高校影视学会媒介文化研究专业委员会、《浙江传媒学院学报》编辑部、《媒介文化》编辑部协办。来自浙江大学、南京大学、中国传媒大学、暨南大学、上海交通大学、苏州大学和浙江传媒学院的80多位专家学者及媒体专业人士围绕“新时期受众心理的特征研究”等6个议题展开研讨。

○13日，第十四届中国传播学大会在重庆大学举行。大会由中国新闻文化促进会、中国社会科学院新闻与传播研究所、重庆大学新闻学院联合举办，重庆大学新闻传播与社会发展研究院承办。会议主题为“中国传播学40年：新时代、新使命、新担当”。来自香港中文大学、台湾师范大学、世新大学、铭传大学、清华大学、北京大学、中国人民大学、复旦大学、浙江大学、上海交通大学、武汉大学、华中科技大学、四川大学、南京大学、中国传媒大学、中山大学等60多所高校的专家学者，以及中国社会科学院、新华社、中国国际广播电台、中国外文局当代中国与世界研究院等机构的近200名专家学者出席会议。

○13日，“中外新闻传播学院院长会议（2018）暨2018中国传播学论坛”在中国人民大学举办。论坛由中国高等教育学会新闻学与传播学专业委员会、中国人民大学新闻学院、中国新闻史学会传播学研究会共同发起。

○13—14日，2018第三届数字媒体研究年会在北京师范大学召开。会议由北京师范大学数字创意媒体研究中心、北京师范大学艺术与传媒学院数字媒体系主办。会议旨在从数字媒体文本内容为切入口，探究数字媒体内容研究的理论与方法拓展。大会包括数字内容文本分析、在线公共意见演化、数字内容与新媒体艺术、计算技术与数字内容、数字内容与文化表征、数字游戏虚拟现实与身份认同、社交媒体内容与青年文化、隐私监控与大数据等议题。

○ 18 日，“智媒时代的传播伦理”专题研讨会。研讨会的主题为“智媒时代的传播伦理：问题、主义与前景”。研讨会由中国传媒大学主办。

○ 19—22 日，“世界传播论坛 2018：一带一路与新闻传播学教育的跨文化交流”暨上海大学新闻传播学院揭牌仪式在上海大学举行。作为新闻传播界的国际盛会，世界传播论坛 2018 由中国社会科学院—上海市人民政府上海研究院和上海大学主办。论坛重点围绕在“一带一路”倡议下如何做好新闻传播，更有效地向世界传播中国声音等议题开展研讨。来自英国、日本、比利时、瑞士、俄罗斯、印度等多个国家的近百位学者，以及来自国内各高校、科研院所、政府机构和媒体单位的 100 余位专家参加论坛。与会专家讨论内容涉及全球传播视野下的战略思考与理论探析，媒体融合背景下各国新闻传播学教育的创新转型与整合实践等。不少权威学者指出，新闻传播教育要主动为服务国家对外开放战略和“一带一路”倡议提供智力支持。

○ 20 日，第二届中国主持传播论坛（2018）在浙江传媒学院开幕。论坛由浙江传媒学院播音与主持艺术学院和中国人民大学新闻学院联合主办。来自罗格斯新泽西州立大学、乔治华盛顿大学、中国人民大学、中国传媒大学、北京外国语大学、浙江传媒学院等全国多所高校和单位的博（硕）士研究生、专家学者、从业者等 200 余人围绕“技术与人——融媒体时代的主持传播”这一主题进行了探讨。

○ 20—21 日，第八届批判传播学年会在上海召开。年会由华东师范大学传播学院、浙江缙云县河阳乡村研究院主办。

○ 20—21 日，2018 应用新闻传播论坛暨十大创新案例颁奖大会在上海体育学院召开。会议由中国新闻史学会应用新闻传播学研究委员会主办，上海体育学院体育新闻传播与外语学院承办，中山大学传播与设计学院协办。《新闻记者》和《新闻与写作》作为特邀学术期刊单位代表参加会议。来自《新闻与传播研究》杂志、上海社会科学院、同济大学、华东师范大学、安徽大学、湖北大学、广西大学、苏州大会、河北大学等国内高等院校和研究机构的学者和媒体嘉宾共享盛会。

○ 25 日，亚太新闻传播学会联盟（Asian-Pacific Communication Alliance，AP-CA）在清华大学成立。

○ 27 日，“4K 产业实践型人才培养论坛”在广州举行。论坛由华南理工大学新闻与传播学院和学校国家级文科综合实验教学示范中心联合主办，成都华栖云科技有限公司、索尼广州分公司协办。

○ 27—28 日，中国新闻史学会 2018 年学术年会在浙江大学举行。大会由中国新闻史学会、浙江大学联合主办，浙江大学传媒与国际文化学院承办，中国新闻史学会各研究委员会联合协办。会议主题为“全球视野，中国特色——数字时代的新闻传播与美好生活”，包括院长论坛、新闻传播学刊主编论坛、新闻传播史专题论坛、博士生论坛等 40 多个分论坛。来自中国社会科学院、清华大学、北京大学、中国人民大学、中国传媒大学、复旦大学、上海交通大学、武汉大学、华中科技大学、南京大学、中山大学等高校近千名学者参加会议。

○ 27—28 日，中国高等教育学会广告教育专业委员会 2018 年学术年会暨第九届中国广告教育论坛在浙江乌镇召开。论坛由中国高等教育学会广告教育专业委员会、浙江传媒学院主办。论坛旨在深刻理解广告教育在新时代的新使命和新担当，洞察新趋势对广告人才的新需求，提高高校广告学专业的人才质量。

○ 28 日，以“智能传播：机遇与挑战”为主题的 2018 新媒体国际论坛在上海交通大学召开。论坛由上海交通大学媒体与传播学院和国际传播学会（ICA）共同主办，来自海内外的嘉宾学者 500 余人相聚该校媒体与传播学院，重点研讨了智能媒体未来的发展前景、技术应用及其现实影响等前沿成果。论坛以智能传播为核心议题，内容涉及智能媒体时代新闻行业的发展、智能媒体技术及方法的前沿应用、智媒时代的新闻传播教育、智能营销与智媒时代的政治传播、人工智能的中国想象、数字时代的网络文化等。

11 月

○ 2—4 日，中国高校影视学会媒介文化专业委员会“2018 媒介文化论坛”在广州大学召开。论坛由中国高等院校影视学会媒介文化专业委员会、广州大学主办。论坛主题为“新媒体时代的技术革新与新媒介文化形态”，从媒介文化理论和实践层面，深入讨论新媒体时代的技术变革与新媒介文化形态形成的关系，旨在为了更好地理解新媒体时代技术、社会与文化之间的关系，更集中地关注全球数字技术变革下的中国媒介与文化发展问题。

○ 3—4 日，第一届“中国人民大学马克思主义新闻观与中国特色社会主义新闻理论的发展与创新骨干师资高级研修班”在中国人民大学新闻学院举办，来自全国 30 余家高等新闻教育机构的学员参加。该研修班由中国高等教育学会新闻学与传播学专业委员会、中国人民大学新闻学院、中国人民大学马克思主义新闻观研究中心共同发起，旨在总结中国共产党领导下的新闻传播事业和新闻教育的经验，探讨马克思主义新闻观与中国新闻实践的发展与创新，提高国内高校相关领域课程教学水平。

○ 10 日，由厦门大学和人民网联合主办的“2018 新闻传播学院院长论坛”在厦门大学举行。人民日报社、教育部、福建省委、厦门市委、厦门大学相关领导，全国知名高校新闻传播学院的领导和专家学者，互联网新闻信息传播平台、企业代表等 100 余位嘉宾出席。

○ 10 日，中国新闻史学会新闻传播教育史研究委员会 2018 年学术年会会议在山东大学举行。年会吸引了来自全国近 90 所新闻院系的 100 多位代表参加。此次会议由山东大学新闻传播学院承办。年会以“改革开放 40 年来的中国新闻传播教育”为主题，发布了中国新闻史学会新闻传播教育史研究委员会的一些重要研究成果。

○ 10 日，“2018 清华国家形象论坛”在清华大学举行。论坛以“文化自信与国家形象”为主题。

○ 12 日，中国人民大学新闻传播学术话语体系创新深研会第 10 期“跨学科视域下的创意传播教学实践”在中国人民大学新闻学院汉青苑举行。深研会聚焦于以“项目—任务”“兴趣—专长”为导向的人才培养方式，中国人民大学新闻学院、艺术学院师生与信息设计、新媒体设计、广告实践教学等领域专家学者展开对话。

○ 16 日，著名新闻教育家、中国人民大学新闻学院原院长、教授何梓华因突发疾病医治无效，于 2018 年 11 月 16 日 10 时 20 分逝世。何梓华，祖籍广东南海，1949 年 9 月，入燕京大学外语系学习，翌年，转入新闻系；1952 年院系调整，师生按建制并入北京大学中文系编辑专业。何梓华教授从事新闻教育工作 40 余年，1953 年本科毕业后先后在北京大学新闻专业和中国人民大学新闻系任讲师、副教授、教授。1988 年起任中国人民大学新闻学院副院长、院长等职。先后主持制定新闻学科“八五”和“九五”的研究规划。主编

《新闻理论教程》《新闻学概论》《产业化——青年报刊业的前景与挑战》等著作。其中，《新闻理论教程（修订版）》被教育部列为普通高等教育“十一五”国家级规划教材；《新闻学概论》是马克思主义理论研究和建设工程的重点教材。1992年，因对教育工作有贡献获国务院颁发的政府特殊津贴。

○ 17 日，中国高等教育学会新闻学与传播学专业委员会第八届理事会第一次全体会议暨“智媒时代的新闻教育创新学术论坛”在暨南大学举行，来自全国各地 70 余所新闻院校的专家学者齐聚一堂，共襄盛会。会议议程紧密围绕学会工作、新闻传播学科建设等内容展开，并对 11 项“中国新闻学与传播学教学改革创新项目”进行表彰。

○ 17—18 日，2018 中国新媒体传播学年会在深圳大学举行。大会以“新媒体时代：科技与人文的重逢”为主题。会议由中国新闻史学会网络传播史研究委员会主办，深圳大学传播学院承办。大会旨在深入解读新媒体时代的文化逻辑和社会景观，探讨公共领域、商业领域和日常生活领域面临的机遇、挑战与风险。来自美国南卡罗来纳大学、香港城市大学、香港浸会大学、澳门大学、清华大学、北京大学、中国人民大学、复旦大学、南京大学、重庆大学等中外高校与科研机构的 200 余位专家学者参加了大会。

○ 18 日，“医疗、人本与媒介——‘健康中国’与健康传播的多元进路”学术论坛在北京举行。论坛由北京大学、乔治全球健康研究院主办。研讨会以主题发言为引导，提倡多元视角，探求当前中国健康传播的研究主题、理论建构和方法路径。

○ 24 日，第十一届（2018）中国新闻学年会在北京举行，年会主题为“中国新闻学研究与教育百年暨新闻教育改革四十年”。年会由中国高等教育学会新闻学与传播学专业委员会、中国高等教育学会新闻学与传播学专业委员会新闻学研究会共同主办，中国人民大学新闻学院、中国人民大学马克思主义新闻观研究中心承办。来自中国人民大学、中国传媒大学、清华大学、北京外国语大学、武汉大学、华中科技大学、上海大学、上海交通大学、广西大学、陕西师范大学等高校的 100 余位专家学者与会，就中国新闻学研究与教育百年、新闻教育改革 40 年等相关议题进行了充分研讨。

○ 24 日，中国新闻学百年暨中国社会科学院新闻与传播研究所成立四十周年学术研讨会在北京举行。中国社会科学院院长、党组书记谢伏瞻，原新闻出版总署署长、清华大学新闻与传播学院院长柳斌杰，中国记协主席张研农，中国社会科学院副院长李培林，中国人民大学荣誉一级教授方汉奇等出席会议。来自中国人民大学、中国传媒大学、武汉大学、华中科技大学、南京大学、中山大学等数十所高校新闻传播学院的院长、教授及地方社科院等的近 200 位专家学者与会。

○ 25 日，“首届（2018）中国新闻学传播学论坛・中国新闻学百年暨新闻业改革四十周年研讨会”在中国人民大学举办。研讨会由教育部社会科学委员会语言文学、新闻传播学和艺术学学部牵头，与中国新闻学传播学论坛组委会、中国高等教育学会新闻学与传播学专业委员会、中国人民大学新闻学院、中国传媒大学新闻传播学部、清华大学新闻与传播学院、北京大学新闻与传播学院联合主办。研讨会得到国内知名新闻学传播学学者，以及亲历过新闻业改革 40 年并作出过重要贡献的新闻业界人士和新闻教育、新闻实务机构资深人士的积极支持，参会代表近 200 人。

○ 25 日，“2018 年中国科技传播论坛暨中国科技新闻学会第十四次学术年会”

在北京中国科技会堂举行，大会主题为“下一代互联网时代的科技传播”。科研院校等单位的领导，中央主要媒体的编辑记者和来自科研院校等单位的220余人参加论坛。论坛期间颁发了2018年科技传播奖。

○28日，中国社会科学院新媒体中心与人民网、中共南京市委宣传部和腾讯公司共同主办的“第二届互联网大数据与社会治理南京智库峰会”在南京市举行。

○30日，马克思主义新闻观教学与研究论坛在深圳大学举行。论坛由深圳大学传播学院、深圳大学传媒与文化发展研究中心联合举办。来自北京大学、中国人民大学、中国传媒大学、复旦大学、武汉大学等著名高校和科研院所的20余位专家学者出席会议，就马克思主义新闻观研究、教育以及实践等主题进行了探讨。

12月

○1—2日，首届意识形态与舆论研究高峰论坛在海口市举行。论坛由海南省意识形态与舆论研究基地、海南师范大学新闻传播与影视学院、复旦大学新闻传播与媒介化社会研究国家哲学社会科学创新基地和广西大学新闻传播学院共同主办。来自海南省内外各高校及研究机构的110余名专家学者齐聚海南师范大学，就相关议题展开探讨。

○1—2日，中国新闻史学会视听传播研究委员会2018学术年会在西南大学举行，会议主题为“视觉议题研究：新理论·新方法·新趋势”。会议由中国新闻史学会视听传播研究委员会、西南大学新闻传媒学院、暨南大学新闻与传播学院联合主办，来自清华大学、中国人民大学、复旦大学、武汉大学、中国传媒大学等国内40余所高校的近100名学者与会，分享研究成果，碰撞观点。

○2日，“2018民族新闻与文化传播创新研讨会暨民族地区新闻与传播学院院长会议”在广西大学召开。会议由广西大学新闻传播学院、广西大学民族新闻与文化传播研究中心主办。来自全国民族地区新闻与传播学院和研究机构的代表70余人参加研讨会。

○7—9日，以“新时代中国形象的翻译、构建与传播”为主题的“第三届中国形象研究高端论坛”在上海市召开。论坛由上海交通大学外国语学院主办。论坛从语言学、翻译学、文学、文化学、新闻传播学、心理学、国际关系和数据科学等多学科角度探讨中国形象的翻译、构建与传播。

○8日，第十三届中国健康传播大会在北京市举行。来自世界各国医药卫生界、新闻传播界的领导、专家、学者及媒体记者300余人参加了大会。大会以“面向未来的健康传播”为主题，除颁发“2018年度中国健康传播好作品奖”和“2018年度中国健康传播十佳论文奖”外，新增了“2018年自然健康传播奖”，并进行了中国职场女性健康绿皮书、城市健康指数、慢病防控与健康生活方式倡导案例、豆浆营养特征及评价体系等研究成果的发布。

○9日，由中国新闻史学会党报党刊研究委员会主办、南昌大学新闻与传播学院承办的“2018‘新闻与传播学’一流学科建设高层论坛”在南昌市举行，来自全国各大新闻院校和传媒机构的数十位新闻传播领域的负责人、专家和学者，围绕“一流学科建设”进行了讨论。

○15日，由重庆大学新闻学院主办、重庆大学新闻传播与社会发展研究院承办的“第二届传播媒体与文化建设高端论坛”在重庆大学举行。来自北京师范大学、华中科技大学、暨南大学、深圳大学、苏州大学、辽宁大学、陕西师范大学、西南大学等16所高校的专家学者与来自中国教育电视台、《重庆日报》、华龙网等媒体的新闻工作者，探讨新时代传媒发展与文化建设的相关问题。

○ 21 日，中国人民大学新闻学院与北大方正信息产业集团合作共建签约暨智慧媒体未来实验室启动仪式在中国人民大学举行。智慧媒体未来实验室由中国人民大学新闻学院、北大方正信息产业集团数字出版技术国家重点实验室、北京北大方正电子有限公司三方合作共建，拟从新闻线索发现、传播影响力评估、新闻分类标准体系、新闻智能推荐等方面进行课题研究。

○ 29 日，“新媒体产业与计算传播学高端研讨会”在重庆大学虎溪校区举行。来自香港城市大学、北京师范大学、北京航空航天大学、中国人民警察大学、复旦大学、上海交通大学、南京大学、南开大学、西安交通大学等 21 所高校，以及各大媒体机构、政府机关的 200 余名专家学者共聚一堂，探讨新媒体产业与计算传播学发展的相关问题。研讨会由重庆大学青年教师技术协会、重庆高新区管委会办公室主办，重庆大学新闻传播与社会发展研究院承办，重庆大学新闻学院协办。

整理：叶　俊（中国社会科学院新闻与传播研究所助理研究员）

概况编

第十二篇
高校学术概况

中国传媒大学新闻传播学科2018年学术发展概况

中国人民大学新闻学院2018年学术发展概况

复旦大学新闻学院2018年学术发展概况

南京大学新闻传播学院2018年学术发展概况

四川大学新闻学院2018年学术发展概况

河北大学新闻传播学院2018年学术发展概况

武汉大学新闻与传播学院2018年学术发展概况

北京大学新闻与传播学院2018年学术发展概况

暨南大学新闻与传播学院2018年学术发展概况

清华大学新闻与传播学院2018年学术发展概况

中山大学传播与设计学院2018年学术发展概况

天津师范大学新闻传播学院2018年学术发展概况

安徽大学新闻传播学院2018年学术发展概况

汕头大学长江新闻与传播学院2018年学术发展概况

南京师范大学新闻与传播学院2018年学术发展概况

郑州大学新闻与传播学院2018年学术发展概况

华南理工大学新闻与传播学院2018年学术发展概况

华东师范大学传播学院2018年学术发展概况

厦门大学新闻传播学院2018年学术发展概况

重庆大学新闻学院2018年学术发展概况

华中科技大学新闻与信息传播学院2018年学术发展概况

上海大学新闻传播学院2018年学术发展概况

中国传媒大学新闻传播学科2018年学术发展概况

一、学术成果概述

2018年中国传媒大学立足国家战略、紧跟媒介前沿，取得了较为丰硕的教学科研和社会服务成果。学校始终坚持马克思主义新闻观，将其纳入学生“开学第一课”；多次组织学生赴历史革命老区、精准扶贫地区开展社会调研，引导学生“进基层、懂国情、长本领”；注重将专业培养对接国家战略与社会需求，师生团队发起“光明影院”项目，为视障人士每年制作104部无障碍电影，并将作品成果赠予全国盲协、盲校、社区、图书馆。同时，学校成立了智能融媒体教育部重点实验室等省部级、校级学术科研机构，多次举办国内外学术会议，搭建国际化交流平台、发出中国学者声音。此外，新闻传播学科师资团队建设与传媒人才培养成绩显著，新晋教授（研究员）9名。

二、学校现任领导

党委书记	校长	副校长	党委副书记
陈文申	廖祥忠	刘延平、刘守训、李新军、张树庭、段鹏	廖祥忠（兼）、姜绪范、王达品

三、2018年学校新晋教授

姓名	职称	研究方向
王　志	教授	新闻传播学
付晓光	教授	新闻传播学
徐培喜	教授	新闻传播学
顾　洁	教授	新闻传播学
康　瑾	教授	新闻传播学
段晶晶	教授	新闻传播学
谢进川	教授	新闻传播学
符绍强	研究员	新闻传播学
任孟山	研究员	新闻传播学

四、2018年新设学术科研机构

省部级研究中心（所）

（1）名称：北京市习近平新时代中国特色社会主义思想研究中心中国传媒大学研究基地；负责人：王达品

宗旨：在北京研究中心的统一指导下，发挥新闻传播、艺术类等学科专业优势，通过整合资源、学科协同、定向攻关，努力打造成特色鲜明、在国内具有重要影响力的研究平台，为学校思想理论建设和意识形态工作提供支持服务，为国家和北京市理论研究和创新提供支持服务。

（2）名称：智能融媒体教育部重点实验室；负责人：高晓虹

宗旨：创建媒体融合与传播理论及服务模式，引领媒体融合与传播领域的科研创新，搭建媒体融合与传播领域的先导实验环境，培养媒体融合与传播领域的高精尖人才，服务中国特色的媒体融合向纵深发展。聚焦媒体融合领域重大科学前沿问题、国家重大需求，超前开展可能引发重大变革的基础研究和应用基础研究，并形成媒体融合传播系统研究和媒体融合领域高精尖人才培养模式。

五、所承担的国家级、省部级科研项目、课题

1. 2018年立项的国家级、省部级科研项目、课题

项目类型	项目名称	项目负责人
国家社科基金重大项目	“一带一路”对外宣传及国际舆论引导问题研究	李继东
国家社科基金年度项目	移动互联网背景下主流媒体新闻视听传播变革研究	曾祥敏
国家社科基金年度项目	习近平新闻舆论思想研究	雷跃捷
国家社科基金年度项目	中国广告40年研究	丁俊杰
国家社科基金年度项目	新时代中国特色社会主义新闻观念结构与演进研究	涂凌波
国家社科基金后期资助项目	公益广告的运行机制与传播效果研究	初广志
教育部人文社会科学研究项目	乡村振兴视野下的乡村春晚研究	龚伟亮
广电总局社科研究项目	媒体融合背景下我国广播电视创新发展研究	段　鹏
教育部社科重点研究基地项目	中国传媒体制机制创新研究	胡正荣
北京市社科研究项目	新时代网络空间治理的实践创新研究	付晓光

2. 2018年结项的国家级、省部级科研项目、课题

项目类型	项目名称	项目负责人
教育部人文社会科学研究项目	广告学概论（马克思主义理论研究和建设工程重点教材编写专项）	丁俊杰
教育部社科重点研究基地项目	中国主流媒体融合创新研究	段　鹏
北京市社科研究项目	北京地区传统媒体发展策略研究	段　鹏
国家其他部委项目	电视节目跨屏传播效果评估体系研究	刘燕南
广电总局社科研究项目	打工春晚：流动人口的广播影视公共服务模式研究	曹培鑫
广电总局社科研究项目	媒介发展新态势下广播节目模式创新研究	孟　伟
广电总局社科研究项目	省级卫视频道管理调控与战略发展研究	郎劲松
广电总局社科研究项目	新形势下广播电视媒体对台传播效果研究	张　丽
广电总局社科研究项目	电视新闻语体变革与提高舆论引导力研究	任前方
国家其他部委项目	互联网群体传播语境下的电视节目策划研究	隋　岩

六、2018 年学术成果汇总

1. 著述、教材情况

第一作者	书名	出版社
段　鹏	中国主流媒体融合创新研究	中国传媒大学出版社
段　鹏	*Social Media Studies*(Volume 2)	SAGE Publications India Pvt Ltd
符绍强	知行合一:电视媒体研究十年报告	经济科学出版社
龙小农	中国对非软实力建构:话语权与影响力的视角	中央编译出版社
艾红红	广播电视学学科建设:历史、现状与未来	中国广播影视出版社
曹培鑫	摄影批评	中国传媒大学出版社
刘笑盈	国际新闻史	中国广播影视出版社
薛宝琴	网络舆论引导机制研究	人民日报出版社
徐培喜	全球传播政策:从传统媒介到互联网	清华大学出版社
付晓光	见微知著:网络热点事件评析(第一辑)	中国传媒大学出版社

2. 发表论文情况

第一作者	论文标题	发表期刊	刊期
孙明源	社会变迁视阈下的中国城市居民媒介使用与生态环境认知	新闻与传播研究	2018/12
方毅华	论数据新闻的叙事范式	现代传播①	2018/12
孟　伟	知识经济背景下在线音频出版的媒介原动力	科技与出版	2018/12
段　鹏	媒介融合视域下近年国产商业电影海外传播现状与策略分析	当代电影	2018/12
李　智	新世界主义:人类命运共同体的世界观基础	北京行政学院学报	2018/6
刘红梅	回到未来——吉加·维尔托夫的先锋电影理论与实践	当代电影	2018/11
吴炜华	先锋纪录片的文化谱系:从伊文思到罗恩·弗里克	当代电影	2018/11
隋　岩	群体传播时代:信息生产方式的变革与影响	中国社会科学	2018/11
刘燕南	探寻海外华语观众的变化轨迹——基于央视中文国际频道 2013—2017 年海外观众调查的分析	中国电视	2018/11
顾　洁	非英语国家主流媒体中的中国形象研究	现代传播	2018/11
段　鹏	智能媒体语境下的未来影像:概念、现状与前景	现代传播	2018/10

① 第十二篇“高校学术概况”表格中,《现代传播(中国传媒大学学报)》简称《现代传播》。

续表

第一作者	论文标题	发表期刊	刊期
吴殿义	视频内容跨屏传播评估的产品及其发展	现代传播	2018/2
薛宝琴	网上正能量概念指标体系的建构及其测试——以2016年"五个一百"网络正能量精品评选活动入选作品为例	当代传播	2018/5
黄升民	改革开放四十年中国企业品牌的成长动力考察	现代传播	2018/9
康　瑾	西方广告伦理实践及理论研究的演进	现代传播	2018/8
刘燕南	国际传播效果评估指标体系建构:框架、方法与问题	现代传播	2018/8
张艳秋	Exploring Alternative Journalistic Approaches to Report on China and Africa Relations? Comparative Study of Two Best Reporting Awards Projects in China and South Africa	*Journal of African Media Studies*	2018/7
李丹林	以事实为尺度:网络言论自由的界限与第三方事实核查	南京师大学报(社会科学版)	2018/4
赵丽华	理性认识大学出版与知识付费	现代出版	2018/4
韩　霄	Searching for an Online Space for Feminism? The Chinese Feminist Group Gender Watch Women's Voice and Its Changing Approaches to Online Misogyny	*Feminist Media Studies*	2018/7
张　磊	社会关系的空间化:旅行真人秀节目中的移动性	中国电视	2018/7
李艾珂	世界信息传播秩序演变与中国的贡献——以中国国际电视台(CGTN)的传播实践为例	现代传播	2018/6
段　鹏	网络大电影的发展趋势及其现状研究	当代电影	2018/6
顾　洁	媒介研究的实践范式:框架、路径与启示	新闻与传播研究	2018/6
高　萍	《国家宝藏》在融媒体时代的传播创新	中国电视	2018/5
贾乐蓉	从"社交媒体上的政治"到"有关社交媒体的政治"——2012年以来俄罗斯关于社交媒体的政策调整及效果评估	国际新闻界	2018/5
李　频	编辑出版学科的发展与变革管窥——以编辑出版的专业逻辑为讨论中心	现代出版	2018/3
曾庆香	新闻中的永恒故事:原型对记者视角的框限	新闻界	2018/6
刘书峰	澳门第一座广播电台考略	现代传播	2018/4
黄升民	改革开放以来国家品牌观念的历史演进与宏观考察	现代传播	2018/3

续表

第一作者	论文标题	发表期刊	刊期
顾　洁	超越刻板:意大利媒体呈现的中国形象——以《晚邮报》涉华报道为例	当代传播	2018/3
吴炜华	"电视+新媒体"深度融合的模式、趋势与思考——2017年广电融媒体发展年度盘点	电视研究	2018/3
段　鹏	媒介融合环境下我国广播电视发展的实践路径与建议	中国电视	2018/3
韩　霄	社会化媒体用户:融合文化下电视社交化的推动者	中国电视	2018/2
王灿发	2017年新闻舆论学研究回顾与思考	中国出版	2018/4
陈卫星	媒介域的方法论意义	国际新闻界	2018/2
李丹林	新媒体资本准入制度:传媒产业立法的核心	南京社会科学	2018/1
宋红梅	自我构建与社交娱乐中的消费意见领袖——电商网红的文化解读	当代传播	2018/1
荆学民	论中国政治传播研究向纵深拓展的三大进路	现代传播	2018/1
王晓红	十九大"党代表通道"的政治传播学意义	现代传播	2018/1
赵丽华	从朗读到有声阅读:阅读史视野中的"听书"	现代出版	2018/1
段　鹏	媒介融合背景下京津冀广电传媒发展策略研究	中国电视	2018/1
董　超	时空维度与影像生态:媒介融合视野下的影像观念	中国电视	2018/9
黄典林	话语范式转型:非虚构新闻叙事兴起的中国语境	新闻记者	2018/5
沈　浩	人工智能:重塑媒体融合新生态	现代传播	2018/7
汤　璇	"一带一路"背景下中国媒体对外传播能力建设——基于《马尼拉时报》涉华报道的稿件来源分析	当代传播	2018/1
朱振明	福柯的"话语与权力"及其传播学意义	现代传播	2018/9
张　开	媒介素养理论框架下的受众研究新论	现代传播	2018/2
曾庆香	新媒体语境下的新闻生产:主体网络与主体间性	新闻记者	2018/4
沈　浩	官方媒体对"美式民主"的解构——基于《人民日报》2016年美国大选报道的框架分析	现代传播	2018/2
顾　洁	From Divergence to Convergence: Institutionalization of Copyright and the Decline of Online Video Piracy in China	*International Communication Gazette*	2018/1

3. 获奖与转载情况

(1) 获奖

奖励名称	成果名称	获奖级别	完成人
“‘中山火炬开发区杯’改革开放与广播电视——纪念改革开放40周年”主题征文活动	深化司法改革背景下法制节目舆论引导艺术	一级学会奖	杨凤娇
中国广播电影电视社会组织联合会第十五届全国广播影视学术论文评奖	“互联网+”语境下纪录片的话语重构和影像赋权	一级学会奖	李　智
中国广播电影电视社会组织联合会第十五届全国广播影视学术论文评奖新媒体研究类	媒体融合视域下的网络自制节目反向输出	一级学会奖	付晓光
首届视听传播优秀学术成果奖一等奖（专著类）	*Chinese Animation, Creative Industry and Digital Culture*	一级学会奖	吴炜华
“‘中山火炬开发区杯’改革开放与广播电视——纪念改革开放40周年”主题征文活动	现场直播在路上	一级学会奖	成文胜

(2) 人大复印报刊资料《新闻与传播》转载

题目	作者	转载期刊
“党代表通道”的意义与创新——诉说党情民意，连接党心民心	陈文申	新闻与传播
“党代表通道”的意义与创新——十九大“党代表通道”的政治传播学意义	王晓红	新闻与传播
论中国政治传播研究向纵深拓展的三大进路	荆学民	新闻与传播
从语境破解专业文本的意义结构	李　频	新闻与传播
黑箱：人工智能技术与新闻生产格局嬗变	仇筠茜	新闻与传播

(3)《新华文摘》转载

题目	作者	转载期刊
改革开放以来国家品牌观念的历史演进与宏观考察	黄升民	新华文摘
融媒体时代财经节目主持人成长路径	柴　璠	新华文摘

(4)《社会科学文摘》转载

题目	作者	转载期刊
融媒体时代国际传播的新特点与新格局	王润珏	社会科学文摘
浅析中国文化走出去效果评估体系的构建	李怀亮	社会科学文摘

4. 承办会议

1月13日，智慧融媒体系列研讨活动之纪录片发展创新研讨会在电视学院举行。会议有两个主要议题：一是中国纪录片如何走向并引领国际？二是融媒体环境下纪录片如何利用新的传播手段提升内容影响力？

6月15—16日，第二届间性研究国际研讨会在中国传媒大学国际交流中心举行。会议由中国传媒大学主办，美国格兰谷州立大学协办，中国传媒大学新闻学院承办。

6月20日，2018"一带一路"记者组织论坛在中国传媒大学国际交流中心举行，该论坛由中华全国新闻工作者协会主办，中国广播电视总台国际广播电台协办，中国传媒大学承办。论坛主题为"构建'一带一路'新闻合作交流新格局"。

6月22—23日，全球化时代的传播、媒介与政府治理国际学术论坛在中国传媒大学国际交流中心举办。论坛由中国传媒大学、全美传播学会主办，新闻传播学部承办，并由三个分论坛、三个工作坊及两个研究生论坛构成。

9月22日，由中国传媒大学传播研究院主办，欧洲传媒研究中心、金砖国家研究中心联合承办，并由《现代传播》、中国传媒大学出版社提供学术支持的"金砖国家与全球传播秩序重构"学术研讨会，在中国传媒大学图书馆开幕。会议形成了"金砖国家在全球传播秩序重构中具有重要作用"的共识。

9月25日，中国传媒大学新闻传播学部电视学院联合山一国际女性电影节，在四川成都举办主题为"新时代女性的创新力"的国际女性论坛。

11月2日，为做好"中非合作论坛北京峰会"成果的落实和宣介工作，由传播研究院非洲传媒研究中心承办的外交部非洲司2018年"非洲英语国媒体学者访华团项目"在中国传媒大学启动。

11月10—11日，第十四届国际博士生学术研讨会在中国传媒大学举行，会议由中国传媒大学主办，传播研究院承办。与会者围绕"打破边界：人文社会科学中的跨学科方法"这一主题介绍了各自的研究主题，并展开讨论。

12月16日，以"改革开放四十年与党报"为主题的"人民共和国党报论坛"第十五届（2018）年会在中国传媒大学举行。年会由中国传媒大学党报党刊研究中心、天津师范大学新闻传播学院、河北大学新闻传播学院联合主办。

供稿：中国传媒大学

中国人民大学新闻学院2018年学术发展概况

一、学术成果概述

2018年中国人民大学新闻学院全院师生共发表中文核心期刊论文158篇，其中A类13篇，B类74篇，发表国际核心期刊论文2篇，其中A类2篇；已立项国家级科研项目5项，省部级科研项目6项；已立项横向科研项目19项，校级项目8项；出版中文著作19部，外文著作3部。

二、学院现任领导

院长	执行院长	副院长	党委书记	党委副书记
赵启正	胡百精	张辉峰、王润泽、赵云泽	周　勇	韩晓宁、孙权

三、2018年学院新晋教授

姓名	职称	研究方向
赵云泽	教授	新闻史、新媒体
许向东	教授	新闻业务
邓绍根	教授	新闻史

四、所承担的国家级、省部级科研项目、课题

1. 2018年立项的国家级、省部级科研项目、课题

项目类型	项目名称	项目负责人
国家自然科学基金项目青年科学基金项目	时空感知的异构社交网络传播模型研究	塔　娜
国家社会科学基金项目一般项目	算法推送环境下新闻生产流程重构研究	王　斌
国家社会科学基金项目一般项目	面向融合传播的新闻内容生产机制研究	唐　铮
国家社会科学基金项目重点项目	全球主要智库的作用及对我国的启示研究	王莉丽
国家社会科学基金项目重点项目	新技术影像与社会再生产研究	殷　强
北京市社会科学基金项目青年项目	异构社交网络传播模型及其上北京影响力最大化问题研究	塔　娜

续表

项目类型	项目名称	项目负责人
北京市社会科学基金项目重点项目	北京冬奥会国际传播与新媒体传播体系研究——策略设计与渠道选择	胡百精
北京市社会科学基金项目重点项目	改革开放40周年首都地区新闻从业人员职业权威研究	陈　阳
教育部人文社科项目青年项目	商业模式创新视角下平台型媒体的建构路径研究	黄　淼
教育部人文社科项目专项任务项目	强化意识形态责任,筑牢思想舆论阵地	郑保卫
教育部人文社科项目专项任务项目	高校智库专刊	周　俊

2. 2018年结项的国家级、省部级科研项目、课题

项目类型	项目名称	项目负责人
教育部人文社科项目青年项目	进城务工人员媒介素养研究	陈继静
国家社会科学基金项目学术期刊资助	国际新闻界	刘海龙
国家社会科学基金项目一般项目	重大突发公共事件依法报道研究	周建明
教育部人文社科项目专项任务项目	高校智库专刊	周　俊
北京市社会科学基金项目重点项目	线上话语空间建构与线下动员——突发公共事件的微博传播与预警机制研究	喻国明
北京市社会科学基金项目青年项目	北京市突发公共事件在自媒体中的传播和线下动员机制研究	李　彪
教育部人文社科项目专项任务项目	强化意识形态责任,筑牢思想舆论阵地	郑保卫
教育部人文社科项目基地重大项目	全球传播背景下的中国公共外交研究	钟　新
北京市社会科学基金项目青年项目	移动互联网时代北京市政府形象传播与媒体沟通策略研究	黄　河
北京市社会科学基金项目一般项目	北京市影视剧产业的融资环境与制度创新	张辉锋

五、2018年学术成果汇总

1. 著述、教材情况

第一作者	书名	出版社
胡百精	公共关系学(第二版)	中国人民大学出版社
韩晓宁	国际传媒集团经营发展与战略转型	世界图书出版公司
任　悦	理解一张照片:约翰·伯格论摄影	中国美术学院出版社
王莉丽	公共外交:多元理论与舆论战略研究	中国社会科学出版社
方汉奇	中国新闻事业编年史(第二版)	福建人民出版社

续表

第一作者	书名	出版社
陈力丹	人所具有的我都具有——马克思恩格斯经典语录(第二版)	中国人民大学出版社
黄　河	移动互联时代的政府形象传播	中国人民大学出版社
许向东	数据新闻可视化	中国人民大学出版社
徐艺心	信息隐私保护制度研究	中国传媒大学出版社
盛希贵	新编新闻摄影教程	中国国际广播出版社
方汉奇	民国时期新闻史料三编(全 26 册)	国家图书馆出版社
王树良	设计博物馆	中国友谊出版公司
陈力丹	马克思主义新闻观百科全书	中国人民大学出版社
高　钢	新闻采访与写作	中国人民大学出版社
殷　强	塔季扬娜・尼洛夫娜・雅勃隆斯卡娅的视觉审美	人民美术出版社
陈力丹	解析中国新闻传播学 2018	中国人民大学出版社
王树良	设计的结构与形式——创新实践的关键要素	中国建筑工业出版社
王树良	纽约:一个伟大城市的故事	中国友谊出版公司
李　彪	虚拟社群传播	人民日报出版社
贾文山	*Intercultural Communication*: *Adapting to Emerging Global Realities* (2nd Edition)	Cognella Press
赵云泽	*A History of Journalism and Communication in China*	Routledge
匡文波	*Social Media in China*	Palgrave Macmillan

2. 发表论文情况

第一作者	论文标题	发表期刊	刊期
胡百精	专业自主性、回应社会与中西平衡:燕京大学新闻教育的面向——基于 160 篇燕大新闻系毕业论文的视角	新闻与传播研究	2018/12
李　彪	网络小说成为超级 IP 的影响因素与生成机理研究——基于 45 例网络小说 IP 的定性比较分析(QCA)	国际新闻界	2018/12
殷　强	总统影像的视觉修辞:对白宫 Flickr 网站图片的分析	国际新闻界	2018/12
郑保卫	论邓小平、江泽民、胡锦涛、习近平互联网思想的主要观点及理论贡献	国际新闻界	2018/12
周　勇	“自主”的情境:直播与社会互动关系建构的当代再现——对梅罗维茨情境论的再审视	国际新闻界	2018/12

续表

第一作者	论文标题	发表期刊	刊期
赵永华	文化认同视角下"一带一路"跨文化传播路径选择	国际新闻界	2018/12
李　彪	危机语境下趣缘社群话语空间重构与维系研究——以鹿晗粉丝群为例	现代传播	2018/12
孙利军	知识服务:重塑出版与读者关系	出版发行研究	2018/12
张辉锋	影视上市公司融资结构对业绩影响的实证研究	新闻大学	2018/6
王　斌	反推式变革:数字环境中的新闻消费特点和转型路径	编辑之友	2018/12
王　阳	西方现代新闻观念的理解框架与核心构成	兰州大学学报(社会科学版)	2018/6
杨保军	简论智能新闻的主体性	现代传播	2018/11
高贵武	拓展与回归:中国电视新闻报道的实践革新与观念演进	国际新闻界	2018/11
杨保军	简论新闻规律的个性特征	中国地质大学学报(社会科学版)	2018/6
张　迪	影响央企新媒体策略使用的因素分析:卓越公共关系理论视角	国际新闻界	2018/11
张辉锋	博弈视角下中国电影保底发行的性质及策略选择	国际新闻界	2018/11
赵永华	"一带一路"传播研究的局限与突破	中国出版	2018/22
周蔚华	改革开放40年来出版体制改革着力解决的四大问题	中国人民大学学报	2018/11
刘保全	名记者——为中国记者节而作	当代传播	2018/6
杨保军	新闻内容的历史变迁及实质	当代传播	2018/6
杨保军	论中国马克思主义新闻价值观的典型特征	山西大学学报(哲学社会科学版)	2018/6
杨石华	在长尾中畅销的《乌合之众》:基于供求关系的分析	出版科学	2018/6
栾轶玫	渠道、介质与场景:媒介产品化的进路	现代传播	2018/11
杨保军	变迁与意味——新闻规律视野中的传播主体分析	新闻界	2018/11
周蔚华	新时代优秀编辑的变与不变	现代出版	2018/6
贾文山	改革开放40年"中国文化"到"文化中国"的演进与挑战	西安交通大学学报(社会科学版)	2018/6
蔡　雯	从一次"新闻反转"看新闻业的"危"与"机"——以"瑞典警察殴打中国人"事件为例	新闻记者	2018/11
邓绍根	"党八股"概念的来源与变迁——兼谈马克思主义文风建设的要求	新闻记者	2018/11

续表

第一作者	论文标题	发表期刊	刊期
李　彪	社交网络时代舆情预警的挑战、模式及趋势研究	编辑之友	2018/11
邓绍根	宣传思想队伍如何切实增强“四力”	光明日报	2018/10
蔡　雯	从新闻聚合平台看新闻编辑业务的变化	国际新闻界	2018/10
杨保军	《新闻规律论》论纲	国际新闻界	2018/10
周蔚华	中国出版对外交流与国际合作 40 年	中国出版	2018/10
陈　静	规则、随机性、符号：作为意义生产模型的“游戏性”及游戏的媒介特质——以《王者荣耀》与《阴阳师》为例	国际新闻界	2018/10
邓绍根	百年奠基：论徐宝璜新闻传播教育的历史贡献和遗产	出版发行研究	2018/10
王润泽	触电的谎言与真相：“电传假新闻”事件的媒介记忆重访	现代传播	2018/10
高贵武	从政治精英到普通业者：中国记者媒介形象流变——基于建国以来《人民日报》相关报道的分析	新闻界	2018/10
刘小燕	政府话语权威与国际规则的经纬逻辑	社会科学	2018/10
杨石华	出版产业社会效益与经济效益的双元型平衡模式——基于利益相关者理论	科技与出版	2018/10
杨保军	新闻的“漂移”及应对之道	新闻记者	2018/10
周蔚华	技术变革、媒体转型及对传媒业的新挑战	编辑之友	2018/10
周建明	个性化服务与圆形监狱：算法推荐的价值理念及伦理抗争	社会科学战线	2018/10
王润泽	《时务报》属权之争：报刊、权力及现代化政治源起	兰州大学学报（社会科学版）	2018/5
匡文波	人工智能时代“魔弹论”的回归	郑州大学学报（哲学社会科学版）	2018/5
邓绍根	论新时期《人民日报》中“新闻规律”的话语呈现及其知识特征	现代传播	2018/9
陈力丹	学习贯彻习近平关于国际传播的论述	当代传播	2018/9
李　彪	实体书店多维空间创新实践——以方所成都店为例	装饰	2018/9
刘保全	如何正确看待落榜参评作品——以第 27 届中国新闻奖两篇参评作品为例	当代传播	2018/5
郭　慧	基于网络自我呈现的行为预测及反思	现代传播	2018/9

续表

第一作者	论文标题	发表期刊	刊期
王　阳	改革开放四十年影响西藏民族文化变迁与转型的传媒机制分析与思考	西藏大学学报(社会科学版)	2018/3
陈力丹	将习近平“党性人民性相统一”的思想落实到新闻实践中	新闻界	2018/9
赵云泽	“理想”和“技术”哪个更让新闻业负责任?——兼论中国新闻实践中对美国“社会责任论”的批判借鉴	新闻界	2018/9
赵新宁	新闻事实判断标准在后真相语境中的矛盾与张力	编辑之友	2018/9
王润泽	《戊戌政变记》与政变图像建构:从个体想象到集体记忆	新闻与传播研究	2018/8
郑保卫	论习近平意识形态观的核心与精髓——写在习近平总书记“8·19”讲话发表5周年之际	中国出版	2018/16
王雪驹	城市办报范式与党报理念的冲突与调适——对整风运动中重庆《新华日报》改版的考察	国际新闻界	2018/8
周蔚华	中国出版体制改革40年:历程、主要任务和启示	出版发行研究	2018/8
邓绍根	百年回眸:中国新闻传播教育史研究回顾与前瞻	兰州大学学报(社会科学版)	2018/4
贾文山	从“五通”到“五路”和“四同”——管窥习近平沟通思想理论体系	国际新闻界	2018/7
蔡　雯	“非虚构写作”对新闻编辑业务改革的启示	当代传播	2018/4
刘保全	记者之笔,劝善惩恶	当代传播	2018/4
陈　静	规则与符号的关系:游戏传播的另一个研究视角——以《王者荣耀》为例	当代传播	2018/4
陈力丹	坚持党性,尊重规律,以人民为中心——习近平新闻舆论观的两个要点和一个落脚点	新闻记者	2018/7
栾轶玫	“丧文化”流行为哪般	人民论坛	2018/19
赵云泽	区块链技术推动新闻业变革	中国社会科学报	2018/7/5
王成文	信息化1.0与信息化2.0的比较研究	编辑之友	2018/7
陈力丹	继承和发展马克思的新闻传播思想	新闻与传播研究	2018/6
陈　阳	为什么经典不再继续?——兼论新闻生产社会学研究的转型	国际新闻界	2018/6
李　彪	新闻2.0时代硅谷如何驯化美国新闻业	江淮论坛	2018/3
宋建武	智能推送为何易陷入“内容下降的螺旋”——智能推送技术的认识误区	人民论坛	2018/17

续表

第一作者	论文标题	发表期刊	刊期
周小普	“轮盘式”的弱化与我国广播电视新闻台话语空间的再建构	现代传播	2018/6
陈力丹	坚持以人民为中心的工作导向	人民日报（理论版）	2018/6
胡岑岑	网络社区、狂热消费与免费劳动——近期粉丝文化研究的趋势	中国青年研究	2018/6
韩晓宁	跨界融合与战略聚焦：美国新闻集团数字化战略的执行、调整及启示	中国出版	2018/10
胡百精	危机传播管理对话范式（下）——价值路径	当代传播	2018/3
韩晓宁	从业体验与职业志向：新闻实习生的职业认同研究	现代传播	2018/5
王莉丽	后真相时代特朗普“推特治国”舆论传播特点及启示	国外社会科学	2018/3
杨保军	论新媒介环境下新闻传播的“时效统一”原则	当代传播	2018/3
郑保卫	与马克思同行 推进马克思主义新闻观中国化——写在马克思诞辰200周年之际	当代传播	2018/3
周　勇	“沉浸式新闻”传播效果的实证研究——基于信息认知、情感感知与态度意向的实验	现代传播	2018/5
赵永华	布尔什维克《新生活报》编辑部的改组	新闻界	2018/5
匡文波	网络谣言当止于“理”与“智”	人民论坛	2018/13
李　彪	后真相时代网络舆论场的话语空间与治理范式新转向	新闻记者	2018/5
冯雯璐	网络直播热潮下传统媒体转型探索	学术交流	2018/5
赵　准	社交媒体网络社群组织动力分析——以互联网直播社群为例	学术交流	2018/5
潘曙雅	微信使用对大学生社会资本的影响机制研究	国际新闻界	2018/4
王　斌	隐蔽的“深后台”：开放式新闻生产中的传受关系——以《中国青年》对卓伟的报道为个案	国际新闻界	2018/4
许向东	数据可视化传播效果的眼动实验研究	国际新闻界	2018/4
郑沅教	新媒体与政治参与：以弹劾朴槿惠烛光集会为例	国际新闻界	2018/4
许向东	我国网络直播的发展现状、治理困境及应对策略	暨南学报（哲学社会科学版）	2018/3
韩晓宁	网络政治参与的心理因素及其影响机制探究	新闻大学	2018/2
李　彪	“后真相”时代网络谣言的话语空间与传播场域研究——基于微信朋友圈4160条谣言的分析	新闻大学	2018/2
王成文	内容创业的十种商业模式	中国出版	2018/7

续表

第一作者	论文标题	发表期刊	刊期
王　斌	移动社交情境下互联网媒体的内容生产流程重构	编辑之友	2018/4
贾文山	未来的传播形态:思考与前瞻	人民论坛·学术前沿	2018/5
匡文波	让历史纪念日成为文化传承的新节点	人民论坛	2018/9
胡岑岑	新媒体语境下我国主流电视新闻样态的革新路径	中国出版	2018/6
胡岑岑	建构社区与制造快感:网络社区中粉丝的交流实践类型及意义	国际新闻界	2018/3
李璐玚	2017 年中国的马克思主义新闻观研究	国际新闻界	2018/3
陈力丹	“提高新闻舆论传播力、引导力、影响力、公信力”——学习十九大报告关于新闻舆论工作的论述	新闻爱好者	2018/3
贾文山	跨文化传播的诠释学视角——以中国语境为例	西安交通大学学报(社会科学版)	2018/3
王莉丽	“多元公共外交”理论框架的建构	中国人民大学学报	2018/2
胡百精	危机传播管理的对话范式(中)——事实路径	当代传播	2018/2
刘保全	第二十七届中国新闻奖精品赏析	当代传播	2018/2
王润泽	李求实:从青年运动领袖到中共宣传战士	新闻界	2018/3
蒲信竹	基于场景视角的移动出版营销策略研究	中国出版	2018/5
李　彪	未来媒体视域下媒体融合空间转向与产业重构	编辑之友	2018/3
骆静雨	作为一种购买的生活方式:公众号的造梦之旅	编辑之友	2018/3
杨石华	抗战时期新闻学术期刊出版中的“一颗流星”——基于对燕京大学《报学》出版物的研究	河南大学学报(社会科学版)	2018/2
刘海龙	传播中的身体问题与传播研究的未来	国际新闻界	2018/2
胡百精	修辞、对话与认同:修辞流派对公共关系研究的弥合与拓展	现代传播	2018/2
王润泽	构建数据时代中国新闻传播史史料学体系	新闻大学	2018/1
杨保军	统一性:当代中国马克思主义新闻真实观的典型特征	新闻大学	2018/1
杨奇光	媒体融合时代的新闻室矛盾:基于新闻可视化生产实践的考察	新闻大学	2018/1
黄　河	媒介素养视角下公众对环境风险议题的负向建构	现代传播	2018/2
杨保军	新闻理论研究的当代中国特征	新闻界	2018/2
李　彪	出版产业聚合平台健康度体系建构与优化	中国出版	2018/3
刘海龙	2017 年传播学新观点	编辑之友	2018/2

续表

第一作者	论文标题	发表期刊	刊期
王润泽	梁启超《庸言报》融入民初政治的路径研究	南京师大学报(社会科学版)	2018/1
王保平	报人与时代相遇:金雄白早年《时报》经历的考察(1926—1929)	新闻与传播研究	2018/1
陈　绚	美国"外国代理人"注册媒介宣传游说规制	国际新闻界	2018/1
陈　辉	2017 年中国的新闻学研究	国际新闻界	2018/1
方　惠	2017 年中国的传播学研究	国际新闻界	2018/1
赵　睿	"互联网下半场"中传媒经济研究的问题意识与技术进路——基于 2017 年中国传媒经济研究的文献分析	国际新闻界	2018/1
陈力丹	舆论监督要在党统一指挥下	当代传播	2018/1
陈力丹	2017 年中国新闻传播学研究的十个新鲜话题	当代传播	2018/1
胡百精	危机传播管理对话范式(上)——模型建构	当代传播	2018/1
许向东	新传播环境下信息图表的继承与嬗变	当代传播	2018/1
郑保卫	习近平"党性人民性统一论"的理论内涵及价值	现代传播	2018/1
周蔚华	出版:文化自信的拱心石——一个出版史的视角	出版发行研究	2018/1
周　勇	十九大"党代表通道":政治传播的语态创新	现代传播	2018/1
匡文波	基于技术接受模型的新闻客户端用户行为和习惯研究	深圳大学学报(人文社会科学版)	2018/1
周蔚华	大学出版社在出版业的地位及当前面临的主要问题	现代出版	2018/1
王保平	中国共产党创办的第一个大学新闻系——中国人民大学新闻系	新闻界	2018/1
刘　东	A Meta-analysis of Social Network Site Use and Social Support	*Computers & Education*	2018/9
黄　河	How Propaganda Moderates the Influence of Opinion Leaders on Social Media in China	*International Journal of Communication*	2018/6

3. 转载情况

转载情况	第一作者	论文标题
新华文摘	王　斌	反推式变革:数字环境中的新闻消费特点和转型路径
新华文摘	王润泽	沟通:百年中国新闻实践的核心理念
新闻与传播	郭　慧	基于网络自我呈现的行为预测及反思
新闻与传播	王　斌	如何戳破"过滤气泡":算法推送新闻中的认知窄化及其规避

续表

转载情况	第一作者	论文标题
新华文摘,新闻与传播	周蔚华	中国出版体制改革40年:历程、主要任务和启示
新闻与传播	蔡雯	40年新闻编辑业务的变革与走向——对改革开放以来媒体实践的观察与思考
新华文摘	赵云泽	区块链技术推动新闻业变革
新华文摘	张辉锋	传媒业未来发展的七大板块
新闻与传播	宋建武	媒体智能化应用:现状、趋势及路径构建
新闻与传播	陈力丹	"提高新闻舆论传播力、引导力、影响力、公信力"——学习十九大报告关于新闻舆论工作的论述
新闻与传播	李彪	未来媒体视域下媒体融合空间转向与产业重构
新华文摘	郑保卫	中国新闻学百年回望与思考

4. 承办会议

会议名称	交流类别	开始日期	结束日期	主办单位
深研会第12期:北京地区新闻从业人员专业意识调查	国内会议	2018/12/27	2018/12/27	中国人民大学新闻学院
第十一届(2018)中国新闻学年会	国内会议	2018/11/24	2018/11/24	中国人民大学新闻学院
深研会第11期:"新视听节目形态——社会文化与技术逻辑下的融合与变迁"主题论坛	国内会议	2018/11/28	2018/11/28	中国网络视听节目服务协会
深研会第10期:跨学科视域下的创意传播教学实践	国内会议	2018/11/12	2018/11/12	中国人民大学新闻学院
中外新闻传播学院院长会议(2018):万物互联与泛媒介时代的新闻传播教育	国际会议	2018/10/13	2018/10/14	中国人民大学新闻学院
深研会第9期:"双一流"与虚拟仿真项目建设	国内会议	2018/9/24	2018/9/24	中国人民大学新闻学院
深研会第8期:技术变革与全球传播的关键问题	国内会议	2018/7/23	2018/7/23	中国人民大学新闻学院
深研会第7期:新闻实践的发展与新闻实务教学的变革	国内会议	2018/6/26	2018/6/26	中国人民大学新闻学院
深研会第6期:新媒体技术在媒体内容生产和新闻实验教学中的应用	国内会议	2018/6/15	2018/6/15	中国人民大学新闻学院
深研会第5期:见"微"知著——微纪录片在文化传播中的实践进路	国内会议	2018/6/7	2018/6/7	中国人民大学新闻学院

续表

会议名称	交流类别	开始日期	结束日期	主办单位
深研会第 4 期:实践中的马克思主义新闻观	国内会议	2018/6/2	2018/6/2	中国人民大学新闻学院
“中国新闻传播教育改革 40 年”学术论坛	国内会议	2018/5/25	2018/5/26	中国人民大学新闻学院
深研会第 3 期:互联网新闻学及其可能性	国内会议	2018/4/28	2018/4/28	中国人民大学新闻学院
深研会第 2 期:数据驱动与学科未来	国内会议	2018/4/21	2018/4/21	中国人民大学新闻学院
深研会第 1 期:新媒体时代中国新闻史课程教学改革研讨会	国内会议	2018/4/13	2018/4/13	中国人民大学新闻学院
纪念毛泽东《对晋绥日报编辑人员的谈话》70 周年暨中国特色新闻学学科建设研讨会	国内会议	2018/3/31	2018/3/31	中国人民大学新闻学院
“全球传播与中式全球化高端学术论坛”2018 高峰论坛	国际会议	2018/1/8	2018/1/8	中国人民大学国家传播战略研究中心

供稿：中国人民大学新闻学院

复旦大学新闻学院 2018 年学术发展概况

一、学术成果概述

科研立项：2018 年学院获得重要纵向科研项目立项共 9 项，其中国家级重大项目 2 项，省部级项目 7 项，另有其他省部级纵向科研项目 7 项，各类横向项目立项 20 项。另外，学院高峰学科设立招标系列项目立项 5 项。米博华教授、童兵教授分别承担复旦大学两大工程项目“中国特色社会主义新闻学理论体系”“中国特色社会主义舆论体系”研究。

学术发表：以第一作者或通讯作者发表 SSCI 期刊论文 5 篇，CSSCI 期刊论文 51 篇，其中学科权威刊物《新闻与传播研究》2 篇，其他期刊学术论文 116 篇，会议论文 39 篇。以第一作者出版专著 8 部，教材 4 部，编著 3 部，译著 1 部，其中，由宁树藩教授立项、牵头、主编，姚福申、秦绍德两位教授担任副主编，全国近 40 位学者协作的《中国地区比较新闻史：全 3 册》历时 26 年最终完成。新闻学院按照一流学科建设方案，高标准推出了系列项目，出版了“望道原创学术”系列丛书 5 本，编辑出版学院教师年度学术论文选集一部（《新闻传播与中国社会发展》）。

积极服务国家战略和地区发展：研究

或决策咨询报告被国家级单位（中办、中宣部、网信办）采纳的有102篇，得到国家级领导（中央政治局委员及国务委员以上）批示的有2篇；被省部级单位（教育部、国台办、中宣部新闻局、中共上海市委办公厅、中共上海市委宣传部、上海市政府决策咨询委员会、上海市教卫党委）采纳14篇，得到省部级领导批示1篇。

科研奖励：在上海市哲学社会科学优秀成果奖评选中，以第一单位身份获奖12项，为历史最好成绩，获奖数全校文科占比约1/12，而教师人数全校文科占比仅约1/30。奖励包括：中国特色社会主义理论奖著作类一等奖1项、论文类二等奖2项。

学科学术奖：论文类一等奖2项，著作类二等奖2项，论文类二等奖3项；决策咨询与社会服务奖二等奖2项。此外，在其他各类科研评奖中，学院还有徐笛博士获首届青年新媒体学术研究奖，沈玢博士获第七届中国传媒经济论坛优秀论文奖等。在首批上海社科大师评选中，学院三位专家入选：教育家、语言学家陈望道，新闻工作者、新闻学家王中，新闻学家宁树藩。学院舆情研究中心获中宣部2017年度舆情信息工作“优秀单位”奖。

国际合作方面：2018年新闻学院与美国国家人文中心、杜克大学、英国伦敦国王学院、德国汉堡大学、德国海德堡大学、法国巴黎政治大学、澳大利亚麦考瑞大学、澳门科技大学等科研机构建立多层面的学术合作，提升了国际学术合作的质量和水准。

二、学院现任领导

院长	执行院长	副院长	常务副书记	党委副书记
米博华	张涛甫	孙　玮、李双龙、周葆华、杨　鹏	周　晔	杨　鹏、朱　佳

三、2018年学院新晋教授

姓名	职称	研究方向
窦锋昌	教授	应用新闻学
潘　霁	教授	传播学

四、所承担的国家级、省部级科研项目、课题

1. 2018年立项的国家级、省部级科研项目、课题

项目类型	项目名称	项目负责人
教育部哲学社会科学研究重大课题攻关项目	习近平总书记关于新闻工作的重要论述	米博华
国家社会科学基金重大项目	网络与数字时代增强中华文化全球影响力的实现途径研究	孟　建
上海市哲学社会科学规划一般课题	设计、意识形态与传播：中国左翼文学书刊的视觉文化研究（1928—1937）	李华强

续表

项目类型	项目名称	项目负责人
上海市哲学社会科学规划青年课题	公众对"人工智能"的认知与态度形成机制研究——基于风险传播与媒介效果模型的考察	崔　迪
上海市哲学社会科学规划一般课题	"打卡"上海:地理数据驱动的城市消费者研究	楚亚杰
上海市教育委员会其他项目	上海文化创意产业科教融合引领项目(加快数字出版产业发展)	孟　建
教育部人文社会科学研究专项任务项目	新时代新闻宣传的新使命研究	李良荣
教育部人文社会科学研究规划基金项目	基于环境传播学视角的中国焦点环境议题的话语理论构建及实证研究	刘景芳
教育部人文社会科学重点研究基地重大项目	媒介哲学:新技术、城市化背景下的中国传播理论与范式创新研究	孙　玮
上海市决策咨询委员会决策咨询研究课题	上海文化创意案例研究	孟　建
上海市决策咨询委员会决策咨询研究课题	上海全球城市形象的国际传播效果研究	孙　玮
上海市高校智库(含内涵建设计划)	上海艺术传播体系及机制研究	汤筠冰
上海市教育委员会其他项目	高校课程思政教学科研示范团队——马克思主义新闻观示范团队	童　兵
国家社会科学基金一般项目	新时代中国传统媒体盈利模式转型研究	窦锋昌
国家民族事务委员会民族问题研究项目	东盟国家传媒对"人类命运共同体"传播方式比较研究	许　燕
国家民族事务委员会民族问题研究项目	台湾少数民族的媒介使用与国家认同研究	王　莹
上海市教育科学研究项目	"不稳定"的知识传播:上海市高校青年教师心理弹性的实证研究	姚建华
其他中央政府部门项目	中国影视产业国际竞争力提升战略研究	朱春阳

2. 2018 年结项的国家级、省部级科研项目、课题

项目类型	项目名称	项目负责人
教育部人文社会科学研究专项任务项目	新时代新闻宣传的新使命研究	李良荣
上海市哲学社会科学规划系列研究课题	新时代中国人民美好生活需要与舆论引导	李良荣
上海市哲学社会科学规划其他课题	改革开放 40 周年社会变革与舆情治理研究	李良荣
其他上海市政府部门项目(非省部级)	"新媒体与基层党建"课题研究委托项目	曹　晋
上海市哲学社会科学规划一般课题	可沟通上海:城市创新与城市传播研究	谢　静
教育部人文社会科学研究青年基金项目	主权数据与数据主权:全球网络空间新秩序的社会构建	方师师

五、2018 年学术成果汇总

1. 著述、教材情况

第一作者	书名	出版社
窦锋昌	全媒体新闻生产:案例与方法	复旦大学出版社
童　兵	中国新闻传播学研究最新报告(2018)	复旦大学出版社
潘　霁	文化框架:美国主流媒体中的“中国制造”	复旦大学出版社
沈　玢	锚定效应:包装设计中的品牌呈现与数字尺度	复旦大学出版社
郑晨予	新塑传导论——基于智能生成的传播学研究新范式	复旦大学出版社
潘　霁	英语财经新闻报道与写作	复旦大学出版社
宁树藩	中国地区比较新闻史:全 3 册	复旦大学出版社
黄　瑚	网络传播法规与伦理教程	复旦大学出版社
张殿元	广告传播政治经济学批判	复旦大学出版社
陆　晔	影像都市:视觉、空间与日常生活	复旦大学出版社
曹　晋	传播政治经济学与中国案例研究	华东师范大学出版社
李良荣	网络空间导论	复旦大学出版社
李良荣	新闻学概论(第六版)	复旦大学出版社
楚亚杰	去网吧:城市青年的日常生活与社会交往	复旦大学出版社
张振维	社交媒体:原理与应用	复旦大学出版社
黄　瑚	2015“传播与两岸关系”会议论文集	九州出版社

2. 发表论文情况

第一作者	论文题目	发表期刊	刊期	转载备注
曹　晋	互联网民族志:媒介化的日常生活研究	新闻大学	2018/2	新闻与传播
曹　晋	都市中年男人的同性社交与媒介化家庭沟通	新闻界	2018/2	
陈建云	《大公报》与国民政府新生活运动	兰州大学学报	2018/6	
崔　迪	New Channels, New Ways of Becoming Informed? Examining the Acquisition of Public Affairs Knowledge by Young People in China	*Information Development*	2018/5	
邓建国	新闻 = 真相? 区块链技术与新闻业的未来	新闻记者	2018/5	
窦锋昌	从专业化到社会化:新闻学人才培养目标在新媒体时代的转向	高教探索	2018/11	

续表

第一作者	论文题目	发表期刊	刊期	转载备注
窦锋昌	新《广告法》的规制效果与规制模式转型研究——基于45起典型违法广告的分析	新闻大学	2018/5	
黄　旦	媒介再思：报刊史研究的新路向	新闻记者	2018/12	新闻与传播
黄　旦	新闻传播学科化历程：媒介史角度	新闻与传播研究	2018/10	新闻与传播
李华强	创意产业化的萌芽：民国时期上海独立设计事务所研究	新闻大学	2018/2	
李良荣	锻造中国新型主流媒体	新闻大学	2018/5	
李良荣	2017年中国网络媒体的基本格局和态势	新闻记者	2018/1	
刘景芳	转基因话语的构建、异化与重塑——以百名诺奖获得者与绿色和平组织围绕"黄金大米"的争议为例	新闻大学	2018/4	
陆　晔	文学新闻：特征、文化价值与技术驱动的未来	新闻记者	2018/5	
陆　晔	新闻创新中的"协作式新闻布展"——媒介融合的视角	新闻记者	2018/9	新闻与传播
孟　建	我国新闻发布制度面临的新挑战	新闻与传播研究	2018/增刊	
潘　霁	从反映真实到象征架构：网络环境的信息可信度评估	现代传播	2018/11	
潘　霁	本地与全球：中英文媒体与澳门城市形象——框架理论的视角	国际新闻界	2018/8	
沈国麟	网络理政：中国的挑战、目标和理念	新闻大学	2018/3	
孙少晶	Representations of Electronic Cigarettes in Chinese Media	*BMC Public Health*	2018/10	
孙少晶	Public and Personal Responses to Environmental Pollution in China	*International Journal of Communication*	2018/6	
孙少晶	学科轨迹和议题谱系：中国健康传播研究三十年	新闻大学	2018/3	
孙　玮	交流者的身体：传播与在场——意识主体、身体-主体、智能主体的演变	国际新闻界	2018/12	新闻与传播
孙　玮	城市传播的研究进路及理论创新	现代传播	2018/12	

续表

第一作者	论文题目	发表期刊	刊期	转载备注
孙　玮	赛博人:后人类时代的媒介融合	新闻记者	2018/6	
汤筠冰	民国时期出版物广告字体的历史演进	宏德学刊	2018/12	
童　兵	改革开放40年新闻所的辉煌和我们的期待	新闻与传播研究	2018/增刊	
童　兵	坚持马克思主义新闻观中国化的正确方向——延安《解放日报》改版76周年回望及反思	新闻界	2018/11	
童　兵	马克思主义新闻观中国化的典范——学习《习近平新闻思想讲义》心得	新闻记者	2018/8	
童　兵	我国社会主要矛盾的揭示和新闻舆论工作的应对	中国地质大学学报（社会科学版）	2018/2	新华文摘
王　迪	职业系统视野下的公关从业者职业认知研究——一项基于Q方法的测量	新闻大学	2018/6	
伍　静	“改造”的悖论:上海最后一份小报《亦报》的短暂繁荣与消失(1949—1952)	新闻大学	2018/5	
伍　静	媒介仪式与政治斗争——重庆《新华日报》的祝寿活动及意义探析	新闻记者	2018/9	
伍　静	财经新媒体基于传播力的商业模式探索——以“华尔街见闻”为例	当代传播	2018/4	
谢　静	时空之流:移动新媒体的城市尺度	探索与争鸣	2018/10	
徐　笛	新闻业与社会科学的第二次联姻:从量的转向到质的发现	新闻界	2018/11	
姚建华	传播政治经济学视域下的媒介产业数字劳工研究	南京社会科学	2018/12	
姚建华	零工经济中数字劳工的困境与对策	当代传播	2018/3	
姚建华	不稳定的玩工:游戏模组爱好者和数字游戏产业	开放时代	2018/6	新闻与传播
张大伟	民族类出版社数字转型的理念、人才与技术因素分析——基于15家民族类出版社的深度访谈	编辑之友	2018/2	

续表

第一作者	论文题目	发表期刊	刊期	转载备注
张殿元	人文、技术和规制:认知网络传播媒介的三个维度	中国地质大学学报(社会科学版)	2018/5	新华文摘,中国社会科学文摘
张殿元	网络音视频媒体法治管理的挑战及应对策略	当代传播	2018/5	
张涛甫	非虚构写作:对抗速朽	新闻记者	2018/9	
张涛甫	新时代新宣传的典型范本	现代传播	2018/6	
张涛甫	当下中国的声音政治	学术界	2018/3	
张涛甫	影响的焦虑——关于中国传播学主体性的思考	国际新闻界	2018/2	
张涛甫	政治沟通的制度调适——基于"澎湃新闻""上海发布""上海网信办"的考量	中国地质大学学报(社会科学版)	2018/2	
张振维	The Effects of Immersion and Interactivity on College Students' Acceptance of a Novel VR-supported Educational Technology for Mental Rotation	*IEEE Access*	2018/10	
Heo, J.	Factors Influencing Intention to Accept Location-based Mobile Advertising among Young Mobile User Segments: A Social Exchange Perspective	*International Journal of Mobile Communications*	2018/6	
郑晨予	中国精英民营企业家的国家形象承载力实证研究 —— 基于 2017 微信自媒体 10w + 文本的智能数据挖掘	新闻大学	2018/5	
郑　雯	中等收入群体在中国网络社会的角色与地位研究	现代传播	2018/1	新闻与传播
周葆华	Fear of Missing out, Feeling of Acceleration, and Being Permanently Online	*Chinese Journal of Communication*	2018/12	
周葆华	人工智能重塑新闻业:进展、问题与价值	南京政治学院学报	2018/6	
朱春阳	唯"人工"　方"智能"	中国出版	2018/19	
朱春阳	县级融媒体中心建设:经验坐标、发展机遇与路径创新	新闻界	2018/9	新华文摘,新闻与传播

3. 获奖情况

奖励名称	第一作者	成果名称	获奖等级	成果形式
上海市第十四届哲学社会科学优秀成果奖	沈国麟	互联网环境下中国网络理政的问题和对策建议	二等奖	论文
上海市第十四届哲学社会科学优秀成果奖	李良荣	网络社会心态调查报告(2016)	二等奖	论文
上海市第十四届哲学社会科学优秀成果奖	张涛甫	传播格局转型与新宣传	二等奖	论文
上海市第十四届哲学社会科学优秀成果奖	李良荣	中国新闻传媒业的新生态、新业态	二等奖	论文
上海市第十四届哲学社会科学优秀成果奖	陆　晔	“液态”的新闻业:新传播形态与新闻专业主义再思考——以澎湃新闻“东方之星”长江沉船事故报道为个案	二等奖	论文
上海市第十四届哲学社会科学优秀成果奖	周　笑	重塑美国:美国新媒体社会的全面建构及其影响	二等奖	专著
上海市第十四届哲学社会科学优秀成果奖	陈建云	舆论监督与司法公正	二等奖	专著
上海市第十四届哲学社会科学优秀成果奖	周葆华	“新媒体事件”传统媒体报道的多元性:基于中国大陆12份报纸内容的比较研究	一等奖	论文
上海市第十四届哲学社会科学优秀成果奖	黄　旦	报纸革命:1903年的《苏报》——媒介化政治的视角	一等奖	论文
上海市第十四届哲学社会科学优秀成果奖	周葆华	新媒体社会责任表现的实证研究——以腾讯网为个案的量化评估	二等奖	论文
上海市第十四届哲学社会科学优秀成果奖	谢　静	微信新闻:一个交往生成观的分析	二等奖	论文
上海市第十四届哲学社会科学优秀成果奖	郑　雯	寻找网络民意:网络社会心态研究(第一辑)	一等奖	专著

4. 承办会议

会议名称	会议主题	会议地点	会议类型	开始日期	结束日期
可沟通城市工作坊	可沟通城市与文化多元性	澳大利亚墨尔本	国际学术会议	2018/12/6	2018/12/7
跨国媒介史工作坊	港口城市的生长与移动	德国汉堡	国际学术会议	2018/9/12	2018/9/14

续表

会议名称	会议主题	会议地点	会议类型	开始日期	结束日期
“城市航拍日”活动	聊航拍、评作品、学飞行、看直播	上海城市空间艺术季主展场257库报告厅	国内学术会议	2018/1/7	2018/1/7
“新技术环境下IPTV用户行为与生活方式”学术工作坊	新媒体视频平台用户行为和生活方式调查	上海复旦大学	国内学术会议	2018/4/20	2018/4/20
“传播与中国”学术工作坊	传播与城市变迁:媒介的视野	广州广东外语外贸大学	国内学术会议	2018/1/12	2018/1/13
传播与中国·复旦论坛	沟通城市:数字技术与多元文化	上海复旦大学	国内学术会议	2018/11/29	2018/12/1
《中国地区比较新闻史》首发式暨地方新闻史研究、编撰讨论会	中国地区比较新闻史研究新理论、新方法、新成果	上海复旦大学	国内学术会议	2018/9/21	2018/9/21
第三届“民意中国”论坛	新时代中国舆情研究的新理论、新方法与新问题	上海复旦大学	国内学术会议	2018/10/18	2018/10/19
改革开放40周年与新时代中国特色社会主义新闻学论坛	新媒体环境下中国特色社会主义新闻学的构建	上海复旦大学	国内学术会议	2018/10/18	2018/10/19
新时代媒体社会责任与评价体系高峰论坛	新时代媒体社会责任与评价体系	上海复旦大学	国内学术会议	2018/5/18	2018/5/19
中国网络理政十大创新案例(2018)发布会	发布研究报告	上海复旦大学	国内学术会议	2018/12/11	2018/12/11
第二届“一带一路”与全球治理国际论坛 分论坛十	“一带一路”国际舆情与国际媒体环境	复旦大学上海新媒体实验中心	国际学术会议	2018/10/14	2018/10/14
互联网新型主流媒体评价指标体系建构研究报告新闻发布会	发布研究报告	复旦大学上海新媒体实验中心	国内学术会议	2018/9/20	2018/9/20

供稿：复旦大学新闻学院

南京大学新闻传播学院2018年学术发展概况

一、学院现任领导

院长	执行院长	副院长	党委书记	党委副书记
卜　宇	杜骏飞	李　声、胡翼青、徐　慨	刘　源	范　赟

二、2018年学院新晋教授

姓名	职称	研究方向
夏倩芳	教授	新闻理论、媒介社会学
潘祥辉	教授	华夏传播研究、媒介社会学

三、所承担的国家级、省部级科研项目、课题

1. 2018年立项的国家级、省部级科研项目、课题

项目类型	项目名称	项目负责人
国家社科基金青年项目	后真相时代虚假网络信息识别的大数据技术应用与研究	纪娇娇
国家社科基金青年项目	沉浸传播环境下新媒体技术对媒介融合的影响研究	吴志远
国家社科基金青年项目	健康中国战略背景下新媒体融入对老龄人口健康传播的路径研究	姜　海
国家社科基金青年项目	中国传统耻感文化及其现代转型的历史社会学研究	王佳鹏
校级百层次项目	乡村振兴战略中的文化建设与传播研究	郑　欣
省社科基金基地项目	“江苏故事”新媒体传播效果研究	杜骏飞
省社科基金基地项目	江苏互联网政务服务发展战略研究	白　净

2. 2018年结项的国家级、省部级科研项目、课题

项目类型	项目名称	项目负责人
省社科基金青年项目	公共舆论中的“情感”政治与国家治理	袁光锋
教育部青年项目	微博公共协商的生成与逆向畸变研究	胡菡菡
国家社科基金一般项目	传媒产业投入产出关联分析研究	丁和根

续表

项目类型	项目名称	项目负责人
国家社科基金一般项目	新媒体传播中的隐私保护法律问题研究	陈堂发
国家社科基金一般项目	重大突发公共事件中新媒体传播的效用、模式及对策研究	杜骏飞
国家社科基金重点项目	新媒体语境中重大公共危机事件与舆论关系研究	丁柏铨

四、2018年学术成果汇总

1. 发表论文情况

第一作者	论文标题	发表期刊	刊期
卜　宇	电视理论传播功能的缺失与再造——以《马克思是对的》为例探析理论节目的创作与发展	中国电视	2018/9
徐少林	数据新闻可视化设计与内容如何平衡	新闻界	2018/3
巢乃鹏	国外区块链技术的政府实践与治理	人民论坛·学术前沿	2018/12
黄　滢	城市文化经济学视域下的中国传媒产业空间集聚发展研究	新闻与传播研究	2018/8
陈堂发	马克思、恩格斯“报刊批评精神”中国化的司法层面分析	南京社会科学	2018/8
陈玉申	“中国创办通信社之元始”——王荫藩与日华通信社	山东师范大学学报（人文社会科学版）	2018/5
丁柏铨	改革开放40年来新闻报道研究	新闻大学	2018/6
丁柏铨	舆情影响因素解析及舆情中心理作用研究	天津社会科学	2018/6
丁柏铨	略论马克思主义新闻观课程建设和其他相应建设	当代传播	2018/6
丁柏铨	改革开放以来中国新闻学研究：宏观背景、学科内涵及未来走向	中国地质大学学报（社会科学版）	2018/5
丁柏铨	加强对新闻传播规律的研究	当代传播	2018/5
丁柏铨	论传播手段的建设和创新	中国出版	2018/6
丁柏铨	算法与内容及其关系论析	当代传播	2018/1
丁柏铨	传媒生态环境的变化与文化建设面临的挑战	西南民族大学学报（人文社科版）	2018/1
丁柏铨	习近平新时代中国特色社会主义思想的创新性与新闻舆论工作创新	编辑之友	2018/1
任　桐	政论纪录片的传播心理机制和叙事策略研究——基于对《辉煌中国》的分析	现代传播	2018/10
陈相雨	抗争性网络集群行为的情感逻辑及其治理	中州学刊	2018/2
丁和根	技术驱动与全球视野：传媒经济与管理研究新趋向	编辑之友	2018/1

续表

第一作者	论文标题	发表期刊	刊期
杜骏飞	“瓦釜效应”:一个关于媒介生态的假说	现代传播	2018/10
杜骏飞	新闻是人,新闻学是人学	国际新闻界	2018/2
韩丛耀	数字技术媒介的视觉重构研究	编辑之友	2018/6
韩丛耀	流影溢彩:多媒体影像的微视	艺术百家	2018/3
胡翼青	人工智能的“幻影公众”——基于新闻从业者实证研究的考察	中国出版	2018/19
胡翼青	超越作为实体的受众与作为话语的受众——论基于技术视角的受众观的兴起	南京师大学报(社会科学版)	2018/5
胡翼青	寻找惯例:“夜读”栏目的信息生产实践	山西大学学报(哲学社会科学版)	2018/5
胡翼青	再论后真相:基于时间和速度的视角	新闻记者	2018/8
胡翼青	作为空间媒介的城市马拉松赛——以南京马拉松赛为例	湖南师范大学社会科学学报	2018/4
胡翼青	碎片化的新闻专业主义:一种纯粹概念分析的视角	新闻大学	2018/3
胡翼青	艰难的嵌入:反思“两微一端”的当代社会实践	编辑之友	2018/6
胡翼青	论大众传播的历史性与意识形态性:基于技术的知识社会学视角	南京社会科学	2018/3
胡翼青	“版权之争”还是“端口之争”:一种思考新旧媒体之争的新视角	新闻界	2018/4
胡翼青	显现的实体抑或关系的隐喻:传播学媒介观的两条脉络	中国地质大学学报(社会科学版)	2018/2
胡翼青	显现的实体抑或意义的空间:反思传播学的媒介观	国际新闻界	2018/2
胡翼青	中国传播学40年:基于学科化进程的反思	国际新闻界	2018/1
郭　静	媒介化企业的兴起:基于资本转换的理论视角	当代传播	2018/5
潘祥辉	“马云爸爸”:数字时代的英雄崇拜与粉丝加冕——一种传播社会学分析	探索与争鸣	2018/9
潘祥辉	宣之于众:汉语“宣”字的传播思想史研究	新闻与传播研究	2018/4
潘祥辉	“秦晋之好”:女性作为媒介及其政治传播功能考	国际新闻界	2018/1
潘祥辉	“祖国母亲”:一种政治隐喻的传播及溯源	人文杂志	2018/1
潘知常	环境问题的美学困局	郑州大学学报(哲学社会科学版)	2018/5
潘知常	审美救赎何以可能	文艺争鸣	2018/7
潘知常	西方现代美学背景下的“以美育代宗教”	东南学术	2018/4
潘知常	生命美学:从“新时期”到“新时代”	学术研究	2018/4

续表

第一作者	论文标题	发表期刊	刊期
吕　璟	再造居民——社会空间视角下拆迁安置房社区失地农民问题研究	南京社会科学	2018/4
王辰瑶	新闻融合的创新困境——对中外77个新闻业融合案例研究的再考察	南京社会科学	2018/11
王辰瑶	反观诸己:美国"新闻业危机"的三种话语	国际新闻界	2018/8
刘　煜	政论纪录片塑造国家形象的多模态话语分析	现代传播	2018/9
刘　煜	论电视综艺节目的文化传承创新路径——以《中国诗词大会》《朗读者》为例	艺术百家	2018/2
赵曙光	社交网络的公领域研究前沿——2017年新闻传播学TOP10SSCI期刊研究综述	新闻记者	2018/10
赵曙光	社交网络私领域研究的前沿话题——2017年传播学TOP10SSCI期刊研究综述	新闻记者	2018/9
郑　欣	寻找家园:少年扎西的媒介之旅	开放时代	2018/2
徐　鹤	关系泛化与差序传播:青少年网络语言使用及其人际交往研究	中国青年研究	2018/8
赵呈晨	共享式传播:青年同辈群体中网络语言流动研究	山西大学学报(哲学社会科学版)	2018/4
卞冬磊	林则徐去广州:19世纪中国"传播网络"的一个片段	国际新闻界	2018/11
丁晓蔚	论"信息茧房"矫治——兼及大数据人工智能2.0和"探索—开发"模式	中国地质大学学报(社会科学版)	2018/1
李　明	虚拟社区中ACG爱好群体的区隔建构——基于stage1st论坛动漫区的虚拟民族志研究	新闻大学	2018/3
李晓愚	论中国画跨代传播中的图像志传统	学术月刊	2018/12
李晓愚	帝王的图像策略:明宣宗赏赐画的视觉修辞分析	新闻界	2018/12
李晓愚	论晚明的旅游与出版风尚:以杨尔曾《新镌海内奇观》为例	南方文坛	2018/6
李晓愚	论贡布里希的艺术史研究方法:以《艺术的故事》为例	江苏社会科学	2018/6
李晓愚	新任务与旧传统:扫盲运动中的图像修辞策略	暨南学报(哲学社会科学版)	2018/10
李晓愚	论中国画中萱草意象的演变	江海学刊	2018/4
李晓愚	中国佛教艺术研究中的文化观照与情境重构	南通大学学报(社会科学版)	2018/3
李晓愚	文化视野下的中国佛教艺术——评《中国佛教艺术史》	河海大学学报(哲学社会科学版)	2018/1

续表

第一作者	论文标题	发表期刊	刊期
李晓愚	艺术品语境与观看者心境的重构:以《艺术的故事》为例	新美术	2018/1
王 蕾	亚文化迷群社交媒体传播中的沉浸体验研究:以英剧《神探夏洛克》同人迷为例	新闻大学	2018/6
王 蕾	青年亚文化视角下的网络"鬼畜"文化——基于迷群文本生产的研究	编辑之友	2018/2
王 蕾	媒介中性别反串形象的塑造及社会张力研究	当代传播	2018/1
王 蕾	从素朴的平等到马克思主义妇女观的确立——中国社会性别观的形成与变迁	河南大学学报(社会科学版)	2018/1
袁光锋	"国家"的位置:"远处的苦难"、"国家"与中国网民的"同情"话语	国际新闻界	2018/7
袁光锋	公共舆论中的"情感"政治:一个分析框架	南京社会科学	2018/2
朱江丽	数字技术冲击下日本出版产业的低迷与策略	出版科学	2018/6
金 苗	基于新世界主义的"一带一路"倡议对外话语体系构建路径	出版发行研究	2018/11
金 苗	南海国际舆情态势呈现与舆情支持路径思考——以 2011 ~2017 年 ProQuest 平台数据为研究起点	人民论坛·学术前沿	2018/19
姜 海	"逆城市化"的动力模式:一个健康传播的分析框架	吉首大学学报(社会科学版)	2018/6
姜 海	激活空间:城市传播中的动力机制形成研究	西南民族大学学报(人文社会科学版)	2018/11
姜 海	互联网时代下数字出版的"把关人"何以可为?——检视"数字编辑"的职业性转向	出版发行研究	2018/2
姜 海	编辑人员职业流动中的健康选择机制研究	中国出版	2018/3
吴志远	离散的认同:网络社会中现代认同重构的技术逻辑	国际新闻界	2018/11
吴志远	喧哗与躁动:南海争端事件中的网络社会心态研究——基于南海仲裁案的网络舆情分析	情报杂志	2018/5
吴志远	图像"武器":"表情包"的话语与意蕴	新闻界	2018/3
王佳鹏	当前青年学者的精神追求与文明使命	当代青年研究	2018/3

2. 获奖情况

奖励名称	成果名称	出版发表情况	获奖作者	发证机关	获奖等级
江苏省第十五届哲学社会科学优秀成果奖	新媒体涉私内容传播与隐私权理念审视	《学术月刊》2014 年第 12 期	陈堂发	江苏省人民政府	三等奖
江苏省第十五届哲学社会科学优秀成果奖	中国美学精神	江苏人民出版社 2017 年 9 月	潘知常	江苏省人民政府	三等奖

3. 承办会议

南京大学新闻传播学院“传播与历史”研究小组于2018年组织召开了春、秋两季论文工作坊。春季工作坊在6月2日举办，两个主题分别为“数字时代的传播政治经济学”和“媒介与情感政治”。两个工作坊共入选论文19篇，来自复旦大学、清华大学、中国社会科学院、中山大学、华东师范大学、中国传媒大学以及南京大学等12所高校的20位青年学者与会讨论。秋季工作坊在11月11日举办，两个主题分别为“媒介与性别：理论与历史”和“媒介环境学”。两个工作坊共入选论文15篇，来自清华大学、浙江大学、西安交通大学、华中科技大学、华东师范大学以及南京大学等11所高校的15位学者参与了讨论。

由南京大学新闻传播学院传媒经济与管理研究所和凤凰传媒集团联合主办的“第三届江苏传媒产业发展论坛”于2018年10月27日在南京大学仙林校区新闻传播学院紫金楼举办。论坛以“融媒时代：理论探索与实践进路”为主题。

由南京大学新闻传播学院主办的南京大学新传读书会十周年纪念论坛于2018年11月19日在南京大学仙林校区新闻传播学院紫金楼举办。来自世界各地的60多位南京大学新传读书会成员围绕“对话·反思·重塑：经典阅读与学科想象”的主题展开了学术研讨。

供稿：南京大学新闻传播学院

四川大学新闻学院2018年学术发展概况

一、学术成果概述

四川大学新闻学院2018年新增教授1人；2项课题获国家社会科学基金项目立项，2项课题获省部级项目立项；1项国家社会科学基金项目结项；公开出版学术专著1部，在CSSCI期刊（不含扩展版）、SSCI及A&HCI期刊以第一署名单位或通讯作者单位发表论文44篇；10篇博士学位论文获通过；此外，学院还承办了首届符号传播学学术研讨会暨2018年文化与传播符号学高层论坛、中国新闻史学会新闻传播思想史研究委员会2018年会暨第五届中外新闻传播思想史高峰论坛，以及四川大学纪念马克思诞辰200周年学术研讨会马克思主义新闻观研究分会场等学术会议。

二、学院现任领导

院长	副院长	党委书记	党委副书记
李　怡	胡易容、周维东、张　放	古立峰	张　莹

三、2018 年学院新晋教授

姓名	职称	研究方向
朱至刚	教授	新闻学

四、所承担的国家级、省部级科研项目、课题

1. 2018 年立项的国家级、省部级科研项目、课题

项目类型	项目名称	项目负责人
国家社会科学基金冷门“绝学”专项支持项目	“巴蜀图语”符号谱系整理分析与数字人文传播研究（18VJX047）	胡易容
国家社会科学基金西部项目	南京大屠杀纪念馆的集体记忆工程研究（18XXW001）	黄顺铭
国家民族事务委员会研究项目	少数民族地区宗教活动的网络传播、构建与互动研究（2018－GME－013）	张　悦
四川省哲学社会科学“十三五”规划重点基地重大项目	县级融媒体在基层社会治理中的主要功能及实现路径研究（SC18EZD031）	肖尧中

2. 2018 年结项的国家级、省部级科研项目、课题

项目分类	项目名称	项目负责人
国家社会科学基金后期资助项目	中国西部民族地区媒介素养培养模式研究（16FXW012）	李　苓

五、2018 年学术成果汇总

1. 著述、教材情况

第一作者	书名	出版社
徐　沛	图像与启蒙——清末民国画报教化功能研究	中国社会科学出版社
王　彬	中国电影中青少年形象的文化谱系研究	中国社会科学出版社
曾元祥	数字出版产业链研究	武汉大学出版社
赵毅衡	赵毅衡形式理论文选	北京大学出版社
白　冰	四川出版发行业年度研究	四川人民出版社
白　冰	出版专业案例教程	四川人民出版社

2. 发表论文情况

第一作者	论文标题	发表期刊	刊期
Rao, G. (饶广祥)	A General Narratology	*Social Semiotics*	2018/7
Zhang, Y. (张悦)	The Effect of Ideology on Attitudes toward GM Food Safety among Chinese Internet Users	*Sustainability*	2018/11
黄顺铭	虚拟社区里的知识分享:基于两个竞争性计划行为理论模型的分析	新闻与传播研究	2018/6
张　放	政务微博拟人化互动效果的实验研究	国际新闻界	2018/3
杨　恬	在美中国旅居者在社交媒体上的自我呈现动机研究	国际新闻界	2018/3
刘　娜	“舆论”与“共同生活”:罗伯特·E. 帕克新闻思想中两个被忽视的关键词	国际新闻界	2018/8
王炎龙	媒介规制与媒介生产:一种把关的制衡——基于2006—2016年广播影视法律法规和政策的分析	新闻大学	2018/5
李宜篷	Personal Information Station:传播学元问题的“三位一体”架构	现代传播	2018/1
侯　洪	交互式纪录片的现实建构与发展症候及其反思——基于媒介研究“实践范式”的视角	现代传播	2018/4
朱　天	互联网情绪传播研究的新路径探析	现代传播	2018/6
蒋晓丽	新闻游戏的非虚构叙事研究	现代传播	2018/7
朱至刚	调动地方:试析《毛泽东同志给刘建勋、韦国清同志的信》的历史动因及效应	现代传播	2018/8
赵毅衡	符号学作为一种形式文化理论:四十年发展回顾	文学评论	2018/6
王炎龙	我国科技期刊发展障碍及驱动力突破	中国科技期刊研究	2018/6
张　放	分层与聚合:符号叙述学透视下的“两微一端”融合策略	编辑之友	2018/6
王炎龙	出版产业政策演变轨迹与逻辑	编辑之友	2018/7
蒋晓丽	新闻游戏:一个属性的界定	新闻界	2018/1
饶广祥	范与失范:新闻真实的异项追求	新闻界	2018/6
王炎龙	版权保护规制的权利再平衡——基于《著作权法(修订草案送审稿)》的分析	新闻界	2018/6
曾元祥	出版传媒上市公司融资结构的影响因素研究——基于我国22家出版传媒上市公司数据的分析	新闻界	2018/7
张　诚	作为县域治理枢纽的县级融媒体中心建设刍议——基于对A市的实地研究	新闻界	2018/12

续表

第一作者	论文标题	发表期刊	刊期
王炎龙	基于文化规划视角的城市公共阅读空间多维布局探究	中国出版	2018/18
王炎龙	电视剧类型化的构建逻辑失范与突破路径	中国电视	2018/9
王　彬	对亚文化研究范式的批判与思考	中国青年研究	2018/6
蒋晓丽	后互联网时代的传播游戏化及其表征——一种符号学视角	社会科学战线	2018/1
张　放	传播学史视域下媒介研究“民族志转向”之辨及其价值探析	南京社会科学	2018/6
朱至刚	“阅报”何以能成为中国人的日常行为:对清末新式中文报刊空间分布的社会学考察	学术研究	2018/9
赵毅衡	从符号学看“泛艺术化”:当代文化的必由之路	兰州学刊	2018/11
操　慧	“手机族群”面临的现实困惑	人民论坛	2018/28
陈华明	展示政治视域下“人类命运共同体思想”对外传播研究	四川大学学报(哲学社会科学版)	2018/6
赵毅衡	论意义顺序:对象先于符号,还是符号先于对象?	兰州大学学报(社会科学版)	2018/3
胡易容	符号达尔文主义及其反思:基于汉字演化生态的符号学解析	兰州大学学报(社会科学版)	2018/3
赵毅衡	皮尔斯“真知目的论”与维纳“反馈目的论”	福建师范大学学报(哲学社会科学版)	2018/2
饶广祥	“趣我”与浅平化:网络表情符号的传播与反思	福建师范大学学报(哲学社会科学版)	2018/2
朱　天	“圈子”概念下网络意见领袖的本土化致思——基于虚拟社区“百度贴吧”的实证分析	西南民族大学学报(人文社科版)	2018/3
蒋晓丽	论人工智能时代技术与人的互构与互驯——基于海德格尔技术哲学观的考察	西南民族大学学报(人文社科版)	2018/4
王炎龙	媒介进化中的传播理念嬗变与辨析	西南民族大学学报(人文社科版)	2018/10
曹峻冰	论世界电影史的分期问题(1895 年以来)——在“互联网+”与新媒体时代语境下	西南民族大学学报(人文社科版)	2018/10
陈华明	文本诠释学视野下微信政治传播功能建构研究	西南民族大学学报(人文社科版)	2018/11
陈雪奇	舆论形成的临界特征研究	西南民族大学学报(人文社科版)	2018/12

3. 转载、摘编情况

杨效宏《数字网络生态中社会传播管理的路径与方法——以内部控制理论为依据的建构》[《西南民族大学学报（人文社科版)》2017 年第 10 期] 获《新华文摘》2018 年第 1 期论点摘编。

曹峻冰《论世界电影史的分期问题（1895 年以来）——在“互联网 +”与新媒体时代语境下》[《西南民族大学学报（人文社科版)》2018 年第 10 期] 获《新华文摘》2018 年第 23 期论点摘编。

张放《传播学史视域下媒介研究“民族志转向”之辨及其价值探析》(《南京社会科学》2018 年第 6 期）入选《新华文摘》2018 年第 19 期篇目辑览。

朱至刚《“阅报”何以能成为中国人的日常行为：对清末新式中文报刊空间分布的社会学考察》（《学术研究》2018 年第 9 期）获人大复印报刊资料《新闻与传播》2018 年第 12 期全文转载。

王彬《对亚文化研究范式的批判与思考》（《中国青年研究》2018 年第 6 期）获人大复印报刊资料《青少年导刊》2018 年第 10 期全文转载。

唐小林、程天悦《大众媒介与意识形态的炼金术——重审符号学家巴尔特的神话理论》[《福建论坛（人文社会科学版)》2018 年第 1 期] 获人大复印报刊资料《文化研究》2018 年第 9 期全文转载。

赵毅衡《论意义顺序：对象先于符号，还是符号先于对象?》[《兰州大学学报（社会科学版)》2018 年第 3 期] 获人大复印报刊资料《艺术学评论》2018 年第 6 期全文转载。

赵禹平、赵毅衡《对纪录片“摆拍”的符号学解读》[《广西师范学院学报（哲学社会科学版)》2018 年第 3 期] 获人大复印报刊资料《影视艺术》2018 年第 9 期全文转载。

4. 承办会议

5 月 19 日，由四川大学主办的纪念马克思诞辰 200 周年学术研讨会在四川大学江安校区举行。其中，马克思主义新闻观研究分会场的讨论由四川大学新闻学院承办。

7 月 6—7 日，由中国新闻史学会新闻传播思想史研究委员会主办、四川大学新闻学院承办的中国新闻史学会新闻传播思想史研究委员会 2018 年会暨第五届中外新闻传播思想史高峰论坛在成都举行。会议以“反思与跨越：中国传播学发展四十年”为主题。

7 月 9—10 日，由中国新闻史学会符号传播学研究委员会、中国中外文艺理论学会文化与传播符号学分会、四川大学文学与新闻学院（新闻学院）联合主办的首届符号传播学学术研讨会暨 2018 年文化与传播符号学高层论坛在成都举行。会议以“传播学与符号学：本体、方法、趋势”为主题。

供稿：四川大学新闻学院

河北大学新闻传播学院2018年学术发展概况

一、学术成果概述

2018年河北大学新闻传播学院获得国家社科基金项目3项，教育部课题1项，省社科基金项目10项，出版著作10本，获得第十六届河北省社科优秀成果奖一等奖1项，二等奖4项，三等奖1项。学院充分利用太行山革命传播资源、雄安新区社会变迁资源以及京冀都市周边的乡村资源，并以此为研究对象，在文化传播、发展传播、数字传播与马克思主义新闻观史论融合等方面形成特色。

二、学院现任领导

院长	副院长	党委书记	党委副书记
韩立新	杜　浩、彭焕萍	王景明	滑晓军

三、所承担的国家级、省部级科研项目、课题

1. 2018年立项的国家级、省部级科研项目、课题

项目类型	项目名称	项目负责人
国家级	"一带一路"战略背景下中国出版走出去研究(18BXW024)	赵树旺
国家级	基于大数据的社会化媒体舆情传播机制及风险防控体系研究(18BXW119)	王秋菊
国家级	改革开放四十年体育新闻演进中的社会价值观研究(18BTY023)	刘　赞
省部级	中国互联网广告行业自我规制研究(18YJC860052)	张　艳
省部级	《论语》抽象名词历代随文释义材料研究(HB18YY008)	孙小超
省部级	河北太行山集中连片特困区乡村文化兴盛的路径研究(HB18XW005)	杜　浩
省部级	河北省户外公益广告生产传播机制研究(HB18XW006)	张　艳
省部级	实施乡村振兴战略背景下"三农"新闻舆论工作创新研究(HB18XW007)	陈　娟
省部级	河北"创城"公共传播中的城市认同研究(HB18XW008)	甄巍然
省部级	京津冀传媒产业集成经济协同发展研究(HB18XW010)	樊拥军
省部级	环境新闻话语与河北省形象建构研究(HB18XW011)	赵丽华
省部级	基于VR/AR的雄安新区融媒体数字化传播平台构建(HB18XW012)	刘　冲
省部级	乡村振兴战略下传统村落文化的数字化保护与传播研究(HB18XW013)	谷　雨
省部级	中华优秀传统文化涵育大学生社会主义核心价值观路径研究(HB08MK036)	徐兰英

2. 2018 年结项的国家级、省部级科研项目、课题

项目类型	项目名称	项目负责人
省部级	主流媒体借力“榜样示范”弘扬社会主义核心价值观策略研究(HB16XW001)	赵　巍
省部级	跨文化视域中的“刘荒田现象”传播研究(HB16WX018)	彭　翠
省部级	传统媒体微信公众平台的功能定位与圈群互动(HB15WX025)	甄巍然

四、2018 年学术成果汇总

1. 著述、教材情况

第一作者	书名	出版社
杜　浩	河北太行山文化产业带构建与发展策略	人民出版社
杜　浩	京津冀文化创意产业协同发展的困境与突围	科学出版社
白　贵	建构与融通:“一带一路”之华文出版与跨文化交流	华文出版社
白　贵	当代新闻写作	中国人民大学出版社
商建辉	共赢:京津冀传媒战略联盟研究	人民出版社
王秋菊	大数据视域下微博舆情研判与疏导机制研究	人民出版社
甄巍然	中国图书出版责任伦理研究	科学出版社
韩立新	太行红色新闻——新华社暨邯郸、陕北(延安)新华广播电台、人民日报作品选	河北人民出版社
韩立新	文化经纪人	人民日报出版社
宋伟龙	进路:广告新锐养成攻略	河北人民出版社

2. 发表论文情况

第一作者	论文名称	发表期刊	刊期
白　贵	媒介战争与民族构建:媒介环境学视角下的抗战电影	现代传播	2018/1
白　贵	从雾霾风险议题处理看主流媒体环境议题的建构原则及定位——基于《河北日报》与《新京报》的比较研究	新闻大学	2018/3
白　贵	体育赛事机器新闻写作的现实困境与改进路径——以腾讯“机器人 NBA 战报”为例	上海体育学院学报	2018/6
曹　茹	从接受美学看媒体如何讲好中国故事——隐喻、母题与适度陌生化	出版发行研究	2018/10
杜恩龙	泰勒-弗朗西斯出版集团学术出版的趣味性推广	出版科学	2018/2
白林丰	语音交互技术重构出版	科技与出版	2018/2
杜恩龙	西方藏书票的发展及其对出版业的启示	新闻界	2018/3
韩立新	英雄淀、歌淀:白洋淀文化建设的意象隐喻——基于雄安地区英雄人物的文献分析	现代传播	2018/7

续表

第一作者	论文名称	发表期刊	刊期
金　强	中巴建交以来中国大陆对巴基斯坦题材图书出版分析(1951—2018)	南亚研究季刊	2018/3
任文京	由出版大国到出版强国的发展战略	出版发行研究	2018/2
任文京	高等院校出版硕士培养的困境和出路	现代出版	2018/3
任文京	“一带一路”视域下中华学术外译项目现状与推进路径	中国出版	2018/15
任文京	殷璠《河岳英灵集》品藻的价值与影响	河北学刊	2018/2
任文京	唐人选唐诗背后权要与士人的博弈	河北学刊	2018/5
孙欣欣	查批本《才调集》诗歌评点略论	河北学刊	2018/5
王　宏	移动互联网时代网络编辑人才培养模式	出版发行研究	2018/4
魏海岩	宋代邸报读者特点及其影响	新闻与传播评论	2018/5
魏海岩	进奏院别名考证	新闻与传播研究	2018/11
杨金花	善读书与善推广:樊登读书会运营模式探析	出版发行研究	2018/2
杨金花	传统出版企业知识服务转型路径探析	科技与出版	2018/5
王素娟	空间存在:虚拟环境中何以产生身临其境之感?	心理科学进展	2018/8
张　艳	基于区块链技术的广告场景应用与生态网络变革	中国出版	2018/5
甄巍然	“民心相通”:基于文化交往的共同体图景——“一带一路”中文化认同的困境与破解	出版发行研究	2018/3
余　人	全民阅读的规制建设与差异化推广	中国出版	2018/1

3. 获奖与转载情况

姓名	获奖著述	奖励状况
田建平	专著《宋代出版史》	第十六届河北省社科优秀成果奖一等奖
白　贵	论文《对外传播的新使命:“一带一路”与“构建人类命运共同体”》	第十六届河北省社科优秀成果奖二等奖
韩立新	论文《时空转移与智慧分流:媒体的分化与重构》	第十六届河北省社科优秀成果奖二等奖
任文京	专著《唐宋诗序跋研究》	第十六届河北省社科优秀成果奖二等奖
商建辉	专著《媒介问题内容产制研究——一种批判的视角》	第十六届河北省社科优秀成果奖二等奖
金　强	专著《巴基斯坦大众传媒研究》	第十六届河北省社科优秀成果奖三等奖
曹　磊	论文《传播的新视界、新定位、新使命》	《新华文摘》2018 年 11 月全文转载

4. 承办会议

(1) 1月 21 日，传媒变革与教育创新“雄安论坛”在河北大学新闻传播学院召开。

(2) 8 月 20—22 日，由河北大学新闻传播学院、台湾南华大学管理学院华文出版趋势研究中心、北京大学现代出版研究所、海峡两岸华文出版论坛秘书处主办的第十三届海峡两岸华文出版与文化创意学术论坛在河北雄安新区举行，该论坛的主题是“华文出版与文化创意”。

（3）12 月 29 日，由河北省城市传播研究院、河北大学新闻传播学院主办，腾讯内容平台、河北画报社协办，主题为“智媒时代雄安新区的发展传播：城市群、数字化与影像传播”的第二届雄安新区传播与社会发展论坛在河北大学召开。

供稿：河北大学新闻传播学院

武汉大学新闻与传播学院 2018 年学术发展概况

一、学术成果概述

2018 年，武汉大学新闻与传播学院获批国家社科基金项目 2 项、湖北省社科基金项目 2 项、其他省部级项目 5 项。学院继续实施学术精品工程，强化了学术质量建设，有 5 项应用成果被省级政府部门、中央办公厅采纳。学院获湖北省社会科学优秀成果奖二等奖 2 项、三等奖 3 项；武汉市社科奖 1 项。学院获批 5 项 2018 湖北省新闻传播能力建设研究中心重大课题，聚焦湖北省的媒体发展与新闻宣传中的现实与前沿问题。依托湖北省新闻传播能力建设研究中心，突出新型智库功能，学院为湖北省社科基金项目的课题设计、评选和结项等提供专家资源。学院主办、承办了第二届中国传播创新论坛等 4 场大型学术会议。

二、学院现任领导

院长	副院长	党委书记	党委副书记
强月新	程　明、姚　曦、洪杰文、洪毅生	吴爱军	张　琦、楚　静

三、所承担的国家级、省部级科研项目、课题

1. 2018 年立项的国家级、省部级科研项目、课题

项目类型	项目名称	项目负责人
国家社会科学基金一般项目	中国政府新闻发言人选拔、培养、评估制度研究	夏　琼
国家社会科学基金一般项目	新媒介场域下的青少年社群交往方式及其社会化影响	杨　嫚
教育部一般项目	近代漫画的图像叙事与传播研究	朱　琳
共青团中央	新媒体环境下“95 后”大学生思想行为特点及其引导策略研究	陈菊平

2. 2018 年结项的国家级、省部级科研项目、课题

项目类型	项目名称	项目负责人
教育部一般项目	新媒体事件中多元行动者的参与行为及其规范研究	吴世文
教育部人文社科重点研究基地项目	互联网传播形态与中国传播能力建设研究	强月新

四、2018 年学术成果汇总

1. 著述、教材情况

第一作者	书名	出版社
王　敏	大数据时代个人隐私的分级保护研究	社会科学文献出版社
吕尚彬	走向在线社会信息传播系统	人民出版社
单　波	中国传播创新研究报告(2018)	社会科学文献出版社
肖　珺	新媒体跨文化传播的中国实践研究	中国社会科学出版社
刘建明	世界广播电视史	科学出版社
刘友芝	新媒体运营	中国人民大学出版社
李小曼	中国儿童成长安全体验教育	花城出版社
刘金波	文学诠释方法论	武汉大学出版社
王　敏	新闻伦理学	中国传媒大学出版社
林　婕	网络谣言与真相	宁波出版社
强月新	实践教学与新闻传播人才培养创新研究	科学出版社

2. 发表论文情况

第一作者	论文标题	发表期刊	刊期
徐开彬	汶川十年:汶川地震的媒介记忆研究	新闻大学	2018/6
吕尚彬	媒体融合的进化:从在线化到智能化	人民论坛·学术前沿	2018/24
王　敏	虚假新闻病理研究——基于我国历年“十大假新闻”的统计分析(2001—2017)	中国出版	2018/24
程　明	社群经济视角下营销传播的变革与创新研究	编辑之友	2018/12
石义彬	The Media in the Service of ISIS Propaganda War	*Malaysian Journal of Media Studies*	2018/12
王　敏	大数据时代如何有效保护个人隐私?——一种基于传播伦理的分级路径	新闻与传播研究	2018/11
徐开彬	凸显与遮蔽:国内主流报纸新闻评论中医患矛盾的隐喻分析	国际新闻界	2018/11

续表

第一作者	论文标题	发表期刊	刊期
刘金波	论作为"方法的理论"的文化关键词研究——基于问题意识的思考	湖北大学学报（哲学社会科学版）	2018/6
刘　娜	重塑与角力：网络短视频中的乡村文化研究——以快手 APP 为例	湖北大学学报（哲学社会科学版）	2018/6
王松茂	近十年我国出版企业海外投资促进问题分析	出版科学	2018/6
肖　珺	"泛喜马拉雅地区"跨文化传播共同体建构的可能性	新闻界	2018/11
吕尚彬	智能技术体"域定"传媒的三重境界：未来世界传播图景展望	现代传播	2018/11
刘友芝	知识付费平台持续发展的现实瓶颈与创新突破	编辑之友	2018/11
闫　岩	共同体的凝聚、分化和退场：建国以来官方救灾话语的共现结构之演变(1949—2017)	新闻与传播研究	2018/10
强月新	社交媒体时代中国对外传播的变革与转型	编辑学刊	2018/3
吴世文	新闻从业者与人工智能"共生共长"机制探究——基于关系主义视角	中国出版	2018/19
吴世文	互联网历史学的前沿问题、理论面向与研究路径——宾夕法尼亚大学杨国斌教授访谈	国际新闻界	2018/8
闫　岩	Gossip at One's Fingertips：Predictors of Celebrity News on Twitter	*Journalism*	2018/10
廖秉宜	消费升级下的品牌情感营销策略	国际品牌观察	2018/6
廖秉宜	中国媒介市场数据失范现象与治理对策	编辑之友	2018/10
姚　曦	网络舆论生态系统的评价及优化路径	中南民族大学学报（人文社会科学版）	2018/5
王　敏	Interpersonal Divide in the Age of the Machine	*International Journal of Communication*	2018/9
姚　曦	网络社会形态下传播关系的重构——对媒介融合本质的认识	西南交通大学学报（社会科学版）	2018/5
刘　娜	我国教育舆情监控与引导的现状分析及策略	当代传播	2018/5
吴世文	追忆消逝的网站：互联网记忆、媒介传记与网站历史（转载）	中国社会科学文摘	2018/9
吴世文	追忆消逝的网站：互联网记忆、媒介传记与网站历史（转载）	社会科学文摘	2018/8
刘　娜	影像再现与意义建构：城市空间的影视想象	现代传播	2018/8
肖　珺	数字通信革命视角下的后真相反思——与约翰·基恩的讨论	新闻记者	2018/8

续表

第一作者	论文标题	发表期刊	刊期
杨　嫚	论新媒介产消者“自由劳动”的本质及其历史意义——基于马克思劳动价值论的分析	社会主义研究	2018/4
冉　华	我国电视对农传播的整体现状——基于九个电视对农频道和两个农村地区的实证研究	湖北社会科学	2018/5
Huan Chen	The Myth of Big Data:Chinese Advertising Practitioners	*International Journal of Advertising*	2018/8
闫　岩	群像与独像:新世纪以来我国特大事故报道中的受难者形象	国际新闻界	2018/6
姚　曦	中国品牌传播研究的学科知识可视化分析	现代传播	2018/5
程　明	以“上文化”消解“丧文化”	人民论坛	2018/19
刘丽群	情感与主题建模:自然灾害舆情研究社会计算模型新探	现代传播	2018/7
吕尚彬	新旧媒体博弈与美国政治广告传播的转折——对近年来美国总统大选的分析	郑州大学学报（哲学社会科学版）	2018/4
姚　曦	网络舆论生态系统评估指标体系建构研究	湖北大学学报（哲学社会科学版）	2018/4
廖秉宜	品牌社群营销成功五大法则	企业家信息（人大复印报刊资料）	2018/7
张爍尹	网络言论传播与国家形象在年轻一代的良性内构	西南民族大学学报（人文社科版）	2018/7
陈　刚	大众传媒与区域发展良性互动的可能——品读《长江中游区域发展与大众传媒》	湖北大学学报（哲学社会科学版）	2018/4
赵红勋	微信朋友圈的空间叙事探析	编辑之友	2018/6
辛　静	海外英文媒体对“一带一路”倡议的隐喻建构——基于语料库的跨文化比较研究	现代传播	2018/6
刘　骏	商业媒介沙漠中的绿洲？——美国公共新闻运动的困境与启示	新闻记者	2018/6
刘　婷	身体－媒介/技术:麦克卢汉思想被忽视的维度	新闻与传播研究	2018/5
张　卓	新时代 新生态 新表达——国产纪录片发展透视	人民论坛	2018/14
张　卓	网络综合治理的“五大主体”与“三种手段”——新时代网络治理综合格局的意义阐释	人民论坛	2018/5
程　明	论智媒时代场景对数字生存和艺术感知的影响	现代传播	2018/5
周茂君	VR 营销:现状、问题与对策	西南大学学报（社会科学版）	2018/3

续表

第一作者	论文标题	发表期刊	刊期
廖秉宜	品牌场景营销的创新策略	企业家信息（人大复印报刊资料）	2018/5
王　敏	The Datafied Society：Studying Culture through Data	*International Journal of Communication*	2018/4
吴世文	追忆消逝的网站：互联网记忆、媒介传记与网站历史	国际新闻界	2018/4
陈　刚	新媒体时代环境议题网络问政的源起、模式演进与展望	江淮论坛	2018/4
廖秉宜	新加坡互联网广告管理体系建构及启示	中国出版	2018/4
廖秉宜	跨界营销：共创品牌价值之道	企业家信息（人大复印报刊资料）	2018/4
周　翔	“命运共同体”的话语建构——概念再造、语境重置与方式转换	人民论坛·学术前沿	2018/7
徐开彬	习近平达沃斯演讲的新亚里士多德修辞分析	现代传播	2018/3
刘丽群	中美政府在风险沟通中的社交媒体使用比较研究	情报杂志	2018/3
张　卓	绕轴翻转：媒介融合时代广播电视教育的理念革新与范式转型	现代传播	2018/3
张　卓	文化杂糅与他者想象：我国音乐真人秀节目的文化轨迹及其心理归因	新闻界	2018/3
廖秉宜	新时代，新手段——品牌主的创新研究	市场营销（人大复印报刊资料）	2018/3
石义彬	议程建构理论的产生、发展及转向	现代传播	2018/2
程　明	从流量变现到关系变现：社群经济及其商业模式研究	当代传播	2018/2
吴世文	全球传播研究的学术使命、想象力与新思维——宾夕法尼亚大学安纳伯格传播学院 Marwan Kraidy 教授访谈	新闻记者	2018/2
单　波	从新体用观的角度建构中国传播学的反思性	国际新闻界	2018/2
吴世文	The Politics of Naming and Ranking New Media Events in China	*Communication and the Public*	2018/2
刘建明	传播的仪式观：仪式时传播的本体而非类比	湖北大学学报（哲学社会科学版）	2018/2
冉　华	中国国家形象的“他塑”——《明镜》周刊网站国际版涉华报道分析	国际传播	2018/1
刘金波	继承与创新：中国古代文论何以言说——兼评《体：中国文论元关键词解诠》	河南大学学报（社会科学版）	2018/1

3. 承办会议

10月1日，由武汉大学媒体发展研究中心与澳大利亚迪肯大学联合举办的比较传播研究国际研讨会（Comparative Communication Study International Symposium）在澳大利亚墨尔本召开。

6月15—17日，第二届中国传播创新论坛在武汉大学召开。主题为“新时代中国传播创新：动力与路径”，旨在立足中国传播问题，通过学界、业界的跨界对话，为进入综合改革创新阶段的中国媒体提供新经验、新方法和新理念。

11月9—11日，2018湖北新闻与传播教育学会年会暨“新时代新闻与传播人才培养”论坛在武汉大学新闻与传播学院召开。该年会由湖北省新闻与传播教育学会、武汉大学新闻与传播学院、武汉大学媒体发展研究中心联合举办。

12月7—9日，2018年“武汉大学全国广告学博士生论坛”暨“第九届华中地区研究生新闻传播学术论坛”在武汉大学新闻与传播学院举办。论坛由武汉大学研究生院、党委研究生工作部、新闻与传播学院、媒体发展研究中心主办。论坛由主论坛和系列分论坛组成，与会嘉宾和学生围绕“数据化、智能化——中国广告的创新发展”主题进行了深入讨论，旨在探究数据化、智能化的时代背景下，如何推动中国广告的创新发展，承担和迎接广告学人需要面对的新任务和新挑战。

供稿：武汉大学新闻与传播学院

北京大学新闻与传播学院2018年学术发展概况

一、学术成果概述

2018年学院教师共发表文章（含期刊论文、会议论文、研究报告等）133篇，出版著作（含专著、译著、编著、教材等）8部，立项课题23项。教师参加国际、港澳台学术会议，受聘讲学，社科考察，进修学习，合作研究等共约30人次。

二、学院现任领导

院长	副院长	党委书记	党委副书记
陆绍阳	陈　刚（兼）、俞　虹、刘德寰、吴　靖	陈　刚	卢　亮

三、2018年学院新晋教授

姓名	职称	研究方向
彭　波	教授	互联网研究

四、所承担的国家级、省部级科研项目、课题

1. 2018 年立项的国家级、省部级科研项目、课题

项目类型	项目名称	项目负责人
北京市习近平新时代中国特色社会主义思想研究中心重大项目	习近平关于意识形态工作的重要论述研究	陆绍阳
北京市社会科学基金重点项目	当前社会思潮传播的新特点和有效引导研究	张慧瑜
教育部社科司	“四个一批”人才自主选题项目	王维佳
国家社科基金后期资助项目	国家修辞、话语、传播研究	陈汝东

2. 2018 年结项的国家级、省部级科研项目、课题

项目类型	项目名称	项目负责人
北京市社会科学基金项目	网络实名制效果研究	王维佳
国家社科基金重大项目	增强中国对外传播文化软实力深度研究	关世杰

五、2018 年学术成果汇总

1. 著述、教材情况

第一作者	书名	出版社
张慧瑜	城市北京与文化书写:北京题材影视剧研究(1978—2018)	社会科学文献出版社
胡　泳	机器人来了:人工智能时代的人类生存法则(译著)	文化发展出版社
王维佳	信息资本主义的兴起与扩张(译著)	北京大学出版社
师曾志	生命传播:自我·赋权·智慧	北京大学出版社
胡　泳	认知盈余(经典版)(译著)	北京联合出版公司
张　积	中国阅读通史·先秦秦汉卷	安徽教育出版社
陆　地	诗绘中国	中国广播影视出版社
周忆军	刻在灵魂深处——80 年代之北大记忆(上、下)	北京大学出版社

2. 发表论文情况

第一作者	论文标题	发表期刊	刊期
祝　帅	论设计研究的“学科间性”	南京艺术学院学报(美术与设计)	2018/1
程曼丽	数据时代的国家品牌传播	南京社会科学	2018/1
师曾志	警惕泛娱乐化奴役自我	人民论坛	2018/6

续表

第一作者	论文标题	发表期刊	刊期
张慧瑜	中国电影的新变化与新的中国故事——2017年中国电影文化观察	当代电影	2018/3
陆　地	VR技术在电视节目中的应用与前景	当代传播	2018/2
陆　地	公民媒体崛起的意义	当代传播	2018/2
程曼丽	文化政治视角下清末西方传教士及其报刊出版活动	现代传播	2018/3
张慧瑜	重建、弥合与新的"旧伤痕"——新世纪以来国产影视剧中的家庭叙事及其社会功能	文艺争鸣	2018/3
王维佳	什么是真相？谁的真相？——理解"后真相时代"的社交媒体恐惧	新闻记者	2018/5
王洪喆	天空与深海之眼：动物影像的媒介考古	电影艺术	2018/3
师曾志	数字多重超文本阅读下的出版业认知转向：在"跃读"中实现"悦读"	现代出版	2018/3
刘新传	语境、演进、范式：网络研究的想象力	新闻大学	2018/3
俞　虹	欧洲公共广播电视发展趋势与变革启示——从瑞士"取消收听收视费"公投说起	现代传播	2018/6
陈汝东	论修辞学理论建构中的美辞学叙事范式	江淮论坛	2018/3
车致新	"想象界"的物质基础——基特勒论电影媒介的幻觉性	电影艺术	2018/4
师曾志	"新文创"的变与不变	人民论坛	2018/22
祝　帅	民国报刊上的康有为其人其书——兼论现代大众传媒对书家形象之建构	中国书法	2018/15
祝　帅	新史学语境下的广告史研究——近年海外中国广告史研究的四种视角	新闻大学	2018/4
张慧瑜	青春片的时代感与现实感——从电影《后来的我们》说起	电影艺术	2018/5
师曾志	互联网时代媒介叙事下的生命传播	中国编辑	2018/9
胡　泳	中外报业付费墙实践对比及省思	当代传播	2018/5
陈汝东	新时代 新传播 新气象——传媒文明与网络强国	人民论坛	2018/26
程曼丽	马克思主义在中国的早期传播及其新闻思想的形成	兰州大学学报（社会科学版）	2018/5
胡　泳	自动化到来后，新闻人的价值何在？	新闻记者	2018/10
程曼丽	"揭丑运动"在中国兴起的历史必然性	国际新闻界	2018/10
陈汝东	改革开放与文化大发展	人民论坛	2018/34

3. 承办会议

5月25日，第二届“中国传统出版文化的传承与弘扬”研讨会在北京大学新闻与传播学院举行。来自全国各地的出版文化研究专家学者、雕版技艺非物质文化遗产传承人与出版相关文化产业从业人员齐聚一堂，共同探讨“传承与弘扬中国传统出版文化”。研讨会特别邀请了一批在传统出版文化传承一线工作的非遗传承人和地方印刷博物馆的领导，他们分别介绍了当地传统出版印刷的历史、雕版技艺的传承现状与机遇、挑战。

7月18日，第四届（2018）两岸大学生创客营在北京大学结束。（2018）两岸大学生创客营是由国务院台湾事务办公室指导，北京大学、台湾旺旺中时媒体集团联合主办，福建平潭综合实验区管委会特别合作，北京大学新媒体营销传播（CCM）研究中心、旺旺时报金犊奖组委会、台湾青创协会共同承办的两岸青年体验式交流活动。

7月23日，由北京大学新媒体营销传播研究中心主办，北京大学宝成海峡两岸青年发展基金支持的“2018北京大学数字创意论坛”在英杰交流中心举行。

7月29日，由中国电视艺术家协会、广东广播电视台、北京大学新闻与传播学院、中广联广播电视研委会、黑龙江广播电视台联手打造的第十届中国电视南方论坛暨第八届中国电视满意度博雅榜发布会在哈尔滨举办。论坛以“新时代 新跨越新格局”为主题。

10月14日，由北京大学新闻与传播学院主办的“百年中国新闻教育：传承与发展”暨北京大学新闻学研究会成立100周年学术研讨会，在英杰交流中心阳光大厅隆重举行。

11月17日，由北京大学新闻与传播学院主办，乔治全球健康研究院（中国）支持的北京大学健康传播工作坊在新闻与传播学院举行。工作坊主题为“新媒体、新传播与案例分享”。

12月1日，“海峡两岸广告交流三十年学术研讨会暨颜伯勤教授广告藏品捐赠及藏品展开幕式”在北京大学新闻与传播学院举行。活动由北京大学新闻与传播学院、中国广告协会学术委员会主办，北京大学宝成海峡两岸青年发展基金特别支持，旺旺中时文化传媒（北京）有限公司、颜伯勤文教基金会联合主办，北京大学新媒体营销传播研究中心、北京大学现代广告研究所具体承办。

12月24日，“2018中国电视掌声·嘘声暨新书发布论坛”在北京大学英杰交流中心举行。该论坛共评选出五个“年度掌声”、一个“年度嘘声”和一个“特别关注”。此外，由北京大学电视研究中心和北京大学出版社联合打造的《中国电视：掌声·嘘声——2011—2017经典案例》一书也在活动中首发。论坛由北京大学新闻与传播学院、北京大学电视研究中心、北京大学七匹狼文化发展基金主办。

供稿：北京大学新闻与传播学院

暨南大学新闻与传播学院2018年学术发展概况

一、学术成果概述

全年学院获批科研立项共22项，其中国家社科重大项目2项，重点项目1项，一般项目1项，青年项目3项，后期资助项目1项，省部级项目2项，市级项目3项，厅局级项目5项，省教学改革项目4项。学院发表CSSCI来源期刊论文63篇，其中A类论文25篇；发表SSCI、CPCI－SSH、EI来源期刊外文论文8篇。学院出版著作共22部，专著3部，编著2部，主编10部、译著5部，教材2部。学院主办、承办国内外高层次学术会议25场。

二、学院现任领导

院长	执行院长	党委书记	副院长	党委副书记
范以锦	支庭荣	杨先顺	张晋升、刘　涛	姚淑兰

三、2018年学院新晋教授

姓名	职称	研究方向
赵建国	教授	中国新闻史
曾一果	教授	媒介文化、城市传播

四、2018年新设学术科研机构

院系级研究中心（所）：计算新闻传播研究中心

主任：汤景泰

中心宗旨：暨南大学计算新闻传播研究中心以构建统一的“数据湖泊”和细分的“数据仓库”为手段，以提升现代组织的“数据治理”能力为目标，以增进大众的“信息福利”为旨归，聚焦“重大理论难题、重大现实挑战、重大社会关切”，致力于搭建跨学科、开放式的研究中心和智库平台。

五、所承担的国家级、省部级科研项目、课题

2018年立项的国家级、省部级科研项目、课题

项目类型	项目名称	项目负责人
国家社科基金重大项目	人工智能时代的新闻伦理与法规	林爱珺
国家社科基金重大项目	中国共产党新闻宣传工作史料收集、整理与数据库建设(1949—1966)	赵建国
国家社科基金重点项目	全球互联网治理的竞争格局与中国进路研究	罗　昕
国家社科基金一般项目	中国青少年的艾滋病风险感知与媒介干预机制研究	张潇潇

续表

项目类型	项目名称	项目负责人
国家社科基金青年项目	技术发展影响下的新媒体平台社会影响力评估研究	刘　倩
国家社科基金青年项目	传统文化的创造性转化与近代中国国际关系研究	赵思洋
国家社科基金青年项目	中国共产党宣传工作研究(1921—1931)	陈　龙
国家社科基金后期资助项目	日本侵华遗孤的认同研究——中日两国三代人的生命叙事	张　岚
广东省哲学社会科学“十三五”规划2018年青年项目基金项目	民国时期广州报业与妇女运动的互动关系研究(1919—1949)	黄雅兰
国家广电总局项目特别委托项目	粤语播音主持语言规范与测试标准研究	林小榆

六、2018年学术成果汇总

1. 著述、教材情况

第一作者	书名	出版社
甘险峰	中国新闻漫画发展史	山东大学出版社
曾凡斌	互联网使用与政治参与	中国人民大学出版社
马立明	南方文化名人——范以锦传	广东人民出版社
支庭荣	媒体融合蓝皮书:中国媒体融合发展报告(2017—2018)	社会科学文献出版社
蔡铭泽	新闻传播学(第四版)	暨南大学出版社
谢　毅	电视节目制作(第五版)	暨南大学出版社
喻季欣	心桥永恒	广东人民出版社
陈韵博	社交媒体营销:理论与实践	清华大学出版社
高　丽	儿童、青少年与媒体(第三版)	清华大学出版社
嵇美云	电视批评(第3版)	清华大学出版社
谢　毅	数字媒介与创新——传媒管理与设计策略	清华大学出版社
汤景泰	传播力	社会科学文献出版社
罗　昕	中国网络社会治理研究报告(2018)	社会科学文献出版社
黄　斌	广东网络品牌栏目建设评析	南方日报出版社
彭伟步	“一带一路”视野下海外华文媒体动态与前瞻	暨南大学出版社
申启武	新媒体时代中国广播的理论创新与实践探索	万卷出版公司
晏　青	娱乐传播研究读本	上海交通大学出版社
杨先顺	岭南新媒体说:数字营销传播思想荟萃	暨南大学出版社
杨先顺	使命与责任:中国广告的创新与未来	暨南大学出版社
张晋升	沟通与善治:参与传播视野下国家治理的广东经验	南方日报出版社
张　岚	舆情观察:第14辑	人民日报出版社

2. 发表论文情况

第一作者	论文标题	发表期刊	刊期
汤景泰	论习近平新时代网络强国思想	新闻与传播研究（人大复印报刊资料全文转载）	2018/1
侯东阳	媒介化理论及研究路径、适用性	新闻与传播研究	2018/5
刘　涛	图绘“西医的观念”：晚清西医东渐的视觉修辞实践——兼论观念史研究的视觉修辞方法	新闻与传播研究	2018/11
公丕钰	参与传播：国家治理研究的新向度——瑞典乌普萨拉大学尼科·卡彭铁尔教授访谈	国际新闻界	2018/7
黄雅兰	信息告知还是视觉吸引？——对中外四个数据新闻栏目可视化现状的比较研究	新闻大学	2018/1
刘　涛	意象论：意中之象与视觉修辞分析	新闻大学	2018/4
张潇潇	从物的语言到空间的语法：宜家空间的视觉修辞实践	新闻大学	2018/4
汤景泰	论“一带一路”国际话语权的提升——基于首届“一带一路”国际合作高峰论坛Twitter传播数据的分析	新闻大学	2018/5
汤景泰	技术污名化的传播机制：基于系列邻避事件的分析	现代传播	2018/2
曾凡斌	基于谷歌图书语料库大数据的百年传播学发展研究	现代传播	2018/3
林爱珺	新闻舆论在中国共产党治国理政中的历史定位与时代价值	现代传播	2018/6
李　龙	“算法反恐”：恐怖主义媒介化与人工智能应对	现代传播	2018/9
晏　青	论“后情感社会”真人秀节目的情感规则、偏误与调适	现代传播	2018/11
范以锦	传媒生态、媒体业态、媒介形态：中国传媒业改革四十年	新闻记者	2018/10
龙思思	广州中等收入群体媒介素养现状研究	新闻记者	2018/8
王明亮	家长制支配下侍从报人的职业命运——迁台后《中央日报》社长马星野下台原因分析	新闻记者	2018/9
曾凡斌	百度指数对议程设置理论的检验及“两个舆论场”的关系——基于2013—2016年75个网络热点舆情事件的分析	新闻记者	2018/11
龙思思	中等收入群体网络舆论参与特点及引导研究	当代传播	2018/1

续表

第一作者	论文标题	发表期刊	刊期
马立明	从"战争想象"到全球景观：足球世界杯的隐喻与嬗变	当代传播	2018/4
张成良	融媒体语境下"第三媒介时代"媒介形态研究	编辑之友	2018/1
甘险峰	机遇与挑战并存：媒体融合进入改革创新"深水区"——2017 年中国新闻业事件盘点	编辑之友	2018/2
屈济荣	作为"图像行为"的表情包：符号、修辞与话语	编辑之友	2018/10
谭　天	接入、场景、资本：社交媒体三大构成	中国出版	2018/8
汤景泰	自媒体场域中健康风险的传播及治理	中国出版	2018/3
李　龙	列宁：党报应当进行论战	新闻界	2018/1
李志敏	1979 年《人民日报》首倡农业联产承包制	新闻界	2018/5
王明亮	中国共产党如何应对解放前最大的一次舆情危机？——1946 年国统区反苏反共游行再考察	新闻界	2018/11
钟之静	基于移动阅读的平台型都市报实践动因与转型路径	新闻界	2018/6
姚晓鸥	苏联著名记者波列伏依	新闻界	2018/4
曾凡斌	关联网络议程设置的概念、研究与未来发展	新闻界（人大复印报刊资料《新闻与传播》全文转载）	2018/5
支庭荣	"后真相"时代：话语的生成、传播与反思——基于西方政治传播的视角	新闻界	2018/1
刘　涛	语图论：语图互文与视觉修辞分析	新闻与传播评论（人大复印报刊资料《新闻与传播》全文转载）	2018/1
赵立兵	从"宣传"到"对话"：社会主义协商民主的政治传播进路	新闻与传播评论	2018/3
刘　涛	转喻论：图像指代与视觉修辞分析	南京社会科学	2018/10
曾一果	符号的戏讥：网络恶搞的社会表达与文化治理	南京社会科学	2018/12
杨先顺	微信朋友圈用户的伦理关系失范现象——基于生态伦理视野的分析	浙江社会科学	2018/3
姚锦云	华夏传播理论建构试探：从"传播的传递观"到"传播的接受观"	浙江社会科学	2018/8
刘　涛	何为视觉修辞？——图像议题研究的视觉修辞学范式	湖南师范大学社会科学学报	2018/6
曾凡斌	大数据方法与传播学研究方法	湖南师范大学社会科学学报（《新华文摘》全文转载）	2018/3

续表

第一作者	论文标题	发表期刊	刊期
林爱珺	微信谣言的再认识:社交网络中的交往实践与引导	中国地质大学学报（社会科学版）	2018/4
刘 涛	视觉修辞何为？——视觉议题研究的三种“修辞观”	中国地质大学学报（社会科学版）	2018/2
刘 涛	语境论:释义规则与视觉修辞分析	西北师大学报(社会科学版)	2018/1
陈伟军	网络游戏的表意逻辑与价值向度	福建论坛	2018/8
侯东阳	欧洲传播研究的知识图谱分析——以两本欧洲传播杂志(2010—2014 年)为例	暨南学报(哲学社会科学版)	2018/1
刘 涛	超越“美学”:知识生产与网络影评的“社会学想象力”	当代电影	2018/11
陈广耀	强弱语义语境下的否定句加工机制	心理学报	2018/2
林小榆	跨文化传播视域下奥运会运动员的国家形象塑造——以 2016 里约奥运会中国运动员为例	北京体育大学学报	2018/2
黄雅兰	“母亲的祖国”:美国华人基督教会的传播体系及其对民族身份的建构	华侨华人历史研究	2018/1
晏 青	传媒文艺的现代特性与批评话语重建	中州学刊	2018/5
陈伟军	“一带一路”背景下中国价值观的国际传播路径	学术界	2018/5
范以锦	从有限到有效:政务传播影响力重构的作用因素分析	学术研究	2018/5
李德团	微信朋友圈广告的伦理审视	学习与实践（《新华文摘》部分转载）	2018/6
刘 涛	风险话语如何嵌入女性议题？——风险议题建构的性别逻辑与符号接合实践	山西大学学报（哲学社会科学版）	2018/6
晏 青	新世纪以来电视文化节目的三种语态	中国电视	2018/11
Lin, Dan(外)	Tracking the Eye Movement of Four Years Old Children Learning Chinese Words	*Journal of Psycholinguistic Research*	2018/2
Fu, Senhui(外)	Who Will Attract You? Similarity Effect among Users on Online Purchase Intention of Movie Tickets in the Social Shopping Context	*International Journal of Information Management*	2018/6
郑 越	When Algorithms Meet Journalism: The User Perception to Automated News in a Cross/cultural Context	*Computers in Human Behavior*	2018/9
莫智勇	Wandering (at Ease): Lampo Leong's Chanted Poetry	*Visual Communication*	2018/7

续表

第一作者	论文标题	发表期刊	刊期
张　蕾	Risk Perception and Evaluation of Supervision: A Study on Chinese Consumer Trust in Food Safety	*American Journal of Scientific Research and Essays*	2018/11
郑　越	Construction of China's Soft Power: Comparing News Coverage of the Confucius Institute Project in China and U. S. Media	*Global Media Journal*	2018/6

3. 获奖情况

姓名	获奖作品	奖项	获奖时间
刘　涛	（荣誉奖励）	教育部2017年度"长江学者奖励计划"青年学者	2018/5
曾一果	西方媒介文化理论研究	江苏省第十五届哲学社会科学优秀成果奖二等奖	2018/10
刘　涛	新时代呼唤蓬勃的青年精神	第二十八届中国新闻奖一等奖（文字评论），中华新闻工作者协会	2018/9
林如鹏、支庭荣	我党新闻思想理论的创新发展——论习近平总书记新闻思想的系统性、创新性和时代性	第二十八届中国新闻奖三等奖（新闻论文）三等奖，中华新闻工作者协会	2018/9
林如鹏、支庭荣	我党新闻思想理论的创新发展——论习近平总书记新闻思想的系统性、创新性和时代性	2017年度广东新闻奖一等奖，广东省记协、广东省新闻学会	2018/8
林爱珺	新闻聚合网站的著作权争议评析	2017年度广东新闻奖三等奖，广东省记协、广东省新闻学会	2018/8
林如鹏、支庭荣、刘　涛、张晋升、杨先顺	马克思主义新闻观指导下新闻人才培养"六结合"模式的创建与实践	2018年高等教育国家级教学成果奖二等奖，教育部	2018/8
郑　越	记者和算法谁更值得信任？影响机器人新闻可信度因素探析	2018中国新媒体传播学年会最佳论文	2018/11
刘　涛	（荣誉奖励）	第二十届"广东青年五四奖章"提名奖	2018/5
晏　青	社交媒体礼仪：数字关系情境下的伦理方案与效果辨析	第四届"新闻传播学学会奖"优秀学术奖三等奖	2018/4
刘　涛	（荣誉奖励）	霍英东教育基金会第十六届高等院校青年教师奖二等奖	2018/3

续表

姓名	获奖作品	奖项	获奖时间
吴　非	中俄在地缘政治影响力持续增大	美国国际关系大会优秀会议论文(旧金山)	2018/4
谷　虹	(荣誉奖励)	南粤优秀教师(2018年度)	2018/9
谭　天	后春晚:互联网时代的电视新形态	中国高校影视学会一等奖(国家一级学会)	2018/11
刘　涛	语图论:语图互文与视觉修辞分析	中国高校影视学会一等奖(国家一级学会)	2018/11
林爱珺	新闻舆论在中国共产党治国理政中的历史定位与时代价值	中国新闻史学会2018年学术年会优秀论文	2018/12
吴　非	中俄公共外交的影响力与地缘政治	《国际情报学会》年会优秀论文(澳大利亚)	2018/6
吴　非	中国公共外交对世界影响力评估	国际关系年会学会优秀论文奖(加拿大)	2018/11

4. 承办会议

2018年主办、承办的全国性（国际）学术会议简介。

（1）3月17—18日，由暨南大学主办、暨南大学新闻与传播学院承办、中国新闻史学会视听传播研究委员会合办的第六届南方传媒论坛暨首届中国视觉修辞论坛在暨南大学曾宪梓科学馆国际会议厅进行。

（2）5月9日，由中国广播影视报刊协会期刊专委会主办、暨南大学新闻与传播学院承办、广东广播电视台《南方电视学刊》协办的中国广播影视报刊协会期刊专业委员会2018年会暨融合发展论坛在暨南大学隆重举办。

（3）5月14—17日，由暨南大学主办，新闻与传播学院承办、国务院侨务办公室指导的第十七期海外华文媒体高级研修班在暨南大学开班并结业，用4天的时间研习“新时代华文媒体转型与发展”。

（4）6月1—3日，中国认知传播学会2018年年会暨国际认知传播高端论坛在广州暨南大学隆重举行。

（5）6月25日，暨南大学新闻与传播学院第四期“中华青年传播学者研修班”于暨南大学举行，研修班为期一周，由暨南大学新闻与传播学院和国际中华传播学会（CCA）联合举办，旨在为中国大陆和港澳台地区的传播学青年教师提供符合国际视野的、严谨且富有创造性的研究平台。2018年的主题围绕“媒介形象与视觉传播”展开。

（6）7月8日，由暨南大学主办、暨南大学新闻与传播学院和马克思主义新闻理论研究中心承办、中国人民大学出版社和《中国社会科学报》协办的“纪念马克思诞辰200周年学术研讨会暨《马克思主义新闻观百科全书》新书发布会”在暨南大学举行。

（7）7月15—21日，第十一期传媒领袖讲习班在暨南大学曾宪梓科学馆举行。在传媒实践方面，围绕媒体发展转型展开讨论；在学术研究方面，围绕学术研究方法与范式展开讨论。

（8）7月17日，由暨南大学新闻与传

播学院与南方报业传媒集团共同主办的“准记者南方训练营”在暨南大学开营。训练营主要分为学习和实习两个阶段。学习阶段，学院邀请来自新闻媒体一线的资深的媒体人进行讲座；实习阶段，学院会将训练营的“准记者们”分配到南方报业传媒集团的各媒体岗位，进行为期两个月的实习。

（9）广州新观察系列研讨会议

“广州新观察”圆桌会议由广州市社科联、暨南大学、南方日报社主办，旨在引导社会科学专家学者更多地关注中国改革开放和现代化建设中的理论前沿和现实问题，及时为广州市的城市建设和深化改革献计献策，积极地发挥思想库和智囊团的作用。

2018 年举办“广州新观察”27—34 期：

第 27 期（3 月 23 日）：“互联网 + 春节”：让年俗更具时代感

第 28 期（4 月 20 日）：传承·创新·共融：传统文化与城市精神——《羊城学术文库》出版研讨会

第 29 期（5 月 25 日）：交流与融合：“一带一路”上的广府文化传播

第 30 期（6 月 22 日）：乡村振兴与南粤古驿道

第 31 期（9 月 28 日）：乡村发展新动能：以产业兴旺引领乡村振兴

第 32 期（10 月 26 日）：生态·宜居：推动美丽乡村建设

第 33 期（11 月 30 日）：新时代乡村治理体系：自治·法治·德治

第 34 期（12 月 28 日）：文化传承与乡村振兴

（10）10 月 18 日，“2018 年《中国网络社会治理研究报告》蓝皮书发布会暨互联网治理研讨会”在京举行。会议由暨南大学新闻与传播学院、人民网舆情数据中心、社会科学文献出版社联合主办。

（11）11 月 17 日，中国高等教育学会新闻学与传播学专业委员会第八届理事会第一次全体会议暨“智媒时代的新闻教育创新学术论坛”在暨南大学举行。会议议程紧密围绕学会工作、新闻传播学科建设等内容展开，并对 11 项“中国新闻学与传播学教学改革创新项目”进行表彰。

供稿：暨南大学新闻与传播学院

清华大学新闻与传播学院 2018 年学术发展概况

一、学术成果概述

2018 年清华大学新闻与传播学院全年共有 46 个课题获得立项，其中国家社科基金重大项目 2 项，国家社科基金艺术学重大项目 1 项，教育部重大攻关项目 1 项，国家社科基金一般项目 2 项，国家社科基金艺术学一般项目 1 项。在学术成果方面，出版著作 4 部，编著和教材 11 部，译著 1 部。发表各类论文 240 余篇，其中 SSCI 索引论文 8 篇，CSSCI 期刊论文 121 篇，CSSCI 期刊收录论文 48 篇。多名教师的学术成果获得了中国新闻史学会和专业分会的奖项。两位博士研究生在新闻传播国际顶级会议上发表的论文获奖。在国际合作方面，10 月 25 日，亚太新闻传播学会联盟（Asian-Pacific Communication Alliance，APCA）在清华大学成立，清华大学作为中国新闻史学会会长单位成为首届联盟主席单位，常务副院长陈昌凤当选为首任主席。学院2018年还与美国南加州大学、法国索邦大学、德国慕尼黑大学以及智利大学等世界7所大学的相关院系签署了合作备忘录，提高了全球化水平。

二、学院现任领导

院长	常务副院长	副院长	党委书记	党委副书记
柳斌杰	陈昌凤	史安斌、周庆安、杭　敏	胡　钰	梁君健

三、2018年学院新晋教授

姓名	职称	研究方向
张小琴	教授	影视传播

四、所承担的国家级、省部级科研项目、课题

1. 2018年立项的国家级、省部级科研项目、课题

项目类型	项目名称	项目负责人
国家社科基金重大项目	智能时代的信息价值观引领研究	陈昌凤
国家社科基金重大项目	中医药文化国际传播认同体系研究	李希光
国家社科基金艺术学重大项目	文化自信与“国家形象”研究	范　红
教育部社科重大项目	新时代中华文化走出去策略研究	史安斌
国家社科基金一般项目	新时代环境生态文明传播策划与效果研究	戴　佳
国家社科基金一般项目	网络时代信息传播在构建人类命运共同体中的作用及路径研究	卢　嘉
国家社科基金艺术学一般项目	影视如何讲好中国故事:建构中国故事的影像修辞系统	张小琴

2. 2018年结项的国家级、省部级科研项目、课题

项目类型	项目名称	项目负责人
国家社科基金重点课题	传统媒体与新兴媒体融合发展研究	陈昌凤
北京市社科项目	网络社群的集体行动与社会治理	金兼斌
国家新闻出版广电总局课题	新闻出版广播影视业投融资问题研究	胡　钰

五、2018年学术成果汇总

1. 著述、教材情况

第一作者	书名	出版社
金兼斌	科学传播:争议性科技的社会认知及其改变	清华大学出版社
李希光	科学与新闻之争——十年疫苗事件中的媒体与传播	清华大学出版社
杭　敏	中国经济报道与传播研究	经济科学出版社
常　江	中国电视史:1958—2008	北京大学出版社
常　江	舆论	北京大学出版社
杭　敏	Tsinghua Global Business Journalism Series	Springer
刘惠芬	影像艺术与技术——Photoshop 实用案例教程	高等教育出版社
李　彬	马克思主义新闻观十五讲(修订版)	清华大学出版社
李　彬	清华新闻书目导读	清华大学出版社
金兼斌	社会计算与社会化媒体研究	清华大学出版社
范　红	国家形象:"一带一路"与品牌中国	清华大学出版社
胡　钰	因文创更美好——清华文创研究	新华出版社
尹　鸿	2018 中国电影艺术报告	中国电影出版社
崔保国	传媒蓝皮书——中国传媒产业发展报告(2018)	社会科学文献出版社
司　若	中国影视产业发展报告(2018)	社会科学文献出版社

2. 发表论文情况

第一作者	论文题目	发表期刊	刊期
Fanxu Zeng	Frame Alignment and Environmental Advocacy: The Influence of NGO Strategies on Policy Outcomes in China	*Environmental Politics*	2018/10
Jiang Chang	A Virtual Gender Asylum? The Social Media Profile Picture, Young Chinese Women's Self-empowerment, and the Emergence of a Chinese Digital Feminism	*International Journal of Cultural Studies*	2018/2
Jiang Chang	The Powerful Image and the Imagination of Power: The "New Visual Turn" of the CPC's Propaganda Strategy Since Its 18th National Congress in 2012	*Asian Journal of Communication*	2018/2
Jiang Chang	From the Chinese Case to the Chinese Paradigm: A Book Review of China's Media Go Global	*Asian Journal of Communication*	2018/2

续表

第一作者	论文标题	发表期刊	刊期
Jia Lu	The Natio-state in the Digital Age	*International Journal of Communication*	2018/1
Jia Lu	Does the Internet Make Us More Intolerant? A Contextual Analysis in 33 Countries	*Information, Communication & Society*	2018/7
Jia Lu	The Internet as a Context	*Social Science Computer Review*	2018/9
Qiaolei Jiang	Loneliness, Individualism, and Smartphone Addiction among International Students in China	*Cyberpsychology, Behavior and Social Networking*	2018/10
常　江	迈克尔·舒德森:新闻学不是一个学科——历史、常识祛魅与非中心化	新闻界	2018/1
常　江	聚合新闻:新闻聚合服务对新闻编辑行业的影响	编辑之友	2018/2
常　江	格雷厄姆·默多克:马克思是一切社会分析的起点——技术迷思、媒介化与道德诘问	新闻界	2018/2
常　江	导演新闻:浸入式新闻与全球主流编辑理念转型	编辑之友	2018/3
常　江	洪美恩:文化研究是超越国族的世界主义——不确定时代的身份迷思	新闻界	2018/3
常　江	生成新闻:自动化新闻时代编辑群体心态考察	编辑之友	2018/4
常　江	托德·吉特林:学术与政治从来不是割裂的——新左派运动的学术镜像	新闻界	2018/4
常　江	图绘新闻:信息可视化与编辑室内的理念冲突	编辑之友	2018/5
常　江	托伊恩·范·迪克:批判话语研究是一种政治立场——新闻、精英话语与意识形态	新闻界	2018/5
常　江	约翰·杜伦·彼得斯:传播研究应当超越经验——传播学的技术史视角与人文思想传统	新闻界	2018/6
常　江	美国电视剧华人移民形象的二元板结化塑造	现代传播	2018/6
常　江	从中国案例到中国范式:评《中国媒体走向全球》	国际新闻界	2018/6
常　江	罗伯特·麦克切斯尼:“富媒体、穷民主”法则依然有效——民主化媒介的理念与实践	新闻界	2018/7

续表

第一作者	论文标题	发表期刊	刊期
常　江	劳拉·穆尔维:流媒体技术使文化民主成为可能——女性主义电影理论的当代面向	新闻界	2018/8
常　江	多屏化视界:数字时代的电视新闻编辑室生态转型	编辑之友	2018/9
常　江	伊莱休·卡茨:新媒体加速了政治的日常化——媒介使用、政治参与和传播研究的进路	新闻界	2018/9
常　江	原子化未来:技术变迁对报纸编辑室文化的重塑	编辑之友	2018/10
常　江	安吉拉·麦克罗比:流行文化导致性别平等的幻象——重返伯明翰的女性主义政治	新闻界	2018/10
常　江	仪式化认同:媒介融合时代的广播新闻理念革新	编辑之友	2018/11
常　江	大卫·莫利:新媒体带来新的排斥形式——社交媒体时代的霸权分析	新闻界	2018/11
常　江	策略化逃避:门户新闻网站在人工智能时代的实践理念转型	编辑之友	2018/12
常　江	亨利·詹金斯:社会的发展最终落脚于人民的选择——数字时代的叙事、文化与社会变革	新闻界	2018/12
陈昌凤	让用户自主讲故事的互动新闻——从尼基·厄舍《互动新闻:黑客、数据与代码》一书谈起	新闻记者	2018/10
陈昌凤	技术可供性视角下优质 IP 的媒介逻辑分析	清华大学学报（哲学社会科学版）	2018/4
陈昌凤	斜杠身份与后真相　泛娱乐主义思潮的政治隐患	人民论坛	2018/6
胡　钰	中国传媒业投融资:发展与创新	湖南师范大学社会科学学报	2018/1
胡　钰	基于海外实践的全球胜任力课程开发研究	现代教育技术	2018/8
胡　钰	提升网络文化品位的着力点	人民论坛	2018/1
胡　钰	马克思主义新闻观教育的创新思路研究	新闻与传播研究	2018/11
蒋俏蕾	第三层次议程设置:萨德事件中媒体与公众的议程网络	国际新闻界	2018/9
金兼斌	科学家参与科学传播的知行反差:价值认同与机构奖惩的角度	新闻与传播研究	2018/2

续表

第一作者	论文标题	发表期刊	刊期
金兼斌	社会化媒体时代的“公民编辑”:概念与形态	编辑之友	2018/1
李　彬	再谈马克思主义的新闻观与历史观	出版发行研究	2018/8
李　彬	构建中国新闻学的两个现实问题	中国出版	2018/7
李　彬	学南振中,当好记者——读南振中《我怎样学习当记者》(增订本)	新闻记者	2018/1
李　彬	新闻学若干问题断想	兰州大学学报	2018/1
李　彬	追忆一次阳光灿烂的会议——并以此纪念改革开放四十年	新闻记者	2018/8
李　彬	“小方是谁?”——兼谈当下新闻研究的一些学风问题	国际新闻界	2018/10
李　彬	中国道路新闻学(一)	当代传播	2018/1
李　彬	中国道路新闻学(二)——思想解放	当代传播	2018/2
李　彬	中国道路新闻学(三)——中国道路	当代传播	2018/3
李　彬	中国道路新闻学(四)——挨打、挨饿、挨骂	当代传播	2018/4
李　彬	中国道路新闻学(五)——文化政治与文化领导权	当代传播	2018/5
李　彬	中国道路新闻学(六)——社会主义	当代传播	2018/6
梁君健	秒表可以测出重量吗?——基于民族志方法论的新闻社会学再思考	新闻记者	2018/8
梁君健	《厉害了,我的国》:政论纪录电影中的时代精神	现代传播	2018/6
梁君健	群众文化的视觉建构——20世纪50年代《人民画报》郊游报道及其符号机制研究	郑州大学学报(哲学社会科学版)	2018/4
梁君健	影视人类学的第一次转向:斯宾塞对澳大利亚中部原住民的电影拍摄及其影响	民族艺术	2018/1
梁君健、尹　鸿	对超级能力的恐惧与驯服——解码好莱坞超级英雄电影的类型意义	当代电影	2018/11
梁君健	基于数据的中国纪录电影发行研究——以《二十二》为例	电影艺术	2018/4
梁君健	重新界定视觉素养——以“柯达文化”到“脸书文化”转向中生产型消费者的素养为基础	新闻记者	2018/12
卢　嘉	互联网与国家认同	国际新闻界	2018/4
彭　兰	移动化、社交化、智能化:传统媒体转型的三大路径	新闻界	2018/1
彭　兰	无边界时代的专业性重塑	现代传播	2018/5
彭　兰	智能时代的新内容革命	国际新闻界	2018/6
彭　兰	假象、算法囚徒与权利让渡:数据与算法时代的新风险	西北师大学报(社会科学版)	2018/5

续表

第一作者	论文标题	发表期刊	刊期
彭　兰	自拍:一种纠结的自我技术	新闻大学	2018/10
彭　兰	以学科交叉视野推进新媒体研究——评《社区传播论:新媒体赋权下的居民社区沟通机制》	中国出版	2018/2
彭　兰	美图中的幻像与自我	现代传播	2018/12
沈　阳	县级融媒体中心建设的思考	中国出版	2018/22
史安斌	国际报道中的策略性叙事:以《纽约时报》南海报道为例	西安交通大学学报（社会科学版）	2018/1
史安斌	社交媒体时代全球传播的理想模式探究——基于联合国“微传播”的个案分析	武汉大学学报（哲学社会科学版）	2018/1
史安斌	政治传播研究的“行省化”:理论反思与路径重构	国际新闻界	2018/2
史安斌	社交媒体时代政府部门的危机传播与情感引导:以深圳滑坡事故为例	现代传播	2018/4
史安斌	社交媒体环境下危机传播的新趋势新路径——以“美联航逐客门”为例	新闻大学	2018/2
史安斌	2018 年全球新闻传播业新趋势:基于六大热点话题的全球访谈	新闻记者	2018/4
司　若	从中国网络剧外销看文化软实力的输出	中国电视	2018/9
司　若	城市影院投资机会分析——以德州市为例	当代电影	2018/11
尹　鸿	2017 年中国电影产业备忘	电影艺术	2018/3
尹　鸿	走向品质之路:2017 年国产电影创作备忘	当代电影	2018/3
尹　鸿	建构大众电影的叙事范式——改革开放四十年以来的电影类型演变	当代电影	2018/7
尹　鸿	新主流电影论:主流价值与主流市场的合流	现代传播	2018/7
尹　鸿	关乎人文 化成天下:改革开放四十年的中国电影	北京电影学院学报	2018/2
虞　鑫	政治性与自主性:作为专业权力的新闻专业主义	新闻大学	2018/3
虞　鑫	语境真相与单一真相——新闻真实论的哲学基础与概念分野	新闻记者	2018/8
张　莉	影响国际议题报道的全球化和本土化因素再思考——基于“一带一路”报道的比较研究	现代传播	2018/10
张小琴	从日常生活到视听叙事文本:纪录片影像叙事的实践与探索	现代传播	2018/2

续表

第一作者	论文标题	发表期刊	刊期
张小琴	美国新闻与传播教育最新动向及其启示	当代传播	2018/2
张　铮	文化消费在收入与主观幸福感关系中的中介作用及边界条件探究	南京社会科学	2018/8
张　铮	知识付费行为支付意愿的影响因素	现代教育技术	2018/11

3. 2018 年科研获奖情况

获奖者	获奖作品	作品形式	奖项名称
吴璟薇	德国新闻传播史	专著	中国高等教育学会新闻学与传播学专业委员会新闻学研究会第四届“全国新闻学青年学者优秀学术成果”
杭　敏	*Media Corporate Entrepreneurship: Theories and Cases*	专著	2018 中国传媒经济与管理学会年会著作奖
周庆安	断裂的平衡:中国对外传播制度史探析(1966—1976)	论文	第六届全国新闻传播学优秀论文(十佳)
常　江		个人	第四届“杰出青年奖”(中国新闻史学会)
彭　兰	未来传媒生态:消失的边界与重构的版图	论文	第四届“新闻传播学学会奖”优秀学术奖二等奖(中国新闻史学会)
曹书乐	从《山海经》到玄幻剧——中国传统文化传承与创新的案例研究	论文	中国新闻史学会 2018 学术年会优秀论文奖
张　莉	早期工人阶级报刊对工人阶级的动员作用——以英国宪章运动时期的《北极星报》为例	论文	中国新闻史学会 2018 学术年会优秀论文奖
胡　钰	中国特色新闻学话语体系论纲:概念、范畴、表述	论文	2018 全国新闻传播学院马克思主义新闻学优秀论文一等奖
胡　钰	培育从游文化,打造海外课堂,提升全球胜任能力	项目	2018 全国新闻传播学院马克思主义新闻学优秀项目二等奖
李　彬	再谈马克思主义的新闻观与历史观	论文	2018 全国新闻传播学院马克思主义新闻学优秀论文二等奖
张　铮	不平等的再生产:职业如何影响文化消费	论文	“2018 中国传播学论坛”优秀论文三等奖

续表

获奖者	获奖作品	作品形式	奖项名称
程萧潇	Who Benefits Most from the Web? Hetergeneous Effects of the Internet Access on Environmental Knowledge	论文	第68届国际传播学会年会(ICA)环境传播领域最佳论文
陈　斌	Stop Watching Me: Examining a Moderated Mediation Model of Privacy Concern and Information Control	论文	Top Student Paper. Kappa Tau Alpha Master's Paper Award (AEJMC) 101st Annual Conference
刘于思	在风险与利益间传达不确定性:科学事实查验对转基因食品议题信息误解的影响	论文	第六届全国新闻传播学优秀论文(十佳)
张　虹	源流与趋向:新媒介研究史论要	论文	"2018中国传播学论坛"优秀论文二等奖

4. 2018年其他荣誉

【熊澄宇教授获法国市长颁发文化贡献奖】

11月12日，法国大巴黎地区热涅市（Jaignes）市长乌赫德（Achille Houred）在巴黎为熊澄宇教授颁发文化贡献奖，表彰其在中法文化交流方面作出的贡献。

【尹鸿教授当选第十届中国电影家协会副主席】

12月29日，中国电影家协会第十届理事会第一次会议在京召开，选举产生了新一届主席团，清华大学新闻与传播学院教授尹鸿当选副主席。

5. 承办会议

4月21日，系列学术活动"走进新时代——中国电影发展北京论坛"在清华大学主楼接待厅举行。论坛由清华大学新闻与传播学院、北京市新闻出版广电局首都影视发展智库、清华大学中国文艺评论基地共同主办。作为北京电影节最重要的论坛之一，该次论坛邀请了来自学界、业界的顶级专家共聚一堂，共同探讨中国电影的发展现状和趋势，讨论中国电影如何从大到强，思考中国电影未来的文化走向。

4月22日，由清华大学新闻与传播学院承办的清华大学第523期博士生学术论坛新闻传播学专场在清华大学举办。论坛以"继承·传统·创新：新闻传播与时代话语"为主题。

5月25日，由清华大学新闻与传播学院主办的"2018清华财经新闻论坛"顺利召开。论坛的主题为"报道经济发展——叙事与技术"。专家与嘉宾们一起讨论了中国经济发展的国际报道、"一带一路"报道、全球贸易议题报道、中国经济可视化报道、中国省级地区经济发展报道与经济报道中人工智能运用等议题。

7月14日，第二届中非报道奖颁奖典礼暨第三届中国媒体非洲报道高层论坛在文津国际酒店举行。论坛由清华大学伊斯雷尔·爱泼斯坦对外传播研究中心主办，比尔及梅琳达·盖茨基金会支持，当代中国与世界研究院协办。

10月14日，清华大学新闻与传播学院和美国圣路易斯华盛顿大学联合举办了聚焦气候变化报道的论坛。该论坛为第七届麦道国际学者论坛的研讨会之一，论坛的主题为"研究型大学应对全球性挑战：健康，能源，环境，农业"。来自国家地理、美国国家广播电台的专家和全球麦道尔学者在清华大学未来媒体实验室中进行了演讲与交流，并与清华学生共同探讨气候变化新闻报道的实践与意义。

10 月 16 日，由清华大学新闻学院、计算机系、字节跳动公司共同主办的“智能化传播在全球的探索与实践”高端研讨会在清华大学未来媒体实验室召开。来自新闻传播学、计算机科学的学者及业界专家齐聚一堂，围绕“智能化传播在全球的探索与实践”的主题展开研讨，共同探讨和交流智能化传播的现状与未来。

10 月 25 日，亚太新闻传播学会联盟（Asian-Pacific Communication Alliance，APCA）在清华大学成立，清华大学作为中国新闻史学会会长单位成为首届联盟主席单位。来自 16 个国家的 20 个新闻与传播学学会的会长、理事代表 40 人表决产生了首届执行委员会。清华大学新闻与传播学院教授、中国新闻史学会会长陈昌凤当选为首任主席。

11 月 10 日，以“文化自信与国家形象”为主题的“2018 清华国家形象论坛”在清华大学举行。论坛包括主题演讲、大使对话会、学者对话会。论坛同时发布了国家形象研究新书《“一带一路”与品牌中国》，是清华大学国家形象传播研究中心正式出版发行的“国家形象研究”系列丛书第四辑。另外，中心还联合新闻与传播学院、公共管理学院、经济管理学院、人文学院、建筑学院、美术学院、艺术博物馆以及北京电影学院等共建或合作单位举办了 11 场分论坛以及博士生工作坊。

12 月 22 日，由清华大学新闻学院与范敬宜新闻教育基金共同主办的第六届范敬宜新闻教育奖颁奖仪式暨第四届新闻传播学科高峰论坛在人民日报社举行。是日下午，第四届新闻传播学科高峰论坛举行。论坛以改革开放 40 周年与当代中国的新闻传播业、中国特色新闻学的理论资源、中国特色新闻学的研究方式、中国特色新闻学的教学思考为主题，40 余位新闻传播学界的知名学者进行主题发言，并围绕构建中国特色新闻学的主题进行了深入探讨与交流。

11 月 18 日，2018 清华文创论坛在清华大学开幕。论坛以“文创发展和中华文化影响力”为主题，由主论坛和系列学术分论坛组成。同时发布了《因文创，更美好——清华文创研究》和《文旅蓝皮书》。该论坛由清华大学新闻与传播学院、清华大学文化创意发展研究院主办，清华大学艺术博物馆、清华校友总会文创专业委员会、清华大学学生文化创意协会协办。

供稿：清华大学新闻与传播学院

中山大学传播与设计学院 2018 年学术发展概况

一、学术成果概述

课题立项：2018 年，中山大学传播与设计学院各类科研项目立项共计 21 项。其中，纵向课题 6 项，包括 3 个国家社会科学基金项目、1 个教育部人文社会科学项目、1 个广州市社科项目。科研成果：2018 年，学院教师共发表论文 103 篇，出版著作 6 部。其中，詹小美教授的 3 篇成果分别获得中国政研会一类、二类、三类优秀研究成果。学术会议：2018 年学院举办了马克思主义新闻观教育创新论坛、中国新闻业研究圆桌论坛、“互联网 + 城市未来”圆桌思想会、第五届大数据传播学术论坛、“2018 视觉再生产——图像世界的价值重构”研讨会等一系列高水平学术会议。另外，在人才引进和师资队伍建设方面，学院引进了“百人计划”副教授郑昱，张志安教授入选“青年长江学者”。

二、学院现任领导

院长	副院长	党委书记	党委副书记
张志安	钟智锦、陶建杰	黄　毅	吴　丹

三、所承担的国家级、省部级科研项目、课题

1. 2018 年立项的国家级、省部级科研项目、课题

项目类型	项目名称	项目负责人
国家社科基金项目	大数据时代个人信息安全困境与共律体系构建研究	卢家银
国家社科基金项目	信息扶贫精准传播机制与模式研究	陶建杰
国家社科基金项目	新时代培育和铸牢中华民族共同体意识研究	詹小美
教育部人文社科研究项目	互联网媒介域的媒体创新与规制研究	龚彦方

2. 2018 年结项的国家级、省部级科研项目、课题

项目类型	项目名称	项目负责人
其他省级社科项目	“一带一路”建设过程中的中国文化走出去研究	赵瑜佩

四、2018 年学术成果汇总

1. 著述、教材情况

第一作者	书名	出版社
张志安	互联网与国家治理年度发展报告(2018)	社会科学文献出版社
张志安	中国应用新闻传播十大创新案例(第一辑)	南方日报出版社
张志安	中国新闻业年度观察报告(2018)	人民日报出版社
陈　敏	公民问政:系列评论的策划与写作	暨南大学出版社
周如南	公益传播	西安交通大学出版社
周如南	公益慈善品牌管理	西安交通大学出版社

2. 发表论文情况

第一作者	论文标题	发表期刊	刊期
陈　梁	Using EPPM to Evaluate the Effectiveness of Fear Appeal Messages Across Different Media Outlets to Increase the Intention of Breast Self-examination among Chinese Women	*Health Communication*	2018/5
陈　梁	Nature and Diffusion of Gynecologic Cancer-related Misinformation on Social Media	*Journal of Medical Internet Research*	2018/11
陈　梁	Reducing Harm from Media：A Meta-analysis of Parental Mediation	*Journalism and Mass Communication Quaterly*	2018/5
陈　梁	Offspring Caregivers of Chinese Women with Breast Cancer：Their Social Support Requests and Provision on Social Media	*Telemedicine and e-Health*	2018/10
陈　梁	Social Support Seeking on Social Media among Chinese Homosexual Men Living with HIV/AIDS：The Role of Perceived Threat	*Telemedicine and e-Health*	2018/8
陈　敏	“大V”去哪儿了？——基于微博、微信、知乎南海仲裁案讨论文本的分析	新闻记者	2018/7
付晓燕	网络空间的“文化休克”与文化认同：基于中国留学生社交媒体使用的生命故事	国际新闻界	2018/3
龚彦方	从参与到互惠：互联网媒介域新闻创新的路径探索	现代传播	2018/10
何凌南	Media Exposure and General Trust as Predictors of Post-traumatic Stress Disorder：Ten Years after the 5.12 Wenchuan Earthquake in China	*International Journal of Environmental Research and Public Health*	2018/10
贺碧霄	在农村与城市之间：情报/宣传一体两面新闻制度的形成	河南大学学报（社会科学版）	2018/4
廖宏勇	弥散的视觉性——论设计思维的视觉转向	文艺研究	2018/2
林淑金	Coupling Computation of Density-invariant and Divergence-free for Improving Incompressible SPH Efficiency	*IEEE Access*	2018/10
卢家银	社交媒体对青年网民个人信息权意识的影响研究	新闻与传播研究	2018/4
卢家银	新时代中国青年的网络安全感研究	中国青年研究	2018/5
卢家银	Implicit and Explicit Control：Modeling the Effect of Internet Censorship on Political Protest in China	*International Journal of Communication*	2018/12
卢家银	社交媒体对青年政治参与的影响及网络规制的调节作用——基于大陆九所高校大学生的调查研究	国际新闻界	2018/8
聂静虹	病友网络社群的社会支持与信息流动——以“糖尿病妈妈”论坛为例	学术研究	2018/1

续表

第一作者	论文标题	发表期刊	刊期
陶建杰	过渡性职业:新媒体环境下本科新闻学子的择业意愿及影响因素	现代传播	2018/9
陶建杰	新媒体时代新闻学子专业承诺及其与新闻教育关系的实证研究	新闻大学	2018/1
王海燕	Measuring Differences in the Chinese Press: A Study of *People's Daily* and *Southern Metropolitan Daily*	*Global Media and China*	2018/12
王海燕	Popular Journalism in China: A Study of *China Youth Daily*	*Journalism*	2018/12
王海燕	Marketing Credibility: Chinese Newspapers' Responses to Revenue Losses from Falling Circulation and Advertising Decline	*Journalism Studies*	2018/12
王海燕	作为市场工具的传媒公信力:新媒体技术冲击与经济下滑双重压力下中国纸媒的社会正当性困境	传播与社会学刊	2018/43
王海燕	新闻的时间性变迁:生产、文本与消费	新闻记者	2018/10
武汇岳	User-Defined Gesture Interaction for Immersive VR Shopping Applications	*Behaviour & Information Technology*	2018/12
武汇岳	The Gesture Disagreement Problem in Freehand Gesture Interaction	*International Journal of Human-Computer Interaction*	2018/8
武汇岳	Seeking Common Ground While Reserving Differences in Gesture Elicitation Studies	*Multimedia Tools and Applications*	2018/11
熊　迅	摄影人类学的困境与前景	广西民族大学学报(哲学社会科学版)	2018/5
詹小美	文化自觉向度中的中国梦认同	贵州社会科学	2018/9
詹小美	形式主义扼杀文化活力	人民论坛	2018/10
詹小美	中华精神标识的要义凝练与国际传播	人民论坛·学术前沿	2018/17
张　宁	作为精神品牌的政党形象塑造与传播	人民论坛·学术前沿	2018/15
张　宁	"创意问政":公共参与中个体的表达、路径及传播过程——以广州地区为例	西北师大学报(社会科学版)	2018/1
张志安	大数据与新闻传播研究的学术想象	国际新闻界	2018/2
张志安	2017年中国新闻业年度发展报告	新闻界	2018/1
张志安	大数据时代"被遗忘权"的中国引入:意义与限制	中国出版	2018/2
张志安	互联网语境下意识形态传播的特点、挑战和对策	出版发行研究	2018/9
张志安	当代中共领导人舆论观及其变迁逻辑	当代传播	2018/2
张志安	论算法推荐对主流意识形态传播的影响	社会科学战线	2018/10
张志安	重审语境与重新出发:新闻生产社会学的"本土化"脉络和反思	新闻记者	2018/9
张志安	人工智能对新闻舆论及意识形态工作的影响	人民论坛·学术前沿	2018/8

续表

第一作者	论文标题	发表期刊	刊期
张志安	To Include, or Not to Include, that is the Question: Disability Digital Inclusion and Exclusion in China	*New Media & Society*	2018/12
钟智锦	大数据文本挖掘技术在新闻传播学科的应用	当代传播	2018/5
王童辰	政治新闻如何塑造参与行动:政治心理的视角	国际新闻界	2018/10
钟智锦	“一国”与“两制”的工具性实现:对香港报纸的内容分析(1998—2016)	新闻大学	2018/4
钟智锦	“王者”的意义:奥运冠军报道的特征与话语中的国家意识(1984—2016)	新闻记者	2018/7
钟智锦	医患关系如何影响遵循医嘱行为:人际沟通的视角	学术研究	2018/4
周如南	日常生活批判视野下的视觉表意实践——“云养猫”网络文化分析	广西民族大学学报(哲学社会科学版)	2018/5

3. 承办会议

4 月 13 日，主题为“共建共治共享：城市治理中的网络机制”的“互联网 + 城市未来”圆桌思想会第六期在中山大学举行。会议由广州市社会科学界联合会、广州市社科规划领导小组办公室、中山大学国家治理研究院联合举办，广州市大数据与公共传播重点研究基地承办，中山大学传播与设计学院、中山大学互联网与治理研究中心、广州市社会创新中心协办。50 余位专家学者出席了此次会议，共同探讨了在营造共建、共治、共享的社会治理格局时，如何拓展和引导健康、有序的社会治理模式等焦点问题。此次会议通过搭建学界、政界、业界的交流互动平台，让与会嘉宾围绕城市治理中的网络机制等议题，为广州城市发展建言献策，形成了一系列关于互联网和未来城市的有深度的精彩观点。

10 月 6—8 日，中山大学传播与设计学院举办 2018 年中国新闻业研究圆桌论坛暨媒体融合再审视工作坊。

11 月 17—18 日，第五届“大数据传播”学术论坛暨第二届“社科大数据工作坊”在中山大学传播与设计学院举行。会议以学术交流、推进跨学科合作为导向，旨在邀请来自不同学科领域的专家分享和交流大数据研究经验，讨论如何围绕大数据传播主题，更好地促进跨学科合作。来自新闻学、传播学、社会学、心理学、政治学、计算机科学等不同学科背景的学者、业界嘉宾和媒体记者共 40 余人参与了研讨。

12 月 1 日，中山大学传播与设计学院举办“2018 视觉再生产——图像世界的价值重构”研讨会。“视觉再生产”讨论的是当下从档案照片、家庭相册到朋友圈图像所蕴含着多种维度的传播、阐释、挪用的可能，对图像的任何使用，都应视为一种价值重构。

12 月 7 日，中国新闻史学会中国特色新闻学研究委员会、中山大学传播与设计学院、清华大学新闻与传播学院联合主办的“马克思主义新闻观教育创新论坛”在中山大学成功举办。

供稿：中山大学传播与设计学院

天津师范大学新闻传播学院2018年学术发展概况

一、学术成果概述

2018年，学院获批新闻传播学一级博士学位授权点。学院获批天津市高等学校创新团队1个，取得各级科研立项14项，共发表期刊论文43篇，出版专著2部。

二、学院现任领导

院长	副院长	党委书记	党委副书记
孙瑞祥	李秀云、荣　荣、杨　静、裴巧玲	苏　嶙	裴巧玲

三、2018年学院新晋教授

姓名	职称	研究方向
王振良	高级编辑	天津文化传播、公众史学和口述史学

四、所承担的国家级、省部级科研项目、课题

1. 2018年立项的国家级、省部级科研项目、课题

项目类型	项目名称	项目负责人
国家哲学社会科学基金项目	以学刊为中心的新闻学术思想史研究（1927—1949）	李秀云
教育部人文社会科学规划一般项目	现代作家自传版本与传播研究	韩　诚
天津市艺术规划（一般）项目	融媒体时代视频剧集精品创作研究	韩　岳
天津市艺术规划（一般）项目	天津电视媒体力推戏曲曲艺人才传承文化策略研究	王　强
天津市哲学社会科学规划（一般）项目	有声语言"情声气"和谐表达的实现途径	钱　静
天津市哲学社会科学规划（一般）项目	媒体融合背景下电视节目主持人形象传播研究	刘海涛
天津市哲学社会科学规划（一般）项目	全球化语境下武侠电影文化认同研究	林　靖
天津市哲学社会科学规划（一般）项目	社会化媒体时代天津中小企业的媒介宣传现状及其对策研究	陈立强
天津市哲学社会科学规划（重点）项目	加强互联网内容建设，提高主流媒体新闻舆论传播力、引导力、影响力、公信力	张传香

2. 2018 年结项的国家级、省部级科研项目、课题

项目类型	项目名称	项目负责人
国家哲学社会科学基金项目	社会化媒体信息扩散机制及舆论引导研究	荣　荣
国家哲学社会科学基金项目	网络空间内的公共表达与政治参与	孙卫华
天津市哲学社会科学规划(一般)项目	天津市政务微博研究	王　薇
天津市哲学社会科学规划(一般)项目	网络意见领袖在社会动员中的角色与影响力分析	王晓璐
天津市哲学社会科学规划(一般)项目	互联网思维下国产动画电影创新策略研究	褚亚男
天津市哲学社会科学规划(一般)项目	(原陈爱华项目 2014. 5. 4 换主持人)重大突发事件的微博谣言控制机制研究	陈立强
天津市哲学社会科学规划(重点)项目	自媒体的舆论场及导向研究	王艳玲
天津市哲学社会科学规划(重点)项目	新媒体舆情应对及社会治理机制	孙瑞祥

五、2018 年学术成果汇总

1. 著述、教材情况

第一作者	书名	出版社
王振良	追源衍流:问津书院的前世今生	天津古籍出版社
孙瑞祥	当代中国流行文化生成机制与传播动力阐释	中国社会科学出版社

2. 发表论文情况

第一作者	论文标题	发表期刊	刊期
韩　诚	郭沫若与《请看今日之蒋介石》	中国现代文学研究丛刊	2018/5
陈　娜	转型中国的多元社会思潮与媒介表达困境	南京社会科学	2018/4
胡振宇	国内数字营销伦理乱象探因与治理研究——基于数字营销从业精英的访谈	当代传播	2018/5
孙卫华	仪式传播的符号学解读——以 1949 年至 2015 年间我国六场阅兵式为例	当代传播	2018/4
韩　岳	跨文化传播视域下国际合拍纪录片的传播策略探析	编辑之友	2018/9
李净昉	五四时期天津青年社团与媒体的性别解析	郑州大学学报(哲学社会科学版)	2018/4
梁舒涵	亚瑟·达夫的“爵士乐绘画”	美术	2018/1
高　杨	“共同文化”理论视域下建构媒体对话模式的可行性探索	当代传播	2018/2

3. 承办会议

2018 年 4 月 13 日，新媒体时代中国新闻史课程教学改革深研会在天津师范大学新闻传播学院举行。

2018 年 8 月 15—21 日，学院主办国家社科重大项目“中华民国新闻史”项目组工作会议。

供稿：天津师范大学新闻传播学院

安徽大学新闻传播学院2018年学术发展概况

一、学术成果概述

2018年，安徽大学新闻传播学院获批新闻传播学一级学科博士学位授予点，开始自主培养博士研究生，在教育部第四次学科评估中排名为B。学院新立项国家社科基金1项，省部级项目3项。出版学术著作和教材6部，发表CSSCI来源期刊论文29篇，主办5场全国性学术会议。

二、学院现任领导

院长	副院长	党委书记	党委副书记
姜　红	刘　勇(小)、崔明伍	李　军	窦余仁

三、2018年学院新晋教授

姓名	职称	研究方向
罗　锋	教授	网络传播、影像传播

四、所承担的国家级、省部级科研项目、课题

1. 2018年立项的国家级、省部级科研项目、课题

项目类型	项目名称	项目负责人
国家社科基金一般项目	网络空间治理背景下我国非法网络出版的规制研究	崔明伍
安徽省社科基金一般项目	中国古代媒介制度研究	孔正毅
安徽省社科基金青年项目	新时代徽商精神的媒介建构	李　芸
安徽省社科基金青年项目	AR/VR在非物质文化遗产数字化传播中的应用研究	李雅筝

2. 2018年结项的国家级、省部级科研项目、课题

项目类型	项目名称	项目负责人
国家社科基金一般项目	全球化信息化条件下主流媒体舆论引导研究	刘　勇(大)

五、2018 年主要学术成果汇总

1. 著述、教材情况

第一作者	书名	出版社
芮必峰	新闻生产中的力量博弈	中国传媒大学出版社
芮必峰	中国近代新闻文典	中国传媒大学出版社
刘　勇(大)	外国新闻传播史资料汇编	合肥工业大学出版社
芮必峰	安徽舆情与社会发展年度报告(2017)	合肥工业大学出版社
芮必峰	舆情与社会发展论坛(2017)论文集	合肥工业大学出版社
左　靖	百工 02	同济大学出版社

2. 发表论文情况

第一作者	论文标题	发表期刊	刊期
蒋含平	革命运动与青年动员——1927 年前后《中国青年》新闻报道研究	党史研究与教学	2018/1
刘　勇	记者文体意识与个体风格的互渗与博弈	中国地质大学学报(社会科学版)	2018/1
束秀芳	先秦儒家人际交往思想重估与再释——基于胡塞尔现象学视野	新闻记者	2018/2
刘　丽	近代中国新闻记者的称谓流变(1860—1900)	编辑之友	2018/3
国秋华	浅析融媒产品的价值共创	出版发行研究	2018/5
罗　锋	2017 年中国电视纪录片创作阐释	中国电视	2018/5
束秀芳	作为历史的记忆及其生成机制	历史教学	2018/5
童　云	论有声读物的用户需求及其超媒介生产策略	现代传播	2018/5
王书川	图书稿酬市场化路径探析	编辑之友	2018/5
王天根	大数据时代的珍稀史料考释及史学价值所在——大英图书馆藏"发信件簿"数据化处理及其反映清帝国通讯之侧影	中国近代史(人大复印报刊资料)	2018/5
葛明驷	视听新媒体自我规制:多重语境与路径选择	西南民族大学学报(人文社科版)	2018/8
於渊渊	英敛之时期《大公报》批判言论再审视	学术交流	2018/7
童　云	有声读物传播形态与模式研究	出版发行研究	2018/7
王天根	清末新政官绅纷争与北洋女子公学兴衰	史学月刊	2018/7
王天根	情感与理智:严复视角下康梁维新形象及其逆转	广东社会科学,中国近代史(人大复印报刊资料)	2018/4

续表

第一作者	论文标题	发表期刊	刊期
杜耀宗	社交阅读:转向、特征与路径	编辑之友	2018/8
束秀芳	事理之辨:历史题材电视剧传播历史的时代使命	中国电视	2018/8
国秋华	传统媒体的镜像能力与虚拟价值链的建构	现代传播	2018/9
蒋含平	城市风格与报刊姿态:五四时期北京《晨报副刊》与上海《觉悟》副刊妇女解放运动呈现比较(1919—1920)	新闻大学	2018/5
刘洪权	回到历史现场建构民国出版史——《民国图书出版史编年:1912—1949》述评	出版发行研究	2018/11
贾　南	作为信仰"装置"的秦汉石刻:一种媒介学的视角	现代传播	2018/11
开薪悦	公众舆论中的情感互通——以"辱母案"中"朴素正义感"为中心的考察	新闻界	2018/12
王书川	试论我国稿酬制度的历史嬗变及未来走向	出版发行研究	2018/12
徐天博	反西方中心论的角力:跨文化传播语境下的媒介体制比较	中国新闻传播研究	2018/1

3. 承办会议

2018年8月21日，第二届文献传播与历史研究暨"不列颠图书馆藏中国近代珍稀文献辑录、校勘并考释"研讨会在安徽大学举行。会议由安徽大学新闻传播学院、《安徽大学学报》编辑部、《安徽史学》编辑部、中国报刊与社会历史研究所联合主办。会议围绕安徽大学教授王天根及其科研团队的国家社科基金重大项目"不列颠图书馆藏中国近代珍稀文献辑录、校勘并考释"研究工作，旨在探讨中国文献海外传播的历史语境及其海外文献与中国近代史书写等重大研究课题。

2018年9月8日，第七届"中国报刊与社会历史研究"学术研讨会在安徽大学开幕，该会议主题为"全球化视域下中国报刊报人与舆论场域（1912—1949）"。会议由安徽大学新闻传播学院、《安徽大学学报》编辑部、《安徽史学》编辑部、中国报刊与社会历史研究所联合主办。与会嘉宾围绕"全球化视域下中国报刊报人与舆论场域（1912—1949）"的视角，就"两次世界大战对中国报刊业务、报人言论路向的冲击及其回应""两次世界大战与中国新闻业的区域移动""抗日战争与中国政治区域的舆论互动及竞争"等多个议题展开讨论，以多学科交叉、互动的视野审视中国近代报刊与社会历史变迁的复杂关系，为该领域的学术研究作出贡献。

2018年11月3日，第五届互联网与国家治理论坛、舆情与社会发展论坛（2018）在安徽大学举行。论坛由安徽大学舆情与区域形象研究中心联合主办，安徽大学舆情与区域发展协同创新中心承办，《安徽大学学报》《江淮论坛》《新闻与写作》提供支持。会上首发了由中山大学主编的《互联网与国家治理蓝皮书：互联网与国家治理报告（2018）》，安徽大学主编的《安徽舆情与社会发展年度报告（2017）》，并正式揭晓了由中山大学互联网与治理中心、人民网舆情数据中心合作评选的"2018年互联网治理创新十大案例"。当天下午的互联网与国家治理论坛联盟单位圆桌论坛会议围绕社会转型与新传播时代的本质特征与核心问题，探讨了新传播革命的挑战与机遇，探索新改革时代的国家（区域）治理的理念与路径。

2018 年 12 月 8 日，以“媒介·思潮·实践：新时代的新闻传播与新闻传播的新时代”为主题的安徽省第十届新闻传播学科研究生论坛在安徽大学磬苑校区举行。论坛由安徽大学新闻传播学院研究生会承办。

供稿：安徽大学新闻传播学院

汕头大学长江新闻与传播学院2018 年学术发展概况

一、学术成果概述

2018 年，汕头大学长江新闻与传播学院取得一定的学术成果：1 项部级课题顺利结题；译著《澳大利亚华人史（1800—1888）》获澳中理事会两年一次的 2018 澳大利亚研究图书翻译奖（Biennial Australian Studies in China Book Prize 2018 Book Prize for Translation Highly Commended），1 篇论文获中国新闻史学会 2018 学术年会优秀论文奖；出版专著 1 部。

二、学院现任领导

院长	副院长	党委书记
刘　昶（2018 年 11 月 21 日起） 范东升（2018 年 11 月 21 日卸任）	毛良斌 蔡秋彦	杜式敏

三、2018 年学院新晋教授

姓名	职称	研究方向
周　翔	教授	传播学

四、所承担的国家级、省部级科研项目、课题

2018 年结项的国家级、省部级科研项目、课题

项目类型	项目名称	项目负责人
中国外文局对外传播研究中心项目	提升中国话语国际影响力策略研究	周　翔

五、2018 年学术成果汇总

1、著述、教材情况

作者(或编者)	书名	出版社
黄卫平等	小康之后	江苏人民出版社

2. 发表论文情况

第一作者	论文标题	发表期刊	刊期
徐少林	数据新闻可视化设计与内容如何平衡	新闻界	2018/3

3. 获奖情况

获奖名称及时间	成果名称及作者	授奖单位	成果形式
中国新闻史学会 2018 学术年会优秀论文奖	"一带一路"Twitter 传播主体网络结构分析与我国对外传播问题反思(周翔、赵欣玢)	中国新闻史学会	论文
Biennial Australian Studies in China Book Prize 2018 Book Prize for Translation Highly Commended	澳大利亚华人史(1800—1888)(张威)	Australia China Council	译著

供稿：汕头大学长江新闻与传播学院

南京师范大学新闻与传播学院 2018 年学术发展概况

一、学院现任领导

院长	执行院长	副院长	党委书记	党委副书记
周跃敏	张晓锋	骆正林、俞小松、庄　曦	顾永林	沈　菲

二、所承担的国家级、省部级科研项目、课题

1. 2018 年立项的国家级、省部级科研项目、课题

项目类型	项目名称	项目负责人
国家社科基金重大项目	海峡两岸新闻交流三十年史料整理与研究	张晓锋
国家社科基金一般项目	穆斯林移动群体媒介使用、社会交往与城市融入研究	张　宁
国家社科基金一般项目	全球互联网治理背景下主权原则的理论调适与实践路径研究	邹　举
国家社科基金后期资助项目	社会化媒体空间表达与治理研究	刘继忠
省社科基金重点项目	党报群众路线的百年实践研究(1920—2020)	刘继忠
省社科基金一般项目	新闻“算法”推荐的社会治理困境与破解路径研究	卜新章
省社科基金委托项目	江苏新的社会阶层人士社会态度及影响因素研究	张伟伟
省社科基金青年项目	互联网治理的地方逻辑与科学化路径	吴　涛

2. 2018 年结项的国家级、省部级科研项目、课题

项目类型	项目名称	项目负责人
国家社科基金一般项目	台湾近代新闻史研究(1885—1949)	张晓锋
省社科基金一般项目	江苏省青少年摄影教育研究	唐团结
省社科基金青年项目	社会化媒体“微表达”研究	刘继忠

三、2018 年学术成果汇总

1. 著述、教材情况

第一作者	书名	出版社
钱　珺	幽默与抗争:新闻人林语堂研究	南京师范大学出版社
王继先	坚守与徘徊:新闻人马星野研究	南京师范大学出版社
朱　强	职场女性的沟通锦囊	清华大学出版社

2. 发表论文情况

第一作者	论文标题	发表期刊	刊期
王晗啸	意见领袖关系及主题参与倾向研究——基于微博热点事件的耦合分析	新闻与传播研究	2018/1
操瑞青	企业员工刊物:被忽视的民国组织传播活动初探	新闻与传播研究	2018/5
王继先	马星野的“三民主义新闻思想”略论	新闻与传播研究	2018/9
顾理平	网络隐私问题十年研究的学术场域——基于 CiteSpace 可视化科学知识图谱分析(2008—2017)	新闻与传播研究	2018/12

续表

第一作者	论文标题	发表期刊	刊期
操瑞青	"益闻"与"风闻":19世纪中文报刊的两种新闻观	国际新闻界	2018/11
张伟伟	传统媒体新闻工作者互联网工作性使用与职业角色认知——一项基于报纸和电视媒体的实证考察	现代传播	2018/3
于德山	新型图像技术演化与当代视觉文化传播	现代传播	2018/4
倪延年	论民国时期新闻史人物的群体特征及评价问题	现代传播	2018/7
骆正林	第四轮学科评估及其对新闻传播学的影响	现代传播	2018/9
刘永昶	2017年革命历史题材电视剧述评	中国电视	2018/2
张　欣	从"故宫"题材作品看纪录片叙事的空间转型	中国电视	2018/2
高　昊	浅析大数据时代纪录片内容生产的创新——以NHK纪录片《震灾大数据》为例	中国电视	2018/5
刘永昶	历史言说与时代镜像——论当下古装剧的审美风貌	中国电视	2018/11
张　欣	乡村题材纪录片的伦理困境——基于新世纪以来三部作品中的空间关系探讨	中国电视	2018/11
张伟伟	"实践知识"与"表象知识"——作为"知识"的新闻与媒介社会学的研究演进	新闻记者	2018/9
史剑辉	新闻观:人文主义转向何以可能?——南京大学杜骏飞教授学术专访	新闻记者	2018/10
郭新茹	文化距离、文化贸易壁垒对中国文化产品出口的影响效应分析	江苏社会科学	2018/6
邹　举	模式、竞争与规制:媒体融合背景下的欧洲体育传播市场	体育与科学	2018/5
吴　涛	我国舆情产业的兴起节点、逻辑背景与未来走向	当代传播	2018/3
高山冰	区域媒体融合转型中的瓶颈及创新路径	当代传播	2018/5
张晓锋	不断提升部校共建新闻学院的质量和水平	当代传播	2018/6
卜新章	媒介融合时代传媒经济发展中的利益博弈	当代传播	2018/6
曹　钺	"身体在场":沉浸传播时代的技术与感官之思	新闻界	2018/7
操瑞青	秉公去私:"公"与早期国人报刊伦理观念的建构	新闻界	2018/8
邹　举	制度经济学视角下版权制度与版权经济的关联分析	编辑之友	2018/1
操瑞青	农业科技传播的方式、效果及其创新——基于皖中D村的实地调查	编辑之友	2018/4
高　昊	日本数字漫画出版经验模式探析	编辑之友	2018/10
倪延年	论民国新闻史研究的对象、目标、功能及态度诸问题	南京师大学报	2018/1
王继先	民国时期的大学新闻教育办学模式比较研究——以1930—1940年代燕京、复旦、政校新闻系为例	南京师大学报	2018/1
范海潮	自媒体平台"洗稿"行为的法律困境与版权保护	出版发行研究	2018/11
许天颖	人工智能时代的隐私困境与救济路径	西南民族大学学报(人文社科版)	2018/6
陈甜甜	我国"体育运动健康理念"的媒介话语建构分析:以《中国体育报》城市马拉松赛事报道为例	首都体育学院学报	2018/5
刘　伟	《印中搜闻》:马礼逊面向英语世界的迂回传教努力	福建论坛(人文社会科学版)	2018/7
韩顺法	创意城市发展模式类型的适应性评价	地理科学	2018/9
李　鑫	社交媒体对大学生心理行为的影响及应对策略研究	江苏高教	2018/2

3. 科研获奖

奖励类别	获奖等级	获奖项目名称	获奖人
江苏省哲学社会科学优秀成果奖	一等奖	流动儿童与媒介(专著)	庄　曦
江苏省哲学社会科学优秀成果奖	二等奖	社会舆论与教育发展(专著)	骆正林
江苏省哲学社会科学优秀成果奖	三等奖	共识与分歧:网络舆论的信息传播研究(专著)	于德山
第五届星光电视文艺优秀评论奖	三等奖	史诗书写中的影像创新——论几部“长征”题材纪录片的审美品格(论文)	刘永昶

4. 承办会议

11 月 25 日，由中国新闻史学会与南京师范大学共同主办的第四届民国新闻史研究高层论坛在南京举行。论坛上半场采用主题访谈的形式，诸位专家学者就民国新闻史研究的视野、方法与路径这个话题展开了热烈的讨论。下半场由参会的 30 余名学者就民国新闻史研究的主题开展讨论。

11 月 24 日，江苏省第五届传媒学科研究生论坛在南京师范大学举行。论坛以“人工智能时代新闻传播的机遇和挑战”为主题，包括四场主题演讲和九场分论坛，旨在为江苏省乃至全国各高校广大研究生提供学术交流的平台。

6 月 9 日，由中国新闻史学会媒介法规与伦理研究委员会主办、南京师范大学新闻与传播学院承办的“大数据时代信息权利问题高峰论坛暨媒介法规与伦理研究委员会常务理事会”在南京举行。与会专家为师生带来了三场精彩的高峰论坛，研讨主题涉及大数据、信息权利、网络安全、隐私权、人工智能、媒介伦理等多个方面。

供稿：南京师范大学新闻与传播学院

郑州大学新闻与传播学院 2018 年学术发展概况

一、学术成果概述

2018 年学院新增新闻传播学一级学科博士学位授权点，获得国家社科基金项目立项 4 项（重大项目、重点项目、一般项目和青年项目各 1 项），教育部人文社科研究项目立项 1 项，出版著作 6 本，共发表学术论文 150 篇，获得河南省社会科学优秀成果一等奖 1 项。

二、学院现任领导

院长	副院长	党委书记	党委副书记
张举玺	张淑华、郑素侠	焦世君	孙保营

三、2018 年学院新晋教授

姓名	职称	研究方向
庹继光	教授	文艺与传媒
马二伟	教授	广告学
周鲲鹏	教授	广告学
颜景毅	教授	广告学

四、所承担的国家级、省部级科研项目、课题

1. 2018 年立项的国家级、省部级科研项目、课题

项目类型	项目名称	项目负责人
国家社会科学基金重大项目	马克思主义中国化百年传播话语体系变迁研究（1919—2018）	周宇豪
国家社会科学基金重点项目	反贫困语境下农村地区的信息贫困与信息援助研究	郑素侠
国家社会科学基金一般项目	互联网群体传播对节日文化传承与创新的影响研究	常启云
国家社会科学基金青年项目	县域自媒体视阈下新时代中国乡村传播重建研究	王一岚
国家艺术基金（滚动资助）	行将消失的中原窑洞	延　婧
教育部人文社会科学研究项目	智能算法驱动下的新闻分发变革研究	王　茜
团中央项目	互联网群体传播时代大学生传统节日文化认同测量工具的研制及其影响因素研究	常启云
河南省政府决策研究招标课题	改革开放四十年中原传媒传统节日文化媒介呈现研究	常启云
河南省社科规划项目	“一带一路”背景下中俄媒体的区域话语构建研究	李　宏
河南省社科规划项目	河南省政务新媒体效能评估研究	姚　鹏
河南省社科规划项目	平台型媒体的算法推荐机制与治理研究	王　茜
河南省社科规划项目	习近平关于网络治理重要论述研究	常燕民
河南省社科规划项目	习近平关于新闻传播重要论述的实践思考	魏　猛
河南省政府决策研究招标课题	河南省高校创新型人才培养问题研究	徐　键
河南省软科学研究计划项目	网络文化的经济价值研究	郑达威
河南省软科学研究计划项目	国际媒体报道与河南形象治理研究：基于 1978 年以来的新闻报道	邓元兵

2. 2018 年结项的国家级、省部级科研项目、课题

项目类型	项目名称	项目负责人
国家社会科学基金一般项目	新媒体时代政策传播的路径和效能研究	张淑华
国家社会科学基金一般项目	网络“围观”与政府形象传播研究	詹绪武
河南省社科规划项目	大数据背景下基于利益博弈机制的舆论传播与引导研究	常燕民
河南省社科规划项目	媒体法治精神对法治化社会建设的影响研究	郭克宏

五、2018 年学术成果汇总

1. 著述、教材情况

第一作者	书名	出版社
陈晓伟	中国电影影像表达与跨文化传播	社会科学文献出版社
张兵娟	新媒介时代:传播转型与共同体建构	中国社会科学出版社
赵智敏	财经新闻报道实务教程	中国传媒大学出版社
周鹍鹏	转制文化企业现代企业制度建设研究	郑州大学出版社
周宇豪	新时代马克思主义新闻观中国化创新发展	人民出版社
孙保营	尽展未来传媒人的风采——“新传青年说”演讲优秀作品集	郑州大学出版社
周宇豪	中原传媒发展报告	社会科学文献出版社

2. 发表论文情况

第一作者	论文标题	发表期刊	刊期
汪振军	从四个维度看老子《道德经》的传播观	郑州大学学报（哲学社会科学版）	2018/6
向　飒	人工智能对学术出版流程的再造及知识服务提升	中国科技期刊研究	2018/11
赵艺扬	框架理论视域下《人民日报·海外版》中国国家形象建构研究——以 2013—2017 年“一带一路”报道为例	云南社会科学	2018/5
郑素侠	代际传播数字沟的形成背景、社会影响及其调适	中州学刊	2018/9
颜景毅	媒体组织的双重属性及其经营创新	编辑之友	2018/9
吕尚彬	新旧媒体博弈与美国政治广告传播的转折——对近年来美国总统大选的分析	郑州大学学报（哲学社会科学版）	2018/4
王一岚	新媒介场域下我国当代政治修辞的转进	郑州大学学报（哲学社会科学版）	2018/3
刘宪阁	派系、政争与“不党”理念之形塑——报人张季鸾第二次入狱之考察	南开学报（哲学社会科学版）	2018/3

续表

第一作者	论文标题	发表期刊	刊期
郑素侠	反贫困语境下农村地区的信息贫困：致贫机理与信息援助对策	郑州大学学报（哲学社会科学版）	2018/2
李凌凌	重建媒体的公共性——“后真相”时代的传播危机	当代传播	2018/2
董广安	清末民初报刊讽刺画的新闻表达技法及其社会功能	编辑之友	2018/3
汪振军	马克思新闻法治与新闻伦理思想初探	现代传播	2018/2
张兵娟	传播史上的孔庙祭祀礼制及其当代价值	现代传播	2018/1
刘宪阁	被思想根源所遮蔽的新闻事实——渤海二号沉船事故报道的再审视	新闻界	2018/1

3. 获奖情况

汪振军教授获得河南省社会科学优秀成果一等奖；

张举玺教授和郑素侠教授分别获得河南省社会科学优秀成果三等奖；

张晴博士获教育厅人文社科优秀成果奖特等奖；

刘宪阁教授、颜景毅副教授、邓元兵副教授荣获教育厅人文社科优秀成果奖一等奖；

王一岚博士、王茜博士、褚金勇副教授获教育厅人文社科优秀成果奖二等奖；

楚明钦副教授获教育厅人文社科优秀成果奖三等奖；

陈晓伟教授和邓元兵副教授均获得河南省教育科学研究优秀成果一等奖；

邓元兵副教授获得河南省教育系统教学技能竞赛（高校文科）二等奖。

4. 承办会议

2018 年 11 月 17—18 日，由郑州大学新闻与传播学院、新媒体研究中心、新华通讯社—郑州大学穆青研究中心共同举办“新时代、新技术、新传播”第四届（2018）新媒体公共传播国际学术研讨会。

供稿：郑州大学新闻与传播学院

华南理工大学新闻与传播学院 2018 年学术发展概况

一、学术成果概述

2018 年，华南理工大学新闻与传播学院新增承担国家级、省部级科研项目、课题 13 项，其中国家级项目 3 项；出版著述、教材 11 部；发表 SCI、SSCI 期刊论文 6 篇，CSSCI 期刊论文 46 篇（不含扩展版）。学院牵头成立了中国新闻史学会地方新闻史研究委员会，还主办了 2018 年广东社会科学学术年会、第二届中国品牌传播青年学者论坛、第五届新媒体发展与创新论坛、第四届华南理工大学青年学术沙龙和第五届华南理工大学青年学术沙龙等 7 次学术会议。

二、学院现任领导

院长	党委书记	副院长	党委副书记
苏宏元	冯向阳	曹智频、蒋建国、陈　娟	刘　涛

三、2018 年学院新晋教授

姓名	职称	研究方向
芮　华	教授	新媒体的使用与效果

四、所承担的国家级、省部级科研项目、课题

1. 2018 年立项的国家级、省部级科研项目、课题

项目类型	项目名称	项目负责人
国家级(重点)	网络舆论中意识形态话语冲突的弥合机制研究	吴小坤
国家级	新时代我国主旋律纪录片价值导向研究	张步中
国家级	海上丝绸之路断代史:十三行史稿	谭元亨
省部级	广州新型主流媒体发展路径研究	胡　兵
省部级	基于田野调查的广东濒危客家民俗文化影像记录与文献整理研究	李小华
省部级	AI 大数据驱动的广州制造业品牌国际传播策略研究	罗韵娟
省部级	基于大数据的网络舆情分析在广州市传染病监测预警中的应用研究	罗韵娟
省部级	粤港澳大湾区战略下广州城市品牌国际传播力提升对策研究	余世红
省部级	从形象到品质——新时代广州城市形象转型提升路径研究	杨克青
省部级	基于公民科学素养提升的互联网 + 科普传播创新发展研究	杨　蔚
省部级	企业品牌传播中的广州城市形象建构研究	张庆园
省部级	“对话范式”视域中的高校危机管理与传播机制	张庆园
省部级	广州智家科技有限公司科技特派员工作站建设	段淳林

2. 2018 年结项的国家级、省部级科研项目、课题

项目类型	项目名称	项目负责人
省部级	文化学建设的广东传统和战略性前瞻研究	黄有东
省部级	广东省媒体数字化转型与媒介融合研究	付　佳

五、2018 年主要学术成果汇总

1. 著述、教材情况

第一作者	书名	出版社
胡　兵	别说你不懂数学	清华大学出版社
刘银娣	数字出版概论	华南理工大学出版社
谭元亨	广府人史纲(上下册)	中山大学出版社
谭元亨	广州客家文化	羊城晚报出版社
吴小坤	数据新闻制作简明教程	复旦大学出版社
徐肖楠	文学的双向对映美学:虚构生活与现实生活的象征联系	华南理工大学出版社
张庆园	自媒体时代环境危机传播案例评析	贵州人民出版社
朱剑飞	当代主流媒体融合发展大解码	中国出版集团世图公司
朱剑飞	解密:中国电视“珠江现象”	华南理工大学出版社

2. 发表论文情况

第一作者	论文标题	发表期刊	刊期
罗韵娟	Applying the Health Belief Model and an Integrated Behavioral Model to Promote Breast Tissue Donation among Asian Americans	*Health Communication*	2018/1
苏宏元	突发事件中网络谣言的传播机制——基于清晰集定性比较分析	当代传播	2018/1
段淳林	“一带一路”国家品牌形象传播与主题模型计算的实证研究	现代传播	2018/1
蒋建国	油腻中年男的媒介呈现、认知标签与社会化戏谑	探索与争鸣	2018/1
李小华	回溯与展望:当代媒体人类学研究主要议题	中国出版	2018/2
刘银娣	从经验到算法:人工智能驱动的出版模式创新研究	科技与出版	2018/2
段淳林	数据、模型与决策:计算广告的发展与流变	新闻大学	2018/1
蒋建国	清末革命思潮与报刊读者的阅读心态	新闻与传播研究	2018/2
蒋建国	网晒成瘾:身份焦虑、装饰性消费与自恋主义文化传播	南京社会科学	2018/2
朱剑飞	地方实力传媒集团区域化扩张发展的战略思考	现代传播	2018/3
徐肖楠	让文学保存生命的悠久魅力	南方文坛	2018/2
苏宏元	浅析纪录片《齐鲁家风》的文化诉求与创作特色	中国电视	2018/4
蒋建国	维新时期地方学会、学校与报刊阅读的拓展:以湖南为中心	湖南师范大学社会科学学报	2018/2
蒋建国	民主幻象与信任透支:微信投票乱象及其文化反思	现代传播	2018/4
蒋建国	“佛系”亚文化的动向、样态与社会观照	探索与争鸣	2018/4
黄桂萍	纪录片“表演”的概念研究	世界电影	2018/2
张步中	新时代下的新史诗——评电视连续剧《换了人间》	中国电视	2018/5

续表

第一作者	论文标题	发表期刊	刊期
刘银娣	西方数字阅读推广项目考察及其对我国的启示	图书馆学研究	2018/9
储冬爱	想象的农民与农民的想象——龙门农民画的规训与传播	民族艺术	2018/3
储冬爱	乞巧节的符号学阐释与文化创意——以广州天河为范本	文化遗产	2018/3
付　佳	Impaired Orientating in Youth with Internet Addiction: Evidence from the Attention Network Task	*Psychiatry Research*	2018/6
刘银娣	读者发展与连接学习:英美阅读推广战略及其给我国的启示	出版发行研究	2018/6
佘世红	出版集团"讲好中国故事"的主体作用及实践路径	中国出版	2018/12
刘银娣	"连接学习":美国青少年数字阅读推广的关联与创新策略	编辑之友	2018/7
张庆园	危机视野下品牌传播的"冲突－决断"模式初探	当代传播	2018/4
吴小坤	计算智能在媒体内容挖掘领域的前沿应用与新趋势	南京社会科学	2018/7
刘银娣	出版业应用人工智能的机遇与挑战	出版科学	2018/4
刘晓英	童书跨界营销发展现状与策略	出版科学	2018/4
李小华	论主旋律影片家国情怀的历史脉络与现实逻辑	现代传播	2018/7
芮　牮	Objective Evaluation or Collective Self-presentation: What People Expect of LinkedIn Recommendations	*Computers in Human Behavior*	2018/7
蒋建国	网络协同治理与网络文化的协调发展	理论学刊	2018/4
张步中	《信·中国》:书信题材文化类节目的叙事创新——与《见字如面》的对比分析	中国电视	2018/8
付　佳	Sparse Coding and Dictionary Learning with Class-specific Group Sparsity	*Neural Computing and Applications*	2018/8
蒋建国	维新前后商业报刊的时政报道与读者阅读	新闻大学	2018/4
段淳林	从工具理性到价值理性:中国品牌精神文化价值提升战略研究	南京社会科学	2018/9
张庆园	回归事实与价值二分法:反思自媒体时代的后真相及其原理	新闻与传播研究	2018/9
曹小杰	认同的阈限:媒介消费与移民身份的建构——以新西兰报刊广告为镜像	新闻与传播研究	2018/9
张庆园	纸质回归与平台建构:专业出版机构的新媒体融合与运营探究	出版发行研究	2018/10
佘世红	网络广告与网络消费相关性实证研究	现代传播	2018/10
陈　娟	媒体如何维系社区完整?——以 Missourian2015 年黑人学生示威报道为例	新闻记者	2018/11
罗韵娟	A Meta-analysis of News Media's Public Agenda-setting Effects, 1972—2015	*Journalism & Mass Communication Quarterly*	2018/11
芮　牮	Getting Connected While Aging: The Effects of WeChat Network Characteristics on the Well-being of Chinese Mature Adults	*Chinese Journal of Communication*	2018/11

续表

第一作者	论文标题	发表期刊	刊期
朱剑飞	融合发展中广电台网的“分”与“合”	现代传播	2018/11
吴小坤	新型技术条件下网络信息安全的风险趋势与治理对策	当代传播	2018/6
孙　珉	浸入式体验:用非虚构叙事讲好中国故事	当代传播	2018/11
张步中	广东卫视《国乐大典》的艺术特色与价值表达	中国电视	2018/12
陈　娟	“利他”的捐助与“利己”的信息分享——“轻松筹”项目的参与动机研究	新闻大学	2018/6
陈　娟	在线医患会话信任机制研究	现代传播	2018/12
赖寄丹	自媒体新闻与网络热词传播的共生性初探	学术研究	2018/12
蒋建国	甲午前后的报刊地理、新闻呈现与读者阅读的回想	学术月刊	2018/12
谭元亨	激发农村文化产业发展的内生动力	人民论坛	2018/36
江　虹	中国传媒上市公司内部治理对绩效的影响研究	现代传播	2018/12

3. 承办会议

会议名称	会议地点	会议时间	会议类型
第二届两广研究生“新媒体与专业发展”传媒论坛	广州	2018/4/27	国内学术会议
第二届中国品牌传播青年学者论坛暨第六届品牌传播论坛	广州	2018/6/9	国内学术会议
第四届华南理工大学青年学术沙龙	广州	2018/6/9	国内学术会议
中国新闻史学会地方新闻史研究委员会成立大会暨2018年广东社会科学学术年会	广州	2018/9/23	国内学术会议
4K产业实践型人才培养论坛	广州	2018/10/27	国内学术会议
第五届新媒体发展与创新论坛	广州	2018/12/1	国内学术会议
第五届华南理工大学青年学术沙龙	广州	2018/12/1	国内学术会议

供稿：华南理工大学新闻与传播学院

华东师范大学传播学院2018年学术发展概况

一、学术成果概述

2018年，华东师范大学传播学院承担国家级、省部级科研项目、课题4项，其中国家级项目1项，省部级项目3项；出版专著、教材8部；发表论文62篇。

二、学院现任领导

院长	副院长	党委书记	党委副书记
吕新雨	陈　虹、肖　洋	朱　梅	杜彬彬

三、2018 年学院新晋教授

姓名	职称	研究方向
陈红梅	教授	网络传播、传播社会学
沈嘉熠	教授	戏剧与影视学、人类表演学

四、2018 年新设学术科研机构

校级研究中心（所）：华东师范大学亚洲马克思主义传播研究所

主任（所长）：吕新雨

中心宗旨：更好地贯彻落实习近平总书记提出的“深入开展马克思主义新闻观教育”和“牢牢坚持马克思主义新闻观”的要求，与传播学院建构“大传播”发展格局的战略相符合，有利于传播学院与其他高校新闻传播院系开展错位竞争，凸显自身特色。力争通过若干年的建设，成为国家层面的专门研究亚洲马克思主义的学术平台。

五、所承担的国家级、省部级科研项目、课题

2018 年立项的国家级、省部级科研项目、课题

项目类型	项目名称	项目负责人
国家社科基金一般项目	中国国家形象在维基百科词条中的建构与重塑研究	甘莅豪
教育部人文社科一般项目	印刷出版与网络出版的范式冲突、融合与转移研究	刘　影
教育部人文社科一般项目	港澳高中生传统文化体验——短期课程开发	沈嘉熠
上海市社科一般项目	智慧城市背景下的上海非物质文化遗产传播策略与效果评估研究	赵路平

六、2018 年学术成果汇总

1. 著述、教材情况

第一作者	书名	出版社
沈嘉熠	表演与环境	上海人民出版社
郝红霞	传媒教育：媒体融合背景下传媒人才培养路径探析	光明日报出版社
吕新雨	错位：后冷战时代的中国叙述与视觉政治	华东师范大学出版社
林哲元	空无与行动：齐泽克左翼激进政治理论研究	北京师范大学出版社
孟　笛	媒介融合背景下的数据新闻生产	上海大学出版社

续表

第一作者	书名	出版社
吕新雨	学术、传媒与公共性(第二版)	华东师范大学出版社
杜彬彬	高校辅导员职业能力标准及提升途径研究	华东师范大学出版社
洪九来	中国特色社会主义:实践探索与理论创新	上海人民出版社

2. 发表论文情况

第一作者	论文标题	发表期刊	刊期
沈嘉熠	从体验到沉浸:表演的叙事性转变	华东师范大学学报(哲学社会科学版)	2018/1
严三九	中国传统媒体与新兴媒体融合发展的现状、问题与创新路径	华东师范大学学报(哲学社会科学版)	2018/1
聂欣如	尼科尔斯纪录片分类刍议	华东师范大学学报(哲学社会科学版)	2018/1
聂欣如	新中国动画的"民族性"问题	艺术百家	2018/1
潘祥辉	"祖国母亲":一种政治隐喻的传播及溯源	人文杂志	2018/1
吕新雨	"微博时代"的终结?——《新媒体与当代中国政治》导言	新闻大学	2018/1
吕新雨	新媒体时代的"未来考古"——传播政治经济学视角下的中国传媒变革	上海大学学报(社会科学版)	2018/1
陈　虹	媒介记忆视域下中国电视媒体舆论监督研究——从"中国质量万里行"到《人民的名义》	现代传播	2018/1
孟　笛	论数据新闻编辑素养	中国出版	2018/2
潘祥辉	"秦晋之好":女性作为媒介及其政治传播功能考	国际新闻界	2018/1
沈嘉熠	师范生表演素养的发展策略研究	教师教育研究	2018/2
罗　薇	"体验"形态在纪录片中的美学探析	当代电影	2018/2
陈树超	论自然素材之于纪录片本体的意义	当代电影	2018/2
申　琦	审慎前行:美国数据新闻人才培养现状研究——基于美国新闻和大众传播教育认证委员会(ACEJMC)100 所新闻院校的实证分析	新闻记者	2018/2
徐　坤	美国电视动画中的动物叙事	中国电视	2018/2
陈　虹	从话语到行动:环境传播多元主体协同治理新模式	新闻记者	2018/2
姜　华	古代中国舆论的发生及其内在精神	山西大学学报(哲学社会科学版)	2018/2
聂欣如	"人内传播"再商榷	上海大学学报(社会科学版)	2018/2
张　长	变化的影子——东映动画早期风格研究	中国电视	2018/4

续表

第一作者	论文标题	发表期刊	刊期
陈红梅	社会与技术共构:美国新闻业的十年危机与转型	新闻记者	2018/4
潘祥辉	宣之于众:汉语“宣”字的传播思想史研究	新闻与传播研究	2018/4
李承宗	书法艺术的心理学价值探析——以书法练习对心理的积极影响为中心	中国书法	2018/10
刘　影	童书数字化出版:从印刷本位到互联网逻辑	现代出版	2018/3
滕　芳	真人版奇幻仙侠影视剧的 CG 萌宠研究	文化艺术研究	2018/2
聂欣如	2017 年中国动画理论综述	中国电视	2018/6
吕新雨	When Feminism Encounters New Documentary Movement: An Uncompleted Academic Discussion	*Inter-Asia Cultural Studies*	2018/6
吕新雨	生存,还是毁灭——“人工智能时代数字化生存与人类传播的未来”圆桌对话	新闻记者	2018/6
吕新雨	逐鹿新媒体:宏观政策的博弈,或共赢?——试论社交媒体平台与中国主流新闻生产之关系	文艺理论与批评	2018/3
林哲元	齐泽克对多元文化主义的批判	山东社会科学	2018/7
吴娉娉	中国当代优秀出版人群体特征实证研究——基于 168 位韬奋出版奖获得者的统计分析	出版科学	2018/4
沈嘉熠	短视频媒介发展的机遇与挑战	中国电视	2018/8
於　春	主体性建构:改革开放初期节目主持人的话语转型研究	现代传播	2018/8
聂欣如	治愈·真实·建构——纪录片争论中的诸观念	中国电视	2018/9
吴　明	浮萍:抒情话语下的漂流经验与后现代主体重构——以《她们的名字叫红》为例	上海大学学报(社会科学版)	2018/5
聂欣如	改革开放四十年中国纪录片美学之变	当代电影	2018/9
邓香莲	新时代大学生融合阅读行为研究——以上海大学生为例	出版科学	2018/5
邓香莲	新媒体环境下大学生有声阅读行为特征研究——以上海大学生为例	图书情报知识	2018/5
吕新雨	作为传播的艺术形式	文艺争鸣	2018/10
夏冰青	资本积累和中国互联网内容生产行业中的工作:泡沫中的挣扎	*The Economic and Labour Relations Review*	2018/11
黄　佶	跨文化翻译需要树立六个重要观念	华东师范大学学报(哲学社会科学版)	2018/6
姜　华	文化资本、“传播圈”与“托尔金神话”的诞生	现代出版	2018/6
肖　洋	自媒体平台社群营销的关系链研究	编辑之友	2018/12
甘莅豪	翻译的遮蔽与创新:中国学术语境中言语行为研究的两条学术路径	外语教学理论与实践	2018/4
甘莅豪	“言”与“行”的认识类型:基于概念关系史的考察视角	华东师范大学学报(哲学社会科学版)	2018/3

3. 获奖情况

严三九撰写的《中国传统媒体和新兴媒体渠道融合发展研究》在上海市第十四届哲学社会科学优秀成果奖评选中，获得学科学术奖论文类二等奖。

4. 承办会议

7月1—7日，学院与上海市台办共同举办2018年台湾社会主义运动研讨。

10月20—21日，学院举办第八届批判传播学年会。年会以“城乡关系视野下主流媒体的公共性与公共传播”为主题，关注东西部不同地区的主流媒体在供给侧改革中对主流媒体之舆论传播力、引导力、影响力、公信力的建设，及其在塑造和提升四个能力过程中面对的机遇与挑战，尤其聚焦于媒体公共性与公共传播，为重塑城乡关系、城乡融合发展、乡村振兴战略作出贡献的条件、问题与成就。

11月17—18日，学院举办第一届“亚洲马克思主义传播”学术研讨会。

供稿：华东师范大学传播学院

厦门大学新闻传播学院2018年学术发展概况

一、学术成果概述

2018年，厦门大学新闻传播学院共出版7本专著，发表近30篇核心刊物论文，其中一类核心刊物论文17篇。承担课题方面，厦门大学新闻传播学院获得国家级、省部级项目立项共9项，其中国家社科基金项目3项、福建省社科规划项目4项。

二、学院现任领导

院长	常务副院长	副院长	党委书记	党委副书记
余清楚	黄合水	阎立峰、林升栋	郑树东	聂　鑫、黄　辉

三、2018年学院新晋教授

姓名	职称	研究方向
陈素白	教授	中国城市居民消费变迁，新媒体广告效果研究
殷　琦	教授	传媒公司治理、传媒体制改革、媒体融合
吴琳琳	教授	数字内容产业、台湾传媒研究、财经新闻研究、新闻传媒策划研究

四、2018年新设学术科研机构

福建省高等学校人文社会科学研究基地“中华文化传播研究中心”

主任：林升栋

中华文化传播研究中心力图整合人文与社会科学两种视角，在中西方比较哲学、中西方文学比较、跨文化心理学、跨文化传播学和中医学的基础上，进一步从宏观和微观两种比较层面，建立起主客平等对话的话语体系。这一体系根植于主客双方各自的社会/历史/文化脉络当中，因而会对跨文化形象学、跨文化传播理论、中国学研究作出新的贡献。

五、所承担的国家级、省部级科研项目、课题

2018 年立项的国家级、省部级科研项目、课题

项目类型	项目名称	项目负责人
国家社科基金一般项目	促进两岸青年心灵契合的传播机制研究	黄裕峯
国家社科基金一般项目	台湾社会集体记忆变迁与两岸共同体重塑研究(1988—2018)	陈经超
国家社科基金一般项目	公共危机的媒介化机制与关系性化解方法研究	胡　悦
省社科马工程重大项目	新闻对铸牢中华民族共同体意识的作用研究	陈嫌如
省社科马工程重点项目	社交媒体时代公关实践对新闻媒体意识形态主导权的影响研究	邱红峰
省社科科普专项	我的健康我做主——健康传播 ABC	赵　洁
省社科一般项目	知识型新移民的社交媒体使用、人际交往与社会认同研究	熊　慧
省软科学项目	“一带一路”战略下的福建文化记忆重构与传播话语体系建构研究	谢清果
省软科学项目	健康科普传播的影响机制研究——以福建省公众为例	宫　贺

六、2018 年学术成果汇总

1. 著述、教材情况

第一作者	书名	出版社
谢清果	华夏传播学的想象力——中华文化传播研究著作评介集成	九州出版社
谢清果	华夏文明与舆论学中国化研究	九州出版社
黄合水	全国各省市的媒体镜像——基于网络新闻大数据	厦大出版社
叶　虎	海外华文传媒与中国软实力建设	中国传媒大学出版社
谢清果	中庸的传播思想	九州出版社
史冬冬 史　维	他山之石:宇文所安中国古代文论研究中的“非虚构传统”问题	新华出版社
邹振东	弱传播	国家行政学院出版社

2. 发表论文情况

第一作者	论文标题	发表期刊	刊期
Chan Zhou	Perception of Cross-generational Differences in Child Behavior and Parent Socialization: A Mixed-method Interview Study with Grandmothers in China	*Journal of Cross-Cultural Psychology*	2018/1
陈素白	点赞行为的代际差异研究	现代传播	2018/10
陈晓彦	社交媒体环境下职业把关人的受众思维与行为模式	新闻记者	2018/11
侯凡跃	主客相融与主客相分:一项中国青年人的水墨画审美实证研究	现代传播	2018/9
邱红峰	Nuclear Risk Perception, Political Efficacy, and Internet Use for Civic Engagement in China	*Chinese Journal of Communication*	2018/2
邱红峰	弹性动机、群内等级、信任物化:关系传播视阈下的网络约会与风险控制	新闻与传播研究	2018/2
孙　蕾	重返部落化:新媒体时代离乡青年对方言共同体的延续与再定义	现代传播	2018/7
田素美	舆论学视角下的汉代"月旦评"探析	现代传播	2018/7
吴琳琳	两岸数字内容产业合作探究——基于对两岸数字内容产业界深度访谈的分析	现代传播	2018/6
吴琳琳	全球价值链下两岸动漫产业的发展与合作——基于历史的考察和交易成本分析	国际新闻界	2018/8
吴琳琳	台湾日据时期"治警事件"中的舆论抗争始末析	新闻与传播研究	2018/6
谢清果	媒介环境学派与"技术决定论"关联的再思考	现代传播	2018/2
殷　琦	走出"密苏里模式":台湾地区新闻传播教育的专业化趋向	现代传播	2018/6
阎立峰	能动的振摆:从新历史主义视野看新闻文本的历史性	新闻与传播研究	2018/1
曾秀芹	Motivations of Adventure Recreation in an Emerging Market: Scale Development and an Empirical Study on Mainland Chinese Enthusiasts	*Asia Pacific Journal of Tourism Research*	2018/5
曾秀芹	成人初显期人群的数字媒介家庭沟通与隐私管理:一个扎根理论研究	国际新闻界	2018/9
邹振东	两岸关系指数研究初论	台湾研究	2018/3

3. 获奖情况

第一作者	作品名称	奖励名称	等级
朱至刚	早期中国新闻学的历史面相:从知识史的路径(专著)	福建省社会科学优秀成果奖	一等奖
殷　琦	中国传媒组织治理结构创新研究:基于利益相关者理论的视角(专著)	福建省社会科学优秀成果奖	二等奖

续表

第一作者	作品名称	奖励名称	等级
黄含韵	中国青少年社交媒体使用与沉迷现状：亲和动机、印象管理与社会资本（论文）	福建省社会科学优秀成果奖	二等奖
邹振东	国民党到底输在什么地方（咨询报告）	福建省社会科学优秀成果奖	二等奖
谢清果	华夏文明与传播学本土化（研究教材）	福建省社会科学优秀成果奖	三等奖

4. 承办会议

2月28日，由意大利驻广州总领事馆主办，北京博士智库管理咨询有限公司和厦门大学新闻传播学院承办的第二届“意大利设计日·厦门站”活动在厦门举行。中、意设计师围绕“工匠精神与品牌之道”这一主题进行演讲交流，并与厦门大学师生进行对话研讨。

6月14—15日，由中国社会科学院新闻与传播研究所、中国社会科学出版社主办，厦门大学新闻传播学院承办的“《中国新闻传播学年鉴》第三届编辑出版研讨会”召开。与会人员对年鉴创办三年来的内容呈现情况和2017年卷年鉴的编辑工作进行了系统总结，并对2018年卷年鉴供稿工作做出部署。

11月9—11日，厦门大学、人民网共同主办“2018新闻传播学院院长论坛”，设立了“马克思主义新闻观教学与新闻实践的融合创新”“马克思主义新闻观课程设置与专业教学创新探索”和“媒体融合趋势下的互联网视听内容生产”三大分论坛。

供稿：厦门大学新闻传播学院

重庆大学新闻学院2018年学术发展概况

一、学术成果概述

2018年，重庆大学新闻学院共承担国家社会科学基金项目3项，教育部人文社会科学研究项目1项，重庆市社科基金4项；在CSSCI期刊上发表学术论文36篇，SSCI检索4篇，SCI检索1篇，出版专著4部；另出版工具书1部，主编本科教材1部。学院获得各级各类奖项9项，其中包括重庆市社科优秀成果奖二等奖1项，三等奖2项，国家新闻出版广电总局三等奖1项；各级学会、协会奖5项。学院举办6次全国性或区域性学术会议。

二、学院现任领导

名誉院长	院长	副院长	党委书记	党委副书记
马胜荣	董天策	张　瑾	卓光俊	魏世平

三、2018 年新设学术科研机构

"媒介素养科普基地"获批第四批重庆市人文社会科学普及基地。

四、所承担的国家级、省部级科研项目、课题

2018 年立项的国家级、省部级科研项目、课题

项目类型	项目名称	项目负责人
国家社会科学基金后期资助项目	话语反抗:日俄战争时期(1904—1905)中国报刊对日本"亚洲主义"的书写	李松蕾
国家社会科学基金一般项目	西方民意调查数据中的中国国家形象分析和批判研究	赵丽君
国家社会科学基金一般项目	新媒体事件对地方政府注意力分配的影响机制研究	曾润喜
教育部人文社会科学研究青年项目	中国报界对日本在华舆论诱导的认知与抵制研究(1895—1911)	李松蕾
重庆市社科规划办哲学社会科学规划研究重大项目	媒体融合发展研究	曾润喜
重庆市社科规划办哲学社会科学规划研究青年项目	青少年手游成瘾的发生机制及干预研究	刘　毅
重庆市社科规划办哲学社会科学规划一般项目	新时代视域下环境素养教育研究	刘庆庆
重庆市社科规划办哲学社会科学规划博士项目	社交媒体时代新闻从业者的职业认同建构研究	王　军

五、2018 年学术成果汇总

1. 著述、教材情况

第一作者	著作名称	出版社
张　瑾	陪都岁月:重庆时期的宋美龄研究	东方出版社
刘海明	网络舆情预警伦理研究	中国社会科学出版社
刘庆庆	基于环境教育法视域下的新时代环境素养教育研究	重庆大学出版社

2. 发表论文情况

第一作者	论文标题	发表期刊	刊期
郭小安	“层中层”的想象与行动:知识群体维权符号的抽象性与标出性	新闻大学	2018/1
齐　辉	民国时期中国新闻界对苏联社会主义新闻事业的考察与态度	新闻大学	2018/1
曾润喜	涉民族类网络辟谣舆情传播过程中不同主体治理行为实证研究	中南民族大学学报(人文社会科学版)	2018/1
董天策	新媒体与文化生态的重构	西南民族大学学报(人文社科版)	2018/1
田先红	家计模式、贫困性质与精准扶贫政策创新——来自西南少数民族地区S乡的扶贫开发经验	求索	2018/1
雷闪闪	关于被遗忘权法律性质的再思考	西南民族大学学报(人文社科版)	2018/3
杨　柳	“方寸之间”的中国:1949—2016年邮票上的国家形象变迁	现代传播	2018/2
杨石华	抗战时期新闻学术期刊出版中的“一颗流星”——基于对燕京大学《报学》出版物的研究	河南大学学报(社会科学版)	2018/2
郭小安	新闻从业者的工作自主性感知与政治效能感——一项针对西北地区的调查研究	新闻记者	2018/3
张小强	中国期刊市场数字环境走势分析——基于总局2005—2015年统计数据和中国新闻出版研究院报告	西南民族大学学报(人文社科版)	2018/3
刘庆庆	融媒体时代高校研究生媒介素养教育探索	学位与研究生教育	2018/3
刘海明	新闻机构的网络舆论风险与应急管理	中州学刊	2018/3
董天策	央视公益节目《等着我》的情感叙事解析	当代传播	2018/3
吴明华	波兰艺术大学生文化创新能力培养及启示——亚采克·鲁明斯基教授访谈录	现代大学教育	2018/3
张小强	阅读网络中的重要行动者:数字时代重识印刷的竞争力和价值	科技与出版	2018/4
赵庆文	近代中国音乐术语的典籍化:音乐类辞书的编纂实践	音乐研究	2018/3
刘庆庆	移动互联网新时代高校网络安全教育的困境与策略	重庆大学学报(社会科学版)	2018/5
刘庆庆	供给侧结构性改革视域下青年需求的高校共青团回应机制研究	思想教育研究	2018/6
周莹莹	网络社会思潮的运行规律	人民论坛	2018/18
张小强	微信传播指数领先的学术期刊公众号运营调查及启示	中国科技期刊研究	2018/6
曾润喜	网络舆情信息传播动力机制的比较研究	图书情报工作	2018/7
郭小安	衍生与融合:框架理论研究的跨学科对话	现代传播	2018/7

续表

第一作者	论文标题	发表期刊	刊期
龙　伟	改革开放以来海外中国共产党研究的"知识图谱"——基于SSCI、A&HCI数据库的CiteSpace可视化分析	国外理论动态	2018/7
郭小安	共意性社会运动:概念、内涵及本土化阐释	中州学刊	2018/7
董天策	深入推进马克思主义新闻观的学术研究——"红色传承:马克思主义与中国新闻传播学"研讨会综述	新闻界	2018/7
张小强	互联网的网络化治理:用户权利的契约化与网络中介私权力依赖	新闻与传播研究	2018/7
郭　毅	传媒·仪式·社会:西方学术语境中的媒介事件理论	新闻界	2018/7
Zeng, Runxi	Social Media Landscape of the Tertiary Referral Hospitals in China: Observational Descriptive Study	*Journal of Medical Internet Research*	2018/8
刘　毅	微信使用对大学生主观幸福感影响的实证研究	现代传播	2018/8
李金正	近现代"国货"观念与广告的民族主义致思——基于美国"中国学"的批判性视角	现代传播	2018/8
刘庆庆	高校图书馆嵌入式信息素养教育模式研究——以重庆大学图书馆为例	图书情报工作	2018/16
Zeng, Runxi	Participation in Collective Action in China: Unfair Experience, Interests Involved, and Political Efficacy	*Social Behavior and Personality*	2018/9
董天策	关于平衡保护二次创作和著作权的思考——从电影解说短视频博主谷阿莫被告侵权案谈起	出版发行研究	2018/10
Yang, Liu	Framing Terrorist Attacks: A Multi-proximity Model	*International Communication Gazette*	2018/10
齐　辉	抗战时期"重庆新闻学院"与国际高级宣传人才培育	现代传播	2018/10
曾润喜	基于非传统安全视角的网络舆情演化机理与智慧治理方略	现代情报	2018/11
Zeng, Runxi	How is Negative Affect Associated with Life Satisfaction? The Moderating Role of Online Self-disclosure in China's Context	*Personality and Individual Differences*	2018/7
赵海霞	大学生微信朋友圈转发行为与动机对内容提供商的启示	图书馆学研究	2018/17

3. 学术转载与获奖情况

杨柳、董天策,《"方寸之间"的中国:1949—2016年邮票上的国家形象变迁》,《现代传播(中国传媒大学学报)》2018年第2期,人大复印报刊资料《文化与研究》2018年第6期全文转载。

张小强、荣艺、郭毅,《阅读网络中的重要行动者:数字时代重识印刷的竞争力和价值》,《科技与出版》2018年第4期,人大复印报刊资料《出版业》2018年第7期全文转载。

郭小安、滕金达,《衍生与融合:框架理论研究的跨学科对话》,《现代传播(中国传媒大学学报)》2018年第7期,人大复印报刊资料《新闻与传播》2018年第10期全文转载。

刘庆庆、何燕君,《供给侧结构性改革视域下青年需求的高校共青团回应机制研究》,获重庆市思想政治工作研究会2018年度优秀研究成果一等奖,同时被评为全国学校共青团2018年学术年会论文一等奖。

张小强，《互联网的网络化治理：用户权利的契约化与网络中介私权力依赖》，《新闻与传播研究》，人大复印报刊资料《新闻与传播》2018 年第 10 期全文转载，该论文获全国第七届新闻传播学优秀论文和《新闻与传播研究》2018 年度优秀论文。

4. 承办会议

4 月 14 日，“新时代新闻传播学科建设与人才培养高端座谈”在重庆大学虎溪校区举行。会议由重庆大学新闻学院主办。

7 月 9—14 日，由中国新闻史学会网络传播研究会、重庆大学社会科学学部、重庆大学新闻学院共同主办的第四期“网络与新媒体讲习班”在重庆大学举行。

10 月 13—14 日，第十四届中国传播学大会在重庆大学举行。大会由中国新闻文化促进会、中国社会科学院新闻与传播研究所、重庆大学新闻学院联合举办，重庆大学新闻传播与社会发展研究院承办，主题为“中国传播学 40 年：新时代、新使命、新担当”。

10 月 31 日，“凝心聚力的使命任务”重庆站主题研讨会在重庆大学新闻学院二楼多功能报告厅举行。研讨会由中国网络空间研究院、中共重庆市委网信办指导，《网络传播》杂志社主办，快手微视频合办，华龙网集团具体执行。

12 月 15 日，由重庆大学新闻学院主办、重庆大学新闻传播与社会发展研究院承办的“第二届传播媒体与文化建设高端论坛”在重庆大学虎溪校区图书馆报告厅举行。

12 月 29 日，由重庆大学青年教师技术协会、重庆高新区管委会办公室主办，重庆大学新闻传播与社会发展研究院承办，重庆大学新闻学院协办的“新媒体产业与计算传播学高端研讨会”在重庆大学虎溪校区举行。

供稿：重庆大学新闻学院

华中科技大学新闻与信息传播学院 2018 年学术发展概况

一、学术成果概述

2018 年，学院全年立项的省部级以上课题共计 8 项，老师们以第一作者身份出版研究著作、教材 13 本，发表英文论文 7 篇，CSSCI 来源期刊论文 42 篇。在学术成果方面，学科发展方向明晰，集中在战略传播、新闻传播史论、新媒体等优势方向。此外，一批老师的学术成果也获得了省市级以上奖励，或被《新华文摘》全文转载。在学术交流方面，老师们多次参加国内外知名学术会议，和同行们就前沿问题积极探讨。学院也举办了多场学术会议，其中既有谋求跨学科、跨界别对话合作的大型会议，也有聚焦特定议题展开充分交流的小型深研会。

二、学院现任领导

院长	副院长	党委书记	党委副书记
张明新	唐海江、郭小平、李华君	詹　健	李　磊

三、2018 年学院新晋教授

姓名	职称	研究方向
牛　静	教授	媒体伦理、新媒体使用、传播规范、新闻改革

四、2018 年新设学术科研机构

校级研究中心：华中科技大学中国故事创意传播研究中心

主任：陈先红教授

中心将紧密围绕“讲好中国故事，传播好中国声音”这一重大课题，力求在学科建设、学术研究、队伍建设和人才培养等方面取得较大进展。主要目标为：促进华中科技大学新闻传播学科实现跨学科、跨领域、跨地域、跨国界的融合发展，孵化出富有创新性和影响力的标志性学术成果，加快学术团队的迅速成长，促进新时代创新型高级人才的培养，在 3—4 年内发展为具有社会影响力的特色新型智库。

五、所承担的国家级、省部级科研项目、课题

1. 2018 年立项的国家级、省部级科研项目、课题

项目类型	项目名称	项目负责人
国家社科基金重点项目	提升新时代中国特色社会主义新闻学国际话语权研究	刘　洁
国家社科基金一般项目	媒介仪式凝聚当代社会共识的路径与对策研究	张梅兰
国家社科基金青年项目	基于大数据及人工智能技术的新时代网络舆情监测研究	徐　涵
教育部人文社科青年项目	基于空间可视化理论的大数据舆情研判体系建构研究	徐　迪
教育部人文社科青年项目	基于国家形象建构的中国少数民族题材电影海外传播研究	李一君
国务院其他部委项目	2017 年文化名家暨“四个一批”人才	张　昆
湖北省社科基金一般项目	对话与协商：电视问政的理念	何志武
湖北省社科基金一般项目	公民网络政治参与行为的社会网络分析——以湖北省为例	徐　迪
湖北省社科基金一般项目（后期资助项目）	网络社会中企业非伦理公关行为的互动与治理	李华君
湖北省社科基金一般项目（后期资助项目）	基于风险社会理论的新媒介生产与公共性文化研究	王　昀

2. 2018 年结项的国家级、省部级科研项目、课题

项目类型	项目名称	项目负责人
国家社科基金重点项目	构建和发展现代广播电视传播体系研究	石长顺
国家社科基金一般项目	基于用户行为大数据分析的微博反腐机制研究	邓秀军
教育部人文社科一般项目	大数据环境下移动社交网络治理体制研究	李卫东

续表

项目类型	项目名称	项目负责人
教育部人文社科青年项目	社会监控视阈下的社交媒体实名制研究	刘　锐
湖北省社科基金一般项目	对话与协商:电视问政的理念	何志武
湖北省社科基金一般项目	公民网络政治参与行为的社会网络分析——以湖北省为例	徐　迪
湖北省社科基金一般项目（后期资助项目）	网络社会中企业非伦理公关行为的互动与治理	李华君
湖北省社科基金一般项目（后期资助项目）	基于风险社会理论的新媒介生产与公共性文化研究	王　昀

六、2018年学术成果汇总

1. 著述、教材情况

第一作者	书名	出版社
甘世勇	广告设计	中国商务出版社
何志武	对话与协商:电视问政的理念	华中科技大学出版社
李华君	伦理资本建构:企业非伦理公关行为研究	中国传媒大学出版社
李卫东	云传播时代	科学出版社
牛　静	新闻传播伦理与法规:理论及案例评析(第二版)	复旦大学出版社
牛　静	全球媒体伦理规范译评	社会科学文献出版社
唐海江	媒介考古学:方法、路径与意涵	复旦大学出版社
徐　涵	大数据、人工智能和网络舆情治理	武汉大学出版社
张　昆	中国国家形象传播报告(2017—2018)	社会科学文献出版社
张　昆	中国新闻传播教育年鉴(2018)	武汉大学出版社
钟　瑛	湖北省自媒体(2017)年度发展报告	湖北人民出版社
钟　瑛	中国新媒体社会责任研究报告(2018)	社会科学文献出版社

2. 发表论文情况

第一作者	论文标题	发表期刊	刊期
邓秀军	Trust, Norms and Networks in Social Media Environmental Mobilization: A Social Capital Analysis of Under the Dome in China	*Asian Journal of Communication*	2018/10
熊　硕	Comprehensive Evaluation of Hotel Loyalty Program	*Basic & Clinical Pharmacology & Toxicology*	2018/9
熊　硕	The Rhythm Design of Health Care Serious Game by Game Refinement Measurement	*Basic & Clinical Pharmacology & Toxicology*	2018/9

续表

第一作者	论文标题	发表期刊	刊期
熊　硕	E-learning Rhythm Design: Case Study Using Fighting Games	*International Conference on E-Learning and Games*	2018/6
熊　硕	An Analysis of Gamification Effect of Frequent-Flyer Program	*International Conference on E-Learning and Games*	2018/6
徐明华	SERGE: Successive Event Recommendation Based on Graph Entropy for Event-based Social Networks	*IEEE Access*	2018/12
张明新	Assessing Political Participation on the Internet in Contemporary China	*Chinese Journal of Communication*	2018/1
陈先红	中国公共关系污名化的思想行为根源与形成机制研究	新闻界	2018/5
郭小平	流动社会的智能新媒介、移动连接与个人隐私——雷蒙德·威廉斯“流动的藏私”理论再阐释	现代传播	2018/10
郭小平	环境传播视域下绿色广告与“漂绿”修辞及其意识形态批评	湖南师范大学社会科学学报	2018/1
何志武	“我的地盘我做主”:社区、行动者与空间争夺——一个关于武汉H小区拟建临终关怀医院的抗争传播故事	新闻与传播研究	2018/2
何志武	融媒体场域下电视内容精准化传播的实践逻辑及路径	中州学刊	2018/10
胡　怡	科学的缺位:新媒体环境下的中国气候传播——以在线视频分享网站为例	新闻大学	2018/1
李华君	“讲好国家故事”的语言策略:建构主义与后结构主义的中间道路	现代传播	2018/6
李华君	媒介融合背景下移动新闻客户端的发展——基于青年群体的使用与满足	北京理工大学学报(社会科学版)	2018/1
李华君	区块链技术背景下传媒产业的新现象、新特征与新趋势	宁夏社会科学	2018/6
刘　锐	网络视频直播的共同治理:基于政策网络分析的视角	国际新闻界	2018/12
舒咏平	中国本土品牌洋符化的符号学批判	新闻大学	2018/2
舒咏平	品牌传播理论建构的主体性、史学观和思维变革	现代传播	2018/1
唐海江	图像技术、视觉呈现与现代中国:评吴果中著《左图右史与画中有话——中国近现代画报研究(1874—1949)》	国际新闻界	2018/7
唐海江	近代中国新闻界对摄影术的认知与运用考	现代传播	2018/5
唐海江	商务印书馆与清末民初的版权文化	出版发行研究	2018/4
王　溥	校友经济:“武汉模式”及其思考	经济问题	2018/6
王　昀	新媒介研究拐点:人工智能时代传播学的现貌与反思	编辑之友	2018/2
王　昀	公共领域作为一种风险结构:线上治理、现实困境及其研究方法	人文杂志	2018/2

续表

第一作者	论文标题	发表期刊	刊期
王　昀	华莱坞作为跨国媒介实践——兼论“一带一路”的全球传播叙事	江西师范大学学报（哲学社会科学版）	2018/5
徐明华	“社会计算”与“大数据”之辩：概念的应用、反思与展望	现代出版	2018/3
于婷婷	媒介视角下的网络零售企业社会责任评价研究	现代传播	2018/7
于婷婷	文化转型视域下的中国公益广告主题变迁研究	湖北社会科学	2018/6
余　红	敌意媒体效应的溯源、沿革和本土化	新闻界	2018/7
余　红	网络抗争事件的情绪传播和引导——以山东辱母案为例	情报杂志	2018/5
张　昆	中美两国公众心目中的日本国家形象——基于2016年中美两国的全国性民意调查	新闻大学	2018/5
张　昆	学院文化：新闻专业人才的培养基	新闻记者	2018/2
张　昆	国家品牌的内涵、功能及其提升路径	学术界	2018/4
张　昆	新闻评论教育的“华科大模式”	新闻记者	2018/6
张　昆	漫画新闻——亟待拓展的新闻史研究领域——《中国近现代漫画新闻史》序	出版发行研究	2018/6
张　昆	秉史家笔法，记录中国新闻传播教育的当代史	出版发行研究	2018/10
张　昆	理想与现实：40年来中国国家形象变迁	人民论坛·学术前沿	2018/23
张明新	多学科交融的新闻传播教育：过去、现在和将来	新闻与传播研究	2018/增刊
钟　瑛	新媒体创新指数构建与案例考察	现代传播	2018/4
周婷婷	童年的延伸：视听文化下成年人的“再儿童化”——一项基于小猪佩奇的探索性研究	中国青年研究	2018/11

3. 获奖情况

姓名	成果名称	获奖类别/转载情况
赵振宇、张　昆、顾建明、何志武、刘义昆、牛　静	新闻评论人才培养创新体系的构建与实施	教育部国家级教学成果奖二等奖，第八届湖北省高等学校教学成果奖一等奖
袁　艳	电视的物质性与流动的政治——来自两个城中村的媒介地理学观察	第十一届湖北省社科成果奖二等奖
张　昆、张明新	中国公众的世界观念调查报告（2015）	第十一届湖北省社科成果奖二等奖
李卫东	“云传播的理论模型研究”系列论文	第十一届湖北省社科成果奖三等奖
牛　静	世界主义、民族主义与全球媒介伦理的建构	第十一届湖北省社科成果奖三等奖
唐海江	“造健全之舆论”：清末民初士人对“舆论”的表述与群体认知——兼论近代中国舆论的难局及其历史走向	第十一届湖北省社科成果奖三等奖
王　昀	礼物、娱乐及群体交往：网络视频文化的公共性考察	武汉市第十六次社会科学优秀成果奖一等奖

续表

姓名	成果名称	获奖类别/转载情况
牛　静	全球主要国家媒体伦理规范（双语版）	武汉市第十六次社会科学优秀成果奖二等奖
陈　薇	被建构的“自由行”：新闻话语的宏观语义、符号方式与权力关系	武汉市第十六次社会科学优秀成果奖优秀提名奖
徐明华	西方媒介话语中中国形象的“变”与“不变”	武汉市第十六次社会科学优秀成果奖优秀提名奖
李一君	新世纪中国少数民族题材电影的海外传播：历史、机制与文化研究	《新华文摘（网络版）》全文转载
牛　静	全球媒体伦理规范的共通准则和区域性准则——基于134篇媒体伦理规范文本的分析	《新华文摘（网络版）》全文转载

4. 承办会议

5月23—24日，国际传播学会（ICA）与中国新闻史学会公共关系分会（PRSC）联合举办的会前会、第十一届国际公关与广告学术论坛（11th PRAD）暨第三届中国新闻史学会公共关系分会学术年会，在捷克布拉格隆重召开。会议由华中科技大学新闻与信息传播学院、香港城市大学媒体与传播系、香港浸会大学传理学院、台湾世新大学、捷克查尔斯大学、ICA公共关系分会、欧洲公关教育学会和中国新闻史学会公共关系分会（PRSC）联合主办。会议以“多元化的声音：以真实的传播在社会中建立信任及对话（Diverse Voices: Authentic Communication, Trust, Dialogue, and Society）”为主题。

8月24—25日，“教育部社会科学委员会语言文学、新闻传播学和艺术学学部新闻传播学科咨询组第四次会议暨中国新闻学传播学学科发展战略研讨会”在华中科技大学新闻与信息传播学院举行。

9月22日，第六届国家传播战略高峰论坛在华中科技大学新闻与信息传播学院举行，来自国内知名学府、军方、政府及业界的70余名专家学者参与了论坛。论坛由华中科技大学主办，国家传播战略研究院承办。该论坛同时也是华中科技大学新闻与信息传播学院创办35周年的系列纪念活动之一，会议主题是“新时代、新传播、新战略”，与会人员围绕如何讲好中国故事、国际传播、“一带一路”以及中美、中非、中俄关系等话题展开了专题演讲及讨论。

10月19—21日，由《学术月刊》杂志社、复旦大学新闻与传播研究中心主办，华中科技大学新闻与信息传播学院承办的“第六届传播视野下的中国研究论坛”在华中科技大学举行。论坛以“媒介再思：传播技术与社会变迁”为主题，集中研讨了媒介与社会政治、经济、传播、观念的关系。

10月20—21日，由新闻与信息传播学院中国故事创意传播研究中心与讲好中国故事创意传播大赛组委会联合主办的中国好故事评价标准体系研讨会在新闻与信息传播学院召开。

11月6日，第二届新闻评论东湖论坛暨第三届华中科技大学新闻评论开放教育建设会在东湖之滨的华中科技大学召开。与会嘉宾围绕“意义、故事与新闻评论的生活化转向”主题展开讨论。

11月24日，来自新华社、人民网、

财新传媒、《法制日报》等众多媒体的40多位专业评论员会聚在华中科技大学，与华中科技大学的专家教授围绕“新媒体时代的话语形态与主流声音”展开认真讨论，就华中科技大学新闻评论教育发展出谋划策。9位新闻评论界精英受聘加盟华中科技大学新闻评论教育工作。

12月15日，由湖北省科技新闻学会主办，华中科技大学新闻与信息传播学院、武汉科技报社合办的“2018年湖北省网络强国战略论坛”在华中科技大学举行。

供稿：华中科技大学新闻与信息传播学院

上海大学新闻传播学院2018年学术发展概况

一、学术成果概述

2018年2月上海大学新闻传播学院在原有上海电影学院新闻传播学科的基础上成立。2018年学院有1项国家社会科学基金青年项目，9项上海市级课题；4项上海市人民政府决策咨询课题，其中1项重点咨询课题；4项上海市哲学社会科学规划青年课题；1项上海市哲社教育学青年项目。2018年学院教师出版专著和教材10余部，发表C刊论文23篇，其中学院青年教师汪洋的三集纪录片《蛇口见证》在央视4套播出。

二、学院现任领导

院长	副院长	党委书记	党委副书记
严三九	杨海军、赵为学	邓　江	韦淑珍

三、2018年学院新晋教授

姓名	职称	研究方向
严三九	教授	新闻传播学
杨海军	教授	广告理论与广告史、品牌理论与文化产业
孙　藜	教授	媒介理论、媒介技术与社会、中国近代媒介史

四、2018年新设学术科研机构

2018年新闻传播学院成立了两个校级研究中心，分别如下：

1. 全球人工智能媒体研究院

研究院负责人：严三九教授

研究院宗旨：打造一流的人工智能媒体科学，推动科技创新与新媒体相关领域的研究发展。

2. 上海市舆情监测与分析中心

中心负责人：赵士林教授

中心宗旨：中心立足上海，面向全

国，放眼世界，充分利用大数据、云计算、人工智能等最新的技术手段搭建跨学科平台，围绕中国舆情生态和社会治理以及当前社会的重大事件、重大议题展开研究，努力把中心建设成为沟通政府、学界和业界的产学研一体化的平台。

五、所承担的国家级、省部级科研项目、课题

2018 年立项的国家级、省部级科研项目、课题

项目类型	项目名称	项目负责人
国家社会科学基金青年项目	长三角区域创新网络的演化机制实证与发展对策研究	于　迎
上海市哲学社会科学规划青年课题	央视非洲新闻频道的非洲受众研究	相　雨
上海市哲学社会科学规划青年课题	中文报刊与近代上海的媒介建构	钱佳湧
上海市哲学社会科学规划一般课题	乡村振兴背景下的上海农村传播战略转型研究	尤　游
上海市哲学社会科学规划一般课题	上海新媒体科技传播效果评价与提升研究	牛盼强
上海市人民政府决策咨询重点课题	中国国际进口博览会带动效应与溢出效应研究	张　敏
上海市人民政府决策咨询专项课题	全球城市背景下上海文化品牌传播研究	吴信训
上海市人民政府决策咨询专项课题	上海公共议题网络舆情风险沟通模式研究	余丽丽
上海市人民政府决策咨询专项课题	上海社会化媒体增扩社会效益研究	尤　游
上海市哲社教育学青年项目	高校二级学院分类绩效评价研究	孙　雯

六、2018 年学术成果汇总

1. 著作及教材情况

第一作者	书名	出版社
郝一民	历史的转折点	上海大学出版社
李建新	中国新闻传播教育年鉴 2017	武汉大学出版社
李　珠	2017 年度中国数字报纸发展报告	社会科学文献出版社
王淑芹	平面设计史:美学研究的视角	上海交通大学出版社
郜　明	上海会议业发展报告	社会科学文献出版社
郜　明	上海会展业发展报告	社会科学文献出版社
许正林	上海广告史	上海古籍出版社
许正林	当代中国文化国际影响力的生成研究	上海交通大学出版社
许正林	广告与社会导论	上海交通大学出版社
吴信训	*New Media and Transformation of Social Life in China*	SAGE

2. 论文发表情况

第一作者	论文标题	发表期刊	刊期
吴信训	新媒体:文化艺术创新的引擎、杠杆和本体	西南民族大学学报	2018/1
郝一民	中国共产党早期报刊思想及新闻理论生成	当代传播	2018/3
郝一民	数字出版环境下富媒体前景探析——以 EPUB 3.0 电子书制作为例	出版发行研究	2018/4
郝一民	“后阅读”:新媒体驱动下阅读状态变革及文化影响	中国出版	2018/6
严三九	切实加强卓越新闻传播人才培养的组织保障	当代传播	2018/6
吴信训	媒介融合背景下我国对农电视节目持续创新的思考	新闻记者	2018/8
孙　藜	书写与密码:晚清皇朝“灵晕”的离散	新闻与传播研究	2018/9
牛盼强	上海产业知识基础配置的格局研究	科研管理	2018/9
许正林	十年来中国共产党政党形象对外传播的理论与实践	现代传播	2018/9
李建新	辨新闻　范新闻　不新闻——对新闻学教师的基本功和底线要求的思考	出版发行研究	2018/12
郝一民	中国编辑思想的早期萌发及历史性成熟	新闻爱好者	2018/4
郝一民	打造当代文学的宽度和高度	人民日报(理论版)	2018/8/28

3. 获奖情况

获奖/转载情况	获奖成果名称	作者	奖项
上海市第十四届哲学社会科学优秀成果获奖	中国新生代农民工研究:信息获取与传播的角度	陶建杰	一等奖
《新华文摘》2018 年第 15 期	中国编辑思想的早期萌发及历史性成熟	郝一民	要点转载

4. 国际学术会议

世界传播论坛 2018:“一带一路”与新闻传播学教育的跨文化研讨会于 2018 年 10 月 19—22 日在上海大学成功举行。论坛主动服务国家对外开放战略和“一带一路”倡议，探讨了在“一带一路”倡议背景下新闻传播如何才能更有力、更有效地向世界传播中国声音，来自美国、英国、日本、中国香港等多个国家与地区上百位学者参会。论坛由中国社会科学院—上海市人民政府上海研究院和上海大学主办，上海研究院世界传媒研究中心、上海大学新闻传播学院、上海市社会科学创新研究基地承办，中国人民大学新闻学院、复旦大学新闻学院、上海外国语大学新闻传播学院协办。

供稿：上海大学新闻传播学院

第十三篇
研究机构及社团

研究机构概况

中国社会科学院新闻与传播研究所2018年概况

上海社会科学院新闻研究所2018年概况

四川省社会科学院新闻传播研究所2018年概况

天津社会科学院舆情研究所2018年概况

河北省社会科学院新闻与传播学研究所2018年概况

安徽省社会科学院新闻与传播研究所2018年概况

北京市社会科学院传媒研究所2018年概况

新华社新闻研究所2018年概况

人民日报社研究部2018年概况

光明日报社新闻研究部2018年概况

学术社团

中国新闻史学会及其二级分会2018年概况

中国新闻文化促进会传播学分会2018年概况

中国社会科学院新闻与传播研究所2018年概况

一、机构概述

1. 人员情况

截至2018年12月31日，中国社会科学院新闻与传播研究所（以下简称“新闻所”）共有在职人员44人。其中，专业技术岗位，正高级职称人员8人，副高级职称人员13人（含资格1人），中级职称人员15人，高、中级职称人员占全体在职人员总数的88.1%。2018年，晋升研究员1人，为朱鸿军；晋升副研究员1人，为沙垚。党委书记、副所长赵天晓，所长唐绪军，纪委书记、副所长季为民。

2. 机构设置

2018年，新闻所的机构设置为：综合办公室（主任黄双润，副主任贾云海、吴秋玲），马克思主义新闻学研究室（主任黄楚新，副主任向芬），传播学研究室（副主任张丹，主持工作），网络学研究室（主任孟威，副主任张化冰），媒介研究室（主任殷乐，副主任冷凇），信息室（主任杨瑞明，副主任杨斌艳），编辑室（主任钱莲生，副主任朱鸿军）。

新闻所设有6个非实体研究中心、2个实验室和1个国情调研基地。

6个非实体研究中心中，有1个院属研究中心：中国社会科学院新媒体研究中心（主任唐绪军）；有5个所属研究中心：媒介传播与青少年发展研究中心（主任卜卫），传媒发展研究中心（主任黄楚新），世界传媒研究中心（主任张丹），传媒调查中心（主任刘志明），广播影视研究中心（主任殷乐）。

2个实验室：全球影视与文化软实力实验室（主任殷乐），中国舆情调查实验室（主任赵天晓，首席专家刘志明）。

1个国情调研基地：国情调研浙江缙云基地（主任赵天晓）。

新闻所主管的教学机构和全国性学会各1个：中国社会科学院研究生院新闻学与传播学系（主任唐绪军，副主任宋小卫），中国新闻文化促进会传播学分会（会长唐绪军，副秘书长黄双润、张丹）。

3. 学术委员会、职称评审委员会

3月，中国社会科学院科研局批复同意新闻所增补季为民、黄楚新、殷乐为新闻所学术委员会委员。调整后的新闻所学术委员会成员是：唐绪军、宋小卫、卜卫、刘晓红、季为民、黄楚新、殷乐、崔保国（清华大学）、陈卫星（中国传媒大学）。唐绪军任主任委员，宋小卫任副主任委员。

新闻所第十届副高级专业技术资格评审委员会由唐绪军、宋小卫、钱莲生、殷乐、孟威、姜飞（北京外国语大学）、段鹏（中国传媒大学）、渠敬东（北京大学）、史安斌（清华大学）9人组成。唐绪军任主任，宋小卫任副主任。其中，唐绪军、姜飞、史安斌为中国社会科学院研究系列高级职称评审委员，钱莲生为中国社会科学院出版编辑系列高级职称评审委员。

二、科研工作

1. 科研成果统计

全年（按中国社会科学院考核周期，

成果统计时间段为2017年11月至2018年10月，下同）新闻所出版中文专著6部，共计1157千字；外文专著1部，108千字；译著1部，300千字；蓝皮书2部，864千字；论文集6部，1540千字；智库报告1部，60千字。发表学术论文119篇，共计约892千字；理论文章9篇，共计33.4千字；译文1篇，19千字。编辑出版年鉴2部，共计3340千字；编辑出版学术期刊一种13期（含增刊），共计1800千字。

专著主要有：

《吾土吾民：农民的文化表达与主体性》（沙垚著），中国社会科学出版社2017年11月出版；《新媒体：微传播与融媒发展》（黄楚新著），人民日报出版社2017年12月出版；《失序与平衡：媒体融合中的版权制度》（朱鸿军著），中国社会科学出版社2018年3月出版；《从主体性到主体间性：西方近代传播思想史》（赵康著），九州出版社2018年5月出版；《中国旅游影响力研究》（刘志明著），中国社会科学出版社2018年6月出版；英文著作《中国新闻传播史》*A History of Chinese Journalism and Communication*（孙萍，第二作者），英国劳特里奇（Routeledge）出版社2018年5月出版；等等。

理论文章主要有：

《将互联网建成风清气朗精神家园》（作者：唐绪军），刊于2017年11月23日《人民日报》；《中国特色社会主义文化的时代担当》（作者：季为民），刊于2017年12月11日《光明日报》；《构建新时代中国特色新闻学正当时》（作者：季为民），刊于2018年5月28日《人民日报》；《努力担当起新时代宣传思想工作新使命》（作者：唐绪军），刊于2018年10月11日《经济日报》；等等。

核心期刊论文主要有：

《美国的新闻干预主义：起源、本质及其作用机制》（叶俊），刊于《新闻与传播研究》2017年第11期；《名词审定助力学科话语体系建设》（唐绪军、王怡红、宋小卫），刊于《新闻与传播研究》2017年第12期；《中国互联网治理的困局与逻辑重构》（张化冰），刊于《学术研究》2017年第12期；《新闻学研究的“政治”主场、退隐与回归——对“新闻论争三十年”的历史考察与反思》（向芬），刊于《清华大学学报（哲学社会科学版）》2018年第1期；《从微信看中国人的精神图谱》（孟威），刊于《人民论坛》2018年第1期；《海外社交媒体的内容过滤机制对我国互联网管理的启示》（刘瑞生、孙萍），刊于《世界社会主义研究》2018年第4期；《近年来我国电影保守主义的研究》（张建珍等），刊于《电影艺术》2018年第4期；《中国特色新闻学的历史、使命和方向——关于中国新闻学创立百年的回顾思考》（季为民），刊于《陕西师范大学学报（哲学社会科学版）》2018年第5期；《以诗意匠心创新文化综艺形态》（冷淞等），刊于《中国广播电视学刊》2018年第5期；《民间与官方的博弈：“非遗”文化中的仪式传播——基于西和乞巧节个案》（雷霞），刊于《新闻与传播研究》2018年第6期；《民族志传播研究的问题与反思》（沙垚），刊于《国际新闻界》2018年第6期；《社交媒体地理偏好的传播机制实证研究——以新浪微博2009—2014年水灾传播为例》（曾国华等），刊于《现代传播（中国传媒大学学报）》2018年第6期；《算法革命：传播空间与话语关系的重构》（孙萍、刘瑞生），刊于《社会科学战线》2018年第6期；《网络视听业的发展态势及监管思路》（殷乐），刊于《中国广播电视学刊》2018年第7期；等等。

2. 科研课题

（1）新立项课题

全年新闻所共有新立项课题11项。其

中，国家社会科学基金课题青年项目1项："新时代中国特色新闻学视阈下的乡村实践研究"（沙垚主持）；院级马工程重大项目1项："新时代中国特色新闻学理论创新与新闻事业发展研究"（季为民主持）；院级马工程项目1项："马克思主义新闻观的概念、话语与范式研究"（叶俊主持）；院级重大社会调查项目1项："中国舆情指数调查（2018）"（唐绪军主持）；院级重大信息化项目1项："互联网视听舆情智库"（唐绪军主持）；院与澳大利亚社会科学院合作研究项目1项："全球互联网治理中的网络主权：基于中澳的比较"（苗伟山主持）；院亚洲研究中心课题4项："日韩电视模式：创新路径与社会影响研究"（殷乐主持），"新媒体时代的韩国公共外交研究"（季芳芳主持），"中韩青少年媒介素养教育对比研究"（曾昕主持），"信息时代数字化亚洲的网络安全话语研究"（苗伟山主持）；所级国情调研基地项目1项："中国社会转型期农村传播生态和地方文化建设研究"（赵天晓主持）。

（2）结项课题

全年新闻所共有结项课题3项。其中，国情调研项目1项："中国社会转型期农村传播生态和地方文化建设研究"（赵天晓主持）；院级重大社会调查项目1项："中国舆情指数调查（2018）"（唐绪军主持）；全国科学技术名词审定委员会委托课题1项："新闻学与传播学名词审定"（唐绪军主持）。

（3）延续在研课题

全年新闻所共有延续在研课题11项。其中，国家社会科学基金课题特别委托项目2项："媒体社会责任报告制度研究"（宋小卫主持），"中产阶层对舆论场的影响研究"（孟威主持）；国家社会科学基金课题一般项目6项："我国社交媒体著作权保护研究"（朱鸿军主持），"移动终端谣言传播与社会认同影响及对策研究"（雷霞主持），"中国网络广告发展史（1997—2016）"（王凤翔主持），"冷战时期两岸文宣研究（1949—1991）"（向芬主持），"移动传播的现状、前景及其影响和对策研究"（黄楚新主持），"中国共产党新闻宣传观念变迁与发展路径研究"（叶俊主持）；院青年学者资助项目1项："国际电视节目本土化与跨文化传播研究"（冷凇主持）；院青年人文社会科学研究中心社会调研项目1项："中国社会科学国际化的现状、困境与发展：以新闻传播学为例"（苗伟山主持）；院级马工程项目1项："习近平关于党的新闻舆论思想研究"（唐绪军主持）。

（4）重大调研项目

新闻所承担中宣部委托中国社会科学院"改革开放四十年百县（市、区）调查"项目中的两个子项目——河南省兰考县调查（赵天晓主持）和江苏省张家港市调查（唐绪军主持）。调查报告《"兰考之问"的新时代答卷》《高质量协调发展的县域样本》入选庆祝改革开放40周年"百城百县百企"调研丛书《改革开放与中国县域发展》（社会科学文献出版社2018年12月）。

3. 获奖优秀科研成果

全年新闻所共获奖3项。其中，获"第九届优秀皮书类"一等奖1项：唐绪军主编的《中国新媒体发展报告（2018）》；获"院优秀对策信息对策研究类"三等奖1项：殷乐撰写的《国内网民"翻墙"现状分析及对策研究》；获"院优秀对策信息情况报告类"二等奖1项：唐绪军、杨斌艳撰写的《2016年网络舆情态势及舆论引导建议》。

4. 所级优秀科研成果奖评选

9月，新闻所进行了2013年至2015年所级优秀科研成果评选，评出专著、论文、工具书三大类优秀成果7项。

专著类：

一等奖：《新媒体：融合与发展》（黄楚新著），人民日报出版社 2015 年出版；

二等奖：《媒介消费诉愿管理研究》（宋小卫等著），科学出版社 2013 年 11 月出版。

论文类：

一等奖：《传媒上市公司资本结构对企业价值的影响——对中国 2005—2011 年 A 股市场面板数据的实证研究》（朱鸿军等），刊于《新闻与传播研究》2013 年第 6 期；

二等奖：《“认识世界”与“改造世界”——探讨行动传播研究的概念、方法论与研究策略》（卜卫），刊于《新闻与传播研究》2014 年第 12 期；

三等奖：《走向世界的中国国家形象塑造需要建构什么样的媒介文化》（季为民），刊于《中国社会科学院研究生院学报》2013 年第 4 期；《台湾民主转型中新闻传播的变迁与发展——一项基于对台湾新闻传播界深度访谈的研究》（向芬），刊于《厦门大学学报（哲学社会科学版）》2015 年第 3 期。

工具书类：

一等奖：《中国新闻传播学年鉴·2015》（主编唐绪军、副主编钱莲生），中国社会科学出版社 2015 年 12 月出版。

三、学术交流活动

1. *学术活动*

2018 年，新闻所主办和承办的学术会议有 14 项。

（1）1 月 12 日，复旦大学信息与传播研究中心、中国传媒大学出版社、《新闻与传播研究》编辑部和《现代传播》编辑部联合主办，广东外语外贸大学广州国际城市创新传播研究中心承办的“传播与中国”学术工作坊（第一期）“传播与城市变迁：媒介的视野”在广州召开。

（2）1 月 27 日，中国社会科学院新媒体研究中心与人民网、中共南京市委宣传部主办，人民网舆情数据中心（舆情监测室）、人民在线、人民网新媒体智库、中共南京市委网信办、中共江宁区委宣传部共同承办的“2018 互联网大数据与社会治理南京智库峰会”在南京市举行。

（3）4 月 26—27 日，新闻所、中国新闻年鉴社主办，红河学院承办的“中国新闻年鉴第 37 届全国工作会议”在云南省蒙自市召开。

（4）5 月 19 日，中国社会科学网、中国社会科学院舆情调查实验室主办，微博智库承办的“微聚正能量·新媒体正能量传播”研讨会在北京召开。

（5）6 月 15 日，新闻所与中国社会科学出版社主办，厦门大学新闻传播学院和福建媒体发展与对外传播协同创新中心承办的“《中国新闻传播学年鉴》第三届编辑出版研讨会”在厦门大学新闻传播学院举行。

（6）6 月 26 日，新闻所和社会科学文献出版社联合举办的以“智能互联·数字中国”为主题的“《中国新媒体发展报告（2018）》发布暨新媒体发展研讨会”在北京举行。

（7）8 月 18 日，中国社会科学院新媒体研究中心与中共玉门市委、玉门市人民政府联合举办的“中国县级媒体融合发展与加强基层主流舆论阵地建设论坛”在甘肃省玉门市举行。

（8）8 月 28 日，新闻所与中国科学院科学传播局、中央电视台综合频道主办，新闻所中国广播影视研究中心、世界传媒研究中心承办的“从中国制造走向中国创造——中国原创模式标准展望”研讨会在北京举行。

（9）9 月 10 日，新闻所与中国少年儿童发展服务中心、中国青少年宫协会和社会科学文献出版社共同举办的《中国未成年人互联网运用和阅读实践报告（2017—

2018)》新书发布会在北京举行。

（10）9 月 15—16 日，新闻所与中国新闻史学会主办，山东大学新闻传播学院承办的“第四届中国新闻史学会青年论坛”在山东大学举行。

（11）10 月 13 日，中国新闻文化促进会传播学分会、新闻所、重庆大学新闻学院联合主办，重庆大学新闻传播与社会发展研究院承办的“第十四届传播学大会”在重庆大学虎溪校区举行。大会的主题是“中国传播学 40 年：新时代·新使命·新担当”。

（12）11 月 24 日，新闻所主办的“继往开来：中国新闻学百年暨中国社会科学院新闻与传播研究所成立四十周年学术研讨会”在北京举行。中国社会科学院院长谢伏瞻，中国记协主席张研农，原新闻出版总署署长、清华大学新闻与传播学院院长柳斌杰，中国社会科学院副院长李培林，中国人民大学荣誉一级教授方汉奇等出席会议。

（13）11 月 28 日，中国社会科学院新媒体研究中心与人民网、中共南京市委宣传部和腾讯公司共同主办的“第二届互联网大数据与社会治理南京智库峰会”在南京召开。

（14）11 月 30 日至 12 月 1 日，新闻所与福建省文化和旅游厅、福州市人民政府、世界旅游联盟秘书处、中国报业协会秘书处共同举办的第四届“海上丝绸之路”（福州）国际旅游节——2018 中国旅游产业传播创新论坛在福州举行。

2. 国际学术交流与合作

2018 年，新闻所共派遣出访 18 批 28 人次，接待来访 2 批 16 人次。与新闻所开展学术交流的国家和地区有瑞典、美国、希腊、印度等。

（1）1 月 21—28 日，研究员卜卫应邀参加瑞典隆德大学东亚和东南亚研究中心主办的纪念中国改革开放 40 周年国际研讨会，并在会议上作“流动、性别与社会变革”的主题演讲；会后赴丹麦哥本哈根大学北欧亚洲研究所进行学术交流与访问。

（2）3 月 1—31 日，副研究员季芳芳赴隆德大学东亚和东南亚研究中心进行为期一个月的短期访学。

（3）3 月 10 日至 4 月 12 日，助理研究员苗伟山受澳大利亚迪肯大学的邀请，赴澳洲进行学术访问。

（4）5 月 21 日至 6 月 22 日，助理研究员孙萍赴美国纽约新学院参加了 2018—2020 年中印研究中心承办的研究计划奖学金项目。该项目是美国新学院中国印度研究中心资助的一个国际奖学金项目，项目为期两年。

（5）6 月 20—26 日，助理研究员沙垚赴美国参加国际媒介与传播研究学会 2018 年会。该年会由俄勒冈大学新闻与传播学院主办，会议主题为“可持续性的再想象：变化世界中的传播与媒介研究”。其发言题目为“集体性与业余性的文化生产模式：基于中国 1950 和 1960 年代草根传播实践的理论启示”。

（6）6 月 20 日至 7 月 4 日，美国密苏里圣路易斯大学讲师 Ryan Krull 来新闻所进行学术交流与访问。此次来访基于中国社会科学院与美国密苏里圣路易斯大学的学术交流协议，主要议题包括新媒体、社交媒体等方面。

（7）7 月 4—9 日，孙萍赴印度新德里参加 2018 年亚洲研究年会，年会主题为“移动亚洲：地理与系谱”。其发言题目为“组织视角下的创新重构：深圳 IT 产业与程序劳工”。

（8）7 月 31 日，外交部亚洲司参赞兼处长张社平等带领周边发展中国家新媒体代表团 15 人来新闻所，就我国新媒体产业发展及与周边国家开展合作情况进行座谈交流。所长唐绪军主持座谈会，研究员黄楚新就中国新媒体发展现状和趋势作了报告。

(9) 9 月 16—30 日，副研究员杨斌艳赴美国参加中国社会科学院 2018 年“数字文献资源数字化管理与应用”出国(境) 培训项目。

(10) 11 月 25 日至 12 月 1 日，研究员殷乐前往奥胡斯大学建设性研究所进行学术访问。此次出访内容包括：与建设性研究所新闻传播学团队会谈，参加欧洲广电联盟的建设性新闻课程，赴海宁日报社和丹麦电视台访问。

(11) 11 月 26 日至 12 月 1 日，赵天晓、张丹、季芳芳、曾国华一行赴乌兹别克斯坦开展学术交流与访问。此次出访以“‘一带一路’倡议与中国在中亚地区的国际传播”为主题，总结我国的国际传播在“讲好中国故事，促进中国与中亚民心相通”方面的经验。

(12) 11 月 30 日至 12 月 16 日，苗伟山赴澳大利亚迪肯大学进行学术访问。

(13) 12 月 9—16 日，殷乐赴亚里士多德大学新闻传播学院进行学术访问，并就建设性新闻在希腊和中国的发展状况进行探讨，同时在社交媒体领域进行交流与座谈。该出访为中国社会科学院与希腊亚里士多德大学交流协议项目。

3. 与中国香港、澳门特别行政区和中国台湾开展的学术交流

(1) 1 月 29 日至 2 月 10 日，苗伟山受香港中文大学新闻与传播学院的邀请，参加“流动的人、流动的传播：移动中的媒体与社会生活”工作坊及第十一届香港中文大学传播学访问学者计划。

(2) 4 月 10—19 日，黄楚新、王凤翔、雷霞一行受台湾铭传大学传播学院邀请，进行学术访问与调研。调研主题聚焦于台湾移动媒体发展状况及媒体融合发展策略、网络广告与营销特点及网络舆情监测等。赴台期间，访问了台湾具有代表性的媒体机构：旺旺中时媒体集团（《中国时报》《旺报》《工商时报》)、联合报系（《联合报》、联合新闻网)、风传媒、东森媒体集团（ETtoday 新闻云)、大数据股份有限公司（Big Data）等，并与相关机构负责人进行了座谈。

(3) 4 月 10—14 日，孙萍赴香港参加由香港浸会大学人文及创作系、阿姆斯特丹大学全球化研究中心和媒介研究系合作举办的“中国社会的平台化”工作坊及会前筹备会议。

(4) 4 月 11—15 日，曾国华赴香港参加由香港浸会大学人文及创作系、阿姆斯特丹大学全球化研究中心和媒介研究系合作举办的“中国社会的平台化”工作坊及后续专刊和论文集编辑会议。

(5) 7 月 18—26 日，助理研究员牛天赴台湾政治大学参加“第六届两岸青年传播学者学术交流会”。

(6) 9 月 25—30 日，孙萍赴香港参加由香港中文大学组织承办的“播种：亚洲的平台合作运动”会议。

(7) 11 月 2—6 日，唐绪军率黄楚新、殷乐、雷霞、吴秋玲、孙萍一行 6 人赴香港进行学术交流与访问。访问团参加了香港城市大学媒体与传播系成立 10 周年庆典和系列学术讲座活动，与香港浸会大学、香港中文大学举行双边座谈会，了解了香港地区新闻与传播学发展现状及香港的媒体话语和舆论研究情况。

四、学术期刊、辑刊

1.《新闻与传播研究》(月刊)

《新闻与传播研究》全年共出正刊 12 期，增刊 1 期。正刊刊登学术论文 83 篇，约 1800 千字。

《新闻与传播研究》始终以“代表我国新闻传播学研究最高水平、引领我国新闻传播学研究发展方向”为办刊宗旨。2018 年，该刊继续以习近平总书记系列重要讲话精神特别是习近平总书记在哲学社

会科学工作座谈会上的重要讲话为引领，办好新闻学、传播学、新媒体、传媒经济、新闻传播法治、广告学、媒介分析、传媒文化、国际传播、新闻传播史等栏目，不断加强选题策划，注重理论与方法的引导，把期刊内容提高到一个新水平。

在专栏建设方面，该刊根据新闻传播学学科特点，在原有的“马克思主义新闻学”栏目基础上，开辟“特设专栏：新时代·新思想·新探索”，刊发了《论习近平新时代网络强国思想》（第1期）、《马克思主义新闻观中国化的历史进程及其理论贡献》（第2期）、《继承和发展马克思的新闻传播思想》（第6期）、《新时代马克思主义新闻观的最新发展》（第7期）、《理论回响：从“党性与独立性问题”到“党性与人民性之争”》（第10期）等理论文章。这些文章时代性、思想性、学理性兼具，是对马克思主义新闻观研究的新拓展。

在内容把关方面，该刊深入分析每一篇拟用稿背后的意识形态含义，确保所刊文章政治导向正确。该刊继续坚持严格的匿名评审制度，以保证刊发论文的学术水准。同时，该刊深入批判西方错误理论思潮，刊发了《正确认识美国“网络中立”的本质》（第7期）、《近眺异邦：批判地审视西方关于“后真相”的学术话语》（第8期）等理论文章。

在选题策划方面，该刊坚持“学”“术”并重，注重对经验观察的理论解读。发表了《理解社会公平感：媒体建构与公共感知》（第1期）、《社交媒体对青年网民个人信息权意识的影响研究》（第4期）、《“视觉展演”：中国农村电影放映实践的文化阐释》（第4期）、《聚合分发平台与传统新闻出版者的著作权冲突及解决》（第5期）、《液态的连接：理解职业共同体》（第7期）、《数字弱势群体的崛起：老年人微信采纳与使用影响因素研究》（第7期）、《新闻传播学科化历程——媒介史角度》（第10期）、《大数据时代如何有效保护个人隐私?》（第11期）等文章。该刊加大史学研究成果发表力度，每期刊发1—2篇史学文章，既注重扎实的考据之作，也注重视角新颖的灵性之作。该刊发表了《颁历授时：国家权力主导下的时间信息传播》（第3期）、《宣之于众：汉语“宣”字的传播思想史研究》（第4期）、《机事不密则殆：京报、新闻纸与清政府保密统治的式微》（第5期）、《〈戊戌政变记〉与政变图像建构：从个体想象到集体记忆》（第8期）、《书写与密码：晚清皇朝“灵晕”的离散》（第9期）、《近代商业报纸何以成为“技术新知”?》（第12期）等史学佳作。

在学术成果评价方面，该刊举办了第7次优秀论文评选活动，评出10篇优秀论文，以在全国新闻与传播学界倡导“认认真真做研究、扎扎实实写论文”的良好学风，为学界树立榜样。

在学术传播方面，该刊通过“新闻与传播学术前沿”微信公众号，每月按时推出封面文章和目录篇目，摘录文章精华，推送内容提要。该刊还对期刊评出的优秀论文作者进行访谈，扩大论文的社会影响力。

该刊系国家社科基金资助期刊、中国人文社会科学期刊AMI综合评价权威期刊、中文社会科学引文索引（CSSCI）来源期刊、中文核心期刊。该刊于2018年9月被中国期刊协会授予学术类“期刊数字影响力100强”。该刊主编唐绪军，常务副主编钱莲生，学术顾问孙五三，副主编刘瑞生、朱鸿军。

2.《中国新闻年鉴》（年刊）

《中国新闻年鉴》是一部由中国社会科学院新闻与传播研究所主办的、反映我国新闻传播事业基本情况和发展变化的大型资料性年刊。2018年卷《中国新闻年鉴》是该刊自1982年创刊以来连续编辑出版的第37卷，它全面系统地记录了2017年中国新闻报刊业、广播电视业、网络传播业的工作实绩、重大事件、重大改革举措、典型经验、典型人物、优秀成果、机构设置、重大人事变动等方面的情况。

2018年卷正文内含重要文献、事业发展、学术成果、综合资料四大板块，共18编。卷首图片记录了2017年党和国家领导人对新闻界的亲切关怀以及重大报道、重要活动、事业发展、友好往来、重要会议等的精彩瞬间。

在栏目设置方面，重要文献板块包括“要文”“典章”2编。事业发展板块包括“综述”“中央主要新闻媒体、社团概况”“各地新闻事业概况”“港澳台新闻传播业概况”“新媒体”5编。学术成果板块包括“高峰论坛”“新论”“经验与思考”“新书”“调查”5编。综合资料板块包括“评奖与表彰”“人物”“机构”“统计”“纪事”“附录”6编。

“要文”选摘了党和国家领导人及新闻管理部门主要负责人2017年对新闻事业的新指示、新要求和新阐释。“典章”选摘了2017年有关部门颁布的法规、发布的部门规章和规范性文件。“综述”全面反映了2017年我国在新闻舆论工作、新闻报刊管理、广播电视业、网络媒体与网络传播等方面取得的新成就，特别刊发了中宣部新闻局提供的《中国新闻舆论工作2017年综述》。“中央主要新闻媒体、社团概况”“各地新闻事业概况”“港澳台新闻传播业概况”着重记载了中央主要新闻媒体（社团）、全国各省（自治区、直辖市）、港澳台地区2017年新闻传播事业的基本情况。“新媒体”记录了部分新媒体机构的概况、经验以及新媒体界年度大事。“高峰论坛”摘选了新闻界部分负责人关于舆论导向、融合发展、经营管理、队伍建设等方面的专门论述。“新论”摘登了2017年中国新闻学界的重要研究成果，包括论文摘编和论点摘编。“经验与思考”记录了各媒体在重大报道、栏目创新、直面新媒体、经营管理和队伍建设等方面值得借鉴的做法与思考。

全书约2200千字，2018年12月出版。该刊编委会常务副主任唐绪军，社长赵天晓，主编钱莲生。

3.《治学例话：全国新闻传播学优秀论文品鉴（第五辑）》

该书是第五届（2016年度）全国新闻传播学优秀论文遴选成果的结集。全书收录了《概念、语境与话语：“小骂大帮忙”使用之流变》（作者：郭恩强）、《从业态转向社会形态：媒介融合再理解》（作者：黄旦、李暄）、《沉默与边缘发声：当前中国劳动关系治理中的媒体境况》（作者：吴麟）、《公共对话外的言论与表达：从新〈广告法〉切入》（作者：左亦鲁）、《从标语管窥中国社会抗争的话语体系与话语逻辑：基于环保和征地事件的综合分析》（作者：周裕琼）、《培育劳工立场的在线“抗争性公共领域”——对一个关注劳工议题之新媒体的个案研究》（作者：李艳红）、《电视的物质性与流动的政治——来自两个城中村的媒介地理学观察》（作者：袁艳）、《“液态”的新闻业：新传播形态与新闻专业主义再思考——以澎湃新闻“东方之星”长江沉船事故报道为个案》（作者：陆晔、周睿鸣）、《第三种论坛：体制性网络空间的公共性透视——以苏州“寒山闻钟论坛”为个案》（作者：马中红）、《网络时代言论自由的刑法边界》（作者：刘艳红）10篇优秀论文。这些论文是从当年发表的上万篇新闻传播学论文中筛选出来的，反映了2016年度中国新闻传播学研究的真实水平。所选论文或在思想上有所建树，或在方法上有所突破，或对老问题给出了新解释，或对新现象提出了新观点……编撰时，除收录论文原作外，还收纳了作者小传、组委会撰写的优秀论文遴选意见和作者写作回眸等内容，旨在为新闻传播学科治学立论提供示范。

全书约 330 千字，2018 年 10 月由中国社会科学出版社出版。该书主编唐绪军，副主编钱莲生。

五、创新工程及新型智库建设工作

1. 创新工程项目

2016 年，经过所学术委员会论证，新闻所将“公共传播时代的新闻实践研究与传播理论创新”作为“十三五”时期我所创新工程的总题目，首席管理：赵天晓、唐绪军。

2018 年，根据中国社会科学院关于创新项目分为大型学科奠基性项目（A 类）和一般项目（B 类）的规定，新闻所立项了新的创新项目，并对原有创新工程项目进行了调整，包括，A 类创新项目 1 项：基于新媒体发展的综合性研究（首席研究员：黄楚新、刘志明、孟威）；B 类创新项目 2 项：新时代马克思主义新闻学创新与发展研究（首席研究员：季为民），互联网治理与建设性新闻学研究（首席研究员：殷乐）；C 类期刊创新项目 1 项：我国新闻传播学一流期刊建设（总编辑：钱莲生）。

2. 新型智库建设工作

2017 年 3 月 30 日，“中国社会科学院国家治理研究智库舆情研究部”挂牌成立。该研究部以新闻所既有的中国舆情调查实验室为依托，以围绕大局、服务中央和社会发展的大政方针为导向，强化对全局性、前瞻性、战略性、综合性问题的研究，提出有建设性的对策建议和研究成果，努力探索和积累专业化新型智库建设的可复制性经验。实验室的目的在于打造舆情大数据的调查与监测机构，在为中央有关部门提供决策建议的同时，为院有关院所和智库提供全方位数据服务。实验室主任由赵天晓担任，刘志明担任首席专家。

2018 年 1 月 7 日，由中国社会科学院社会政法学部、中国社会科学院国家治理研究智库主办，中国社会科学院社会发展战略研究院承办的“新时代国家治理高端论坛”在北京举行。唐绪军出席并发言，题目是“2017 年网络思潮与网民的认知”。

9 月 28 日，改革开放四十年与国家治理现代化高端论坛暨国家治理研究智库 2018 年年会在北京举办，唐绪军作题为“建设性新闻：社会治理的媒体担当”的主题发言，刘志明作题为“中国民意调查四十年”的主题发言。

截至 2018 年年底，“中国舆情与调查联盟”共发展联盟成员近 30 家。该联盟成立于 2013 年 11 月，通过拓展与同行业的合作，形成关系紧密的伙伴团队，优势互补，协同承担研究项目。依托联盟建立的“专业委员会”可以借助多方专家的智力资源，共谋共建，为智库和实验室建设助力。与腾讯、字节跳动、百度等互联网公司均有深度项目合作。积极配合“国家治理研究智库”的各项工作，参加智库举办的各种会议和活动，加强与兄弟单位的合作。

全年，新闻所智库完成调查类项目计有：“中国舆情指数调查”4 期，累计有效样本 8000 个，数据分析报告 4 份；“网民意识形态认知调查”2 期，累计 2000 个有效样本，数据分析报告 2 份；“中国未成年人互联网运用及阅读实践状况报告”，获得 6156 个有效样本。

供稿：中国社会科学院新闻与传播研究所

上海社会科学院新闻研究所2018年概况

一、基本情况

1. 人员

截至2018年年底，新闻研究所在职人员共21人。其中正高级职称4人，副高级职称5人，中级职称9人，行政科辅3人，现任所长徐清泉。

2. 机构

新闻研究所现设有所长室、副所长室、所办公室及四个研究中心，分别为全球互联网治理研究中心、新闻与传播研究中心、新媒体研究中心、舆情研究中心。副所长张雪魁、戴丽娜，办公室主任陈骅，全球互联网治理研究中心主任戴丽娜副研究员，新媒体研究中心主任王蔚副研究员，新闻与传播研究中心主任吕鹏副研究员，舆情研究中心主任张雪魁研究员。

3. 学术委员会、职称评审委员会组成情况

新闻研究所学术委员会成员共7人，徐清泉研究员任学术委员会主席，学术委员会委员分别为强荧研究员、张雪魁研究员、戴丽娜副研究员、吕鹏副研究员、王蔚副研究员和白红义副研究员。

新闻研究所聘任委员会成员共7人，徐清泉研究员任委员会主席，聘任委员会委员分别为张雪魁研究员、戴丽娜副研究员、吕鹏副研究员、王蔚副研究员、办公室主任陈骅、工会主席童希。

二、科研工作

1. 科研成果

新闻研究所2018年出版与发表的科研成果包括：甲类论文9篇，乙类论文10篇；撰写著作5部，译著1部；撰写其他文章21篇；完成调研报告12份；在研国家课题6项，上海市课题4项。其中，2篇甲类论文、1篇乙类论文被人大复印报刊资料全文转载。主持国家社科基金委托重大项目子课题1项；主持教育部人文社科重点基地重大课题子课题1项。

2. 科研课题

新闻研究所2018年中标立项、委托立项及研究结项的国家社会科学基金课题、国家高端智库课题、上海市哲学社会科学规划课题、市委办局课题、院重大课题、院重点课题、所重点课题及各类横向课题列表如下：

（1）2018年立项课题

序号	课题类型	项目名称	负责人
1	国家社会科学基金重大项目	网络舆情案例库建设与研究	张雪魁
2	国家社会科学基金课题（子课题）	网络舆情传播变量体系研究	丁方舟
3	国家社会科学基金课题（子课题）	网络舆情案例传播模型研究	郑博斐
4	国家社会科学基金课题（子课题）	网络舆情案例与网络舆论机制研究	同　心
5	国家社会科学基金课题（子课题）	网络舆情案例与传播理论创新研究	孟　晖

续表

序号	课题类型	项目名称	负责人
6	国家高端智库院级招标课题	媒体融合背景下的中国商业新闻媒体发展现状与问题研究	王 蔚 白红义
7	国家高端智库委托课题	对首长五年间接见社会团体的研判及建议	徐清泉 方师师
8	国家高端智库委托课题	对首长五年间回信贺信的研判及建议	徐清泉 王 蔚
9	上海市哲学社会科学规划系列课题	互联网全球治理与中国方案供给研究	戴丽娜
10	市委办局招标(定向)课题	加强基层主流媒体建设研究	王 蔚
11	院级招标课题	新传播技术与上海地铁空间实践研究——媒介融合的视角	张昱辰
12	院级招标课题	人类命运共同体视阈下基于平台的信息传播秩序构建研究	方师师
13	横向课题	上海科普大讲坛观众调研数据分析	方师师
14	横向课题	深场实验室智库平台	方师师
15	横向课题	大数据时代智能物流网络建设研究	丁方舟
16	横向课题	质监新闻宣传绩效评估研究	强 荧 邦博斐
17	横向课题	迈向新型主流媒体集团:媒体融合背景下的上海广播电视台深化改革问题研究	王 蔚 童 希 王 月

(2)2018 年结项课题

序号	课题类型	项目名称	负责人
1	国家社会科学基金一般项目	城市社区公共文化服务供给运营机制创新研究	徐清泉
2	上海市哲学社科规划系列课题	上海大都市圈区域文化共融共通问题研究	徐清泉
3	上海市哲学社科规划青年项目	邹韬奋传论	孟 晖
4	院级招标课题	移动互联网环境下移动出版的瓶颈与对策研究	孟 晖
5	横向课题	新媒体环境下科普公共资源发展现状与共享模式研究	王 蔚
6	横向课题	上海实践中国特色社会主义道路经验总结研究	强 荧

续表

序号	课题类型	项目名称	负责人
7	横向课题	质监新闻宣传绩效评估研究	强　荧 郑博斐
8	横向课题	衡山集团品牌文化建设——品牌故事系列	强　荧 戴丽娜 同　心
9	横向课题	大数据时代智能物流网络建设研究	丁方舟
10	横向课题	深入推进网络空间国际治理专题研究	戴丽娜
11	横向课题	一带一路网络空间国际交流合作研究	戴丽娜
12	横向课题	食品安全新闻研究	强　荧 郑博斐
13	横向课题	上海质监舆情分析与研判(2017)	强　荧 郑博斐

3. 获奖优秀科研成果

强荧研究员撰写的新闻论文《网络传播浪潮中主流媒体的坚守与创新》荣获第二十七届上海新闻奖新闻论文类二等奖、第十二届上海新闻论文奖一等奖。白红义副研究员撰写的论文《以媒抗争：2009年南京老城南保护运动研究》入选第六届全国新闻传播学优秀论文，白红义副研究员还获得2018年浦江人才项目资助。方师师助理研究员获中国新闻史学会媒介法规与伦理研究委员会首届媒介法规与伦理优秀学术成果奖等。

三、学术交流活动

1. 学术活动

序号	时间	地点	主办单位	会议主题	活动内容
1	2018.4	上海社会科学院国际社科创新基地	上海社会科学院	网络舆情大数据案例库建设与研究	网络舆情大数据案例库建设与研究学术研讨会
2	2018.6	上海社会科学院国际社科创新基地	上海社会科学院新闻研究所	智媒时代的传播新格局	第六届尚社新闻论坛
3	2018.6	武汉大学	上海社会科学院新闻研究所、武汉大学新闻与传播学院	2018“媒介、历史与记忆”	白红义研究员应邀作学术讲座
4	2018.6	新闻研究所724会议室	上海社会科学院新闻研究所	媒介人类学的民族志研究实践与思考	云南大学孙信茹教授应邀至新闻研究所举行学术讲座

续表

序号	时间	地点	主办单位	会议主题	活动内容
5	2018.9	上海社会科学院国际社科创新基地	上海社会科学院新闻研究所、"公共文化服务与文化治理"创新工程团队	上海打造演艺之都瓶颈对策专题研讨	邀请上海演艺界的导演、制作人、剧场管理者及文艺主管领导座谈交流
6	2018.11	新闻研究所 724 会议室	上海社会科学院新闻研究所	跨境社交媒体的地缘政治	美国佐治亚理工学院 Hans Klein 副教授应邀至新闻研究所举行学术讲座
7	2018.12	新闻研究所 724 会议室	上海社会科学院新闻研究所	学术国际化与国际期刊发表	香港城市大学沈菲副教授应邀至新闻研究所举行学术讲座

2. 国际学术交流与合作

吕鹏副研究员获得国家留学基金委员会访问学者项目资助，赴英国访问一年；强荧研究员、白红义副研究员等赴新加坡人家日报社访问交流；部分科研骨干受邀前往澳大利亚墨尔本大学、挪威商学院、克罗地亚萨格勒布大学等访问交流。

供稿：上海社会科学院新闻研究所

四川省社会科学院新闻传播研究所 2018 年概况

一、2018 年新闻传播研究所主要工作

2018 年，新闻传播研究所按照院党委会工作部署和要求，积极组织全所科研人员开展科研工作，不断加强学科建设，提升科研竞争力。今年全所在获得课题、省政府奖、论文等几方面表现突出，取得以下成绩：

1. 新立项课题 6 项

2018 年度四川省哲学社会科学规划课题立项 1 项："基层治理视域下四川藏区政务新媒体传播机制与效果研究"（SC18B086，蹇莉主持）；2018 年四川省科学技术协会科普专项资金项目 1 项："四川省'互联网 +'科技服务业融合发展对策研究"（2018kxkjzkC07，罗子欣主持）；四川省社会科学院院课题立项 1 项："19 世纪传教士中文报刊对中国文化与时政的解读及其传播"（18YB09，王卉主持）；成都市横向课题 2 项："成都国际形象定位及传播策略"（黄琳主持），"基于成都国际竞争力的城市形象战略传播分析"（黄琳主持）；成都市郫都区课题 1 项："创新基层社区综合治理'郫都样本'实现共建、共治、共享——以'融乐阳光家园示范点'为例"（杨嘉嵋主持）。

2. 在研课题6项

在研国家社会科学基金课题“社交媒体环境下的政治传播研究”（彭剑主持）；在研国家社会科学基金课题“美国报业数字化转型研究”（余婷主持）；在研国家社科基金课题“新媒体环境下的科普传播”（罗子欣主持）；在研国家社科基金课题“体育传播对转变中小学生体育认知和锻炼行为的实证研究”（李晖主持）；在研国家社科基金课题“藏疆公民政治认同视角下现代民族政治传播体系建构：基于中美涉藏涉疆报道的比较研究”（杨嘉嵋主持）；在研国家社会科学基金课题“城市骚乱中英美社会化媒体传播模式及管理研究”（陈实主持）。

3. 结项课题3项

四川省社会科学院课题1项：“新媒体时代铸造中华民族共同体意识研究”（彭剑主持）；中共成都市委宣传部委托课题1项：“新媒体时代重大突发公共事件新闻发布与舆论引导”（刘文帅参与）；四川省农委、四川中烟委托课题1项：“宽窄九章——写给大众的宽窄哲学”（刘文帅主持）。

4. 获奖5项

2017年12月，罗子欣著《科学家带你去探险丛书》获国家科技进步奖二等奖，排名第九位。

2018年7月，陈实参与写作的论文《双主体传播格局的构建：社交媒体环境下的反腐传播研究》获中国社会科学院第十一届廉政研究论坛优秀论文奖。

2018年5月，彭剑参与写作的论文《对党政一把手进行舆论监督的作用与途径》获四川省纪检监察学会2017年优秀调研成果一等奖。

2017年12月，罗子欣获四川省青年科技奖（个人独立获奖）。

2018年6月，李晖撰写的论文《习近平体育思想形成的四个维度》获第二届全国社科青年论坛三等奖。

5. 专著4部

杨嘉嵋2部：《中华文化“走出去”战略创新研究：基于“一带一路”背景》，四川大学出版社2018年8月出版；《我国短视频新闻的发展与传播研究》，四川大学出版社2018年7月出版。

蹇莉1部：《新媒体环境下的廉政文化传播》，四川大学出版社2018年8月出版。

陈玉霞1部：《协商与对话：信息化时代中国社会治理变革的新路向》，社会科学文献出版社2018年11月出版。

6. 对策建议获省领导批示9篇

刘文帅撰写的《关于进一步优化我省营商环境的六点建议》（第三作者，2018年10月9日），获省委书记彭清华肯定性批示。

罗子欣撰写的《关于横店影视城建设发展对成都影视谷建设的启示》（2017年12月21日），获省长尹力、副省长杨兴平批示。

朱勇钢撰写的《建议加快藏医药产业发展推进我省藏族深度贫困地区脱贫奔康》获省领导批示。

杨嘉嵋撰写的《四川藏区农村电商扶贫调研报告》等6篇对策建议，获省委领导肯定性批示。

7. 大报大刊论文1篇

李晖论文《习近平总书记关于体育工作重要论述的4个维度》，发表于《体育科学》2018年第8期。

8. 全所发表论文58篇

其中一类期刊1篇，CSSCI期刊9篇，核心期刊9篇，公开39篇。具体为：李晖10篇，一类期刊1篇，CSSCI期刊1篇；张立伟论文6篇，CSSCI期刊1篇，其中核心期刊5篇；陈玉霞6篇，其中CSSCI期刊1篇；陈实6篇，其中CSSCI期刊1篇；蹇莉6篇，其中CSSCI期刊3篇，核心期刊1篇；余婷3篇，CSSCI期刊1篇，核心期刊1篇；王卉4篇，其中核心期刊

1篇；刘文帅5篇；彭剑4篇；何煜雪4篇；杨嘉嵋3篇；黄琳1篇，其中CSSCI期刊1篇。

9. 该所举办的学术研讨会

2018年10月13日，由四川省社会科学院新闻传播研究所承办的“智能时代的公共传播”学术研讨会在四川省社会科学院学术报告厅召开。在上午的会议中，来自境内外高校和科研机构的7位专家学者围绕“智能时代的公共传播”作了主题发言。下午的研讨会设置了“智能时代公共传播理论前沿”和“智能时代公共传播创新实践”两个分会场，各位专家学者围绕上述议题开展了更深入的学术交流。

二、廉政建设

全所廉政建设进一步推进，一是认真抓好思想教育工作，组织科研人员学习有关廉政建设文件精神。二是认真抓好制度建设，实行所包干经费和学科建设经费支出对全所同志公开，并公示一周。所内同志的各种报账，严格执行财务制度。三是认真抓好各项工作的执行落实，做到廉政建设与所日常工作相结合。

三、今后努力方向及明年工作

1. 加强对中国发展新闻学建设的规划，努力寻找新的学科增长点。

2. 推进学习型院所的建设，提升青年科研人员的科研积极性。一是利用每周二会议进行学术讨论；二是请业界或学界专家前来作专题讲座；三是文章交流和探讨。

3. 鼓励青年学者到基层，到社会中去，加强实践调研。实施“走出去”战略，扩大青年学者对外交流，同时要求年轻同志明确科研主攻方向。

供稿：四川省社会科学院新闻传播研究所

天津社会科学院舆情研究所2018年概况

一、机构概况

该研究所积极服务于中宣部舆情信息局、中共天津市委宣传部、天津市文明办等有关部门，以社情民意调查和数据分析为载体，充分发挥为中央及地方党政工作服务的智库作用，2018年被综合采用的报告获得了中央领导批示6次，天津市主要领导批示9次。该所被中宣部评为2018年度舆情信息工作“优秀单位”，被中共天津市委宣传部评为2018年度舆情信息工作“优秀单位”。

截至2018年年底，该所共有专职科研人员15名，研究员4人，副研究员9人，助理研究员2人，已经形成了稳定、团结的研究梯队。其中：博士11人、硕士4人；学科背景主要为社会学、政治学、经济学等。

二、科研工作

（一）科研成果

2018年共完成科研成果30项，主要代表作品如下：

毕宏音：《人工智能发展的社会影响新

态势及其应对》，《新华文摘》2018 年第 6 期（原载《重庆社会科学》2017 年第 12 期）。

毕宏音：《网红直播乱象的社会学分析》，《中国社会科学报》2018 年 7 月 4 日。

王来华：《做好舆情研究和舆情信息工作，推动协商民主发展》，《天津日报》2018 年 11 月 26 日。

吴阿娟、董向慧：《传统媒体舆论监督的“供给侧”调试》，《传媒》2018 年第 24 期。

吴阿娟、董向慧：《“人工智能 + 媒体”蕴含的风险及对策》，《新闻战线》2018 年第 13 期。

田华：《政府治理视域下互联网政治参与：基于省级门户网站的评估》，《电子政务》2018 年第 10 期。

于家琦：《“舆情”话语传播及走向》，《新闻与传播研究》2018 年第 12 期。

（二）科研课题

2018 年新立项及在研的课题主要有 11 项，其中天津市文明办委托咨询课题 3 项，具体如下：

2018 年度天津市哲学社会科学规划项目：“天津市公共政策供给侧改革与民众获得感提升研究”（主持人：李莹）；

2018 年度天津社会科学院重点研究课题 1 项：“社会主要矛盾转化下的舆情研究”（主持人：董向慧）；

2015 年度天津社会科学院重点研究课题 1 项：“协商民主的具体实现路径研究”（主持人：郭鹏）；

2015 年度天津市哲学社会科学规划资助一般项目 1 项：“基层协商民主中舆情表达与政府回应机制研究”（主持人：郭鹏）；

2014 年度国家社科规划特别委托项目 1 项：“舆情表达机制建设与协商民主体系构建”（主持人：王来华）；

2014 年度国家社科规划青年课题 1 项：“舆情视角下中国政策议程设置模式及完善路径”（主持人：于家琦）；

2014 年度天津社会科学院重点研究课题 1 项：“21 世纪的舆情理论研究与实践”（主持人：毕宏音）；

2013 年度天津市哲学社会科学规划资助一般项目 1 项：“网络社会舆情视角下公共政策形成的过程和机制研究”（主持人：于家琦）；

2018 年度天津市文明办委托咨询课题 1 项：“2018 年天津市文明城区专项测评”（主持人：叶国平）；

2018 年度天津市文明办委托咨询课题 1 项：“2018 年天津市文明单位专项测评”（主持人：叶国平）；

2018 年度天津市文明办委托咨询课题 1 项：“2018 年天津市文明社区专项测评”（主持人：叶国平）。

三、2018 年主要学术交流活动

2018 年，天津社会科学院舆情研究所积极参加学术交流活动，主要围绕舆情传播、舆情表达等主题，具体如下：

2017 年 11 月—2018 年 3 月，于家琦赴美国印第安纳大学全球和国际研究学院、公共和环境事务学院访学。

4 月，王来华参加南开大学马克思主义社会学研究中心主办的“马克思主义与新时代中国社会学话语体系建构”学术研讨会。

6 月，于家琦赴中央党史和文献研究院参加“中国特色社会主义论坛（2018）暨中国话语体系建设学术研讨会”。

6 月，毕宏音、吴阿娟赴厦门大学参加《中国新闻传播学年鉴》第三届编辑出版研讨会。

11 月，吴阿娟赴成都安仁参加“第十三届中国传媒年会”。

11 月，王来华、于家琦赴中国社会科学院参加“中国新闻学百年暨中国社会科学院新闻与传播研究所成立四十周年学术研讨会”。

12 月，田华受邀参加中国社会科学院

大学（研究生院）公共政策与管理学院主办的“中国社会科学院大学（研究生院）公共政策研究中心成立暨中国公共政策发展趋势研讨会”，并被聘为中国社会科学院大学（研究生院）公共政策研究中心特约研究员。

供稿：天津社会科学院舆情研究所

河北省社会科学院新闻与传播学研究所2018年概况

一、机构概况

截至2018年年底，河北省社会科学院新闻与传播学研究所共有在职科研人员8人，其中研究员1人，副研究员4人，助理研究员3人。科研人员学科背景主要为新闻传播学、编辑学、历史学、哲学、政治学等。该所内设新闻理论、新闻业务、广播电视与网络新闻3个研究室。现任所长田苏苏，副所长张芸。

二、科研工作

2018年，新闻与传播学研究所积极投入河北省社会科学院新型智库建设，聚焦新闻传播学理论及河北省新闻事业改革发展重大现实问题，在媒介融合、广播电视、农村自媒体、网络舆情、华北红色新闻史等领域取得了较为丰硕的研究成果。

1. 科研成果

2018年该所共完成科研成果22项。主要代表成果如下：

（1）论文

《网络时代农村地区政策信息传播调查》（作者：韩春秒），《青年记者》2018年第9期；

《新媒体环境下做大做强社科类学术期刊》（作者：孙荣欣），《中国新闻出版广电报》2018年2月6日；

《地方少数民族史研究的一部力作——〈河北朝鲜族史〉评介》（作者：田苏苏），《河北学刊》2018年第5期。

（2）研究报告

《制约我省主流新媒体做大做强的主要障碍及破解路径研究》（作者：张芸、孙荣欣、韩春秒），获中共河北省委常委、宣传部部长肯定批示；

《2017年河北省新闻发布工作评估报告》（作者：梁跃民、张芸、包来军），获中共河北省委常委、宣传部部长和副省长肯定批示；

《推进我省媒体深度融合平台建设需把握三个关键问题》（作者：张芸），获中共河北省委常委、宣传部部长肯定批示；

《省级党报媒体退出情况调查及对我省的启示》（作者：孙荣欣、张芸），获中共河北省委常委、宣传部部长肯定批示；

《我省网络发声主体的特征分析及引导建议》（作者：韩春秒），获中共河北省委常委、宣传部部长田向利肯定批示。

（3）舆情分析报告

《农村垃圾收集和处理设施缺口大的现状、原因及对策建议》（作者：韩春秒），中办《每日汇报》综合采用；

《习近平在庆祝改革开放40周年大会上的讲话在海内外引发热烈反响》（作者：田苏苏），中宣部《舆情专报》综合采用。

2. 科研课题

（1）2018 年立项课题

2018 年度河北省社科基金项目“河北文化的融媒体开发与传播策略研究”（主持：张芸）；

2018 年度河北省社科基金项目“乡村原创视频传播研究”（主持：韩春秒）；

2018 年河北省社会科学院重点课题“融媒体背景下我省新闻媒体内容产品的多元生产路径研究”（主持：张芸）；

2018 年度河北省社会科学院重点课题“自媒体时代我省乡村文化传播面临困境及解困路径研究”（主持：韩春秒）；

2018 年度河北省社会科学院国家社科基金预研项目“乡村振兴视阈下新农民原创视频传播研究”（主持：韩春秒）。

（2）2018 年完成及结项课题

2018 年河北省社会科学院重大委托课题“制约我省主流新媒体做大做强的主要障碍及破解路径研究”（主持：张芸）；

2017 年河北省社会发展项目“我省农村地区资讯传播困境调查及解困路径研究”（主持：韩春秒）。

三、学术交流

1. 2018 年 4 月，包来军参加中国社会科学院主办的“中华民族多元一体格局的形成与发展”国际学术研讨会，提交论文《“一带一路”建设中的新疆纪录片中的中华民族一体观念传播研究》。

2. 4 月，田苏苏参加河北省社会科学院、中共石家庄市委宣传部等主办的“西柏坡精神内涵理论研讨会”并作大会发言，题目为“谈西柏坡精神的内涵”。

3. 5 月，包来军参加中国社会科学院等主办的“第十三届中国社会学博士后论坛暨第五届社会学青年论坛”，提交论文《习近平创新发展理念下运用影视纪录片进行社会治理体系现代化建设研究》。

4. 6 月，韩春秒参加中国社会科学院科研局与四川省社会科学院等主办的“第二届全国社科青年论坛”并作大会发言，题目为“众声喧哗时代中等收入群体网络发声特征调查”。

5. 10 月，张芸、韩春秒参加中国新闻文化促进会传播学分会、中国社会科学院新闻与传播研究所和重庆大学新闻学院主办的“第十四届中国传播学大会”，分别提交论文《省级媒体融合转型的创新实践及发展路径探析》《聚焦乡村文化传播新景观：“新农人”原创视频》。

6. 10 月，韩春秒参加“中国新闻史学会 2018 学术年会”，提交论文《“新农人”乡村原创视频传播研究》。

7. 11 月，田苏苏、张芸参加中国社会科学院新闻与传播研究所主办的“继往开来：中国新闻学百年暨中国社会科学院新闻与传播研究所成立四十周年学术研讨会”并发言，题目分别为“延安时期中国共产党新闻工作的经验”“省级媒体深度融合的现实问题与理论思考——基于河北省的调研”。

供稿：河北省社会科学院新闻与传播学研究所

安徽省社会科学院新闻与传播研究所2018年概况

一、机构概况

截至2018年年底，该所共有科研人员7人（含返聘），其中：研究员2人，副研究员1人，助理研究员3人。该所具有博士学位的科研人员有3人，学科背景主要有新闻传播学、社会学、历史学等，现任所长是方金友研究员。该所内设两个研究室：新闻与媒介研究室（主任：王慧副研究员）、传播与社会研究室（主任：胡凤助理研究员）。该所挂靠机构有2个：安徽省中国特色社会主义理论研究会、安徽省旅游发展研究中心。

二、科研工作

2018年，该所深入贯彻落实党的十九大精神，以习近平新时代中国特色社会主义思想为指导，凸显网络舆情研究方向，以课题项目为平台，以科研队伍建设为支撑，努力把新闻与传播研究所建成全省领先、全国知名的学术研究机构。

1. 课题研究

该所新立项课题有4项：

国家社科基金一般项目“自媒体时代环境传播中的舆情研究”（主持人：常松）。

安徽省社科规划项目申报的课题“乡村治理视域下安徽‘微政务’传播研究”（主持人：王慧）。

安徽省社会科学创新发展重大研究课题“全面建设社会主义现代化国家研究”（主持人：方金友）。

安徽省社科院青年课题“新闻事件流行语的生成机制研究”（主持人：刘莲莲）。

在研课题有3项：

2016年度国家社科基金项目“微传播的舆情分析与治理路径研究”（主持人：方金友）。

2017年度国家社科基金青年项目“新闻事件流行语的意识形态镜像研究”（主持人：刘莲莲）。

2017年度安徽省软科学研究项目“科技支撑安徽农村养老模式研究”（主持人：方金友）。

结项课题有1项：

2014年度国家社科基金项目“微博舆情与公众情绪互动研究”（主持人：常松）申报结项，获优秀等次。

2. 科研成果

2018年，该所出版著作2部：《微博舆论与公众情绪互动》（常松等著），社会科学文献出版社2018年10月出版；《社会治理视阈下青少年成长研究》（方金友等著），合肥工业大学出版社2018年8月出版。

2018年，该所发表论文13篇：《推进网络管理创新 激发网上舆论正能量》（作者：方金友），载《从文化大省迈向文化强省》，安徽人民出版社2018年9月出版；《微传播研究2017年综述》（作者：方金友），载《中国新闻传播学年鉴2018》，中国社会科学出版社2019年7月出版；《蒙城县农村沼气建设成效及发展对策》（作者：方金友），《咨政》2018年第15期；《媒体融合条件下合肥传统媒体创新发展策略》（作者：王慧），《合肥学院学报》2018年第3期；《提升安徽政务新媒体传播效果的对策建议》（作者：王慧），《咨政》2018年第5期；《互联网的媒介图景及其变迁逻辑》（作者：刘莲莲），《江淮论坛》2018年第1期；《历史性介入、制度化约束与多面向拓展——中国新闻业务研究百年回顾与思考》（作者：刘莲莲），《新闻与传播评论》2018 年第 1 期；《新媒体视阈下安徽红色文化的普及与传承》（作者：胡凤），《小康生活文明风》2018 年 11 月；《新闻团体与早期中国新闻教育的理论与实践》（作者：胡凤），《传媒观察》2018 年 12 月；《安徽红色文化的新媒体传播与普及路径》（作者：胡凤），《咨政》2018 年 10 月 26 日；《中国新闻学会与抗战后期的中国新闻教育》（作者：胡凤），《青年记者》第 34 期；《党的十八大以来网络信息治理立法历程解析及新思路探究》（作者：王飞），《新闻传播》2018 年第 8 期；《论习近平互联网新闻舆论党性人民性统一》（作者：王飞），《新闻研究导刊》2018 年第 20 期。

三、学术交流

该所继续鼓励科研人员积极参加学术交流活动和开展学术调研活动，扩大研究视野，掌握新闻传播学科最前沿的研究动态，加强科研队伍的培养。

2018 年 6 月 15 日，方金友参加中国社会科学院新闻与传播研究所在厦门大学召开的《中国新闻传播学年鉴》第三届编辑出版研讨会。

8 月 13 日，方金友参加在南京市召开的中国社会学会年会，方金友主持由安徽省社会学会主办的“社会治理视阈下的中国新农村社会建设”分论坛。

8 月 21—22 日，常松、胡凤参加安徽大学报刊与历史研究所主办的第二届文献传播与历史研究暨“不列颠图书馆藏中国近代珍稀文献辑录、校勘并考释”研讨会。

9 月 10 日，方金友、刘莲莲赴银川市参加第六届西部网络传播论坛会议。

8 月 23 日，方金友、常松参加在烟台市召开的第二十届全国蓝皮书会议。

9 月 15—16 日，胡凤参加中国新闻史学会、山东大学新闻与传播学院的“以碎立通：中国新闻史人物研究——第四届中国新闻史青年论坛”。

10 月 13 日，胡凤参加中国新闻史学会、北京大学新闻传播学院的“北大新闻教育百年中国新闻教育：传承与发展暨北京大学新闻学研究会成立 100 周年学术研讨会”。

10 月 26 日，胡凤参加中国新闻史学会、浙江大学主办的“中国新闻史学会 2018 年学术年会”。

12 月 8 日，方金友、胡凤参加安徽省陈独秀研究会、亳州学院的安徽省陈独秀研究会 2018 年年会暨“新文化运动与马克思主义传播”学术研讨会。

供稿：安徽省社会科学院新闻与传播研究所

北京市社会科学院传媒研究所2018年概况

一、机构概述

（1）人员：

传媒研究所共有正式编制人员14人，其中包括1名所长和1名副所长。截至2018年年底，在职人员4人，包括所长助理1名、研究员1名、副研究员1名（2015年晋升）、助理研究员1名；兼职或特聘研究人员9人。

（2）科研中心

新媒体与互联网研究中心、文化创意产业研究中心。

（3）学术委员会

学术委员会成员包括唐立军、唐绪军、刘康、金迈克（澳大利亚）、喻国明、陈少峰、范周、辛向阳、张京成、郭万超。

二、科研工作

（一）科研成果

1. 著作

《文化创意产业前沿——文化创意产业与新媒体论丛第3辑》，郭万超主编，经济日报出版社，2018年6月。

《乔纳森·多里莫尔文化批评理论研究》，王丽著，经济日报出版社，2018年5月。

《文化创意产业融合发展研究——以北京文创产业为例》，赵玉宏著，经济日报出版社，2018年1月。

《北京市新闻媒体履行社会责任报告》，郭万超编委，北京日报出版社，2018年5月。

2. 论文

郭万超：《当前数字媒体发展新趋势》，《新闻与传播研究》2018年增刊。

郭万超：《深刻认识中国改革开放的理论意蕴》，《经济日报》2018年12月27日。

郭万超：《阳明心学对当代人心性修炼的现实功效》，《人民论坛·学术前沿》2018年第16期。

郭万超、孟晓雪：《首都文化的定位、内涵和内逻辑》，《前线》2018年第2期。

郭万超：《构建现代化经济体系的理论意义和实践价值》，《中国国情国力》2018年第6期。

郭万超：《自觉承担起兴文化的使命任务》，《文化产业导刊》，中国人民大学书报资料中心，2018年第5期。

郭万超：《缺乏文化产业人，怎么办?》，《创新世界周刊》2018年第10期。

郭万超、王丽：《北京加强“一带一路”对外文化传播路径研究》，《科技智囊》2018年第4期。

李怀亮、赵玉宏：《四十年来我国对外文化交流的成就》，《人民论坛》2018年第35期。

赵玉宏：《2022年冬奥会传播内容及方式研究》，《青年记者》2018年第32期。

赵玉宏：《加快北京影视产业发展的政策研究》，《北京文化创意》2018年第2期。

王丽：《加强“一带一路”对外文化传播的路径分析》，《青年记者》2018年第29期。

王丽：《创新“一带一路”图书出版

对外传播模式》，《出版广角》2018 年第 7 期。

（二）科研课题

1. 国家课题

国家社科一般项目："西南边疆民族地区习近平新时代中国特色社会主义思想的微传播研究"，郭万超主要参与，2018 年 6 月立项。

2. 北京市课题

（1）北京市重大项目："首都文化建设发展布局研究"，郭万超主持，2018 年 6 月立项。

（2）北京市规划重大项目："习近平关于首都建设的重要论述研究"，郭万超主要参与，2018 年 9 月立项。

（3）北京市社会科学院一般课题："文化产业商业模式研究"，郭万超主持，2018 年结项。

（4）北京市社会科学院一般课题："供给侧改革背景下我国影视内容新生产研究"，赵玉宏主持，2018 年结项。

（5）北京市社会科学院青年课题："'一带一路'对外文化传播"，王丽主持，2018 年结项。

（三）采访报道

1. 郭万超接受北京长城网（中共北京市委组织部主办）视频采访：谈北京乡村文化建设，2018 年 8 月 4 日。

2. 郭万超接受新华社财经国家周刊记者采访：谈文化产业发展的社会效益与经济效益的关系，2018 年 12 月 29 日。

三、主要学术活动

1. 河北省文化产业年会，郭万超参加并受聘专家，2018 年 1 月 27 日。

2. 北京时尚集团党委中心组扩大会学习授课，郭万超讲课题目：北京城市更新中的文化发展，2018 年 3 月 22 日。

3. 北京市互联网信息管理办公室授课，郭万超讲课题目：树立文化自信，建设文化强国，2018 年 5 月 11 日。

4. 天津滨海新区文化产业人才培训会授课，郭万超讲课题目：文化创意的商业之道，2018 年 9 月 21 日。

5. 河北省社会科学学术年会，郭万超主题演讲题目：文化自信、文化创新与文化敬畏，2018 年 11 月 23 日。

6. 中国文化走出去效果评估高峰论坛，赵玉宏主题演讲题目：2022 年冬奥会传播内容设计，中国传媒大学主办，2018 年 6 月。

四、学术社团、期刊

"文化产业与新媒体论丛"《文化产业前沿》为每年连续出版物。

供稿：北京市社会科学院传媒研究所

新华社新闻研究所 2018 年概况

一、基本情况

2018 年，新闻研究所认真贯彻落实新华社党组决策部署，聚焦新闻理论研究、新闻实践研究、新闻创新研究，切实履行"思想库""智囊团"职责，完善工作布局，提升研究质量；同时，作为新华社国家高端智库传播战略研究中心，新闻所积极承担中央及部委委托的全局性、战略性重大课题研究，强化咨询服务作用，各项工作取得新进展新成效。

（一）人员

截至2018年年底，新闻研究所在职人员45人。其中高级编辑/记者11人，主任编辑16人。

负责人：所长、党组书记：马义；副所长、党委常委：刘光牛；所长助理、党委常委：朱智宾。

（二）机构

新闻研究所设9个处室：

（1）办公室：主任陈兴平；

（2）新闻报道研究室：主任李龙师，副主任董彩兰；

（3）国际传播研究室：主任文建；

（4）文化产业研究室：主任周燕群，副主任翟跃文；

（5）新闻理论研究室：（空缺）；

（6）新闻史研究室：主任万京华；

（7）新闻业务编辑室：主任张维燕，副主任马昌豹；

（8）新媒体与舆论研究室：主任李勇华，副主任南隽；

（9）编辑出版中心：（空缺）。

二、科研工作

（一）日常研究

在新闻理论研究和社史研究方面，新闻研究所进一步做好习近平总书记关于新闻舆论工作重要论述的研究，编辑《习近平论新闻舆论工作》（2018年版）。“习近平新闻舆论工作论述研究”课题组成员受邀到社内外有关部门单位交流研究成果与心得。该所通过开设专题专栏、举办征文活动，刊登学习习近平总书记关于新闻舆论工作重要论述、开展马克思主义新闻观教育等方面文章，提升在相关研究领域的影响力。该所启动社史第三卷编修工作，修订《新华通讯社史》第一卷、第二卷，形成第三卷写作提纲并报社领导审定。

在重大报道研究方面，新闻研究所把习近平总书记重要活动重要讲话报道研究作为重中之重，继续加强习近平总书记新闻报道研究。该所参与新华社“第一工作室”评估小组日常研究反馈，提高评估工作的系统性、深入性和针对性、有效性。该所创新“两会”报道研究工作思路和方式方法，刊发量创历史新高，为新华社做好“两会”报道提供了重要参考。该所深入开展对中非合作论坛北京峰会、纪念改革开放40周年等重大战役性报道跟踪研究，全面客观反映新华社报道传播影响情况。

在国际传播能力建设研究方面，新闻所加强国际传播研究队伍建设，特聘39名驻外分社特约研究员，推出一批研究报告。围绕新时代如何提升新华社国际报道传播力、引导力、影响力、公信力开展研究，该所进一步提高新华社国际报道和对外报道的质量水平；做好国内外新闻传播理论动态跟踪与日常研究，不断拓展和更新境外消息源；持续关注整理海外大通讯社和主流媒体业务动态，供新华社相关系统平台建设借鉴；聚焦国外媒体行业研究，追踪全球媒体发展总体趋势，为社领导决策提供全面、准确、可靠的参考。

（二）科研课题

1. 交办课题

新闻研究所积极发挥服务咨询作用，组建6个调研小分队，顺利完成中宣部布置的学习宣传阐释习近平新时代中国特色社会主义思想重大调研，形成了详细调研报告和问卷调查数据报告。该所参与“如何进一步推动新闻传播理论研究和实践”“改革开放40年‘百企’”等中宣部部署的调研课题，以及中央网信办组织的中央重点新闻网站及主要商业网站相关调研等。该所高质量完成新华社领导交办课题研究，撰写了《关于国际一流的新型世界性通讯社的研究报告》《关于“算法推荐”对网络舆论引导影响的调研报告》等。

2. 新华社重点课题

围绕新华社重点工作、精品报道、创新产品等主题开展研究，新闻研究所积极参与由社领导牵头实施的“完善线路总监会机制调研”“新时代如何增强国际话语权”“理顺融合发展体制机制”等课题研究，发挥传媒咨询研究中心、传播战略研究中心的咨询服务和参谋助手作用。该所密切跟踪媒体前沿技术发展，做好融合发展和系统化创新研究。

3. 智库课题

新闻研究所围绕智库课题开展研究，重点关注新华社信息产品建设与营销中的改革、变化、问题与对策，内容生产优势如何与传播、营销模式转型升级更好对接，在传统媒体的全媒体机构改造中如何更好利用存量资源等问题，参与完成新华社国家高端智库相关课题研究。该所结合国家高端智库重点选题，在新媒体、意识形态等领域开展了系统深入的专项研究。

4. 国家社会科学基金课题

国家社科基金课题“推进传统媒体全媒体转型对策研究”以免于鉴定、审核的形式顺利结项。（主持人：周燕群）

此外，新闻所还参加了国家社科基金重大项目“中华民国新闻史”研究项目、国家出版基金项目“中国名记者”丛书编撰、国家社科基金课题“提高主流媒体新闻供给质量的扶持路径”研究、国家社科基金青年课题“新媒体条件下党管媒体遇到的挑战和对策”研究。

（三）科研成果

1. 图书

《习近平论新闻舆论工作》（内部学习资料·2018 年版）

2. 论文

（1）《新时代马克思主义新闻观的最新发展——论习近平新闻思想对马克思主义新闻观的新贡献》（作者：张垒、李成），《新闻与传播研究》2018 年第 7 期。

（2）《谁为媒体提供经济支持？——1949 年以来中国媒体经济体制变迁与趋势》（作者：陈国权），《新闻与传播研究》2018 年第 10 期。

（3）《2018：内容生产的风口与趋向——来自“新内容探索者大会”的片断思考》（作者：张垒），《中国记者》2018 年第 1 期。

（4）《南方报业传媒集团全媒体发展战略与启示》（作者：程征），《中国记者》2018 年第 2 期。

（5）《Twitter 平台央媒“一带一路”报道的大数据分析——如何打造传播矩阵拓展“一带一路”朋友圈》（作者：毛伟、文智贤），《中国记者》2018 年第 3 期。

（6）《今日俄罗斯 YouTube 报道策略及启示》（作者：朱智宾、蒋玉鼐），《中国记者》2018 年第 4 期。

（7）《从 2018 两会“爆款”产品看融媒报道的创新与发展趋势》（作者：张倩），《中国记者》2018 年第 4 期。

（8）《“那年，我们 21”现象级传播如何炼成——新华社系列融媒报道重点案例剖析及系统性创新思考》（作者：张倩），《中国记者》2018 年第 6 期。

（9）《媒体微博运营策略创新及效果分析——2017 年、2018 年人民日报微博全国两会报道研究》（作者：朱智宾、程征），《中国记者》2018 年第 6 期。

（10）《把握系统性和时代性特征 全面领会习近平新闻思想》（作者：张垒、李成），《中国记者》2018 年第 7 期。

（11）《从译电科到对外新闻翻译部：新华社翻译工作历史变迁》（作者：万京华、王会），《中国记者》2018 年第 8 期。

（12）《内容为王、技术赋能、多元形态、跨界合作——2018 俄罗斯世界杯融媒体报道新生态》（作者：贺俊浩、裘娇），《中国记者》2018年第8期。

（13）《从“做人的工作”角度把握时度效》（作者：李龙师），《中国记者》2018年第10期。

（14）《融合发展：如何让“主力军”挺进“主战场”——来自上海报业集团融合发展的启示》（作者：张垒），《中国记者》2018年第10期。

（15）《主流媒体的抖音账号运营攻略》（作者：程征、周燕群），《中国记者》2018年第11期。

（16）《万隆会议与亚非记协的创建》（作者：万京华、王会），《中国记者》2018年第11期。

（17）《创意与创新：三大央媒庆祝改革开放40年报道阶段性分析》（作者：张倩），《中国记者》2018年第11期。

（18）《“一带一路”倡议在海外舆论场的话语建构与报道框架——以巴基斯坦主流媒体为例》（作者：毛伟），《中国记者》2018年第12期。

（19）《“今日俄罗斯”YouTube账号对叙利亚、伊拉克战事报道框架分析》（作者：唐润华、蒋玉鼐），《新闻与传播评论》2018年第1期。

（20）《中国近代新闻通讯业的历史源起》（作者：万京华），《现代传播（中国传媒大学学报）》2018年第3期。

（21）《习近平在纪念马克思诞辰200周年大会上讲话对新闻舆论工作的指导意义》（作者：张垒），《现代传播（中国传媒大学学报）》2018年第8期。

（22）《中国媒体“中央厨房”发展报告》（作者：陈国权），《新闻记者》2018年第1期。

（23）《新华社在拉美地区传播“一带一路”倡议的现状与效果》（作者：毛伟），《国际传播》2018年第3期。

（24）《跳出“事实审核”陷阱，探索中国治理模式》（作者：毛伟、文智贤），《青年记者》2018年第1期。

（25）《大数据时代民调报道的价值、难点和创新》（作者：何慧媛），《青年记者》2018年第9期。

（26）《全球数字媒体发展趋势展望》（作者：毛伟），《青年记者》2018年第9期。

（27）《美国政党报纸时期政党对报纸的扶持策略》（作者：陈国权、谢苗），《青年记者》2018年第10期。

（28）《抵御新媒体差错风险及智能化纠错前瞻》（作者：何慧媛），《青年记者》2018年第15期。

（29）《都市报40年：转型与未来——从媒介形态分化的视角》（作者：陈国权），《青年记者》2018年第25期。

（30）《今天，谁来“供养”报业？——对“事业单位，企业化管理”的改革探讨》（作者：陈国权），《青年记者》2018年第28期。

（31）《新华社数据新闻的实践与创新》（作者：贺俊浩），《青年记者》2018年第28期。

（32）《国内外媒体采编架构调整与变革趋势》（作者：张垒），《青年记者》2018年第30期。

（33）《弘扬传统文化，坚定文化自信——新华社传统节日报道的特色亮点分析》（作者：贺俊浩），《青年记者》2018年第33期。

（34）《韩国媒体关于“中国梦”新闻报道的解读及分析》（作者：毛伟、文智贤），《青年记者》2018年第34期。

（35）《传播力建设的最后一公里——县级融媒体中心建设路径》（作者：陈国权、付莎莎），《新闻与写作》2018年第11期。

（36）《用户需求推动报纸演化的历程与未来趋势》（作者：陈国权），《新闻论坛》2018 年第 1 期。

(37)《政治驱动媒介演化的动力机制》(作者：陈国权)，《新闻论坛》2018 年第 4 期。

(38)《中国报业转型十大可行模式》(作者：陈国权)，《新闻论坛》2018 年第 6 期。

(39)《改革开放 40 年来中国报纸版式演化历程与趋势》(作者：陈国权)，《中国报业》2018 年第 5 期。

(40)《习近平关于新闻舆论工作论述的新篇章——试论理解习近平在 2018 年全国宣传思想工作会议上讲话的五个方面》(作者：张垒)，《新闻与写作》2018 年第 11 期。

(41)《新闻自由还是反华偏见——瑞典警察粗暴对待中国游客舆情事件的演变分析》(作者：张垒)，《经济导刊》2018 年第 11 期。

(42)《博古与新华社》(作者：万京华)，《党史博览》2018 年第 2 期。

(四) 获奖优秀科研成果

1.《国家领导人海外社交媒体报道效果评估与优化思考》(作者：朱智宾、蒋玉鼐)，获得第二十八届中国新闻奖二等奖。

2.《主流媒体的抖音账号运营攻略》(作者：程征、周燕群)，获评新华社优秀新闻作品“最佳新闻论文”。

3.《“改革开放 40 年纪念特刊”记者的力量》(《新闻业务》杂志)，获评新华社优秀新闻作品“最佳创意策划”。

新华社新闻研究所 2018 年优秀作品

一等奖(20 篇)

作品题目	作者	编辑
人民网创新“稿库传图”系统，高效安全一键传送	贺俊浩	李龙师
《习近平新闻舆论思想要论》是怎样编撰出版的	谭林茂	文璐 万京华
短视频《总书记，您好！我是卓嘎》何以迅速刷屏？	陈怡	南隽 翟铮璇
人民日报大力宣传其两会报道产品的做法	王丽	李龙师
“加强学习宣传阐释推动习近平新时代中国特色社会主义思想入脑入心”调研报告	集体	马义 刘光牛
运用算法有效开展正面宣传的对策研究	朱智宾 南隽 何慧媛 毛伟	
习近平论新闻舆论工作(内部学习资料，2018 年版)		马义 刘光牛 万京华 王会 谭林茂
媒体微博运营策略创新及效果分析	朱智宾 程征	朱智宾 翟跃文

续表

新华社新闻研究所2018年优秀作品		
一等奖(20篇)		
作品题目	作　者	编　辑
新华社对世界性通讯社标准的探索	文　建 陈　怡 张　宸 申　琰	罗　婷
马克思主义新闻观征文活动		罗　婷
悉尼分社管理外籍员工的实践与思考	文　建 张小军	朱智宾 庞晓华
我社、人民日报和央视三大央媒有关习近平总书记报道系列专题评估(共33期)	王　丽	李龙师
庆祝改革开放40年:报道理念与路径	中国记者	中国记者集体
践行"四力"要求　提升履职能力——国内分社落实"扎根工程"的成效与思考	报道与新媒体室联合党支部	朱智宾
"改革开放40年纪念特刊"记者的力量		马昌豹 庞晓华
用精准战略重塑新时代外宣格局	国际室	国际室集体
加快布局短视频平台　增强我社新媒体传播力影响力	程　征	朱智宾 周燕群
主流媒体的抖音账号运营攻略	程　征 周燕群	朱智宾 翟跃文
从译电科到对外新闻翻译部:新华社翻译工作历史变迁	万京华 王　会	张　垒
坚持主义贡献主意——从中国特色新闻学论争看新时代马新观研究	李　成	马昌豹
二等奖(80篇)(略)		

三、学术交流活动

2018年新华社新闻学术年会

2018年12月17日，新闻研究所承办的2018年新华社新闻学术年会在新华社总社举行。年会以“深入学习习近平总书记重要讲话精神，坚持守正创新，全面提升新闻舆论传播力引导力影响力公信力”为主题，会期一天。上午年会开幕暨主题论坛召开，下午同时举办“分论坛一：推进媒体深度融合”“分论坛二：加强国际传播能力建设”。该年会共收到论文150多篇，30余位与会代表在论坛上发言。新华社总社各部门、各单位主要负责同志，新闻研究所特约研究员、部分年会论文作者等220余人参加各个论坛。

四、期刊

主办刊物：《中国记者》，月刊。

《中国记者》是新华社主管的大型新

闻专业期刊，全国新闻核心期刊、双效新闻期刊，拥有广泛读者，在业界、学界具有公认的权威性和影响力。在第二十八届中国新闻奖评选中，共有3篇《中国记者》刊发的新闻论文获得中国新闻奖。

2018年，《中国记者》共出版12期，继续发扬权威、可读、实用、大气等多年形成的杂志品格，瞄准新闻传播理论实践热点组织封面专题，及时跟进对中央大政方针组织高质量解读，加强策划、重视约稿，积极组织系列重点专题："习近平关于新闻舆论工作重要论述学习解读""新华社重要节点性报道案例分析""新媒体环境下新闻传播研究的变与不变""以融合发展推动新闻创新""环境舆论监督：方法与策略""学习习近平总书记全国宣传思想工作会议重要讲话""庆祝改革开放40年：报道理念与路径"等，办刊质量和水平再上新台阶。微信公众号"京原路8号"的吸引力、影响力不断增强，全年共计推送180条左右悦读深度文章，月均15条，粉丝数获得较大幅度增长，增长比例约20%。

供稿：新华社新闻研究所

人民日报社研究部2018年概况

一、机构概述

截至2018年年底，人民日报社研究部在职人员24人。其中正高职称4人，副高职称4人，中级职称8人。

研究部主要领导：主任崔士鑫，副主任王刚、丁丁。

研究部设5个室处：综合室，媒体发展战略研究室，新闻传播理论研究室，新闻报道业务研究室，教育培训处。

二、科研工作

1. 专著

《人民日报70年新闻论文选》从70年浩瀚论文稿件中遴选出新闻论文80篇，集中展示了人民日报新闻工作者在实践工作中积累的优秀研究成果，展现了人民日报社一以贯之的既重采编又重研究的传统。其中不乏《马克思主义哲学和新闻工作》等脍炙人口的名篇佳作。该书为"人民日报70年作品精选"系列作品之一。

《中国媒体融合发展年度报告（2017—2018）》分八章，内容涉及业界、学界对我国媒体融合发展的现状和方向、趋势做出的判断和评析，既有中央媒体和地方媒体深度融合实践案例，也有对国内媒体融合发展的观察和借鉴。报告结构清晰、材料翔实、观点深刻，广受读者好评。

2. 重点课题

2018年，研究部承担多项与马克思主义新闻观相关的课题，取得阶段性成果。马克思主义理论研究和建设工程重大项目"坚持正确舆论导向，高度重视传播手段建设和创新，提高新闻舆论传播力引导力影响力公信力"，取得重大进展；2016年立项的国家社科基金重点项目"主流媒体运用移动传播、推动媒体融合发展"，进入结项环节；2017年立项的国家社科基金重点项目"新媒体格局下马克思主义新闻观发展研究”，形成阶段性成果；中共北京市朝阳区委宣传部在2017年委托的课题《全媒体时代探索构建新闻舆论引导新格局》，已结项。《勇担历史使命，当好新时代新闻工作者》等多篇相关论文，作为课题研究阶段性成果公开发表。

3. 发表论文

2018年，研究部坚持以课题为抓手，扎实推进各项科研工作。学术成果数量不断增加、质量不断提高，在《新闻战线》《中国记者》《中国报业》等期刊发表研究论文20余篇，其中崔士鑫《推动新闻舆论工作更好担负起时代使命》获第二十八届中国新闻奖二等奖。

（1）崔士鑫：《不忘初心 强化互动 共同推进新时代新闻学科创新》，《新闻与传播研究》2018年增刊。

（2）崔士鑫：《40年40文：启示新闻人如何成为大时代忠实记录者》，《传媒》2018年第24期。

（3）崔士鑫：《勇担历史使命，当好新时代新闻工作者》，《新闻战线》2018年第13期。

（4）崔士鑫：《发挥媒体智库作用，提升新时代新闻舆论工作水平》，《新闻战线》2018年第3期。

（5）崔士鑫：《后APP时代，如何打造新型主流媒体》，《城市党报研究》2018年第9期。

（6）崔士鑫：《新媒体时代，如何看待文风问题》，《中国记者》2018年第8期。

（7）崔士鑫：《新媒体时代新闻写作的变化趋势》，《新闻与写作》2018年第3期。

（8）王刚：《烽火传佳话 忠诚铸丰碑》，《新闻战线》2018年第8期。

（9）王刚：《以事实成就雄辩 以道义凝聚人心》，《新闻战线》2018年第9期。

（10）曼叶平：《生命不朽 精神永存——方大曾新闻理想和职业精神的当代价值》，《新闻战线》2018年第17期。

（11）王志锋：《马克思主义新闻观是发展、开放的思想体系》，《青年记者》2018年第7期。

（12）李康乐：《算法“塑造世界”客观吗》，《中国报业》2018年第11期。

（13）刘烨：《新时代主流媒体如何发挥引导力》，《新闻战线》2018年第19期。

（14）刘烨：《四问融合之困局》，《新闻战线》2018年第5期。

（15）张天培：《国外媒体付费阅读模式的新探索》，《新闻战线》2018年第5期。

（16）黄跃奎：《论先进典型示范在干部培训中的运用》，《中小企业管理与科技》（上旬刊）2018年第3期。

（17）耿磊：《智媒体——媒体融合发展的下一个关键词》，《新闻战线》2018年第22期。

（18）耿磊：《五大规律把脉融合发展——2018媒体融合发展论坛开幕式致辞和主旨演讲关键词分析》，《新闻战线》2018年第19期。

（19）耿磊：《国外媒体智库现状》，《新闻战线》2018年第3期。

（20）耿磊：《机器人写稿的现状与前景》，《新闻战线》2018年第1期。

（21）耿磊：《增强脚力、眼力、脑力、笔力提高科技报道工作水平——人民日报如何做好科技报道》，《传媒评论》2018年第12期。

（22）耿磊：《欧美媒体如何做智库》，《决策探索》2018年第3期（上）。

（23）荣翌：《渠道与平台：媒体融合语境下的概念辨析》，《新闻战线》2018年第15期。

（24）夏康健：《“头条革命”能否成功——门户网站与今日头条的传播模式和发展前景比较分析》，《传媒》2018年第

10 期。

（25）夏康健：《媒体融合下半场，主要矛盾的新变化》，《中国报业》2018 年第 3 期。

三、新媒体建设

2018 年，研究部积极关注和解读国内外新闻传播领域重大事件和热点话题，充分利用微信公众号“研究事儿”、中央厨房煮酒话媒融媒体平台、中央厨房智观天下融媒体平台和新闻研究网四个新媒体平台。2018 年，“研究事儿”共推送原创作品 70 余篇，作品质量稳步提升；中央厨房煮酒话媒融媒体平台共刊发 22 篇作品，涉及视频、长图、文字等多种形式；中央厨房智观天下融媒体平台共推送 40 余篇作品。这些新媒体作品，被千余家主流媒体、行业网站、商业网站及核心期刊转载，取得良好的传播效果。新闻研究网共发布传媒研究类文章 500 余篇，全面展示新闻传播领域最新的学术成果。

四、教育培训工作

1. 人民培训

2018 年，教育培训工作围绕推进媒体融合发展总要求，加强调研，优化内容，突出特色，增强实效。2018 年，研究部共举办 10 期系列培训班、4 期人民讲堂，总培训人数超过 2000 人次。人民讲堂先后邀请海霞、周海宏、万俊人、田连元等知名专家学者来人民日报社讲学。此外，研究部还充分利用“人民培训”手机客户端和微信公众号刊发授课内容，使人们能够在线分享培训成果。

2. 人民讲堂

2018 年研究部共举办 3 期人民讲堂，联合举办一期青年讲堂，邀请著名评书表演艺术家田连元讲授《评书艺术和记者如何讲好故事》，邀请清华大学教授万俊人讲授《中美贸易战背后的思考——人类命运共同体和全球伦理》，邀请中央广播电视总台著名主持人海霞讲授《文字记者如何出镜讲故事》，邀请中央音乐学院原副院长周海宏讲授《走进音乐的世界——兼谈艺术在人类生活中的意义》。报社共 1000 余人次参加人民讲堂活动，得到社领导和同事们的肯定。

3. 人民学习 App

人民学习 App 是经社领导批准，从 2018 年 2 月开始由研究部教育培训处负责总体功能设计，由人民网人民在线公司负责具体研发，于 2018 年 7 月试运行。人民学习 App 具有苹果系统和安卓系统两个版本，累计下载量超过 3000 次，点击率超过 6 万次，超过 1000 人进行了在线学习和课程下载。该 App 在 2018 年人民日报社新入社人员培训班、摄影专题培训班、社属媒体负责人培训班和国内分社记者培训班等 8 个培训班上应用，开设包括人民网慕课提供的习近平党建思想等相关专题培训课程 10 余门。

五、其他工作

1. 参与筹备改革开放 40 周年展览

2018 年，研究部全程参与“伟大的变革——庆祝改革开放 40 周年大型成就展”筹展工作。研究部安排专人收集相关资料，协调各项工作，选派两名同志奔赴一线，参与前期筹备工作。在此期间，研究部收集报送 1978 年至 2018 年间在该报刊登的 200 多位全国先进典型人物相关事迹材料，总计 4 万字。研究部联系报社多个采编部门，从 40 年《人民日报》海量版面中，精选出 14000 多块版面，为“改革开放每一天”小剧场提供展览素材。为此，研究部获得中宣部“伟大的变革——庆祝改革开放 40 周年大型展览”工作领导小组评选的“先进集体”称号，王志锋、张翀、夏康健获“先进个人”表彰。

2. 部校共建工作

2018 年，人民日报社的部校共建工作深入推进。1 月 25 日，清华大学原党委副书记邓卫一行到该社参观调研，举行共建工作座谈会，取得丰硕成果。11 月 10 日，研究部参与 2018 年度“清华国家形象论坛”。12 月 22 日，第六届范敬宜新闻教育奖颁奖典礼暨学术论坛在人民日报社隆重举行，研究部多名业务骨干参与论坛筹备工作。研究部还协调安排人民日报社相关部门负责人 4 人，为清华学子讲授马克思主义新闻观、新闻学概要等课程。研究部先后接待清华大学、中国传媒大学等高校师生 260 多人次，参观体验新媒体中心、中央厨房融媒体平台以及人民日报社史馆等。

3. 对外供稿工作

一是根据社科院新闻所要求，研究部为《中国新闻年鉴》《中国新闻传播学年鉴》供稿。二是按照中国记协要求，研究部为《中国新闻事业发展报告》供稿和审稿，收集编写人民日报社事业发展、记者成长等内容，提供融合发展案例，并协助审阅《中国新闻事业发展报告》，提出书面修改意见。三是研究部参与《网络评论蓝皮书》部分内容写作，提供与国外网络评论政策法规相关的内容。

供稿：人民日报社研究部

光明日报社新闻研究部 2018 年概况

一、机构概述

截至 2018 年年底，光明日报社新闻研究部在职人员 8 人。其中正高级职称 1 人、副高级职称 2 人、中级职称 5 人。部门主任马兴宇，副主任白英。部门下设新闻研究室、内刊编辑组两个处级单位，同时兼任光明日报社开展增强“四力”教育实践工作领导小组办公室（“四力”办）、新闻战线“三项学习教育活动”办公室（“三教”办）、马克思主义新闻观培训领导小组办公室、光明日报社社史资料征集与研究办公室、报社新闻奖评奖办公室和国家社科基金委托管理机构。

二、科研工作及主要成果

在光明日报社编委会“抓党建 促业务”“同频共振”办报办社理念统领下，新闻研究部将党建全面融入部门各项业务工作，充分发挥中央媒体研究机构职能，广泛联系知识界、理论界特别是新闻传播界专家学者，为报社办报和事业发展提供智力支持。

1. 重点课题

新闻研究部完成中宣部、中央和国家机关工委（原中直工委）等上级单位及中国记协等机关单位组织的一系列课题，如完成全国宣传思想文化战线大调研，形成《关于传统主流媒体“如何开创新时代宣传思想文化工作新局面”的调研报告》；制定《光明日报深入开展马克思主义新闻观的活动方案》《光明日报新闻职业道德教育专题活动方案》，并邀请中国记协书记处书记张百新作主题讲座，在全社范围内开展新闻职业道德教育警示活动等。

2018 年年初，新闻研究部组织开展报

纸版面好标题调研。研究部选取2018年1月17日当天《人民日报》《光明日报》《经济日报》《中国青年报》等十家报纸的所有版面上共计536个标题制作调查问卷，以微信为媒介在在校大学生中进行调查，并撰写调研报告——《好标题调查问卷结果分析》。

立足于“抓党建 促业务”的办报理念，新闻研究部对党建统领下的全国“两会”宣传进行调研分析，撰写了《光明日报以党建统领做好全国两会宣传的报告》。

为落实意识形态工作责任制，强化党管意识形态、党管媒体、政治家办报原则，新闻研究部组织参与了中央媒体意识形态工作责任制调研，起草修订了《光明日报社落实意识形态工作责任制实施办法》《光明日报社防堵差错奖罚办法》等制度文件。

为学习贯彻习近平总书记“8·21”重要讲话精神，促进本报质量提升，新闻研究部对该报办报质量进行了问卷调查，并撰写《2018年光明日报办报质量问卷调查分析报告》，为2019年版面改革工作提供讨论方案。

作为报社研究性部门，新闻研究部针对本报刊发的舆论监督报道进行专门调研，撰写《弘扬社会正气，凝聚奋进力量——关于做好舆论监督报道的建议报告》。

2. 学术论文及阅评文章

围绕《光明日报》2018年典型人物宣传报道、“为了民族复兴·英雄烈士谱”专栏创作等重点策划，新闻研究部撰写研究总结文章，积极向中宣部新闻阅评小组推荐，并在《三项学习教育通讯》《新闻研究》内刊等刊物刊登。主要有：《光明日报连发重磅理论文章提升修宪舆论引导深度和力度》《唱响主旋律：新媒体大有可为》《高扬时代主旋律，奏响英雄烈士谱——光明日报“为了民族复兴·英雄烈士谱”专栏创作综述》《“走转改”：始终将人民镌刻到新闻工作者心中》《以历史经验为基础，以时代精神为引领，以媒体融合为契机，开辟典型宣传报道新格局——典型报道的光明经验及若干思考》等。

三、主要学术交流活动

2018年4月26日，新闻研究部会同记者部组织光明日报社与中共浙江省委宣传部、中央新闻单位驻浙记者联合会共同主办“严红枫最美人物报道作品研讨会”。严红枫是全国优秀新闻工作者、《光明日报》浙江记者站站长、高级记者，来自中共浙江省委、新闻界和高校的代表就严红枫的作品进行了深入探讨。

2018年10月20日，新闻研究部牵头并组织光明日报社与山东省社会科学界联合会、中共山东省委党校、山东社会科学院、大众报业集团、山东广播电视台共同主办山东社科论坛——“改革开放40周年与山东发展”专题研讨会。来自全国80多所高校、科研院所的140余名专家学者与会，围绕改革开放40年来的山东实践、山东成就、山东经验进行了深入探讨。

2018年11月25日，新闻研究部牵头并组织光明日报社与中国政法大学、北京市习近平新时代中国特色社会主义思想研究中心共同主办第五届“法治中国论坛”。来自法学界的著名专家学者聚焦改革开放四十周年与中国法治建设，探讨中国法治建设中的难点痛点，为建设社会主义法治国家建言献策。

以上研讨会和论坛结束后，新闻研究部分别整理编辑了专刊专版。

四、学术期刊

2018年，新闻研究部编辑刊发《新闻研究》内刊共49期，内容涉及媒体转型、传播技术发展等国内外具有代表性的新闻理论文章，报社编辑记者在新闻实践活动的经验总结和新闻业务方面的论文，以及报社重大新闻活动、重要会议的报告、讲话等内容，继续深化了《新闻研究》为全社员工提供思想碰撞、业务交流、经验分享的平台功能。

五、其他工作

参与光明日报社重大采编活动。新闻研究部编辑充分发挥脚力、眼力、脑力、笔力，积极参与新闻采编工作，在2018年新春走基层、2018年全国“两会”、2018年首届中国国际进口博览会、2018年上合组织青岛峰会、系列报道“八八战略·幸福都是奋斗出来的”以及蹲点调研等活动中，以记者编辑身份参与了报社组织的重大采访报道和编辑工作。

积极推动共建新闻院校工作。作为光明日报社与中国政法大学光明新闻传播学院共建工作的主要执行机构，新闻研究部继续组织安排报社记者编辑到中国政法大学授课，涉及新闻媒介管理、平面媒体采编技术、网络媒体技术、新闻采访学、西方新闻媒体专题研究、新闻报道策划、广告学概论等课程，共计38人次；组织安排中国政法大学大三学生来报社实习；组织中国政法大学第三届优秀大学生夏令营座谈会；组织北京语言大学、北京师范大学等校师生来报社参观，并为其讲解社史。

组织各类好新闻评选、报纸点评、报纸纠错工作。新闻研究部认真做好第二十八届中国新闻奖、第十四届长江韬奋奖《光明日报》作品及人选的推荐工作和第二十八届全国人大新闻奖、中华环保世纪行新闻奖、科星新闻奖、全国民族题材好新闻、全国政法综治优秀新闻作品和应急管理好新闻等行业好新闻作品的推荐工作；组织报社2018年度新闻奖评选、月度好新闻评选工作；参加中国记协和中国广播电影电视社会组织联合会共同召开的“中国新闻奖广播电视作品突出问题”新闻评议会，并撰写消息稿件《2016年至2017年：71件广电作品被撤销中国新闻奖参评、获奖资格》。为继续完善每日的编前会双部门评报制度，新研部实行人员轮流评报制度，注重媒体间横向对比的同时，对评报工作中存在的形式主义、官僚主义进行自查自纠，使评报做到客观真实，有喜有忧。新闻研究部虚心听取读者意见和建议并及时反馈，整理每月见报差错，按《光明日报社防堵差错奖罚办法》实施奖惩，并将见报差错结集刊发于内部刊物《新闻研究》，形成督促激励效应。

完成各类对外供稿工作。如新闻研究部顺利完成《中国新闻年鉴·2018》光明日报社供稿任务；完成中国社会科学院新闻与传播研究所《中国新闻传播学年鉴》供稿任务；为人民日报社供稿，完成《光明日报社媒体深度融合发展年度报告》，介绍光明日报社媒体融合发展情况；应一些公开发行的报纸刊物约稿组织研究力量提供专稿，总结、介绍《光明日报》的重大宣传报道与记者编辑践行“四力”要求的经验、做法等。

牵头组织了多项上级或外部机构安排的工作与活动。新闻研究部组织开展了报社第五届“好记者讲好故事”演讲活动；组织光明日报记者参加首都女记协好新闻和短视频大赛活动；对接中国记协安排的“中国新闻工作者援助项目”，办好该报援助申请等事宜；组织《光明日报》新闻互评组参与中宣部新闻阅评组安排的第二轮中央媒体互评工作；组织了报社2018年国家社科基金材料报送工作。

供稿：光明日报社新闻研究部

·学术社团·

中国新闻史学会及其二级分会2018年概况

中国新闻史学会（The Chinese Association for History of Journalism and Mass Communication，缩写：CAHJC）是中华人民共和国境内新闻传播学方向唯一的一家以研究中外新闻传播历史与现状、促进新闻传播学发展为宗旨的全国一级学术团体。学会于1989年4月3日经国家民政部正式批准，1992年6月11—12日在北京广播学院成立，业务主管单位为中华人民共和国教育部。中国新闻史学会现任（第五届理事会）会长为清华大学新闻与传播学院常务副院长陈昌凤教授，名誉会长为中国人民大学荣誉教授方汉奇、中国传媒大学教授赵玉明、北京大学教授程曼丽。副会长有丁俊杰、黄瑚、刘家林、单波、王润泽、张昆、赵振祥等人。学会联席秘书长为清华大学史安斌教授、中国人民大学新闻学院邓绍根教授，副秘书长为清华大学常江副教授。学会秘书处和学会新闻史志资料中心设在清华大学新闻与传播学院。目前中国新闻史学会下设有新闻传播教育史研究委员会、外国新闻传播史研究委员会、网络传播史研究委员会、少数民族新闻传播史研究委员会、台湾与东南亚华文新闻传播史研究委员会、广告与传媒发展史研究委员会、公共关系史研究委员会、舆论学研究委员会、传媒经济与管理研究委员会、视听传播研究委员会、新闻传播思想史研究委员会、传播学研究委员会、编辑出版史研究委员会、媒介法规与伦理研究委员会、应用新闻传播学研究委员会、全球传播与公共外交研究委员会、中国特色新闻学研究委员会、党报党刊研究委员会等二十二个二级分会。

一、召开理事会议，积极部署学会工作

1. 中国新闻史学会京津冀常务理事会（2018）于1月23日在中央民族大学召开。中国新闻史学会名誉会长赵玉明、程曼丽，副会长丁俊杰，秘书长邓绍根、史安斌，常务理事艾红红、陈开和、李润波、李秀云、向芬、赵丽芳、赵云泽，顾问顾勇华，特邀理事白润生、胡太春、闵大洪、乔云霞（按姓氏音序）等出席了会议。邓绍根从理事会、学术活动、学会奖、二级学会发展情况、会刊、国际交流、秘书处日常工作等方面，报告了2017年度学会的工作情况，并报告了2018年学会的相关工作计划。与会嘉宾对学会过去一年来开展的活动和取得的成绩给予高度评价，并就2018年年会的举办、分支机构的审核和监管、学术活动开展等方面提出宝贵的意见和建议，就二级学会的优胜劣汰的原则和规范管理等方面提出了建设性意见。

2. 4月21日，中国新闻史学会常务理事会第五届第六次会议在西安隆重召开，52位常务理事及代表出席了会议。此次会议审议了六家二级学会的申报请求，经过充分的陈述答辩和热烈讨论，与会的常务理事投票表决，同意成立计算传播学研究委员会（负责人为祝建华教授）、符号传播学研究委员会（负责人为蒋晓丽教授）、地方新闻史研究委员会（负责人为蒋建国

教授）、博物馆与史志传播研究委员会（负责人为丁俊杰教授）四个分会。会议审议并通过了第四届“新闻传播学学会奖”的评审结果，听取了联席秘书长邓绍根教授汇报学会秘书处一年来的工作总结，听取了各二级分会的工作总结，评选出了三家2017年度优秀分会。同时，会议还对2018年史学会年会的相关议题和学会未来发展等诸多事宜进行了深入讨论。

二、学术活动蓬勃开展

1.3月31日，由中国新闻史学会等主办的“纪念毛泽东《对晋绥日报编辑人员的谈话》70周年暨中国特色新闻学学科建设研讨会”在中国人民大学召开。

2.4月17日，由中国新闻文化促进会主办，中国新闻史学会等联合主办的“创新传播方式，讲好新时代中国故事”专题研讨会，在全国人大会议中心举行。

3.9月15—16日，由中国新闻史学会、中国社会科学院新闻与传播研究所、山东大学新闻传播学院共同主办的第四届中国新闻史青年论坛在山东大学举办。

4.10月27—28日，中国新闻史学会2018年学术年会在杭州隆重举行，会议的主题是：“全球视野，中国特色：数字时代的新闻传播与美好生活”。会议由中国新闻史学会发起主办，浙江大学联合主办，浙江大学传媒与国际文化学院承办，中国新闻史学会20多个分会协办。来自中国社会科学院、北京大学、清华大学、中国人民大学、中国传媒大学、复旦大学、浙江大学等数十所大学、中国新闻史学会20多个分会的学者代表，美国南加州大学、伊利诺大学、宾夕法尼亚州立大学、雪城大学、纽约州立大学，澳大利亚昆士兰理工大学，新加坡南洋理工大学等海内外高校的著名教授，来自亚太地区10多个国家新闻传播学会的会长等，共上千名学者齐聚一堂，分享最新的研究成果。

5.11月，由中国新闻史学会、南京师范大学主办的第四届民国新闻史高层学术论坛在南京师范大学召开。

三、第四届“新闻传播学学会奖”

第四届“新闻传播学学会奖”评选结果已经揭晓。评选程序如下：2017年12月15日发出征集通知（2018年2月28日截止征集），2018年3月31日之前完成专家双盲式评审；4月8日学会奖定评会在清华大学举行；4月21日评选结果在中国新闻史学会常务理事会第五届第六次会议上审议通过。颁奖典礼于10月28日与中国新闻史学会2018年学术年会同期举行。

四、二级分会蓬勃发展

按照2015年学会确定的二级分会年度工作报告制度，在4月21日的常务理事会上，各二级分会分别报告了2017年工作和2018年的工作规划。常务理事们认真听取了汇报，并对各个二级学会的工作进行了评议和评分，评选出新闻传播教育史研究委员会、公共关系研究委员会、应用新闻传播学研究委员会三个二级分会为2017年度优秀二级分会。

2018年学会新成立四家分支机构：7月9日，符号传播学研究委员会在四川大学成立，蒋晓丽担任首届会长；9月21日，计算传播学研究委员会在京成立，祝建华担任首届会长；9月23日，地方新闻史研究委员会在华南理工大学成立，蒋建国担任首届会长；12月22日，博物馆与史志传播研究委员会在中国传媒大学成立，黄升明担任首届会长。

2018年二级分会主办学术会议40余次，参与人数众多，产生了广泛而深远的影响。

五、《新闻春秋》会刊如期出版

《新闻春秋》如期出版4期，征稿对

象有所扩大，稿源质量有所提升。根据办刊需要，经上级主管部门批准，《新闻春秋》于 2019 年改为双月刊，每年 2、4、6、8、10、12 月出版。该刊实行来稿匿名评阅制度，并综合评阅人意见和编辑部意见做出录用、修改或退稿决定。该刊常设栏目包括“马克思主义新闻观”“报刊史研究”“传播史研究”“广播电视研究”“新媒体研究”“媒介文化研究”“新闻人物研究”“媒介伦理与法研究”等。该刊目前仅接受研究论文投稿，暂不接受译文、书评、行业评论、学术随笔等体裁投稿。

六、国际交流

1. 10 月 25 日，亚太新闻传播学会联盟（Asian-Pacific Communication Alliance，APCA）在清华大学成立，中国新闻史学会当选为首届主席所在单位。来自 16 个国家的 20 位新闻与传播学学会会长、理事代表 40 人表决产生了首届执委会，中国新闻史学会会长、清华大学教授陈昌凤当选为首届主席，来自美国的国际中华传播学会会长周树华、韩国旅美传播学会会长金恩婷（Eyun-Jung Ki）以及亚洲舆论学会会长简媞玛·科考（Jantima Kheokao）当选为副主席，国际传播学会（ICA）候任主席、昆士兰科技大学教授泰瑞·弗卢（Terry Flew）当选为学术委员会主任，韩国忠南大学教授赵盛谦（Sung Kyum Cho）当选秘书长，香港中文大学教授邱林川当选秘书。亚太新闻传播学会联盟的成立，在亚太地区新闻传播学发展史上具有里程碑意义。

2. 中国新闻史学会会长陈昌凤教授出席法国巴黎召开的世界互联网治理论坛（IGF）新闻教育协会会议。

3. 中国新闻史学会会长陈昌凤教授、常务理事陈先红教授出席在印尼万隆举行的亚洲舆论学会 2018 年学术年会。

七、秘书处日常工作

1. 年检

学会去年顺利通过民政部、教育部 2017 年度社团年检，2018 年年检工作已经启动。

2. 通信方面

秘书处负责学会官网、邮箱、微信公众号的日常维护，及时向会员推送学会动态、会议通知等信息，并回复会员问询。会员微信群、常务理事群以及各分会会员群持续活跃，提高了沟通的有效性。

3. 会刊邮寄情况

秘书处及时完成了会刊的邮寄，并解决作者、读者来信、来电提出的问题。

撰稿：邓绍根（中国新闻史学会联席秘书长，中国人民大学新闻学院教授）

中国新闻文化促进会传播学分会 2018 年概况

一、学会简介

中国新闻文化促进会传播学分会简称“中国传播学会”（Communication Association of China，缩写：CAC），于 2005 年 2 月在北京成立，是第一个在中华人民共和国民政部登记注册的全国性传播学研究学术团体。

中国传播学会遵守国家的宪法、法

律、法规以及有关国家政策，在传播学研究以及跨学科领域积极开展学术活动。学会本着自愿入会原则，由全国高等院校的新闻传播院系、新闻传播研究机构和新闻传媒等作为单位会员，高校新闻传播院系教师、相关研究人员和新闻记者等作为个人会员组成。

中国传播学会的决策机构是会长联席会，由会长、副会长、理事长和秘书长组成，一般每年召开一次会长联席会行使权力，或特殊情况下采取通信形式履行日常工作职责。

中国传播学会于2014年顺利完成换届，现任会长为中国社会科学院新闻与传播研究所所长唐绪军研究员。学会目前下设三个专业委员会，分别是：组织传播专业委员会、人际传播专业委员会和新闻传播思想史专业委员会。

作为中国传播学研究的权威性学术团体，中国传播学会在国内传播学界以及传播业界形成了重要的凝聚力和影响力，也为海内外传播学界的学者创造了一个学术对话和交流的平台。

二、学术活动

2018年，中国传播学会筹划和主办了第十四届中国传播学大会。

自中国传播学会成立以来，由学会主办的中国传播学大会每两年举行一次，已经成为中国新闻传播学界颇有影响的学术品牌和全国性学术交流平台。

2018年是传播学引进中国40年，也是中国改革开放40周年。10月13—14日，以“中国传播学40年：新时代　新使命　新担当”为主题的第十四届中国传播学大会在重庆举行。会议由中国传播学会与重庆大学新闻学院、中国社会科学院新闻与传播研究所主办，重庆大学新闻传播与社会发展研究院承办。来自中国社会科学院、新华社、清华大学、复旦大学、上海交通大学、中国传媒大学、武汉大学、浙江大学、四川大学、南京大学、重庆大学、香港中文大学、台湾铭传大学等高校、研究机构及媒体的200余名新闻传播学领域的专家学者、研究生及媒体从业人员参加了此届大会，就大会主题展开深入研讨，并分享新研究、新思考。

中国传播学会会长、中国社会科学院新闻与传播研究所所长唐绪军研究员在大会开幕式上致辞，指出中国传播学研究已走过40年的发展历程，此次大会是一个继往开来、创新发展的新起点。此次大会的参会者年龄跨度大，论文议题丰富。大批年轻学者的涌现，昭示着中国传播学进步的勃勃生机。

会上宣布了第六届（2017年度）全国新闻传播学优秀论文遴选结果，并给获奖者颁奖。

2018年年底，中国传播学会按时向上级学会——中国新闻文化促进会书面汇报本年度工作，并顺利通过年检。

撰稿：张　丹（中国传播学会秘书处）

第十四篇
研究生学苑

2018年新闻传播学优秀博士学位论文选粹

《网络公共空间与乡土公共性重建——基于一个西部农村的考察》内容摘要

村落公共空间是社会学、人类学和社区传播研究的经典问题域。学术界对乡村茶馆、庙宇、广场等各类村落公共空间均有丰富论述。不过，这些研究大多将视野放置在传统封闭村落，忽略了当前流动性增强背景下“离散化”村庄的公共空间问题。该文研究一个村庄的移动网络平台，并将其视为网络公共空间。探寻网络公共空间对于乡村的意义是什么？“原子化”村民如何借助网络公共空间实现整合。文章试图回答“离散化”村庄借助网络公共空间实现社区整合的过程和机制问题。

该文采用微观公共领域视角，按照瑞典学者达尔格伦（Peter M. Dahlgren）分析公共领域的结构、表征、互动三个维度对一个西部乡村的网络公共空间展开了研究。从结构维度讲，网络公共空间成为了村庄中多方力量竞争、合作、博弈的平台。村民在移动互联网实践中逐渐形成媒介自组织，同时借助移动网络使得村庄不同群体构建了“媒介化合作网络”。随着媒介自组织逐渐介入村庄公共事务，必然影响村庄权力结构。因此，村“两委”同媒介自组织展开了博弈，最终形成了协同治理的格局。从而实现了多元主体的“共同在场”；从表征维度讲，移动网络平台为村民发声表达提供了路径，移动网络平台具有“共有媒介”特性，村民通过“共同产制”信息生产模式生成乡村“内生性”社区新闻以及舆论话语。移动网络平台中的话语表达成了村庄的共同文化、情感和规约，这是培育乡村公共精神的重要因素。从互动维度讲，网络公共空间再造了乡村公共生活，使得村民以移动网络平台为中心展开日常互动，同时借助移动网络平台发起公共行动，从而强化了网络和现实不同层面的社会关联。因此，网络公共空间从“共同在场”“公共精神”“公共交往”三个层面重建了乡土公共性。村民从“个体化”到媒介“共在”，通过舆论形成“共识”，乃至媒介公共交往。从关系、意识、交往三个层面强化了村民之间的社会关联。移动网络发挥了“媒介连接”“再造舆论”“促进行动”的作用。该文通过回溯传统时期的“家族关联式公共性”、集体化时代“行政关联式公共性”以及个体化时代公共性消解的历史变迁，并同网络公共空间建构的乡土公共性进行对比分析，提出了“媒介关联式公共性”。这类公共性在建构主体、建构方向、公私关系等方面同以往的公共性均有所不同。流动性增强背景下，借助移动媒介实现多元主体整合、达成价值共识、促进公共行动对乡村社区具有重要意义。（该文获南京师范大学2018年优秀博士学位论文）

作者：牛耀红（南京师范大学新闻与传播学院2018级博士研究生）
导师：方晓红（南京师范大学新闻与传播学院教授）

《身体“再文化化”：移动社交媒介交往形式研究》内容摘要

随着社交媒介日益嵌入日常生活场景，人们检索信息、联系好友、购物支付与公共服务等行为，都愈加依赖社交媒介的存在，这促使社交媒介逐渐成为日常生活实践不可或缺的部分。同时，政治、经济、文化等社会系统的运行，开始依赖社交媒介并形成紧密关联。正因为社交媒介嵌入日常生活的那种普遍性和世俗性，致使生活好像依旧波澜不惊，并未生成某种剧烈变革。但变化已然存在，作为新的社会交往手段，社交媒介很大程度重塑交往时空与交往形式。这显然需要经验的提取与理论的概述。那么，新的交往形式是什么，与以往的交往形式有何区别？社交媒介是如何生成新的交往形式？这种新的交往形式逻辑是什么，又带来何种新的社会意义？

通过涉身的现实观察，以及对生活中日常交往经验的记录与反思，并以质化思维方式进行剖析。该研究发现，社交媒介已然为生活带来诸多新的变化，人与人的交往如今不再受到时空的限制，身体在场与不在场的状态浑然不清，个人与群体的关系则变动不居，中心与边缘的界限缥缈不定。为识别这些交往现象蕴含的社会意义，就必须对居其背后的交往和身体、实践和意义，以及社交媒介与社会整体生活风格之间的关系进行理论提取，进而将当前的交往形式及其性质作为研究问题提出。基于此，论文延续既有研究，拓展“再文化化”概念，并将其视为身体与社交媒介技术互动所衍生的交往形式。

身体“再文化化”作为交往形式，暗含了交往历史的不同分期，其区分维度就包括媒介交往时空中的身体变化，以及于此形成的意义手段与关系。该研究将这种历史分为三个阶段，前技术时代以口语等媒介为主的交往时期；组织化大众媒介时代以电视等媒介为主的交往时期；移动社交时代以社交媒介为主的交往时期。第一阶段，身体主要是呈现出“文化化”的特征，第二阶段则是身体的“弥散化”，第三阶段则是身体的“再文化化”。不可忽视的是，这些理念的提出涉及对社会交往、身体等基础概念的重新界定，这些内容将在论文的第一章集中阐述。当然，这种划分本身不意味边界的清晰与固化，因为媒介往往是并列与融合的体现，论文进行的划分只是为了论证需要。

对社会交往及其形式研究离不开对技术的分析，因为技术、材料是交往生成的物质基础。从以口语、肢体语言为媒介的交往，到报刊、广播、电视等组织化大众媒介的交往，再到当前的移动社交媒介，每种媒介都深深嵌入与交织在社会交往的网络中，产生决定性的影响。这些媒介技术究竟如何构成其影响，论文从身体在场、角色关系和交往场景三个维度出发，认为社交媒介在自身技术逻辑的演化下，重组社会交往时空，促使身体在场多元化，并催生流动交往关系。概言之，面对这些新的变化，社交媒介成为新的“社会操作系统”，重新构造人们感知与体认世界的方式，进而在交往中彰显技术的“意向性”。

虽然社交媒介为社交提供物质条件与技术基础，并很大程度上对交往产生规约作用。但探讨不止步于此，因为其忽视身体基于社交媒介技术日常实践带来的意义重构。如果不对这个问题进行分析，研究只能是在某种程度上对既有研究（例如技术决定论）的补充。新的媒介交往技术之所以重要，关键在于其改变了身体的日常实践与交往模式，重新勾连由身体构成的实践网络关系。简言之，移动社交中的身体并未在技术规约下千篇一律，而是在互动过程中通过节奏重新生成交往意义，这个过程其实就是“地方”的生成。在“地方实践”过程，带来主体的重新确认及其身份认同建构，并融入同一性中。

与此同时，人与社交媒介技术的互动带来复杂的状态，如现实与虚拟、外在与内在、真实与虚假等暧昧不清的胶着关系。正是这种关系构成社交时代的根本性社会心理状态，激活了作为具有原初性文化驱动力的“含混性”。借助于文化人类学中的“阈限”概念，身体与社交媒介技术的互动本身可以视为结构与结构之间的过渡阶段，本身隐喻着独特的交往时空与意义生成可能。在移动社交实践过程，这种含混性的文化喻义，不仅带来社交媒介交往中的秩序性，亦在潜移默化中重构社会总体性运行，催生新的社会交往风格。

当然，在移动社交的日常实践中，不可避免存在许多问题，尤其是由于身体过度化导致“猥亵”、伪社交与社交退化等现象。但是，对这些问题的纾解不是要回到传统强调的理性化主体伦理思路，而是回到移动社交本身，亦即身体伦理的视角。究其原因，因为身体经验已经成为交往伦理的主导性因素。具体的纾解路径亦需在此基础上提取。（该文获2018年暨南大学优秀博士学位论文）

作者：陈瑞华（暨南大学新闻与传播学院2018级博士研究生）
导师：林爱珺（暨南大学新闻与传播学院教授）

2018年新闻传播学博士学位论文、博士后出站报告篇目辑览

（按大学所在地行政区划排序）

中国社会科学院研究生院新闻学与传播学系

论文标题	作者	指导教师
震裂锁链:民间妇女组织性别文本生产与传播研究	熊　颖	卜　卫
当代中国的外国移民管理思想和体系建设——基于身份建构理论的中美经验对比研究	孙彦然	姜　飞

中国传媒大学

1. 2018年博士学位论文

论文标题	作者	指导教师
纪录片非纪实性视觉语言体系研究	刘　晴	孙曾田
媒介地理学视域下的广东纪录片发展研究	黄桂萍	何苏六
“国家—市场—社会”视角下中国纪录片产业研究	徐　锦	何苏六
《朝日新闻》在日本侵华战争中的活动及影响	邓德花	何　兰
赵玉明广播电视史学思想研究	燕　频	哈艳秋
改革开放以来民营书业的发展变迁研究——以传播政治经济学为视角的分析	刘浩冰	李　频
中国文化众筹的融资模式及融资绩效影响因素的研究	安　乐	梅　松
日本电视产业价值链发展研究——基于价值链“钻石模型”的视角	周笑盈	曾祥敏
当代美国新闻文化研究	杜海滨	刘笑盈

2. 2018年博士后出站报告

论文标题	作者	合作导师
中国社会学图书出版现状分析报告——基于2014年全国社会学图书经验数据	炊国亮	胡正荣 谢寿光
全球治理中国方案的国际传播话语构建——基于“一带一路”建设海外传播的研究	朱瑞娟	胡正荣

续表

论文标题	作者	合作导师
全球语境下中国对非洲传播的媒体实践与思考	雷　伟	胡正荣
新媒体语境下的新闻性别叙事研究——在中国女性新闻话语的历史中考察	戴蓓芬	曾庆香

北京大学新闻与传播学院

1.2018 年博士学位论文

论文标题	作者	指导教师
构建传播新秩序背景下的中国政府传播策略研究	薛松岩	程曼丽
品牌危机传播管理的数字智能化转型研究：基于创意传播管理(CCM)理论	王素君	陈　刚
网络“海潮音”——北京龙泉寺的媒介实践分析	李思闽	师曾志
中国网络内容平台的商业机制和劳动控制研究	翟秀凤	程曼丽
会展的国际传播力研究	郭　立	陆　地
清廷与蒙古藩部的周边文化传播研究	刘　源	陆　地
中国传统节庆文化周边的传播路径和对策研究	钟棉棉	陆　地
网络媒介的使用与塔什库尔干县塔吉克人身份建构研究	唐　红	师曾志
公共人的崛起——公共交往互动与社会有机团结研究	周　慎	师曾志
中国本土广告公司发展研究(1992—2001)	石晨旭	陈　刚
感知科幻电影：身体，技术与未来	林　超	陆绍阳
二战后的中日历史话语与修辞比较研究	张　倩	陈汝东
国民信息安全研究	柯一嘉	陈汝东
中国网络视频产业发展战略研究	靳　戈	陆　地
传播与维吾尔村落的变迁——南疆地区依克萨克村的民族志研究	布玛丽亚 木买买提	程曼丽
数字时代设计公司商业模式创新研究	唐圣瀚	陈　刚
欧美食品安全社交平台风险传播策略研究——以 EFSA 和 FDA 为例	爱丽丝	师曾志

2.2018 年博士后出站报告

论文标题	作者	合作导师
中东地区英文报纸的发展与影响：土耳其、伊朗、埃及、沙特阿拉伯和以色列的比较	欧斯曼·艾诺	程曼丽
新媒体融合下的创意产品研究——以兰州广电新媒体转型创意产品研发为例	陈　迟	杨伯溆

清华大学新闻与传播学院

1. 2018 年博士学位论文

论文标题	作者	指导教师
电视用户跨屏视频使用行为研究	柴　焱	金兼斌
国难时期的边疆动员——《新疆日报》抗战宣传研究	李宏刚	陈昌凤
再中心化:社交媒体混合语境下的集体记忆建构	王　晶	金兼斌
华语影片国际传播能力建构	郑维雄	崔保国
日本殖民朝鲜时期(1910—1945)在华朝鲜人报刊研究	金容敬	李希光
乡村政策传播中的信息稳定与信息博弈研究	邱新有	李　彬
抗战时期《云南日报》的话语建构研究(1937—1945)	胡曙光	陈昌凤
科学媒体化:表征、感知及影响因素研究	史　林	金兼斌
"业余路线":延安时期新闻大众化运动研究	李海波	李　彬
内蒙古自治运动中的宣传研究(1945—1947)	石　泽	陈昌凤
中国维吾尔语传媒研究	吐尔孙·艾拜	李　彬
主流媒体身份研究	朱小妮	柳斌杰
智慧城市背景下的政府公共传播理念与实践路径研究	王连峰	李希光
社交媒体用户劳动及其异化研究——基于微博的考察	宁丽丽	王君超
中国少数民族议题的全球传播:文本、事件与经历	廖鲽尔	史安斌
科学风险议题的媒介话语与政府回应	王宇琦	陈昌凤
中国新闻管理制度变革研究	郑　雷	柳斌杰

2. 2018 年博士后出站报告

论文标题	作者	合作导师
中国新闻史学的理论与实践	易　耕	陈昌凤
城市音乐与城市品牌建构	谢　鹏	范　红
城市文化——基于感性体验的城市文化研究	张骐严	范　红
新闻出版广电影视业投融资问题研究	王嘉婧	胡　钰
企业声誉建设:理论认知与发展趋向	汪帅东	胡　钰
新时代中国对外传播的多模态话语创新研究	杨　颖	郭镇之
城市传播	慕　玲	范　红

中国人民大学新闻学院

1.2018 年博士学位论文

论文标题	作者	指导教师
热点事件公共讨论中的多元表达研究——基于批评话语分析的视角	范　敏	涂光晋
互联网环境下的品牌传播策略研究:基于受众节点和网络人际关系系统的思考	公克迪	涂光晋
中国命运决战的舆论前奏——国共舆论斗争史(1941.12—1943.10)	文武英	方汉奇
西方民意调查中的“中国国家形象”研究	赵丽君	郑保卫
社会化媒体时代的品牌接触行为研究——基于品牌关系视角	张　宁	彭　兰
微信谣言传播机制研究	刘　波	匡文波
出版业转型模式——面向用户个性化需求的场景知识服务	韦英平	周蔚华
角色重塑——新媒体生态下新闻从业者职业流动研究	陈立敏	周小普
媒介形态转型与受众观的变迁——传播学理论对受众的想象与建构	黄丽丽	周小普
新媒体与政治参与:以弹劾朴槿惠总统烛光集会为案例	郑沅教	高　钢
中国新闻史学史研究	赵战花	方汉奇
改革开放以来中国主导新闻价值观念变迁研究	朱立芳	杨保军
国家的国际传播研究	王　硕	赵永华
中国共产党主要领导人互联网思想研究	谢建东	郑保卫
关系视野中的媒介变迁	张成良	杨保军
网络语言现象研究	陈　孟	周建明
言论报道、情报调查、外交谈判——多元视角下的《朝日新闻》与近代中国(1894—1945)	王鲁亚	王润泽
中俄媒体合作与战略传播的耦合:内涵、动因、路径	张　萌	赵永华
认知差异机制下的中国国家形象建构研究:理论框架与实践方案	王梦宇	杨保军
内蒙古地区形象传播研究	李永凤	匡文波
大数据时代的删除权研究	周　冲	陈　绚
新媒体时代重大突发事件风险沟通的话语研究	蒲信竹	彭　兰
传播技术决定论的观念及论争	方　惠	刘海龙
全球网络空间秩序研究	单晓颖	彭　兰
论中国股市流言传播的“媒体效应”	费杨生	陈力丹
网络信息治理的刑法边界	冯建华	陈　绚
手机视频 APP 的传播机制研究	童文杰	匡文波
基于大数据技术的个性化广告效果评估模型研究	黄琦翔	匡文波

续表

论文标题	作者	指导教师
记忆与认同:“中国记忆”的影像建构——基于中国纪实影像生产的研究(1949—2017)	虞国芳	郭庆光
互联网知识付费平台的用户分析与对策机制研究	姚 飞	喻国明
抑郁症患者的信息寻求与疾病认知:健康传播视角下的实证研究与分析	潘佳宝	喻国明
试论互联网企业参与下的电影生产场域权力变迁	曹 璞	喻国明
版权保护强度与传媒产业绩效间的关系研究	王 军	丁汉青
秩序重构:流动现代性视域下的媒介消费研究	曲 慧	喻国明
影视公司价值评估模型的构建及其有效性分析	王 田	张辉锋
美国海外文化外交平台“美国空间”多维度研究	潘亚楠	钟 新
1980 年代中国成长电影中的男性形象研究	骆静雨	钟 新
新世纪中国明星身体形象的建构	胡岑岑	周小普
广播与民族国家想象:中国早期广播社会文化史(1923—1937)	李宝玉	周小普
基于大数据的视听信息传播效果评价指标体系研究	赵 璇	周 勇

2.2018 年博士后出站报告

论文标题	作者	合作导师
电视婚恋节目与中国青年的婚恋观研究——改革后期的两性关系与身份认同	杨 超	周 勇
隐私保护视角下的互联网用户数据使用规则研究	徐艺心	郭庆光
从“广告模式的优化”到“经济体制的变迁”——中国互联网品牌传播观念变迁研究	王成文	胡百精

河北大学新闻传播学院

2018 年博士学位论文

论文题目	作者	指导教师
雾霾风险议题的主流媒体建构——以《河北日报》为中心	韩韶君	白 贵
白洋淀生态报道研究	王敬照	杨秀国
媒介现代化进程中的中国民族主义思想研究	曹 磊	白 贵
《妇女杂志》中的女性形象研究	刘伟娜	任文京
报道崛起的中国:英国广播公司(BBC)和半岛电视台(AJE)的框架比较研究(2013—2014)	阿里夫	白 贵

复旦大学新闻学院

1.2018 年博士学位论文

论文题目	作者	指导教师
媒介环境对教育的重塑:理念、体系、内容	李永智	童　兵
中国国家领导人公共形象传播研究	黄红英	童　兵
技术与媒介的互构:晚清《申报》关于电报的认知与实践	钱佳湧	黄　瑚
技术、资本与数字劳动:数字平台的传播政治经济学研究	蔡润芳	曹　晋
谁在记忆:媒介、创伤与“犹太难民在上海”	单　凌	李良荣
精致的操纵:后冷战时期美国的新宣传研究	王智丽	张涛甫
中国电视剧产业组织优化研究	谢晨静	刘海贵
广播媒介的记忆生产研究:以中央人民广播电台为例	周　雅	陆　晔
“网络城市”中的都市报转型——以山东青岛半岛都市报为例	高存玲	孙　玮
媒体议程对个人议程的影响——基于 Twitter 的大数据文本挖掘	易红发	廖圣清
Social CRM 的创新价值和理论意义	沈　颖	程士安
红色经典的“新中国”想象(1949—1966)——基于媒介视角的研究	史春晖	孟　建

2.2018 年博士后出站报告

论文题目	作者	合作导师
中国互联网接入二十年研究——来自媒介生态变迁视阈的学术观察	王　月	孟　建
台湾电影文化视域下的公众身份认同嬗变(1945—2016)	杨　曙	黄　瑚

华东师范大学传播学院

2018 年博士学位论文

论文标题	作者	指导教师
从视觉节奏到生命律动:诗意纪录片研究	杨　会	聂欣如
教育动画研究:本体、形式与功能	陈树超	聂欣如
中国当代公益广告话语变迁研究(1986—2016)	张雯雯	杨海军
媒介转型时期网络新闻伦理失范研究	邵　慧	刘秀梅
国外纸媒涉华气候变化报道中的中国国家形象研究(2007—2017)	秦　静	陈　虹

上海大学新闻传播学院

1. 2018 年博士学位论文

论文标题	作者	指导教师
印象派绘画在近现代中国传播研究(1905—1937)	方　茜	郑　涵
城市空间:传播与社会信任	樊中华	许正林
中美新型大国关系视域下 APEC 会议沟通机制研究	狄　丹	张　敏
施拉姆传播思想研究	李艳松	许正林
中国—东盟博览会沟通机制研究	聂鑫焱	张　敏
沟通、交往与控制:中阿博览会合作机制研究	李　翔	张　敏

2. 2018 年博士后出站报告

论文标题	作者	合作导师
韩国文化产业的国际传播研究	林福顺	吴信训

南京大学新闻传播学院

2018 年博士学位论文

论文标题	作者	指导教师
风险传播视角下的新生代农民工城市适应研究	张　龙	郑　欣
都市报的衰落与“组织的失范”——《新疆都市报》田野研究	石　峰	杜骏飞
新疆阿克苏地区汉民人际传播网络建构与社会融入的扎根理论研究	申中华	潘知常
从接纳到再生产:网络口碑传播的创新扩散研究	王志海	杜骏飞
话语建构与主体实践:中国人学英语的传播学研究	孙文峥	郑　欣

南京师范大学新闻与传播学院

2018 年博士学位论文

论文标题	作者	指导教师
民国新闻人陈独秀研究	张　朋	倪延年
马礼逊对华传播活动研究	刘　伟	方晓红
“互联网尺度”下的公共事件	王少磊	方晓红
网络公共空间与乡土公共性重建——基于一个西部农村的考察	牛耀红	方晓红
环境传播中的媒介动员:以我国雾霾事件为例(2000—2017 年)	陈甜甜	于德山
戈公振新闻思想演变研究	吴　翔	倪延年

浙江大学传媒与国际文化学院

1. 2018 年博士学位论文

论文标题	作者	指导老师
流动的边界:艺术世界中的边界实验	杨舒蕙	王小松
抵抗的艺术——后结构主义艺术批评研究	杨娟娟	沈建平
建国以来云贵川少数民族电影的影像叙事研究(1949 年至今)	袁　源	胡志毅
《诗经》五伦研究	吴璧群	张节末
德龄家族的人生剧本传播研究	黄柳菱	李　杰
网络游戏中的自我认同建构——以青少年玩家为例	胡晓梅	黄少华
社交媒体平台老年群体的健康信息行为研究	王　蔚	李东晓
亚洲主张:全球传播背景下的亚洲传播理论研究	周　颖	邵培仁
媒介体制与社会信任:基于欧洲 12 国的比较研究	方振武	韦　路
从宣传到霸权:社交媒体语境下党媒的传播调适	龙　强	吴　飞
农村留守儿童的网络使用与自我认同研究	唐　娟	吴　飞

2. 2018 年博士后出站报告

论文标题	作者	指导老师
寻求智慧的经院哲学	徐玉明	王　杰
How China's Belt and Road Initiative Influenced China's Image in Islamic World: Investigating China's Image Construction, Interpretation and Dissemination in the Islamic News Media	Muhammad Khalil Khan	吴　飞

武汉大学新闻与传播学院

2018 年博士学位论文

论文题目	作者	指导教师
我国网络直播产业研究——基于 SCP 范式	夏忠敏	强月新
生命的政治:媒介、视觉交往与都市空间——一项基于武汉市东湖绿道的传播人类学研究	王继周	罗以澄
“互联网 +”时代都市报经营体系转型研究——以半岛都市报为例	支英琨	罗以澄
雾霾议题传播对个体风险感知影响研究	李　京	夏　琼
中国电视新闻话语的衍变——基于央视《新闻联播》的个案研究	彭　松	王瀚东

续表

论文标题	作者	指导老师
中国 IP 影视产业国际竞争力提升研究	杨　雪	吕尚彬
“互联网 +”背景下中国报业组织结构变革研究	熊　敏	吕尚彬
移动时代新型垂直媒体创新能力影响机制研究	邓　敏	姚　曦
公民新媒体参与社会治理研究	蔺玉红	秦志希
当代中国汉地佛教徒的交往实践——一项围绕迦叶寺的研究	冯济海	单　波
书写、沟通、交往:老年人微信使用与自我赋能研究	王　艳	夏倩芳
微信平台的灾难新闻传播研究	余　榕	夏　琼
媒介融合背景下地市媒体发展路径研究	郭　辉	夏　琼
中国传媒产权制度的历史变迁与现实建构研究	姜　涛	冉　华
创意共享与品牌共创:消费者增权视角下的营销传播变革研究	奚路阳	程　明
中国画的跨文化传播:认知图景、文化机制与创新路径	徐福山	单　波
劳动节的媒体记忆研究	龚新琼	石义彬
我国报业平台化发展策略研究	王　娟	石义彬
媒介化社会中医患冲突的风险传播研究	吴洪斌	石义彬
数字传播技术驱动下的多媒体新闻叙事重构	杨金瑞	秦志希
中国当代民办大学形象研究	周中斌	王瀚东
新媒体环境下大学形象自我呈现研究——基于戈夫曼拟剧理论视角	李志雄	王瀚东
个体的组织化:中国新闻生产中的通讯员、线人与拍客	黄伟迪	夏倩芳
知识越多越信任?——互联网医疗知识传播与医患信任研究	李　婧	夏倩芳
社会交往、空间使用与社会关系的重建——对昆明市城市老年移居者运动休闲活动的考察	李宇峰	夏倩芳
新型陌生人跨文化交往的情感体验研究——基于对 Couchsurfing 网站中国内地沙发主群体的调查	曹　艳	单　波
博弈论视域下的报业广告经营研究	胡海南	江作苏
我国媒体建构社会共识的现状与策略研究——以邻避议题传播为中心的考察	王少南	夏　琼
中国电视法治公共领域的建构与演变	袁　侃	石义彬
自然灾害微博舆情的社会计算模型建构研究	刘丽华	刘丽群
重大灾难事故政府新闻应急处置优化研究——以“东方之星”客轮翻沉事件为例	陈　航	强月新
企业家媒介前台化行为对品牌资产的影响研究——消费者视角下的实证分析	陈瑜嘉	冉　华
用户感知价值、社群社会资本对社群经济影响的实证研究	周亚齐	程　明
正义、冲突与责任:《人民日报》农村社会问题报道的框架分析(2004—2017)	李小光	冉　华

华中科技大学新闻与信息传播学院

2018 年博士学位论文

论文标题	作者	指导老师
集体记忆的媒介实践研究:以南京大屠杀纪实影像为中心	陈虹虹	郭小平
传播与流变:媒介视野下西方卫生知识在近代中国的流通(1840—1937)	陈佳丽	唐海江
国际社交网络中“政府实在”表征研究	陈文泰	李卫东
“官”、“报”之间:清末行政中的《北洋官报》研究	丁　捷	唐海江
移动传播时代听觉回归研究	郭　缨	王　溥
新媒体品牌力的框架构建与实践探索	李秋华	钟　瑛
再现和竞争:健康风险新闻传播研究	李瑞芳	余　红
视频社交:关系视域下网络直播的人际交往研究	栾　颖	石长顺
社会化媒体嵌入区域传播及影响——基于腾讯区域化的实证研究	舒　展	钟　瑛
社交媒体使用的数字不均与代际学习——基于家庭世代主体的实证考察	王波伟	张明新
媒介化的死亡政治:权力规训与真理生产(1976—2016)	王创业	张　昆
新媒介动员与集体抗争:基于武汉 H 小区拟建临终关怀医院的个案研究	吴　丹	何志武
社交媒体中的恐慌性谣言传播研究	周高琴	钟　瑛

四川大学新闻学院

2018 年博士学位论文

论文标题	作者	指导教师
媒介技术视角下中国 UGC 内容生产方式变迁研究	杨　珊	蒋晓丽
新媒体生态下我国电视新闻栏目品牌的再构研究	王江蓬	欧阳宏生
作为媒介记忆的影像:中国历史人文纪录片记忆的呈现研究	梁湘梓	欧阳宏生
传播学视阈下的四川藏羌彝非遗研究	胡　畔	欧阳宏生
用户考量下地方传统媒体客户端的新闻生产优化:基于 S 省的实地研究	张　诚	朱　天
英美学界中国社交媒体研究	曹漪那	蔡尚伟
文化认同视域下妈祖图像的生产与传播研究——以湄洲妈祖祖庙为例	帅志强	蔡尚伟
文化批评视野中美剧在华传播历程研究	刘一辰	蒋晓丽
场域变迁视角下我国社会主义意识形态传播困局和对策研究	王媛媛	蒋晓丽
社交媒体使用与女性大学生的自我展示研究	李　倩	蒋晓丽

厦门大学新闻传播学院

2018 年博士学位论文

博士论文题目	作者	指导教师
台湾无线电视媒介制度变迁研究(1951—2017)——历史制度主义的视角	陈若萱	岳　淼
中国品牌国际传播的修辞分析——基于品牌网站和全球广告研究	Elizabeth Susanti Gunawan	阎立峰
詹姆斯·凯瑞的传播思想研究——以公民共和主义民主为框架	李　辉	黄星民
从隔绝到交流:台湾报纸大陆新闻叙事研究——以 1981—2010 年《中央日报》、《中国时报》、《联合报》、《自由时报》为例	许丽华	张铭清
福建"海丝"文化产业发展研究——以"地方感"的建构为视角	王惠蓉	陈培爱
先秦道家传播观念研究	韩锡鹏	黄星民
水墨画的审美心理机制与水墨广告的效果研究	侯凡跃	林升栋
1930 年代《玲珑》杂志强国强种的民族主义媒介表述	陈路遥	陈嬿如
台湾《联合文学》杂志发展史研究(1984—2017)——以经营策略和编辑理念为中心	黎　鲜	许清茂
社会网络视野下少数民族村民的移动媒介使用及影响研究——以河坝村为例	石　迪	陈嬿如

中山大学传播与设计学院

2018 年博士学位论文

论文题目	作者	指导教师
性别,身体与国家——民国两种女子运动身体及其语境考察(1912—1937)	吴梦园	杨小彦
"错位时刻"的话语交响:国有企业改革与政党国家话语形构(1995—2000)	陈　鹏	李艳红
审美与致用——中国现代化进程中美术革命的流变(1912—1937)	张　艺	杨小彦
Web2.0 时代的流行文化:受众、生产与文本的变迁——以中国网络剧为例	刘　琛	陈卫星

暨南大学新闻与传播学院

1.2018 年博士学位论文

论文题目	作者	指导教师
旅美华侨华人抗争传播实践及其传播理念研究(1894/1916)	陈英程	曾建雄
增强现实在营销传播领域的应用研究	李　苗	杨兴锋

续表

论文题目	作者	指导教师
新媒体语境下都市报品牌资产管理研究(基于受众视角)	钟之静	杨兴锋
作为知识创新组织的当代中国广告企业生产力研究	万木春	吴予敏　杨先顺
社交媒体中口语传播的交互性研究	王　媛	林如鹏
身体"再文化化":移动社交媒介交往形式研究	陈瑞华	林爱珺
竞合之间:参与传播视域下我国邻避冲突治理机制研究	公丕钰	刘家林
农民工表演式抗争的图像政治研究	王雪晔	刘　涛
冲突与沟通:"一带一路"跨文化传播现状与策略研究	梁海明	范以锦

2.2018 年博士后出站报告

论文题目	作者	合作导师
新生代农民工社会心态的媒介呈现与话语建构研究	周述波	林如鹏

新闻传播学研究生入学试题选登

中国社会科学院研究生院2018年研究生入学试题

博士研究生入学试题

专业名称：新闻学

研究方向名称：新闻法治与伦理研究、传媒经营管理研究、社交媒体研究

考试科目名称：新闻传播理论与历史

1. 结合中西新闻传播思想史和当下的社会情境，阐述宣传、舆论、民意三者之间的联系和区别。(20分)

2. 概述媒介化理论的主要观点、理论贡献以及对该理论的主要批评意见。(20分)

3. 受众研究是大众传播时代传播学研究的重要组成部分。然而，在数字技术时代，“受众”概念是否仍然适用？“受众研究”范式受到哪些挑战？当下的传播学研究应如何继承和发展受众研究的遗产？(30分)

4. 近年来，“假新闻”问题受到了新闻传播业界和学界的密切关注。请从新闻传播实务和理论两个层面，结合现实案例，阐述“假新闻”的产生机制和社会影响机制。(30分)

专业名称：新闻学

研究方向名称：新闻法治与伦理研究

考试科目名称：新闻法治与伦理的学理基础

1. 必答题（每题30分）

(1) 简论表达自由的价值与禁限。

(2) 请举出一项新闻传播伦理准则，并对其作出某一方面的学理分析与点评（例如阐释其生成的背景，论辩其应然的作用，评析其实然的障碍或条件等）。

2. 选答题（以下三题三选二，每题20分。只计两题的成绩，多答不多计分）

(1) 简析新闻自由的是与非。

(2) 请列举一本你欣赏的有关传播法（新闻法、传媒法）或传播伦理（媒介伦理）的学术专著，谈谈你的阅读体会。

(3) 请举出一项国内或者国外的新闻传播立法（或者法条），对其作出学理分析与点评（例如阐释其出台的背景，论辩其法制作用，评析其适法得失等）。

专业名称：新闻学

研究方向名称：传媒经营管理研究

考试科目名称：传媒经营管理的基础理论与实践

1. 必答题（每题30分）

(1) 移动互联网时代新闻内容付费阅读会成为一种普遍的传媒经营模式吗？为什么？

(2) 谈谈你对SWOT分析法的认知（基本特点、分析模型、应用规则）。

2. 选答题（以下三题三选二，每题20分。只计两题的成绩，多答不多计分）

（1）你认为人工智能的发展将会对传媒经营管理带来哪些影响？

（2）概述整合营销传播理论。

（3）介绍一下你所从事过的与传媒经营管理相关的研究工作。

专业名称：新闻学

研究方向名称：社交媒体研究

考试科目名称：社交媒体理论与实践

1. 必答题（每题30分）

（1）你认为社交媒体在过去一年出现了哪些值得关注的发展变化？请结合国内外案例进行解析。

（2）如何看待网红现象？

2. 选答题（以下三题三选二，每题20分。只计两题的成绩，多答不多计分）

（1）如何理解社交媒体环境中的议题设置理论？

（2）全球多项调查显示，媒体信任度正逐渐走低，你如何看待这一现象？社交媒体在其中扮演了何种角色？

（3）谈谈近半年从社交媒体上获得的给你印象最深刻的一则新闻/音视频节目/电影，并分析其原因。

硕士研究生入学试题

专业名称：新闻学、传播学

考试科目名称：新闻传播历史与理论

1. 名词解释（每题5分，共35分）：

（1）《湘江评论》

（2）北京大学新闻学研究会

（3）用时间消灭空间

（4）传播仪式观

（5）移动传播

（6）大清报律

（7）新闻专业主义

2. 简答题（每题10分，共40分）：

（1）概述毛泽东《对晋绥日报编辑人员的谈话》的主要内容。

（2）简述“沉默的螺旋”理论。

（3）《民报》与《新民丛报》的论战主要围绕哪些问题展开？

（4）简析“国际传播”与“全球传播”之区别。

3. 论述题（共75分）：

（1）“党媒姓党”的历史渊源与现实意义。(20分)

（2）《新青年》的创办过程及其对近代中国的主要影响。(20分)

（3）党的十九大报告提出“坚持正确舆论导向，高度重视传播手段建设和创新，提高新闻舆论传播力、引导力、影响力、公信力”。请谈谈你对这段话的理解。(35分)

专业名称：新闻学、传播学

考试科目名称：新闻传播业务

1. 名词解释（每题5分，共35分）

（1）中国新闻奖

（2）第一读者

（3）埃德加·斯诺（Edgar Snow）

（4）公共广播电视

（5）网络直播

（6）融媒体

（7）假新闻（fake news）

2. 简答题（每题10分，共50分）

（1）概述新闻报道的全面性原则。

（2）谈谈自媒体的兴起对既有新闻传

播格局的影响。

（3）简述算法推荐新闻的利与弊。

（4）如何看待近年来频繁出现的“反转新闻”现象?

（5）概述当前我国媒体融合取得的成绩及存在的问题。

3. 业务操作（共65分）

根据所提供的阅读材料，完成以下3项工作：

（1）编写一篇100字左右供微博发布的消息。(10分，其中标题3分)

（2）编写一篇200字左右供广播口播的消息。(25分，其中标题5分)

（3）撰写一篇500字左右供报纸刊发的短评。(角度自选，题目自拟。30分)

【阅读材料】

（略）

南京大学2018年硕士研究生入学试题

考试科目：传播史论

1. 名词解释（每题5分，共30分）

（1）群体极化

（2）受众商品论

（3）新闻框架

（4）第三人效果

（5）冷媒介

（6）信息方式

2. 简答题（每题12分，共60分）

（1）“后真相”时代公共舆论的形成有哪些特征?

（2）请简述“文化工业”理论的内涵。

（3）相对于传统的新闻报道和呈现方式，“数据新闻”更加客观、中立吗? 为什么?

（4）从媒介发展史的角度分析，报纸作为媒介其未来命运会如何?

（5）在场域理论视野下，新闻场域的内在逻辑会导致新闻文本的哪些特征?

3. 论述题（每题20分，共60分）

（1）请论述媒介技术对人类空间观念的影响。

（2）谈谈你对媒介“技术决定论”的理解。

（3）当下，手机越来越占据了人们的注意力，但同时也有不少人采取各种方式抵抗手机的使用。请根据这个现象，分析人们对手机媒介的依赖、抵抗以及手机在未来日常生活中的前景。

考试科目：研究方法与传播业务

1. 名词解释（每题5分，共20分）

（1）建构效度

（2）抽样分布

（3）中央厨房

（4）精准营销

2. 简答题（每题10分，共40分）

（1）简述实地研究中采取“陌生的态度（attitude of strangeness)”的重要性。

（2）默顿提出的经验研究对理论发展的功能有哪些? 请结合传播学经验研究的成果说明其中的一个功能。

（3）请简述植入广告与内生广告有何不同。

（4）请简要概述传媒产业的“二元产品市场”内涵以及其运作特征。

3. 论述题（每题20分，共60分）

（1）有人说当前媒介环境下“公关崛起，广告衰落”。请问你怎么理解这句话?

并谈谈你对广告与公关发展趋势的看法。

（2）试论述一下新媒体被受众采纳、使用与持续使用的影响因素分别有哪些？

（3）试论述一下计算传播学兴起的原因以其对传播学研究发展的推动作用。

4. 操作题（30 分）

请围绕“新生代农民工在城市社会的文化融合研究”这一课题，设计一项或几项实证研究，出具一份完整的研究提案，其中应包括研究目的、缘起及意义、关键概念及理论的概念化、研究问题/研究假设、研究对象、拟采用的研究方法（数据收集方案、抽样方法、测量方法等）。

考试科目：新闻与传播专业基础

1. 名词解释（每题 6 分，共 30 分）

（1）信息茧房

（2）碎片化

（3）沉默的螺旋

（4）数字沟

（5）公民新闻

2. 简答题（每题 15 分，共 45 分）

（1）试结合 2016 年 11 月通过的《中华人民共和国网络安全法》简要论述一下网络空间治理的意义。

（2）请简要叙述一下移动互联传播的特点及其对使用者的影响？

（3）什么是新闻事实核查，它的未来发展趋势是什么？

3. 论述题（每题 25 分，共 75 分）

（1）请论述一下人工智能（AI）的兴起对新闻业产生的影响？

（2）在新的传播技术条件下，不少互联网平台设置了基于算法的个性化新闻推送功能，请分析个性化新闻推送的运行逻辑，并从新闻与社会的角度，讨论个性化新闻推送的利弊。

（3）试分析中央厨房在实践运作中的优势与挑战。

考试科目：新闻与传播专业综合能力

1. 名词解释（每题 5 分，共 20 分）

（1）IP 剧

（2）信息流广告

（3）反转新闻

（4）新闻策划

2. 问答题（每题 15 分，共 30 分）

（1）请列举一例你所关注到的新闻客户端，并运用 SWOT 分析法对其进行分析。

（2）请根据国内外著名研究机构（如哥伦比亚大学新闻学院、波因特研究所或牛津大学路透研究所等）的研究报告，简要描述近年来新闻业发生的巨大变化。

3. 策划题（每题 30 分，共 60 分）

（1）移动社群电商是一种基于社群经济生态衍生的新型商业模式，以共同的兴趣、行业、价值观为导向形成内在强关系，以微信、微博、自媒体等移动载体为工具，将客户进行社群化改造，充分激活沉淀客户，通过调动社群成员的活跃度和传播力，最终实现产品和服务变现的过程。

请结合材料，应用“社群”思维，为一项大学生创业的绿色生鲜蔬菜电商平台做一份品牌传播方案。

（2）中国人口老龄化的现象变得越来越突出，这一日渐增长的受众群日渐受到媒体的关注。有媒体准备面向南京市的老龄人口专门推出一款 App，专门向老人社区传播各种新闻和服务信息。请你帮助该 App 设计其内容框架，并陈述理由。

4. 写作题（共 40 分）

请根据以下材料写一篇 1000 字左右的新闻评论。

2017 年 9 月 7 日凌晨，手机应用 WePhone 创始人苏享茂跳楼自杀，死前留下遗书称自己是被“极其歹毒的前妻”逼死，因其前妻翟欣欣以“有漏税行为和 WePhone 有网络电话功能，是灰色运营”两点相要挟，索要 1000 万元和三亚的房子。对此，翟方回应称是因“翟欣欣不想再婚，所以提出要一千万元拿回去和父母生活、养老”，同时否认了网上盛传的“骗婚集团”说法。据悉，苏翟二人都是世纪佳缘 VIP 会员，在红娘撮合下 2017 年 3 月首次见面，6 月结婚，7 月离婚。

考试科目：新闻传播史论

1. 名词解释（每题 5 分，共 30 分）

（1）“公正评论”抗辩事由

（2）新闻事实核查（Fact Checking）

（3）信源透明化（Radical Transparency）

（4）《中国报学史》

（5）“掏粪运动”

（6）“星法院法令”

2. 简答题（每题 10 分，共 40 分）

（1）算法新闻渐成一种趋势，谈谈算法新闻所涉及的媒介伦理问题。

（2）简述杰弗逊的新闻思想。

（3）简述《独立评论》的“独立精神”。

（4）简述“实际恶意原则”来源及主要内容。

3. 论述题（每题 20 分，共 80 分）

（1）请结合下列两段材料分析在网络化语境下，新闻媒体应该承担什么样的社会责任：

2001 年 8 月《人民日报》发表《假如媒体缺席》一文，在评论当年一起重大公共安全生产事故——“南丹矿难”时指出，假如媒体缺席，无人监督，无人深究，这正是肇事者和犯罪者所企盼的。假如媒体缺席，上级领导机关处理事故的方针政策就可能走样，人民群众的利益可能得不到足够的保护。

2016 年，英国《牛津词典》将“后真相”（post-truth）一词收入年度关键词，意指在当年两场重大国际事件——英国“脱欧”和美国总统大选中，理念和情感可能比客观事实更加有效地形塑了公共舆论。国外有媒体宣称，人类已经来到了后真相时代。

（2）材料：2017 年 9 月国家网信办出台的《互联网群组信息服务管理规定》第九条做如下规定：“互联网群组建立者、管理者应当履行群组管理责任，依据法律法规、用户协议和平台公约，规范群组网络行为和信息发布。互联网群组成员在参与群组信息交流时，应当遵守法律法规。互联网群组信息服务提供者应为群组建立者、管理者进行群组管理提供必要功能权限。”有媒体报道此消息时，将该部门规章的核心内容概述为“谁建群谁负责，谁管理谁负责”。随后有专业人士对媒体报道的这一提法的非专业性表示不太认同。

请你结合《互联网群组信息服务管理规定》条款及相关法律知识对“谁建群谁负责，谁管理谁负责”这一表述作专业性的解读。

（3）尽管程度不同，但在世界上很多国家，以报纸为代表的传统新闻媒体正在经历着收入下降的危机。请分析在新媒体环境下，为什么以报纸为代表的传统媒体盈利模式会面临重大挑战，并尝试讨论各种可能的解决方案。

（4）以《万国公报》为例，谈谈你对近代在华外报的评价。

考试科目：研究方法与新闻业务

1. 问答题（每题 15 分，共 60 分）

（1）“2016 年 11 月 8 日晚间，随着原本期待着一场庆功宴的希拉里的支持者们在错愕中陆续掩面离开位于曼哈顿 Javits Center 的选举大本营，人们不得不承认一个事实：2016 年美国总统大选中‘意外胜出’的唐纳德·特朗普不仅击败了老练而专业的政治对手希拉里·克林顿，更击败了美国几乎所有主流媒体以及他们一直倚重的民意调查。基于大规模数据的民意调查虽然此前一直也会遭受方法论上的质疑，但民调的基本科学性似乎并未遭遇根本性危机。而以几乎全军覆没的方式‘误导’美国大选这样的超高显示度事件，毫不夸张地讲，几乎毁灭性地打击了这个行业。”（作者：祁玲玲，王皓 来源：澎湃新闻，2016 年 11 月 13 日）

请从民意调查研究方法的角度，试分析一下这次多数民调机构和媒体预测错误的原因，并讨论民意/问卷调查法未来发展的可行性。

（2）在面访调查中，受访对象可能因无法理解某些概念或问题而向访员提出疑问，为了让访谈顺利进行，访员根据自己的理解就此问题做出解释。请问访员这样做合理吗？为什么？

（3）在研究工作的起始阶段，我们应该关注一个具体而微的、有限的主题，还是应该关注一个广阔的、普遍的主题？为什么？

（4）请简要说明人工智能（AI）在新闻生产中的应用有哪些方面？

2. 案例分析题：（每题 20 分，共 60 分）

（1）请辨析以下两段文字哪一段是写作软件（写稿机器人）完成并简要说明理由——

a. 80－75！拜克斯 16 分助小牛险胜尼克斯

XX 体育 7 月 2 日讯 小牛坐阵主场迎战尼克斯。最终小牛以 80－75 击败尼克斯。

本场比赛中，拜克斯贡献 16 分 6 助攻 7 抢断，保罗砍下 12 分 6 篮板，贾米尔－沃尼贡献 10 分 8 篮板 2 盖帽。尼克斯方面，兰德尔得到 14 分 1 抢断，Damyean Dotson 拿下 10 分 8 篮板，普拉姆利砍下 8 分 6 篮板 3 盖帽。

比赛回顾

开场后，第 8 分 44 秒，兰德尔手滑丢球，被拜克斯抢断。第 8 分 46 秒，兰德尔在伍德投篮时犯规，送给小牛 1 次罚球机会。第 10 分钟，接到保罗的传球，蒙特罗三分远投得手。尼克斯本节状态欠佳，失误多达 6 次。首节战罢，小牛以 9 分的领先优势进入下一节。

次节回来，第 10 分 22 秒，兰德尔在拜克斯投篮时犯规，送给小牛 1 次罚球机会。第 10 分 46 秒，兰德尔手滑丢球，被拜克斯抢断。尼克斯内线优势巨大，本节共抢下 19 个篮板，包括 5 个前场篮板，其中普拉姆利一人就贡献 2 个篮板球，凭借篮下优势追平比分。半场结束，双方不分高下，比分战成 42-42 平。

进入第三节，第 4 分 7 秒，兰德尔在拜克斯投篮时犯规，送给小牛 2 次罚球机会。第 5 分 40 秒，伍德手滑丢球，被兰德尔抢断。第 8 分钟，蒙特罗助攻，保罗跳投命中。三节打完，尼克斯以 61-59 领先。

第四节，第 5 分 34 秒，Damyean Dotson 手滑丢球，被蒙特罗抢断。第 5 分 36 秒，Damyean Dotson 在蒙特罗投篮时犯规，送给小牛 2 次罚球机会。第 11 分 4 秒，接到兰德尔的传球，Damyean Dotson 三分远投得手。尼克斯掉进失误陷阱，失误多达 7 次。比赛结束，小牛以 80-75 战胜尼克斯，锁定胜局。

双方首发阵容

尼克斯：兰德尔、Damyean Dotson、普拉姆利

小牛：拜克斯、保罗、贾米尔－沃尼

b. 科大讯飞周一午盘股价大涨 6.32% 报收于 42.42 元

XX 科技讯 7 月 3 日消息，科大讯飞今日股价大涨 6.32%，截至午盘收盘报 42.42 元，市值达到 589.08 亿元。

（2）假设你供职于一家用户数居于全国前列的省级报纸，报社一年前已推出短视频项目，请针对“我们视频”“新京报动新闻”“快手”“梨视频”“二更”“一条”等热门视频的特点提出本机构短视频项目的改进方案。

（3）某大学有15000名学生，现要从中抽取一个1500名学生的样本，先将全部15000名学生按某门公共课成绩从高到低排列，构成一个抽样框，然后按随机起点的系统抽样的方法，每10位同学中抽出1位同学，如此取得一个由1500名同学组成的样本。请问：

a. 这种抽样方法合理吗？为什么？

b. 如果包括全部15000名学生的抽样框不能获取，请你另外设计一个抽样方案。

3. 写作题（共30分）

请根据以下材料写一篇1000字左右的新闻评论。

2017年8月31日20时左右，在陕西榆林市第一医院绥德院区妇产科，一孕妇从医院5楼分娩中心坠下，后经榆林市公安机关勘查认定其系自杀。榆林一院先后两次发布声明，称三次建议该孕妇进行剖宫产终止妊娠，均被其家属明确拒绝，并公布监控录像截图，称产妇曾两次下跪请求家属同意剖宫产。死者丈夫则不认可院方声明，称孕妇跳楼是因为要求剖腹产被院方拒绝，“下跪”画面是“人疼得受不了，往下瘫软”。

暨南大学2018年研究生入学试题

博士研究生入学试题

专业名称：新闻传播学

考试科目：新闻传播理论与历史

1. 结合具体的学术成果，论述改革开放四十年来中国传播学的发展过程与理论成果。（40分）

2. 结合1942年延安《解放日报》改版的相关史实，试论中国共产党新闻理论的形成和发展。（30分）

3. 结合相关的理论话语和学术文献，论述新媒体跨学科研究的基本思路和方法。（30分）

专业名称：新闻传播学

考试科目：新闻传播业务

1. 结合相关理论话语与案例，论述新媒体语境下新闻文体的变革与创新。（30分）

2. 论述人工智能等信息传播技术对新闻业的影响及其应对策略。（30分）

3. 结合国际传播的相关理论与典型案例，论述中国政治话语国际影响力提升的学理思路与话语策略。（40分）

硕士研究生入学试题

考试科目：新闻传播史论

1. 名词解释（选做4题，每小题5分，共20分，多选不给分）

（1）《新闻学大意》

（2）舰队街

（3）舆论反转

（4）首发效应

（5）网络直播

（6）长尾理论

2. 简答题（选做3题，每小题10分，

共30分，多选不给分）

（1）简述近代中国主要民营报纸的办报活动及其贡献。

（2）简述大众传媒的社会整合功能。

（3）简述受众传播权的价值和边界。

（4）简述电视新闻节目的构成要素。

（5）简述广告品牌命名的市场化流程。

3. 论述题（选做2题，每小题25分，共50分，多选不给分）

（1）结合新闻传播实践，论述坚持党性和人民性相统一的必要性及其辩证关系。

（2）论述延安时期中国共产党新闻工作的优良传统。

（3）结合具体案例，谈谈电视作品如何体现中华文化基因之美。

（4）结合案例论述互联网广告伦理面临的新问题及其对策。

4. 分析题（每小题25分，共50分）

（1）米歇尔·福柯认为，“一种话语一旦形成，它便拥有了自己的意义世界，形成了自己特定的规范和概念，构建了自己的场域，从而排斥其他话语。话语权是权力话语，彰显了一种权力关系，拥有话语权就具有引导社会的能力”。请对上述观点进行评析，并谈谈国际传播中加强话语权建设的重要意义。

（2）2017年9月，《人民日报》发表《新闻莫被算法“绑架”》一文，人民网发表《不能让算法决定内容》《别被算法困在“信息茧房”》《警惕算法走向创新的反面》等文章，批评以今日头条、一点资讯为代表的智能新闻客户端，通过算法掌控用户信息选择权等问题。请结合客户端使用实际情况，分析人工智能技术应用引发的传播学思考。

考试科目：新闻传播业务

1. 名词解释（选做4题，每小题5分，共20分，多选不给分）

（1）视觉采访

（2）新新闻主义

（3）结构性段落

（4）标题党

（5）场景营销

（6）植入式广告

2. 简答题（选做3题，每小题10分，共30分，多选不给分）

（1）简述新闻语言与文学语言的差异。

（2）简述解释性报道选题的现实依据。

（3）简述电视出镜记者的几种方式及各自特点。

（4）为什么说优秀新闻评论要体现“思想的高度、内容的厚度、语言的力度和理性的态度”。

（5）媒介融合背景下网络视频新闻的发展特点。

（6）简述广告文案写作如何把握消费者接受心理。

3. 论述题（选做2题，每小题25分，共50分，多选不给分）

（1）20世纪80年代以来，中国报刊对图片的认识与使用发生了巨大变化。请描述一下这些变化，并分析变化的原因。

（2）试论面对受众阅读习惯和信息需求的变化，新闻报道如何增强时效性、针对性和可读性。

（3）论述新媒体条件下广播电视节目如何通过改革创新来体现其传播优势。

（4）结合持续增长的“双11”热潮，论述“传播即营销”观点的现实意义。

4. 实务题（选做1题，每小题50分，共50分，多选不给分）

（1）根据要求，完成以下两道题。（50分）

a. 2018年是改革开放40周年。请以《南方日报》编辑部的名义，设计一份“纪念改革开放40周年”的报道策划方

案，字数不少于600字。（25分）

b. 上述专题报道刊发后，请配发一篇评论，要求评论结合报道策划思路，起到配合稿件、深化稿件的作用，题目自拟，字数不少于600字。（25分）

（2）请以“立德树人”为主题，创作片长为1分钟的公益视频广告创意脚本。（50分）

a. 写出创意阐释与说明。（15分）

b. 写出广告视频创意脚本。（35分）

考试科目：新闻与传播专业基础

1. 名词解释（选做4题，每小题5分，共20分，多选不给分）

（1）定本制度

（2）罗马公报

（3）新闻的事实判断

（4）授予地位功能

（5）后真相

（6）VR

2. 简答题（选做3题，每小题10分，共30分，多选不给分）

（1）简述瞿秋白的办报活动及历史贡献。

（2）简述英美报团兴起的背景和发展特点。

（3）简述政治家办报的基本要求。

（4）为什么说电视娱乐节目也要讲导向？

（5）广告创意为什么要坚持颠覆性创新的原则？

3. 论述题（选做2题，每小题25分，共50分，多选不给分）

（1）论述《大公报》（1902—1949）在中国报业发展史上的重要影响。

（2）论述社会主义新闻事业必须坚持党性和人民性相统一的原则。

（3）论述融合背景下广播电视节目形态创新的现实意义。

（4）论述新媒体对组织品牌形象塑造的影响方式。

4. 分析题（每小题25分，共50分）

（1）美国传播学者阿特休尔在《权力的媒介》（*Agents of Power*）一书中说道，“一切媒介都不是独立的、自为的，媒介历来都是受到某种权力控制的工具，同时也是控制影响力的手段”。结合以上观点简述把握意识形态领导权的现实必要性。

（2）2016年3月15日，一段名为哈尔滨市道外港务局旁新建灯饰城着火的视频在微信朋友圈热转，视频长度不到8秒。画面中，火光冲天，浓烟滚滚。后经哈尔滨市公安局道外分局刑侦一中队调查证实，这是一则网络谣言。这段视频其实是去年大连某地着火的视频，因无明显的地理标识，让很多网民误以为是在本地发生的，造成不必要的恐慌。结合案例，分析网络无主视频传播的危害性及其治理对策。

考试科目：新闻与传播专业综合能力

1. 名词解释（选做4题，每小题5分，共20分，多选不给分）

（1）显性采访

（2）新闻角度

（3）稿件配置

（4）谈话类评论

（5）对比蒙太奇

（6）独特销售主张（USP）

2. 简答题（选做3题，每小题10分，共30分，多选不给分）

（1）与传统媒体的新闻写作相比，新媒体写作要突出哪些特点？

（2）简述新闻稿件把关的环节和意义。

（3）简述新闻评论常见的逻辑错误。

（4）简述影视拍摄的轴线规律。

（5）为什么说新闻发言要真实准确、讲求策略？

（6）简述公益广告的选题要求。

3. 论述题（选做2题，每小题25分，

共 50 分，多选不给分）

（1）新闻报道的活力在于发现，结合案例论述新闻工作者如何强化发现力。

（2）古人云：“言之无文，行而不远”，结合案例论述新闻评论如何增强感染力和说服力？

（3）论述新媒体语境下突发事件媒体沟通的新特点和新路径。

（4）论述“广告代理制”对当代广告业发展的重要意义。

4. 实务题（选做 1 小题，每小题 50 分，共 50 分，多选不给分）

（1）请根据下列材料，为《天津日报》撰写一则倒金字塔式消息（30 分），字数不多于 500 字，并为消息拟三行复合标题（10 分），配发 200 字左右的编者按（10 分）。

材料：（略）

（2）请以“传承”为主题，创作一则时长为 1 分钟的公益视频广告脚本。（50 分）

a. 写出创意阐释与说明。（15 分）

b. 写出广告视频创意脚本。（35 分）

河北大学 2018 年硕士研究生入学试题

适用专业：新闻与传播

一、新闻理论部分

（一）简答题（两小题，共 15 分。答案一律写在答题纸上，否则无效）

1. 媒体开展舆论监督应遵循哪些基本原则？（5 分）

2. 新闻媒介的正效应与负效应（10 分）

（二）论述题（20 分。答案一律写在答题纸上，否则无效）

试论从“受众”到“用户”的概念转变及其对传媒业的影响。

二、传播学部分

（一）简答题（每小题 5 分，共 15 分。答案一律写在答题纸上，否则无效）

1. 组织传播的功能

2. “后真相”

3. 休眠效果

（二）论述题（20 分。答案一律写在答题纸上，否则无效）

2017 年 8 月发布的《第 40 次中国互联网络发展状况统计报告》显示，截至 2017 年 6 月，我国网民规模达到 7.51 亿人，其中农村网民占比 26.7%，规模为 2.01 亿人；城镇网民占比 73.3%，规模为 5.50 亿人。此外，我国非网民规模为 6.32 亿人。上网技能缺失以及文化水平限制仍是阻碍非网民上网的重要原因。调查显示，因不懂电脑/网络，不懂拼音等知识水平限制而不上网的比例分别为 52.6% 和 26.9%；由于不需要/不感兴趣而不上网的比例为 11.2%；受没有电脑，当地无法连接互联网等上网设施限制而无法上网的比例分别为 9.3% 和 6.2%。

上述数据印证了传播学中的什么理论？请结合媒介实际，对该理论进行全面阐释。

三、新闻史（共 30 分，答案一律答在考点提供的答题纸上，答在本试卷纸及其他纸上无效）

1. 简答题（共 15 分）

（1）“苏报案”形成的过程与情况（7 分）

（2）延安《解放日报》在整风改革运动中，提出并解决了许多重大的新闻理论问题。这些理论问题主要包括：（8 分）

2. 论述题（15 分）

维新派办报活动的进步作用与历史贡献。

四、新闻传播业务（共 50 分）

1. 简答题：（每小题 10 分，共 20 分。答案一律答在答题纸上，否则无效）

（1）开放式与闭合式问题各自的特点和两者之间的不同点。

（2）采访前的准备，主要包括哪些方面？

2. 实践操作题（共 30 分）

根据给出的材料，制作消息标题和撰写评论

（1）分别制作消息的引题和主题；（10 分）

（2）评论要观点鲜明，言简意赅。字数控制在 500 左右，要制作标题。（20 分）

附材料：

本报讯　河北大学“学习党的十九大精神读经悟典主题征文活动”正在有序推进。截至 11 月 10 日，共收到师生投稿 310 篇。该校“读经悟典”活动自启动以来，以丰富的内容、活泼的形式受到师生热烈追捧。

“读经悟典”指“读马列经典、悟人生真谛”。2015 年 5 月 6 日，河北大学马克思主义学院主动适应新形势要求，积极探索适合自身实际和学生特点的教育教学模式，在全校范围内启动“读经悟典”活动，使之成为高校培育社会主义核心价值观的重要抓手和有效载体。

该校成立“读经悟典”活动领导小组，以马克思主义原理课教师为依托，组建以校内专家学者为骨干的“读经悟典”活动辅导团，分别围绕博士生、硕士生、本科生开展活动。指导教师每学期公布阅读清单，把学生“读经悟典”情况列入平时成绩。

党的十九大以来，河北大学“读经悟典”活动紧跟时代步伐，重点研读习近平新时代中国特色社会主义思想，探索培育核心价值观的新模式。有奖征文、主题演讲、院际辩论等系列活动，有效激发了大家对阅读马列经典和习近平新时代中国特色社会主义思想的浓厚兴趣，师生撰写的文章数以千计，既有理性的哲学思考，也有感性的体验认知，真实反映了他们思想认识上的提高和升华。据不完全统计，河北大学马克思主义学院研究生公开发表相关论文 50 多篇，社会影响广泛。

“‘读经悟典’已经融入我的日常学习和生活。我由并不真正了解，到对马列主义的真学、真懂、真信，对习近平新时代中国特色社会主义理论体系真有感情。”该校经济学院金融专业学生周洁萍说。

汕头大学 2018 年硕士研究生入学试题

专业名称：新闻传播学

考试科目名称：新闻与传播学实务

一、名词解释（共 30 分）

1. 新闻背景（6 分）
2. 知识付费（6 分）
3. 信息流广告（6 分）
4. 后真相（6 分）
5. 天天快报（6 分）

二、简答题（共 50 分）

1. 记者在采访前的准备工作包括哪几方面？（10 分）

2. 在采访中记者的提问有哪些基本要求？（10 分）

3. 如何评价机器新闻写作？（10 分）

4. 党的十九大报告中对新时代新闻传播工作提出了哪些指导性要求？（10 分）

5. 请列举近年来 5 个典型反转新闻的事件。（10 分）

三、新闻实务题（共 70 分）

1. 根据以下材料撰写两条不同角度的消息导语，每条导语不超过 120 字，按 2017 年 9 月发稿的要求写作。（共 40 分）

2. 就此话题撰写一篇 500 字左右的评论并自拟评论标题。（30 分）

阅读材料：

“慢火车”是一种富有感情的称呼，代表着绿皮、无空调、车站多、速度慢、票价低……在成昆铁路上，现在运行两对“慢火车”，5633/34 次往返于攀枝花至普雄，5619/20 次往返于普雄至燕岗。42 岁的阿西阿呷当了 19 年“慢火车”列车长。她说，这趟“慢火车”两个车次还是一趟车跑，跟着车跑一个来回需 4 天。这趟火车穿越凉山州贫困彝族山区，其中喜德、越西均是国家级贫困县。在阿西阿呷印象中，最依赖“慢火车”的地方在喜德县和越西县的联合乡站至上普雄站之间，72 公里铁路沿线的彝族山区，多数没通汽车，几十年来“慢火车”是当地百姓出行的最重要交通工具。

来自成都铁路局的数据显示，这趟“慢火车”的客流 95% 是彝族百姓，5% 是沿途小站的沿线职工。自 1970 年 7 月 1 日成昆铁路通车以来，这列“慢火车”已行驶了 47 年，全程 353 公里，运行约 10 小时，平均时速不到 40 公里；途经大小 26 站，其中 18 个小站，没有售票点，乘客先上车再补票。火车穿越贫困彝族山区，票价 22 年未涨，最低 2 元，最高 25.5 元；坐火车的除了人和货物外，还有鸡、鸭、鹅、猪、狗、羊等，早些年还有牛和马。

成都铁路局党委宣传部工作人员表示，2016 年，有网友上传“‘二师兄’（猪）上火车”的视频，意外带火了“慢火车”，慕名前来的记者、游客越来越多，“慢火车”虽长年亏本，但会继续开下去。“这是一趟运输车、公交车、扶贫车、校车……”当了 19 年“慢火车”列车长的阿西阿呷如此总结它的特殊。“慢火车”上，学生身影越来越多。16 岁的依火红敏就读于四川凉山州西昌二中高一（5）班，是一名彝族学生，家住距学校 110 多公里之外的喜德县沙马拉达乡。那里是贫困彝族山区，乡上没有初中，也没有班车通往县城，村民外出主要依赖每天一趟的火车。依火红敏在车站里看到过普快、特快，在电视上看到过高铁，但她至今只坐过“慢火车”。9 年前，她走出大山去喜德县城读二年级，以后又到西昌读初中、高中。在校读书的每个周末，她都坐 5633/34 次火车上学、回家。西昌至沙马拉达，3 个多小时的车程，票价 8.5 元。这趟火车给了她外出求学的机会。

这列“慢火车”经过的一个小站是月华站，距离此站约 800 米有个月华中学。据阿西阿呷估计，周五下午，月华中学有 500—600 名学生坐“慢火车”回到山区的家；周六中午，在西昌读书的 500—600 名学生坐“慢火车”回家，他们统一坐周日一早的“慢火车”返校。

某种意义上，“慢火车”是山区彝族学生的“校车”。有统计数据显示，目前，每逢周五到周日，有 6000 多人次的学生搭乘“慢火车”上、下学，主要集中分布在喜德、冕宁、月华、西昌等车站。往普雄方向，“慢火车”经过月华站的时间是 14 点 02 分，为了让学生赶上车回家，月华中学每周五的放假时间为 13 时 30 分。

月华中学语文老师耿飞表示，该校有 1900 多名的学生，一半是彝族学生，很多学生需要坐“慢火车”回家，每次学校放假时间会根据“慢火车”的时间作相应调整。耿飞的老家在越西县新民镇新民村。2008 年，为了冲刺高考，他从县里转到西昌读高三，这一年的求学、补课都通过坐

"慢火车"完成。经过一年奋斗，耿飞考上了大学。他表示，"如果没有'慢火车'，我可能就没有机会外出求学，人生轨迹都不一样了"。把农副产品卖出去，把生活必需品买回来，这趟慢行的火车维持着山区彝族百姓的生活。临近彝族新年的时候，彝族百姓采购大量过节食品，导致"慢火车"爆满，连车门旁都塞满了米、油、菜、水果等物品。成都铁路局西昌客运段相关负责人表示，"慢火车"有很多特殊之处，有些甚至不符合铁路规定，采取了灵活处理，一切都是为了方便沿途的彝族百姓。

2016年，"慢火车"迎来"大变身"，5—11节车厢拆掉两排座位，改造出大件行李区，方便乘客堆放货物；每趟"慢火车"的第一节或最后一节改造成行李车，专门用来放乘客携带的鸡、鸭、鹅、猪、狗、羊等活物。

阿西阿呷证实，2016年，"慢火车"发车时间比现在要晚约4小时，由于时间太晚，山区彝族百姓常常带两个手电筒以便下车后摸黑赶路，"他们的家离车站远，一个手电筒照不到家"，于是，就调整了"慢火车"的时间。

46岁的阿火伍呷莫选择和鸡群同坐行李车。她是越西县普雄镇人，她从喜德买鸡，坐"慢火车"把20只鸡拿到普雄卖，每只能赚2元多。阿火伍呷莫有4个小孩，1个在西昌读高中，3个在老家读小学。她长年靠贩鸡供孩子读书。吉来阿果莫是普雄镇什木地村人，贩鸡10余年，把小鸡从喜德拿到普雄、甘洛去卖，一只能赚1—2元的差价，每周贩两三次。

列车长阿西阿呷说，"慢火车"养活了一批小贩，他们利用"慢火车"往返，赚中间的差价。52岁的布尔依哈是普雄瓦吉木村人，他去冕宁采购大米和白菜，3、4天进一次货，再用"慢火车"拉回普雄，老婆和儿媳在普雄市场上卖，三人一月能赚1万多元。布尔依哈生意的"成功"，离不开"慢火车"长年的低价运行。上千斤的大米和白菜，布尔依哈一次的运输成本仅45元，来回火车票10元。如果没有"慢火车"，一吨货从冕宁拉回普雄，仅汽车费就要120元。

耿玉坤在沙马拉达站工作30年，在他眼中，彝族山区变化很大。现在，很多彝族年轻人外出打工，外出读书的学生也越来越多，"村民都把家建在铁路边上了"。沙马拉达站副站长王志刚是喜德县彝族人，他表示，早些年，彝族人很保守，不少人反对把农副产品拿出去卖，认为这是败家；也反对年轻人出去打工，认为打工女的不好嫁，男的是混混，但现在不一样了。老家在越西县彝族贫困山区的阿西阿呷表示，过去，彝族存在重男轻女现象，像她读一年级时班上有5个女生，读到二年级时只有2个了，但现在变了，彝族人越来越重视教育，很多彝族女孩外出读书。

在"慢火车"上，阿西阿呷还协助过十余名孕妇到医院生孩子，因为城里的医院免费提供生育服务，孕妇都坐"慢火车"去大医院生产了。目前，成昆铁复线正在建设中，预计2021年建成通车，车速将大大提高。成都铁路局党委宣传部工作人员表示，事实上，在最依赖"慢火车"的彝族山区，复线并未在此设站，当地百姓将继续高度依赖"慢火车"出行。"慢火车"肯定会继续运营下去。公开报道显示，目前，全国仍开行"慢火车"81趟，占普速旅客列车开行总量近6%，去年共运送旅客近3000万人次；"慢火车"平均客座率不到40%，铁路部门亏损运营。（完）

考试科目名称：中外新闻史和新闻传播理论

一、名词解释（共25分）

1. 美国三大便士报（5分）
2. 星法院（5分）

3. 邸报（5 分）

4. 人际传播（5 分）

5. 拟态环境（5 分）

二、简答题（共 40 分）

1. 曾格案（10 分）

2. 时务文体（10 分）

3. 简述定量分析与定性分析的区别。（10 分）

4. 何谓媒介框架？影响媒介框架建构的因素有哪些，请简述之。（10 分）

三、理解题（共 35）

1.《申报》在我国新闻发展史上的作用与地位。（15 分）

2. 网络时代是否有利于对公众媒介素养的培养？谈谈你的理解。（20 分）

四、论述题（50 分）

1. 何谓新闻客观性原则？危机报道中如何坚持新闻客观性原则。（25 分）

2. 阐述麦克卢汉的主要理论及其对当今的影响。（25 分）

第十五篇
港澳台专辑

澳门地区专辑

澳门地区高校新闻传播学院（系）2018年学术发展概况

　　澳门大学传播系

　　澳门科技大学传播类专业

台湾地区专辑

台湾地区新闻传播学研究2018年综述

台湾地区高校新闻传播学院（系）2018年学术发展概况

　　台湾政治大学传播学院

　　台湾世新大学新闻传播学院

　　台湾铭传大学传播学院

台湾地区新闻传播学术出版2018年概况

　　附：2018年《新闻学研究》总目录

台湾地区新闻传播学人自述

　蔡　琰　王毓莉　夏春祥

* 因受香港“修例”风波影响，2018年香港地区的资料暂缺。

澳门地区高校新闻传播学院（系）2018年学术发展概况

澳门大学传播系

澳门大学成立于1981年，是澳门唯一一所综合性公开大学，设有工商管理学院、教育学院、法学院、科技学院、社会科学学院等，提供博士、硕士、学士学位及其他持续进修课程。

澳门大学传播系隶属于澳门大学社会科学学院，开设传播学相关本硕博课程。传播系以全英语教学，为学生提供理论、实务、语言兼顾的传播学训练。传播系学生生源广泛，包括澳门本地、内地和海外留学生。其中社会科学学士学位（传播学）课程为四年制，文学硕士学位（传播与新媒体）课程为两年制。

澳门大学传播系共有学术研究人员24人，其中教授5人，副教授10人。传播系领导管理人员包括：传播系系主任 Tien Tsung Lee，首席教授 Xinshu Zhao，副院长 Shih-diing Liu，艺术与设计中心主任 Lampo Leong。

1. 课程与实践

澳门大学传播系设有传播理论、文化传播、组织传播、传播技术等专业；公共传播下属公共关系、广告学、媒体策划专业；媒介研究与新闻学方面设有新闻写作与出版、大众传播、新媒体、数字文化方向；创意产业专业包括视频制作、摄影、动画专业；文化研究包括文化批判、电影、流行文化三个方向。

课程之外，澳大传播系学生的院系内部主要实践板块包括：*Umac Bridges*（为本科四年级学生设置的英文刊物）；发表新闻出版，设计类作品；*Communicator*（学生自创中文杂志），视频 workshop（四年级学生的视频项目，提供工作室、纪录片和短电影等的创作采编，另有纪录片和动画片工作室），学生作品在创意媒介实验室（creative media lab）中展示。

此外还有传播系例行的学生自创活动 communication week，这是由学生全权组织的学术活动，主要包括邀请业内和相关学术领域专家演讲和学生研究分享。

2. 学术交流

2018年，澳门大学传播系的主要学术活动包括：

传播系英文刊物 *Umac Bridges* 出版，并在澳门大学举行发布会，得到与会嘉宾好评。该刊物聚焦于澳门社会、经济和文化研究，由新闻专业的学生负责采编、设计和出版。2018年，刊物以“下一站：未来”为主题，探讨澳门学生群体视角下澳门发展的潜力与可能。

传播系副教授陈怀林在澳门林紫虚纪念馆举办短期摄影作品展，展览设有荒野传奇、人间传奇、命题作业三个板块，包含野生动物奇趣经历、国内外艺术区众生相等内容。

为拓展传播系的研究网络，2018 年，澳门大学与国内外五所高校（研究机构）进行签约合作，开启学者互访、交换生等多个交流项目。具体合作院校包括：荷兰格罗宁根汉斯应用科学大学（Hanze University of Applied Sciences, Groningen, The Netherlands）；葡萄牙天主教大学（The Catholic University of Portugal）；台湾世新大学（Shih Hsin University Taiwan）；比利时布鲁塞尔高级通信协会研究所（IHECS）（Institut des Hautes Etudes des Communications Sociales, Brussels）以及汕头大学长江新闻与传播学院。

3. 学术出版

教授 Tony Schirato 和客座助理教授 Mary Roberts 的合著《布尔迪厄：批判导言》（*Bourdieu: A Critical Introduction*），从批判思维的角度重新梳理法国社会学家皮埃尔·布尔迪厄的主要理论，获澳大利亚权威学术出版社艾伦与昂温出版社出版。

助理教授史唯的学术专著《澳门移工：漂泊在中国的拉斯维加斯》出版，探讨了继 2001 年澳门“赌权开放”后，澳门社会经历的变迁；以此作为背景，该书聚焦于为澳门经济繁荣作出巨大贡献的移工群体，分析他们在社会边缘地带的文化身份认同。这是第一本聚焦于澳门移工的学术专著。

Todd Sandel 与其博士生 Dorji Wangchuk，Miguel Duque 等多人赴捷克布拉格参与国际传播学会年会，博士生欧楚月的论文《从线下到线上：探索澳门内地研究生身份认同构建及呈现》（Unpacking and Describing Interaction on Chinese WeChat: A Methodological Approach）获得国际传播学会最佳论文奖。

澳门科技大学传播类专业

澳门科技大学人文艺术学院（Faculty of Humanities and Arts）成立于 2008 年 9 月。现任院长张志庆，电影学院院长尹鸿，副院长、电影学院总监蒋潇玲。人文艺术学院秉持“开门办院、国际平台、前店后厂、服务澳门”的四大理念，教学队伍来自海内外高等学府的知名教授。

1. 课程专业

学院设有 13 门课程，包括新闻传播学学士学位课程、传播学硕士学位课程和传播学博士学位课程，艺术学、电影学、建筑学硕士和博士课程。在读学生共约 1600 名。

学院建立了完备的必修与选修课体系，另设有澳门传媒研究中心，以及“多媒体新闻制作教学实验室”等设施，配合学生实践与理论结合的需要。其中，传播类专业包括：传播学博士专业，含媒介、文化与传播、策略传播和全球传播三个方向；硕士包括全球传播、策略传播、整合行销传播三个方向；新闻传播学学士包括新闻学、传播学、公共关系与广告学三个方向。

2. 学术交流

2018 年，澳门科技大学举办了系列传播、影视类论坛和研讨活动。如 4 月澳门科技大学人文艺术学院主办了“走向未来：设计·艺术·教育国际论坛”；9 月，学院举办了“首届华语影视国际论坛”探讨华语影视新格局及粤港澳大湾区新机遇；10 月学院举办了“大湾区影视发展论坛”探讨粤港澳大湾区影视合作发展前景。

学院定期开设“传播与艺术设计名家讲坛”“影视名家讲座”和“国际电影欣赏”；成立了澳门科技大学学生记者团，主编刊物《今日科大》；每年举办传播周，法国昂热新人电影节澳门站，艺术设计毕业作品展等活动，并出版毕业设计作品集。

澳门科技大学人文艺术学院与复旦大学信息与传播研究中心共同举办了澳门科技大学 2018 年传播周学术活动，主题为“数字城市与虚拟空间”，具体活动包括高峰学术论坛、学术圆桌会议、工作坊及研究生论坛系列。

澳门科技大学澳门传媒研究中心联合中山大学传播与设计学院大数据传播实验室、澳门传播学会以及澳门创智发展研究协会，就澳门地区的新媒体使用情况进行系统深入的调查研究，12 月发布报告《2018 澳门居民新媒体使用习惯调查》。

澳门科技大学人文艺术学院澳门传媒研究中心开展了长期跟踪项目“澳门青年思潮调查报告”，由澳科大人文艺术学院澳门传媒研究中心、中山大学大数据传播实验室、澳门传播学会及澳门创智发展研究协会联合开展，得到澳门基金会赞助。调查于 2017 年启动，每年一次，针对澳门青年群体（15—40 岁），从城域（澳门、香港、内地）认同度、政治认同度、社会感受及价值观四个维度展开调查。

撰稿：曾　昕（中国社会科学院新闻与传播研究所助理研究员）

·台湾地区专辑·

台湾地区新闻传播学研究2018年综述

一、概述

对台湾地区新闻传播学的年度整理与回顾延续2017年的分类标准，2018年期刊文献大致可以归纳为五个主要领域。第一是新闻学研究，相关研究主要集中在新闻实务、媒介框架与假新闻，媒体中的社会真实如何再现是研究重点之一。第二是传播学研究。学者们在传统的传播理论上也有新创建，在研究方法上出现不少跨学科的新尝试。新媒体一直是热点，依然以脸书（Facebook）、推特（Twitter）和优兔（Youtube）为主要研究对象，还有从技术与哲学两种视角交互进行思辨，将新媒体研究推向新高度。图文传播依然是传播研究热点之一，关键之一是《中华印刷科技年报》与《图文传播艺术学报》保持持续发刊，使得学术共同体有稳定的讨论空间。加上设计相关期刊，使得年内聚焦在设计与视觉传播的相关研究保持一定数量，在数字化的时代，多篇印刷与摄影在新技术的经验交流，还有新技术的应用研究，都是学术共同体的热点话题。第三是相对于过去几年，广播电视方面在年内明显增加不少文章。从内容分析、文本分析到叙事结构联结到外部产业变化等，学者们有诸多讨论，且对未来更多新形态影像的类型作出展望。第四是品牌研究与消费者研究继续受到广告公关领域的学者们关注，是本领域研究的主轴。而日渐兴起的游戏研究则拓宽了学科范畴，并打开了性别研究的新视角。第五是新闻传播教育的论文，面对新一轮的技术变革，学者们关注新闻传播学应用在各阶段教育的学习效果，也有从“学用落差”反思课程设计，提出教改方案。

今年学术出版数量增加不少，主要是引进日本印刷出版行业的实务总结书籍。这些翻译书的特点就是书名较长，并采用不对称的副标题，内容虽然没有学术著作的严谨，但仍可作为专业人士实务与学术上的参考，具有一定价值，加上这是台湾地区新闻传播图书出版历年来根据市场情况的文化惯性结果，所以列入报告。如果以严格的学术认定，专著、译著的数量不多。此外，也有少量的韩国图书与中国大陆学者著作被推介到岛内发行。

学术会议举办的地点依然是以岛内北部最多。以“图悦”在线词频分析工具进行分析，剔除无效词后，按照词频统计由高至低分别为：“数字”“新媒体”“台湾”“科技”“产业”，显示会议主题较多的是关注数字时代的媒介生态变迁对台湾地区各层次的影响。这些会议主办单位既有高校、公务部门，也有民间社团，聚焦于新趋势的现状与未来。值得注意的是会议主题也有相对“新”的“传统”，如：传统戏曲、农业与明代的传播研究主题，呈现了台湾地区多元丰富的学术样貌。

二、成果统计

统计台湾地区新闻传播相关文献的来源主要有四种，分别是期刊论文、学位论文、学术会议与图书出版。

第一，期刊论文。以华艺线上图书馆

为主要数据库，在主页选择“繁体中文”（因简体中文会略有差异），接着在“社会科学”下选择“传播学”对126本期刊进行检索。2018年正常出刊的期刊有：《商业设计学报》《中国广告学刊》《图文传播艺术学报》《设计学报》《中华传播学刊》《传播文化与政治》《国际数位媒体设计学刊》《中华印刷科技年报》《新闻学研究》《资讯社会研究》《传播研究与实践》。2017年正常发行，2018年却未见出刊的有：《海洋文化学刊》与《高雄海洋科大学报》。此外，以HyRead台湾全文资料库为辅，在主页选择“社会科学”，再选择“传播”，共计14本期刊，正常发刊有：《传播文化》、《图像处理暨通讯期刊》、*International Journal of Kansei Information*、《嘉义市民报》、《数位时代》、《卓越杂志》。在上述期刊中根据两项标准进行筛选，一是台湾地区发行，二是本学科研究论文。

第二，学位论文。以台湾博硕士学位论文知识加值系统检索栏位“传播学门”，毕业学年度2018年，因为数据库收录时间等因素，截至2018年12月的不完全统计共409篇。按照院校进行篇数排名，前十位分别是：政治大学（150篇）、世新大学（113篇）、辅仁大学（38篇）、台湾师范大学（32篇）、台湾艺术大学（30篇）、新竹交通大学（27篇）、铭传大学（26篇）、佛光大学（26篇）、台北艺术大学（16篇）、康宁大学（15篇）。年度研究关键词由多至少排序前十：社群媒体、科技接受模式、满意度、学习成效、使用与满足、阅读理解、购买意愿、行动研究、脸书、新媒体。

第三，重要学术会议。以谷歌关键词搜索2018年内相关征稿、新闻，辅以中华传播学会与岛内部分新闻传播院系的官网所公布信息，将之综合整理。

第四，图书出版。结合台湾书目整合查询系统（SMRT）及图书书目咨询网两个网站为主，加上两家网络书店及四家主要出版社官网（含当年出版目录）进行统计。全部结果经过厦门大学新闻传播学院研究生课程“台湾新闻传播学研究前沿”师生共同讨论具有一致性后，2018年共计期刊论文123篇，学位论文409篇，重要学术会议34场，图书专著、译著及教材34本。整理数据见表1。

表1　2016—2018年台湾新闻传播研究统计结果

年度	期刊论文(篇)	学位论文(篇)	学术会议(场)	图书出版(本)
2016年	151	705	20	23
2017年	127	673	34	24
2018年	123	409	34	34

三、新闻学研究

学者们纷纷归纳总结新闻实务，提炼规律。江静之发现观众判断“动画新闻”主要借由常识或经验、新闻组织和互文性、新闻类型及消息来源权威性，较少提及动画的本身。苏钥机等发现香港免费报对付费报具有长期、直接的替代效果与时间取代效果。陈雅惠指出“懒人包”使新闻重新找到更适切的叙事意义，用直观的、降低认知负荷的方式设计新闻情节，拓展了新闻故事的想象。王淑美认为网络时代的新闻价值不再是快速收集信息，而是回归记者的自主实践，反复提问并促进社会对话。傅文成的研究显示，民众对媒体的信任与关注程度，显著影响部分的风险感知、风险接受程度与行为意图。罗彦杰检视入口网站提供的新闻聚合服务与新闻业的冲突，提出应通过行政管理导入两者的良性竞争。赵怡雯等发现台湾地区大学生对网络新闻的主题选择会因为性别不同而存在差异。媒体的报道框架曾经是台湾地区学者新闻学研究的重点之一，沉寂一段时间后，随着媒体偏见、自媒体与假新闻等诸多现象再起，学者们重新聚焦传统的框架研究，形成老办法解决新问题的情况。管中祥研究弱势者通过内部沟通与对外沟通的过程去除污名，重返主体。罗彦杰探讨媒体对失智症的各种污名建构历程，希望促成对新兴疾病病名的思考。黄雅兰发现在不同历史时期《人民日报》关于妇女解放运动的报道各有侧重。黄学硕探讨马英九夫人周美青在新闻中的诸多面向借以产生意义脉络并营造形象，进而反映出类属身份知识背后的社会论述逻辑。李美贤等发现“东南亚新二代”群体在岛内新闻中形象出现转变，开始具备主体性，并成为对经济发展助力的人力资本。谭跃等发现网民对高雄气爆事件的关注程度和对该事件的正负面情感和认知处理水平受到媒体脸书粉丝专页主文的影响。陈静君等指出针对同性婚姻的不文明或文明留言均会产生偏见同化，两者偏见同化的效果没有显著差异。王维菁发现青年起薪调查的新闻经由定锚效应影响劳动薪资。夏守智分析各国与地区媒体对南海仲裁案的报道，认为这些报道较少是符合新闻专业主义所提出的客观公正原则的。丘忠融主张有论述能力的社会成员能吸引大众关注政策议题，累积“自下而上”的社会改革能量。台湾地区当局打算针对假新闻现象修改相关规定，引发学者多方讨论。假新闻成为年内新闻研究热点之一。傅文成和陶圣屏发现相较全假谣言，半真假谣言在被复制的持续时间、传统媒体复制次数、社群媒体复制次数上均明显高于全假谣言。半真假谣言变异程度与扩散程度皆高于全假谣言，且谣言在社群媒体上的传播能力明显高于网络传统媒体。罗世宏提出防止假新闻的可行性方案，包括跨地域的合作与研究、社群媒体平台自律与承担社会责任、社群媒体平台的公共问责与管制相关规定，并且致力于推动数字媒体素养教育、扶植优质新闻业和调查报道的发展、壮大数字公共媒体服务，以及鼓励并扩大新闻事实查核组织的能量和影响力等。胡元辉指出商业运营的社群媒体企图以若干消极的自律行为来消解外界压力。胡元辉在另外一篇文献中系统地检视逆火效应（the back fire effect）与更正讯息的研究，尝试厘清事实查核可能产生的作用，并就美国第三方事实查核机制的现行做法进行探讨。何吉森指出台湾地区面对假新闻的对策可以着重在敦促业者建立新闻真实查核机制、提升新闻自律与媒体素养教育方面。王亿晴和梁慈芳指出假新闻使用夸示手法搭配真假不一的文字，能吸引大部分阅听者的耳目。林照真认为新闻记者无法出现在事件发生现场时，更容易有假新闻发生。刘荣桦对Civil、Bitpress及Matters三个区块链新闻交易平台进行分析，发现当区块链上的货币与现实生活中的法币能有稳定兑换关系后，同时拥有足够多的货币与持有者在区块链上，从货币动力学来看，货币就具有稳定性，如此将会使得区块链如同重要基础设施，可以被稳定地且广泛地运用；而其所具有的不可抹灭性，也使得此种新的数字形态的新闻内容会成为可信赖的讯息来源，增加大众对于新闻的信赖度，使得新闻产业摆脱假新闻与同温层所带来的负面影响，再次赢回大众的信赖。

四、传播学研究

1. 传播学基础研究：黄惠萍发现全球暖化在台湾地区人民的个人层次产生第一

人效应，在公务部门层次则产生第三人效应。徐美苓则发现40—59岁的女性以及受教育程度较高、住在污染较严重的岛内南部地区居民，是对空气污染防治行为意向较高者。林宗弘建议应留意数字贫穷所造成的风险资讯落差。俞苹发现接受食品安全信息会因为渠道而有所差异。陈黎枚等尝试通过改变手册的设计以减轻长期照护（Long-term care，LTC）者与被照护者的压力。李佩雯探究家长、同性恋子女、手足间维系家庭关系的策略。

2. 新媒体研究：赖伟嘉梳理出台湾地区大学生最常使用的社群媒体：脸书、Line和Messenger。姜坤彦等证实社群媒体营销在台北市举办的第二十九届世界大学生运动会的重要性及影响力。刘慧雯发现脸书上的资讯传播模型可由传播深度与传播广度两个指标来描绘。许传阳认为创意社群成立对话空间，建构社会运动中行动者的意识边界。萧维杰等认为算法作为分配秩序，使得过往由大众传媒主导的利益分配、市场变化、品质产出已不复存在。吴筱玫等将资讯科学工具VPSA导入脸书打卡（check-in）实践分析，反身思考液态社会时期（Liquid Modernity）的方法议题。黄子珊基于ECT的信息系统持续使用模型（ECM-ISC），IS接受后持续采用模式（Post-Acceptance Model of IS Continuance）研究收看“素人”美妆直播的意愿。罗彦杰建议促进落后地区老人的媒体近用与资讯科技近用（information and communication technology，ICT）应先强化老人的社会资本。赵玉娟等指出政治网络口碑不是意见、没有反映舆论，而是说服、企图影响舆论。

3. 图文传播研究：陈瑞麟指出科普实现有赖图文设计引起读者兴趣与强化第一印象。姚建华勾勒了传播产业和知识劳工所处的制度化的权力结构间广泛的社会关系。黄威等探讨不同背景的出版业者在版权输出政策认知度、公司内部优势能力评估及政策制定项目需求度上有所差异。陈思錞等研究设计端对客制化网络印刷平台合作模式有网站功能、利益分配、宣传行销、智慧财产。洪萱庭等认为摄影师与消费者在专业程度与详细资讯等相关方面的看法具有显著差异。颜惠芸认为产品情感设计能影响消费者喜好度，能进一步提高购买意愿。易敏哲等归纳出“讯息跨族群传播类”“公众参与和资讯共享类”“数字科技与物联网类”具有设计管理的前瞻性。刘育君等指出不同世代使用者对不同网页留白量的使用性、美感与价值感的偏好存在差异。房文婷等研究一般阅听者经由“形象”“意象”与“意念”的认知达到赏心悦目的审美体验。刘淳泓等实验证明学习素材可借由美学来提升情感，情感能够促进学习。

4. 传播科技研究：杨意菁等梳理台湾社会科学引文索引（TSSCI）收录的传播学术期刊，发现当前偏重新闻组织以及民众参与的研究主题，而移动媒体与内容运算方面是未来值得开发的研究视角。刘育成认为新科技形塑出新的隐私概念。黄冠华论述人类本身就是假体与科技必然的共构关系。王瑛琪等以整合性科技接受理论（Unified Theory of Acceptance and Use of Technology，UTAUT）为基础，找出影响脸书的管理与使用者资讯交流的因素及构面。唐士哲挖掘英尼斯（Harold A. Innis）独创的“大宗物资命题”（the staple thesis），凸显交通与传播基础设施对社群性格的形塑，置于批判理论的谱系。陈志贤认为，反对剥削的论点忽略了数字时代的隐形劳动与混杂经济，更低估了新经济在消费领域中利用媒体使用者的生产力、打造替“认知资本主义”需求管理而劳动的新主体。徐桂权尝试提炼出一种新型的“阅听人参与典范”的建构，并对其理论思维与社会意义进行诠释。

五、广播电视研究

黄文龙提醒数字时代对摄影师的美学教育与技术训练很重要，避免过度依赖后制技术。游政男提出纪录片初学者资料收集与创意产出时可以运用平板（电脑）。蔡庆同归纳“亚洲纪录片合制计划”的经验。项楚宁调查岛内动画人才短缺的原因首先是重视创意胜于技术，其次是行业过于急切转型。赖玉钗剖析奇幻经典使用互文的叙事手法。倪炎元指出香港电影中的“台湾政治”叙事结构呈现出黑金挂钩、权力角逐、幕后交易、权谋操纵与暴力暗杀等负面层面。赖以瑄分析蔡岳勋作品呈现所谓“后儒家影视剧”的价值以利于参与市场的竞争。蔡佩建议转型为节目的品牌经营与生产节目模式，以提升产业附加价值。郑志文指出在版权、品牌合作与自制的压力下，互联网电视（OTT TV）也建立了一个以内容为核心的 GVC 雏形。冯建三分析了拉丁美洲的另类传播。

六、广告公关与文创产业

1. 品牌研究：吴庭芳等发现企业提高防伪商标的独特性，能提升品牌价值和产品的独特性，并使消费者感到安心及产生认同。黄靖惠等收集药妆店产品使用的广告呈现诉求。陈琳蓁等利用链结表记（Linkography）提出了一种用于协同设计的创造性评估的修订方法。李贞怡等发现人们透过消费品牌彰显自我形象。张采苹等研究行动购物程式的操作界面以改善对网购者信任度的影响。高子涵等以社会情绪选择理论检视高龄族群的未来时间透视、社交目标及社交对象对移动广告效果的影响。林庭卉等指出环境媒体（Ambient Media）广告相较于传统媒体广告更能加重品牌形象的提升。涂怡姿等研究形象广告沟通效果的重要影响因素。

2. 消费者研究：洪钰雯研究显示广告受众在社群媒体的黏度表现良好，但要成为忠实消费者，尚有一段距离。冯昱棠等发现男性流行时尚杂志的娱乐性与知识技巧性内容会创造社群成员的功能性、享乐性、象征性、成本牺牲性、社交性价值效益。陈思蓉等发现服务品质是行动体验中影响顾客满意度最主要的因素。游易霖研究用户喜欢弹幕平台的原因。陈彦君等发现，大学生因使用经验，对第三方支付的态度存在差异。

3. 文化创意与设计：萧肇君认为视听产品与服务应被视为“文化例外”（cultural exemption）的范畴。柯箓晏主张体感游戏系统是一种中介了悖论符号行动的媒介。余义林提出一种理论来验证虚拟道具交易网站对玩家游戏忠诚度的影响。简灵等发现感官体验、情感体验、思考体验、行动体验与关联体验对顾客忠诚度呈正相关。郑巧玫等发现前导式、卷轴式与资料夹式是较适合中高龄者的手机分页形式。

4. 游戏与性别：罗彦杰呼吁应加大投入老人数位游戏研究的力度。梅嘉文等分析展露女性体态以吸引大众目光的照片，是经营者成名获利的关键因素。金麟指出 Instagram（暂译：照片墙）使用者的行动摄影实践是一种日常生活美学和艺术美学的交织。苏柔郡等发现照片墙以图为本的特性，成为高中女生日常生活中展演自我的场域。照片墙的界面设计，成功将使用者的相片分享导向品位与美感，从而促使用户收集更多应用程序进行相片后期制作，借此建立自我风格。杨美雪等探讨线上游戏女性玩家的性别认同与角色塑造的关联性，结果发现：（1）在性别认同方面，女性玩家在爱情与性的倾向上仍以男性为主；（2）在性别角色的认知上显示女性玩家已逐渐跳脱了传统性别刻板印象；（3）女性在玩具与游戏、职业与工作、家务分工及领导者的细项上跳脱了传统的性别角色思维；（4）在角色塑造方面，女性玩家倾向于将角色塑造为女性，呼应了许多西方的实证研究；（5）在游戏中的职业选择以魔法师与弓箭手居多；（6）在外貌形象上倾向于选择浅肤色与自信的形象。在性别认同与角色塑造的关联性方面，还发现凸显出女性的心理性别、性别倾向及性别角色认知均会影响角色性别与职业的选择。陈宏发现在应对政治、性别、族群等多方面结构制约时，岛内的大陆籍配偶不仅有被迫就范或竭力对抗这两种实践样态，同时也存在无意识为结构所铭刻，或游刃于结构的能动性施展。

七、台湾新闻传播教育研究

大学毕业生的专业职能与实务界的需求如何契合，是新闻传播教育改革重点之一。王正慧等提出未来课程规划需兼顾“共通职能”及“专业职能”，能有效缩小“学用落差”。许一珍发现扩增实境能提升学童的学习动机。谢姮珊等发现桌上游戏与现实生活相联结，有助于提升幼儿绘画表现的流畅力与独创力。陈嘉蔚等研究指出学生对脸书版面的学习感受良好，且相对于传统版面较偏好脸书版面。苏蘅探讨西方新闻专业主义概念在台湾地区的形成过程及转变，并建议在重建新闻专业理论与概念时，应纳入西方近年主张的专业勇气，探讨哪些专业观点仍需坚守和新增，采取开放态度，克服当下科技带来的挑战，重塑危机中的专业概念。《新闻学研究》举行50周年座谈，邀请老中青多位学者共同为数字时代新闻传播教育的改变与挑战进行讨论。李金铨从香港城市大学退休，撰文回顾其教学与研究的50年生涯。

八、2018年重要学术会议

3月1日，由台湾“中央大学”创办的公益传播中心揭牌记者会联合公益传播论坛在桃园市举行。

3月16日，由铭传大学主办的“2018数字科技与媒体新趋势学术研讨会”在台北市举行。

3月29—30日，由台湾网络信息中心举办的“2018因特网趋势研讨会”在台北市举行。

4月28日，由媒体改造学社、台湾媒体观察教育基金会、台湾师范大学大众传播研究所联合举办的“台湾媒体的现状与改造”论坛在台北市举行。

5月4—5日，由岛内行政主管部门主办、中华白丝带关怀协会承办的“2018新媒体对传媒产业发展趋势之影响论坛”在台北市举行。

5月16—17日，由世新大学传播管理学系主办的“第14届传播管理发展与趋势学术研讨会——全媒体、大数据、新世代”在台北市举行。

5月18日，由台湾艺术大学主办的“2018图文传播数媒科技与艺术学术研讨会”在新北市举行。

5月19—20日，由卓越新闻奖基金会主办的“2018亚洲新闻专业论坛”在台北市举行。

5月23日，由世新大学新闻学系主办的“第七届新闻的政治、文化与科技学术研讨会”在台北市举行。

5月24日，由佛光大学传播学系主办的第11届传播与发展学术研讨会——“数字媒体、叙事与游戏”在宜兰举行。

6月7—8日，由汉学研究中心与捷克科学院亚非研究所共同举办的学术研讨会在台北市举行，探讨明代迄今社会及政治媒体出现的变化。

6月15—16日，由台湾艺术大学主办的“2018影音创作与数字媒体产业国际学术研讨会”在新北市举行。

6月30日，由文藻外语大学文教创意产业学院主办的“2018文教与创意产业趋势论坛暨文教创意产业学院师生论文发表会”在高雄市举行。

6月30日至7月2日，由中华传播学会主办的“2018年中华传播学会年会”在新竹市举行，年会主题为“新世纪与新媒体：媒体汇流风的再思考”。

7月26日，由台湾“通讯传播委员会”主办的“有线电视新未来高峰论坛”在台北市举行。

9月14日，由台湾通讯学会主办的“台湾通讯论坛2018”在台北市举行。

9月18日，“2018智能链接·数字应用论坛”在台北市举行。

10月18—20日，由李国鼎科技发展基金会和中国科学技术协会共同主办、台湾自然科学博物馆承办的“第八届海峡两岸科学传播论坛”在台中市举行。

10月25日，由台北医学大学图书馆主办、台湾医学图书馆学会等组织合办的“2018年学术传播与研究影响力研讨会”在台北市举行。

10月26日，由台湾大学动植物农业产业创新领域教学推动中心主办的“农业传播论坛——新旧媒体聚合之下的农业传播”在台北市举行。

10月26日，由台北科技大学文化事业发展系举办的“2018文化与科技创新学术研讨会——在地与跨域的对话”在台北市举行。

11月1日，由台北市政府举办的“Play For All台北一起玩？玩出一座幸福城市——2018台北市特色共融游戏场研讨会”在台北市举行。

11月2日，由义守大学大众传播学系主办的“2018传播与媒体生态学术研讨会”在高雄市举行。

11月9日，由公益信托星云大师教育基金主办的“2018年第十届星云真善美传播奖得奖人论坛——新时代传播媒体的机会与挑战”在台北市举行。

11月10日，由台湾信息社会研究学会、新竹交通大学传播与科技学系主办的“第八届台湾信息社会研究学会年会暨论文研讨会”在新竹市举行。

11月15—16日，由台湾“中国文化大学”中国戏剧学系主办的“2018影像·印象——戏曲传播在当代媒体之回顾与发展国际学术研讨会”在台北市举行。

11月16—17日，由中正大学传播学系主办的“第八届数字传播国际学术研讨会”在嘉义县举行。

11月29日，由新竹交通大学传播研究所主办的“两岸交通大学传播研究生学术交流研讨会”在新竹市举行。

11月30日至12月2日，由亚洲大学和人工智能学会共同举办的“2018人工智能技术与应用研讨会”在台中市举行。

12月6日，由政治大学传播学院承办的“假新闻怎么看？怎么办？产官学三方的对话”在台北市举行。

12月9—10日，由新竹交通大学数字动画文创学程主办、巴哈姆特协办的“2018御宅文化国际学术研讨会暨巴哈姆特论文奖”在台中市举行。

12月12日，由佛光大学传播学系主办的“第5届传播与创意学术及实务研讨会——新媒体、科技、环境与创意传播”在宜兰市举行。

12月14—15日，由世新大学主办的“2018科学传播研讨会”在新北市举行。

12月15日，由台湾艺术大学广播电视学系举办的“赛博光廊暨飙心立艺学术研讨会”在新北市举行。

九、新闻传播学出版和重要教材

蔡美瑛著《唯手机族与民意调查：混合移动电话与座机样本暨执行手机访问》，论述混合移动电话与座机双架构样本执行民意调查的可行性。许志明著《批判和实践典范的会诊初探：以台湾电视游民新闻为例》，主要运用美国学者凯尔纳（Douglas Kellner）所提出的“媒体奇观”（media spectacle）来描绘电视游民新闻的呈现及对社会造成的影响。倪炎元著《论述研究与传播议题分析》，该书是以“论述研究”（discourse）为核心主题的著作。张志强、左健主著《千禧年后两岸四地出版业发展报告》。王毓莉著《两岸新闻场域分析》，以媒介生态学考察两岸新闻业的新闻场域、新闻劳动、经营绩效管理、新闻工作者的专业表现及人才出走现象。

教材的情况如下，陈雅琪著《多元观点下的台湾媒体发声》，康文炳著《深度报导写作》，张裕亮、张家琪与杜圣聪著《新闻采访与写作》是再版教材。大陆作者满都拉著《用铅笔画世界：新闻人物素描基本工》、赵振祥著《新闻评论学》在台湾地区出版。

译著出版概况如下：西山雅子编《一个人大丈夫：微型出版的工作之道》介绍个人出版与小型书的新兴商业模式。李乔智翻译日本作者稻泉连所著《制本仕事人：日本三百年出版简史》介绍日本出版界发生的变化。胡毓容翻译《揭穿假新闻教战守则》是根据荷兰公共数据实验室（Public Data Lab）与美国非营利组织初稿（First Draft）合作对假新闻（fake news）或假讯息（misinformation/disinformation）的研究成果。重金敦之著《昭和微醺：门外不传的老派编辑术》，介绍日本印刷媒体的黄金年代。都筑响一著《圈外编辑》，回顾了作者的体制外生涯。新谷学著、陈妍雯翻译的《周刊文春总编辑的工作术：当大家都说往右时，你敢向左走吗?》倡导出版编辑自我学习的能力。影山裕树著《进击的日本地方刊物》总结地方刊物功能。西牟田靖著《地板会被书压垮吗?》提供大量藏书处理的方式与思考。阿瑟·伯格（Arthur Asa Berger）著，苏文贤、江吟梓翻译的《洞悉媒体：教学视野的精辟分析》，检视符号学理论、马克思主义理论、精神分析理论以及社会学理论。罗伯特·金可（Robert Kyncl）、马尼·佩伊万（Maany Peyvan）著，陈毓容译的《串流庞克：YouTube 商务总监揭密 100 个超级 YouTuber 经营社群粉丝的爆红策略》解说自拍客网红历程。杰克·哈特（Jack Hart）著，谢汝萱译的《叙事弧：普立兹奖评审教你写出叫好又叫座的采访报导》是学习非虚构写作的翻译教材。罗拉·玛格尼（Laura Magni）、马可桑蒂尼（Marco Santini）与埃琳娜·切拉蒂（Elena Ceratti）著，吴孟真译的《纪实之眼：史上最伟大的新闻摄影师》提供摄影伦理规范与美学的思考。斯特劳哈尔（Joseph Straubhaar、Robert LaRose、Lucinda Davenport）著，林日璇、李育豪、王茜颖合译《媒体 ING：认识媒体、文化与科技》，以批判性思考来面对影响着当代社会及文化的崭新传播环境。“大众传播学套书”共四本再发行，包含《麦奎尔的大众传播理论》《大众传播理论：文化与社会的面观》《媒介与传播的里程碑》《媒体原理与塑造》。《乡野间的幸福出版》是韩国的山鹰出版社运营记录。

媒体工作者著书情况：《运字的人：创作者的凿光伏案史》收录多位艺术家的创作历程与生涯访谈。韬奋原著，蔡登山主编的《韬奋和生活书店》集结《韬奋和生活书店》《韬奋先生的流亡生活》及《永在追念中的韬奋先生》三本书的精华，谈韬奋从白手起家到接办生活周刊的历程。许志明著《媒体裂变：从驻地记者到博士总监》、吕一铭著《台湾走向科技的那些年：关键的人与事》、杨楚光著《电视兴衰与我的生涯》，都是见证台湾地区媒体发展的心得。此外，还有刘澜昌的《一国两制下的香港新闻生态》出版。

撰稿：黄裕峯（厦门大学新闻传播学院副教授）
洪玉莲（厦门大学新闻传播学院硕士研究生）

台湾地区高校新闻传播学院（系）2018年学术发展概况

台湾政治大学传播学院

2018年，是台湾政治大学传播学院成立的第三十年。这一年，政治大学传播学院在学术出版、国际交流与学生培养方面取得了不错成绩。

2018年，在学术出版方面，政治大学传播学院教师在*New Media and Society*，*Chinese Journal of Communication*，*Computers in Human Behavior*，*Journal of Broadcasting & Electronic Media*，*Telecommunication Policy*，*American Behavioral Scientist*，以及《中华传播学刊》《传播与社会学刊》《传播研究与实践》《台湾人类学刊》等SSCI、AHCI、SCOPUS与TSSCI收录期刊上就新媒体使用、家庭传播、政治选举、流行文化、媒体并购与反垄断法发表了20余篇论文。同时，学院还共出版3份专业期刊，包括《新闻学研究》《广播与电视》《广告学研究》。其中，《新闻学研究》被台湾地区科技管理部门人文社会科学研究中心评比为2018年TSSCI（台湾社会科学引文索引数据库）一级核心期刊，以及获科技管理部门2018年通过的学术期刊数字传播补助。

在学术交流方面，政治大学传播学院一贯重视"两岸三地"学术交流。学院于2018年7月中旬举办了第六届两岸青年传播学者学术交流会，邀请8位中国大陆地区学者以"新媒体"为主题赴台研习。交流期间，中国大陆地区学者参访了三立电视台、中影制片厂、声色盒子工作室，与台湾地区学者及媒体从业者就台湾地区的传播环境与现况进行了深入讨论。除研讨会与交流会外，传播学院也将学术的交流贯穿于日常教学中。2018年，传播学院博士班邀请了香港中文大学新闻与传播学院院长李立峯教授，发表了主题分别为"社会网络分析与选择性接收问题"（The Network Analytical Approach to the Debates about Selective Exposure in Political Communication Research）与"比较传播研究：回顾、案例和评价"的两场演讲，李立峯教授与同学们就阅听众重迭（audience duplication）的概念、阅听众个人的媒体使用情形与动机以及比较研究的价值进行了分享与交流。博士班还邀请了香港城市大学媒体与传播系李金铨荣休教授以"传播研究的'跨界''搭桥'与'交光互影'"为题发表演讲，他以对谈的方式与博士班同学分享其多年来结合理论与实证的研究经验。

同时，传播学院也持续扩展国际交流。在2018年2月23日由日本庆应义塾大学法学院新闻媒体与传播研究中心主办的"社群媒体如何影响用户行为"座谈研讨会上，日本庆应大学、台湾政治大学两校学者以论文发表、评论方式相互交流研究成果，并于会前签订学术交流合约，希望每年能定期轮流举办异地研讨座谈会，并决定2019年的会议移师政治大学举办。学院还于2018年10月27—29日主办了"亚洲媒体与传播大会"（The Asian Congress for Media and Communication，ACMC），来自22个国家和地区的150余位传播学者齐聚台北，就"媒体与政治权力”“数字时代的公共关系”“科学环境与科技”“新媒体政策”“媒体素养的挑战”等21个传播议题进行交流，对当前的传播环境与问题进行了深入探讨。

在学生培养方面，政治大学一直秉承“做中学”的传统，鼓励学生积极参与新闻写作及社会活动，培养学生敏锐的观察力，栽培更多优秀记者，才能让社会问题被发掘并解决。传播专业硕士生林佑恩以《废墟里的少年——两万名被遗忘的高风险家庭孩子们》系列报道荣获卓越新闻奖基金会主办的第十七届卓越新闻奖深度报导奖。新闻系本科生李昶毅、张玟榕及陈栋获得《中国日报香港版》主办的2018校园学报新闻奖最佳校园新闻报道首奖。

台湾世新大学新闻传播学院

现今影音平台普及与手机直播便利的传播环境下，世新大学新闻传播学院秉持学校以“理论与实务并重”的教学方针，持续不断开设新课程，在2018年开设一系列网红及手机运用课程，包含“网络直播”“电影梳化造型与服装管理”“录音工程与合成器应用”“手机摄影学”“手机新闻实作”“手机直播教学”“手机影像叙事”等，透过课程教导学生影音新闻概念、熟悉手机拍摄编制方式并将成果发送到社群媒体，让学生学习运用手机App的便利与实时性，实际制作自媒体内容与频道。

学术活动方面，2018年5月学院举办“USR×CSR大学社会责任与企业社会责任研讨会”及“第十三届传播管理发展与趋势学术研讨会——科技应用下的传媒产业”；7月举办“2018 CCTF云端暨联网电视高峰论坛——多萤媒体与汇流政策的对话”，另外与南京理工大学合办“第十四届海峡两岸图书信息学学术研讨会”；9月举办“假新闻的反思论坛”；11月举办“数字娱乐与互动设计研讨会”；等等。

学术成果交流方面，新闻传播学院8个系所均传承以往毕业展演的活动，2018年许多系所前往大陆与当地高校合办了海外毕业展览，包括广电系、图文传播系、数字多媒体系，前往厦门理工学院与大陆师生面对面交流。信息传播系也与广州大学、广州中山大学、北京大学三校交流。

该院邀请专精于财经新闻的Fulbright学者Andrew Leckey到校访问并进行各项交流，除安排多场大型专题讲座外，也多次安排午餐会议，让传播专业与财经专业的师生都能共同参与讨论，实践该校“传播贯穿各学门”的教学理念。

培训学生成就部分，由该校口语传播系学生组成的辩论队，参加2018年华语辩论世界杯比赛，在48组队伍中获得第三名。此外，传播管理学系学生，参加2018年第30届马来西亚ITEX国际发明创新科技展，以“多功能行动电源”“多功能纸袋结构”两项作品同时获得银牌，并且在台湾地区也获得新型专利，证明学生也能激荡出研发的能量。

台湾铭传大学传播学院

铭传大学在1980年创办大众传播科，当时以大众传播媒体的实务教学与训练为重点，培养不少传播界女性精英。历经大众传播系至今日的传播学院，秉持着“整合传播”的理念，追求“人文与科技对话”的教育精神，培养理论与实务并重、具备国际视野的传播专才，追求“传播知识产业化”和“传播产业知识化”的学术卓越。

1999年铭传大学成立传播学院，设有传播管理研究所，含在职专班、新闻学系、广播电视学系、广告学系、数字信息传播学系（2000年更名为传播管理学系），及海外青年技术训练班大众传播科（简称“海青班”）。大学本科采用大一、大二不分系制，全面培养传播业界精英。铭传大学传播学院不少学生如今纷纷成为台湾传播业的中高层管理人员，也成了该院重要的业师来源。

2000年起媒体界变化越来越快，互联网带动新媒体的崛起，2008年金融海啸造成传统主流媒体被迫转型以求生存，数字汇流与媒体融合成为当务之急。为因应此一巨变与趋势，2014年起传播学院不再实行大一、大二不分系招生，改由四系分系招生，分别为：新媒体暨传播管理学系（含硕士班与在职专班）、广告暨策略行销学系、新闻学系、广播电视学系。结合传统主流媒体与网络新媒体的产制流程、产业营销与未来体验进行课程改革与实务操作，并积极发展各系自身特色。

分系招生的同时，传播学院亦强化相关实习媒体，作为大三媒体实务课程的重要实习平台，该院从2000年起就开始发展新媒体为全院经营重点。院方设有数字多媒体实验平台，采跨媒体功能团队运作，并进行数字汇流与媒体整合，培养理论与实务兼备的传播专业人才。

该院现今共有十大媒体中心，分别为：广告暨策略行销学系的整合营销中心（IMCC）、品牌中心（BL）及两岸交流中心；新媒体暨传播管理学系的数字媒体中心、虚拟影棚；新闻学系的铭报/MOL、VR实验室；广播电视学系的铭传电视台、铭传广播电台、流行音乐中心。

十大实习媒体已完成e化的装置，并透过网络e化，结合所有媒体的资源，建立跨媒体网络平台，除因应数字时代的新趋势，更积极地进行新媒体的产制实验与检讨调整外，学院培养更多新媒体与传统媒体职能兼备的媒体人，加入媒体业界，参与并带动更新的媒体融合与改革。

该院四系媒体课课程以各系主要媒体中心为实务操练平台，部分媒体开放供跨系选修，以利于学生依个人兴趣，发展专业课程，创造个人专长，并培养业界所需专才或跨领域人才。四系充分运用该院所建构的数字多媒体实验平台，进行跨媒体的整合教学活动，从而培养具跨媒体运作的整合传播人才，以利于学生毕业就业。

科研也是该院发展重点之一。该院目前设有“新媒体传播研究中心”，研究方向包含以下学门：传媒教育、大数据（Big Data）分析，与云端运算（Cloud Computing）系统整合，多媒体（Multimedia）、自然语言处理（Natural Language Processing）等。近两年该院集中研究文件数据分析（Text Analysis），包含文字探勘（Text Mining）技术、文件检索（Text Retrieval）、自然语言处理（Natural Language Processing）、数据应用（Application）等研究主题，主要是将文章内所包含的重要知识探勘其关联性，判断文件知识、利用或分类其主题性，进而给使用者作参考。中心特别针对新闻时事评论的文件探勘，就作者的个人评论立场进行正反面立意分析，以助于提高情感分析之精准度。目前该中心已争取到多个研究项目，并发表多篇期刊论文。

该院有一个硕士点，即“新媒体暨传播管理研究所”，鼓励师长与同学进行传播、信息与管理的跨领域研究，主要就是培养学生成为理论与实务兼备的新媒体人才。该院四系课程设计展现多元色彩，并鼓励学生赴海外进行学术交流，参加各项研讨会与讲座等学术活动，以拓展国际视野的教学目标。该院教师每年参与中华传播学会和国内外传播学者密切交流，多人发表论文并参与论坛研讨。此外，每年3月校庆时，该院广邀两岸与国际学者参与学术研讨会。该院每年发行《传播管理学刊》两期，不断精进教师研究内容与提高论文发表数量。

在两岸学术交流方面，该院与大陆多所985、211乃至双一流大学的传媒学院签订姐妹院，每年均有高校师长与上百名大陆本科生、研究生赴该院进行短期交流。学院先后接待过包括厦门大学、吉林大学、江汉大学等多所高校传媒学院师长赴该院短期研究交流。由于该院特色即实务教学，学院曾与厦门理工学院媒创学院合作执行“三加一”方案近五年，以专班形式辅导来台陆生传媒实务学习。目前郑州大学新闻与传播学院亦派研究生与本科生赴该院以专班形式学习传媒实务。该院每年亦执行大陆传媒研究生赴台短期实习项目，目前已执行近20届。所有来台师长与同学均由该院两岸交流中心接待。

撰稿：殷　琦（厦门大学新闻传播学院教授）

台湾地区新闻传播学术出版2018年概况

2018年，台湾政治大学传播学院主办的《新闻学研究》、台湾大学新闻研究所主办的《台大新闻论坛》、台湾辅仁大学传播学院主办的《传播文化》、台湾铭传大学传播学院主办的《传播与管理学刊》、台湾世新大学主办的《传播与研究实践》、“中国文化大学”广告系主办的《中国广告学刊》、交通大学传播与科技学系主办的《资讯社会研究》、台湾艺术大学图文传播艺术学系主办的《图文传播艺术学报》、中华传播学会主办的《中华传播学刊》、媒体改造学社主办的《传播文化与政治》以及台湾教育传播暨科技学会主办的《教育传播与科技研究》等10余本期刊仍持续出版。其中，《新闻学研究》《中华传播学刊》与《传播与研究实践》为台湾社会科学引文索引（TSSCI）期刊。

2018年是《新闻学研究》创刊的第50周年。50年来，《新闻学研究》共刊登1230篇文章，其中包括882篇论文与348篇书评。该刊于1967年由李瞻教授创刊，1987年开始采用匿名审稿制度以提升学术专业化水平。1999年第58期起，该刊由半年刊改为季刊，除刊登学术研究论文和书评外，还刊登座谈会记录。2013年该刊全文网络化，每一期电子期刊与纸版论文同步发布。自2018年开始，《新闻学研究》加入国际学术期刊的DOI系统，每篇论文都有DOI标识符，有助于快速寻找文献及论文引用，提高论文的能见度与学术影响力。

2018 年,《新闻学研究》共刊登 24 篇文章,其中包括 19 篇研究论文和 5 篇书评,议题涉及科技与传播、新闻传播教育、华语传媒市场、叙事与沟通等。

近年来,新兴科技的崛起与新闻传播产业变革对新闻传播教育产生了重大冲击。因应于此,《新闻学研究》在 2018 年冬季刊登了以“数字时代新闻传播教育的改变与挑战”为题的学术对谈,邀请了香港与台湾地区学者钟蔚文、倪炎元、林照真、王维菁、张文强、陈百龄与业界专家畅谈新闻传播教育的变革。他们认为,当前的新闻传播教育正面临转型,大学和媒体从业者应更重视与重新审视自身角色,发展创新思维,重建新闻传播教育版图与课程。他们还指出,数字科技虽然非常重要,但不是课程调整的唯一标准,更重要的仍是课程和教育的质量与价值,以及学界与业界的协作发展。

除学术对谈外,2018 年冬季刊还围绕传播、科学与科技这一议题刊登了三篇论文。陈瑞麟的《科普如何变成传奇:从文本析论 1990 年代“科学文化”书系的语文传播》使用质性的文本分析方法对 20 世纪 90 年代天下文化出版社的科普书系“科学文化”成为一则出版传奇的原因进行探讨,指出这一出版传奇的实现有赖于“传奇化”的“文学笔法”和“书名订定”的语文传播策略。黄惠萍的《第一人或第三人效应? 探析全球暖化的二阶自他认知差异与影响》通过电话调查法对全球暖化或气候变迁信息与民众认知落差的关系展开研究,发现全球暖化在民众的个人层次产生第一人效应,即对节能减碳行为有显著的正向影响;但是在国家和地区层次产生第三人效应,也就是民众缺乏意愿推广环保以及在日常生活中进行节能减碳。杨美雪和赵以宁的《在线游戏女性玩家性别认同与角色塑造关联性之研究》则采用问卷调查法讨论了在线游戏的女性玩家的性别认同与角色塑造,研究发现女性的心理性别、性别倾向及性别角色认知均会影响角色性别与职业的选择。徐桂权的《新媒介环境中阅听人参与典范的建构:以欧洲阅听人转型研究计划为考察对象》以 2010 年至 2014 年欧洲科学与技术合作计划的“转型中的阅听人与社会”计划内涵和意义为探讨对象,展示了身处新媒体环境中的欧洲学者致力于打破行政取向与批判立场、实证研究与诠释研究的边界,建设一个保持学术联系与合作的欧洲传播学术共同体的发展趋势。

2018 年春季刊登载了“华语媒体市场与文化政治再思考”的专题论文,关注近年来华语媒体市场变化与中国大陆、香港和台湾地区,乃至东亚其他国家和地区之间新的政经依赖关系之间的关联。戴瑜慧的《流动的资本与走出去的中国:以香港无线电视产业的资本并购与执照审查为例》与赖以瑄的《蔡岳勋后儒家影视剧的东亚国际化与市场竞争》分别以香港特区政府开放无线电视执照与媒体所有权并购,以及 2000 年后台湾地区制作人兼导演蔡岳勋的影视作品为案例,探讨传媒领域侍从主义与资本主义的新关系。胡嘉洋和陈子轩的论文则描绘了台湾地区篮球人才迁移中国大陆的媒体再现图像。这些论文都从宏观的历史文化与地缘政治视角并以新的方法探讨华语媒体市场的最新发展。此外,该期还刊登了苏柔郡和吴筱玫的《高中女生使用 Instagram 之日常美学:负担性观点》,基于负担性理论(affordance theory)并通过深度访谈和后制相片分析,文章提出 Instagram 因其以图为本的特性成为高中女生日常生活中展演自我的场域,女生们基于自我品位与美感进行的相片后制使得美学成为了一种日常生活实践。

2018 年夏季刊重点关注了科技与社会变迁背景下的话语流变,中国大陆地区与台湾地区的学者从广告、报纸、个人和文化现象对语言与社会之间错综复杂的关系，提出实证研究和理论探讨。黄靖惠和刘宏毅的《以“科技”为名：药妆产品广告的说明、用词与说服策略之分析》依据系统功能语言学及说服传播概念对2014年至2016年的药妆广告进行内容分析，探讨了广告如何呈现药妆产品使用的科技，包括对科技内涵的说明、对科技的称呼用词以及说服消费者的策略。黄雅兰的《“妇女解放”还是“女权主义”？以〈人民日报〉看中国国家叙事中性别话语的变迁》研究了《人民日报》1949年至2014年关于妇女解放运动的报道，发现通过新闻题材、核心人物和叙事框架等话语策略，“妇女解放”已被建构为妇女运动的核心话语，中国共产党也通过使用不断更替的词汇来推动新思想和政策构建中国妇女运动的行动主体、行动方式和行动逻辑，具有反封建、反官僚资本和反帝国主义的性质。黄顺星的《恐怖的阴谋：1950年代初期匪谍新闻的诠释》通过对20世纪50年代初期的《中央日报》和《钮司》周刊的匪谍新闻的分析，发现“匪谍”在当时被简化至善恶二元对立的框架中，不但使“反共复国”的主张“正当化”，也使民众对“匪谍”产生恐惧与疏离，并阻碍了后人认识历史真相。黄学硕的《2008年总统大选前后报纸对周美青报导的论述分析：成员类属分析的观点》从女性性别角色的视角出发，分析了2008年《联合报》和《自由时报》如何运用类别身份建构周美青的形象，发现报纸将其言行举止与社会性别、职业、道德、国族认同身份联系在一起，借以产生意义脉络并营造形象，进而反映出类别身份知识背后的社会论述逻辑。王孝勇的《告别杜思妥也夫斯基？晚期巴赫汀思想的空间语艺观与其时间/实践性》推敲晚期巴赫汀（Bakhtin）自歌德“教育小说”中所揭示的空间语艺观与其时间/实践性，并指出晚期巴赫汀既有历史感又有未来性的空间语艺理论在于它将语言的社会改革与实践性置于“对话”的位阶之前或之上。

2018年秋季刊的四篇研究论文围绕沟通、叙事及传播力展开。罗彦杰的《“失智”病症污名报导之流变：以1951—2010〈联合报〉档案为例》与管中祥的《去除污名与自我培力——精神障碍者的社会对话行动》都关注了弱势群体的污名化议题，前者采用Fairclough的论述分析法解析新闻如何透过文字污名化“失智症”，后者以伊甸基金会活泉之家作为观察对象，研究如何通过对外沟通活动的设计帮助弱势群体发掘自身能力，重塑信心从而去除污名与重拾主体性。倪炎元的《认同、黑道叙事与台湾政客形象：港产电影的“台湾政治”再现》则从视觉语言与叙事结构的角度分析港产电影如何再现台湾政治，并认为这些电影通过构建一种“去价值”的政治奇观将台湾地区形塑成镜像他者，用以强化香港民众的自我认同。赖玉钗的《奇幻经典之跨媒介网络建构及叙事策略初探：以〈哈利波特〉故事网络为例》剖析了叙事者如何通过互媒（intermediality）建构故事节点、文本群集，以召唤阅听人参与其中。

此外，《新闻学研究》还刊登了一系列的书评，分别对 *Objectivity in Journalism*（《客观性在新闻》）、*Journalism after Snowden: The Future of the Free Press in the Surveillance State*（《史诺登揭密后的新闻业》）、*Trial and Error: U.S. Newspapers' Digital Struggles toward Inferiority*（《尝试错误》）、*Media Literacy Education in China*（《媒体素养教育在中国》）、*Smartland Korea: Mobile Communication, Culture, and Society*（《智慧陆地韩国》）五本英文著作进行了评价与推荐。

撰稿：殷　琦（厦门大学新闻传播学院教授）

附：

2018 年《新闻学研究》总目录

2018 年冬季刊（总第 134 期）

编辑室报告：传播、科学与科技（苏蘅）

科普如何变成传奇：从文本析论 1990 年代“科学文化”书系的语文传播（陈瑞麟）

第一人或第三人效应？探析全球暖化的二阶自他认知差异与影响（黄惠萍）

在线游戏女性玩家性别认同与角色塑造关联性之研究（杨美雪、赵以宁）

解读美国的新闻客观性：《客观性在新闻》（书评与书介）（林宇玲）

新媒介环境中阅听人参与典范的建构：以欧洲阅听人转型研究计划为考察对象（徐桂权）

《新闻学研究》五十周年座谈：数字时代新闻传播教育的改变与挑战（苏蘅、吴岱芸、吴俊葵编）

2018 年春季刊（总第 135 期）

编辑室报告：华语媒体市场与文化政治再思考（苏蘅）

流动的资本与走出去的中国：以香港无线电视产业的资本并购与执照审查为例（戴瑜慧）

高中女生使用 Instagram 之日常美学：负担性观点（苏柔郡、吴筱玫）

蔡岳勋后儒家影视剧的东亚国际化与市场竞争（赖以瑄）

台湾篮球人才迁移中国的媒体再现与国族意涵（胡嘉洋、陈子轩）

监控社会中的消息来源保护：《史诺登揭密后的新闻业》（书评与书介）（陈雅琪）

2018 年夏季刊（总第 136 期）

编辑室报告：修辞、论述与意义（苏蘅）

以“科技”为名：药妆产品广告的说明、用词与说服策略之分析（黄靖惠、刘宏毅）

2008 年总统大选前后报纸对周美青报导的论述分析：成员类属分析的观点（黄学硕）

告别杜思妥也夫斯基？晚期巴赫汀思想的空间语艺观与其时间/实践性（王孝勇）

“妇女解放”还是“女权主义”？以《人民日报》看中国国家叙事中性别话语的变迁（黄雅兰）

恐怖的阴谋：1950 年代初期匪谍新闻的诠释（黄顺星）

美国报业走向廉价商品的数字化之路：评《尝试错误》（书评与书介）（陈怡璇）

中国媒体素养教育的尝试：《媒体素养教育在中国》（书评与书介）（张鸿邦）

2018 年秋季刊（总第 137 期）

编辑室报告（江静之）

“失智”病症污名报导之流变：以 1951—2010《联合报》档案为例（罗彦杰）

奇幻经典之跨媒介网络建构及叙事策略初探：以《哈利波特》故事网络为例（赖玉钗）

去除污名与自我培力：精神障碍者的社会对话行动（管中祥）

认同、黑道叙事与台湾政客形象：港产电影的“台湾政治”再现（倪炎元）

在冲突与融合中蜕变的韩国智慧科技产业（书评与书介）（赵小曼）

台湾地区新闻传播学人自述

编者按：本栏目陆续刊载台湾地区新闻传播学人的治学思考。按学者姓氏音序排列。

蔡　琰

专业职务、职称及兼职情况：1954 年出生于台中市，政治大学传播学院专任教授（2000 年至今），政治大学传播学院专任副教授（1991—2000），文化大学戏剧学系兼任副教授（1989—1991）。1991 年获美国德州大学奥斯汀校区（University of Texas at Austin）教育工学博士学位，1984 年获同校视听教育硕士学位，1981 年获美国北德州大学（University of North Texas）戏剧学硕士学位。

治学自述

20 世纪 90 年代初，我初入学术研究领域时，因任教于广播电视系以及个人戏剧学术背景，曾经着迷于台湾电视剧而书写多篇相关主题的期刊论文，如《电视剧与社会的关联》《电视剧的价值意识》《古装电视剧》《台湾电视剧四十年历史》《电视剧审美》《电视剧类型与公式》等，并出版两本有关电视剧的专著。

1998 年，我幸运地获得主管部门研究经费支持赴美国新泽西州普林斯顿大学（Princeton University）访学一年（1998—1999），先完成专著《电视剧：戏剧传播的叙事理论》（台北市：五南出版社），继而静心盘点旧有研究内容，期望能转型并迈入新的学术生涯路径。记得其时曾因阅读文献而领悟，电视剧的制播与阅读接收固可以用叙事理论（narrative theory）含括，实则具有纪实写作（nonfiction writing）特性的新闻报导也同样可以置于同一理论架构讨论、钻研。其后，我与专攻新闻传播的夫婿臧国仁教授同撰论文剖析新闻写作的叙事特质，于 1999 年在台湾地区顶尖期刊《新闻学研究》发表《新闻叙事结构：再现故事的理论分析》一文，透过“新闻说故事”（news as storytelling）观点讨论新闻写作如何得从“叙事论”角度解析以及其内在结构为何等议题。与 20 世纪 90 年代末仍在社会科学领域占据主流的实证主义（positivism）认为新闻写作的主旨在于反映真实、报导正确、公正中立而力求无偏无倚不同，叙事理论认为，新闻写作是一种文学类型或文本，新闻报道以其特有的文学体裁真实地记录着社会故事。而“故事”的本质在于诉说日常生活，讲述者根据自身经验与回忆细诉而难经旁人查证其正确与否。新闻记者亦然，其撰写报道时既难了解消息来源讲述的故事背景也无从判断其所述是否真实无误。

如今不经意地回首，惊觉上述论文竟是共同深耕“传播”与“叙事”的肇始之作。而就在 2019 年年初，我们所撰《叙事传播：故事/人文观点》一书由浙江大学出版社以简体字出版（繁体字版已于 2017 年在台北出版），总结了整整 20 年来的学术研究历程并得以在中国大陆与读者见面，倍感荣幸。

在此后 20 年间，我们皆曾各自多次通过台湾地区科技主管部门的年度专题研究计划的审查，得以持续在撰写结案报告后随即投稿有匿名评审的学术研讨会（如中华传播学会各年年会），聆听意见后再次改写、投稿中国大陆与台湾地区的一流学术期刊，内容涉及旅行叙事、图文叙事、访问叙事、创意与叙事、想象与叙事、老人叙事、数位叙事、时间叙事等学术议题。

多年来，我个人在大学里教授戏剧、编剧、表演、视听传播相关课程，一直都在“听故事”“说故事”“演故事”。只因1998年在普林斯顿大学图书馆读到有关“话语”（discourse，即故事之讲述）的研究著作，方得领悟原来自己喜爱的戏剧、电影这些与文化共生、观众合体的文本，都在叙事理论所关切的故事之听、说、演的世界里。每当作者与读者分（共）享人生阅历，不论虚构或纪实形式皆可将其所述流传四方。而正是这一点，使得“传播”难与“叙事”分割，也让我们执意透过自“古典叙事”到“数字叙事”来讨论“传播学”的研究内涵。

以人为本、以故事为核心的叙事传播，是具有主体论、知识论、方法论的“新传播观”（参见《叙事传播》专著），其含义简单地讲就是“传播（含新闻、广告、影视）即说故事”（communication as storytelling），与持“信息观”的传统传播论点大异其趣，未来或可引发更多学术论辩。

而我深信，在今日媒介多元、报导讲述者多元、听者多元、符号系统多元、虚构与纪实交错的故事反复再述、转译，甚至抄袭、窜改、加入谎言的复杂现象，无不皆使传播学的研究对象不仅是叙事，更是具有社会性与伦理性的传播议题。

如今正是我的大学教学生涯接近尾声之刻，能有幸借此短文回顾过去20年的“叙事传播”研究历程，越发觉得人生实如流水，悠悠转转，转转悠悠。或许，未来犹能换个时间、换个空间，将我（们）经历过的学术故事重讲一次，就像本篇短文一样，乃因任何故事总是历经反复地讲述、再述、转述、重述而少有结论；这当就是研究“故事”最为有趣之处，也是传播学可以更具吸引力的原因。

王毓莉

专业职务、职称及兼职情况：1967年出生于台湾地区，“中国文化大学”新闻暨传播学院大众传播学系专任教授、新闻研究所兼任教授，电视学会节目自律委员会委员，客家电视台新闻暨节目自律委员会委员，台湾地区“科技部人文及社会科学研究发展司”社会学门复审委员，《中华传播学刊》（TSSCI）编辑委员，《新闻学研究》（TSSCI）编辑委员，《南华大学社会科学论丛》编辑委员，辅仁大学《传播文化》学刊编辑委员。2010年至2012年担任中华传播学会第八届常务理事兼副理事长，2009年至2011年担任NCC第四届“广播电视节目广告咨询会议”咨询委员，2002年至2006年担任“中国文化大学”大众传播学系系主任，2001年至2009年担任世新大学广播电影电视系兼任副教授，2003年至2009年担任“中国文化大学”市政环境规划所兼任副教授，2003年至2006年担任“中国文化大学”信息传播研究所兼任副教授，1997年至1998年担任铭传大学大众传播学系暨传播管理研究所专任副教授。多次担任“吴舜文新闻奖”“卓越新闻奖”“两岸新闻报导奖”“社会光明面新闻报导奖”评审委员。1994年获“国科会”研究成果乙种奖助，自2005年起每年获得“中国文化大学”学术研究成果奖励，2011年获得“中国文化大学”全校教学特优教师殊荣，自2013年起每年均获得“科技部”补助大专校院奖励特殊优秀人才奖励。

治学自述

我的第一份工作是在台湾地区解除“报禁”后创刊的《中时晚报》，赶上了“报禁”最末阶段与“报禁”解除的前期，当时两大报的竞争，由日报延伸到晚报，在母报《中国时报》光环与开放的组织文化下，新闻记者得以充分展现新闻专业精神，成为我日后从事新闻学研究的重要养分。之后不管是赴美国求学念传播，或是博士阶段投入东亚研究范畴，都延续着个人对于“新闻传播领域”理论与实践探索的高度兴趣。在美国威斯康星州求学时期，有感于两岸新闻媒体框架，深深影响着双方民众对于对岸的观感与认知，旋即以“内容分析法”系统化分析两岸新闻媒体对于对岸的再现。之后进修博士学位时，正巧赶上了中国大陆新闻传播改革的高峰期，由于不满足于以传统媒体再现来理解中国大陆的新闻传播体制，我开始了前往第一现场田野调查的“深度访谈法”，陆续进行一系列对于中国新闻与广电改革的研究，并完成博士学位。

投入学术研究工作后，除关注互联网对于台湾地区新闻记者工作样态的改变外，烟品置入性营销渗透进新闻领域的台湾地区特殊现象，以及中国大陆市场化媒体的新闻舆论监督发展，再度燃起我探索新闻专业发展遭遇的冲击与限制之动机。从事研究以来，我不断思考研究路径的合宜性，初期着重以“批判政治经济学”作为理论架构，有助于对新闻传播管制机构或传播组织背后权力运作的解析。然而，除了描绘现存新闻传播场域与从事批判外，我思索着究竟还能做出什么对于传播工作者更有意义的贡献呢？随着广电、新媒体、社群网站崛起后，广告市场遭到分食，台湾地区新闻专业空间被商业化压缩，娱乐当道，在大学任教看到学生鄙视新闻记者工作，将其简化为“狗仔”行业；而中国大陆调查报道记者，亦在艰难地进行着新闻舆论监督报道。若新闻传播的大环境短期不能改变，新闻传播工作者是否只能选择离开？然而对于更多只能留在这个产业环境的工作者，有何生存之道？由此角度观之，我开始思考“权力的本质”“行动者主体性”“驯服与抗拒”等议题，并将研究的视角转向观察权力流动的细致变化，聚焦关怀新闻记者或影视从业者等广义“传播工作者”，观察其与权力者间的驯服与抗拒游戏规则，将如何测试底线作为研究的重心。

我在下列领域出版了重要著作、论文和研究报告：1. 新闻专业领域研究方面，出版了专著《具有中国特色的新闻自由：一个新闻舆论监督的考察》《两岸新闻场域分析：新闻劳动、绩效管理、新闻专业表现》等。2. 传播体制研究方面，发表了论文《中共传播改革之研究》《中共改革开放政策对电视事业经营之影响》《改革开放后中国大陆大众传播事业之研究》等。3. 两岸新闻传播交流方面，与同事和学术同侪完成了研究报告《两岸新闻交流与业务合作之研究——以中国时报及联合报两大报系为例》《加强对大陆广播策略之研究》《两岸驻点记者报导方向研析》《两岸通俗文化交流之研究（1987—1997）》和发表论文《探讨两岸影视交流的影响因素及其发展趋势》。4. 两岸广播电视事业方面，与研究伙伴完成研究报告《中国大陆广电媒体集团化发展之研究》《台湾地区有线电视现况及未来发展之研究》。5. 网络与新媒体领域方面，出版专著《广电暨新兴媒体写作的理论与实务》和发表论文《网际网路时代的新闻采访写作——试论“计算机辅助新闻报导”（CAR）课程之必要性》《“计算机辅助新闻报导”在台湾报社的应用——以中国时报、工商时报记者为研究对象》《在线检索对记者采访的影响之初探》等。6. 健康传播方面，带领研究团队完成台湾第一个《烟品信息与烟害防制的“置入性行销”之研究》的成果报告。7. 阅听人研究方面，与跨校团队合作完成研究报告《台湾地区民众大陆资讯阅听行为》等。

夏春祥

专业职务、职称及兼职情况：1968 年出生于台中市，台湾世新大学口语传播学系专任教授，2019 年起任《传播研究与实践》(TSSCI) 期刊主编。政治大学新闻系本科毕业后，取得政治大学社会学硕士与传播学博士学位。2000 年后，设立中华传播学会传播历史小组，负责活动筹划与召集，并协助推动《中华传播学刊》(TSSCI) 的成立，而后担任过《新闻学研究》(TSSCI，2007—2008) 副主编，曾在世新大学舍我纪念馆民国新闻史中心 (2007—2010) 以及政治大学人文中心影视史学研究计划 (2011—2016) 担任协同研究员。曾受邀至北京大学、中国传媒大学、复旦大学、南京大学、南开大学、暨南大学、西北大学、厦门大学以及澳门城市大学等高校担任访问学者与讲座教授。

治学自述

我的研究兴趣在于如何面对与解决日常生活中遭遇的生命困惑，学术关怀的启蒙则源自对历史社会学中关于 19 世纪德国历史主义、20 世纪法国年鉴学派与 20 世纪初美国芝加哥学派相关作品的阅读。因此，从人文研究对象的独特性开始，到社会探索与自然科学的截然有别、互有专长的认识，以至于长时段、整体历史，到缓慢而有节奏的局势 (conjunctures) 等社会性力量的觉察认知，都成为我在传播领域中的关注视角。传播作为一个动词，描绘出当代社会中都市、城镇秩序形塑与解组的各种现场，这包括了景观的变迁、族群的移动、财富的炫耀、贫穷的渗透等，我的研究旨趣也不断转变，相关议题则分别可归属在口语技艺与媒介生态、符号修辞与文化研究、关系经营与传播思想史等范畴。

在 20 世纪 90 年代，台湾地区社会正处于 1987 年解严之后的变动阶段，遭遇了日益开放之后的价值混淆与文化变迁，包括了“国族”认同、民主探索、社会运动等面向，个人研究方向在此脉络中酝酿。在上述视野下，我此前的研究成果始终聚焦在某些现实问题，从台湾地区“原住民”、华人学术发展、台北市路名争议，一直到“二·二八”事件等历史纷扰，并发表过《关于台湾“原住民”神圣性解体的过程探讨》(1992)、《论社会科学与历史意识——以传播研究为例》(1995)、《文化象征与集体记忆竞逐》(1998)、《什么是传播思想史?》(1998) 等文章，集体记忆 (collective memory) 成了我切入传播学术研究的突破点。我还于 21 世纪初，完成《“集体记忆”的记忆：台湾社会中观念接受史的考察》(2000) 等的研究计划、《众声喧哗的迷思：关于传播研究的笔记》(2002)，以及《新闻论述与台湾社会：二二八事件的议题生命史》(2003) 等专文，试图从不同团体拥有对过去的不同诠释出发，阐述生活权利的作用，并重建台湾社会的文化转型与学术社群的建制化 (institutionalization) 历程。

而在反复斟酌、持续关注这些生活面向中，个人也渐次从硕士班时期对传播面向的忽略，转向到对传播面向的不断厘清与深深浸淫，继而重新回归到成长时期对于新闻编辑工作的关注；此时经历的身份转变包括了博士生、助理教授、副教授以至教授。犹记得在学术生涯萌芽之际，传播行为乃是社会生活的剩余范畴，受经济、政治、社会等因素影响，我在德国学者马克思的资本主义（capitalism）、法国学者涂尔干的社会事实（social fact）、德国学者韦伯的瞭悟（verstehen）等概念中初步窥得人类理性与感性的运用，与改革理想的具体实践；后来则逐步体认到大众媒介之外的传播行为，乃是各种社会系统不可或缺的关键要素，更加肯认了芝加哥学派社会学者们对于传播的宏观视角与文化关怀。因此，我持续从社会记忆的视角，关注传播社群的变迁演化，发表如《传播学门的再思考：口传与大传的分立史与整合路》（2003）等，然后受到伊尼斯、麦克卢汉等人的启发，逐步发展出对于不同传播类型关怀的媒介生态想法，继而勾勒出从媒介批评、媒体素养到媒介环境的思维轴线，开始了浸淫在全媒体沟通的各种体验，也发表了《从媒介批评到媒体素养：论传播生态中的媒体改革》（2009）、《传播的想象：论媒介生态学》（2015）、《在建制化与数字化之间：口语传播的人文主义追寻》（2016）等专文，更翻译了《传播研究的典律文本》（2013）与《抗击柏拉图的阴影：人类传播研究导论》（2017）等作品，引入一种跨文化的传播理路。

当然，从历史视野关注台湾社会的民主发展，一直是我在意的研究主题，也是摸索、认识人道关怀与人文主义的重要基础，如《寻找公共领域：论台湾社会中的新闻论述》（2006）、《在传播的迷雾中：二二八事件的媒体印象与社会记忆》（2007）的专书都是这种心情下的体现。后者获得第34届曾虚白先生新闻学术奖，以及世新大学“97学年度”舍我薪传奖优等研究奖。而这样的关怀更延续至社群媒体时代，我一方面回溯过往历史，尝试从前人足迹寻求未来可能，如《文人论政再思考：台湾七零年代〈大学杂志〉之研究》（2014）；另一方面也持续从最新的媒体环境来加以考察，如《聚焦、攻击、对话：关于社群媒体讯息再生产的探索》（2018）等。

然而，就在持续对困惑做出解题的同时，我也从早期便着力于厘清学术探究工具的方法论，也就是说，研究方法的学术辨明，也一直是我兼顾、努力的研究方向。这样的研究成果从20个世纪末《“社会网络”的观点及其应用》（1995）、《文本分析与传播研究》（1997）、《论时间：人文及社会研究过程之探讨》（1999）等，到21世纪初期《将法国学者福柯有效历史理念研拟、发展出一种议题生命史的探讨路径》（2003），包括21世纪近来的《言诠与我群：评介〈话语的摸索与寻绎：传播观念史〉》（2012）等，都是一种科学信念的在地体现，也是我三条探索理路中确保人文主义落实的一种反身性尝试。但就是一种望向远方的实验，而在世界潮流与全球变迁中，这条认识自我的道路还很漫长……

本专辑撰稿、组稿人：殷　琦（厦门大学新闻传播学院教授）

第十六篇
海外特辑

2018年国外新闻传播学研究热点扫描

2018年部分新闻与传播学国际期刊热点扫描

2018年国际重要新闻传播学学术会议介绍

2018年国外新闻传播学研究热点扫描

2018年可谓是新闻传播学领域的反思之年。一方面，站在引进传播学40年以及中国新闻学百年的节点上，回望中国新闻传播学学科建设从无到有的历史进程，如何在当下飞速变化的媒体环境中把握自主性成为中国新闻传播学者们普遍关心的话题。另一方面，时隔36年，国际传播学顶刊之一的《传播学刊》（*Journal of Communication*）再次以“Ferment in the Field”（领域的发酵）为主题出版特刊，对该领域的起源、现状和前景进行探讨。可见，虽然所处的发展阶段和学科环境不同，海内外学者都对新闻传播学自身的发展进行了深刻反思。

以此为契机，本文以“理论发展和建构”为视角，选取2018年发表在国际新闻与传播学期刊上的论文进行梳理和综述。考虑到期刊的权威性、代表性以及各期刊影响因子变动对每年排名的影响，文章通过对《期刊引证报告》（*Journal Citation Reports*，JCR）中传播学分区各杂志的5年影响因子进行整理，最终将排名最靠前的四本杂志——《计算机辅助传播杂志》（*Journal of Computer-Mediated Communication*）、《传播学刊》（*Journal of Communication*）、《新媒体与社会》（*New Media & Society*）、《传播理论》（*Communication Theory*）列为了综述对象，从现有理论的新发展、新理论及概念的提出、未来理论建构的方向三个部分出发，对这四本期刊2018年发表的所有论文（N＝345）进行了分析，以期对我国新闻传播学的发展提供参考。

一、现有理论的新发展

总体而言，在2018年上述四本期刊公开发表的文章中，经典的传播学研究领域，诸如政治传播、健康传播、跨文化传播、组织传播、人际传播、文化研究等均有所涉及。但各理论的使用界限并不分明，难以从研究领域进行非此即彼的划分。因此在这一部分，主要依照新闻传播过程的不同主体进行划分，对样本中使用较多的理论进行归纳总结。

（一）受众研究

1. 数字鸿沟

有关数字鸿沟的研究主要集中在家庭传播、政治传播和健康传播三个领域。在家庭传播方面，研究者继续关注社会经济地位所导致的社会不平等被二级数字鸿沟加剧的现象。虽然手机已经成为家庭成员日常交流的中心，但在以哥伦比亚为代表的发展中国家，父母所面临的财务、认知和环境障碍却影响着他们亲子互动的性质和频率。比如，因为在使用手机方面存在认知障碍，所以影响了他们学习发短信的能力。[①] 瑞士同样存在着数字不平等的现象。家庭的社会经济地位会间接影响孩子的学业成绩。因为父母收入较低会导致孩

---

① Alcides Velasquez, “Parents’ Mobile Relational Maintenance in Resource-constrained Contexts: Barriers and Facilitating Access Conditions”, *New Media & Society*, Vol. 20, No. 12, 2018.

子更频繁地使用互联网进行娱乐和在线交流，从而使他们的学业成绩随之下降。① 政治传播研究则更关注数字鸿沟对公众社会参与的影响。数字不平等削弱了互联网民主化的潜力。虽然现在受众可以通过参与性媒体参与到公共话语中，但知识差距限制了人们在网络公共领域的参与程度。② 同样，数字鸿沟也加剧了健康信息获取的差异。即使提供了能够浏览健康信息的网站，对于很多文化程度低或没有文化的人来说，正确使用这些网站仍具有一定难度。③

此外，现有的研究在一定程度上拓展了研究对象的范围，并建议在未来的研究中对不同的研究群体进行更进一步的细分。一方面，研究者们长期以来一直关注数字不平等对边缘化人口造成的影响，新的研究将担忧延伸到了社会运动研究者身上——数字鸿沟是否导致社会运动中产阶级的忧虑凌驾于弱势群体之上？研究发现，接入沟不会产生选择效应，使用沟对模型的影响也很小，从而在一定程度上降低了学者的担忧。④ 另一方面，过往的研究认为，社会中的边缘群体在互联网使用方面所面临的风险更大。但 Blank 和 Lutz 的研究显示，在互联网的危害结构中，那些受过教育的、高度关注隐私的用户在互联网上更容易受到伤害。此外，老年人可能比年轻人从互联网中获益更多。⑤ 随着世界人口的老龄化和老年人在当前和潜在的互联网用户中所占的比例越来越大，了解老年人使用互联网的状况以及他们使用互联网方式的演变，有助于更好地支持这一人群数字媒体的使用。老年人内部在进行年龄组比较时存在明显的差异。相较于更年长的老年人，较年轻的老年人更有可能接触和使用互联网，也有更好的互联网技能。不过，老年人在上网方面的性别差异没有那么明显。因此，在未来的研究中应该考虑样本的多样性，采用更具包容性的招募设计，适当调整年龄的下限，并将依靠支持性护理生活的老人也纳入研究范围。⑥

虽然研究者们认为，通过教育⑦、技能培训、政策干预⑧等措施可以提供在线参与机会，从而缩小知识差距，克服数字不平等，设计者们也越来越意识到提高人员和技术支持的重要性，但事实上，那些最需要这些支持的群体往往最难获得帮

① Anne-Linda Camerini, Peter J. Schulz, Anne-Marie Jeannet, "The Social Inequalities of Internet Access, Its Use, and the Impact on Children's Academic Performance: Evidence from a Longitudinal Study in Switzerland", *New Media & Society*, Vol. 20, No. 7, 2018.

② Aaron Shaw, Eszter Hargittai, "The Pipeline of Online Participation Inequalities: The Case of Wikipedia Editing", *Journal of Communication*, Vol. 68, No. 1, 2018.

③ Nurit Guttman, Eimi Lev, Elad Segev, et al, " 'I Never Thought I Could Get Health Information from the Internet!': Unexpected Uses of an Internet Website Designed to Enable Ethiopian Immigrants with Low/no Literacy Skills to Browse Health Information", *New Media & Society*, Vol. 20, No. 7, 2018.

④ Thomas Elliott, Jennifer Earl, "Online Protest Participation and the Digital Divide: Modeling the Effect of the Digital Divide on Online Petition-signing", *New Media & Society*, Vol. 20, No. 2, 2018.

⑤ Grant Blank, Christoph Lutz, "Benefits and Harms from Internet Use: A Differentiated Analysis of Great Britain", *New Media & Society*, Vol. 20, No. 2, 2018.

⑥ Amanda Hunsaker, Eszter Hargittai, "A Review of Internet Use among Older Adults", *New Media & Society*, Vol. 20, No. 10, 2018.

⑦ Aaron Shaw, Eszter Hargittai, "The Pipeline of Online Participation Inequalities: The Case of Wikipedia Editing", *Journal of Communication*, Vol. 68, No. 1, 2018.

⑧ Alexander Jam Van Deursen, Ellen J. Helsper, "Collateral Benefits of Internet Use: Explaining the Diverse Outcomes of Engaging with the Internet", *New Media & Society*, Vol. 20, No. 7, 2018.

助。以此为背景，研究者们开始关注“自下而上”的影响力——孩子如何影响父母对科技的投入。通过对美国全国调查中中低收入家庭活动数据的分析，研究认为，应当将科技参与视为代际间的动态互动。当家庭技术援助主要是由父母推动时，兄弟姐妹之间更有可能一起阅读、完成艺术和科学项目，并在家庭作业上互相帮助。另外，当家庭技术援助更多地由孩子推动时，兄弟姐妹更有可能互相交流如何使用电脑或移动设备，并一起上网看电视或视频。但归根到底，兄弟姐妹之间的相互支持并不能弥补父母在家庭中支持正式学习活动能力的不足。①

2. 自我表露

自我表露是人际传播的起点，是人们交流互通的前提。随着传播技术的发展，以互联网为媒介的网络打破了人际交往的时空限制，拓展了人际交往的范围。2018年关于用户在社交媒体上的自我表露的研究主要集中在三个方面。

一是个人日常生活的表露。比如那些活跃用户以及认为 Facebook 是更正式有效的信息披露渠道的人，更有可能在 Facebook 上宣布关系状态的改变（离婚或分手）。不过，这种改变作为许多人生活中产生压力和焦虑的主要事件，在 SNSs 上的表露可能会在生命历程过渡期间造成额外的压力——产生不必要的一对一对话。②

二是个人的政治表露。在社交媒体中，一个人披露（或被披露）政治观点的成本与收益在很大程度上取决于社会因素。年轻人、受过高等教育的人以及男性更倾向于公开他们的政治观点，而有移民背景的老年人和西班牙裔用户则不同，其中一个重要原因是收入。对于非白人来说，政治观点的自我表露程度越高，他们与社会脱节的可能性就越大。白人的情况正好相反，即自我表露越低，与外界隔绝的可能性就越大。所有受访者都认为，社交媒体使用不一定会缓解社会分层，也不会使那些社会地位较低的人更容易参与到政治表露的过程中。③“体面的政治”（respectability politics）描述了非裔美国女性采用的一种自我表现策略。一些社会经济地位较低的年轻人通过自我审查、按平台分割内容的方式在社交媒体上展示自己，从而管理网络上的形象，以获得社会地位的向上流动。这些策略强化了种族主义者和性别歧视者关于所谓“适当行为”的话语。④

三是讨论关于自我表露的影响因素。例如，隐私计算理论表明，在线自我披露是基于成本效益权衡的。网站的个性化服务会略微降低用户信任，带来的好处也微乎其微。这些影响与交互环境有一定关系。虽然个性化服务影响了用户在新闻和商业环境下的自我表露，但在健康环境中没有影响。⑤ 观察性学习也会影响用户的

---

① Vikki S. Katz, Meghan B. Moran, Carmen Gonzalez, “Connecting with Technology in Lower-income US Families”, *New Media & Society*, Vol. 20, No. 7, 2018.

② Oliver L. Haimson, Nazanin Andalibi, Munmun De Choudhury, et al, “Relationship Breakup Disclosures and Media Ideologies on Facebook”, *New Media & Society*, Vol. 20, No. 5, 2018.

③ Yong Jin Park, “Social Antecedents and Consequences of Political Privacy”, *New Media & Society*, Vol. 20, No. 7, 2018.

④ Mikaela Pitcan, Alice E. Marwick, Danah Boyd, “Performing a Vanilla Self: Respectability Politics, Social Class, and the Digital World”, *Journal of Computer-Mediated Communication*, Vol. 23, No. 3, 2018.

⑤ Nadine Bol, Tobias Dienlin, Sanne Kruikemeier, et al, “Understanding the Effects of Personalization as a Privacy Calculus: Analyzing Self-disclosure across Health, News, and Commerce Contexts”, *Journal of Computer-Mediated Communication*, Vol. 23, No. 6, 2018.

自我表露——对奖励行为的观察会导致较高程度的自我表露行为。相比之下，对风险的观察对此类活动的影响则微乎其微。[①]人们社交网络的规模和异质性与他们状态更新的数量呈正相关，但与状态更新在长期的语言风格变化呈负相关。网络规模与积极情绪语言的比例呈正相关，与消极情绪语言的比例呈负相关，网络异质性的影响则与之相反。[②] 除此之外，当互动对象从人变成了电脑或机器人时，人们的自我表露会有什么变化？研究发现，无论参与者认为他们是在向聊天机器人还是向人透露，情绪表露的效果都是一样的。[③]

3. 使用与满足理论

根据传统的使用与满足理论，新媒体环境最显著的特点之一是人们可以轻松地选择他们需要消费的精确内容。最近，研究人员开始思考网络的边界，质疑碎片化可以走多远。到目前为止，大部分关于个性化与碎片化的研究是以原子化的方式来看待个体的，在这种方式下，个人纯粹根据内在的倾向做出选择。在新的研究中，Riles 等提出了人际关系使媒体选择情境化的观点。在选择媒体内容时，受众会部分参考与他人产生的互动，这也是碎片化存在边界的主要原因。[④]

此外，新的研究对老年人的社交媒体使用进行了关注。对于老年人来说，在 Facebook 的状态更新和发布个人故事分别与活动和社区建设满意度相关，个人资料定制可以增强其满足感，参与评论中的对话在提供交互满足感方面扮演着重要的角色。[⑤]

（二）传播效果研究

总的来说，对传播效果的一系列研究再次强调了新闻媒体，尤其是传统新闻媒体在快速发展的新媒体时代所面临的挑战。

1. 框架理论

Han 和 Federico 认为，关于新闻媒体中冲突框架的研究主要集中在政党成员问题上，而这些政党成员之所以存在极化，是因为他们之间本身就存在强烈的意见分歧、因此需要了解冲突框架在其他社会身份中是否同样会导致极化。通过两组实验，研究者发现性别冲突框架的极化效应并不比党派冲突框架小，不过导致极化的原因并不是基于性别的敌意，而是来由于自我刻板印象的增加。[⑥] 在健康传播方面，通过比较六种不同的气候变化框架（公共卫生、经济、国家安全、环境、道德和政治冲突）对自由派民主党人、中间派和保守派共和党人选择性接触气候变化新闻的影响，研究发现，虽然与其他框架相比，公共卫生框架增加了对气候变化新闻的接触，但这种影响只作用于自由派民主党人。总的来说，新闻框架在推动人们关注

① Tamar Ashuri, Shira Dvir-Gvisman, Ruth Halperin, "Watching Me Watching You: How Observational Learning Affects Self-disclosure on Social Network Sites?", *Journal of Computer-Mediated Communication*, Vol. 23, No. 1, 2018.

② Teresa Gil-Lopez, Cuihua Shen, Grace A. Benefield, et al, "One Size Fits All: Context Collapse, Self-presentation Strategies and Language Styles on Facebook", *Journal of Computer-Mediated Communication*, Vol. 23, No. 3, 2018.

③ Annabell Ho, Jeff Hancock, Adam S. Miner, "Psychological, Relational, and Emotional Effects of Self-disclosure after Conversations with a Chatbot", *Journal of Communication*, Vol. 68, No. 4, 2018.

④ Julius Matthew Riles, Andrew Pilny, David Tewksbury, "Media Fragmentation in the Context of Bounded Social Networks: How Far Can It Go?", *New Media & Society*, Vol. 20, No. 4, 2018.

⑤ Eun Hwa Jung, S Shyam Sundar, "Status Update: Gratifications Derived from Facebook Affordances by Older Adults", *New Media & Society*, Vol. 20, No. 11, 2018.

⑥ Jiyoung Han, Christopher M. Federico, "The Polarizing Effect of News Framing: Comparing the Mediating Roles of Motivated Reasoning, Self-stereotyping, and Intergroup Animus", *Journal of Communication*, Vol. 68, No. 4, 2018.

气候变化新闻方面只起到有限的作用。①

2. 把关人/看门人

有关把关人理论的研究主要关注了社交媒体把关人的有限影响。有观点认为，新技术可以绕过传统媒体把关人，使艺术家能够接触到新的全球观众，从而促进更稳定、经济上自给自足的独立职业的发展。然而，通过对英格兰西南部小唱片公司音乐人的社交媒体使用进行调研后发现，社交媒体对独立音乐人的好处可能被夸大了，因为社交媒体在维持现有受众方面比建立新受众更有效。新媒体只是融入了音乐生产的现有社会关系，而不是从根本上颠覆它们。因此，传统的把关人仍然至关重要。②

那么，作为“把关人”，社交媒体编辑究竟有多大的影响力？通过对英国、荷兰和佛兰德斯6家报纸的Facebook页面进行观察，Welbers和Opgenhaffen认为，报纸的Facebook页面在把关方面具有双重影响。一方面，它们确实处于影响新闻传播的关键位置——它们的努力有利于报纸内容的整体传播。另一方面，报纸的内容相对于社交平台是独立的，这意味着它们确实不是传统意义上的把关人，而是控制着离散的门。在网络传播的背景下，“把关/守门”已经成为一个相对的概念。在这种情况下，用户接触到某些内容既取决于新闻提供者的大众传播，也取决于这些用户社交网络中其他人的参与。③

3. 议程设置

通过对2014年至2016年的网络媒体场景进行计算分析，Vargo等考察了假新闻和事实核查者的议程设置能力。研究证实，虽然来自假新闻网站的内容在增加，但这些网站并没有过多的权力。相反，无论是回应还是设置议程，假新闻网站与网络党派媒体有着错综复杂的关系。尤其是在2016年，党派媒体似乎特别容易受到假新闻议程的影响，这可能与大选有关。不过，新媒体对假新闻所设置的议程回应程度较低。另外，虽然事实核查人员在选择要报道的议题时拥有一定的自主性，但他们在决定新闻媒体的总体议程方面没有影响力。更严重的是，这些事实核查人员的影响力似乎也在下降，从而使他们在传播更正信息时面临一定的困难。④

此外，读者的负面评论可能会通过一系列间接途径降低信息可信度和媒体议程设置的能力，这些途径包括跟风、抢夺注意力和降低议题的显著性，但是点赞和转发这些行为不会。⑤

4. 沉默的螺旋

对社会孤立的恐惧（FSI）虽然不会影响支持性的意见表达，但是对阻止反对性的意见表达有间接影响。这种间接的影响取决于一个个体在网络中的分歧和公开程度。分歧和公开程度越高，沉默现象就

① Lauren Feldman, P. Sol Hart, “Broadening Exposure to Climate Change News? How Framing and Political Orientation Interact to Influence Selective Exposure”, *Journal of Communication*, Vol. 68, No. 3, 2018.

② Jo Haynes, Lee Marshall, “Beats and Tweets: Social Media in the Careers of Independent Musicians”, *New Media & Society*, Vol. 20, No. 5, 2018.

③ Kasper Welbers, Michaël Opgenhaffen, “Social Media Gatekeeping: An Analysis of the Gatekeeping Influence of Newspapers' Public Facebook Pages”, *New Media & Society*, Vol. 20, No. 12, 2018.

④ Chris J. Vargo, Lei Guo, Michelle A. Amazeen, “The Agenda-setting Power of Fake News: A Big Data Analysis of the Online Media Landscape from 2014 to 2016”, *New Media & Society*, Vol. 20, No. 5, 2018.

⑤ T. Franklin Waddell, “What Does the Crowd Think? How Online Comments and Popularity Metrics Affect News Credibility and Issue Importance”, *New Media & Society*, Vol. 20, No. 8, 2018.

会越严重。[1] 技术匿名性可以预测一个人的感知匿名性，但只有后者可以显著增加一个人在评论区发表个人意见的意愿。除此之外，来自其他评论者的支持也可以减少网上的沉默现象。[2] 一些新闻网站出于对不文明评论进行控制的目的开始管理在线评论，然而对于受众来说，这种管制可能会加剧沉默的螺旋效应，从而导致对新闻内容的不信任。[3]

（三）传播与文化

1. 话语分析

话语指一种基于共享假设的特定言说和思想方式，形塑着人们对某个话题的理解和行动。这个最早起源于语言学的概念在20世纪50年代被主流社会学家所关注。其中，米歇尔·福柯通过对犯罪、监狱、健身病、性等领域非谱系化的梳理，形成了一套比较完整的话语理论体系。[4] 目前新闻传播领域有关话语的研究主要集中在社交媒体领域，这些研究可以分为三个方面。

第一，以社交媒体的快速发展为背景形成的话语。例如，伴随着互联网和新媒体技术的发展，一套关于数字时代制度传播和实践特征的、具有影响力和广泛传播的论辩形态也在不断涌现。这些发展推动了芬兰福音路德教会内部技术性话语的形成，主要涉及：官方论述越来越强调技术发展改变了教会的工作环境，让员工意识到提高教会在线交流互动性和吸引力的重要性，跟上时代的发展需要不断学习。[5]

第二，以社交媒体为渠道形成的话语。这也是新闻传播学话语研究中成果最多的领域。例如，个人图片和 Instagram 页面充满了微观和宏观的话语，它们共同作用于性别。而公众对 Tinder nightmare[6] 的使用则为女性提供了一种话语的媒介，挑战传统的勾搭文化和 Tinder 上所固有的男性规范。[7] 对于体重的歧视源于“肥胖”的媒介化（mediatisation）。社交平台上有关评论系统的一些设计，如主要支持两极化的修辞立场阻碍了对主流“肥胖”话语的挑战，通过这种方式，对体重的耻化得到了更大范围的传播[8]。社交媒体同样影响了破坏性社会事件后的文化创伤话语的形成。在2017年斯德哥尔摩卡车袭击事件之后，推特上#openstockholm 标签下的内容呈现出两种相互冲突的话语——淡化或放大文化创伤。因此，Eriksson 认为，对创伤性事件的反应取决于集体行动框架的特定文化逻辑，对文化创伤话语的理解需

① Hsuan-Ting Chen, “Spiral of Silence on Social Media and the Moderating Role of Disagreement and Publicness in the Network: Analyzing Expressive and Withdrawal Behaviors”, *New Media & Society*, Vol. 20, No. 10, 2018.

② Tai-Yee Wu, David J. Atkin, “To Comment or Not to Comment: Examining the Influences of Anonymity and Social Support on One's Willingness to Express in Online News Discussions”, *New Media & Society*, Vol. 20, No. 12, 2018.

③ Brett Sherrick, Jennifer Hoewe, “The Effect of Explicit Online Comment Moderation on Three Spiral of Silence Outcomes”, *New Media & Society*, Vol. 20, No. 2, 2018.

④ ［英］安东尼·吉登斯、菲利普·萨顿：《社会学基本概念》，王修晓译，北京大学出版社2019年版，第5—6页。

⑤ Marcus Moberg, “Mediatization and the Technologization of Discourse: Exploring Official Discourse on the Internet and Information and Communications Technology within the Evangelical Lutheran Church of Finland”, *New Media & Society*, Vol. 20, No. 2, 2018.

⑥ Tinder nightmare：ins 上一个发布匿名投稿的页面，主要记录了男性淫荡和变态的求爱尝试，以及女性对此做出的幽默风趣的回应。

⑦ Aaron Hess, Carlos Flores, “Simply More than Swiping Left: A Critical Analysis of Toxic Masculine Performances on Tinder Nightmares”, *New Media & Society*, Vol. 20, No. 3, 2018.

⑧ Phillip Brooker, Julie Barnett, John Vines, et al, “Doing Stigma: Online Commenting around Weight-related News Media”, *New Media & Society*, Vol. 20, No. 9, 2018.

要结合具体的语境。①

第三，社交媒体平台自身所隐含的话语。例如，Facebook 将种族主义话语嵌入到了各种识别和说服的话语策略中②。此外，围绕 Facebook 的自我定义、用户身份的构建以及 Facebook 与用户之间的关系等方面，通过对 Facebook 创始人兼首席执行官马克·扎克伯格的话语分析发现，扎克伯格的话语也不是简单地反映或描述世界的中立手段，而是具有表现性和功能性，并帮助用户塑造在线社交生活的可用概念。③

除了社交媒体相关的话语之外，跨文化传播中的话语也引起了学者的关注。通过研究“cool”一词的不可翻译性，Sigismondi 认为，翻译鸿沟——无法轻易翻译成另一种语言的单词——是目前跨文化传播中的重要问题。源自英语圈的音像制品及其在英语国家软实力话语中的影响，促成了一种以英语为语义参考点的全球时代精神，对“cool”的追求就是其具体表现之一。④

2. 场域理论

有关场域理论的研究集中在对新闻和信息的生产和消费上，强调阶级和资本对这两方面的影响。过去对新闻业的定义通常是规范性的，但实际上，新闻业的参与者在地位、影响力、工作任务和工作条件方面是不相似甚至是不平等的，这种分层主要体现在新闻资本、资源获取和物质安全三个层面。⑤ 同样，过去的研究多强调新闻用户分化是受到当下高选择性媒体环境的影响，却忽略了背后的社会（或结构性）原因。由于不同的群体形成了完全不同的新闻储备，并且厌恶那些与自己差异较大的群体偏好，新闻世界成为一个“为加强合法生活方式而进行象征性斗争的场所”，新闻实践和偏好巩固了群体在社会结构中的地位。比如，文化中产阶级更喜欢“硬新闻”（政治、文化、辩论），并认为自己对时事了如指掌，而那些缺乏文化资本的阶层则恰恰相反。社会主体的性情（例如，品位）比人们想象的更系统化。在数字媒体环境中，品位和行为往往会固化社会结构——工人阶级通过不参与或完全拒绝那些文化资本丰富的人高度重视的来源和流派来巩固他们的“劳动阶级”认同。⑥

对信息的收集和评估也会受到资本和阶级的影响。人们普遍认为年轻人是“数字原住民”。但实际上，许多青少年不具备有效搜索或批判性评估他们搜索得来的信息的能力。通过对英国两组年轻人（一组来自精英学校，另一组来自职业学院）在网络上接触阴谋论、气候变化和移民等信息的情况的比较，研究发现工人阶级的年轻人比父母来自专业阶层的同龄人更依赖谷歌作为答案。大多数工薪阶层的学生

① Moa Eriksson, “Pizza, Beer and Kittens: Negotiating Cultural Trauma Discourses on Twitter in the Wake of the 2017 Stockholm Attack”, *New Media & Society*, Vol. 20, No. 11, 2018.

② Nadine Bol, Tobias Dienlin, Sanne Kruikemeier, et al, “Understanding the Effects of Personalization as a Privacy Calculus: Analyzing Self-disclosure across Health, News, and Commerce Contexts”, *Journal of Computer-Mediated Communication*, Vol. 23, No. 6, 2018.

③ Anna Lauren Hoffmann, Nicholas Proferes, Michael Zimmer, “‘Making the World More Open and Connected’: Mark Zuckerberg and the Discursive Construction of Facebook and Its Users”, *New Media & Society*, Vol. 20, No. 1, 2018.

④ Paolo Sigismondi, “Exploring Translation Gaps: The Untranslatability and Global Diffusion of ‘Cool’”, *Communication Theory*, Vol. 28, No. 3, 2018.

⑤ Henrik Örnebring, Michael Karlsson, Karin Fast, et al, “The Space of Journalistic Work: A Theoretical Model”, *Communication Theory*, Vol. 28, No. 4, 2018.

⑥ Johan Lindell, “Distinction Recapped: Digital News Repertoires in the Class Structure”, *New Media & Society*, Vol. 20, No. 8, 2018.

很少或根本没有努力去核实为他们提供信息的来源，他们已经习惯于接受谷歌的权威。①

不过，虽然文化组织常常按文化产品（高雅文化或通俗文化）和组织形式（非营利性或商业性）划分，还是有学者认为在文化领域存在与文化阶层无关的在线空间。通过对用户评论样本的跟踪分析发现，评论者关注更多的是实际的文化问题和文化消费的流行导向，只有极少数的评论者从中获得了地位和荣誉，以及对传统文化资本的象征性掌握。②

二、新概念、新理论和新模型的提出

一个学科的发展不仅依赖于对旧有理论的重复验证与修补，更需要从不断变化的社会事实中提炼出新的概念和理论模型，从而适应和推动社会的发展。这一部分主要按照新概念、新理论和新模型的划分，对研究样本中涉及的一些新的学科发展进行综述。

（一）新概念

1. 描述性概念

（1）大众人际传播（masspersonal communication）

传播学历来都在概念与理论发展上将大众传播与人际传播区分开来。在传统意义上，大众传播被定义为由传播者以技术为媒介、向大量受众所进行的单向传播，其传递的信息具有公众性，受众则具有同质性。人际传播被定义为双向的、在数量较少的参与者中进行的传播，强调特质性与互动性。这种二元划分的模式因为新技术的发展逐渐式微。一些传播渠道融合了大众传播和人际传播的要素，使得"单向/双向""同质/特质""中介/非中介"这种划分标准变得不再可行。

鉴于此，O' Sullivan 提出了大众人际传播（masspersonal communication）的概念③，认为应当从信息的可及性（perceived accessibility）和个性化（personalization）两个维度对大众传播、人际传播与大众人际传播进行划分。其中，可及性代表了信息的公开程度。以此为划分依据，人际传播被重新定义为高个性化、低信息可及性的交流活动（位于第一象限），例如面对面交流、利用新媒体工具进行的私人讨论等；大众传播被定义为低个性化、高可及性的交流活动（位于第二象限），其特点是向广泛的、无差异的受众发送信息；大众人际传播则被定义为个性化程度高、可及性强的信息交流活动（位于第三象限）。

虽然使用的渠道与大众传播相似，但大众人际传播中的信息接收者是个性化、预设的受众。需要强调的是，大众人际传播并非新媒体的产物，早在互联网出现之前，这种传播形式就已诞生，例如通过大屏幕或广告牌求婚，只不过新技术的发展使这种现象更加普及。以政治传播研究为例，政治家在 Twitter 上发布非个人化的信息属于大众传播，因为其没有将受众加以区分。但是，当某个选民公开回应该政治家并与其形成了公开对话时，这种传播就可视为大众人际传播。

O' Sullivan 认为，目前的研究大部分都关注一对一的、高度个性化且私密化的

---

① Huw C. Davies, "Learning to Google: Understanding Classed and Gendered Practices When Young People Use the Internet for Research", *New Media & Society*, Vol. 20, No. 8, 2018.

② Victoria D. Alexander, Grant Blank, Scott A Hale, "Digital Traces of Distinction? Popular Orientation and User-engagement with Status Hierarchies in TripAdvisor Reviews of Cultural Organizations", *New Media & Society*, Vol. 20, No. 11, 2018.

③ Patrick B. O'Sullivan, Caleb T. Carr, " Masspersonal Communication: A Model Bridging the Mass-interpersonal Divide", *New Media & Society*, Vol. 20, No. 3, 2018.

传播，却很少在意那些虽然个性化但是又完全公开的互动，而这些恰好应当成为未来研究关注的重点。因为当传播者意识到自己的谈话可以被他人所观察时，这种交流行为本身可能也会发生一定的改变。

（2）受影响的旁观者（affected bystanding）

在日常生活中，虽然我们被技术所包围，但实际上往往并没有使用其中的绝大部分技术，甚至连间接使用都谈不上。相反，我们常常不由自主地受到他人技术使用的影响。例如，考虑到同事和朋友的社交媒体习惯，我们养成了紧跟潮流、保持“可见”的个人习惯。Wagenknecht 将这种受众定义为“受影响的旁观者”（affected bystanding）。[①]

Wagenknecht 认为，人与技术的关系已经不能单纯以“使用/不使用”这种二元的标准进行划分。与单纯的不使用（non-use）不同，“受影响的旁观者”是一种伴随着被动性和边缘性的日常状态，这些旁观者虽然被排除在技术使用之外，却受他人技术使用的影响。另外，“受影响的旁观者”与“usee”（Baumer，2015）关注的重点也不同，后者指在不知情的情况下被用于数据收集的个体，其往往是被暴露和被利用的对象，而前者则常常被忽视。

“受影响的旁观者”作为一种普遍存在的日常现象已经被学者所关注，但 Wagenknecht 认为这些讨论并没有把其发展成更适合分析、抽象和批判性的概念。与乐队花车、感知流行和社会气候等理论以传者为中心，强调社会环境导致个体行为的变化不同，“受影响的旁观者”在回应这些变化的同时，还关注到了个体的反抗，即从旁观者转变为影响者（bystanding affector）。

这种旁观是一种难以改变的状况，因为与技术的使用者不同，旁观者对技术基本没有发言权和使用权，通常缺少有效的进入、对话和批评手段，要避免他人的影响往往需要很高的成本，因此只能依靠行动主义来降低受到的影响，例如为了躲避噪音使用降噪耳机、为了孩子的身心健康使用浏览器过滤插件、为了防止远程信息读取给信用卡佩戴特殊皮套等。

正如杜威所说，人类行为的一些后果经常“延伸到那些不直接参与其中的人”。而今天以技术为媒介的行动使得这种影响的规模和范围更加深远，缓解这种现象的方法之一，就是去关注那些被技术忽视的“被影响的旁观者”。

（3）放大（amplification）

基于对混合媒体系统和注意力经济的研究，Zhang、Wells 等提出了放大（amplification）的概念，以探索基于社交媒体的公众活动如何扩大对某个人或信息的关注。[②] 放大是一种机制，通过这种机制，受众的注意力被聚集和引导，而相关的信息和活动可能会被各种结构错误“解读”为有价值的信号。

以特朗普在大选中的宣传为例，一方面，他的支持者通过病毒式的传播扩大了内容的影响力；另一方面，那些通过转发推特来反对特朗普的人可能无意中也放大了他。于是，当“参与性文化”越来越多地被纳入个体行为与媒体结构的互动时，个体在媒体系统中的声音可能会被扭曲得

① Susann Wagenknecht，“Beyond Non－/use：The Affected Bystander and Her Escalation”，*New Media & Society*，Vol. 20，No. 7，2018.

② Yini Zhang，Chris Wells，Song Wang，et al，“Attention and Amplification in the Hybrid Media System：The Composition and Activity of Donald Trump's Twitter Following during the 2016 Presidential Election”，*New Media & Society*，Vol. 20，No. 9，2018.

更加无法识别。

2. 地域性概念

(1) 差序的共享经济 (differentially associated sharing economy)

在共享经济中，共乘行业一直是一个盈利点。这个行业通常与大公司相关。然而，在主要平台之外还有着其他的拼车实践。Wang从社会学的角度出发，对中国皖南一个地级市的替代性实践进行了调查。出租车司机在手机、微信等社交网站的帮助下形成了专属小圈子，并把大部分的分享限制在他们的这个小圈子中。新技术的使用和传统社会关系的交织使这种现象成为可能，并在一定程度上抵抗了平台的垄断。这些共享“客户资源”和其他类型信息的实践源自同心社交网络，这个网络中司机不会与任何人分享“资源”，除非他们的小圈子不再能满足客户的需求。通过维持边界，他们最大限度地扩大了小集团的利益。在此基础上，参考费孝通的“差序格局”，Wang提出了“差序的共享经济”这一新的术语来描述这些实践。①

(2) digital unhu

非物质劳动指生产非物质性商品的数字化、情感化的劳动。通过移动设备进行的网络活动，例如发布、转发和跟踪信息是当下非物质劳动的核心。非物质劳动的研究框架有助于解释数字网络中情感驱动的社会网络生产和身份建立。

McClune认为，很多关于非物质劳动的研究都集中在晚期资本主义条件下的社会中，关注欧洲的劳动和生产，具有欧洲中心主义的倾向。如果结合其他地方的历史与文化，这一框架可能更有启发性。以津巴布韦移动电话的空前发展为背景，通过对威尼斯双年展津巴布韦馆的艺术作品和图书咖啡馆这两个非物质劳动生产案例的分析，McClune提出了“digital unhu”的概念。②

“unhu”这个词大致可以翻译为“人性”或“人类的善良”，是南非一种根植于土著本体论的哲学与世界观。描述津巴布韦非物质劳动特点的“digital unhu”主要分为三个部分：新旧融合、社会协作、以流动性(mobility)为策略。具体来说，津巴布韦在获得解放后仍然面临着严重的政治独裁和腐败问题，经济危机使国内非正规市场蓬勃发展。为了躲避日常的政治暴力，这些市场不得不具有流动性，而这种特点与过去反殖民斗争中的游击战有一定共同点。因此，艺术家在进行艺术创作时将当代的流动性与解放运动联系起来，将过去的图腾、灵媒和精神领袖融入自己的作品中，以产生情感驱动、制造认同。图书咖啡馆成为这些艺术家线下交流的场所，社会协作成为对社会现实状况的一种文化抵抗。虽然咖啡馆后来迫于政治压力被关闭，但随后其在Facebook上创建的线上交流平台依然支撑着艺术家们的社会协作，并通过网站的不断更新产生了“虚拟劳动力”。虽然构成“digital unhu”的特征都具有一定的历史传统，但它们在津巴布韦数字网络文化和艺术共同体的发展中形成了新的表现形式。

当然，“digital unhu”存在与其他非物质劳动一样的经济属性，但是McClune更希望通过使用这一概念来强调津巴布韦非物质劳动对主流文化的抵抗特征，并与那些西方国家以外、同样关心数字媒体异质性使用的学者进行对话。

---

① Wei Wang, “The Differentially Associated Sharing Economy”, *New Media & Society*, Vol. 20, No. 11, 2018.

② Caitlin McClune, “Digital Unhu: Mobile Connectivity and Immaterial Labor in Zimbabwean Artistic Expression”, *New Media & Society*, Vol. 20, No. 4, 2018.

（二）新理论

1. 作为自然环境的传播媒体（communication media as nature）

受到彼得斯的影响，从环境传播这一传播学的分支领域出发，Christensen 和 Nilsson 发展了“传播”的概念，将其定义为“自然环境”，并相应提出了“medianatures”的概念。他们认为，不光是环境传播议题，媒体的新闻报道、报道框架、政治经济和劝服都可以从“环境”这一新的视角出发进行研究。这个视角将物质和空间作为分析的关键轴，强调环境沟通和综合思考。例如，一个网络化的全球社会本身就自成为一个环境，其自然和人类领域受到维持这一秩序的政治经济手段和行为的支配。埃尔登呼吁将地缘政治视为“地球政治”而不是“全球政治”，与这一观点具有一定的相似性。

以此为出发点进行延伸，在环境传播相关的领域，那些受开发、环境退化、气候变化和有毒废料处理影响最严重的区域，即发展中国家和发达世界的脆弱区域，相关的研究工作相对较为边缘。这种生态威胁下地区代表性不足的问题凸显了科学和传播研究中的结构性地缘中心主义和西方民族中心主义，普遍意义上的新闻学和传播学研究也是如此。①

2. 作为设计的组织传播（communication as design）

Barbour 等认为，将组织或集体传播看作一种设计（design），可以支持干预理论的发展，其方法是不仅关注组织和社区如何传播，还要关注它们如何制定关于传播的策略。这一理论旨在阐明集体如何干预它们自己的传播。在此基础上，他们详细阐述了理论的 9 个主张：（1）个体传播设计活动会影响集体设计，因为个体传播设计会通过明示或暗示的方式主张特定的传播选择，并随着时间的推移影响他人的传播设计；（2）集体的传播设计以目标为导向；（3）集体传播设计反映了个体之间相互重叠的传播设计逻辑，其复杂程度各不相同；（4）持续的沟通提供了集体沟通的选择，这种选择可以突出紧张和矛盾，唤起对它们的不同解释，并促进集体沟通设计；（5）沟通技巧的基本设计逻辑与沟通情境的契合度影响其持续性与有效性；（6）个人和集体实施集体技术的能力和意愿影响其持久性和有效性；（7）特定沟通技巧的持久性和有效性取决于相互竞争的备选方案的流通和谈判；（8）在这种分裂的谈判中，沟通者将诉诸他们所看到的有效的东西和他们所理解的主导权威；（9）反映更复杂设计逻辑的沟通技巧将能更有效地管理组织所固有的紧张关系。Barbour 等同时建议，在这一理论框架的指导下，未来的研究应该探索与集体传播设计相关的传播技巧，以及权力、权威、情感和时间性对组织传播设计的影响。②

（三）新模型/框架

1. 受众的验证行为模型

通过对 2501 位新加坡人开放式问卷调查结果的分析，Tandoc 等提出了一个概念框架，以了解个人如何验证他们在社交媒体上遇到的信息。概括地说，个人既依赖于自己对消息来源的判断，也依赖于自己对消息的判断，当这不能提供一个明确的答案时，他们就会求助于外部资源来验证

① Miyase Christensen, Annika E. Nilsson, “Media, Communication, and the Environment in Precarious Times”, *Journal of Communication*, Vol. 68, No. 2, 2018.

② Joshua B. Barbour, Rebecca Gill, J. Kevin Barge, “Organizational Communication Design Logics: A Theory of Communicative Intervention and Collective Communication Design”, *Communication Theory*, Vol. 28, No. 3, 2018.

新闻。①

2. 注意性社会在场模型

由于数字技术已经扩大了个人参与多种通信的潜力，传播者面临着如何以吸引他人注意力的方式呈现自己的挑战。以此为背景，Turner 和 Foss 提出了一种以交际者构建社会在场（social presence）四种选择为中心的注意性社会在场模型：在可把握的社交在场中，传播者关注自己的可用性；在被授权的社交在场中，限制受众对相互竞争的信息的访问；在竞争性的社会在场中，关注信息的本质；在邀请性的社会在场中，关注另一个个体（见图 1）。②

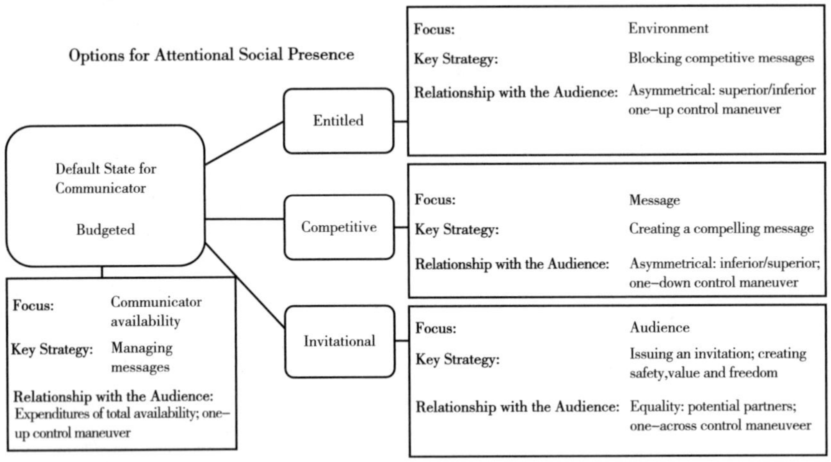

图 1 注意性社会在场模型

3. 媒介接受的经验模型

Frey 将媒体接受的“经验模式”作为一个框架，从叙事与经验的关联性出发，将现象学与心理学的“对日常生活的体验”引入这一框架，通过阐述处理（processing）、程序模式（procedural schema）和经验（experience）三个层次，对人们处理媒体消息的方式进行了研究。

在第一个层次，媒体内容的经验处理基本上包括构建和更新一个连贯的、动态的情境模型（situation model）。情境模型是对媒体描述的环境中相互制约的实体和事件的动态模拟，具有时间和空间两个维度。这个构建和更新过程伴随着适应个人当前目标、期望和知识的满足。在这一过程中，认知、情感、动机和道德评价系统以高度整合的方式运行。第二个层次即程序模式，是代表“如何做事情”的抽象知识结构。一旦被触发，程序模式就会激活一组特定的精神资源实现经验性处理。程序模式可以由经验性处理以及接受者的特征（如期望和目标）触发。第三个层次是一种无意识的经验处理过程，包括对接受过程、对象和整体三方面的主观体验（见图 2）。③

① Edson C. Tandoc Jr, Richard Ling, Oscar Westlund, et al, “Audiences' Acts of Authentication in the Age of Fake News: A Conceptual Framework”, *New Media & Society*, Vol. 20, No. 8, 2018.

② Jeanine Warisse Turner, Sonja K. Foss, “Options for the Construction of Attentional Social Presence in a Digitally Enhanced Multicommunicative Environment”, *Communication Theory*, Vol. 28, No. 1, 2018.

③ Felix Frey, “The Experiential Mode of Media Reception: A Holistic Framework Concept ”, *Communication Theory*, Vol. 28, No. 4, 2018.

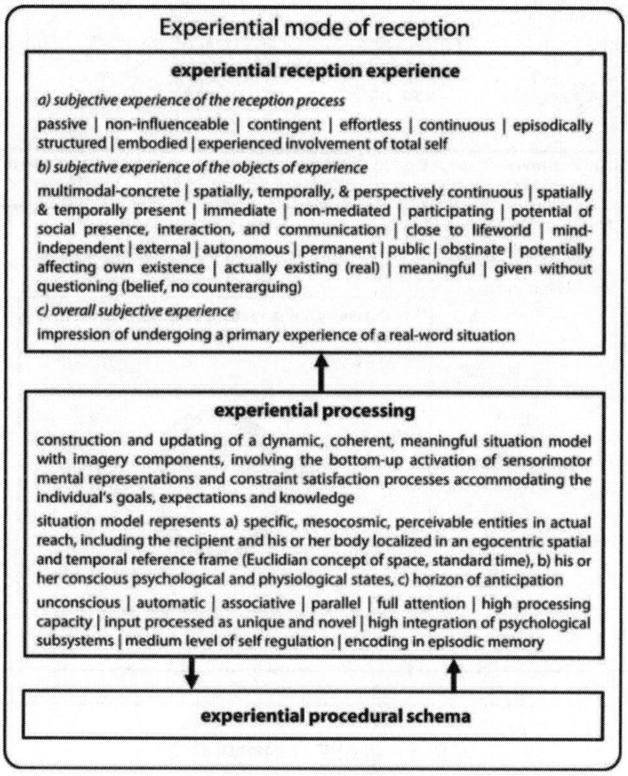

图2　媒介接受经验模型的层次与构成

1. 组织空间的构成模型

Wilhoit认为，目前对组织空间的认识存在三种路径。第一种是将空间看作一种环境。第二种是将空间看作被建构的存在，认为空间不是固定和稳定的，而是多元和变化的。但是，这两种路径都认为空间是组织所拥有的产物。作为回应，Wilhoit以组织的传播构成理论（CCO：Communicative Constitution of Organizations）为基础，提出了第三种路径，即将空间看成组织的构成部分，并构建了组织空间的构成模型来阐明空间对组织的重要性。

传播构成理论认为，组织并不是传播交往的容器和场所，不是稳定的实体，而是一种处于不断进行中的展演，是传播交流构成了组织。当我们谈论“组织”时，只不过是在谈论以组织为名义进行行动的传播行为。此外，传播从来都是不仅限丁人类的活动，反而常常涉及非人类，比如空间。

Wilhoit的组织空间的构成模型分为三个层次。第一层是生活场所（lived place）与设计空间（designed space）。空间当前的设计会影响日常生活中对空间的使用，而这些日常实践又会反过来通过影响新空间的新设计来影响未来的组织实践。此外，生活场所与设计空间在相互作用的同时构成了组织，并受到组织的影响。第二层是空间中的流动。在这一层次中，组织成为承载物质、人员、技术和话语流动的转换场所，同时也对这些流动施加影响。在地场所（local place）是组织空间和场所模型的最终构成层次。组织及其空间是由它们所处的在地场所的物质现实和话语现实所塑造的，同时它们也对这些现实采取行动并改变它们。这三个层次不是相互独立的，而是相互作用的。这个框架考虑到了空间的物质层面，也将空间的社会构成纳入其中，空间和地点成为传播沟通的参与者，而不是单纯的交流的产物（见图3）。①

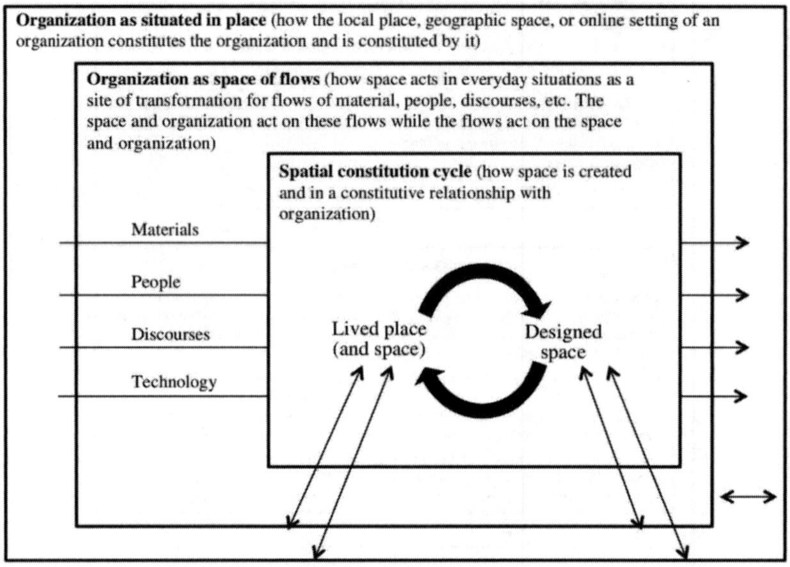

图3　组织空间的构成模型

三、未来理论建构的方向

（一）去西方化，发展本土化的理论

1983年，*Journal of Communication* 出版了特刊《领域的发酵》（*Ferment in the Field*）（第33卷第1期）。36年过去了，学者们仍然对讨论这一领域的起源、现状和前景抱有浓厚的兴趣。2018年，*Journal of Communication* 再次出版了一期特刊——《领域的发酵：传播学的过去、现在和未来》（*Ferments in the Field*: *The Past*, *Present and Future of Communication Studies*），对传播学的研究现状进行反思。在发表的20篇文章中，很多学者不约而同地提到了“去西方化”的问题。他们认为，种族不平等和白人至上的殖民遗产已经渗透到今天的学术和公共讨论中。通过对1990—2016年期刊文章和引文的主要作者的种族构成进行编码和分析后发现，非白人学者在传播学研究中的发文率、被引频次和编辑职位上的比例仍然偏低，“CommunicationSoWhite”的现象依然严重。② Sparks认为，当下，全球北方继续在传播学领域占据主导地位，世界都在朝着“资本主义式”的民主发展，特定的时间和空间经验被普遍化，并用来指导完全不同的社会实践。③

这不是传播学领域关于这一问题的首次反思。2013年的国际传播学年会

① Elizabeth D. Wilhoit, “Space, Place, and the Communicative Constitution of Organizations: A Constitutive Model of Organizational Space”, *Communication Theory*, Vol. 28, No. 3, 2018.

② Paula Chakravartty, Rachel Kuo, Victoria Grubbs, et al, “#CommunicationSoWhite”, *Journal of Communication*, Vol. 68, No. 2, 2018.

③ Colin Sparks, “Changing Concepts for a Changing World”, *Journal of Communication*, Vol. 68, No. 2, 2018.

（ICA）就曾将“挑战传播学研究”定为当年的大会主题。Sparks 也曾指出，媒体与传播研究已经形成了西方和其他地区（west and the rest）的不同研究路径，但这种以西方为中心的路径并不能充分反映几十年来的全球化进程中的传播学研究。Collyer 也认为，在西方传播学理论作为一种知识输入到其他国家后，其他国家的研究往往只是在现有的架构下生产大量的数据和案例，为原有理论做注脚。[①]

因此，我们应当清楚地认识到，所有的学术概念或理论都产生于一定的社会情境并代表着一定阶级或集团的利益。例如，两次世界大战期间，政府资助的心理战极大地推动了传播学的发展。在过去的一个世纪，大众传播研究的宗旨在于通过更好地理解加工、生产、传播信息的过程来影响人们行动的效果。[②] 换句话说，20 世纪的传播学研究是讨论如何影响受众。施拉姆在 20 世纪 80 年代将这类研究引入中国后，这种范式便长期影响着我国新闻传播学研究的学科建构和研究发展。但是，不加分析地采用产生于“其他”不同于我们自己情境中且不代表我们利益的框架或概念系统，就有可能在产生虚假学术成果的同时，丧失自己学术的主体性。[③] 戴维·莫利也提出要检视起源于英国 20 世纪 60 年代至 70 年代的文化研究是否能代表所有地区的文化研究，霍尔也有过类似的观点。[④]

在这种对新闻传播学研究进行整体性反思的背景下，除了 *Journal of Communication* 的特刊之外，*Communication Theory* 杂志也在 2018 年出版了一期关注边缘地区传播研究发展的特刊——《拉丁美洲今日传播理论：描绘当代发展及其全球相关性》。学者指出，自 20 世纪 50 年代末诞生以来，拉丁美洲的传播研究日益制度化，主题多样化，且逐渐超越了国界，实现了从发展到革命的转向。[⑤] 在 20 世纪 50 年代到 70 年代，拉丁美洲新闻传播研究的重点同样在于对美国和欧洲理论的引进，但是将大众传播媒介作为经济和社会发展工具的想法很快就被学者们抛弃了。进入 80 年代，他们开始批判“发展理论家”是对殖民主义的屈尊俯就，以批判和革命的观点与欧美学术圈进行对话，认为传播的主体应当是“统治话语的解码者”，并产生了席勒和马特拉特这样的代表性人物。渐渐地，这种研究路径与英国文化研究相辅相成，形成了国际媒体研究中公认的拉丁美洲传统。尽管如此，学术期刊的编辑们在反思时仍提到，无论是该地区形成的理论还是研究者本身，在学术领域都缺少可见性。

某种意义上，学术研究也是一种政治性的实践，存在着知识的生产和话语的争夺，并与社会实践息息相关。过去，人们对现代化的理解是线性的，现在则逐渐承认现代性的发展方式也存在多样性。相应地，传播学理论同样需要纠正知识生产过程中的种族和代表性问题，并重新审视那些不充分的普遍化。

近年来，基于人类历史和社会现实，中国提供了构建“人类命运共同体”的“中国方案”，区别于以往以中国为中心的“天下观”和以西方为中心的“列强论”

---

① Collyer，F.，Connell，R.，Maia，J.，Morrell，R.，*Knowledge and Global Power*：*Making New Sciences in the South*，Monash：Monash University Publishing，2019.

② Larry Gross、洪宇、赵欣瑞：《传播与传播研究：历史与展望》，《国际新闻界》2019 年第 1 期。

③ 卜卫：《应对危机：人民的媒介与社会变迁——一个另类的国际学术网络》，《当代传播》2016 年第 6 期。

④ 刘海龙：《大众传播理论：范式与流派》，中国人民大学出版社 2008 年版，第 100 页。

⑤ Carlos Scolari，Joan Ramon Rodriguez-Amat，“A Latin American Approach to Mediatization：Specificities and Contributions to a Global Discussion about How the Media Shape Contemporary Societies ”，*Communication Theory*，Vol. 28，No. 2，2018.

等观点，人类命运共同体的理论主张摒弃了等级化和中心化的表述①，具体表现为反对霸权主义和西方中心主义，主张世界多极化和文化多元化；反对地域保护主义，主张人财物通信自由流通、开放合作；反对利己主义，主张共商共建、共赢共享、共生共荣；反对干涉他国内政，主张和谐包容、市场运作、和平发展；反对否认、歪曲、篡改历史，主张牢记历史，防止历史悲剧重演。② 不可否认，"人类命运共同体"目前在本质上还是一种政治话语，但是它对调和不同种族和文化背景的公民的文化冲突、消弭话语建构者的主体性偏见具有积极作用，并具有一定的理论潜力，具有超越西方霸权理论体系的可能。

（二）避免自我设限，发展跨学科的理论

通过梳理2018年这四本传播学国际期刊发表的论文，可以明显感受到学科的多元化。样本中的文章不仅有传统的受众研究和媒介效果研究，也不乏社会学、管理学、心理学、人类学、地理学甚至犯罪学的视角。例如，有研究将犯罪学中的"破窗效应"用于研究谷歌街景所形成的新的社会监视结构和社会景观。③ 有研究综合新闻学与科学学，提出有关科学新闻认识论的描述性模型，承认技术复杂性的降低有利于提高公共讨论。④ 有研究通过对韩国酷儿群体地理社交应用的使用现状进行观察，扩展有关城市空间的研究，认为虽然新技术促进了线上线下空间边界的消融，但是新的线上空间的隐私并没有得到与物质空间一样的保护，反而提高了社会风险。⑤

但是，这些个案并不能否定目前传播学"内卷化"的事实，即越来越少引用其他社会科学的研究。通过对 *Journal of Communication* 目前已发表的所有文章（N＝1574）进行分析，Walter 等指出，目前的传播学研究在理论研究比重不断下降的同时，新理论的发展也出现了明显的放缓趋势，其原因就在于投稿者被限定在一个范围较窄的学科，跨学科的研究相对较少，思想的开放性和多样性存在一定的不足。⑥ 也就是说，目前传播学者的自我设限在一定程度上阻碍了学科的进步。自效果研究成为西方传播研究的主流范式以来，传播理论也越来越乏善可陈⑦，研究视角体现出高度的同质化倾向。出于对学科建制发展和自身主体性的考虑，当下的研究往往拘泥于"这种现象到底是不是属于我们学科的研究范畴"之类的问题。

从对知识谱系的梳理可以看出，理论的可推广性不一定局限于某一个学科。回望传播学过去的发展，理论先驱们都有着某种相似的经历：丰富的早期经验和跨学科的背景。以中国学者熟知的传播学四大

① 韦路、左蒙：《新世界主义的理论正当性及其实践路径》，《浙江大学学报（人文社会科学版）》2019年第3期。

② 邵培仁、周颖：《国际传播视域中的新世界主义："命运共同体"理念的流变过程及动力机制研究》，《浙江社会科学》2017年第5期。

③ Aaron Shapiro, "Street-level: Google Street View's Abstraction by Datafication", *New Media & Society*, Vol. 20, No. 3, No. 4, 2018.

④ J. Scott Brennen, "Magnetologists on the Beat: the Epistemology of Science Journalism Reconsidered", *Communication Theory*, Vol. 28, No. 4, 2018.

⑤ Samantha Bradshaw, Laura DeNardis, "The Politicization of the Internet's Domain Name System: Implications for Internet Security, Universality, and Freedom", *New Media & Society*, Vol. 20, No. 1, 2018.

⑥ Nathan Walter, Michael J. Cody, Sandra J. Ball-Rokeach, "The Ebb and Flow of Communication Research: Seven Decades of Publication Trends and Research Priorities", *Journal of Communication*, Vol. 68, No. 2, 2018.

⑦ 丁方舟、韦路：《西方传播学研究的理论体系及其演化》，《南京社会科学》2017年第3期。

奠基人为例，拉斯韦尔、霍夫兰和勒温之前的学科背景分别是政治心理学、行为主义心理学和社会心理学，拉扎斯菲尔德关注的则是社会学。他们都在很难被称作“传播学”的学科里接受训练，但都因为遭遇“现实世界”问题的经验，从而最终转向了传播研究。同样，库利、帕克、萨丕尔都是在自己主要研究领域的中心地带发现了人类传播的重要性①，我们所熟知的话语理论、场域理论也不是原生自传播学。换句话说，研究从“问题意识”出发，才有可能具备更广阔丰富的理论视野。

当然，理论发展并不仅仅是传播学所面临的难题。相对于实践发展而言，理论本身就带有滞后性。这就更需要我们在研究的过程中，把学科和认识论边界的开放性当作机遇而不是威胁，一方面提升学科的认知度，另一方面解决超越学科界限的社会问题，在此基础上推动知识创新。

（三）理论建构要有启发性，能够指导发展

认识世界的目的是改造世界，理论的建构是为了更好地指导发展。这里的发展包括两个方面：回归人的主体性和指导社会的发展。

首先是回归人的主体性。在西方，康德四问，即我能认识什么、我应当做什么、我能期望什么、人是什么，不仅是哲学基础理论研究中的有效纲要，同样也可用作指导迄今为止的人文主义诸流派共同核心的指针。传统的人文主义核心即肯定人的价值和地位。启蒙时代之后，随着科技的发展，人的价值逐渐被机器和数字取代，工具理性超越了价值理性甚至大放异彩，产生人的“异化”。这一现象在社会研究中则体现为对量化的、概化的推崇。因此，新理论建构的目的之一就是指导人认识自己并发展自己，回到有关个人主体性的建构上，而非纯粹的理论和数字层面的探讨。例如，杜骏飞教授在信息、后真相、数字逻辑觉醒、传媒技术成为新闻业统治力量的背景下就曾提出了“人本主义新闻学”的概念，认为职业新闻应使新闻权力归于人，而不是归于数据和机器，要让新闻业回归知识分子行业。②

其次是指导社会的发展。自发展传播学于第二次世界大战后从美国出现以来，其范式经历了三个阶段的转变，即20世纪五六十年代以移植发达国家成功模式为当然路径的现代化范式，60年代后期源于拉美，以政治经济学为基点的依附范式，以及70年代后以参与式传播和理论融合为重点的多元发展范式。③整体而言，发展传播学考察的是传播与社会发展之间的关系以及关系发生的机制。在经过了学者对早期发展理论的反思，将该领域的研究重点从宏观的国家和民族话语转移到具体的社群、阶层和个人，从信息扩散转向公民参与后，这一理论视角便对我国的社会发展产生了一定解释力。作为世界上最大的发展中国家，传播在促进我国国家发展中起到了什么作用？对不同社群和阶层的生活实践产生了什么影响？这些都是我国新闻传播学者需要扎根本土思考并回应的“中国问题”。

1948年，拉扎斯菲尔德和莫顿在提出大众传播麻醉功能的文章开头指出：在不同的社会，会有不同的现象引起我们的关注，因为这些现象改变了我们的生活，所

---

① ［美］韦尔伯·施拉姆：《美国传播研究的开端：亲身回忆》，王金礼译，中国传媒大学出版社2016年版，第29页、第17页。

② 杜骏飞：《新闻是人，新闻学是人学》，《国际新闻界》2018年第2期。

③ 韩鸿：《参与式传播：发展传播学的范式转换及其中国价值——一种基于媒介传播偏向的研究》，《新闻与传播研究》2010年第1期。

以才需要将这些现象转变成我们研究所关注的议题，来思考其产生的影响。对于他们来说，当时所面临的新问题就是广播和萌芽状态的电视对社会控制和社会权利的影响。对于当下新闻传播领域的学者来说，我们同样面临着各种新的社会现象和社会问题，例如数字鸿沟的扩大、舆论极化、信息茧房等，但新媒体以及迄今为止所有的技术变迁都没有改变“传播与社会的互动”这个基本研究对象。面对上述社会问题，媒体和传播在国家治理和社会治理中发挥什么作用？新技术如何催生不同社会组织和社会群体？新媒体环境下信息如何生成、传播和演变，进而塑造我们的生活？这些都是我们可以思考的命题。

撰稿：韦　路（浙江大学传媒与国际文化学院教授）
秦　璇（浙江大学传媒与国际文化学院博士研究生）

2018 年部分新闻与传播学国际期刊热点扫描*

为了对 2018 年国际新闻传播学界的主要研究热点有一个基本了解，本文收录并翻译了目前影响力较大的四本新闻与传播学国际期刊所刊登的学术论文标题（不包括书评和编辑评论），并选登部分论文的摘要（内容提要）。

2018 年，《传播学刊》（*Journal of Communication*）、《传播理论》（*Communication Theory*）、《新媒体与社会》（*New media & Society*）和《信息传播与社会》（*Information Communication & Society*）四本新闻与传播学国际期刊发表论文的议题广泛，跨学科性强，涉及内容包括政治传播、公共传播（PR）、群际传播、组织传播、大众传播、健康传播、数据新闻、媒介效果、受众研究、媒介素养、全球传播、数据隐私、新闻学研究、文化产业研究、信息与传播技术、情绪传播研究、儿童青少年的新媒介使用、弱势群体与新媒体、新媒体与社会发展等多个领域。据统计，2018 年，四本期刊共发表学术论文 435 篇，其中《传播学刊》共发表学术论文 60 篇，政治传播、媒介效果等方面的研究居主体地位；《传播理论》共发表学术论文 25 篇，主要集中于媒介研究、全球传播研究和组织传播研究；《新媒体与社会》共发表论文 244 篇，脸书、推特、谷歌、Instagram 等西方新媒体仍是研究者们关注的主要新媒体平台，研究议题丰富，很大程度上已经从对新媒体本体的研究中跳脱出来，更多回应社会关切，关注弱势群体的新媒体使用，注重新媒体与政治、新媒体与女性、新媒体与青少年等有社会观照的议题的研究；《信息传播与社会》共发表文章 106 篇，针对算法推荐、数据隐私、健康传播、新媒体语境下的政治传播、青少年的新媒体使用等进行了专门的讨论。

* 为了对 2018 年国际新闻传播学界的主要研究热点有一个基本了解，本文收录并翻译了目前影响力较大的四本新闻与传播学国际期刊所刊登的学术论文标题（不包括书评和编辑评论），并选登部分论文的摘要（内容提要）。

一、学术论文标题

1.《传播学刊》(*Journal of Communication*) 2018 年学术论文目录

序号	论文题目	论文题目中文翻译	作者	卷	期
1	Communicating with Power in a Volatile, Uncertain, Complex, and Ambiguous World	在动荡不定、复杂含混的世界中与权力对话	Peng Hwa Ang	68	1
2	Journalism Studies and Its Core Commitments: The Making of a Communication Field	新闻学研究及其核心承诺:传播场域的构建	Matt Carlson, Sue Robinson, Seth C. Lewis, Daniel A. Berkowitz	68	1
3	Networks of Audience Overlap in the Consumption of Digital News	数字新闻消费中的受众重叠网络	Subhayan Mukerjee, Sílvia Majó-Vázquez, Sandra González-Bailón	68	1
4	Selective Exposure to Populist Communication: How Attitudinal Congruence Drives the Effects of Populist Attributions of Blame	民粹主义传播的选择性暴露:态度一致性如何推动民粹主义归责的影响	Michael Hameleers, Linda Bos, Claes H. de Vreese	68	1
5	Distributed Creativity as Political Expression: Youth Responses to the 2016 U. S. Presidential Election in Online Affinity Networks	作为政治表达的分布式创造力:青年在在线亲和网络中对 2016 年美国总统选举的回应	Neta Kligler-Vilenchik, Ioana Literat	68	1
6	What the Public "Knows" about Media Effects Research: The Influence of News Frames on Perceived Credibility and Belief Change	公众对媒介效果研究的"知识":新闻框架对知觉可信度和信念转变的影响	Nicole Martins, Andrew J. Weaver, Teresa Lynch	68	1
7	Message Pretesting Using Assessments of Expected or Perceived Persuasiveness: Evidence about Diagnosticity of Relative Actual Persuasiveness	基于期望或感知说服力评估的消息预测:关于相对实际说服力诊断的证据	Daniel J. O'Keefe	68	1
8	The Pipeline of Online Participation Inequalities: The Case of Wikipedia Editing	在线参与不平等的渠道——以维基百科编辑为例	Aaron Shaw, Eszter Hargittai	68	1

续表

序号	论文题目	论文题目中文翻译	作者	卷	期
9	Pathways of Influence in Emotional Appeals: Benefits and Tradeoffs of Using Fear or Humor to Promote Climate Change-Related Intentions and Risk Perceptions	情感诉求影响的途径：利用恐惧诉求或幽默诉求促进气候变化相关意图和风险认知的利弊权衡	Christofer Skurka, Jeff Niederdeppe, Rainer Romero Canyas, David Acup	68	1
10	Dirty Workers' Management of Hidden Emotions: Selling Intimacy and Seeking Social Support through the Shroud of Secrecy	满身污垢的工人们的隐藏情绪管理：出卖亲密关系和寻求社会支持秘而不宣	Anna Wiederhold Wolfe, Sarah Jane Blithe, Breanna Mohr	68	1
11	Ferments in the Field: Introductory Reflections on the Past, Present and Future of Communication Studies	一个领域的蓬勃发展：对传播研究的过去、现在和未来的引导性反思	Christian Fuchs, Jack Linchuan Qiu	68	2
12	Cultural Voyeurism: A New Framework for Understanding Race, Ethnicity, and Mediated Intergroup Interaction	文化窥视癖：一种理解种族，民族和中介群际互动的新框架	Osei Appiah	68	2
13	Rethinking Political Communication in a Time of Disrupted Public Spheres	在公共领域被破坏的时代对政治传播的重新思考	W. Lance Bennett, Barbara Pfetsch	68	2
14	#CommunicationSoWhite	交流如此白人化	Paula Chakravartty, Rachel Kuo, Victoria Grubbs, Charlton McIlwain	68	2
15	Media, Communication, and the Environment in Precarious Times	危险时代的媒体、传播与环境	Miyase Christensen, Annika E. Nilsson	68	2
16	Materializing Communication: Making the Case for a Relational Ontology	物化传播：为相关本体论提供有力支持	François Cooren	68	2
17	For a Practical Discipline	作为实践类学科的传播学	Robert T. Craig	68	2

续表

序号	论文题目	论文题目中文翻译	作者	卷	期
18	Framing in a Fractured Democracy: Impacts of Digital Technology on Ideology, Power and Cascading Network Activation	在破碎的民主中构建框架:数字技术对意识形态、权力和级联网络激活的影响	Robert M. Entman, Nikki Usher	68	2
19	Intergroup Communication: Identities and Effective Interactions	群际沟通:身份和有效互动	Cindy Gallois, Bernadette M. Watson, Howard Giles	68	2
20	Mediating Neoliberal Capitalism: Affect, Subjectivity and Inequality	调解新自由资本主义:影响,主观性和不平等	Rosalind Gill, Akane Kanai	68	2
21	Moving beyond Self-Castigation: Let's Reinvigorate Communication Policy Research Now!	超越自责:让我们给传播政策研究注入新的活力吧!	Natascha Just, Manuel Puppis	68	2
22	Global Media Studies: A Critical Agenda	全球媒介研究:一个关键性议题	Marwan M. Kraidy	68	2
23	Charting an Itinerary for Postcolonial Communication and Media Studies	绘制殖民地时期后的传播和媒介研究路线图	Sangeet Kumar, Radhika Parameswaran	68	2
24	Media Materialties: For A Moral Economy of Machines	媒介的物质性:机器的道德经济	Graham Murdock	68	2
25	The Paradox of the Paradigm: An Important Gap in Media Effects Research	范式的悖论:媒介效果研究的一个重要缺口	W. Russell Neuman	68	2
26	Self-transcendent Media Experiences: Taking Meaningful Media to a Higher Level	自我超越的媒介体验:将有意义的媒介提升到更高水平	Mary Beth Oliver, Arthur A. Raney, Michael D. Slater, Markus Appel, Tilo Hartmann, Anne Bartsch, Frank M. Schneider, Sophie H. Janicke-Bowles, Nicole Krämer, Marie-Louise Mares ...	68	2

续表

序号	论文题目	论文题目中文翻译	作者	卷	期
27	Changing Concepts for a Changing World	为变化中的世界改变观念	Colin Sparks	68	2
28	Paradigm(s) Lost? Islands of Critical Media Research in Communication Journals	范式丢失了吗? 传播期刊上批判性媒介研究的孤岛	Slavko Splichal, Boris Mance	68	2
29	Media as Data Extraction: Towards a New Map of a Transformed Communications Field	作为数据提取的媒介:走向转型通信领域的新地图	Joseph Turow, Nick Couldry	68	2
30	The Ebb and Flow of Communication Research: Seven Decades of Publication Trends and Research Priorities	传播研究的消长:七十年的出版趋势和研究重点	Nathan Walter, Michael J. Cody, Sandra J. Ball-Rokeach	68	2
31	Power, Meaning and Geopolitics: Ethics as an Entry Point for Global Communication Studies	权力、意义和地缘政治:道德作为全球传播研究的切入点	Herman Wasserman	68	2
32	You Must Remember This: Iconic News Photographs and Collective Memory	你必须记住这一点:标志性的新闻照片和集体记忆	Akiba A. Cohen, Sandrine Boudana, Paul Frosh	68	3
33	Time to #Protest: Selective Exposure, Cascading Activation, and Framing in Social Media	抗议的时间到了:选择性曝光,级联激活和社交媒体中的框架	Natalia Aruguete, Ernesto Calvo	68	3
34	Broadening Exposure to Climate Change News? How Framing and Political Orientation Interact to Influence Selective Exposure	扩大对气候变化新闻的曝光? 框架与政治取向如何相互影响选择性曝光	Lauren Feldman, P. Sol Hart	68	3
35	Broadcast Versus Viral Spreading: The Structure of Diffusion Cascades and Selective Sharing on Social Media	广播与病毒式传播:传播级联的结构与社交媒体的选择性共享	Hai Liang	68	3
36	Deception in Mobile Dating Conversations	手机约会对话中的欺骗	David M. Markowitz, Jeffrey T. Hancock	68	3
37	Popular Digital Imagination: Grass-Root Conceptualization of the Mobile Phone in the Global South	流行的数字想象:南半球移动电话的草根概念化	Elisa Oreglia, Rich Ling	68	3

续表

序号	论文题目	论文题目中文翻译	作者	卷	期
38	Investigating the Interplay between Identity Gaps and Communication Patterns in Predicting Relational Intentions in Families in the United States	调查身份差异与沟通模式在预测美国家庭中的关系意图的相互作用	Kaitlin E. Phillips, Andrew M. Ledbetter, Jordan Soliz, Gretchen Bergquist	68	3
39	Peace Communication in Cross-border Media Flows	跨境媒体流动中的和平传播	Anup Kumar, Holli A. Semetko	68	3
40	"I Just Google It": Folk Theories of Distributed Discovery	"我只是 Google 一下":分布式发现的民间理论	Benjamin Toff, Rasmus Kleis Nielsen	68	3
41	The Strength of Peripheral Networks: Negotiating Attention and Meaning in Complex Media Ecologies	边缘网络的力量:复杂媒介生态中的谈判关注与意义	W. Lance Bennett, Alexandra Segerberg, Yunkang Yang	68	4
42	The Polarizing Effect of News Framing: Comparing the Mediating Roles of Motivated Reasoning, Self-stereotyping, and Intergroup Animus	新闻框架的极化效应:动机推理,自我定型和社会团体间敌意的中介角色比较	Jiyoung Han, Christopher M. Federico	68	4
43	Psychological, Relational, and Emotional Effects of Self-Disclosure after Conversations with a Chatbot	与聊天机器人对话后自我表露的心理,关系和情绪效应	Annabell Ho, Jeff Hancock, Adam S. Miner	68	4
44	Disaster Media Effects: A Systematic Review and Synthesis Based on the Differential Susceptibility to Media Effects Model	灾难媒介效应:基于媒介效应模型差异敏感性的系统回顾与综合	J. Brian Houston, Matthew L. Spialek, Jennifer First	68	4
45	The Mediatization of the Air: Wireless Telegraphy and the Origins of a Transnational Space of Communication, 1900—1910s	空中媒体化:无线电报和跨国空间传播的起源,1900—1910s	Maria Rikitianskaia, Gabriele Balbi, Katharina Lobinger	68	4
46	Counter-messages as Prevention or Promotion of Extremism?! The Potential Role of YouTube: Recommendation Algorithms	作为预防或促进极端主义的对抗信息?! YouTube 的潜在作用:推荐算法	Josephine B. Schmitt, Diana Rieger, Olivia Rutkowski, Julian Ernst	68	4

续表

序号	论文题目	论文题目中文翻译	作者	卷	期
47	Empathy and the Hostile Media Phenomenon	移情与敌对媒体现象	Stephanie Jean Tsang	68	4
48	Diversifying ICA: Identity, Difference, and the Politics of Transformation	ICA 多元化:身份、差异和转型政治	Paula M. Gardner	68	5
49	Using Attribution Theory to Explain the Affective Dispositions of Tireless Moral Monitors toward Narrative Characters	运用归因理论解释不知疲倦的道德监督员对叙事人物的情感倾向	Ron Tamborini, Clare Grall, Sujay Prabhu, Matthias Hofer, Eric Novotny, Lindsay Hahn, Brian Klebig, Kevin Kryston, Joshua Baldwin, Melinda Aley, Neha Sethi	68	5
50	Network Neuroscience Reveals Distinct Neurzomarkers of Flow during Media Use	网络神经科学揭示媒体使用过程中不同的流动神经元	Richard Huskey, Shelby Wilcox, René Weber	68	5
51	New News Media, New Opinion Leaders? How Political Opinion Leaders Navigate the Modern High-choice Media Environment	新新闻媒体,新意见领袖?政治意见领袖如何驾驭现代多元媒体环境	Frank Mangold, Marko Bachl	68	5
52	Same Candidates, Different Faces: Uncovering Media Bias in Visual Portrayals of Presidential Candidates with Computer Vision	同样的候选人,不同的面孔:用计算机视觉揭示总统候选人视觉描绘中的媒体偏见	Yilang Peng	68	5
53	A Model of Attentiveness to Outlying News	对边远地区新闻的关注模式	P. J. Lamberson, Stuart Soroka	68	5
54	Hidden Democracy: Political Dissent in Rural America	隐藏的民主:美国乡村的政治异议	Emily Van Duyn	68	5
55	Newspaper Closures Polarize Voting Behavior	报纸关闭极化投票行为	Joshua P. Darr, Matthew P. Hitt, Johanna L. Dunaway	68	6
56	Intergroup Contact in Deliberative Contexts: Evidence from Deliberative Polls	协商背景下的群际联系:来自协商民意调查的证据	Nuri Kim, James S. Fishkin, Robert C. Luskin	68	6

续表

序号	论文题目	论文题目中文翻译	作者	卷	期
57	Internet Use and Political Interest: Growth Curves, Reinforcing Spirals, and Causal Effects during Adolescence	互联网使用与政治兴趣:青春期生长曲线,日益增强的螺旋和因果效应	Judith Moeller, Adam Shehata, Sanne Kruikemeier	68	6
58	Beyond the Here and Now of News Audiences: A Process-Based Framework for Investigating News Repertoires	超越新闻观众的现在和过去:基于流程的调查新闻栏目的框架	Chris Peters, Kim Christian Schrøder	68	6
59	Revisiting Media Multiplexity: A Longitudinal Analysis of Media Use in Romantic Relationships	重温媒体多元化:恋人关系里媒体使用的纵向分析	Samuel Hardman Taylor, Natalya N. Bazarova	68	6
60	Breaking into Collaboration: Communicative Strategies for Gaining Entry When You Are Not Invited	开始协作:当你没有被邀请时,获得入场的交流策略	DaJung Woo, Paul M. Leonardi	68	6

2.《传播理论》(*Communication Theory*) 2018 年学术论文目录

序号	论文题目	论文题目中文翻译	作者	卷	期
1	The Value of Questions in Organizing: Reconceptualizing Contributions to Online Public Information Goods	问题在组织中的价值:对在线公共信息商品贡献的重新构思	Leila Bighash, Poong Oh, Janet Fulk, Peter Monge	28	1
2	Options for the Construction of Attentional Social Presence in a Digitally Enhanced Multicommunicative Environment	在日益数字化的多元交际环境中构建注意社会存在的选择	Jeanine Warisse Turner, Sonja K. Foss	28	1
3	Using Semantic Networks to Define the Quality of Arguments	使用语义网络定义论据的性质	Tillman Russell, Torsten Reimer	28	1
4	On Social Networking and Psychosis	社交网络与精神病	Joshua Gunn	28	1
5	The Case for the Technological Comparison in Communication History	传播史中的科技比较案例	Jérôme Bourdon	28	1
6	Here and There: (Re) Situating Latin America in International Communication Theory	这里和那里:(重新)将拉丁美洲置于国际传播理论中	Florencia Enghel, Martín Becerra	28	2

续表

序号	论文题目	论文题目中文翻译	作者	卷	期
7	A Latin American Approach to Mediatization: Specificities and Contributions to a Global Discussion about How the Media Shape Contemporary Societies	一种拉丁美洲的媒体化方法:一场关于媒体如何塑造当代社会的全球讨论的独特性和贡献	Carlos Scolari, Joan Ramon Rodriguez-Amat	28	2
8	In Search of a Latin American Approach to Organizational Communication: A Critical Review of Scholarship (2010—2014)	寻找拉丁美洲组织传播方法:对奖学金的批判性评论(2010—2014)	Consuelo Vásquez Donoso, Lissette Marroquín Velásquez, Adriana Angel Botero	28	2
9	From Media to Buen Vivir: Latin American Approaches to Indigenous Communication	从媒体到美好生活:拉丁美洲本土传播方式	Carlos Arcila Calderón, Alejandro Barranquero, Eva González Tanco	28	2
10	Communication Research in Argentina (2001 - 2015): Between Expansion and Intellectual Intervention	阿根廷的传播研究(2001—2015):扩展与智力干预之间	Mariano Zarowsky, Carolina Justo von Lurzer	28	2
11	Emergence of (Hybrid) Youth Cultures	(混合)青年文化的出现	Carles Feixa Mònica Figueras-Maz	28	2
12	A Semio-Anthropological Perspective on Mediatization: Semiosis, 2 by Eliseo Verónl	关于中介化理论的半人类学视角:EliseoVerón 的符号学	Natalia Raimondo Anselmino	28	2
13	Media Communication Research in the Digital Era: Moving beyond Ontological Dualism	数字时代的媒体传播研究:超越本体论的二元论	Georgette Wang	28	3
14	The Concept of Digital Capitalism	数字资本主义的概念	Jonathan Pace	28	3
15	When the Watchdog Neither Barks Nor Bites: Communication as a Power Resource in Media Policy and Regulation	当看门狗不叫也不咬:在媒体政策与法规中作为权力资源的传播	Christopher Ali, Manuel Puppis	28	3
16	Exploring Translation Gaps: The Untranslatability and Global Diffusion of "Cool"	探索翻译差距:"Cool"的不可译性与全球扩散	Paolo Sigismondi	28	3

续表

序号	论文题目	论文题目中文翻译	作者	卷	期
17	Space, Place, and the Communicative Constitution of Organizations: A Constitutive Model of Organizational Space	空间、地点和组织的交往结构:组织空间的本构模型	Elizabeth D. Wilhoit	28	3
18	Organizational Communication Design Logics: A Theory of Communicative Intervention and Collective Communication Design	组织传播设计逻辑:交际干预与集体传播设计理论	Joshua B. Barbour, Rebecca Gill, J. Kevin Barge	28	3
19	Two Sides of the Same Coin: Conceptualizing Dominant Group Theory in the Context of Co-Cultural Theory	一枚硬币的两面:共文化理论语境下主导群体理论的概念化	Robert J. Razzante, Mark P. Orbe	28	3
20	Toward a Multi-Dimensional Model of Adolescent Romantic Parasocial Attachment	青少年浪漫的社会依恋多维模型	Sarah E. Erickson, Kristen Harrison, Sonya Dal Cin	28	3
21	The Space of Journalistic Work: A Theoretical Model	新闻工作空间:一个理论模型	Henrik Örnebring, Michael Karlsson, Karin Fast, Johan Lindell	28	4
22	Magnetologists on the Beat: The Epistemology of Science Journalism Reconsidered	合拍的磁学家:重新审视科学新闻的认识论	J. Scott Brennen	28	4
23	Populism, Media, and the Form of Society	民粹主义,媒体和社会形态	Benjamin Krämer	28	4
24	A Normative Perspective for Political Entertainment Research: Connecting Deliberative Democracy and Entertainment Theory	政治娱乐研究的规范性视角:将协商民主与娱乐理论连接起来	Carina Weinmann, Peter Vorderer	28	4
25	The Experiential Mode of Media Reception: A Holistic Framework Concept	媒体接待的经验模式:整体框架概念	Felix Frey	28	4

3.《新媒体与社会》(*New Media & Society*) 2018 年学术论文目录

序号	论文题目	论文题目中文翻译	作者	卷	期
1	Grievance-based Social Movement Mobilization in the #Ferguson Twitter Storm	在弗格森推特风暴中以申诉为基础的社会运动动员	Rebecca Kay LeFebvre, Crystal Armstrong	20	1
2	Using Social Media to Enhance Citizen Engagement with Local Government: Twitter or Facebook?	利用社交媒体增强市民与当地政府的互动——推特还是脸书?	Arturo Haro-de-Rosario, Alejandro Sáez-Martín, María del Carmen Caba-Pérez	20	1
3	News Media Repertoires and Strategic Narrative Reception: A Paradox of Dis/belief in Authoritarian Russia	新闻媒体节目和战略叙事接收——对专制俄罗斯信任/不信任的悖论	Joanna Szostek	20	1
4	The Limits of Transparency: Data Brokers and Commodification	透明度的限制:数据经纪人和商品化	Matthew Crain	20	1
5	A Time for Play: Interstitial Time, Lnvest/Express Games, and Feminine Leisure Style	游戏时间:插播时间,投资/开发游戏和女性休闲风格	Shira Chess	20	1
6	"Follow the Closing of the Campaign on Streaming": The Use of Twitter by Spanish Political Parties during the 2014 European Elections	"跟随流媒体运动的结束":2014 年欧洲选举期间西班牙政党对推特的使用	Marina Ramos-Serrano, Jorge David Fernández Gómez and Antonio Pineda	20	1
7	Social Media Cultivating Perceptions of Privacy: A 5-year Analysis of Privacy Attitudes and Self-disclosure Behaviors among Facebook Users	培养隐私观念的社交媒体:对脸书用户的隐私态度和自我披露行为的 5 年分析	Mina Tsay-Vogel, James Shanahan, Nancy Signorielli	20	1
8	When Is Social Media Use Social Interaction? Defining Mediated Social Interaction	社交媒体何时使用社会互动? 定义媒介化的社会互动	Jeffrey A. Hall	20	1
9	The Self-harmed, Visualized, and Reblogged: Remaking of Self-injury Narratives on Tumblr	自我伤害,可视化和再发布:汤博乐上对自我行为叙事的重新制作	Yukari Seko, Stephen P. Lewis	20	1
10	"Making the World More Open and Connected": Mark Zuckerberg and the Discursive Construction of Facebook and Its Users	"让世界变得更加开放和连通":马克·扎克伯格和脸书及其用户的话语建构	Anna Lauren Hoffmann, Nicholas Proferes, Michael Zimmer	20	1

续表

序号	论文题目	论文题目中文翻译	作者	卷	期
11	Out with the Old, in with the New: Perceptions of Social (and other) Media by Local and Regional Norwegian Politicians	除旧布新:当地和挪威地方政治家对社交媒体及其他媒体的看法	Anders Olof Larsson, Eli Skogerbø	20	1
12	Reconsidering Passivity and Activity in Children's Digital Play	对儿童数字游戏中的主动性和被动性的重新考虑	Marleena Mustola, Merja Koivula, Leena Turja, Marja-Leena Laakso	20	1
13	"One Tweet to Make So Much Noise": Connected Celebrity Activism in the Case of Marlee Matlin	"一条推文激起千层浪":在玛丽·玛特琳案例中的名人联合行动主义	Elizabeth Ellcessor	20	1
14	Developing and Validating the A-B-C Framework of Information Diffusion on Social Media	开发和验证社交媒体信息传播的 A-B-C 框架	Yuhua (Jake) Liang, Kerk F. Kee	20	1
15	Infrastructure Studies Meet Platform Studies in the Age of Google and Facebook	谷歌和脸书时代基础设施研究和平台研究的相遇	Jean-Christophe Plantin, Carl Lagoze, Paul N. Edwards, Christian Sandvig	20	1
16	Modeling Relevance of Mobile Communication Services by Social Setting Dimensions	通过社会背景维度建模移动通信服务的相关性	Elena Menichelli, Richard Ling	20	1
17	The Politicization of the Internet's Domain Name System: Implications for Internet Security, Universality, and Freedom	互联网域名系统的政治化:对互联网安全,普遍性和自由的影响	Samantha Bradshaw, Laura DeNardis	20	1
18	The Mouse, the Screen and the Holocaust Witness: Interface Aesthetics and Moral Response	鼠标、屏幕和大屠杀见证:界面美学和道德回应	Paul Frosh	20	1
19	The Problem of Technological Integration and Geosocial Cruising in Seoul	首尔的技术整合和地理社会巡航问题	Matthew Leyshon McGuire	20	1
20	What's Left of the Radical Left Online? Absence of Communication, Political Vision, and Community in Autonomist Web Milieus in Sweden	激进左派在网上还剩下什么?瑞典自治网络环境中沟通、政治愿景和社区的缺席	Linus Andersson	20	1

续表

序号	论文题目	论文题目中文翻译	作者	卷	期
21	Researching New Media and Social Diversity in Later Life	在以后的生活中研究新媒体和社会多样性	Cecilie Givskov, Mark Deuze	20	1
22	Tor, What Is It Good for? Political Repression and the Use of Online Anonymity- granting Technologies	洋葱头(一种洋葱路由),有什么好处?政治压迫和对在线匿名授权技术的使用	Eric Jardine	20	2
23	The Effect of Explicit Online Comment Moderation on Three Spiral of Silence Outcomes	明确的在线评论审核对三种沉默螺旋(SOS)结果变量的影响	Brett Sherrick and Jennifer Hoewe	20	2
24	Uses and Gratifications Factors for Social Media Use in Teaching: Instructors' Perspectives	教学中社交媒体使用的使用和满足因素:教师的观点	Anatoliy Gruzd, Caroline Haythornthwaite, Drew Paulin, Sarah Gilbert, Marc Esteve del Valle	20	2
25	Racial Justice Activist Hashtags: Counterpublics and Discourse Circulation	种族平等行动主义标签:反公共主义和话语循环	Rachel Kuo	20	2
26	Mediatization and the Technologization of Discourse: Exploring Official Discourse on the Internet and Information and Communications Technology within the Evangelical Lutheran Church of Finland	话语的媒介化和技术化:探索芬兰福音路德教会内的互联网官方话语和信息与通信技术	Marcus Moberg	20	2
27	Content Analysis across New Media Platforms: Methodological Considerations for Capturing Media-rich Data	跨新媒体平台的内容分析:捕获富媒体数据的方法考虑因素	Lisa B. Hurwitz, Aubry L. Alvarez, Alexis R. Lauricella, Thomas H. Rousse, Heather Montague, Ellen Wartella	20	2
28	Medicated Bodies: Mental Distress, Social Media and Affect	医学身体:精神痛苦,社交媒体和影响	Ian Tucker and Lewis Goodings	20	2
29	The Effect of Moral Intuitions on Decisions in Video Game Play: The Impact of Chronic and Temporary Intuition Accessibility	道德直觉对视频游戏决策的影响:长期和临时直觉可达性的影响	Ron Tamborini, Nicholas David Bowman, Sujay Prabhu, Lindsay Hahn, Brian Klebig, Clare Grall, Eric Novotny	20	2

续表

序号	论文题目	论文题目中文翻译	作者	卷	期
30	Out of Bounds? How Gawker's Outing a Married Man Fits into the Boundaries of Journalism	越界？Gawker 如何将已婚男士融入新闻界	Edson C. Tandoc, Joy Jenkins	20	2
31	The Significance of Cultural Capital and Parental Mediation for Digital Inequity	文化资本与父母中介对数字不平等的重要性	Allan HK Yuen, Jae Park, Lu Chen, Miaoting Cheng	20	2
32	Benefits and Harms from Internet Use: A Differentiated Analysis of Great Britain	互联网使用的好处和危害：对英国的差异化分析	Grant Blank, Christoph Lutz	20	2
33	"Better Everyone Should Know Our Business than We Lose Our House": Costs and Benefits of Medical Crowdfunding for Support, Privacy, and Identity	"每个人都应该精通一行而不是我们失去了自己的房子（后半句特指个人隐私）"：用于社会支持，隐私和身份的医疗众筹的成本和收益	Amy L. Gonzales, Elizabeth Y. Kwon, Teresa Lynch, Nicole Fritz	20	2
34	From Contents to Comments: Social TV and Perceived Pluralism in Political Talk Shows	从内容到评论：社交电视和政治谈话节目中的感知多元化	Andrea Ceron, Sergio Splendore	20	2
35	Thanks for (Actually) Responding! How Citizen Demand Shapes Politicians' Interactive Practices on Twitter	谢谢（实际）回复！推特上公民需求如何影响政治家的互动实践	Rebekah Tromble	20	2
36	Online Protest Participation and the Digital Divide: Modeling the Effect of the Digital Divide on Online Petition-signing	在线抗议参与和数字鸿沟：模拟数字鸿沟对在线请愿签名的影响	Thomas Elliott, Jennifer Earl	20	2
37	Normalizing or Equalizing? Characterizing Facebook Campaigning	规范化还是均衡化？脸书竞选活动的特点	Azi Lev-On, Sharon Haleva-Amir	20	2
38	Social Media, Porous Boundaries, and the Development of Online Political Engagement among Young Citizens	社交媒体、渗透性边界以及年轻公民在线政治参与的发展	Mats Ekström, Adam Shehata	20	2
39	Digital Replica Editions Versus Printed Newspapers: Different Reading Styles? Different Recall?	数字复制版本与印刷报纸：不同的阅读风格？不同的回忆？	Peter C. Neijens, Hilde AM Voorveld	20	2

续表

序号	论文题目	论文题目中文翻译	作者	卷	期
40	Flagging Uncivil User Comments: Effects of Intervention Information, Type of Victim, and Response Comments on Bystander Behavior	标记不文明的用户评论:干预信息的影响,受害者的类型以及对旁观者行为的回应评论	Teresa K. Naab, Anja Kalch, Tino GK Meitz	20	2
41	Mobile Versus Headworn Augmented Reality: How Visions of the Future Shape, Contest, and Stabilize an Emerging Technology	移动与头戴式增强现实:未来前景如何塑造、竞争和稳定一项新兴技术	Tony Liao	20	2
42	Content-expressive Behavior and Ideological Extremity: An Examination of the Roles of Emotional Intelligence and Information Network Heterogeneity	内容表达行为和意识形态极端:对情商和信息网络异质性作用的检验	Matthew Barnidge, Alberto Ardèvol-Abreu, Homero Gil de Zúñiga	20	2
43	Display and Control in Online Social Spaces: Towards a Typology of Users	在线社交空间中的显示和控制:面向用户的类型	Alexandre Fortier, Jacquelyn Burkell	20	3
44	Permanently Online and Permanently Procrastinating? The Mediating Role of Internet Use for the Effects of Trait Procrastination on Psychological Health and Well-being	永久在线和永久拖延?互联网使用对特质拖延对心理健康和幸福影响的中介作用	Leonard Reinecke, Adrian Meier, Stefan Aufenanger, Manfred E Beutel, Michael Dreier, Oliver Quiring, Birgit Stark, Klaus Wölfling, Kai W Müller	20	3
45	The Walkthrough Method: An Approach to the Study of Apps	演练方法:一种研究应用程序的方法	Ben Light, Jean Burgess, Stefanie Duguay	20	3
46	Porting the Political Campaign: The NationBuilder Platform and the Global Flows of Political Technology	移植政治运动:NationBuilder平台(是一个在线客户关系管理服务平台)和政治技术的全球流动	Fenwick McKelvey, Jill Piebiak	20	3
47	Too Hot to Trust: Examining the Relationship between Attractiveness, Trustworthiness, and Desire to Date in Online Dating	太激动而不能信任:检查吸引力、可信度和在线约会的约会欲望之间的关系	Rory McGloin, Amanda Denes	20	3
48	The Ties that Bind the Diaspora to Turkey and Europe during the Gezi Protests	格兹公园抗议期间土耳其大移居和欧洲之间的联系	Roya Imani Giglou, Christine Ogan, Leen d'Haenens	20	3

续表

序号	论文题目	论文题目中文翻译	作者	卷	期
49	Innovating Consultative Authoritarianism: Internet Votes as a Novel Digital Tool to Stabilize Non-democratic Rule in Russia	创新协商专制主义:作为稳定俄罗斯非民主统治新数字工具的互联网投票	Florian Toepfl	20	3
50	Seeing without Knowing: Limitations of the Transparency Ideal and Its Application to Algorithmic Accountability	看而不识:理想透明度的局限性及其在算法问责制中的应用	Mike Ananny, Kate Crawford	20	3
51	Quantifying the Power and Consequences of Social Media Protest	量化社交媒体抗议的力量和后果	Deen Freelon, Charlton McIlwain, Meredith Clark	20	3
52	Critical Technocultural Discourse Analysis	批判性技术文化话语分析	André Brock	20	3
53	The Making of Mobilities in Online Work-learning Practices	在线工作学习实践中的移动性的产生	Terrie Lynn Thompson	20	3
54	Facebook in Context(s): Measuring Emotional Responses across Time and Space	在情景中的脸书:测量跨越时空的情绪反应	Joseph Bayer, Nicole Ellison, Sarita Schoenebeck, Erin Brady, Emily B. Falk	20	3
55	"A Window into Shock, Pain, and Attempted Recovery": A Decade of Blogging as a Coping Strategy in New Orleans	"成为震惊、痛苦和试图恢复的窗口":在新奥尔良作为应对策略的十年博客	Brendan R. Watson	20	3
56	Simply More than Swiping Left: A Critical Analysis of Toxic Masculine Performances on Tinder Nightmares	不仅仅是左滑:对 Tinder 梦魇页面中毒性阳刚表现的批判性分析	Aaron Hess, Carlos Flores	20	3
57	European Research on Children's Internet Use: Assessing the Past and Anticipating the Future	欧洲关于儿童互联网使用的研究:评估过去和预测未来	Sonia Livingstone, Giovanna Mascheroni, Elisabeth Staksrud	20	3
58	Informational Pathologies and Interest Bubbles: Exploring the Structural Mobilization of Knowledge, Ignorance, and Slack	信息病理学和兴趣泡沫:探索知识,无视和懒散的结构动员	Joachim S. Wiewiura, Vincent F. Hendricks	20	3
59	Personalization, Social Media, and Voting: Effects of Candidate Self-personalization on Vote Intention	个性化,社交媒体和投票:候选人自我个性化对投票意图的影响	Shannon C. McGregor	20	3

续表

序号	论文题目	论文题目中文翻译	作者	卷	期
60	Masspersonal Communication: A Model Bridging the Mass-interpersonal Divide	大众传播:弥合大众人际鸿沟的模式	Patrick B. O'Sullivan, Caleb T. Carr	20	3
61	"Written in These Scars Are the Stories I Can't Explain": A Content Analysis of Pro-ana and Thinspiration Image Sharing on Instagram	"写在这些伤疤中是我无法解释的故事":对 Instagram 上分享厌食和骨感图像的内容分析	Debbie Ging, Sarah Garvey	20	3
62	Street-level: Google Street View's Abstraction by Datafication	街道层级:Google 街景视图的数据化抽象	Aaron Shapiro	20	3
63	Facebook Profile Picture Appearance Affects Recruiters' First Hiring Decisions	脸书个人资料图片的出现影响了招聘人员的首次招聘决策	Stijn Baert	20	3
64	Literacy and Training in Digital Research: Researchers' Views in Five Social Science and Humanities Disciplines	数字研究中的识字和培训:研究人员对五个社会科学和人文学科的看法	Panayiota Tsatsou	20	3
65	Do Parents Still Model News Consumption? Socializing News Use among Adolescents in a Multi-device World	父母在新闻消费上的模范作用?在多设备世界中青少年对社会化新闻的使用	Stephanie Edgerly, Kjerstin Thorson, Esther Thorson, Emily K. Vraga, Leticia Bode	20	4
66	Fighting for Recognition: Online Abuse of Women Bloggers in Germany, Switzerland, the United Kingdom, and the United States	争取认同:在德国、瑞士、英国和美国网上对女博主的辱骂	Stine Eckert	20	4
67	Flexible as Freedom? The Dynamics of Creative Industry Work and the Case Study of the Editor in Publishing	作为自由的灵活?创意产业的动态与编辑出版的案例研究	Lauren E. Bridges	20	4
68	Supporting Argumentation in Online Political Debate: Evidence from an Experiment of Collective Deliberation	支持在线政治辩论中的论证:来自集体审议实验的证据	Luca Iandoli, Ivana Quinto, Paolo Spada, Mark Klein, Raffaele Calabretta	20	4
69	Digital Unhu: Mobile Connectivity and Immaterial Labor in Zimbabwean Artistic Expression	数字 Unhu(一个承认津巴布韦数字连接的快速增长的概念):津巴布韦艺术表达中的移动连接和非物质劳动	Caitlin McClune	20	4

续表

序号	论文题目	论文题目中文翻译	作者	卷	期
70	Is Big Brother More at Risk than Little Sister? The Sibling Factor in Online Risk and Opportunity	大哥比小妹妹更有风险吗?在线风险和机会中的兄弟/姐妹因素	Kjartan Ólafsson, Lelia Green, Elisabeth Staksrud	20	4
71	Instagram Use and Young Women's Body Image Concerns and Self-objectification: Testing Mediational Pathways	Instagram使用和年轻女性的身体形象关注和自我客体化:测试中介途径	Jasmine Fardouly, Brydie K. Willburger, Lenny R. Vartanian	20	4
72	From Friendfunding to Crowdfunding: Relevance of Relationships, Social Media, and Platform Activities to Crowdfunding Performance	从朋友资助到众筹:关系、社交媒体和平台活动与众筹表现的相关性	Irma Borst, Christine Moser, Julie Ferguson	20	4
73	Media Fragmentation in the Context of Bounded Social Networks: How Far Can It Go?	有限社交网络语境下的媒体碎片化:它能走多远?	Julius Matthew Riles, Andrew Pilny, David Tewksbury	20	4
74	Prediction, Pre-emption and Limits to Dissent: Social Media and Big Data Uses for Policing Protests in the United Kingdom	对异议的预测,抢占和限制:社交媒体和大数据用于监管英国的抗议活动	Lina Dencik, Arne Hintz, Zoe Carey	20	4
75	A Functional Approach to the Facebook Like Button: An Exploration of Meaning, Interpersonal Functionality, and Potential Alternative Response Buttons	脸书"喜欢"按钮的功能方法:探索意义、人际功能和潜在的替代回应按钮	Erin M. Sumner, Luisa Ruge-Jones, Davis Alcorn	20	4
76	The Mundane Experience of Everyday Calorie Trackers: Beyond the Metaphor of Quantified Self	日常卡路里追踪器的世俗体验:超越量化自我的隐喻	Gabija Didžiokaitė, Paula Saukko, Christian Greiffenhagen	20	4
77	Political Journalists' Corporate and Personal Identities on Twitter Profile Pages: A Comparative Analysis in Four Westminster Democracies	政治记者在推特简介页面上公司和个人身份:四个威斯敏斯特民主国家的比较分析	Folker Hanusch	20	4
78	Gaali Cultures: The Politics of Abusive Exchange on Social Media	Gaali文化:(gaali,表明在线媒体上出现的喜剧、侮辱、羞耻和虐待之间界限模糊,这也煽动了性别化的恐吓形式)在社交媒体滥用交流的政治	Sahana Udupa	20	4

续表

序号	论文题目	论文题目中文翻译	作者	卷	期
79	Information, Communication and Political Consumerism: How (Online) Information and (Online) Communication Influence Boycotts and Buycotts	信息、沟通和政治消费主义:(在线)信息和(在线)沟通如何影响抵制和购买	Ole Kelm, Marco Dohle	20	4
80	Cyborg Activism: Exploring the Reconfigurations of Democratic Subjectivity in Anonymous	机器人行动主义:探索匿名中民主主体性的重新配置	Hans Asenbaum	20	4
81	Living with Interpersonal Data: Observability and Accountability in the Age of Pervasive ICT	与人际关系数据共存:在普遍ICT时代的可观察性和问责制	Murray Goulden, Peter Tolmie, Richard Mortier, Tom Lodge, Anna-Kaisa Pietilainen, Renata Teixeira	20	4
82	Dealing with Digital Intermediaries: A Case Study of the Relations between Publishers and Platforms	处理数字中介:出版商和平台之间关系的案例研究	Rasmus Kleis Nielsen, Sarah Anne Ganter	20	4
83	Online Dating and Courtship among Muslim American Women: Negotiating Technology, Religious Identity, and Culture	美国穆斯林妇女的在线约会和求爱:技术、宗教身份和文化的协商	Annisa MP Rochadiat, Stephanie Tom Tong, Julie M. Novak	20	4
84	Platform Privacies: Governance, Collaboration, and the Different Meanings of "Privacy" in iOS and Android Development	平台隐私:治理,协作以及iOS和Android开发中"隐私"的不同含义	Daniel Greene, Katie Shilton	20	4
85	Change is an Emotional State of Mind: Behavioral Responses to Online Petitions	变化是一种情绪化的心态:对在线请愿的行为反应	Abby Koenig, Bryan McLaughlin	20	4
86	News Organizations' Use of Native Videos on Facebook: Tweaking the Journalistic Field one Algorithm Change at a Time	新闻机构在Facebook上使用原生视频:调整新闻领域一次更改一个算法	Edson C. Tandoc, Julian Maitra	20	5
87	"Mmm … I Love It, Bro!": Performances of Masculinity in YouTube Gaming	"嗯……我喜欢它,兄弟!":在YouTube游戏中表现出男性气质	Marcus Maloney, Steven Roberts, Alexandra Caruso	20	5

续表

序号	论文题目	论文题目中文翻译	作者	卷	期
88	Passwords for Jobs: Compression of Identity in Reaction to Perceived Organizational Control Via Social Media Surveillance	工作密码:通过社交媒体监控对感知组织控制作出反应的身份压缩	Bree McEwan, Michelle Flood	20	5
89	Beyond the Self: Intersubjectivity and the Social Semiotic Interpretation of the Selfie	超越自我:主体间性和自拍的社会符号学解释	Sumin Zhao, Michele Zappavigna	20	5
90	Automating Judgment? Algorithmic Judgment, News Knowledge, and Journalistic Professionalism	自动判断?算法判断、新闻知识和新闻专业	Matt Carlson	20	5
91	Beyond "Pseudonymity": The Sociotechnical Structure of Online Military Forums	超越"假(笔)名":在线军事论坛的社会技术结构	Sarah Maltby, Helen Thornham, Daniel Bennett	20	5
92	Rethinking the Generational Gap in Online News Use: An Infrastructural Perspective	重新思考在线新闻使用中的代际差距:基础设施视角	Harsh Taneja, Angela Xiao Wu, Stephanie Edgerly	20	5
93	Norms of Online Expressions of Emotion: Comparing Facebook, Twitter, Instagram, and WhatsApp	在线表达情感的规范:比较 Facebook、Twitter、Instagram 和 WhatsApp	Sophie F. Waterloo, Susanne E. Baumgartner, Jochen Peter, Patti M. Valkenburg	20	5
94	Environment 1.0: Infoterra and the Making of Environmental Information	环境 1.0:国际环境情报系统和环境信息的制作	Melissa Aronczyk	20	5
95	Cloaked Facebook Pages: Exploring Fake Islamist Propaganda in Social Media	隐藏的脸书页面:在社交媒体中探索虚假的伊斯兰教宣传	Johan Farkas, Jannick Schou, Christina Neumayer	20	5
96	#GirlsLikeUs: Trans Advocacy and Community Building Online	#女孩喜欢我们:在线跨性别宣传和社区建设	Sarah J. Jackson, Moya Bailey, Brooke Foucault Welles	20	5
97	Empirical Support for the Media Participation Hypothesis: Trends across Presidential Elections, 1992—2012	对媒体参与假设的实证支持:1992—2012 年总统选举的趋势	Erik P. Bucy, Jacob Groshek	20	5

续表

序号	论文题目	论文题目中文翻译	作者	卷	期
98	Of Activists and Gatekeepers: Temporal and Structural Properties of Policy Networks on Twitter	活动分子和看门人:推特上政策网络的时间和结构特性	Sebastian Stier, Wolf J. Schünemann, Stefan Steiger	20	5
99	Relationship Breakup Disclosures and Media Ideologies on Facebook	脸书上的分手披露和媒体意识形态	Oliver L. Haimson, Nazanin Andalibi, Munmun De Choudhury, Gillian R. Hayes	20	5
100	Megabooth: The Cultural Intermediation of Indie Games	Megabooth:独立游戏的文化中介(注:Megabooth 是游戏博览会的共享区域,拥有自助服务站,专门展示和推广独立游戏)	Felan Parker, Jennifer R. Whitson, Bart Simon	20	5
101	Beats and Tweets: Social Media in the Careers of Independent Musicians	节拍和推文:独立音乐家职业生涯中的社交媒体	Jo Haynes, Lee Marshall	20	5
102	Discourses on Disconnectivity and the Right to Disconnect	关于断开连接和断开的权利的论述	Pepita Hesselberth	20	5
103	Targeting Dominant Publics: How Counterpublic Commenters Align Their Efforts with Mainstream News	针对主导的公众:反公众评论者如何将他们的努力与主流新闻结合起来	Florian Toepfl, Eunike Piwoni	20	5
104	The Agenda-setting Power of Fake News: A Big Data Analysis of the Online Media Landscape from 2014 to 2016	假新闻的议程设置能力:2014 年至 2016 年对在线媒体景观的大数据分析	Chris J. Vargo, Lei Guo, Michelle A. Amazeen	20	5
105	Politically Incorrect Participatory Media: Racist Nationalism on r/ImGoingToHellForThis	政治上不正确的参与媒体:r/ImGoingToHellForThis 上的种族民族主义(注:r/ImGoingToHellForThis 是美国社交新闻站点 Reddit 上的一个帖子)	Robert J. Topinka	20	5
106	Mobile Information Seeking and Political Participation: A Differential Gains Approach with Offline and Online Discussion Attributes	移动信息搜索和政治参与:具有离线和在线讨论属性的差异化收益方法	Masahiro Yamamoto, Seungahn Nah	20	5
107	Digital Activism: After the Hype	数字行动主义:炒作之后	Anne Kaun, Julie Uldam	20	6

续表

序号	论文题目	论文题目中文翻译	作者	卷	期
108	Remembering Disappeared Websites in China: Passion, Community, and Youth	记住在中国已经消失的网站:激情、社区和青年	Guobin Yang, Shiwen Wu	20	6
109	Building a Digital Girl Army: The Cultivation of Feminist Safe Spaces Online	建立数字化女军:对女权主义线上安全空间的培养	Rosemary Clark-Parsons	20	6
110	Repairing and Developing Software Infrastructures: The Case of Morevna Project in Russia	修复和开发软件基础设施:以俄罗斯 Morevna 项目为案例(Morevna 是俄罗斯艺术家 Konstantin Dmitriev 发起并领导的,致力于在只使用开源软件工具的前提下,创作全长的日式风格动画电影的一个动画电影工程)	Julia Velkova	20	6
111	Demystifying "Little Pink": The Creation and Evolution of a Gendered Label for Nationalistic Activists in China	揭开"小粉红"的神秘面纱:中国民族主义活动家性别标签的创造和演变	Kecheng Fang, Maria Repnikova	20	6
112	"Volunteering is Like any Other Business": Civic Participation and Social Media	"志愿服务就像任何其他事业一样":公民参与和社交媒体	Anne Kaun, Julie Uldam	20	6
113	Fake Accounts, Real Activism: Political Faking and User-generated Satire as Activist Intervention	虚假(社交媒体)账户,真正的激进主义:政治造假和用户生成的讽刺作为积极干预	Elisabetta Ferrari	20	6
114	Beyond Non-/use: The Affected Bystander and Her Escalation	不仅仅是使不使用的问题:受影响的旁观者和她的升级	Susann Wagenknecht	20	7
115	Tweeting # Ferguson: Mediatized Fields and the New Activist Journalist	推特#弗格森:媒介化领域和新的激进派记者(注:弗格森指 2014 年 8 月 9 日发生的美国枪杀黑人事件)	Stephen R. Barnard	20	7
116	"I Never Thought I Could Get Health Information from the Internet!": Unexpected Uses of an Internet Website Designed to Enable Ethiopian Immigrants with Low/no Literacy Skills to Browse Health Information	"我从没想过我可以从互联网上获取健康信息!":对识字能力较低(缺乏)的埃塞俄比亚移民能浏览健康信息的互联网网站的意外使用	Nurit Guttman, Eimi Lev, Elad Segev, Seffefe Ayecheh, Limor Ziv, Fekado Gadamo, Nivi Dayan, Gal Yavetz	20	7

续表

序号	论文题目	论文题目中文翻译	作者	卷	期
117	Context Collapse and Privacy Management: Diversity in Facebook Friends Increases Online News Reading and Sharing	背景崩溃和隐私管理:脸书朋友的多样性增加了在线新闻的阅读和分享	Michael A. Beam, Jeffrey T. Child, Myiah J. Hutchens, Jay D. Hmielowski	20	7
118	Voodoo Software and Boundary Objects in Game Development: How Developers Collaborate and Conflict with Game Engines and Art Tools	Voodoo 软件和游戏开发中的边界对象:开发人员如何与游戏引擎和艺术工具协作和发生冲突的	Jennifer R. Whitson	20	7
119	Collateral Benefits of Internet Use: Explaining the Diverse Outcomes of Engaging with the Internet	互联网使用的额外收益:解释与互联网接触的各种结果	Alexander JAM Van Deursen, Ellen J. Helsper	20	7
120	Social Antecedents and Consequences of Political Privacy	社会前因和政治隐私的后果	Yong Jin Park	20	7
121	Play between Love and Labor: The Practice of Gold Farming in China	爱与劳动之间的博弈:中国的“打钱”实践	Zixue Tai, Fengbin Hu	20	7
122	“I see Your Garbage”: Participatory Practices and Literacy Privilege on “Grammar Nazi” Facebook Pages in Different Sociolinguistic Contexts	“我看够了!”:在“语法纳粹”脸书页面和不同社会语言环境中的参与式练习和识字特权	Jaroslav Švelch, Tamah Sherman	20	7
123	Online Opportunities and Risks for Children and Adolescents: The Role of Digital Skills, Age, Gender and Parental Mediation in Brazil	儿童和青少年的在线机会和风险:在巴西数字技能、年龄、性别和父母调解的作用	Tania Cabello-Hutt, Patricio Cabello, Magdalena Claro	20	7
124	Does the Rise of the Internet Bring Erosion of Strong Ties? Analyses of Social Media Use and Changes in Core Discussion Networks	互联网的兴起是否会导致强关系的侵蚀?对核心网络讨论中社交媒体使用和变化的分析	Eva Vriens, Erik van Ingen	20	7
125	Are People Incidentally Exposed to News on Social Media? A Comparative Analysis	人们是偶然接触到社交媒体上的新闻吗?一个比较分析	Richard Fletcher, Rasmus Kleis Nielsen	20	7
126	“I Shut the Door”: Interactions, Tensions, and Negotiations from a Location-based Social App	“我关上了门”:基于位置的社交应用程序的交互、紧张和协商	Colin Fitzpatrick, Jeremy Birnholtz	20	7
127	The Social Inequalities of Internet Access, Its Use, and the Impact on Children's Academic Performance: Evidence from a Longitudinal Study in Switzerland	互联网接入的社会不平等,其使用以及对儿童学业成绩的影响:来自瑞士纵向研究的证据	Anne-Linda Camerini, Peter J. Schulz, Anne-Marie Jeannet	20	7

续表

序号	论文题目	论文题目中文翻译	作者	卷	期
128	Connecting with Technology in Lower-income US Families	在低收入美国家庭的技术联系	Vikki S. Katz, Meghan B. Moran, Carmen Gonzalez	20	7
129	Digital, Ethical, Political: Network Time and Common Responsibility	数字化、道德化、政治化：网络时代和共同责任	Robert Hassan	20	7
130	Uniform Multilingualism: A Media Genealogy of Google Translate	统一的多语言：谷歌翻译的媒体谱系	Ido Ramati, Amit Pinchevski	20	7
131	Ambivalence in Networked Intimacy: Observations from Gay Men Using Mobile Dating Apps	网络亲密关系中的矛盾心理：使用移动约会应用程序的同性恋者观察	Lik Sam Chan	20	7
132	A Phased Framework for Long-term User Acceptance of Interactive Technology in Domestic Environments	用于家庭环境中长期接受交互技术用户的分阶段框架	Maartje MA de Graaf, Somaya Ben Allouch, Jan AGM van Dijk	20	7
133	From Persuasive Messages to Tactics: Exploring Children's Knowledge and Judgement of New Advertising Formats	从有说服力的信息到策略：探索儿童对新广告形式的认知和判断	Pieter De Pauw, Ralf De Wolf, Liselot Hudders, Veroline Cauberghe	20	7
134	Engineering a Platform: The Construction of Interfaces, Users, Organizational Roles, and the Division of Labor	设计平台：构建界面、用户、组织角色和分工	Shreeharsh Kelkar	20	7
135	Identity and Collective Action Via Computer-mediated Communication: A Review and Agenda for Future Research	通过计算机中介交流的身份和集体行动：未来研究的回顾和议程	Anna Priante, Michel L. Ehrenhard, Tijs van den Broek, Ariana Need	20	7
136	Robotization and the Domestic Sphere	机器人化和家庭领域	Leopoldina Fortunati	20	8
137	Thrown Under the Bus and Outrunning It! The Logic of Didi and Taxi Drivers' Labour and Activism in the On-demand Economy	把它挤出棋盘并超越它！滴滴和出租车司机在按需经济中的劳动和积极性逻辑	Julie Yujie Chen	20	8
138	Broscience: Creating Trust in Online Drug Communities	Broscience：在线上药品社区建立信任	Ola Røed Bilgrei	20	8

续表

序号	论文题目	论文题目中文翻译	作者	卷	期
139	How Journalists Use Social Media in France and the United States: Analyzing Technology Use across Journalistic Fields	法国和美国的记者如何使用社交媒体:分析新闻领域的技术使用情况	Matthew Powers, Sandra Vera-Zambrano	20	8
140	Audiences' Acts of Authentication in the Age of Fake News: A Conceptual Framework	在假新闻时代观众的认证行为:一个概念框架	Edson C Tandoc, Richard Ling, Oscar Westlund, Andrew Duffy, Debbie Goh, Lim Zheng Wei	20	8
141	Learning to Google: Understanding Classed and Gendered Practices When Young People Use the Internet for Research	向谷歌学习:了解年轻人使用互联网进行研究时的分类和性别实践	Huw C. Davies	20	8
142	Stigma Avoidance through Visual Contextualization: Adult Toy Play on Photo-sharing Social Media	通过视觉语境化避免羞辱:在照片共享社交媒体上玩成人玩具	Katriina Heljakka, J Tuomas Harviainen, Jaakko Suominen	20	8
143	Exploring Immersive Experience in Journalism	探索新闻业的沉浸式体验	Donghee Shin, Frank Biocca	20	8
144	Privacy, Censorship, Data Breaches and Internet Freedom: The Drivers of Support and Opposition to Dark Web Technologies	隐私、审查、数据泄露和互联网自由:支持和反对暗网技术的驱动因素	Eric Jardine	20	8
145	Transferring Control from the Backend to the Frontend: A Comparison of the Discourse Architectures of Comment Sections on News Websites across the post-Soviet World	将控制权从后端转移到前端:对后苏联世界新闻网站评论片段的话语架构进行比较	Florian Toepfl, Anna Litvinenko	20	8
146	Memes as Games: The Evolution of a Digital Discourse Online	作为游戏的模因:在线数字话语的演变	Jens Seiffert-Brockmann, Trevor Diehl, Leonhard Dobusch	20	8
147	Epilepsy, Digital Technology and the Black-boxed Self	癫痫,数字技术和黑盒子自我	Rebecca Roach	20	8

续表

序号	论文题目	论文题目中文翻译	作者	卷	期
148	What Did We Do When the Internet Wasn't around? Variation in Free-time Activities among Three Young-adult Cohorts from 1990/1991, 2000/2001, and 2010/2011	当互联网不可用时,我们做了什么? 1990/1991 年,2000/2001 年和 2010/2011 年三个青年群体的自由活动变化	Bertil Vilhelmson, Erik Elldér, Eva Thulin	20	8
149	Youth Sexting and the First Amendment: Rhetoric and Child Pornography Doctrine in the Age of Translation	青少年性短信和第一修正案:翻译时代的修辞和儿童色情学说	Alvin J. Primack	20	8
150	Libraries as Redistributive Technology: From Capacity to Culture in Queensland's Public Library Network	图书馆作为再分配技术:从昆士兰州公共图书馆网络的馆藏到文化	Danielle Wyatt, Scott Mcquire, Danny Butt	20	8
151	Between Autonomy and Control: Strategies of Arbitrage in the "On-demand" Economy	在自治与控制之间:"按需"经济中的套利策略	Aaron Shapiro	20	8
152	Digital "Women's Work?": Job Recruitment Ads and the Feminization of Social Media Employment	数字化的"女性的工作?":招聘广告和社交媒体就业的女性化	Brooke Erin Duffy, Becca Schwartz	20	8
153	Consumer Engagement with and Perceptions of Offshore Online Gambling Sites	消费者对境外在线赌博网站的参与和认知	Sally M. Gainsbury, Alex MT Russell, Nerilee Hing, Alex Blaszczynski	20	8
154	Displaying and Performing: Polish Transnational Families in Ireland Skyping Grandparents in Poland	展示和表演:居住在爱尔兰的波兰跨国家庭和波兰祖父母的 skype 交流	Michelle Share, Cayla Williams, Liz Kerrins	20	8
155	Distinction Recapped: Digital News Repertoires in the Class Structure	区分回顾:阶级结构中的数字新闻节目	Johan Lindell	20	8
156	Explaining Unplanned Online Media Behaviors: Dual System Theory Models of Impulsive Use and Swearing on Social Networking Sites	解读计划外的在线媒体行为:社交网站上冲动使用和咒骂的双系统理论模型	Ofir Turel, Hamed Qahri-Saremi	20	8
157	What Does the Crowd Think? How Online Comments and Popularity Metrics Affect News Credibility and Issue Importance	民众的想法是什么?在线评论和受欢迎度指标如何影响新闻可信度和议题重要性	T. Franklin Waddell	20	8

续表

序号	论文题目	论文题目中文翻译	作者	卷	期
158	Faith and Reason: An Analysis of the Homologies of Black and Blue Lives Facebook Pages	信仰和理性:对黑人和执法人员生活的脸书页面的同源性分析(black 指代美国黑人,blue 指代美国执法人员)	Mary Angela Bock, Ever Josue Figueroa	20	9
159	Activating the Past in the Ferguson Protests: Memory Work, Digital Activism and the Politics of Platforms	激活弗格森抗议中的过去:记忆工作、数字行动主义和平台政治(注:弗格森抗议活动即美国 2014 年非裔青年被白人警察枪击身亡案)	Rik Smit, Ansgard Heinrich, Marcel Broersma	20	9
160	The Digital Outcry: What Incites Participation Behavior in an Online Firestorm?	数字抗议:在网络风暴中煽动参与行为的原因是什么?	Marius Johnen, Marc Jungblut, Marc Ziegele	20	9
161	Attention and Amplification in the Hybrid Media System: The Composition and Activity of Donald Trump's Twitter Following during the 2016 Presidential Election	混合媒体系统中的注意和放大:唐纳德·特朗普在 2016 年总统大选期间推特关注的组成和活动	Yini Zhang, Chris Wells, Song Wang, Karl Rohe	20	9
162	Default Publicness: Queer Youth of Color, Social Media, and Being Outed by the Machine	默认的公共性:同性恋青年、社交媒体和被机器驱逐	Alexander Cho	20	9
163	Doing Stigma: Online Commenting around Weight-related News Media	制造耻辱:新闻媒体上与体重相关的在线评论	Phillip Brooker, Julie Barnett, John Vines, Shaun Lawson, Tom Feltwell, Kiel Long	20	9
164	So Scary, Yet So Fun: The Role of Self-efficacy in Enjoyment of a Virtual Reality Horror Game	如此可怕,却如此有趣:自我效能在享受虚拟现实恐怖游戏中的作用	Jih-Hsuan Tammy Lin, Dai-Yun Wu, Chen-Chao Tao	20	9
165	The Uncertain First-time Voter: Effects of Political Media Exposure on Young Citizens' Formation of Vote Choice in a Digital Media Environment	不确定的首次选民:数字媒体环境中政治媒体曝光对年轻公民形成投票选择的影响	Jakob Ohme, Claes H. de Vreese, Erik Albaek	20	9
166	Narrative and Interpretation on Twitter: Reading Tweets by Telling Stories	推特上的叙述和解释:通过讲故事来阅读推文	Neil Sadler	20	9

续表

序号	论文题目	论文题目中文翻译	作者	卷	期
167	Children and Minecraft: A Survey of Children's Digital Play	儿童与“我的世界”:对儿童数字游戏的调查(注:“我的世界”是一款堆方块、不断冒险的游戏)	Jane Mavoa, Marcus Carter, Martin Gibbs	20	9
168	Archives and Identity in the Context of Social Media and Algorithmic Analytics: Towards an Understanding of iArchive and Predictive Retention	社交媒体和算法分析语境下的档案和身份:对电子档案和预测性保留的了解(注:Archives 提供文档数字化和转换服务的技术和流程,提供扫描和索引解决方案)	Holger Pötzsch	20	9
169	Under the Bridge: An In-depth Examination of Online Trolling in the Gaming Context	在桥下:对游戏环境中的在线拖钓进行深入检查	Christine Cook, Juliette Schaafsma, Marjolijn Antheunis	20	9
170	Understanding the Production and Circulation of Social Media Data: Towards Methodological Principles and Praxis	了解社交媒体数据的制作和流通:走向方法论原则和实践	Susan Halford, Mark Weal, Ramine Tinati, Les Carr, Catherine Pope	20	9
171	Ploughing Digital Landscapes: How Facebook Influences the Evolution of Live Video Streaming	在数字景观中耕耘:脸书如何影响直播视频流的演变	Katharina Rein, Tommaso Venturini	20	9
172	“Our Newsroom in the Cloud”: Slack, Virtual Newsrooms and Journalistic Practice	“我们在云端的新闻编辑室”:Slack、虚拟新闻编辑室和新闻实践(注:Slack 是聊天群组 + 大规模工具集成 + 文件整合 + 统一搜索。截至 2014 年年底,Slack 已经整合了电子邮件、短信、Google Drives、Twitter、Trello、Asana、GitHub 等 65 种工具和服务,可以把各种碎片化的企业沟通和协作集中到一起)	Mel Bunce, Kate Wright, Martin Scott	20	9
173	Twitter Versus Facebook: Comparing Incivility, Impoliteness, and Deliberative Attributes	推特与脸书:比较不文明、不礼貌和审慎属性	Mustafa Oz, Pei Zheng, Gina Masullo Chen	20	9
174	Handcrafted Gameworlds: Space-time Biases in Mobile Minecraft Play	手工制作的游戏世界:移动“我的世界”游戏中的时空偏见	Joel Schneier, Nicholas Taylor	20	9

续表

序号	论文题目	论文题目中文翻译	作者	卷	期
175	Positive or Negative Spirals of Online Behavior? Exploring Reciprocal Associations between Being the Actor and the Recipient of Prosocial and Antisocial Behavior Online	在线行为的正面或负面螺旋?探索作为在线亲社会和反社会行为行动者和接受者之间的相互关联	Sara Erreygers, Heidi Vandebosch, Ivana Vranjes, Elfi Baillien, Hans De Witte	20	9
176	Understanding Digital Natives in Contentious Politics: Explaining the Effect of Social Media on Protest Participation through Psychological Incentives	了解对抗政治中的数字原住民:通过心理激励解释社交媒体对抗议参与的影响	Yuan Hsiao	20	9
177	The Effects of Following Celebrities' Lives via SNSs on Life Satisfaction: The Palliative Function of System Justification and the Moderating Role of Materialism	通过 SNSs 关注名人生活对生活满意度的影响:系统正当的缓冲功能和唯物主义的调节作用	Mihye Seo, Ki Deuk Hyun	20	9
178	Mobile Phones and Inequality: Findings, Trends, and Future Directions	移动电话和不平等:研究发现、趋势和未来方向	Will Marler	20	9
179	"News Comes across When I'm in a Moment of Leisure": Understanding the Practices of Incidental News Consumption on Social Media	"当我有空时,新闻就出现了":了解社交媒体上附带新闻消费的实践	Pablo J. Boczkowski, Eugenia Mitchelstein, Mora Matassi	20	10
180	Digital Political Infographics: A Rhetorical Palette of an Emergent Genre	数字政治信息图表:一种新兴类型的修辞调色板	Eedan R. Amit-Danhi, Limor Shifman	20	10
181	Inclusive Sensory Ethnography: Studying New Media and Neurodiversity in Everyday Life	包容性感官民族志:研究日常生活中的新媒体和神经多样性	Meryl Alper	20	10
182	Perusing Pages and Skimming Screens: Exploring Differing Patterns of Selective Exposure to Hard News and Professional Sources in Online and Print News	阅读页面和浏览屏幕:探索在线和印刷新闻中选择性接触硬新闻和专业来源的不同模式	George DH Pearson, Silvia Knobloch-Westerwick	20	10

续表

序号	论文题目	论文题目中文翻译	作者	卷	期
183	The Social Media See-saw: Positive and Negative Influences on Adolescents' Affective Well-being	社交媒体跷跷板:对青少年情感健康的正面和负面影响	Emily Weinstein	20	10
184	Co-evolving with Self-tracking Technologies	与自我跟踪技术共同发展	Dorthe Brogård Kristensen, Minna Ruckenstein	20	10
185	Affordances-in-practice: An Ethnographic Critique of Social Media Logic and Context Collapse	实践中的功能可见性:社会媒体逻辑和语境崩塌的民族志批评	Elisabetta Costa	20	10
186	Internet Governance as Joint Effort: (Re)Ordering Search Engines at the Intersection of Global and Local Cultures	作为共同努力的互联网治理:(重新)在全球和本地文化的交叉点上分类搜索引擎	Astrid Mager	20	10
187	Uncivil and Personal? Comparing Patterns of Incivility in Comments on the Facebook Pages of News Outlets	粗鲁的和人身攻击的?比较新闻媒体的脸书页面评论中的不文明模式	Leona Yi-Fan Su, Michael A. Xenos, Kathleen M. Rose, Christopher Wirz, Dietram A. Scheufele, Dominique Brossard	20	10
188	The Emotional Antecedents of Solidarity in Social Media Crowds	社交媒体人群团结的情感前因	Drew Margolin, Wang Liao	20	10
189	The Small, Disloyal Fake News Audience: The Role of Audience Availability in Fake News Consumption	少数、不忠诚的假新闻受众:观众的可获得性在假新闻消费中的作用	Jacob L. Nelson, Harsh Taneja	20	10
190	"I'm Just Curious and Still Exploring Myself": Young People and Pornography	"我只是好奇并且还在探索自己":年轻人和色情作品	Feona Attwood, Clarissa Smith, Martin Barker	20	10
191	"Find Your Fit": Wearable Technology and the Cultural Politics of Disability	"找到适合自己的":可穿戴技术和残疾人的文化政治	Julie Passanante Elman	20	10
192	The Role of Social Media in Shaping Solidarity and Compassion Fade: How the Death of a Child Turned Apathy into Action But Distress Took It Away	社交媒体在塑造团结和同情心方面的作用逐渐消退:一个孩子的死亡如何将冷漠变为行动但是痛苦却将其带走了	Emma F. Thomas, Nicola Cary, Laura GE Smith, Russell Spears, Craig McGarty	20	10

续表

序号	论文题目	论文题目中文翻译	作者	卷	期
193	Beyond Notification: Filling Gaps in Peer Production Projects	不仅仅是通知:填补同行生产项目的空白	Heather Ford, Iolanda Pensa, Florence Devouard, Marta Pucciarelli, Luca Botturi	20	10
194	Contested Connectedness in Child Custody Narratives: Mobile Phones and Children's Rights and Responsibilities	儿童监护叙述中的争议性关联:移动电话和儿童的权利与责任	Björn Sjöblom, Anna Franzén, Karin Aronsson	20	10
195	Sexting Scripts in Adolescent Relationships: Is Sexting Becoming the Norm?	青少年恋爱中的性短信文稿:性短信正在成为常态?	Katrien Symons, Koen Ponnet, Michel Walrave, Wannes Heirman	20	10
196	"The Most Inspiring Bikini Photos You'll See this Summer": A Thematic Analysis of Mass Audiences' Interpretations of Ostomy Selfies	"今年夏天你会看到最激动人心的比基尼照片":对广大观众造口术自拍解读的主题分析	Mark A. Rademacher	20	10
197	Everyday Connections between Online and Offline: Imagining Others and Constructing Community through Local Online Initiatives	在线和离线之间的日常联系:通过本地在线倡议想象其他人并构建社区	Alix Rufas, Christine Hine	20	10
198	Seriously Funny: The Political Work of Humor on Social Media	非常有趣:社交媒体上幽默的政治工作	Jenny L. Davis, Tony P. Love, Gemma Killen	20	10
199	Spiral of Silence on Social Media and the Moderating Role of Disagreement and Publicness in the Network: Analyzing Expressive and Withdrawal Behaviors	社交媒体上沉默的螺旋以及网络分歧和公共性的调节作用:对表达和退出行为的分析	Hsuan-Ting Chen	20	10
200	A Review of Internet Use among Older Adults	有关老年人互联网使用的报告	Amanda Hunsaker, Eszter Hargittai	20	10
201	Is Digital Upskilling the Next Generation Our "Pipeline to Prosperity"?	数字化是否正在提升下一代"通往繁荣之路"的技能?	Huw C. Davies, Rebecca Eynon	20	11

续表

序号	论文题目	论文题目中文翻译	作者	卷	期
202	Pizza, Beer and Kittens: Negotiating Cultural Trauma Discourses on Twitter in the Wake of the 2017 Stockholm Attack	披萨、啤酒与小猫：在2017年斯德哥尔摩恐怖袭击之后推特的文化创伤话语协商	Moa Eriksson	20	11
203	Memeingful Memories and the Art of Resistance	米姆性记忆（文化基因）与反抗的艺术	Lisa Ellen Silvestri	20	11
204	#Votebecause: Youth Mobilisation for the Referendum on British Membership of the European Union	#Votebecause：关于英国加入欧盟全民投票的青年动员	James Sloam	20	11
205	Online Distant Witnessing and Live-streaming Activism: Emerging Differences in the Activation of Networked Publics	网络远程关注和直播行动主义：网络公众动员的新型差异	Michele Martini	20	11
206	Player Experiences in a Massively Multiplayer Online Game: A Diary Study of Performance, Motivation, and Social Interaction	大型多人在线游戏中的玩家体验：有关表现、动机和社会互动的日记研究	Jesse Fox, Michael Gilbert, Wai Yen Tang	20	11
207	Families that Play Together Stay Together: Investigating Family Bonding through Video Games	一起玩 一家人：通过视频游戏建立家庭亲情的调查	Bingqing Wang, Laramie Taylor, Qiusi Sun	20	11
208	Invisible Networked Publics and Hidden Contention: Youth Activism and Social Media Tactics Under Repression	隐形的网络化公众和隐藏争论：压制下的青年激进主义和社会媒体策略	Ashley Lee	20	11
209	The Decline in Orally Negotiated News: Revisiting (Again) the Role of Technology in Reporting	口头协商式消息的没落：对技术在新闻报道中作用的再审视	Zvi Reich	20	11
210	Status Update: Gratifications Derived from Facebook Affordances by Older Adults	状态更新：来自老年人脸书可供性的使用满足	Eun Hwa Jung, S. Shyam Sundar	20	11
211	The Social Mediated Age of Information: Twitter and Instagram as Tools for Information Dissemination in Higher Education	社交中介的信息时代：高学历圈内以Twitter和Instagram为例的信息传播	Phillip C. Arceneaux, Lucian F. Dinu	20	11
212	Unpacking (the) Secret: Anonymous Social Media and the Impossibility of Networked Anonymity	秘密揭示：匿名的社交媒体与不可匿名的网络圈	Tzlil Sharon, Nicholas A. John	20	11

续表

序号	论文题目	论文题目中文翻译	作者	卷	期
213	A Reality Check (List) for Digital Methods	数字化方法的事实检验	Tommaso Venturini, Liliana Bounegru, Jonathan Gray, Richard Rogers	20	11
214	Digital Traces of Distinction? Popular Orientation and User-engagement with Status Hierarchies in TripAdvisor Reviews of Cultural Organizations	区别的数字痕迹？TripAdvisor上有关文化组织评论的流行趋势和用户参与的差序格局	Victoria D. Alexander, Grant Blank, Scott A. Hale	20	11
215	The Differentially Associated Sharing Economy	差异相关的共享经济	Wei Wang	20	11
216	Do Tabloids Poison the Well of Social Media? Explaining Democratically Dysfunctional News Sharing	小报会毒害社交媒体吗？民主功能失调的新闻共享解析	Andrew Chadwick, Cristian Vaccari, Ben O'Loughlin	20	11
217	The Platformization of Cultural Production: Theorizing the Contingent Cultural Commodity	文化产品的平台化：未定文化商品的理论化阐释	David B. Nieborg, Thomas Poell	20	11
218	Images of Protest in Social Media: Struggle over Visibility and Visual Narratives	社交媒体上的抗议图像：有关可见性与虚拟叙事的抗争	Christina Neumayer, Luca Rossi	20	11
219	Social Media is Not Real Life: The Effect of Attaching Disclaimer-type Labels to Idealized Social Media Images on Women's Body Image and Mood	社交媒体不是真实生活：将免责标签附加到理想化社交媒体形象对女性身体形象和情绪的影响	Jasmine Fardouly, Elise Holland	20	11
220	Shedding Light on the Dark Social: The Connective Role of News and Journalism in Social Media Communities	照亮黑暗社会：news与journalism在社交媒体社区中的连接作用	Joëlle Swart, Chris Peters, Marcel Broersma	20	11
221	The Hidden Side of News Diffusion: Understanding Online News Sharing as an Interpersonal Behavior	新闻扩散的隐藏面：作为人际行为的在线新闻分享探究	Jennifer Ihm, Eunmee Kim	20	11
222	Censored, Suspended, Shadowbanned: User Interpretations of Content Moderation on Social Media Platforms	审查、暂停与遮蔽：用户对社交媒体平台上内容审核的解释	Sarah Myers West	20	11

续表

序号	论文题目	论文题目中文翻译	作者	卷	期
223	Trusted Strangers: Carework Platforms' Cultural Entrepreneurship in the On-demand Economy	值得信赖的陌生人:按需经济中护理平台的文化创业	Julia Ticona, Alexandra Mateescu	20	11
224	Parents' Mobile Relational Maintenance in Resource-constrained Contexts: Barriers and Facilitating Access Conditions	资源受限环境下父母的移动关系维护:障碍和便利	Alcides Velasquez	20	12
225	To Include, or Not to Include, that Is the Question: Disability Digital Inclusion and Exclusion in China	融合还是排斥,这是个问题:中国残疾人的数字融合与排斥	Zhongxuan Lin, Liu Yang, Zhi'an Zhang	20	12
226	Online Volunteering as a Means to Overcome Unequal Participation? The Profiles of Online and Offline Volunteers Compared	在线志愿服务作为克服不平等参与的手段? 在线和离线志愿者的形象比较	Kathrin Ackermann, Anita Manatschal	20	12
227	Deconstructing Datafication's Brave New World	解构数据化的勇敢新世界	Nick Couldry, Jun Yu	20	12
228	Beyond the Hashtag: Circumventing Content Moderation on Social Media	标签以外:规避社交媒体上的内容审核	Ysabel Gerrard	20	12
229	To Comment or Not to Comment: Examining the Influences of Anonymity and Social Support on One's Willingness to Express in Online News Discussions	评论或不评论:检查匿名和社会支持对在线新闻讨论中表达意愿的影响	Tai-Yee Wu, David J. Atkin	20	12
230	Re-calibrating DIY: Testing Digital Participation across Dust Sensors, Fry Pans and Environmental Pollution	重新校准 DIY:通过尘埃传感器、煎锅和环境污染来测试数字参与	Helen Pritchard, Jennifer Gabrys, Lara Houston	20	12
231	"Good Morning Fitfam": Top Posts, Hashtags and Gender Display on Instagram	"早上好 Fitfam":Instagram上的热门帖子、主题标签和性别展示	Stephanie Alice Baker, Michael James Walsh	20	12
232	Locked Down Apps Versus the Social Media Ecology: Why Do Young People and Educators Disagree on the Best Delivery Platform for Digital Sexual Health Entertainment Education?	锁定应用程序与社交媒体生态学:为什么年轻人和教育工作者对数字性健康娱乐教育的最佳平台不买账?	Alan McKee, Kath Albury, Jean Burgess, Ben Light, Kim Osman, Anthony Walsh	20	12

续表

序号	论文题目	论文题目中文翻译	作者	卷	期
233	The Temporal Flows of Self-tracking: Checking in, Moving on, Staying Hooked	自我跟踪的时间序列:签到,继续,保持联系	Stine Lomborg, Nanna Bonde Thylstrup, Julie Schwartz	20	12
234	Gender Gap through Time and Space: A Journey through Wikipedia Biographies Via the Wikidata Human Gender Indicator	时间和空间的性别差异:通过维基百科人类性别指标浏览维基百科传记的研究	Piotr Konieczny, Maximilian Klein	20	12
235	Lit up and Left Dark: Failures of Imagination in Urban Broadband Networks	点亮并留下黑暗:城市宽带网络中想象的失败	Germaine R. Halegoua, Jessa Lingel	20	12
236	The End of Media Logics? On Algorithms and Agency	媒介逻辑的终结? 关于算法和代理	Ulrike Klinger, Jakob Svensson	20	12
237	Morality in Let's Play Narrations: Moral Evaluations of Gothic Monsters in Gameplay Videos of Fallout 3	Let's Play 叙事中的道德:"Fallout 3"游戏视频中哥特式怪物的道德评价研究	Sari Piittinen	20	12
238	Women Scholars' Experiences with Online Harassment and Abuse: Self-protection, Resistance, Acceptance, and Self-blame	女性学者网络骚扰和虐待的经历:自我保护、抵制、接受和自责	George Veletsianos, Shandell Houlden, Jaigris Hodson, Chandell Gosse	20	12
239	Cyberbullying in WhatsApp Classmates' Groups: Evaluation of an Intervention Program Implemented in Israeli Elementary and Middle Schools	WhatsApp 同学小组中的网络欺凌:评估以色列中小学实施的干预计划研究	Dana Aizenkot, Gabriela Kashy-Rosenbaum	20	12
240	Social Media Gatekeeping: An Analysis of the Gatekeeping Influence of Newspapers' Public Facebook Pages	社交媒体把关:对报纸的公共 Facebook 页面的把关作用的分析	Kasper Welbers, Michaël Opgenhaffen	20	12
241	Engaging Mental Health Online: Insights from Beyondblue's Forum Influencers	在线参与心理健康:beyondblue 论坛影响者的见解研究	Anthony McCosker	20	12
242	Sleeper Effect from Below: Long-term Effects of Source Credibility and User Comments on the Persuasiveness of News Articles	潜在的负面影响:来源可信度和用户评论对新闻报道的说服力的长期影响	Dominique Heinbach, Marc Ziegele, Oliver Quiring	20	12

续表

序号	论文题目	论文题目中文翻译	作者	卷	期
243	Cyberbullying: Shaping the Use of Verbal Aggression through Normative Moral Beliefs and Self-efficacy	网络欺凌:通过规范的道德观念和自我效能感来塑造言语侵略的使用研究	Ana Margarida Vieira da Veiga Simão, Paula Ferreira, Sofia Mateus Francisco, Paula Paulino, Sidclay Bezerra de Souza	20	12
244	Rumor Has It: The Effects of Virality Metrics on Rumor Believability and Transmission on Twitter	传言可证:病毒性指标对谣言可信度和 Twitter 传播的影响	Ji Won Kim	20	12

4.《信息传播与社会》(*Information Communication & Society*) 2018 年学术论文目录

序号	论文题目	论文题目中文翻译	作者	卷	期
1	Tweeted, Deleted: Theoretical, Methodological, and Ethical Considerations for Examining Politicians' Deleted Tweets	推特,删除:审查政客删除推文的理论、方法和道德考虑因素	Lindsey Meeks	21	1
2	Opportunities and Challenges of the Digital Lifespan: Views of Service Providers and Citizens in the UK	数字寿命的机遇和挑战:英国服务商和公民的观点	Kathryn M. Orzech, Wendy Moncur, Abigail Durrant, Diego Trujillo-Pisanty	21	1
3	Visualising the Ends of Identity: Pre-birth and Post-death on Instagram	身份终结的可视化:Instagram 上的生前死后	Tama Leaver, Tim Highfield	21	1
4	The Horizons of Technological Control: Automated Surveillance in the New York Subway	技术控制的范围:纽约地铁的自动监视	Noah McClain	21	1
5	Do Rich Teens Get Richer? Facebook Use and the Link between Offline and Online Social Capital among Palestinian Youth in Lsrael	富裕的青少年变得更富裕了吗?以色列的巴勒斯坦青年的脸书使用与线下、线上社会资本之间的联系	Rana Abbas, Gustavo Mesch	21	1
6	Online Amplification of Air Pollution Risk Perception: The Moderating Role of Affect in Information	空气污染风险感知的在线放大:影响在信息中的调节作用	Yu Guo, Yiwei Li	21	1

续表

序号	论文题目	论文题目中文翻译	作者	卷	期
7	Youth Interaction with Online Strangers: Experiences and Reactions to Unknown People on the Internet	青少年与线上陌生人的互动:互联网上对未知人士的体验和反应	Martina Cernikova, Lenka Dedkova, David Smahel	21	1
8	The Google Voter: Search Engines and Elections in the New Media Ecology	谷歌选民:新媒体生态中的搜索引擎和选举	Filippo Trevisan, Andrew Hoskins, Sarah Oates, Dounia Mahlouly	21	1
9	Media Use Predictors of Online Political Efficacy among Internet Users in Five Arab Countries	五个阿拉伯国家互联网用户的线上政治效能的媒体使用预测因素	Justin D. Martin, Ralph J. Martins, Shageaa Naqvi	21	1
10	Citizens of the Margin: Citizenship and Youth Participation on the Moroccan Social Web	边缘公民:摩洛哥社交网站上的公民身份和青年参与	Mohamed El Marzouki	21	1
11	The Relationship between Social Media Use and Sleep Quality among Undergraduate Students	社交媒体使用与大学生睡眠质量的关系	Renee Garett, Sam Liu, Sean D. Young	21	2
12	Racial Projections: Cyberspace, Public Space, and the Digital Divide	种族影像:网络空间,公共空间和数字鸿沟	Genevieve G. Carpio	21	2
13	Exposure Diversity as a Design Principle for Recommender Systems	作为推荐系统设计原则的曝光多样性	Natali Helberger, Kari Karppinen, Lucia D'Acunto	21	2
14	Heteronormative Bodies, Queer Futures: Toward a Theory of Interpersonal Panopticism	异性恋主体,同性恋未来:走向人际全景主义理论	Jimmie Manning, Danielle M. Stern	21	2
15	Gender Role Orientation and Gaming Behavior Bevisited: Examining Mediated and Moderated Effects	性别角色取向和博弈行为再审视:中介与调节效果研究	Claudia Wilhelm	21	2
16	Let's Be Careful Out There…: How Digital Rights Advocates Educate Citizens in the Digital Age	让我们小心……:数字权利提倡者如何在数字时代教育公民	Efrat Daskal	21	2
17	Privacy Encounters in Teledialogue	远程对话中的隐私相遇	Lars Bo Andersen, Ask Risom Bøge, Peter Danholt, Peter Lauritsen	21	2

续表

序号	论文题目	论文题目中文翻译	作者	卷	期
18	The Rationalization Process of Online Game Cheating Behaviors	网络游戏作弊行为的合理化过程	Vivian Hsueh Hua Chen, Jeremy Ong	21	2
19	An Emotional Step toward Automated Trust Detection in Crisis Social Media	危机社交媒体中自动信任检测的一个情感步骤	Shane E. Halse, Andria Tapia, Anna Squicciarini, Cornelia Caragea	21	2
20	Not Just a Number? NEETs, Data and Datalogical Systems	不只是一个数字？NEETs，数据和数据系统	Helen Thornham, Edgar Gómez Cruz	21	2
21	Towards a Theory of Digital Media	数字媒体理论	Ralph Schroeder	21	3
22	Framing Human Rights: Exploring Storytelling within Internet Companies	构建人权：在互联网公司中探索讲故事	Rikke Frank Jørgensen	21	3
23	Three Dimensions of the Public Sphere on Facebook	脸书上公共领域的三个维度	Dominik Batorski, Ilona Grzywińska	21	3
24	When Digital Natives Instruct Digital Immigrants: Active Guidance of Parental Media Use by Children and Conflict in the Family	当数字原住民指导数字移民：儿童对父母媒体使用的积极指导及家庭冲突	Sara Nelissen, Jan Van den Bulck	21	3
25	Opinion Expression Via User Comments on News Websites: Analysis through the Perspective of the Spiral of Silence	通过在新闻网站上发表用户评论的意见表达：从沉默螺旋的视角进行分析	Oren Soffer, Galit Gordoni	21	3
26	Factors Impacting Donors' Intention to Donate to Charitable Crowd-funding Projects in China: A UTAUT-based Model	在中国，影响捐赠者捐赠给中国慈善众筹项目意图的因素：基于 UTAUT 模型	Ya-Zheng Li, Tong-Liang He, Yi-Ran Song, Zheng Yang, Rong-Ting Zhou	21	3
27	Twitter and Video Activism as Tools for Counter-surveillance: The Case of Social Protests in Spain	推特和视频激进主义作为反监视的工具：以西班牙的社会抗议为例	Alberto Hermida, Víctor Hernández-Santaolalla	21	3
28	The Twitter Games: Media Education, Popular Culture and Multi-screen Viewing in Virtual Concourses	推特游戏：媒介教育、流行文化和虚拟大厅中的多屏观看	Alfonso Gutiérrez-Martín, Alba Torrego-González	21	3

续表

序号	论文题目	论文题目中文翻译	作者	卷	期
29	"Warren Buffet is My Cousin": Shaping Public Understanding of Big Data Biotechnology, Direct-to-consumer Genomics, and 23andMe on Twitter	"沃伦·巴菲特是我的堂兄":塑造公众对大数据生物技术,直接面向消费者的基因组学以及 Twitter 上的 23andMe 的理解	Peter Chow-White, Stephan Struve, Alberto Lusoli, Frederik Lesage, Nilesh Saraf, Amanda Oldring	21	3
30	Envisioning the Power of Data Analytics	展望数据分析的力量	David Beer	21	3
31	Inequality in Mobilizing Online Help after a Negative Life Event: The Role of Education, Digital Skills, and Capital-enhancing Internet Use	负面生活事件后动员在线帮助的不平等:教育、数字技能和资本增强互联网使用的作用	Erik van Ingen, Uwe Matzat	21	4
32	#Engagement: Use of Twitter Chats to Construct Nominal Participatory Spaces during Health Crises	参与:在健康危机期间使用推特聊天来构建名义上的参与空间	Rachel Young, Melissa Tully, Kajsa E. Dalrymple	21	4
33	Weibo Use and Political Participation: The Mechanism Explaining the Positive Effect of Weibo Use on Online Political Participation among College Students in Contemporary China	微博的使用和政治参与:微博使用对当代中国大学生在线政治参与的积极影响的解释机制	Hongyu Wang, Fayong Shi	21	4
34	From Connective to Collective Action: Internet Elections as a Digital Tool to Centralize and Formalize Protest in Russia	从连接到集体行动:作为一种数字化工具,互联网选举对俄罗斯抗议活动的集中和正式化	Florian Toepfl	21	4
35	Visual Social Media and Affectivity: The Impact of the Image of Alan Kurdi and Young People's Response to the Refugee Crisis in Oslo and Sheffield	视觉社交媒体和情感:艾伦·库尔迪形象的影响和年轻人对奥斯陆和谢菲尔德难民危机的反应	Lin Prøitz	21	4
36	Building Community Online and on the Trail: Communication, Coordination, and Trust among Mountain Bikers	建立线上线下社区:山地自行车手之间的沟通,协作和信任	Karen McCormack	21	4

续表

序号	论文题目	论文题目中文翻译	作者	卷	期
37	Motives for Sharing Illness Experiences on Twitter: Conversations of Parents with Children Diagnosed with Cancer	在推特上分享疾病经历的动机:父母与被诊断出患有癌症的孩子的对话	Sameen Rehman, Kelly Lyons, Rhonda McEwen, Kate Sellen	21	4
38	Social Signals as Design Interventions for Enhancing Citizen Science Contributions	社会信号作为提升公民科学贡献的设计干预措施	David Diner, Shinnosuke Nakayama, Oded Nov, Maurizio Porfiri	21	4
39	Satire as a Source for Learning? The Differential Impact of News Versus Satire Exposure on Net Neutrality Knowledge Gain	讽刺作为学习的源泉?新闻与讽刺揭露对网络中立性知识获取的不同影响	Amy B. Becker, Leticia Bode	21	4
40	Canada is #IdleNoMore: Exploring Dynamics of Indigenous Political and Civic Protest in the Twitterverse	加拿大是 IdleNoMore:探索 Twitterverse 中土著政治和公民抗议动态	Vincent Raynauld, Emmanuelle Richez, Katie Boudreau Morris	21	4
41	Abandoned Not: Media Sociology as a Networked Transfield	放弃不了:媒体社会学作为网络化的跨领域	Wenhong Chen	21	5
42	The Identity Curation Game: Digital Inequality, Identity Work, and Emotion Management	身份管理策略:数字不平等、身份认同和情绪管理	Laura Robinson	21	5
43	Are Older Adults Networked Individuals? Insights from East Yorkers' Network Structure, Relational Autonomy, and Digital Media Use	老年人是网络化的个体吗?东约克人对网络结构、关系自治和数字媒体使用的见解	Hua Wang, Renwen Zhang, Barry Wellman	21	5
44	Does Compassion Go Viral? Social Media, Caring, and the Fort McMurray Wildfire	同情是否会迅速传播开来?社交媒体、爱心和麦克默里堡野火	Shelley Boulianne, Joanne Minaker, Timothy J. Haney	21	5
45	Inequality in Digital Skills and the Adoption of Online Safety Behaviors	数字技能的不平等和线上安全行为的采用	Matias Dodel, Gustavo Mesch	21	5
46	The Echo Chamber is Overstated: the Moderating Effect of Political Interest and Diverse Media	回音室效应被夸大了:政治利益和多元媒体的缓和作用	Elizabeth Dubois, Grant Blank	21	5
47	Professionalization through Attrition? An Event History Analysis of Mortalities in Citizen Journalism	通过减员实现专业化?公民新闻里死亡的事件历史分析	Ryan P. Larson, Andrew M. Lindner	21	5

续表

序号	论文题目	论文题目中文翻译	作者	卷	期
48	Armchair Detectives and the Social Construction of Falsehoods: An Actor-network Approach	安乐椅神探和虚假的社会建构:行动者网络方法	Penn Pantumsin-chai	21	5
49	Blood, Sweat, and Tears: Navigating Creepy Versus Cool in Wearable Biotech	鲜血、汗水和泪水:可穿戴生物技术的恐怖与冷酷	Elizabeth Wissing-er	21	5
50	Beyond Privacy: Bodily Integrity as an Alternative Framework for Understanding Non-consensual Pornography	超越隐私:身体完整性作为理解非自愿色情内容的替代框架	PJ Patella-Rey	21	5
51	# IAmNotAfraidToSayIt: Stories of Sexual Violence as Everyday Political Speech on Facebook	我不害怕说它:作为脸书上的日常政治演讲的性暴力的故事	Tetyana Lokot	21	6
52	Platform Vulnerabilities: Harassment and Misogynoir in the Digital Attack on Leslie Jones	平台漏洞:对莱斯利 · 琼斯数字攻击中的骚扰和歧视	Caitlin E. Lawson	21	6
53	My Life is a Mess: Self-deprecating Relatability and Collective Identities in the Memification of Student Issues	我的生活是一团糟:学生问题记忆中自我贬低的相关性和集体认同	Kristine Ask, Crystal Abidin	21	6
54	Gay Men's Digital Cultures beyond Gaydar and Grindr: LINE Use in the Gay Chinese Diaspora of Australia	Gaydar 和 Grindr 之外的男同性恋者的数字文化:澳大利亚华人侨民中同性恋的LINE 使用	Elija Cassidy, Wilfred Yang Wang	21	6
55	La Revolución Digital: Mobile Media Use in Contemporary Cuba	数字革命:当代古巴的移动媒体使用	Justin Grandinetti, Marie Elizabeth Eszenyi	21	6
56	Navigating a New Life: Syrian Refugees and Their Smartphones in Vienna	引航新生活:叙利亚难民及其在维也纳的智能手机	Katja Kaufmann	21	6
57	The Mediatization of Leadership: Grassroots Digital Facilitators as Organic Intellectuals, Sociometric Stars and Caretakers	领导的媒介化:作为有机知识分子、社交明星和看护人的基层数字推广者	Maria Bakardjieva, Mylynn Felt, Del-ia Dumitrica	21	6
58	Parametrizing Brexit: Mapping Twitter Political Space to Parliamentary Constituencies	确定英国脱欧的参数:将推特的政治空间映射到议会选区	Marco Bastos, Dan Mercea	21	7

续表

序号	论文题目	论文题目中文翻译	作者	卷	期
59	Facebook News and (De)Polarization: Reinforcing Spirals in the 2016 US Election	脸书新闻和(去)两极分化:2016 年美国大选的加强螺旋	Michael A. Beam, Myiah J. Hutchens, Jay D. Hmielowski	21	7
60	Do Not Blame It on the Algorithm: An Empirical Assessment of Multiple Recommender Systems and Their Impact on Content Diversity	不要责怪算法:多个推荐系统的经验评估及其对内容多样性的影响	Judith Möller, Damian Trilling, Natali Helberger, Bram van Es	21	7
61	Women Politicians are More Engaging: Male Versus Female Politicians' Ability to Generate Users' Engagement on Social Media during an Election Campaign	女性政治家更具吸引力:竞选期间男性与女性政治家吸引用户参与到社交媒体的能力	Moran Yarchi, Tal Samuel-Azran	21	7
62	Commitment in the Cloud? Social Media Participation in the Sunflower Movement	虚无缥缈的承诺?参与向日葵运动的社交媒体	Yuan Hsiao, Yunkang Yang	21	7
63	Counter-surveillance and Alternative New Media in Turkey	土耳其的反监视和另类新媒体	Bora Ataman, Barт s Coban	21	7
64	"Show Me the Money and the Party!" - Variation in Facebook and Twitter Adoption by Politicians	"给我看钱和派对!"——政客们采用脸书和推特的变化	Stephen Quinlan, Tobias Gummer, Joss Roßmann, Christof Wolf	21	8
65	Rape: Is There an App for That? An Empirical Analysis of the Features of Anti-rape Apps	强奸:有那方面的应用程序吗?对反强奸应用程序的特征的实证分析	Rena Bivens, Amy Adele Hasinoff	21	8
66	What Causes More Mistrust: Profile Owners Deleting User-generated Content or Website Contributors Masking Their Identities?	什么导致了更多的不信任:个人资料所有者删除用户生成内容或网站贡献者掩盖他们的身份?	David C. DeAndrea, Stephanie Tom Tong, Youngshin Lim	21	8
67	"Social Media Logic" Meets Professional Norms: Twitter Hashtags Usage by Journalists and Politicians	"社交媒体逻辑"遇上职业规范:记者和政客的推特推文话题使用	Gunn Enli, Chris-Adrian Simonsen	21	8

续表

序号	论文题目	论文题目中文翻译	作者	卷	期
68	The Black Catalyst to Tweet: The Role of Discrimination Experience, Group Identification, and Racial Agency in Black Americans' Instrumental Use of Twitter	Tweet 的黑色催化剂:歧视经历,群体认同和美国黑人种族机构对推特的工具性使用的作用	Roselyn J. Lee-Won, Tiffany N. White, Bridget Potocki	21	8
69	# Boycottautismspeaks: Communicating a Counternarrative through Cyberactivism and Connective Action	抵制自闭症之声:通过网络行动主义和连接性行动传递一种反叙事	Sarah M. Parsloe, Avery E. Holton	21	8
70	Beyond Policy Agenda-setting: Political Actors' and Journalists' Perceptions of News Media Influence across All Stages of the Political Process	超越政策议程设置:政治主体和新闻记者对新闻媒体的看法影响政治进程的各个阶段	Nayla Fawzi	21	8
71	Too Much Information? Predictors of Information Overload in the Context of Online News Exposure	太多的信息?在网络新闻报道的背景下信息过载的预测因素	Josephine B. Schmitt, Christina A. Debbelt, Frank M. Schneider	21	8
72	Strategies and Cues Adolescents Use to Assess the Age of an Online Stranger	青少年评估线上陌生人年龄的策略和线索	Ellen Groenestein, Niels Baas, Alexander J. A. M. van Deursen, Menno D. T. de Jong	21	8
73	Playing Work, or Gamification as Stultification	玩儿似的工作,或者荒谬可笑的游戏化	Chris Bateman	21	9
74	Gaming-playing on Social Media: Using the Psychoanalytic Concept of "Playing" to Theorize User Labour on Facebook	在社交媒体上玩游戏:使用"表现"的精神分析概念来对脸书上的用户劳动作理论上的推测	Jacob Johanssen	21	9
75	Is Computer Gaming a Craft? Prehension, Practice, and Puzzle-solving in Gaming Labour	电脑游戏是一种手艺吗?游戏劳动中的掌握,练习和解谜	Tom Brock, Emma Fraser	21	9
76	Playing with Materiality: An Agential-realist Reading of SethBling's Super Mario World Code-injection	回到实体:对 SethBling《超级马里奥世界》代码注入的媒介现实主义解读	C. McKeown	21	9

续表

序号	论文题目	论文题目中文翻译	作者	卷	期
77	Techno-Wizardry and Movie Magic: The Trace of Labour (or Lack Thereof) in 3D Digital Animation	技术巫术和电影魔术:3D数字动画中的少量(或缺乏)劳动	Joseph Darlington	21	9
78	Portraits of Work: Mapping Emerging Coworking Dynamics	工作画像:绘制新兴的共事动态地图	Teodora Iulia Constantinescu, Oswald Devisch	21	9
79	Work, Culture, and Play in the Neoliberal Condition	新自由主义环境下的工作、文化和游戏	Brian Elliott	21	9
80	Study Trip as Means of Expanded Learning	学习旅行作为扩展学习的手段	E. Liu, S. Carta, E. Sopeoglou	21	9
81	The Politics of the Digital Single Market: Culture vs. Competition vs. Copyright	数字单一市场的政治:文化vs竞争vs版权	Simone Schroff, John Street	21	10
82	The Lifestyle Paradox: Adverse Effects of Internet Use on Self-rated Health Status	生活方式的悖论:互联网使用对自评健康状况的不利影响	Ulrike Deetjen	21	10
83	I Do Not Believe You: How Providing a Source Corrects Health Misperceptions across Social Media Platforms	我不相信你的话:如何提供一个信息来源纠正社交媒体平台对健康的误解	Emily K. Vraga, Leticia Bode	21	10
84	Frankenstein Journalism	弗兰肯斯坦新闻	Andrew Duffy, Edson C. Tandoc, Richard Ling	21	10
85	The Privacy Paradox: How Market Privacy Facilitates Government Surveillance	隐私悖论:市场隐私如何促进政府监督	Karina Rider	21	10
86	How Journalists Engage in Branding on Twitter: Individual, Organizational, and Institutional Levels	记者如何在推特上进行品牌推广:个人、组织和机构层面	Logan Molyneux, Avery Holton, Seth C. Lewis	21	10
87	Improving Citizens' Online Engagement Via Community Managers: An Explanatory Study	通过社区管理者提高公民的在线参与:一项解释性研究	María del Mar Gálvez-Rodríguez, Arturo Haro-de-Rosario, Carmen Caba-Pérez	21	10

续表

序号	论文题目	论文题目中文翻译	作者	卷	期
88	The Dynamics of Online News Discussions: Effects of News Articles and Reader Comments on Users' Involvement, Willingness to Participate, and the Civility of Their Contributions	在线新闻讨论的动力机制:新闻文章和读者评论对用户参与、参与意愿以及讨论文明性的影响	Marc Ziegele, Mathias Weber, Oliver Quiring, Timo Breiner	21	10
89	Childless in an IVF-nation: Online Stigma-coping Strategies in Support Groups for Childless Israeli Women	体外受精国家的"无子女":支持以色列无子女妇女群体的在线羞辱应对策略	Daphna Yeshua-Katz	21	10
90	Opening the Government's Black Boxes: Freedom of Information and Algorithmic Accountability	打开政府的黑匣子:信息自由和算法问责	Katherine Fink	21	10
91	The Role of Privacy Concerns in the Sharing Economy	共享经济中隐私的作用	Christoph Lutz, Christian Pieter Hoffmann, Eliane Bucher, Christian Fieseler	21	10
92	Deciphering Blog Users: Young Adults' Personalities, Motivations, and Perceived Importance of Blog Features	解读博客用户:年轻人的个性、动机以及博客功能的感知重要性	Szu-Wei Chen, Elizabeth Behm-Morawitz	21	10
93	Influence of Personality Traits on Facebook Engagement and Their Effects on Socialization Behavior and Satisfaction with University Life	人格特征对脸书参与以及对社会化行为和大学生活满意度的影响	Ainin Sulaiman, Noor Ismawati Jaafar, Alireza Tamjidyamcholo	21	10
94	Sharing beyond Slacktivism: The Effect of Socially Observable Prosocial Media Sharing on Subsequent Offline Helping Behavior	超越懒人行动主义的分享:在社交中可察觉到的亲社会媒体分享对后续离线帮助行为的影响	Daniel S. Lane, Sonya Dal Cin	21	11
95	Deliberative Polling for Multistakeholder Internet Governance: Considered Judgments on Access for the Next Billion	针对多利益相关方互联网治理的协商式民意调查:对下一个十亿人访问的深思熟虑的判断	James S. Fishkin, Max Senges, Eileen Donahoe, Larry Diamond, Alice Siu	21	11
96	What the Digitalisation of Music Tells Us about Capitalism, Culture and the Power of the Information Technology Sector	音乐的数字化告诉我们资本主义、文化和信息技术部门的力量	David Hesmondhalgh, Leslie M. Meier	21	11

续表

序号	论文题目	论文题目中文翻译	作者	卷	期
97	It's Not Cricket: Examining Political Discussion in Nonpolitical Online Space	这不公正:审视非政治性线上空间的政治讨论	Wenjie Yan, Gayathri Sivakumar, Michael A. Xenos	21	11
98	Refugee Integration and Social Media: A Local and Experiential Perspective	难民融入与社交媒体:本地和经验的视角	Amanda Alencar	21	11
99	News and Information Leadership in the Digital Age	数字时代的新闻与信息领导力	Philip Habel, Ruth Moon, Anjie Fang	21	11
100	Citizen Engagement and the Illusion of Secrecy: Exploring Commenter Characteristics in Censored Online News Articles	公民参与和保密的幻想:在经过审查的在线新闻文章中探索评论者的特征	Inbal Yahav, David G. Schwartz	21	11
101	Mobile (In) Security? Exploring the Realities of Mobile Phone Use in Conflict Areas	手机(不)安全? 对冲突地区手机使用现状的考察	Benjamin Tkach, Apryl A. Williams	21	11
102	The Democratic Interface: Technology, Political Organization, and Diverging Patterns of Electoral Representation	民主的界面:技术、政治组织和选举代表的不同模式	W. Lance Bennett, Alexandra Segerberg, Curd D. Knupfer	21	11
103	Adoption and Feasibility of a Communication App to Enhance Social Connectedness amongst Frail Institutionalized Oldest Old: An Embedded Case Study	通过应用程序的采用和灵活性,在脆弱的失去自理能力的老人中间提高社会归属感:嵌入式案例研究	Barbara Barbosa Neves, Rachel L. Franz, Cosmin Munteanu, Ron Baecker	21	11
104	Bitch, Slut, Skank, Cunt: Patterned Resistance to Women's Visibility in Digital Publics	婊子、荡妇、骚货、混蛋:对数字公众中女性可见度的模式化抵抗	Sarah Sobieraj	21	11
105	Political Talk on Mobile Instant Messaging Services: A Comparative Analysis of Germany, Italy, and the UK	关于移动即时通讯服务的政治讨论:对德国、意大利和英国的比较分析	Augusto Valeriani, Cristian Vaccari	21	11
106	Critically Assessing Digital Documents: Materiality and the Interpretative Role of Software	批判性地评估数字文献:物质性和软件的解释作用	James Allen-Robertson	21	11

二、期刊论文摘要选登

情感诉求影响的途径：利用恐惧诉求或幽默诉求促进气候变化相关意图和风险认知的利弊权衡

摘要：尽管恐惧诉求在很大程度上已经成为激发亲社会行为默认的情感诉求方式，研究表明，其他情绪化的信息，如那些幽默信息，也可能是有效的。我们进行了一项实验，用来比较恐惧诉求和幽默诉求对气候变化相关的行为意图和感知到的气候变化风险之间的不同影响。我们随机指派年轻人去观看三个关于气候变化的视频（分别是恐惧的、幽默的、信息的）之一或者一个控制视频。相较于观看控制视频的，观看恐惧诉求视频或幽默诉求视频的都产生了更大的行动意图，但是只有观看恐惧诉求的直接影响了风险感知。中介分析强调了对恐惧诉求和幽默诉求的利弊权衡，中介分析同时表明，意图和感知风险之间存在逐个上诉的交互作用。

作者：Christofer Skurka；Jeff Niederdeppe；Rainer Romero-Canyas；David Acup

原载：《传播学刊》（*Journal of Communication*）2018 年（第 68 卷）第 1 期，pp. 169 – 193

流行的数字想象：南半球移动电话的草根概念化

摘要：在数字技术领域，想象力通常被用来描述有远见的技术开发人员所具有的创造力品质（creative quality）。相比之下，获得“数字想象力”则被我们描述成一个过程，通过这个过程，这些非精英分子——缅甸和中国农村数字技术的新用户和潜在用户，想象一些尚未成为他们生活一部分的东西，从而开始采用它。数字想象力是一种框架，它预示着技术的日常使用情况，并受到个人愿望、社会组织和周围环境中存在的数字媒体形象的影响。立足当地的数字想象力可以带来适用于当地的创新，而这往往是在城市地区开发的数字技术中所缺乏的。

作者：Elisa Oreglia；Rich Ling

原载：《传播学刊》（*Journal of Communication*）2018 年（第 68 卷）第 3 期，pp. 570 – 589

互联网使用与政治兴趣：青春期生长曲线，日益增强的螺旋和因果效应

摘要：该研究分析了青少年的在线媒体使用与政治兴趣之间日益增强的螺旋。通过应用在线媒体使用的二维概念化，区分内容和其交互特征，该研究聚焦于促进青春期政治兴趣长远发展的机制和过程。在瑞典开展的一个独特的、历时 5 年的“六波”追踪研究结果表明，日益增强的螺旋线主要是由在线媒体的非交互式政治信息使用驱动的。这些结果有助于更好地理解在青春期这一关键的生命阶段，引发青少年政治兴趣发展的因素，以及将媒体和选择效应理论化为青春期强化过程的一部分的日益增长的文献主体。

作者：Judith Moeller；Adam Shehata；Sanne Kruikemeier

原载：《传播学刊》（*Journal of Communication*）2018 年（第 68 卷）第 6 期，pp. 1052 – 1078

一枚硬币的两面：共文化理论语境下主导群体理论的概念化

摘要：通过这篇理论论文，我们对主导群体理论的构成进行了概念化。关于主导群体理论的现有文献，我们做了两个基本方面的回顾：（1）权力，特权和沟通；（2）共文化理论。根据最近两项研究的数据，我们借助共文化理论的概念框架，对多数群体成员的交际策略进行一种扩展性的探索。更具体地说，我们描述了 5 个前提，6 个主导群体沟通因素，9 个沟通方

向和21个特定主导群体策略，所有这些都代表了主导群体理论化的关键构建模块。最后，我们在结论部分对这一新理论化方式的优势、局限性和启发式含义进行了呈现。

作者：Robert J Razzante；Mark P Orbe

原载：《传播理论》（*Communication Theory*）2018年（第28卷）第3期，pp. 354－375

利用社交媒体增强市民与当地政府的互动——推特还是脸书？

摘要：当下，社交媒体正逐渐成为在线互动式参与的主要渠道，地方政府正利用此机会提高市民对当地政治和社会公共事务的参与度。论文分析了西班牙市民使用社交媒体——推特或者脸书和当地政府互动的多种方式，以确定其中哪一个实现了最大程度的互动兑现。我们也分析了影响这一互动兑现程度的多种因素。研究结果显示，相比于推特，人们更倾向于使用脸书作为他们参与当地政府事务的方式。与市民参与相关的其他因素包括：在线透明度、情绪、社交平台活跃水平以及当地政府网站可提供的交互性。该研究的结果有助于了解公民参与如何受其所采用的社交媒体类型的影响。

作者：Arturo Haro-de-Rosario；Alejandro Sáez-Martín；María del Carmen Caba-Pérez

原载：《新媒体与社会》（*New Media & Society*）2018年（第20卷）第1期pp. 29－49

透明度的限制：数据经纪人和商品化

摘要：在美国，减轻互联网监控危害的现行公共政策方法是基于其透明度的自由民主价值。虽然这是一个值得称道的目标，但在商业监视的政治经济学中，透明度与不可逾越的结构性限制相抵触。数据经纪行业的案例研究揭示了透明度的局限性，并表明个人信息的商品化是权力不平衡的根源，即基于透明度的消费者赋权策略需要得到纠正。尽管存在重大挑战，但隐私政策必须更加集中地受到商业监视的批判政治经济学的指导。

作者：Matthew Crain

原载：《新媒体与社会》（*New Media & Society*）2018年（第20卷）第1期，pp. 88－104

培养隐私观念的社交媒体：对脸书用户的隐私态度和自我披露行为的5年分析

摘要：鉴于虚拟世界中无处不在的个人信息交流，该研究考察了Facebook在2010年至2015年对隐私知觉和自我披露行为的影响。全球层面的调查结果支持Facebook在培养更加宽松的隐私态度方面扮演的社交角色，它增加了在线和在线环境中的自我披露。然而，纵向趋势表明，尽管重度用户的风险认知度增加，但对于轻度用户而言，它们仍保持稳定。此外，隐私问题与自我披露之间的负面关系也随着时间的推移而减弱。该文讨论了将培养理论应用于当代社交媒体背景的意义，以及Facebook使用对隐私态度和自我披露的影响的逐年变化。

作者：Mina Tsay-Vogel；James Shanahan；Nancy Signorielli

原载：《新媒体与社会》（*New Media & Society*）2018年（第20卷）第1期，pp. 141－161

社交媒体何时使用社会互动？定义媒介化的社会互动

摘要：这项调查探讨了社交媒体何时使用社交互动的问题。三项研究的结果表明，社交媒体的使用很少被视为社会互动。在使用社交媒体5分钟或10分钟后，研究1（N＝116）表明不常见的、定向的社交媒体行为（例如聊天、评论）预测具有社会互动和相关感觉。研究 2（N = 197）使用事件抽样来检查参与者与朋友的社会互动（n = 2388），发现 96.5% 的社会互动没有发生在社交媒体上。研究 3（N = 54）使用经验抽样来记录参与者在 5 天内的经历（n = 1332），偶尔会出现社交媒体使用和社会互动，但只有 2% 的社会互动是通过社交媒体进行的。通过社交媒体进行的社会互动通常以谈话为中心，与关系较近的伙伴进行一对一的交流。

作者：Jeffrey A Hall

原载：《新媒体与社会》（*New Media & Society*）2018 年（第 20 卷）第 1 期，pp. 162 – 179

对儿童数字游戏中的主动性和被动性的重新考虑

摘要：围绕儿童数字游戏文化的讨论产生了两个相互矛盾的儿童形象：被动的、反社会的儿童不加批判地和机械地消费数字游戏内容以及积极的、有社交能力的儿童创造性地使用并与数字游戏内容交互。我们的目的是研究如何考虑这些看似矛盾的"主动"和"被动"儿童的观点。通过儿童玩数字装扮和改造游戏的经验实例，我们指出，为了成功使用这些概念，他们需要彻底的背景化。通过讨论主动和被动的背景和指称，有可能克服儿童数字游戏文化中不必要的极化。如果目的是推进关于数字游戏和童年的多学科讨论，则应避免对主动和被动概念进行天真或粗浅的使用。

作者：Marleena Mustola；Merja Koivula；Leena Turja；Marja-Leena Laakso

原载：《新媒体与社会》（*New Media & Society*）2018 年（第 20 卷）第 1 期，pp. 237 – 254

开发和验证社交媒体信息传播的 A-B-C 框架

摘要：该研究解决了在社交媒体平台上如何促进信息传播和信息传播程度的问题。利用观点、评论和分享的数量作为传播指标，我们开发并验证了基于大数据方法的原始研究框架（使用 2013 年大学的所有博客文章；N = 4120）。这个 ABC 框架：（1）使用语言查询和单词计数分析博客文章的文本特征（研究 1）；（2）应用前面的结果来构建消息概念（研究 2）；（3）基于消息概念创建经过验证的教学材料以促进博客读者之间的消息传播（研究 3）。该框架支持制定旨在促进扩散的战略和企业传播材料的业务战略。

作者：Yuhua（Jake）Liang；Kerk F Kee

原载：《新媒体与社会》（*New Media & Society*）2018 年（第 20 卷）第 1 期，pp. 272 – 292

种族平等行动主义标签：反公共主义和话语循环

摘要：通过批判性话语分析和网络分析，该文将讨论种族平等行动者标签 #Not Your Asian Side Kick 和 #Solidarity is for White Women 如何在 Twitter 内外的网络公众中传播话语。这些标签不仅展示了在线女权主义公众之间的关系，还显示了标签传播种族平等话语的方式，并举例说明了种族化和女权主义在线公众的流动性和交叉性。该文将关键技术文化话语分析（CTDA）（Brock，2012）作为研究技术，以检验标签的话语性。为了分析消息传播和网络关系，该文还提供了一个说明在线女权主义领域的消息流通的网络分析。

作者：Rachel Kuo

原载：《新媒体与社会》（*New Media & Society*）2018 年（第 20 卷）第 2 期，pp. 495 – 514

文化资本与父母中介对数字不平等的重要性

摘要：国家之间和国家内部的数字鸿沟问题持续在被报道，首先是访问问题，其次是有效使用问题。为了解决后一个问题，我们认为数字公平不应仅仅被概念化为技术或资源相关的问题。我们开发了一个基于文化资本和父母中介的概念框架，以研究数字不公平的复杂性。我们对22名香港学生的深入案例研究显示，虽然信息和通信技术（ICT）与学生的日常生活完全融合，但一些学生缺乏建立其有效和有意义地使用ICT的能力所需的文化或资源。出现了三个突出的用户群："庆祝"用户、"应对"用户和"苦苦挣扎"的用户。研究结果揭示了父母调解和文化资本对学生ICT使用和数字公平的重要性。

作者：Allan HK Yuen; Jae Park; Lu Chen; Miaoting Cheng

原载：《新媒体与社会》（*New Media & Society*）2018年（第20卷）第2期，pp. 599－617

在线抗议参与和数字鸿沟：模拟数字鸿沟对在线请愿签名的影响

摘要：长期以来，学者一直关注数字不平等可能对边缘化人群产生的影响。对"数字鸿沟"的关注延伸到社会运动学者，他们担心数字鸿沟将导致社会运动中对中产阶级的关注优先于弱势群体。我们主张一种测试这种效应的新方法——使用赫克曼回归模型来模拟参与在线行动主义。赫克曼模型分别模拟选择效果（影响互联网访问的第一级数字鸿沟）和主要效果（微观动员的二级数字鸿沟和经典预测因子）。我们发现，访问中的数字鸿沟不会产生选择效应，并且使用中的数字鸿沟对预测在线请愿签名的模型产生的影响最小。

作者：Thomas Elliott; Jennifer Earl

原载：《新媒体与社会》（*New Media & Society*）2018年（第20卷）第2期，pp. 698－719

太激动而不能信任：检查吸引力、可信度和在线约会的约会欲望之间的关系

摘要：论文扩展了之前的研究，它检验了约会资料图片的增强如何影响对人际可信度的看法以及这种关系如何进一步影响对个人约会的感知吸引力和愿望。参与者接触到四种在线约会情况中的一种，然后被要求评估该人在该资料中的吸引力，以及他们感知到的可信度。结果显示，在这项研究中，男性认为更具吸引力的女性形象图片不那么值得信赖，而女性则发现拥有更具吸引力个人资料图片的男性更值得信赖。间接效应模型还揭示了感知可信度调节了相似性和吸引力之间的关系，尽管这些效果并未受到图片处理本身的影响。最后，这项研究发现，个人有倾向于和拥有更具吸引力的个人资料图片的人约会。

作者：Rory McGloin; Amanda Denes

原载：《新媒体与社会》（*New Media & Society*）2018年（第20卷）第3期，pp. 919－936

信息病理学和兴趣泡沫：探索知识，无视和懒散的结构动员

摘要：该文认为，信息网络的某些配置有助于特定的认知状态，这些状态有助于社交媒体上的决策和行动。与群体相关的知识和信仰状态——特别是常识和多元无知——可以产生强烈的公共信号。实际上，一些网络配置和态度状态会助长信息病理，这可能会加剧利益泡沫，影响议程设置和公共领域叙事的产生。

作者：Joachim S Wiewiura; Vincent F Hendricks

原载：《新媒体与社会》（*New Media &

Society）2018 年（第 20 卷）第 3 期，pp. 1123－1138

富裕的青少年变得更富裕了吗？以色列的巴勒斯坦青年的脸书使用与线下、线上社会资本之间的联系

摘要：研究表明，使用社交网站有助于社会资本（的增长）。这项研究调查了脸书的特定功能与在线社会资本之间的关联，测试了两个对比假设。第一个假设是富人变得富裕，这也就意味着线上社会资本的创造反映了已经可用的线下资源的存量。相比之下，补偿假设认为，弱势少数民族（ethnic minorities）更有可能利用社交媒体来弥补他们线下社会资本的不足。我们在巴勒斯坦青少年的代表性样本中测试了这两种理论（N＝567）。虽然我们发现脸书的功能使用没有性别差异，但我们的结果突出显示了对脸谱通信功能的主动和被动使用与线上社会资本的感知之间存在正相关性。此外，研究结果支持“富的变得更富”的模型；因为，即使在这个社会弱势群体中，已经拥有线下社交资本存储的年轻人也可以通过脸书获益更多。

作者：Rana Abbas；Gustavo Mesch

原载：《信息传播与社会》（*Information Communication & Society*）2018 年（第 21 卷）第 1 期，pp. 63－79

远程对话中的隐私相遇

摘要：在政府和私人之间（public authorities and private citizens）引进新技术时，隐私是一个主要问题。然而，隐私的含义往往不明确和有争议。因此，该文利用扎根理论在研究和设计项目中对隐私进行了实证研究。远程对话旨在为公共案件管理人员引入新的管理方式，同时便于孩子们通过信息技术进行沟通。由此产生的论点是，隐私可以被理解为一种相遇，即在牵连的行为者之间产生的需要一定程度冲突与谈判的某种东西。吉尔·德勒兹的哲学观点进一步证明了这一论点。文章首先回顾了隐私方面的文献，紧接着从五个不同方面对“作为相遇的隐私”进行了重点关注：什么技术带来了这种相遇；隐私背后关联着谁；远程对话的过程中需要什么；隐私如何与预计的未来相关以及隐私权如何也是权威与关怀之间的相遇。最后，文章讨论了隐私被概念化为一种相遇的方式还未能涉及周围的人或地方，而是必须追溯到牵连行为者之间的特定位置关系，从而在每种情况下产生不同的规范性问题。

作者：Lars Bo Andersen；Ask Risom Bøge；Peter Danholt；Peter Lauritsen

原载：《信息传播与社会》（*Information Communication & Society*）2018 年（第 21 卷）第 2 期，pp. 257－272

当数字原住民指导数字移民：儿童对父母媒体使用的积极指导及家庭冲突

摘要：基于儿童是影响其父母媒体使用的活跃行为主体的前提，该研究调查了儿童对父母的数字媒体指导情况。儿童经常向家人介绍新媒体，并影响着父母的媒体采用和使用。该研究还调查了这种亲子数字媒体指导是否与家庭中的媒体冲突有关，并在比利时法兰德斯的 187 个亲子二分体中进行了横向调查，同时进行了配对样本 t 检验和多元线性回归分析。结果显示，儿童和家长都反映说，孩子们会指导他们的父母如何使用数字媒体，特别是对于更新的媒体形式，如智能手机、平板电脑和手机软件应用程序等。那些家里存在更多儿童指导父母使用数字媒体情况的家庭反映出更多关于媒体的冲突。这些关系在父母和子女报告中具有可比性。

作者：Sara Nelissen；Jan Van den Bulck

原载：《信息传播与社会》（*Information Communication & Society*）2018 年（第 21 卷）第 3 期，pp. 375－387

负面生活事件后动员在线帮助的不平等：教育、数字技能和资本增强互联网使用的作用

摘要：许多研究已经调查了应对压力性生活事件的不平等，并且经常发现教育在这方面发挥作用（受教育程度更高的人通常在处理幸福感方面的问题时更成功）。我们考察了互联网上是否也有类似事情发生，是否受教育程度更高的人在动员线上帮助时更成功，那种成功是否与他们的数字技能以及他们使用互联网的方式有关。对于后者，我们将线上应对与数字不平等研究联系起来。研究人员调查了有关互联网使用技能和类型方面的数字不平等。但是对于这些因素在多大程度上会转化为互联网上资源动员的不平等，我们知之甚少。后一种不平等是高度相关的，因为它是互联网使用和（不断提升的）幸福感与生活机会之间的中间步骤。基于居住在荷兰的大量个体样本，我们发现尽管在动员以解决问题为导向的资源方面存在教育差异，但是在在线社会情感或不涉及问题应对的资源方面没有差异。线上应对中的教育不平等程度略低于线下应对中的教育不平等，这也在社会政策方面引起了显著结果。此外，我们发现线下（教育）的不平等与不同类型的数字不平等（技能、用法、资源）之间存在相对复杂的相互影响。在我们的结论中，我们呼吁更多关于互联网使用结果的研究，并讨论了我们的研究结果对后续研究的意义。

作者：Erik van Ingen；Uwe Matzat

原载：《信息传播与社会》（*Information Communication & Society*）2018 年（第 21 卷）第 4 期，pp. 481 – 498

回音室效应被夸大了：政治利益和多元媒体的缓和作用

摘要：在一个选择多元的媒体环境中，人们担心个人会选择加深其现有看法的媒体和内容，并因为兴趣和（或者）党派关系产生隔离。这可能会在对政治感兴趣的人群中形成党派回音室效应，并可能会使对政治感兴趣的人和不具有政治兴趣的人之间的知识差距越来越大。然而，丰富多元的媒体环境还允许个人，包括那些对政治感兴趣的人，广泛使用多种媒体，这可能会使他们获得更多样化的内容和观点。这项研究考察了政治兴趣、媒体多样性以及陷入回声室（由五个不同的变量衡量）之间的关系。通过对英国成人互联网用户的全国代表性调查（N = 2000），我们发现那些对政治感兴趣的人和那些有不同媒体使用习惯的人往往会避开“回音室”。这项研究对“回音室效应”的影响提出了挑战，并缓和了对党派分离的恐惧，因为只有一小部分人可能会发现自己处于“回音室”。我们认为单一媒体研究以及那些对身处回声室使用狭义定义和测量的研究是有缺陷的，因为它们没有在多媒体环境下的限时语境中测试该理论。

作者：Elizabeth Dubois；Grant Blank

原载：《信息传播与社会》（*Information Communication & Society*）2018 年（第 21 卷）第 5 期，pp. 729 – 745

整理：孙　萍（中国社会科学院新闻与传播研究所助理研究员）
唐凤英（中国社会科学院研究生院博士研究生）

2018年国际重要新闻传播学学术会议介绍

一、国际传播学会 (The International Communication Association)

国际传播学会是集科研、教学、应用等多方面于一体的人文传播学会议。国际传播学会创立于1950年，现已经发展为遍布全球80多个国家和地区、拥有4500个会员的国际组织。它的创立是多方协作、共同努力的结果。从2003年开始，国际传播学会正式成为联合国的非政府组织，负责每年召开一次大型的国际会议以及诸多小型地方会议。组织建立国际传播学会的核心成员将新机构的目标定位为“促进方法学、哲学、学科课程在传播、话语、新闻等大众媒体领域的发展，从而促进人类关系在各个层面的培训和需求”。2018年的国际传播学会在捷克布拉格市召开。

国际传播学会鼓励世界范围内的传播学术研究，从而促进人文传播学的发展。它的主要目标有：（1）为传播学研究提供一个发展、实践、反思批判的国际论坛；（2）创建一个高质量学术发表和知识交流的平台；（3）促进来自不同文化、国别的学者之间的包容与论争，从多学科的视角促进传播问题的研究；（4）提升公众对于新闻传播学相关领域的兴趣，包括理论、方法、发现以及应用。目前，国际传播学会旗下共有六本期刊，请参见表1。

表1 国际传播学会名下期刊及主编

期刊名称	现任主编
《传播学刊》(*Journal of Communication*)	Silvio Waisbord
《人类传播研究》(*Human Communication Research*)	Eun-Ju Lee
《传播理论》(*Communication Theory*)	Thomas Hanitzsch
《计算机辅助传播学刊》(*Journal of Computer-Mediated Communication*)	Richard Ling
《传播，文化与批判》(*Communication, Culture & Critique*)	Sarah Banet-Weiser & Laurie Ouellette
《国际传播学会年刊》(*Annals of the International Communication Association*)	David Ewoldsen

来源：国际传播学会官网。

二、新闻与大众传播教育协会 (The Association for Education in Journalism and Mass Communication)

新闻与大众传播教育协会是一个非营利的，由新闻与大众传播教育家、学生以及媒体专业人员组成的教育协会。该协会的创立宗旨是促进建立新闻与大众传播教育发展的最高标准，促进最广泛的传播研究，鼓励在课堂中实践多元文化社会的教学，捍卫和保障传播自由，从而实现更好的专业领域实践并使大众获取信息的渠道更为畅通，拓展人们的理解范围。该协会于 1912 年 11 月 30 日在芝加哥成立。2018 年的新闻与大众教育协会年会在美国华盛顿举行。

目前，新闻与大众传播教育协会是一家非营利组织，由全球超过 3700 名教育家、学生和专业人士组成。该组织在 1912 年由当时的美国新闻教师协会首任主席（1912—1913）威拉德·格罗夫纳·布莱耶（Willard Grosvenor Bleyer）发起建立，新闻与大众传播教育协会是大学层次中最悠久的，也是最大的新闻与大众传播教育及管理人士的联合组织。新闻与大众传播教育协会每年 8 月召开年会，年会的主题涵盖新闻与大众传播领域的教学、科研以及公共服务等内容，涉及内容从广告与公共关系到电子在线新闻，再到媒体管理与报纸。现旗下有 3 本传播学期刊，请参见表 2。

表 2　新闻与大众传播教育协会期刊及主编

期刊名称	现任主编
《新闻学与传播学专论》(*Journalism & Communication Monographs*)	Linda Steiner
《新闻学与大众传播教育者季刊》(*Journalism & Mass Communication Educator*)	Jami Fullerton
《新闻学与大众传播季刊》(*Journalism & Mass Communication Quarterly*)	Louisa Ha

来源：新闻与大众传播教育协会官网。

三、［美］国家传播协会（The National Communication Association）

［美］国家传播协会是服务于协会内部的学者、教师与媒体从业人员的专业研究与教学机构。该协会将传播作为其准则，通过人文的、社会科学的以及美学的角度来进行对多种传播形式、传播模式、传播媒介以及传播结果进行研究。同时该协会致力于培养和倡导自由传播和道德传播，广泛强调对公众和私人生活中传播重要性的鉴赏，推广利用适当的传播来提升人类社会和人际关系的质量，并且利用传播产生的知识信息来解决人类的问题。

［美］国家传播协会举办各种课程与会议，为传播学学者提供专业交流的机会，推动研究领域的更广泛发展。协会为传播学学者提供教学设施和专业技术，通过定期的媒体活动和社交媒体来对传播学进行宣传。该协会现出版学术期刊参见表 3。

表 3　［美］国家传播协会名下期刊及主编

期刊名称	现任主编
《传播与批判/文化研究》(*Communication and Critical/Culture Studies*)	D. Robert DeChaine
《传播教育》(*Communication Education*)	Deanna P. Dannels
《传播论丛》(*Communication Monographs*)	Tamara D. Afifi
《传播学教师学刊》(*Communication Teacher*)	Deanna L. Fassett
《媒体传播批评研究》(*Critical Studies in Media Communication*)	Rob Brookey

续表

期刊名称	现任主编
《第一修正案研究》(*First Amendment Studies*)	Paul Siegel
《应用传播研究期刊》(*Journal of Applied Communication Research*)	Debbie S. Dougherty
《跨国与跨文化交流期刊》(*Journal of International and Intercultural Communication*)	Todd L. Sandel
《演说季刊》(*Quarterly Journal of Speech*)	Mary E. Stuckey
《传播评论》(*The Review of Communication*)	Ramsey Eric Ramsey
《文本与演绎季刊》(*Text and Performance Quarterly*)	Mindy Fenske

来源：[美] 国家传播协会官网。

四、国际媒介与传播研究学会 (The International Association for Media and Communication Research)

国际媒介与传播研究学会是一个集媒体机构、传播学学者、教育机构于一体的学会。它倡导该领域内部批判学的传统，并致力于追求包容和卓越。该协会旨在促进媒体与传播研究在全世界范围的发展，尤其是鼓励新进学者、女性学者以及来自经济状况较差的地区的学者的参与。

国际媒介与传播研究学会背后拥有许多志愿者的支持，包括超过 80 名各部门和工作小组的主席和代表、30 名国际委员会成员，一个由 5 名成员组成的执行小组，许多来自各个委员会和工作组的成员以及学会近 2000 名活跃成员的支持。旗下有一本期刊，参见表 4。

表 4　国际媒介与传播研究学会名下期刊及主编

期刊名称	现任主编
《政治经济学传播研究》(*The Political Economy of Communication*)	Martin Hirst

来源：国际媒介与传播研究学会官网。

五、欧洲传播研究与教育协会 (European Communication Research and Education Association)

欧洲传播研究与教育协会是由欧洲及其他地区的传播学学者、机构和协会组成的协会组织，它致力于发展和提升传播研究和欧洲高等教育的发展质量。欧洲传播研究与教育协会拥有 3 个网络分支协会（中东欧分支协会、女性分支协会和青年学者分支协会）和 17 个主题部门。协会于 2005 年 11 月 25 日成立于荷兰阿姆斯特丹的首届欧洲传播会议上，由欧洲传播协会和欧洲传播研究联合会这两大欧洲传播研究协会合并而成。

欧洲传播研究与教育协会的活动致力于服务社区、加强传播研究与高等教育质量、提供交流分享与合作机会、促进传播学学者的利益。更重要的是，该协会作为社会底层组织，其成员拥有强大的热情和精力，允许各种主张在此交汇并付诸实践。欧洲传播研究与教育协会每两年举办一次。现旗下共有三本期刊，参见表 5。

表 5 欧洲传播研究与教育协会名下期刊及主编

期刊名称	现任主编
《欧洲传播哲学学刊》(*Empedocles: European Journal for the Philosophy of Communication*)	Johan Siebers
《媒体与传播平台学刊》(*Journal of Media and Communication Platform*)	Thao Phan
《广播、声音与社会期刊》(*Radio, Sound & Society Journal*)	Madalena Oliveir Tiziano Bonini Grazyna Stachyra

来源：欧洲传播研究与教育协会官网。

六、互联网研究者协会 (The Association of Internet Researchers)

互联网研究者协会是一个以成员为本的学术协会，致力于促进对互联网研究的修正和学术化，摆脱传统的观念和已有的学术界限。协会成立于 1999 年，是一个国际的、以成员为本的组织。

该协会的前身缘起于 1998 年在德雷克大学举行的主题为“万维网与当代文化理论：比喻、魔法与力量”的会议。1999 年 5 月 30 日，在旧金山希尔顿饭店，将近 60 名学者参与的会议中，互联网研究者协会成立。根据高等教育年鉴记载，该协会在创立之初的数年内迅速发展，标志着互联网研究的新纪元。如今该协会依然快速发展，已经有将近 400 名学者。协会所支持的 AIR-L 拥有超过 5000 名订阅者。互联网研究者协会每年举行一次学术会议，通过长期沟通的邮寄名单以及其他途径来进行在线商议与合作。该协会 2018 年年会在加拿大蒙特利尔市举办。目前旗下尚未有期刊名录。

整理：孙 萍（中国社会科学院新闻与传播研究所助理研究员）

附录：

《中国新闻传播学年鉴》第四届编辑出版研讨会纪实

2019年8月28日，《中国新闻传播学年鉴》第四届编辑出版研讨会在南京师范大学举行，会上正式发布了《中国新闻传播学年鉴》2018年卷，并讨论了2019年卷年鉴的编撰工作。

会议开幕式上，南京师范大学党委书记胡敏强致辞。他介绍了南京师范大学的发展情况，祝贺《中国新闻传播学年鉴》2018年卷的出版，并预祝此次出版研讨会圆满成功。中国新闻史学会会长、《中国新闻传播学年鉴》编委会副主任委员、清华大学新闻与传播学院常务副院长陈昌凤教授高度肯定了《中国新闻传播学年鉴》四年来取得的成绩，认为该年鉴不仅为新闻传播学科记录了珍贵的学科历史、梳理了学术脉络、绘制了学科地图，而且引导了学科走向，为中国新闻传播学的发展作出了重要贡献。中国社会科学院新闻与传播研究所所长、《中国新闻传播学年鉴》编委会主任、主编唐绪军研究员，中国社会科学出版社总编辑魏长宝研究员出席会议。开幕式由南京师范大学新闻与传播学院执行院长张晓锋教授主持。

会上举行了第七届（2018年度）全国新闻传播学优秀论文暨《中国新闻传播学年鉴》优秀论文奖（2019）颁奖仪式。唐绪军介绍了设立《中国新闻传播学年鉴》优秀论文奖的背景。魏长宝在致辞中高度肯定了《中国新闻传播学年鉴》的前瞻性、权威性和学术性，认为由中国社会科学出版社与中国社会科学院新闻与传播研究所联合对论文进行表彰，可以强化年鉴的学术评价功能，促进学科多出精品、多出人才，并表示2019年中国社会科学出版社将启动年鉴在线编辑系统，加强社会科学类年鉴的数据库建设，进一步增强《中国新闻传播学年鉴》的传播力。中国社会科学院新闻与传播研究所编辑室主任、《中国新闻传播学年鉴》副主编钱莲生编审宣读了获奖名单。

唐绪军主持了《中国新闻传播学年鉴》编辑出版研讨会。钱莲生系统总结了年鉴创办四年来的编撰工作，分别从三大功能（记录、评价、实用）的发挥，三个层面（学界和业界、本学科与其他学科、国内与国际）的对话，以及“三大体系”（学科体系、学术体系、话语体系）的建构等方面介绍了四年来新闻传播学界对《中国新闻传播学年鉴》的期待和编辑部的努力，表示2019年卷将进一步加强栏目建设、完善栏目设置、改进编撰手段，注重历史回溯、加强学科综述，追踪学术热点、强化专题摘编。希望今后能继续得到编委、特约编委和特约编辑的支持。

中国社会科学出版社年鉴与文摘分社责任编辑彭莎莉介绍了《中国新闻传播学年鉴》2018年卷的编审情况。她表示，年鉴较为全面地反映了我国新闻传播学界的面貌，对学科发展具有重要意义。四年来，年鉴编撰质量不断提高、原创比重逐渐增大，同时，年鉴在图片像素、索引等方面还有提升空间。

浙江大学传媒与国际文化学院院长韦路祝贺新一版《中国新闻传播学年鉴》的出版，认为《中国新闻传播学年鉴》是一个工程浩大的事业，有助于中国新闻传播学学科的边界划定，能够强化学科认同、加强学科共同体建设、绘制学科地图、引领学科发展。他提出四点建议，第一，建议今后有所取舍，核心内容仍然以纸质版的方式出版，其他内容可以用数字化的方式出版，比如百度百科、维基百科等；同时想办法提高年鉴的被引率和使用率；第二，建议每年开一个学术研讨会，会上讨论和交流年鉴综述的初稿；第三，建议《新闻与传播研究》出一期增刊，发表年鉴里的好综述，增加作者写作的动力；第四，相关资料的收集，可以考虑增加国内办的英文期刊，增加中国学者在国际学术组织任职情况、中国学者在国际期刊担任编委情况以及重要的人才项目入选情况。

暨南大学新闻与传播学院执行院长支庭荣说，拿到这个年鉴有惊喜甚至惊艳的感觉，远看这个年鉴就是一座规模雄伟的建筑，近看是一部优美的交响乐，回味是一首荡气回肠的叙事长诗。他建议在专题综述部分增加对年度热点的综述，以更好地反映学科的年度全貌。

华南理工大学新闻与传播学院院长苏宏元回顾了年鉴的创办史，认为年鉴应该以学术为重、综述为主，兼顾学科建设和话语体系。他建议将传播技术、媒介文化等都纳入综述。

安徽大学新闻与传播学院院长姜红建议申请一个年鉴的微信公众号，用微信来推送年鉴里的综述文章，以适应当代读者的阅读习惯，增加传播力，更好地引领学术风潮。

中国传媒大学电视学院网络新媒体系系主任顾洁认为年度综述的写作可更注重内容的连续性。

北京大学新闻与传播学院院长助理陈开和提了两个建议，一是，增加有关新闻传播政策变化的梳理，比如网络政策、电影政策等；二是，增加外国人写的研究中国新闻传播学的文章的资料。

四川大学文学与新闻学院教授张放认为，可以增加海外中国籍学者的学人自述，同时认为年鉴的数字化应该是全面的数字化，不仅限于数据库一种形式。他还认为相比于研究综述，年鉴以数据的形式全面记录学科年度发展的状况是最重要的部分，应该坚持。

华东师范大学传播学院副院长肖洋认为可以增加国外新闻传播学的研究热点，作为参照，让中国的新闻传播学学者知道他们的国外同行在研究什么。

郑州大学新闻与传播学院副院长张淑华高度评价了《中国新闻传播学年鉴》。她说，几年来，年鉴的目标越来越清晰，编撰的思路越来越明确，权威性也正在逐渐树立。她建议，学科年鉴要为本学科的学术评价作出贡献。可以从《新闻与传播研究》《中国新闻传播学年鉴》优秀论文遴选的标准做起，明确整个学科的标准化建制，增加年鉴的学术评价能力。

重庆大学新闻学院副院长龙伟建议，要重视基础数据的收集整理，加强年鉴的实用性、便利性。

厦门大学新闻传播学院教授殷琦建议港澳台地区学者的学人自述可以和大陆学者的学人自述合并，从学术上融为一体。

华中科技大学新闻与信息传播学院副教授周婷婷建议，在梳理境外情况时，不能忽略重要的学术著作。

汕头大学长江新闻与传播学院副教授黎勇建议，高校新闻传播学院的信息可以呈现得更细一点，现在的相关资料还比较粗线条。

南京师范大学新闻与传播学院副教授庄曦认为，当前中国新闻传播学研究呈现出区域性特质，可以在数据收集和统计时增加区域性和地理信息的视角。

中国人民大学新闻学院副院长赵云泽认为，年鉴记录历史，历史越长价值就越大，希望年鉴能一直做下去。

复旦大学新闻学院党委副书记杨鹏表示，复旦新闻学院今后要更加重视和配合年鉴工作，同时建议建立一个编辑平台系统。

南京大学新闻传播学院副院长胡翼青认为，现在年鉴对高校新闻传播学院收录的情况不平衡，西北、东北的很多学院都没有纳入年鉴。他建议年鉴应该有更全面的覆盖性，让各个学院根据自己的情况筛选 10—20 篇代表学院年度学术水平的论文。他还建议增加观点摘编内容，对观点进行分类。

河北大学新闻学院院长韩立新为《中国新闻传播学年鉴》点赞，认为该年鉴是中国新闻传播学科的守望者。鉴于现在对跨学科复合型人才的重视，年鉴应有意识在这个方面有所关注和引导，增加学科对话的能力。同时他建议记录学科评估的数据，逐渐形成一个数据库，为学科建设服务，最后做成一个知识管理的智库机构。

河南大学新闻与传播学院原院长李建伟建议：第一，增加综述的篇幅，不能只限于 1 万字以内，以更全面地反映学科发展；第二，把一些综述加大篇幅以后可以出版分册；第三，其他事实性的数据资料可以进一步数字化，减少年鉴的厚度。他主动提出承担年鉴的校对工作。

天津师范大学新闻传播学院院长李秀云认为，年鉴编撰本身是一门大学问，年鉴的连续出版对学界来说是一件功德无量的大工程。她表示今后无论是办会还是撰稿，天津师范大学新闻传播学院一定全力以赴，一丝不苟。

最后，唐绪军感谢年鉴编委和特约编辑提出的意见和建议，并表示中国社会科学院新闻与传播研究所将认真听取大家的意见，努力把年鉴办得更好。

来自清华大学、北京大学、中国人民大学、中国传媒大学、天津师范大学、河北大学、复旦大学、上海大学、华东师范大学、南京大学、浙江大学、安徽大学、厦门大学、郑州大学、河南大学、华中科技大学、暨南大学、华南理工大学、汕头大学、重庆大学、四川大学等高校新闻传播学院和来自北京市社会科学院传媒所、天津社会科学院舆情所、河北省社会科学院、上海社会科学院新闻所、安徽省社会科学院新闻所、人民日报社研究部、新华社新闻研究所、光明日报新闻研究所、中国社会科学出版社等机构的专家学者、媒体工作者，《中国新闻传播学年鉴》优秀论文奖（2019）的获奖代表等 50 余人以及南京师范大学新闻与传播学院部分师生出席了此次研讨会。研讨会由中国社会科学院新闻与传播研究所、中国社会科学出版社主办，南京师范大学新闻与传播学院承办。

附：《中国新闻传播学年鉴》第四届编辑出版研讨会参会人员名单

陈昌凤　清华大学新闻与传播学院
崔保国　清华大学新闻与传播学院
陈开和　北京大学新闻与传播学院
赵云泽　中国人民大学新闻学院

顾　洁　中国传媒大学
李秀云　天津师范大学新闻传播学院
韩立新　河北大学新闻传播学院
商建辉　河北大学新闻传播学院
杨　鹏　复旦大学新闻学院
杨海军　上海大学新闻传播学院
肖　洋　华东师范大学传播学院
胡翼青　南京大学新闻传播学院
韦　路　浙江大学传媒与国际文化学院
姜　红　安徽大学新闻传播学院
胡昭阳　安徽大学新闻传播学院
殷　琦　厦门大学新闻传播学院
张淑华　郑州大学新闻与传播学院
邓元兵　郑州大学新闻与传播学院
杨萌芽　河南大学新闻与传播学院
李建伟　河南大学新闻与传播学院
周婷婷　华中科技大学新闻与信息传播学院
郑中原　武汉大学新闻与传播学院
支庭荣　暨南大学新闻与传播学院
苏宏元　华南理工大学新闻与传播学院
黎　勇　汕头大学长江新闻与传播学院
龙　伟　重庆大学新闻学院
张　放　四川大学新闻学院
耿　磊　人民日报社新闻研究部
王　会　新华社新闻研究所
张　青　光明日报社新闻研究部
王　丽　北京市社会科学院传媒研究所
杨思远　河北省社会科学院
张　芸　河北省社会科学院新闻研究所
贾　杨　天津社会科学院舆情研究所
毕宏音　天津社会科学院舆情研究所
徐清泉　上海社会科学院新闻研究所
方金友　安徽省社会科学院新闻研究所

胡敏强　南京师范大学
张晓锋　南京师范大学新闻与传播学院
顾永林　南京师范大学新闻与传播学院
骆正林　南京师范大学新闻与传播学院
庄　曦　南京师范大学新闻与传播学院
俞小松　南京师范大学新闻与传播学院

魏长宝　中国社会科学出版社
彭莎莉　中国社会科学出版社

唐绪军　中国社会科学院新闻与传播研究所
钱莲生　中国社会科学院新闻与传播研究所
沙　垚　中国社会科学院新闻与传播研究所
张　萌　中国社会科学院新闻与传播研究所
黄　艾　中国社会科学院新闻与传播研究所

谭泽明　中国人民大学新闻学院
郑海平　对外经济贸易大学法学院
黄典林　中国传媒大学
杨　成　北京邮电大学
侯　健　复旦大学法学院
陈堂发　南京大学新闻传播学院
周睿鸣　浙江大学传媒与国际文化学院
裘必文　浙江大学传媒与国际文化学院
汪红春　重庆大学新闻学院
黄顺铭　四川大学文学与新闻学院

撰稿：沙　垚（中国社会科学院新闻与传播研究所副研究员）

《中国新闻传播学年鉴·2019》撰稿人及供稿单位名录

历史编

第一篇　特载

继往开来　不辱使命　努力构建中国特色新闻传播学学术体系

作者：中国社会科学院院长、党组书记　谢伏瞻

北京大学新闻学研究会的历史贡献及当代意义

作者：中国新闻史学会创会会长、中国人民大学荣誉一级教授　方汉奇

纪念中国新闻学百年专题研究辑览

资料收集：中国社会科学院新闻与传播研究所助理研究员　张　萌

资料整理：中国社会科学院研究生院新闻学与传播学系研究生　吴中杰

成果编

第二篇　研究综述

学科综述

中国新闻学研究2018年综述

撰稿：中国社会科学院新闻与传播研究所副研究员　向　芬

中国应用新闻学研究2018年综述

撰稿：中山大学传播与设计学院研究生　姚　尧

中山大学传播与设计学院教授　张志安

中国新闻传播史研究2018年综述

撰稿：中国人民大学新闻学院教授　邓绍根

中国人民大学新闻学院博士研究生　罗诗婷

中国广播电视研究2018年综述

撰稿：中国社会科学院新闻与传播研究所研究员　殷　乐

中国社会科学院研究生院新闻学与传播学系硕士研究生　王丹蕊

中国社会科学院研究生院新闻学与传播学系博士研究生　朱豆豆

中国传播学研究2018年综述

撰稿：中国人民大学新闻学院教授　刘海龙

中国人民大学新闻学院博士研究生　于　瀛

中国人民大学新闻学院博士研究生　孙彤昕

中国传媒经济学研究2018年综述

撰稿：南京大学新闻传播学院教授　丁和根

南京大学新闻传播学院博士研究生　陈袁博

中国新媒体研究2018年综述

撰稿：云南民族大学文学与传媒学院讲师　苏　涛

清华大学新闻与传播学院教授　彭　兰

中国广告学研究2018年综述

撰稿：中国社会科学院新闻与传播研究所副研究员　王凤翔

中国编辑出版学研究2018年综述

撰稿：河南大学新闻与传播学院教授，河南大学编辑出版研究中心研究员　李建伟

河南大学新闻与传播学院硕士研究生　林　璐

专题综述

马克思主义新闻观研究2018年综述

撰稿：中国社会科学院新闻与传播研究所助理研究员　叶　俊

媒体融合研究2018年综述

撰稿：中国社会科学院新闻与传播研究所研究员　黄楚新

中国社会科学院研究生院新闻学与传播学系研究生　郑智文

媒介法规研究2018年综述

撰稿：南京师范大学新闻与传播学院研究生

第三篇 论文选粹

传播学40年

中国传播学40年：基于学科化进程的反思

作者：南京大学新闻传播学院 胡翼青
南京大学新闻传播学院 张婧妍

中国传播学40年：学科特性与发展历程

作者：上海交通大学媒体与传播学院 张国良

中国新闻学研究百年回望与思考

作者：复旦大学志德书院 童 兵

中国传播学40年：一个本土化的视角与反思

作者：清华大学新闻与传播学院 张哲瑜
中国传媒大学新闻学院 邵全红

反思与突破：我国传播学研究40年之进路

作者：河北大学新闻传播学院 俱鹤飞

县级融媒体中心建设

从"两个喉舌"到"两个服务"——马克思主义新闻观的当代新发展

作者：中国人民大学新闻学院 栾轶玫

建设县级融媒体中心：新一轮事关全局的基层媒体改革

作者：国家广播电视总局发展研究中心 杨明品

县级融媒体中心建设：经验坐标、发展机遇与路径创新

作者：复旦大学新闻学院 朱春阳

县级媒体融合发展的创新路径

作者：中国社会科学院新闻与传播研究所 黄楚新
中国社会科学院研究生院 王丹丹

全国县级新媒体发展调查分析

作者：北京大学新媒体研究院 谢新洲
北京大学新媒体研究院 柏小林

数据新闻

新闻可视化生产的叙事类型考察——基于对新浪网和新华网可视化报道的分析

作者：深圳大学传媒与文化发展研究中心 战 迪

数据新闻可视化设计与内容如何平衡

作者：汕头大学长江新闻与传播学院 徐少林
南京大学新闻传播学院 白 净

谁在数据新闻中说话——试论数据新闻的叙事主体

作者：中国人民解放军75615部队 周 均

试析数据新闻生产中的个人数据滥用与规避

作者：山东大学（威海）文化传播学院 张 超

论数据新闻的叙事范式

作者：中国传媒大学新闻学院 方毅华
中国传媒大学新闻学院 杨惠涵

人工智能

从互联网时代迈向智能时代

作者：汕头大学国际互联网研究院、浙江传媒学院 方兴东
浙江传媒学院 严 峰

交互式纪录片的现实建构与发展症候及其反思

作者：四川大学文学与新闻学院 侯 洪
四川大学文学与新闻学院 宁 珂
四川大学文学与新闻学院 王卓尔

人工智能驱动下的新闻传播教育变革

作者：中国人民大学新闻学院 栾轶玫
中国人民大学国际关系学院 张晓旭

论人工智能出版的版权逻辑

作者：河南大学新闻与传播学院 王志刚

智能编辑：人工智能写作软件使用者的著作权侵权规制

作者：中南财经政法大学知识产权研究中心 王晓巍

非虚构新闻写作

默会的方法非虚构写作中的民族志方法溯源与实践

作者：中国传媒大学新闻传播学部 周 逵

新闻游戏的非虚构叙事研究

作者：四川大学文学与新闻学院 蒋晓丽
四川大学文学与新闻学院 贾瑞琪

非虚构写作：对抗速朽

作者：复旦大学新闻学院 张涛甫

移动互联网时代的非虚构写作

作者：北京大学新闻与传播学院 张慧瑜

新报刊史

近代报刊史研究的新探索

作者：广西师范大学马克思主义学院 凌小萍

媒介再思：报刊史研究的新路向

作者：复旦大学信息与传播研究中心、复旦大学新闻学院 黄 旦

短视频

政务短视频：政务3.0时代的创新与突围

作者：中国传媒大学新闻学院 冯 帆

视频博客（Vlog）的内容特点及其治理

作者：中国传媒大学 隋 岩
中国传媒大学新闻与传播学部 刘梦琪

抖音短视频的商业价值及盈利模式分析

作者：中南民族大学文学与新闻传播学院

郭　凡

短视频 APP 的走红原因及发展探析——以抖音为例

作者：高平市广播电视台　陈雪芳

网络治理

网络社会治理的法治模式

作者：中南财经政法大学　徐汉明
中南财经政法大学　张新平

新时代网络强国战略思想研究

作者：重庆邮电大学　谢宵男
重庆邮电大学　李　净
重庆邮电大学　李文清

网络舆论生态治理的认识论分析

作者：中共上海市委党校政治学教研部　上官酒瑞

新时代网络综合治理体系建设探析

作者：国家新闻出版广电总局信息中心　李泰安

舆论熵的控制与防范：一种关于网络治理的认识方法论

作者：苏州大学传媒学院　陈　龙

城市传播

通话中的农村与手机网络通讯的城市：移动传播与社会资本的基层图景

作者：澳门大学社会科学学院传播系　马志浩
澳门大学当代中国研究中心　吴　玫

全球城市形象传播的生成机制及理论阐释——以上海城市形象为例

作者：上海外国语大学新闻传播学院　郭　可
上海外国语大学新闻传播学院　陈　悦
上海外国语大学新闻传播学院　杜　妍

城市政务微信多模态话语结构与传播影响力研究

作者：华侨大学外国语学院　叶惠珍
华侨大学外国语学院　陈嘉静

多元传播视角下的城市沟通：上海人民广场“可沟通性”研究

作者：复旦大学发展研究院传播与国家治理研究中心　钟　怡

激活空间：城市传播中的动力机制形成研究

作者：南京大学新闻传播学院、南京大学传播与社会研究所　姜　海

城市传播的研究进路及理论创新

作者：复旦大学信息与传播研究中心、复旦大学新闻学院　孙　玮

乡村传播

信息的需求与反需求：农民信息诉求行为研究

作者：中国农业大学人文与发展学院　李红艳

在城乡之间发现传播主体

作者：清华大学新闻与传播学院　罗　茜
中国社会科学院新闻与传播研究所　沙　垚

乡村主体性与农民文化自信：乡村春晚的启示

作者：加拿大西蒙·弗雷泽大学　赵月枝
中国传媒大学传播政治经济学研究所　龚伟亮

建构乡村内生秩序的数字“社区公共领域”

作者：西安交通大学新闻与新媒体学院　牛耀红

农业科技传播的方式、效果及其创新

作者：南京师范大学新闻与传播学院　操瑞青
南京师范大学新闻与传播学院　方晓红

网络游戏

基于社交网络的手游传播策略分析

作者：湖北第二师范学院　周　敏
湖北第二师范学院　冉　倩

网络游戏亚文化中的消费主义逻辑

作者：吉林师范大学新闻与传播学院、中国传媒大学　潘晓婷

“亚文化资本”：新媒体时代青年亚文化的一种解释

作者：中山大学社会学与人类学学院　杨小柳
中山大学社会学与人类学学院　周源颖

新媒体与青年“网络游戏文化”批判研究

作者：江西财经大学　王晓霞

论网络游戏直播行为著作权侵权属性

作者：中南财经政法大学知识产权研究中心　孙　松

“一带一路”

“一带一路”国家品牌形象传播与主题模型计算的实证研究

作者：华南理工大学　段淳林
华南理工大学　吕　笑

中国造纸术在“一带一路”上的传播节点、路径及逻辑探源

作者：北京师范大学新闻传播学院　万安伦
北京师范大学新闻传播学院　王剑飞
北京师范大学新闻传播学院　杜建君

影响国际议题报道的全球化和本土化因素的再思考——基于“一带一路”报道的比较研究

作者：清华大学新闻与传播学院　张　莉
清华大学新闻与传播学院　陆洪磊

文化认同视角下"一带一路"跨文化传播路径选择
作者：中国人民大学新闻学院　赵永华
中国人民大学新闻与社会发展研究中心　刘　娟

国家议题的对外传播效果分析——以"一带一路"在海外社交媒体上的框架分析为例
作者：香港中文大学新闻与传播学院　胡　岸
清华大学新闻与传播学院　陈　斌

第四篇　论文辑览

2018 年主要文摘类期刊转载新闻传播学论文篇目
《新华文摘》
《中国社会科学文摘》
《高等学校文科学术文摘》
人大复印报刊资料《新闻与传播》

2018 年部分新闻传播学专业期刊论文索引
《国际新闻界》
《现代传播（中国传媒大学学报）》
《新闻大学》
《新闻与传播研究》
整理：中国社会科学院新闻与传播研究所助理研究员　黄　艾

第五篇　国际交流

2018 年中国新闻传播研究的国际期刊发表与国际合作
撰稿：西安交通大学新闻与新媒体学院教授　吴　峰
西安交通大学新闻与新媒体学院硕士研究生　王学敏

2018 年中国学者国际期刊发表新闻传播学论文篇目概览
整理：西安交通大学新闻与新媒体学院硕士研究生　王学敏
西安交通大学新闻与新媒体学院博士研究生　宋帅华

第六篇　学术出版

序跋选粹

"中国近代新闻学名著系列丛书"总序
作者：安庆师范大学传媒学院特聘教授　芮必峰

《科学传播：争议性科技的社会认知及其改变》作者自序
作者：清华大学新闻与传播学院教授　金兼斌

《传播力》序
作者：美国南加州大学安纳伯格传播学院院长　曼纽尔·卡斯特（Mannuel Castell）

《重走美国大报》序
作者：台湾世新大学教授　王健壮

《影像都市：视觉、空间与日常生活》导言
作者：复旦大学新闻学院教授　陆　晔

《计算传播学导论》后记
作者：南京大学新闻传播学院副教授　王成军

《文本盗猎者：电视粉丝与参与式文化》引言
作者：美国南加州大学特聘教授　亨利·詹金斯（Henry Jenkins）

"跨文化传播译丛"总序
作者：浙江大学教授　吴　飞

《新闻：幻象的政治》自序
作者：美国华盛顿大学传播学教授和政治学教授　兰斯·班尼特（W. Lance Bennett）

《传媒话语权与影响力——新时期舆论引导能力的提升》前言
作者：中国人民大学新闻学院教授　郑保卫

新书选介

《错位：后冷战时代的中国叙述与视觉政治》
《大众传媒道德失范治理研究》
《广告文化研究：批判导论》
《进城：传播学视野下的新生代农民工》
《媒介政治社会学分析》
《媒体的马克思主义分析》
《全媒体新闻生产：案例与方法》
《社交媒体：原理与应用》
《社交媒体批判导言》
《世界报刊史：报刊的起源、发展与作用》
《世界广播电视史》
《数据新闻可视化》
《文化与社会的媒介化》
《新闻业的救赎：数字时代新闻生产的 16 个关键词》
《舆论学——舆论导向研究》
《中国传媒文化百年史》
《中国电视史：1958—2008》
整理：中国社会科学院新闻与传播研究所助

第七篇　学术期刊

综合编

第八篇　学术评奖

第九篇　科研项目

第十篇　学人自述

第十一篇　学术动态

学术纪事

2018 年新闻传播学学术大事记

整理：中国社会科学院新闻与传播研究所助理研究员　叶　俊

概况编

第十二篇　高校学术概况

中国传媒大学新闻传播学科 2018 年学术发展概况
中国人民大学新闻学院 2018 年学术发展概况
复旦大学新闻学院 2018 年学术发展概况
南京大学新闻传播学院 2018 年学术发展概况
四川大学新闻学院 2018 年学术发展概况
河北大学新闻传播学院 2018 年学术发展概况
武汉大学新闻与传播学院 2018 年学术发展概况
北京大学新闻与传播学院 2018 年学术发展概况
暨南大学新闻与传播学院 2018 年学术发展概况
清华大学新闻与传播学院 2018 年学术发展概况
中山大学传播与设计学院 2018 年学术发展概况
天津师范大学新闻传播学院 2018 年学术发展概况
安徽大学新闻传播学院 2018 年学术发展概况
汕头大学长江新闻与传播学院 2018 年学术发展概况
南京师范大学新闻与传播学院 2018 年学术发展概况
郑州大学新闻与传播学院 2018 年学术发展概况
华南理工大学新闻与传播学院 2018 年学术发展概况
华东师范大学传播学院 2018 年学术发展概况
厦门大学新闻传播学院 2018 年学术发展概况
重庆大学新闻学院 2018 年学术发展概况
华中科技大学新闻与信息传播学院 2018 年学术发展概况
上海大学新闻传播学院 2018 年学术发展概况

以上概况均为相关院（校）提供，执笔人名单详见本书特约编辑，审稿人名单详见本书编委

第十三篇　研究机构及社团

研究机构概况

中国社会科学院新闻与传播研究所 2018 年概况
上海社会科学院新闻研究所 2018 年概况
四川省社会科学院新闻传播研究所 2018 年概况
天津社会科学院舆情研究所 2018 年概况
河北省社会科学院新闻与传播学研究所 2018 年概况
安徽省社会科学院新闻与传播研究所 2018 年概况
北京市社会科学院传媒研究所 2018 年概况
新华社新闻研究所 2018 年概况
人民日报社研究部 2018 年概况
光明日报社新闻研究部 2018 年概况

以上均为相关研究机构提供，执笔人名单详见本书特约编辑，审稿人名单详见本书编委

学术社团

中国新闻史学会及其二级分会 2018 年概况

撰稿：中国新闻史学会联席秘书长、中国人民大学新闻学院教授　邓绍根

中国新闻文化促进会传播学分会 2018 年概况

撰稿：中国传播学学会秘书处　张　丹

第十四篇　研究生学苑

2018 年新闻传播学优秀博士学位论文选粹

《网络公共空间与乡土公共性重建——基于一个西部农村的考察》内容摘要

作者：南京师范大学新闻与传播学院 2018 级博士研究生　牛耀红

导师：南京师范大学新闻与传播学院教授　方晓红

《身体“再文化化”：移动社交媒介交往形式研究》内容摘要

作者：暨南大学新闻与传播学院 2018 级博士研究生　陈瑞华

导师：暨南大学新闻与传播学院教授　林爱珺

2018 年新闻传播学博士学位论文、博士后出站报告篇目辑览

中国社会科学院研究生院新闻学与传播学系
中国传媒大学
北京大学新闻与传播学院
清华大学新闻与传播学院
中国人民大学新闻学院
河北大学新闻传播学院
复旦大学新闻学院
华东师范大学传播学院
上海大学新闻传播学院
南京大学新闻传播学院
南京师范大学新闻与传播学院
浙江大学传媒与国际文化学院

第十五篇　港澳台专辑

第十六篇　海外特辑

附录